2023年度大学入学共通テスト　現代社会　主な出題語

あ行

INF全廃条約
IBRD
悪臭
朝日訴訟
アジアインフラ投資銀行
ASEAN（アセアン）
ASEAN自由貿易地域
AFTA（アフタ）
安全保障理事会
アンダードッグ効果
EEC
EC
EU
家永教科書裁判
イギリスの政治制度〔図〕
一国二制度
一般会計
一般会計の歳入・歳出
〔図〕
一般会計予算
イラク戦争
インターネット
インフレーション
AIIB
SNS
NPO
FTA
エリクソン
欧州共同体
欧州経済共同体
欧州連合
OECD
大きな政府
オンブズパーソン
オンブズマン

か行

外国為替
外国為替市場
外国為替手形
介護保険
解散請求〔地方議会〕
開発途上国
外部経済
外部不経済

外部負経済
快楽計算
下院〔英〕
下院の優位〔英〕
核兵器
核兵器禁止条約
GATT（ガット）
葛藤
株式
株式会社
株主
株主総会
為替レート
環境影響評価法
環境基本法
環境税
関税〔国際経済〕
関税〔租税〕
関税と貿易に関する一般
　協定
機会費用
企業
企業の社会的責任
規制緩和
北大西洋条約機構
逆進性
給付型奨学金
境界人
教科書検定
供給
行政
行政裁判所
行政手続法
ギリシャ債務危機
銀行
金－ドル本位制
金融再生法
金融の自由化
勤労権
クーリング-オ
クロヨン
経済協力開発機
刑事裁判
軽薄短小
検察官
検察審査会
憲法

憲法改正の発議
公害
後期高齢者医療制度
公共財
公共職業安定所
公職選挙法
公正としての正義
控訴
構造改革特区
高度経済成長
合理化〔心理学〕
国債
国際刑事裁判所
国際司法裁判所
国際人権規約
国際復興開発銀行
国際法
国際連合
国際連合のしくみ〔図〕
国連開発計画
「国連軍」
国連軍縮特別総会
国連憲章
国連人権理事会
国家
国会
国会議員
国家賠償請求権
国庫支出金
固定価格買い取り制度
子どもの貧困
子どもの貧困対策法
戸別訪問
婚外子国籍訴訟
婚外子相続格差訴訟
コングロマリット

さ行

サ
財政投融資

裁判員制度
裁判所
参議院〔戦後〕
三位一体の改革
G7サミット〔主要国首脳
　会議〕
GDP
GDPデフレーター
自主財源
市場
市場占有率
市場メカニズム
思想・良心の自由
児童扶養手当
自白
地盤沈下
死票
事務局〔国際連合〕
社会的企業
社会保障
シュヴァイツァー
『自由からの逃走』
衆議院〔戦後〕
衆議院の解散
宗教
重厚長大
修正資本主義
集団殺害
自由の刑
自由の刑に処せられてい
　る
自由貿易協定
住民投票
住民投票条例
需要
需要・供給の法則
需要曲線
需要曲線のシフト
循環型社会形成推進基
　　法
〔英〕
　雇用促進法
取引所
型住民投票
国際司法裁判所
選挙区制
小選挙区比例代表併用

用語集

公共
＋政治・経済

24-25年版

用語集「公共」編集委員会 編集

《政治・経済分野監修》

大芝　亮　一橋大学名誉教授

山岡道男　早稲田大学名誉教授

《倫理分野監修》

菅野覚明　東京大学名誉教授

山田忠彰　日本女子大学名誉教授

清水書院

はじめに

　私事になるが，娘が小学1年生の頃，アニメのヒロインに夢中になりながらも，日々新しい言葉を覚え，また耳慣れない言葉に出くわしては，質問をぶつけられた。それは，初めて聞いた表現のこともあれば，ＴＶ画面に映し出された動植物のこと，病気や医学のこと，コンピュータのこと，食べ物のことなど，多方面に及ぶ。そして，意識化された言葉の一つ一つが，たとえば，国語の授業で学んだことも，コンビニで買った清涼飲料水のおまけのフィギュアや恐竜も，本人にとっては同じくリアリティをもつのである。その世界が自分の生きられる世界であり，社会である。子どもに限らず，人は日々，自分の住む世界・社会を解釈し，また修正を加えて生活しているのである。シュッツやガーフィンケルといった学者の理論の原点もここにある。

　こうした視点に立つとき，現代の複雑でグローバル化した社会を生きていくためには，政治・経済・社会・文化に関する諸事象，諸問題を正確に把握する必要がある。

　ふり返れば，第二次世界大戦後長くつづいた冷戦体制の「終結」が，米ソ首脳によるマルタ会談で宣言されて以来，世界は大きな変革を遂げた。情報化の進展とあいまって，国際社会のグローバル化・流動化が進み，たとえば，EU（欧州連合）の拡大，国境をこえたテロの続発，難民の激増と欧州諸国などへの大量流入などに，そのことがあらわれている。

　経済に眼を転じても，戦後の復興から高度経済成長，2度の石油危機（オイル・ショック），バブル経済とその崩壊など，さまざまな変化・変動の時代に遭遇してきた。そしてまた，アメリカに端を発した金融危機が未曾有の不況と雇用破壊などをともないながら世界中を飲み込もうとした。地球上から貧困を撲滅するという難題の克服も，道半ばである。

　こうした事態に立ち向かう人間の叡智が，今ほど試される時代はかつてない。このような状況のなかで，高校にあっては，中学校で履修した社会科「公民的分野」の基礎の上に，公民科「公共」が新たに設けられた。高校に限らず，言葉によって現代の社会を解釈し，その社会で生きている以上，そこで用いられる言葉の正確な理解が必須条件となる。日々の学習にせよ，受験対策の勉強にせよ，本書を十分に活用して大いに役立ててほしい。

　2023年刊行の本書『公共＋政治・経済用語集』は，新科目「公共」の構成に則って，新たにまとめられた。これまでの『現代社会＋政治・経済用語集』の後継書の位置付けとなる本書は，新語の積極的な補充と掲載用語の見直しを適宜行い，より使いやすい用語集として情報提供につとめたい。

　なお，本書を作製するにあたって，さまざまな文献や資料を参考にさせていただいた。用語集という本の性格上，出典等を逐一明記できなかったが，改めてこれらの書物に対して謝辞を申し述べたい。

2022年11月

用語集「公共」編集委員会

本書を利用するにあたって

◆本書の特色・利用方法

1. 本書は『高等学校学習指導要領・公民編』の「公共」に示された内容をもととして，「政治・経済」の授業でも活用できるように構成を見直しました。大きく4編構成とし，第1編では「倫理」分野，第2編では「法」に関わる分野，第3編では国内と国際の「政治」分野，第4編では国内と国際の「経済」分野としています。章ごとでページを区切っていますので，分野ごとの内容はまとまって記載されています。

2. 教科書掲載頻度＋共通テスト・センター試験出題頻度「現代社会」＋ニュース検定出題頻度のトリプル頻度によって用語の重要度が一目でわかり，日々の授業，共通テストや小論文対策，検定試験や就職試験にと，幅広く活用していただけます。

〔教科書掲載頻度〕

「公共」教科書全12冊（2022年現在発行）の掲載頻度を，用語の後ろに **A** **B** **C** の3ランクで表示。

　　A……… 8冊以上　　　　**B**……… 7～4冊　　　　**C**……… 3冊以下

〔共通テスト・センター試験出題頻度〕

参考に「現代社会」の共通テスト・センター試験における出題頻度（ポイント）を，用語の後ろに数字で表示。

頻度の算定は次の方式で算出しています。

①対象－共通テスト・センター試験科目「現代社会」の，2014（平成26）年～2023（令和5）年の10年間におけるそれぞれの本試験・追試験。

②各試験ごとに以下のような算定基準にもとづいて集計。

　・本文・選択肢に用語そのものがあるもの……………………………… **1**ポイント
　・用語そのものについての知識がないと正答を導きだせないもの…… **2**ポイント
　・用語そのものが正解として出題されているもの…………………… **3**ポイント

★赤字の見出し用語は，共通テスト・センター試験出題頻度が累計5ポイント以上の頻出用語です。

〔ニュース検定出題頻度〕

N検（ニュース時事能力検定〈ニュース検定〉）3級以上の問題に出題された用語の後ろに**N**マークで表示。N検とは，新聞やテレビなどのニュース報道を読み解くための「時事力」を認定する検定試験です。大学入試や就職試験で評価・優遇されるなど，中学生・高校生・大学生・社会人と幅広い世代で活用されています。

3. 収録語数は6,580語で，高等学校の「公共」の授業に必要かつ十分な用語を選択し，具体例などをもとにしながら詳しく解説しました。

4．用語については見出し語のほか，同義語・対義語・類義語も記し，さくいんにも採用しました。同義語には同，対義語には対，類義語には類を付して解説文の後ろに表示しました。

5．学習指導要領の配列に準じているので，授業の進度にあわせて参考書として，また，五十音順のさくいんを活用して小事典として利用することも可能です。

6．用語の選択にあたっては，現在発行されている「公共」，「政治・経済」の教科書に加えて，過去の「現代社会」の共通テスト・センター試験に出された用語や，最新の時事用語も積極的に採用しました。記述内容は原則として2023年10月現在のものです。

◆さくいんの表記・配列方法

1．巻頭に五十音順による「総さくいん」と「欧文略語さくいん」の二種類を設けました。用語については，見出し語，同義語・対義語・類義語のほか，解説文中の重要語を一部ふくみます。

2．アルファベットは，その読みにしたがって五十音順に配列しました。

3．「ヴ」の表記は「ウ」の欄にまとめました。

4．欧米の人名は本文の表記にあわせ，日本での慣用にしたがって配列しました。中国人名などについても，さくいん利用の便を考え，日本での慣用読みにしたがいました。

5．『　』は著書名，雑誌名をあらわします。

6．「　」は有名なことばや，法令などの引用文をあらわします。

7．2か所以上に渡って，記載されている項目については，一番内容が詳細なページを太字としました。

◆用語の表記方法

1．漢字の用語にはすべて読み仮名を付しました。その際，仮名については「-」で示しました。

【例】「オゾン層の破壊　Ｂ⑨Ｎ (-そう-はかい)」

2．同じ意味で別の表し方のある用語についてはそれも示しました。

【例】「境界人　Ａ⑧ (周辺人Ｂ)」

3．外来語はカタカナで表記し，必要と思われる用語については，元の欧文を付記しました。

【例】「アイデンティティ　Ａ⑧ [identity]」
「マグナ‐カルタ　Ｂ [Magna Carta]」

4．欧文略語については，すべてに和文を付記し，できるかぎり元の欧文も付記しました。

【例】「国連貿易開発会議　Ａ⑪Ｎ (UNCTADＣ⑨Ｎ)」[United Nations Conference on Trade and Development]」

5．書名については原則として『　』で示し，引用句などは「　」で表しました。

【例】『社会契約論』Ｂ⑥　「投資が投資を呼ぶ」Ｃ

6．人名・地名・歴史用語などの表記は，できるだけ現地音に近づけましたが，一部慣用句にしたがったものもあります。重要な外国人名については，フルネームを欧文で付記しました。

【例】「リンカン　Ｂ [Abraham Lincoln]」，「アル‐カーイダ」ＣＮ
「ヴェトナム戦争　Ａ⑤Ｎ」

もくじ

第Ⅰ編　公共の扉

第Ⅲ編　現代の民主主義と政治参加・社会参加

総さくいん

け

と

ゆ

欧文略語さくいん

さくいん

第1編
公共の扉

今日のヨーロッパ社会において最も重要な一つの事実がある。それは、大衆が完全な社会的権力の座に登ったという事実である。大衆というものは、その本質上、自分自身の存在を指導することもできなければ、また指導すべきでもなく、ましてや社会を支配統治するなど及びもつかないことである。

——オルテガ（『大衆の反逆』より）

1章 公共的な空間をつくる私たち

1 人間とは

人間性 **C** **1** **N**（にんげんせい）　人種や民族をこえて同じ人間であるというところから生まれる、人間を人間たらしめている本質のこと。きわめてあいまいな概念であるが、古来から論じられ、ローマ人キケロによってフマニタス[humanitas]と名づけられた。人間性をどうとらえるかは、時代によって異なっている。古代ギリシャでは、知性的・理性的存在としてとらえた。中世ヨーロッパでは、キリスト教支配の時代であったから、自らの罪を悔い、神を信仰するところに求めた。近代ではルネサンス期に典型的にみられるように、人間の感性的・感情的側面にその人間性をみた。現代では、科学の発達や組織、機構の巨大化のなかで、人間性の喪失が指摘されている。

人間観 **C**（にんげんかん）　人間をどのようにとらえているか、つまり人間についての見方である。思想や哲学が形成される場合、その前提として、その人なりの人間観が存在する。したがって、哲学者の数だけ人間観が存在するともいえる。たとえば、人間の本性を善とみる性善説に立てば、中国の孔子や孟子のような徳治主義の思想が展開される。反対に、性悪説に立てば、荀子のような礼治主義の思想が形成される。

ホモ-サピエンス C（理性人）［Homo sapiens］（りせいじん）　ラテン語で知恵のある人、賢い人の意味。われわれの祖先である現世人類につけられた学問上の名称。スウェーデンの生物学者リンネ（1707～78）によって命名された。人間は他の動物に比べて、理性的な思考をするところにその特質があるとする人間観。古代ギリシャでは、真理を認識するために理性を働かせる方法として、事物を客観的にみるテオーリア（観想）の精神を重視した。
　　　　類 リンネ **C**　**☞** p.19（テオーリア）

ホモ-ファーベル（工作人C）［homo faber］（こうさくじん）　ラテン語で、作る人、働く人の意味。人間は他の動物と異なり、道

具を作りそれを使用するところにその特質があるとする人間観。ホモ-サピエンスの静的な人間観に対して，近代を支える動的な人間観である。すなわち，人間をとりまく自然界は神の創造ではなく，イギリスのベーコンの「知は力なり」に示されているように，自然界を対象化し，人間にとって好ましい方向に自然界を造りかえていく人間観である。

ホモ-ルーデンス（遊戯人Ｃ） [homo ludens]（ゆうぎじん）　人間の特質は遊び，遊戯にあるとする人間観で，オランダの歴史学者ホイジンガ（1872～1945）が用いた用語。彼は遊びの特徴として，自由な行為，生活の圏外にある非日常性，物質的な利害との無関係などをあげて，遊びと文化のかかわりを論じた。

類ホイジンガＣ

ホモ-レリギオースス　西洋中世における基本的な人間観＜宗教人＞。人間を，霊性と肉的なもの，原罪と救済とに引き裂かれた存在としてとらえ，人間の本来的なあり方は，肉欲を否定し，神の世界へと向かう信仰にあるとする。

類宗教人Ｃ

言葉を操る動物（ことば-あやつ-どうぶつ）　人間は他の動物と異なり，ことば，言語を使用する動物である。ドイツの哲学者カッシーラ（1874～1945）は，人間を象徴的動物として表現した。つまり，人間のことばは動物の音声と異なって，いろいろな意味を表現することができるシンボル化の機能をもっている。これが，人間の文化を発達させた大きな要因である。

類カッシーラＣ

考える葦　Ａ②（かんが-あし）　パスカルの著書『パンセ』（瞑想録）のなかの有名なことば。彼は「人間は，自然のうちで最も弱い一茎の葦にすぎない。しかし，それは考える葦である」と述べている。つまり，人間の本質を思考するところにあるとした。

☞ p.87（パスカル）

社会的動物　Ｃ④（しゃかいてきどうぶつ）　ギリシャの哲学者アリストテレスの「人間はポリス的動物（社会的動物）である」（『政治学』）に由来することば。ギリシャにおいては，ポリスとそれを構成する市民とは，切り離せない一体の関係にあった。各個人の活動の究極の目的は，ポリスの目標を実現するところにある。人間は家族，地域，国家の一員として生まれ，人間としての行動様式を身につけ，社会的に通用する人間となる。

社会化　Ｂ Ｎ [socialization]（しゃかいか）　個人が他の人々とかかわりあい，相互に影響し合いながら，その社会に適応した行動や経験のパターンをつくりあげていくプロセスをいう。ここでは，その社会の規則・規範・考え方などは当然のもの，疑いえない自然なものとして受容される（規範の内面化）。しかし，人間は単に社会に同調するものではなく，ひとりひとりの個人が自分の能力，個性などに即して周囲の環境に対して能動的に働きかける必要があり，この働きを**個性化**とよぶ。

狼に育てられた子（おおかみ-そだ-こ）　人間の社会や文化から隔離されて成育した子どもを一般に「野生児」とよぶが，その代表例の一つが，狼に育てられた子とよばれたアマラ（推定8歳）とカマラ（推定1歳半）である。彼女たちは1920年にインドのミドナプールの狼の洞穴からイギリス人宣教師によって発見された。初め，その行動は狼と同じで，直立歩行はできず，わずかな物音にも敏感であった。カマラは1年後に死亡したが，アマラはその後9年間生き，人間としての能力を少しずつ発達させたが，16～17歳になっても普通の子どもの3～4歳程度の能力にしか回復しなかった。ただし，現在ではその信憑性を疑問視する意見もある。

② 青年期の心理と課題

青年期の意義

青年期　Ａ㉘Ｎ（せいねんき）　一般的に12，13歳から22，23歳頃までをさし，児童期から成人期（壮年期）へ移行する時期のこと。よく「子ども（児童）から大人（成人）への過渡期である」といわれる。青年期は身体的，生理的成熟が顕著な時期で，およそ三つの時期に区分される。前期は中学生にあたる時期，中期は高校生にあたる時期，後期は大学生にあたる時期に相当する。青年期は男女とも身長・体重・胸囲・骨格など

身体的に急速な発達がみられ，性ホルモンによる男女差の特徴が大きく現れる。さらに，この時期は心理状態が不安定となり，動揺が激しいことが特徴である。

幼児期 **B** **1** **N** (ようじき)　乳児期に続く時期で，一般的に2歳前後から小学校入学までの期間をさす。乳児期に次ぐめざましい発達をとげる時期でもある。精神面では認知・記憶が著しく発達する。自己中心性が強く，自我の芽生えもあり，第一反抗期を経験する。また，幼稚園や保育所に入ることで社会性も育まれ，学校教育への準備が整えられる。

児童期 **C** **2** (じどうき)　6歳から12，13歳頃までをさし，学童期ともよばれ，小学生の時期に相当する。幼児期では家や母親が中心であったが，児童期では外界への関心が高くなり，近所の友人と仲間づくりを始める。

ギャングエイジ(徒党時代) [gang age] (ととうじだい)　小学校高学年から中学校にかけての頃で，主として同性による近接年齢的な仲間集団(ギャング)をつくって，仲間遊びをする年代をいう。この間に，仲間遊びに必要な行動の仕方を身につけていく。

少年期 (しょうねんき)　6歳から12歳頃までの時期で児童期にあたる。この時期に達すると，周囲にある他への関心や興味が増し，級友や特定の友人と仲間を形成し始める。また，この時期には知識を社会や大人から盛んに取り入れようとする。その時期はフロイトによって指摘された性的反発期に相当し，今まで一緒に楽しく遊んでいた男女が別々に行動し，さらに，お互いの欠点をあげて反発しあう時期でもある。

思春期 **B** (ししゅんき)　児童期の終わりから青年前期の頃にあたり，第二次性徴が現れ，男女差の生理的・身体的特徴がはっきりみられるようになる。この時期は，急激な自己の身体的変化に適応していく心の準備態勢ができていないので，心理的に情緒不安定に陥る時期でもある。特に，女子は初潮，男子は声変わりを始めとして生殖機能が完成し始め，性に強い関心を示す。身体が大人へと変わり始める一方，知的な面でも大きく変わる時期でもある。

壮年期(成人期) **C** **2** (そうねんき) (せいじんき)　心身ともに盛んな頃で，一般的にいう成人あるいは大人の時期。成人とはおよそ22，23歳頃から老年期の始まる60～65歳ぐらいまでの時期をいう。日本では民法・少年法で成人を満20歳以上と規定している。

老年期 **C** **4** (ろうねんき)　成人にひき続く人生最後の時期をいう。一般的には60歳以降，場合によっては70歳以降をさす。成人期の半ばを過ぎる頃から，身体的な老化の現象がめだつようになる。すなわち，身体の活動や機能の低下などが現れ，同時に思考が自己中心的になり心理的な老化も始まる。

ライフサイクル **A** **4** **N** [life cycle]　人生の周期という意味。人の生涯を誕生，就職，結婚，定年などを目安にいくつかの時期に区分する。最近は人間の寿命の延びにともなって，ライフサイクルのとり方や老後の過ごし方が大きな問題になっている。

青年期の延長 **C** **3** (せいねんきーえんちょう)　成人期の開始時期，つまり青年の社会的自立の時期が大幅に遅れてきていること。その原因としては産業構造が高度化し，成人の仲間入りをするための社会的学習の期間が長くなっていること，また，栄養条件の向上による早熟傾向によって，早くから青年期が出現していることなどが考えられる。同時に，社会もモラトリアムを容認する傾向になっている。

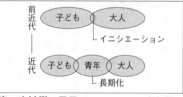

第二次性徴 **B** **2** (だいにじせいちょう)　青年期の身体的な変化の特徴をさす。男子は喉頭の隆起や胸や肩幅の厚み，女子は乳房のふくらみや初潮などがみられる。こうした身体的・生理的成熟は，青年の感情や情緒など心理面にも大きな影響を与える。

イニシエーション **B** **9** **(通過儀礼** **A** **11** **)** [initiation] (つうかぎれい)　社会においてある個人が誕生，成長して，一つの段階から他の段階へと移行するとき，それを可能にするための儀式で，わが国では「七五三」「成

人式」などの儀礼がこれにあたる。誕生から死までの折々の儀礼などについて，民俗学・民族学者のアルノルト＝ファン＝ヘネップが著書『通過儀礼』のなかで初めて体系的に論じた。

類 ヘネップ②

自我のめざめ Ｂ１(じが)　周囲の人から，自分を自分として区別する意識の根底にあるものを自我(エゴ)といい，自己自身を，他人とは異なる自分として意識できること，あるいは自覚をもつようになることをいう。同じ人間でありながら他人とは異なる自己，他人とはかえられない自己，そういった「個」としての自己を自覚し始める。他人に動かされ，他人に依存するのではなく，自らの自由意志でものごとを判断，決定し，成人への第一歩を踏みだすのが「自我のめざめ」である。それはまず，これまでの自分が依存してきた身近な権威に対する懐疑となって現れる。親，兄姉，教師に対する批判，反抗が始まる。青年期に特有な精神的不安定さの一つの原因を形づくっているこの時期を経て，人間は他律的人格から自律的人格へと成長するのである。

類 エゴ Ｃ (エゴイズム Ｃ)

第二反抗期 Ａ15(だいにはんこうき)　子どもが成長する過程において親や周りの人々に対して，反抗的な態度を強く示す時期。特に3歳前後と12歳〜15歳の頃がめだつ。一般的に前者を第一反抗期，後者を第二反抗期とよぶ。第二反抗期の特徴は，子どもから大人への過渡期で，精神的・社会的自我の拡大，独立した社会人への芽ばえがみられ，これらが精神的な自主性の主張，既成の社会秩序への反抗・否定という形をとって現れることである。

類 第一反抗期 Ｃ④

心理的離乳 Ａ20 **(精神的離乳)**(しんりてきりにゅう)(せいしんてきりにゅう)　青年期に入ると，家庭の厚い保護から離れようとする気持ちが強まる。この親からの心理的独立の過程をいう。それまでは親の意見を自分の意見として取り入れていたが，しだいに親そのものを対象として観察しはじめ，親の立場と自分の立場を切り離して考えるようになり，親の保護・監督をわずらわしく感じはじめる。アメリカの心理学者ホリングワー

スは，生後1年前後にみられる生理的離乳にならって，「心理的離乳」とよんだ。心理的離乳が十分に行われないと，いつまでも乳児的性格が残り，依存的性格になるといわれている。

類 ホリングワース Ｃ

ルソー Ａ16 🅝 [Jean Jacques Rousseau, 1712〜78]　フランスの作家・思想家。☞ p.131 (ルソー)

『エミール』 Ａ② [Emile]　1762年刊。ルソーの教育論。青年期が人間的に生きる出発点であることを強調した。人間の生まれつきの善性を原理とする教育論を展開し，教育の手段化に反対した。この考え方は，カントに大きな影響を与えた。

第二の誕生 Ａ12(だいにのたんじょう)　身体的な出生をさす第一の誕生に対して，精神的に生まれることをいう。ルソーは『エミール』のなかで **資料**「われわれはいわば2回この世に生まれる。1回目は存在するために，2回目は生きるために。つまり最初は人間として，次には男性，女性として生まれる」といい，青年期は人間が人間として生きるうえでのいわば出発点であるとした。人間は，生物的，生理的に生きるだけでなく，自己の生存を自覚しながら，そこに何らかの価値を創造していくものである。したがって，生きるということは，客観的・生理的現象としてだけでなく，内面的・精神的な働きかけとして考えられる。このような人間的な生き方が青年期において始まるとすれば，この第二の誕生は第一の誕生より重要であるといえる。

レヴィン Ａ12 [Kurt Lewin, 1890〜1947]　ドイツ出身のアメリカの心理学者。社会心理の分析概念としてのマージナル-マン(境界人)ということばを提唱し確立した。また，ゲシュタルト説(「場の理論」とよばれ，人間を周囲の生活空間とのかかわりからとらえる)に立つ学習理論も展開した。主著『人格の動的理論』

境界人 Ａ8 **(周辺人)** Ｂ　(きょうかいじん)(しゅうへんじん)　二つの異質な集団や社会に属し，双方から影響を受けながら，そのどちらにも完全には帰属していない人間。心理学者レヴィンは，青年期の基本的特徴を「子ども」の世界の住人ではないが，まだ「大人」

の世界からは受け入れられていない住人ととらえ、青年を二つの世界に位置する人という意味でマージナル－マンとよんだ。青年期には、一人前に扱われるかと思えば「子ども」とみなされたりもすることで、境界人としての不安定な心理状態にあって、矛盾と動揺を体験することが多い。

同 マージナルマン **Ａ**6

ゲーテ ［Johann Wolfgang von Goethe, 1749〜1832］　ドイツの詩人。「父からはまじめな生活の仕方、母からは快活な性質と物語の才能を受けた」とゲーテ自身が語っている。幼い頃からよく学び、特に語学に秀でていた。主著『ファウスト』。『若きウェルテルの悩み』は1774年刊の書簡体小説で、若いゲーテの内部に秘められたエネルギーのうねりが力強く吐露された、シュトゥルム－ウント－ドランク（疾風怒濤）の代表作。

疾風怒濤の時代 **Ｃ**（しっぷうどとう－じだい）　ゲーテのことば。疾風怒濤＝シュトゥルム－ウント－ドランクは、1770年頃から80年代にかけてのドイツの文学運動で、啓蒙思想の知性偏重の傾向に対する反動として、感性、自然、天才などを重視した。心理学上は、心身の変化が著しく、悩みや不安も多く、人生の激動期に相当するところから、青年期を表現するために用いられる。

同 シュトゥルム－ウント－ドランク

モラトリアム **Ａ**16 **Ｎ**［moratorium］　アイデンティティの確立のため、青年が実社会に入ることを心理的・社会的に猶予されている期間をいう。元来は経済用語で「支払い猶予期間」を意味していたが、アメリカの心理学者エリクソンによって心理学用語になったもの。青年期の心理・社会的モラトリアムの特徴は、①成人に要求される社会的責任や義務の免除、②性的な役割行動の完成やその拒否、③成人世代の価値観の継承やそれへの反抗、④子ども時代の同一視を取捨選択し、新たにその人のものといえるアイデンティティを獲得することなどである。

同 心理・社会的モラトリアム **Ｂ**13

自我 **Ａ** と自己 **Ａ**（じが－じこ）　自我とは、対象的な自己、自己をとりまく他者を意識し反省する自分、自己と他者に対して働きかけ

て自己を実現していく主体的な自分のこと。自己とは、意識され経験された自分自身のこと。混同されやすいが、客体としての自己と主体としての自我は意識の面で異なる。

自我意識 （じがいしき）　青年期には、自己を独立した存在として意識し、自己をとりまく世界と区別するようになる。これが自我意識である。青年期に自我意識が高まるのは、この時期に主我（自分を観察し反省する主体としての自分）と客我（観察の客体としての自分）が分離すると同時に、強くその統一を求めるからである。そのことを通して、自我が独自な存在（アイデンティティ）であることを発見し、自覚的に生きる存在となる。

友情 **Ｎ**（ゆうじょう）　友達の間の親愛の情。児童期の友達は単なる遊び友達であることが多いが、青年期に入ると自我にめざめ、少数の親友、つまり心から通じ合った友達を求める。そこでの友情は、利害打算をこえた純粋なものである。

孤独 **Ｂ**2 **Ｎ**（こどく）　一人きりであると感じるところから生じる寂しさや心もとなさの感情。特に青年期においては、純粋なものを求めるが得られないところからくる孤独感、自己の存在をみつめ、生き方を模索するところからくる孤独感なども考えられる。

劣等感 **Ｂ**3 **（コンプレックス** **Ｃ**2 **Ｎ）** ［complex］（れっとうかん）　自分を他と比較して他より劣っているという感情。劣等感の生じる背景には、青年期において自我意識が発達することと、現実の自己とあるべき理想の自己の間で悩むことが多いことによる。通常は無意識の世界に抑圧されているが、劣等感を意識することが原動力となって、自己の発展・向上に資することも多い。

感情の論理 （かんじょう－ろんり）　衝動的、感情的な考えになりやすい青年期の思考の筋道を示すことば。これは青年期が多感な時期で、喜怒哀楽などの感情、情緒、気分に左右されやすいことによる。

短絡反応 （たんらくはんのう）　ある目的をかかげて、周囲への影響も考えないで、まっしぐらに行動に移すこと。近道反応ともよばれ、理想を性急に求める青年期の一つの特徴である。

ピーターパン－シンドローム **Ｃ**［Peter

Pan syndrome〕大人社会への仲間入りのできない「大人・子ども」の男性が現す心の症候群。これはアメリカの臨床心理学者ダン＝カイリーが，1983年に刊行した『ピーターパン-シンドローム―大人になれない男たち』に由来する。なお，ピーターパンは大人社会から冒険に出かけ，夢の国で遊ぶ永遠の少年である。

類 カイリー

やまあらしのジレンマ Ｃ⑤　人と人が近づきすぎれば互いのエゴで傷つけ合うことになるが，一方で互いに親密になりたいというジレンマ。ショウペンハウアーの寓話の「冬の朝に2匹のやまあらしが互いを温めようと近づくとトゲで傷つけ合い離れる。離れると寒くなる」からフロイトが論じ，アメリカの精神科医ベラックが名づけた。

モラトリアム人間 Ｃ　(―にんげん)　留年や卒業延期などにみられるように，自分の進路を決定することができず，いつまでもモラトリアム（猶予期間）の状態にある青年のこと。モラトリアムとは，アイデンティティを確立するため，社会的な責任や義務を一時的に猶予・免除される青年期をさす。精神分析学者の小此木啓吾は『モラトリアム人間の時代』（1978年）のなかで，現代人はこの猶予期間を引き延ばし，大人になろうとしない傾向が強いと指摘した。

類 小此木啓吾 Ｃ

青年期の課題

発達課題 Ａ④　(はったつかだい)　人間が成長していく乳・幼児期から老年期までのそれぞれの発達段階において，次の段階へと発達していくために達成すべき課題。

青年期の発達課題 Ｃ⑦　(せいねんき-はったつかだい)　一人前の「大人」として認められる条件は，文化の型や時代によって異なるが，一般的には身体的・心理的・社会的な成熟が要求され，以下のような発達課題があげられる。①健康な身体をつくりあげ，性的成熟を含む身体的変化に適応すること。②両親をはじめとする大人によりかかることから抜けでて，精神的に独立していくこと。③同性及び異性の友人に対するふさわしい態度をつくりあげ，社会性を身につけること。④将来の目標を定め，そのために必要な教養・知識・技術の修得に努めること。⑤何が正しく，何が悪であるかの基準に基づいて，自己の人生観を確立するように努めること。

ハヴィガースト Ａ⑮　〔R. J. Havighurst, 1900～91〕アメリカの心理学者。青年期の発達課題として次の10項目をあげた。①同年齢の男女との洗練された交際を学ぶこと。②男性として，また女性としての社会的役割を学ぶこと。③自分の身体的変化について理解し有効に使うこと。④両親や他の大人から情緒的に独立すること。⑤経済的独立のめやすをつけること。⑥職業を選択しその準備をすること。⑦結婚と家庭生活の準備をすること。⑧市民として必要な知識や態度を発達させること。⑨社会的に責任のある行動を求め，なし遂げること。⑩行動の指針としての価値観や倫理の体系を学ぶこと。

エリクソン Ａ㉑　〔Erik Erikson, 1902～94〕ドイツ生まれのアメリカの代表的な精神分析学者。アンナ＝フロイトに出会い，フロイトの精神分析の研究を受け継いだ。彼は，人間の生涯を八つの時期（乳児期・幼児前期・幼児後期・学童期・青年期・成人期・壮年期・老年期）に分類し，それらをライフサイクルとよんだ。モラトリアム，アイデンティティということばは，彼が青年期の心理を分析するときに用いたことばである。主著『洞察と責任』『自我同一性』『幼児期と社会』

アイデンティティ Ａ⑧　〔identity〕エリクソンによって定義された心理学の基本概念。「自己同一性，自我同一性」と訳されている。「自分であること，自己の存在証明，真の自分，主体性」などの意味をもつ。特徴は，第一に自己についての独自性，不変性，連続性の感覚を有すること。第二に一定の人格的な対象との間，あるいは一定の集団との間で是認された役割の達成，価値観の共有を介して得られる連帯感，安定感に基礎づけられていることがあげられる。自分が自分であることを確認することであるが，同時に自分の不変性や連続性を他者に認められているという確認に裏づけられた自己像。これらが達成されない状態を「アイデンティティの拡散」という。

同 自己同一性 **C**（自我同一性 **A**）
類 アイデンティティの拡散 **B** [14]

自己斉一性	どんな状況でも自分は他と異なる自分
時間的連続性	過去も現在も自分が一貫した自分
集団帰属性	何らかの社会集団に属し他の成員から認められる

▲ アイデンティティ

ジェネラティヴィティ **C**［generativity］
エリクソンが用いた精神分析学上の言葉。「次世代の価値を生み出す行為に積極的にかかわっていくこと」を意味する。

ヘッセ［Hermann Hesse, 1877〜1962］ドイツの抒情詩人，小説家。1919年スイスに移住，ナチス-ドイツからの亡命者の援助に努めつつ，第二次世界大戦中に大作『ガラス玉演戯』を書いた。『車輪の下』はヘッセの青春期の自叙伝的小説。少年ハンスは子どもらしい楽しみを犠牲にして，神学校の入学試験にパスする。傷つきやすい少年の微妙な心理描写ときびしい教育への批判が描かれ，今日的意味をもっている。

生きがい **B** **Ⓝ**（い〜） 生きていくうえでの張り合い，充足感をいう。人間は人間らしく生きようとするかぎり，価値あるものを追求する。人間は単に動物的に生存するのみでなく，生きることに意味を与えようとするのである。生きることの喜びを感じたいと思い，他人にも喜んでほしいと思う。人間は孤独な面をもつと同時に，常に人間関係を求めている。そこに価値が介在し，価値の探究は人間の生活に意味と目標を与え，人間の生を向上させる。このことは一生を通じて行われるものであるが，特に，青年期は自我にめざめ，価値追求にめざめる時期であるだけに鋭敏であり真剣である。

神谷美恵子［1914〜79］（かみやみえこ） 瀬戸内海にあるハンセン病患者の療養所（長島愛生園）に勤務し，患者の精神的なケアを行い，その体験をもとに，人間の生きがいとは何かを追求した。大学卒業後，東京女子医専（現東京女子医大）に進み医学を学んだ。主著『生きがいについて』

自己実現 **A** [3]（じこじつげん） 自分の潜在的な能力を開化させ，個性を発揮し，パーソナリティを完成させ，最善の自己になること。マズローやエリクソンなどの心理学者が説いている。マズローは，生理的欲求から社会的欲求，さらに成長欲求に至る欲求の段階説を唱えたとき，その最も高次の欲求として位置づけた。

マズロー **A** [18]［Abraham H. Maslow, 1908〜70］ アメリカの心理学者。精神分析学や行動主義の心理学を批判し，実存的・人間学的心理学を主張した。人間の欲求について，生理的な欠乏を満たそうとする欲求から，価値や自由をめざす成長欲求，自己実現の欲求までの階層説を唱えた。最も高次の自己実現や至高体験を重視した。主著『人間性の心理学』

類 欲求階層説 **B** [6]

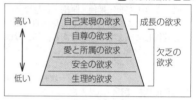

▲ マズローの欲求階層説

ビューラー［Karl Buhler, 1879〜1963］ドイツの心理学者。ナチスの迫害を逃れてアメリカなどで活躍。発達心理学の分野では，子どもの発達原則の理論化・体系化を試み，精神の発達は「本能」，試行錯誤による「訓練」，洞察力に基づく「知能」の三つの過程を経て進行するという考え方を示した。この説はピアジェの発達段階論によって精緻化された。主著『児童心理』

ライフ-キャリア-レインボー **C** 人間は，仕事のみならず，趣味や地域活動，家庭での役割など様々なキャリアを虹（レインボー）のように積み重ね，複数のキャリアを使い分けながら日々の暮らしを送っているという考え方。「年齢に応じた役割」「場面」の組み合わせで「ライフキャリア」が成り立っている。

ライフ-ロール **C** 人生において担っている「役割」のこと。心理学者スーパーは子ども・学生・職業人・配偶者・家庭人・親・余暇を楽しむ人・市民の8つを定義している。

欲求と適応行動

欲求 Ⓐ12（N）（よっきゅう）　生物としての有機体が生きていくために必要なものを得られない欠乏，不足状態から脱却しようとする傾向，あるいはそれを支えるエネルギーのこと。人間は，生物的・本能的な一次的欲求（生理的欲求）のみで生きていくわけではなく，二次的欲求（社会的欲求）が大切であるために，欲求は動機・欲望・願望・衝動など，いろいろな意味合いを含む。

生理的欲求 Ⓐ5（せいてきよっきゅう）　人間や他の動物が，生物として生得的にもつ基本的欲求。一次的欲求，基礎的欲求ともいう。生体内部のバランスを保とうとする機能（ホメオスタシス）をもつとされ，二つに分類される。第一は個体保存の欲求で，呼吸・渇き・空腹・排便・睡眠・休息などへの欲求，および苦痛を回避し身体的な安全を確保しようとする欲求である。第二は種族保存の欲求（性欲）で，新しい生命・世代をつくりだそうとする欲求である。
　　　　　　　　　　　　　同 一次的欲求 Ⓒ2

社会的欲求 Ⓑ4（しゃかいてきよっきゅう）　他者とともに仲よく生活し，他者から認められたいといった社会生活から発生する欲求。二次的欲求，派生的欲求ともいう。社会的欲求の分類の代表的なものにマズローの分類がある。彼によれば，低次の生理的欲求が満たされてはじめて次の社会的諸欲求が実現されるという。
　　　　　　　　　　　　　同 二次的欲求 Ⓒ2

適応行動 Ⓑ（てきおうこうどう）　環境や対人関係などの面で適切に処理すること。さらに自分自身の心のなかに安心・安定を達成しうる行動。この反対が不適応行動（失敗行動）で，退行，攻撃，逃避などがみられる。

欲求不満 Ⓐ4（N）（フラストレーション Ⓐ2（N））［frustration］（よっきゅうふまん）　欲求が満たされずに，心のなかに不安や緊張が高まる状態。もともとは「計画や意図などをくじく」という意味であることから「挫折感・欲求阻止」と訳されることもある。要因として，欠乏（たとえば能力）・障害（たとえばライバルの出現）・葛藤（複数の欲求が同時におこる）などがあげられる。

耐性 Ⓒ（N）（トレランス Ⓒ）［tolerance］（たいせい）　欲求不満耐性ともいう。欲求不満に耐える力のこと。人間はさまざまな欲求をもつが，社会的な制約のなかで生きているから，すべての欲求を満たすことはできない。人生ではすべてが思い通りにいくわけではないのだという経験をしながら，欲求不満に耐えられる精神的な強さを育てる必要がある。

葛藤 Ⓐ13（コンフリクト Ⓐ）［conflict］（かっとう）　お互いに相入れない願い・欲求・衝動・意見・態度などがほぼ等しい力で心のなかで抗争している状態。「葛」も「藤」も巻きついて伸びていく植物で，心のなかで絡み合い，こんがらがった状態を表現している。葛藤には，①回避したい欲求と回避したい欲求によるもの，②回避したい欲求と接近したい欲求によるもの，③接近したい欲求と接近したい欲求によるもの，という三つの型がある。

近道反応 Ⓑ（ちかみちはんのう）　ある種の障害によって欲求が阻止され欲求不満に陥ったとき，人間が合理的で迂回的な反応ができなくなり，適切な手段をとらないで衝動的・短絡的な行動をとること。たとえば，ニワトリはガラス越しに餌を置かれると，餌が食べられないためにガラスに激しくぶつかっていく事例などがある。

防衛機制 Ⓐ9［defense mechanism］（ぼうえいきせい）　心のなかの不安や緊張を解消し，安心を求めようとする自我の自動的な働き。精神分析学でさまざまに分類されているが，その代表的なものは抑圧，反動形成，合理化，退行などである。19世紀末，オーストリアの精神医学者フロイトによって提唱された。適応機制ともいう。

抑圧 Ⓐ5［repression］（よくあつ）　防衛機制の基本的な形態で，自分にとって不快で受け入れがたい思い出（記憶）やイメージなどを心の奥に沈み込ませようとする自我の無意識的な働き。意識的に忘れようとすることは抑制という。

合理化 Ⓐ19［rationalization］（ごうりか）　自分の取った不本意な行動，態度などに合理的，論理的説明をつけて自他を納得させて，不安や緊張を避ける自我の無意識的な働き。イソップの寓話のなかで，高いところにあるブドウを取れなかったキツネが「まだ熟れていないんだ」と負け惜しみをいう事例

抑圧	欲求を無意識のうちに抑える
合理化	自分を納得させる理屈づけ
同一視	摂取 — 他者の長所の取り込み
	投射 — 短所を他者のものとみなす
反動形成	抑圧した欲求と反対の行動
逃避	苦しい事態を回避する
退行	一段階前の発達段階に逆もどり
代償	実現可能な欲求に置き換える
補償	自分の短所を長所でおぎなう
昇華	社会的価値の高いもので発散

▲ 防衛機制

がその代表（酸っぱいブドウの論理）。

取り入れ **C** **N**［introjection］（とーいーー）　同一視（同一化）ともいう。さまざまな対象の特質・特性を自分のものとして取り込む働き。たとえば，映画を観てそのヒーローの動きに合わせて自分も動いていたり，プロスポーツ選手に対する熱狂的なファン心理などがそれである。

同同一視 **B** 10 （同一化 **C**）

投射 **B** 4 ［projection］（とうしゃ）　意識的に受け入れがたい自分の特質，考え，態度，感情などを，自分とは関係ない他の人に属するものだとみなす，責任転嫁の自我の無意識的な働き。投影ともいう。

反動形成 **B** 14 ［reaction formation］（はんどうけいせい）　抑圧されたものの正反対の内容が，意識に生じることで抑圧を補強する自我の無意識的な働き。たとえば，もってはならないとされる敵意が抑圧されて，気持ちの悪いほど過度のやさしさが出ることなどである。

退行 **A** 13 ［regression］（たいこう）　「子ども（幼児）返り」（子どもっぽいしぐさをすること）という現象のように，不安や緊張に耐えきれず，より低次で未発達の状態まで一時的に後戻りすること。

逃避 **B** 12 **N** ［escape］（とうひ）　自我が環境や対人関係などに適合していく過程で，不安・危険・緊張などに直面した場合に，そうした状況を避けていこうとする消極的で非合理的な適応の形態。空想への逃避（白昼夢など），疾患への逃避（学校に行きた

くない気持ちが高まると頭が痛くなるなど），現実への逃避（困難から逃れて他のことに熱中するなど）の例がある。

白昼夢 ［day dream］（はくちゅうむ）　目ざめているとき，放心状態に現れる活発な空想や夢想のことで，満たされることのない欲望や願望に関係した内容が多い。白日夢ともいう。

代償 **A** 3 **N** （だいしょう）　親の反対でバイクの代わりに高級自転車を買うというように，ある欲求を別の類似した欲求によって満たす行動。心の緊張はこうした意識的な行動によっても解消される。

補償 **A** 1 **N** ［compensation］（ほしょう）　身体的な弱点，心理的な劣等感をもつとき，ほかの分野（長所や得意な領域）で優越性を達成しようとする心の働き。

昇華 **A** 10 ［sublimation］（しょうか）　性的欲求や攻撃的衝動等の充足が阻止されたとき，そのエネルギーが，社会的，文化的に認められる方向に内容を変容して発散させること。たとえば，スポーツや芸術活動などへ，そのエネルギーが向かい，成果をあげるなどである。「成功した防衛」といわれる。

神経症 （しんけいしょう）　ドイツ語ではノイローゼという。精神面のショックや不安，緊張や過労などの心理的・環境的な原因によっておこる。精神病（統合失調症・そううつ病など）とは明確に区別される。症状としては不安，ゆううつ，恐怖，強迫などがある。

同ノイローゼ

ストレス **C** 1 **N** ［stress］　圧迫感や緊張感のこと。仕事や人間関係などの環境への適応に障害があり，緊張や不安が続くことから生まれる。

個性の形成

パーソナリティ **A** 3 ［personality］　「人格」と訳されるが，パーソナリティというときには，価値的にすぐれているという意味は含まれていない。一般的には，持続的で安定した統一のとれた，その人らしい行動の仕方及びそれを支えている精神のあり方の全体をいう。パーソナリティは，知能的な側面，気質的な側面，意志的な側面から形成されている。その形成も遺伝子レベ

ルのみで決定されるものでもなく，また環境的な因子だけが重大な作用を及ぼすものでもない。この両者の複雑な相互作用のなかで形成されるのである。なお，personalityは，古代ラテン語のpersona（ペルソナ＝ギリシャ悲劇に使われた演劇用の仮面）に由来するといわれている。

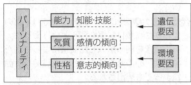

性格 **C**①**N**［character］（せいかく）　character は「刻みこまれたもの」というギリシャ語に由来するように，その人に特有な行動の仕方で，各人に独自なものである。彼の性格は明るい，意志が強いなどと表現されるように，性格には気質的な側面や意志的な側面が強調される。パーソナリティは広い意味の性格とほぼ同じ意味だと考えてよい。

個性 **A**③**N**［individuality］（こせい）　それぞれの人がもっている個別性と独自性のこと。これが基礎になって，その人らしい全体としての特徴が表出されるのである。したがって，パーソナリティや性格（広義）とほぼ同義に考えてよい。

気質 **C**［temperament］（きしつ）　パーソナリティの基礎となる生得的な要素で感情的性質をいう。遺伝的な要素がきわめて強い。クレッチマーが体型とのかかわりで，気質を分類したのは有名である。

感情 **B**N［feeling］（かんじょう）　ある体験や行動にともなって生ずる喜び，悲しみ，怒り，憎しみなどの快，不快の内的な体験に基づく精神状態。一時的で激しく強い身体的な変化をともなうものを情動という。

能力 **A**②**N**［ability］（のうりょく）　現在その人がもっている身体的，精神的な力で，体力・知能・意志力・感性などを含む総合的な力。

知能 **A**［intelligence］（ちのう）　効果的に課題を解決していく創造的な能力である。新たな課題場面では，遺伝的で固定的な本能のみでは適切な対処はできない。知能の構成子やその測定法については，さまざま

な見解が出されている。

意志 **A**（いし）　欲求や衝動をコントロールし，意図的に目標・目的を決定し，行動へと自分を導いていく働き。

オルポート［Gordon Willard Allport, 1897～1967］　アメリカの心理学者。パーソナリティの研究を通して，人間を単に個々の刺激―反応の要素の集まりとはみないで，「自己」を中心とする一つの全体的な統一体と考えた。

成熟したパーソナリティ（せいじゅく-）　オルポートは成熟したパーソナリティの特質として，次の六つをあげている。①自己の内的世界のみでなく経済的，政治的，家庭的，宗教的な領域などに拡大された自己意識をもつ。②直接的，間接的に自分を他者に温かく関係づけることができる。③情緒的安定をもっており，自分を受容することができる。④現実をほぼ正確に見て，自分の仕事に没頭する。⑤自己を客観視でき，洞察とユーモアの能力がある。⑥統一された人生観と調和した生活がある。

クレッチマー **C**［Ernst Kretschmer, 1888～1964］　ドイツの精神病理学者。体型（細身型・肥満型・筋骨型）と気質（分裂性気質・そううつ性気質・粘着性気質）とを関連づけたが，今日では必ずしも妥当しないことが分かってきている。

外向性・内向性（がいこうせい・ないこうせい）　ユングの性格類型。自分のエネルギーや興味・関心が外に向かったり（外向性），内に向かったり（内向性）すること。これらの方向が顕著な場合，外向型，内向型という性格特性になる。

シュプランガー **C**①［Eduard Spranger, 1882～1963］　ドイツの哲学者，教育学者。生の哲学の流れに属し，人間の価値への態度から6類型を提示した。すなわち，理論型（客観性を重視）・経済型（金や財産に関心）・審美型（美と快楽の追求）・社会型（倫理的，献身的生活）・権力型（地位，権力，支配への欲求）・宗教型（道徳的，至高の価値の追求）である。主著『生の諸形式』

精神分析・深層心理

フロイト **A**⑧［Sigmund Freud, 1856～

1939］　オーストリア
の精神医学者，精神分
析の創始者。神経症の
治療と研究から，人間
の行動を背後から規定
する無意識の存在を仮
定し，人間の内的世界
の構造を解明した。主
著『精神分析学入門』『夢判断』

ユング **B**⑤［Carl Gus-
tav Jung, 1875 ～
1961］　スイスの精神
科医，精神分析家。フ
ロイトの無意識の考え
方に反対した。意識を
補完し発展させるのが
無意識の働きであり，

全体としての精神の統合性を重視した。主
著『無意識の心理学』

精神分析　**C**［psychoanalysis］（せいしんぶんせ
き）　フロイトが創始した神経症などの精神
障害を治療する方法，あるいは，夢や空想
などに即して人間の心のあり方を研究する
方法，それらから得られる知識，学問など。

深層心理学（しんそうしんりがく）　人間の行動を心
の奥底に隠された無意識の働きによって説
明する心理学。しばしば精神分析と同じ意
味として使われる。フロイトは神経症の治
療の経験から，人間の心には本人が自覚し
ない無意識の欲望が働いている事実を発見
した。無意識には道徳には制約されない，
非合理的な心的エネルギーである性の衝動が
働いている。フロイトは芸術や宗教などの
文化もこの性の欲求が昇華されたものと考
えた。

　　　　　類 無意識 **B**⑤　深層心理　イド**C** **N**

イド **C** **N**（**エス** **A** **N**）［Ido, Es］　フロイ
トが主張した心の装置の一つで，性的衝動
を中心とする本能的な欲求のエネルギー
（リビドー）が蓄えられた無意識の部分で
ある。イド（エス）はひたすら衝動を満足
させて快感を得ようとする。自我は無意識
のイド（エス）からわきあがる欲求の充足
をおさえたり，延期したりしながら現実と
衝動とを調節しようとする。

超自我　**C**［super-ego］（ちょうじが）　フロイ
トが主張した心の装置の一つで，自我から

派生したもの。上位自我ともいう。親のし
つけなどが内在化したもので，良心（罪悪
感），理想の働きを営む。

エディプス-コンプレックス　［Oedipus
complex］　フロイトがギリシャ神話から
名づけたもので，無意識のうちに，男の子
どもが母親への愛を抱き，父親への憎しみ
をもち，そのために処罰されるかもしれな
いという不安からなる複雑な思いをいう。

リビドー　**C**［libido］　精神活動を根源的に
支配する性愛的なエネルギーをさす。初め
は自己に注ぎこまれるが（自己愛的），発
達にともなって対象的になり，他者にふり
向けられる。

集合的無意識（普遍的無意識）（しゅうごうてき
むいしき）（ふへんてきむいしき）　人間の心の深層に
ある，個人の体験をこえた，人類が太古か
らくりかえしてきた体験が積み重なってで
きた，普遍的なイメージをもつ無意識の領
域。たとえば，夢のなかには個人が過去に
経験したことがない不思議なイメージがあ
り，世界の神話のなかにも民族をこえた共
通性があったりする。この集合的無意識に
おける個人をこえて人類に共通した心のイ
メージを元型とよぶ。

元型（アーキタイプス）（げんけい）　ユングの
用語で，普遍的無意識層にある，いくつか
のパターン，人類に共通した神話的・原初
的な心のイメージ。たとえば，男性にとっ
ての女性的な性質であるアニマ，女性に
とっての男性的な性質であるアニムスや，
すべてを包みこむ母なるものを表す太母
（グレートマザー）がある。

現代社会における青年とキャリア形成

若者文化　**B**［youth culture］（わかものぶんか）
1960年以降の高度経済成長のなかで，わ
が国の青年たちは新しい文化としての若者
文化（青年文化）をつくりあげてきた。こ
れは大人文化（体制文化）に対する対抗文
化としての性格をもつ。かつては個性否定
の社会に対する反発の表現でもあったが，
最近ではテレビなどのコマーシャリズム
（商業主義）によって増幅されたものが多
い。かつてはロック，フォーク，ミニコミ
などの下位文化が，大人の仲間入りをする
までの過渡的文化として位置づけられてい

たが，今では逃避的な性格の強い文化が流行している。ゲームへの熱中や奇妙なうわさ話がかけめぐる口コミ文化の存在は，そのことを物語っている。

対抗文化**C**（カウンター-カルチュア）
[counterculture]（たいこうぶんか）　社会を支配している成人文化に反発する若者文化のこと。敵対的文化ともいう。1960年代にアメリカに生まれたヒッピーの生き方のなかにその典型をみることができる。彼らは既成の価値観を否定し，長髪・Ｔシャツ・ジーンズなど独自のスタイルを築いた。やがて，若者文化は主流文化である成人文化をも変える力をもつにいたった。

カルチュラル-スタディーズ [cultural studies]
現代文化に関する批評活動の一種。「文化研究」ではなく，あえてカタカナで「カルチュラル・スタディーズ」と表記する場合，単純に文化そのものを研究するのではなく，ロックミュージックやコメディ漫画といった現代文化が，いかに政治イデオロギーや経済権力構造と結びついているかといった「文化と政治」「文化と権力」の側面が重視される。

ビートルズ [The Beatles]
イギリスの4人組のロックバンド。1960年に結成され，既成のものへの挑戦や情熱の発露などで，音楽の新潮流をつくり，世界の若者に影響を与え，若者文化の頂点をきわめた。

青年の価値観（せいねん-かちかん）
戦後世代の多くの若者に支持を得た「ニューミュージック」などのメッセージに共通している特色は，感性的個人主義（やさしいミーイズム）であった。青年の考え方も社会状況や生活状況に応じて変化するが，最近では個人優先，自己中心主義的な価値観が優先される傾向にある。

逸脱行動（いつだつこうどう）
正常な行動に対立し，社会的な規範からそれた行動である。これには犯罪，売春，非行，麻薬などから過激な言動まで含まれる。

反社会的行動（はんしゃかいてきこうどう）
逸脱行動のなかで，社会の共同生活のルール，具体的にいえば，法律・道徳・習慣などに反する行動のことをいう。概して法律に反する行為を犯罪，その他は非行や不良といわれている。

非行文化（ひこうぶんか）
特に社会規範からはずれ，退廃的な傾向をもつ若者文化のことをいう。暴走族や未成年の飲酒などにみるように，大人文化への過激な反抗の形をとっている。

世代の断絶（せだい-だんぜつ）
二つ以上の世代間にみられる，意識や行動面などでの世代間の交流がなくなること。現代では特に，親と子の世代間に顕著にみられる。一般的に保守的で現状維持を求める親の世代と，変化・改革を好む子の世代との間に断絶が生まれている。

三無主義（さんむしゅぎ）
青年たちの間に広がった消極的な傾向のこと。1960年代末の学園紛争の後の挫折感からくる無気力，無関心，無責任の気風が学生や生徒をおおい，「三無主義」とよばれた。

五無主義（ごむしゅぎ）
「三無主義」に無感動が加えられて「四無主義」とよばれるようになり，さらに四無主義に無作法が加えられて五無主義になった。

自閉文化（じへいぶんか）
1980年代，青年たちが携帯音楽プレーヤーやパソコン・カタログ・雑誌など，自分一人で完結できる商品に取り囲まれて生活している現象や状況をさした言葉。

フリーター **B** **N**
フリーアルバイターを略した造語で，定職につかずにアルバイトなどで生計を立てようとする人。モラトリアムの状態にとどまろうとする現代の青年の心を象徴する行動パターンとみられる。他方で，正社員を希望する人も多い。
⇨ p.466（フリーター）

ＮＥＥＴ**B****2**（ニート**B****2**）
就学・就業・職業訓練のいずれもしていない若者をさす。Not in Education, Employment, or Training の頭文字をとったもの。イギリスで名づけられた。日本では15〜39歳の非労働力人口のうち，家事も通学もしていない者を「若年無業者」とよび，その数は約87万人に達する（2020年時点）。
類 若年無業者 **C** **N**

パラサイト-シングル **C** [parasite single]
パラサイトとは寄生生物の意だが，転じて卒業・就職後も独立せず，親元で暮らす豊かな未婚者のこと。この造語を命名した社会学者の山田昌弘は自著『パラ

サイト・シングルの時代』(1999年)でこう指摘している。「何の気兼ねもせずに親の家の一部屋を占拠し，親が食事を用意したりすることを当然と思い，自分の稼いだお金で，デートしたり，車を買ったり，海外旅行に行ったり，ブランドものを身につけ，彼氏や彼女にプレゼントを買う」。しかし，現在では非正規雇用者が急増し，経済的な自立がむずかしく，親のもとで生活せざるをえない人も多い。

ひきこもり **C** **N** (社会的ひきこもり) (しゃかいてき-)　「仕事や学校に行かず，家族以外と交流せずに半年以上，自宅にひきこもっている状態」(厚生労働省)にある人たちのことをいう。ひきこもりと一口に言っても，その実態は多様であり，生物学的な要因が関与している場合もある。また，長期にわたることが特徴のひとつとされ，高年齢化が問題となっている。内閣府は，15～39歳で約54万人と推計している。また，40～64歳のひきこもり中高年は約61万人と推計されている。

キャリア **A** (きゃりあ)　キャリアとは，職業生活を中心としたその人の経歴全体を意味する。

キャリア開発 **C** (-かいはつ)　キャリアとは，職業生活を中心としたその人の経歴全体を意味する。就業以前の学校生活，家庭生活，余暇の過ごし方，退職後の生活などを含め，生涯を通じて追求されるものである。キャリア形成の相談にのる専門職をキャリア-カウンセラーという。

　　　　類 キャリア形成 **C**　**キャリア教育** **C**
　　　　　　　　　　　キャリア-デザイン **C**

専門職大学 **N** (せんもんしょくだいがく)　2019年より日本で新たに導入された大学制度であり，国際標準の概念では職業大学の一種である。日本における従来の大学は，ほぼ全てが研究大学であり，学術研究と研究者養成を最大のミッションとしている。一方，職業大学は，専門職業人の養成を最大のミッションとしており，実習・実験・実践等を中核とする教育プログラムが提供される。

スチューデント-アパシー **B2** [student apathy]　学生無気力症。学業や社会，人に対する関心や意欲がなくなるなど，学生や若者に特有にみられる状態。

3 哲学の始源と発展　ーギリシャ思想

倫理・哲学の基本用語

人生観 **B** (じんせいかん)　人間の生き方や生きることの意味についての見方，感じ方，考え方を総合したもの。また，人生の価値や目的，さらには人生に対する態度についての考え方をさす。たとえば，「厭世観と楽天観」「唯物論と唯心論」「現実主義と理想主義」など，それぞれの立場はおのおのの人生観に依拠している。

良心 **A3** **N** (りょうしん)　何が善で何が悪かを判断し，善を行うことを命じ，悪を退けることを求める意識。良心の用いられ方は思想家により多様である。カントによれば人間の内なる法廷の意識が良心である。良心は義務の観念と深くかかわり，義務の遂行がなされないとき，深い悔恨の情にかられるし，逆に遂行されたときに喜びを感じる。

悪 **A** (あく)　広い意味ではわれわれにとって，害毒のあるもの，好ましくないもの，正義，道徳，法律に反するものをさす。また，害悪，罪悪，悪徳，劣悪，醜悪など，道徳的な悪とともに，美やすぐれたものと対立する概念としても捉えられる。ソクラテスは人間の悪は無知に基づくものと考えた。

心情倫理 (しんじょうりんり)　行為の結果に責任をとるのではなく，自己が正しいと信じる絶対的価値，倫理的命令に従って行為すること。思いつめた純粋な心情という動機を重んじ，目的のためには手段を選ばないという考え方もこれと関係する。

責任倫理 (せきにんりんり)　ある行為がもたらす結果を予見し，それを考慮したうえで，他人に転嫁することなく自らが責任をとる覚悟で行為すること。目的によって手段を神聖化するようなことはなく，一定の目的を達成するために合理的な手段をとることを考量する。

知識 **B2** **N** (ちしき)　哲学では確実な認識によって得られた成果をいう。独断や空想と異なって原理的・体系的に組織づけられ，客観的に妥当する判断の体系である。たとえばカントは，[資料]「知識は経験とともに始まるが，経験から生ずるのではない」

とし，知識の客観性と普遍妥当性を基礎づけようとした。

唯物論（ゆいぶつろん）[materialism]　精神や心よりも物質とその運動が世界の根本原理であるとする思想。唯心論に対する。古代ギリシャのデモクリトス・エピクロスの原子論は一種の唯物論とみられる。マルクス・エンゲルスは，ヘーゲルの考えを発展させて弁証法的唯物論を確立した。

唯心論（ゆいしんろん）　唯物論に対する語。心は非物体的なもの，物体から独立した存在であり，世界の真実在は究極的には精神的なものであるとする考え方。存在が意識を決定するのではなく，存在より精神のほうがより根源的であるとする形而上学的立場によるもの。

ギリシャの文化・思想

ギリシャ思想　**C**（-しそう）　古代ギリシャで，前6世紀頃から展開された思想の総称。ギリシャ哲学は，通常これを三つの時期に分ける。①アテネ期以前の哲学，タレス等の自然哲学を中心とする時期からソフィストたちの活動にいたる時期，②アテネ期の哲学，つまりソフィストたちの活動に始まり，ソクラテス・プラトン・アリストテレスらの思想家を輩出した時期，③ヘレニズム期の哲学，つまりポリスの崩壊期の，エピクロス派・ストア派をその代表的思想とする時期，である。ギリシャ思想（ヘレニズム）はキリスト教思想（ヘブライズム）とともに西洋思想の一つの源流となった。
　　　　　類 ヘレニズム **C**　ヘブライズム **C**

スコレー[scholē]　もともとは閑暇・ひまを意味するギリシャ語で，schoolの語源。奴隷制によって労働から解放されて得た閑暇を，ギリシャ市民は精神活動に活用し，ギリシャ思想の形成に寄与したといわれる。

カロカガティア[kalokagathia]　善にして美，善と美の調和がとれていること。善美のことがら。この善美を備えた人が，古代ギリシャ人の理想とした人間であり，善と美は切り離せないものであった。

ポリス　**A**④**N**[polis]　古代ギリシャの都市国家。人口数万程度の小国家で，代表的なポリスにはアテネやスパルタがある。中央部にアクロポリスの丘があり，その周辺にアゴラ（公共の広場）が広がる。このアゴラで市民が政治に参加し，また議論や社交の場になった。ギリシャ哲学の発展の基盤であり，市民のポリスへの帰属意識は強く，アリストテレスの「ポリス的動物」という表現は有名である。アレクサンドロスの遠征以降，ヘレニズム期には独立性を失っていく。

自然哲学　**C**（しぜんてつがく）　自然の事物や現象を根本的に探究し，統一的に考察した古代ギリシャの学問で，特に万物の根源を求めたイオニア地方で生じた哲学をいう。たとえば，紀元前6世紀に，最初の哲学者タレスは，神話的な世界観から脱して，実用を離れてものの本質や原理（アルケー）を探究し，それを水であるとした。また，「三平方の定理」で有名なピタゴラス，万物の根源を無限の原子（アトム）としたデモクリトスらが自然哲学者として著名。
　　　　　類 ピタゴラス **C**　デモクリトス **C**

タレス　**C**[Thales，前624/40頃〜前546]「万物の根源（アルケー）は水である」といった自然哲学の祖。アルケーを追求した最初の哲学者。イオニア地方の植民都市ミレトス生まれで，ギリシャの七賢人のひとり。天文学に通じ，前585年の日食を予言したとされる。

ピュタゴラス　**C**[Pythagoras，前6世紀頃]　万物の根源（アルケー）を数に求めた哲学者。イオニア地方サモス島出身で，宗教教団（ピュタゴラス教団）を組織した。数学上，三平方の定理がとくに有名であるが，世界は数的秩序が保たれ，調和しているとする。

ヘラクレイトス　**C**[Herakleitos，前540頃〜？]　万物の根源（アルケー）を火に求め，「万物は流転する（パンタレイ）」と説いた哲学者。

エンペドクレス　**C**[Empedokles，前493頃〜前433頃]　古代ギリシャの哲学者。イオニア学派の自然哲学者。多元論を主張し，万物は地・水・火・風の4元素の混合であり，これらに愛と憎という相反する2つの力が作用して，離合集散すると説いた。

デモクリトス　**C**[Demokritos，前460頃〜前370頃]　万物の根源（アルケー）は，これ以上分割不可能な原子（アトム）と空虚

であるとし，唯物論的思想を展開した哲学者。万物の生成消滅をアトムの離合集散によって説明した。

民主制 **Ａ** （みんしゅせい）　古代ギリシャにおいてデモクラティア（民主制）とは dēmos（人民）と kratia（支配）を合成したもので，「人民の支配」の意味である。前5世紀のペリクレスの時代に全盛を迎えた直接民主制である。

ソフィスト **Ｃ** [sophist]　紀元前5世紀頃アテネで活躍した，法廷での弁論や修辞学などを教え，それを職業とした人々。価値の相対性を説き，修辞を仕事としたために，後に詭弁家ぎべんかの代名詞ともなる。代表的ソフィストには「人間は万物の尺度である」といったプロタゴラスがいる。

弁論術 **Ｃ** （べんろんじゅつ）　人々の前で意見を述べ，相手を説得し納得させる技術。紀元前5世紀初めのペルシャ戦争後の民主政下のアテネでは，民衆は高い教養と弁論の力で，ポリスの政治に大きな発言力をもった。ソフィストとよばれる学者たちが，この弁論術などを高い報酬を取って青年たちに教えた。

プロタゴラス **Ｃ** [Protagoras, 前500頃〜前430頃]　「人間は万物の尺度である」と説き，相対主義の立場をとり，絶対的真理，普遍性を否定した代表的ソフィストで，おもにアテネで活躍した。

ゴルギアス **Ｃ** [Gorgias, 前483頃〜前375頃]　初期ソフィストの代表的人物。とくに弁論術・修辞学を得意とし，「何もない，あるとしても人間には把握できない，把握できたとしても伝えられない」という懐疑論を展開した。

相対主義 **Ｂ** （そうたいしゅぎ）　人間の価値判断は，個人の主観に基づき，各人のおかれている条件によって異なり，相対的であると主張して，絶対的な規範や真理を否定する立場。ソフィストの主張に典型的にみられる。

アルケー **Ｃ** [archē]　古代ギリシャの自然哲学における世界の起源や根源的な原理を意味することば。たとえば最初の自然哲学者であるタレスは「万物がそれより生じ，ふたたびそれへと消滅していくところの根源的なものをアルケー」とよび，それを探究した。そしてアルケーを水であるとした。

同 根源・万物の根源

ロゴス **Ｂ** [logos]　生成変化する根底にある調和や秩序をもたらす根本的な原理としての理法をさす。このロゴスをとらえるのが理性である。また，ことばを通して，理性によって表現された概念，論理，説明，理論，思想をいう。

アレテー **Ａ** [aretē]　ギリシャ語で，優秀性・卓越性・有能性を意味し，「徳」と訳される。馬のアレテーは「走ること」であり，犬のアレテーは「鼻がよい」ことにある。ソクラテスは，人間のアレテー（徳）は魂をよりよくし，正しく生きることであるとした。

ソクラテス

ソクラテス **Ａ6Ｎ**

[Sōkratēs, 前470頃〜前399]　アテネの哲学者。父は彫刻師，母は助産師であったと伝えられる。若い頃のことは不明であるが，自然哲学に関心をもっていたらしい。肉体的・精神的に異常な力をもち，容貌は醜く，しばしば一種の恍惚状態に陥り，そのまま瞑想にふけったといわれる。心のうちからしばしば聞こえる「ダイモニオンの声」が彼に道徳的な忠告を与え，それに導かれて瞑想し行動したという。アテネ衰退の原因となったペロポネソス戦争に3度従軍している。40歳の頃，友人がデルフォイのアポロンの神殿で「ソクラテスに勝る知者はいない」という神託を受けた。この神託の意味を探究するなかで，彼は「無知の知」という独自の思想に到達した。そこでソクラテスは，問答を通してアテネの市民に「無知の知」を自覚させ，真の知の探究に向かわせることを自らの使命とした。しかし，当時の政治的抗争のなかで，青年をまどわし国家の神々を信じていないという理由で告発されて死刑の宣告を受け，自ら毒杯をあおいで刑死した。ソクラテスは著作を残していないが，弟子のプラトンなどの著作を通して彼の思想をうかがい知ることができる。

『ソクラテスの弁明』 **Ｃ** （ーべんめい）　ソクラテ

ス自身の著作はなく，弟子プラトンの著作である。「ソクラテスにまさる知者はいない」という神託の謎解きのための問答の結果，「無知の知」という結論にいたる。この事件以来，街頭に出て，特に青年たちと問答をした。

「汝自身を知れ」 **C** (なんじじしん-し-)　もとデルフォイの神殿に刻まれてあった箴言。もともとは身の程を知れという意味に解される。ソクラテスがこの箴言を哲学的に深め，行動上の標語としたもの。すなわち彼は自分自身のことを省みて，自分が無知であることを自覚し，その自覚に基づいて真の知恵を求め獲得し，正しい行為をなすことを命ずる意味に理解した。

無知の知 **A** **N** (むち-ち)　自分が無知であることを省みて自覚することによって，初めて真の知にいたることを強調したソクラテスの考え方。これによってソクラテスは自らを省みて，真の知の探究に向かわせる方法論とした。

神託事件 (しんたくじけん)　ソクラテスの友カイレフォンは，デルフォイに行って「ソクラテス以上の知者はいない」というアポロンからの神託を受けた。カイレフォンからそれを聞いたソクラテスは，その神託に疑問を感じ，神託が真に意味するところを確かめたいと欲した。ソクラテスは，当時，知者と言われた有名な政治家などを次々に訪問し，彼らが何を知っているのかを確かめようとしたが，実際には彼らは肝心の魂の問題や善美の問題については何ひとつ知らないということが分かった。そこでソクラテスは考えた。「自分は，自分が何も知らないということを知っている。そして，知らないことを知っていると思うよりも，知らないことを知らないと思うほうが優れている。その点から言えば，自分のほうが知者と言える」とし，デルフォイで得られた神託の真意がここにあると判断した。

愛知 **B** **N** (あいち)　無知を自覚し真の知ソフィア[sophia]を愛し求めること。ソクラテスの精神を示すものであり，真理を常に探究すべき課題として謙虚に自覚することである。「愛知」の意味の英語[philosophy]を「哲学」と日本語訳したのは西周(1829〜97)である。真実の知恵を愛し

求める愛知，すなわち哲学とは，人間とは何かを問うことである。

問答法 **B** **(産婆術)** (もんどうほう) (さんばじゅつ)　対話を通して無知を自覚させ，真理の認識の誕生を助けるソクラテスの方法。産婆術ともいう。ソフィストが弁論という一方的な独白の形式で，相手方を説得することをねらいとしているのに対して，自分の無知を自覚していたソクラテスは，対話(問答法)の形式で，相手方の議論を逐一吟味し，そのなかに含まれる矛盾や行きづまりを自覚させ，より正しい道にそって自分で真理を発見させようとした。ソクラテスの方法は「無知の知」から出発した産婆術的な真理探求の方法である。

類 **助産術** **C**

善く生きる **B** (よ-い-)　精神的・道徳的にすぐれ，自己を高めることを重んじ追求したソクラテスの生き方。ソクラテスは問答法を通じて，無知を自覚させ，真の知恵を愛し求め，魂をよりよくするような生き方をよびかけた。したがって，ソクラテスの「善く生きる」とは，人間の徳についての知恵が真の知恵であり，真の知は実践をともなうという知徳合一，知行合一，そしてそれは幸福と一致するという福徳一致を意味している。また，ソクラテスは 資料 「いちばん大切なことは，単に生きることではなく，善く生きることである。善く生きることと，美しく生きることと，正しく生きることとは同じだ」と述べている。老友クリトンがソクラテスに逃亡を勧めたとき，ソクラテスは，国法の絶対性を説き，ポリスの命令に従うことが正義であると説いてクリトンの申し出を断った。この態度も「善く生きる」ことを示すものといえる。

魂への配慮 **B** (たましい-はいりょ)　「善く生きる」ことを求め，人間にとって最も大切な魂を気づかうことをうながすソクラテスの生き方を示す。告訴されたソクラテスは，法廷において，魂への配慮を次のように求めている。「生きるということが，単に生命をながらえることでなく，いかに大金や名誉を積んでも，ただちにそれだけで幸福になりうるものでないことを誰もが知っているが，しばしばわれわれは手段と目的をとりちがえ，一時の快楽や安逸におぼれ，

魂の精進を忘れている」と。

「徳は知なり」（とく-ち-）　ソクラテスの主知主義の立場を示す根本思想。知恵が徳を導くという考え方で，徳が何であるか知らないから誤った行為がなされるのだと解釈される。したがって，真の知恵は，必ず徳・正しい行為につながることになる（知行合一）。

福徳の一致（ふくとく-いっち）　真に知ることによって善く生きることができ，そのような善く生きる徳を実践することが幸福であるとするソクラテスの考え方。人間は本来幸福を求めている。ソクラテスにとって，幸福とは物質的なものではなく精神的自己完成である。幸福な人はあらゆる徳において完全な人である。徳の実践はおのずから幸福をもたらす。徳の実践そのものが幸福なのである。なぜなら，徳は人間最高の目的であり，善そのものであるからである。ここに福徳一致の思想が生まれる。

プラトン

プラトン Ⓐ④［Platōn，前427〜前347］　アテネの名門貴族の家に生まれ，政治家を志していた。28歳の時，彼の師であったソクラテスが処刑された。彼は，腐敗・堕落したアテネ の民主政治が師を刑死に追いやった，と考えた。こうしたことから政治に失望し，師を弁護する「対話編」を著しながら哲学の道へと進んだ。南イタリアなど各地に遊学した後，40歳頃アテネに戻り，学園アカデメイアを開いて哲学教育や研究にあたった。晩年に2度，シラクサ（シチリア島）で自らが理想とする哲人政治を試みたが失敗に終わった。プラトンの哲学の特徴はイデア論を中心とした理想主義にある。彼は，知恵の徳を備え「善のイデア」を認識する哲学者が統治する哲人政治の国家論を提唱した。主著『ソクラテスの弁明』『クリトン』『パイドン』『饗宴』『国家』

理想主義 Ⓒ（りそうしゅぎ）　人間にとって，知性あるいは感情に完全で最高の満足を与えるものが理想である。理想はいまだ現実に存在していないが実現可能なものであり，人間の行動の指針や目的となるものである。このような理想を思考する考え方が理想主義である。プラトン哲学に典型的にみることができる。

イデア ⒶⓃ［idea］　事物の理想的な形や本源を示すプラトン哲学の中心概念。イデアは理性によってのみ認識されうる実在（真実在）であり，現実の個々の事物は不完全な模像，単なる影にすぎないとされた。プラトンは，現実世界は生滅する感覚の世界であり，これに対して感覚をこえた不滅の世界があるとし，これが真実・理想の世界，イデア界であるとした。この世のすべては，イデア界によって完全とされることを理想としており，滅びゆく肉体に宿る魂（理性）は，人間の誕生前の故郷＝イデア界を憧れる（エロース）とする。

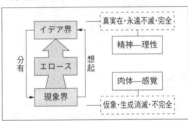

エロースⒷⓃ（**愛慕**Ⓒ）［Erōs］（あいぼ）　理性を働かせて真善美の認識に達しようとする哲学的な衝動をさすプラトンの用語。また，イデアの世界に対する知的な憧れとして最高の純粋な愛も意味する。プラトンは『饗宴』でエロースを次の形で描いた。愛と美の女神アフロディテ（ヴィーナス）が生まれて，その祝宴のとき，女神ペニア（貧窮）がポロス（富裕）との間にエロース（愛）を身ごもる。生まれ出たエロースは，富裕という父の性を受けて，美しいものや善いものをつけねらい，全生涯を通じて知を愛し続ける。イデアの世界に憧れること，理性を働かせて自分がよく生き，正しく生きようとすること，これがプラトンのいうエロースである。　☞p.24（アガペー），p.19（フィリア）

魂の三分説（たましい-さんぶんせつ）　人間の魂は，理性と，気概（意志）と欲望の三つの部分からなるとするプラトンの説。ここで理性

が気概と欲望に命令し，指導することが必要だという。理性と気概と欲望のそれぞれに徳として知恵，勇気，節制をおき，それらが調和したときに正義の徳が実現できるという。

四元徳 (しげんとく)　魂の四つの基本的な徳を示すプラトンの考え方。理性，気概，欲望のそれぞれに対応する徳としての知恵，勇気，節制を考え，その三つの部分が調和したとき，正義の徳が実現されると考えた。プラトンは国家を個人の倫理と同一の原理から考え，哲人が統治階級，武人が防衛階級，庶民が生産階級として，それぞれが知恵，勇気，節制の徳を発揮し，それらが調和して国家全体の正義が実現されるとした。知恵・勇気・節制・正義が四元徳である。

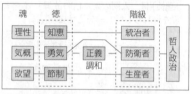

哲人国家 (てつじんこっか)　プラトンが理想とした国家のあり方。理想としてのイデアを体現する少数の哲人による政治が行われる国家。プラトンは『国家』編において，善のイデアを認識できる 資料 「哲学者が政治家になるか，支配者が理性を働かせて哲学を学ぶか」，そのどちらかによって理想（イデア）国家が実現することを述べている。
　　　　　　　　　　　　　　　類 理想国家 C

アリストテレス

アリストテレス A 15

N ［Aristotelēs，前384～前322］ギリシャの哲学者。マケドニア王の侍医の子として生まれる。17歳の時アテネに出て，プラトンの学園アカデメイアで20年間学んだ。プラトンの没後，小アジアに行き，40歳の頃，後のアレクサンドロス大王の家庭教師となった。その後アテネに帰り，学園リュケイオンを開いた。屋根付きの回廊（ペリパトス）を散歩しな

▲プラトン（左）は天（イデア界）を示し，アリストテレス（右）は地（現実世界）をさしている

がら弟子たちに哲学を講じたことから，彼の学派はペリパトス（逍遥）学派といわれた。アレクサンドロス大王の没後，反マケドニア運動に巻き込まれてアテネを逃れ，翌年胃病で没した。プラトン哲学の理想主義に対し，アリストテレスの哲学は現実主義といわれる。また，アリストテレスの研究は，哲学，政治学，自然学など多方面にわたっており，その意味で万学の祖といわれる。主著『自然学』『形而上学』『ニコマコス倫理学』『政治学』

現実主義 C N (げんじつしゅぎ)　理想に対して現実的なものを重視する立場。プラトンの理想主義的なイデア論に対して，アリストテレスの思想は，イデア論批判から現実の世界の個物が真実であるとする，現実主義的なものであった。ラファエロが描いた，ヴァチカン宮殿「署名の間」を飾る壁画「アテネの学堂」（ローマ教皇ユリウス2世の依頼で，1508～10年に制作）は，その違いをみごとに表現している。

ヒュレー C（質料 B）とエイドス C（形相 B） (しつりょう・けいそう)　アリストテレスは，現実の存在は形相（エイドス）と質料（ヒュレー）よりなるとし，質料は形相を目的とし，それを実現するために変化・発展し，

現実の個々の存在となり，真の実在となると考えた。質料（素材）とは個々の事物をつくっている材料のことであり，形相とは質料を限定して個々の事物たらしめる本質であり，プラトンのイデアに相当する。机では質料は材木，形相は机の形である。

知性的徳 B（ちせいてきとく）　アリストテレスは徳を分類して，知性的徳と習性的徳に分けた。そのうち，知性的徳は理性を働かせる徳である。具体的には，真理を認識する知恵や，中庸を命ずる思慮がある。この徳の修得には教育や学習が必要である。

習性的徳 C（倫理的徳 B）（しゅうせいてきとく）（りんりてきとく）　アリストテレスの徳の2分類のうち，習慣づけ，反復くり返しによって獲得される徳。エートス（習慣）によって身につく徳。正義や友愛などのように，感情や欲望を統制する習慣づけが必要である。彼は，習慣づけの原理として，過度と不足の両極端を避ける中庸を重視した。

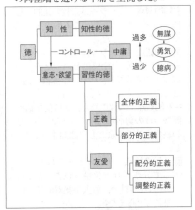

▲ 習性的徳（倫理的徳）

メソテース C（**中庸** A 2）［mesotēs］（ちゅうよう）　アリストテレスの倫理説の中心原理。過度と不足との両極端を避けて，中間を選んで人間としての善を実現するという考え方である。著書『ニコマコス倫理学』によれば，たとえば，勇気は無謀と臆病の，節制はふしだらと無感覚の，寛厚は放漫とけちの，真実は虚飾と卑下の，それぞれ中間である。徳を同一行為のくり返しで得られる習性的（倫理的）徳と，教育による知性的徳とに分け，習性的徳を実現する規準

となるものを中庸とした。

フィリア C（**友愛** B N）［philia］（ゆうあい）　相互に好意を抱き，相手にとっての善きことを願う愛。アリストテレスはすべての愛情のなかで，これを最大至上の愛であるとした。真の友愛は相手の備えている善ゆえに相互に愛し合うものである。彼は，正義は理性面でのポリス結合の原理であり，友愛は情意面でのポリス結合の原理であると考えた。

正義 A 2 N（せいぎ）　アリストテレスにおける社会全体の幸福を増進し，秩序を実現するための公平な分配のあり方。アリストテレスは正義を「ポリスの法を守ること」の全体的正義と「公平であること」の部分的正義とに分け，後者をさらに「各人の地位や能力に応じて名誉や利益を与えること」の配分（分配）的正義と，「法の適用はすべての人に平等にすること」の調整的正義とに分けた。

類 全体的正義 C　部分的正義 C
配分的正義 B　調整的正義 B

テオーリア C（**観想** C）［theōria］（かんそう）　真理を，他の目的のためでなく，それ自体のために理性を働かし，知的にながめること。アリストテレスは，生活形態を①快楽をめざす享楽的生活，②名誉を求める政治的生活，③富を追う蓄財的生活，④純粋な観想（テオーリア）を楽しむ観想的生活の4種類に分け，そのうちはじめの3種類は，人間の本当の善でも幸福でもないとした。そして「理性により真理を認識する観想的生活こそ人間にとって最高の生活，最も幸福な生活である。知恵を愛する哲学者は最も有徳な人であり，最高に幸福な人である」と考えた。

ヘレニズムの思想

エピクロス C ［Epikouros, 前341～前270］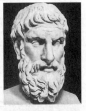古代ギリシャの唯物論的哲学者。人生の目的は迷信や死の恐怖を克服して，魂の平安と平静な心境（アタラクシア）にあるとした。彼は幸福とは快楽であり，快楽が最高善で苦

痛は最も悪しきものであると考えた。彼の求める快楽は官能的，瞬間的なものではなく，永続的に生涯続く快楽，すなわち，肉体に苦痛がなく，精神に不安がなく，心の乱されない安らかな状態，つまり精神的快楽である。まさに賢者の心境である。エピクロスは，国家社会への関与をやめ，ひたすら個人的な自己充足を味わいながら，「隠れて生きよ」のことば通り，自由で平静な生活を理想とした。

類 アタラクシア **C**

エピクロス派 **C** (-は)　心の平静な状態を乱す世俗的利害や野心から離れたアタラクシアを求め，快楽主義を説くエピクロスと，その教えを継承した人々の系統。

資料 「隠れて生きよ」は，エピクロス派の信条。心の平静な状態（アタラクシア）を理想とし，それを乱す政治や世俗的利害に関わることを回避しようとする。

ゼノン **C** [Zēnōn, 前335？～前263？]　ストア学派の創始者。キプロス島に生まれる。アテネの柱列（ストア）のある学校で学を講じた。高齢になってから，ある日ころんで

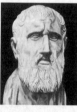

足をくじき，そこに神のお召しをみて，自殺したといわれる。「自然（本性・理性）と一致して生活すること」を根本的原則とする禁欲主義が特色である。自然と合致した生活をすることは，感情・欲望の煩悩（ぼんのう）から離脱することである。ゼノンはこれを「アパテイア（動揺しない心）」と名づけ，道徳の理想状態，賢者の主要な性質の一つとして称揚した。このことは，人間の本性を普遍的理性とみる立場から，キリスト教の博愛主義と自然法の人権思想に結びつく。

資料 「自然に従って生きよ」は，ストア派のゼノンが，禁欲によってパトス（情念）の動きを抑えたアパテイア（不動心）の境地にいたるために説いたモットー。

類 アパテイア **C**

ストア派 **C** (-は)　ストア派は，人生の目的（最高善）は幸福であると考え，それは心の平静を保つことで得られるとした。この平静な心の状態をアパテイアとよび，人間

の本性・自然である理性に従って生きることによってのみ可能となると考えた。しかし理性に従うにはきびしい克己・禁欲が必要となり，その倫理説は禁欲主義（ストイシズム）といわれる。また，人間のもつ理性の普遍性という考え方は，人間の理性（自然）に基づく法としての自然法思想につながっていく。

4 一神教の教え

宗教と信仰

宗教 **A** **10** **N** （しゅうきょう）　経験や理性でもって理解しがたく，コントロールできない現象や存在に対して究極的な意味と価値を与えたもの。原始宗教・民族宗教・世界宗教など多様な宗教がある。多くの場合，教祖や教典，教義，典礼などをもつ。宗教の定義は千差万別である。主な学説には次のものがある。

主知的観点：ミュラーは宗教の知的・思弁的側面を強調して「無限なるものを認知する心の能力」とした。

主情的観点：シュライエルマッハーは，宗教のもつ畏怖（い）とか感動といった非合理的側面を強調して「ひたすらなる依存感情」とした。

主意的観点：人間の意志，実践的生活への動機づけの側面から，カントは「いっさいの義務を神の命令として認知すること」とした。

聖と俗の観点：デュルケームはタブーによって分離され，禁忌された「聖なるもの」が俗なる社会，個人を絶対的に支配する象徴ととらえた。

社会集団の観点：宗教は教団，教会，宗派など何らかの集団を構成し，教義や儀礼を通じてその価値体系を個人に内面化するものと考える。

原始宗教 （げんししゅうきょう）　先史時代の宗教あるいは今日世界に散在する未開民族の宗教を意味し，次のような特徴をもつ。①特定の開祖・教祖をもたず，世襲の宗教的職能者によって伝承された観念や儀礼，慣行が実施される。②教理や教典をもたず，代わりに神話や伝承がその役割を果たす。③神などの超自然的存在や領域についての観念

が未分化, 不明瞭で, アニミズム・フェティシズム・シャーマニズムなどの形態をとる。④宗教と呪術が一体化しており, 儀礼が重んじられる。⑤宗教が信仰集団(部族など)の社会構造と密着し, 集団の統合と連帯に大きく貢献している。

タブー Ⓝ (禁忌) [taboo] (きんき)　異常と正常, 聖と俗, 清浄と不浄とを区別して, 両者の接近や接触を禁じ, これを犯すと超自然的制裁が加えられるとされるもの。たとえば, 死・出産・王など。もとはポリネシア語で, 「聖なる」の意の tabu,tapu に由来。

シャーマニズム [shamanism]　トランス(忘我, 恍惚)のような異常心理状態において, 霊的存在と直接交流して卜占(ぼくせん), 預言, 治病, 祭儀などを行う宗教的職能者(シャーマン＝北アジアツングース系諸族の呪術師に由来)を中心とする宗教現象。

アニミズム Ⓐ16 Ⓝ [animism]　人間のもつ人格的な霊魂ばかりでなく, あらゆる生物, 無生物に精霊のような霊的存在を認める宗教的態度をいう。自然物崇拝もこれに基づく。

トーテミズム [totemism]　ある社会集団が特定の種の動植物や自然物(トーテム)との間に呪術-宗教的な特定の関係を結ぶ宗教的形態。トーテムとその集団との結びつきは神話や伝説によって語られ, トーテムの図案や彫刻(トーテム-ポール)が集団成員の結束の象徴となる。

一神教 Ⓒ Ⓝ (いっしんきょう)　唯一の神を信仰する宗教。ユダヤ教・キリスト教・イスラム教(イスラーム)がその典型例である。この場合, ユダヤ教のヤーウェ(ヤハウェ)にみられるように, 神は天地の創造主で唯一絶対の人格神であることが多い。

多神教 Ⓒ (たしんきょう)　複数の神々を信仰する宗教。古代ギリシャの神々, 日本の神道, ヒンドゥー教などがその典型例である。形態は種々様々であり, 自然現象の人格化や, ギリシャのゼウスのように主神を設けるものなどがある。

汎神論 (はんしんろん)　神と世界は一致し, 世界はすべて神の現れであるとする哲学や宗教。自然を神の必然的な現れとして「永遠の相のもと」にみることを説いたスピノザの思想はその典型例である。

民族宗教 Ⓑ1 (みんぞくしゅうきょう)　諸部族が統合, 合併して民族や国家が形成された段階で出現する宗教。古代の各文明世界の宗教やユダヤ教・ヒンドゥー教・神道などがこれにあたる。神と人間が明確に区分され, 両者を結ぶ祭祀が発達する。階級分化の頂点に立つ王は, 神または神の子孫として君臨し, その下に祭祀を司る階級が形成され, 王権や社会秩序の維持を担う。民族特有の社会構造や文化的伝統, 風俗習慣に根ざしているため, 救済の対象はその民族・国家にかぎられ, 他民族に対して排他的で非寛容という特徴がある。

世界宗教 Ⓑ (せかいしゅうきょう)　民族宗教を母胎として発生しているが, 部族や民族をこえて人間そのものを対象とし主体とする宗教。仏教・キリスト教・イスラム教(イスラーム)は三大世界宗教とよばれている。世界宗教は宗教的な自覚や体験をもった教祖・開祖が創唱した宗教で, 彼らの人生観・世界観を組織体系化した膨大な教理・教典をもつ。現実の人間の醜さ, 罪深さ, 不確かさなどの現世の否定が強調され, これをのりこえた神や仏の世界に入ることが究極的目標とされる。したがって, 強力な唯一神や普遍的な法のもとに人間の連帯が説かれ, また教団も組織され, 民族・国家の枠をこえて世界各地で布教伝道活動を行っている。世界の宗教人口は, キリスト教約24.5億人(32.9％), イスラーム約17.5億人(23.6％), ヒンドゥー教約10.2億人(13.7％), 仏教約5.2億人(7.0％), その他約9.2億人(12.3％)とされる(2016年)。

　　　　　　　　　　　　類三大世界宗教 Ⓒ

神 Ⓐ3 Ⓝ (かみ)　神についての概念はさまざまであるが, 大きく三つに分類される。①広い意味で宗教的行動のなかで対象となるすべてのもの。②そのなかで非人格的, 非形態的ですぐれた力として現れるもの(マナやタブーにみられる呪力や超自然的力)と, 人格的, 形態的なもの。③人格的, 形態的なもののなかで特に個性が明確で固有名詞をもつ超人間的存在(ヤーウェ, アッラーなど)。また神の様相も千差万別で, 自然的なもの(太陽, 月ほか諸々の自然現象)や人間的なもの(祖先神, 英雄神), その両者(天父神, 地母神)などがあり, 一

般的には動植物の形態から擬人神へと向かう傾向がある。

預言者　(よげんしゃ)　神によって選ばれ，神の言葉を預かり，神の意志を伝える者。イスラム教を例にすると，旧約聖書や新約聖書に登場する者も預言者と認めており，ノア，アブラハム，モーセ，ナザレのイエス，ムハンマドを五大預言者として位置づけている。

罪　**A**①(つみ)　一般に社会的秩序に背く行為や良心，戒律に反する行為をいう。特に宗教の教えに反する行為。キリスト教では神の意志に背く人間のあり方が罪であり，仏教では法(ダルマ，真理)に背く行為，戒律を犯す行為をさす。罪の意識は社会的，道徳的な日常の次元よりも，宗教の次元においていっそう鮮明となる。絶対的超越者の恩寵(おんちょう)や慈悲による救済を説く宗教が，罪深き人間の心に迫ると考えられる。

信仰　**A**②**N**(しんこう)　信仰とは真心をささげて神的なものを信じ崇めることである。日常の経験や知識をこえた存在に対して信頼し，自己をゆだねる自覚的な態度をさす。信仰は宗教儀礼とあいまって宗教における中核であり，絶対的な神的なものが確信されたとき，自己の前に永遠の未来が照明され，絶対の安心と救いの境地がもたらされるとする，仏教の信心にあたる。

救い　**C**(すく-)　宗教において救いは人間が真実のあり方にめざめ，超越者と一体化した自己へのよみがえりの体験を意味する。世界宗教の立場において救いは人類全体の問題となり，一人一人の魂の問題となる。自律的に宗教的自己が確立される自力救済と，有限な自己が絶対者の啓示によって生死や罪悪から解放される他力救済の立場が説かれる。

悟り　**C**(さと-)　欲望や執着や迷いなどを去り新しい叡知や洞察にめざめ，直観的に宇宙や人生の根本的真理を体得し，自由無碍(げ)，清浄円満なる最高の人格を実現する境地に達することをいう。

祖先崇拝　(そせんすうはい)　その集団において社会的連帯を高める祖先の霊を祀り加護を祈ること。祖先崇拝はキリスト教やイスラム教の社会では行われず，逆に中国では同族中心，日本では家中心に発達した。

ユダヤ教

古代ユダヤ教　(こだい-きょう)　紀元前4世紀頃から発達し，モーセの十戒などの律法を基礎にして唯一絶対の神，ヤーウェを信仰するイスラエル(ユダヤ)人の宗教。キリスト教は神と人間との関係など，このユダヤ教を母胎として形成された。しかし，①イスラエル人は神から選ばれた民であるとする選民思想，②神の国を地上にもたらすメシアの来臨を信じる，③イエスを救い主と認めないなどでキリスト教と異なる。主要な聖典は，『旧約聖書』である。

ヤーウェ　**C**(**ヤハウェ**　**B**)　[Yahweh]　イスラエル(ユダヤ)人が信仰の対象としてきた『旧約聖書』の神の名。『旧約聖書』によれば，イスラエルの神は人間をはじめ，天地，万物の創造主であり宇宙の総統治者である。また，唯一絶対の神として正義と信仰を求め，「愛し，怒り，裁き，ゆるす神」としての特色をもつ。ヤーウェという名はモーセによって示されたものである。

『旧約聖書』　**A**(きゅうやくせいしょ)　ヘブライ語で書かれたユダヤ教の聖典。キリスト教やイスラム教にも受け継がれている。ただし，キリスト教ではキリストの出現を預言した古い契約の書とみなして，『新約聖書』と対比して『旧約聖書』とよぶ。イスラエル人の歴史，神話，伝承とヤーウェへの信仰，律法などが記され，イスラエル民族の歴史が神による選びと救済の歴史として描かれていることに特色がある。律法・預言・諸書の三つに分類し，天地創造の物語や，祭儀の規定，箴言(しんげん)や詩篇などを含み，3部，39巻からなる。

ヘブライズム　**C**　[Hebraism]　ヨーロッパ文化の源流の一つ。古代ギリシャのヘレニズムに対置して，古代イスラエルの思想・文化をいう。主知主義的なヘレニズムに対して，自己の罪深さの自覚と敬虔(けいけん)な信仰を重視した。広義にはキリスト教的な文化を含める。

人格神　②(じんかくしん)　人間的な意志と感情をもって，人間とかかわろうとする神。日本やギリシャの神話の神々もこの意味で人格神とされる。しかし，ユダヤ教，キリスト教，イスラム教の人格神においては，神の契約，信頼関係，愛，ゆるし，怒りなど，

本質的な人格的結びつきの関係が強調されている。

契約 Ⓐ Ⓝ (けいやく)　ユダヤ教では，神とイスラエル人との関係は，イスラエル人が神の律法を守ることで，神による救済，カナンの地が与えられるという。キリスト教では，イエスが契約を内面的なものに転換し，信仰と愛・隣人愛の関係に置き換えた。新約聖書・旧約聖書の約はこの契約である。

選民意識 (選民思想Ⓒ) (せんみんいしき) (せんみんしそう)　特定の民族が神から選ばれ，恩恵を受け，使命を与えられているという考え方。ユダヤ教ではイスラエル人はヤーウェの選民であり，契約により，栄光と救済がもたらされるとする。

律法 Ⓑ② (りっぽう)　神により，預言者や祭司をなかだちとして示される宗教や倫理的な生活上の規範をさす。ヘブライ語のトーラー [torah] の訳語であり，神の命令を意味する語。ユダヤ教において，律法は神ヤーウェとの契約の関係でとらえられる。

律法主義 Ⓒ (りっぽうしゅぎ)　ユダヤ教のなかの律法重視の立場のこと。バビロン捕囚後，国家的，民族的な意味での律法主義から，各自が律法を守ることで各自の救いが得られるという応報的な律法主義が成立し，律法学者の解釈も律法同様，権威あるものとなった。イエスが批判した律法主義とはこのことであり，律法そのものの批判ではない。

十戒 Ⓑ② (じっかい)　モーセを介して，神がイスラエルの民に与えたとする10か条の戒めをいう。『旧約聖書』に記されている。内容はヤーウェを唯一の神として認めること，安息日を重んずること，父母を敬うこと，偶像崇拝や殺人・姦淫・盗み・偽証などを禁止する規定が含まれている。

安息日 Ⓒ (あんそくにち／あんそくじつ／あんそくび)　ユダヤ教で，1週間の7日目 (土曜日) にあたる休養日，労働が禁止される日。『旧約聖書』「創世記」にある，神が万物を創造して7日目に休んだという記述による。モーセの十戒にも，4番目に記述される，重要な律法。イエスは 資料 「安息日は人のためにあるもので，人が安息日のためにあるものではない」といって，この律法を厳格に守る律法主義を批判した。

1. あなたはわたしのほかに，なにものをも神としてはならない。
2. あなたは自分のために，刻んだ像を造ってはならない。
3. あなたは，あなたの神，主^{しゅ}の名をみだりに唱えてはならない。
4. 安息日を覚えて，これを聖^{きよ}とせよ。
5. あなたの父と母を敬え。
6. あなたは殺してはならない。
7. あなたは姦淫してはならない。
8. あなたは盗んではならない。
9. あなたは隣人について，偽証してはならない。
10. あなたは隣人の家をむさぼってはならない。

(『旧約聖書』出^{いず}エジプト記)

モーセ Ⓑ [Moses，生没年不詳]　紀元前13世紀頃の人で古代イスラエル人の指導者。エジプトで奴隷となっていたイスラエル人を故郷カナン (パレスティナ) に導き，シナイ山で神ヤーウェから十戒を授かった。このことによってユダヤ教の基礎が確立した。その出生と生涯については『旧約聖書』「出エジプト記」に記されている。

終末観 Ⓒ (終末論) (しゅうまつかん) (しゅうまつろん)　世界と人類の最後についての教説であり，その死における救済，審判，天国，復活などを論ずる。ユダヤ教においては，預言者たちにより神の裁きと選民への祝福がもたらされる「ヤーウェの日」「終わりの日」がメシア降臨とともに告げられている。キリスト教においては，キリスト再臨とともに最後の審判，人類の復活，神の救済が行われているとされている。

救世主 Ⓑ (メシアⒷ，キリストⒶ Ⓝ)　[Messiah, Christos] (きゅうせいしゅ)　キリスト教ではこの世の苦しみから人々を救うイエス＝キリストをさす。メシアはヘブライ語で「油を注がれた者」を意味する。ユダヤ教においては，主に王国分裂から「バビロン捕囚」の時期にメシア待望が強まり，その後，終末の時期にメシアが登場するとするメシア像が成立した。

第Ⅰ編

キリスト教

キリスト教 Ⓐ②Ⓝ (-きょう)　ユダヤ教を母胎に，イエス＝キリストの人格と教えを中心として成立した世界宗教。唯一絶対の神を信じて，キリストによる贖罪^{しょくざい}と復活を信仰して救いを得ようとする。イエスは当時のユダヤ教を批判し，十字架上で死んだが，その後，彼が復活したという信仰が生まれ，イエスこそ待望していたメシアであると信じられた。その後，迫害にもめげずペテロやパウロらの伝道により広まり，教義，組織も充実していった。2世紀に入り，カトリック教会が成立し，4世紀にはローマ帝国の国教となった。11世紀に入るとローマ－カトリック教会からギリシャ正教が独立し，中世期には東西教会がそれぞれの世界で拡大された。16世紀になると西ヨーロッパで宗教改革が起こりプロテスタントが成立し，その後，多くの教派が生まれ，現代にいたっている。

イエス＝キリスト Ⓐ①Ⓝ [Jesus Christ, 前4？〜後30頃]　1世紀初頭のパレスチナ地域にて活動した宗教家。聖書によれば，大工ヨゼフの許嫁マリアが聖霊によって身篭った子だという。30歳の頃ヨハネに洗礼を受けた後，自らを神の子であると自覚し，資料「神の国は近づいた。悔い改めて福音を信ぜよ」と宣教を始めた。律法の精神を真に自分のものとする内面的な成就を説き，神の愛（アガペー）はすべての人間に分けへだてなく注がれるとし，資料「心をつくし，精神をつくし，思いをつくし，力をつくして，主なるあなたの神を愛せよ」，「自分を愛するように，あなたの隣り人を愛せよ」との二つの戒めを律法の根本精神とした。このような教えは，ユダヤ教の律法主義では救われることができなかった人々に受け入れられた。しかし，ローマ皇帝への反逆とユダヤ教の教えに反したかどで訴えられ，十字架にかけられ刑死した。やがて弟子たちの間に，死後3日目に復活した，十字架上の死は人間の罪をあがなうものであったという信仰が生まれた。こうして，イエスをキリスト（救世主）とするキリスト教信仰が成立した。

『新約聖書』 ⒶⓃ (しんやくせいしょ)　『旧約聖書』とともにキリスト教の経典である文書。イエスの生涯と教えを伝える「福音書」4巻，教会の歴史（「使徒行伝」），パウロらの手紙21巻，預言書の27巻からなる。紀元2世紀後半に原型ができ，4世紀末にほぼ現在のものとしてまとめられた。新約とは旧約に対し，神がイエス＝キリストを通して新しく全人類と交わした契約のことである。神はイエスをキリストとして地上に送り，キリストの十字架上の死によって，全人類の罪を許し，救うのである。これがユダヤ教と異なるキリスト教の根本的なメシア観，贖罪^{しょくざい}観であり，その根底にあるのが神の愛であり，無限の愛を全人類に与えるということである。

福音 Ⓑ Ⓝ [gospel] (ふくいん)　古典ギリシャ語で「よろこばしい知らせ（音信）」のこと。イエスの十字架上の死と復活によって人間の罪が許され，救われるとする教え。また，この福音をもたらす者がイエス＝キリストであり，福音はイエスによる救済，イエスの生涯と教え，言行などを示すこともある。

福音書 Ⓒ Ⓝ (ふくいんしょ)　『新約聖書』のうちイエス＝キリストの生涯とその言行を記した，マタイ・マルコ・ルカ・ヨハネによる四書をさす。

山上の垂訓（山上の説教） (さんじょうすいくん)　(さんじょうせっきょう)　『新約聖書』「マタイによる福音書」の第5章から第7章に記されているイエスの説教集。ガリラヤ湖畔の丘の上でなされたとされ，キリスト教の倫理を集約したきわめて重要なもの。その内容は，資料「心の貧しい人たちは幸いである」とのよびかけに始まり，神の愛の絶対性と隣人愛・愛敵の思想など，正義と愛を宗教的に徹底することが語られる。

アガペー Ⓐ（神の愛Ⓐ）[agape] (かみ-あい)　キリスト教における愛の中核をなす概念で，キリストの愛として『新約聖書』に示された思想。一般にギリシャの愛であるエロースと対比される。自己犠牲的，非打算的な愛であり，無差別，平等の敵をも愛するほど徹底した愛である。神が罪ある人間に対して，自己を犠牲にした憐みある行為と考えられる。資料「敵を愛し，迫害する者のために祈れ」資料「一粒の麦が地に落ちて死ななければ唯一つである。もし死ん

だなら，多くの実を結ぶであろう」資料
「天の父は，悪い者の上にも良い者の上に
も太陽を昇らせ，正しい者にも正しくない
者にも雨を降らして下さる」

隣人愛 Ａ（りんじんあい）　キリスト教における
他者たる隣人に及ぼされる愛。すなわち，
人間を罪のまま無条件に救おうとしたキリ
ストの存在に基づいて，人間どうしの間に，
神の子たるべき同胞の愛として，おのずか
らあふれている無条件の愛である。

原始キリスト教 Ｃ（げんしきょう）　イエス＝
キリストの死後，キリスト教の成立から
2 世紀頃までのキリスト教の総称。イエ
スの死後，ペテロを中心にイェルサレム教
団が成立し，パウロらの伝道により，キリ
スト教が広まっていった。この時期に，イ
エスの復活，イエスがキリストであること，
人間のもつ原罪とイエスの死が贖罪しょくざいで
あることが説かれた。その後，『新約聖書』
の編集，教会制度などが成立した。

原罪 Ｂ［original sin］（げんざい）　キリスト教
で，アダムが神に背いて犯した罪を原罪と
いう。人間はアダムの子孫として，生まれ
ながらにこの原罪を負っているとされてい
る。『旧約聖書』「創世記」には，神の意志
に背いて禁断の木の実を，蛇にそそのかさ
れたイヴとともにアダムが食べたことが記
されている。キリスト教の倫理思想の根底
をなすものであり，人間は神に背き，罪を
犯さざるをえないものと考えられている。
パウロは，生得的で宿命的な根本悪として
の原罪のあり方を強調し，イエス＝キリ
ストの死によって人類の罪が贖あがわれると
説いた。

贖罪 Ｂ［satisfaction］（しょくざい）　人間の罪
を贖あがない，人々を救うために神の子である
キリストが十字架にかかり，それによって
神と人間が和解したとするキリスト教の教
義。贖罪とは罪や過ちを犠牲や代償をささ
げることによって償いをすること。

十字架 Ｃ（じゅうじか）　キリスト教においてイ
エス＝キリストが磔はりつけにされた自己犠牲・
苦難・贖罪しょくざいと福音を象徴したもの。ま
た，キリスト教徒が礼拝の対象として尊ぶ
十字形のしるしをいう。元来，十字架は処
刑台であり，特にローマ帝国では政治犯，
凶悪犯などの処刑法とされていた。キリス

ト教ではキリストの十字架の死が贖罪を示
すことから，十字架も受難と贖罪と救済を
意味し，礼拝の対象となった。

復活 Ｂ Ⓝ（ふっかつ）　ユダヤ教・キリスト教
では一度死んだ人間が生命を再び回復し，
よみがえるという信仰をいう。特にイエス
＝キリストの復活は教義の中核となってい
る。キリスト教の贖罪や福音もすべてイエ
スの復活を背景としてのものである。

悔い改め Ｃ（く─あらた─）　神に対して自己の弱
さ，罪深さを認めて，心を改めて神の恵み
によって自己の罪の許しを求めること。
「福音書」ではヨハネの伝道において「悔い
改めよ，天国は近づいた」で始まり，イエ
スも資料「悔い改めて，福音を信じな
さい」と説いている。

恩寵 （おんちょう）　キリスト教において罪深い
人間に無償で与えられる愛と恵みをいう。
具体的にはイエスの死による贖罪しょくざいによ
り，神の恩寵が示されたものと考える。

律法の内面化 （りっぽう─ないめんか）　『旧約聖書』
において示された神の超越的な命令である
律法を形式的に守るだけではなく，律法の
真の精神を理解して実践することをいう。
律法の内面化によって律法が成就され，神
の国が実現するとされた。

黄金律 Ｂ（おうごんりつ）　すべての人に普遍的
に妥当する倫理・道徳の中核としての教え。
資料「なにごとも人にせられんと思うこ
とは人にそのごとくせよ」という『新約聖
書』の「福音書」の山上の説教をさしている。

使徒 Ｃ（しと）　イエス在世の頃からイエスに
選ばれ，福音を宣教するイエス直接の弟子
たち。初めはペテロらの十二使徒であった。
ユダの裏切りによって，マッテヤが加えら
れ，後にパウロも使徒に加えられた。

ペテロ Ｃ Ⓝ［Petros, ？～67］　イエスの十
二使徒の筆頭。名はシモン。ガリラヤの漁
夫であったが，イエスのよびかけに従い最
初の弟子となる。イエスの死後，エルサレ
ム教会の中心的指導者となり，福音の布教
に貢献。ローマのネロ帝の迫害のなかで殉
教した。ペトロともいう。

パウロ Ｂ Ⓝ［Paulos, 前10？～65？］　原始
キリスト教における最大の学者，宣教師。
ユダヤ教のパリサイ派の律法学者であり，
初めはキリスト教徒を弾圧していたが，ダ

マスカスへ行く途中，イエスの声を聞き回心する。イエスの死を原罪から人間を救う贖罪（しょくざい）であるとし，キリストを媒介としてのみ人間は神の救いを受け，**資料**「信仰のみによって義とされる」という教義を確立した。異邦人にも福音を伝え各地に教会を設立，キリスト教を世界宗教に高めたため，「異邦人の使徒」ともよばれた。

類 異邦人の使徒

教会 **A** (きょうかい)　共通の信仰や宗教によって形成される人々の集まりである組織。また，礼拝などの儀礼に用いる建物をさす。語源はギリシャ語のekklesia（集会，民会）を意味したが，主としてキリスト教で多く用いられる。

教父 **C** (きょうふ)　古代キリスト教会において布教と教義の確立に指導的役割を果たした人のこと。正統な信仰に生き，模範的な生涯を送ったとして，カトリック教会で公認された人もさす。アウグスティヌスが教父の代表である。

神学 **C** **N** (しんがく)　特にキリスト教の教義内容，信仰のあり方などについて客観的，組織的に研究する学問をいう。

アウグスティヌス **C**
[Aurelius Augustinus, 354〜430]　古代キリスト教会の最大の教父。青年時代，新プラトン派に傾倒，その後回心しカトリック神学の基礎を確立した。
「人間は神の恵みによってのみ救われる」という恩寵論を説き，神の絶対性，原罪，三位一体説，救済予定説など，以後の神学上の課題について言及している。主著『告白録』『神の国』

三位一体説 (さんみいったいせつ)　神の本性は唯一であるが，神のなかに父と子と聖霊という位格（知恵と意志とを備えた独立の主体）をもち，父なる神，子たるキリスト，聖霊は同格であるという説。アウグスティヌスにより確立された。

三元徳 **C** (さんげんとく)　キリスト教の三つの基本的徳で，信仰・希望・愛のことをいう。パウロにより唱えられ，アウグスティヌスによって強調された。特に，愛は他の徳を満たすものとして重んじられる。

類 信仰・希望・愛 **C**

スコラ哲学 **C** [scholasticism]　(-てつがく)　中世ヨーロッパのキリスト教世界に成立した学問の総称。哲学だけでなく神学・法学・自然学なども含むもので，スコラ学ともいう。教会や修道院付属の学校（スコラ），大学などで発展した。キリスト教信仰に導かれた理性的な探究を特徴としたため，「哲学は神学のはしため」とされた。ボエティウスなどを先駆とし，アンセルムス・トマス＝アクィナス・オッカムらが代表者。

トマス＝アクィナス
[Thomas Aquinas, 1225？〜74]　イタリア出身。スコラ哲学の完成者。生涯を通じてアリストテレス研究に没頭し，それをもとに人間における相反する

要素である理性と信仰との統一を果たそうとした。神学における真理は，哲学における真理をこえると考えた。主著『神学大全』は中世の神学の教科書ともいわれる。

ローマ-カトリック教会 **C** (-きょうかい)　ペテロのエルサレム教会を基礎として成立した，原始キリスト教以来のカトリシズム（カトリック的世界観や価値観）の最高教会。教皇を首長とし，全キリスト教徒の約半数（約4億）を有する。カトリックとは普遍の意味。ローマ教皇を首長に仰ぐものがローマ-カトリック教であり，ローマ教皇の支配に服さないギリシャ正教と大別される。現在ではプロテスタントの諸宗派に対し，ローマ-カトリック教会をさすことが多い。総本山は，ヴァチカンにあるサンピエトロ大聖堂。

東方正教会 **B** (とうほうせいきょうかい)　カトリック教会，プロテスタント諸教会と並ぶキリスト教三大教派の一つ。ギリシャ正教会，ロシア正教会，ルーマニア正教会などを総称して東方正教会という。ビザンチン帝国のキリスト教会（コンスタンチノープル教会）を起源とする。象徴的・神秘的傾向が強く，礼拝儀式やイコンの崇拝などに特色がみられる。

同 ギリシャ正教会 C

プロテスタンティズム C（新教 N）

[Protestantism]（しんきょう）　ルター・ツ
ウィングリ・カルヴァンなどによるロー
マ＝カトリックに対してよぶ16世紀宗教改
革の中心の思想。ドイツ皇帝カール5世
に対して改革派の諸侯が抗議したことを語
源とする。カトリックの教義と伝承に反対
し，個々人の信仰による義認，内面性の尊
重と万人司祭説，聖書中心主義を唱える。
全ヨーロッパ，北米に浸透し，多くの宗派
に分かれている。

宗教改革 B N（しゅうきょうかいかく）　15世紀末か

ら16世紀において西ヨーロッパでおこっ
たローマ＝カトリック教会への反対，改革
運動のこと。ルター・カルヴァンのほか，
スイスのツウィングリらが代表的な人物で
ある。イギリス人のウィクリフ，ボヘミア
のフスらはその先駆をなした。彼らに共通
していることは，教会，聖職者の権威を否
定し，聖書をよりどころとした個人の内面
の信仰を重視している点である。西欧近代
社会の成立に大きな影響を与えた。

ルター　B [Martin Luther,1483～1546]

1517年『95か条の意見書』において教皇レ
オ10世の贖宥符（しょくゆうふ）販売を批判し，教皇か
ら破門され，宗教改革の口火を切った。彼
の「聖書のみ，福音のみ，信仰のみ」の思
想は，プロテスタントの諸教会の原理とし
て，後に強い影響力を及ぼした。聖書のド
イツ語訳や多くの讃美歌をつくった。主著
『キリスト者の自由』

信仰のみ C（しんこう-）　カトリック教会の伝

統，教義，儀式重視に対して，内面的信仰
により救済されるとするルターが強調した
考え方。ルターは，福音の原点にかえり神
の福音とキリストを信ずること，それによ
る救済を主張した。パウロの書簡に見られ
る 資料 「信仰によってのみ義とせられ
る」という信仰義認論を継承した。

類 信仰義認説　信仰主義

聖書のみ　C（せいしょ-）　信仰のよりどころが

聖書にのみあるとする立場で，特にルター
の宗教改革運動のときに強調された。ル
ターは，キリストのことばと教えを伝える
聖書の原点に戻ることを説き，また聖書を
ドイツ語に翻訳している。

類 聖書中心主義　聖書のドイツ語訳 C

万人司祭主義（ばんにんしさいしゅぎ）　神のもとに

すべての信者は，平等に司祭であるとする
考え方で，ルターにより強調された。この
考え方は旧約，新約を問わず古くからあっ
たが，ルターは聖書中心主義，個人の内面
的信仰の尊重と関連させて強調した。

カルヴァン　B [Jean Calvin 1509～64]

フランスの宗教改革者。1541年以降，ジュ
ネーブで宗教改革を行う。救われる者はあ
らかじめ神の意志により定められていると
いう予定説を唱え，神の絶対的権威を強調
し，救いの確証としての日常生活における
職業労働（一人一人に与えられた使命＝神
の召命）に禁欲的に励むことを強調した。
主著『キリスト教綱要』

予定説　C（よていせつ）　キリスト教の神学にお

いて，救われる者と滅びる者とが，あらか
じめ神の意志により決定されているという
考え方。カルヴァンは神の一方的意志によ
る恩寵（おんちょう），救済という考え方を徹底した。
それは，教会の儀式や権威はおろか，個人
の内面的信仰や善行によっても，変更でき
ないとした。この予定説に従った人々の信
仰は，神の召命としての職業に専念するこ
とが人間のあるべき姿であるとする倫理観
（職業人）を形成していくことになる。

召命　C（しょうめい）　キリスト教で，神の恵み

により，神に選ばれて救いを与えられるこ
とを指す。宗教改革においては，聖職者だ
けではなく，すべての人が神に使命を与え
られたとされた。それは世俗の職業であり，
まさに神の召命とみなされた。

類 職業召命観

『プロテスタンティズムの倫理と資本主義の精神』　C（-りんり-しほんしゅぎ-せいしん）　ド

イツの社会学者マックス＝ウェーバー
（1864～1920）の著書。資本主義がイギリ
ス，オランダなどカルヴァン派を信仰する
国にいち早く成立したことに注目し，カル
ヴァンの予定説に基づく職業倫理が意図せ
ざる結果として営利追求，蓄財の肯定へと
つながり，資本主義の精神的支柱となった
ことを説いた。

類 マックス＝ウェーバー C 4 N

対抗宗教改革（たいこうしゅうきょうかいかく）　宗教改革に対抗したカトリック側からの改革と位置づけられるが（反宗教改革），実際はルターらに先行した自己革新運動としての「カトリック改革」の存在が明らかになっている。宗教改革の高まりに対して，スペインのロヨラらは1534年にイエズス会（ジェスイット教団）を結成，海外にも積極的に布教活動を行った。日本に初めてキリスト教をもたらしたザビエルも，この会の一員だった。

　　　類 イエズス会　ザビエル　**同** 反宗教改革

イスラム教（イスラーム）

イスラム教 **B②N**（**イスラーム** **AN**）（ーきょう）　7世紀にアラビア半島でムハンマドによって開かれた宗教。キリスト教・仏教とともに三大世界宗教の一つとされる。イスラーム自体が宗教の名であるから，本来は「イスラーム教」とよぶ必要はない。『コーラン』（『クルアーン』）を教典とし，『旧約聖書』『新約聖書』も重んじている。形態としてはユダヤ教・キリスト教と同じく，唯一絶対神を信仰する啓示宗教で，偶像崇拝をいっさい認めない。開祖ムハンマドは神（アッラー）により遣わされた最大にして最後の預言者である。また，僧侶階級は存在しない。イスラムとはアッラーに対する絶対的服従を意味し，教えの中心は預言者ムハンマドを信じ，神に仕え，神のよしとする人間関係を結び，それにより来世で救われるということである。イスラム教は，中東のアラブ諸国，トルコ・アフガニスタンを中心に北アフリカ，東南アジアに広まり，推定で8〜10億の信者をもつとされる。

ムハンマド **AN**［Muhammad, 570〜632］　イスラム教の開祖。「賞讃される者」の意。『コーラン』では神の使徒，預言者，警告者とされる。伝承によると570年，メッカの名門クライシュ族のハーシム家に生まれ25歳頃，富裕商人の未亡人・ハディージャと結婚し商家を営んでいたが，40歳頃アッラーの啓示を受け，預言者の自覚をもちメッカで布教した。しかし，メッカ社会の根底をきびしく追及する彼に迫害が強まり，622年にメディナに逃れた（ヒジュラ＝聖遷）。そこでユダヤ人とアラブ人の対立の調停を機に布教し，教団を形成した。630年にムハンマドはメッカを占領し，教団国家をつくりあげた。

アッラー **A**［Allah］　イスラム教における唯一絶対神の名称。『コーラン』によれば，この神は天地創造以前の永劫の過去から存在する永遠の神であり，全知全能，万物の創造主，世界の支配者である「唯一の神」「並ぶものなき神」とされる。その一方で人間と語り合い，喜怒哀楽の感情をもつ人格神である。アッラーはきわめて多様な性格をもち，悪を罰し，信仰深く正しい人にはよい報いを与える義の神であり，悔い改める人を赦す慈悲深い神でもある。その慈悲は人種，民族をこえて全人類に及ぶ。なお，アッラーとはアラビア語で「神」を意味する「イラーフ」を語源とする。

『コーラン』 **AN**［Koran］　イスラム教の経典で正しくは『クルアーン』とよぶ。ムハンマドが啓示を受けてからその死までの22年間に神から受けた啓示を死後，弟子，信者がまとめたものである。114章からなり，その内容はイーマーン（信仰），イバーダート（神への奉仕），ムアーマラート（行動の規範）からなっている。イーマーンはいわゆる六信を，イバーダートは五行とジハード（聖戦）を語っており，ムアーマラートは信者どうしの人間関係のあり方を示し，姦淫（かんいん）をしない，孤児の財産を貪らない，契約を守る，秤（はかり）をごまかさないのほか，婚姻，離婚，遺産相続，犯罪，利子の禁止，孤児の扶養，賭事（かけごと）や豚肉食の禁止，礼儀作法などまでムスリムの生活作法のすべてが記されている。

　　　同 『クルアーン』 **AN**

六信 **A**（ろくしん）　『コーラン』に記されているイーマーン（信仰）の六つの内容のこと。①唯一絶対の神であるアッラー，②ガブリエル，ミカエルなどの天使（マラーイカ），③『コーラン』を中心とする啓典（クトゥブ），④アダム，ノア，アブラハム，モーセ，イエス，そしてムハンマドらの預言者（ルスル），⑤終末と最後の審判の後にくる来世，⑥神の天命（カダル）の六つである。

五行 **A②**（ごぎょう）　『コーラン』に記されているイバーダート（神への奉仕）の五つの

行為のこと。その五つとは，①「アッラーは唯一の神，ムハンマドは神の使徒」と証言する信仰告白（シャハーダ），②アッラーへの1日5回の礼拝（サラート），③イスラム暦第9月（ラマダーン）に1か月間行う断食（シャーム），④収入資産と貯蓄に課せられる税を納める喜捨（ザカート），⑤アッラーへの絶対帰依を示すメッカへの巡礼（ハッジ）である。

類 信仰告白 **B**②（シャハーダ②）
礼拝 **B** **N**（サラート **C**②）
断食 **A** **N**（シャーム）
喜捨 **B**（ザカート **C**）
巡礼 **A** **N**（ハッジ **C**）

スンニー派 **C**（-は）　イスラム教の多数派でスンナ派ともいう。スンナとは慣行のことで『コーラン』とムハンマドのスンナを信仰の基礎とする一派である。

同 スンナ派 **B**

シーア派 **B** **N**（-は）　ムハンマドの女婿であるアリーとその子孫を正統な指導者であるとするイスラム教の一派。儀礼，教義の解釈はスンニー派とは多少異なる。アリーの死後，いくつかの宗派に分裂したが，イランを中心に社会的影響力をもつ。

ヒジュラ **C**［hijra］　ヘジラともいう。元来はアラビア語で「移住」を意味するが，イスラム教では622年にムハンマドがメッカからメディナに逃れたことを示し「聖遷」とよばれる。この出来事を重視して，622年をイスラム暦元年とした。

ジハード **C** **N**［jihād］　ムハンマドがメディナに逃れた後の，メッカのクライシュ族との3度にわたる戦いをいう。後にイスラム教徒の異教徒に対する戦いの総称になる。神の栄光の実現のための戦争ということで聖戦とされる。本来の意味は戦争ではなく，「定まった目的のための努力」をさす。

ウンマ **C**［umma］　ムスリムの共同体，イスラム国家そのもののことをいう。ウンマはそれ自体，共同体内のいっそうの正義の実現と地上における発展という使命をもつ。

ムスリム **B** **N**　イスラム教徒の自称。いっさいを神にまかせた者，神への絶対依存者。

カーバ **C** **N**　イスラム教の聖地メッカにある神殿。イスラム教徒の礼拝はこの方角に向かって行われる。なお，イスラムの聖地は他にメディナ，エルサレムがある。

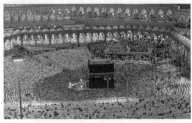

▲イスラム教徒が礼拝するメッカのカーバ

モスク **B** **N**　イスラム教の礼拝堂のこと。メッカの方向を示すくぼみ（ミフラーブ）が必ずある。

ラマダーン **C**　食物をあたえてくれた神に感謝するため，五行の一つである断食が行われるイスラム暦第9月。日の出から日没まで飲食が禁止される。

⑤ 東洋の宗教と思想（1）　　ー仏教

古代インドの宗教

アーリア人 **C**（-じん）　前1500年頃，中央アジアからインダス川流域に進入し，パンジャブ地方に定住した民族。前1000年頃からガンジス川流域に定住し，農耕社会を形成した。定住化の進行と同時に社会階級の固定化が進み，カースト制度が成立した。彼らの宗教の特色は祭祀主義であり，祭式が重視され，そのための賛歌や祈禱句を集成したものが『ヴェーダ』である。

『ヴェーダ』 **C**［veda］　インドに侵入したアーリア人が，長い歳月をかけて形成した膨大な文献群の総称で，バラモン教の根本聖典。神々への讃歌を集めたリグ-ヴェーダ，歌詠を集めたサーマ-ヴェーダ，祭詞を集めたヤジュル-ヴェーダ，呪術を集めたアタルヴァ-ヴェーダの四つからなる。

ウパニシャッド哲学（-てつがく）　「近くに座る」を意味するウパニシャッドは，ヴェーダの末尾に付随された文献群で，弟子が師の「近くに座って」直々に伝授されるヴェーダの究極の真理（奥義）とされている。宇

宙を創造し統一する最高原理であるブラフマン（梵）と，創造された万物の側の本質として「自我」「本体」を意味するアートマン（我）が同一となり（梵我一如），自己が宇宙と一体化することが究極の真理であるという哲学。

梵我一如 C（ぼんがいちにょ）　宇宙・世界の創造の源であり究極原理であるブラフマン（梵）と，個人の本質を意味するアートマン（我）とが，同一であるとする説。ウパニシャッド哲学の真理であり，輪廻からの解脱を可能にする。

　　　　　　　類 ブラフマン C　アートマン C

カースト C N[caste]　ポルトガル語に由来するインドの身分制度をさす語。インドではヴァルナ（色）やジャーティ（出生）という。アーリア人支配の古代インドでまず四つのヴァルナに分かれ，これを四姓とした。この四姓を基本に今日のインド社会では約3000ものジャーティに細分化され，職業の世襲固定化や異なるジャーティ間の結婚の禁止など，前近代的な問題をはらむ。
バラモン：司祭者としてヴェーダの祭祀や教学を独占した社会の指導者階級。
クシャトリア：王族・武士の階級。
ヴァイシャ：農・工・商に携わる庶民階級。
シュードラ：隷属民の階級。

バラモン教 C（-きょう）　古代インド主流の民族宗教。ヴェーダを絶対視しつつ，祭式を重視し，カースト制を維持する。業と輪廻の思想を基本に，ウパニシャッド哲学における梵我一如など，高度な思想内容の展開もみられた。バラモンの権威は絶対視され，祭祀至上主義と祭祀の形式化，職業の世襲化，カーストの固定などを生みだし，それへの批判からジャイナ教や仏教が誕生する。

輪廻 C と業 A（りんね・ごう）　生ける者は何度も何度も生死をくり返すというのが輪廻の思想。ウパニシャッドでは，生前に森林で敬虔な苦行を行い，梵我一如の真理を得た者はこの輪廻から解放され，永遠に神の道に安住することができると説かれている。輪廻からの解放を解脱といい，人が死後生死をくり返すか，輪廻から解脱するかは，生前における行為すなわち業（カルマ）によって決まるとされる。

　　　　　　　　　　　　　類 カルマ C N

解脱 C（げだつ）　生死はくり返されるという輪廻から脱出し，永遠の生命と安らぎを得ること。バラモン教では梵我一如の真理を見きわめることが追求されたが，仏教では逆にブラフマンやアートマンのような固定的な観念を実態視することが煩悩，苦の原因であるとして，無我を悟ることが解脱にいたる道とされた。

ジャイナ教（-きょう）　仏陀と同時代の人ヴァルダマーナ（マハーヴィーラと尊称される）によって開かれた宗教。ジャイナとは勝者（ジナ）の教えを意味する。徹底した不殺生（アヒンサー）や無所有などの戒めを厳守し，断食や禅定などの苦行を積むことによって，霊魂が束縛から解放され，解脱の境地に達せられると説かれている。

　　　　　　　　　　　類 ヴァルダマーナ

ヒンドゥー教 B N（-きょう）　古来のバラモン教に複雑な民間信仰が結合して成立したインドの民族宗教。今日のインドでは，大多数がヒンドゥー教信者である。ウパニシャッド哲学の影響を強く受け，ヴェーダのみならず，叙事詩「マハーバーラタ」等も聖典とし，インドの伝統的宗教生活が堆積されたインド宗教の総称といった性格。最高神としてブラフマンの他に，ヴィシュヌ神やシヴァ神が崇拝される。

原始仏教　仏陀の教え

仏教 A 3 N（ぶっきょう）　ゴータマ＝シッダッタを開祖とする世界宗教。原始仏教では，仏陀（覚者）になるための教えとして，法＝ダルマ（真理）が説かれ，特に四諦・八正道・縁起が強調された。正しい知恵の大切さを説く合理主義，平等主義の思想，生きとし生けるものすべてへの慈悲を重んじる広い愛の精神を特色とする。仏陀入滅後100年ほど経過した時，上座部と大衆部に分裂し，さらに紀元前後に，大衆部を母胎としつつ大乗仏教が成立し，アショーカ王の庇護等もあり興隆し，竜樹・世親などの思想家も輩出した。そして西域・チベットを経て中国に伝わり，6世紀には日本に伝来した。

仏陀 C［前463〜前383，前563〜前483，諸説がある］（ぶっだ）　仏教の開祖。出家前の名をゴータマ＝シッダッタという。シャー

キヤ族の出身なので
シャーキヤムニ（釈迦
牟尼と音写、釈迦
族の聖者の意味）また
単に釈迦（部族名）、
あるいはブッダ（仏陀
と音写、悟りにめざめ
た真人の意味。覚者）
と尊称される。ネパールとインドの国境付
近の小部族シャーキヤ族の王子として、都
城カピラヴァストゥ近くのルンビニー園で
生まれる。母マーヤー夫人は産後7日で
亡くなったというが、それ以外には何不自
由なく育ち、成人してヤショーダラーと結
婚し、一子ラーフラをもうける。しかし、
しだいに深く人生の問題に悩みはじめ、29
歳のときに出家する。苦行などによって悟
りを得ようとするがかなわず、35歳のと
き苦行を棄てて娘のさしだす乳がゆを食し、
川で身を清めて近くの森の樹の下で瞑想し、
悟りを開いて仏陀となった。後にこの地は
ブッダガヤーとよばれた。そしてサール
ナート（鹿野苑）で、まず5人の修行者
に法（ダルマ＝真理）を説き（初転法輪と
いう）、5人を弟子とし、最初の仏教教団
（サンガ、僧伽）を形成した。その後も
説法を続けたが、80歳のときに施食を受
けて重病になり、クシナガラの沙羅樹の下
で般涅槃（＝完全なる悟りの境地─仏
陀の死を意味する）に入った。

　　同 ゴータマ＝シッダッタ **B**　釈迦 **C**
　　　　　　　　　　　　　　ブッダ **A 1 N**

苦行 C（くぎょう）　身体に苦痛を与える修行方
法。バラモン教に典型的にみられるが、仏
陀（仏教自体も）はこれを否定した。

四門出遊（しもんしゅつゆう）　釈迦が王子のとき、
城の四つの門から外出するさい、まず老人
を見、次に病人を見、次に死人を見て心楽
しまず、最後に修行者（サマナ＝沙門）を
見て出家を決意したという伝説。

初転法輪（しょてんぼうりん）　仏陀が悟りを得て、
最初に行った説法。サールナート（鹿野
苑）で、5人の修行者に行ったとされる。
具体的には、四諦説とされる。

四諦 B（したい）　仏教の根本教理であり、中
心的な教説。いかなる実践を通じて解脱
にいたるかを示す四つの真理（苦諦、集

諦、滅諦、道諦）をいう。苦諦（苦
の真理）とは人生は生老病死（四苦）などの
苦に満ちており、これらの苦は自己の人生
にとって避けられない、「人生は苦なり」
と自覚することである。集諦（原因の真
理）とは、これら苦を集め起こす苦の原因
が無知や渇愛が種々の煩悩を起こすこ
とにあると知ることである。この無知や渇
愛が滅し、苦の束縛から解脱した状態を滅
諦（苦の滅の真理）という。この苦の滅に
いたる実践的方法が道諦（道の真理）とい
われ、具体的に八正道によって示されてい
る。

八正道 B（八聖道）（はっしょうどう）　苦を滅
して解脱し、涅槃にいたるための八つの正
しい行いをいう。正しく真理をみる「正
見」を目的として、正しい思惟「正思」と、
正しいことば「正語」、正しい行動「正業」
によって、正しい生活「正命」をおくり、
正しい努力「正精進」が行われる。す
なわち、正しい日常生活に基づき、さらに
そこから心を常に正しい状態に維持する力
「正念」が確立し、最後に正しい禅定（＝
心の統一）「正定」が実現し、悟りの智
慧が生じて、正しく真理をみることがで
きるものである。八正道は中道といわれる。

中道 C N（ちゅうどう）　快楽と苦行の両極端に
かたよらず、対立した見解や世界観をこえ
た正しい宗教的立場。快楽、欲望は堕落を
招き、苦行は意志を強くさせるが、心は磨
かれない。こうした両極端を棄てるのが中
道。

四苦八苦 C（しくはっく）　仏教では生、老、病、
死を合わせて四苦というが、これに
愛する人と別れる苦しみ（愛別離苦）、
怨み憎む人と会う苦しみ（怨憎会苦）、
求めるものが得られない苦しみ（求不得
苦）、自己の生存（五蘊）に執着するこ
とにより生ずる苦しみ（五取蘊苦／五
蘊盛苦）を加えて八苦ともいう。

　　　　　　　　　　　　　類 生老病死 **C**

法 A（ダルマ B）（ほう）　仏教では法は真理、
道理、正しい理法を意味する。また、釈迦
の教えとしての教義、仏法を表し、仏の教
えを記録した教典も法といわれている。仏
教ではさらに、煩悩や悪なども含め現象
としての「存在」のなかに法をみるように

なる。

縁起 Ⓐ②Ⓝ（えんぎ）仏教の基本的な世界観。因縁生起の略。事物を固定した実体的なものととらえず，すべてのものはさまざまな原因（因）や条件（縁）が寄り集まって生じることをいう。仏教では，存在は固定的，自立的に存在するのではなく，他者に依存して生起する，すなわち他者に縁って起こるのが縁起思想であり，**資料**「此あるとき彼あり，此生ずるより彼生ず。此なきとき彼なく，此の滅するより彼滅す」という。仏教では，存在は相依相関によって成立し，存在は無常であり無我であると説かれる。ところが，このような無常な存在を固定化し，実体としてみることから煩悩が生じ，苦が生じる。したがって，縁起の理法を悟ってはじめて苦が滅し，悟りの智慧に達する。

四法印 Ⓒ（しほういん）諸行無常，諸法無我，一切皆苦，涅槃寂静の四つの真理。法印とは仏教の教えのしるしであり，仏教の教理を特色づける根本的な教説。

諸行無常 Ⓐ（しょぎょうむじょう）仏教の根本思想の一つ。一切の現象や行いは絶えず流転し，常なるものはないということ。だからこそ，今を怠けず己を磨けという含意がある。

諸法無我 Ⓐ（しょほうむが）仏教の根本思想の一つ。いかなる存在も，さまざまな原因や条件によって生じたものであり，永遠不変の実体をもつものはないということ。バラモン教で説くような常住不変の自我（アートマン）の実体を認めない。諸行も諸法もいっさいの「存在」という意味だが，諸法の概念のほうが広い。

一切皆苦 Ⓑ（いっさいかいく）われわれは存在を固定不変と考え，欲望や憎悪の対象として執着するので一切皆苦となる。

涅槃寂静 Ⓒ（ねはんじゃくじょう）縁起の道理を得て存在の無常無我を悟り，苦を滅したときに煩悩の世界から解脱し，静かな安らぎの悟りの境地（涅槃）に達することができるのであり，これを涅槃寂静という。

涅槃 Ⓑ②（ねはん）ニルヴァーナの音訳。もともとは炎の消滅した状態をさした。煩悩が吹き消され，精神の平安を獲得した悟り

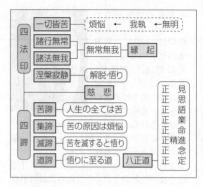

の境地をさす。

慈悲 Ⓑ（じひ）仏や菩薩が衆生（＝一般の人々）を憐れみ，慈しむ心をいう。楽を与えることを慈，苦を取り除くことを悲とする見方もある（与楽抜苦）。すべての衆生に友愛の念をもつことが慈であり，人生の苦を嘆き憐れみ，すべての衆生の苦を取り除かんとするのが悲である。なお無差別平等の慈悲心こそが，四姓（ヴァルナ）の別を重んじるバラモン教と決定的に異なる点の一つである。

煩悩 Ⓑ（ぼんのう）人間の心身の苦しみを生みだし煩わせる，とらわれた誤った精神の働きをいう。さまざまな欲望や怒り，ものごとの執着など煩悩の種類は多く，「百八煩悩」などと分類される。仏教では特に根源的な煩悩として無明と渇愛が強調される。無明とは根本的な無知を意味し，渇愛とはあらゆる欲望の根底にある不満足性をいう。また煩悩を貪（＝むさぼり），瞋（＝いかり），癡（＝おろかさ）の三つで表現し，これを三毒という。

無明 Ⓑ（むみょう）根本的な無知を意味し，事実をありのままにみる力のないこと。十二縁起では，すべての苦は無明に起因すると説かれている。世界の真理に暗いこと。

我執 Ⓒ（がしゅう）自我が永遠に存在し続けてほしいと願い，また永遠不変の我（アートマン）が輪廻を越えて存在し続けると信じる，人間の自己自身への執着。仏教では人間存在を構成する五蘊すべてが無常であり，どこにも永遠の実体たる自我のようなものはなく，かえって実体のない自我に執着することから煩悩，苦が生ずるという

無我説に立つ。

原始仏教　(げんしぶっきょう)　ほぼ，釈迦の教えがそのまま受けとめられたとされる，初期のインド仏教。釈迦の伝道から部派仏教の分裂が始まるまでの仏教をさす。仏陀の入滅後，仏陀の教法(ダルマ)は経蔵として，戒律は律蔵として仏陀の直弟子たちによってまとめられ(結集)，仏滅百年後ぐらいに整理されたとされる。根本仏教。

五戒　(ごかい)　在家の仏教信者が守るべき五つの戒め。不殺生(=生きものを殺さない)，不偸盗(=盗みをしない)，不邪婬(=性の秩序を守り愛欲に溺れない)，不妄語(=嘘をつかない)，不飲酒(=酒を飲まない)の五つをいう。

三宝　**C**　(さんぼう)　仏教徒が帰依すべき三つの宝。仏教の開祖仏陀を「仏宝」，仏陀が説いた真理の教えを「法宝」，修行するサンガ(僧伽)という教団を「僧宝」という。

部派仏教

部派仏教　(ぶはぶっきょう)　仏滅約100年後に，戒律をめぐって教団が上座部と大衆部に根本分裂し，おのおのがその後数百年間にさらに分裂をくり返し，20の部派(諸説がある)に分かれた。この教団分裂期以降の仏教を部派仏教という。全体としては上座部系の方が勢力があったとされる。

小乗　**C**　(しょうじょう)　大乗教徒による部派仏教(特に上座部，セイロン〈現スリランカ〉，ビルマ〈現ミャンマー〉，タイ，カンボジ

▲仏教の伝播

アへと伝播して「南伝仏教」とよばれた)に対する蔑称。他者を救済するよりも，まず自己の修行の完成に励んでいたので，「小乗」すなわち小さな乗り物で自分一人で悟りに向かう仏教とさげすまれた。小乗はサンスクリットのヒーナヤーナの訳。信徒自身は上座部仏教と称した。

　　　　　同南伝仏教**C**　上座部仏教**C**

大乗仏教　**A**(2)(だいじょうぶっきょう)　紀元前後にインドに興り，中国，日本などに伝わった仏教の総称であり，新しい仏教運動をさす(北伝仏教ともいう)。仏陀の慈悲の精神を重んじ，自己のみではなく他者の救済(利他)をめざす。一切衆生の救済を理想とし，仏陀そのものをめざす菩薩の教えと考えた。「大乗」とはサンスクリットのマハーヤーナの訳で，大きな乗り物の意味。一切衆生を悟りの世界(彼岸)に導く教えであるとして自称した。また大乗の教学には，ナーガールジュナが理論的基礎を形成した「空の思想」などがある。

　　　　　　　　　　　　同北伝仏教**C**

菩薩　**C**　(ぼさつ)　悟りを求め，仏になろうとして修行に励む人。大乗仏教では，自利と利他をともに求める修行者をさす。大乗仏教の基本思想で，自らに仏陀となる素質(仏性)を自覚し，仏陀となること(成仏)をめざすのが菩薩である。

ナーガールジュナ(竜樹)　[Nāgārjuna, 150頃〜250頃]　(りゅうじゅ)　2世紀頃，〈空〉の思想によって大乗仏教の教理を確立した大乗仏教最大の思想家。存在する個物は縁起によって相互依存的に成立しているにすぎず，存在の真実のあり方は空であり，固定的実体(我や自性など)もない，とされた。

一切衆生悉有仏性　**C**　(いっさいしゅじょうしつうぶっしょう)　すべての衆生(生きとし生けるもの)は，みな等しく，悟りを得て仏になりうるための可能性・素質である仏性を備えているという意味。大乗仏教の経典である『涅槃経』の中の言葉。従来，悟りを得ることができるか否かについては生まれながらの素質によって違いがあると理解されていたが，こうした差別観を退け，あらゆる衆生が平等に成仏できると説いたもの。

　　　　　　　　　　　　類最澄**A**③

仏性　**B**③(ぶっしょう)　仏陀になり得る素質。

大乗では誰でもが仏性をもっているとされる。大乗経典では「一切の衆生に悉く仏性がある（一切衆生悉有仏性）」と説かれるようになった。

6 東洋の宗教と思想（2）
―儒教

諸子百家

諸子百家 Ｂ（しょしひゃっか）　春秋・戦国時代の弱肉強食の社会混乱のなかで，列国の富国強兵・人材登用策を背景に，自由な思想・言論活動を展開した多数の思想家と学派の総称。

儒家 Ｂ（じゅか）　孔子を開祖とし，孔子の人格と思想を崇拝し，その思想を継承，発展させた学派。孔子に続く者としては内面的道徳性を重視した曽子，子思，孟子の流れと，外面的礼を重視した子夏，荀子の流れがある。儒家は，諸子百家のなかで中国思想の正統となった学派である。

道家 Ｂ Ｎ（どうか）　諸子百家の一つ。老子を開祖とし，荘子によって大成されたので老荘思想ともいう。儒家が文化や学問を重んじ，現実の社会秩序や人倫の道を説くのに対し，道家は儒家の徳を人間のこざかしい知恵や人為の産物として否定し，宇宙万物を秩序づける人知をこえた道を考え，これに従う無為自然の生き方を説いた。

墨家 Ｃ（ぼくか）　諸子百家の一つ。墨子（墨翟）を始祖とする。墨子の思想は『墨子』という書物に伝えられる。上下の秩序などを重んじる儒家に対して，兼愛（他者への無差別の愛）を説いた。また，勤倹をすすめ，非攻（徹底した非戦論）を唱えて強力な教団をつくりあげた。その思想は，都市の手工業者や農民など庶民に多く受容された。
　　　　　　　　　　　　　　　類 墨子 Ｃ

法家 Ｂ Ｎ（ほうか）　諸子百家の一つ。厳しい刑罰をともなった法律を，国家統治の基本とみる学派。春秋時代の管仲が始祖。儒家は徳治・礼治を説き，民への法による強制を退けたのに対し，荀子の性悪説の影響を受けた法家では，本性として苦難を避けようとする民は，刑罰をともなった法の強制によって，正義にかなう振る舞いができるようになると考えられた。代表的な思

想家には申不害・商鞅・韓非子らがいる。

孔子と儒家の思想

孔子 Ａ Ｎ［前551頃～前479］（こうし）　儒教の祖。春秋時代の末期，魯の国に生まれる。幼くして両親に死別し，貧困と闘いながら古典を修め，礼楽を身につけ30歳の頃，学問と  礼楽の師として名を高めた。当時，周王朝の権威は衰え，乱世であった。彼は周王朝の文化と政治を理想視し，その原理であった礼楽を復興することによって，乱世に平和を再建しようとした。そのため礼楽に高い倫理性（道徳性）をもつ仁の精神を吹きこみ，仁を身につけた有徳の君子による徳治主義を理想とした。50歳をすぎて魯の大司寇（＝司法大臣）の地位につき政治改革にのりだしたが失敗。自己の理想を託せる諸侯を求めて遊説の旅に出た。しかし，その理想主義は諸侯に受け入れられず，失意の旅は14年に及んだ。晩年，魯に帰り74歳で没するまで，古典の整理，編纂と弟子の教育に全力を注ぎ，その言行は『論語』にまとめられた。

資料　「吾十有五にして学に志し，三十にして立ち，四十にして惑わず，五十にして天命を知る，六十にして耳順い，七十にして心の欲するところに従って矩を踰えず」

『論語』 Ａ Ｎ（ろんご）　孔子と弟子の言行が，孔子の死後編纂されたもので，孔子の思想と人格を知る第一の古典である。『論語』の特色としては次の点があげられる。①人間本性の善とその教育的開花の可能性への信頼。②家族や近隣の人々への自然な愛と責任観を拡大して，普遍的道徳にまで高めてゆく道徳論。③学問，古典への愛好と学問を通しての人格形成。**資料**「温故知新」。④理想的人間像としての君子とその徳治主義。⑤神や神秘や奇跡を排する現世的合理主義。**資料**「怪力乱神を語らず」

仁 Ａ（じん）　儒教思想における最も重要な徳目。しかし仁についての孔子の言は弟子や

状況に応じて多様であり，単一の定義はない。仁はあらゆる徳の根本にあるものであり，いっさいの徳を徳たらしめているもの，いわば根本的徳と考えられている。一般的には，人間が身近な肉親や仲間の人間に対して抱く親愛の情や敬意（孝悌）を根本として，学問，修養で培われた知によって磨いたときに実現する諸徳（忠恕，信，誠，愛，克己）などを総合したものが仁である。仁の徳は本来内面的，情意的性格が強い。孔子は社会規範である礼を重視したが，礼に仁という精神を吹き込み，礼を真に道徳的，文化的，政治的な社会規範として再興しようとした。仁と礼とは不可分である。

（資料）「子曰く，巧言令色，鮮なきかな仁」

孝悌 Ｂ（こうてい）　孝とは親子，兄弟，親族の間に通いあう自然の親愛の情を基礎に，子が父母や祖先に仕える義務をいう。悌は年少者が年長者に対して敬意をもって従順に従う義務をいう。いずれも血縁や地縁の身近な人間関係を律する道徳である。孔子は孝悌を仁の根源として，家族倫理をつくり，その上に社会倫理，政治倫理を形成した。

忠恕 Ｃ（ちゅうじょ）　忠とは自己の良心に忠実なことであり〈まごころ〉である。恕とは他人の身になって考える知的同情心，〈思いやり〉のことである。孔子は仁を最高の徳としたが，（資料）「吾が道は一以てこれをつらぬく」と自らいうように，その教えの確固たる理想がこの忠恕である。忠を欠いては自律的道徳は成立しないが，忠だけでは一人よがりになる危険がある。忠と恕が一体となって，はじめて仁といえる。

（資料）「夫子の道は忠恕のみ」　（資料）「己の欲せざる所，人に施すことなかれ」

（資料）「己達せんと欲して，まず人を達せしむ」

類 恕 Ｂ

礼 Ａ Ⓝ（れい）　人間が従うべき礼儀，マナー，儀礼，習慣，良風美俗，法，制度などを未分化のまま包含する伝統的社会規範。単に礼儀作法といった狭い概念ではない。身分，尊卑に応じた行為の基準としての政治儀礼，家族や共同体を律する家族儀礼，個人の日常生活を律する慣習として社会生活のすべてをおおっている。孔子は周公のたてた周礼を尊び，その復興を通して乱世の政治と社会の秩序と平和を回復しようとした。

（資料）**克己復礼**（こっきふくれい）は，自己の利己的欲望を抑えて，礼を実践すること。克己復礼は仁の本質とされる。

君子 Ｃ Ⓝ（くんし）　儒教における理想的な人間像。孔子はこの君子に道徳的，人格的理想を付与した。政治にたずさわる者は，人間的にも道徳的にも立派な人物でなければならないとして，学問や礼楽の教養を身につけ，知，仁，勇の徳を兼備した人格者をさして君子とした。君子の育成が孔子の教育目標。

徳 Ａ（とく）　修得されて身についた人間としての優秀な能力や好ましい品性など。孔子学派では『礼記』の「徳は得なり」のことば通り，学問，修養によって獲得される道徳的な能力を意味し，『論語』では〈孝悌，忠恕，誠，勇，知〉などが説かれている。

徳治主義 Ｂ（とくちしゅぎ）　孔子が理想とした政治哲学。有徳の君子による道徳的政治をさす。政治にたずさわる者は，常に修養努力して仁を身につけねばならない。そして仁の最高の表現はよき政治の実現である。人民に仁を中核とした徳で臨めば，人民の道徳的自覚も深まって，国は自然と治まると主張した。（資料）「これを導くに政を以てし，これを斉ふるに刑を以てすれば，民免れて恥なし。これを導くに徳を以てし，これを斉ふるに礼を以てすれば，恥ありて且つ格し」

修己治人 Ｃ（しゅうこちじん）　徳治主義を表現したことば。自己自身の道徳的修養を積み，その徳で人々を治めるということ。朱子学では『大学』の一節をまとめ，（資料）「身修まって家斉い，家斉って国治まり，国治まって天下平らかにす（修身・斉家・治国・平天下）」と表現する。

孟子と荀子

孟子 Ｂ［前372〜前289］（もうし）　戦国時代の儒教の思想家。孔子の生国魯に近い鄒に生まれた。孔子におくれること約100年，孔子の孫の子思の門人に学んだ。彼は孔子を崇拝しその学説を体系化し，孔子の道に基づいて戦国の乱世を救おうとした。その主張の根本は，人間の内面的道徳性に信

頼をおく性善説と王道政治論である。権力で統治する覇道政治に反対し，人民の生活の安定を最優先する政策を説いて孔子の理想を擁護し，ひろめる役割を果たした。50歳をこえた頃，梁・斉・宋の諸侯に王道政治の実現を説き，いくたびか政治顧問として理想の実現に努力した。晩年故郷に帰り弟子の教育に専念した。『孟子』七編がある。

性善説（せいぜんせつ）　天が与えた生まれながらの人間の本性は，善であるとする孟子の説。孟子の四端説がすなわち性善説である。人は誰でも善を行う性に従って努力すれば「仁・義・礼・智」の徳を実現できる。人が悪事を犯すのは，この本性を見失った偶然的過誤であって，性善を否定することは自他をそこなう悪であると説いた。

四端説（したんせつ）　仁・義・礼・智の四徳の萌芽，発端が人間の素質として生得のものとして内在するとの孟子の説。惻隠の心・羞悪の心・辞譲の心・是非の心の四つ。

惻隠の心：他人の悲しみを見すごすことのできない同情心。仁の徳の発端である。

羞悪の心：自他の不善を恥じ，悪を憎む心。この心が善悪を区別する義の徳の発端。

辞譲の心：謙遜の心。さらに他者を尊敬する心。この心が礼の徳の発端。

是非の心：善・悪，正・不正を感ずる心。この心が智の徳の発端。

四徳 C（仁義礼智）（しとく）（じんぎれいち）　孟子の四端説＜惻隠の心，羞悪の心，辞譲の心，是非の心に対応＞にいう仁，義，礼，智の４つの徳目。孟子はとくに仁義を尊重した。仁は憐れみ・同情心，義は仁の客観的基準・正義感，礼は社会規範，智は分別。

類 仁義礼智

五倫（ごりん）　孟子が説く，五つの基本的人間関係と守るべき道徳規範。君臣の義（地位や事態に応じた適切な態度），父子の親（親愛の情），兄弟の序（兄弟間・長幼間の序列），夫婦の別（男女の区別），朋友の信（友人間の信義・誠実）があげられる。

五常（ごじょう）　孟子が説く個人が修養上でめざすべき五つの徳（仁，義，礼，智，信）をいう。孟子の四徳にいう仁，義，礼，智に，前漢の儒学者・董仲舒が信を加えたもの。

易姓革命（えきせいかくめい）　中国古来の政治思想。姓を易かえ，命を革あらためるという意味。つまり，天下を治める君主に徳がなければ，別姓の有徳者が天命を受けて新たな王朝を開くということ。それゆえ，暴虐な天子はもはや天子ではないからこれを討っても，臣が君を討つ反逆にはあたらないとして孟子は革命を認めた。禅譲（徳のある者に平和的に位を譲る）と放伐（武力で討伐する）がある。

王道政治 C（おうどうせいじ）　孟子が孔子の徳治主義の政治思想を受け継いで唱道したもので，王が徳を身につけ仁愛，仁義の政治を行い，人民の幸福をはかり，諸侯の心服を得る政治である。権力や術数で政治を行い，武力によって天下統一をめざす覇道政治と対比される。

対 覇道政治

覇道政治（はどうせいじ）　人民や他国に対し，権力や武力を背景とした実力で臨む政治のあり方。礼を重視し，君子が仁政を施す王道に対する語。孟子は王道を主張して覇道を否定した。

対 王道政治 C

『孟子』 B（もうし）　戦国の儒家，孟子の言論を集め孟子の没後編纂された書。四書の一つで，朱子以来儒教の根本経典となった。性善説，四端説，五倫五常，王道政治，易姓革命論などを雄弁に説いている。

荀子 B［前298？〜前235？］（じゅんし）　戦国時代末期の儒教の思想家。性悪説と礼治主義の主唱者。礼を重視する儒家の立場から，当時の諸思想を批判的に摂取して総合的で合理的な思想体系をうち立てた。彼は戦乱を終わらせ，平和を確立するためには，人間の善意に信頼をおく徳治のみでは不可能であり，人間本性の悪さを直視し，外的規範である礼を守らせることが必要であると考えた。この礼治主義のなかから韓非子，李斯などの法家の弟子が輩出した。

性悪説 B（せいあくせつ）　人間の本性は悪であるとする荀子の説。孟子の性善説と対立し

た。荀子によれば人間は生まれつき欲望に従って利を好み，悪に傾き，争乱をおこしがちである。そこでこの悪を矯正し徳を実現するために，聖王や聖人の定めた礼に従うことを強調した。（資料）「人の性は悪にして，その善なるものは偽なり」

礼治主義 **C**（れいちしゅぎ）　性悪説にたつ荀子が主張する，外的客観的規範である礼によって，治安を維持しようとする立場。荀子の弟子の韓非子や李斯は，さらに刑罰を重視する法治主義を主張した。

四書（ししょ）　『論語』『孟子』『大学』『中庸』の総称。宋代に儒教を哲学的に体系化した朱子が重視し，儒教の根本聖典となった。

五経 **C**（ごきょう）　『詩経』『書経』『礼記』『春秋』『易経』の五書の総称。漢代に儒教の根本聖典として定められた。

朱子学と陽明学

朱子学 **B①**（しゅしがく）　宋代に，朱子（朱熹）によって体系化された儒学。理気二元論に基づく。すなわち，万物及びあらゆる現象を，宇宙の根本である「理」と物質的原理である「気」という二つの原理によって説明しようとするものである。理気二元論によれば，人間は，理に基づく本然の性と気に基づく気質の性の両面を備えた存在となる。本然の性こそが本来の人間性であり，気質の性は人欲のように理を曇らすものであることから，本然の性に立ち返るべきであるとされる。また，本然の性に立ち返るために居敬窮理を説いている。

朱子 B（**朱熹C**）[1130～1200]（しゅし）（しゅき）南宋の儒学者で，朱子学を大成した。名は熹。官吏の子として生まれ，19歳で科挙に合格し，その後生涯の大半を官吏として過ごしながら，

『四書』や『易経』の研究を続け，朱子学を大成した。宇宙論として理気二元論を説いた。理とは，宇宙万物に内在する万物生成の原理であり，気とは，物質的な形をもつ運動の原理である。この原理から人間の性質をとらえ，居敬すなわち精神を統一して，窮理すなわち，ものごとの理をきわ

める必要があるとする。主著『四書集注』（四書の注解），『近思録』

窮理 **C**（きゅうり）　事物について，それに内在する理を探究し確認すること。朱子学の理気二元論によれば，理は宇宙の根本原理ともいうべきものであり，万物は理によって性が与えられ，気によって形が与えられる。理を窮め，理にいたることが窮理である。

居敬 **C**（きょけい）　朱子学の修養法。窮理と不可分の関係。私利私欲を抑えて理に従い，自己の行動を厳粛にして，敬の心を内にもつこと。

持敬 **C**（じけい）　つつしみの心を内にもつこと。居敬。☞ p.114（林羅山），p.114（存心持敬）

理気二元論 **C**（りきにげんろん）　朱子学の根本的な考え方。万物及びあらゆる現象，さらには道徳についても理と気の二つの要素によって説明しようとする考え方である。理は宇宙の根本原理であり，気は万物を成り立たしめている物質的原理を意味する。

王 陽明 **C** [1472～1529]（おうようめい）　明代の儒学者で，陽明学の開祖。名は守仁で，陽明と号した。28歳で科挙に合格し，官吏として過ごした。最初朱子学を学んだが，理

気二元論に疑問を感じ，致良知の説を唱えた。良知とは，人の心に自然に備わっている善悪を分別する道理であり，これを発揮する必要を主張した。朱子学（性即理）を批判して，心即理を説き，知行合一という考えを展開した。

類 **心即理** **C**

陽明学 **B**（ようめいがく）　明代の儒学者王陽明を開祖とする学問。朱子学の主知的性格に対して，実践的な性格が強い。心即理を説き，致良知すなわち善悪を分別する道理である良知を発揮し，知行合一を理想とした。日本の陽明学者には，江戸時代の中江藤樹や熊沢蕃山などがいる。　☞ p.37（陽明学）

良知 **C**（りょうち）　人間の内面に先天的に備わっている善悪の判断能力と倫理的な感受性のこと。王陽明は朱子の説を批判して，

この良知の働きを発揮させることが大切であるとして，それを致良知^ちと表現した。　☞ p.115（致良知）

知行合一 B（ちこうごういつ）　王陽明の唱えた説。知（知ること）と行（行うこと）とは分離することができず，真の認識は必ず実践をともなうものである，と説いた。[資料]「知は行のはじめであり，行は知の完成である」という。

老子と荘子

老子 B［生没年不詳］（ろうし）　道家の祖。『老子（道徳経）』の著者とされるが，生涯は伝説の霧につつまれて明らかではない。その実在さえも疑う説もある。

『老子』も漢代のはじめに今日の形に定着したもので，その成立についても諸説がある。しかし，文化や人為がもたらす災いと混乱と高慢を退け，自然と無為と素朴に帰ることを説くその思想は，後世に大きな影響をあたえた。

道 A（タオ N）［Tao］（みち）　老子の中心思想。万物がそこから生まれそこに帰る根源をいう。老子は仮に名づけて道とよび，名づけようもないから無であるともいった。孔子の道が形而下の人倫の道であるのに対して，老子の道は形而上の，人倫をこえたものである。

無為自然 B（むいしぜん）　「無為」はこざかしい知恵をすて人為的の努力をやめて，無作為，無心になるの意味。「自然」は自ずからそうなるの意で，道と一体となるとき大いなる摂理が働き，究極的な成功や安心が実現すること。無為自然の模範は大自然の営みである。四季の推移や日月星々の運行など，そこには何らの行為のあとはないが，万物はその恩恵によって生成化育し，見事な秩序が実現されている。まさに自ずからそうなっている。このような無為自然を政治の原理とし，さらに人間の生き方の原理としたのが老荘である。

柔弱謙下 C（じゅうじゃくけんげ）　老子の基本的な考え方の一つで剛強をさけ，柔弱につき，

尊大を戒めて謙虚をよしとし，不争を尊んで人の下につく生き方であり，無為自然に合致した生き方。老子は水を例にあげ，水があらゆる生物に恵みを施しながら他と争わず，人がさげすむ場所に満足しているようなあり方をさした。

小国寡民 C（しょうこくかみん）　老子が思い描く理想郷で，人民が無知無欲で，たがいに争うこともない平和な寡^{すく}ない民からなる小国をいう。鶏や犬の鳴く声が聞こえるほど近い隣国へさえ，人民は行こうともせず，自足している。

荘子 B［生没年不詳］（そうし）　紀元前4世紀頃，戦国時代の宋の人。孟子とほぼ同時代に活躍したと伝えられる。老子と並んで老荘と称される道家の代表的

思想家である。楚王は荘子の賢を聞き，高位をもって迎えようとしたが，荘子はこれを断り，悠々自適の隠居，自由人として生涯を送ったと伝えられる。荘子の思想は老子と同じく「道」と「無為自然」を説くが，荘子は政治的現実の世界をこえた超俗的，宗教的関心が強い。

万物斉同 C（ばんぶつせいどう）　宇宙万物の根源である「道」の立場に立つと，万物には区別や差別がなく，すべてが斉^{ひと}しい価値をもつ，とする荘子の哲学的立場。人間は善悪，美醜，是非，真偽，生死といった価値の対立差別を立て，それをめぐって争い悩む。しかし，そのような対立差別は人間のせまい立場からくだされた相対的認識でしかない。人間をこえた「道」と一体となった立場からみると，それらの二元の対立は，いっさい消え去り，絶対無差別の世界が出現する。そこでは，すべてが等しい価値をもち，あるがままの存在がそのまま肯定される。

真人 C（しんじん）　荘子の説く理想的人間，至人，聖人ともいう。「道」（天，自然）と一体化し，あらゆるとらわれから自由になって，あるがままの自己を受け入れ，生死・幸福も運命として肯定する境地に達した者を真人とよんだ。荘子は，世俗をこえて宇

宙の真理と一体となり，永遠無限の世界に遊ぶことを逍遙遊（あてどもなくさまよい遊ぶ）とよび，真人の境地とした。

関 逍遙遊 C

老荘思想（ろうそうしそう）　老子と荘子に基礎をおき発展した思想。道家思想と同義に用いられることもある。儒教が官学として科挙の必須科目でもあったのに対して，老荘思想は一般庶民に受け入れられた。儒教が形而下を対象とするのに対して，老荘思想は，形而上の自然とか無を対象とし，それと一体になるところに幸福をみい出し，無為自然に生きることを理想とした。

道教 C（どうきょう）　中国の宗教であり，道家の思想は区別される。不老不死を求める神仙思想に老荘思想を融合させ，さらには仏教や儒教の要素も取り入れたもの。中国の民間に浸透した。

【 倫 理・哲 学 基 礎 用 語　補 遺 】

哲学［Philosophy］（てつがく）　世界や人間のあり方を理性的に徹底して考え，根本的な知識を求める学問。ギリシャのフィロソフィア（知への愛）にはじまる。日本における「哲学」という訳語は，西周の『百一新論』1874年（明治7年）が初出とされる。

倫理［Ethics］（りんり）　社会的存在としての人間が守るべき筋道・規範のこと。倫という語は，「なかま」ないし人間関係を意味するとともに，その道理・規範を意味する。理は，道理・規範の意味をさらに強調する語である。したがって倫理とは，人間のなかま関係・社会関係における筋道・秩序・規範を意味する。

形而上学［Meta physics］（けいじじょうがく）人間の感覚器官でとらえることのできない，現象界をこえた超経験的世界，つまり，個々の存在でなく，存在を存在たらしめているものの意味，原理を探究する学問。

主観［subject］（しゅかん）　対象について認識・行為・評価などを行う意識のはたらき，またそのはたらきをなす者。主観的とは，認識する個人の内面だけによる場合をさす。

客観［object］（きゃっかん）　認識される対象。主観に現れるもの。主観的とは，認識において普遍的に当てはまる事実による場合をさす。

主体（しゅたい）　「見るもの，知るもの」。読書という行為における読み手のように，何らかのことを能動的に働きかけるもの。（倫理学的には）行為・実践をなす当のもの。

客体（きゃくたい）　「見られるもの，知られるもの」。受動的に働きかけられるもの。（倫理学的には）行為・実践の対象となるもの

2章 公共的な空間における人間

1 義務論と功利主義

カントの義務論

カント 　Ａ⑧Ⓝ [Immanuel Kant, 1724〜1804]　ドイツの哲学者。港町で大都会のケーニヒスベルク (現ロシア領カリーニングラード) に馬具職人の子として生まれ，内面的信仰の篤い敬虔主義の家庭で育った。同地の大学に学び，教授となり，生涯独身でほとんどを生地で学究の徒として暮らした。初めは合理論の立場から出発し，自然科学の分野で後に「カント-ラプラス星雲説」とよばれる太陽系の起源に関する著作を発表した。やがてヒュームによって「独断のまどろみ」をさまされ，合理論と経験論とを批判的に統合する認識論を確立した。またルソーから人間を尊敬することを学び，人格の自由と尊厳を意志の自律によって基礎づけた。美学においても大きな業績を残した。主著『純粋理性批判』『実践理性批判』『判断力批判』『道徳形而上学原論』『永遠平和のために』

純粋理性 Ｂ (じゅんすいりせい)　カントが『純粋理性批判』で扱った理論的認識能力としての理論理性。この理性は経験に依存することのないアープリオリ (先天的) な認識能力で，これには感性の純粋形式，悟性に由来する思考の形式 (純粋悟性概念)，さらに判断する能力としての判断力と推理の能力として (最も狭い意味での) の理性が含まれる。

批判哲学 Ｃ (ひはんてつがく)　カント哲学の基本的な立場を示す語。批判とは理性の認識能力を吟味し，その範囲と限界を規定することであり，従来の形而上学の独断を離れ，あるべき形而上学を準備するためにとった方法である。批判という語は，ギリシャ語のクリノーに由来し，「分ける」という意味である。カントが分けるのは理性能力そ

のものである。カントは，われわれが理論的に認識できる世界を，この経験の世界に限定する。他方，経験不可能な神・自由・霊魂の不滅という従来の形而上学の問題は，実践理性の要請によって積極的に答えることができるとした。

コペルニクス的転回 Ｃ (-てきてんかい)　カントが認識論における思考法の転換を，天動説から地動説への転回をなしたコペルニクスの天文学上の業績になぞらえた言い方。従来の大陸合理論とイギリス経験論とを批判的に統合したのである。

善意志 Ｂ (ぜんいし)　カントのことばで，道徳法則への尊敬の念から道徳法則に従って行為する意志のこと。カントの動機説の立場をも示す。 資料 「この世界の内で，いやこの世界の外でもまた，無制限に善いとみなされることができるのは，ただ善意志をおいて他にはない」とされる。カントは無制限の善のありかを動機に求めた。

義務論 Ｂ (ぎむろん)　倫理学の一分野で，結果主義 (行為の結果から，その行為の道徳的正しさを判断する) の立場を取らず，行為が特定の「義務」に一致しているかどうかから，行為を判断する理論である。行為の「結果」ではなく，行為をする上での意志・動機から判断することが特徴となる。その代表例にカントの倫理学があげられる。またロールズなども含まれる。

実践理性 Ａ (じっせんりせい)　カントの用語。認識において働く理論理性に対する語で，道徳法則の立法による自律的な意志規定をなす能力をさす。実践理性は何ら意志の外にある対象によって決定されることなく，自分だけで意志を決定することができる。それゆえカントはこうした能力にこそ，人間の尊厳を見いだしたのである。さらに実践理性は，神・自由・霊魂の不滅といった形而上学的な問題を積極的に扱うことができる。

道徳法則 Ａ (どうとくほうそく)　カントの倫理学の核心をなす語で，理性的存在者が道徳的

行為において，自分の意志を決定するさいの普遍妥当的な原理である。したがって道徳的善悪の判定の基準となる。道徳法則は現象界（経験の世界）の法則である自然法則に対して，英知界（超感性界）の法則である。ところで道徳法則が普遍妥当的であるためには，まず無条件の「〜せよ」という形で表される定言命法の形をとる。この道徳法則は実践理性によって自律的に立法されるものであるから，道徳法則に従った行為は自律としての自由を意味する。

普遍妥当的 (ふへんだとうてき)　カントが道徳原理の条件としてかかげる性格。いつでも，どこでも，誰にでもあてはまるという意味である。それは，無条件的であり法則的であるということであるが，カントはそれを道徳法則のうちに見いだした。

格率 **C** (かくりつ)　カントの倫理学で，人間が行為する際に立つ主観的な規則や方針のこと。主観的であるから，個々人によって異なり，またそれぞれの個人が自分で採用した原理である。カントによれば，自分にしか通用しない格率は道徳的ではありえない。道徳的であるためには，主観的な格率が，同時に誰にでも通用する普遍性をもたなくてはならない。

定言命法 **A** (ていげんめいほう)　道徳法則の命令の形式を意味するカントのことばで，仮言命法に対する語。普遍妥当的でそれ自身において善い行為を無条件的に「〜せよ」という形で命じる命令の形式をいう。人間は理性的存在だが同時に感情や欲望に支配される感性的存在でもあるから，客観的な道徳法則は，人間の主観には意志の強制すなわち命令として現れる。しかし，この命令は，自らの内なる実践理性が命じるのであり，ここにカントの自律の思想がある。カントは定言命法のあり方を次のように表した。 資料 「汝の意志の格率が常に同時に普遍的立法の原理として妥当しうるように，行為せよ」

仮言命法 **B** (かげんめいほう)　定言命法に対するカントの用語で，他律的な意志の決定のあり方を示す。この命令は，「もし〜を欲するなら，〜せよ」という条件つきの形で示される。たとえば，「もし幸福になりたいのなら，たくさん仕事をせよ」と表現され

る。

自律 **A** **3** **N** (じりつ)　意志の自律。他律と対をなし，カント的な自由の積極的な表現をなす語。カントの場合，感性的欲望や他者の権威から独立に，自らの内なる実践理性によって打ち立てられた道徳法則に自ら従うことを意味する。したがって自己以外のもの，感性的欲望に支配されていないから自由である。これに対し，自己以外のものによって行為が規定される場合が他律である。道徳法則が無条件の定言命法の形式をとるのは，他律とは異なった自律的な意志のあり方を示している。

同 意志の自律 **C** **3**

自由 **A** **2** (じゆう)　カントの倫理学において，自然法則に支配される諸々の欲求に拘束されず，自分の意志を自分で決定する，自律としての自由。

人格 **A** **N** (じんかく)　カントの場合は，自らが打ち立てた道徳法則に自発的に従う理性的存在者としてのあり方を意味する。自律という積極的自由の主体である理性的存在者は，何か他のものに対する手段という相対的価値しかもたない物件とは違い，その存在自体が絶対的価値をもつものである。

人格の尊厳 **C** (じんかく・そんげん)　人格のもつ絶対的価値で，他の何ものとも交換することのできない価値をカントは尊厳という。尊厳ある人格は目的自体として，けっして手段とのみ見なされてはならないものである。 資料 「あなたの人格の内にもあらゆる他の人格の内にもある人間性を常に同時に目的として扱い，単に手段として扱うことのないように，行為せよ」

目的の王国 **C** **2** (もくてき・おうこく)　カントが提示した理想社会で，各人が各人の人格を目的として尊重しあう社会のこと。この王国の成員はすべて尊厳ある目的自体としての人格，すなわち自律的な理性的存在者であり，自律的な意志規定による立法者として道徳法則のもとに結合している。カントは，目的の王国の理念を国際社会に対しても応用し，国家を人格とみなすことによって，国家間の永久平和の理想を描きだした。

動機説 **C** (どうきせつ)　行為の善悪を決定する基準を行為の動機におく説で，結果説に対立する考え方。カントの立場はその代表的

なもの。無制限に善なるものは善意志，すなわち道徳法則に則った意志のみであるとし，行為のもたらす結果には道徳的価値を認めない。見かけ上道徳法則にかなっている行為でも，行為のもたらす結果を動機としている場合には，適法性はもつが道徳性をもたないとした。カントが道徳的行為と認めるのは，道徳法則への尊敬の念に基づき，道徳法則を動機とする行為だけである。

結果説 🅒（けっかせつ）　行為の善悪を決定する基準を，行為の結果におく説。イギリスの功利主義，アメリカのプラグマティズムにその典型が見いだされる。カントは，その行為がもたらすであろう結果によって決定された意志は他律的であり，普遍妥当的な道徳原理を提供することができないとした。

『実践理性批判』 🅐（じっせんりせいひはん）　道徳の根幹をなす自由について論じたカントの著作。1788年刊。
　資料「わが上なる星空と，わが内なる道徳法則」は，カントの『実践理性批判』の結びのことば。墓碑銘ともなった。

功利主義

功利主義 🅐②（こうりしゅぎ）　18世紀後半からイギリスで始まった産業革命を背景に，自己の物質的，精神的欲求の充足を人生の指標とする考え方。功利主義は，人間の行為の善悪の判断基準を，その行為が快楽（幸福）をもたらすかどうかにおく思想である。それは同時に，個人の幸福と社会全体の幸福との調和を求めようとする合理的な思想でもある。イギリス経験論の伝統を受け継ぎ，ベンサムによって確立され，ミルによって修正を加えられ発展した。

功利性の原理 🅒（こうりせいのげんり）　ベンサムの用語で，「人間の快楽をできるだけ増大させ苦痛を減少させる行為が善であり，その逆が悪である」という原理。功利性とはある対象の性質で利益，便宜，快楽，善または幸福をもたらし，または，危害，苦痛，害悪または不幸が生じることを防止する傾向をもつものを意味する。人間の自然的本性は快楽を求め，苦痛を避けようとする。そして，それが快楽をもたらすか，それとも苦痛をもたらすかで，なすこと，もしくはなさなければならないことが決定される。

類**功利** 🅐

ベンサム 🅐⑩［Jeremy Bentham, 1748〜1832］　功利主義思想を確立したイギリスの思想家。ロンドンの法律家の家庭に生まれ，4歳でラテン語を覚え，7歳でフランス

語を習得したといわれている。12歳でオックスフォード大学に入学して法律を学び，18歳で学位を取得するなど天賦の才に恵まれていた。その後，父の遺産が入ったこともあってもっぱら学問の道に励み，1789年に著書『道徳および立法の原理序論』を出版した。また，自らの正義感から世論に訴え，選挙法・貧民法の改正，穀物法の廃止などにも大いに貢献した。
　資料「最大多数の最大幸福」は，哲学者ハチスンらによって考案された用語で，イギリス功利主義の標語となり，ベンサムが道徳及び立法の原理とした。ベンサムの「功利性の原理」は人間の快楽を同質なものとみる。そのとき社会とは個々の成員の集合体であるから，社会全体の利益とは社会を構成している個々の成員の利益の総和に他ならない。

快楽計算 🅑（かいらくけいさん）　ベンサムの功利主義思想のなかで行為の是非の判断基準となるもの。ベンサムは快楽の算出の基準として①強度，②持続性，③確実性，④遠近（快楽が早く獲得できるか否か），⑤多産少産（一つの快楽がどの程度他の快楽をもたらすか），⑥純粋性（快楽が苦痛をともなわないこと），⑦快楽を享受できる人間の範囲という七つの観点をあげ，客観的な量的度合いによって計算し，そして快楽の度合いが勝っているものを行為として善であるとした。人間の快楽は質的に同質で，量的に異なるとみるがゆえに，量に還元して快楽を計測することが可能であるとする考え方である。資料「個人はすべて一人として計算されるべきであって，なんびとも一人以上に計算されてはならない」

制裁 🅐 Ⓝ**（サンクション** 🅑）［sanction］（せいさい）　個人の利己主義に陥らないように人間の行為に働く強制力，すなわち個人

の幸福と公共の幸福とを一致させるように働く強制力のこと。ベンサムは物理的，政治的，道徳的，宗教的なものの四つを考え，特に政治（法律）的制裁を重視した。これらは外的制裁の性質を有し，ミルが内的制裁を重んじたのとは対照的である。

ミル Ⓐ⑤Ⓝ［John Stuart Mill，1806〜1873］　ベンサムのよき理解者であったジェームズ＝ミルを父として生まれる。幼い頃からその父の天才教育を受け，ギリシャ語，ラテン語，論理学，心理学，経済学などを修めた。17歳の頃にはベンサムの「功利主義協会」に加わり，また同じ頃父と同じ「東インド会社」に入った。しかし20歳のとき，いわゆる「精神的危機」が訪れ，生涯を支える全基盤がくずれ落ちるような経験をする。59歳のとき，下院議員に当選して以降，選挙法改正，女性の地位向上などに大いに寄与した。功利主義については，人間の快楽に質的差異を認め，人間の利他的な感情を重視することによって修正を加えた。主著『経済学原理』『自由論』『功利主義』

資料　「満足した豚であるより不満足な人間であるほうがよく，満足した馬鹿であるより不満足なソクラテスであるほうがよい」は，ミルの『功利主義論』のなかの有名なことばで，ベンサムが快楽に質的差異を認めなかったのに対し，それを認めたことばである。ミルは，苦痛という代価を払っても得ようとする快楽のあることを認め，快楽に質的な差異を認めている。

質的功利主義 Ⓑ（しつてきこうりしゅぎ）　ミルに代表される，精神的快楽を求める功利主義。ベンサムの量的な快楽計算を修正し，高級な快楽，低級な快楽といった質的な差異を認めた。源流を古代ギリシャのエピクロス派にみることができる。

内的制裁 Ⓑ（ないてきせいさい）　ベンサムの外的制裁に対して，ミルが重視した制裁。良心の声，良心の呵責がそれにあたる。道徳を破ったときに感じる精神的苦痛のこと。

他者危害の原理　（たしゃきがいーげんり）　ミルが唱

える，個人の自由とその範囲についての原則で，「個人の自由を制限できるのは，他人に危害を与える行為に限られる」ということ。他者や社会の利益を害さないかぎり，自分のことを自分の責任で決めて行動してよいということ。他者危害原則にもとづく自由論は，現代の生命倫理において「自己決定権」を論ずるときにも重視されている。

類**愚行権** Ⓒ

アダム＝スミス Ⓐ⑪Ⓝ［Adam Smith，1723〜90］　☞ p.346（アダム＝スミス）

② 生命倫理

生命倫理と生命の尊厳

バイオエシックス ⒸⓃ（**生命倫理**Ⓐ②Ⓝ）［bioethics］（せいめいりんり）　生命科学の発展にともなって生じてきたさまざまな倫理的な問題を考察する学問。現代のバイオテクノロジーや先端医療技術の発達は，遺伝子の組み換えや人工授精・体外受精を可能にし，男女の生み分けをも可能にした。さらに，臓器移植を可能にし，治療の面で大きな威力を発揮するとともに寿命をも延ばした。また，人工呼吸器などの生命維持装置の飛躍的な発達は，いわゆる植物状態や人の死の概念を大きく揺るがす脳死問題を生みだした。こうした，生命の誕生から死にいたるまでのすべての段階をコントロールできる技術の獲得には，解決すべき多くの倫理的な問題がともなう。それがバイオエシックスが扱うべき内容である。問題の性質上，医学・生物学はもちろんのこと，哲学・宗教・法学など，あらゆる学問分野からの総合的な取り組みが必要である。

バイオテクノロジー Ⓑ③Ⓝ　☞ p.356（バイオテクノロジー）

安楽死 Ⓐ（あんらくし）　不治の病気や重度の障害などによる肉体的，精神的苦痛から解放するために人為的に死亡させること。狭義には，薬物などで意図的に死なせる積極的安楽死のことで，単に安楽死という場合にはこれをさす。広義には人工呼吸器などの延命装置を外し，患者に自然な死を迎えさせる消極的安楽死も含むが，これはふつう尊厳死とよんで区別される。安楽死が社

会的な問題として注目され始めたのは，19世紀後半のイギリスにおいてであるが，たとえばガンなどの病気により耐えがたい肉体的苦痛に苦しむ患者には，安らかな死が与えられるべきだとする考え方が広まるようになった。アメリカのオレゴン州で1994年に初めて安楽死法が成立し，その後オランダやベルギーでも合法化されたが，日本では認められていない。東海大学安楽死事件で横浜地裁は1995年，安楽死が法的に許されるための四つの要件を示した。

東海大学安楽死事件（とうかいだいがくあんらくしじけん）　1991年に東海大学付属病院で，担当医師が家族の強い要請を受けて，末期ガン患者に塩化カリウムなどを注射して死亡させた事件。公判で被告側は安楽死に準ずる行為として無罪を主張したが，1995年に横浜地裁は医師に有罪判決を下した。判決理由のなかで，安楽死が法的に許容される要件として次の四つをあげた。①患者に耐えがたい肉体的な苦痛がある，②死期が迫っている，③肉体的苦痛を除去・緩和するために方法を尽くし他に代替手段がない，④患者自身による明示の意思表示がある。

尊厳死　**A**　**N**（そんげんし）　脳死状態や植物状態になることによって人間としての尊厳（人間らしさ）が保てない場合に，権利として認められるべき死。そのためには，生前に死についての本人の意思が重要となる。アメリカで植物状態となった女性の家族が提訴したカレン＝クィンラン事件では，1976年，州の最高裁は肉体的な衰弱が進行し回復の可能性がなくなったと判断されるときは，生命維持装置を取り外してもよいとする判決を下した。その後アメリカでは連邦最高裁でも「死ぬ権利」を認める判決が出された。尊厳死の背景には，死に方に対する本人の意思を尊重する考え方や，患者の自然の生命力にまかせて過度の延命治療を拒否し，死を自然にゆだねられるべきだとする自然死の考え方がある。

SOL　**B**③（**生命の尊厳**　**B**）　[sanctity of life]　＜生命の尊厳＞を示す倫理学上の概念。あらゆる人間の生命を神聖で不可侵なものとみなす考え方を指す。「いかに人間らしく生きるか」という＜生命の質＞を重視するQOL (quality of life)と対比して

論じられることが多い。QOLよりSOLを重視すれば，尊厳死は否定され，医師は，患者自身がいかなる意思を持っていようと，その生命を最大限守るべく努力しなければならない。

クオリティ−オブ−ライフ　**C**　**N**（**QOL**　**B**④　**N**）　[quality of life]　生活の質，生命の質と訳される。生活や生命を物質的・量的な面からではなく，生きがいや生活の潤いといった精神的・質的側面から把握しようとする概念。尊厳死や安楽死などを考える際にもキーワードとなる。

クオリティ−オブ−デス　**N**（**QOD**）　[quality of death]　「死の質」の意。医療・介護・緩和ケアなどの質を数値化したもので，100点満点で採点。2015年にイギリスの経済誌が公表した。とくに緩和ケアやホスピスの充実に採点の重きがおかれる。1位はイギリスで，2位はオーストラリア。日本は14位である。

カレン＝クィンラン事件　（-じけん）　アメリカで尊厳死の考えが広がる契機となった事件。「植物状態」になったカレン＝クィンランという女性に対し，父親が延命措置を止めて人工呼吸器を外し，自然死を迎えさせることを求めて提訴。1976年に最高裁判所がカレンの「死ぬ権利」を認める判断を下した。カレンは人工呼吸器を外した後，自発呼吸がもどり，9年後に亡くなった。

パターナリズム　**C**　[paternalism]　本来は，親が子を慈しんで面倒をみること。父権主義。転じて，強い立場の者が弱者のために，本人の意思に反して介入・干渉する意味でも用いられる。医療の場では，父としての医師が，子どもである患者の治療方針などを一方的に決定することを指す。

インフォームド−コンセント　**B**⑫　**N**　[informed consent]　「説明と同意」「十分な説明を受けた上での同意」などと訳され，医師から患者に対して病状や治療方法などについて十分な説明がなされ，それに同意を得た上で治療がなされるべきであるとする考え方。医師側の都合だけで医療行為がなされると，患者の権利は侵害される。アメリカで1960年代の初めから患者の権利として提唱され始めた。

セカンド−オピニオン　**C**　**N**　[second

opinion]　第二の意見。よりよい治療方法をめざして自分の主治医以外の医師から聞く意見のこと。アメリカの保険会社が医療費を抑えるために導入したのが始まりとされる。

リヴィング-ウイル　⑦🅝[living will]　生前に自己の死（死後）のあり方についての意思を表明しておくこと。アドヴァンス-ウイルともいう。尊厳死や臓器移植などの問題において，この考え方を尊重すべきであるとされる。

終末期医療　🅒🅝（しゅうまつきいりょう）　従来の延命治療とは異なり，回復の可能性のない終末期患者の苦痛を緩和し，人間らしい安らかな死を迎えさせるための医療。肉体的苦痛を緩和する治療（ペイン-クリニック）や，カウンセリングなどがある。
　　　　　　　　　　　🈔 緩和ケア 🅒

ホスピス　🅒②[hospice]　治療的効果がもはや期待できない末期患者やその家族の心身の苦痛を軽減し，残された日々の充実のための総合的なケア（ターミナルケア）を行う施設。1967年，イギリスのシシリー＝ソンダース医師がロンドン郊外につくった聖クリストファーズ-ホスピスがつくり始まり。日本でも1980年代に開始され，公立病院などにも広がっている。また，在宅ホスピスの取り組みも始まっている。
　　　　🈔 ターミナルケア 🅒🅝　在宅ホスピス

脳死　🅑⑧🅝（のうし）　死の新しい定義。事故による脳の外傷や病気による脳内出血などによって，脳の機能が不可逆的に停止した状態。臓器移植法によって定義された「脳死」は，いわゆる「竹内基準」といわれるものである。これまでの死の判定基準は，①心拍の停止，②呼吸の停止，③瞳孔の固定の3項目（三兆候説）であったが，人工呼吸器など生命維持装置の発達によって，意識はまったくないが呼吸があり心臓も動いているという状態がつくりだされるようになった。脳死状態の患者はやがて1週間以内で約90％以上が死（心臓死）にいたるが，患者は体温も血色もあり，脳死をもって人の死と判定してよいのかが問題となってきた。脳死の問題が出てきた最大の理由は臓器移植との関係である。すなわち脳死状態の患者から摘出した臓器（特に心臓や

肝臓）を移植すれば定着率が高いということが背景にある。「臨時脳死及び臓器移植調査会」（脳死臨調）は1992年1月，「脳死は人の死」とする最終答申を出し，「臓器移植法」も成立した。脳死は，脳の機能の一部が機能し，自発呼吸や消化などが可能な遷延（せんえん）性意識障害（「植物状態」）とは区別される。

竹内基準　（たけうちきじゅん）　1985年，竹内一夫杏林大学教授を長とする厚生省（現厚生労働省）研究班が出した脳死の基準。それは，①深く昏睡し，②自発呼吸がなく，③瞳孔も開き，④七つの脳幹反射がなく，⑤脳波も平坦，⑥以上の状態が6時間経過しても変化がない場合，脳死であるという基準である。

臓器移植　🅑③🅝（ぞうきいしょく）　病気や事故などによって機能回復の可能性のない臓器を他者の正常な臓器と置き換えること。移植される臓器には心臓，肝臓，腎臓，角膜などがあり，なかでも腎臓と角膜の移植は数多く行われている。移植される臓器は新しいものほど定着しやすく，脳死状態の人の臓器を移植すれば，心臓や肝臓の定着率も高いといわれている。特に心臓は拍動している状態のものを摘出して移植することが必要とされている。欧米諸国では脳死を死と認めている国が多く，脳死と判定された段階で臓器移植を行っている。しかし，臓器提供者（ドナー）と受容者（レシピエント）との医学的な適合性や拒絶反応の問題，高額の医療費や脳死判定をめぐる問題などがある。一方，人工臓器の開発が進められており，実用化されているものもある。

臓器移植法　🅑⑤🅝（ぞうきいしょくほう）　1997年施行。臓器を提供する場合に限って脳死を人の死とすることが認められた。これによって，移植を望んでいる患者の人たちの治療は前進した。2009年には，①法的には脳死を人の死とすることを前提とし，②提供者の年齢制限を撤廃，③本人の意思が不明でも家族の承諾で可能，などとする法改正が行われた。

ドナー　🅒①🅝[donor]　臓器移植において，心臓や腎臓や肝臓などの臓器を提供する者のこと。

レシピエント　🅒🅝[recipient]　臓器移植

において，心臓や腎臓や肝臓などの臓器の提供を受ける人。

臓器提供意思表示カード C N（ドナーカード N）（ぞうきていきょういしひょうじ―）　脳死判定後の臓器移植の意思を表示するカード。民法第961条の遺言規定に準拠して，15歳以上が意思表示可能であり（2009年の法改正で提供者の年齢制限を撤廃），脳死後の提供か心臓死後の提供かの選択，提供する臓器と提供しない臓器の選択，さらに臓器提供をしない旨の意思表示もできる。日本臓器移植ネットワークと厚生労働省が管轄し，各地方自治体の窓口，保健所，郵便局などに置かれている。

　　　　　　　　　　類 日本臓器移植ネットワーク N

生命倫理と医療技術

生殖補助医療 C N（生殖医療 C）（せいしょくほじょいりょう）（せいしょくいりょう）　「妊娠を成立させるためにヒト卵子と精子，あるいは胚を取り扱うことを含むすべての治療あるいは方法」。一般的には体外受精，卵細胞質内精子注入，凍結・融解胚移植等の不妊症治療法がある。（公益社団法人日本産婦人科医会）

人工授精 B N（じんこうじゅせい）　人工的に精子と卵子を受精させるために，精子を女性または雌の性管に注入すること。人間については不妊治療として行われている。使用する精液によって配偶者間人工授精（夫の精液を使用，AIH という）と，非配偶者間授精（夫以外の精液を使用，AID という）とがある。前者は自然な性交が不可能である場合や精液中の精子の数が不足している場合などに行われ，後者は夫が無精子症であったり，夫婦の遺伝によって生まれてく

る子どもに障害が予想されるような場合に行われる。成功率は AIH の場合が，30～40％，AID の場合は50～80％で AID のほうが高い。しかし，AID は夫以外の人の精液を使用するため，夫婦がともに強く子どもを望むことや，夫婦で責任をもって育てていくことが特に要求される。

体外受精 B N（たいがいじゅせい）　不妊症の治療法の一つで，精子と卵子を体外に取り出し，人工的に受精させ，その受精卵を子宮内に戻して妊娠させること。本来，動物や人間は体内で受精するが，卵管（卵子を卵巣から子宮へ運ぶ管）がつまっていたり，精子に異常があって正常の方法では妊娠が望めない場合に行われる。1978年，イギリスで世界初の体外受精児が誕生して以来，世界各国で行われており多数の子どもが誕生，成長している。不妊に悩む夫婦にとっては医学の進歩がもたらした朗報となったが，生命の誕生（受精）という神秘的なできごとを人工的に，しかも体外で操作してよいのかということが問われた。2015年に日本で行われた体外受精は約42万件。

代理出産 B 2 N（だいりしゅっさん）　不妊の女性が第三者の子宮を借りて出産すること。代理母は契約を結んで，不妊の夫婦の受精卵または夫の精子によって妊娠・出産する。しかし，「ベビー M 事件」（「代理母」契約を結んで女児を出産した女性が，心変わりして子どもを引き渡したくなくなり，養子譲渡契約への署名を拒否し，子どもを引き渡さなかった事件）にみられるように，法的・倫理的な問題が残されている。

　　　　　　　　　　　　　　　　　類 代理母出産

ベビー M 事件 C（―じけん）　「代理母」契約を結んで女児を出産した女性が，心変わりして子供を引き渡したくなくなり，養子譲渡契約への署名を拒否し，子どもを引き渡さなかった代理出産をめぐる訴訟事件。1985年，アメリカのニュージャージー州で，ホワイトヘッド夫人がスターン夫妻と契約を結び，代理母となる。子どもが生まれると心変わりし，自分で養育しようとするなど契約を果たさなかった。87年の州地方裁判所では代理母契約を認め，スターン夫妻に親権や養育権があるとした。しかし88年の州最高裁判所では，子どもの人

身売買や権利侵害にあたるなどとして報酬目的の代理母契約を否定し，親権は代理母にあるとした。アメリカではこの事件を機に判例が積み重ねられ，現在は営利目的でない代理出産を認める州もある。

デザイナー-ベビー **C** **N**　親などが希望する外見や知力などのために，遺伝子操作による修正を行い，デザインされて生まれた子ども。実現してはいないが，倫理上の問題のほか，生命の選別がビジネスなどと安易に結びつくことに懸念の声もある。

遺伝子工学 **N**（いでんしこうがく）　生物の遺伝情報が組み込まれている遺伝子を操作研究する学問分野。遺伝子は化学成分であるDNA（デオキシリボ核酸）からできており，細長い二重のらせん構造をもっている。この構造は1953年，ワトソンとクリックによって解明され遺伝子工学の基礎となった。その後，DNAを構成する四つの塩基（アデニン，チミン，グアニン，シトシン）の並び方と，DNAの遺伝情報によって合成されるタンパク質のアミノ酸の並び方との関係が解明され（遺伝暗号の解明），さらにDNAを切ったりつないだりする特殊な酵素が発見されるなどして遺伝子工学は急速に発展した。現在では遺伝子組み換え（DNA組み換え）技術を用いて成長ホルモンやインスリンを生産したり，ゲノム編集技術がさまざまな研究・開発に用いられるなど，さらにめざましい発展を続けている。技術の進展が先行する中，何をどこまで改変してよいのか，安全性や法的・倫理的な面などについて大きな議論となっている。

遺伝子組み換え **C** **5** **N**（いでんしくーかー）　遺伝子工学の中心技術で，ある遺伝子（DNA）の一部を切り取って別の遺伝子とつなぎ合わせて新しい遺伝子をつくること。できあがった新しいDNAを大腸菌などに入れ込んで増殖させて，目的とする物質を大量に生産することができる。この技術によって有用なタンパク質や抗生物質の生産，あるいは病気の遺伝子の治療についての研究などが進められている。

クローン **B** **4** **N** [clone]　無性的に増殖し，親とまったく同じ遺伝的な性質をもつ複製の生物。動物においては1962年，自然界には存在しないクローン動物をカエルでつくることに成功した（クローンガエル）。その後1996年には，イギリスで，体細胞からつくられたほ乳類，クローン羊「ドリー」が誕生した（ドリーは子ボニーをもうけ，2003年に死んだ）。このほ乳類の体細胞クローン作製は，クローン人間の作製を現実的なものにし，その是非についての議論が高まった。最近では遺伝子（DNA）のクローンをつくる研究や，クローン技術とES細胞などの再生医療技術とを結びつける研究へと進んでいる。なお，日本では2000年にクローン規制法が制定された。2005年には国連でもクローン人間禁止の宣言が採択された。

　　　　　　　　　　類 クローン規制法**4**

ゲノム **B** **4** **N**　雄・雌二つの配偶子に含まれる染色体（細胞が正常に機能できるすべての遺伝子をもった一組：一対）の全体。一つの細胞中の遺伝子の完全なセット。普通の個体（2倍体）の細胞は雌性配偶子と雄性配偶子に由来する二つのゲノムをもつ。三つまたは四つのゲノムをもつものは，それぞれ3倍体・4倍体という。

ヒトゲノム計画 **5** **N**（ーけいかく）　30億の塩基対からなると推定されているヒトのゲノム（遺伝情報）の全配列を解明する計画。1990年にアメリカを中心に6か国の共同プロジェクトとして開始し，2003年4月には，ヒトゲノム配列の解読完了が発表されている。医療への応用・活用が期待されている。

ゲノム編集 **B** **N**（ーへんしゅう）　生物の遺伝情報を，人工の特別なDNA切断酵素を用いて目的の遺伝子を切断したり別の遺伝子に置き換えたりすることによって，自在に改変できる技術。従来の遺伝子組み換え技術と比べて，あらゆる生物に使える，改変したい目的の遺伝子を狙いうちする成功率が高く効率がよい，操作が簡単，という特徴がある。現在ゲノム編集で用いられている主なDNA切断酵素には，ZFN（ジーエフエヌ），TALEN（タレン），CRISPR/Cas 9（クリスパーキャスナイン）があるが，特にCRISPR/Cas 9が開発されて以降，ゲノム編集は飛躍的に自在かつ容易になり，農作物や家畜の品種改良，医療など幅広い分野で研究開発が進められている。技術の精度の向上，安全性の確認，遺伝子

を改変すること自体の是非など，多くの課題が指摘されているが，特にヒト受精胚を用いての研究に対し，強い懸念がおきている。

再生医療 Ｃ（さいせいいりょう）　病気や事故などで失われて元に戻らなくなった人体の器官や組織（骨，神経，臓器など）を再生する医療。現在は，粘膜などや骨髄などの組織幹細胞（他の種類の細胞に分化・増殖できる細胞）を移植して皮膚や血管を再生する技術などが一部実用化されているが，応用範囲には限界がある。

　一方で，ES細胞やiPS細胞など，あらゆる種類の細胞に分化・増殖できて応用範囲が広い「万能細胞」の研究も進んでいる。生命倫理の観点からは，生命や人間の尊厳との関連で，精子や卵子までも人為的に作成してよいか，またとくにES細胞の場合，ヒトの胚を再生医療のために利用してよいか，といった問題提起がある。

ＥＳ細胞 Ｂ10Ｎ（**胚性幹細胞**Ｂ6Ｎ）（－さいぼう）（はいせいかんさいぼう）　受精卵の分割途中の細胞を培養してできる細胞。未分化のため，神経・内臓・血液・骨などのどんな細胞や組織にもなる能力を秘め，万能細胞といわれる。この細胞を利用して，治療が困難だった糖尿病や心筋梗塞などの患者に再生医療を施すことができる。1995年にアメリカで培養に成功して以来，ES細胞から皮膚や骨，肝臓の細胞などをつくることに成功している。

同 万能細胞①Ｎ

ｉＰＳ細胞 Ｂ15Ｎ（**人工多能性幹細胞**Ｂ8Ｎ）（－さいぼう）（じんこうたのうせいかんさいぼう）　ヒトの皮膚細胞からつくられた，ES細胞（胚性幹細胞）と同様のはたらきを持つ細胞。日本の山中伸弥教授らと，アメリカのトムソン博士らが，2007年にそれぞれ作製に成功した。2009年には山中教授らが，成人の皮膚細胞から作製した新型万能細胞を，そのまま培養することに初めて成功した。受精卵を破壊してつくるES細胞のような生命倫理上の問題がともなわず，再生医療や創薬などへの応用が期待される。

類 山中伸弥 Ｃ Ｎ　同 新型万能細胞

遺伝子治療 Ｃ Ｎ（いでんしちりょう）　DNAを対象として行われる遺伝病の治療。最初は，遺伝子異常による致死性で他に治療法がない重度の先天性の遺伝子病と，がん，エイズなどに限定されていたが，最近は動脈硬化，心筋梗塞，糖尿病なども対象になっている。精子・卵子などの遺伝子治療は，倫理的に許されていない。

遺伝子診断 Ｃ Ｎ（いでんししんだん）　健康な人と病気の人との遺伝子のDNAレベルでの違いを把握することで，病気の診断を行うもの。細胞の遺伝子のDNA配列の違いを調べることで，病気の発症を予知しようとする。また，個人の遺伝情報の把握によって，その個人に最も適合した医療行為の選択も可能になる。

出生前診断 Ａ6Ｎ（しゅっしょうぜんしんだん）　胎児の遺伝性疾患や健康状態などを，出生前に診断すること。羊水の状況から胎児の異常の有無を判定する「羊水検査」や，妊婦の血液を調べて胎児にダウン症など染色体異常が出る確率を示す「母体血清マーカー」が実施されてきた。近年，妊婦からの血液採取でダウン症など3種類の染色体異常が高精度でわかる簡便な診断が開発され，2013年から始まった。これを新型出生前診断という。しかし安易に利用されると，命の選別につながりかねない危うさもある。

類 新型出生前診断 Ｃ Ｎ

オーダーメイド医療（－いりょう）　人々を細分化されたグループに分けて，個々の特性に応じた医療を施すこと。近代医学では，病名を特定して，その病に合わせた治療法が開発されてきた。しかし，同じ病であっても，その具体的症状は個々人によって異なる。この点，現代では，個々人の遺伝子の違いによって，治療効果の差異を判断し，個々人の特性に最適化された医薬品や治療法を選択することが可能になりつつある。なお「オーダーメイド医療」は和製英語であり，英語圏では personalized medicine（個別化医療）と表記するのが標準的である。

バイオハザード［biohazard］　病院や実験室からウイルスや細菌などが外部へ漏れることによってひき起こされる災害。遺伝子操作に基づいて生み出されるウイルスが生態系や人体に有害な影響を及ぼすといったケースも含まれる。

薬事法 **B** **N** (やくじほう)　医薬品や医療機器，化粧品などについて，品質・有効性・安全性の確保を目的として1960年に制定された法律。2014年に医薬品医療機器法に改称された。2009年の法改正に基づき，一般用の医薬品は効果や副作用によって三つに分類・表示されるようになった。薬としての効果が高い第1類は薬剤師の対面販売が義務づけられた。ほとんどの薬は第2類（風邪薬・胃腸薬など）と第3類（ビタミン剤など）に属し，登録販売者の資格をとれば，薬剤師のいないドラッグストアやコンビニなどでも販売できるようになった。2014年からは一般用医薬品のネット販売も解禁された。また，覚せい剤や大麻に似た作用がある危険ドラッグ（脱法ドラッグ）の販売規制を強化する法改正が2014年末に行われた。

類危険ドラッグ **N**

ジェネリック医薬品 **N** (-いやくひん)　先発医薬品（新薬）の特許切れ後，同じ成分で製造された後発医薬品。新薬に比べて薬価が低いため普及が進めば，国内の医療費削減や発展途上国の医療向上にも貢献できる。国際比較的に見て，日本はジェネリック医薬品の普及が遅れていた。しかし，厚生労働省の強い働きかけもあり，2020年時点におけるジェネリック医薬品の使用率は約78％に達した。これは欧米諸国とほぼ同水準である。

同後発医薬品 **N**

国民医療費 (こくみんいりょうひ)　病気やけがの治療で，全国の医療機関に支払われた医療費の年間総額。2018年度は43兆3949億円（人口1人あたり34万3200円）であり，対GDP比率が7.91％。1955年度のGDP比率は2.78％であり，国民医療費の割合は戦後一貫して重くなっている。

混合診療 **N** (こんごうしんりょう)　健康保険が適用される診療と，適用外の自己負担による自由診療とを組み合わせた診療形態。日本では原則として禁止されている。2011年，混合診療の是非について争われた裁判において，最高裁は，禁止は保険医療の安全性や患者の負担軽減のためには有効であり，混合診療における全額自己負担は妥当との判断を示した。

感染症 **A** **3** **N** (かんせんしょう)　細菌・ウイルスなどの病原菌が体内に入り込むことで起きる病気。以前は伝染病とよばれた。伝染性のインフルエンザなどだけでなく，非伝染性の破傷風なども含む。従来の伝染病予防法や性病予防法などを引きつぎ，1998年に感染症予防法が制定された。この法律では感染症を危険度に応じて1〜5類に分類している。

類エボラ出血熱 **2** **N**

ＳＡＲＳ **C** **N** **(重症急性呼吸器症候群** **C** **N** **)**　(じゅうしょうきゅうせいこきゅうきしょうこうぐん)　サーズ。2002〜03年，アジアを中心に世界に広がった感染症。病原体は新種のコロナウイルスで，発熱・せき・呼吸困難などをともなう。致死率は高齢者で50％をこえる。

ＭＥＲＳ **N** **(中東呼吸器症候群** **N** **)**　(ちゅうとうきゅうきしょうこうぐん)　マーズ。コロナウイルスによって引き起こされる感染症。発熱やせきなどの急性呼吸器症状や下痢などの消化器症状をともない，死亡率も高い。2012年にカタール人への感染確認が最初の例。これまで中東での発生が多かったが，2015年に韓国で感染が広がった。

新型コロナウイルス **B** **N** [SARS-CoV-2: Severe acute respiratory syndrome coronavirus 2]　(しんがた-)　2019年に中国内陸部にて初めて確認され，その後，世界各地に感染拡大したウイルス。ヒトに対して呼吸器系疾患をもたらす可能性が高い。同ウイルスによって発症する病を2019年新型コロナウイルス感染症（COVID-19）と呼ぶ。世界各国のなかには，政府が非常事態宣言を発して，ロックダウンや渡航制限の措置に踏み切ったケースも多い。社会的距離拡大の要請など，個々人の日常的行動に対して政府が介入するケースも生じた。

パンデミック **C** **N** [pandemic]　感染症の世界的流行のこと。複数の大陸をまたがるレベルの流行を指すことが多い。ギリシャ語のpan（すべて）とdemos（人々）を組み合わせた言葉である。代表例としては，14世紀のペスト流行，19世紀のコレラ流行，20世紀初頭のスペインかぜ流行，20世紀後期のHIV流行，21世紀前期の新型コロナウイルス流行が挙げられる。

ワクチン忌避［vaccine hesitancy］(−きひ)
予防接種ワクチンに対する恐怖心や拒否態度のこと。科学的コンセンサス（scientific consensus）を得ているワクチンに関しても，忌避感情を有する人々は一定の割合で存在する。世界保健機関は，ワクチン忌避を「健康に対する世界的脅威」の1つに挙げている。ワクチンが忌避される背景には，科学に対する無理解，宗教によるタブー化，マスメディアによるワクチン副作用の煽動的報道などが存在する。

ＣＯＶＩＤ−19ワクチン　**Ｃ** **Ｎ**［COV-
ID-19 vaccine］　2019年新型コロナウイルス感染症（ＣＯＶＩＤ−19）に対する免疫の獲得を目的とするワクチン。2020年初頭から起こったＣＯＶＩＤ−19の世界的流行に対して，欧米諸国のバイオテック企業や製薬会社にて急ピッチでワクチン開発が進み，わずか1年以内に科学的有効性の確認されたワクチンが生み出された。主なものとして，英国オックスフォード大学と英国製薬会社アストラゼネカが共同開発したＡＺＤ1222，独国バイオテック企業バイオンテックと米国製薬会社ファイザーが共同開発したTozinameran，米国バイオテック企業モデルナを中心にして開発されたｍＲＮＡ-1273などがある。人類はこれまで幾つかのパンデミックを経験してきたが，これほどのスピードで科学的対応が為されたことは未だかつてない。一方，科学への偏見，陰謀論の流布などによって，ワクチン接種を拒む社会現象も世界各国で発生した。

ＲＮＡワクチン［ribonucleic acid vaccine］　メッセンジャーRNAと呼ばれる物質を用いたワクチンのこと。2020年に相次いで開発されたCOVID-19ワクチンのうち，ファイザー製（Tozinameran）やモデルナ製（mRNA-1273）はRNAワクチンの一種である。従来の生ワクチン（病原体を弱毒化したもの）や不活化ワクチン（病原体を殺して毒性をなくしたもの）などとは異なり，病原体に関する遺伝情報を投与することで体内で病原体タンパクが人工的に生成され，免疫獲得につながる。欧米諸国において1980年代より開発が進められてきたものであり，2020年に起きた新型コロナウイルス問題において一躍注目されることになった。

トリアージ　**Ｂ**［英語：triage，フランス語：triage］　災害等で，同時に多数の傷病者が発生した場合，その緊急性や重症度に応じて適切に処置や搬送を進めるために，傷病者の治療優先順位を決めること。時には死亡確認に近い判断も要求され，重大で繊細な仕事になる。色分けしたタッグが用いられる。

赤タッグ：最優先の症例で緊急治療もしくは直ちに病院搬送が望ましい状態です。

黄タッグ：優先度第2位の状態。赤タッグの対応が終了次第次亜治療にあたる病態です。

緑タッグ：優先度が低く，軽度で医師以外でも手当てができると考えられる疾患。

黒タッグ：死亡または回復の見込みがない状態。

3 環境倫理　環境と人間生活

地球環境

地球環境問題　**Ｂ4** **Ｎ**(ちきゅうかんきょうもんだい)
被害や影響が一つの国や地域にとどまらず，地球規模にまで広がり，国際的な取り組みが必要とされる環境問題。具体的には，地球の温暖化，オゾン層の破壊，酸性雨，砂漠化，熱帯雨林の破壊，野生生物種の減少，海洋汚染，有害廃棄物の越境移動（公害輸出）などの課題がある。

環境倫理学　**Ｃ**(かんきょうりんりがく)　環境との関係を特に重視した価値判断や意思決定のあ

▲ 地球環境問題の広がり

るべき倫理を探究する学問。たとえば，①人間以外の生物，景観，生態系の生存や存続を無視しない非人間中心主義。②現在の世代は未来の世代に対してよい環境を保全，提供する義務を負っているとする世代間倫理主義がある。環境倫理学は，環境問題について，地球環境との関わりにおける人間存在の新しい哲学的な基礎づけを探究している。

世代間倫理 🄲 （せだいかんりんり）　現在世代が未来世代の生存の可能性を狭めてはならないとする環境倫理学の考え方の一つ。先祖から授かった自然を破壊することなく，次の世代に伝えていかなければならないとする世代間における責任のこと。環境倫理学では，現在世代が加害者となり，未来世代を被害者にさせてはならないと考える。

ヨナス 🄲 ［Hans Jonas, 1903～93］　哲学者。ドイツ出身のユダヤ人。環境倫理における世代間倫理の思想の先駆者。『責任という原理』（1979年）で，科学技術文明の膨張（ぼうちょう）が，未来の世代の生存や人間という種の存続を危うくしていると警告。人間には現在だけでなく，その力の及ぶ範囲すべてに責任があるとし，人間や自然の存続をはかる新しい倫理学を唱えた。

自然の生存権 🄲 （しぜんせいぞんけん）　生物個体，生物種，生態系，景観といった人間以外の自然物にも，人間と同じように生存権があるとする考え方。世代間倫理，地球有限主義と並んで提唱される環境倫理のひとつ。1970年代，シンガーのパーソン論などにみられるように，自然そのものに生存権を認めようとする議論が出てきた。その起源は，レオポルドの「土地倫理」にさかのぼることができる。

地球有限主義 （ちきゅうゆうげんしゅぎ）　地球は無限だという前提でこれまでのシステムは構築されてきたが，これからは有限の前提のもとで諸システムを根本的に改変すべきという考え方。自然の生存権，世代間倫理とともに環境倫理の原則の一つとして提唱している。1972年，国連人間環境会議のスローガンとなった「かけがえのない地球」，ローマクラブにより同年発表された報告書『成長の限界』，フラーが提唱した「宇宙船地球号」などの言葉にも表れているように

現在では，地球の有限性を前提とした議論が一般的となっている。

生態系 🄱🄲（エコシステム🄲）（せいたいけい）　一地域における気象，土壌，地形，大気などの無機的環境と，そこに生息する生物との関連とまとまりを機能的にとらえた概念。食物連鎖，物質の循環，エネルギーの流れ，共生のしくみなどと相互に関係する。生態系中の生物には生産者（緑色植物），消費者（動物や細菌），分解者（微生物）があり，環境中の無機物を含めて無機物-有機物-無機物の物質連鎖が存在する。ここに人為が働くと生物個体数が増減し，物質連鎖が不安定になる。生態学（エコロジー）は，生物とそれを取り巻く無機的環境や，生物と生物との関係を研究する学問。
類食物連鎖 🄽

国連人間環境会議 🄲8（こくれんにんげんかんきょうかいぎ）　1972年にスウェーデンのストックホルムで開かれた国際会議。この会議で「人間環境宣言」が採択された。「かけがえのない地球」をスローガンに，①人間居住の計画と管理，②天然資源管理の環境問題，③国際的な環境汚染，④環境問題の教育・情報・社会および文化的側面，⑤開発と環境，⑥国際的機構，などについて話し合われた。

かけがえのない地球 🄲🄽［only one earth］（-ちきゅう）　1972年，スウェーデンのストックホルムで開催された国連人間環境会議のスローガン。このスローガンの背景には，「宇宙船地球号」ということばが示すように，公害などで破壊されてきた地球上の環境を，人類全体で分かちあって有効に活用し，美しい地球を将来の世代に残そうという考え方がある。

人間環境宣言 🄲6（にんげんかんきょうせんげん）　1972年に開催された国連人間環境会議で採択された宣言。「かけがえのない地球」というスローガンのもとで，人間環境の保護と改善をすべての政府の義務として，環境問題に関する国際協力と行動計画を定めた。この会議での成果を受け，同年に国連環境計画（ＵＮＥＰ）が設立され，国連関係機関の環境関連活動の調整を行っている。

宇宙船地球号 🄲3🄽（うちゅうせんちきゅうごう）　アメリカの経済学者ボールディングらが，

地球環境の有限性と一体性を警告した言葉。有限な資源のなかで人類が共存するために，人口問題，資源問題，環境問題を総合的に適切に管理，運営していくことを求め，運命共同体としての地球意識を強調した。

類 ボールディング **C** **4**

ローマクラブ **C** **6** **N** ☞ p.60（『成長の限界』）

シンガー **C** [Peter Singer, 1946～]　オーストラリア出身の哲学者。動物の利益や権利への配慮を訴える「**動物解放論**」の先駆者。『動物の解放』（1975年）のなかで，功利主義の立場に立ちつつ，痛みなどの感覚をもつ動物の利益も，人間の利益と同様に，平等に配慮されるべきとした。また，現代の畜産や肉中心の食生活に対し，動物を工業的に大量生産し不要な苦痛を与えていると批判した。

レオポルド **C** [Aldo Leopold, 1887～1948]　人間と土地との調和を理想とする「**土地倫理**」（ランド-エシック）を説いて現代の環境倫理の原型の一つをつくった，アメリカの環境思想家。北アメリカにおける環境保護運動の創始者で，原生自然の保護を通じて，生物種や森林生態系の保全を訴えた。主著『野生のうたが聞こえる』

ディープエコロジー　人間の利益のためではなく，生命の固有価値が存在すると考えるゆえに，環境の保護を支持する思想。1972年にアルネ＝ネス（ノルウェー）によって提唱された。ネスによると，すべての生命存在は，人間と同等の価値を持つ。従って，人間が，生命の固有価値を侵害することは許されないとされる。ディープエコロジーにとって，環境保護は，それ自体が目的であり，人間の利益は結果にすぎないのである。

ネス **C** [Arne Nass, 1912～2009]　ディープエコロジーの提唱者であり，20世紀後半の環境保護運動に多大な影響を与えたノルウェーの哲学者。レイチェル＝カーソンの『沈黙の春』（1960）に影響を受け，また一方では，環境問題についてマハトマ＝ガンディーの非暴力の思想と結びつけて，しばしば直接行動に参加した。

アニマルライツ [animal rights]　動物に一定の権利を保障すべきとする思想。アニマルライツによれば，動物は人間と同じく苦痛を感知する生命体であり，可能な限り苦痛から解放された尊厳ある処遇を受ける資格がある。動物園，動物実験，毛皮生産，食用畜産などは，すべて動物の尊厳を損なう文化であり，国家が強制力を用いて廃絶しなければならない。

アニマルウェルフェア [animal welfare]　動物の厚生を重視する思想。「動物福祉」と訳される。欧米社会では，動物の処遇をめぐって，アニマルライツ（急進派）とアニマルウェルフェア（保守派）という思想的対立が存在する。前者は「動物の尊厳」の絶対性を主張するが，後者は人間による「動物の搾取」を容認する。ただし，その際に動物に与える苦痛量を可能な限り抑制することが求められる。

動物実験の理念3R **C** （どうぶつじっけん-りねん）「3Rの原則」とは，国際的に普及・定着している実験動物の飼養保管等及び動物実験の適正化の　原則のこと。① 動物の苦痛の軽減 (Refinement)，② 使用数の減少 (Reduction)，③ 代替法の活用 (Replacement) の3つの原則のことをさす。

国連環境計画 **A** **6** **N** （**UNEP** **C** **5** **N**）[United Nations Environment Programme]（こくれんかんきょうけいかく）　ユネップ。1972年，国連人間環境会議での議論に基づいて設立された。事務局はケニアのナイロビにある。国連本部に属し，国連が取り組む環境問題の総合的な調整などが任務。☞ p.290（国連環境計画）

気候変動に関する政府間パネル **C** **N** （**IPCC** **C** **B** **2** **N**）[Intergovernmental Panel on Climate Change]（きこうへんどう-かんせいふかん-）　1988年に国連環境計画（UNEP）と世界気象機関（WMO）が共同で設置した組織。地球温暖化に関する科学的知見や環境・社会経済に与える影響，その対応方法などについて5年に1度，報告書を出している。2007年にノーベル平和賞を受賞した。2014年の報告書では，産業革命後の地球の温度上昇を2度未満におさえる必要性を指摘した。2018年の報告書ではパリ協定を受け，平均気温の上昇が1.5度だった場合の地球環境への影響について具体的かつ詳細にまとめ，2度上昇

した場合との違いにも言及した。

👉 p.54（パリ協定）

国連環境開発会議**B⑨N**（地球サミット**A⑨N**）（こくれんかんきょうかいはつかいぎ）（ちきゅう-）

1992年にブラジルのリオデジャネイロで開かれた国連主催の会議。ストックホルムでの国連人間環境会議（1972年）の20周年を記念して開かれ，全世界から各国の元首や政府首脳・国連機関，多くのNGO（非政府組織）が参加した。会議では，環境と開発に関するリオ宣言，21世紀に向けての行動計画としてのアジェンダ21，生物多様性に関する条約，気候変動枠組み条約などが採択された。リオ宣言には「持続可能な開発」という原則が盛りこまれ，将来の世代の生活を損なわない節度ある開発が主張された。2002年には，アジェンダ21の実施状況を検証し，その後の取り組みを強化するために，南アフリカのヨハネスブルクで環境開発サミットが開かれた。

環境開発サミット**C②N**（かんきょうかいはつ-）

地球サミットのアジェンダ21の実施状況を検証するため，南アフリカのヨハネスブルクで2002年に開かれた会議。正式名は「持続可能な開発に関する世界首脳会議」。環境保護と開発の両立などをめざす「ヨハネスブルク宣言」が採択された。

類 ヨハネスブルク宣言

環境と開発に関するリオ宣言**②N**（かんきょう-う-かいはつかん-せんげん）

1992年，ブラジルのリオデジャネイロで開かれた国連環境開発会議（地球サミット）で採択された宣言。地球社会における環境保全のあり方を示す原則を掲げている。持続可能な開発の理念を達成するために，「開発の権利は他国の将来の世代の利益を侵さないように行使すべきこと」などの27の項目から成っている。リオ宣言ともいう。

同 リオ宣言 C⑤N

アジェンダ21 **C N**〔Agenda 21〕

1992年の地球サミットにおいて採択された，国際機関，各国政府，企業などが環境保全のためにとるべき分野や行動を具体的に盛りこんだ計画。実施に関する費用や計画の実施状況の評価を行う詳細で具体的なもの。

持続可能な開発**A⑪N**持続可能な発展**C⑩**〔sustainable development〕（じぞくか

のう-かいはつ）（じぞくかのう-はってん）　地球環境問題に対応したキーワード。正確には「環境的にみて健全で維持可能な発展」という意味。将来世代の前途を損なわず，現世代の必要を充足する開発（発展）のあり方を示したもの。環境保全と開発とは対立するものではなく，両立が可能であるとする。「環境と開発に関する世界委員会」（WCED，通称ブルントラント委員会）の1987年の報告書『われら共有の未来』で初めて提起され，1992年の国連環境開発会議（地球サミット）でこの理念がとりいれられた。

類 ブルントラント委員会 C

気候変動枠組み条約 **B⑨N**（きこうへんどうわくぐ-じょうやく）

1992年の国連環境開発会議（地球サミット）において採択された，温室効果ガスの排出規制のための条約。地球温暖化防止条約ともいう。二酸化炭素排出量を2000年までに1990年のレベルにもどすという努力目標を設定した。

同 地球温暖化防止条約 N

京都議定書 **B⑦N**（きょうとぎていしょ）

1997年に京都で開かれた気候変動枠組み条約第3回締約国会議（COP3）において，温室効果ガスの排出削減目標を定めた初の国際的枠組み。2008年から2012年の間に（第1約束期間），1990年比で平均5.2%削減しようとしたもので，EU8%，アメリカ7%，日本6%の削減目標値が義務づけられた。アメリカのブッシュ政権は，経済に悪影響があるとして離脱したが，2005年にロシアの批准で発効した。しかし，世界1位の排出国アメリカと，2位の中国（いずれも当時）抜きでの発効となり，その後に課題を残した。2011年に南アフリカで開かれたCOP17では，12年末で期限切れとなる京都議定書をそれ以降も延長し，すべての国が参加する新枠組みを15年までにつくるとした「ダーバン合意」を採択した。2013年から2020年にかけては，さらに第2拘束期間が設けられた。一方，現在は気候変動枠組みの新目標を目指す「ポスト京都議定書」体制が模索されている。

類 COP3 B

京都メカニズム **C N**（きょうと-）

京都議定書の目標を達成するための措置。共同実施（JI），国際排出量取引（IET），クリー

ン開発メカニズム（CDM）の三つをさす。

共同実施 Ｃ Ｎ（ＪＩ Ａ Ｎ）［Joint Implementation］（きょうどうじっし） 排出削減義務のある先進国同士で削減などのプロジェクトを実施し，投資した国がその削減量をクレジットとして獲得できる制度。

排出量取引 Ｃ Ｎ（はいしゅつりょうとりひき） 二酸化炭素など温室効果ガスの削減目標を実現するため，国や企業間でその排出量を相互に取引する制度。排出権取引ともいう。京都議定書で認められ，取引市場の創設も始まっている。

　　　　　　　　同排出権取引 Ｃ ２ Ｎ

クリーン開発メカニズム Ｃ Ｎ（ＣＤＭ Ｃ Ｎ）［Clean Development Mechanism］（−かいはつ−） 温室効果ガスの削減義務を負う先進国が，義務を負わない発展途上国での排出量の削減事業に参加することによって，自国の削減目標達成に資する制度。京都議定書に明記されている。

パリ協定 Ａ ４ Ｎ（−きょうてい） 京都議定書にかわり，2020年以降の温室効果ガス排出削減の新たな目標を定めた国際的枠組み。2015年にパリで開かれた気候変動枠組条約第21回締約国会議（ＣＯＰ21）において，アメリカや中国を含む190余の国や地域が取り組むことを決めた。世界の平均気温の上昇を産業革命（1850年頃）以前に比べて2度未満に抑制，さらに海面上昇に苦慮する島嶼国の訴えをふまえ1.5度未満に抑える目標を明記した。削減目標を5年ごとに見直すことも義務づけた。協定は2016年に署名式が行われ，総排出量55％以上を占める55か国以上の批准という要件を満たし，同年末に発効した。2021年時点における署名国は195。なお，アメリカでは，トランプ政権が「アメリカの経済的負担が過大である」として，2020年11月にパリ協定から離脱。しかし，2021年に発足したバイデン政権は，パリ協定への復帰を速やかに表明した。

ＯＥＣＤ環境政策委員会（−かんきょうせいさくいいんかい） 各国の環境に関する国内目標及び国際公約の達成状況を審査・評価し，課題を明らかにするため，ＯＥＣＤ（経済協力開発機構）内に設けられた組織。1992〜1993年に，日本を含む5か国を調査し，環境と経済に関する包括的計画と環境アセスメントの強化を訴えた。

ＯＰＥＣ環境委員会（−かんきょういいんかい） 1990年にＯＰＥＣ（石油輸出国機構）内に設置された組織。地球温暖化の原因である二酸化炭素の削減方法として，その排出量に応じて税金をかける炭素税があり，産油国にはそれが不利に作用するため，その対策を目的とする。

自然保護スワップ（しぜんほご−） 自然保護団体が債務銀行から債券を購入し，これを債務国の環境保全費用にあてる政策。環境スワップ。現在，世界自然保護基金（ＷＷＦ）などで行われている。エクアドル・コスタリカ・フィリピンなどで実施された。

　　　　　　　　同環境スワップ

世界自然保護基金 Ｎ（ＷＷＦ Ｎ）［World Wide Fund for Nature］（せかいしぜんほごききん） 絶滅の危機にある野生生物の保護や，熱帯林などの生態系保全に取り組む世界最大の環境ＮＧＯ。1961年に世界野生生物基金として設立され，1986年に改称された。本部はジュネーヴ。世界の100か国以上で活動し，日本にもＷＷＦジャパンがある。

環境難民（かんきょうなんみん） 環境破壊により，住んでいる土地を離れざるを得なくなった人たちをさす。かんばつ・砂漠化・森林破壊などが原因。アメリカのワールドウォッチ研究所が呼んだ言葉。

公害輸出（こうがいゆしゅつ） 国内は，公害の規制などがきびしいために，公害規制が少ない海外に工場建設をして，現地で公害をまき散らしたり，国内で使用禁止となった薬品などを，外国に輸出・販売することをいう。現地の裁判所で，操業停止の命令を出された日本企業もある。有害廃棄物の輸出規制などについては，1989年にバーゼル条約が結ばれている。

バーゼル条約 Ｃ 10 Ｎ（−じょうやく） 有害廃棄物の国境をこえた移動（輸出）やその処分の規制などを定めた条約。1989年にスイスのバーゼルで採択され，1992年に発効した。日本での発効は翌93年。

酸性雨 Ｂ 12 Ｎ（さんせいう） 化石燃料の燃焼で，硫黄酸化物（ＳＯ x）や窒素酸化物（ＮＯ x）が大気中に増加。これが降雨のなかに溶けこむことで $pH5.6$ 以下の強い酸性値

を示す。酸性雨により森林や土壌に被害が出るほか，湖沼や河川も酸性化して魚類の死滅・減少などが起きている。ヨーロッパでは歴史的建築物・石像などにも被害が及んでいる。

オゾン層の破壊 Ｂ⑨Ｎ (-そう-はかい)　冷蔵庫やエアコンの冷媒，エアゾール製品，半導体などの洗浄に大量に使用されたフロンは成層圏まで上昇するとオゾン層を破壊し，地表に達する紫外線の量が増え，皮膚ガンになりやすいとされている。合成物質であるフロンは，地球の異常気象，生態系への悪影響を及ぼす可能性があるため，1987年のモントリオール議定書では，フロンなどオゾン層破壊物質の使用量の半減を決め，その後全廃されることになった。
類 オゾン層 Ｂ⑤Ｎ

オゾン-ホール Ｂ Ｎ [ozone hole]　主に南極に現れるオゾン濃度の極端に低い場所。国連機関が2010年に公表した報告書では，国際的な努力でオゾン層破壊の進行に歯止めがかかったとされるが，南極でのオゾン-ホール回復にはさらに長期間がかかると予測されている。

紫外線 Ｃ①Ｎ (しがいせん)　スペクトルが紫色の外側にあらわれる，目には見えない光線。太陽光線中にある。オゾン層の破壊により，地表に達する紫外線の量が増えることで，皮膚ガンや白内障になりやすいとされ，また農作物への影響も懸念されている。

フロン Ｂ④Ｎ [flon]　クロロフルオロカーボン（塩素・フッ素・炭素の化合物）の日本における通称。不燃・無毒で化学的に安定しており，圧縮すると液化する。エアコン・冷蔵庫などの冷媒，スプレーなどの噴霧剤，半導体基板などの洗浄剤として利用されてきた。1974年頃からオゾン層を破壊することが指摘された。このため，1987年のモントリオール議定書で生産量の段階的な削減が決まり，先進国では1996年以降，特定フロンなどの生産が中止された。

モントリオール議定書 Ｂ⑫Ｎ (-ぎていしょ)　オゾン層保護のためのウィーン条約（1985年採択）を具体化した議定書。1987年の国連環境計画（ＵＮＥＰ）の会議で採択された。オゾン層を破壊するフロンガスの生産・使用を規制し，段階的に削減することを目的とする。1995年の締約国会議で，フロンなどオゾン層破壊物質の全廃が決められた。日本は1988年に条約とあわせて締結。2016年には，温室効果がきわめて高い「代替フロン」の生産を規制する議定書改正案が採択された。

ヘルシンキ条約 Ｎ (-じょうやく)　1989年に採択された，オゾン層の保護のために20世紀中にフロンガスを全廃する条約。1985年のオゾン層保護のためのウィーン条約，87年のモントリオール議定書に基づいて採択。
類 オゾン層保護のためのウィーン条約 Ｃ⑥

地球の温暖化 ②Ｎ (ちきゅう-おんだんか)　二酸化炭素・メタン・フロンなど，温室効果をもつガスが大気中に排出されることで地球の気温が高まり，自然環境に各種の悪影響が生じる現象。温暖化の影響には，海水面の上昇などのほか，予想できない気候変動をもたらす可能性が高く，農作物の収穫量にも大きな影響が出るとされる。この対策は温室効果ガスの削減以外になく，温暖化ガスの排出規制や森林の保護などが考えられる。二酸化炭素の主要国・地域別排出量割合は，中国29.5%，アメリカ14.1%，インド6.9%，ロシア4.9%，日本3.2%の順（2019年）。

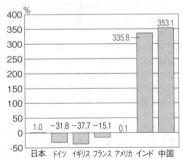

▲各国の二酸化炭素排出量増減率（1990→2019年）

温室効果 Ａ②Ｎ (おんしつこうか)　地球温暖化の要因の一つ。二酸化炭素やフロンなどが，地表から宇宙空間に熱を逃がさない働きをすることによる地球温暖化効果。大気が温室のガラスのような役割を果たすため，この名称がある。温室効果をもたらす気体を

温室効果ガス（ＧＨＧ s）という。

　　　　　　　　　　　類 温室効果ガス **Ａ**⑧**Ｎ**

共有地の悲劇 **Ｂ**（きょうゆうち-ひげき）　アメリカの生物学者ハーディンが1968年の論文で用いた言葉。コモンズの悲劇ともいう。多数がアクセスできる共有地を，それぞれが自由に利用・消費すると，その資源自体が荒廃し，人々が共倒れになるという現実をさす。人口問題や環境問題を考える際のモデルとして用いられる。

　　　　　　　　　　　　　　　　類 ハーディン

砂漠化 **Ｂ**②**Ｎ**（さばくか）　人口の増加によって過放牧や過耕作が広がり，土地の保水力が弱まって不毛化する現象。国連環境計画（ＵＮＥＰ）によれば，世界の陸地の4分の1が砂漠化の影響を受けている。砂漠化の進行で食料生産が減り，生活手段を失って他の土地に移る環境難民も出ている。こうした事態に対応するため，1996年に砂漠化防止条約が発効した。

森林破壊 **Ｂ**③**Ｎ**（しんりんはかい）　熱帯林を中心に進行している森林破壊の原因は，発展途上国の人口増加を背景とした焼畑，家畜の過放牧，薪炭利用などのほか，木材輸出のための伐採や農地化を目的とした開発などである。また，熱帯林地帯は表土が薄く，焼畑や伐採による環境変化は回復がむずかしい。熱帯林は，地球温暖化の原因の一つである二酸化炭素の吸収源であり，多様な生物種の生息地帯でもあり，森林保護の重要性が増している。

熱帯林の減少 **Ｃ**（ねったいりん-げんしょう）　世界の森林面積の半分を占めている熱帯林が，年々，日本の面積の約半分の割合で減少している問題。要因の最大のものは，焼畑による移動耕作で，その他，開墾，過放牧による。さらに，商業伐採の影響も大きい。熱帯林の減少は森林資源が減少するにとどまらず，二酸化炭素の吸収量減少による地球温暖化，あるいは土砂くずれや洪水などの災害の増大をもたらす。地球サミットでは，森林原則声明が採択されている。

野生生物種の減少 **Ｃ**（やせいせいぶつしゅ-げんしょう）　乱獲や生態系の破壊によって，生物種の絶滅が進行する現象。野生生物種は確認されたもので約140万種，未確認のものを加えると1000万種をこえるともいわれる。こ

れらの生物種のうち，毎年数万種が絶滅しつつあるという。こうした危機に対応するため，1973年に絶滅のおそれのある野生生物の取り引きを禁じたワシントン条約が，さらに1992年には生物多様性条約が締結された。

種の消滅（しゅ-しょうめつ）　陸地における生物の約50％以上が熱帯林に集中しているが，熱帯林の減少によってそれらの生物種が減少している。野生生物の減少は，生物資源の質的な減少とともに，医薬品開発や品種改良のための遺伝子資源の減少を意味する。生物の多様なネットワークによって維持されている生態系への影響も心配されている。

ラムサール条約 **Ｃ**⑥**Ｎ**（-じょうやく）　1971年にイランのラムサールで採択された「特に水鳥の生息地として国際的に重要な湿地に関する条約」。国際湿地条約ともいい，重要な湿地を各国が登録し，保全しようとするもの。日本は1980年に加入し，釧路湿原が最初の登録湿地。従来は水鳥の生息地を対象に指定されてきたが，現在ではマングローブ林・サンゴ礁・ウミガメ産卵地など，国内の52か所が登録されている。

ワシントン条約 **Ｃ**⑤**Ｎ**（-じょうやく）　絶滅危機にある動物の取り引きについて輸入国と輸出国が規制をし，対象となる野生動物の保護を目的とする条約。1973年にワシントンで調印されたことからこの名前がついた。日本は1980年に加入。2016年の締約国会議で，絶滅のおそれがあるアフリカゾウの密猟を防ぐため，各国に象牙の国内市場の閉鎖を勧告する決議案が採択された。

生物多様性条約 **Ｂ**⑧**Ｎ**（せいぶつたようせいじょうやく）　特定の地域や種の保護だけでは生物の多様性を守ることができないとして，その保全を目的とした条約。1992年の地球サミットで採択された。多様性とは生物種がさまざまに異なることを意味し，①生態系の多様性，②種間の多様性，③種内（遺伝子）の多様性，の三つを指す。国連は2010年を国際生物多様性年に定めた。また，同条約の第10回締約国会議（ＣＯＰ10）が2010年に日本で開かれ，医薬品などのもととなる動植物などの遺伝資源の利用を定める「名古屋議定書」（ＡＢＳ議定書）と，生態系保全をめざす世界目標である「愛知

ターゲット」が採択された（名古屋議定書は2014年に発効，日本は17年批准）。なお，日本では2008年に生物多様性基本法が制定されている。

類 名古屋議定書 **C** 2 　愛知ターゲット
生物多様性基本法

カルタヘナ議定書 （-ぎていしょ）　UNEP（国連環境計画）における検討をふまえ，コロンビアの都市カルタヘナでの会議を経て，2000年に採択された議定書。正式には「生物の多様性に関する条約のバイオセーフティに関するカルタヘナ議定書」という。バイオテクノロジーで作り出された生物のうち，悪影響をおよぼす恐れがあるものに対する輸出入規制などがもり込まれた。2010年に日本で締約国会議が開かれた。

レッド-データ-ブック　絶滅のおそれがある野生生物をリストアップした資料集。危機を訴える意味で，赤い表紙が用いられている。1966年から国際自然保護連合（IUCN）が作製。日本でも，環境省が国内版を発行している。

レイチェル＝カーソン **C** 〔Rachel Louise Carson, 1907〜64〕　アメリカの海洋学者。1962年に『沈黙の春』を刊行。DDT（殺虫剤）をはじめとする農薬が自然破壊をもたらすことを警告。**資料**「春が巡ってきても鳥さえもさえずらない」という表現で環境破壊を警告した環境問題の古典的名著。

類 『沈黙の春』 **C** 2

環境ホルモン 4 （**内分泌かく乱物質**）
（かんきょう-）（ないぶんぴつ-らんぶっしつ）　**☞** p.440
（環境ホルモン）

「地球規模で考え，地域から行動しよう」
1 〔think globally, act locally〕（ちきゅうきぼ-かんが，ちいき-こうどう-）　地球環境の問題への対処法についての認識・行動の転換を求めるスローガン。身近なところから実践・行動を求める。リサイクルやゴミ削減，節電など，日常の行動の小さな積み重ねが地球環境を守ることにつながるというもの。

環境ISO（かんきょう-）　ISO（イソ）とは

国際標準化機構。1993年に環境管理（環境マネジメント）のための国際規格に関する専門委員会が設置され，環境管理の方法や基準・評価方法に関する国際規格である「ISO14000」が発表，1996年には規格としての「ISO14001」が打ち出された。環境に配慮する事業者がこの規格を取得し，学校でもこれを取得するところが出てきた。

ISO **C** （**国際標準化機構** **C** ）〔International Organization for Standardization〕（こくさいひょうじゅんかきこう）　イソ。国際的に通用させる規格や標準類を制定するための国際機関。1947年に発足。現在，約160の国が加盟している。国際的・包括的な規格の確立により，製造や通商の発展を促進することを目的とする。

ISO14000　世界で初めての包括的で，国際的に認められた，環境マネジメントのための規格。製造業をはじめ，あらゆる企業の環境に配慮した活動に影響を及ぼす可能性がある。

環境税 **B** 4 （かんきょうぜい）　地球温暖化防止のためにヨーロッパ諸国（オランダ，デンマーク，スウェーデン，ドイツなど）で徴収されている炭素税もその一つである。環境対策のための租税政策の手段で，1920年，イギリスの経済学者ピグーによって提唱された。炭素税をかけることで，エネルギー消費が抑えられ，その結果として環境にやさしくなるという利点が考えられる。

炭素税 **B** （たんそぜい）　環境税の一種で，地球温暖化につながる二酸化炭素排出抑制を目的として，石炭・石油・天然ガスなどに対して課される税。北欧やオランダなどで実施されている。日本でも，2012年から石油・石炭・天然ガスなどの化石燃料に課税する環境税（地球温暖化対策税）が導入された。

グリーンGDP **B** 4 　1992年の地球サミットで提唱され，1995年には当時の経済企画庁が国民経済計算の概念として包括的な試算を行った。大気汚染，水質汚濁，生態系の破壊など，環境の損失や環境悪化の防止費用などをGDPから差し引くことにより「環境にやさしい指標」をめざそうとするもの。

グリーン-コンシューマー **B** 10 　緑の

消費者という意味。環境を大切にするという立場から商品の購入をしたり，企業の監視などをする消費者のこと。そして，環境を破壊するような消費行動を控えていき，環境保全に貢献している企業を支持する活動をグリーン-コンシューマーリズムという。

エシカル消費 Ｂ Ⓝ（倫理的消費 Ｃ） （-しょうひ）（りんりてきしょうひ）　消費者それぞれが各自にとっての社会的課題の解決を考慮したり，そうした課題に取り組む事業者を応援しながら消費活動を行うこと。2015年9月に国連で採択された持続可能な開発目標（ＳＤＧｓ）の17のゴールのうち，特にゴール12＜持続可能な消費と生産のパターンを確保する：つくる責任 つかう責任＞に関連する取組。☞ p.511（持続可能な開発目標）

グローバル-スタンダード Ｃ Ⓝ ［global standard］　特定の国や地域，企業などだけで適用されている基準ではなく，世界共通で適用される基準や規格，ルールといった意味。国際的な基準・規格。ISO などはその典型である。これに対しては，アングロサクソン-スタンダードやアメリカン-スタンダードにすぎないなどという皮肉った見方もある。

デファクト-スタンダード Ｃ ［de facto standard］　公的に定められたものではなく，市場のなかで定着した業界の標準。事実上の標準と訳される。例えば，パソコンなど情報機器の業界では，互換性などについて標準を定め，それを普及させている。

「もったいない」 ① Ⓝ　ケニアの環境活動家でノーベル平和賞受賞者のワンガリ＝マータイが３Ｒ（リデュース・リユース・リサイクル）の精神をあらわすものだとして広めた言葉。「ＭＯＴＴＡＩＮＡＩ」という国際語になっている。

ヴァーチャル-ウォーター Ｃ ② （仮想水 Ｃ ② Ⓝ） ［virtual water］（かそうすい）　農産物の輸入国が，自国でそれらを生産したと仮定した場合に必要となる水の総量。農産物などを輸入するということは，その生産に使われた水も輸入していることになる。日本が輸入しているその量は，年間数百億㎥ともいわれる。

世界水フォーラム （せかいみず-）　深刻化する水問題について協議する世界的な会議。その第5回フォーラムが2009年にトルコで開かれ，安全な水を供給する政府の役割などが強調された。

低炭素社会 Ｃ Ⓝ （ていたんそしゃかい）　二酸化炭素などの排出を大幅に削減した社会のこと。温室効果ガスの排出量を自然界の吸収量と同じレヴェルにおさえるためには，化石燃料依存からの脱出が不可欠とされる。

圞 **脱炭素社会 Ｃ**

カーボン-オフセット Ⓝ　二酸化炭素などの温室効果ガスを吸収する植林をすすめたり，クリーンエネルギーに投資することで，自己の排出するカーボン（二酸化炭素）を相殺するという考え方。

エコロジカル-フットプリント Ⓝ ［ecological footprint］　一つの環境のなかで，持続的に生存できる生物の最大量を足跡の大きさによって視覚的に図示したもの。温室効果ガスの排出量を二酸化炭素量に換算し，足跡の大小で図示したものがカーボン-フットプリントである。

圞 **カーボン-フットプリント Ⓝ**

核の冬 Ｃ Ⓝ （かく-ふゆ）　核戦争後の大火災で，地球上空を多量のチリやススが取りまき，太陽光線がさえぎられて起こると考えられる寒冷化現象。1983年にカール＝セーガンらアメリカの科学者たちが警告した。

エルニーニョ Ⓝ　ペルー沖太平洋の赤道付近で，海面の水温が高くなる現象。日本では冷夏になりやすいなど，世界規模の異常気象の原因の一つとされる。クリスマスの頃に多く起こるため，「神の子」の意。

ラニーニャ Ⓝ　エルニーニョとは逆に，ペルー沖太平洋の赤道付近で，海面の水温が低くなる現象。発生時には日本で梅雨明けが早まり，猛暑になったりする。「女の子」の意。

ヒート-アイランド Ⓝ　都市部の地上気温が周辺地域より高くなる現象。「熱の島」とも訳される。自動車やエアコンからの熱や，緑地の減少，アスファルト・コンクリートなどが影響しているとされる。

グリーン経済 （-けいざい）　環境保全と持続可能な経済発展の両立をはかる経済のあり方。緑の経済ともいう。これに対して，従来の環境破壊につながる大型開発や資源・エネルギー多消費型の経済がブラウン（茶

色の) 経済。

国連持続可能な開発会議 **C** ②**N** (こくれんじぞくかのう-かいはつかいぎ)　リオデジャネイロで2012年に開かれた国連主催の会議。1992年の地球サミットから20周年を記念して開催された。通称はリオ＋20。会議では, グリーン経済の重要性や持続可能な開発目標 (ＳＤＧｓ) の創設などを盛り込んだ合意文書「われわれが望む未来」が採択された。一方で, 先進国と新興・途上国などの対立を反映し, 課題を実行する具体的なプロセスは見送られた。

同 リオ＋20 **C** **N**

世界ジオパーク **N** (せかい-)　科学的にみて重要な, 美しい地質遺産を含む自然公園のこと。これらを守るため, ユネスコの支援を受けて世界ジオパークネットワークなどが認証するしくみがつくられてきた。2015年からユネスコの正式事業となった。日本では, 洞爺湖有珠山・糸魚川・島原半島・山陰海岸・室戸・隠岐・阿蘇・アポイ岳・伊豆半島の９地域が認定されている。

資源・エネルギー問題

資源問題 **C** **N** (しげんもんだい)　資源とは, 最も広い意味では人間の生活を向上させるために利用できるものをさす。資源は大別すると, 自然界に存在する天然資源と, それを有効に利用するための労働力などの人的資源, 科学技術や生産制度などの文化的資源がある。一般に資源問題というときには, 天然資源に関する諸問題をさすことが多い。

天然資源 **C** ②**N** (てんねんしげん)　地球上の資源には, 地下資源・水資源・森林資源・動物資源などがあるが, ここでいう天然資源とは, 工業・燃料原料となるものをさす。地球上の一定の地域に偏在し, 資源として有用性の高いものが化石燃料 (かせきねんりょう) である。現在のエネルギーのうち９割を化石燃料でまかなっている。石炭は太古の植物が炭化してできた物質で, 泥炭・褐炭・無煙炭・燃料炭などに分けられる。石油は天然のままのものを原油という。石油資源は他に, 天然ガス・オイルシェール・タールサンドなどがある。化石燃料は, 酸性雨や温暖化の原因となり, 埋蔵量が有限であるなどの問題をもつ。

類 化石燃料 **B** ③**N**

資源埋蔵量 (しげんまいぞうりょう)　鉱物資源などが地下に存在している量をいう。存在の確認により, 確認埋蔵量・推定確認埋蔵量・予想埋蔵量に分けられる。このうち採掘が可能なものを可採埋蔵量という。可採年数は, 現在の確認量を年間の生産量で割った数字で示される。可採年数は資源埋蔵の新発見, 採掘技術の進歩などにより伸びる。2017年時点における原油の可採年数は推定50.2年だが, 新たな埋蔵原油の発見などで伸びることもある。しかし, 資源が有限であることに変わりはない。

エネルギー自給率 **C** (-じきゅうりつ)　エネルギー自給率とは, 石油やガス・石炭・風力・太陽光といった, 自然界に存在する人間に加工される前の一次エネルギーのうち, 自国内で確保できる比率を指す。生活や経済活動に必要な天然資源に乏しい日本では, ほとんどのエネルギー源を海外からの輸入に頼っている。輸入相手国でエネルギー供給上の何らかの問題が発生した場合, 自国のみで資源を確保することが不可能である。主要国 (OECD加盟国) の一次エネルギー自給率比較 (2017年) をみると, 日本は9.6％で35か国中34位。

地上資源 (ちじょうしげん)　地上に存在する太陽光・太陽熱・風力・潮力・バイオマスなどの資源の総称。自然エネルギーや再生可能エネルギーの内容とはほぼ一致する。地球環境と調和的で, 無限にあるのが特徴。エネルギー密度が低く, 天候に左右され安定性に欠けるなどの課題がある。環境に大きな負荷を与えるウラン・石油・石炭・天然ガスなどの地下資源との対比で用いられる。

エネルギー革命 **B** ②**N** (-かくめい)　人間が消費するエネルギー源の種類に関する, 大きな変化をいう。古代・中世では薪炭が一般的であったが, 産業革命前後から石炭などが使用されはじめ, 第二次世界大戦後には, 石油・天然ガス・液体ガスなどの流体エネルギーの需要が急増した。現在では, 先進国を中心に, ウランなどの核分裂を利用した原子力エネルギーの使用量も激増している。

エネルギー問題 **C** **N** (-もんだい)　現在使用されているエネルギー源はすべて有限であり,

その大量使用は大気汚染や地球温暖化などの環境汚染・破壊につながり，将来の世代が使用すべき資源の消滅にもつながる。また，資源産出国・地域は一部にかたより，資源ナショナリズムの観点からも，資源の安定供給など問題点も多い。したがって，現在ではエネルギー消費にともなう環境問題と，クリーンなエネルギー源の開発などがせまられている。

資源ナショナリズム Ａ⑤Ⓝ（しげん−） 自国の資源に対する恒久主権の主張。かつて植民地であった発展途上国は資源の供給国であったが，資源の開発や取り引きは，国際的な巨大資本によって行われ，不利な立場に置かれた。このようななかで発展途上国は，しだいに自国の資源は自国のために利用されるべきであるという「資源ナショナリズム」にめざめていった。☞ p.507（資源ナショナリズム）

新エネルギー技術開発 （しん−ぎじゅつかいはつ） 化石エネルギーも原子力エネルギーも，環境破壊や資源枯渇の問題などをともなう。このため，特に第二次石油危機以後，新エネルギー源の開発と無公害社会の建設を目的に，新エネルギー開発が着手された。1993年には「ニューサンシャイン計画」がスタートした。研究開発プロジェクトには太陽光・地熱などの「再生可能エネルギー」，燃料電池開発の「エネルギー・環境企画及びシステム」，石炭の液化などの「エネルギー高度変換・利用」，二酸化炭素排出量の固定化・安定化をめざす「地球環境技術」などが含まれる。

類ニューサンシャイン計画

『成長の限界』 Ｃ②Ⓝ（せいちょう−げんかい） 1968年，世界の科学者・経済学者らが集まって，「ローマクラブ」という地球の未来について研究・提言する民間組織を創設した。この組織が，1972年に第1回報告として出したのが『成長の限界』である。地球社会が現在のような発展を続ければ，100年以内に地球が滅びるという警告を発し，ゆるやかな成長と資源消費制御の必要性，人口問題，環境保護などを提言した。

省資源Ｃ**・省エネルギー**Ｂ Ⓝ（しょうしげん）（しょう−） 資源・エネルギーのむだな消費を抑え，効率的な利用を行うこと。日本では，

第二次石油危機が起きた1979年から1982年の間に研究成果があがった。この期間の経済成長率は3.5％だったのに対し，エネルギー需要は原油消費を中心に3.8％減少した。省エネルギー政策では，同時に省資源新技術開発や再利用などの研究が行われている。

一次エネルギー Ｃ⑨（いちじ−） 石炭・石油・天然ガスの化石燃料のほか，水力・原子力（核燃料）・地熱など，主として加工せず使われるエネルギー。日本の一次エネルギー総供給割合は石油36.4％，石炭24.6％，天然ガス23.8％，再生可能・未活用9.7％，水力3.7％，原子力1.8％（2020年度）。

二次エネルギー ④（にじ−） 電力・都市ガス・コークスなど，主として一次エネルギーを加工・変換してつくられたエネルギー。

循環資源 （じゅんかんしげん） 資源としてくり返し利用ができるものをいう。たとえば，金属から再生金属をつくったり，古紙から再生紙をつくったりするのは資源循環（リサイクル）をしていることになる。省エネ・省資源のために，非循環資源をいかに循環させるかが今後の課題である。

クリーン−エネルギー Ｃ Ⓝ［clean energy］ 廃棄物や有害物質を出さないエネルギー。電気・ＬＰＧ・水素などをさす。

代替エネルギー Ｃ Ⓝ（だいたい−） 石油危機を契機として，石油に代わる代替エネルギーの開発に着手している。代替エネルギーのうち原子力の実用化が進められてきたが，1986年に起こった旧ソ連・ウクライナのチェルノブイリ原発事故を契機に安全性が改めて問われることになった。太陽エネルギー（太陽光発電）・地熱発電・水素エネルギー・風力エネルギー（風力発電）・海洋エネルギー（潮力・波力・海洋温度差発電）・オイルサンド（油砂）・オイルシェール（油母頁岩）などがある。太陽光発電は，一般家庭でも取り入れられている。火山・温泉などの地熱を利用した地熱発電は，東北地方や大分県などで発電所が動いている。海洋温度差発電は，海面近くの比較的温かい水と深海の冷水との温度差を利用したもので，ミクロネシアのナウル，鹿児島県の徳

之島などで実験に成功している。

　　　類 太陽エネルギー**②Ｎ**　**関** 風力発電**Ｂ①Ｎ**

シェールガス　Ｃ②Ｎ　堆積岩の頁岩（けつがん）中に存在する天然ガス。採掘しやすい在来型ガスに対して，高度な採掘技術を要するため非在来型ガスとも呼ばれる。埋蔵量は在来型の５倍と推計されている。近年，アメリカでは採取の技術革新が進み，生産量が急増している。シェールガスの採掘にともなって地震が相つぎ，両者の関連性が指摘されている。

バイオマス　Ｂ⑥Ｎ　食品工場の植物性廃棄物，牛や豚などの糞尿，廃材などから堆肥として発酵させていき，発生してできたメタンガスを使用し発電をしていく新しいエネルギーのこと。近年，東南アジアなどから輸入するパーム油を使ったバイオマス発電が急増している。

メタンガス　②Ｎ　メタン。天然ガスの主成分で，無色・無臭の可燃性気体。燃やすと青色の炎をあげる。家畜の糞尿や沼地などの腐敗した有機物からも発生する。

メタンハイドレート　Ｃ③Ｎ　水とメタンが固まった氷状の物質で天然ガスの一種。深海底の地下や永久凍土層にある。日本近海にも大量に埋蔵されている。2013年には愛知・三重県沖で，世界で初めてメタンハイドレートからメタンガスを採取することに成功した。

バイオエタノール　①Ｎ　サトウキビのかすや廃木材，大麦やトウモロコシなどの植物を原料とするエタノール。天然ガスや石油などの化石燃料からつくられた合成エタノールと区別するためにバイオエタノールとよぶ。石油の代替燃料として注目されている。一方で，世界の家畜飼料をうばい，穀物の価格を上昇させて食品の値上げを招いている。

燃料電池　Ｃ④Ｎ（ねんりょうでんち）　水素を使って発電する電池。メタノールや天然ガスなどの燃料から水素を取り出し，燃料電池内で酸素と化学反応させ，電気エネルギーと水が発生する。

　　　　　　　　　　類 燃料電池車**Ｎ**

太陽光発電　Ｂ②Ｎ（たいようこうはつでん）　太陽の光を電気エネルギーに変える太陽電池を住宅の屋根などに置き，発電するシステム。

二酸化炭素が発生しないため，温暖化対策にも有効とされる。日本では2030年までに，全世帯の約３割の一般住宅に普及させる計画がある。

ローカル-エネルギー　Ｎ［local energy］それぞれの地域の特色や，施設を利用した小規模な発電。水力・太陽光・地熱・風力・家畜廃棄物・メタンガス・バイオマスなどによるものが日本各地で研究・開発されている。

ソフト-エネルギー　Ｎ［soft energy］　太陽光・風力・波力・潮力・バイオマスなどの自然のエネルギー。再生が可能で，環境への影響が相対的に少ない。これに対し，原子力・化石燃料はハード-エネルギーという。

再生可能エネルギー　Ａ⑤Ｎ（さいせいかのう-）太陽光・太陽熱・風力など，自然現象のなかでくり返し使えるエネルギーの総称。自然エネルギーともいう。無尽蔵に存在し，大規模な供給や経済効率を高める取り組みがすすめられている。脱原発を推進するドイツでは，2019年に再生可能エネルギーの発電割合が化石燃料を上回り，46％に達した。

　　　　　　　　　　同 自然エネルギー**Ｃ Ｎ**

再生可能エネルギー特別措置法　Ｎ（さいせいかのう-とくべつそちほう）　風力や太陽光などの再生可能エネルギーで発電した電力の買い取りを電力会社に義務づけた法律。2011年，福島第一原発事故を受けて成立。

固定価格買い取り制度Ｎ（ＦＩＴＮ）［Feed-in Tariff］（こていかかくかーとーせいど）　再生可能エネルギーで発電した電力を固定価格で一定の期間，電力会社が買い取るしくみ。2012年施行の再生可能エネルギー特別措置法により導入された。買い取り価格をやや高めに設定し，その部分は電気料金に上乗せされる。2014年，太陽光発電の急増で，電力会社の送電網の能力が対応できず，新たな接続を中断する事態になった。

エネルギー基本計画　Ｎ（-きほんけいかく）　2002年に制定されたエネルギー政策基本法に基づき，政府に策定が義務づけられた中長期的なエネルギー計画。総合資源エネルギー調査会の意見を聞いて政府案がつくられ，閣議決定する。原則として３年をめどに

見直される。2011年の福島第一原発事故を受け、当時の民主党政権は原発ゼロの方向に舵をきったが、その後自民党の安倍晋三政権のもとで、原子力をベースロード電源と位置づけるなど、基本計画は従来の原発重視の政策に逆もどりした。2018年に閣議決定された第5次基本計画でも、前回のそれを踏襲した。

ベースロード電源 (−でんげん)　さまざまな発電方式のうち中核となる電源。政府の定義では、料料費が安く、常に一定の電力をつくり出すことができる原子力・水力・石炭火力・地熱の4種類。日本では、この比率を福島第一原発事故前の約6割に戻そうとしているが、欧米では2030年には5割前後に減少すると予想されている。

エネルギーミックスⓃ（電源構成Ⓝ）（でんげんこうせい）　発電にかかわる電源の構成比率。2015年に公表した経済産業省案では、天然ガス（ＬＮＧ）27%、石炭26%、再生可能エネルギー22〜24%、原子力20〜22%、石油3%（いずれも2030年度）としている。古くなった原発の延命を前提にした構成案に批判の声が根強い。

発電コスト Ⓒ Ⓝ（はつでん−）　1キロワット時あたりの発電にかかる費用。2015年の経済産業省試算では、原子力10.1円〜、石炭火力12.9円、ＬＮＧ火力13.4円、石油火力28.9〜41.6円、水力11.0円、メガ太陽光12.7〜15.5円、風力13.9〜21.9円（いずれも2030年時点）となっている。なお、原子力について民間の自然エネルギー財団は14.3〜17.4円と試算。

●発電設備容量(最大出力)の比率				●発電電力量の比率		
水力53.6%	火力46.4%		1960年度末	水力50.6%	火力49.4%	
29.3	68.7	2.0	1970	22.3	76.4	1.3
20.7	68.4	10.9	1980	15.9	69.8	14.3
19.4	64.3	16.3	1990		65.2	23.6
17.0	64.6	18.4	2010	11.2 / 66.7	25.5	
17.0	65.7	17.2	2012	7.8 / 90.2		
16.8	65.5	17.7	2014	7.6 / 90.7	2.2	
16.8	64.2	19.0	2020	8.3 / 83.2	1.1	
	原子力ほか			9.1	原子力ほか	7.6

▲ 日本の発電エネルギー源別割合の推移

小水力発電 Ⓒ ① Ⓝ（しょうすいりょくはつでん）　河川の水をためずに、そのまま利用した発電方式。まち中の狭い川や農業用水路で、水車などを使って電力を生み出すため、再生可能な自然エネルギーとして注目を集めている。小水力の発電規模は欧州では1万kW以下、日本では1000kW以下とされる。

スマートグリッド Ⓒ ② Ⓝ ［Smart Grid］　ＩＴ（情報技術）を駆使して電力を送電・受電の双方から最適に自動調整する次世代送電網。「賢い送電網」と訳される。アメリカのオバマ前政権がグリーン−ニューディールの目玉とした政策。

資源インフレ（しげん）　資源利用可能量や価格などの制約から物価上昇が資源に波及し、原・燃料価格を引き上げていくこと。スタグフレーション（不況と物価上昇の同時進行）を起こしやすい。

資源の自己開発（しげん−じこかいはつ）　日本など資源の大部分を輸入に頼る国が、資源を確保するために行っている開発投資をさす。アジアやオーストラリアなどでの大陸棚の資源開発、海底の開発、発展途上国での現地生産への経済協力など。

海底資源 Ⓝ（かいていしげん）　大陸棚の付近には、海産物のほか、鉱物資源の存在が確認されている。石炭は古くから開発され、三池炭田・釧路炭田などは陸地から海へと掘り進んでいった。

レアーメタル Ⓑ Ⓝ　天然の存在量が少なく、貴重な金属の総称。ニッケル・クロム・リチウムなど。希少金属ともいう。電子機器などに用途が広く、携帯電話やハイブリッドカーなど先端工業に不可欠な資源。産業のビタミンともいわれる。

都市鉱山 Ⓒ Ⓝ（としこうざん）　携帯電話やゲーム機などに使われ、価格も高騰しているレアーメタルの希少性を鉱山に見立てた表現。これらを回収するために小型家電リサイクル法が施行されている。☞ p.68（小型家電リサイクル法）

レアーアース Ⓒ Ⓝ ［rare earth］　自然界では少量しか産出しない希土類元素。スカンジウム・イットリウムなどの希土類のこと。地殻のなかに含まれている量が少ないため、この名がある。鉄鉱石の副産物として採取されることが多く、先端技術分野には不可

欠な資源とされる。レア-アースなど3品目に関して中国が行った輸出規制に対して，日本・アメリカ・EUが共同で世界貿易機関（WTO）に提訴，2014年に同協定違反と判断され，中国は規制を撤廃した。

原子力発電とその課題

原子力発電 Ａ Ｎ （げんしりょくはつでん）　原子炉でウランを核分裂させ，そのときに発生する熱で蒸気をつくり，タービンを回して発電するしくみ。原子炉にも種類があり，日本では燃料にウラン235の割合が比較的低いものを使う「軽水炉」が稼働している。タービンを回す水蒸気の形態の違いから加圧水型（PWR）と沸騰水型（BWR）の2種類がある。日本では1960年から行われ，最大時で総発電量の20%強を供給していた。燃料の供給や価格の安定の面ですぐれているが，安全性の面では福島第一原発事故により，致命的な欠陥が露呈した。福島の事故後の2012年春に日本の全原発がいったん止まったが，夏場の電力不足を名目に関西電力大飯原発が，多くの反対の声を押し切り再稼働した。その後，定期検査などで2013年9月以降，すべての原発が停止した。再稼働には新しい規制基準に適合することが必要になった。2015年8月，新規制基準に適合したとして，強い反対の声を押し切り，鹿児島県の九州電力川内1号機が再稼働した。その後，いくつかが再稼働した。2020年時点において，日本には33基の商業用原子力発電所がある。

類 新規制基準 Ｎ

世界の原子力発電所 （せかいげんしりょくはつでんしょ）　2021年時点において，32か国が原子力発電所を設置している。稼働中の原発数は全世界で443基。国別では，1位アメリカ（93基），2位フランス（56基），3位中国（51基），4位ロシア（38基），5位日本（33基）となっている。世界の発電電力量に対する原子力の割合は，約10.6%を占める（2015年）。段階的に撤退をすすめる国や地域として，ドイツ・ベルギー・スイス・台湾・韓国などがある。原発推進国とされるフランスは，約75%を占める原発の割合を2035年には約50%に引き下げるとしている。

核分裂 Ｃ Ｎ （かくぶんれつ）　ウランやプルトニウムなどの重い原子核が，中性子の照射によって同程度の質量をもつ2個以上の原子核に分裂する現象。その際，非常に大きなエネルギーが放出される。

核融合 Ｃ （かくゆうごう）　水素などの質量の小さい元素の原子核同士が衝突し，別の大きな原子核に変わる反応を核融合という。太陽エネルギーのもととなっており，莫大なエネルギーを放出するために，これを発電に利用できればエネルギー問題は解決する可能性がある。しかし，人工的に核融合を成功させた例はまだない。

原子力発電所事故 Ｃ Ｎ （げんしりょくはつでんしょじこ）　原発事故は，国際原子力機関（IAEA）などが1992年に提言し，各国で採用された国際原子力事象評価尺度（INES）を用い，レベル0〜7（深刻な事故）の8段階で評価される。

スリーマイル島原発事故：レベル5。1979年，アメリカで発生。初の炉心溶融（メルトダウン）事故により，放射性物質が外部にもれた。このため非常事態宣言が出され，付近の住民が避難した。被害者ら約2000人は，のちに損害賠償請求訴訟をおこした。核燃料や汚染水の除去に約14年を要した。原発存続の是非について市民が再考する契機となった最初の大事故。同原発は2019年に運転終了。今後60年かけて廃炉作業が実施される。

チェルノブイリ原発事故：レベル7。1986年，旧ソ連（現ウクライナ）で発生。第4号機の原子炉の爆発・火災により多量の放射性物質が国境をこえて飛散した。この事故による死者は31人，負傷者203人（一般人を除く）。周辺30キロ圏内の13万人以上が避難した（当時のソ連政府発表）。放射能汚染は欧州のみならず，北半球の広い範囲で確認された。事故炉は放射能もれを防ぐため，コンクリートで固める「石棺」とされ，2000年にはこの原発全体が閉鎖された。しかし，現在でも晩発性障害に苦しむ人は多い。

美浜原発2号機事故：レベル2。1991年に発生。伝熱管が破損し，初めて緊急炉心冷却装置（ECCS）が作動。

「もんじゅ」ナトリウムもれ事故：レベル1。

1995年に発生。この事故で2010年まで稼働停止。その後も，原子炉内でのトラブルが発生。

東海村JCO臨界事故：レベル4。1999年に発生。核燃料加工施設での臨界事故。被ばくにより2名が死亡。

福島第一原発事故：レベル7。2011年に発生。東日本大震災での地震と津波などが重なり，緊急自動停止したものの，電源・冷却機能が全面的に喪失。メルトダウンや水素爆発がおこり，多量の放射性物質が飛散した。その量は，セシウム137換算で広島型原爆の約168個分ともいわれる。作業員が被ばくし，広範な地域の土壌や海が放射能で汚染され，多くの住民や関係自治体が避難や退避を余儀なくされるなど，危機的な事態を招いた。原発を運営する東京電力は，収束までの作業の見通しを示した「工程表」を公表したが，放射性物質の排出抑制，原子炉や使用済み核燃料の安定冷却，高濃度汚染水の処理，さらに雇用喪失や風評被害への対応など，現在も問題は山積している。この事故では，政府・経済産業省・東京電力などが「原子力安全神話」につかり，危機管理や情報公開の拙さなどが重なったことで被害が拡大，住民の不安や不満をあおる結果となった。

福島第一原発放射線汚染水事故：レベル3。2011年の事故から約2年半後の2013年8月になって，政府の事故収束宣言にもかかわらず，当地で高濃度の放射線量を含む多量の汚染水漏れ事故が新たに発覚，この事故に対して原子力規制委員会は「重大な異常事象」と判断した。

廃炉　**C** **N**（はいろ）　老朽化や事故などで稼働できなくなった原子力発電所の原子炉を処分・解体すること。廃炉にむけては技術的に困難な課題が山積する。国内での最初の例は1998年に閉鎖された東海原発（茨城県）。2020年時点において，運転が終了し，廃止措置に入った原発は日本全国で24基。

高速増殖炉「もんじゅ」　**C** **N**（こうそくぞうしょくろ-）　ウランを燃料とする通常の原発とは異なり，使用済み核燃料から取り出したプルトニウムを燃料とする特殊な原発の原型炉。福井県敦賀市にある。冷却材のナトリウムの扱いが難しいなど危険性が高く，世

界でも実用化された例はない。日本ではナトリウムの火災事故などのトラブルが続出して運転が中止されてきた。現在は廃炉が決定した。

臨界事故　**C** **N**（りんかいじこ）　臨界とは核分裂反応において1個の中性子が連鎖反応を起こす状態をいうが，1個以上になると核分裂反応は急速に拡大していき，それが核燃料工場で生じると臨界事故となる。1999年，茨城県東海村にある核燃料加工会社JCOで，高速実験炉「常陽」の燃料をつくる過程で，ウラン溶液が臨界に達し，臨界被ばく事故を引き起こした。

国際原子力機関 **A** **2** **N**（ＩＡＥＡ **A** **2** **N**）〔International Atomic Energy Agency〕（こくさいげんしりょくきかん）　1957年，原子力の平和利用のために設立された組織で，国連の関連機関の一つ。当時のアイゼンハウアー米大統領が創設を提唱した。本部はウィーンにあり，2021年時点で173か国。原子力の平和利用の推進・援助と軍事への転用阻止を目的とした核査察などを行う。2005年にノーベル平和賞を受賞した。現在の事務局長はアルゼンチンのラファエル＝グロッシ。

プルトニウム　**C** **N**〔plutonium〕　元素記号Pu，原子番号94。原発などでウランが核分裂するさいに発生し，放射能毒性がきわめて強い。原子爆弾の原料ともなるため，国際的にきびしい規制下におかれている。日本は国内に約47トン（原爆約6000発分に相当）も蓄積しているとされる。

プルサーマル　**N**　使用済み核燃料を再処理して燃え残ったプルトニウムを抽出し，稼働中の原子力発電所（軽水炉）で再利用すること。ウランとの混合酸化物（ＭＯＸ）燃料に加工して用いる。プルトニウムとサーマルリアクターを合成した造語。日本では1997年にこの計画が決定され，2009年から佐賀県の九州電力玄海原子力発電所で営業運転を行った。現在は，2017年に再稼働した福井県の関西電力高浜3，4号機などがプルサーマル。政府は，核燃料サイクルの一環として，ＭＯＸ燃料を再利用する方針をとってきたが，電力各社は事実上，再処理を断念する可能性がある。これによって核燃料サイクルの意味は

大きく崩れ，使用済みのMOX燃料がすべて廃棄物となる恐れもある。

　類MOX燃料**N**（混合酸化物燃料**N**）

核燃料サイクル　**3N**（かくねんりょう-）　ウラン鉱石からウランを核燃料化し，原発で燃やして使用済み核燃料を再処理，残ったウランとプルトニウムを回収して廃棄物を処理するまでの過程をいう。青森県六ヶ所村に建設された核燃料サイクル施設で，2006年からプルトニウムを取り出す試運転が開始されたが，うまく機能していない。環境保護団体などから放射性物質による汚染を危惧する声があがっている。

原子力基本法　**N**（げんしりょくきほんほう）　1955年制定の原子力行政のあり方を定めた法律。1954年に日本学術会議が勧告した，自主・民主・公開という「原子力平和利用三原則」を取り入れ，核技術を平和利用に限定することを定めた。原子力委員会がこの法律に基づいて原子力行政を実施する。2012年の法改正で，同法の基本方針に「我が国の安全保障に資する」という文言が加えられたため，核武装への布石と懸念する声もある。

　類原子力平和利用三原則

原子力委員会　**N**（げんしりょくいいんかい）　1956年，原子力基本法と原子力委員会設置法に基づいて総理府（現在は内閣府）に設置。原子力の研究・開発・利用に関する行政の民主的な運営をはかるのが目的で，委員長と2人の委員からなる。2012年，従来から同委員会が行ってきた原子力政策大綱の策定が取りやめとなり，組織の廃止も検討されている。

原子力規制委員会　**BN**（げんしりょくきせいいいんかい）　福島第一原発のシビア-アクシデント（苛酷事故）を受け，原子力の安全規制を行う新たな組織。環境省の外局として2012年に設置。従来の，原子力政策を推進する資源エネルギー庁と規制を行う原子力安全・保安院とが同じ経済産業省内にあるという組織体制を見直した。国家行政組織法第3条に基づく三条委員会（行政委員会）として，5人の委員で構成される。事務局としての役割は原子力規制庁が担う。

　類三条委員会　原子力規制庁**N**

原子力安全委員会　**N**（げんしりょくあんぜんいいんかい）　1978年に原子力委員会から分離。特に安全規制を担当することになった。1999年に起きた東海村核燃料工場の臨界事故を契機に，国家行政組織法に基づく総理大臣の諮問機関となり，事務局は内閣府に置かれた。原子力規制委員会の設置で廃止。

原子力安全・保安院　**N**（げんしりょくあんぜんほあんいん）　原子力関連施設の安全審査や事故の際の対応など，原子力安全行政を担当した経済産業省の一組織。2001年に設置されたが，福島第一原発の事故を受け，2012年の原子力規制委員会と原子力規制庁の発足にともない廃止された。　**☞**p.65（原子力規制委員会）

電源三法　（でんげんさんぽう）　電源開発促進税法・特別会計法・発電用施設周辺地域整備法の三つの法律。反対運動の高揚などで，原発建設が円滑にすすまなくなったため，1974年に制定された。これらの法律に基づき，立地による利益を地元に還元するための交付金（俗に原発マネー）が支給される。

東電検査データ捏造事件　（とうでんけんさ-ねつぞうじけん）　2002年，東京電力が原発の検査記録を捏造していたことが，アメリカ人の元検査担当者の内部告発で発覚。福島県と新潟県にある原子炉17基中13基で，部品のひび割れを隠したり検査データを改ざんするなど不正が行われ，電力会社や国への不信感が高まった。

反原発N と脱原発C　（はんげんぱつ-だつげんぱつ）　ともに原子力発電依存からの脱却をめざす考え方や運動をさす。前者の方が即時廃止を含め，原発への拒絶度が高い。後者は原発の果たした一定の役割を認識したうえで，時間的猶予を経て撤退まで追い込もうとするのが特徴。チェルノブイリ原発事故を契機に1990年代以降，スウェーデンやドイツなど欧州を中心に広がった。とくに，福島第一原発事故後には，両者の立場があいまって再生可能エネルギーへのシフトとともに，原発ゼロを求める動きが強まっている。2012年3月末からほぼ毎週金曜日の夕方，東京・永田町や霞が関周辺で行われる首都圏反原発連合（反原連）などの「金曜デモ」とよばれる行動は，民主主義や市民運動のあり方を問い直す契機となった。

　類首都圏反原発連合　金曜デモ

ひだんれん 原発事故被害者団体連絡会の略称。集団訴訟の原告や裁判外の紛争解決手続きを申し立てた住民らによって2015年に設立された全国組織。13団体約2万3000人で構成される。国や東京電力の謝罪と賠償，暮らしと生業の回復などを求める。群馬県に避難した住民らによる集団訴訟で前橋地裁は2017年，津波を予見できたとして，国と東電に損害賠償を命じた。その後の集団訴訟でも，2018年3月までに六つの地裁（千葉・福島・東京・京都・東京・福島いわき支部）で何らかの損害賠償を認める判決が出されている。

内部被ばく（体内被ばく）（ないぶひ－）（たいないひ－） 身体の外から放射性物質によって受けた外部被ばくに対して，食品や大気などと一緒に体の内部に取り込んだ放射性物質からの被ばくをいう。体内に取り込まれると，細胞が集中的に放射線を浴びることになり，危険度が高い。2018年，福島第一原発事故後の収束作業に従事し，肺がんで死亡した人が，その原因が放射線の被ばくだったとして労災認定された。死亡例は初めて。

原子力損害賠償法（げんしりょくそんがいばいしょうほう） 原子力事故による損害が発生した際，同事業者への損害賠償責任の集中と無過失責任などを定めた法律。1961年制定。巨大な天災地変や社会的動乱による損害は免責されるという条項がある。国による援助規定もある。

原子力損害賠償・廃炉等支援機構 Ⓝ（げんしりょくそんがいばいしょういろとうしえんきこう） 福島第一原発事故の損害賠償を確実にするための組織。政府と，東京電力を含む原子力事業者が資金を出して2011年に発足した。支援を受けた事業者は機構に特別負担金を納めて返済する。

原子力損害賠償紛争審査会 Ⓝ（げんしりょくそんがいばいしょうふんそうしんさかい） 原子力による損害が発生した場合，和解の仲介や，紛争当事者が自主的に解決できるよう指針を策定することなどを行う。2011年，政令に基づき文部科学省に設置された。

原子力損害賠償紛争解決センター Ⓝ（げんしりょくそんがいばいしょうふんそうかいけつ－） 原子力損害賠償紛争審査会の示した指針の下で，東京電力と原発被災者の間の具体的な仲介などを行う組織。同センターに対して，福島県浪江町の住民約1万5000人や，同県飯舘村の住民約300人が原発事故にともなう慰謝料の増額を申し立てた裁判外紛争解決手続き（ADR）で，東京電力側がセンターの示した和解案（仲介案）を拒否したため，交渉は決裂した。 ☞ p.251（裁判外紛争解決手続き）

原発事故調査委員会（げんぱつじこちょうさいいんかい） 福島第一原発事故を受けて，その原因などを調査・究明するために設けられた事故調査・検証委員会。東京電力・政府・国会がそれぞれ設置した三つの事故調がある。

東京電力事故調：社内の副社長ら8人で構成。東電自身の責任には踏み込まず，想定外の津波が事故の主因であるとする報告書を提出した。

政府事故調：首相が指名した12人の専門家などで構成。関係者への約1500時間にわたるヒアリングなどが行われ，東電の対応に問題があったと指摘，政府の機能不全にも言及した報告書を提出した。

国会事故調：国会の承認を得た地震学者や被災地代表ら10人の民間人で構成。国政調査権に依拠した強い権限をもち，菅直人前首相らを参考人として聴取。事故を「人災」と位置づけ，東電と政府の対応をきびしく批判する報告書を提出した。

原子力補償条約（CSCⒷⓃ）［CSC］（げんしりょくほしょうじょうやく） 正式には「原子力損害の補完的補償に関する条約」。原発の保有国同士が，重大な事故の際に賠償能力を補償支援しあうことを目的とする。被害への備えとされるが，現実には事故の賠償責任は発生国の電力会社などが負うため，原発輸出国には有利だとされる。アメリカ・モロッコ・ルーマニア・アルゼンチン・日本など6か国が締結し，2015年に発効した。

PPSⓃ（特定規模電気事業者Ⓝ） ［power producer and suppliers］（とくていきぼでんきじぎょうしゃ） 1999年の電気事業法改正で，既成の電力会社の電線を使って新たに電力の小売り市場に参入した電気事業者。新電力ともいう。自前で発電所をもつ場合と，他社の発電設備を用いて電気を供給す

る場合がある。福島第一原発事故後，東京電力などの電力会社からこうした事業者に購入先を切り替える企業などが増えている。

圓 新電力 Ⓝ

発送電分離 Ⓝ（はっそうでんぶんり）　電力供給における発電事業と送配電事業を分離すること。これまで電力会社がほぼ独占してきた。福島第一原発事故を受けて，これらを分離して市場競争のもとに置く必要性が指摘されている。2012年には公正取引委員会が，電力市場での公平な競争を促すため，発電・送電・小売りの各部門を分離するのが望ましいとする提言を発表した。発電所から電気を流す基幹送電線の利用率が，大手電力10社平均で2割程度だとわかった。これまで電力各社は「空きがない」としてきたが，この空きを使って送電線を柔軟に運用できれば，新たに自然エネルギーで発電する電力を受け入れることが可能となる。

電力システム改革 Ⓝ（でんりょく─かいかく）　日本の電力供給などを抜本的に改めるしくみ。第1段階は電力を地域間で融通できるようにする（2015年から）。第2段階は電力の小売りを全面的に自由化する（2016年から）。第3段階は発送電の分離を行う（2020年から）。

原発ゼロ・自然エネルギー推進連盟（原自連） （げんぱつ─しぜん─すいしんれんめい）（げんじれん）脱原発や再生可能エネルギーを推進する民間団体。2017年に発足した。吉原毅氏会長。小泉純一郎・細川護熙の両元首相が顧問を務める。2018年，国内原発の即時停止や新規建設の中止などを求める「原発ゼロ・自然エネルギー基本法案」を発表した。

日米原子力協定 Ⓝ（にちべいげんしりょくきょうてい）原発の使用済み核燃料を再処理してプルトニウムを抽出することをアメリカが日本に認めた取り決め。1988年発効。2018年に30年の満期をむかえ，自動延長された。日本のプルトニウム大量保有をめぐり，内外で懸念の声が高まっていた。

循環型社会とリサイクル

循環型社会 Ⓐ6Ⓝ（じゅんかんがたしゃかい）　資源循環型社会ともいう。広義には自然と人間とが共存・共生する社会システムを意味し，

狭義には廃棄物の発生を抑え，リサイクルしていくことで資源の循環をはかる社会を意味する。ただ，リサイクルだけでなく，廃棄物を出さず，資源を循環させることが基本。2001年，循環型社会形成推進基本法が施行され，同年，廃棄物処理法と資源有効利用促進法の2法が改正施行された。

循環型社会形成推進基本法 Ⓑ14Ⓝ（じゅんかんがたしゃかいけいせいすいしんきほんほう）　2000年制定，2001年に施行された法律。この法律で循環型社会とは，ゴミを出さない社会としての物質循環の確保，出たゴミについては資源として再利用する，環境負荷の低減と規定した。この法律に基づき，2003年，循環型社会形成推進基本計画が決定された。

3R Ⓐ9Ⓝ（三つの R）（みっ─）　従来の大量生産・大量消費・大量廃棄の社会から，廃棄物を減らし資源の有効活用をはかる循環型社会を形成する過程で必要とされる取り組みを，三つの英語の頭文字で示したもの。リデュース[Reduce]は設計の工夫などで廃棄物の発生を抑制すること。リユース[Reuse]は使用済みの製品や部品をそのまま再使用すること。リサイクル[Recycle]は原材料や部品を資源として再生利用すること。この順序で環境への負荷削減の効果を高め，企業・行政・消費者が一体となって循環型社会を構築することが志向されている。なお，リフューズ[Refuse]は発生源からゴミを断ち，ゴミになるものは買わないという意味で，これを加えて4Rともいう。

圓 リデュース Ⓐ5Ⓝ　リユース Ⓐ5Ⓝ　リサイクル Ⓐ11Ⓝ　リフューズⓃ　4R

リサイクル Ⓐ11Ⓝ[recycle]　廃棄物の再生利用。省資源・省エネルギー・環境保護の効果がある。現在一般的なものとして牛乳パック，アルミ・スチール缶，ガラスビンなどで行われている。法律としては，容器包装リサイクル法・家電リサイクル法・資源有効利用促進法などが機能している。

デポジット制 Ⓝ（─せい）　デポジットとは預かり金のこと。製品本来の価格に預かり金を上乗せしておき，消費された際に，それを返却すれば預かり金が返却されるシステム。たとえば，ビンや缶の代金にあらかじめ預かり金が上乗せされ販売される。そし

て，空の容器が返却されると，容器代を返してくれるという制度。ドイツなどで実施されている。

コージェネレーション ❻⑨Ⓝ 熱と電力を同時に供給するエネルギーシステム（熱電併給システム）のこと。エネルギーを有効利用しようとするもので，一般の発電ではエネルギーの利用効率は約40％程度であり，残りは廃熱となる。そこで，この廃熱を回収して利用すると，約70％から80％の有効利用が生まれる。ホテルや病院などで導入されている。

同熱電併給システムⓃ

ハイブリッドカー ❻Ⓝ（ハイブリッドバス） ハイブリッドとは雑種・混成という意味。ハイブリッドカーとは電気モーターとガソリンエンジン（内燃機関）を組み合わせて，2種類以上の動力源をもっている車のことである。二酸化炭素の排出量が半減し，窒素酸化物の排出量も規制値の10分の1となった。1998年，世界で初めてトヨタ自動車が販売を開始した。2003年にはこれらの車に対して自動車税や自動車取得税が軽減されることになった。

電気自動車 ❷Ⓝ［electric car］（でんきじどうしゃ） 電動輸送機器（EV：electric vehicle）の一種であり，電気をエネルギー源とする自動車のこと。1970年代の石油危機以来，世界各国で電気自動車構想が真剣に検討されてきたが，2000年代に入ると，それまでの懸案事項だったバッテリ性能がリチウムイオン電池によって飛躍的に向上し，実用化段階に入る。2010年代に入ると，イーロン・マスク率いるEVメーカーTesla社が急成長を遂げるなか，ガソリン車・ディーゼル車から電気自動車への本格的転換が始まった。旧来のガソリン車と比較して，電気自動車は有害排出物がなく，騒音もほとんど発しない。部品点数も大幅に少なくなり，家電に近い形で生産できる。そのため，GoogleやAppleも電気自動車市場への参入に乗り出している。一方，日本の自動車産業は，こうした電気自動車への世界的転換の流れに乗り遅れている。2021年，日本政府は，ガソリン車販売を2035年までに中止させる方針を示した。

アイドリング-ストップ ［start-stop system］ 停車中にエンジンを止めること。環境保護とともにエネルギーの節減にもつながる。アイドリング-ストップバスなどがある。

ゼロ-エミッション ❹Ⓝ［zero-emission］ 生産方法の技術革新や産業間の連携を強化することで，廃棄物などの排出をゼロにしようとするものである。ただ，個々の企業でゼロにすることができたとしても，経済活動の全体で廃棄物を発生させないようにしなければ意味がない。

リサイクル法 ❸Ⓝ(-ほう) 正式名は「再生資源の利用に関する法律」。分別回収のための材質表示や廃棄物の再資源化などを規定し，資源の有効利用をめざす。1991年に施行。2000年に抜本的な改正が行われ，「資源の有効な利用の促進に関する法律」となった。リデュース（発生抑制），リユース（再使用），リサイクル（再生利用）の3Rの促進をうたっている。

容器包装リサイクル法 ❸❹Ⓝ（ようきほうそう-ほう） ビン・ペットボトル・ダンボールなど容器・包装材料のリサイクルを義務づける法律。1995年に制定，1997年から施行された。この法律に基づき，家庭でのゴミ分別→自治体による分別回収→企業の再利用，という流れが促進された。

家電リサイクル法 ❸❷Ⓝ（かでん-ほう） ブラウン管テレビ・プラズマテレビ・液晶テレビ・冷蔵庫・冷凍庫・洗濯機・エアコン・乾燥機の8品目の家電製品のリサイクルをメーカーなどに義務づけた法律。正式には「特定家庭用機器再商品化法」という。1998年制定。

小型家電リサイクル法 ❸Ⓝ(こがたかでん~ほう) 使用済み携帯電話などの小型家電から貴金属やレアーメタル（希少金属）を取り出して再利用するための法律で，2013年から施行。2018年時点において小型家電リサイクル事業に参加している市町村割合は約93％。居住人口ベースでは約97％。

食品リサイクル法 ❻（しょくひん-ほう） スーパーやコンビニの売れ残りや飲食店の食べ残しなど食品廃棄物の発生を抑制し，その再生利用を促進することなどを目的とした法律。2000年に制定された。

建設リサイクル法 ❻❷（けんせつ-ほう） 特定

の建設資材の再資源化を促進するための法律。資源を有効に活用し，建設廃棄物を減らすのが目的。2000年に制定された。

グリーン購入法　Ｃ Ｎ（-こうにゅうほう）　国や地方公共団体などが環境負荷の低減に役立つ物品を率先して購入することなどを定めた法律。2000年に制定された。

自動車リサイクル法　Ｃ（じどうしゃ-ほう）　自動車部品などの再資源化を推進するための法律。自動車メーカー等に対して，使用済み自動車を引き取り，フロンガスやエアバッグ等を回収・適正処理するよう義務づけている。2002年に制定された。

ライフサイクル-アセスメント［life cycle assessment］　製品が生産されてから廃棄されるまでに，資源やエネルギーをどれだけ使い，各種の汚染物質を出すかを定量的に分析して，環境への影響を総合的に評価する手法。企業が環境負荷の少ない製品づくりを行う指針にもなる。国際標準化機構（ＩＳＯ）で規格化されている。

高度成熟都市（こうどせいじゅくとし）　東京都が2019年に発表した資料「都市づくりのグランドデザイン」において提示された用語であり，2040年代の東京がいかにあるべきかを示す表現。具体的には，国際的な経済拠点の強化，ヒト・モノ・情報の自由な交流，災害リスクや環境問題への対処，多様なライフスタイルの促進，緑と水を編み込んだ都市計画などが唱えられている。

人口問題

人口爆発　Ｂ③ Ｎ（じんこうばくはつ）　一般に人口が爆発的に増加する現象のこと。発展途上国の人口構造は，死亡率が低下し，出生率は死亡率ほどには低下していないために多産少死型になっている。このため発展途上国において人口爆発の現象が著しい。たとえば1994年の世界の人口増加率は1.7％だったが，アフリカは2.9％であった。2050年には世界全体の人口は少なく見積もっても79億人，最高で104億人に達すると予想されているが，その人口増加の95％は発展途上国でおきるといわれる。1950年には発展途上国の人口は先進国の2倍だったのが，2050年には6.4倍になるという。

人口問題　Ｂ⑦ Ｎ（じんこうもんだい）　人口に関する諸問題をいう。2020年時点における世界人口は約78億人。発展途上国の人口問題は急激な人口増加にともなうものである。発展途上国は多産少死の段階にあり，人口増加率は1960年代に2.44％，1970年代に2.23％，1980年代に2.11％，1990年代には1.92％となっている。発展途上国の人口増の原因は，衛生や医療の向上による死亡率の低下，子どもが労働力としてとらえられていることや老後保障の必要性から出産率が高いことなどがあげられる。この結果，食料不足，都市ではスラム化，農村では森林伐採や家畜の放牧などによる砂漠化の進行などの環境破壊が進んでいる。先進国の人口問題は高齢社会の到来である。少産少死に移行した先進国では，平均寿命が伸びたことや少子化の傾向ともあいまって高齢化が進行している。高齢社会の問題点としては，労働力不足の問題，年金・医療・福祉など高齢者への社会保障費の増大の問題などがあげられる。人口問題は全地球的問題であることから，国連は1974年に「世界人口会議」（ブカレスト），1984年に「国際人口会議」（メキシコ），1994年に「国際人口開発会議」（カイロ）を開催している。

　　　　類世界人口会議 Ｃ　国際人口会議 Ｃ
　　　　　　　国際人口開発会議 Ｃ④ Ｎ

日本の人口　Ｃ Ｎ（にほん-じんこう）　日本では戦後の1947〜49年頃，ベビーブームで人口が急増。その後も高度経済成長期に増大し，1967年には1億人を突破した。現在は少子・高齢化がすすみ，2008年の1億2808万人をピークに人口減少社会に転じた。2021年2月時点における日本の総人口は約1億2555万2000人。そのうち，日本人人口は約1億2301万1000人である。国立社会保障・人口問題研究所の推計では，将来人口は2053年に1億人を割り込み，65年には8808万人，高齢化率は38.4％になる。

　　　　　　　　　　　　類人口減少社会 Ａ⑥ Ｎ

一人っ子政策　Ｃ② Ｎ（ひとり-こせいさく）　1979年以来，中国で行われてきた人口増加の抑制や貧困問題の解決のための政策。一組の夫婦の子どもを一人に制限するもの。2015年に廃止が決まり，16年からすべての夫婦が2人まで産めることになった。

2021年には，中国共産党が3人目の子供を容認する方針を示した。

マルサス［Thomas Malthus, 1766～1834］
イギリスの古典派経済学者で牧師。主著『人口論』（1798年）で，食料は算術級数的（1，2，3，4…）にしか増加しないのに，人口は幾何級数的（1，2，4，8…）に増えるので，貧困や悪徳が必然的に発生すると主張した。また，産業資本の立場に立つリカードに対抗し，地主階級の立場で『経済学原理』（1820年）を書いた。
☞ p.348（マルサス）

『人口論』（じんこうろん）　マルサスの主著。1798年刊。土地は有限で食料生産の増加は算術級数的なのに，人口のそれは幾何級数的なので，人口増加は食料供給の増加を上回り，これが大衆の貧困の原因であると述べた。そして，人口増加を抑えるには道徳的抑制が必要と主張した。

人口増加率　**C** **N**（じんこうぞうかりつ）　一定の地域における人口の自然増加率と社会増加率との合計。世界全体では自然増加率のみとなる。自然増加率は出生率と死亡率の差，社会増加率は一定地域での人口移入率と移出率との差をいう。
　　　　類 自然増加率**N**　社会増加率

人口構成　**C** **4** **N**（じんこうこうせい）　一定の地域における人口を，性・年齢・職業・産業などの属性によって分類したもの。年齢別人口構成や産業別人口構成がある。

自然増加　**N**（しぜんぞうか）　人口増加のうち，出生人口と死亡人口の差で計算されたもの。地域間の人口移動による社会増加と区別する。

多産多死　**C** **N**（たさんたし）　人口の自然増加について，出生率も死亡率もともに高い型。人口ピラミッドはピラミッド型を示す。かつて発展途上国の大半はこの型だったが，特に乳児死亡率の低下によって多産少死型へ移行してきている。

多産少死　**C** **N**（たさんしょうし）　人口の自然増加について，出生率が高いままで，死亡率が低下する人口急増の型。発展途上国において，医療・衛生面の進歩から死亡率の低下がみられ，この型に移行しているケースが多い。

少産少死　**C** **N**（しょうさんしょうし）　出生率・死亡率ともに低い自然増加の型。現在の西欧・北米・日本が典型的事例で，少子化の進行による人口の減少も心配される。近年，西欧ではやや出生率の上昇傾向がみられる一方，東・東南アジア諸国で急激な出生率の低下がみられ，日本より出生率が低い国もある。

生産年齢人口　**B** **8** **N**（せいさんねんれいじんこう）　労働市場にあらわれる可能性をもつ15歳以上～65歳未満の人口。日本では減少傾向にあり，人口総数の約59.4%（2020年2月時点）を占める。14歳以下の年少人口と65歳以上の老年人口を合わせたものが非生産年齢人口（従属人口）である。
　　　　類 非生産年齢人口（従属人口）**N**

年少人口　**N**（ねんしょうじんこう）　14歳以下の人口。幼年人口ともいう。一般に発展途上国でこの割合が高く，先進国では低い。日本では人口総数の約12.0%（2020年2月）。老齢人口と合わせて従属人口といわれる。
　　　　同 幼年人口**N**

老年人口　**3** **N**（ろうねんじんこう）　65歳以上の高齢者の人口。老齢人口・高齢人口ともいう。先進国で増大しており，この割合が7%以上の場合を高齢化社会，14%以上の場合を高齢社会という。日本では人口総数の約28.6%（2020年2月）。年少人口と合わせて従属人口といわれる。
　　　　同 老齢人口**N**

人口動態統計　**C** **2** **N**（じんこうどうたいとうけい）　たえず変動する人口の動向をとらえるため，厚生労働省が行う調査。総務省の国勢調査が，ある時点での人口の静態統計であるのに対し，人口の動きをみる際の統計とされる。
　　　　類 国勢調査**C** **N**

4 情報化社会と現代社会の特質

情報化社会とリテラシー

情報　**A** **15** **N**［information］（じょうほう）　一般的には「報せ」の意味。生物の自己保存の必要性から外部に向けて発したり，外部から受けとったりする「報せ」のすべて。人間はその手段として言語や文字を発達させた。その一つの到達点がコンピュータ情報

で，その特徴は①論理性，②予知性，③行動選択性とされる。類似のことばに「データ」「知識」がある。このうち，「データ」は単なる生の諸事実であり，これに何がしかの加工を加えて，誰かにとって何らかの価値を生じたときにそれは「情報」となる。さらに，それらが集積されて特定の目的に役立つべく処理をされ，より普遍的な高い価値をもつものを「知識」とよぶ。

知識 Ｂ②Ｎ（ちしき）　単なる印象やあいまいな記憶ではない，ものごとに対する明白な客観的認識のこと。コンピュータ用語としては，集積されたデータがある特定の目的を達成するために抽象化され，普遍性のある情報となったものをさす。 ☞ p.13（知識）

情報化社会 Ｂ①Ｎ（じょうほうかしゃかい）　産業社会の成熟の後に，モノやエネルギー以上に情報が重要な価値を占め，その生産・売買が中心となる社会のこと。脱工業社会・知識社会などと同義。高度情報社会ともいう。産業の構造は，製造業中心から情報産業・知識産業中心となる。一般に情報化社会では，コンピュータ及びそのネットワーク化が核となる。情報化社会に対しては，情報へのアクセスが容易になることによって，人間の能力が全面開花するという考え方と，情報管理による一部エリートの管理社会になるという考え方との二つの見方がある。また1970年代以後に登場したニュー–メディアや情報関連サービス，インターネットの普及は，国民生活にも大きな影響を与えている。こうした動きを，ＩＣＴ（情報通信技術）革命とよぶ。

　同 高度情報社会ＣＮ　類 管理社会Ｎ

情報環境 Ｎ（じょうほうかんきょう）　情報はしばしば偏在する。情報源の遠近や量の多少，システムの相違などによって格差が生まれ，情報エリートとよばれる人たちが出現する。この種の情報環境の差異が管理社会化を加速する可能性をもつ。

擬似環境（ぎじかんきょう）　本当の環境に対して，頭や心のなかでイメージ化した環境のことをさす。しばしば現代においてはマス–メディアが擬似環境の役割を果たしている。情報化社会の発達はまた，擬似環境の拡大でもあるといえる。

脱工業化社会 ②［post industrial society］（だつこうぎょうかしゃかい）　アメリカの社会学者ダニエル＝ベルが主張した，産業社会の後に登場する社会のこと。農業社会や工業社会では，モノやエネルギーが資源として重視されてきたが，脱工業社会では，モノやエネルギー以上に知識や情報・サービスが重要な資源とされる。ベルの指摘は，情報化社会や知識社会と同義のものとされる。

　類 ベルＡＮ

ＩＴ革命 Ｂ Ｎ（情報技術革命Ｃ）［Revolution of Information Technology］（–かくめい）（じょうほうぎじゅつかくめい）　1990年代半ばからアメリカを中心としてITは世界中にひろがり，社会は大きな変革を余儀なくされた。IT（情報技術），あるいはＩＣＴ（情報通信技術＝Information Communication Technology）の有用な部分であるインターネットは，その発信・受信者が増えていくことで，ネット網が加速度的に増えていく。そこにコミュニケーションが生まれ，1対1のコミュニケーションから，1対nの関係，n対nの関係へと進む。これは，産業革命以来の大量生産による社会から，個人のニーズにあった一品一品の生産が即座に可能になることをも意味する。そこに現在までの産業形態をパラダイム的に変化させる本質がある。この関係が存在すると，必要なものを必要な分だけ生産でき売れ残りがないという，圧倒的な効率が実現する。そのためIT革命は産業革命の再来とまで評されることがある。現在では，ＩＣＴ革命とよばれることが多い。

　類 情報技術Ｂ Ｎ　情報通信技術Ａ⑦Ｎ
　同 ＩＣＴ革命⑥

デジタル通信［digital communication］（–つうしん）　光通信と同じ意味。情報をレーザー光の点滅によって送る。光を発したときに「1」，消したときに「0」とする0と1の組み合わせ（数値化＝ディジタル化）によって情報を送るシステム。音波を電波に直接変換するアナログ通信との比較からこの名がある。信頼度，音声・画像などとの統合性，コンピュータなどとの親和性などのメリットがある。

データ通信［data communication］（–つうし

ん）　ホストとなるコンピュータと他の端末装置や，端末装置相互で符号化されたデータを通信しあうこと。主として同一組織（企業や学校など）内で用いられるネットワークであるＬＡＮと，高速通信など多くのサービスを付加したネットワークであるＶＡＮ（付加価値通信網）などの，コンピュータと端末機が回線で結ばれているオンライン-ネットワークサービスもデータ通信の一つ。

コンピュータ　**B**5**N**［computer］　電子計算機と訳されてきたが，現在では，高度に情報を処理する機械という意味あいが強い。現代の情報化社会を支える機械装置であり，エレクトロニクス技術の進展とともに成長してきた。次世代コンピュータとしては数値処理型から知識情報の処理，問題解決支援型の開発が進められている。

ハードウェア　［hardware］　コンピュータ用語としては，コンピュータ本体や入・出力装置などは変更しにくい「硬い」ものをさす。プログラムなどの変更可能な「軟らかい」ものはソフトウェアとよばれる。広義には物理的な物自体をさすこともある。

ソフトウェア　**C**［software］　ハードウェアに対する用語。プログラムのことをさすことが多いが，マイクロプログラム制御方式とよばれるプログラムの場合は，ハードウェアとソフトウェアの中間的な色彩をもち，特にファームウェアとよばれることがある。

ＰＯＳシステム　**N**　販売時点情報管理システムのこと。商品を売った時点で商品記載のバーコードによって，瞬時に商品の在庫・販売を管理する。コンビニエンスストアにおける合理的な品揃えは，ＰＯＳ抜きには成立しない。なお，ＰＯＳはPoint of Sale の略。

類バーコードN

情報産業　**C**　**N**（じょうほうさんぎょう）　コンピュータ・通信機器などの情報関連機器の製造及び関連するソフトウェア開発や情報処理関連産業の総称。コンピュータ産業は，無公害・高付加価値・資源節約の知識集約型産業といわれ，情報化の進展とともに，1970年代以降重要産業として，政策的支援を受けてきた。ニュー-メディアや電気通信産業の発達もめざましい。

コンピュータ犯罪　（-はんざい）　コンピュータやネットワークのしくみを直接的または間接的に活用した犯罪行為。直接的なものとしては，コンピュータやソフトの破壊，ソフトの違法コピーやプログラムの窃取，ハッカーの侵入（ハッキング）や，情報やプログラムを破壊するコンピュータ-ウイルスなどの妨害行為がある。間接的なものとしては，銀行のオンライン-システムの不正操作にみられる金銭や物品の窃取・詐取がある。

類ハッキング①N
コンピュータ-ウイルスC②N

サイバーテロ　**N**［cyberterrorism］　サイバー（サイバネティック＝電子頭脳）とテロリズムをあわせた造語。コンピュータネットワークを利用して行われる大規模な破壊活動。コンピュータ-ウイルスの配布やデータの書き換え，破壊，サーバや通信回線をパンクさせて停止に追い込むなど，その範囲が広く，世界中24時間いつでも生じ得る。物理的破壊活動はともなわず，情報の破壊や漏洩，機器や回線の停止などによって被害をもたらすところに特徴がある。

不正アクセス禁止法　**6N**（ふせい-きんしほう）　2000年２月に施行。他人のコンピュータへの不当侵入を禁止する法律。ネットワーク環境にかかわる犯罪防止のため，パスワード（本人識別番号で，合い言葉の意）を不正に使用するなど，他人のコンピュータに侵入すること自体が犯罪にあたるとし，処罰の対象としている。

類パスワードN

サイバー犯罪条約　**N**（-はんざいじょうやく）　インターネット犯罪に対応するため，2001年に採択，2004年に発効した国際条約。日本は2004年に批准。違法なアクセスやデータの妨害などを禁止している。

青少年インターネット規制法（せいしょうねん-きせいほう）　18歳未満の青少年が有害情報を閲覧する機会をできるだけ少なくすることを目的とし，議員立法のかたちで2008年に成立。正式には「青少年が安全に安心してインターネットを利用できる環境の整備等に関する法律」という。有害情報とは，犯罪や自殺を請け負ったり誘引するもの，

わいせつなもの，残虐な内容のものなど。これらが閲覧できないように，事業者にフィルタリングサービスなどを義務づけている。表現の自由の統制につながると懸念する声もある。

同 青少年インターネット環境整備法 N

類 フィルタリング② N

情報洪水 （じょうほうこうずい）　情報公害とほぼ同義で用いられる。大量の情報による害をたとえたことば。情報の過剰な供給はその情報の質をしばしば低劣化させ，商業主義に走ったりセンセーショナルな傾向を強めたりする。この「洪水」のなかで現代人は等身大の日常感覚や主体的判断を失って，一種の疎外状況に陥ることとなる。プライヴァシーの侵害という事態も日常化する。

情報操作 C （じょうほうそうさ）　情報は本来それ自身の意図をもたないし，信頼性も問われない。情報に何らかの意味づけを与えるのは人間である。現代社会には「情報エリート」とよばれる特定の社会層があり，彼らはその豊富な情報資源を活用し，情報流通の事前選別や加工が可能な位置にある。官僚機構や大企業，マス-メディアなどはこの位置を利用してしばしば情報を操作する。

マス-メディア A ④ N ［mass media］　マス-コミュニケーションの媒体という意味で，大衆に大量の情報を伝達する新聞・雑誌・ラジオ・テレビなどをさす。国民に政治・社会についての情報を提供し，投書や評論などで国民相互の意見発表・形成の場をつくり，世論の形成や国民の政治意識の高揚に寄与する。健全な世論を発達させる上で，マス-メディアの果たす役割は大きい。

マス-コミュニケーション C N （マスコミ C N ）［mass communication］　新聞・電波媒体などのマス-メディアを通じて行われる情報の大量伝達のこと。マスコミの役割は報道の自由を確保し，公正で正確な情報を提供して世論の形成に寄与することにある。国民の人権，特に知る権利の保障に貢献し，世論の形成に基づく政治を実現するための有力なコミュニケーション手段である。三権をチェックする役割を担うという意味で，「第四の権力」ともよばれる。

類 第四の権力 B

マスコミの機能 （-きのう）　マスコミの社会的機能には，①報道（情報の取捨，伝達），②論評（情報の質の吟味），③教育（価値ある情報の伝達），④娯楽，⑤広告などがある。しかし，マスコミが大衆を対象とした情報伝達であることから，娯楽的側面が肥大化し，大量の政治的無関心（アパシー）層を生みだす元凶となるとされる。文化的には人々の趣味や関心を均一化・平準化する作用がある。誤報や虚報によるパニックや権力による世論操作の危険性も指摘される。これらは「逆機能」とよばれる。

コマーシャリズム C ［commercialism］　商業主義，営利主義と訳される。利潤追求を是とする資本主義社会（特に企業体）には避けられない傾向，特に公共性，文化性の高い医療，報道，教育などの分野でのこの傾向には非難が集まる。大衆の政治的無関心を助長する一因ともなる。

センセーショナリズム C ［sensationalism］　煽情（せんじょう）主義と訳される。情報の受け手の側の非合理で不安定な情緒に訴えるマス-メディア企業のあり方を指す。コマーシャリズムと連動し，その場かぎりの低俗で刺激的な欲求をみたす情報の提供が最優先される。派手な見出しやタイトル，きわどい写真や映像を使って読者・視聴者の感情に訴え，スキャンダル情報を好んで扱う。

パーソナル-コミュニケーション N ［personal communication］　いわゆる口コミのこと。電話や私的文通，会話，動作など個人対個人のコミュニケーション。マス-コミュニケーションに対比して用いられる。マスコミの一方向性に対して双方向性であることがその特色。コンピュータを使った「電子メール」「電子会議」「チャット」などは新種のパーソナル-コミュニケーションといえる。

電子掲示板 ［bulletin board system］（でんしけいじばん）　文章などを投稿することによって，コミュニケーションができるコンピュータネットワーク上の仕組み。

ブロードバンド ［broadband］　高速な通信回線の普及によって実現されるコンピュータネットワークと，大容量のデータ

を活用した新たなサービス。光ファイバーやCATV，DSLなどの技術を用いて実現される，おおむね30Mbps以上の通信回線。

コミュニティFM　主として市町村を聴取圏域とする小規模のFMラジオ局。地元密着・市民参加型の情報を多く扱う。2011年3月におこった東日本大震災の際，被災者に寄り添ったきめ細かい情報を発信するなど，その活動が注目を集めた。全国組織として，200以上のコミュニティFMが加盟する日本コミュニティ放送協会（JCBA）がある。

ワンセグ Ⓝ　携帯端末機器向けの地上ディジタルテレビ放送。2006年4月から本放送が開始された。もともとは「1（ワン）セグメント」とよばれていた地上デジタル放送における，移動体向けチャンネルのことを省略したことば。

コンピューターネットワーク ①［computer network］　複数のコンピュータを有線や無線の通信回線で接続したもの。データやプログラムを相互に利用したり，遠くのコンピュータの機能を利用したり，不特定多数の人との双方向コミュニケーションができる。日常生活場面でもオンライン，つまりリアルタイムシステム（即時に処理をする）として活用されている。たとえば銀行のオンラインシステムやJRの座席予約システムなどである。インターネットは最も普及したネットワークである。

インターネット Ⓐ㉑Ⓝ［Internet］　TCP/IPあるいはInternet protocol suiteと呼ばれる通信技術上の規約に基づいて，コンピュータ同士を接続させたグローバル規模の通信網。インターネット上で接続されたコンピュータ機器にはIPアドレスと呼ばれる番号が割り振られており，ネット上の仮想的な"住所"を示す機能を有している。1969年にアメリカ国防総省で運用開始されたARPANETを直接的起源としており，その後，大学・研究施設のコンピュータ間を結ぶようになった。1990年代に入ると，商業利用が認められるようになり，全世界的な普及を遂げた。

光ファイバー Ⓝ（ひかり-）　光信号で通信を行う光通信のための回線。情報を高速かつ大量に送ることができ，文字だけでなく音声や動画の通信が可能になる。文字・音声・動画を融合したマルチ-メディア通信には不可欠である。

5G Ⓒ［5th generation of cellular technology］　2020年代の実用化が期待されている第5世代の移動通信テクノロジー。超高速化した4Gと比較して，さらに20倍程度の高速化が見込まれている。また，IoT（モノのインターネット）の普及に合わせて，自動車，家電製品，腕時計，メガネなど，身の回りのあらゆるものをネットに常時接続することも可能となる。

IoT Ⓐ Ⓝ［Internet of Things］　モノのインターネット。すべてのモノをインターネットでつなごうとする試み。スマートフォン経由で遠隔制御できるエアコンなど，近年では家電や自動車といった身の回りのモノ自体がインターネットに直接つながるようになっている。

eデモクラシー　インターネットなど情報通信技術（ICT）の発達がもたらした政治や民主主義の新たな形態。2011年に中東や北アフリカ諸国などに広がったアラブの春（アラブ革命）とよばれる波は，その代表的なもの。ツイッターやフェイスブックなどが用いられ，無名の人々が革命の担い手として大きな役割を果たした。

電子メール ①Ⓝ（でんし-）　広義では，電子的なメッセージ伝達手段の総称であり，狭義では，SMTP／POP／IMTPなどのプロトコルを利用してメッセージを電子的に送受信する仕組みのこと。かつては多様な電子メールの形態が存在したが，現在では，xxx.xxx@shimizushoin.co.jpと「@」の前後にユーザ名とドメイン名を配置したメールアドレスを用いることが一般的である。メール送受信用のソフトウェアを使うことが原則だが，現代ではウェブブラウザ上で利用可能なウェブメールも普及している。電子メールが普及するにつれて「スパム」と呼ばれる無差別大量配信メールが横行し，その中には，ワンクリック詐欺メールや架空請求メールやなど，受信者側に深刻な被害を及ぼすものもある。

回 Eメール

電子投票 Ⓒ②Ⓝ（でんしとうひょう）　コンピュータの端末を使い，投票所で行う投票制度。

電磁的記録式投票ともよばれる。2002年に岡山県新見市の市長・市議選で初めて導入された。国政選挙では実施されていない。開票の迅速化などのメリットはあるが，システムの故障や操作ミスなど問題点も多い。コストなどの点から普及せず，現在実施している地方公共団体は事実上なくなった。

電子政府　**C**　**N**（でんしせいふ）　パソコンやインターネットを活用して，国の行政サービスの効率性や利便性を高めること。また，そうした行政機関をさす。現在では，1万種類を超える国への申請・届け出などの行政手続きについてオンライン化が実現しているが，需要と乖離しているとの指摘もある。

電子自治体（でんしじちたい）　さまざまなIT（情報技術）を用い，住民に対する行政サービスの利便性などを高めた地方公共団体をめざす取り組み。電子化されても，実際の利用と結びつかないという意見もある。

eコマース②**N**（**電子商取引B④N**）［electronic commerce］（でんししょうとりひき）　コンピュータネットワーク上における売買取引。ECと略す。主として，企業間EC（BtoB）と消費者向けEC（BtoC）の2つがある。2020年における日本国内EC市場規模は，BtoBで約335兆円，BtoCで約19兆円。

ホーム−ショッピング［home shopping］　通信販売・カタログ販売・テレビショッピング・インターネットなどを利用し，家庭に居ながらにして買い物をすること。社会の情報化にともなって増加している。

類ネット通販**N**

シェアリングエコノミー　**C**　**N**［sharing economy］　「共有経済」と訳される。財やサービスが1人のみで専有されず，所定ネットワーク内の複数ユーザによって共有される消費経済のあり方。情報技術の発展に伴って，共有経済に基づいたサービスが多数展開されている。代表例としては，Uberなどのライドシェア，AirBnBなどの住宅宿泊ネットワークが挙げられる。

電子マネー　**A**　**N**［electronic money］（でんし−）　貨幣価値をデジタルデータで表現し，キャッシュレス売買やネットワーク上の電子商取り引きの決済手段として使われる。

データ処理のみによる決済や売買ができる。2016年統計では，日本のキャッシュレス決済比率は19.9%。国際比較すると，アメリカ46.0%，イギリス68.6%，フランス40.7%，韓国96.4%となっており，日本社会の「現金依存体質」が問題視されている。日本政府は2025年までにキャッシュレス決済比率を40%程度に引き上げるよう政策目標を定めている。

類電子通貨**C**　**N**

電子書籍　**C**　**N**（でんししょせき）　通常の紙による出版物のかわりにデジタルデータで作製された書籍。日本の出版市場は全体として縮小傾向にあるが，電子書籍に限れば，市場規模が拡大し続けている。2019年における電子書籍の販売金額は3072億円であり，出版市場全体の約20%を占めるに至った（2015年は約9%に過ぎなかった）。

ヴァーチャル−リアリティ　③**N**［virtual reality］　仮想現実。コンピュータの三次元シミュレーションなどにより，コンピュータのなかに構築される仮想世界（仮想空間，サイバースペース）には何も制約がないため，現実の世界を真似たものでも，現実には存在しない世界を構築することができる。しかし，virtualというのは，本来，「事実上の」「実際上の」という意味で，物理的には存在しないが，機能としては存在するものを意味している。人工的に現実に起こりうることを想定する，というニュアンスが本来的である。

類サイバースペース

仮想通貨　**A**②**N**［virtual currency］（かそうつうか）　政府や中央銀行の統制を受けておらず，法定通貨の地位にない種類のデジタル通貨。日本の金融庁は，（暗号理論を用いているか否かに関わらず）仮想通貨を「暗号資産」と呼んでいる。

類暗号理論**N**　暗号通貨　**同**暗号資産**A**　**N**

暗号通貨［cryptocurrency］（あんごうつうか）　暗号理論によって取引記録の保護や通貨供給量の統制が図られている種類のデジタル通貨。中央集権的な統制主体が存在せず，ブロックチェーン等を用いた分散制御型の運用がなされる。既存の法定通貨と比較して，送金コストが低く抑えられるほか，分散制御型ゆえにネットワーク全体が堅牢で

ある。2008年，暗号理論に関するメーリングリストに投稿されたSatoshi Nakamotoなる匿名者の諸論文によって，具体的な仕組みが構築。2009年に世界初の暗号通貨ビットコインが実用化された。現在は無数の種類の暗号通貨が出現している。

ビットコイン　C［Bitcoin］　2009年より実用化され，2021年現在において世界最大の流通規模を誇る暗号通貨。2008年に，Satoshi Nakamotoと名乗る匿名の存在によって開発された。この存在が何であるかは現在も不明であり，個人なのか組織なのかも分かっていない。1ビットコインの価格は，2015年初頭で300ドル弱だったが，2021年初頭には一時6万ドルを突破した。2021年8月末時点におけるビットコインの時価総額は約9000億ドルであり，これは世界最大の金融サービス企業VISA（時価総額約5000億ドル）をも上回る規模である。2021年6月には，エルサルバドル共和国の議会がビットコインを自国の法定通貨に加えると決定。「法定通貨としてのビットコイン」に関する世界初の試みである。

中央銀行デジタル通貨　N（CBDC N）
［central bank digital currency］（ちゅうおうぎんこう－つうか）　中央銀行が発行する種類のデジタル通貨。ビットコインをはじめとする暗号通貨の仕組みに触発されて，現在，世界中の中央銀行で検討されている新通貨構想である。主なものとして，スウェーデン国立銀行が開発中のE-krona，バハマ中央銀行が2020年に発行開始したSand Dollar，中国人民銀行が公開実験中のデジタル人民元などがある。日本銀行も，2020年10月に「中央銀行デジタル通貨に関する日本銀行の取り組み方針」を発表して，具体的な検討に向けた準備段階にあることを明言した。

ブロックチェーン　C N［blockchain］　ブロックと呼ばれる情報単位が鎖のように連結して構築されるデータベース技術。ブロックチェーン上のデータは暗号化されており，世界中に分散されたPtoPネットワーク上に記録される。中央管理型ネットワークとは異なり，データの改竄が困難であり，運用コストも安価で済む。さらには，分散型ネットワークゆえにリスクの分散につながる利点もある。現在は暗号通貨のために利用されているが，将来的には，サプライチェーン管理，契約管理，著作権管理，公文書管理など，多様な活用シーンが期待されている。

NFT［non-fungible token］　ブロックチェーンを利用したデジタルデータの認証技術。日本語では「非代替性トークン」と訳される。従来の電子的な文字／画像／音声／動画は，複製が容易で海賊版が出回りやすい。ゆえに，原則非公開として自社サーバ内で厳重に管理しない限り，経済的価値がつきにくかった。一方，NFTでは，ブロックチェーンによって所有者が追跡可能であり，偽造不可能な所有証明書が付属する。ゆえに，その電子データは非代替的な固有価値を持ち，一般公開した上で所有権の譲渡／売買が可能となる。2021年3月には，世界初のツイート文章（2006年にTwitter社CEOジャック・ドーシーが投稿したもの）がNFT化された上でオークションにかけられ，約300万ドルで落札された。

データベース　C N［database］　いかなる情報の要請にも応えるデータのベース（補給基地）のニュアンスで，米国国防総省の造語。一定の法則に従って一連のデータを統合化した多目的のファイルのこと。磁気テープ，ハードディスク（大容量の磁気円盤）などの形でコンピュータに大量に記憶させ，必要なときに検索できるようにしたもの。

ビッグデータ　A N［big data］　単に大量のデータであるだけでなく，さまざまな種類や形式が含まれ，これまでのデータベース管理では分析などが難しいデータ群のこと。例えば，気象情報やクレジットカードの履歴，SNSの投稿などをデータとしてもつ。これらのデータは，1日に新聞の朝刊数十万年分に相当する数百テラ（1テラは1兆）バイト以上生まれている。ビッグデータの利活用については，個人的なデータも大量に含まれるため，個人情報の保護という問題が課題とされている。

衛星放送　N（えいせいほうそう）　赤道上空の静止軌道にある放送衛星を使って行う新しい放

送。直接放送のため電波障害がなくクリアな映像が得られる。

クラウドコンピューティング ③**Ⓝ**[cloud computing]　従来は，パソコン本体がもっていたソフトウェアなどのコンピュータ資源（リソース）を，インターネットを活用して必要な時に必要な分だけ，サービスとして利用するシステム。多数のサーバーをもつ大規模なデータセンターがそうしたリソースをもってサービスの提供をする。利用者は登録して利用料を支払い（あるいは無料で），ソフトウェアの利用やデータの管理・保存などが可能となる。システムを図式化する際に，ネットワークの向こう側を雲（クラウド）で表していたため，このように呼ばれる。

高度情報通信ネットワーク社会 （こうどじょうほうつうしん-しゃかい）　インターネットなどを通じて，自由で安全に多様な情報を世界的規模で入手し，また発信することで，さまざまな分野で創造的な発展が可能となる社会。この実現にむけて，2000年11月，高度情報通信ネットワーク社会形成基本法（IT基本法）が定められ，高度情報通信ネットワーク社会推進戦略本部が内閣に設置されている。

メディア-リテラシー **Ⓐ**⑩**Ⓝ**[media literacy]　リテラシーとは本来，読み書きの能力をさす。一般国民が多様なメディアを批判的に使いこなし，それに適応できる能力を身につけること。情報化社会を生き抜くための必要不可欠な能力とされる。

類情報リテラシー**Ⓐ**

デジタル-ディバイド **Ⓒ**④**Ⓝ**[digital divide]　情報格差。インターネットなどの急速な普及の陰で，個人間の年齢・能力的差異や，国家間の経済格差などによって，情報通信を利用できる人と，そうでない人（情報弱者）との間で格差が広がる事象。

通信傍受法 **Ⓑ**⑧**Ⓝ**（つうしんぼうじゅほう）
☞ p.189（通信傍受法）

情報倫理 （じょうほうりんり）　コンピュータ及びそのネットワークの急速な発達を背景とした情報化社会において，新たに求められている個人と社会の倫理。コンピュータやネットワークの不正使用，プライヴァシー管理，著作権や責任といった問題が課題と

してあげられる。

ユビキタスネットワーク社会 ④**Ⓝ**（-しゃかい）　日常生活の至るところにコンピュータがあり，必要な情報にいつでもアクセスできる環境にある社会をさす。「ユビキタス」の語源は「神があまねく存在する」というラテン語。

e-Japan戦略 （-せんりゃく）　2001年に作成された政府の情報化に関する基本計画。2005年までに超高速インターネット網を整備するなど，世界の最先端IT国家をめざした。

スマートフォン **Ⓑ**④**Ⓝ**[smartphone]　モバイルOSを内蔵した携帯電話機器。コンピュータの一種であり，音声通話のみならず，メッセンジャー，ウェブブラウザ，テキストエディタ，動画音楽再生など，多様な利用方法が可能である。出入力手段としてタッチパネルが用いられる。2007年に登場したApple社のiPhoneがその先駆であり，同商品は現在もスマートフォンの象徴的存在である。

同スマホ**Ⓒ** **Ⓝ**

無料通話アプリ （むりょうつうわ-）　料金がかからないで通話やメッセージ交換ができるソフトウェア。スマートフォンやタブレット端末に機能を追加する。LINE（ライン）などが代表例。

プラットフォーマー **Ⓒ** **Ⓝ**　インターネット上で企業や個人に対してサービスやシステムを提供，または運営する事業者のこと。プラットフォームは，IT用語では利用者と提供者をつなぐ基盤（ビジネスの場）をそう呼ぶ。世界の利用者が特に多いプラットフォーマーに，GAFAがある（Microsoftをその先駆けとし，検索エンジンのGoogle，デジタルデバイスのApple，SNSのFacebook，ネットショップのAmazonをさす）。日本におけるYahoo!や楽天も含まれる。

マルチ-メディア **Ⓝ**[multimedia]　ディジタル化された文字・音声・映像など，複数の要素を統合・結合して利用する情報媒体の総称。情報を伝達するメディアが多様になる状態を示す。

ソーシャル-メディア **Ⓑ**③**Ⓝ**[social media]　インターネットなどを介して，

一般市民らの発する情報が双方向に広がる伝達の方法や手段。大量の情報を一方向に流すマス-メディアとの対比で用いられる。代表的なものに，ツイッターやフェイスブックなどがある。

インフルエンサー [social media influencer]　ＳＮＳを通して人々の消費行動に影響を与える人物。インフルエンサーを利用した広告宣伝活動をインフルエンサー・マーケティングと呼ぶ。例えば，米国のファッションモデルであるカイリー＝ジェンナーは，Instagram にて2億6000万フォロワー(2021年8月時点)を有するインフルエンサーであり，1投稿あたりの経済価値が約100万ドルに相当すると推計されている。一方，インフルエンサー・マーケティングは，消費者に向けて宣伝と認識されない形で宣伝する傾向が強く，マーケティング倫理の観点から批判を受けやすい。

フェイスブック **C** **N** [Facebook]　世界最大のソーシャルネットワーキングサービス(ＳＮＳ)。実名で現実の知り合いと交流・繋がりができるのが特徴。2021年3月時点における月間アクティブユーザ数は約29億人。近年は，ユーザの個人情報を不適切に利用しているのではないかという政治的疑惑が向けられている。

　類 ソーシャルネットワーキングサービス **C** **3**
　　　　　　　　　　(ＳＮＳ **C** **8** **N**)

ツイッター **C** **N** [Twitter]　米国ツイッター社の運営するマイクロブログサービスであり，ＳＮＳの一種。2006年にジャック＝ドーシーらによって設立。2019年時点における月間アクティブユーザ数は，全世界で約3億2100万人。ユーザーは，ツイート(鳥のさえずり)と呼ばれる半角280字(全角140字)の短文を投稿できる。他者のツイートにリプライしたり，他者のツイートを引用して投稿することも可能である(リツイート)。Facebook と比較してユーザ数は少ないものの，情報発信力や社会的影響力は絶大であり，政治家や著名人のツイートそのものが日々ニュース材料となっている。手軽にメッセージを受発信できる反面，その自由度から誹謗中傷や個人攻撃の温床となりやすい。

告発サイト **N** (こくはつ-)　インターネットを用いて行われる内部告発手段。政府や企業などの機密情報を公開する，オーストラリア人のアサンジ氏が創始したウィキリークスなどが知られる。

eラーニング　インターネットによる学習方法。学校や企業などで活用されている。

eスポーツ **C** 　「エレクトロニック-スポーツ」の略。コンピュータ-ゲームによる対戦競技のこと。アクションゲームや戦略ゲームなどがある。五輪種目になる可能性が指摘される一方で，WHO (世界保健機関)は2018年にゲーム依存症を精神疾患として認定した。

クラウドファンディング **B** **N** (CF **C** **N**) [crowdfunding]　クラウド(群衆)とファンディング(資金調達)との合成語。インターネットを通じて不特定多数の個人から小口の資金を集めるしくみ。アメリカからはじまり，世界に広まった。出資者が見返りを求めない「寄付型」など，いくつかのパターンがある。

ＡＩ **A** **1** (人工知能 **A** **4** **N**) [artificial intelligence] (じんこうちのう)　コンピュータによる記憶だけでなく，推論・判断・学習など人間の知的な機能を代行するシステム。囲碁・将棋，車の自動運転などの幅広い分野で研究・開発が進められている。

自動運転車 **C** **N** [self-driving car] (じどううんてんしゃ)　人間が操作することなく運転可能な自動車のこと。標準的な自動運転車には，レーダー(電波探知測距)，LiDAR (光検出測距)，ＧＰＳ (全地球測位システム)などが装備されており，人間が目的地を入力するだけで，周囲環境を感知して運転を実行する。2021年時点において実用化されている自動運転車は，ほとんどがレベル2～3 (部分的／条件付自動運転)に分類されるものであり，複雑な状況においては人間の手による代行運転を必要とする。人間の介在が完全に不要となるレベル5 (完全自動運転)が誕生するのは2030年前後と見られている。

アルゴリズム **C** [algorithm]　問題に対する解の導き方を定式化すること。現代社会では，コンピュータ・プログラムを用いることで膨大かつ綿密な定式化が可能となる。

例えば，検索エンジンにおける検索結果表示順位という問題について，アルゴリズムによって自動的に一定の解を導き出すことができる。また，投資の世界でも，コンピュータプログラムを活用することで，ある条件を満たした場合にいかにトレードするかというプロセスを全て自動的に執行できる。アルゴリズムに基づいてミリ秒単位のトレードを無限に繰り返すことも可能である。これを高頻度取引という。

SEO [search engine optimization]「検索エンジン最適化」と訳される。特定のウェブサイトが検索エンジンの検索結果上位に表示されるよう，サイト内容を最適化すること。SEO対策はインターネット・マーケティングの中核となっており，SEO対策専門の企業も存在する。一方，オリジナリティに欠けるサイト，内容に事実誤認が多く含まれるサイト，宣伝広告で埋め尽くされているサイトなど，低品質のコンテンツでも，SEO対策によって検索結果上位に表示される問題が生じる。検索エンジン運営会社は，こうしたSEO対策への対抗策として，検索結果表示アルゴリズムを随時変更することになる。

第四次産業革命 **C**（だいよじさんぎょうかくめい）　18世紀末以降の水力や蒸気機関による工場の機械化である第一次産業革命，20世紀初頭の分業に基づく電力を用いた大量生産である第二次産業革命，1970年代初頭からの電子工学や情報技術を用いた第三次産業革命につづく産業上の技術革新。IoTやビッグデータ，AIなどの活用がある。人の働き方やライフ-スタイルにも大きな影響を与えるとされる。　☞ p.343（産業革命）

シンギュラリティ **C** **N** [technological singularity]　テクノロジーの進化が人為的に管理不能な次元に達して，人間世界に修復不可能な変化をもたらすとされる仮説上のポイント。研究者たちの間では，シンギュラリティへの到達時期として2045年前後を挙げる声が多い。シンギュラリティへの到達過程において，最も深刻な影響を受けるのが労働である。このままITやAIの社会的浸透が進むと，不可避的に多くの職業が消滅するか，急激に価値を低下

させる可能性が高い。例えば，いわゆる「大卒文系」が担ってきた一般事務，行政事務，病院事務，学校事務，金融事務，経理，法務などに関しては，その大部分がテクノロジーによる自動化を余儀なくされ，大量の失業者を出したり，賃金水準の大幅な低下をもたらすものと予想されている。

生産性革命 **N**（せいさんせいかくめい）　安倍政権下で掲げられた経済的スローガンの１つ。2020年度までを集中的な投資期間として，人工知能（AI）やIoT，ロボットなど新しい技術を動員して経済を成長させようという触れ込み。生産性を上げるためと称した「働き方改革」関連一括法などはその一環とされる。　☞ p.467（働き方改革）

ダンバー数（すう）　ヒトを含む霊長類が，互いに認知し合い，安定した集団を形成できる個体数の上限。1990年代にイギリスの進化心理学者ロビン＝ダンバーによって提唱された。ヒトの場合，多くとも150人程度とされる。情報化の進展のなかで，こうした上限も変わる可能性がある。

類 ダンバー①

スマートシティ **C**　スマートシティとは，都市の抱える諸課題に対して，ICT等の新技術を活用しつつ，マネジメント（計画，整備，管理・運営等）が行われ，全体最適化が図られる持続可能な都市または地区（国土交通省）をさす。とくに，IoT（Internet of Things：モノのインターネット）の先端技術を用いて，インフラを効率的に管理・運営していく点に特徴がある。

類 超スマート社会 **C**

ディープ-ラーニング **B** **N**　大量のデータから人間が手を加えなくてもコンピュータが自動的にその特徴を抽出してくれる技術，ニューラルネットワークを用いた学習。ニューラルネットワークとは機械学習（ML）の一種で，人間の脳神経の構造を模倣した作りになっており，神経細胞と神経回路網を論理的に再現することで，人の脳の情報伝達プロセスを模倣した方法を用いて，自動的にそのデータの特徴を抽出してくれる。AI（人工知能）の構成要素がML（機械学習）であり，さらにその構成要素がDeep Learningとなる。

現代社会における人間像

大衆社会 **C**①(たいしゅうしゃかい)　一般的・平均的な大衆の決定が社会の動向を左右する社会。現代の発達したマス-メディアの情報支配と、それによる集団操作の重要性に裏付けられて成立した社会。大衆社会を構成する大衆の特徴として、匿名的、受動的、孤立的な存在を指摘できる。大衆社会の成立にともなって、従来の人間行動の合理性に基づいた個人主義的なデモクラシーから、大衆デモクラシーの時代への転換がある。

　　　　　　　　　　　　類大衆デモクラシー

大衆 **A**③**N**[mass]　(たいしゅう)　大衆社会を構成する人間の集団。大衆とは第一に、伝統的な文化や倫理などの束縛を受けていないこと、第二に、共通する目的、理想、仲間意識、一体感などの心理的な連帯感が欠けていること、そして第三に、全人格的なつながりが少ないことなどを特徴としている。したがって、個人主義的な判断による行動をとることはきわめて少なく、現代の高度に発達したマス-メディアによる情報社会のもとで、受動的な立場をとることが多い。

公衆 **A**②**N**[public]　(こうしゅう)　群集(群衆)という概念に対して批判的な立場から、フランスの社会学者タルドによって提起された。分散して存在するが、印刷物などのマス-メディアを通じて間接的に情報交換を行うことによって意思の確認をはかりながら、合理的な判断を下そうとする理性的な存在。個人主義的デモクラシーの担い手でもある。

群集 [crowd]　(ぐんしゅう)　共通の関心事を対象として、一時的、直接的に集まった異なった人々の集団。対面集団であり、刺激に対して敏感で、ときとして非理性的・感情的な行動をとる。なお、群集の一員になったときの特異な心理を群集心理という。

オルテガ **N**[José Ortega y Gasset, 1883～1955]　スペインの思想家。ごく一般的な大衆が社会を動かす時代としての大衆社会をとらえ、その均質化・俗物化に鋭い批判を加えた。主著『大衆の反逆』

『大衆の反逆』　(たいしゅう-はんぎゃく)　1930年刊のオルテガの主著。大衆社会論の先駆。平均的・一般的な大衆が実権を握った社会として大衆社会を分析し、大衆の均質化・画一化が文化の危機を招くとして批判した。

リースマン **B**⑪[David Riesman, 1909～2002]　アメリカの社会学者であり、現代の大衆社会を鋭く分析した代表者である。主著『孤独な群衆』においては、初めに人間の性格を、「伝統指向型」、「内部指向型」、「外部指向型(他人指向型)」の三つに分けている。そのなかで、彼は近代社会における人間の精神構造の変化を「内部指向型」から「外部指向型」への変化として特徴づけている。

『孤独な群衆』 **C**②(こどく-ぐんしゅう)　アメリカの社会学者リースマンの著書。産業の発展や停滞によって人口が推移することに着目し、この観点から人口が停滞する社会、急速に増加・移動する社会、減少する社会の三つのタイプを区別した。それぞれの社会の要求に適合した人間の性格(社会的性格)として、伝統指向型、内部指向型、外部指向型(他人指向型)の三つをあげた。

伝統指向型 **C**(でんとうしこうがた)　リースマンの主著『孤独な群衆』のなかの用語。人口の増加があまりみられない閉鎖的な前近代的な共同体社会において、人々が共有している社会的性格。共同体社会で長い間にわたって形成してきた道徳や慣習を忠実に遵守することができる者だけが、唯一成功を勝ち得る可能性があるとする。

内部指向型 **C**②(ないぶしこうがた)　リースマンの主著『孤独な群衆』のなかの用語。産業革命後の近代市民社会においてみられる社会的性格で、孤独に耐えながら、禁欲的な自分の内部の良心に従って行動するタイプの人間。比喩的にいえば、ジャイロスコープ(羅針盤)型の人間である。

外部指向型(他人指向型) **C**⑩(がいぶしこうがた)(たにんしこうがた)　20世紀の大衆社会にみられる社会的性格で、周囲の動向や要求に対して鋭い感覚をもち、それに敏感にしかも的確に反応するタイプの人間。つまり、他人の評価を基準にする。比喩的にいえば、レーダー型の人間である。

画一化 (かくいつか)　現代社会の特徴の一つとしてあげられる、多様化に対する用語。大量生産にともなう大量消費の傾向に裏づけられ、マスコミを使った大がかりなコマー

シャリズムに乗って流行が形成されると，大衆は先を争ってそれに追従していくという，現代の典型的な現象の一つである。

中流意識（ちゅうりゅういしき）　一定の社会のなかで標準的な階層であると認識している人々の心理的状態をさす。社会的な階層を通常3階層に分け，上から上流，中流，下流とよんでいる。この分類の基準には，職業，収入，学歴，家柄，財産，生活様式などが指標として用いられるが，客観的な基準があるわけではなく，どの階層に所属しているかは，個人の主観的な判断によるところが大きい。

大衆消費社会（たいしゅうしょうひしゃかい）　モノやサービスの大量生産・大量販売により，大衆の大量消費がなされるようになった社会のこと。現代社会の特質を表すことば。大衆消費社会では，多量の均質な商品が安価に入手できる利点の半面，大量に流される宣伝などによって画一的消費行動もみられるようになった。

アパシー C③N（政治的無関心 A①N）　［apathy］（せいじてきむかんしん）　巨大化，複雑化した現代政治に対して，どうすることもできないでいる大衆の無力感・絶望感・焦燥感を表し，政治的無関心と同義語として使われることが多い。アメリカの政治学者ラスウェルらによって社会学の用語として用いられた。

🏷ラスウェル　☞ p.210（政治的無関心）

大衆文化 N［mass culture］（たいしゅうぶんか）　一部の知的エリート集団ではなく，一般大衆がおもな担い手となった文化のこと。生活水準の向上，高等教育の普及，余暇時間の増加，マス-メディアの発達などによって，大衆が政治や社会の動向に影響をあたえるようになったことで成立する。新たな文化創造の可能性をもつと評価される一方で，文化が商品化・娯楽化・低俗化し，価値観や意識の画一化を招く傾向も指摘される。

伝統的文化（でんとうてきぶんか）　ある一定の教育を受けた者であれば，誰でも享受することができる大衆文化に対して，理解するうえに高度な専門的知識や技術を必要とする，歌舞伎・能・古典音楽などの文化。

管理社会 N（かんりしゃかい）　少数の指導者によって大衆が管理される社会。また，人間が組織に組み込まれ情報に支配されて，人間性喪失のおそれのある社会。その成立の契機には官僚制の発達があるが，近年ではコンピュータなどの発達で情報が一元的に管理されることにより，特に指導者が存在しなくても管理社会化することが指摘されている。また，現代の情報化の下での管理社会は，情報の送り手が受け手を直接意図をせずに管理・支配することが多く，人間疎外を深刻化させている。

官僚制 B②N（ビューロクラシーN）　［bureaucracy］（かんりょうせい）　行政などの巨大な組織を合理的・能率的に管理・運営するために考案されたしくみ。ドイツの社会学者マックス=ウェーバーが自著『新秩序ドイツの議会と政府』のなかで基礎づけた。それによれば，近代官僚制こそが合法的支配の典型的な形態であり，次のような特質をもつとされた。第一に，職務内容が明確で，指揮・命令の系統が上から下へのピラミッド型をなしている。第二に，文書によって事務処理が行われる。第三に，専門的な知識や能力を重視し，それによって人事管理が行われている。第四に，職務遂行にあたって，公私の別がはっきりしている。しかし，現実には権力支配による官僚主義（お役所仕事）・画一主義・秘密主義などの弊害が指摘されている。これを官僚制の逆機能（機能障害）という。

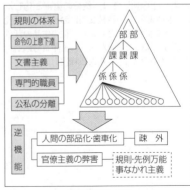

▲ 官僚制のしくみ

マックス=ウェーバー C④N［Max Weber, 1864〜1920］　☞ p.123（マック

ス＝ウェーバー)

主体性の喪失（しゅたいせい―そうしつ）　個人が自律性を失って，無気力な存在として，大衆社会のなかに埋没している状態。これは，現代の大衆社会においては，巨大組織は官僚機構によって合理的に管理・運営され，そのなかに存在する個人は，歯車のように非人格的なものとされているからである。

人間疎外 **C**（にんげんそがい）　人間の自己疎外ともいう。人間が，自ら生活の手段としてつくり出した機械や制度によって支配され，人間性を喪失していること。また，自己実現の場である労働が，人間に苦痛を与え，よそよそしいものになっていること。高度資本主義体制が確立すると，個々の機能集団は巨大化し，これを合理的に統制していくために官僚組織が発達していった。人々は組織に組みこまれ，大きな機械を構成する一つの歯車のような扱いを受けている。

☞ p.89（疎外）

「モダン-タイムス」 ③　喜劇俳優チャップリンが製作・主演したアメリカ映画。1936年に公開された。この映画でチャップリンは，現代資本主義の生産第一，利潤第一の考え方と，生産の場におけるオートメーション化と分業のもたらす人間疎外，人間が非人間化される状況を告発した。

チャップリン **C**①［Charles Spencer Chaplin, 1889～1977］　イギリス生まれの映画監督，俳優。代表作「モダン-タイムス」（1936年）では，機械の歯車と化した人間を描写し，機械文明におかされた現代社会を批判的にとらえた。彼の作品の背景には，深い人間愛がある。主作品「独裁者」「ライムライト」「殺人狂時代」

社会的病理現象（しゃかいてきびょうりげんしょう）　社会的な規範から逸脱した行動をとることをいい，犯罪や非行などがこれにあたる。人間関係の葛藤（かっとう）のなかから生じた欲求が満たされないことに対して，それを直接的にしかも強引に満たそうと行動をおこそうとして現れる病理である。

ボードリヤール［Jean Baudrillard, 1929～2007］　フランス生まれ。ジャーナリストからパリ大学ナンテール校教授，社会学・記号論専攻を経て，思想家活動にいたる。1968年に処女作『物の体系』を発表し，『消費社会の神話と構造』（1970年），『誘惑の戦略』（1979年），『シミュラークルとシミュレーション』（1981年）などを次々に発表し，大衆社会状況を生産・消費の両面から分析する独創的な社会論を展開した。

リキッドモダニティ［liquid modernity］　社会学者ジグムント＝バウマン（Zygmunt Bauman, 1925～2017）が提示した概念であり，グローバル化と情報化に彩られた現代社会を「液状的な近代」としたもの。現代の社会を後期近代社会（レイトモダニティ）ととらえ，社会構造がより流動的で，人々がある状況から別の状況へシフトすることが容易となっている点が特徴。職業も住む場所も性的指向も政治的信念も，近代社会より移ろいやすい。人々は，限りない選択肢を与えられて自由を求める一方，その無限の選択という重圧に苦しんだり，あらゆる共同体の束縛から逃れたい一方で，孤独への恐怖から他者とのつながりを求めていく，というアンビバレントな状況に置かれる。

類バウマン**C**

3章 公共的な空間における基本的原理

1 近代的人間像の誕生（1）－近代の始まり

ルネサンス **B** **N** ［Renaissance］ 14世紀から16世紀にかけて，イタリアで始まりヨーロッパ各地に広がった文芸復興運動。ルネサンスとは本来フランス語で「再生」を意味する。ルネサンスは，古代ギリシャ・ローマ文化の再生，研究を通して「人間性の発見」をもたらし，封建的秩序の束縛や神中心・教会中心の人間観・世界観から個人を解放した。「人間性の発見」という点で，宗教改革とともに近代への出発点となる人間尊重の精神を生みだす大きな原動力となった。

ヒューマニズム **C** **3** ［humanism］ 人間そのものや人間に関することがらに目を向け，人間性を抑圧したり束縛したりするものから人間を解放しようとする考え方。ヒューマニズムはさまざまな理解のされ方をしており，人間中心主義，人文主義，人道主義，人間主義などと訳されている。どの場合でも人間尊重の精神という点では一致している。

ダンテ **C** ［Dante Alighieri, 1265～1321］ フィレンツェ生まれで，ルネサンスの先駆となった詩人。時代的には中世に属するが，永遠の恋人ベアトリーチェに対する至純の愛を謳いあげた『新生』，ラテン語（神のことば）ではなく，イタリアの方言であるトスカナ語で書いた『神曲』などによって，個性に満ちあふれた人間を描き，当時の人々を驚かせた。

類 『神曲』

ピコ＝デッラ＝ミランドラ **C** ［Giovanni Pico de lla Mirandola, 1463～94］ イタリアルネサンス期の人文主義者。ローマでの大討論会のために書かれた『人間の尊厳について』のなかで，「神は人間に自由意志をあたえ，それによって人間は自らのあり方を決定できるところに人間の尊厳がある」と主張し，新しい人間観をうち立てた。

類 自由意志 **C**

ボッティチェリ **C** ［Sandro Botticelli, 1444(5)～1510］ 代表作「春」「ヴィーナスの誕生」で知られるイタリア・ルネサンス期の画家。フィレンツェで生まれ，写実主義を学びながら，代表作「春」にみられるような理想主義的な美を表現した。アウグスティヌスを描いた作品もある。

類 「春」 **A** 「ヴィーナスの誕生」 **C**

レオナルド＝ダ＝ヴィンチ **C** ［Leonard da Vinci, 1452～1519］ 「モナ＝リザ」の作者で，あらゆる学芸に通じたルネサンス期の万能人の代表的人物。フィレンツェ郊外のヴィンチ村の生まれで，14歳のときヴェロッキオ（当時の有名な彫刻家）の工房に入り，修業を積んだ後，数々の不巧の名作を創作した。レオナルドの絵画には，綿密で写実的でありながら，理想化された永遠の美をも同時にあわせもつ独特な世界があった。また彼は建築，音楽，医学，地理学，物理学，気象学などあらゆる学問にすぐれた才能を発揮した。当時の記録によると，彼は上品でやさしく，話し方は上手で機知に富み，人々から好かれた万能人とある。

類 「モナ＝リザ」 「最後の晩餐」 **C**

ミケランジェロ **C** ［Michelangelo Buonarroti,1475～1564］ 「ダヴィデ像」や「最後の審判」の作者として知られるイタリア・ルネサンスの彫刻家・画家・建築家。フィレンツェ近郊で生まれ，メディチ家のロレンツォに才能を認められ仕えた。後にローマで活躍した。人間の造形・描写の力強さに特徴がある。代表作「ダヴィデ像」，「ピエタ」，「モーセ像」，システィーナ礼拝堂の「最後の審判」「天地創造」

類 「ピエタ」 **C** 「ダヴィデ」 **C** 「最後の審判」 **C**

ラファエロ **C** ［Raffaello Sanzio, 1483～1520］ 代表作「聖母子」「アテネの学堂」で知られるイタリア・ルネサンスの画家。肖像画・聖母子像に秀作が多い。フィレンツェでダ＝ヴィンチとミケランジェロの影響を受ける。教皇の招きでヴァティカン宮殿の壁画を描く。その署名の間の壁画「アテネの学堂」は，ルネサンス期の実在の人物をモデルに，古代ギリシャの哲学者

を描く。とくにプラトンの理想主義とアリストテレスの現実主義をよく表現している。ほかに「レオ10世」の肖像画がある。

類「アテネの学堂」**C**

万能人 **B**（ばんのうじん）　ルネサンス期，特にイタリアルネサンスにおいて，理想とされた人間像で普遍人ともいう。中世の封建的秩序の束縛や，神中心，教会中心の人間観，世界観から解放された人々は，個人のすぐれた能力をあますところなく発揮し，文学，芸術，科学，技術などあらゆる学芸分野に通じた人間を理想とした。**資料**「人間は欲すれば，何事もなし得ることができる」というアルベルティのことばは，当時の人間観をよく表している。アルベルティのほか，レオナルド＝ダ＝ヴィンチやミケランジェロなどが万能人の典型であった。

類 普遍人 **C**

2 近代的人間像の誕生（2）

科学的な思考

近代科学 **C**（きんだいかがく）　16，17世紀以降天文学や物理学を中心に，コペルニクス・ガリレイ・ニュートンらによって開花し発展した科学全般をいう。中世の教会中心の閉鎖的な学説から脱却し，自然現象の背後にある原因，すなわち「なぜ」なのかではなく，自然現象そのままのあり方，すなわち「いかに」あるかを科学的に解明しようとした。こうした態度は，機械的な法則の支配する世界とみる世界観（機械的世界観）とも結びつき，新たな人間生活の建設をめざそうとする人生観とも結びついていった。

観察 **B2N** と実験 **A1N**（かんさつ・じっけん）　観察とは，ある目的に従い，人為的な手を加えずに事物・現象を客観的に見きわめることである。実験とは，対象に人為的な条件を与え，仮説を確かめることである。観察によって複雑な事象を諸要素に分解し，それらを数学的に定式化し，仮説を実験によって検証していくというのが，特にガリレイ以後際立ってくる近代科学の新しい方法である。

コペルニクス **BN**[Nicolaus Copernicus, 1473～1543]　ポーランドの天文学者。ア

リストテレスに始まるそれまでの地球を中心とする有限宇宙論に疑問を抱き，太陽を中心とする無限宇宙論（地動説）を，数学的理論をもって提唱した。『天体の回転について』は，彼自身臨終の直前まで公表を迷った書物であり，公表後は当時の教会や天文学者から非難を浴びた。しかし，この主著の意義は大きく，後にケプラーやガリレイを経て科学的な世界観の確立に寄与した。

ケプラー **B2**[Johannes Kepler, 1571～1630]　ドイツのヴェルテンベルクに生まれる。生涯を天文学・光学の研究に捧げた。コペルニクスの地動説を継承し，より精密な観察を通じて天体の運動を数学的にとらえ直した。それまで円軌道とされていた惑星の運動を，太陽を一つの焦点とする楕円軌道であるとするなど，惑星の三法則を発表した。主著『新天文学』『世界の調和』

ガリレイ **B4N**[Galileo Galilei, 1564～1642]　イタリアのピサに生まれる。独自の観察と精密な実験を基礎とする態度をつらぬいた点で，近代科学の創始者とよばれる。風

にゆれるランプから振り子の等時性を発見，各種の異なる重さの物体の落下時間の同一性，法則性を見いだすなど，物理学の基礎を築いた。また独自の望遠鏡で地動説を裏づけ，無限の宇宙も何ら自然法則の及ばぬ特殊なものではないことの証明に努めた。対話形式で，コペルニクス理論を擁護した著書『天文対話』がもとで，宗教裁判にかけられ自説の撤回を迫られる。この著作が禁書目録から削除されたのは，彼の死後200年近く経ってからであり，彼自身の名誉回復は，さらに100年以上たった20世紀にあった。

ニュートン **BN**[Isaac Newton, 1642～1727]　イギリスのリンカンシャー州に生まれる。数学（微積分など），力学，光学に多大な業績を残した。運動の三法則（慣性の法則，運動の法則，作用・反作用の法則）と万有引力の法則によって古典力学を確立した。「力がないから物体は止まる」

という考えを改め，物体は「力」が働かなければ状態（静止や運動）は変わらないのであり，このような「力」が「いかに」働くのかを解明することにニュートン力学（古典力学）の重点がおかれた。主著『プリンキピア（自然哲学の数学的原理）』

天動説 **C**（てんどうせつ）　アリストテレスの宇宙観を受け継ぐプトレマイオスによって大成された，静止した地球のまわりをすべての天体が回転するとする宇宙観。

地動説 **B** **N**（ちどうせつ）　天動説に対して，地球を含めた惑星が，太陽を中心として公転するという立場。16世紀にコペルニクスによって体系化された。しかし，当時のキリスト教会から弾圧され，ガリレイは宗教裁判にかけられ，ブルーノは火刑となった。

機械論的自然観 **C**（きかいろんてきしぜんかん）　自然界のすべての事象を具体的な事実に即して考え，事実のなかに因果の法則を見いだす自然の見方。デカルト・ニュートンによって確立され，自然科学の発展に大きな役割を果たした。

目的論的自然観 **C**（もくてきろんてきしぜんかん）　自然界のすべての事象を一つの統一的なもの（たとえば神）によって作られているかのように考える自然の見方。ギリシャの天文学者プトレマイオス（2世紀頃）は，目的を"神の栄光をあらわすために"とみた。アリストテレスはすべての事物は形相を目的として，みずからのうちにある可能性（可能態）を現実化（現実態）していく運動のなかにあると統一的に理解した。事物は，それぞれが目的をもって変化していると理解する。

クーン［Thomas Samuel Kuhn, 1922〜96］　アメリカの科学史家。科学や学問の発展史を，革命的な大転換の歴史としてとらえ，パラダイム転換という用語で示し，科学史にとどまらず，多くの学問領域に影響を与えた。

パラダイム［paradigm］　ある時代の人々の考え方を根本的に規定している思考の枠組みや，支配的なものの見方。もともとは「範型」ないし「手本」を意味した。アメリカの科学史家クーンが主著『科学革命の構造』で用い，科学理論の歴史的発展を分析する考え方として強調した。パラダイム転換とは，現在通用しているパラダイムに対して，それに反する事例・事実の出現によって革命的な転換が起こることをいう。

経験論と合理論

ベーコン **A** **③**［Francis Bacon, 1561〜1626］　イギリス経験論の祖。エリザベス絶対王政下のロンドンに生まれ，法律家，政治家として活動する。汚職事件で政界を退き，

その後は科学研究や著作に専念した。人間として望ましいあり方は，他人や他国を支配征服することではなく，自然を支配し，自然についての正しい知識を人類の生活向上に役立てることであると考えた（「知は力なり」）。そのためにまず，偏見・思いこみである「イドラ」を除去し，積極的な実験・観察を通じて自然のうちに，その法則性を見いだそうとする態度こそ，新しい学問研究の姿であるとした。すなわち科学的な新しい学問研究の方法を求め，学問の革新をめざしたのである。冷凍による腐敗防止実験のため，鶏の腹に雪をつめる実験を寒い戸外で行った際，肺炎にかかりそれがもとで死亡した。主著『学問の進歩』『新機関（ノヴム-オルガヌム）』『ニュー-アトランティス』

経験論 **A**［empiricism］（けいけんろん）　知識の源泉を，感覚を主体とする経験に求める考え方。理性重視の合理論と比較対照される。後天的に感覚による経験をもとに，人間の知識，観念は形成されるのであり，生まれながらにもつ観念（生得観念）を否定する立場をとる。ベーコンに始まり，ロック・バークリー・ヒュームにいたり，イギリスの功利主義思想へと継承された。

イドラ **A** **N**［idola］　ベーコンの用語で，人間が自然から正しい知識を獲得するのに妨げとなっている偏見・偶像・幻影のことをいう。彼は取り除かれなければならないイドラを四つ指摘している。第一は「種族のイドラ」。人間という種族が共通に陥りやすい，その本性に根づいた偏見のことをいう。第二は「洞窟のイドラ」である。個人的な境遇や性癖，経験にとらわれること

第1編

からくる偏見をいう。第三は「市場のイドラ」という，人間相互の交わり・社会生活におけることばの不適切な使用から生じる偏見をあげている。第四は「劇場のイドラ」である。伝統的な学説から生じる偏見で，一面的にその権威を信じる誤りをいっている。

「知は力なり」 **B**②（ち－ちから－）　自然についての知識こそ，自然支配ひいては人類の福祉向上の原動力となることを示すベーコンの『ノヴム－オルガヌム』の中のことば。続けて **資料** 「自然は服従することによってでなければ，征服されない」といい，自然の法則を把握することで自然を支配できると説く。

帰納法 **A**⑥［induction］（きのうほう）　個々の事実から一般的原理を導きだす思考方法をいう。演繹法とは逆の関係にあり，実験観察など経験を通じて集めた事例を分析整理し，そこから一般の原理を抽出しようとする。ベーコンは，アリのようにむやみに事実を集めるだけではなく，またクモのように自分から勝手に空論（巣）をつくりだすのでもなく，ハチにみられるように数多くの事実（材料）を集め回りながら，目的である法則（蜜）を獲ていくことこそ真の帰納法であると説明している。

ヒューム **C**［David Hume, 1711～76］　スコットランドのエディンバラに生まれる。経験論をおし進めた結果，存在するのはモノ本体ではなく，「感覚（印象）の束」（たとえば「赤い花」という感覚）にほかならないと考えた。因果律についても，同じ経験のくり返し，すなわち習慣によって主観的に構成されたものにすぎないとし，因果律の必然性を否定した。その結果，客観的な認識そのものを否定することとなり，懐疑論・不可知論に陥った。この彼の経験論はカントに大きな影響をあたえ，カントは「独断のまどろみ」を破られたとした。アダム＝スミスの親友で，彼の自由貿易論

を準備したともいわれる。主著『人間本性論』

デカルト **A**③［René Descartes, 1596～1650］　フランスの哲学者。合理論の祖，近代哲学の父とよばれる。イエズス会系のラーフレーシェ学院から大学に進み，法律や医学を

学ぶが，中世スコラ的な学問に失望し，多くの旅や出会いを通じ，**資料**「世間という偉大な書物」に思想の土台を築こうとした。彼は，世界・宇宙を支配している数量的関係をつきとめることを学問の課題であると考え，いっさいのことがらを方法的懐疑によって疑い，その結果「われ思う，故にわれあり」という第一原理に到達した。こうした直観的真理である第一原理をもとに次々に個々の真理を演繹していく合理論の立場に立った。そして一貫して数学的な思索を用い，「普遍数学」の確立にあたった。主著『方法序説』『省察』『情念論』

合理論 **A**（ごうりろん）　真理を認識するうえで理性の働きを重視する立場をいう。イギリス経験論に対して，大陸合理論ともよばれる。単なる感覚的な経験では真の認識を得ることはできないとし，理性の直観や合理的判断など先天的な能力によってこそ，真の認識が可能となる立場をとる。デカルトに始まり，スピノザ・ライプニッツらが展開した。合理論における思索の方法としては，経験論の帰納法に対して，数学的論証を基礎に演繹法をとる。

演繹法 **A**⑦［deduction］（えんえきほう）　一般的原理から個々の事実を導きだす思考方法をいう。帰納法に対する方法。主に理性によって示された明白なことがらを前提とし，条件に応じた推論のうえで個々の結論を導きだす方法である。

明晰 C・判明 C N（めいせき）（はんめい）　デカル

トの求める真理の明証性を示すことば。明晰とは，あいまいさがなく明示される認識のことをいい，判明とは，明晰であると同時にさらにその意味内容が明確に他と区別される認識をいう。

方法的懐疑 **B**（ほうほうてきかいぎ）　デカルトが確実な真理にいたるための方法として用いた懐疑で，従来の懐疑論，すなわち絶対，確実な真理を否定する立場での懐疑とは異なる。当時の学問に疑いを抱いたデカルトは，感覚がとらえる世界も，常識と信じることがらも，すべて夢の幻想もしくは虚偽であるかもしれないとして根底から徹底して疑いぬいた末，疑いえぬ真理を見いだそうとした。その結果得たのが「われ思う，故にわれあり」という哲学の第一原理であった。

資料　「われ思う，故にわれあり」（コギトーエルゴースム）は，デカルト哲学の第一原理を示すことば。方法的懐疑によっていっさいを疑ったすえに，どうしても疑いきれない明晰（めいせき）かつ判明な原理として，今まさに疑っているということが，そのまま，われ自身の存在の確実性を示していることを見いだした。ここで確認された「われ」，すなわち思惟するかぎり存在の認められる精神（近代的自我）を中心にすえて世界をとらえる新たな世界観が確立されていくことになる。

「我思う，ゆえに我あり」 **B**［Cogito ergo sum］（われおも-われ-）　方法的懐疑によっていっさいを疑ったすえに，どうしても疑いきれない，今まさに疑っている「私」の存在を見いだしたデカルト哲学の第一原理を示すことば。ここで確認された「われ」とは，感覚をもつ肉体（物体）とは区別された精神で，思惟するかぎり存在の認められる精神である。コギトすなわち思惟する精神が「われ」の実体であることを意味している。こうして思惟する精神（近代的自我）を中心にすえて世界をとらえる新たな世界観が，この原理を出発点として確立された。

類 コギト・エルゴ・スム **B**　哲学の第一原理

物心二元論 **C**（ぶっしんにげんろん）　物体と精神がそれぞれ別に実在すると考える立場。デカルトは「われ思う，故にわれあり」から

精神の存在を確実なものとした後，精神が明晰（めいせき），判明に知覚するものはすべて真であるとして，神をはじめこの世界のすべての物体の存在を導きだした。この結果，物体が精神とは切り離された実体として存在することが証明され，精神は思惟（考えること）を，物体はただ広がりをもつ意味で延長を，その本質（属性）としてもつ点で明瞭に区別されるとする物心二元論が成立した。

同 心身二元論 **C**

モラリスト **C**［moralist］　16世紀から18世紀初頭のフランスに現れた思想家たち。柔軟で自由な見地から人間について深い洞察を加え，真の人間の生き方を追究した。モンテーニュやパスカルなどがその代表者である。彼らは，人間がもつ独断や偏見を排し，謙虚に誠実に生きることを説いた。

モンテーニュ **B**［Michel de Montaigne, 1533〜92］　16世紀にフランスで活躍したモラリスト。ボルドー近郊の貴族の家に生まれ，幼少より古典的教養を身につけ，ボルドー市  長などの要職を38歳で引退後，読書と内省の生活を送り著作に専念した。新旧キリスト教徒の宗教戦争のなかで，互いに殺し合う不寛容さに苦悩し，両派の和解に努めた。彼は内省的な生き方を大切にし，独断や偏見を捨て，謙虚で寛容な心をもって生きることを説いた。主著『随想録（エセー）』

資料　「クーセージュ」［Que sais-je？］は，モンテーニュの思想の核心をついたことばで，「私は何を知りうるのか？」という意味。それは「私は何も知りえない」との懐疑の表明でもなく，「私は何でも知っている」との傲慢（ごうまん）さの証でもなかった。常に自己を絶対化せず，吟味しながら経験や理性の限界を見きわめ，確実で普遍的なものを見いだそうとする姿勢の表明である。

パスカル **A** **2** **N**［Blaise Pascal, 1623〜62］　フランスの数学者，物理学者，宗教哲学者。クレルモンで生まれ，早くから数学，物理学の分野で天才ぶりを発揮し，16歳のときには『円錐曲線論』を著した。そ

の後，自動計算器の発明，パスカルの原理の発見など数々の業績を残した。31歳のとき「決定的回心」といわれる宗教的体験をし，神学の研究に励み，39歳で亡くなるまで，キリスト教を擁護するための「キリスト教弁証法」を書き続けた。死後出版された断片が『パンセ』である。

③ 国家社会と人間性（1）ーヘーゲルとマルクス

ドイツ観念論・ヘーゲル

ドイツ観念論 C（ドイツ理想主義）(－かんねんろん)(－りそうしゅぎ)　18世紀後半〜19世紀の初めのドイツで，カントに始まり，フィヒテ，シェリングを経て，ヘーゲルにいたって完成された哲学思想。観念論はもともと，精神・内面世界に関心を向ける傾向があり，内省的・理想主義的である。

カント A N　☞ p.40（カント）

ヘーゲル A[Georg Wilhelm Friedrich Hegel, 1770〜1831]　カント，フィヒテ，シェリングと展開されたドイツ観念論を総括し，大成した哲学者。シュツットガルトに生

まれ，イエナ，ハイデルベルク，ベルリンなどの大学で教鞭をとった。『精神現象学』『法の哲学』などを著し，思想界に大きな影響を与えた。世界を絶対精神の自己展開の過程としてとらえたが，その仕方が弁証法であった。また倫理思想においては，カントの個人の良心に基づく道徳を主観的道徳説であると批判し，客観的な自由に基づく「人倫」を説いた。

弁証法 A ② N(べんしょうほう)　もとは対話の技術や問答術の意味であったが，それをヘーゲルが哲学的論理として確立した。彼はすべての存在はそれ自身のうちに矛盾・対立の要素を含み，相互に作用しあいながら，より本質的な高い次元のものへ統合され発

展していくとした。この発展の論理が弁証法である。弁証法は矛盾がまだ自覚されていない肯定の段階である正（定立），矛盾が現れた否定の段階である反（反定立），否定の否定の段階で正・反の両者の立場が総合される合（総合）といった三つの段階を踏む。高次の合の段階に総合されることを止揚(しよう)（アウフヘーベン）という。ちなみに，正・反・合などの用語はヘーゲル自身の言葉ではなく，のちの祖述家による造語である。

(資料)「花が咲けば蕾(つぼみ)が消えるから，蕾は花によって否定されたと言うこともできよう。同様に，果実により，花は植物の在り方としてはいまだ偽であったことが宣告され，植物の真理として花に代わって果実が現れる」(『精神現象学』)

正 A（定立，テーゼ）[These]（せい）(ていりつ)　弁証法で，ある立場を肯定する段階。矛盾・対立するものが自覚されていない。

反 A（反定立，アンチテーゼ C）[Antithese]（はん）(はんていりつ)　弁証法で，ある立場を否定する段階。矛盾・対立するものが自覚されている。

合 A（総合 B ① N，ジンテーゼ C）[Synthese]（ごう）(そうごう)　弁証法で，正・反という矛盾・対立する立場をともに否定しつつ，両者をより高い次元で総合・統一する段階。「否定の否定」。

止揚 A（アウフヘーベン C）[Aufheben]（しよう）　弁証法で，正・反という矛盾・対立する立場を，高い次元の合で総合統一すること。否定しつつ保存する，つまり高い次元に生かすという意味をもつ。

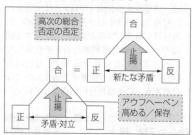

絶対精神 B(ぜったいせいしん)　ヘーゲル哲学における用語で，世界の最高原理とされるも

の。主観的精神と客観的精神とが統一された自由を本質とする精神。人間の精神活動上では、芸術・宗教・哲学の形であらわれる。ヘーゲルは世界史をこの絶対精神の自己展開の過程とした。

人倫 Ａ（じんりん）　ヘーゲルにおいて、自由な精神が具体化・現実化されていく社会や人間関係のあり方をさす。ヘーゲルは倫理の形態を、法・道徳・人倫の三段階に弁証法的展開としてとらえるが、その際、この法と道徳とが総合され、客観的かつ具体的なものとして「人倫」が形成される。それは家族・市民社会・国家の三段階をとる。

マルクスとエンゲルス

マルクス Ａ7Ｎ［Karl Marx, 1818〜83］
エンゲルスとともに科学的社会主義を確立したドイツの思想家、経済学者。ユダヤ人の弁護士の家庭に生まれる。ヘーゲル哲学が支配的であったベルリン大学に進み、ヘーゲル左派の人々との交友を深めた。学生生活の後、「ライン新聞」の編集長となる。その後雑誌『独仏年誌』を発行するが、その編集をとおしてエンゲルスと出会う。『ドイツ・イデオロギー』などを共同執筆し、二人の協力関係が続く。1848年の2月革命のさい、エンゲルスとの共著『共産党宣言』で「万国の労働者、団結せよ」と呼びかけた。ロンドンへ亡命した後、マルクスは貧困をものともせず大英博物館の図書館で猛然と経済学の研究に没頭し、『経済学批判』や主著である『資本論』の構想をまとめはじめている。主著　『経済学批判』『資本論』『経済学哲学草稿』

類 社会主義 **Ａ7Ｎ**　**☞** p.348（マルクス）

エンゲルス Ｃ Ｎ［Friedrich Engels, 1820〜95］　ドイツのライン州バルメン市の富裕な紡績工場経営者の家に生まれ、高校中退後、父の経営する商会を手伝いながら哲学、経済学などを学んだ。1844年パリでマルクスと会い、以後親友として共同研究者として、ともに弁証法的唯物論を基礎づけた。『ドイツ・イデオロギー』『共産党宣言』など初期の著作はマルクスとの共著であり、思想的にも区別しえない。後に家業につき、マルクスを経済的に援助した。マルクスの死後、遺稿を整理して未完であっ

た『資本論』の第2巻、第3巻を出版するとともに各国の社会主義運動を指導した。また『空想から科学へ』では、従前の社会主義を空想的であると批判し、資本主義の科学的分析に基づいた科学的社会主義を主張した。

疎外 Ｂ（そがい）　人間の自己疎外ともいう。人間が、自ら生活の手段としてつくり出した機械や制度によって支配され、人間性を喪失していること。また、自己実現の場である労働が、人間に苦痛を与え、よそよそしいものになっていること。

類的存在 Ｃ（るいてきそんざい）　フォイエルバッハやマルクスが人間存在の本質を表すものとして用いたことば。人間は単に個々の特殊なものとして存在するのではなく、それ自身が類（普遍的なもの）として存在し、他者との連帯の中にあるということ。マルクスは、人間は労働をとおして他者と社会的に連帯しあいながら自己の類的本質を実現していくと考えた。しかし、資本主義社会においては、その連帯が失われ、労働そのものが単に個人の肉体的な生存のための手段となっている（類的存在からの疎外）。

唯物史観 Ｃ（ゆいぶつしかん）　マルクスとエンゲルスによって確立された歴史観で、史的唯物論ともいう。社会の土台をなすのは、物質的生産力とその発展段階に対応した生産関係との総体である生産様式である。この経済的構造である生産様式を土台としてその上に法律的、政治的上部構造が形成され、それに宗教、芸術、哲学などの社会的な意識形態が対応する。そして（資料）「人間の意識がその存在を規定するのではなく、人間の社会的存在がその意識を規定する」のである。ところで生産力は絶えず発展するが、生産関係は固定化する傾向がある。ここに矛盾が生じ、常に発展する生産力にみあった新たな生産関係が求められ、社会革命が起こる。そして生産関係の変革は経済構造の変革をもたらし、さらに社会諸制度や文化の変革をもたらすのである。歴史的には、原始共産制→奴隷制→封建制→資本主義→社会主義（共産主義）の下にそれぞれの生産様式が成立し、その社会の特質を規定してきたという。

類 下部構造 **Ｃ**

4 国家社会と人間性（2）
―実存主義

実存 **Ａ**（じつぞん）　一般に「現実存在」を意味する。「現実存在」とは，今，ここに，こうして在るというように現実的，具体的に存在する個々の存在である。「現実存在」に対立する概念が「本質存在」であり，それは個々の存在に共通する本質によって示されるような抽象的，一般的な存在である。すなわち，「この私」は現実存在であり，「考える人間」は本質存在である。実存とは，人間の現実存在のことを意味し，普遍性や一般性に帰せられることのない，かけがえのない本来的な真実の自己を選びとろうとする人間の主体性がこめられている。

実存主義 **Ａ**（じつぞんしゅぎ）　人間性喪失，本来的自己の喪失という状況に対して，主体性の回復をめざした19～20世紀にかけての思想。実存主義が語る主体性の確立とは，誰のものでもない自己の固有の価値を自分のものとして引き受け，孤独のなかでそれを実現しようとする営みである。実存主義の流れには，キルケゴール，ヤスパースなどの人間と神との関係を重んじる有神論的実存主義と，あくまで自己内での価値実現を唱えるニーチェ，サルトルなどの無神論的実存主義がある。

類 有神論的実存主義　無神論的実存主義

	いかに生きるか	有神論的実存主義
実存主義	個別性・主体性	キルケゴール・ヤスパース
	非理性の側面	ニーチェ・サルトル
	存在自体の探求	無神論的実存主義

キルケゴール **Ｂ**②

［Søren Kierkegaard, 1813～55］　デンマークの宗教哲学者で，実存主義思想の先駆者。富裕な毛織物商の子としてコペンハーゲンに生まれ，大学で神学と哲学を修めた。1835年の秋頃，父がその少年時代に貧困の苦しさから神を呪ったことや，お手伝い（後妻）との間に最初の子どもをもうけたことを知り，彼自身が「大地震」とよぶ絶望に陥った。その後，父に抵抗しつつ放蕩生活に入り，一時は自殺を企てるがレギーネ＝オルセンとの出会いのなかで放蕩生活を抜けだした。1840年に彼女と婚約するが，罪の意識から自分は彼女にふさわしい人間ではないと考え，一方的に婚約を破棄する。こうした体験が彼の宗教心を深化させ，彼の人生と思想を決定的に転換させた。彼が求めたものは「自分はいかに生きるべきなのか」という主体的で切実な生き方の真理を求め，それに生きること，すなわち自分の生死をそれにかけることのできるような主体的真理を求めることであった。主著『あれかこれか』『死に至る病』

主体的真理 **Ｃ**（しゅたいてきしんり）　キルケゴールの思想の中核をなす概念。彼は22歳の日記に次のように書いている。**資料**「私にとって真理であるような真理を発見し，私がそれのために生きそして死ぬことを願うような真理を見いだすことが重要なのだ。いわゆる客観的な真理を探しだしたところで，それが私に何の役に立つだろう」。「いかに生きるべきなのか」を求めた彼にとって，重要なのは自己の生き方であって，主体的な自己の自由と決断であった。何よりも真理は客観的なものではなく，この私にとっての真理でなければならないのである。

単独者 **Ｃ**（たんどくしゃ）　キルケゴールの思想の中核をなす概念。単独者とは神との関係においてとらえられ，神の前にただひとりで立つことによって神との本質的な関係をもつ者のことである。彼にとって，単独者として生きるということは，本来的自己として主体的真理に生きることであった。他の皆や人びととではなく，ただ私，自分一人で神に対面する存在。

絶望 **Ｃ**（ぜつぼう）　キルケゴールは絶望を「死に至る病」と呼ぶが，それは，自己を見失った状態をさす。彼によれば絶望は現代の精神の病であり，人間が神から離れ，神を見失って，本来の自己を喪失するという病のことである。彼は絶望の強さを自己の存在を意識している程度によって三段階に分けた。①絶望であることを知らない絶望，②絶望であることを自覚している絶望，③

罪としての絶望。人間は現実のなかでさまざまな挫折をくり返し，絶望することによって自らの有限性を知るが，その絶望を真摯（しんし）に受けとめることによって，自己を超越した神を自覚するようになる。

美的実存・倫理的実存・宗教的実存 C
（びてきじつぞん・りんりてきじつぞん・しゅうきょうてきじつぞん）

キルケゴールは主体的な自己のあり方，本来的な自己のあり方である実存にいたる段階を，美的実存・倫理的実存・宗教的実存の三段階として示した。「あれもこれも」と享楽にふける美的実存から，挫折・絶望を契機として，「あれかこれか」と倫理的に生きようとする倫理的実存に移行するが，自分の無力さ・罪深さに挫折・絶望し，神の前にただ一人立つ単独者としてのあり方である宗教的実存へいたるとされる。

ニーチェ B4

[Friedrich Nietzsche, 1844～1900]「神は死んだ」と宣言し，19世紀末のヨーロッパ文明の退廃の原因を奴隷道徳としてのキリスト教の内にみた。そして「力への意志」を体現する超人の生き方を理想として，君主道徳を説いた。ドイツのザクセン地方で牧師の家庭に生まれ，ボン大学で神学を学び，その後ライプチッヒで大学時代を送り，25歳の若さでスイスのバーゼル大学の古典文献学の教授になったが，以前からの頭痛もあって35歳で退職した。45歳のとき精神をおかされ，1900年に55歳で生涯を閉じた。主著『ツァラトゥストラはかく語りき』『権力への意志』

　　　　　　　　　　　類神は死んだ B

ニヒリズム B [nihilism]
虚無主義（きょむしゅぎ）。既存の道徳観，真理，価値やその総体としての社会秩序そのものを認めない見地に立ち，極端な場合は生きることさえも無意味であるとする立場を意味する。ツルゲーネフが『父と子』でニヒリズムという語句を初めて用いて以来一般化した。19世紀に西欧で，具体的にはキリスト教批判として蔓延した。ニーチェはキリスト教は必然的にニヒリズムに至ると考えた。しかし，単にその既存の価値を否定するだけではなく，新しい価値を積極的に創造していこうとする能動的ニヒリズムを説いた。それはまさに，「力への意志」を体現して生きる超人の生き方に求められる。

ルサンチマン C
怨恨（えん）。ニーチェの用語で，弱者から強者に向けられる怨みの感情。奴隷道徳（キリスト教）は，自らの状況を正当化するために強者の価値を否定し，代わって苦悩，卑賎，謙遜，親切，同情，やさしい心等の無意義なものを善いものとよぶが，そのなかには強者への怨みや嫉妬が潜んでいるという。その怨恨（えん）がルサンチマンである。

　　　　　　　　　　　類奴隷道徳 C

永劫回帰 C（えいごうかいき）
ニーチェの思想の根幹をなす概念で，宇宙は永劫に（永遠に）同じことをくり返すので，すべては以前と同じ状態に戻るとする考え方。そうした無意味な人生に対し，超人は「これが人生か，ならばもう一度」と運命愛によって受けとめ，肯定し，ニヒリズムを克服する考え方であり，積極的に生きようとするのである。

　　　　　　　　　　　類奴隷道徳 C

力への意志 C（ちから-いし）
ニーチェのいう生命がその根底にもっている，より強大になろうとし，新たな価値を創造しようとする意志。それは生命力・生命のエネルギーを意味する。人間は，力への意志によって新たな価値を創造する事によってニヒリズムを克服していかなければならない。「力への意志」はあらゆる評価の究極的な原理でもある。すなわち善とはそれをわき立たせるものすべてであり，悪とは弱さから発生するものであるとされる。

　　　　　　　　　　　類権力への意志

超人 B（ちょうじん）
ニーチェのいう，強い生命力を高揚させ，「力への意志」を体現し，新しい価値を創造して生きる存在のこと。ニーチェは『ツァラトゥストラはかく語りき』のなかで「私は君たちに超人を教える。人間とは克服されなければならない何物かである」として，人間を動物と超人との中間点ととらえ，自らを克服することによって超人への道を進まなければならないと説く。しかし，一方でナチスによって政治的に悪用されることにもなった。

ヤスパース B5 [Karl Jaspers, 1883～

1969〕ドイツの精神科医・哲学者。実存主義思想を代表する1人。妻がユダヤ人だったことなどを理由に，ナチス政権期には死を覚悟せざるを得ない苦難を経験した。彼は，人間が避けて通れない死・苦痛・闘争などを「限界状況」と呼ぶ。この根源的な絶望に直面した時に，人間は「本来の自己」に目覚め，他者に「本来の自己」をさらけ出す「実存的な交わり」を求めることになる。

限界状況 **B**（げんかいじょうきょう）ヤスパースの用語で，現存在としての人間が，いかなる状況にあっても逃れることのできない状況，つまり人間を限界づけている普遍的状況。具体的には，それは私はいずれ死ななければならない（死）とか，私は悩むことから逃れることはできない（苦悩）とか，私は闘わなければならない（闘争）とか，意識的，無意識的とを問わず罪を犯すことからは逃れられない（罪責）のことである。この限界状況に直面して自己の有限性を自覚したとき，「交わり」や超越者との出会いにいたり，実存へと目覚める機会があたえられる。

　　　　類 超越者 **C**　死・苦悩・争い・罪

実存的交わり **C**（じつぞんてきまじ－）ヤスパースの用語で，実存相互（自己と他者）の交わり（人格的な関係）を意味する。実存とは私がそれに基づいて思索し行為する根源であり，実存する「私」は孤立した存在ではなく，さまざまな状況や人との交わりをもつことによって，かけがえのない本来的な自己にいたることができる。実存的な交わりによって，相手を尊重し理性的に交流を深めることを愛しながらの戦いと言った。時には批判し合いながら答えを探すことで真の自己を見出せると考えたのである。

　　　　　　　　　　類 愛しながらの戦い

ハイデガー **C**②〔Martin Heidegger, 1889〜1976〕ドイツの哲学者。ヤスパースと並んで実存主義思想を代表する1人。解釈学，現象学の分野でも世界的業績を残す。一方で，戦前はナチ党の支持者であり，その政治的傾向が彼の哲学的傾向に与えた影響も注目されてきた。主著『存在と時間』（1927）では，人間が日常生活の中において，本来の主体的な自分を失って匿名的で

中立的な存在となり，周囲の人々と同じように思考・行動させられていると指摘し，そのような存在を「ダス－マン」とよんだ。

現存在 **C**（げんそんざい）ダーザイン。ハイデガーが人間存在を，その特殊なあり方から規定したことば。「現にここにある」というあり方をする存在（人間存在）を意味する。ハイデガーは，存在（ある）と存在者（あるもの）とを明確に区別し，他の事物は存在者（あるもの，存在しているだけ）であるのに対して，人間は自らの存在（ある，存在すること）を意識できる。今ここにある人間の存在そのもの，人間のあり方を現存在という。

世人 **C**（せじん）ハイデガーの用語で日常的・一般的な「ひと」（ダス－マン）を意味する。現存在は日常の生活のなかでは，特定の誰でもない誰か，一般的な「ひと」のなかに埋没している。すなわち現存在自身が平均化・均等化され，本来的な自己のあり方を喪失している。こうした現存在のあり方を「世人」とよんだ。そして，現存在が本来的な自己のあり方を喪失し，不安だから一般的な「ひと」のなかに埋没する。これを頽落（たいらく）という。

　　　　　　　　　　　　類 ダス－マン **C**

死へと関わる存在 **C**（し－かか－そんざい）ハイデガーの用語で，本来的な自己に立ちかえること（自分で引き受けなければならないこと）をうながす現存在のあり方をいう。死はいつかは訪れるが，それは自分で引き受けるしかない。このような死を自分のものとして覚悟したとき（先駆的決意），つまり生が死と隣り合わせにあることを自覚し，死を見すえるとき，良心の声が「世人」に頽落（たいらく）している非本来的な自己をあばき，本来的な自己に立ちかえることをうながす。

　　　　　類 死への存在 **C**　死に臨む存在

サルトル **A**⑦**N**〔Jean-Paul Sartre, 1905〜1980〕現代フランスの実存主義の哲学者で，無神論的実存主義の立場に立つ。海軍士官を父としてパリに生まれる。1924年

高等師範学校哲学科に入学し，そこでメルロ゠ポンティ，シモーヌ゠ド゠ボーヴォワールらと知遇を得る。そして，ボーヴォワールとは，1929年に契約に基づく結婚をした。1931年から各地の高等中学校で教鞭をとり，途中33年にはドイツに留学して，フッサール，ハイデガーらを研究した。また，マルクスの影響のもとに『弁証法的理性批判』を著し，自由と戦争へのレジスタンスのため，ヴェトナム戦争犯罪者法廷裁判長を務めるなど，社会参加の思想を実践した。『嘔吐』などの文学も手がけ，『言葉』ではノーベル文学賞の受賞を辞退。1966年に来日した。

自由 **A** **7** (じゆう)　サルトルによれば，対自存在としての人間はたえず自己をこえていく，つまり，一定の定まったあり方にとどまることはできない。その意味で人間は自由なのである。人間は自由であるより他のあり方をもつことはできない。対自存在は不完全であるがゆえに，自らを築いていかなければならないという責任を負っている。そして，そのためには自己を選ぶ自由が保障されていなければならない。

自由の刑 **B** (じゆう-けい)　サルトルが，自由の性格を説明して用いた用語。人間は自由そのものであり，また，自分が行った選択に関しての責任を他に転嫁することもできない。人間は逃げ口上もなく「孤独」であり，そのことをサルトルは **資料**「自由の刑に処せられている」と表現した。人間は自分自身を造ったのではないからであり，しかも自由であるのは，一度世界のなかに投げだされたからには，人間は自分のなすこといっさいについて責任があるからである。**資料**「実存は本質に先立つ」は，サルトルが人間存在（実存）のあり方について語ったことば。たとえばペーパーナイフといった事物を私たちが使用する場合，その用途をあらかじめ考えている。つまり，用途や性質といった本質のほうが先にあって，その後に存在しているのである。物においては本質が実存に先立つ。しかし，人間の場合は初めから人間的本質とか，その人の人格とか，個性といったものを携えて生まれてくるのではない。人間は世界に不意に姿を現し，そして，各個人で自らがつ

くるものになっていくのである。人間はまず実存して，後になって自ら望むところのものになっていくのである。その意味で人間の場合には実存が本質に先立つ。

　　　　　　　　　類 自由の刑に処せられている **B**

責任 **A** **3** (せきにん)　サルトルによれば，実存は本質に先立つので，実存としての人間はさまざまな可能性のなかから自らのあり方を選択し，その選択に責任をもたなくてはならない。すなわち，人間は，死にいたるまで自分自身とはなれないことを理解し，現にある自己を常に否定し，未来に向かって自己を企投（自分の全存在を投げ入れること）し，本来的な自己自身をつくっていかなければならない。こうして自己に責任を負うことによって，人間には全人類に対する新たな責任が生じるのである。

アンガージュマン **B** **9** [engagement]　サルトルの用語で，「社会参加」の意。アンガジュは本来，「誓う」「拘束する」などの意味があり，アンガージュマンはその名詞形。芸術家や知識人などが政治・社会問題に中立的態度をとらず，積極的にコミットする哲学的姿勢をさす。

ボーヴォワール **B**
[Simone de Beauvoir, 1908〜86]　フランスの作家・哲学者。パリに生まれ，高等師範学校で哲学を学び，高等中学校の教壇に立つ。

1943年の処女作『招かれた女』以後，文筆活動に専念した。サルトルと契約結婚し，伝統的な結婚制度に一石を投じ，自由で主体的な男女関係を形成した。妻として，よき理解者・協働者として生きた。『第二の性』では，**資料**「人は女に生まれない。女になるのだ」という冒頭の表現からもわかるように，女性の生き方を検討し，人間の自由を問い直した。主著『第二の性』『招かれた女』『老い』

5 公共性の復権と他者についての思考

プラグマティズム

プラグマティズム **B** [Pragmatism]　真

理の基準を実際的行動における有用性においたアメリカで誕生した哲学潮流。パースによって真理探究の論理学的方法として提唱され，ジェームズによって人生論，宗教論，世界観へと広く適用され，道具主義を唱えたデューイによって大成された。プラグマティズムとは，語源的には「行為，行動」を意味する，ギリシャ語のプラグマに由来している。

パース Ｂ [Charles Sanders Peirce, 1839～1914] プラグマティズムを提唱したアメリカの哲学者。1856年にハーバード大学に入学し数学や物理学を学び，さらに哲学に興味を持つようになったといわれている。1870年代はじめにハーバード大学の若手科学者を中心に組織された「形而上学クラブ」という勉強会に，発起人の一人として参加した。後にこの「形而上学クラブ」からプラグマティズムが誕生することになる。

ジェームズ Ｂ [William James ,1842～1910] パースのプラグマティズムを紹介し，普及させた哲学者，心理学者。彼は本来概念の分析の方法であったパースのプラグマティズムの考え方を真理の判断に適用した。真の観念は，われわれの行動のなかで確認され検証されるものであり，その行動過程で有用であった場合に，その観念は真理であるとされる。主著『プラグマティズム』『哲学の根本問題』『宗教経験の諸相』

デューイ Ｂ [John Dewey ,1859～1952] プラグマティズムを大成したアメリカの哲学者，教育学者。彼は，人間は自分自身や環境に変化が生じ状況が不安定になると，その状況を安定させるために問題解決のための探究がはじまるとする。すなわち，人間の生活や行動を問題解決のための探究ととらえ，知識や概念や思想といったものは，そのために動員される道具（手段）であるとする「道具主義」を唱えた。また教育を人間の改造ととらえ，人間の改造をとおして社会の改造をめざし，民主主義の実現を意図する立場から教育を重視した。学校においては，問題解決のための探究を重視する立場から「なすことによって学ぶ」が基本とされ，問題解決学習が重視された。主著『哲学の改造』『人間性と行為』『学校と社会』『民主主義と教育』

道具主義 Ｃ (どうぐしゅぎ) デューイのプラグマティズムの立場を表す用語で，知識や概念，思想といったものはあたえられた環境を能動的に再組織するための道具であり，困難や障害を取り除き，問題解決をしてゆくための道具であるとする立場をいう。われわれは日常生活に問題が生じると，問題解決の努力をはじめる。その過程が探究であり，探究は一般に＜問題設定の段階→問題解決のための仮説を設定する段階→結果について推論する段階→実行して仮説の正誤を検証する段階＞という段階をたどる。知識や概念，思想はこうした探究の過程で動員される道具であるとするのが道具主義の考え方である。

類 道具としての知性

ホロコーストとフランクフルト学派

ナチス Ａ2Ｎ [Nazis] ☞ p.141 (ナチス)

ヒトラー Ｂ Ｎ [Adolf Hitler, 1889～1945] ☞ p.94 (ヒトラー)

ユダヤ人虐殺 Ｃ1Ｎ (-じんぎゃくさつ) 限定的には，第二次世界大戦中のナチス−ドイツによる大量殺戮をさす。ナチスはアーリア人至上主義からユダヤ人などの撲滅をもくろみ，ユダヤ人の財産を没収し，各地の強制収容所に収容し，ガス室等で殺害した。虐殺された人の数は500万人とも600万人ともいわれる。ユダヤ人のほか，ロマ（かつてジプシーという蔑称でよばれた）の人たちも多数が殺害された。

ホロコースト Ｂ Ｎ もともとはユダヤ教で「神前に供える獣の丸焼き」の意だが，転用のしかたが不適切との指摘もある。特に第二次世界大戦中，ナチスによって強制収容所で行われたユダヤ人などの大量虐殺をさす。ヘブライ語の「ショアー」という表現も使われる。

アウシュヴィッツ強制収容所 Ｃ Ｎ (-きょうせいしゅうようじょ) ポーランドにあった，ユダヤ人などが大量に虐殺されたナチス政権下の巨大な強制収容所。捕虜や政治犯も収容されていたが，強制労働・感染病・栄養失調などで倒れ，またユダヤ人などの大多数

はガス室で殺害されたとされる。この収容所だけで100万人以上が虐殺された。ポーランドが提案する正式名は「アウシュヴィッツ・ビルケナウ–ナチスドイツ強制・絶滅収容所」。現在は博物館として保存され，世界遺産にも登録されている。

アンネ＝フランク Ⓝ

[Anne Frank, 1929～45]　『アンネの日記』を書いたユダヤ人の少女。『アンネの日記』はドイツ軍占領下のオランダで，ユダヤ人迫害を逃れるため古い建物の一角を隠れ家に住んでいたときに書きつづったものである。しかし，この隠れ家もドイツ軍に発見され，アウシュヴィッツ強制収容所に送られた。さらにベルゲン–ベルゼン強制収容所に移され，チフスで死亡した。日記は戦後になって父親の手で発見され，アメリカで出版されるとベストセラーになった。

フランクル [Viktor Emil Frankl, 1905～97]　オーストリアの精神医学者。フロイトやアドラーから精神分析学を学ぶが，フロイトの性欲説を批判し，人間を生きる意味を求める精神的な存在としてとらえ，人生への態度や生きる意味を解明する実存分析を主張した。第二次世界大戦中のアウシュヴィッツ強制収容所での極限的体験をもとに，人間らしい尊厳ある生き方とは何かを探求した。主著『夜と霧』(1946) は，アウシュヴィッツ強制収容所での体験をもとに，毎日の生活の実態や生き延びるための苦悩を記したもの。ナチスによる非人間的な強制収容所の実態を告発するとともに，人間の尊厳，生きる意志，未来への希望の重要性が書かれている。

類『夜と霧』

フランクフルト学派 Ⓑ (–がくは)　1930年代，ホルクハイマーの指導のもとにフランクフルト大学に付設された社会研究所に集まり，機関誌『社会研究』を拠点に，ヘーゲル的色彩の濃いマルクス主義と経験的な社会研究との統合による独自の学際的研究を行った一連の人々。ユダヤ系ドイツ人だったこの学派の多くは，ヒトラーの台頭によって亡命を余儀なくされたが，ホルクハイマー，

アドルノ，マルクーゼ，フロムらが，ファシズムに対する理論的抵抗を続けた。また管理社会などに関するすぐれた研究を残している。戦後，ホルクハイマーとアドルノはフランクフルトに社会研究所を再興した。第2世代にはハーバーマスらがいる。

ホルクハイマー Ⓑ

⑧[Max Horkheimer, 1895～1973]　ドイツの哲学者・社会学者。フランクフルトの社会研究所所長を務め，フランクフルト学派の指導者となる。アドルノとの共同研究の学問的意義は高い。ヘーゲル哲学の素養と精神分析の知識を結合させ，批判理論を展開した。つまり啓蒙期以降，理性が科学的合理性と同一視され，自然だけでなく社会の支配と搾取に用いられる道具となった（道具的理性）と述べた。主著『理性の腐蝕』『啓蒙の弁証法』（アドルノとの共著）

アドルノ Ⓑ⑪[Theodor Wiesengrund Adorno, 1903～69]

フランクフルト学派を代表するドイツの哲学者，社会学者。ホルクハイマーとともに批判理論（批判理論としての社会学）を展開した。特にナチス統治下のドイツ人の社会心理を分析した『権威主義的パーソナリティ』では，権威に対しては無批判に従い，弱者には服従を強要する人々の傾向を指摘し，現代社会に潜むファシズムへの傾向をあばいた。主著『啓蒙の弁証法』（ホルクハイマーとの共著），『権威主義的パーソナリティ』（共著）

フロム Ⓑ⑦[Erich Fromm, 1900～80]　ドイツのフランクフルト生まれの精神分析学者。精神分析を社会学の面から研究した。ナチスが大衆に支持された理由を，権威・権力に順従で弱者に対して威圧的になる権威主義的パーソナリティという社会的性格から分析した。ナチズムの台頭により，アメリカへ渡り，さらにメキシコ国立大学教

授に就任した。主著『自由からの逃走』
（1941年）

『自由からの逃走』 **C**⑥（じゆうからのとうそう） フロ
ムの主著。自由を獲得した現代人が，逆に
自由の不安によって自由から逃走し，力に
従順な，ナチズムを支えた大衆心理につな
がったとする。従来のフロイトの考え方に
対し，歴史的，社会的な要因を重視したと
ころに特徴がある。

権威主義的パーソナリティ **C**⑦（けんいしゆぎ
てき-） 人間の性格類型の一つ。1930年代に
ナチズムを受け入れたドイツ中産階級の心
理的分析を行ったフロムが用いた言葉で，
のちにアドルノらに受け継がれた。そこで
は，権威ある者への服従と自己より弱い者
への攻撃の性格とが共生するものとしてと
らえられ，これがナチスの台頭を促した，
とされた。アドルノはこの考え方を発展さ
せ，民主主義的パーソナリティの対立概念
として位置づけた。

道具的理性 **B**（どうぐてきせい） 現代の合理
化・巨大化した社会において，人間を規格
化し技術的に操作する理性。近代の理性万
能の考え方の延長上にあるが，効率や効用
といった所に価値を見いだし，操作的にも，
またファシズムへともつながる。これに対
して，フランクフルト学派が本来の理性と
して批判的理性，そして対話的理性を提唱
していく。

批判的理性 **C**（ひはんてきせい） 道具的理性の
反対語。なかば自明視されている既存の社
会を支配する思想的な枠組みを批判し，そ
の矛盾を明らかにする働きをする理性。

ハーバーマス **A**⑨〔Jürgen Habermas,
1929～〕 ドイツの哲学者・社会学者。フ
ランクフルト学派第2世代を代表する。
コミュニケーション的理性を用いた討議に
よる合意形成が重要であると説いた。西欧
マルクス主義の再構成にも寄与した。主著
『公共性の構造転換』『コミュニケーション
的行為の理論』

対話的理性 **A**②（たいわてきせい） フランクフ
ルト学派のハーバーマス（1929～）によっ
て提唱された理性のあり方。日常生活にお
いて，他者と理にかなったコミュニケー
ションを可能にする理性。対等な立場で自
由に話し合いながら，共通理解のもとで合

意を作り出していく。これによって道具的
理性の生み出す否定的作用を押さえること
を主張した。

類コミュニケーション的理性 **C**

ハンナ＝アーレント **A**②**N**〔Hannah
Arendt, 1906～75〕 ドイツ生まれのアメ
リカの政治思想家。ヤスパースやハイデ
ガーらに師事。ナチズムやスターリニズム
の心理的基盤の分析などを通して，現代社
会の病理的側面と対峙する人間の役割を論
じた。主著『全体主義の起源』『イェルサ
レムのアイヒマン』

労働-仕事-活動 **C**（ろうどう-しごと-かつどう） ハ
ンナ＝アーレントが分類した活動的生活
の三つの類型。労働とは，生命を維持する
ために必要な消費財の生産であり，仕事と
は，道具や芸術作品など耐久性のある人工
物の生産であり，活動とは，言語を媒介と
した人と人との相互的行為である。アーレ
ントによれば，多数の自由な主体が活動す
る場である**公共性**は，活動によって形成さ
れる。しかし，近代以降，労働が優位にな
るにしたがって，活動の特殊性は見失われ，
公共性が失われてしまったとされる。

レヴィナス **C**〔E.levinas,1906～95〕 リト
アニア生まれのユダヤ系学者。ナチスによ
る他者の生命を軽視する極限を体験し，他
者の異質性を重視する独自の思想を提唱し
た。自己とは絶対的に異なる他者の他者性，
他者への責任を考察した。人間の個や自我
を中心にした考え方が，他者への暴力につ
ながった歴史を振り返り，他者の異質性を
前提に，他者への倫理的責任を説いた。そ
の際に自己とは異なるものとして他者の
「顔」をとらえた。主著に『全体性と無限』
など。

他性 **C**（たせい） 他者は私によって決して回
収されえないということ。レヴィナスによ
れば，他者とは決して自我の意識で理解し
てしまうことはできず，自我とは根本的に
異質なものであるがゆえに，むしろ意識を
超え出ていってしまう「無限」である。レ
ヴィナスは，こうした「無限」としての他
者は自我を超越しており，それを受け入れ
ることこそが倫理の出発点である，と考え
た。

類顔 **B**

構造主義とポスト構造主義

構造主義 **B**［structuralism］(こうぞうしゅぎ)
人間の社会的文化的営みの背後にある「構造」を強調する思想であり，学術研究上の方法論。構造主義によれば，私たちは主体的に思考・行動しているように見えて，実は，その社会に存在する「目に見えない構造」によって思考・行動させられている傾向が強い。構造主義は，20世紀の代表的思想である実存主義が「人間の主体性」に固執する点を批判し，主体を動かす構造こそが重要であると説いた。

レヴィ＝ストロース **B**②［Claude Lévi-Strauss, 1908〜2009］　フランスの人類学者。1950年代に構造主義という一つの認識方法を導入した。これは事物の認識にあたって，特定の視点や原理からではなく，構造的にみる科学的手法である。親族関係，婚姻関係の構造を分析した『親族の基本構造』や，自身の理論的立場を明確に打ち出した『悲しき熱帯』を出版。以後，構造人類学ということばは現代人類学の核心的な特徴を示すものとなった。主著『構造人類学』『野生の思考』

文化相対主義 **B**④(ぶんかそうたいしゅぎ)　異なる文化の間においては，互いに優劣や善悪の関係にはないという考え方。各文化は，個々の自然環境や社会環境のなかで形成されてきたもので，それぞれの価値を有しているとされる。

野生の思考 **C**②(やせい−しこう)　レヴィ＝ストロースが未開社会の思考様式をさして用いた言葉。未開社会の神話的思考つまり野生の思考は，感性的・具体的で，西洋の文明社会に劣らない論理的複雑さと体系性をもち，非合理的なものではなく，すべての人間に開かれている根源的な思考の次元だとする。一方，西洋の科学的思考を文明の思考と呼んだ。

ソシュール **C**［F.Saussure, 1857〜1913］
スイスの言語学者，構造言語学の祖。彼はラング（言語）とパロール（言）の違いを言語に見いだした。そして，言語の通時的（時代・歴史を通じて考える）研究ではなく，今，使用されている言語そのものの共時的研究を課題とした。ラング（言語）の存在があって初めて，パロール（言・発話）における意味が理解できるとする言語観が構造主義の発想の原点とされる。主著に『一般言語学講座』など

類構造言語学 **C**

フーコー **B**④［Michel Foucault, 1926〜84］フランスの哲学者。構造主義哲学を代表する一人。レヴィ＝ストロースと精神分析学の影響を受ける。狂気と理性，知と権力などについて批判的・歴史的に分析した。主著『狂気の歴史』『言葉と物』　☞ p.97（レヴィ＝ストロース），p.11（精神分析）

ポスト構造主義 **C**［post-structuralism］
(−こうぞうしゅぎ)　構造主義に強い影響を受け，かつ，構造主義を批判的に乗り越えようとするあらゆる思想運動の総称。特に1970年代から80年代にかけてのフランスを中心にして隆盛を極めたが，その内容は多岐に分かれており，統一された見解や理論は存在しない。代表的な論者として，ジル＝ドゥルーズ(1925-1995)，ジャン＝ボードリヤール(1929-2007)，ジャック＝デリダ(1930-2004)など。

ラッセル **Ⓝ**［Bertrand Russell, 1872〜1970］　イギリスの哲学者，数学者，平和運動家。第一次世界大戦では反戦平和運動を展開し，第二次世界大戦後も核戦争・核保有に反対して，1955年に「ラッセル・アインシュタイン宣言」を発表，57年にはパグウォッシュ会議を開催するなど，97歳で死去するまで核兵器廃絶運動の先頭に立ち続けた。1950年，ノーベル文学賞を受賞。　☞ p.312（ラッセル・アインシュタイン宣言）

生命尊重とヒューマニズム

シュヴァイツァー
B②［Albert Schweitzer, 1875 〜 1965］　フランスの神学者，哲学者，医師。牧師の家に生まれる。シュトラスブルク大学では神学や

哲学の研究に没頭した。21歳のとき「30歳までは，学問と芸術のために生きよう。それから直接人類に奉仕する道を進もう」と決心。30歳になってアフリカの原生林のなかで病気に苦しむ人々を救おうと決意して，36歳で医者となる。1913年（38歳），夫人とともにガボン（現ガボン共和国）のランバレネに赴き，医療とキリスト教伝道の活動を始めた。熱帯のきびしい環境のなかで，人類への奉仕の実践として医療活動に専念し，90歳でランバレネの病院でその生涯を閉じた。シュヴァイツァーの思想の中心は「生命への畏敬」である。1954年にはノーベル平和賞を受賞した。主著『水と原生林のはざまで』『文化と倫理』

生命への畏敬 **B**6（せいめい-いけい）　シュヴァイツァーの思想と実践の根底にある考え方。人間をはじめとして生命をもつあらゆる存在を敬い，大切にすること。彼は生命あるものすべてには，生きようとする意志が見いだされるとする。すべての人が自己の生きようとする意志を大切にすると同時に，自分と同じように生きようとしている他の生命をも尊重しなければならないと考えた。アフリカでの医療活動はまさにその実践であった。

ガンディー **B**5**N**
[Mohandās Karamchand Gāndhī，1869 〜 1948]　インドの独立運動の指導者で，「建国の父」とよばれる。19歳のとき，

イギリスに留学して法学を専攻し，弁護士の資格を取得した。24歳のとき，インド人商社の顧問弁護士として南アフリカに渡り，そこでインド人に対する差別を初めて体験した。その体験は，ガンディーの生涯を一変させ，民族運動闘争への使命を気づかせた。その後，南アフリカで差別撤廃運動の大衆組織を結成し，厳格な禁欲の誓いを立ててサティヤーグラハ（真理の把持）運動を展開した。1915年に帰国してインド国民会議派に加わり，スワラジ（自治・独立），スワデシ（国産品愛用），パリア（不可触賤民）の廃止をスローガンにかかげ，

非暴力・不服従による反英独立運動を指導した。ヒンドゥー，イスラーム両教徒の和解に努めたが，ヒンドゥー教徒の凶弾に倒れた。マハトマ（偉大な魂）と仰がれた。

　類 スワラジ　スワデシ

サティヤーグラハ **C**[satyāgraha]　ガンディーの根本思想で，真理の把持を意味する。すなわち宇宙の根源にある真理を把握し，その真理を自己の生き方や社会において実現することをいう。サティヤーグラハはガンディー自身の生涯をかけての最高目標であり，その目標に向けてガンディーは，肉体的節制をはじめとするきびしい禁欲を自己に課すブラフマチャリア（自己浄化）とアヒンサー（不殺生）の実践を説いた。

ブラフマチャリア [brahumacharyā]　ガンディーの根本思想の一つで「自己浄化」と訳される。ガンディーは献身や奉仕を実践するために，徹底したきびしい禁欲の誓いを立てた。その禁欲がブラフマチャリアであり，単に肉体的な禁欲にかぎらず，感情やことばの節制，憎悪や暴力の抑制をも意味した。

アヒンサー **B**5[ahimsā]　インド古来の思想及びガンディーの根本思想の一つ。古くからインドの教典（マヌ法典など）のなかにあることばで，「不殺生」（生命あるものを傷つけたり殺したりしないこと）を意味する。そしてアヒンサーは単に殺生をしないだけではなく，邪念，虚言，憎悪，呪いなどによって直接・間接に苦しみを与えないことを意味する。

非暴力 **B****N**（ひぼうりょく）　ガンディーは，アヒンサー（不殺生）に基づく徹底した非暴力主義を唱えた。非暴力主義は武器や暴力によって相手を屈服させるのではなく，愛と自己犠牲によって相手に自己の不正を悟らせようとする意味で，受動的な抵抗でなく積極的な抵抗である。こうした考え方は，アメリカの思想家 H.D. ソローからの影響を強く受け，アメリカの人種差別撤廃運動の指導者キング牧師，作家のロマン＝ロランにもみられる。

ソロー [Henry David Thoreau，1817〜62]　アメリカの思想家・詩人。故郷のウォールデン湖畔に小屋を建てて自給自足の生活を行うなど，エコロジー運動の先駆

者として知られる。また，個人の精神が国家に優先するという立場から奴隷解放や非暴力・不服従を説き，ガンディーやキング牧師の思想形成に影響をあたえた。主著・論文『森の生活-ウォールデン』「市民の反抗」

マザー＝テレサ B ⑥Ｎ［Mother Teresa, 1910 〜 97］本名はアグネス＝ゴンジャ＝ボワジュ。現北マケドニアに生まれる。インドのベンガルを中心

に，キリスト教修道女として貧しい人や病人に，神の愛を説きながら奉仕活動を続ける。19歳で申し出によりベンガル宣教区へ派遣される。1946年，自らの務めを修道会の外での奉仕活動に求めていく。50年には教え子たちとともに奉仕実践していた共同体が「神の愛の宣教者たち」と認められ，マザー＝テレサとよばれる。「死を待つ人の家」や「孤児の家」を創設したり，ハンセン病患者の救済活動を行った。1979年，ノーベル平和賞を受賞した。

⑥ 公正な社会と個人－現代の政治思想

自由 A③**Ｎ**（じゆう）　自由は一般的にはある行為の実現にあたって外的拘束や障害のないことと解される。この場合の自由は「〜からの自由」と表される。しかし，人間の行為は外から動かされるのみならず，内面的動機によってもなされる。この場合の自由は自律としての自由であり，「〜への自由」と表現される。自律としての自由においては，自己の行為について責任を他に転嫁することができず，本当の意味での責任が生じる。自由は民主主義の最も基本的な原理であって，自己の自由のみならず，他人の自由も同様に保障されねばならない。

責任 A Ｎ（せきにん）　責任とは，自らが選んだ自発的行為の行為者に負わされる責務をいう。他から強制されたわけではなく，人格の自由を前提として自発的になされたからこそ責任が生じる。サルトルは「実存は

本質に先立つ」として，人間は自らつくるところのものになるとした。その意味で，人間は自己の実存について責任をもつ。

義務 A⑤**Ｎ**（ぎむ）　義務は一般に権利に対応することばで，行為の主体となる者が，その行為をなすにあたって与えられる強制ないし拘束のことをいう。自由の内実をなすものが権利であり，義務は責任の内実をなすものである。権利と義務は不可分である。

民族 A⑥**Ｎ**［ethnic group］（みんぞく）　身体的特徴によって分類した人種に対して，生活様式・風俗・習慣・宗教・言語など，文化的特徴によって分類したものを民族という。　☞ p.323（民族）

連帯 B Ｎ（れんたい）　人間は社会のなかで個々ばらばらに存在するのではなく，相互依存の状態にある。すなわち，私の行為は単に私だけで完結しているのではなく，他にも影響を及ぼしている。それゆえ，われわれは自分のことと同じように，他人のことも考えなければならない。

正義 A①**Ｎ**（せいぎ）　民主主義は自由と平等を原理としており，これらは法的には権利と義務として実質化している。この実質化した権利と義務の秩序を維持するものが正義である。すなわち権利に応じた義務を人々に配分するのが正義である。また個々の利益が全体との均衡を失ったとき，それを調整するのが正義である。民主主義が真の民主主義となるためには，正義が各人の行動の原理とならなければならない。

公正 A⑦**Ｎ**（こうせい）　人間の待遇や福利の配当において，かたよらないで公平正当なこと。民主主義は自由と平等を基本的原理としているが，それが真に民主主義の原理となるためには，公正の精神に支えられていることが必要である。自由と平等が単に形式的なものになるとき，それらは特定の者のみの権利になる危険がある。

ロールズ A④［John Rawls, 1921〜2002］アメリカの倫理学者。功利主義を批判して社会契約説の再構成に取りくむ。主著『正義論』（1971）で，社会契約説を基礎とした「公正としての正義」を論じた。ロールズによれば，正義の基本的目的は社会的基本財の公正な分配であり，その原理は①基本的な自由を有する権利を各人平等に保障

すべきであること，②権利の執行と享受においては各人の機会の均等を徹底すべきであること，③権利とそれによる利益の保障は最も恵まれない人々を対象の最優先とすべきであること，などである。彼の正義論は個人の自由の実現という伝統的視点を基礎としつつ，現代社会における不平等の是正を説いた点で注目される。

類 公正としての正義 **A**②

原初状態 **A** [original position]（げんしょうじょうたい）各個人が自らの性別・人種・宗教・信条・財産・能力・性格などに関する一切の知識を持たない（無知のヴェール）という仮説的状況を指す，ロールズが提示した概念。こうした原初状態に置かれた人間は，自らが被る可能性のある害悪を最小限に抑えようと考えて，必然的に，公正で合理的な諸原理に基づく世界を選択せざるを得ないという。

類 無知のヴェール **A**

正義の二原理 **C**（せいぎ-にげんり）ロールズが提示した，原初状態において当事者が合理的に判断して選択する正義の２つのルールのこと。第一原理は [平等な自由原理] と呼ばれ，「各人は基本的な自由（政治的自由，言論・集会の自由，良心と思想の自由など）を平等に持つべきである」というもの。第二原理は，社会的・経済的不平等が容認される２つの条件を示しており，まず [公正な機会均等原理] と呼ばれ，社会的・経済的不平等は，「公正な競争の機会を全員にあたえたうえで生じたものに限られる」というもの。他は [格差原理] と呼ばれ，その不平等は「社会的にもっとも恵まれない人々の状況を改善するものでなくてはならない」というものである。

機会の公正な平等原理（きかい-こうせい-びょうどうげんり）ロールズの正義の第２原理の一つ。社会・経済的不平等が容認されるのは，「機会が平等に与えられ，地位や職務がすべての人びとに開かれているという条件の下でのみだ」ということ。

格差原理 **B**（かくさげんり）ロールズの正義の第２原理の一つ。社会・経済的不平等が容認されるのは，「最も不利な状況にある人びとの利益を最大化するための不平等」であるということ。

リベラリズム **A** [liberalism] 個人の自由を重視したうえで，公正や平等を確保しようとする立場。広義には，ロック，J. S. ミルらの思想も含むが，現代では特にロールズらに代表される思想を指す。リベラリズムの特徴としては，①社会に対して個人が優越するという個人主義，②個人が対等であるという平等主義，③人類が道徳的に一体であるという普遍主義，④社会制度は修正可能であるという改革主義を挙げることができる。

同 自由主義 **A** **N**

リバタリアニズム **B** [libertarianism] 平等よりも個人の自由を重視し，国家権力を最小限にするべきだと考える立場。平等を確保するために国家の権限を認めるロールズのようなリベラリズムに対して，個人の権利は不可侵であり，国家の権限はこの権利を保障することだけに限定されるべき（最小国家）だと考える。代表的な論者に，ノージックがいる。

同 自由至上主義 **B**

ノージック **B** [Robert Nozick, 1938〜2002] 個人の権利を最重要視し，国家は最小であるべきとするリバタリアニズムの立場に立つアメリカの哲学者。ニューヨークに生まれる。コロンビア大学やプリンストン大学などで学び，ハーバード大学教授となる。主著に『アナーキー・国家・ユートピア』など。

コミュニタリアニズム **B** [communitarianism] 個人の自由や権利よりも共同体にとっての善（共通善）を重視する立場。個人の自由や権利を重視し，善に対する正義の優位を認めるリベラリズムに対して，コミュニタリアニズムは，個人を歴史的・文化的に構成する共同体の存在を重視し，正義は共通善に基づくと考える。サンデルがロールズの『正義論』に対して，無知のベールをかぶらされた個人という想定は，共同体を看過した「負荷なき自我」であると批判し，「リベラル・コミュニタリアン論争」が巻き起こった。代表的な論者に，マッキンタイア，サンデルなど。

同 共同体主義 **B**

マッキンタイア **C** [Alasdair MacIntyre, 1929〜] リベラリズムの個人主義を批判

して，徳を重視する**コミュニタリアニズム**を提唱したアメリカの哲学者・倫理学者。グラスゴーに生まれる。オックスフォード大学などで哲学を修める。1970年からアメリカに移住し，デューク大学教授などを歴任。主著に『美徳なき時代』など。

サンデル **B** **Ⓝ** [Michael J. Sandel, 1953～] アメリカの政治哲学者で，ハーヴァード大学教授。個人よりも共同体の利益を重視したコミュニタリアニズムの立場から，「正義」などの問題を論ずる。その際，古代ギリシャのソクラテスのように，学生との対話を通じて行う講義方式が，近年注目を集めている。主著『これからの「正義」の話をしよう』

キング **A** **④** **Ⓝ** [Martin Luther King, 1929～68] ☞ p.232（キング）

セン **A** **⑨** **Ⓝ** [Amartya Sen, 1933～] 1933年11月3日，インド・ベンガル州に大学教師（化学担当）の子として生まれる。幼少期に彼を経済学へと導いた二つの事件，1943年の死者300万人ともいわれるベンガル大飢饉，ヒンドゥー教とイスラームの宗教対立から悲惨な死を遂げたカデール＝ミアという男の死を目の当たりにする。当初物理学と経済学のどちらを学ぶか迷うが，経済学を選択。カルカッタ大学経済学部卒業後，ケンブリッジ大学へ留学し，Ph.D（博士号）を取得した。ケンブリッジ・デリー・オックスフォード・ハーヴァードなどの大学教授を歴任。1998年に飢饉防止，社会的選択論などの発展への高い功績を認められ，ノーベル経済学賞を受賞した。世界の貧困や不平等の問題を解決するためには，各人の選択可能な生き方の幅（潜在能力）を高める必要があり，公共政策は基本的な潜在能力をできるだけ平等に保障すべきと説いた。

　　　類 潜在能力 **A** **⑥** **Ⓝ**（ケイパビリティ **A** **④**）

ケイパビリティ **A** **④** [capability] 1998年度のノーベル経済学賞を受賞したインド出身の経済学者センが，発展途上国の「開発」に関する経済理論の中で展開したキーワード。すなわち，開発は単に経済成長をめざすのではなく，人間の潜在能力を開花させるためになされるべきであるという主張。センは，潜在能力を「人が善い生活や

善い人生を生きるために，どのような状態にありたいのか，そしてどのような行動をとりたいのかを結びつけることから生じる機能の集合」と定義する。そして，この潜在能力アプローチにもとづいて厚生経済学や開発経済学の再構築を試み，大きな貢献を果たした。

　　　同 潜在能力 **A** **⑥** **Ⓝ**

7 日本の風土と神仏への信仰

日本人の自然観

日本の風土 **C** （にほん～ふうど）　風土とは単なる自然環境そのものとは異なり，そこに住む人間が自然条件に対して，何世代もかけて生活や生業を通して生きてきた結果であり，自然環境と人間との相互関係のこと。風土に育てられた人間が風土を育てていくという関係がそこにみられる。明瞭（めいりょう）な四季の区別を日本の風土の特徴というとき，その風土に育った日本人だからこそ，四季の区別の機微をいいうる。

稲作農耕社会 （いなさくのうこうしゃかい）　稲作の起源はアッサム―雲南の山岳地帯か，長江（揚子江）流域と考えられている。日本に伝播（でんぱ）してきた水田農耕技術は，区画された水田での移植水稲栽培である。水利・灌漑（かんがい），田植えや収穫など各種の共同作業を必要とし，村落を中心とする強い社会的統合が生まれた。稲の生育や豊作を願うさまざまな儀礼や信仰も発達した。

和辻哲郎 **A** **⑥** [1889～1960] （わつじてつろう）　大正・昭和期の倫理学者，哲学者。☞ p.120（和辻哲郎）

『風土』 **B** （ふうど）　各国の国民性を「風土」を通して考察した和辻哲郎の著書。モンスーン，砂漠，牧場の三つの類型をあげ，東アジア・南アジア，西アジア（イスラム圏），西ヨーロッパを具体的に考察した。日本人はモンスーン的な受容的，忍従的な存在であるが，台風的性格が加味されることにより，「あきらめでありつつも反抗において変化を通じて気短に辛抱する忍従」とした。

モンスーン地域 **②** （～ちいき）　モンスーンは夏の熱帯の大洋からの季節風である。そのため，モンスーン地域では暑熱と湿気との結

モンスーン	砂漠型	牧場型
受容的・忍従的	対抗的・戦闘的	自発的・合理的
暑熱と湿潤暴風	極度の乾燥	自然の規則性
農耕	遊牧	農耕・牧畜
インド	アラビア	ヨーロッパ

合を特性とする。耐えがたくはあるが，湿潤は人間の内に自然への対抗をよびおこさない。それは自然の恵みであり，旺盛なる植物の成熟と生の横溢^{おういつ}をもたらし，人は自然に対して受容的になる。一方また自然は，人間に暴威をふるい，大雨，暴風，洪水をもたらす。それは人間に対抗を断念させるほどに強力であり，生を恵む力の暴威に対して忍従的にする。このように，モンスーン地域には自然の猛威の前には耐え忍び，一方自然の恩恵を受けて生活する関係がみられる。

砂漠地域（さばくちいき）　生気のない住むもののない世界が砂漠である。雨量の不足による不毛の土地と乾燥があり，乾燥は「渇き」につながる。人は自然の脅威と闘いつつ，草地や泉を求めなければならないため，他の人間の集団とも戦わなければならない。それが対抗的，戦闘的関係をもたらす。自然は死で，生は人間の側にのみ存する。したがって，神は自然と対抗する人間の全体性の自覚として人格神となる。

牧場地域（ぼくじょうちいき）　日光の乏しさと夏の乾燥のため，ヨーロッパでは雑草が育たず，冬の湿潤は牧草を生育させる。自然が人間に対して従順であり，自然の暴威はまれである。そういう所では自然は合理的な姿に自らを現してくる。人は自然のなかから規則を見いだし，その規則に従って自然に臨むと自然はさらに従順になる。ヨーロッパの自然科学の発達は，この風土の産物と解される。

日本人の心情

みやび　宮廷風であり，上品で優雅なこと，あるいは都会風であること。みやびの「みや」は「宮」からきている。もとは宮廷人の生活状態や宮人ぶりを意味していた。平安時代の王朝貴族たちの美意識が和歌や絵画

として定着しはじめ，後の世の人たちの美意識を規定することになった。

あはれ Ｂ　もとは感動を表すことばであった。日本の歌に備わった情緒のこと。日本人の情緒の底流には，自然の風物や人生の諸相にある時とともに，はかなくうつろい去るものへの深き思いがひそんでいる。本居宣長は『源氏物語玉の小櫛^{おぐし}』において，人の情に通じ，世間を知ることがものの心や，もののあはれをよく知ることになり，それが身を修めて家や国をも治めるとした。

幽玄 Ｂ（ゆうげん）　深遠なるありさまを表すことば。　☞ p.113（幽玄）

正直 Ｂ（せいちょく／しょうじき）　神道の根本的な徳。古代には「清き明^{あか}き心」といわれたが，しだいに「正直」に置き換えられていった。もとは祭祀において神に対する清らかで緊張に満ちた心身の構えをさしたが，のちに日常生活における私心のなさや，うそをつかないといった，日常の道徳的な中身をもつようになった。　☞ p.105（清き明き心）

誠 Ａ②（まこと）　「中庸」の根本思想で，天地万物の生成変化を通じる根本法則であるとともに，その調和の極致としての理想態でもある。わが国では江戸期に古学の台頭にともない，誠を重視する傾向がでてきた。伊藤仁斎はその推進者として登場し，他者に対する心情の純粋さを倫理の根本と考えた。一方，幕末の志士たちにとっては，誠はその実践において実現されるものとなった。吉田松陰は，誠は実行への決断と純粋性，事の成就までの持続性と説いた。日本の儒学は「誠」という内面的な心情を基礎に発達していった。

日本人の美意識（にほんじん～びいしき）　日本人の美意識の底流には，四季を織りなす自然の豊富さがある。自然の美しさをいう場合，気候，地形，動植物，四季の変化などがあげられる。和歌，俳句などにおいて，感情の機微を自然の山川草木に託して表現することに巧みであることなどが特徴としてあげられる。自然はその優美な面を特に強調し，「花鳥風月^{かちょうふうげつ}」「雪月花^{せつげっか}」という。麗しく移ろいやすいものとして捉えられた。

日本人の行動様式 ①（にほんじん～こうどうようしき）　日本人は，個人の存在を自覚的に意識する

よりも，現実に存在する人間関係における人間相互の間柄を重視する傾向が強い。それが日本的な人情の細やかさを生みだしている。反面，論理性を欠き，思考における派閥的閉鎖性・情緒性への過度の傾斜をもたらし，模倣には長じていても独創性に乏しいなどの側面を生みだしている。

罪の文化 **C** **④** **と恥の文化** **C** **⑤** （つみ-ぶんか-はじ-ぶんか）　ベネディクトは『菊と刀』のなかで，日本の文化及び日本人の行動様式の型を明らかにした。欧米型の罪の文化に対して，日本の文化を恥の文化ととらえた。罪の文化は道徳の絶対的基準を説き，良心の啓発を頼みにするので，人は自分の非行を誰ひとり知る者がいなくても，罪の意識に悩み，善行を行う。恥は人あるいは世間の批評に対する反応である。人は人前で嘲笑されたり，拒否されたりすることによって恥を感じる。この恥は個人の行動の強力な強制力となる。彼女は他人がどういう判断を下すだろうかという推測を判断の基準にして，自己の行動の方針を定める。彼女は，日本人が罪の重さより恥に気を配っているという事実を指摘し，恥の文化とよんだ。

類 『菊と刀』 **C**

ベネディクト **C** **④** **N** ［Ruth Fulton Benedict, 1887〜1948］　アメリカの女性人類学者。ニューヨークに生まれ，コロンビア大学の教授を務めた。日本文化論である『菊と刀』は1946年に出版され，「文化のパターン」を行動心理学的手法で日本の文化の型を論じた。日米戦争のなかで著されたこの書は，未知なる対戦国日本の行動様式の理解を課題とした。

タテ社会 （-しゃかい）　文化人類学者中根千枝（1926〜）が日本の社会の人間関係を分析したことば。日本の社会集団はエモーショナルな疑似血縁的集団を形成し，成員の全面的参加を要請している。こうしたなかで形成される集団の一体感は，閉鎖的孤立性を集団にもたらし，「ウチ」と「ソト」との意識を敏感にしている。また，日本の社会集団に共通する構造として「タテ」組織を指摘する。親子関係，親分・子分の関係，官僚組織が象徴的なものである。しかし，同じ資格の成員にも微妙な序列があり，入社順，年齢，勤続年数，昇進順，先輩・後輩など数かぎりない序列による差を形成している。

類 中根千枝

建前 **N** **と本音** **N** （たてまえ-ほんね）　建前とは自分が所属する集団での決定事項で，一定の集団に所属しているかぎり，重んじなければならないものである。しかし，その取り決めとは別に自分自身の感じ方があり，それが「本音」である。建前と本音の使い分けは，集団の一致を保持しようとする日本人特有の努力，集団の和を保つ技術といえる。

甘え （あま-）　土居健郎（1920〜2009）が『「甘え」の構造』（1971年）において，精神医学の立場から日本人の精神構造を分析した際に用いた概念。「甘え」とは相手と一体化したい，愛されたいという願望であり，また，その状態において味わう情緒のことである。子どもの成長には，母親に対する甘えとその受容が必要であるとされる。しかし，そういう健全な甘えのほかに，日本の社会には，この甘えが構造化していると指摘している。たとえば，自分の気持ちを察してもらいたいという甘えから，ことばでものごとをはっきりと相手に伝えないにもかかわらず，相手が自分の思いを察した対応をしてくれない場合には，「すねる」「ひがむ」などの反応を示し，ひいては恨みに転じたりすることなどである。

類 土居健郎

日本文化の重層性 （にほんぶんか-じゅうそうせい）　和辻哲郎は，「日本文化から外来文化を取り去れば，後には何も残らないにもかかわらず，日本人はおのれの中身に対して摂取者・加工者としての独立性を保ち続けた」という。日本人の祖先は，大陸などから伝来してきた技術や生活様式を積極的に受容し，自らのものとして吸収し，独自の文化をつくりあげてきた。このことは，日本人が，伝来する文化を摂取しながら，それらの積み重ねの上に，独自の思想や文化をつくり上げたことを意味する。これを日本文化の重層性という。なお，丸山眞男（1914〜1996）は日本文化の特徴を，欧米のササラ型文化に対してタコツボ型文化と表現した。

類 丸山眞男 **C**

年中行事と通過儀礼

年中行事 Ａ 10 （ねんちゅうぎょうじ）　毎年一定の時期に特定の集団により繰り返し行われる儀式・伝承行事。一年間の農作業のリズムにあわせて、日常（ケ）とは異なった特別の日（ハレ＝晴れ着や特別の食事をとる）が設けられた。さらに、もともとは宮中で行われていた行事や外国から導入された行事も含まれるようになった。

行　事	主な内容
正月	初詣（はつもうで）…新年最初の社寺への参詣
	門松（かどまつ）…門口の松飾り・年神の依り代
	注連縄（しめなわ）…新年の門口の魔除け
	年神（としがみ）…正月に家々でまつる神
	雑煮（ぞうに）…正月の祝い膳に供する餅を入れた汁物
節分（せつぶん）	立春の前日
	炒（い）り豆をまいて悪疫退散、招福の行事
雛（ひな）祭り	女児のいる家で雛人形
	菱餅（ひしもち）・白酒・桃の花を供える
花祭り	4月8日の灌仏会（かんぶつえ）の通称
	釈迦の誕生日である4月8日
端午（たんご）の節句	武者人形・鯉幟（こいのぼり）
	粽（ちまき）・柏餅（かしわもち）を食べる
七夕（たなばた）	庭に竹を立て、五色の短冊に歌や字を書いて枝葉に飾る／牽牛（けんぎゅう）と織姫伝説
盆（ぼん）	盂蘭盆（うらぼん）の略／仏事で7月15日、一般には8月13日～15日
	念仏踊り…盆踊りの起源
	灯籠（とうろう）流し
十五夜（じゅうごや）	陰暦8月15日の夜。月見の行事を行う。団子や芒（すすき）の穂、果物などを供える
十三夜（じゅうさんや）	陰暦9月13日の夜
	月見の行事を行う
彼岸（ひがん）	春分の日・秋分の日を中日（ちゅうにち）とする各7日間の仏事
新嘗祭（にいなめさい）	天皇が新穀を神々に供え、自身も食する
大晦日（おおみそか）	1年の最後の日 12月31日

▲ 年中行事の例

種類	主な内容	農事
人日（じんじつ） 1月7日	正月7日 七草粥（ななくさがゆ）	農耕開始
上巳（じょうし） 3月3日	ひな祭り・桃の節句	田植え
端午（たんご） 5月5日	菖蒲（→尚武とかける）、武者人形・鯉幟（こいのぼり）	草取り
七夕（しちせき） 7月7日	牽牛と織女の伝説	稲の刈り入れ準備
重陽（ちょうよう） 9月9日	菊の節句・菊人形	稲刈り

▲ 五節句

宮参り（みやまい）	男児32日目 女児33日目	生後、氏神にお参り
七五三（しちごさん）	3歳、5歳、7歳	11月15日にお参り
厄年（やくどし）	男25,42,61 女19,33,37	厄難にあうおそれが大男42、女33は大厄
還暦（かんれき）	数え年61歳	干支（えと）が60年で、生まれ年と同じになる
古稀（こき）	70歳	杜甫（とほ）の「人生七十古来稀」による
米寿（べいじゅ）	88歳	米の字を分解→八十八 77歳→喜寿 99歳→白寿
追善法要（ついぜんほうよう）	初七日・四十九日・一周忌・三周忌・十三周忌・三十三周忌	

▲ 通過儀礼

通過儀礼 Ａ 11 （つうかぎれい）　人生の重要な節目に行われる儀式。たとえば、冠婚葬祭（元服・婚礼・葬儀・祖先の祭祀）に代表される、古来重要とされてきた儀式。イニシエーションともいう。

類 イニシエーション Ｂ 9

古代日本人の宗教と考え方

『古事記』 Ｂ （こじき）　奈良時代に作成されたわが国最古の現存する歴史書。稗田阿礼が口誦し、太安万侶（おおのやすまろ）が筆記したもの。神代から推古天皇の時代までの皇室などの系譜、神話、伝承などが収められている。万葉仮名と漢文と特有の漢字表記があるため、江戸時代の国学者、本居宣長の研究まで満足に読むことができなかった。天地創世神話から始まり、イザナギ、イザナミ神話、アマテラスオオミカミ、スサノオノミコト、オオクニヌシノミコトの国譲りの神話が語られる。

『日本書紀』 Ｃ （にほんしょき）　奈良時代に舎人親王（とねり）らにより編纂された歴史書。『古事記』と並び日本の神話の根本資料である。古い時代順に編年体で書かれている。表記は漢文体で、『古事記』と同様に帝紀や旧辞を資料としている。

八百万の神 Ｂ 2 （やおよろずのかみ）　八百とは多くを表す数で、八は神聖な数字であった。多くの神々の意味。岩、木、太陽など多くの自然物に神性が与えられ、あまたの神々が存在すると考えられた。

伊邪那岐命・伊邪那美命 （いざなぎのみこと・いざなみのみこと）　記紀神話において日本の国土と神々とを生んだとされる男女2神。天照大神は，この2神の娘とされる。

天照大神 （あまてらすおおみかみ）　伊邪那岐命・伊邪那美命の娘。高天原の中心的な神で，太陽を神格化した皇室の祖先とされる神。天皇は，天照大神の子孫で，現人神（あらひとがみ）といわれた。自ら祭られると同時に，他の神々を祭る神でもある。記紀神話では，素戔鳴命（すさのおのみこと）の暴力に対して天の岩戸に隠れる話が記述されている。

氏神 **C** （うじがみ）　鎮守神，産土神（うぶすながみ）と同義に用いられている。本来は氏族の祖先神，氏族と関係の深い神を氏神とした。祭祀集団が血縁から地縁へと広がりをみせるなかで区別が明確でなくなった。

祖霊 **C**①（それい）　すでに他界した祖先の霊。日本の民族信仰には祖霊崇拝がある。死後33年目を弔（とむら）い上げといい，これを期に死者の霊は，個別の霊ではなく祖霊として祀（まつ）られ，祖先の神となる。正月と盆は祖霊を迎えて行う祭りである。

霊魂 **C**②（れいこん）　日本では古くは「タマ」とよんだ。人間は死後，祀（まつ）られることにより精霊から祖霊化し神霊となる。怨念（おんねん）のある御霊や亡霊が生者に危害を加えることもある。

黄泉国 **C** （よみのくに）（よもつくに）　「根の国」ともいい，死後，霊魂が行く所。

『風土記』 （ふどき）　元明天皇が713年に諸国の産物，地味，地名の起源，伝承などの報告を求め，これをもとにまとめた地誌。現存のものは，常陸国，播磨国，出雲国，豊後国，肥前国のものである。

『万葉集』 **C** **N**（まんようしゅう）　全20巻の日本最古の歌集である。いつ，誰によって編纂されたかは不明。質・量ともにわが国を代表する歌集の一つ。約4500首からなる歌がさまざまな分野で収集されている。9割が和歌であるが，他に歌謡や漢詩文もある。万葉仮名という特殊な漢字を使った仮名表記を用いている。

清き明き心 **B** （きよ・あか・こころ）　日本神話の時代に理想とされた人の心のあり方のこと。私心を去って，純粋に全体と融和して生きる心のことである。他に「明浄心」「赤心」

が同義語としてあげられる。それに対する語が「暗き汚き心」「邪心」「穢心（きたなきこころ）」「黒心」「濁心」である。倫理的な価値判断の基準としては，善悪ではなく浄，不浄という美的な価値判断に基づくところに特色がある。古代日本人は，あたかも清流の流れのような，あるいは秋の夜空にさえわたる月の光のような，一点の曇りもない純粋な心をもって生きることを人間の最高のあり方とした。

対 暗き汚き心

罪 **A**（つみ）　大祓（おおはらえ）の「祝詞（のりと）」によると，天津罪として畦放（あはなち），溝埋（みぞうめ），樋放（ひはなち），頻蒔（しきまき），串刺し，生け剥，逆剥，屎戸（くそへ）。国津罪として，生膚断（いきはだたち），死膚断，白人（しらひと），こくみ，おのが母犯せる罪，おのが子を犯せる罪，母と子を犯せる罪，子と母を犯せる罪，畜犯せる罪，蟲物（はうもの）する罪など。祓（はらい）によって除去できると考えられていた。

ケガレ **B**④（**穢れ** **B**）（けがれ）　死や血をはじめとする不吉なものなどで，そのままにしておくと，災厄をひきおこすものが心身に付着した状態のこと。また，日常生活のケガが枯れることがケ枯れで，それを回復する場面がハレの日と考えられている。日本の文化人類学者波平恵美子（1942～）が著書『ケガレ』（1985）のなかで，日本人の信仰や日常に深く浸透するケガレの観念を「不浄」として論じた。

類 波平恵美子②

ハレ **B**⑨（**晴** **C**⑨）（はれ）　ケと対立的に用いられる，非日常的祝祭空間で，普段と異なる改まった状態をいい，祭りや通過儀礼など神霊との接近の場面に相当する。それらはハレの日であり，晴れ着や晴れの食事をとる。

ケ **A**⑧（**褻** **C**⑧）（け）　ハレの日に対して，普段の日常生活のことをケの日という。普段着をケギ（褻着），雑穀まじりの日常食をケシネ（褻稲），ケウエとは稲の田植えのことで，ケガリとは稲刈りのことである。ケとは日常生活のエネルギーであり，穀物を実らせる生産のエネルギーである。このケが月日の推移とともに衰えると，生産が減退し生活が不安となる。この事態がケ枯れであり，ケの活力の再生のために，ケ枯れを晴らすハレの行事が営まれる。

みそぎ🅲（禊🅱）（みそぎ）　罪・穢れを除去するために，肉体の浄化を媒介に心の浄化をはかろうとする象徴的儀式のなかで，水を使う浄化のこと。海中・河川流に入り身を清めること。沐浴，水垢離，朝浴びなどといわれる。日常語として，よくないことを「水に流す」という表現もこの語からの発想である。

はらい　🅲はらえ（祓🅱）（はらい）（はらえ）　清浄な心身で神と交流するため罪や穢れを祓いすてること。祓いの方法は大きく分けて二つある。一つは水を使用する禊と，もう一つは罪穢れを祓のヌサ（幣）や，木，紙，藁らで神霊や人間を模してつくったカタシロ・ヒトガタに託すことによって，心身を清める「お祓い」とがある。

きたなし（汚穢，穢🅱，垢，濁🅱，悪🅰🆖）　「きたなし」は「きよし」に対照する観念で，不浄を意識する心を表していると同時に，正しくないことも意味した。

きよし・さやけし（清し・明けし）　透明で底まで澄んで見える清流のように清らかなようす。

神道　🅰③🆖（しんとう）　八百万神を信仰する日本古来の民族宗教。仏教や儒教が伝来する以前の古代日本人は，生き物や山川草木，石などの自然物や自然現象の背後に神性を認め，カミ（神）として畏怖し信仰した。やがて自然神だけではなく，祖先神も信仰の対象となっていった。平安時代から鎌倉時代にかけて，日本の神々は仏や菩薩が姿を変えて現れたものであるとする本地垂迹説にみられるような神仏習合思想が生まれた。中世に入ると，日本の神々を中心に考える伊勢神道が生まれた。明治時代になると神道は国教化されて国家神道となった。

聖徳太子と奈良仏教

聖徳太子　🅰🆖[574〜622]（しょうとくたいし）　用明天皇の皇子で，本名は厩戸豊聡耳皇子。推古天皇の摂政として，蘇我氏との深い関係をもちながら，冠位十二階や『十七条憲法』を制定し，律令制度をめざした政治改革に多くの功績を残したとされる。「世間虚仮，唯仏是真」という彼のことばは，この世は仮のもので

仏のみが真実であるという意味で，彼が仏教を尊重したことをよく表している。高句麗の僧慧慈に仏典を学び，仏教振興に努めたほか，儒学にも通じ，その聡明さと見識の深さはさ

まざまな伝説を生み，平安から鎌倉時代にかけては，聖徳太子信仰も広がっていった。法華経，維摩経，勝鬘経の注釈書である『三経義疏』を著した。
類 **厩戸王🅲**

和　🅰②🆖（わ）　聖徳太子が，十七条憲法の第１条で強調する，融和の精神。共同体において自他が融和することの必要性を述べている。**資料** 「和を以て貴しとなし，忤ふる（逆らう）ことなきを宗とせよ」

『十七条憲法』🅲（じゅうしちじょうけんぽう）　聖徳太子が604年に制定したとされる役人の心得を示した道徳的規範。いわゆる凡夫（賢者でも愚者でもない平凡な人間）の自覚に立ち，天皇の権力への服従を説くとともに，儒教や仏教の精神を生かした政治をめざしている。第１条に「和を以て貴しとなす」とあるのは，『論語』の「和を用いて貴しとなす」に通じ，儒教の影響がみてとれるが，この「和の精神」は日本思想に広く通じるものである。第２条に「篤く三宝を敬え」と述べ，仏教尊重の姿勢を明確にしている。
類 **憲法十七条🅱**

奈良仏教（ならぶっきょう）　奈良時代に発展した仏教のこと。鎮護国家の思想に基づいて，政治との深い結びつきのなかに発展がみられた。特に聖武天皇の頃にそれが頂点に達し，国分寺の設置や東大寺の盧舎那大仏建立などが果たされた。南都六宗が教義の研究を深め，正式な戒壇（仏教の戒律を与える場所）が置かれるなど，仏教界の制度は整ったが，民衆の救済に直接向かうものではなかった。

鎮護国家　🅱（ちんごこっか）　仏法によって国家を守るという思想。律令国家の成立は，中国に興っていた鎮護国家の思想を日本に伝えることとなり，奈良・平安時代には，護国思想を含む経典が講釈されたり，聖武天

皇による東大寺や国分寺・国分尼寺の造営，東大寺大仏の建立などが相次いだ。

鑑真　[688～769]（がんじん）　中国唐代の僧で，日本における律宗の開祖。中国仏教界でもきわめて信望の篤い高僧であった。当時の日本では，受戒制度を整える必要が高まり，遣唐使を通じて高僧を招く努力をしていた。鑑真はこの求めに応じ，周囲の妨害にあったり，荒天で難破し視力を失うなどの苦労の末，6回目の渡航でようやく日本に渡った。孝謙天皇をはじめ多くの官吏や高僧が参り，教えを受けたり受戒したりした。東大寺に戒壇院を設立し，大僧都（だいそうず）の位を授かった。唐招提寺（とうしょうだいじ）を建立した。

平安仏教

平安仏教（へいあんぶっきょう）　平安時代の仏教。政治との結びつきをもちながら，民衆への布教と救済をめざす大乗仏教の思想を受け入れ始めた。代表的な宗派は密教の天台宗と真言宗である。これらは依然貴族社会のものではあったが，衆生救済の思想を含んでおり，平安末期に広がった浄土信仰とともに，鎌倉時代の諸宗派の誕生につながっていくことになった。

最澄　**A③**[767～822]（さいちょう）　平安初期の僧で，日本における天台宗の開祖で伝教大師（でんぎょうだいし）ともいう。12歳のとき近江国分寺に入り，14歳で僧となる。19歳で東大寺において受戒するが，まもなく比叡山（ひえいざん）に入り修行生活を始める。そこで中国の天台宗の教学を学び，やがて世に知られるようになる。中国への留学を経て研鑽（けんさん）を重ね，朝廷に公認された。また関東にも布教した。南都六宗が民衆の救済に役立たず，形式化していることに批判的で，やがて比叡山へ戻ると，『山家学生式（さんげがくしょうしき）』を著した。そこで比叡山における修行を定め，東大寺の小乗戒壇に対する大乗戒壇設立を実現させた。主著『顕戒論』

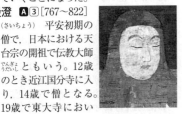

天台宗　**B**（てんだいしゅう）　中国隋代僧智顗（ちぎ）を始祖とする仏教の宗派。彼は法華経を基本としその注釈書を著した。留学した最澄はこの中国天台宗の教えを受け，比叡山に延暦寺を開き，日本天台宗を興した。法華経では一乗の立場，すなわちすべての衆生が仏になれることを強調するが，これが法相宗などの立場と対立し，論争となった。なお最澄はほかに禅や密教の教えも学んできたので，日本の天台宗はそれらの影響も受けている。源信，法然，道元，日蓮なども初めはこの天台宗に学んでいる。

一切衆生悉有仏性　**C**（いっさいしゅじょうしつうぶっしょう）　すべての衆生は，みな等しく，悟りを得て仏になりうるための可能性・素質である仏性を備えているとの意で，大乗仏教の経典である『涅槃経（ねはんぎょう）』の中の言葉。とくに日本では重視され，最澄の一乗思想として現れ，また道元や親鸞の思想にも決定的な影響を与えた。

類 本覚思想

⇒ p.33（一切衆生悉有仏性）

空海　**B②**[774～835]（くうかい）　真言宗の開祖で，弘法大師（こうぼうだいし）ともいう。四国讃岐国に生まれ，15歳で京に上り，18歳で大学に入り官学を学ぶがあきたらず仏教に進む。

きびしい修行や奈良での教学の研鑽を経て『三教指帰（さんごうしいき）』を著し，儒教，道教に対する仏教の優越を説く。そのころから密教の研究に努め，やがて遣唐使の船で入唐，帰国して真言宗を興し，天皇にも認められた。高野山金剛峯寺（こんごうぶじ）を建立，数々の著作のほか，文芸や書道でも知られる。真言宗では即身成仏と衆生の教化を強調するが，彼は土木事業の指導，民衆のための教育施設である綜芸種智院（しゅげいしゅちいん）の設立など，広く社会事業に尽くした。著書『十住心論』

真言宗　**B**（しんごんしゅう）　空海を開祖とする。真言は大日如来（だいにちにょらい）のことばという意味で，いわば究極の真理をさす。大日如来を本尊とする。手に印契（いんげい）（＝仏や菩薩を表す手指の形）を結び，口に真言を唱え，心に諸仏を念ずる身（しん），口（く），意（い）三密の行によって，人はその身のままに仏になれるという即身成仏の教えをもつ。一般に密教の行は加持祈禱（かじきとう）とよばれるようになった。

加持祈禱（かじきとう）　国家安泰，病気治癒などの現世利益を目的とした呪術的な行為。加持は，仏の慈悲の力が衆生の信心と一体化すること（仏の衆生に対する働きかけを「加」，行者が仏からの働きかけを受けとめることを「持」という）。空海は，手で仏の印を結ぶ身密、仏の力を引き出す呪文を唱える口密などをあげている。祈禱は，病気や災いが取り除かれるように祈ること。
類三密の行

現世利益（げんぜりやく）　無病息災・病気治癒・国家安泰など，現世における信仰によって神仏から実際に受けられる利益のこと。日本の仏教は聖徳太子による受容以来，鎮護国家を目的とする現世利益的な性格が強かった。特に奈良時代や平安時代に行われた加持祈禱は現世利益を目的とするものであった。

密教　**⬛**（みっきょう）　広義には神秘的で秘密の教義や儀礼を特徴とする仏教の流れをさし，広く民衆に開かれた教義をもつ顕教に対することばである。いくつもの流れがあるが，日本にこれを伝えたのは最澄と空海である。特に空海の真言密教（東密）は，当初から体系化され，大日如来を中核とする宇宙観に基づいた密教信仰を日本に根づかせた。

即身成仏　**⬛②**（そくしんじょうぶつ）　密教の教義で，三密の行によって，生きているままで仏の境地に達することができるというもの。上座部仏教では，仏になるためには出家禁欲の修行が不可欠とされるのに対して，密教をはじめとする大乗仏教では，広く民衆の救済のためにこのような考え方がみられる。

大日如来　**⬛**（だいにちにょらい）　密教の本尊で，諸仏・菩薩も大日如来の体現とされる。大日如来を中核として宇宙の構造がつくりだされ，したがって大日如来は宇宙の真理そのものであり，中心であり，根源とされる。この宇宙観を図として描いたものが曼陀羅（まんだら）である。また本地垂迹説では，大日如来は天照大神（あまてらすおおみかみ）の本地とされる。

神仏習合　**⬛**（しんぶつしゅうごう）　日本の神道と伝来の仏教とを融合・同一視する思想。奈良時代にはじまり，平安末期に本地垂迹思想があらわれた。神道思想や神道諸派の形成につながった。1868(明治元)年の神仏分離令まで続くことになる。
類本地垂迹説 **⬛**

末法思想　**Ｂ**（まっぽうしそう）　釈迦入滅後，仏の教えの現れ方の変化に応じて時代を区分する考え方で，正法→像法→末法と展開される。正法は，仏の教え（教），修行（修），その成果（証）がそろう。像法は，証は得られないが教と修は行われる。続く末法は1万年続き，教のみがあって証はもちろん修もない。さらにその後に教も失われ，法滅に入るとされる。日本では聖徳太子の『三経義疏』にも末法時にふれた箇所があり，また最澄が末法の到来を鋭く警告している。11世紀前半から凶作や疫病の流行，政争や戦乱などが相次いだため，中国で伝えられていた釈迦入滅の年から2000年目にあたる1052年，末法の時代に入ったと考えられ，浄土教が盛んになった。

正法　**Ａ Ｎ**（しょうぼう）　釈迦入滅後500年または1000年とされ，教（仏陀の教え）・行（修行）・証（悟り）の三つがともにそろう時期。

像法　**⬛**（ぞうほう）　証（悟り）がなく，教・行だけが存在する，正法の次の500年または1000年の時期。

末法　**Ｂ**（まっぽう）　像法後1万年続き，証も修もない，ただ仏陀の教えのみが説かれる乱れた時期。

浄土思想　**Ｎ**（じょうどしそう）　浄土とはもともと諸仏がつくりあげた仏国土，すなわち清浄な地の意味で，煩悩で汚れた凡夫の住むこの世（穢土）に対する語である。日本では古くは飛鳥時代，弥勒菩薩信仰の伝来によって弥勒浄土信仰が興ったが，奈良時代後期以降は阿弥陀仏の極楽浄土信仰が中心となった。源信の『往生要集』が極楽と地獄をあざやかに描きだし，また末法思想とも結びついて，極楽浄土への往生を願う浄土信仰は，鎌倉時代に盛んになり，法然や親鸞らの浄土教が生まれた。
類源信 **⬛**　『往生要集』**⬛**　浄土信仰 **⬛**

阿弥陀仏　**Ａ Ｎ**（あみだぶつ）　極楽浄土にあって，衆生を救済する仏のこと。7世紀初め頃，浄土三部経とよばれる無量寿経・観無量寿経・阿弥陀経が日本に伝わり，平安時代には源信の『往生要集』の

影響もあって阿弥陀仏信仰は民衆の間にも広がった。阿弥陀仏が修行時に立てた48の誓願のうち18番目の誓願に，阿弥陀仏を念ずれば極楽往生ができるとあり，これが後に称名念仏による救済という考え方につながった。

念仏 Ⓐ❶（ねんぶつ）　もともとは広く仏を念ずることで，夢のなかで仏の姿に出会うこと（見仏）や，心を集中して仏の姿を思い描くこと（観想念仏）なども含まれている。日本でも平安中期までは観想念仏が中心であった。しかし浄土教では，唐の僧侶，善導が阿弥陀仏の名を唱える称名念仏を提唱し，これが日本に入って広く普及した。

「南無阿弥陀仏」 Ⓑ❹（なむあみだぶつ）　称名念仏で唱えられる6文字で，阿弥陀仏を信じ敬い，従うという意味。南無は梵語のnamasの音写訳で，「敬い従う・帰依する」の意。

法然と親鸞

鎌倉仏教 Ⓒ（かまくらぶっきょう）　鎌倉時代には浄土教系の浄土宗・浄土真宗・時宗，禅宗の曹洞宗・臨済宗，及び日蓮宗など，仏教は日本独自のさまざまな展開をみせた。これらは鎌倉新仏教ともよばれ，室町時代から戦国時代の頃には，農民や武士などに広く受け入れられるにいたった。これらの宗派においては，大乗の思想が徹底され，その修行のあり方は念仏，禅，唱題と実践的であり，また庶民にとってもわかりやすく，民衆の生活によく溶け込むこととなった。

法　然 Ⓐ❹［1133～1212］（ほうねん）　浄土宗の開祖。13歳のとき比叡山に入り，15歳で出家。叡空に師事し，奈良・京都の高僧たちのもとに赴いて学んだ。源信の『往生要集』を通じて，唐僧善導が著した観無量寿経の講釈書にふれ，「一心専念弥陀名号」ということばにうたれ，43歳のとき専修念仏にめざめた。以後比叡山を下りて，民衆に念仏の教えを説き，多くの支持者を得た。比叡山との対立などで迫害を受け，流罪にもなったが，まもなく許され布教を続

けた。

浄土宗 Ⓑ（じょうどしゅう）　法然を開祖とする浄土教の一派。自力を捨て，称名念仏によって阿弥陀仏にすがり，極楽浄土へ往生することをめざす。親鸞をはじめとする弟子をかかえ，貴族や武士の信者もあったが，念仏以外の修行を否定したため，他宗派と度々対立し，法然らが流罪となったこともある。

専修念仏 Ⓑ（せんじゅねんぶつ）　極楽浄土に往生するためには，ひたすら念仏を唱え，他の行はいっさい行わないということ。法然の浄土宗の立場を示すことば。念仏は行の一つとして，行者が選ぶというようなものではなく，阿弥陀仏が自ら修行のために誓願（本願）し，選んだものである選択（せんちゃく／せんじゃく）として，他の行をいっさい否定した。

〔資料〕「ただ往生極楽のためには，南無阿弥陀仏と申して，疑いなく往生するぞと思いとりて，申す外には別の子細（しさい）候わず」（『一枚起請文（いちまいきしょうもん）』）

弥陀の本願 （みだ-ほんがん）　生命あるすべてのもの（衆生（しゅじょう））を救おうと願い，その願いが成就（じょうじゅ）しない間は自分も仏にならないと誓って修行をした阿弥陀仏の48の誓願をさし，特に第18願が重視される。

他力 Ⓑ（たりき）　仏・菩薩の救いの力，またその力によって悟りを得ること。自力に対する語。浄土教は，阿弥陀仏の本願に頼る他力信仰である。特に親鸞の場合，念仏すること自体が阿弥陀仏のはからいだとする絶対他力の立場に立つ。

浄土真宗 Ⓑ（じょうどしんしゅう）　親鸞を開祖とする浄土教の一派。長らく一向宗とよばれてきた。法然の教えをさらに徹底して，絶対他力の立場から専修念仏による極楽往生を説く。親鸞の死後，いくつかの分派が生じたが，室町中期に越前（福井県）を中心として布教した蓮如（れんにょ）の本願寺派は大きな勢力となった。農民を中心とするその門徒は，しばしば一向一揆を起こし，戦国時代の政治の動きにも大きな影響を与えた。

親鸞 Ⓑ［1173～1262］（しんらん）　浄土真宗の開祖。9歳で出家し比叡山に入る。20年間の修行を経ても悟りを得ることができず，29歳のとき京都の六角堂に参り，そこで得た聖徳太子のお告げによって法然を訪ね，

自力作善の考えを捨て，他力本願に回心した。1207年の念仏弾圧において，親鸞も越後へ流罪となるが，のち許され主に関東で専修念仏の布教を始める。親鸞は流罪の折，

自ら愚禿と姓を名のり，僧でもなく俗でもない立場に立ち，肉食妻帯の凡夫であればこそ阿弥陀仏の救いを得られることを身をもって訴えた。ここに悪人正機の考え方がはっきりと示されている。20年間の布教活動の後62歳で京都へ戻り，主著『教行信証』などの著述に没頭する。この間，自らのはからいを完全に捨て去り，阿弥陀仏にすがろうとする絶対他力・自然法爾の境地を開いた。

悪人正機 Ｂ（あくにんしょうき）　『歎異抄』にある **資料**「善人なおもて往生をとぐ，いはんや悪人をや」ということばに示される，親鸞の考え方。自分で善行を積む人（善人）が極楽往生するというのは，一見もっともらしいが，そのような自力作善の人は，かえって阿弥陀仏にすがる気持ちが薄い。煩悩にとらわれ，それをどうすることもできないと思っている人（悪人）こそ，自力を捨てて，ひたすら阿弥陀仏にすがり，極楽往生をとげることができるという，他力の立場を示す。

絶対他力 Ｂ②（ぜったいたりき）　信心を得ることも，念仏を唱えることも，すべてが阿弥陀仏のはからいであって，自分自身の力でできることではないという親鸞の考え方。

『歎異抄』 Ｃ（たんにしょう）　親鸞の弟子，唯円の著書。親鸞の語録と，異説への批判からなり，異説を嘆くという趣旨からこの書名となっている。親鸞の説の核心を物語ることばを多く書きとめてある。

一遍 Ｃ［1239〜1289］（いっぺん）　鎌倉時代の僧，時宗の開祖。初め天台宗を学んだが，浄土宗の教えを受けて念仏修行に専念した。全国をひたすら旅しながら念仏を勧めて回ったが，これを遊行といい，彼は遊行上人ともよばれた。その念仏は空也の伝承に習い，鉢や鉦を鳴らしながら身ぶり手ぶりを交えて踊るので，踊念仏ともよばれる。

類 踊念仏 Ｃ

道元と禅

禅宗 Ｃ（ぜんしゅう）　インドの僧達磨（5世紀頃）が，中国に伝え発展した仏教の一派。坐禅は仏教の修行法として広く用いられるが，中国では宋の時代に坐禅を修行の中心とする宗派が栄えた。日本には鎌倉から江戸時代にかけて，多くの流派が伝えられたが，曹洞宗，臨済宗，黄檗宗に大別される。禅の修行は，浄土教の他力本願に対して，自力による修行であり，鎌倉新仏教のもう一つの流れとなった。その精神は仏教にとどまらず，文学や芸術，茶道などの稽古，修行に幅広く影響を与え，鎌倉以降の日本文化を特徴づける大きな要素となっている。

禅 Ｂ Ｎ（ぜん）　もともとは梵語のdhyānaの音訳で，心をしずめ，精神統一することである。仏陀がこの禅定によって悟りを得たことから重視されてきた。

坐禅 Ｂ（ざぜん）　両足を組んで坐し（結跏趺坐といい，片足だけのものを半跏趺坐という），瞑想する，禅宗の修行方法。臨済宗では公案（すなわち問題）を考えながら坐する看話禅であるが，曹洞宗ではひたすら坐する黙照禅である。

栄西 Ｂ［1141〜1215］（えいさい／ようさい）　鎌倉時代初期の僧，日本の臨済宗の開祖。8歳から仏典を学び14歳のとき比叡山で受戒，天台宗の研究に励む。28歳のとき半年ほど中国（宋）で修行し，さらに47歳から4年あまり再び中国を訪れて禅の悟りを体験。帰国後北九州で活躍，禅宗に対する弾圧を受けるが，『興禅護国論』を著し反論，やがて鎌倉の北条政子と二代将軍源頼家の帰依を受け寿福寺に臨済宗を開く。のち京都にも建仁寺を建て，禅宗は広く認められることとなる。また日本に医薬として茶を伝えたことでも知られ，『喫茶養生記』の著作もある。

臨済宗 Ｂ（りんざいしゅう）　中国禅宗の一派で，開祖は唐代の僧，臨済義玄。わが国には最初栄西が伝えた。公案とよばれる特別の問題が出され，それを追求していくうちに現れる疑問を，つきぬけたところに悟り

を得るという。このような方法を看話禅<ruby>看話禅<rt>かんなぜん</rt></ruby>とよぶことがあるが，これは公案を用いない中国曹洞宗による批判的なよび方。

公案  〔こうあん〕　臨済宗において，悟りに到達させる手段として，坐禅する者に与えられる問。たとえば，「隻手音声<ruby>隻手音声<rt>せきしゅおんじょう</rt></ruby>，つまり両手をたたいて音がするが，片手ではいかなる音がするか」のように，知的理解の及ばない難問である。

道元 Ｂ②〔1200～53〕

（どうげん）　日本の曹洞宗の開祖。幼少時に両親を失い，13歳で比叡山に入る。1223年，宋へ渡り幾人かの禅僧について修行するうち，曹洞宗の僧如浄<ruby>如浄<rt>じょじょう</rt></ruby>に出会う。如浄の禅は，世間の雑事を捨てて公案ももたずに，ひたすら坐禅に徹する只管打坐<ruby>只管打坐<rt>しかんたざ</rt></ruby>の禅であり，そこで悟りを得た道元は1227年帰国，日本曹洞宗を開く。道元は坐禅に徹する純粋な禅という中国曹洞宗を伝えるとともに，禅は悟りを得るための修行なのではなく，禅の修行がそのまま悟りの証であるという修証一等<ruby>修証一等<rt>しゅしょういっとう</rt></ruby>の立場をとった。建仁寺・興聖寺などを経て，1243年越前（福井県）に永平寺を開く。主著『正法眼蔵<ruby>正法眼蔵<rt>しょうぼうげんぞう</rt></ruby>』

曹洞宗 Ｂ〔そうとうしゅう〕　中国禅宗の一派で，日本へは南宋の禅僧如浄<ruby>如浄<rt>じょじょう</rt></ruby>の教えを受けた道元が1227年に伝えた。道元は中国曹洞宗にならって，只管打坐<ruby>只管打坐<rt>しかんたざ</rt></ruby>をつらぬき，また禅修行の生活について綿密な指導を行った。弟子たちも民衆教化に努めたので，地方武士層を中心に信徒は増え，教団は大きく発展した。現在は永平寺（福井県），総持寺（神奈川県）が二大本山。

自力 Ｃ Ｎ〔じりき〕　他力に対する語で，自己の努力や能力などで悟りに至ろうとする立場。道元の 資料 「人々皆仏法の器」として自己の仏性を自覚して只管打坐を勧める自力信仰の立場である。

只管打坐 Ｂ②〔しかんたざ〕　曹洞宗<ruby>曹洞宗<rt>そうとうしゅう</rt></ruby>の坐禅の特徴である，ただひたすら坐禅すること。いっさいの世事や理屈を捨てて坐禅にうち込むこのやり方については，中国で最初批判的に用いられた黙照禅<ruby>黙照禅<rt>もくしょうぜん</rt></ruby>というよび方

が我が国では肯定的に解釈された。道元は只管打坐を強調し，さらに坐禅の修行こそ悟りの証であると説いた。

修証一等 Ｃ〔しゅしょういっとう〕　道元の坐禅についての独自の思想。「修」とは禅の修行をさし，「証」とは悟りのあかしをさす。悟りは修行の結果として得られるのではなく，坐禅の修行は悟りそのものであるという意味。それゆえあらゆるものを捨てて坐禅に徹する只管打坐が求められる。

身心脱落 Ｃ②〔しんじんだつらく〕　身も心もぬけ落ちるという意味で，道元が師の如浄<ruby>如浄<rt>じょじょう</rt></ruby>から受け悟ったことば。道元は，いっさいの雑事雑念を離れてひたすら坐禅することは，身体も心もすべての束縛を離れた境地に達することであると説いた。資料 「仏道をならうというは，自己をならうなり。自己をならうというは，自己をわするるなり」

日蓮

日蓮 Ａ②〔1222～82〕（にちれん）　日蓮宗の開祖。安房国（千葉県）の漁師の子として生まれ，12歳で寺に入り16歳で出家し，鎌倉や比叡山で修行，32歳のとき故郷に戻る。天台宗法華教から多くを学び，念仏修行を批判，鎌倉で布教活動に入る。法華経の真理によって社会を正すことを主張し，『立正安国論』を著して北条氏に進言したが入れられず，かえって流罪となる。以後も度々弾圧を受けながら，法華経に基づく浄土の実現をめざして活動する。53歳で甲斐国（山梨県）身延<ruby>身延<rt>みのぶ</rt></ruby>に入り，61歳のとき湯治に向かう途上，池上（東京）で死去。

日蓮宗 Ｂ〔にちれんしゅう〕　日蓮を開祖とする宗派。初め法華宗といったが，天台宗（天台法華宗）と区別して日蓮法華宗とよぶようになる。日蓮の死後，関東周辺に始まって京都へも布教され信徒数も拡大していったが，教団もいくつかに分派していった。信徒の日常の修行としては唱題に特徴がある。

法華経 Ｂ②〔ほけきょう〕　大乗経典の一つで，一乗思想（真理は一つである）や歴史的存在としての釈迦と永遠普遍の仏との関係などが説かれる。日本ではすでに聖徳太子がこれを研究し（『三経義疏』），天台宗の中心経典としてその後の諸宗派に大きな影響

を与えた。特に日蓮はこれを絶対視し，法華経の題目（南無妙法蓮華経）を唱えること（唱題）を勧めた。

題目　C②N（だいもく）　日蓮が唱えた「妙法蓮華経（法華経）」への帰依を意味する「南無妙法蓮華経」の七字をいう。この唱題（題目を唱えること）によって，成仏できると説いた。

類 唱題 C

「南無妙法蓮華経」　B④N（なむみょうほうれんげきょう）　法華経に帰依したてまつるという意味。日蓮宗では法華経が中心経典とされ，仏法が集約されているとみるので，このように題目を唱えること（唱題）が勧められる。

無常観と日本文化

『平家物語』（へいけものがたり）　平家の盛衰を描く軍記物語。原作者・成立年代は不明だが，13世紀の末には盲目の琵琶法師たちによって語り伝えられていた。冒頭にある諸行無常，盛者必衰という仏教的世界観に基づいて平家の権勢の興隆もやがて衰えていくことを情感を込めて語る。 資料 「祇園精舎の鐘の声，諸行無常の響きあり。沙羅双樹の花の色，盛者必衰のことわりをあらわす」

無常観　C（むじょうかん）　この世のあらゆるものごとは絶えず移り変わるということ。仏教の宇宙観を支える原理の一つ（諸行無常）である。無常の語は，日本では古く『万葉集』の歌にも現れるが，平安時代にさらに浸透し，末法思想の流行とともに文学における無常への言及は増大し，人の世のありさまを語る情感が込められたことばとして，多用された。

西行[1118～90]（さいぎょう）　平安末期の歌人。武士の家の出身だが，23歳で出家，各地をさまよいながらさまざまな味わいの歌を残す。自然にわが身をゆだねる作風に当時の無常観が表れている。代表的歌集に『山家集』がある。 資料 「願はくは花の下にて春死なむ そのきさらぎの望月のころ」

鴨長明　N[1155～1216]（かものちょうめい）　平安末期から鎌倉時代に生きた歌人・随筆家。高位の神職の家に生まれたが，父の死後は芸道に精進し，特に和歌に秀で，『新古今和歌集』の編纂にも携わる。『方丈記

』は，隠者としての生き方や仏による救済を求める心情を述べた随筆。

『方丈記』　N（ほうじょうき）　1212年に成立した鴨長明の随筆。日野に庵を結び隠者として生きるまでの経緯から，仏による救済を求める心情にいたるまでを述べる。冒頭は無常観を表す典型的な一文。 資料 「ゆく河の流れは絶えずして，しかももとの水にあらず。よどみに浮ぶうたかたは，かつ消え，かつ結びて，久しくとどまりたるためしなし」

吉田兼好　N[1283～1350]（よしだけんこう）　鎌倉末期から南北朝期の歌人，随筆家。本名は，卜部兼好。兼好法師ともよばれる。神官の家に生まれ，儒教や老荘思想にも通じ，歌人としても名高かった。出家して著述に励み，その随筆の集大成が『徒然草』である。

『徒然草』　N（つれづれぐさ）　1331年頃に成立した吉田兼好の随筆。無常観や美意識を中心に，儒教的な啓蒙性や老荘的な無の思想とあいまって，独特の奥深さをもつ。 資料 「あだし野の露消ゆる時なく，鳥部山の煙たちさらでのみ住み果つる習ひならば，いかにもののあはれもなからん。世はさだめなきこそ，いみじけれ」

室町期の文化

一休[1394～1481]（いっきゅう）　室町時代の臨済宗の僧。京都や堺で民衆の教化に活躍，応仁の乱で荒廃した大徳寺の復興に努めた。活動や語り口に気どりがなく，形式的な戒律にこだわらず民衆に広く禅を説いたので，多くの文人や商人に慕われ，茶の湯の形成に影響を与えた。後世には多くの伝記や伝説を生んだ。

能　A（のう）　もともとは狂言とあわせて猿楽とよばれていた芸能で，中国唐代の能楽が奈良時代に入り，寺の法会などで演じられたもの。各地でさまざまな形で親しまれていたものに，観阿弥（かん，1333～84）・世阿弥（ぜ，1363？～1443？）父子が歌舞を取り入れ，故事などに基づく台本をつくり舞台芸術として大成させた。世阿弥の著書『風姿花伝』は，幽玄の美を追求する観世の能の真髄を説くものである。

類 観阿弥　世阿弥

幽玄 B（ゆうげん）　もともと仏法の奥深さをいう仏教用語であったが，和歌の評言で神秘的で奥の深い趣，ことばに言いつくされない余韻や情感を表す語として用いられるようになった。世阿弥は能の気高さ・優美さのなかにある幽玄をとらえたが，後にそれがはりつめた純粋さ，枯淡なの美を意味するようになった。

『風姿花伝』（ふうしかでん）　世阿弥による能楽の理論書。幽玄の美を追求する観世の能の真髄を説く。『花伝書』ともいう。能の命を「花」とよび，花にたとえて記述されている。稽古・演技・演出の要点を述べる。

狂言 C（きょうげん）　室町時代に能とともに成立した喜劇。起源は平安時代の猿楽とよばれる即興の喜劇的なものまね演技で，こっけいな演技で日常的なできごとを喜劇として表現する。

わび B　もともとは，心細く物哀しいうらぶれた心境を表すことばである。そこから，簡素，清貧のなかにある趣や心情の美しさを表現する語として用いられた。千利休によって完成された茶道における理念が「わび」である。そこでは，美をつくりだす心のもち方，一期一会なの主客の共同における心の下種という共通基盤が求められる。茶の湯において「わび」はいっさいの心の虚飾を取り除き，人間の本来の面目を回復することに通じていく。利休は「わび」の精神を表す歌として，定家の 資料「見渡せば花も紅葉もなかりけり　浦の苫屋の秋の夕暮れ」をあげた。
類 一期一会 C

さび B N　松尾芭蕉の俳諧における文芸的精神を表すことば。この理念は無常観と一所不住の人生観の上に成り立つ。中世以来の幽玄美に，さらに枯淡なる色調が加味されたものである。表面的な叙情ではなく，対象をとらえる作者の心的体験が「さび」の叙情をもっている。「さび」に導かれて哀れな余情を表現する「しおり」，「細み」，さらに「軽み」へと俳風の発展がみられる。

千利休 B［1522〜91］（せんのりきゅう）　安土・桃山時代の茶人。宗易と号した。商家の出身で，幼少より茶の湯を好み，堺で茶人として有名になる。参禅の経験から，禅の境地を生かした，質素ななかに茶の湯の真髄

を見いだすわび茶を大成した。織田信長，次いで豊臣秀吉とつながりをもち，特に秀吉とはその茶の湯の師として深くかかわるが，やがて対立し切腹を命じられた。

茶道 B N **(茶の湯** C）（さどう）（ちゃ〜ゆ）　千利休によって完成された茶を通して行われる総合芸術。栄西（『喫茶養生記』の著書もある）によって茶が伝えられて以来，禅宗の寺院で発達し，書院の茶として行われていたものが，村田珠光（じゅこう，1422〜1502）や武野紹鴎（じょうおう，1502〜55）を経て洗練され，利休がわび茶として完成させた。茶室建築や生花や茶碗や竹工まで洗練された美意識が要求される。

華道 N（かどう）　花を器に生けてその美を引き出す日本独特の芸術。室町時代に茶の湯に取り入れられて発達した。

水墨画 N（すいぼくが）　墨の濃淡や線の強弱だけで表現する東洋独特の絵画。山水・風景画に優品が多い。余分な彩色や表現を切り捨てる禅の精神を反映した芸術である。中国で唐代に始まり，日本には鎌倉時代に禅宗とともに移入され，室町時代に雪舟（せっしゅう，1420〜1506）が中国に渡って技法を学び，日本の水墨画を大成した。
類 雪舟

枯山水（かれさんすい）　室町時代におこった砂と石による作庭様式。砂と石の組み合わせのみで，水（さらに草木）を用いず，山水を象徴的に表現する。余分なものを極限まで捨てた石と砂のなかに奥深い美を示す。京都の竜安寺の石庭や大覚寺大仙院の庭が有名である。

竜安寺石庭（りょうあんじせきてい）　京都にある臨済宗の竜安寺の石庭。築地塀に囲まれた長方形の敷地一面に白砂を敷き，虎の子渡しといわれる大小15個の石を配置する。その石と砂だけで，雲の上に出た山や海に浮かぶ島などを象徴すると解釈されている。

8 江戸時代の学問と思想

朱子学と陽明学

日本の儒学 1（にほん・じゅがく）　儒教は，4，5世紀頃，朝鮮半島を経て日本に伝来し，一部の貴族や僧侶によって学ばれてきたが，江戸時代に本格的に定着した。江戸時代，

まず林羅山・山崎闇斎を代表とする朱子学が幕府の官学となり，武士階級の思想として受け入れられた。また，古学を提唱した山鹿素行は士道を確立した。一方，陽明学の中江藤樹や古義学の伊藤仁斎の思想は，官の思想から一般大衆に普及させる役割を果たした。他方，古文辞学の荻生徂徠は古代聖人の礼楽刑政の学問としての儒教を主張，その古代語を研究する実証的態度は後の国学をはじめとする諸学発展のきっかけとなった。この過程で，心情的・実践的・功利的な性格をもつ日本の儒教が形成された。

藤原惺窩 **C** [1561〜1619]（ふじわらせいか）　近世儒学の開祖。藤原定家の子孫として播磨（はりま）の国に生まれ，幼少にして仏門に入る。京都五山の一つである相国寺に入り，仏典とともに儒学を学んだ。しだいに儒学に専念するようになり，やがて朝鮮の朱子学者から影響を受け，仏門を離れて儒者となった。門下に林羅山など多数の学者を輩出し，近世儒学の伝統を開いた。

林羅山 **B** [1583〜1657]（はやしらざん）　朱子学を幕府の官学とする基礎を築いた，江戸初期の朱子学者。13歳から京都建仁寺で仏典・儒学の書を読んだが出家を拒否して家に帰り，朱子学を志した。21歳のとき藤原惺窩（せいか）に会い，論争を通じて彼に師事することになり，多くの学問的影響を受けた。また彼の推薦で徳川家康に会い，以後，秀忠・家光・家綱の四代の将軍に仕え，幕府の初期の法度（はっと）の作成，外交文書の解読・作成，典礼の作成などにかかわり，また古文書の収集にあたった。彼の死後，林家（りんけ）は代々儒学をもって幕府に仕えた。1690年，将軍綱吉の援助で神田昌平坂に私塾が建てられ，これが後に幕府公式の学問所，昌平坂学問所となったが，この基になったのが羅山が上野忍岡（しのぶがおか）に創設した弘文館である。主著『三徳抄』『春鑑抄』

存心持敬（そんしんじけい）　「存心」とは「放心」の反対で，本心を保つこと。「持敬」とは敬を持すること。つまり敬を守ることである。林羅山は天地の理と同時に人間社会における「上下定分の理」を説き，封建的秩序を正当化したが，そのような上下関係において重視される礼儀正しい行動を導く徳が「敬」である。「敬」とはこの場合，敬うこ

とではなく，慎むことであり，慎むとは自己の欲心を退け，私情を抑えて自己の本分を尽くすことである。この慎みを心に保ち続けることが「存心持敬」であり，彼は支配階級である武士に「敬」をもつよう努力し，他の模範となることを求めた。

類 居敬究理

陽明学 **B**（ようめいがく）　中国明代の王陽明によって樹立された儒学。王陽明は「心即理」（己の心の内に理が備わっている）を根本的立場とし，「知行合一」（ちこうごういつ）「致良知」（ちりょうち）を唱えた。陽明学は江戸初期，日本に紹介され中江藤樹・熊沢蕃山（ばんざん）らが出た。幕末になると思想運動として盛んになり，大塩平八郎をはじめ多くの陽明学者が活躍した。日本における陽明学は，官学としての朱子学に対する批判として出発した。

中江藤樹 **B** [1608〜48]（なかえとうじゅ）　江戸

初期の儒学者。日本の陽明学の祖。農家の生まれであったが，9歳で祖父にひきとられ，武士として育てられた。17歳で「四書大全」を読み，朱子学に傾倒するようになり，祖父の死後，19歳で郡奉行となった。しかし，27歳で老母を養うことを理由に，藩の許可を得ず郷里の近江に帰り，武士を捨てた。以後，郷里で儒学を講じながら清貧のなかで求道生活を続け，37歳のとき「陽明全書」を読み，陽明学に没入するようになった。彼はさまざまな徳行によって知られ，その感化は近隣の農民にも及び，その風俗まで変えたといわれる。死後特に名声が高まり，近江聖人（おうみせいじん）とよばれた。武士だけでなく万人に共通する道徳を求め，「孝」こそが道徳の根源であるとし，「孝」を中心とする徳を実行すべきであると主張した。中江の弟子には熊沢蕃山らがいる。主著『翁問答』『大学解』

類 近江聖人

孝（こう）　子が老人を助け支えることを表す文字であり，よく父母に仕えることを意味する語である。中江藤樹は「孝経」に基づき「孝」を道徳の根源とした。「孝」は「愛敬」の二字に帰着する。それは単に親に仕える

ことではなく，親を愛敬する孝行や，君を愛敬する忠，さらにすべての人を愛敬する心や天地宇宙に対する心ともなる。

致良知 **C**（ちりょうち）　人間の心に先天的に備わっている良知を窮め尽くすこと。良知とは是非善悪を見分ける能力である。王陽明は心に備わる理を知るだけで十分であり，この心のなかにある理が良知であるとした。

資料 「愚癡不肖（ぐちふしょう）といえども良知良能（りょうちりょうのう）あり」

古学と古文辞学

古学 **B** **N**（こがく）　朱子など後代の儒者の解釈を退けて，直接孔子や孟子の教えにまでさかのぼってとらえ直そうとした人たちの研究方法のこと。山鹿素行が提唱し，伊藤仁斎が学問的根拠に基づいて古義学を確立し，荻生徂徠が古学の立場をいっそう徹底させて古文辞学を確立した。彼らの学派を総称して古学派とよぶ。古学の方法論は国学の本居宣長にも受け継がれ，日本古代文化の再検討への道を開いた。

山鹿素行 **B**［1622〜85］（やまがそこう）　江戸前期の儒者で古学の提唱者，また兵学者。彼の兵学は儒学を基礎として士としてのあり方を中心に説くものであった。しかも彼が問題にしたのは泰平の世の支配者としての武士のあり方であり，儒学によって「士道」を確立しようとした。45歳のとき『聖教要録』を著して当時の儒学の主流であった朱子学を批判し，幕命により赤穂浅野家にお預けとなった。彼の兵儒二学を統合した実践的な士道は，幕末の吉田松陰に影響を与えた。主著『聖教要録』『山鹿語類』

類 士道 **B**

伊藤仁斎 **A** **2**［1627〜1705］（いとうじんさい）　江戸前期の儒者で古義学派の創始者。京都堀川の上層町衆の家に生まれ，家の反対を押し切って，独学同様にして朱子学を学び儒者と

なる。その後朱子学から離れ，思想的遍歴を経つつ独自の立場を築いていった。36歳の頃家に戻って古義堂とよばれる家塾を開き，各地から3000人余りの門人が集まったといわれる。生涯を町人身分のまま学者として送った。彼が築いた思想体系はその目標からみて古義学，成立場所の名をとって堀川学，彼自身の号から仁斎学とよばれる。彼はまず朱子をはじめとする後代の注釈を排し，直接『論語』『孟子』を熟読することを求めた。それによって聖人の意思を知り，儒教のもともとの意味（古義）を理解しなくてはならないと考えたのである。主著『童子問』『論語古義』『語孟字義』

愛 **A** **1** **N**（あい）　伊藤仁斎は『論語』の研究から，仁は究極のところは愛につきるとみ，少しでも残忍，薄情な気持ちがあるときは，仁であることはできないと説いた。資料「われよく人を愛し，人またわれを愛し，あい親しみ，相愛す」ことが人間の日常従うべき道であり，身分的な差別をこえて，人間同士が親しみ愛し合うことを求めた。そして君臣関係における義も，父子の親も，夫婦間の別も，兄弟間の序も，朋友間の信も，皆愛から発したものであり，愛から発するときにのみ本物であると説いた。

誠 **A** **2**（まこと）　伊藤仁斎は孔子の説いた仁を愛ととらえ，この愛を実現するために「誠」が必要だと考え，資料「誠は道の全体。故に聖人の学は，必ず誠を以って宗（そう）と為す」（『童子問』）といった。誠とは「真実無偽」であるとした。ここでの誠は，人間の交わりにおける心情の偽りのなさ，自他に偽りをもたない純粋な心であった。そして心を誠にするには，日々の生活のなかで忠信を守ることが必要だと説いた。仁斎の強調した誠は，古代日本人の清明心に通じるものとみることができる。

古義学 **B**（こぎがく）　伊藤仁斎の唱えた学問。朱子をはじめとする後代の注釈を排し，直接『論語』『孟子』を熟読し，聖人の意思を知り，儒教のもともとの意味（古義）を理解しようとする。仁斎は生涯を町人身分のまま学者として送り，儒教を町人の日常生活次元におろし，京都堀川に古義堂を開きその教えを広めた。堀川学ともいう。

同 堀川学

荻生徂徠 **B**[1666〜1728]（おぎゅうそらい） 江戸中期の儒学者。将軍綱吉の侍医の子として生まれ、10歳以前に詩作を行うなど幼時より優れた才能を示した。

14歳のとき父が江戸払いに処され、上総（千葉県）に移り、村の農民らと働きながら、約12年間を独学しつつ辛苦のうちに過ごす。のち江戸に戻り、30歳のとき柳沢吉保に仕え、厚遇されるようになり、徳川綱吉の学問相手も務め、幕政にも影響（赤穂浪士の処分問題など）を与えた。吉保の隠居にともない、家塾である蘐園塾を開き、伊藤仁斎の堀川学派や新井白石らとライバル関係に立ちつつ、儒学の研究を進めた。彼の儒学思想は、古文辞学とよばれたり、経世済民の学とよばれたりする。主著『弁道』『政談』『論語徴』

古文辞学 **B**（こぶんじがく） 古学派の立場を徹底させた荻生徂徠が提唱した学問の方法論。古文辞とは中国古代の文章のことである。徂徠は、厳格に道徳を説く当時最も勢力のあった朱子学は、人情の自然を抑圧するのではないかという疑問をもった。そして、朱子学が誤っているとしたら、それは四書五経を誤読し、聖人の教えを誤解したためだと考え、これらを古代中国語に習熟した上で正確に読解することが必要であると考えた。彼は「六経」（『易経』『詩経』『書経』『春秋』『礼記』『楽経』）を研究の対象とし、真の聖人の教えを明らかにしようとした。この古文辞学の方法論は国学の本居宣長にも影響を与えた。

経世済民 **B**②（けいせいさいみん） 世を経め、民を済うこと。荻生徂徠が説く学問の目的。彼は、古文辞学の立場から「六経」を研究し、その結果、聖人の道とは道徳のことではなく、天下を安んずる営み、すなわち経世済民のことであり、具体的には「先王」とよばれる古代中国の理想的君主たちが定めた政治制度のことであるとした。彼の学問は「経世済民の学」とよばれる。

類 先王の道

国学

国学 **A**⑤**N**（こくがく） 『古事記』や『万葉集』などの日本の古典を直接研究し、日本古来の道を明らかにし、そこに日本人としての真実の生き方を見いだそうとした江戸中期に興った学問のこと。国学の先駆をなしたのは僧の契沖であり、次いで荷田春満はその研究を受け継ぎつつ発展させ、賀茂真淵は国学の体系化を試みた。その後国学の大成者となったのは本居宣長である。国学の思想は幕末において、人々に幕藩体制という枠をこえて日本という国を自覚するきっかけを与えるとともに、明治維新の思想的原動力になり、維新における教育・学問の中心とされた。

賀茂真淵 **C**②[1697〜1769]（かものまぶち） 江戸中期の国学者。神職の家に生まれる。荷田春満に学び、主に『万葉集』の研究を行い国学の体系化を試みる。彼は儒教や仏教が日本に渡来する以前の、純粋な日本の古代精神（古道）を理想化し、それに帰ることを求めた。それは『万葉集』のなかに示されている感動を素直に表した「ますらをぶり」にみることができるとし、平安時代以後の「たをやめぶり」や「からくにぶり」を批判した。主著『国意考』『万葉考』『歌意考』

ますらをぶり（－お－） 賀茂真淵が理想とした、『万葉集』の歌にみられるおおらかで男性的な精神。高く直き心のさま。真淵はこれを古代日本人の特色とみた。「たをやめぶり」に対する語。

たをやめぶり（－お－） 『古今集』や『新古今集』の歌にみられる女らしいやさしい精神。真淵は古代の純粋さが喪失したものとして批判したが、本居宣長はこの心情を重視した。「ますらをぶり」に対する語。

本居宣長 **A**[1730〜1801]（もとおりのりなが） 江戸中期の国学者。商家に生まれるが、医者になるため22歳のとき京に上り、儒学と医術の修業を行う。そこ

で契沖の著作や古文辞学を唱えた荻生徂徠の著作に接し、大きな影響を受ける。33歳のとき賀茂真淵に会

い入門する。真淵の志を継ぎ，その後35年かけて『古事記伝』を完成させ，国学の大成者となる。彼は『源氏物語』の研究を通して，文芸の本質は「もののあはれ」であるとした。また，後世の解釈によらずに何事も古書によって古代の本来の姿を明らかにすべきだと説き，その立場から「からごころ（漢意）」を排し，『古事記』に表された世界をそのまま受け入れるべきだとした。彼が古代の研究からとらえた日本固有の道は，「かん（神）ながらの道」とよばれるもので，彼はそれを生まれながらの「まごころ（真心）」にほかならないとした。主著『古事記伝』

もののあはれ **B** (-わ-)　「あはれ」とは感嘆詞の「ああ」と「はれ」が短縮された語である。本居宣長によれば「もののあはれ」とは，人間の心が自然や人間のさまざまな面に触れたときに起こる，しみじみとした感情の動きのことである。また文芸の本来の意味は「もののあはれ」を知ること，つまりものに感じて動く人の心を知ることにある。「もののあはれ」を知る人を「心ある人」として人間の理想とした。

からごころ **B** 2 **（漢意** **B** 4)　(からごころ)　中国から伝わった儒教や仏教などの文化に影響，感化され，その考え方や生き方に染まった心。「大和心」に対することば。本居宣長は，仏教や儒教などのような才知や意志による作為を捨て，「よくもあしくも生まれつきたるままの心」に返ることを主張した。 資料 「がくもんして道をしらむとならば，まず漢意をよくのぞきさるべし」

真心 **A** 2 (まごころ)　まことの心，偽りのない真実の心。本居宣長は，真心とは 資料 「よくもあしくも生まれつきたるままの心」のことであり，それこそが道であると考えた。そして，平安時代以降の人々が「からごころ」に染まって，「真心」を失ったことを批判した。「真心」とは「からごころ」に対する「大和心」であり，日本に固有の心をさし，人間の自然の心情のままに素直でやさしく，女々しくもある心のことである。彼は，さかしらから出たつくりごとでない人間の自然のままの性情を肯定したのである。

石田梅岩 **C** [1685〜1744]　(いしだばいがん)　商人の従うべき道として「正直」と「倹約」を説き，石門心学を創始した江戸中期の思想家。山村に生まれ，農業に従事したが，23歳のときから京都の商家に奉公した。そのかたわら独学で神道・儒教・仏教の書物を読みあさり，やがて商家を退き，45歳のとき町人を対象に「聴講自由，席料無料」の看板を掲げて講釈をはじめた。彼はむずかしい問題は比喩をもって説明し，日常のことばで分かりやすく教えを説いた。彼の講釈には多くの人が集まり，彼の名は広まった。彼は士農工商という身分秩序を職業の別による分業体制ととらえ，人間としての上下の区別を否定し，罪悪視された町人の営利活動を肯定した。石門心学は，弟子たちにより社会に流布された。主著『都鄙問答』『斉家論』

江戸期の文化

義理 **N** **と人情** **A** **N** (ぎり-にんじょう)　日本の封建社会に発展した独特の社会的感情。人情は個別的な人に対する情愛のこと。義理の基本形は好意に対するお返しの意味である。信頼への応答や好意に対するお返しの義理を果たさない場合，その人は閉鎖的な共同体の内部では，体面が保てないことになる。そこで，自分の名が汚されないための義理，意地としての義理が成立する。義理と人情の板ばさみの悲劇性を主題にしたのが，近松門左衛門の作品の多くである。

近松門左衛門 **C** [1653〜1725]　(ちかまつもんざえもん)　江戸中期，元禄時代の浄瑠璃・歌舞伎台本作家。近松の作品の主題は義理と人情との葛藤である。義理を果たそうとすれば人情を抑えなければならず，人情に流れれば義理を欠くことになるという状況における人々の生きざまを描き出した。代表作に『国姓爺合戦』『心中天網島』『曽根崎心中』などがある。

歌舞伎 **C** (かぶき)　江戸時代に大成した日本の代表的演劇。慶長(1596-1615)頃の阿国歌舞伎に始まり，若衆歌舞伎を経て元禄期(1688-1704)に演劇に発展した。女優の代わりに女形をもちいる。「かぶき」は奇抜で派手な姿や振る舞いをする「かぶ

く」に由来する。「仮名手本忠臣蔵」「義経千本桜」「菅原伝授手習鑑」の三大作品や黙阿弥の世話狂言などがあり，現代でも上演されている。

松尾芭蕉 **C** [1644~94]（まつおばしょう）江戸前期の俳人。伊賀上野に生まれる。10代末から俳諧を始める。後に江戸に移り一門を確立するが，やがて一所不在を志し，旅と草庵住まいとをくり返しながら，「さび」「しをり」「細み」「軽み」を重んじる蕉風とよばれる俳風を樹立することによって，俳諧を独立した芸術として確立し，庶民の間にも広めた。45歳のときの7か月に渡る『奥の細道』の旅が最もよく知られている。 資料 「造化にしたがい，造化にかへれとなり」

類 『奥の細道』 **N**

佐久間象山 **6**[1811~1864]（さくましょうざん）江戸時代末期の思想家。松代藩士。朱子学者であると同時に，西洋の学問にも精通。特に西洋兵学を専門として，松代藩の軍議役も務めた。主たる門弟に吉田松陰，橋本左内，勝海舟，坂本龍馬など。当時の日本における稀有な知識人として，全国的な知名度を誇った。ペリー来航後は，開国論者の代表格とみなされるようになり，幕末の京都において尊王攘夷派の手により暗殺された。

9 日本近代化への歩み～明治の思想

文明開化 **C** **N**（ぶんめいかいか）明治初期に，明治新政府が推進し，また社会現象ともなった西洋文明の導入，近代化（西洋化）策。近代的工場，鉄道，電信，郵便，洋服，洋風建築，散髪（ザンギリ頭）などがその象徴である。しかし，上からの欧化政策であり，物質的・外面的であるという問題を含んでいた。

廃仏毀釈 **N**（はいぶつきしゃく）明治初年に起こった寺院・仏像・仏具などを破壊する運動。毀釈は，釈迦の教えを棄てるという意味。政府は復古主義政策の一環として1868年，従来の神仏習合を否定する神仏分離令を発し，神道の国教化をすすめたため，各地で引き起こされた。

福沢諭吉 **A** **3** **N**[1835~1901]（ふくざわゆきち）豊前中津藩出身。大坂の緒方洪庵の適塾で蘭学を学び，1858年藩命により江戸に蘭学塾を開く。幕府に翻訳官として仕える間3度欧米に渡る。このときの知見を『西洋事情』として刊行し，画期的な海外紹介書として広く読まれた。1868年慶應義塾発足。明治維新以降は，在野の立場をつらぬき，教育・言論に啓蒙思想家として活躍した。英国功利主義の立場から封建制度，封建的思想を批判し，個人と国家の独立，実学尊重を主張した。自由民権運動に批判的であり，1882年「時事新報」を創刊し，官民調和を唱えた。国家の独立と国力充実の重視は，しだいに国権伸張論を展開することとなり，日清戦争を「文明と野蛮の戦争」と断じ主戦論を主張した。国民の智徳を高め，日本社会の文明化をはかることと，日本の国家独立とが福沢の終生のテーマであった。主著『学問のすゝめ』『文明論之概略』

独立自尊 **B**（どくりつじそん）福沢諭吉の思想の核心で，個々人が他に依存せず，自主独立の生活を営もうとする精神。福沢は， 資料 「東洋になきものは，有形に於て数理学，無形に於て独立心と，此の二点である」と述べてその必要性を論じ， 資料 「一身独立して一国独立す」と述べた。

実学 **C** **1** **N**（じつがく）福沢諭吉が重視した，一般に日常生活に実際に役立つ学問のこと。『学問のすゝめ』のなかで「有形においては数理学（近代科学）」，また 資料 「人間普通日用に近き実学」と説明している。東洋の学問（漢学）に対して実用的な西洋の学問をいう。

『学問のすゝめ』 **B** **N**（がくもん-）福沢諭吉の著作で，1872~76年にかけて刊行された。 資料 「天は人の上に人を造らず，人の下に人を造らずといえり」という初編の書き出しは有名。封建制度を攻撃し，実学を奨励。「学ぶ」ことによる個人の独立が国家の独立をうながすとした。340万冊というベストセラーとなり，その四民平等，自由独立の主張は，多くの国民に影響を与えた。

脱亜論（だつあろん）　1885（明治18）年3月「時事新報」紙上に発表されたアジアの悪友（中国，朝鮮）を「謝絶し」，西洋文明国と同じような方法でアジアに進出すべきであると論じた福沢諭吉の主張。福沢の主張は国民に大きな影響を与えたが，官民調和を論じ，さらに国権拡張論に傾斜していき，特に朝鮮情勢の緊迫のなか，対清強硬・アジア侵略を主張し，脱亜入欧が論じられた。

中江兆民　**C**③［1847〜1901］（なかえちょうみん）ルソーの『社会契約論』の翻訳『民約訳解』を発刊，天賦人権説による人民主権や抵抗権などフランス流の民権思想の普及活動を行い，「東洋のルソー」と称された明治期の自由民権思想家。土佐藩の出身でフランス留学。「東洋自由新聞」主筆。自由党の機関紙「自由新聞」にも関与した。[資料]「民権是レ至理也。自由平等是レ大義也」として専制政府を激しく攻撃した。1890年，自由党の衆議院議員になったが，政府民党の妥協をまえに，議場を「無血虫の陳列場」と評して憤激，議員を辞した。主著『三酔人経綸問答』『一年有半』『続一年有半』『民約訳解』（翻訳）

恢復的民権（かいふくてきみんけん）　中江兆民が『三酔人経綸問答』で用いたことばで，人民が下から勝ち取った民権のこと。兆民の理想とするところであり，[資料]「自由は取るべきものなり，貰うべき品にあらず」という。ただし，日本の場合は，恩賜の民権を育てあげ，回復の民権と同様のものに改正していくべきであると説いた。

恩賜的民権　**C**（おんしてきみんけん）　中江兆民が『三酔人経綸問答』で用いたことばで，為政者によって上から人民に恵み与えられた民権のこと。しかし兆民は，一気に人民がしたから勝ち取った恢復（回復）的民権を実現することはその時代には無理があるとし，この恩賜の民権を育てあげ，回復的民権と同様のものに改正していくことが必要だとしている。

内村鑑三　**B**③［1861〜1930］（うちむらかんぞう）近代日本の代表的キリスト者・宗教思想家。高崎藩士の子。武士が没落するなかで少年期を送り，独立・自立の精神の肝要さを養う。札幌農学校に入学し，キリスト教に入信。23歳のとき渡米し，苦学して神学を

学ぶ。帰国後，日本は武士道精神に基づく至誠な道徳心をもつとして，キリスト教が根づくことを確信し，「二つのJ」すなわち日本［Japan］とイエス［Jesus］への愛に生涯をささげることを決心する。1891年の教育勅語不敬事件では良心に基づいて権威に抗し，1901年の足尾銅山鉱毒事件では企業倫理を求めて財閥を攻撃し，日露開戦時には非戦論を唱えた。その後無教会主義を唱え，教会や儀式にとらわれず，自己の信仰のあり方に重心をおいた信仰を確立していった。主著『余は如何にして基督信徒となりし乎か』『代表的日本人』
　　[類]**無教会主義**　**C**

二つのJ　**B**③（ふたー）　内村鑑三がその生涯をささげることを誓ったイエス［Jesus］と日本［Japan］のこと。彼は，不義のまかり通る欧米のキリスト教国に見切りをつけ，武士道的倫理観をもった日本に，神の義にかなう国を築こうとしたのである。[資料]「私どもにとりまして，愛すべき名とては天上天下ただ二つあるのみであります。その一つはイエスでありまして，その他のものは日本であります」

夏目漱石　**A**⑦**N**［1867〜1916］（なつめそうせき）日本近代文学史上の代表的小説家，評論家。東京生まれ。幼少期より，里子や養子に出され，青年期には，正岡子規と交わり俳句に親

しむ。大学では英文学を専攻し，イギリスに留学したが，極度の神経衰弱に陥り帰国する。出世作『吾輩は猫である』では，世相に対する風刺をユーモアのなかに表現する。『三四郎』『それから』『門』では，青春，エゴイズム，恋愛，罪の意識などを追究した。『彼岸過迄』『行人』『こころ』では，愛をも信じられない知識人の孤独な姿を描く。未完の大作『明暗』では，漱石が追究してきた近代人の自我と，その孤独感をのりこえた「則天去私」の境地を描こ

うとしたが果たせず、49歳で死去した。

自己本位 B（じこほんい） 漱石が近代的自我の確立を探究した末に到達した考えで、自己を見失って、他者に隷属するような生き方を否定し、自己の個性に即し自己のために生きる生き方である。しかし自己本位が万人の立場として採用されたとき、個人と個人、自己本位と自己本位とのあいだに衝突と軋轢が生じる。個人が自己のために生きるあまりに他者の自己を奪い、他者を圧迫することになりかねない。その解決の道は、倫理的修養によって人格を築きあげることで、漱石がたどり着いた最終の境地は「則天去私」の世界であった。

内発的開化 C（ないはつてきかいか） 漱石が日本近代文明の特質を論じたもので、 資料 「西洋の開化は内発的であって、日本の開化は外発的である」とされた。すなわち西洋の開化は、蕾が破れて花が咲くように内部から自然に発展したものだが、日本の開化は、外から力を加えられ無理に行われたものだとした。西洋文明の圧力によってやむをえず急激に開化し、軍備や機械技術は一応西欧的な水準にたどり着いたものの、それらの土台として、社会全体の調和を実現すべき精神（内面）生活は貧困そのものであった。ここに近代日本の悲劇性があり、そのために日本人は、生き方においても自信をもつことができず、虚無感や不安といった感情にとらわれている。これが漱石の分析である。

則天去私（そくてんきょし） 晩年の漱石が自己本位の個人主義を徹底化した末にたどり着いた境地で、小さな私（自我）を去って、天（大我・自然・運命）の命ずるままに生きるという考え。西欧的な倫理的精神と、東洋的・禅的解脱の世界の双方を超克、止揚しようとする考えがあった。

西田幾多郎 B⑤［1870～1945］（にしだきたろう）近代日本の代表的哲学者。石川県生まれ。教職のかたわら、禅修行と読書に没頭し思索を深めた。西洋哲学の伝統である論理的思考に基づいて、東洋的ないしは日本的思想（そ

の多くは禅思想）を解明し、独創的哲学を構築した。それは純粋経験や絶対無を徹底的に理論化して展開された。これは明治の近代的自我・個人の発見に対して、それをのりこえ個を自他融合の立場に引き上げるものであった。西田哲学は、西洋一辺倒から日本の固有性にその学問を引き戻し、後世の学者に大きな影響を与えた。主著『善の研究』『無の自覚的限定』

純粋経験 B②（じゅんすいけいけん） 西田哲学の出発点で、思考によるいっさいの付加物を含まない直接の経験をいう。 資料 「純粋経験においては未だ知情意の分離なく、唯一の活動であるように、また未だ主観客観の対立もない」。すなわち実在を主観・客観、精神と身体、心と物というような対立や分裂したものとして前提するのではなく、それ以前の主客未分（主観と客観がまだ区別されていない）の状態で把握する。例をあげれば、すばらしい音楽にわれわれが魅了され、自己を忘れて聞き入っているときの思惟する以前の経験ということになる。

類 **主客未分 C**

『善の研究』 C（ぜんけんきゅう） 西田幾多郎が41歳（1911年）のときに刊行したわが国における最初の独創的哲学書。純粋経験を出発点に、自他統一を求める自己の真実のあり方を追究したもの。 資料 「善とは一言にていへば人格の実現である」という。

和辻哲郎 A⑥［1889～1960］（わつじてつろう） 日本の代表的倫理学者。兵庫県生まれ。青年期、夏目漱石に出会い、深い感銘を受け文学者を志した。和辻の哲学研究者としての出発点は、

ニーチェとキルケゴール研究であった。その後『古寺巡礼』を著し、大和の古寺を近代的意匠をもってよみがえらせ、『日本古代文化』では思想史的・哲学的に日本古代論を展開し、新しい日本像を打ち立てた。西田幾多郎の知遇を得て京都帝国大学（現京都大学）の倫理学の助教授に就任、倫理学の学者としての道を進む。ここで代表作となる『人間の学としての倫理学』『風土』を生み、その後東京大学に転じた。その間

『倫理学』を著し，個人は国家によって具体的な個人になるのだとし，国家への個人の帰入を説いた。

『人間の学としての倫理学』 **C** (にんげんーがくーりんりがく)　和辻哲郎の代表的著作。1934年発行。倫理学を「人間の学」と規定し，人と人との間柄の学であると規定した。すなわち，人と人とが社会関係のなかでどのように結びつき，どのような関係性をもち，どのように自己をとらえ，どのように自己と社会をよりよく創造しようとするか，こういう運動として倫理学をとらえた。ここには欧米の考え方に対する批判と，温情的共同生活を尊いとする日本的伝統を評価する考えがある。**資料**「人間とは『世の中』であるとともにその世の中における『人』である。だからそれは単なる『人』ではないとともにまた単なる『社会』でもない」

間柄的存在 **A**⑤(あいだがらてきそんざい)　和辻哲郎の倫理学の根本概念で，人間存在を他者との関係性のなかでとらえる。西欧近代思想のように，独立した個人を出発点に社会や人間関係をとらえるのではなく，人を間柄の関係で，他者や社会とのかかわりのなかで，相依って存在するものとしてとらえた。

柳田国男 **B**③[1875〜1962] (やなぎたくにお)　日本を代表する民俗学者。旧姓松岡。兵庫県生まれ。役人として各地をめぐるうち，農山漁村の風俗・習慣・文化のなかに，歴史学ではとらえきれない日本人の特質などを発見した。その後官職を辞し，民間にあって民俗学研究を主導した。主著『遠野物語』『蝸牛考』

常民 **B** (じょうみん)　柳田国男が主要研究対象とした，ムラに定住し，祖霊信仰を共有する農民を中核とした階層。

折口信夫 (おりくちしのぶ)　大正・昭和期の民俗学者・国文学者・歌人。柳田国男の民俗学の方法論に触発され，国文学・芸能史などに応用した。日本の神の原型を，他界(常世国)から来臨する「まれびと」とした。

基本的人権の尊重と法

仮に一人を除く全人類が同じ意見をもっていて，ただ一人だけがそれとは反対の意見を抱いているとしても，人類がその一人を沈黙させることは不当である。それは，仮にその一人が全人類を沈黙させる権利をもっていても，それをあえてすることが不当であるのと異ならない。

——J. S. ミル（『自由論』より）

1章　民主政治の原理

1 近代国家と立憲主義

人間と政治

政治　🅐10 🅝（せいじ）　社会を構成する人々のさまざまな利害や意見を調整し，統合をもたらす働き。それには，利害や意見が対立する人々に働きかけ，調整を納得させていくことが必要であり，統合を拒むものに対しては物理的な強制力を用いることになる。まつりごと。

権力　🅐5 🅝（**国家権力**🅑5 🅝）（けんりょく）（こっかけんりょく）　政治に作用する強制力。具体的には，法に従わない者を逮捕することや，納税を強制することなどにあらわれる。軍隊が武力を対外的に行使することもある。国家は，こうした権力をもつ唯一の集団であり，その権力を国家権力，あるいは国家の政治権力とよぶ。

　　　　　　　　　　　　　　　🈥 **政治権力**🅑 🅝

国家　🅐15 🅝（こっか）　一定の地域に住んでいる人々に対して権力の作用を及ぼすことのできる集団。国家の要素としては，領域（領土・領海・領空）・国民・主権の三つがある（国家の三要素）。国家の成立については，マルクス主義のように支配階級が他の階級の支配のためにつくりだしたとする説や，社会契約説のように人民の合意によって成立したとする説など，さまざまな説がある。国家についての観念は歴史的に変化してきた。18・19世紀には，市民社会を維持する最低限の役割を果たせばよいと考えられ，夜警国家といわれた。これに対して，現代の国家は，福祉などの社会問題解決のための政策を行うなど，経済過程にも介入し，積極的な役割を果たす，福祉国家（社会国家）である。

社会規範　🅐（しゃかいきはん）　人間の行動を規制し，ときに拘束する規律・行動の基準。法・慣習・道徳などがある。

憲法　🅐30 🅝（けんぽう）　国家における根本法。国家としての組織，政治の原則，国民の権利などを規定する。国民主権がうたわれ，人権保障と権力の分立が近代憲法の基本で

ある。つまり，国家権力を制限し，国民の権利や自由を守るところに憲法の本質がある。その意味で憲法とは，国家の権力担当者に対して突きつけられた命令であり，国家権力と国民との契約文書でもある。

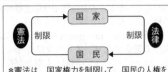

*憲法は，国家権力を制限して，国民の人権を保障するもの。
*法律は，国民の自由を制限して，社会の秩序を維持するためのもの。

▲憲法と法律の関係

成文憲法 （せいぶんけんぽう）　文書形式をもった憲法。通常は一つの法典からなるが，複数の成文法として存在するものもある。今日では一部の例外を除き，ほとんどの国が成文の憲法典をもっている。

不文憲法 Ⓒ（ふぶんけんぽう）　成文化された憲法典をもたない憲法。イギリス憲法が典型とされるが，マグナ・カルタや人身保護法のように成文化された規範も存在する。
☞ p.142（不文憲法）

法 Ⓐ⑩Ⓝ[law]（ほう）　最終的には国家権力による強制と結びついた社会規範の総称。社会規範には道徳や慣習などもあるが，国家権力による強制をともなわない点で法と異なる。裁判などの法的判断の基準となる法の形式には，憲法・法律・命令・規則・条例・慣習法・判例法などがある。こうしたさまざまな法は，国の最高法規である憲法を頂点とした段階的な構造をつくっていて，上位の規定に反する内容の下位の法は無効となる。同じ形式の法どうしが，あることがらについて別々の趣旨の規定をしている場合には，それについて特別に規定する特別法が，一般法に優先する。

法律 Ⓐ㉘Ⓝ[act]（ほうりつ）　広い意味では，法と同じ意味で使われるが，狭い意味では議会で制定された法のみをさす。この意味での法律は，法体系のなかでは憲法より下位にあり，命令・規則・条例より上位にある。

慣習 Ⓐ②Ⓝ（かんしゅう）　その社会または集団の大多数の人に受け継がれてきた行動様式，社会的なならわしとしての社会規範。規範に反した場合には，村八分など制裁を受けることがある。

道徳 Ⓐ②Ⓝ（どうとく）　個人の良心に働きかけて，その行為を規制する社会規範。法律のような強制力はない。

秩序 Ⓐ⑤Ⓝ（ちつじょ）　社会を構成している人々が相互の間に規則性のある関係をもち，社会に安定した均衡を成り立たせている状態をいう。社会の秩序を形成・維持することは政治権力の基本的課題である。

利害 Ⓑ③Ⓝ（りがい）　特定の個人や社会集団にとって有利または不利な社会的状況をもたらすもの。共通の利害をもつ人々は，自分たちに有利な状況をもたらそうとして活動する。これをインタレスト・グループ（利益集団）といい，圧力団体もその一つ。

調整 Ⓐ①Ⓝ（ちょうせい）　社会における個人や集団の対立を統合する活動をいう。

支配の正統性　（しはいせいとうせい）　権力による人間支配は，物理的強制力だけでは達成されない。支配される側が支配の正統性を認め，支配を自発的に支えることが重要である。マックス＝ウェーバーは，この正統性を次の3つに類型化している。

伝統的支配：支配者の背後にある伝統（世襲）に正統性の根拠を認めて成立する。君主制や天皇制など前近代社会に当てはまる。

カリスマ的支配：支配者がもっている非凡な天与の資質（カリスマ）に正統性の根拠を認めて成立する。政治的英雄や宗教的教祖など変動期の社会に当てはまる。

合法的支配：支配者の地位が，一般的に承認されている法に基づいていることに正統性の根拠を認めて成立する。近代社会によく見られる官僚的支配はその代表例である。

マックス＝ウェーバー Ⓒ④Ⓝ[Max Weber, 1864〜1920]　ドイツの社会学者・経済学者。その研究の業績は宗教社会学・経済史・政治学など多岐にわたり，現代の社会科学にも大きな影響を及ぼしている。『経済と社会』（1921〜22年）では，「支配の社会学」として正統性による支配の3類型を明らかにした。『プロテスタンティズムの倫理と資本主義の精神』（1904年）においては，近代の資本主義社会の成立がプロテスタントの勤勉さ，禁欲的な生活態度とどのようにかかわったかを論じている。

『職業としての政治』（1919年）では，心情倫理と責任倫理とを区別し，政治を評価する基準としては，結果責任としての後者の重要性を指摘している。このほかに『職業としての学問』（1919年）などがある。

権威 **Ｃ** **４** **Ｎ** （けんい）　命令や強制に服従させる威力。権威は，服従者が権力を内面的にも承認することによって高まり，権力の安定性を増すことになる。

主権 **Ａ** **３** **Ｎ** （しゅけん）　国家の最高権力を指す概念。フランスの政治思想家ボーダンが国王を擁護するため，『国家論』のなかで初めて体系的に論じた。現代では，主権の具体的意味は３つに分かれる。第１は，国家が対外的に独立しており，他国に従属していない状態のことを指す。第２は，国家が自国領土に対する絶対的な支配権限を有していることを指す。第３は，国家の最終的な意思決定権のことを指す。

革命 **Ａ** **１** **Ｎ** （かくめい）　国の政治原理や政治構造を根本的に変革すること。主なものに，ブルジョア革命とプロレタリア革命がある。ブルジョア革命は，市民階級が中心となって封建的な絶対主義を打倒した革命であり，フランス革命がその代表とされる。プロレタリア革命は，資本主義社会を倒し，社会主義社会を建設しようとした革命で，ロシア革命がそれにあたる。

クーデタ **Ｎ** ［coup d'État］　政権を構成している同一勢力・同一階級の内部で，政権の獲得や強化のために非合法的に武力行使を行うこと。政治家や軍人といった支配階級の内部での権力の移動である点が革命とは異なる。フランス革命後のナポレオン１世の権力掌握の例が典型的で，日本の二・二六事件（1936年）などは失敗例にあたる。現在でも，中南米・アフリカなどの新興国でこの形の政権交代が，時々みられる。

統治 **Ａ** **１** （とうち）　権力を行使して組織の秩序を形成する行為。その典型例が国家の中枢部門たる政府である。政府は権力を行使して自国領域の秩序を形づくり，その国家の理念や目的に向かって日々実務を執行する組織と呼べる。また，統治という営みは国家だけに留まらない。例えば，企業の在り方を管理監督することは企業統治と呼

ばれる。

統治行為 **Ａ** **Ｎ** （とうちこうい）　統治にかかわる国家権力の政治的意思決定。高度の政治性をもつ国家行為として，その合憲性の判断を司法権の審査対象とすることは不適当とされる。しかし，安易な援用は違憲審査権の放棄につながるとする批判もある。フランス語の"acte de gouvernement"に由来する概念であり，アメリカにも"political question"という類似した概念が存在する。　☞ p.251（統治行為論）

政治集団 **Ｎ** （せいじしゅうだん）　政治活動を行っている社会集団。政権の獲得を主たる目的とする政党がその典型。

統治機構 **Ｂ** **１** **Ｎ** （とうちきこう）　政治機構ともよばれる。立法・行政・司法の全体を含んだ政治の組織をいう。近代の憲法は，人権保障の部分と統治機構の部分からなる。統治機構は基本的人権を保障するための政治のしくみとして位置づけられている。

政治過程 **Ｃ** **Ｎ** （せいじかてい）　政治的意思決定に至るプロセス全体。現代国家では，政府，議会，政党，利益集団，市民運動，マスメディアなど，多様な政治アクターが政治的意思決定のプロセスに複雑に関与している。こうした政治過程を研究した初期の事例として，政治学者ベントリーの著書『統治過程論』（1908年）が挙げられる。

国家と政治

主権国家 **Ａ** **５** **Ｎ** （しゅけんこっか）　主権をもち，他の国の権力行為によって影響されない国家。　☞ p.268（主権国家）

単一国家 **Ｎ** （たんいつこっか）　一つの国家のみで構成されている国家，または中央政府に統治権が集中する国家のこと。連邦国家と対比される。

連邦国家 **Ｎ** （れんぽうこっか）　複数の国家（州）が結合して構成される国家。アメリカ合衆国やドイツ連邦共和国が代表例である。州は単なる地方自治体ではなく，高度な独立性と広範な統治権を有しており，その点において単一国家と対比される。一方，州が連邦国家から離脱することは困難である。その点において，EUのように離脱が容易な国家連合とも異なる。

類 連邦制 **Ｂ**

学　説	思想家(国名)	主　　著
王権神授説	フィルマー(英)	『父家長権論』
社会契約説	ホッブズ(英)	『リヴァイアサン』
	ロック(英)	『統治二論』
	ルソー(仏)	『社会契約論』
国家有機体説	スペンサー(英)	『社会学原理』
国家法人説	イェリネック(独)	『一般国家学』
国家征服説	オッペンハイマー(独)	『国家論』
階級国家論	マルクス(独)	『共産党宣言』
	エンゲルス(独)	『家族・私有財産・国家の起源』
	レーニン(露)	『国家と革命』
多元的国家論	ラスキ(英)	『政治学大綱』
	マッキーヴァー(米)	『近代国家論』

▲ 国家に関するおもな学説

近代国家 **C** **N**(きんだいこっか)　絶対主義によって樹立された国家。主権をもち，官僚制と常備軍を背景とした中央集権体制が特徴。歴史的には，市民革命などによって王政から民主制へと移行していった。

夜警国家 **A**7**N**と福祉国家 **A**2**N**(やけいこっか・ふくしこっか)　夜警のように，治安維持と国防を主たる任務とする国家のこと。ドイツの国家社会主義者フェルディナント・ラッサールが，社会政策を怠り，最小限度の役割しか果たさない自由主義国家を批判するために用いた言葉。対義語となるのは，国家が国民生活を積極的に支援する福祉国家である。　☞ p.357（夜警国家）

ラッサール **C**3**N**[Ferdinand Lassalle, 1825～64]　ドイツの国家社会主義者。ドイツ社会民主党の前身である全ドイツ労働者同盟を設立した。彼の立脚する国家社会主義とは，国家主導による社会主義政策の推進を唱える立場であり，第一次大戦後のドイツで台頭した排他的民族観念に基づく国民社会主義とは思想的に区別される。

消極国家 **C** と積極国家 **C**(しょうきょくこっか・せっきょくこっか)　夜警国家では，国家は必要悪と考えられ，政府は国民生活にできるだけ関与しないことが望ましいとされ，消極国家とよばれた。一方，福祉国家では，国民全体の福祉を増進するために政府の活動が国民生活に積極的にかかわるようになり，積極国家とよばれる。

レッセ・フェール **B**2**(**自由放任主義 **B**5**)** [Laissez-faire]（じゆうほうにんしゅぎ）　「な

すがままにさせよ」という意味のフランス語。経済主体の自由な活動を最善と認め，政府は経済活動に干渉すべきではない，と主張する立場をいう。18世紀の初期産業資本の立場と合致するものであった。

現代国家 **C**1(げんだいこっか)　18・19世紀の近代国家との違いを強調する場合に用いられることが多い。内政面では，夜警国家から福祉国家へと国家観が変わり，国民生活への政治のかかわりが増大し，外交面では国際関係が緊密になっていることなどが特徴。

大きな政府 **A**2**N**(おおきなせいふ)　社会全体の規模に比して，予算規模や人員規模が膨張している政府のこと。現代国家によく見られる現象であり，福祉政策や経済政策を名目として，政府が国民生活や市場への介入を強める傾向にある。　☞ p.357（大きな政府）

小さな政府 **A**5**N**(ちいさなせいふ)　社会全体の規模に比して，予算規模や人員規模が小さい政府のこと。民間でできるものは民間に任せて，政府は最小限度の役割に徹すべきとの思想に基づく。　☞ p.357（小さな政府）

行政国家 **B** **N**(ぎょうせいこっか)　三権のうち，行政府の規模と権限が強まっている国家のこと。特に現代国家では，豊富な専門知識と実務経験を有する官僚集団が巨大な影響力を有し，場合によっては立法府の立法活動にまで介入することもある。反対に，立法府が国家の意思決定の中心にある国家を立法国家という。

ボーダン [Jean Bodin, 1530～96]　フランスの政治思想家。「主権」概念の提唱者として知られる。彼の主権概念のなかには，立法権・外交権・課税権などが含まれる。

『国家論』 **C**(こっかろん)　ボーダンの1576年の著作。王国の再建をはかる立場から，ボーダンは当時激しさを増していたカトリック・プロテスタント両派の武力による抵抗権思想に対抗した。ボーダンはこの著作で主権の概念を提示している。

国家の三要素 **B**4(こっかさんようそ)　国家を構成する要件とされる，主権・領域（領土・領空・領海）・国民の三つをさす。現代では，自治領を得る前のパレスティナ解

放機構（ＰＬＯ）のように，領土をもたないものも，政治の場では国家と同じ扱いを受けることがあり，この三要素も絶対的なものではなくなってきている。

専制政治 **Ｃ**[autocracy]（せんせいせいじ）　1人の人間に排他的な政治権力が与えられている政治形態であり，主として君主制国家において生じやすい（例えば，中国諸王朝やロシア帝国）。類似する概念として独裁政治があるが，独裁政治は1つの政党・集団に排他的な政治権力が与えられているケースも含まれる（例えば，ナチス-ドイツや中国共産党政権）。また，独裁政治では，形式上，政治権力の掌握に一定の法的ないしは民主的なプロセスをとることもあるが，専制政治では，そのようなプロセス自体が存在しない。

ラスキ　[Harold Joseph Laski, 1893～1950]　イギリスの政治学者。国家は社会を構成する集団のなかの一つの限られた機能をもつ集団であるとする多元的国家論を主張した。しかし，ファシズムの出現以後は，国家が他の集団に優越しているという立場に変化した。労働党の理論的指導者。主著『政治学大綱』

多元的国家論（たげんてきこっかろん）　国家は社会の一部にすぎず，他の社会集団と同位で併存しているとする国家論。ラスキらが唱えた。国家主権を無条件に肯定するならば，現代の社会において個人の自由が保障され得ない，という考え方から出発している。

ダイシー　[Albert Venn Dicey, 1835～1922]　イギリスの憲法学者。議会主権と法の支配という民主政治の原理を明らかにした。主著『憲法序説』

イェリネック　[Georg Jellinek, 1851～1911]　ドイツ公法学・国家学の権威。『一般国家学』などにより，「国家の三要素」を提示したほか，国家を法律的側面と社会学的側面の両面から考察・把握すべきことを主張した。

フィルマー　[Robert Filmer, 1588頃～1653]　イギリスの政治思想家。チャールズ1世につかえた王権神授説の代表的提唱者。ピューリタン革命期に一時投獄された。聖書を援用し，神がアダムに授けた父権のなかに，国王の絶対的権力の根拠を求

めた。ただ，その主張は広く受け入れられたとはいえず，ロックの『統治二論』で批判されたことでむしろ有名になった。主著『家父長権論』

ボシュエ　**Ｃ**[Jacques-Bénigne Bossuet, 1627～1704]　フランスの神学者・政治学者。『聖書のことばからひきだされた政治学』（1709年）において王権神授説を体系的に主張した。

王権神授説 **Ａ**②**Ｎ**（おうけんしんじゅせつ）　王の権力は神によって与えられたものであるという主張。聖書のことばなどを論拠として，王に従うことは神の命令であり，王権は無制限であるとする。絶対主義の時代に唱えられた理論で，王権を強化することで政治的な安定をねらった。

民主政治のあゆみ

衆愚政治（しゅうぐせいじ）　浮動的な大衆が政治にかかわり，無方向・無政策的な決定を行う政治形態。古代ギリシャのアテナイ（アテネ）で典型的にみられた。哲学者のアリストテレスは，これを民主政治の堕落形態ととらえ，歴史家のポリュビオスも，政体循環論のなかで同様の考え方を示した。現代のポピュリズムに通底する一面もある。

独裁政治 **Ｃ**②**Ｎ**[dictatorship]（どくさいせいじ）　特定の個人・政党・階級に権力が集中する政治形態。民主政治に対する概念として使われる。20世紀においては，ナチスによる独裁政治のように，ファシズムが合法的な形を装いながら成立している。社会主義におけるプロレタリア独裁は，これとは独裁の概念が異なり，共産主義社会への過渡期の形態として位置づけられていた。

民主政治 **Ａ**②**Ｎ**（みんしゅせいじ）　人民の意思によって国家の意思決定がなされる政治のあり方。近代民主政治の基本原理は，法の支配・三権分立・国民主権・人権保障・代表民主制（間接民主制・代議制）の五つを柱とする。

多数者支配型民主主義 ③（たすうしゃしはいがたみんしゅしゅぎ）　相対的多数派が少数派の意見を十分に考慮せず，多数派の意図するほうに決定を導く政治のあり方。かつてのイギリスなどが典型例とされる。

コンセンサス型民主主義（-がたみんしゅしゅぎ）

年	事　　項
1215	(英)マグナ・カルタ
1628	(英)権利請願
1688	(英)名誉革命
1689	(英)権利章典発布
1742	(英)議院内閣制の端緒
1776	(米)アメリカ独立宣言
1787	(米)アメリカ合衆国憲法制定
1789	(仏)フランス革命始まる
	(仏)人権宣言
1803	(米)違憲法令審査権の確立
1838	(英)チャーティスト運動,普通選挙制を要求
1863	(米)奴隷解放宣言
1868	(日)明治維新
1871	(仏)パリ・コミューン,労働者の自治政府
1874	(日)民撰議院設立建白書提出
1889	(日)大日本帝国憲法発布
1911	(英)国会法成立,下院の優位確立
1914	第一次世界大戦(～1918年)
1917	(ロ)ロシア革命
1919	(独)ワイマール憲法,社会権を規定
1925	(日)普通選挙法成立,治安維持法成立
1932	(日)五・一五事件
1933	(独)ナチス政権成立
1939	第二次世界大戦(～1945年)
1945	国際連合憲章
1946	(日)日本国憲法発布
1948	世界人権宣言
1966	国際人権規約

▲ 民主政治のあゆみ

多数決による決定だけでなく，意見の異なる政治勢力との間のコンセンサス(合意)を重視する政治のあり方。ヨーロッパ大陸の国などに典型的にみられる。

ポリアーキー［polyarchy］　理念であるデモクラシー(民主制)を再定義し，その達成度を確認するため，アメリカの政治学者ダールが用いた言葉。自由化(公的異議申し立て)と包括性(政治参加)の二つの指標から，現代の諸国家を分析した。

君主制 **B** **N**(くんしゅせい)　世襲君主が国家元首の地位にある国家体制。共和制の対義語である。憲法によって君主の権限が制限されている場合を立憲君主制という。現代国家における君主は，象徴的な地位とされているところが多い。イギリス，スペイン，ベルギー，オランダ，スウェーデン，ノルウェーなどが現代の代表的君主国である。
☞ p.139（君主制）

共和制 **C** **2** **N**(きょうわせい)　世襲君主が存在せず，一般国民の中から国家元首が選出される国家体制。君主制の対義語である。アメリカ合衆国，フランス共和国，ドイツ連邦共和国などを代表例として，現代国家の7割以上は共和制を採用している。なお，共和制は必ずしも民主制とイコールではな

く，人民の意思がほとんど反映されないタイプの共和国もある。北朝鮮はその典型例である。

絶対主義 **C** (ぜったいしゅぎ)　政治においては，いかなる法的拘束も受けない権力のあり方を意味する。このような政治体制の典型としては，主にヨーロッパにおいて封建社会から近代社会への過渡期に生まれた絶対君主制あるいは絶対王政などがある。

君主主権 **C** (くんしゅしゅけん)　国家の主権が君主にあること。大日本帝国憲法下の天皇主権はこれにあたる。

市民革命 **A** **4**(しみんかくめい)　財産と教養を有するものの，平民として政治的権力を持たないブルジョアジー(市民階級)が主体となって，封建国家または絶対主義国家を打倒した革命。ブルジョア革命ともいう。代表的なものとしては，イギリス名誉革命，アメリカ独立革命，フランス革命がある。
同 ブルジョア革命 **C**

市民 **A** **3** **N**(ブルジョア**C**)［bourgeois］
(しみん)　歴史的には，都市に生活し，財産と教養をもつ階層の一員をさす。近代民主主義の担い手として，市民革命を主導した。ブルジョワジーとも呼ばれる。
類 市民階級 **B** (ブルジョアジー **C**)

市民社会 **A** **N**(しみんしゃかい)　市民革命によって成立した，理性的・自律的な市民階級(ブルジョアジー)を中心として組織・運営される社会。経済的側面を中心とすれば，資本主義社会と重複する。

マグナ・カルタ **B**［Magna Carta］　1215年にイギリスのジョン王が封建貴族などの要求に応じて発布した63か条の文書。大憲章と訳される。封建貴族の既得権の承認や法的手続きの確認を国王が認めたもの。王権の制限，法と政治の原則の確認を行った点で，立憲政治上の重要な文書とされる。

権利請願 **B** (けんりせいがん)　イギリスのチャールズ1世の政治に対して，裁判官免職後に下院議員に転じたクック(コーク)らが1628年に起草し，議会の決議に基づいて提出した人権保護に関する文書。議会の同意なしの課税や逮捕・拘禁の否定などをもりこんだもの。王はこれを拒否し，議会を解散した。後のピューリタン革命に大きな影響をあたえた。

第Ⅱ編

ピューリタン革命**B**（清教徒革命**C N**）

［Puritan Revolution］（せいきょうとかくめい）1642年，イギリスでピューリタンを中心とした議会派がチャールズ1世の専制を打倒するために起こした革命。1649年に王は逮捕・処刑され，クロムウェルを中心とした独立派の主導によって共和制が成立した。しかし，この政権はやがて崩壊，1660年には王政が復活した。

クロムウェル**C**

［Oliver Cromwell, 1599〜1658］ピューリタン革命の指導者。鉄騎隊を創設して王党派を破り，国王処刑後は護国卿に就任して独裁政治を断行した。対外的には，航海条例（1651年）など，オランダを標的とする重商主義政策を実施。

名誉革命**B N**（めいよかくめい）

王政復古後のイギリスで，ジェームズ2世のカトリック化政策と専制政治に対し，1688年に議会がオランダからオラニエ（オレンジ）公ウィレム（ウィリアム）夫妻を迎え，彼らの王位継承と引き換えに権利章典が制定された。ジェームズ2世はフランスに亡命，流血や戦乱なしに政権交代が完了したため，名誉革命（1688〜89年）といわれる。王権に対して議会が優位にあることを確認した点で重要な事件。

権利章典**A 3**（けんりしょうてん）

1688〜89年の名誉革命のとき，オラニエ（オレンジ）公ウィレム（ウィリアム）が妻メアリ2世とともにウィリアム3世として即位することと引き換えに，議会が起草した権利宣言を認め，1689年に権利章典として法制化された。法律の制定や停止，課税などに関して議会の承認を必要とすること，議会内での言論の自由の保障などを承認したものである。不文法の体系であるイギリスの憲法において，権利関係文書のなかでも重要な地位を占めている。

チャーティスト運動**C 3**［Chartism］

（チャーティストうんどう）19世紀前半にイギリスで行われた都市労働者による普通選挙権獲得運動。男性普通選挙制や議員の財産資格の廃止などをもりこんだ「人民憲章」を1838年に発表して，普通選挙制度の確立を請願した。政府の弾圧や内部での路線対立などにより失敗に終わったが，労働者階級の幅広い支持を受けた。　☞ p.451（チャーティスト運動）

ペイン**C 1 N**

［Thomas Paine, 1737〜1809］イギリスの思想家。アメリカに渡って，独立戦争が起きた際に『コモンセンス』を書き，独立達成を訴えた。その後フランスに渡り，フランス革命を支持する『人間の権利』を著し，国民公会議員を務めた。

フランス革命**A N**（かくめい）

1789〜99年まで続いたフランスの政治変革運動。18世紀後半のフランスでは，租税や貢納などの重い負担にもかかわらず参政権をもたない第三身分（農民・市民）の不満が高まっていた。1789年，三部会が開催されて第三身分が政治的影響力を強めると，同年のバスティーユ襲撃事件を契機として，革命が一気に進行した。1789年に出された「人及び市民の権利の宣言」（人権宣言）では，国民主権・法の支配・権力分立・所有権の不可侵などが規定され，近代民主主義原理のモデルを示し，各国に影響を与えた。その後，1792年には王政の廃止と共和制の宣言がなされ，ルイ16世の処刑に続く「恐怖政治」などが行われたが，1799年のナポレオンの実権掌握によって革命は事実上終了した。

フランス人権宣言**A 9 N**（じんけんせんげん）

1789年にフランスの国民議会で採択された宣言。正式には，「人及び市民の権利の宣言」という。近代の人権宣言の典型的なものであり，国民の自由と平等，自然権としての抵抗権，国民主権といったことがらが規定されている。ラファイエットが起草。アメリカの諸人権宣言から影響を受けているとされるが，アメリカのそれよりも大きな影響を各国に与えた。なお，人権宣言の「人」とは homme（男性，英語の man）をさし，女性の権利が明記されていないとして，オランプ＝ドゥ＝グージュが1791年，「女性及び女性市民の権利宣言」を発表した。

類 グージュ

ロベスピエール

［Maximilien de Robespierre, 1758〜94］フランス革命時の政治家。三部会・国民議会議員に当選。ジャコバンクラブに入り，最左派として，フランス革命の精神の実現と，政局の安定のために活動した。しかし，反革命勢力を徹底

的に弾圧するなどしたために民衆の離反を招き，1794年に処刑された。

二月革命 **C**（にがつかくめい）　1848年2月，ウィーン体制崩壊後の改革運動の弾圧に対して起こったパリの労働者・学生らの武装反乱。ルイ＝フィリップがイギリスに亡命して七月王政が倒れた後，革命の動きは全ヨーロッパに波及し，ウィーンやベルリンにおける三月革命となった。

パリ＝コミューン［Commune de Paris］　普仏戦争敗戦後の混乱期に，1871年3月から5月にかけてパリに樹立された世界初の労働者中心の自治政府。立法・行政を統合したうえ常備軍を廃止，すべての公職にリコール制度を導入した。マルクスやエンゲルスは，このコミューンを労働者階級の国家の原型とみなし，その経験から彼らの国家論を形成した。

アメリカ独立革命 **B**②（-どくりつかくめい）　1775～83年に行われた北米イギリスの13植民地の独立戦争。イギリス本国の増税を含む重商主義政策強化に対し，植民地側は参政権と課税権の不可分を主張，「代表なければ課税なし」のスローガンを掲げて反対した。1773年の茶法実施を契機に対立が激化し，翌1774年の大陸会議で宣言された植民地側の団結を背景に，武力衝突が発生，1776年に独立宣言が出された。植民地側は，1781年にイギリス側に大勝し，1783年のパリ条約で独立が達成された。独立宣言にある近代民主主義の諸原理や独立戦争後の封建的遺制の廃止などの成果から，市民革命としての意義ももつ。

　　　　　　　　類「代表なければ課税なし」

ヴァージニア憲法（-けんぽう）　1776年6月，アメリカ諸州のなかで最も早く制定された憲法。自然権としての人権，人民主権，革命権などを規定し，世界最初の人権宣言と

● **ヴァージニア権利章典（抄）**

(1)　すべて人は生来ひとしく自由かつ独立しており，一定の生来の権利を有するものである。これらの権利は人民が社会を組織するに当たり，いかなる契約によっても，人民子孫からこれをあらかじめ奪うことのできないものである。かかる権利とは，すなわち財産を取得所有し，幸福と安寧とを追求獲得する手段を伴って，生命と自由とを享受する権利である。

いわれるヴァージニア権利章典（ジョージ＝メーソン起草）に，統治機構の条文を加えて成り立っている。

　　　　　　　　類 ヴァージニア権利章典 **B**

アメリカ独立宣言 **A**②（-どくりつせんげん）　アメリカの独立にあたり，1776年7月に東部13植民地の代表者が集まった第2回大陸会議において全会一致で可決した宣言。人権の自然権的性格，人間の平等，革命権などが述べられている。起草者はジェファーソン。

● **アメリカ独立宣言（抄）**

　われわれは，つぎの真理を自明なものと認める。すべての人は平等に創られていること。彼らは，その創造者によって，一定の譲るべからざる権利を与えられていること。それらの中には，生命，自由および幸福追求が数えられること。そうして，これらの権利を確保するために，人びとのあいだに政府が設けられ，その正当な権力は，被治者の同意にもとづくこと。

アメリカ合衆国憲法 **C**①（-がっしゅうこくけんぽう）　1787年に制定された歴史上初めての近代的な成文憲法。三権分立の原則を採用した。連邦の権限をできるだけおさえるという趣旨で，最初は人権宣言にあたる規定がなかったが，1791年に権利章典の性格をもつ条文が追加された。

リンカン **B**［Abraham Lincoln, 1809～65］　アメリカ合衆国の第16代大統領。1860年の大統領選挙で共和党から立候補して当選。奴隷解放問題を発端に，南部の連邦脱退がからんだ南北戦争が勃発した際に，北部を指導。1863年に「奴隷解放宣言」を行い，1865年には南軍を制圧したが，同じ1865年4月に暗殺された。ゲティスバーグでの演説「人民の，人民による，人民のための政治」［Government of the people, by the people, for the people］は，民主主義の理念を示したといわれる。

　　　　　　　　類「人民の，人民による，人民のための政治」 **B**

四つの自由 **C**③**N**（よっ-じゆう）　アメリカ大統領F. ローズヴェルトが，1941年の年頭教書で示した民主主義の基本原則。①言論と表現の自由，②信教の自由，③欠乏からの自由，④恐怖からの自由，をさす。アメリカの反ファシズムの立場を明確にしたもので，大西洋憲章にも反映された。

ローズヴェルト **B**2**N**［Franklin Roosevelt, 1882～1945］ ☞ p.300（ローズヴェルト）

ワイマール憲法 **A**7**N**（-けんぽう）　1919年に制定されたドイツの憲法。正式名称は「ドイツ国憲法」だが，憲法制定議会の開催場所にちなんで「ワイマール憲法」という俗称でも知られる。男女普通選挙，社会権規定，財産権制限などを盛り込み，当時の世界で最も進んだ民主的憲法といわれた。一方，統治体制としては，事実上の半大統領制を採用しており，大統領に国家緊急権を含む大権を与えていた。また，議員の選挙方法として完全比例代表制を採用したため，小党乱立の可能性を常にはらむ国家体制となった。

●**ワイマール憲法（抄）**

第151条　1　経済生活の秩序は，すべての者に人間たるに値する生活を保障する目的をもつ正義の原則に適合しなければならない。この限界内で，個人の経済的自由は，確保されなければならない。

世界人権宣言 **A**13**N**［Universal Declaration of Human Rights］（せかいじんけんせんげん）1948年12月，第3回国連総会で採択された。全世界の人間の政治的・市民的自由や経済的・社会的・文化的な権利などの基本的人権の尊重を主張した宣言。☞ p.279（世界人権宣言）

●**世界人権宣言（抄）**

第1条　すべての人間は，生まれながら自由で，尊厳と権利について平等である。人間は，理性と良心を授けられており，同胞の精神をもって互いに行動しなくてはならない。

国際人権規約 **A**12**N**（こくさいじんけんきやく）1966年，第21回国連総会で採択，1976年に発効した。世界人権宣言を条約化したもの。日本は1979年に批准。☞ p.280（国際人権規約）

●**国際人権規約　A規約（社会権規約）（抄）**

第1条　1　すべての人民は，自決の権利を有する。すべての人民は，この権利によって，その政治的地位を自由に決定し，かつ，その経済的，社会的および文化的発展を自由に追求する。

社会契約説

社会契約説 **A**2（しやかいけいやくせつ）　国家や社会の成立を説明する近代特有の主張。市民革命の思想的基盤を形成した。国家・社会の成立以前の自然状態を想定し，社会の構成員が自分の意思で社会設立の契約を結んだ結果，国家や政府が成立したとする。ホッブズ・ロック・ルソーらが代表的な思想家。

自然法 **A**4（しぜんほう）　自然に内在する法。古代・中世では大宇宙としての自然の理法や摂理。近代においては，人間の本性（自然）と一致し，人間が理性によって把握できる法が自然法とされ，実定法より上位にある規範として妥当性をもつとされる，人権の普遍性の基盤ともなった。

自然状態 **B**6（しぜんじょうたい）　社会契約説において想定されている，社会組織や権力機構が存在しない状態。人権を抑圧する権力も人権を守る組織も存在しない状態であるため，秩序を維持して人権を守るには，社会契約を結んで国家や政府をつくる必要があるとされた。

自然権 **A**8**N**（しぜんけん）　人間が生まれながらにもっている権利で，一般的には自然法に基づく。基本的人権とほぼ同義であり，したがって憲法の規定によって初めて生まれるものではない。憲法は，そうした人権の存在を確認し，保障することを宣言している。

ホッブズ **A**10［Thomas Hobbes, 1588～1679］　イギリスの哲学者。主著『リヴァイアサン』（1651年）などにおいて，「万人の万人に対する闘争状態」としての自然状態から，社会契約によって強力な主権者が支配する国家を設立し，その秩序の維持を通じて人民の生存を保障しようとする社会契約説を展開した。

『リヴァイアサン』 **A**8［Leviathan］ホッブズが社会契約説を体系化した著書。1651年刊。各自は自己保存（生命と安全の維持）のために，自然権をもっているが，それを無制約に行使すれば人間全体の共存と平和が脅かされる。そこで自由の制限を制度化するために，社会契約を結んで自然権を主権者（国家）に譲渡する，とした。リヴァイアサンとは，旧約聖書のヨブ記に

	ホッブズ	ロック	ルソー
人間の本性	自己保存・利己的	理性的存在	自己愛と思いやり
自然状態	闘争状態	自由・平等	理想的状態
自然権	本能・欲求の充足	生命・自由・財産	自由・平等・平和
社会契約	主権者／法と剣／平和と安全／絶対服従／自然権の委譲／人民	政府／法／自然権の保障／抵抗権／自然権の信託／人民	政府／奉仕／一般意思／任命／人民

▲ 社会契約説の比較

出てくる最高権力をもつ海の怪物。中世の神にかわって地上で最強になった近代の主権国家をさしたことば。

「万人の万人に対する闘争状態」 ⑧Ⓝ（ばんにんばんにんにんたい－とうそうじょうたい）　ホッブズが自然状態を表現したことば。

ロック Ⓐ⑨Ⓝ〔John Locke, 1632~1704〕　イギリスの哲学者。主著『統治二論』（1690年）において、自由・平等な自然状態から、生命・自由・財産を含む固有権の保障を任務とした政府設立のための社会契約が人民相互間で結ばれるとした。その任務を果たさない政府に対して人民は抵抗権（革命権）をもつとされる。彼の政治思想はイギリスの名誉革命(1688)を正当化する役割を果たす一方、のちのアメリカ独立宣言(1776)やフランス人権宣言(1789)にも影響を及ぼした。

信託 ⒶⓃ（しんたく）　信頼の下に、自己の権利や財産を他者に委ねる契約関係のことである。ロックによれば、国家の権力は、人民の自然権を保障するという約束の下に人民から信託されたものである。国家がその信頼に反して権力を濫用した場合、人民はその権力を取り戻すために抵抗権を行使できる。

抵抗権 Ⓐ⑩・**革命権** Ⓐ④（ていこうけん）（かくめいけん）　権力者の圧政に対して人民が抵抗する権利。近代において絶対君主の暴政への抵抗を正当化するなかで登場した。ロックの社会契約説では、統治者が人民の信託に反して、人民の利益に反する統治を行う場合、統治者を交代させる権利として明確化された。社会主義思想では、搾取を受けて

いる労働者が資本主義体制を打倒できる権利とされている。フランス人権宣言、アメリカ独立宣言、ドイツ基本法、ギリシャ憲法などには、抵抗権あるいは革命権が明記されている。

『統治二論』 Ⓑ①（とうちにろん）　ロックの主著の一つ。1690年刊。二つの編から構成。前編はフィルマーらの王権神授説（家父長論）を徹底的に批判し、後編はホッブズを念頭におきながら、名誉革命後のイギリスの政治体制の全体像を明らかにしたものである。具体的には自然状態を自由・平等の状態であるとし、社会契約で成立した政府のもつ権力は国民から信託されたものであり、その行使が人民の利益に反した場合には人民が抵抗権（革命権）を行使できると述べた。『市民政府二論』ともいう。
同『市民政府二論』 Ⓒ③

ルソー Ⓐ⑯Ⓝ〔Jean-Jacques Rousseau, 1712~78〕　フランスの啓蒙時代の思想家。主著『社会契約論』（1762年）において、人間の本来的な自由と矛盾しない国家や法律のあり方を論じ、社会契約による国家の成立、個別の特殊意思や全体意思とは異なる、一般意思の表明としての法律の重要性などを説く。人民主権を明確にして、フランス革命などの思想的な基盤を形成した。

『社会契約論』 Ⓑ⑥（しゃかいけいやくろん）　ルソーが1762年に発表した政治哲学書。フランス絶対王政が絶頂期から退廃期へと進むなかで執筆されたもの。君主が神聖不可侵な権力を有するとの考え方を批判し、人民が主権者となり、自らの身体と財産を保護するために社会契約を結ぶよう提唱している。

第Ⅱ編

同書はフランス革命およびその後の世界各国における市民革命に強い影響を及ぼしていく。日本でも，明治前期に中江兆民が『民約訳解』という表題で同書を翻訳し，自由民権運動の理論的支柱となった。

類「イギリス人が自由なのは議員を選挙する間だけだ」

一般意思 **C** **6**（いっぱんいし）　ルソーの『社会契約論』で用いられた概念。一般意志ともいう。人間が社会契約によってすべての自然権を共同体（国家）に引き渡し，だれもが平等に参加してつくられる共同体の意思（共通の利益）。これに人民が自発的に従うことで，真の自由と平等が実現できるとルソーは考えた。個人の利害からくる特殊意思やその総和である全体意思と対比する。全体意思は多数決の意思につながり，その点でルソーは，一般意思は代表されえないとして，間接民主制を否定した。

同 一般意志 **B 5**　**類** 全体意思 **C**　特殊意思 **C**

自然に帰れ **C**（しぜんかえ）　ルソーの人間観を示す言葉。本来の人間は善良な存在だったが，文明社会が人間を悪徳の存在へと変えて，虚飾，憎悪，嫉妬，隷属などに苦しむようになった。人間は社会の悪習から逃れて，自然状態に帰るべきだとするのがルソーの考え方である。

啓蒙思想 **C** **N**（けいもうしそう）　封建的な慣習・無知・迷信にまどわされている民衆の状態を，理性の力でめざめさせ，人間の尊厳を自覚させようとする思想。17世紀後半，イギリスのロックやヒュームに始まるが，18世紀のフランスやドイツにおいて広く主張された。なかでもフランスでは，ヴォルテールやディドロらによって社会改革への意欲と結びつく傾向をもち，18世紀の市民革命にも影響した。

類 ヴォルテール **B**

人権の保障

基本的人権 **A** **9** **N**（きほんてきじんけん）　人間が生まれながらにもつ権利。近代自然法思想・自然権思想に基づくものであり，いかなる権力であっても侵すことができない権利とされる。市民革命期には自由権・平等権を中心としていたが，現代では1919年制定のワイマール憲法などにみられるように，社会権（生存権）にまで範囲が拡大されてきた。

人権の不可侵性（じんけん-ふかしんせい）　17・18世紀の市民革命の過程で，近代自然法思想に基づく自然権が確立されるにともない，人間が生まれながらに自由・平等であり，国家権力といえども侵すことができない権利として憲法や法律の上でも明文化されるようになった。憲法第11・97条では，基本的人権を「侵すことのできない永久の権利」と規定し，不可侵性を承認している。

自由権的基本権 **C** **N**（じゆうけんてききほんけん）　基本的人権のうち，国家権力から干渉されない権利。18世紀の市民革命期に唱えられ，19世紀以降各国の成文憲法に取り入れられたため，18世紀的基本権または19世紀的基本権ともいう。思想・良心の自由などの精神の自由，法定手続きの保障などの人身の自由，財産権の保障などの経済の自由がある。これらを実質的に保障するには，受益権や参政権などの裏づけが必要。

同 自由権 **A 4 N**

国家からの自由 **B** **2**（こっか-じゆう）　自由権は，国家の不当な干渉からの自由，国家権力から干渉されない権利，という性格をもつ。

自由 **A** **8** **N**（じゆう）　個人が自分の意思決定や行動を他から強制されたり，さまたげられたりせず，思い通りにできる状態をいう。市民革命以後に確立された基本的人権のなかの自由権とは，生命・身体・思想・行動などに関して国家権力から侵害されない権利である。

バーリン [Isaiah Berlin, 1909～97]　ラトヴィア出身のイギリスの政治哲学者。「二つの自由概念」という講演で，自由を消極的自由と積極的自由との対抗関係としてとらえ，消極的自由の擁護こそが現代における自由主義の目標だと指摘した。主著『自由論』

消極的自由 **C**（しょうきょくてきじゆう）　個人的な活動領域が，国家や他人などから干渉されずに確保されること。「～からの自由」を意味する。ロック・ミル・トクヴィルらが提唱した自由主義がその典型とされる。

積極的自由 **C**（せっきょくてきじゆう）　個人や集団が自らの活動を自分自身で支配すること。自己支配・自己実現を含意し，「～への自

由」を意味する。ルソー・カント・ヘーゲル・マルクスらの社会思想がその代表例とされる。

平等　🅐⑤🅝（びょうどう）　人間が相互に等しく扱われること。近代的人権としての平等権では、政治的・法律的な平等が主張された。現代では、社会生活のなかでの経済的不平等の是正制度の設置や是正目的の立法など、実質的な平等の実現も考えられている。

財産権　🅐④🅝（ざいさんけん）　財貨や債権などの財産に関する権利。近代的自由権のなかで、経済の自由に属し、財産権の不可侵が前提とされてきたが、20世紀以後は公共の福祉との関連で無制限ではなく、合理的な制限が規定されている。

社会権的基本権　🅒🅝（しゃかいけんてきほんけん）　基本的人権のうち、人間が人間らしい生活を営むために国家の積極的な関与を求める権利。20世紀以後に人権に加えられたため、20世紀的基本権ともいう。社会権について、ワイマール憲法では「人間に値する生活」、日本国憲法では「健康で文化的な最低限度の生活を営む権利」（生存権）と規定されている。そのほかに教育への権利、労働基本権などがある。
　　　　　　　　　　　圓 **社会権**🅐②🅝

国家による自由　🅑②（こっかじゆう）　社会権のもつ性格をいいあらわした言葉。「国家からの自由」とは逆に、人権保障のため国家に対して具体的給付を要求すること。

人権宣言　🅐②🅝（じんけんせんげん）　人間または国民の権利とその保障を宣言する文書。市民革命期には、自由権を中心とした人権を保障する人権宣言が各国で発布された。ヴァージニア権利章典（1776年）、アメリカ独立宣言（1776年）、フランス人権宣言（1789年）などがある。第二次世界大戦後には、世界人権宣言（1948年）や国際人権規約（1966年）が、国連総会で採択されている。

参政権　🅐⑤🅝（さんせいけん）　政治に参加する権利の総称。主なものとして、選挙権、公職就任権、請願権、イニシアティブ、レファレンダム、リコールがある。加えて、集会結社や示威運動も、政治参加の重要な要素である。　☞ p.180（参政権）

選挙権　🅐⑨🅝（せんきょけん）　行政府の長や立法府の議員などの公職者を選ぶ権利。投票

権ともいう。かつては社会的地位や納税額などによって選挙権が制限されていた。しかし、現代では、ほとんどの民主主義国家において、原則として一定年齢に達した全成人が選挙権を有する。これを普通選挙という。　☞ p.216（選挙権）, p.215（18歳選挙権）

選挙　🅐⑱🅝（せんきょ）　国家や社会集団の内部において、特定の地位に就く者を選ぶプロセスのこと。古代より、くじ引き、挙手、拍手数など様々な選挙方法があり、現代では投票が最も主流なものとなっている。

制限選挙　🅑③🅝（せいげんせんきょ）　資産・身分・宗派など特定の基準に基づいて投票資格者が大幅に制限されている選挙。日本でも、1889年に施行された大日本帝国憲法によって公職選挙が導入されたが、当時の投票資格者は、年齢満25歳以上で直接国税を年間15円以上納めている男子のみに制限されていた。　☞ p.215（制限選挙）

普通選挙　🅐⑦🅝（ふつうせんきょ）　あらゆる成人に原則として投票資格が与えられている選挙のこと。制限選挙の対義語である。日本では、1889年の大日本帝国憲法施行後、納税額に基づく制限選挙が実施されてきたが、段階的に納税額条件が引き下げられ、1925年には納税額を問わない男子普通選挙が導入された。敗戦後の1946年には、女子も含めた完全普通選挙が導入されている。　☞ p.215（普通選挙）

世論　🅐①🅝（せろん／よろん）　特定の公共的論点に関する社会全体の意見。かつての名誉革命前後のイギリスでは、コーヒーハウスにおける市民同士の政治的討議が流行した。これが世論形成の始まりとされる。現代では、政府、研究機関、マスコミなどによる世論調査が頻繁に実施され、世論の動向を推測する手がかりとなっている。
☞ p.211（世論）

圧力団体　🅐🅝（あつりょくだんたい）　☞ p.226（圧力団体）

市民運動　🅑🅝（しみんうんどう）　☞ p.210（市民運動）

住民運動　🅑🅝（じゅうみんうんどう）　市民運動のうち、特定の居住地域の課題に限定したもの。日本のケースで言えば、明治期に、足

尾銅山の鉱害に対して地元住民が抗議運動を展開しており、住民運動の初期事例となった。戦後も、公害問題、日照権問題、ゴミ処理場問題など、住民の日常生活に直結した住民運動が多数展開されている。
☞ p.264（住民運動）

権力の分立

権力の分立 **C** **7** **N**（けんりょく-ぶんりつ）　権力の濫用を避けるために、権力機関を複数に分割し、相互に抑制と均衡をはかる権力相互の関係。ロックは、議会による立法権と、君主の持つ執行権（行政権）・連合権（外交権）とに権力を分立する構想を示した。つまり、執行権や連合権を立法権に対する補足的・従属的なものととらえ、立法権によって執行権と連合権を抑制しようと考えた。モンテスキューは、ロックよりも厳格な立法権・行政権・司法権の三権分立をとなえた。1789年のフランス人権宣言には「権利の保障が確保されず、権力の分立が定められていないすべての社会は、憲法をもたない」（第16条）と規定されている。

三権分立 **A** **3** **N**（さんけんぶんりつ）　国家組織を立法・行政・司法の三つの機関に分離し、機関相互の対立と監視を図る仕組み。アメリカのような大統領制国家では、三権が厳格に分離しているが、イギリスのような議院内閣制国家では、立法府と行政府がある程度融合しており、三権分立の厳格性が相対的に弱い。

モンテスキュー **A** **7** **N**［Charles Louis de Secondat, Baron de La Brede et de Montesquieu, 1689～1755］　フランスの思想家。主著『法の精神』のなかで権力分立論を展開した。これは、立法・行政・司法という三つの政治権力を分立させ、互いに牽制しあうことで権力の腐敗と濫用を防ぐというもの。彼の思想には、君主の権力拡大を抑制し、貴族の地位を擁護するという保守的動機も含まれていたが、三権分立の定式はそうした思惑を離れ、やがて近代憲法の成立に大きな影響を与えることとなった。

『法の精神』 **A** **5** **N**（ほう-せいしん）　モンテスキューの主著。1748年刊。「権力をもつ者がすべてそれを濫用しがちだということは、

永遠の経験の示すところである」と述べ、立法・行政・司法の三権力の分立を説く。彼の権力分立の理論は権力の間の抑制と均衡（チェック-アンド-バランス）によって権力の濫用と腐敗を防ごうとするもの。

立法 **A** **6** **N**（りっぽう）　法規を定める行為。近代国家においては、民主的に選出された議員が議会において立法をなす。日本では、国会が最高の立法機関となっている。ただし、裁判所が内部規則を制定したり、行政機関が命令や規則を制定することも、実質的意味における立法行為とされる。

行政 **A** **13** **N**（ぎょうせい）　立法行為によって制定された法規を執行する働きをいう。日本国憲法では行政権は内閣に属するとしているが、地方公共団体の行政部門の活動もこれに含まれる。

司法 **A** **3** **N**（しほう）　事件や紛争を解決するために、法の内容を確定し、実現・適用する働きをいう。司法権は裁判所に属する。司法権の独立とは、裁判所が他の権力機関からの干渉を排除することを意味する。
☞ p.245（司法）

法の支配

人の支配 **B** **2**（ひと-しはい）　「法の支配」に対立する概念。絶対王政期の君主や独裁者などのように、権力者が専制的・恣意的に政治を支配している状況をいう。

法の支配 **A** **7** **N**［rule of law］（ほう-しはい）　国家権力の活動はすべて法に拘束されるべきとする政治理論。「人の支配」に対立する概念。古代ギリシャにて唱えられ、近代イギリスにて発展を遂げた。ただし、この理論は、国家権力は法さえ作ってしまえば何をしてもよいという意味ではない。また、国家権力は法を道具として活用しながら統治すべき（法による支配）という意味でもない。法の支配の考え方によれば、法によって人々を支配する国家権力自身もまた、自然法や憲法といった高次の法に支配されるべきであり、それゆえ、国家権力の制定する法の内容は、人権保障の原則に従ったものでなくてはならない。

コモン-ロー **B**［common law］　イギリスにおいて、16・17世紀までに集大成された一般的判例法。古来からの慣習を基礎と

し，王室裁判所の判例をもとに形成され，イギリス全土に適用されたためコモンの名がある。成文化された制定法ではなく，不文法の一種である。制定法中心の大陸法に対し，英米法一般をさす場合もある。

エクイティ◐(**衡平法**) [equity] (こうへいほう) イギリスにおいて，コモン-ローを補うために形成された法体系。正義と衡平という観点から，大法官府裁判所(1875年まで存続)を通じて発達した判例法である。現在でも法原理としての意義をもつ。

ジェームズ1世 ◉[James Ⅰ, 1566〜1625] (―せい) イギリスの国王(在位1603〜25年)。王権神授説を主張し，『自由なる君主国の真の法』(1598年)を著した。

クック◉(**コーク**◉◐) [Edward Coke, 1552〜1634] イギリスの法学者。下院議長，王座裁判所首席裁判官などを歴任した。コモン-ロー優位の立場から王権が絶対主義的に強化されることに反対し，ジェームズ1世によって裁判官を罷免された。「国王といえども神と法の下にある」というブラクトンのことばを援用して，法の支配を主張したことで名高い。裁判官免職後は下院議員として権利請願の起草にあたった。

法治主義 ◭(ほうちしゅぎ) 政治が法に基づいて行われなければならないとする考え方で，19世紀以降のドイツ(プロイセン)で発達した。絶対主義体制に対抗する理論として登場したが，法の内容よりも法の形式的な適合性を重視したため，人権軽視や専制化につながる場合もあった。このため，(西)ドイツでは第二次世界大戦後，こうした課題の克服に取り組まれ，現在では法の支配の原則とほぼ同じ意味で用いられるようになった。

	法の支配	法治主義
根拠となる法	自然法を含め，実定法以上の法	議会制定法と権力者の命令
採　用　国	イギリスで発達	旧ドイツ帝国
法 の 目 的	人権の擁護	行政の合法化
立　法　過　程	人民参加の議会	議会と官僚

▲ 法の支配と法治主義

法治国家 ◐[Rechtsstaat] (ほうちこっか) 一般には，国民の意思によって制定された法に基づいて国の政治が行われる国家を指す。歴史的には19世紀のドイツで発達した考

え方で，当初は法の内容的な正当性を問わない法律万能主義の考え方が強かった(形式的法治国家)。戦後のドイツでは，この点を反省し，法律の中身にも検討を加えるとともに，憲法裁判所に違憲審査権をあたえ，人権条項を明文で充実させるなど，英米流の「法の支配」と似たような統治システムをもつ国家(実質的法治国家)を指すようになった。

公法 ◭②◐(こうほう) 国家の在り方，あるいは国家と個人との関係のあり方を規定する法律の総称。日本で言えば，憲法，行政法，刑法などが代表例である。

私法 ◭④◐(しほう) 私的利益を規定する法律の総称。日本で言えば，民法，商法，会社法などが代表例である。権利能力平等の原則，私的所有権絶対の原則，私的自治の原則を私法の三大原則という。

> **類**私法の三大原則

社会法 ◭④(しゃかいほう) 個人主義・自由主義などを法原理とする市民法に対して，生存権や労働権など社会権の考え方に基礎をおく法。法の領域としては労働法・経済法・社会福祉法・社会保障法など。公法と私法の中間的な性格ももつ。

市民法 (しみんほう) 近代社会における私法を中心とする法の全体をさす。社会法に対する用語。狭義には民法をさすこともある。

慣習法 ◭⑦(かんしゅうほう) 立法行為によらず，社会内部の慣習に基づいて成立する法。典型的な不文法であり，成文法の発達にともなって，成立領域は商慣習法や国際法などに限定されてきている。

成文法 ◭②(せいぶんほう) 文書形式で作られた法。不文法の対義語である。厳密には，立法府によって制定された法律のみを指すが，広義では，国家間で作られた条約や，行政府による政令なども，文書形式であれば，成文法の一種とみなされる。

> **同**制定法 ◭

不文法 ◭②(ふぶんほう) 成文化されていない法。慣習法・判例法が代表的なもので，英米法では不文法であるコモン-ローが重要な地位を占めている。

判例法 ◭②(はんれいほう) 裁判の先例にもとづく法規範。個々の判決文そのものではなく，その基礎にある考え方が法となる。不

文法の一種で，イギリスなどで発展した。

国際法　Ａ16Ｎ（こくさいほう）　国際社会あるいは国家間の関係を規律する法。主なものとして，条約，慣習国際法，法の一般原則がある。条約とは，国際社会における関係者同士の成文化された合意であり，慣習国際法とは，成文化されていないものの，国際社会における慣習として事実上機能している法である。法の一般原則とは，主要国の国内法に共通してみられる法原理であり，国際社会にも援用可能なものを指す。
☞ p.274（国際法）

実定法　Ｂ3（じっていほう）　自然法に対する概念で，制定法・慣習法・判例法などのように人間が定めた法。普遍的に妥当する自然法とは異なり，一定の時代と地域においてのみ実効性をもつことが多い。

実体法　Ｃ4（じったいほう）　法の規定内容による分類で，権利・義務などの法律関係の内容を定めた法。それを実現する手続きを定める手続法の対概念である。民法・商法などは民事実体法，刑法などは刑事実体法である。

手続法　Ａ5Ｎ（てつづきほう）　法の規定内容による分類で，訴訟を通じて法の規定を実現する手続きを定めた法。実体法に対する概念である。民事訴訟法・刑事訴訟法・行政事件訴訟法などが該当する。形式法ともよばれる。

一般法　Ｃ2（いっぱんほう）　法の適用範囲による分類で，一般に広く適用される効力をもつ法。普通法ともいう。特別法との関係では，特別法が一般法より優先される。

特別法　Ａ2Ｎ（とくべつほう）　法の適用範囲による分類で，人・場所・事項などの関係で，効力の範囲が限定された法。一般法に対する概念だが，あくまでも両者の区別は相対的なもの。たとえば，商法と民法の関係では前者が特別法，後者が一般法となる。

権利　Ａ18Ｎ（けんり）　ある存在にいかなる行為や資格が許されているかを定める原則。ある権利が法律によって明記されている場合は法的権利とよぶ。また，あらゆるホモサピエンスが等しく有している普遍的権利を人権という。

義務　Ａ5Ｎ（ぎむ）　一定の条件が満たされた場合に要求される行為。法律によって明記されている義務を法的義務とよぶ。そのほかにも，道徳的義務，社会的義務，宗教的義務などがあり，いずれも人間社会を秩序づける上で重要な役割を果たしている。
☞ p.99（義務）

法的安定性　Ｃ（ほうてきあんていせい）　憲法や法律の中身・解釈を安易に変更してはならないという原則。法は安定的に運用されることで社会のルールとなる。法の支配や立憲主義の重要な要件の一つ。

立法事実（りっぽうじじつ）　法律をつくる際，その必要性などを根拠づける社会的・経済的・文化的・科学的な一般事実のこと。立法目的だけでなく，それを達成する手段についても合理的でなければならない。

法の一般性　Ｃ3（ほう―いっぱんせい）　法が権力者を含むすべての人に対して等しく適用されること。民主的国家においては，国民を不平等に扱わないことが要請される。

民主主義の原理

デモクラシー　ＡＮ（民主主義Ａ9Ｎ）
[democracy]（みんしゅしゅぎ）　人民あるいは人民の代表者たちによる統治が為されている政治体制。古代ギリシャにおいて出現し，現代世界においても主流の統治システムの1つとなっている。多数決による意思決定を多用する点が特徴的である。
類 デモス‐クラティア

国民主権　Ａ1Ｎ（こくみんしゅけん）　国家の正当性は国民の意思によってのみ認められており，国家の意思決定は国民の同意の下に為されなければならないとする政治原則。
☞ p.161（国民主権）

人民主権　Ｂ（じんみんしゅけん）　日本では「国民主権」が時として「人民主権」と言い換えられる場合もある。この場合，国民主権はナシオン主権ともよばれ，人民主権はプープル主権ともよばれる。ナシオン主権においては，抽象的観念的な国民概念が主権者であり，権力者は必ずしも人々の具体的な意思に従って行動する必要はない。一方，プープル主権においては，個別具体的な人民が実際的な主権を持っており，権力者は人々の意思に常に拘束されながら行動しなければならない。

直接民主制　Ａ3Ｎ（ちょくせつみんしゅせい）　国民

が国の政治的意思決定に直接参加する政治の形態。古代ギリシャのポリスの民会，現在のスイスの州民集会などが典型。現代では間接民主制（代議制）が一般的であるため，国民投票・国民審査などの直接民主制的な制度は，間接民主制を補完するものとして機能している。

同 直接民主主義 C 4 N

間接民主制 **A 2 N**（かんせつみんしゅせい）　国民が直接選んだ代表者を通じて国家の意思を決定する政治のしくみで，代議制・代表民主制ともいわれ，直接民主制と対比される。参政権をもつ国民が多くなった近代以後の国家で，全国民が直接政治に参加することが困難なことから，議員その他の代表を媒介として政治に参加する形式がとられた。

同 間接民主主義 C

代議制 **B N**（だいぎせい）　国民から選出された代表者（代議員）を通じて政治が行われるしくみ。間接民主制ともいう。国民は自らの意思に基づき，投票・選挙によって選んだ代議員に権力の行使を委託する制度をいう。

類 代表民主制 B　代表制民主主義 C

議会制民主主義 **A 3 N**（ぎかいせいみんしゅしゅぎ）　国民の代表者による機関を議会とし，議会を通じて国民の意思を政治に反映させる制度。

議会 **A 13 N**（ぎかい）　選挙を通して選出された代表者たちによって構成される国家の一機関。近現代では，①有権者の代表，②政府の監視，③法律の制定，の３つが主たる役割となっている。特に③の役割が最重要であるため「立法府」と呼ばれることもある。

参加民主主義 **C**（さんかみんしゅしゅぎ）　国民が単に選挙権を行使するのみならず，政治的意思決定や政治的討議に直接参加することにも積極的姿勢を取る民主主義社会のあり方。

国民代表 **C**（こくみんだいひょう）　広義には，主権者である国民にかわって国家権力の行使を担うすべての公務員をさすが，狭義にはそのうち立法を担当する機関の構成員を意味する。俗に政治家ともいう。近代議会における議員は，身分・選挙区・利益団体などの利害代表ではなく，全国民の一般的利益の代表者であるべきとの考え方に基づく。

これを自由委任（命令的委任の禁止）という。

類 自由委任

多数決原理 **C 1**（たすうけつげんり）　集団の意思決定にあたって，その集団の多数意見を集団全体の意思とみなす原理。過半数によって決定する場合が多いが，重要な問題についてはそれ以上の賛成を必要とする場合がある。日本国憲法の改正を，両議院のそれぞれの総議員の３分の２以上の賛成で発議することなどがそれにあたる。

多数派の専制 [tyranny of the majority]（たすうは＝せんせい）　民主主義社会において，過半数を制した多数派が政治権力を独占して，多数派の利益のみを追求したり，少数派の人権を侵害する政治を展開すること。フランスの政治家アレクシ・ド・トクヴィル（Alexis de Tocqueville,1805-1859）などが提示した概念。多数派の専制を防ぐには，２／３以上の賛成を要する特別多数決のルールを議会に取り入れる，公聴会や審議会などを議会内に設けて慎重な意思決定プロセスを図る，憲法に司法審査権を明記して立法府の多数派論理を司法府の手で抑制する，といった制度的な取り組みが求められる。一方，大衆の政治的素養を高める教育のあり方，多様な価値や見解を尊重したマスメディアのあり方など，社会的な取り組みも必要とされる。

少数意見の尊重 **C**（しょうすういけん＝そんちょう）　民主主義は多数決原理を多用するが，その短所の１つが少数派の軽視である。多数派の意見ばかりで物事が決まっていくと，社会的な分裂や不満が増大する上に，少数派の人権侵害が多数発生する事態となる。多数決原理を基本としながら，多様な意見を可能な限り反映した決定を為すことが現代民主主義の原則となっている。

ボルダールール　投票方法の一種であり，最も望ましい候補者のみに票を投じるのではなく，１位３点，２位２点，３位１点というように，候補者たちに順位をつけた上で点数を分配するもの。通常の投票方法よりも，有権者全体から幅広い支持を受けている候補者が有利になりやすい。中世欧州にて聖職者の選挙方法として編み出されたアイデアであり，18世紀フランスの数学者ボルダ（Jean-Charles de Borda,

1733〜1799）によって理論的完成を見た。

オストロゴルスキーのパラドクス Ｃ
ロシアの政治社会学者オストロゴルスキー（Moisey Ostrogorsky, 1854〜1919）の名にちなんだ政治学上の概念であり，単純な多数決原理が必ずしも有権者の意思を正確に反映するとは限らないことを示すもの。例えば，選挙において，政党Ａが過半数の支持を得て政党Ｂに勝利したとしても，個別論争点を見ると，あらゆるテーマについて政党Ｂの政策案の方が高い支持率を有する可能性は常にあり得る。

ポリス Ａ４Ｎ［polis］　古代ギリシャの都市国家。有名な都市国家アテナイでは，都市人口の10数％を占める市民による直接民主制がとられていた。ただし，市民の家族や奴隷・外国人らには参政権は認められていなかった。　☞ p.14（ポリス）

アリストテレス Ａ⑮Ｎ［Aristotelēs, 前384〜前322］　古代ギリシャの哲学者。『政治学』『ニコマコス倫理学』などの著書があり，「人間は社会的（ポリス的）動物である」として，人間のあり方とポリスとを密接に結びつける考えを示した。　☞ p.18（アリストテレス）

イニシアティヴ Ａ４Ｎ［initiative］　「国民発案」と訳される。有権者による署名提出などによって，憲法改正案や法律案が発議されること。日本の国政においてはイニシアティブに相当する制度は存在しない。ただし，地方自治に関しては，条例の制定改廃についてイニシアティブの仕組みを導入している。　☞ p.259（イニシアティヴ）

リコール Ａ②Ｎ［recall］　「国民解職」と訳される。有権者による署名提出などによって，重要な公職者をその地位から罷免するよう提起すること。日本の国政においては，最高裁判所裁判官国民審査がリコールに近い制度だが，有権者から自発的に発案できるものではない。なお，地方自治においては，一定数以上の有権者の署名によって，知事および市町村長の解職請求，地方議会の解散請求，地方議員の解職請求が可能である。　☞ p.259（リコール）

レファレンダム Ａ Ｎ［referendum］　「国民投票」「住民投票」と訳される。政治的議題の可否を有権者自身の投票で表決すること。日本では，憲法改正国民投票および地方自治特別法住民投票が憲法で定められている。　☞ p.243（レファレンダム）

２ 世界の政治体制

主な政治体制

政治体制 Ｃ２Ｎ（せいじたいせい）　政治の制度や組織の全体をいう。たとえば，同じ民主主義といっても行政権者の選出手続きや元首の規定など，その制度・組織は国によって異なっており，それらの比較のために用いられる概念。

自由主義 Ａ Ｎ（じゆうしゅぎ）　社会生活のなかで，各人の意思や行動などの自由な決定を尊重していく立場。市民革命期には最初に政治的・思想的自由が重視され，後には経済的な自由も重視されるようになった。リベラリズムともよばれるが，現在では伝統的な自由放任主義を否定し，自由主義的価値を擁護するために政府を活用する立場をとる。これに対して，個人の権利の絶対的な重要性を認め，国家の役割を最小限度にとどめようとする考え方をリバタリアニズムという。

　同 リベラリズム Ａ　**類** リバタリアニズム Ｂ

コミュニタリアニズム Ｂ［communitarianism］　「共同体主義」と訳される。個人と共同体との関係性を重視するイデオロギー。個人の自由や幸福は共同体をとおして獲得できるものと捉える。単に共同体に所属するのみならず，共同体をより良くするために政治参加していく人間のあり方を求める。コミュニタリアニズムの支持者をコミュニタリアンという。　☞ p.100（コミュニタリアニズム）

社会主義 Ａ⑦Ｎ（しゃかいしゅぎ）　生産手段の社会的所有を通じて，人間の自由と平等を実現しようとする思想。19世紀前半のサン＝シモン・オーウェン・フーリエらの空想的社会主義と，マルクスやエンゲルスらの科学的社会主義とがある。資本主義から共産主義に移行する過渡期を社会主義とよぶこともある。　☞ p.146（社会主義）

先進国 Ａ⑪Ｎ（せんしんこく）　国民全体の経済

水準が高い国のこと。経済水準を測る代表的指標としては，一人当たりGDPがある。先進国か否かを定義する上で，経済水準のみならず民主主義の発達度という政治水準も取り入れる場合もある。例えば，シンガポールは世界最高水準の一人当たりGDPを誇るが，民主主義の発達度がやや弱いため，定義次第では「先進国」の枠から外されることもある。

発展途上国 A6N（はってんとじょうこく）　第二次世界大戦後に独立した，アジア・アフリカ諸国やラテンアメリカ地域に多い，経済的に発展途上にある諸国のこと。開発途上国ともいう。政治的独立達成後の経済発展には差異があり，ＮＩＥｓ（新興工業経済地域）のように工業化が進み，経済成長が著しい国は，発展途上国から経済的に一歩前進したといえる。

同 開発途上国9N

独裁制 C1N（どくさいせい）　特定の個人や集団が絶対的な政治権力を有する政治体制。軍事独裁および一党独裁が，現代における独裁制の代表的タイプである。独裁制は必然的に民主制の対義語だが，独裁国家でも，政権の正当性を誇示するために選挙が実施されることもある。また，政権にとって害にならない範囲内で個人的自由が容認されることもある。

軍事独裁 CN（ぐんじどくさい）　第二次世界大戦後の新興独立国のように，民主主義的な政治が確立されていない場合に，軍部がその武力と軍事力を背景に独裁政治を行うことがしばしばみられる。軍事独裁から，民主主義的な成熟を経て文民政治に移行する民政移管が順調に推移する例は少ない。

民主制 AN（みんしゅせい）　デモクラシーがギリシャ語の「人民・大衆の支配」という意味をもつことから，本来は少数の支配ではなく，人民多数による支配・統治の形態をさす。17・18世紀の市民革命以後は，普通選挙制度のように国民の意思を政治に反映させる制度を整え，かつ基本的人権の保障のように，国民の人間としての尊厳の保障を行う制度を整えた体制をいう。政治形態としては，古代ギリシャのアテネのような直接民主制と，国民の代表者による議会に立法権をゆだね，法治行政を行うことで国民の意思を反映させる間接民主制（代議制）の形態がある。

君主制 BN（くんしゅせい）　古代王朝制や中世封建制の時代に典型的な政治形態で，一人の君主・皇帝が，臣下・人民を統治する形態をいう。その地位は世襲されることが多い。概念的には少数者支配を意味する貴族制，多数者支配の共和制・民主制と区別される。中世末期の絶対王政期の君主は，国家権力を独占する無制限な権力を保持する場合があった。現代でも君主制をとっている国があるが，憲法に基づいてその立場が規定される立憲君主制を採用することが多い。

類 立憲君主制CN

貴族制 C（きぞくせい）　統治体制からみると，少数者の支配形態であり，一人の支配である君主制，多数の支配である民主制とは区別される。伝統的に高い地位を認められている特定の家柄に属する者や，多くの財産をもつ少数の者たちが政治的権力を独占する形態をいう。

共和制 C2N（きょうわせい）　君主制に対する政治形態で，国家元首が世襲制となっておらず，国民全般の中から選出される政治体制。☞p.127（共和制）

立憲主義 A3N（りっけんしゅぎ）　広義には，権力者による権力濫用を抑えるために憲法を制定するという考え方をさし，憲法に基づいて政治が行われること。狭義には，多様な価値観・世界観を認めて民主的な政治決定を図ることであり，これを近代的立憲主義という。この場合の憲法とは，人権保障を宣言し，権力分立を原理とする統治機構，国民の政治参加を定めたものを意味する。フランス人権宣言の「権利の保障が確保されず，権力の分立が定められていないすべての社会は，憲法をもたない」（第16条）という言葉は，そのことを端的にあらわしている。立憲政治・憲法政治も同様の意味。

類 立憲政治　憲法政治N

議院内閣制 A2N（ぎいんないかくせい）　責任内閣制ともいう。三権分立のしくみをもち，イギリスや日本で採用されている。行政権者である首相は，議会（下院）によって選ばれ，首相及び内閣は議会に対して責任を

負い，議会で不信任案が可決されれば，内閣の総辞職か議会の解散で対応する。このように議会と内閣が，政治責任のとり方について一体性をもつしくみをいう。議院内閣制を採用している代表例としては，イギリス，ドイツ，カナダ，オーストラリアなどが挙げられる。

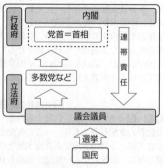

▲ 議院内閣制のしくみ

大統領制 Ａ2Ⓝ（だいとうりょうせい）　国家元首と政府首脳を兼務する大統領を国民投票によって選出する仕組み。アメリカのように，大統領が単独で行政府を指導するケースと，フランスのように，大統領制のなかに議院内閣制の仕組みを組み入れて，大統領と首相が共同で行政府を指導する半大統領制のケースがある。

類 半大統領制 Ｃ Ⓝ

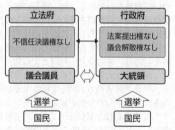

▲ 大統領制のしくみ

人民民主主義（じんみんみんしゅしゅぎ）　共産主義勢力による政治戦略の一種であり，共産主義勢力以外の諸勢力との幅広い共闘を許容する考え方。例えば，1930年代のフランスでは，ファシズムの台頭に危機感を抱いた国内共産主義勢力がほかの左派勢力と協力して人民戦線なる連合政権を形成するこ

とに成功している。第二次大戦後も，アジアや東欧で人民民主主義路線を採用する新国家建設が相次いだ。

民主化 Ｂ2Ⓝ（みんしゅか）　第二次世界大戦後に独立した新興国のなかには，政治的安定を最優先して軍事独裁の形態をとる国や，経済発展を優先して開発独裁という形態をとる国が存在する。これらの国では，ある程度国内の安定と経済発展が実現した場合，政治的・経済的自由や機会均等を求める動きが生じてくる。これらを総称して「民主化」とよぶ。

ファシズム Ａ3Ⓝ［fascism］　1920～40年代に興隆したナショナリズムに基づく全体主義体制をいう。イタリアのムッソリーニが結成した，ファシオ（束＝団結）を語源とするファシスト党の主義・主張に由来し，ドイツのヒトラーによるナチズム，あるいは日本の軍国主義に対しても用いられた。ただし，戦後，「ファシズム」という言葉は，ある対象をネガティブに批評する際に安易に多用されるようになり，明確な定義が困難な「政治的罵倒語」になりつつある。

ムッソリーニ Ｂ［Benito Mussolini, 1883～1945］　イタリアのファシスト党の創立者。第一次世界大戦後に，それまでの社会主義運動を離れ，資本家や地主の支援を受けながら反革命活動に転じた。1922年に政権を奪取し，エチオピア・アルバニアへの侵略から第二次世界大戦へと突入した。1945年4月にパルチザンによって逮捕・処刑された。

ファシスト党 Ｃ（-とう）　イタリアのファシズム政党。ムッソリーニが創設した。1922年のローマ進軍を成功させ，政権与党の座に就く。1943年のムッソリーニ失脚に伴って解党。しかし，第二次大戦後も，ファシスト党の流れを汲むイタリア社会運動（1946～1995）や国民同盟（1995～2009）などが活動を続けており，政権与党の座に就くこともあった。

ヒトラー ＢⓃ［Adolf Hitler, 1889～1945］　オーストリア生まれ。逃亡先のドイツで第一次世界大戦に従軍した。1921年以後ナチ党（国民社会主義ドイツ労働者党）の党首となる。世界恐慌下の社会不安に乗じて

政治勢力を拡大し，1933年には連立政権の首相となる。全権委任法などによって独裁体制を確立させ，大統領と首相の地位を統合した総統の地位に就いた。周辺各国への侵略政策を強行して，第二次世界大戦を引き起こすほか，ユダヤ人虐殺政策を主導した。1945年5月，第二次大戦敗北が濃厚となる中，ベルリンの地下壕にて自殺。主著『わが闘争』

ナチス　Ⓐ②Ⓝ[Nazis]　正式名称は「国民社会主義ドイツ労働者党」。名称冒頭の"Nationalsozialistische" を略して Nazi（ナチ）とも呼ばれる。ナショナリズムと社会主義を融合した極右政党として1920年にミュンヘンにて結党。世界恐慌後の社会不安の中，1932年総選挙で過半数に近い議席数を獲得。翌年に政権与党の座に就くと，全権委任法を制定してワイマール憲法体制を停止させた。ナチスが政権与党の座にあった1933-1945年のドイツをナチスドイツと呼ぶ。ナチスドイツは，軍需産業拡大や借金財政によって失業者を減らし，有権者の支持を取り付けるものの，一方では，軍事侵略政策やユダヤ人虐殺政策を推進した。第二次大戦後にナチスが解体されると，東西ドイツやオーストリアでは，ナチス的な政党や思想を禁止する「非ナチ化」が実施された。

全権委任法　Ⓒ（ぜんけんいにんほう）　正式名称は「国民および国家の苦難除去のための法」。非常事態に対処する名目で，立法および司法の権限をナチス政府に無制限に授権する法律である。1933年に成立し，この時点で1919年から続いてきたワイマール憲法体制は事実上停止した。

秘密国家警察　（ひみつこっかけいさつ）　ゲシュタポの略称をもつ反ナチス勢力弾圧のための組織。1933年にゲーリングが創設したが，その後ヒトラー直属の親衛隊とともに，ナチス恐怖政治のシンボルとなった。

ユダヤ人虐殺　Ⓒ①Ⓝ（-じんぎゃくさつ）　☞ p.94（ユダヤ人虐殺）

アウシュヴィッツ強制収容所　Ⓒ Ⓝ（-きょうせいしゅうようじょ）　☞ p.94（アウシュヴィッツ強制収容所）

全体主義　Ⓐ Ⓝ[totalitarianism]（ぜんたいしゅぎ）　国家権力が社会内部のあらゆる領域に影響を及ぼしている政治形態。単なる専制政治や独裁政治の場合，国家権力に害を及ぼさない範囲内で個人的自由が許容されるが，全体主義国家においては，個人の生活・職業・思想・信仰に至るまで，国家によるコントロールが及ぶ。ナチス-ドイツや旧東側諸国が典型例である。また，従業員の一挙手一投足を管理し，彼らの私生活にまで影響を及ぼそうとする戦後の日本企業も「全体主義的な組織」と揶揄されることがある。

テロリズム　Ⓑ①Ⓝ[terrorism]　ある政治勢力が，他者及び他の政治勢力に対して，自らの政治目的のために行う暴力の使用または威嚇行為。テロ行為の影響が国際的範囲に及ぶ場合は国際テロとよばれ，国連や他の機関はこの種のテロを国際犯罪として規制する目的で，対航空機テロ防止条約など多数のテロ防止条約を採択してきた。

開発独裁　Ⓑ②Ⓝ（かいはつどくさい）　経済開発を最優先で進めるという名目の下で議会制民主主義を制約・否定した政治体制。自国の経済発展（経済成長）によってその正当性を維持する政治権力をさし，自由選挙等を通じて行使される政治的自由を制限して，独裁的支配への抵抗を制限する。

アウン＝サン＝スー＝チー　Ⓒ Ⓝ[Aung San Suu Kyi, 1945～]　ビルマ（ミャンマー）の民主化運動のリーダー。ビルマでは1988年以来，軍部の指導する体制が続いていたが，1990年の選挙で，彼女の率いる国民民主連盟（NLD）が圧勝した。しかし軍事政権は，政権を譲らず，アウン＝サン＝スー＝チー氏は軍の監視のもとで，長く軟禁状態に置かれたが，2010年にひとまず解放された。その後，2011年に民政移管，2015年の総選挙でＮＬＤが圧勝して文民政権が誕生した。アウン＝サン＝スー＝チー氏は新政権で複数の閣僚を兼務するとともに，国家顧問にも就任した。しかし，2021年の軍事クーデタによって，再び自宅軟禁下に置かれている。

金正日　Ⓒ Ⓝ[1942～2011]（キム=ジョンイル）　朝鮮民主主義人民共和国の最高指導者。建国者である金日成の死後，国防委員会委員長・朝鮮労働党総書記に就任。1998年の憲法改正で国家主席のポストが

廃止され，国防委員長が最高ポストとなったため，実質的な国家元首となった。

金正恩 [1983～]（キム＝ジョンウン）　金正日の死去にともない，北朝鮮の最高指導者を継承した彼の三男。2012年に国防委員会第一委員長・第一書記に就任した。2016年，36年ぶりに開かれた朝鮮労働党大会で党委員長に，つづいて国防委員会を改編した国務委員会の委員長に就いた。2018年に，通算3度目，4度目となる南北朝鮮首脳会談や，初の米朝首脳会談に出席した。北朝鮮はこれまで，国家方針として経済建設と核戦力建設を同時にすすめる並進路線をとってきた。

イギリスの政治制度

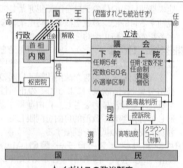

▲イギリスの政治制度

立憲君主制 C N（りっけんくんしゅせい）　憲法の規定に従って，世襲君主が儀礼的な国家元首の座に就いている国家体制。国家元首が形式的存在にすぎない一方，議会によって選出された首相が実質的な最高権力を掌握している。イギリスがその典型例である。

ウォルポール［Robert Walpole，1676～1745］　イギリスの政治家。ホイッグ党の党首。ジョージ1世のとき，国王に代わって実質的に行政を執行し，内閣を行政機関へと移行させた。1742年，議会の多数派の支持を失った際，首相の地位を辞した。これにより，議会の信任が得られないときには内閣が総辞職するという責任内閣制（議院内閣制の端緒）の慣行がつくられた。

「君臨すれども統治せず」 C N（くんりんすれども―とうち―）　イギリスの王室と政治とのかかわりを示すことば。国王は元首として君臨する

が，統治に関しては議院内閣制の下で内閣が執行するという伝統が，ウォルポール以来できあがった。

不文憲法 C（ふぶんけんぽう）　イギリスには文字で記された憲法典がなく，歴史的に憲法的な文書とよばれるマグナ＝カルタや権利章典，裁判の判例などの集大成が憲法の役割を果たす。こうした各種文書，判例，慣例などで構成される憲法を不文憲法という。

上院 A3 N（貴族院 A N）　（じょういん）（きぞくいん）　任期・定数は不定（現在は764名）。聖職貴族・世襲貴族・法律貴族（法官貴族・法服貴族ともいう）などから構成される。基本的に国王が任命し，任期は終身とされた。かつては議席の多くを占めた世襲貴族が，1999年の法改正で大幅に減らされた。また法律貴族は従来，最終の上訴裁判官としての役割を担ってきたが，その12人が2009年に新設された最高裁判所の判事を務めることになった（貴族院議員との兼職は禁止）。

連合王国最高裁判所（れんごうおうこくさいこうさいばんしょ）　司法制度改革の一環として，ブレア政権下の2005年に憲法改革法が制定され，2009年に新設された。従来は1876年以来，その機能を上院（貴族院）に設置された上訴委員会が果たしてきた。最高裁の判事（12人）は法律貴族（正式な呼称は常任上訴貴族）が務め，議員職から離れた。これによって貴族院の司法機能が廃止され，権力分立が制度的にも明確になった。身近な司法をめざし，審理はテレビ局に公開される。ただし，最高裁には以前と同様，違憲立法審査権は与えられていない。

下院 A2 N（庶民院 A1 N）　（かいん）（しょみんいん）　小選挙区制の下，18歳以上の国民の普通選挙で選出される。任期5年，定数650名。2011年に制定された議会任期固定法により，首相の自由な解散権がなくなった。また，議員の3分の2以上の賛成で，自主的に解散できる。立法機関であるとともに，国民全体の代表として議院内閣制の内閣の母体となる。議場は，政府与党に対して，真正面から向かい合う反対党の存在が予定され，議会が討論の府であることを象徴する構造となっている。2022年時点における各党議席数は，保守党358，労働

党199，スコットランド国民党45，自由民主党13などとなっている。

下院の優位（かいん-ゆうい）　1911年と1949年に制定の議会法で，議会が国権の最高機関であり，それを構成する上下両院のうち，国民の代表によって選出される下院（庶民院）に優位を置くことが定められている。

保守党　C①N（ほしゅとう）　17世紀の中頃から形成されたトーリー党が，1830年頃に改称。聖職者階層や地主階層を中心として形成され，王権の擁護を主張した。当初は自由党とともに二大政党制を形成し，その後は労働党と勢力を二分してきた。2010年以来，一貫して与党の地位にある。2022年現在の党首は，首相のスナク。

類メイ B N

トーリー党　C（-とう）　イギリスで17世紀の中ごろ，聖職者階層や地主階層を中心に形成された政党。王権の擁護を主張した。現在の保守党の母体。党名は，カトリック信者のジェームズ2世（1633〜1701）を王位継承者として支持する保守派の集団が"Tories"（アイルランド語で盗賊）と呼ばれたことに由来する。

自由民主党　A N（じゆうみんしゅとう）　ホイッグ党を起源とする自由党と，労働党右派が離党して組織した社会民主党とが1988年に合併して発足。議会第三党として中道左派の立場をとり，2010年の総選挙後に第一党の保守党と連立内閣を樹立した。しかし2015年の下院議員選挙で敗北し，保守党との連立を解消した。

自由党　B N（じゆうとう）　清教徒革命後の王政復古期に進歩的貴族や商工業者を中心に形成されたホイッグ党を前身とし，1830年頃に自由党と改称された。新興ブルジョア階層を代表し，自由主義的改革を主張したが，労働党の進出で衰えた。現在は自由民主党。

ホイッグ党　C（-とう）　清教徒革命後の王政復古期に，進歩的貴族や商工業者を中心に形成された。現在の自由民主党の母体。党名は，カトリック信者のジェームズ2世（1633〜1701）を王位継承者とすることに反対する集団が"Whigs"（馬泥棒を指すWhiggamoreの略語）と呼ばれたことに由来する。

労働党　C①N（ろうどうとう）　イギリスの民主社会主義政党であり，社会主義インターナショナル加盟団体の1つ。1884年に結成されたフェビアン協会を母体として，1900年に設立された労働代表委員会が1906年に労働党と改称，政党として発足した。マルクス主義路線は採用せず，議会での多数派形成に基づいて，漸進的社会改革を推進する路線を主張・堅持し，保守党とともに二大政党制を担ってきた。2010年以来，野党の地位にある。2022年現在の党首はキア＝スターマー。

影の内閣　A⑥N**（シャドー-キャビネット**　B③N）　[shadow cabinet]（かげ-ないかく）　野党が政権交代に備えて自分たち独自の内閣を構成し，政権をとったときにすみやかに政権を担当できるよう準備するイギリスでの慣例。

「第三の道」　N（だいさん-みち）　資本主義と社会主義の調和を図る思想。社会学者アンソニー＝ギデンズ（1938〜 ）によって本格的な理論構築が為され，英国労働党ブレア政権（1997-2007）が基本方針として採用した。

ハング-パーラメント　N[hung parliament]　「宙ぶらりんの議会」と訳される。イギリス下院で，どの政党も単独過半数を確保できない状態をさす。2017年の総選挙で，戦後3回目のハング-パーラメントとなったが，第1党の保守党が民主連合党の閣外協力を得ることで，事態を打開した。

スコットランド独立問題　（-どくりつもんだい）　スコットランドは，イングランド・ウェールズ・北アイルランドとともに連合王国の英国を構成するカントリーの一つ。1707年にイングランドと合併。近年，英国からの分離・独立の声が高まり，2014年にその是非を問う住民投票が行われたが，否決された。

スコットランド国民党　（-こくみんとう）　1934年に結成されたスコットランドの地域政党。党員は約11万9000人。イギリス構成国の1つであるスコットランドの完全独立をめざす。政治的立場は社会民主主義である。2022年現在の下院議席数は45。党首のスタージョンは，スコットランド自治政府首相も務める。

ブレグジット **C** [Brexit] イギリスが欧州連合(EU)から離脱したこと。Britain (イギリス)と Exit (退出)を組み合わせた造語である。2016年、イギリスにおいてEU離脱の是非を問う国民投票が実施され、52対48でEU離脱が決定した。その後、具体的な離脱交渉が実施され、2020年1月30日、イギリスはEUを正式に離脱した。ブレグジットの背景には、イギリスの国家運営がEUによって拘束されていることへの不満、移民がイギリス国内に大量流入していることへの不満などが挙げられる。

アメリカの政治制度

連邦制 **B** (れんぽうせい) 1775年からの独立戦争において、アメリカ植民地側は13州が対等の立場で連合し、州の連合軍として戦った。そのため、独立達成後も各州の自治と独立性は最大限尊重されることが認められた。現在でも各州は独自の州憲法をもち、州独自の政策を実行できる。こうした独立性の高い州の連合体という意味で連邦制の形式がとられている。

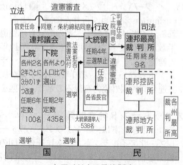

▲アメリカの政治制度

大統領 **A** 18 (だいとうりょう) アメリカ合衆国の国家元首、政府首脳、および合衆国軍総司令官である。4年ごとの大統領選挙によって選出される。米国建国以来、徐々にその権限は強化されており、現在では、国内はおろか世界全体において最も政治的影響力を持つ地位の1つとされる。2022年現在の大統領はジョー=バイデン。

大統領令 (だいとうりょうれい) アメリカの大統領が、行政権を直接行使するために発する命令。実際には大統領令と大統領覚書、声明の三つがある。憲法に明示がないが、効力は法律の枠内とされ、政策をすぐに実施できる利点がある。また、政権が交代した際に多発される傾向がある。

教書 **A** 4 (きょうしょ) 大統領は、議会への法案提出権を持たない代わりに、議会に教書を送って、政策上審議すべき事項を勧告できる。教書にはさまざまな種類があるが、最も有名なのは、毎年1月に開催される一般教書演説である。ここでは、大統領自身が連邦議会にて演説し、合衆国の状況を議員たちに説明する。

法案提出権 **C** 2 (ほうあんていしゅつけん) アメリカ大統領は議会への法案の提出ができない。そのかわりに、教書という制度がある。

法案拒否権 **B** 6 (ほうあんきょひけん) アメリカの議会を通過した法律案の成立には、大統領の署名が必要である。大統領はこの署名を拒否し、議会に再審議を求めることができるが、上下両院がそれぞれ3分の2以上で再可決すると法案は成立する。これをオーバーライドという。

類オーバーライド

大統領の弾劾 **C** (だいとうりょう-だんがい) アメリカ大統領は、何らかの犯罪に問われた場合に弾劾訴追され、有罪判決を受けた場合は罷免される。下院が訴追し、上院が裁判を行う。有罪判決には上院出席議員の2/3以上の賛成が必要である。これまで、大統領弾劾裁判は、ジョンソン(1868年)、クリントン(1998年)、トランプ(2019年、2021年)の計4回実施されており、いずれも弾劾は否決されている。

大統領選挙 **A** 6 (だいとうりょうせんきょ) アメリカ大統領選挙は、立候補した候補者を支持する選挙人に国民が投票し、各州から選出された選挙人による投票によって選ばれるという間接選挙である。各州には上下両院の議員定数に3名を加えた計538名の大統領選挙人が配分されているが、一つの州から出る選挙人は同じ候補者に投票するようになっているため、全体の得票数ではなく選挙人の数の多い州で勝利することが重要になる。一票でも多くの得票があった候補者がその州の全選挙人をとる、いわゆる「ウイナー-テイク-オール」(勝者総取り)の制度を導入しているためである。2016

年大統領選では，トランプ候補（共和党）は，クリントン候補（民主党）よりも総得票数で下回ったが，獲得した選挙人の数で上回っていたため，結果としてトランプが大統領の地位に就いた。

類 間接選挙 **B2N** オバマ **BN** トランプ **BN**

大統領選挙人 **B9N**（だいとうりょうせんきょにん）間接選挙であるアメリカ大統領選挙において，各州単位で国民が直接投票して大統領選挙人を選ぶ。形の上で，この選挙人が大統領を選ぶ。選挙人はあらかじめ，どの大統領候補に投票するか表明しているため，実質的に直接選挙とほとんど異ならない。

副大統領 **N**（ふくだいとうりょう）大統領選挙において大統領候補と組み合わせて立候補し，大統領の当選によって副大統領となる。上院の議長を務めるほか，大統領が欠けたときには大統領に昇格する。2022年現在の副大統領はハリス。

上院 **A4N**（元老院 **B N**）（じょういん）（げんろういん）各州から2名ずつ選出された議員によって構成される。定数は100名。任期は6年間で2年ごとに3分の1ずつ改選され，議長は連邦副大統領が務める。上院は条約の締結と高官の任命に対する同意権をもつなど，下院に対して優位に立つ。2022年時点における院内勢力は，共和党50，民主党48，無所属2。

下院 **A5N**（代議院 **B**）（かいん）（だいぎいん）下院は，小選挙区制で選出された435名の議員で構成され，任期は2年。全部改選され，解散はなく，議長は互選される。予算の先議権が慣習として与えられている。2022年時点における院内勢力は，民主党221，共和党209，欠員5。

院内総務（いんないそうむ）アメリカ連邦議会で政党を代表する役職。上下両院の与党と野党に一人ずつ計4人いる。アメリカの二大政党には「党首」は存在しないため，院内総務が各院でそれぞれの党を代表し，事実上の指導者の役割を果たす。

中間選挙 **N**（ちゅうかんせんきょ）大統領任期の中間地点において実施される選挙の総称。上院の1/3の議席が改選され，下院の全議席が改選される。また，全米の多くの州において州知事選が同時に実施される。中間選挙の結果は大統領の地位に直接影響を及ぼさないが，大統領の信任を問う意味合いがある。

ネガティヴ−キャンペーン 選挙などの際，対立候補の欠点や弱点を攻撃する宣伝方法。アメリカの大統領選などでも行われている。

連邦最高裁判所 **B2N**（れんぽうさいこうさいばんしょ）首席判事と8人の判事の合計9人で構成される。違憲法令（立法）審査権をもち，三権分立の立場から，高度の政治的事案についても違憲判断を下すことが多い。判事はすべて上院の過半数の承認のうえ大統領が任命する。

違憲法令審査権 **C2N**（いけんほうれいしんさけん）アメリカでは，違憲法令（立法）審査権は憲法の規定ではなく，判例によって認められた裁判所の権限である。その権利行使は，具体的な訴訟において適用される法令が憲法に適合するかどうかを審査し，適合しないときは，その法律の当該部分をその事件について適用しないという形で行われる。

共和党 **C N**（きょうわとう）アメリカ二大政党の1つ。1854年に反奴隷制勢力を中心として結成された。リンカンも共和党員である。北部を中核地盤として，進歩主義的政策を推進する政党に成長した。しかし，第二次大戦後は保守主義勢力が結集する政党へと変貌し，キリスト教道徳の擁護や，小さな政府への志向によって特徴づけられるようになった。中核地盤も北部から南部に移っている。

民主党 **A N**（みんしゅとう）アメリカ二大政党の1つ。1828年に州の権利を尊重する民主共和党の後継政党として結成された。現存政党の中では世界最古である。19世紀は南部が中核地盤であり，奴隷制も許容する姿勢にあった。しかし，ローズヴェルト大統領のニューディール政策以後は，アメリカのリベラル勢力を代表する政党へと変貌した。近年は，社会主義を支持する党内勢力も出現しつつある。

ホワイトハウス **N**［White House］アメリカ大統領が執務する官邸。1792年着工。1800年竣工。ワシントン D.C. にある。

ティーパーティ運動（うんどう）1773年のボストン茶会にちなみ，アメリカ保守派を中

心とした草の根の政治運動。彼らが主張するティー（ｔｅａ）とは、「税金はもうたくさん」の頭文字をとったもの。2009年に成立したオバマ政権への反対運動として急速に広がった。

医療保険改革　**Ｎ**（いりょうほけんかいかく）　オバマ米大統領が進めた医療制度の改革。アメリカでは医療保険未加入者が5000万人にのぼる。このため、オバマは大統領選で公約した公的皆保険制度の導入をめざした。しかし、保守派の根強い反発を背景に方向転換、国民に民間保険の加入などを義務づけた医療保険改革法（オバマケア）を2010年に成立させた。

類 オバマケア**Ｃ** **Ｎ**

旧ソ連・ロシアの政治制度

社会主義　**Ａ**❼**Ｎ**（しゃかいしゅぎ）　生産手段の社会的共有を図る政治経済体制。その形態としては、①マルクス・レーニン主義の立場から革命に基づく共産党の指導性を強調するもの、②議会主義の下で漸進的な改革をめざす社会民主主義、③労働組合などの自主的管理・運営を強調し、国家・政府の役割を否定するサンディカリズムの三つがあげられる。

共産主義　**Ｂ** **Ｎ**（きょうさんしゅぎ）　経済的な生産手段を社会的な所有とし、私有財産制を否定する主義・思想をいう。広義では社会主義と同義だが、資本主義から共産主義段階への過渡期を社会主義とよぶこともある。共産主義段階とは生産力が全面的に発展した人類史の最後の段階であり、階級の消滅と各人の必要に応じた消費が実現した理想的社会状態をさす場合もある。

プロレタリアート　**Ｃ**［proletariat］　資本主義社会において、生産手段をもたないために資本家に労働力を売っている賃労働者をいう。プロレタリアートが主体となり、資本主義社会を打倒して社会主義社会を建設しようとする革命がプロレタリア革命。

ロシア革命　**Ａ** **Ｎ**（ーかくめい）　1917年にロシアで起こった革命。帝政から共和制へ移行した市民革命である二月革命と、左翼党派ボルシェヴィキが主導した社会主義革命である十月革命という2つの革命から構成される。その後、数年に及ぶ内戦を経て、

1922年にはレーニンを最高指導者とする社会主義国家ソヴィエト連邦が成立した。☞ p.352（ロシア革命）

レーニン憲法　（ーけんぽう）　1917年のロシア革命後、1918年に制定された憲法。正式には「ロシア社会主義連邦ソヴィエト共和国憲法」。当時の指導者の名前をとってレーニン憲法とよぶ。この憲法は、社会主義国家建設の途上にあることを前提として制定されている。

ソヴィエト　**Ｂ** **Ｎ**［Soviet］　議会・評議会を意味するロシア語。ロシア革命期に労働者・兵士などでつくられ、革命後の政権はソヴィエトの連合体として形成された。ソヴィエト連邦の最高権力機関はソヴィエト連邦最高会議で最高ソヴィエトとよばれ、一定の人口ごとに選出される連邦ソヴィエトと民族単位で選出される民族ソヴィエトから構成されていた。

ソヴィエト連邦最高会議　**Ｎ**（ーれんぽうさいこうかいぎ）　旧ソ連の国家権力機構のなかの最高機関。国家予算・経済計画などの承認、幹部会の選出など、各種政策と国家機関の決定・監督・指導を行った。連邦ソヴィエトと民族ソヴィエトの二院制をとり、両院は平等の権限をもっていた。それぞれの代表は選挙権を有する18歳以上の国民によって選挙されたが、候補者は共産党の党員または推薦を必要とし、事実上共産党の独占下にあった。

プロレタリア独裁　（ーどくさい）　プロレタリアート（無産階級）を中心とした革命の後、彼らが国内に残る反革命勢力を一掃し、社会主義社会建設を行うために必要とされる政治体制。共産主義社会において、階級対立が消滅するまでの過渡的な体制をいう。

民主集中制　**Ｃ**（みんしゅしゅうちゅうせい）　全人民の代表から構成されている最高ソヴィエトが、立法・行政・司法のすべての国家権力をもつ体制をいう。民主主義的中央集権制ともいう。

共産党　**Ａ** **Ｎ**（きょうさんとう）　共産主義世界の実現を目指す政党。「国名＋共産党」という名称になることが多いが、国によっては「労働党」「左翼党」などの名称を冠することもある。世界史上最も影響力を持った共産党がソ連共産党である。1898年創設の

ロシア社会民主労働党のうち，分裂した一派が1918年にロシア共産党（ボリシェヴィキ）となり，1952年にソ連共産党に改称。1991年，ソ連崩壊と共に解散した。

共産党中央委員会 ❸ Ⓝ（きょうさんとうちゅうおういんかい）　共産党の政策・方針などを決定する機関。党大会によって選出される中央委員で構成される。党の最高決定機関であり，旧ソ連の実質的支配組織であった。中央委員会の指導者には書記長が就任した。

ゴルバチョフ ❹②Ⓝ［Mikhail S. Gorbachev, 1931～2022］　旧ソ連の最高指導者。1985年に党書記長に就任。ペレストロイカ（再建）とグラスノスチ（情報公開）をスローガンにして，ソ連の民主的改革に取り組んだ。対外的にも，東欧諸国の民主化を導くほか，米ソ冷戦の終結も果たす。1990年には，ソ連初の大統領職に就任し，同時にノーベル平和賞を受賞。しかし，1991年，変革に不満を持つ国内保守派たちによって8月クーデタが発生した。このクーデタ自体は失敗に終わるものの，ソ連の権威は失墜。同年末を以てゴルバチョフは大統領を辞任した。同時にソ連そのものも解体消滅している。その後はゴルバチョフ財団を創設して，民間の立場から政治的発言を続けていた。

ペレストロイカ ❹❹Ⓝ［perestroika］　ロシア語で「再建」の意。1980年代後半，当時のソ連指導者ゴルバチョフが主導した政治経済的改革の総称である。政治的には自由言論や複数政党制などの民主化が推進され，経済的には市場経済導入や国営企業独立採算制などの資本主義化が推進された。東側陣営における同じような取り組みとして，中国にて実施された改革開放運動や，ベトナム共産党政権が推進したドイモイが挙げられる。

グラスノスチ ❸Ⓝ［glasnost］　ゴルバチョフのペレストロイカの一環をなす政策。「情報公開」と訳される。ソ連の政治・経済・社会にわたる秘密主義や閉鎖的体質を改善することをめざした。

大統領制 ❹①Ⓝ（だいとうりょうせい）　1990年，ソ連にて任期5年の大統領制が導入された。初代大統領にはゴルバチョフが就任したが，1991年のクーデタの結果，大統領権限が大幅に縮小され，同年のソ連崩壊と共に大統領職も消滅した。

複数政党制 ❸①Ⓝ（ふくすうせいとうせい）　ゴルバチョフが政権の座について以来，それまでの共産党による一党支配に終止符が打たれ，複数の政党の併存を認めるようになった。

ソ連解体 ❸Ⓝ（れんかいたい）　1991年の保守派によるクーデタ失敗後，ゴルバチョフが共産党の解散を宣言し，12月にソ連邦自体が解体された。

独立国家共同体 ❷❹Ⓝ（ＣＩＳ❷❹Ⓝ）［Commonwealth of Independent States］（どくりつこっかきょうどうたい）　旧ソ連を構成していた諸国によって構成される国家連合である。連邦制よりも結びつきや拘束力は弱い。旧ソ連は15か国の構成国から構成されていたが，1991年のソ連崩壊に伴って，15か国は主権国家として独立した。そのうち，バルト3国を除く12か国によって結成されたのが独立国家共同体である。現在の正式加盟国は9か国。

ロシア連邦 Ⓝ（れんぽう）　ソ連崩壊後，ソ連領土の一部だった旧ロシア共和国が独立国家となる形で，1991年，ロシア連邦が建国された。構成主体と呼ばれる85の地方自治国家（うち2つは国際的に承認されていない）から構成される連邦国家であり，世襲君主を置かずに大統領が国家元首を務める共和制国家である。政治体制としては，フランスと類似する半大統領制を採用しており，大統領と首相が並存している。現在はBRICsと呼ばれる新興経済発展国の1つとしても位置付けられている。

　　　　　圞プーチン❸Ⓝ　メドベージェフⓃ

ロシア連邦議会（れんぽうぎかい）　連邦会議（上院）と国家会議（下院）からなるロシアの立法府。下院の任期は5年。上院の定数は連邦の85の構成主体から各2名ずつ計170名。下院の定数は450名。半数が比例代表（得票率5％以上が必要）で，残りの半数が小選挙区制で選出される。

統一ロシア Ⓝ［en: United Russia］（とういつ）　2001年に設立されたロシアの政党であり，2003年下院選挙にて勝利して以来，2022年現在に至るまで下院の第一党であり，事実上の政権与党である。特定イデオロギーに固執せず幅広い大衆の支持をめざ

す包括政党の一種であり，プーチン政権を支持する一点で結束している側面が強い。2022年現在の党首は，元大統領のドミトリー＝メドヴェージェフ。

ロシア連邦共産党 [en: Communist Party of the Russian Federation]（れんぽうきょうさんとう）　ロシアを代表する共産主義政党。2022年現在，ロシア下院の第二党である。ソ連崩壊後，旧ソ連共産党の一部が結集する形で，1993年に設立された。党内思想勢力は，穏健な社会民主主義から教条的マルクス主義まで幅広い。スターリンを美化することで旧ソ連時代の愛国心に訴える現象も観察できる。

中国の政治制度

全国人民代表大会 **A**4**N**（全人代**B**N**）
（ぜんこくじんみんだいひょうたいかい）（ぜんじんだい）　中国の立法機関で，一院制の議会に相当する。最高の国家権力機関であり，省や自治区・軍隊などから選出された任期5年の代議員（上限3000人）で構成されている。権限としては憲法の改正，法律の制定，計画経済の決定，予算の審議，国家主席の選挙などがある。毎年1回開催。常設機関として常務委員会が置かれている。

類 常務委員会 **B** **N**

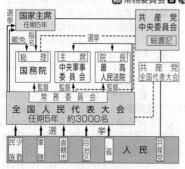

▲ 中国の政治制度

国家主席 **B** **N**（こっかしゅせき）　中国の国家元首。国際標準の概念で言うところの大統領に相当する。全国人民代表大会にて，満45歳以上の中国国民の中から選ばれる。1期の任期は5年。連続3選を禁ずる制限ルールがあったが，2018年の憲法改正で撤廃された。現在の国家主席は習近平。

類 胡錦濤 **N**　習近平 **C** **N**

国務院 **B**2**N**（こくむいん）　内閣に相当する中国の行政機関。そのリーダーである国務院総理は，国際標準の概念で言うところの首相に相当し，国家主席の指名に基づいて，全国人民代表大会にて選出される。任期5年で連続3選は禁止されている。現在の国務院総理は李克強。

人民法院 **B** **N**（じんみんほういん）　中国の司法機関。中央の最高人民法院のもとに，地方には高級・中級・基層の3種類の裁判所が置かれている。人民法院は行政機関から独立しており，最高人民法院が最終的に全国人民代表大会に責任を負っている。人民法院に対応して人民検察院がある。

類 人民検察院 **C**

中央軍事委員会 **C** **N**（ちゅうおうぐんじいいんかい）　中国における軍の最高統帥機関で，全国の武装力を指導。中国共産党の人民解放軍などを統率する立場にある。現在の委員会主席は習近平。

人民民主主義独裁（じんみんみんしゅしゅぎどくさい）　現中国憲法は，第1条にて自国のことを「人民民主主義独裁の社会主義国家」と規定する。これは，中国共産党の指導下にある労働者や農民などの「人民」によって国家が民主的に運営されるという意味である。一方，中国国籍があっても中国共産党の指導に従わない人々は，もはや「人民」ではなく，排除の対象となる。

中国共産党 **B**1**N**（ちゅうごくきょうさんとう）　1921年に上海で創立され，国民党との勢力争いのなか，1935年1月に毛沢東が党の指導権を握り，1949年10月に中華人民共和国を建国した。憲法で，社会主義建設のための指導的役割を認められ，その影響力は立法・行政・司法・軍事などあらゆる面に及んでいる。党の最高機関は中央委員会であり，国務院総理人事の提議など，政治機構への関与権も存在する。最高指導者は総書記で，現在は習近平。

類 総書記 **C** **N**

毛沢東 **N**[1893〜1976]（マオ＝ツェートン）　中国共産党の指導者。創設時から共産党に参加し，農民運動を指導。1931年には中華ソヴィエト共和国臨時政府の主席となり，長征途上の1935年に党の指導権を確立

した。1949年の中華人民共和国建国後は初代の国家主席となり，社会主義国家中国の建設を指導した。その後，1966年頃から文化大革命を推進，1969年には再び国家主席を務め，1976年に亡くなるまで指導力を保持した。主著『新民主主義論』『矛盾論』

文化大革命 **C** **N** （ぶんかだいかくめい）　1966年から1970年代初めまで行われた毛沢東らによる権力闘争。10代の少年たちによる紅衛兵造反や軍隊を動かし，資本主義的政策や傾向をみせたとして，走資派・実権派とよばれた劉少奇（リウシャオチー）・鄧小平（トンシャオピン）らを失脚させ，林彪（リンピャオ）派・四人組などの台頭を招いた。しかし中国共産党は1981年，大会決議で「文革は党と国家と各民族人民に大きな災難をもたらした内乱だった」と総括した。

天安門事件 **C** **2** **N** （てんあんもんじけん）　1989年6月4日に中国北京市の天安門広場にて，学生主導の民主化デモが，政府の軍隊によって武力鎮圧された事件。死者数に関して正確な数値は判明していないが，数百人から数千人の規模とされる。この事件にて「反革命」の罪で投獄された大学講師の劉暁波（1955-2017）は，2010年に獄中にてノーベル平和賞を受賞した。なお，1976年4月5日にも，天安門広場にて市民デモ隊が軍隊に武力鎮圧された「第一次天安門事件」が起きている。それと区別する意味で，1989年の事件は「六四天安門事件」「第二次天安門事件」と呼ばれることもある。　☞ p.307（天安門事件）

四つの現代化 （よっつげんだいか）　1975年の全国人民代表大会で，周恩来（チョウエンライ）が提起した政策。農業・工業・国防・科学技術の4分野の近代化をめざす政策をいう。☞ p.353（四つの現代化）

改革・開放政策 **C** **5** **N** （かいかく・かいほうせいさく）　1978年に鄧小平によって着手された経済改革。人民公社解体，農業生産責任制，企業自主権拡大など，社会主義国家の枠内で市場経済の導入が本格化した。この結果，中国経済はその後15年間で平均9％以上の成長をとげた。一方で物価上昇や環境破壊，国有企業の赤字，個人の所得格差の拡大などの弊害も生じている。

上海協力機構 **C** **N** （ＳＣＯ **A** **N** ）

[Shanghai Cooperation Organization]
（しゃんはいきょうりょくきこう）　中国とロシアによって設立されたユーラシア大陸全体におよぶ国家連合であり，政治的・経済的・軍事的な協力体制を図るもの。2001年の設立当初は6カ国が参加していたが，2022年現在は，正式メンバー8か国に加えて，オブザーバー参加4か国，対話パートナー6か国など，規模の拡大が続いている。一方，アメリカの参加申請は拒否しており，対米戦略拠点という姿勢を鮮明にしている。

「08憲章」 （－けんしょう）　中国共産党の一党独裁を批判し，三権分立を保障した新たな憲法の下，中華連邦共和国の樹立を求める宣言書。世界人権宣言の採択60周年にあわせ，2008年末にウェブサイトで公表された劉暁波をはじめとする著名な知識人たちが署名・賛同している。当サイトは政府の手によって閉鎖されたが，その全文コピーが世界中に拡散された。

類 劉暁波 **N**

香港民主化運動 [Hong Kong protests]
（ほんこんみんしゅかうんどう）　2019年から2020年にかけて香港で起きた政治的抗議運動。2019年3月，香港行政当局は，犯罪容疑者の身柄を中国や台湾に引き渡せる「逃亡犯条例改正案」を議会に提出した。これに対して，香港市民による抗議デモが継続して起こり，①同改正案の撤回，②普通選挙の導入，③警察暴力に対する調査委の設置，④デモ逮捕者の逮捕撤回，⑤デモを暴動と認定した当局決定の撤回，という「五大要求」を香港行政当局に突きつける。行政当局は，2019年10月に改正案撤回の要求を受け入れたが，他の4点に関しては拒絶。続いて，2020年6月に，中国が香港の治安維持強化を図る「香港国家安全維持法」を成立させ，香港市民の政治的自由を大幅に制限するほか，抗議運動の主導者たちを逮捕。抗議運動は急速に弱体化し，2020年末までには事実上終息した。

類 香港国家安全維持法

フランスの政治制度

第五共和制 （だいごきょうわせい）　ド＝ゴール将軍主導の下，1958年に成立したフランス

の政治体制であり，現在に至るまで継続している。第三共和制(1870-1940)や第四共和制(1946-1958)は，議会に権力が集中する構造であり，大統領は儀礼的存在に過ぎなかった。しかし，第五共和制では，大統領に強い権限が与えられる一方，議会の権限は縮小した。政府運営の実務を大統領(国民によって選出)と首相(議会によって選出)の2人で担う半大統領制を採用している点も特徴の1つである。

〔類〕ド＝ゴール Ⓝ

共和国大統領 ②Ⓝ（きょうわこくだいとうりょう）　フランス大統領は国民投票で直接選ばれる。第1回投票で過半数がとれない時は，上位2人による決選投票が実施される。任期は5年。3選禁止。大臣任免権，下院解散権，国民投票発案権など，広範な権限をもつ。現在の大統領はマクロン。

〔類〕マクロン Ⓒ Ⓝ

閣僚会議 Ⓒ Ⓝ（かくりょうかいぎ）　フランス行政府を構成する。メンバーは首相が提案し，大統領が任命，閣議は大統領が主宰する。閣僚は国会議員をはじめとする公職との兼任は許されない。

首相 Ⓐ①Ⓝ（しゅしょう）　フランス第五共和制は半大統領制を採用しており，政府運営の実務は，大統領と首相の2人が共同で担う。首相は，議会の意向に基づいて大統領が任命する。首相の地位は下院が事実上掌握しており，下院が首相の不信任を決議した場合，大統領は下院を解散するか，首相を罷免する必要に迫られる。大統領と首相とで所属政党が異なり，政治姿勢や政治思想が異なる者同士で政府を共同運営するケースもある。これをコアビタシオンという。

〔類〕半大統領制 Ⓒ Ⓝ　コアビタシオン Ⓝ

上院 Ⓐ Ⓝ（元老院 Ⓑ Ⓝ）（じょういん）（げんろういん）　フランスの上院は「元老院」という。県ごとの各級議会の議員による間接選挙によって選出された議員で構成される。憲法上の議員定数は348以下。任期は6年で，3年ごとに半数ずつ改選される。

下院 Ⓐ Ⓝ（国民議会 Ⓒ Ⓝ）（かいん）（こくみんぎかい）　フランスの下院は「国民議会」という。18歳以上の国民による小選挙区2回投票制で選出される。任期5年で解散もある。

憲法上の議員定数は577以下。下院は上院より優越的地位にあり，内閣不信任決議権，予算案先議権などを有している。議場は，フランス革命以降，議長席からみて右側に保守派が，左側に急進派が位置したことから，右翼・左翼という政治用語の語源ともなった。2022年5月時点の党派別議席数は，共和国前進系270，共和党系105，民主運動系58，社会党系29などとなっている。

共和国前進［La République En Marche!］（きょうわこくぜんしん）　2016年，当時経済相だったエマニュエル＝マクロンによって設立されたフランスの政党。2017年，マクロンが仏国大統領に就任した直後の下院選挙にて，過半数を制して政権与党となる。特定イデオロギーに固執せず幅広い大衆の支持をめざす包括政党の一種。ただし，親EU主義の立場は鮮明である。

フランス社会党［Parti socialiste］（-しゃかいとう）　フランスを代表する社会主義政党。1969年，国内の社会主義勢力が結集する形で発足。社会民主主義路線を採用。1981年には同党所属のミッテランが大統領に当選。1995年まで続く長期政権となる。2012年にも同党所属のオランドが大統領に当選して，2回目の社会党政権を誕生させた。しかし，このオランド政権が国民的不人気となり，2017年の大統領選挙および下院選挙では惨敗。2022年現在は，下院にて577議席中30議席弱を有するに留まっている。

フランス共和党［Les Républicains］（-きょうわとう）　フランスを代表する保守政党。起源はドゴールの支持基盤として1958年に設立された新共和国連合(UNR)。1976年，共和国連合(RPR)に名称変更。2002年には保守勢力を結集する形で国民運動連合(UMP)が新たに設立。同党所属の元大統領ニコラ＝サルコジの手により，この国民運動連合を改名する形で，2015年に新たに設立されたのが共和党である。フランスの資本主義体制と国家的独立性を堅持しようとするドゴール主義を継承している。

司法官職高等評議会（しほうかんしょくこうとうひょうぎかい）　司法権運用のための大統領の補佐機関。裁判官についての権限をもつ部会と，検察官についての権限をもつ部会とで構成

される。前者は裁判官や有識者ら15人で，破毀院^{はき}（最高裁判所に該当）院長が主宰。破毀院裁判官の任命などの提案を行う。後者は検察官や有識者ら15人で，破毀院付検事長が主宰。検察官の任命や検察官への懲罰などについて意見を述べる。

憲法院 **C** （けんぽういん）　大統領と両院の議長がそれぞれ３名ずつ任命した９名（任期９年，再任なし）と，終身任期の大統領退任者で構成される。３年ごとに３分の１ずつ改選。大統領選挙や国民投票の適法性の監視と結果の公表を行う。法律の制定後施行前に合憲性を１か月以内に審査し，ここで違憲と判断されたものは施行することができない。現在では，設立当初の政治機関から脱し，事実上の裁判機関として積極的に違憲審査権を行使するようになった。2008年の憲法改正で，憲法院が事後的に法律の違憲審査を行う制度が導入された。

高等法院 **C** （こうとうほういん）　職務執行に明らかに違反した大統領の行為に対して，罷免に該当するかどうかを議決する機関。国民議会（下院）議長が主宰し，構成員（上下両院議員）の３分の２の多数決で行われる。

共和国法院 （きょうわこくほういん）　政府構成員（閣僚）が職務執行中に犯した重罪・軽罪を裁く機関。15人の判事（上下両院議員各６人と破毀院裁判官３人）で構成される。

権利擁護官 （けんりようごかん）　国の行政機関などによって損害をこうむった国民からの申し立てを受け，その権利と自由が尊重されるように監視する機関。2008年の憲法改正で新設された。大統領によって任命され，自己の活動を大統領に報告する。任期は６年で，閣僚や国会議員との兼職はできない。

ドイツの政治制度

統一ドイツ （とういつ−）　1949年，米・英・仏占領下のドイツ連邦共和国（西ドイツ）とソ連占領下のドイツ民主共和国（東ドイツ）が分離・成立した。以後東西対立のなかで分割状態が続いたが，1989年にベルリンの壁が崩壊，1990年10月にはドイツ統一が実現した。統一ドイツの憲法は，1949年に成立したボン基本法（ドイツ連邦共和国基本法）がそのまま施行されている。

ボン基本法 （−きほんほう）　1949年に公布された旧西ドイツの憲法で，正式名称は「ドイツ連邦共和国基本法」。東西ドイツ統一後も，ドイツの憲法として機能している。旧西ドイツの首都ボンで起草されたため「ボン基本法」という俗称でも知られる。旧西ドイツが将来的なドイツ統一までの暫定^{ざん}的憲法という意味で基本法と名付けたが，統一後も同じ名称が温存されている。ナチ時代を繰り返さないための仕組みが盛り込まれている一方，社会情勢の変化に対応して60回以上の改正が行われてきた。

連邦制 **B** **1** （れんぽうせい）　ドイツ連邦共和国は，自治権及び独自の憲法をもつラントとよばれる各州の連合体としての連邦制をとる。連邦は，外交・軍事など国家全体としての行動を要する領域の仕事を担当する。それ以外の特に憲法に定めのない分野については，立法・行政・司法の各機関を有する各州政府が行う。

議会制共和国 ［parliamentary republic］（ぎかいせいきょうわこく）　政治体制として，大統領制ではなく議会制を採用している共和国のこと。議会制共和国では，世襲君主が存在しない代わりに，一般国民のなかから定期的に選出される大統領が国家元首の役割を負う。ただし，その地位は象徴的・儀礼的であり，実質的な政治権力は，議会から選出された首相が掌握している。議会制共和国の代表例としては，ドイツ，イタリア，フィンランド，アイルランド，オーストリアなどが挙げられる。

連邦大統領 **N** （れんぽうだいとうりょう）　ドイツの大統領は，連邦議会議員と各州代表で構成する連邦会議によって選出される。任期は５年で再選１回。儀礼的な役割が中心であり，実質的政治権力はほとんど持たない。現在のドイツ大統領はシュタインマイヤー。

議院内閣制 **A** **N** （ぎいんないかくせい）　直接行政を担当する連邦首相は，連邦議会で選出され，大統領によって任命される。首相の任期は４年だが，その権限は非常に強い。連邦議会による重要法案の否決に対しては，大統領の宣言により連邦参議院のみの議決で法案成立も可能である。連邦議会は内閣不信任の権限をもつが，その発動は連邦議会が新たに過半数の支持を与えられる次期

首相候補をもっているときに限られる。これを建設的不信任決議という。また，連邦議会に対して責任を負うのは首相だけで，内閣全体ではない。2022年現在の首相はオーラフ・ショルツ。

類 建設的不信任決議　メルケル C N

連邦議会 A 3 N（れんぽうぎかい）　ドイツの下院。小選挙区比例代表併用制（比例代表制を基本とし，その内部に小選挙制を組みこんだ方法）により選出される。任期4年で，基本定数598名。小党乱立を防ぐために，比例代表区で5％の得票を獲得できないか，または三つ以上の選挙区で当選者を出せなかった政党は議席をもつことができない。立法・予算決定・首相選任などの権能をもつ。選挙権・被選挙権はともに18歳である。2022年時点における院内勢力は，社会民主党206，キリスト教民主同盟152，緑の党118，自由民主党92，ドイツのための選択肢67，キリスト教社会同盟45，左翼党39。

キリスト教民主同盟 N［Christlich-Demokratische Union Deutschlands］（―きょうみんしゅどうめい）　1945年に設立されたドイツの政党であり，戦後ドイツ（西ドイツ時代を含む）における二大政党制の一翼を担ってきた。略称はCDU。2022年現在，ドイツ下院にて152議席を有する第二党である。長年にわたって，ドイツ下院において，バイエルン地域政党のキリスト教社会同盟（CSU）と統一会派を組んでいる。思想的には，キリスト教的価値観と民主主義思想が融合したキリスト教民主主義の立場にあり，自由市場と社会福祉の融合をめざす社会的市場経済を支持している。歴代首相のアデナウアー，エアハルト，キージンガー，コール，メルケルなどを輩出してきた。

ドイツ社会民主党［Sozialdemokratische Partei Deutschlands］（―しゃかいみんしゅとう）　1863年に設立されたドイツの社会主義政党であり，戦後ドイツ（西ドイツ時代を含む）における二大政党制の一翼を担ってきた。略称はSPD。2022年現在，ドイツ下院にて206議席を有する最大勢力であり，かつ政権与党である。かつては教条的マルクス主義から社会改良主義まで党内思想勢力は幅広かったが，1959年に党として階級闘争路線の放棄を表明。その後は議会主義路線を徹底しており，近年は親EU主義路線も明確にしている。戦前ワイマール体制にて数回にわたって政権与党の座に就くほか，戦後も，歴代首相のブラント，シュミット，シュレーダー，ショルツなどを輩出してきた。

小選挙区比例代表併用制（しょうせんきょくひれいだいひょうへいようせい）　ドイツの連邦議会で導入された，比例代表と小選挙区を組み合わせた選挙制度。有権者は各政党と小選挙区候補者にそれぞれ投票する。基本定数598のうち，299の小選挙区での最多得票者は全員当選。比例代表での得票率に応じて各政党の議席配分数を決める。配分は，日本のようなドント式ではなく，少数党に配慮したヘアーニーマイヤー式という計算式に基づく。各政党の議席配分数から小選挙区での当選者数を差し引いて残った人数分を各政党の比例名簿上位から割り当てる。議席配分数を上回った場合は，超過議席となる。

連邦参議院 N（れんぽうさんぎいん）　ドイツの上院。連邦主義に基づく機関で，州の人口に応じた3～6名の州代表議員により構成される。固定された任期は存在せず，各州の都合による。定数は69名。選挙は行われない。連邦議会に法律案を提出する権限をもち，連邦議会で採択された法律について異議を表明することができる。また，州の利害に関係する法律については連邦参議院の同意が必要とされる。

連邦憲法裁判所（れんぽうけんぽうさいばんしょ）　憲法の解釈，連邦と州の権利義務の範囲などを，連邦や議会の要請で審理する。このような違憲審査のあり方を抽象的審査制とよぶ。構成員は連邦議会と連邦参議院によって，それぞれ半数ずつ選出される。なお，憲法裁判所のほかに，民事・刑事裁判を扱う通常裁判所と，四つの特別裁判所とがある。

良心的兵役拒否（りょうしんてきへいえききょひ）　自己の良心に従って，戦争への参加や兵役の義務を拒否すること。かつてはこうした行為を犯罪として扱ってきたが，現在では徴兵制度をもつ国でも人権とのかかわりで義務免除を認めることが多い。ドイツのボン

基本法第 4 条では「何人も，その良心に反して，武器を伴う軍務を強制されない」と定め，一般的兵役義務に対する例外を憲法で保障している。

2章 日本国憲法の成立と国民の平和

1 日本国憲法の成立と三原理

大日本帝国憲法の制定と基本的性格

年	事項
1889	大日本帝国憲法発布
1890	第1回衆議院議員総選挙
	第1回帝国議会開会
1894	日清戦争（～1895年）
1904	日露戦争（～1905年）
1914	第一次世界大戦（～1918年）
1919	普選運動さかんになる
1924	護憲三派内閣成立
1925	治安維持法公布
	普通選挙制成立
1928	最初の普通選挙実施
1931	満州事変
1932	五・一五事件
1933	国際連盟脱退
1935	天皇機関説事件
1936	二・二六事件
1937	盧溝橋事件（日中戦争はじまる）
1938	国家総動員法公布
1940	日独伊三国同盟調印
	大政翼賛会創立
1941	アジア太平洋戦争（～1945年）
1945	広島・長崎に原子爆弾
	ポツダム宣言受諾
1946	天皇の人間宣言
1947	日本国憲法施行

人 大日本帝国憲法から日本国憲法へ

明治維新 Ｃ Ｎ（めいじいしん）　徳川幕府と諸藩による封建体制を廃止して，天皇を中心とする近代的中央集権国家体制をつくった政治的・社会的変革のこと。王政復古・版籍奉還・廃藩置県・徴兵令・地租改正・四民平等などを推進して封建的諸制度を廃止し，富国強兵・殖産興業など，上からの資本主義化による近代国家の建設を推進した。

藩閥政府　（はんばつせいふ）　明治時代に，政府の要職を維新に貢献した薩摩・長州・土佐・肥前の４藩出身者に独占された状態の政府をさす。1885年，内閣制度成立後も薩長出身者が，首相・大臣など政府の要職を占め，権力を維持した。

自由民権運動 Ｂ（じゆうみんけんうんどう）　19世紀後半，明治政府に対して国会開設と憲法制定などの民主的要求を行った政治運動。板垣退助・後藤象二郎・植木枝盛・中江兆民らが中心。その背景には，欧米諸国の立憲政治，特にイギリスの自由主義思想，フランスの天賦人権思想による平等観がある。1874年の板垣退助らの民撰議院設立建白書の提出に端を発して，自由党（板垣退助）・立憲改進党（大隈重信）などの政党が結成されて国民の政治意識も高まったが，秩父事件（1884年）のような激化事件も起こり，政府の弾圧や運動内部の分裂などを招いて衰退した。

中江兆民 Ｃ ③［1847～1901］（なかえちょうみん）　明治期における日本の思想家。土佐藩出身。維新後，フランス留学を経て，自由民権運動のイデオローグとして活動。1882年，ルソーの『社会契約論』を漢文訳した『民約訳解』を出版。1887年の著作『三酔人経綸問答』では，紳士君・豪傑君・南海先生の会話形式によって，明治政府の軍備拡張や民権軽視を批判した。1889年の憲法発布を盛大に祝う当時の社会情勢に対して「彼らは憲法に何が書いてあるかも知らずに騒いでいるだけの愚か者である」と評している。 ☞ p.154（中江兆民）

板垣退助 Ｃ［1837～1919］（いたがきたいすけ）　土佐藩出身の政治家。明治政府の参議となるが，征韓論に敗れて下野。1874年に日本初の政党である愛国公党を設立し，後藤象二郎らと民撰議院設立建白書を提出し，自由民権運動の指導者となった。1881年には自由党を結成し，党首になった。1898年，日本最初の政党内閣の性格をもつ隈板内閣の内相に就任。1900年の立憲政友会結成を機に引退した。

植木枝盛　［1857～92］（うえきえもり）　自由民権運動の活動家。天賦人権論を説き，私擬憲法草案の一つである「東洋大日本国国憲按」を起草した。主著『民権自由論』

私擬憲法草案　（しぎけんぽうそうあん）　明治憲法制定前に，民間の自由民権運動の活動家らによって起草された憲法草案。千葉卓三郎の起草した五日市憲法草案などが知られる。
　　　　　　　　　　園 千葉卓三郎　五日市憲法草案 Ｃ

東洋大日本国国憲按　（とうだいにっぽんこくこっけんあん）　植木枝盛が起草した憲法草案。人民主権や抵抗権，一院制議会などが盛り込まれている。

大隈重信 Ｃ［1838～1922］（おおくましげのぶ）　佐賀藩出身の明治・大正期の政治家。明治

政府に参加したが，急進性を嫌われて明治14年の政変で下野。翌年，民権運動と呼応して立憲改進党を組織した。政府の弾圧にあい脱党後，1888年に黒田内閣の外相として条約改正に努力したが，成功しなかった。1898年には板垣退助とともに隈板内閣を組織，政党内閣への第一歩をしるした。その後，立憲同志会などを与党に1914年にも第2次内閣を組織した。

明治14年の政変 🇨 (めいじ-ねん-せいへん)　参議の大隈重信らを政府から追放した政治的事件。1881（明治14）年，自由民権運動が高揚するなか，政府内部で伊藤博文らと大隈が対立。おりから開拓使官有物払い下げ事件が発覚し，この汚職事件が大隈らによる政府転覆の陰謀だとして，大隈が免官された。この政変を機に，大隈が標榜したイギリス流の近代立憲主義構想が放棄され，伊藤に代表されるプロシア流の外見的立憲主義が選択された。

大日本帝国憲法 🇦 ②🇳 (だいにっぽんていこくけんぽう)　1889年2月11日発布，翌90年11月29日に施行された憲法。明治憲法ともいわれる。7章76か条からなる。伊藤博文らが君主権の強いプロイセン憲法を参考に秘密裏に草案づくりを行い，枢密院の審議を経て，天皇の名で制定された欽定憲法。これにより，日本はアジアにおける最初の立憲君主国となった。統治権の総攬者として，天皇は官吏の任免，陸海軍の統帥， 宣戦，講和・条約の締結などの大権をもった。各大臣は天皇を輔弼するものとされ，衆議院と貴族院とで構成された帝国議会は，天皇の立法権への協賛機関とされた。国民の諸権利は欧米の基本的人権とは異なり，天皇が臣民に与えたものであり，その多くが法律の範囲内でのみ認められた。この憲法は1947年，日本国憲法が施行されるまで効力をもった。
🔲 明治憲法 🇦 🇳

外見的立憲主義 🇨 (がいけんてきりっけんしゅぎ)　外見上は立憲主義のかたちをとるように見せながら，実際にはそれを否定する政治の形態。国民主権や個人の基本的人権，権力分立の保障などの要素をもたない憲法に基づく政治のこと。表見的立憲制ともいう。1850年のプロイセン憲法，それを引き継いだ1871年のドイツ帝国憲法，プロイセン憲法を範とした大日本帝国憲法などがそれに該当する。
🔲 表見的立憲制

天皇主権 🇦 🇳 (てんのうしゅけん)　国の政治をどう行うかを決定する最終的な権限が天皇にあること。大日本帝国憲法では天皇主権が規定されていたが，日本国憲法下では主権は国民が有し，天皇主権は認められていない。

欽定憲法 🇦 🇳 (きんていけんぽう)　君主主権の原理に基づき，君主の権威と意思で単独に制定された憲法。君定憲法ともよばれる。フランスの1814年憲章（シャルト）をはじめ，1850年のプロイセン憲法，1889年の大日本帝国憲法などがこれに属する。

協約憲法 (きょうやくけんぽう)　君主と国民（代表）との合意により制定された憲法。欽定憲法と民定憲法の中間的なもの。協定憲法ともいう。フランスの1830年憲章が代表。

民定憲法 🇧 🇳 (みんていけんぽう)　国民主権の原理に基づき，国民が代表者を通じて直接に制定する憲法。アメリカ諸州の憲法やフランスの1946年憲法など，多くは共和制をとるが，フランスの1791年憲法やベルギー憲法（1831年）のように，立憲君主制の形をとるものもある。

プロイセン憲法🇨 **（プロシア憲法）** (-けんぽう) (-けんぽう)　1850年，プロイセン（ドイツ）で制定された憲法で，立憲君主主義に基づいて制定された。しかし，実質的には強大な権力が君主に集中している欽定憲法（外見的立憲主義）であり，国民の権利は制限されていた。この憲法は，1919年にワイマール憲法が制定されるまで存続した。ベルギー憲法の影響を受けている。伊藤博文らは1882年に憲法調査のため渡欧し，このプロイセン憲法を手本として大日本帝国憲法を起草した。

伊藤博文 🇨 🇳 [1841～1909] (いとうひろぶみ)　長州藩出身の明治時代の政治家。松下村塾で吉田松陰の教えを受け，イギリス留学の後，明治新政府樹立に貢献した。後に大久保利通の後継者として政府の最高指導者となる。1882年，国会開設を約して渡欧し，プロイセン憲法を学んで帰国。以後，華族制度や内閣制度の創設，枢密院の設置，大

日本帝国憲法制定などを行い，初代内閣総理大臣となった。また，枢密院議長・貴族院議長などを歴任し，1900年に政党との協調の必要を感じて立憲政友会を結成した。1905年に創設された韓国統監府の初代統監にも就任したが，1909年にハルビン駅頭で韓国人独立運動家・安重根（アンジュングン）に射殺された。

天皇大権 **B** **N** （てんのうたいけん）　大日本帝国憲法下において，天皇が帝国議会の参与なく自由に行使しうる権能のこと。国務大権・皇室大権・統帥大権に大別される。このうち，国務大権が行使される際には原則的に国務大臣の輔弼が必要とされたが，慣行上は輔弼の範囲外にあると理解されていた。

国務大権：広義には，天皇がもつ国家統治権のすべて。狭義には，帝国議会の協賛を必要とせず，大日本帝国憲法第1章に明記されたものをいう。法律の裁可・公布・執行，議会の召集・開会・閉会・停会，緊急勅令，独立命令，宣戦・講和・条約締結など。

皇室大権：天皇が皇室の家長として，事務の一切を総攬すること。他の行政官庁から独立した宮内省によって管轄された。

統帥大権：大日本帝国憲法第11条に規定された統帥権のこと。国務大権と異なり，国務大臣の輔弼を必要としないほどに独立性が強かった。

勅令 （ちょくれい）　天皇の発した命令。帝国議会の協賛なしに発することができた。緊急勅令は，緊急時に治安・安全の確保，災難回避のために下す天皇の命令。

類 **緊急勅令**

統帥権 **A** **N** （とうすいけん）　陸海空など軍隊の最高指揮・命令権。大日本帝国憲法では天皇の大権事項に属し，議会や内閣から独立して行うことが建前とされた。しかし実際には陸軍は参謀総長，海軍は軍令部総長がこの権限を行使したため，軍部の発言権が増大し，1931年の満州事変以後，軍部の独走を許すことになった。

統帥権の独立 **C** （とうすいけん−どくりつ）　統帥権について，天皇が議会や内閣から独立して直接行使できたこと。

万世一系 （ばんせいいっけい）　永久に同じ系統が続くこと。大日本帝国憲法下では，神（天照大神（あまてらすおおみかみ））に由来する「万世一系」の天皇が日本国を統治するとされ，日本国憲法でも皇位は世襲とし，平等原則の例外として容認している。

臣民 **B** **N** （しんみん）　大日本帝国憲法下における天皇及び皇族以外の日本国民のこと。「臣」は家来や臣下を指す語であり，それゆえ「臣民」には「天皇の権威に服する人々」という意味合いが含まれている。

臣民の権利 **B** （しんみん−けんり）　大日本帝国憲法下における国民の権利のこと。人間が生まれながらにもつ権利ではなく，天皇が恩恵として与えたもの。今日の憲法で保障された人権規定に比較すれば不十分であり，「法律ノ範囲内ニ於テ」認めるという法律の留保が付いていた。

法律の留保 **A** （ほうりつ−りゅうほ）　行政への基本的要請として行政権の活動は，立法機関が定めた法律によらねばならないことをいう。これは法律の定めがあれば，人権の制限も可能という考え方や，行政の恣意的な執行をいましめるという考え方のいずれにも解釈できる。大日本帝国憲法下での基本的人権の考え方は前者である。

帝国議会 **A** **N** （ていこくぎかい）　1890年から1947年まで存在していた日本の立法府。衆議院と貴族院から構成される二院制である。衆議院議員は選挙で選出され，貴族院議員は皇族，華族，国家功労者，学識経験者などから構成された。立法府であるものの，憲法上，立法権は天皇が有しており，形式上，帝国議会はその協賛機関（天皇の立法行為に協力・同意する機関）という位置付けにあった。

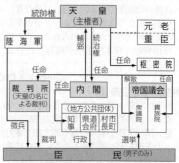

▲ 大日本帝国憲法下の政治機構

衆議院 **A**②**N**（しゅうぎいん）　大日本帝国憲法下における立法機関。国民の公選（制限選挙）による議員からなる。

貴族院 **A** **N**（きぞくいん）　大日本帝国憲法下の立法機関。公選によらない皇族や華族や勅任議員からなる。衆議院とほぼ同等の権限をもった。

元老 **B** **N**（げんろう）　明治憲法下で，天皇を補佐した政界の長老。元勲ともよばれた。憲法上の根拠はないが，後継首相の決定に影響を与えるなど，実質的な政治支配を行った。

重臣会議（じゅうしんかいぎ）　軍部ファシズム台頭への対抗策として，1930年代に西園寺公望（さいおんじきんもち）が元老会議に代わって構成した天皇補佐組織。

内大臣（ないだいじん）　1885年，内閣制度の発足と同時に行政府から独立して宮中に設けられた天皇の補佐官。1912年の桂太郎の組閣以後に政治への関与を強め，1930年代以後は天皇の諮問機関として重要な役割をはたした。

宮内大臣（くないだいじん）　大日本帝国憲法時代の内閣に属さない天皇親任による宮内省の大臣。皇室関係の事務のすべてについて天皇を輔弼（ほひつ）する皇室の機関。

枢密院 **B**（すうみついん）　1888年，大日本帝国憲法草案の審議のために設置された機関。その後，天皇の最高諮問機関として，国務ならびに皇室の重要事項を審議・答申した。法的には単なる諮問機関だが，実際には政府を制約する役割を担った。

輔弼 **A**（ほひつ）　大日本帝国憲法下で，天皇を補佐するために国務各大臣が天皇の権能の実行に際して行った助言のこと。天皇は統治権の総攬者であるが，行政行為に際しては輔弼を必要とし，最終的な責任は内閣が負った。

超然内閣（ちょうぜんないかく）　政党内閣に対する概念。議会や政党に基礎をおかない内閣のあり方をいう。1889年の明治憲法発布の翌日，黒田清隆首相が「政務を不偏不党で処理するためには政党から超然としてその外に立つ」と述べたことから，明治期藩閥内閣の特徴として定着した。1918年の原敬内閣の成立まで，政党勢力を無視した内閣構成の慣行が続いた。

総攬 **C**（そうらん）　大日本帝国憲法下において，天皇が大権をもち，あらゆる面における権力を一身におさめること。

新聞紙条例（しんぶんしじょうれい）　1875年に自由民権論者による反政府的言論活動を抑えるために公布された法律。新聞・雑誌の出版に規制を加え，違反者には自由刑及び罰金刑を科すなどして政府攻撃をかわそうとした。何度かの改定の後，1909年の新聞紙法に継承された。

新聞紙法（しんぶんしほう）　日刊新聞や定期刊行雑誌の取り締まりを目的とした法規。それまでの新聞紙条例を踏襲し，1909年に制定された。内容的には記事掲載差し止めを広範に認めるなど，出版法とともに希代の言論弾圧法として猛威をふるった。敗戦直後にGHQの覚書によって執行が停止され，1949年に正式廃止。

讒謗律（ざんぼうりつ）　1875年に制定された言論取り締まりの法令。人の名誉を害したり悪口をいう（讒毀（ざんき），誹謗（ひぼう））行為に対して罰金や牢獄に監禁する禁獄を科し，特に自由民権の言論に統制を加えた。公布後5年間に200人が犠牲となった。

集会条例（しゅうかいじょうれい）　全国的規模で起こった国会開設請願運動＝自由民権運動を弾圧するために，集会・結社の届け出制，警察官による集会の解散権などを内容として，1880年に公布された法令。政党も含め，いっさいの集会が政府の監視下におかれることになった。

治安警察法 **C**（ちあんけいさつほう）　日清戦争（1894〜95年）後の労働争議や社会運動の高まりを背景に，政治活動やストライキなどの取り締まりを意図してつくられた法律。集会・結社・団結の規制強化などを内容として，1900年に公布。戦前の治安立法の中核的位置を占めた。1945年廃止。

治安維持法 **A** **N**（ちあんいじほう）　天皇制や資本主義を否定する思想・団体・運動を取り締まる法律。1925年制定。治安警察法と並んで，戦前日本における二大治安立法となった。治安警察法が単に政治運動や社会運動を取り締まるものだったのに対して，治安維持法は思想そのものの弾圧と壊滅を目指した。その背景には，ロシア革命の成功によって共産主義思想が日本社会に大量

流入してくること，普通選挙によって反体制的な政党が議会に入り込んでくることに対する日本政府の恐怖が存在していた。制定後，最高刑が懲役から死刑へと厳罰化されるほか，監視取締対象も，共産主義者や無政府主義者のみならず，右翼団体，宗教団体，学術団体にまで拡張していった。敗戦後も日本政府は治安維持法の存続に固執したが，GHQ指令によって廃止された。

普通選挙法 **C** **N**（ふつうせんきょほう）　1925年に改正された衆議院議員選挙法をさす。この改正以前は，一定額以上の納税者にのみ選挙権が与えられていた制限選挙であったが，この改正によって25歳以上の成年男性であれば，社会的地位・信条・門地・教育などにかかわらず原則として全員に選挙権が与えられる普通選挙制となった。治安維持法も同時に制定されている。敗戦後の1945年にはGHQの指示によって改正され，男女を問わず20歳以上の国民すべてに原則として選挙権が与えられることとなった。

女性参政権 **C** **N**（じょせいさんせいけん）　参政権の歴史には，一部の有産者のみという制限とともに，男性のみという制限も存在した。政治は男性の特権であるとの考え方に基づくといえよう。普通選挙を進めて，男女の平等選挙が実施されたのは，日本では第二次世界大戦後である。1946年の衆議院議員総選挙で初めて女性が参政権をもち，投票した。その結果，39名の女性代議士が誕生した。

大正デモクラシー **B** **2** **N**（たいしょう−）　大正時代（1912〜26年）を中心にみられた政治・社会・文化などにおける民主主義的・自由主義的傾向のこと。大日本帝国憲法下にあって民衆の政治的活動は抑制されていたが，日露戦争（1904〜05年）後は民衆の政治意識も高まった。こうしたなか，美濃部達吉の天皇機関説（1912年）や吉野作造の民本主義論（1916年）が発表されると，都市中間層に民主主義的思潮が普及した。さらに，ロシア革命（1917年）や第一次世界大戦後の国際的民主主義の風潮が国内に影響を与え，普通選挙運動・労働運動・農民運動・女性解放運動などが活発に展開されるようになり，政党内閣を成立させるな

どの成果を得た。しかし，1925年の普通選挙法と同時に制定された治安維持法による弾圧もあって，運動は衰退した。

類 吉野作造 **N**　民本主義 **N**

戦争への道

満州事変 **C** **N**（まんしゅうじへん）　日本の中国侵略の直接の端緒となった戦争。1931年9月18日，中国東北部（満州）の奉天（現在の瀋陽）近郊にある柳条湖付近の線路を日本の関東軍が爆破し（柳条湖事件），これを中国軍隊の行為として軍事行動を起こした。翌32年には満州の3省を制圧，日本のかいらい国家満州国をつくり上げ，1933年5月，中国と停戦協定を結んだ。満州国については，国際連盟のリットン報告書（1932年）は自発的な独立運動に基づくものではないとした。以後，日本は連盟を脱退し（1933年），日中戦争からアジア太平洋戦争へとつき進んだ。

五・一五事件（ごいちごじけん）　1932年5月15日に起こった海軍青年将校を中心としたクーデタ。犬養毅首相が暗殺された。この事件を契機に政党内閣の時代は終わりをつげ，軍部の力が台頭した。

二・二六事件（ににろくじけん）　1936年2月26日に起こった陸軍青年将校を中心としたクーデタ。この事件によって，軍部の政治介入がさらに強まった。

日中戦争 **N**（にっちゅうせんそう）　日本と中国との全面戦争。1931年の満州事変を契機に日本は満州国をつくり，中国との対立を深めた。1937年7月7日未明，北京郊外の盧溝橋付近で日中両軍が衝突（盧溝橋事件），以後全面戦争に発展した。日本軍は同年12月に南京大虐殺事件を起こし，1938年10月には広東・武漢を占領したが，中国では国民党と共産党の統一戦線（国共合作）が成立し，国民政府も重慶に移って根強く抵抗を続けた。以後，戦争は泥沼化していった。この間，日本国内では国家総動員法（1938年），翼賛体制（1940年）などがつくられて軍国主義化が進み，ファシズム体制が成立した。行きづまった日中戦争打開のため，1940年には日本軍はフランス領インドシナ（仏印）北部への侵攻を開始。英・米・仏などとの対立を深め，

1941年12月，ついにアジア太平洋戦争が引き起こされた。

軍国主義 B （ぐんこくしゅぎ）　軍事力によって国家体制を固め，対外的にも発展しようとする考え方，あるいは体制。そのため，一国の政治・経済・社会・文化・教育などのすべてが軍事力強化のために構成・運用されることになる。日本では天皇制を精神的な支柱として，満州事変以後特に強硬におし進められた。

大政翼賛会 C N （たいせいよくさんかい）　1940年，第2次近衛文麿内閣のとき，新体制運動の推進をめざして結成された全体主義的国民統合組織。既成政党や軍人によらない広範囲の国民統合組織をめざしたが，実際には軍部に利用され，戦争に国民を動員する中核としての役目を果たした。総裁には首相が就任し，下部組織には都道府県支部（長には知事）や市区町村支部などがあった。1942年には，大日本産業報国会・大日本婦人会なども傘下においた。1945年3月，国民義勇隊の発足とともに解散。

国家総動員法 C N （こっかそうどういんほう）　日中戦争下の非常事態に備え，人的・物的資源の統制・動員・運用を行うことを目的とした法律。1938年に施行された。労務・物資・資金・価格などの戦争下における取り扱いを勅令によって定めるなど，広範な権限を政府に委任し，結果的に社会・経済生活の全分野にわたる政府の統制を許すことになった。国民の権利や財産の保護，議会の権限も制限されるようになり，議会政治は無力化していった。

八紘一宇 （はっこういちう）　「世界を一つの家とする」という意味。アジア太平洋戦争の時期に，中国や東南アジアへの侵略を正当化するためのスローガンとして利用された。

太平洋戦争 B N （たいへいようせんそう）　第二次世界大戦（1939〜45年）における戦域の1つであり，アジア太平洋地域にて，連合国と日本との間で展開された戦争。当時の日本では「大東亜戦争」と呼称された。日本は1931年満州事変以来，中国大陸にて侵略戦争を続けてきたが，国際的非難を浴びて禁輸措置などを受けると，事態打開を図って米英を中心とする連合国との戦争を決定。1941年12月8日，英領マレー半島に侵攻

し，同時に米領ハワイの真珠湾を奇襲攻撃した。太平洋戦争の開始である。当初は日本側が優勢であり，太平洋西側を制圧していたが，1942年6月のミッドウェー海戦に敗北して海軍の主力を大量に失うと，形勢は逆転。太平洋地域はアメリカ側に掌握され，逆に日本本土への空爆を頻繁に受けるようになる。日本軍は，兵士たちに玉砕や特攻といった自爆行為を要求するまでの窮地に陥った。1945年に入ると，沖縄戦で無数の住民が犠牲となる。同年7月，連合国は日本に降伏を要求するポツダム宣言を発したが，日本政府はこれを黙殺。8月に入り，広島と長崎に原子爆弾が投下され，ソ連が対日参戦すると，日本政府はようやく8月14日にポツダム宣言受諾を決定。翌15日正午には，天皇の「玉音放送」によって降伏決定の意向が日本国民に伝えられる。1945年9月2日，東京湾に停泊した米国戦艦ミズーリ上にて降伏文書が調印され，ここに太平洋戦争は終結し，同時に第二次世界大戦も終結した。太平洋戦争の犠牲者は，日本の300万人を含め，アジア全域で2000万人ともいわれる。

同 アジア太平洋戦争 B N

日本軍「慰安婦」問題 C N （にほんぐんいあんふもんだい）　第二次世界大戦中，日本軍が侵攻した地域に設けた「慰安所」で，現地女性たちに奴隷状態のもと性行為などを強制した問題。被害者として韓国人女性が1991年，日本政府に損害賠償を求めて初の提訴。日本政府は1993年に日本軍の関与を認め，「お詫びと反省」を表明した（河野談話）。1995年，民間組織「女性のためのアジア平和国民基金」が発足し，2007年まで元慰安婦への償い事業などを実施したが，国家としての賠償は行われなかった。2015年の日韓合意において，当時の安倍政権は，慰安婦問題が日本軍の関与の下に起きたことを改めて認めた上で謝罪した。日韓両政府は慰安婦問題の解決に向けて，支援財団の設立（2016年，和解・癒やし財団が発足）などに合意した。なお，「従軍慰安婦」という言葉は戦後以降に用いられたものである。

類 河野談話 N

沖縄戦 C N （おきなわせん）　アジア太平洋戦争

の末期，沖縄本島とその周辺で行われた日米間の戦闘。1945年4月に米軍が上陸，日本軍の組織的抵抗が終わる6月までつづいた激しい地上戦は，「鉄の暴風」とよばれた。沖縄県民の犠牲者は12万人以上と推定され，そのなかには日本軍によって「集団自決」（強制集団死）に追い込まれた人たちもいた。なお，2006年度の教科書検定で，集団自決に関する日本史教科書の記述が問題とされ，「日本軍の強制」という記述が削除・修正させられた。この問題では，沖縄県などから反対の声が広がり，07年に教科書の著者・出版社が訂正申請を行った。また，大江健三郎著『沖縄ノート』などの著作物において，日本軍将校が沖縄住民に集団自決を命令したと記述している点が名誉毀損にあたるとして，元戦隊長らが2005年に訴訟を起こしたが（大江・岩波沖縄戦裁判），大阪地裁・同高裁ともに原告の請求を棄却した。2011年には，最高裁が原告の上告を棄却する決定を行い，被告（大江氏など）の勝訴が確定した。

類 大江・岩波沖縄戦裁判

日本国憲法の成立と基本的性格

日本国憲法 **Ａ16** **Ⓝ** (にほんこくけんぽう)　1946年に制定された日本国の憲法。戦前の大日本帝国憲法を全面改正したもの。敗戦直後の1945年10月から，GHQからの意向を受けて，日本政府および帝国議会にて検討を積み重ね，GHQの＜マッカーサー草案＞に影響を受けながら，約1年間で最終内容が確定した。1946年11月3日公布，1947年5月3日施行。①平和主義，②国民主権，③基本的人権尊重の三大原則を採用するほか，天皇を＜国の象徴＞という儀礼的地位に移行させた。もともと1945年7月のポツダム宣言は，日本に対して，軍国主義の除去，民主主義の復活強化，基本的人権の尊重を要求しており，日本国憲法はこのポツダム宣言の趣旨に沿う内容となっていた。

ポツダム宣言 **Ａ8** **Ⓝ** (ーせんげん)　日本の降伏条件や戦後処理を示した対日共同宣言。1945年7月26日に米・英・ソ3国がベルリン郊外のポツダムでの会談によって取り決めた。当初，米・英・中の名で発表され，ソ連は対日参戦した8月8日に加わった。

年　月　日	事　　　項
1945. 8.14	ポツダム宣言受諾
1945.10.11	GHQ，幣原内閣に憲法改正を示唆
1945.10.25	憲法問題調査委員会(松本委員会)設置
1946. 1. 1	天皇人間宣言
1946. 2. 8	憲法改正の「松本案」をGHQに提出
1946. 2.13	GHQ，マッカーサー草案を提示
1946. 3. 6	政府，「憲法改正草案要綱」を発表（マッカーサー草案を基に）
1946. 4.17	政府，「憲法改正草案」を発表
1946. 6.20	第90帝国議会に憲法改正草案を提出
1946.10. 7	帝国議会，憲法改正草案を修正可決
1946.11. 3	日本国憲法公布
1947. 5. 3	日本国憲法施行

⋀ 日本国憲法の制定過程

全13項のうち主なものは，①日本の軍国主義とその勢力の除去，②日本の戦争能力排除までの連合国による占領，③日本の領土を本州・北海道・四国・九州及び連合国の決定する諸小島に限定，④戦争犯罪人の処罰と民主化の促進，⑤言論・宗教・思想の自由及び基本的人権の尊重，⑥無条件降伏，などである。日本は最初，国体問題（天皇主権の継続）を理由に黙殺したが，広島・長崎への原爆投下，ソ連の対日宣戦などにより，8月14日に宣言を受諾。こうして第二次世界大戦は終結した。

連合国軍最高司令官総司令部 **Ｃ4** （**GHQ** **Ａ4** **Ⓝ**）〔General Headquarters of the Supreme Commander for the Allied Powers〕(れんごうこくぐんさいこうしれいかんそうしれいぶ)　第二次世界大戦後にポツダム宣言に基づいて，日本の占領・管理のために設置された。最高司令官はアメリカのマッカーサー。米・英・ソ・仏など11か国からなる極東委員会（本部ワシントン）の決定と連合国対日理事会（本部東京）の諮問によって日本政府に対して占領政策を実施させた。また，アメリカは最高司令官に対して中間指令を出すことができたため，日本の非軍事化や民主化政策にはアメリカの意向が強く反映された。

極東委員会 **Ｃ** （**FEC**）〔Far Eastern Commission〕(きょくとういいんかい)　第二次世界大戦後，日本を管理するための連合国の最高政策決定機関。1945年に米・ソ・中など11か国で発足，のちに13か国で構成された。憲法問題などについて，アメリカ

政府を通じてGHQの最高司令官に指示を与えることを目的とした。結果的には十分な機能を果たせず，1952年の対日平和条約の発効で消滅した。

マッカーサー　**A** **N**［Douglas MacArthur, 1880～1964］　アメリカの軍人。1941年にアメリカ極東陸軍司令官となり，日本降伏後の1945年8月に連合国軍最高司令官として日本に進駐した。GHQの最高権力者として，日本国憲法の原案作成や軍国主義者の公職追放，農地改革，財閥解体などの一連の民主化政策を推進した。1940年代末の東西対立の激化にともない，日本の反共国家化にも取り組んだ。1950年から始まった朝鮮戦争で「国連軍」の最高司令官となったが，原爆使用を提言してトルーマン大統領と対立，1951年4月に解任された。

国体護持　**C**（こくたいごじ）　国体とは国家の統治体制を意味する。しかし，ここでいう国体は，大日本帝国憲法に定められた万世一系の天皇が統治する日本独自の国家形態をいい，その護持とはこのような天皇制を維持しようとする主張や運動をいう。

憲法問題調査委員会　**C**（けんぽうもんだいちょうさいいんかい）　1945年，幣原喜重郎内閣によって設置された大日本帝国憲法の改正案をまとめるための委員会。委員長は松本烝治国務大臣であり，松本委員会ともよばれる。ここで出された改正案は，天皇が統治権を総攬するという大日本帝国憲法の天皇主権を変更しないまま，国民の権利保障などを付加したものにすぎなかった。そのためGHQはこれを認めず，総司令部民生局は1946年に極秘に憲法改正草案（マッカーサー草案）を作成し，これが日本国憲法の基礎となった。

松本烝治　**C**［1877～1954］（まつもとじょうじ）　商法学者。貴族院議員などを歴任。1945年の幣原喜重郎内閣の国務大臣として憲法問題調査委員会の委員長を務め，大日本帝国憲法の改正案を作成した。主著『商法解釈の諸問題』（1955年）

松本案　**B**（まつもとあん）　憲法問題調査委員会の作成した大日本帝国憲法の改正案。商法学者である委員長の松本烝治の名に由来する。しかしその内容は，天皇主権の維持など国体護持を基本としたため，GHQに拒否された。

憲法研究会　（けんぽうけんきゅうかい）　社会政策学の高野岩三郎，憲法学の鈴木安蔵ら7人の学者・知識人で構成された憲法改正案作成のための民間の研究会。1945年11月発足。この会の改正草案は国民主権を基礎として，天皇も「もっぱら国家的儀礼をつかさどる」ものとした。起草はおもに鈴木が行った。1946年2月に提示されたマッカーサー草案は，この研究会の草案を参考にしたとされる。

マッカーサー三原則　**B**（-さんげんそく）　1946年2月，総司令部民政局に示されたマッカーサーによる憲法改正の基本方針。①日本国の最高位としての天皇の地位，②戦争放棄，③封建制度の廃止を柱とする。マッカーサー-ノートともよばれる。

同 マッカーサー-ノート

マッカーサー草案　**B**（-そうあん）　総司令部民生局が1946年に極秘に作成した憲法改正草案。GHQ案ともいう。マッカーサーの指示で起草作業には民政局の21人を選出。最高責任者はホイットニー民政局長，その下でケーディス陸軍大佐，ハッシー海軍中佐，ラウエル陸軍中佐の3人の法律家が支えた。草案作成にあたり，国連憲章が念頭に置かれた。GHQ案は前文と92か条からなる。前文では国民主権主義・平和主義・国際協調主義がうたわれ，第1章で天皇は国民統合の象徴とされた。第2章は戦争の放棄と軍備不保持を規定。第3章では「すべての自然人は法の前に平等」と定め，外国人の人権も保障した。自由権には法律の留保を認めず，男女の平等が詳細に規定された。第4章で一院制の国会が，第5章で議院内閣制が，第6章で司法の独立が，第7章で財政が，第8章には地方行政があてられた。GHQ案は1946年2月4日から起草を開始，10日には完成し，13日に日本政府に手交された。

日本国憲法の三大原則　（にほんこくけんぽう-さんだいげんそく）　日本国憲法は，国民主権・基本的人権の尊重・平和主義の三つを原則としている。

同 日本国憲法の基本原理 **C**

国民主権　**A** **①** **N**（こくみんしゅけん）　日本国憲法の三大原則の一つ。憲法前文，第1条な

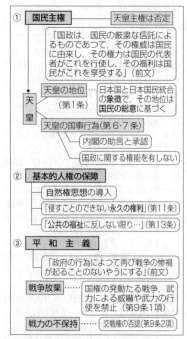

① **国民主権** ── 天皇主権は否定

「国政は，国民の厳粛な信託によるものであって，その権威は国民に由来し，その権力は国民の代表者がこれを行使し，その福利は国民がこれを享受する」（前文）

天皇

天皇の地位（第1条）… 日本国と日本国民統合の象徴で，その地位は国民の総意に基づく

天皇の国事行為（第6・7条）

── 内閣の助言と承認

── 国政に関する権能を有しない

② **基本的人権の保障**

── 自然権思想の導入

──「侵すことのできない永久の権利」（第11条）

──「公共の福祉に反しない限り…」（第13条）

③ **平 和 主 義**

──「政府の行為によって再び戦争の惨禍が起ることのないやうにする」（前文）

戦争放棄……… 国権の発動たる戦争，武力による威嚇や武力の行使を禁止（第9条1項）

戦力の不保持……… 交戦権の否認（第9条2項）

▲ 日本国憲法の三大原則

どに規定されている。憲法第1条では象徴天皇制を定めるとともに，国家の主権が国民にあることを定めている。大日本帝国憲法では，統治権の総攬者としての天皇主権を定めていたが，結果として行政府や軍部に政治的に利用され，国民の基本的人権の侵害や対外侵略・第二次世界大戦につながった。日本国憲法では，国権の最高機関を国会とし（第41条），国会を構成する議員の選択を国民の権利として認めたため，国民に最高決定権が帰属する構造になり，天皇は国政に関する権能をもたないとされた。

基本的人権の尊重 **A** **N**（きほんてきじんけん-そんちょう）　日本国憲法の三大原則のうちの一つ。基本的人権は人間が生まれながらにもっている権利で，近代以後自然権思想の普及とともに確立した。歴史的には人権は王権などの支配権者によって長く制限されており，人権獲得は国家権力との闘争の結果といってよい。日本国憲法は，こうした人間の歴史をふまえ，自由権・平等権・社会権などの基本的人権の尊重を基本原理として掲げている。

平和主義 **A** **N**（へいわしゅぎ）　日本国憲法の三大原則の一つ。一切の戦争，戦力保持を否定し，平和の実現を理想とする立場をいう。多大な犠牲を出した第二次世界大戦の反省から，日本国憲法においても「平和のうちに生存する権利」（平和的生存権）のもと，第9条で戦争の放棄，戦力の不保持，交戦権の否認などを規定し，世界で類をみない絶対的平和主義の立場を規定している。このため，平和憲法ともよばれる。

類 平和憲法 **C** **N**　平和的生存権 **A** **N**

憲法三原則の相互関係（けんぽうさんげんそく-そうごかんけい）　基本的人権と国民主権の関係は，人権を守るためにこそ国家があり，国民主権の原則に従って，人権保障の確立を目的に，主権者である国民が主人公となり政治を行うことを意味する。平和主義と基本的人権の関係は，戦争自体が最大の人権侵害であり，平和なくして人権は享有できないということ。憲法前文と第9条で平和への権利（平和的生存権）として具体化されている。平和主義と国民主権の関係は，平和の実現を国民主権原理の実践によって行うこと，つまり主権者国民が平和の担い手として，民主的に意思決定に参画することを意味する。

憲法改正 **A** **9** **N**（けんぽうかいせい）　憲法の明文化された規定に変更を加えること。修正・追加・削除など多様な方法がある。手続きは，①各議院の総議員の3分の2以上の賛成で，国会が発議し，②国民投票により国民の承認を経て，③天皇が国民の名で公布する，という3段階をとる。ただし，国民主権など憲法の基本原理は改変できない，というのが学界の通説である（憲法改正限界説）。

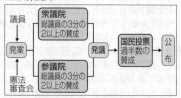

議員

発案

憲法審査会

衆議院 総議員の3分の2以上の賛成

参議院 総議員の3分の2以上の賛成

発議

国民投票 過半数の賛成

公布

▲ 憲法改正の手続き

憲法改正の発議　B2（けんぽうかいせい-はつぎ）　各議院の総議員の３分の２以上の賛成で，国会が発議する。

圆憲法改正限界説

憲法改正の国民投票　B2N（けんぽうかいせいこくみんとうひょう）　国民投票で国民の過半数の賛成により承認。国民投票法などの制定が必要。

国民投票法　BN（こくみんとうひょうほう）　2007年５月に成立した憲法改正の手続きなどを定めた法律。正式には「日本国憲法の改正手続に関する法律」という。おもな中身は，①投票権者は18歳以上の日本国民とする，②有効投票総数の過半数が賛成することで憲法改正が成立する，③最低投票率の規定は設けない，④公務員および教育者はその地位を利用した投票運動をしてはならない，⑤投票日の２週間前まではテレビコマーシャルによる広告宣伝活動が可能である，などとなっている。

96条の会（-じょう-かい）　憲法改正発議要件を緩和しようとする政治的動きに反対する人々が2013年に結成した会。

立憲デモクラシーの会（りっけん-かい）　安倍政権下における解釈改憲や集団的自衛権容認をめぐる動きに反対する人々が2014年に結成した会。

硬性憲法　A（こうせいけんぽう）　一般の法律よりきびしい改正手続きを定めた憲法。現在の世界各国の成文憲法は，ほとんどが硬性憲法である。イギリスの政治学者ブライスが初めて用いた用語。

軟性憲法　C（なんせいけんぽう）　一般の法律と同じ改正手続きで改正できる憲法。

解釈改憲　BN（かいしゃくかいけん）　憲法改正の手続きによらずに，解釈や運用によって憲法を実質的に改正したのと同様の状態をつくりだすこと。明文改憲に対応することば。

圀明文改憲

自主憲法制定　N（じしゅけんぽうせいてい）　1946年に公布された現日本国憲法はGHQの意向が強く反映された「押しつけ憲法」であり，その成立過程そのものに正統性がないとして，日本国憲法そのものを廃止し，あらためて新憲法を自主的に制定すべきだとする考え方。

自民党改憲案（じみんとうかいけんあん）　自由民主党が2012年に公表した日本国憲法改正草案のこと。立憲主義の軽視，自衛隊の「国防軍」への改組，基本的人権の縮小と義務の拡大など，現行憲法の基本原理に否定的な文言が散見される。

国家緊急権　N（緊急事態条項CN）（こっかきんきゅうけん）（きんきゅうじたいじょうこう）　戦争や内乱，大規模な自然災害などの緊急事態に対応するため，憲法の効力（人権保障や権力分立）を一時停止する国家の例外的な権限の総称。過去の戦争への反省や濫用の危険性などをふまえ，日本国憲法では規定が設けられていない。大日本帝国憲法には戒厳大権（第14条），非常大権（第31条）などがあった。2012年に公表された自民党改憲案（日本国憲法改正草案）にも，緊急事態に関する条文が明記されている。2019年末から起きた新型コロナウイルス流行に伴って，日本政府は緊急事態宣言を数回にわたって発してきた。しかし，これよりもさらに強制力のある権限を政府に与えるべきだとして，改めて国家緊急権の重要性を説く声もある。

非常事態宣言　N（ひじょうじたいせんげん）　自然災害，感染症流行，戦争，内戦，暴動などの非常事態によって，人々の財産・健康・生命に危機が迫っている際に，政府がその危機を広く注意喚起し，かつ，必要な政策的措置を実施するために発する宣言。国によっては，個人的行動の制限や，財産の強制接収が実施されることもある。日本の場合，首相は，治安維持上の危機に際して緊急事態を布告できる（警察法71条）。非常災害が起きた際には災害緊急事態を布告できる（災害対策基本法105条）。感染症流行の危機が起きた際にも緊急事態宣言を発することができる（新型インフルエンザ等対策特別措置法32条）。

ロックダウン　[lockdown]　政府が人々の屋外移動を制限し，屋内での待機を要求すること。主として，非常事態宣言下で実施される規制措置である。全国民に要求するタイプ，地域を限定したタイプ，夜間外出禁止のみを要求するタイプなどに分かれる。ロックダウン下においても，食料品店，薬局，物流，警察，消防，病院などのインフラストラクチャーに従事する人々は，規制

の対象外となることが多い。2019年新型コロナウイルス感染症の世界的流行時には，多くの国々で2〜3か月におよぶロックダウン措置が取られた。

憲法調査会 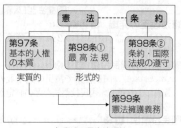（けんぽうちょうさかい）　日本国憲法施行後，憲法の調査研究を公的に実施する「憲法調査会」が2つあった。第1は，1957〜64年まで内閣に設置されていたものである。国会議員および学識経験者によって構成された。第2は，2000〜07年まで衆議院および参議院に設置されたものである。ここで作成された調査報告書には改憲の必要性を説く部分もあったが，この調査会そのものには憲法改正案を提出する権限はなかった。2007年，新たに憲法審査会が国会に常設されたことを受けて，当調査会は廃止された。

憲法審査会 Ｂ Ｎ（けんぽうしんさかい）　2007年に憲法改正国民投票法が成立したことに伴って，衆議院および参議院に常設された機関。構成人数は衆議院50名，参議院45名。憲法に関する調査研究に従事するほか，憲法改正原案の審議も担う。審査会の過半数で可決された憲法改正案は，本会議の議決にかけられることになる。2007年まで存在した憲法調査会とは異なり，憲法改正の具体的プロセスに直接関わる機関となっている。

●日本国憲法前文（抄）

　日本国民は，正当に選挙された国会における代表者を通じて行動し，われらとわれらの子孫のために，諸国民との協和による成果と，わが国全土にわたつて自由のもたらす恵沢を確保し，政府の行為によつて再び戦争の惨禍が起ることのないやうにすることを決意し，ここに主権が国民に存することを宣言し，この憲法を確定する。

憲法の最高法規性 Ｃ（けんぽう－さいこうほうきせい）　憲法が法体系の頂点にあること。日本国憲法第98条は「この憲法は，国の最高法規であつて，その条規に反する法律，命令，詔勅及び国務に関するその他の行為の全部又は一部は，その効力を有しない」と規定している。

下山事件 Ｎ（しもやまじけん）　1949年7月，下山定則国鉄総裁が常磐線綾瀬駅近くの線路上で，轢死体となって発見された事件。

```
憲　法 -------- 条　約

第97条          第98条①      第98条②
基本的人権      最高法規      条約・国際
の本質                       法規の遵守

実質的          形式的

                第99条
                憲法擁護義務
```
▲ 憲法の最高法規性

自殺説・他殺説など諸説が出されたが，真相不明のまま時効となった。当時，大量の人員整理が発表された直後だったため，国鉄労働組合や共産党員などに嫌疑がかけられ，組合弾圧に利用された。

三鷹事件 Ｎ（みたかじけん）　1949年7月，国鉄中央線の三鷹駅構内で，無人の電車が暴走して多くの死傷者を出した事件。国鉄労組や共産党の弾圧に利用された。裁判では非共産党員の単独犯行とされたが，無罪を主張した本人が獄死したため真相は不明。2011年，遺族による再審請求が申し立てられた。

松川事件 Ｎ（まつかわじけん）　1949年8月，国鉄東北線の松川・金谷川駅間でレールが外されて列車が脱線転覆，3人の乗務員が死亡した事件。国鉄労組員や共産党員ら20人が逮捕されたが，14年にわたる裁判の結果，1963年の最高裁判決で全員の無罪が確定した。この間，作家広津和郎らによる裁判批判と被告人救援活動は広く世論を喚起した。

天皇制の変化

天皇 Ａ⑤Ｎ（てんのう）　明治憲法においては，国の元首であり，また主権者であった。しかし，日本国憲法では日本国の象徴であり，日本国民統合の象徴と位置づけられた。国の政治に関する権能をもたず，内閣の助言と承認に基づいて国事行為を行う。

天皇の人間宣言（てんのう−にんげんせんげん）　昭和天皇が1946年1月1日に国民に対して発した宣言。正式には「新日本建設に関する詔書」という。この宣言によって，天皇が神であるとするそれまでの考え方をみずから否定した。

象徴 Ａ Ｎ（しょうちょう）　抽象的・無形のもの

を具体的事物やイメージで表現すること，または表現されたもの。たとえば平和をハトで，純潔さを白で表現することなどをいう。日本国憲法は第1条で天皇を「日本国及び日本国民統合の象徴」と規定している。これを象徴天皇制という。

類 象徴天皇制 A N

天皇の国事行為 **B 7 N**（てんのう-こくじこうい）
日本国憲法に定められた天皇の行う行為。天皇は国政に関する権能をもたないが，国事に関する行為としては政治的行為と儀式的行為とを含み，内閣の助言と承認に基づいて行い，その責任は内閣が負う。具体的には第6・7条などに規定されており，国会の指名に基づく内閣総理大臣の任命及び内閣の指名に基づく最高裁判所長官の任命，憲法改正・法律・条約の公布，国会の召集，衆議院の解散，栄典の授与などが含まれる。

同 国事行為 A 2 N

公的行為 **C N**（こうてきこうい）　天皇は国事行為や私人としての行為（学問研究など）のほか，「公的行為」として，国会開会式における「おことば」や外交関係の儀礼的行為，国内巡幸などの国政とも関係ある行為も行っている。

私的行為（してきこうい）　天皇が法律の規定に無関係に個人として行う行為。日常生活上の起居・散歩・学問研究などがあげられる。ただし，この私的行為に関しても，皇室の財産の授受などをともなう場合には国会の議決を必要とする。

内閣の助言と承認 **5 N**（ないかく-じょげん-しょうにん）　憲法第3条では，天皇の国事行為には内閣の助言と承認を必要とし，内閣がその責任を負う，と定めている。天皇を直接的統治・政治行為から遠ざけ，行政権者などが天皇を政治的に利用することを防ぐ目的をもつ。この規定は，天皇の国事行為の最終決定権と責任が内閣にあることも意味する。なお，助言とは行為に先立って行われる勧告であり，承認とは事後における同意を意味する。

権能 **1 N**（けんのう）　一般には法律上認められている権利や権限をいう。天皇の権能に関して憲法では，第4条で，国事に関する行為のみで，国政に関する権能をもたない

と規定されている。これは天皇の政治的利用の排除に配慮したものである。

栄典 **C**（えいてん）　国家・社会に対して特別の功労があった者に対して，その栄誉を表彰するために与えられる特別の地位や称号をいう。憲法第7条では，天皇の国事行為の一つとして，特別の権限付与なしで，内閣の助言と承認によって，天皇が授与することになっている。文化勲章などが例。

元首 **B N**（げんしゅ）　国家組織のトップに立つ人物。概して，①国家の象徴，②政府要職の任命，③法律の公布，④国民の統合，などが主な役割となる。米国大統領や仏国大統領のように，政府首脳を兼ねる強力な地位となるケースもあれば，ドイツ大統領や英国王のように，憲法によって政治的権限を制限され，儀礼的形式的な地位にとどまるケースもある。日本を見ると，戦前の大日本帝国憲法では天皇を元首としていたが，戦後の日本国憲法では，元首の規定そのものが存在せず，誰が元首であるかについて学術的論争がある。

皇室典範 **C N**（こうしつてんぱん）　1947年に施行された皇位継承や皇族の範囲など皇室関係の事項を定めた法律。現行の皇室典範は第1条で「皇位は，皇統に属する男系の男子が，これを継承する」と規定し，その順位を①皇長子，②皇長孫，③その他の皇長子の子孫，などと定めている。女性や女系の子どもは皇位継承資格が認められず，憲法が保障する男女平等に反するとの指摘がある。また，各種世論調査などでも女性天皇を容認する意見が増えている。

天皇の生前退位（てんのう-せいぜんたいい）　天皇が亡くなる前にその地位（皇位）を皇太子に譲ること。2016年，天皇が生前退位の意向を示し，皇室典範の改正や特別法の制定など，法整備について有識者会議で検討されてきた。歴代天皇の生前退位の例は数多くあるが，現在の皇室典範にはその定めはない。憲法第5条や皇室典範第16条に，一定条件の下で摂政をおく規定がある。2017年，特例法（天皇の退位等に関する皇室典範特例法）制定に基づく一代限りでの退位が認められることになった。本法に基づいて，2019年4月30日，明仁天皇は退位。翌5月1日，徳仁天皇が新たに即位

した。

元号 🄲🄽［regnal year］（げんごう）　年を記録する方法の一つであり，君主国において，君主の意向によって特定の年代に名が付けられる仕組み。中国・朝鮮・日本などの東アジア地域において古代より観察できる制度。その背景には「君主が空間のみならず時間をも支配する」というイデオロギーが存在する。なお，年を表記する方法として世界標準となっているものは西暦である。日本社会では，元号と西暦という2つの表記方法が混在しており，合理性の観点から西暦に表記統一すべきという「元号廃止論」も存在する。

令和 🄲🄽（れいわ）　2019年5月，徳仁天皇が即位した時点から開始された日本の元号。日本史上はじめて「令」が元号に使用された。また，従来の元号は中国の古典を参照して作成されてきたが，「令和」に関しては，日本の古典に基づいて作成されている。具体的典拠は，日本最古の和歌集『万葉集』の一節「于時初春令月　氣淑風和」（初春の美しい日であり，空気は澄んでおり，風は和やかである）。ただし『万葉集』が成立した当時の日本文学は中国文学の影響を強く受けており，「令和」という表現が中国古典と無関係と言えるかは論争的である。

② 平和主義と日本の安全保障

平和主義と憲法第9条

極東国際軍事裁判 🄲🄽（きょくとうこくさいぐんじさいばん）　東京裁判ともいう。第二次世界大戦は日本のポツダム宣言受諾で終結したが，その宣言のなかに戦争犯罪人の処罰という項目があった。これに基づいて，1946年5月から「極東における重大戦争犯罪人の公正かつ迅速なる審理及び処罰」のため，オーストラリアのウェッブ裁判長，アメリカのキーナン首席検察官らの下，東京・市ヶ谷の法廷で裁判が行われた。侵略戦争の指導者（A級戦犯）として東条英機ら28人が起訴され，うち7人が絞首刑，18人が終身刑などに処せられた。

🄳東京裁判🄽

全面講和 🄽（ぜんめんこうわ）　共同交戦国のすべて，あるいはその主要国の全部と相手国との間で，単一の講和条約を結ぶこと。単独（片面）講和と対比される。サンフランシスコ講和条約（対日平和条約）は，自由主義陣営のみを対象とした片面講和であった。

🄬単独講和🄽

憲法第9条 🄑🄽（けんぽうだいきゅうじょう）　日本国憲法において平和主義の原則が規定された条文。①戦争放棄，②戦力不保持，③交戦権否認，の3要素から構成される。国際紛争を解決する手段としての戦争の放棄を掲げた1928年パリ不戦条約などを原型としている。これに加えて，1945年ポツダム宣言では，日本軍の武装解除および再軍備の禁止について言及されており，こうした背景の下，1946年に日本国憲法9条が誕生した。ただし，憲法9条は日本の自衛権や安全保障に直接関わるため，現在に至るまで，一貫して憲法改正論議における最重要の論争点であり続けている。

国際紛争 🄑🄹🄽（こくさいふんそう）　国家と国家とが利害や立場を異にして対立し，争うこと。国際社会を構成する主権国家は，一般的には国際法上でも各国の憲法上でも，自衛権をもち，紛争の解決のために対外的に戦争を行う権利をもつとされている。しかし，現在では外交交渉や国際司法裁判所の活動，国連安全保障理事会による平和のための強制措置など，紛争の平和的解決がはかられるようになっている。日本では憲法第9条で，国際紛争を解決する手段としての戦争や武力行使などの手段を放棄している。

戦争 🄐②🄽（せんそう）　国家または国家に準ずる組織・地域の間で起こる継続的で大規模な武力・戦力の行使による闘争。国際紛争の最も激しい形態。戦争開始にあたっては，「戦争開始に関する条約」によって，開戦理由を明示した宣戦布告など，戦意の表示が必要とされる。憲法第9条は，戦争の放棄・戦力の不保持・国の交戦権の否認を明記している。諸外国では，1928年の不戦条約（ケロッグ・ブリアン規約，パリ規約）の規定に基づき，戦争の不法性を憲法に盛り込んでいる国もあるが，戦力の不保持までを規定している憲法はない。

侵略 🄑🄽（しんりゃく）　軍事力の行使によって他国に侵入し，領土・利権などを奪うこと。

▼1946年　吉田茂首相の衆議院での答弁

戦争放棄に関する憲法草案の規定は，直接には自衛権を否定しては居りませぬが，第９条第２項に於いて一切の軍備と国の交戦権を認めない結果，自衛権の発動としての戦争も，また交戦権も，放棄したものであります。

▼1952年　「戦力」に関する政府統一見解
（吉田茂内閣）

－　憲法第９条第２項は，侵略の目的たると自衛の目的たるとを問わず，「戦力」の保持を禁止している。
－　「戦力」とは，近代戦争遂行に役立つ程度の装備，編成を具えるものをいう。
－　保安隊および警備隊は「戦力」ではない。

▼1954年　自衛隊についての政府統一見解
（大村清一防衛庁長官）

第９条は，独立国としてわが国が自衛権をもつことを認めている。したがって自衛隊のような自衛のための任務を

有し，かつその目的のため必要相当な範囲の実力部隊を設けることは，なんら憲法に違反するものではない。

▼1972年　「戦力」に関する政府統一見解
（田中角栄内閣）

「戦力」とは文字どおり戦う力である。憲法第９条第２項が保持を禁止しているのは，自衛のための必要最小限度をこえるものである。

▼2014年　集団的自衛権に関する閣議決定
（安倍晋三内閣）

我が国と密接な関係にある他国に対する武力攻撃が発生し，これにより我が国の存立が脅かされ，国民の生命，自由及び幸福追求の権利が根底から覆される明白な危険がある場合において，…他に適当な手段がないときに，必要最小限度の実力を行使することは，従来の政府見解の基本的な論理に基づく自衛のための措置として，憲法上許容されると考えるべきであると判断するに至った。

▲ 憲法第９条に関する政府見解の推移

国際連合で1974年に採択された定義では，「他国の主権・領土保全・政治的独立を侵し，あるいは国連憲章と両立しないあらゆる方法による武力行使」と幅広く規定され，具体的には安全保障理事会によって判断される。

防衛　**A**②**N**（ぼうえい）　国家が，自国に対するさまざまな侵略に対抗して，自衛権に基づいてやむをえず行う実力行使をいう。しかし，自衛という名目での侵略行動は歴史上多く，侵略と防衛とは厳密には区別しがたい場合が多い。

戦力　**A**①**N**（せんりょく）　広義には対外的な戦争遂行に役立つ一切の人的・物的資源をさすが，一般的には戦争遂行を目的とする兵員や兵器などの軍事力をさす。憲法第９条は戦力の保持を禁止しているため，自衛隊や在日米軍の存在がその規定に違反しないかどうかが問題となっている。日本政府は，戦力を「自衛のための必要な限度をこえるもの」と解釈し，自衛隊はその限度をこえていないため合憲であるとしている。

　　　　　　　　　　　類 戦力の不保持 **A**

防衛力　**C****N**（ぼうえいりょく）　国家が他国から急迫・不正の侵略を受けた場合，自衛権に基づいて自国の安全を維持するために行使する実力のこと。この場合の戦争を自衛戦争・防衛戦争といい，国際法上は合法とされる。日本では，憲法第９条で戦争を放棄し，陸海空軍その他の戦力の保持を認めないが，政府は自衛権まで放棄したものとの立場はとっていない。

自衛権　**A**①**N**（じえいけん）　外国からの侵略に抗して自国を防衛するため，一定の実力行使を成す権利で，国際法上の権利の一つである。憲法第９条では，戦争放棄・戦力の不保持・交戦権の否認を定めているが，最高裁判所は1959年の砂川事件上告審において「わが国が独立国として有する固有の自衛権まで否定されるものではない」とした。

自衛権発動の三要件　（じえいけんはつどう－さんようけん）　他国から攻撃を受けた際，自国を守るための武力行使を限定して認めた政府の基準。①日本への急迫不正の侵害がある，②これを排除するための適当な手段が他にない，③必要最小限度の実力行使にとどまる，の三つの場合しか武力行使できない。2014年，安倍晋三政権は，集団的自衛権の行使容認にかかわり，この基準を緩和する新たな要件を定めた。

武力行使の三要件　（ぶりょくこうし－さんようけん）　2014年に安倍内閣が従来の自衛権発動三要件にかわって決めた３つの要件。①日本または密接な関係にある他国に対する武力攻撃が発生し，これにより日本の存立が脅かされ，国民の生命や権利が根底から覆される明白な危険がある，②国の存立を全うし，国民を守るために他に適当な手段がない，③必要最小限度の実力行使にとどまる，というもの。この過程で，新要件が憲法第９条を骨抜きにすると批判が起きた。

交戦権　**A**②**N**（こうせんけん）　憲法第９条は「国の交戦権は，これを認めない」としている

が，交戦権の意味には次の3説がある。①国家が戦争を行う権利と，広義に解釈する説，②国家が交戦国として国際法上有する，貨物の没収，船舶の臨検などの狭義の権利と解する説，③戦争を行う権利と交戦国としての権利の双方を含むとする説。長沼ナイキ基地訴訟の札幌地裁判決（1973年）では，②の内容が国家のもつ交戦権とされた。

自衛力保持　（じえいりょくほじ）　外部からの緊急不正の侵略に対して，自国を防衛するための実力を保持すること。自衛権は国際法上，国家に認められた権利であり，憲法第9条は自衛のための実力の保持を禁じていない，とする見解に基づく。一方，一切の戦力の保持を禁じたとする見解もある。

専守防衛 Ⓐ Ⓝ　（せんしゅぼうえい）　相手から武力攻撃を受けたときに初めて防衛力を行使するという，日本がとる受動的な防衛戦略。その行使を自衛のための必要最小限度にとどめ，保持する防衛力も自衛のための必要最小限度のものに限る，などとされてきた。2015年に安倍晋三内閣は他国防衛も専守防衛に含むとして，従来の考え方を事実上，変更した。

戦争の放棄 Ⓐ② Ⓝ　（せんそう-ほうき）　1928年締結の不戦条約（ケロッグ・ブリアン規約）で登場した用語で，憲法第9条においても明記されている。しかし，その解釈をめぐり，すべての戦争を放棄したのか，侵略戦争だけを放棄したのか，などの意見の対立がある。日本政府は侵略戦争放棄の立場に立ち，自衛戦争が行われうるため，自衛隊もそのために存在するとして合憲性を主張。一方，自衛権は保持するが，戦争行為は一切なしえないとする解釈もあり，この立場からは自衛隊は違憲となる。

警察予備隊 Ⓐ Ⓝ　（けいさつよびたい）　1950年，第3次吉田茂内閣時にマッカーサーの指令に基づき，日本国内の治安維持を目的に創設された部隊。自衛隊の前身。1950年に起こった朝鮮戦争に在日米軍が出動し，その軍事的空白を埋めるために設置された。事実上の地上軍であったので，憲法の戦争放棄の規定との関係で違憲論争が起こった。1952年に保安隊と改称され，1954年の防衛庁設置とともに自衛隊となった。

保安隊 Ⓐ Ⓝ　（ほあんたい）　1952年，警察予備隊を増強改組してつくられた陸上部隊。日米安全保障条約の締結（1951年）とサンフランシスコ講和条約の発効（1952年）をきっかけに，独立国家としての防衛力確保と増強を目的に，警察予備隊を保安隊に，海上保安庁の海上警備隊を警備隊として改組し，陸・海の部隊を整えた。

防衛省 Ⓑ Ⓝ　（ぼうえいしょう）　自衛隊の管理・運営のための行政官庁。国務大臣が任命され，国土防衛・治安維持・災害援助などを目的として，内部部局と統合幕僚監部，陸上・海上・航空の各幕僚監部などが置かれている。2007年，内閣府の外局の防衛庁から防衛省に格上げされた。

防衛装備庁 Ⓒ　（ぼうえいそうびちょう）　武器・装備品の輸出や購入を一元的に管理する防衛省の外局。防衛省設置法の改正で2015年10月に設置された。防衛整備移転三原則によって原則解禁された武器輸出拡大のための中心的な役割を果たす。

自衛隊 Ⓐ① Ⓝ　（じえいたい）　1954年施行の防衛庁設置法・自衛隊法（防衛二法）によって設置された陸・海・空の3部隊からなる軍事組織。保安隊・警備隊を陸上自衛隊・海上自衛隊へ改組，新たに航空自衛隊が加えられ，軍事力が拡大された。日本への直接・間接の侵略に対してその防衛を担うほか，治安維持・災害派遣・海上警備を行うことを任務とする。内閣総理大臣が最高指揮監督権をもち，防衛大臣がその指揮下で隊務を統括する。1958年から防衛力整備計画が進められ増強の一途をたどったため，それを戦力とみなすかどうか，また1991年の湾岸戦争後の掃海艇派遣や国連PKOへの派遣なども，憲法第9条に違反しないかどうかが問題となった。

自衛隊法 Ⓑ Ⓝ　（じえいたいほう）　1954年公布。自衛隊の任務・組織・行動及び権限などを定めた法律。自衛隊の任務として，侵略からの防衛（防衛出動），公共の秩序の維持（治安出動），さらには地域の災害時の救助活動（知事からの要請を基本原則として自衛隊員を派遣），などを規定。2006年の法改正で，海外派遣が本来任務に加えられた。

水陸機動団　（すいりくきどうだん）　陸上自衛隊に2018年から新たに編成された部隊。敵が

上陸した離島の奪還などを任務とする。日本版海兵隊ともよばれ、日本が国是とする専守防衛を逸脱して憲法違反との指摘もある。2018年には、同機動団はＲＩＭＰＡＣ（環太平洋合同演習）に参加したり、アメリカ海兵隊との共同訓練などを行った。なお、同2018年から陸上自衛隊を一元的に運用する陸上総隊が新設された。すでに海上自衛隊には同様の組織として自衛艦隊が、航空自衛隊には航空総隊がある。水陸機動団は陸上総隊の直轄部隊。

題 陸上総隊　自衛艦隊　航空総隊

砂川事件 Ａ Ｎ （すながわじけん）　東京都砂川町（現立川市）で起こった米軍基地拡張反対闘争をめぐる事件。1954年の米軍の拡張要請以来、反対派と警察との衝突があったが、1957年に反対派の学生・労働者が飛行場内に立ち入り、日米安保条約に基づく刑事特別法違反に問われた。被告側は、日米安全保障条約そのものが憲法違反であるとして無罪を主張。1959年の東京地裁の判決（伊達判決）では米軍の駐留を違憲、被告は無罪としたが、同年末の最高裁の跳躍上告審では、①憲法は自衛権を否定するものではなく、他国に安全保障を求めることを禁じるものではない、②第９条の禁止する戦力に在日米軍はあたらない、③日米安全保障条約は高度に政治的な問題であり、司法審査になじまない、などの判断を示し、原判決を破棄して東京地裁に差し戻した。裁判自体は1963年、被告人の有罪で確定した。なお、この裁判の最高裁判決の直前、当時の田中耕太郎最高裁長官が在日米大使館公使と面談し、判決の見通しなどについて伝えたとされる外交文書の存在が明らかになっている。これに基づき、2014年に元被告人らが、公正な裁判が田中長官によって侵害されたとして再審を請求したが、最高裁はこれを認めない決定をした。

恵庭事件 Ａ （えにわじけん）　1962年、北海道恵庭町（現恵庭市）で起きた自衛隊をめぐる事件。地元酪農家が自衛隊の演習騒音により乳牛の早・流産や乳量減少などの被害を受けたとして自衛隊と交渉した。しかし、自衛隊側がそれを無視して演習を再開したため、その中止を目的に演習場内の電話線

を切断し、自衛隊法違反に問われた。審理の過程で自衛隊の合憲性が争われたが、1967年の札幌地方裁判所の判決では電話線切断のみを問題とし、自衛隊に関する憲法判断をせずに無罪判決を下した。

長沼ナイキ基地訴訟 Ｂ Ｎ （ながぬまーきちそしょう）　防衛庁が地対空ミサイル（ナイキ-ハーキュリーズ）発射基地を北海道長沼町に設置するため農林大臣に申請、農林大臣が行った該当地域の災害防止保安林指定解除の行政処分に対し、地元住民がその取り消しを求めた訴訟。原告側は自衛隊が憲法第９条で禁止する戦力にあたり違憲であり、その基地は公益上の理由にあたらず、指定解除は違法と主張した。1973年の札幌地方裁判所の判決（福島判決）ではこの主張を認めたが、札幌高裁は「統治事項に関する行為であって、一見極めて明白に違憲、違法と認められるものでない限り、司法審査の対象ではない」とする統治行為論に基づき、自衛隊の合憲・違憲の判断を示さなかった。最高裁も、憲法判断を回避し、原告の上告を棄却した。

百里基地訴訟 Ｂ （ひゃくりきちそしょう）　茨城県小川町（現小美玉市）に航空自衛隊百里基地を建設することをめぐり、反対派住民と国や旧地主らとが争った民事訴訟。判断の前提として自衛隊の合憲性が争われた。1977年の第一審では、統治行為論に基づいて自衛隊自身の合憲性には触れなかったが、自衛に必要な防衛措置は必要であると判断した。第二審以後は基本的に憲法判断を回避し、原告の上訴を棄却した。

ＭＳＡ協定 Ｃ （日米相互防衛援助協定 Ｃ ）　(-きょうてい)（にちべいそうごぼうえいえんじょきょうてい）　アメリカの相互安全保障法に基づき、1954年に締結。アメリカが友好各国との間で個別に結んだ対外経済・軍事援助協定で、アメリカの援助を受け入れるかわりに締約相手国の防衛力を増やすように定めた。日本は1953年の池田・ロバートソン会談で合意し、調印。

池田・ロバートソン会談 （いけだ-かいだん）　1953年10月、吉田茂首相の特使として派遣された池田勇人とアメリカの国務次官補ロバートソンとが、日本の防衛問題に関して行った会談。この会談で日本によるＭＳ

A協定の受け入れと「日本防衛構想３か年計画」とが合意に達し，日本の再軍備化へ向けて政策推進も確認された。

日米安全保障条約 **Ａ**⑨**Ｎ**（にちべいあんぜんほしょうじょうやく）　1951年締結の旧条約（日本国とアメリカ合衆国との間の安全保障条約）と1960年改正の新条約（日本国とアメリカ合衆国との間の相互協力及び安全保障条約）とがある。旧条約は第３次吉田茂内閣時に，サンフランシスコ講和条約調印とともに締結された。この条約で日本は米軍の日本駐留・配備を認め，駐留米軍は，他国からの日本攻撃阻止や日本国内の内乱鎮圧などにあたることが決められた。しかし，米軍の日本防衛義務には不明確な部分があり，期間も暫定的であったことなどから，改正論が強まった。アメリカはこれに対し，基地協定の性格を残しながら日本の防衛能力の強化と，集団安全保障体制形成を明確化する新条約締結を求めた。第２次岸信介内閣が1960年１月に調印した。

新日米安全保障条約 **Ｎ**（しんにちべいあんぜんほしょうじょうやく）　岸信介内閣が1960年に新日米安保条約と日米地位協定に調印，衆議院での強行採決，参議院での自然承認で成立させた。その過程で，国論を二分する論争と運動が引き起こされた（安保反対闘争）。日米相互の経済協力促進や，日本領域内で日米の一方への武力攻撃に対して共同対処する条項などが新たに付加された。また条約の実施，米軍の配備・装備の変更，軍事行動による日本の基地使用は事前協議の対象となることも規定された。一方で，日本の防衛力増強の義務も明記され，アジアにおける強力な反共軍事・経済の同盟体制が築かれた。条約は10か条からなり，期間は10年。1970年以後は１年ごとに自動継続し，日米いずれか一方が通告すれば廃棄できることになっている。

安保反対闘争 **Ｃ****Ｎ**（あんぽはんたいとうそう）　旧安保条約の改定交渉が，1958年10月から開始されると，改定内容が，実質的に対米従属の強化，軍事条約的性格の顕在化など，世界の緊張緩和に逆行するとみた人々は，日米安保条約改定阻止国民会議を結成，1959〜60年に空前の国民的反対運動をまき起こし，デモ隊は何度も国会を包囲した。

しかし，条約が衆議院での強行採決を経て，参議院で自然承認されると，反対闘争も下火になった。その後，岸内閣は混乱の責任を負って退陣した。1960年代後半に入ると，1970年の条約自動延長をめぐって「70年反安保闘争」が展開されたが，全国民的な運動には結び付かず，日米安保条約はそのまま継続され，現在に至っている。

類日米安保条約改定阻止国民会議

日米地位協定 **Ａ**②**Ｎ**（にちべいちいきょうてい）　1960年の日米安保条約第６条に基づき，在日米軍基地の使用条件や裁判管轄権，米軍人の地位などについて定めた細目協定。全文28か条からなる。旧日米行政協定に代わるもの。不平等性が指摘され，とくに1995年に沖縄でおきた米軍人による少女暴行事件を契機に，協定の見直しを求める声が高まった。しかし，条文の改正は一度も行われたことがない。同様の地位協定を米軍と結んでいるドイツやイタリアでは，重大な事故を機に協定が改定され，基地を受け入れた国や地方公共団体が意見を述べることができるなど，管理権を行使できるしくみが取り入れられている。

類日米行政協定

サンフランシスコ講和条約 **Ｃ**②**Ｎ**（こうわじょうやく）　1951年，日本が連合国側と締結した第二次世界大戦の講和条約。対日平和条約ともいう。1951年９月に調印，翌1952年４月に発効。これによって日本は独立を回復したが，対米従属的な位置が決まった。この講和会議は，朝鮮戦争を契機にアメリカが主唱して開催されたため，連合国55か国のうちインド・ビルマ・ユーゴスラヴィアは参加を拒否し，中国は招かれなかった。また参加51か国のうちソ連・ポーランド・チェコスロヴァキアは調印を拒否，48か国が調印した。日本側全権は吉田茂首相。主な内容は，①日本の主権回復，②日本は朝鮮・台湾・南樺太・千島の領土権を放棄，③国際紛争の解決を平和的手段により行う，④日本は戦争で与えた損害に対して賠償をする，などである。この条約は領土・賠償などについてはきびしいものの，軍事制限や禁止については特に規定せず，条約履行状況の監視制度もなく，寛大な講和条約とされる。日本はこの条約

と同時に日米安全保障条約を締結した。

同 対日平和条約 **C**

文民統制 A N（シヴィリアン-コントロール B N） ［civilian control］（ぶんみんとうせい）
軍隊の最高指揮監督権が文民に属するという近代民主国家の制度。文民とは、現職自衛官をふくめ現在職業軍人でない者をいう。過去に職業軍人であった者はふくまないとする説もある。歴史上しばしば、軍隊が政治に介入する事例があったことから、文民が軍人に優越するという制度が確立された。憲法第66条第2項では「内閣総理大臣その他の国務大臣は、文民でなければならない」と規定されている。自衛隊法第7条は、自衛隊の最高指揮監督権は内閣総理大臣がもつ、と規定している。また文民である防衛大臣が、自衛隊を統括する。政府はこれまで、自衛隊に対する具体的な文民統制について①国会、②内閣、③防衛省内の文官、④国家安全保障会議、の四つの要素で構成されると説明してきた。2018年には、これまで「廃棄した」とされてきたイラク派遣や南スーダンPKOの際の日報の存在が明らかになり、文民統制の観点から問題となった。

文官統制（ぶんかんとうせい）　防衛省内で、文民統制を確保するための手段の一つ。政策を立案する文官（背広組）が現場の自衛官（制服組）より優位な立場にあり、それによって制服組の行き過ぎた行動を抑止すると考えられてきた。2015年の防衛省設置法の改正で、両者が対等に位置づけられるようになり、文民統制の原則が形骸化されるとの批判もある。

平和憲法のゆくえ

非核三原則 A 6 N（ひかくさんげんそく）　「核兵器を持たず、つくらず、持ち込ませず」という日本政府の核兵器に関する基本政策。佐藤栄作首相が1968年、①核兵器の廃棄・絶滅をめざしつつ、当面は実行可能な核軍縮を推進、②非核三原則の堅持、③日本の安全保障はアメリカの核抑止力に依存する、④核エネルギーの平和利用の積極的推進という「非核四政策」を発表したことに基づく。その後、1971年の衆議院本会議で「非核三原則」を採択した。この原則に対する

国際的評価は高い。しかし、核積載の米艦船が日本に寄港する際に、核装備を外さないことなどが近年明らかになり、「持ち込ませず」の原則は形骸化している。このため、近年、市民団体などの間でこの原則を徹底させるため、非核三原則法の制定を求める運動が起こっている。

核拡散防止条約 A 3 N（NPT C 6 N）
［Treaty on the Non-Proliferation of Nuclear Weapons］（かくかくさんぼうしじょうやく）
核兵器および核兵器技術の国際的拡散を防止する条約。略称NPT。米英仏露中の5か国のみに核保有を許し、他の非核保有国の核保有を禁ずるものである。1970年発効。2022年現在、190か国以上が締結している。ただし、NPT体制に参加していない北朝鮮、インド、パキスタン、イスラエルは、いずれも核兵器を保有しているとみなされている。　☞ p.314（核兵器不拡散条約）

在日米軍 B 2 N（ざいにちべいぐん）　日米安全保障条約に基づき、日本の安全、極東における平和の実現など、条約の目的実現のため日本に駐留しているアメリカ軍のこと。砂川事件ではその違憲・合憲性が争われたが、最高裁は日本国憲法で禁止する戦力にはあたらないとの判断を下した。しかし、米軍の装備のなかに核兵器が存在するとの疑惑もあり、非核三原則政策と背反しないかどうか問題となっている。

思いやり予算 A 4 N（おも-よさん）　在日米軍駐留経費を構成するもののうち、日本側が負担する労務費・提供施設整備費・訓練移転費・水光熱費の総計。日米地位協定では、本来は全額アメリカの負担とされる。1978年、日本が負担する理由を問われた当時の金丸信防衛庁長官が「思いやり」と答えたことからこの名が定着。当初は約62億円であったが、累計額は5兆円をこえる。アメリカは「思いやり予算」を含めホスト-ネーション-サポート（HNS）という言葉を用い、その増額を求めている。なお、2021年度に日本政府が計上した在日米軍関係経費の総額は、思いやり予算も含めて6199億円にものぼる。

類 ホスト-ネーション-サポート **N**

シーレーン問題 N［sea lines of communication]〔ーもんだい〕　日本の海上自衛隊が何を目的に，どこまでの距離のシーレーン（海上交通路）を守るかという問題。シーレーンは，外国勢力の軍事的脅威に対して，海上交通路の安全と機能を確保し，戦争継続能力を保障するための「海上航路帯防衛」を意味する。1981年5月，訪米した鈴木善幸首相は本土周辺数百海里と1000海里（約1850km）の航路帯を守ると表明。それは商船を安全に航海させ，国民の生活を保障する輸入路の確保を目的とした。しかし，アメリカ側の期待は，対ソ戦略の海上補給路を確保するため，北西太平洋を防衛することで，目的に大きなズレが生じた。

徴兵制 Ⓝ〔ちょうへいせい〕　国家が，一定の年齢に達した国民を強制的に徴集して兵役に服させる制度。日本では1873年の徴兵令によって，満20歳以上の男子を対象として実施された。第二次世界大戦末期には17歳まで引き下げられたが，戦後に廃止された。政府は，徴兵制が苦役を禁じた憲法第18条に違反するとしている。

経済的徴兵制〔けいざいてきちょうへいせい〕　国民に兵役の義務を課す徴兵制ではなく，志願兵制度のもと，貧困など経済的な事情から入隊者が増える現実をさした言葉。徴兵制が廃止されたアメリカなどで指摘される。日本でも若者の貧困が広がり，自衛隊がその受け皿となることで徴兵制と似た効果があらわれるとの見方もある。

米軍基地 Ⓑ Ⓝ〔べいぐんきち〕　日米安全保障条約第6条は「日本国の安全」「極東における国際の平和及び安全の維持」のために基地を米軍に許与することを日本政府に義務づけた。「極東の範囲」について，政府は「フィリピン以北ならびに日本及びその周辺地域」（1960年2月）と説明しているが，「必ずしも前述の区域に限局されるわけではない」としている。また，各地で地域開発とのかね合いや演習の騒音などをめぐりトラブルが発生しており，なかでも米軍施設面積の約70.6％が集中する沖縄（国土面積の約0.6％）では，その整理・縮小を求める運動が続いている。

同**基地** Ⓐ Ⓝ

普天間基地返還問題 Ⓒ〔ふてんまきちへんかんもんだい〕　沖縄県宜野湾市にある米軍普天間飛行場の返還をめぐる問題。1995年，沖縄にて米兵による少女暴行事件が起こると，沖縄の米軍基地を整理縮小するよう求める世論が高まる。日米間の協議を経て，同飛行場の返還が決まったが，その代替として名護市辺野古沖に飛行場機能を移設することで日米両政府が合意した。2013年には，当時の仲井眞弘多沖縄県知事が辺野古埋立てを承認する。しかし，翌2014年，新たに知事となった翁長雄志がこの承認を取り消したため，日本政府との間で訴訟に発展。2016年，最高裁判所は，この承認取り消しを違法として，沖縄県側を敗訴とした。一方，2018年，辺野古基地建設反対派の玉城デニーが新知事に当選。2019年2月には，辺野古埋立ての賛否を問う県民投票が実施され，賛成19％，反対72％という結果になった。

類**公有水面埋立法** Ⓝ

平和の礎〔へいわーいしじ〕　沖縄県糸満市の平和祈念公園内にある沖縄戦の戦没者慰霊碑。高さ1.5m×全長2.2km。1995年に建立され，碑には敵味方なく2万4000人余の名前が刻まれている。毎年6月23日には慰霊祭が開かれる。☞p.159（沖縄戦）

ヘリパッド　米軍北部訓練場（沖縄県東村・国頭村）の一部返還のかわりに新設されたヘリコプターの離着陸帯。集落に近く，オスプレイの訓練にも使用されるため，近隣住民は事故の危険や騒音被害にさらされることになる。

オール沖縄〔ーおきなわ〕　普天間基地の辺野古移設問題を機に成立した沖縄における保守・革新の枠をこえた政治体制。沖縄では1972年の本土復帰以来，保革の両勢力が対峙してきたが，2014年県知事選挙で保守派の重鎮・翁長雄志氏が社民・共産・生活など党派をこえた支持のもと，「辺野古への移設反対，イデオロギーよりもアイデンティティ」と訴えて当選。さらには，2014年暮れの衆議院議員総選挙の県内四つの全小選挙区や，16年の参議院議員選挙の選挙区でも，オール沖縄の候補者が自民などの候補者に勝利した。18年の知事選挙では，翁長氏の遺志を継いで辺野古への新基地建設反対を公約にかかげる玉城デニー氏が初当選し，22年にも再選。

4次にわたる整備計画の後，1986年度までは単年度計画で実施されてきた。現在は中期防衛力整備計画（中期防）を実施中。この間，日本の自衛隊の装備は核兵器を除いて世界有数のものとなった。

防衛計画の大綱　**C** **N**（ぼうえいけいかく‐たいこう）
日本の安全保障の基本方針と防衛力整備の指針を示したもの。これに基づき政府が，5年間の中期防衛力整備計画（中期防）などを策定する。2010年の大綱では，中国や北朝鮮の動向に着目して「動的防衛力」の構築をかかげた。
　　　　　　　　類中期防衛力整備計画**N**

海外派兵　（かいがいはへい）　軍隊を海外に派遣すること。従来，自衛隊の海外派遣については，自衛の枠をこえるとして認められなかったが，1992年に制定された国連平和維持（PKO）協力法などに基づき，一定の条件の下で海外派遣の承認と国際貢献の任務が加えられた。現在の自衛隊法では，海外派遣が本来任務とされている。

国家安全保障会議　**A2** **N**（NSC **N**）
［National Security Council］（こっかあんぜんほしょうかいぎ）　1954年以来の国防会議の任務を継承した安全保障会議（1986年設置）にかわり，2013年末に設けられた外交・防衛政策などを決める閣僚会議。アメリカにならった制度である。国家安全保障戦略（NSS）・防衛計画の大綱などの政策立案や，緊急事態への対応策などもテーマとする。従来は議長である首相と8閣僚（九者会合）で組織構成されたが，今回はその上部に首相・官房長官・防衛相・外相による四者会合が新設された。会議をサポートする事務局として，国家安全保障局も内閣官房につくられた。
　　　　類国防会議**N**　安全保障会議**A** **N**

事前協議　**C** **N**（じぜんきょうぎ）　在日米軍の配置，装備の重要な変更及び戦闘作戦行動のために基地を使用する場合，アメリカ政府が日本政府と事前に協議を行う制度。日米安全保障条約第6条の実施に関する交換公文で規定された。しかし，日本側からは提案できず，今日まで一度も行われていない。2000年代に入ると，核兵器積載の米艦船が日本に寄港する場合には，日本との事前協議は必要ないとする日米政府間の密

▼2014年　「あの辺野古湾を埋め立てる新辺野古基地は造らせない」「政治に保革を乗り越える包容力があるか。それがなければ沖縄の政治も日本の政治も変わらない」
▼2015年　「上から目線で『粛々』との言葉を使えば使うほど，県民の心が離れて怒りは増幅していく」「私は魂の飢餓感といっているが，心に空白ができている沖縄と，日本の安全保障を『合理的・理性的』に話すのは難しい」
▼2016年　「辺野古海域の埋め立てを強行すれば，人類共通の財産を地球上から消失させた壮大な愚行として語り継がれないか」
▼2018年　「朝鮮半島の非核化と緊張緩和への努力が続けられている。政府は平和を求める大きな流れから取り残されているのではないか」

日米安全保障協議委員会 **N**（2＋2）（にちべいあんぜんほしょうきょうぎいいんかい）　日米安保条約第4条に基づいて設置された協議機関。日本から外相・防衛相，アメリカから国務長官・国防長官の計4名が参加し，安保分野の協力関係の強化を主な目的とする。2＋2（ツープラスツー）とも呼ばれる。

オスプレイ　**N**［Osprey］　両翼の回転翼の向きを変えることで，垂直離着陸や，固定翼のプロペラ機のような飛行ができるアメリカ軍の輸送機。従来のCH46 ヘリコプターにかわり，沖縄県の普天間基地に配備された。騒音性や墜落事故の危険性などを理由としてオスプレイ配備に反対する抗議集会が，沖縄や東京で多数実施された。米空軍は，2018年から東京都の横田基地にオスプレイを配備している。また2020年からは，陸上自衛隊にもオスプレイが配備されている。

統治行為論　**A** **N**（とうちこういろん）　☞ p.251（統治行為論）

ヴェトナム戦争　**A5** **N**（‐せんそう）　1965〜73年，ソ連等の支援を受けた北ヴェトナム政府と，アメリカの支援を受けた南ヴェトナム政府との間で行われた戦争。この戦争の過程で，沖縄の米軍基地などがひんぱんに使用された。　☞ p.305（ヴェトナム戦争）

防衛力整備計画　**C** **N**（ぼうえいりょくせいびけいかく）　1957年の「国防の基本方針」に基づいて，1958年から継続的に行われている自衛隊の組織や装備の強化計画。1976年までの

約の存在が，アメリカの外交文書から明らかになった。このため，実質的な有効性には疑問点が多い。

核兵器 Ａ⑥Ｎ（かくへいき）　ウラン・プルトニウムを原料とした核分裂と，重水素を原料とする核融合による爆発的エネルギーを利用した軍事兵器の総称。長距離攻撃能力をもつ兵器を戦略核兵器，中・短距離攻撃能力をもつ兵器を戦術核兵器という。
☞ p.310（核兵器）

通常兵器 Ｃ Ｎ（つうじょうへいき）　核兵器・化学兵器・生物兵器を除いた銃器，爆発性兵器や戦車・戦闘機などの軍事兵器を総称する。ミサイルや長距離爆撃機・攻撃用艦船・潜水艦などは，核兵器が搭載された場合には核兵器とみなす。

核の傘 Ｂ Ｎ（かく－かさ）　核兵器保有国の核戦力を背景に自国の軍事的安全保障をはかること。1966年の外務省統一見解において，日本もアメリカの核の傘のなかにいると表現された。核兵器の存在によって相手国を恐れさせ，攻撃を思いとどまらせようとする核抑止の考え方を，同盟国（非核保有国）にまで広げるもので，拡大抑止ともよばれる。
同 拡大抑止 Ｃ

日米核密約（にちべいかくみつやく）　核兵器もち込みなどに関する日米政府間の四つの密約。①1960年の核もち込みについての密約，②同じく，朝鮮有事の際の軍事行動についての密約，③1972年の沖縄返還時の，有事の際の核もち込みについての密約，④同じく，原状回復補償費の肩代わりについての密約，をさす。これらのうち，①②④はアメリカ側の解禁文書で，その存在が明らかになっている。これまで，歴代政権は一切の調査を拒否してきたが，鳩山由紀夫内閣の下，岡田克也外相がこれらの密約問題について外務省に調査を命じた。調査・検証にあたった有識者委員会は，③についての密約性は否定したが，①④は広義の密約，②は明確な密約にあたるとの報告書を提出。

ＧＮＰ１％枠（－わく）　防衛予算の上限を対ＧＮＰ（国民総生産）１％以内におさめるという原則。1976年，三木武夫内閣の時に明示された。1987年度に１％をこえたが，その後は下まわった。しかしこの枠はＧＮ

Ｐの増減で額が変化するものであり，絶対額や国家予算に対する防衛費比率では微増傾向が続いた。中曽根康弘内閣以降，防衛費の総額を中期防衛力整備計画時に示す「総額明示方式」をとっている。

集団的自衛権 Ａ⑦Ｎ（しゅうだんてきじえいけん）　国連憲章第51条に定められた権利。武力攻撃が行われた場合，単独国家が個別的自衛権を行使するだけでなく，２国間あるいは地域的安全保障・防衛条約などで結びついた複数国が共同で防衛措置をとること。1981年の国会で当時の鈴木善幸内閣が，集団的自衛権の行使は憲法９条で許される自衛権の範囲をこえるため違憲であると言明している。しかし，2014年に安倍晋三政権は，行使を容認する閣議決定を行った。2015年の安全保障関連法をめぐり，政府は集団的自衛権の行使を認める根拠として，砂川事件の最高裁判決と1972年の政府解釈をもちだした。これに対して多くの憲法学者らは，①同最高裁判決では集団的自衛権について判断していない，②72年政府解釈でも結論は行使が許されないとしており，いずれも行使容認の根拠にはならないとする見解を示した。
対 個別的自衛権 Ｂ⑥Ｎ
☞ p.169（砂川事件）

武器輸出三原則 Ｂ③Ｎ（ぶきゆしゅつさんげんそく）　1967年，佐藤栄作首相が衆議院決算委員会で表明した原則。それ以来，日本政府の基本政策となってきた。共産圏，国連決議で武器禁輸となっている国，国際紛争の当事国またはその恐れのある国に対する，武器輸出は認めないとするもの。しかし，1983年に対米武器技術供与を，1989年にはＳＤＩ（戦略防衛構想）研究開発への参加を決めた（クリントン政権により，1993年に開発は中止）。その後，アメリカのミサイル防衛（ＭＤ）の導入を契機に，武器輸出三原則そのものを見直す動きがあり，2011年に政府は正式に緩和を決めた。2014年には，これまでの禁輸政策を180度転換し，武器輸出を実質的に解禁する防衛装備移転三原則が閣議決定された。

防衛装備移転三原則 Ｂ③Ｎ（ぼうえいそうびいてんさんげんそく）　2014年，安倍晋三政権が閣議決定した新たな武器輸出原則。①日本が締

結した条約に違反する場合や紛争当事国などには移転しない、②移転を認めるのは、日本の安全保障に資する場合、③目的外使用や第三国移転は相手国の事前同意が必要だが、共同開発した武器などは除く、など。

ＲＩＭＰＡＣ（リムパック）［Rim of the Pacific Exercise］ 1971年からアメリカ海軍が主催し、2年に1度、太平洋周辺諸国の海軍が加わって実施されてきた軍事演習。「環太平洋合同演習」と訳される。当初は、カナダ・オーストラリア・ニュージーランドが参加。1980年から日本の海上自衛隊が、1990年からは韓国が、1996年からはチリも加わった。現在は27か国が参加。2010年の演習時、海上自衛隊が米豪両軍とともに、特定の標的を攻撃・撃沈する訓練を行っていたことが判明、これが当時認められていなかった集団的自衛権の行使にあたるとして、批判された。中国はリムパックに招待されてきたが、アメリカが2018年の招待を取り消すと発表した。南シナ海での軍事支配の影響力を強める中国に対する牽制策とされる。

日米防衛協力のための指針Ａ Ｎ（ガイドラインＡ Ｎ）（にちべいぼうえいきょうりょく―ししん） 1978年に日米防衛協力小委員会が作成し、閣議で了承されたもの。アメリカは、日本有事・極東有事に際して、「日米共同対処」のあり方を具体的にまとめた「作戦シナリオ」を作成し、1997年には、40項目の日米の協力策を盛り込んだ新ガイドラインを決定した。これを受けて周辺事態法などが1999年に成立、日本の周辺で武力紛争などが発生した際に、自衛隊が米軍を支援できることなどが定められた。2015年には、軍事力を増強する中国を念頭におき、自衛隊の対米支援拡大など、地球規模で切れ目なく対応することをもり込んだガイドラインの再改定が行われた。

類 新ガイドラインＣ Ｎ

国連平和維持活動協力法Ｂ ③ Ｎ（ＰＫＯ協力法Ａ ⑧ Ｎ）（こくれんへいわいじかつどうきょうりょくほう）（―きょうりょくほう） 自衛隊の海外派遣へ道を開いた法律。1992年に成立。国連の平和維持活動と人道的な活動への協力を目的とする。1990年8月のイラクによるクウェート侵攻に対し、アメリカ中心の多国

籍軍が編成されたが、アメリカは日本に物的協力とともに人員派遣も要請した背景がある。法案審議の過程で、ＰＫＦ（平和維持軍）への参加は凍結されたが、2001年の法改正でＰＫＦ本隊業務への参加が可能になった。2015年の法改正で、ＰＫＯ以外の国際的な復興支援活動にも自衛隊が参加できるようになった。また政府は、南スーダンのＰＫＯに参加する自衛隊に対して、武装集団に襲われた国連スタッフらを武器を持って救出にあたる「駆け付け警護」などの新任務を付与した。

類 駆け付け警護Ｎ

ＰＫＯ参加5原則 Ｃ（―さんかげんそく） ①紛争当事国の間で停戦合意が成立していること。②ＰＫＯが活動する地域の属する国を含む紛争当事者がＰＫＯの活動及びＰＫＯへのわが国の参加に同意していること。③ＰＫＯが特定の紛争当事者に偏ることなく、中立的な立場を厳守すること。④上記のいずれかが満たされない状況が生じた場合には、わが国から参加した部隊は撤収できること。⑤武器の使用は、要員の生命等の防護のために必要最小限のものに限られること。なお、2010年のハイチ派遣は、5原則のうち停戦合意と紛争当事者の受け入れ同意がないまま行われた。

自衛隊の海外派遣Ｂ Ｎ（じえいたいのかいがいはけん） 従来の自衛隊の海外派遣には、ＰＫＯ協力法に基づく国連平和維持活動への参加、特別法を制定しての派遣、国際緊急援助隊法に基づく災害対応があったが、2015年の安全保障関連法の成立で、活動範囲や活動内容が大きく広がる可能性がある。

日米安保共同宣言Ｂ（にちべいあんぽきょうどうせんげん） 1996年、橋本龍太郎首相とクリントン大統領との日米首脳会談で発表された宣言。日米安保体制が日本とアジア・太平洋地域の安心のための基礎である、とする新たな意義づけが行われた。現行の日米安保条約を実質的に改定した中身を持つとされる。

類 日米安保再定義

周辺事態法Ｂ ⑤ Ｎ（しゅうへんじたいほう） 1999年5月に成立。いわゆるガイドライン関連法の中核になる法律。周辺事態つまり「そのまま放置すれば我が国に対する直接

派遣地域	年	活動内容
ペルシャ湾	1991	機雷除去
カンボジア	1992～93	国連カンボジア暫定統治機構（UNTAC）
モザンビーク	1993～95	国連モザンビーク活動（ONUMOZ）
ザイール（コンゴ民主共和国）	1994	ルワンダ難民救済
ゴラン高原	1996～2013	国連兵力引き離し監視軍（UNDOF）
インド洋	2001～07, 2008～10	給油・給水など
東ティモール	1999～2000, 2002～04, 2010～12	安全確保
イラク	2004～08	復興支援
ネパール	2007～11	武器・兵士の管理監視
スーダン	2008～11	兵たん全般の調整など
ソマリア沖	2009～	海賊対策
ハイチ	2010～13	地震復旧支援
南スーダン	2011～17	インフラ整備

▲ 自衛隊のおもな海外派遣実績

の武力攻撃に至るおそれのある事態等我が国周辺の地域における我が国の平和及び安全に重要な影響を与える事態」への対処を定めた法律。アメリカ合衆国との相互協力の下で，後方地域支援，後方地域捜索救助活動その他の周辺事態に対応するため必要な措置（補給，輸送，整備，医療，通信など）をとることが規定された。2016年の改正法では，自衛隊の活動範囲を制約してきた「周辺事態」の概念を廃止，日本の安全に重要な影響を与える事態が発生した場合に，地理的な制約なく他国軍を支援できるよう，法律名も重要影響事態法に変えられた。

類 ガイドライン関連法 C
重要影響事態法 B N

テロ対策特別措置法 A 4 N（～たいさくとくべつそちほう）　2001年同時多発テロ後における米国主導の対テロ戦争に向けて，日本が後方支援することを規定した法律。2001年11月に成立。1992年に成立したPKO協力法は紛争終結後の事態に対処するもので，1999年の周辺事態法も対象地域が限定されており，自衛隊を派遣することができな

いため，2年の時限立法で成立させた。この法律によって，外国の軍隊等への補給，輸送，整備などの協力支援が可能となった。また，食料や医薬品の輸送をはじめ，被災民救済の活動も行われた。時限立法のため，2007年11月でいったん期限切れとなったが，自衛隊の活動を給油・給水に限った新テロ対策特別措置法（補給支援特別措置法）が，2008年に成立した。2010年に失効。

類 新テロ対策特別措置法 2 N

有事法制 B 2（ゆうじほうせい）　戦時を想定した法体系をさす。有事立法ともいう。1977年，福田赳夫内閣の下で防衛庁が「有事法制研究」に着手した。2003年に制定された武力攻撃事態法・改正自衛隊法・改正安全保障会議設置法の有事法制関連3法と，翌04年に制定された国民保護法・外国軍用品等海上輸送規制法・米軍行動円滑化法・改正自衛隊法・特定公共施設等利用法・国際人道法違反処罰法・捕虜等取り扱い法の有事法制関連7法からなる。いずれも，小泉純一郎内閣のもとで成立。これによって，日本の有事や大規模テロへの備えとして進められた有事法体系が，一応整ったとされる。

同 有事立法

武力攻撃事態法 C N（ぶりょくこうげきじたいほう）　2003年，有事法制関連3法の一つとして制定された。有事法制の中核になる法律。日本が他国から武力攻撃を受けたときの対処方法などを定めている。具体的には，実際に攻撃を受ける「武力攻撃発生事態」，危険が迫る「切迫事態」，可能性が高い「予測事態」の三つに分類される。武力行使が認められるのは発生事態のみで，これまで発動例はない。2015年の改正法では，政府が「存立危機事態」と判断すれば，集団的自衛権に基づき海外で武力行使ができることなどをもり込んだ。

国民保護法 B 3 N（こくみんほごほう）　2004年，有事法制関連7法の一つとして制定。有事の際，国民の生命・身体・財産を守り，国民生活におよぼす影響を最小限におさえるため，国や地方公共団体などの責務，救援・避難の手続きなどを定めている。

イラク復興支援特別措置法 A N（～ふっこうしえんとくべつそちほう）　2003年7月，イラク戦争

の終結を受けて，戦後の復興や治安維持活動を後方支援（軍事支援を含む）するための時限立法。2004年，戦闘が継続する他国の領土内に，強力に武装した陸上自衛隊が初めて派遣されたが，戦後日本の安全保障政策を根本的に転換するものだとの強い批判があった。結局，2006年に陸上自衛隊が撤収したのに続き，2008年には航空自衛隊も完全撤収した。

自衛隊イラク派遣差し止め訴訟 **C** （じえいたいーはけんさ-どーそしょう）　自衛隊のイラク派遣を違憲とし，その差し止めを求めた集団訴訟。2004年1月の札幌を皮切りに名古屋・東京など11地裁に約5800人の市民らが裁判を起こした。このうち名古屋高裁は2008年，原告の請求を退けつつも憲法判断に踏みこみ，自衛隊の派遣実態からみて違憲と認定，憲法の平和的生存権についても具体的な権利性を認めた（判決は確定）。

米軍再編 **N** ［US Forces Transformation］（べいぐんさいへん）　アメリカが推進する自国軍の世界的な再編成の全体像をさす。その背景には，①1997年にクリントン政権によって示された長期的な取り組み，②2001年にブッシュ政権によって提起された「テロとの戦い」から発生する短期的な必要性，などがある。これらの一環として行われたのが，2006年5月の在日米軍基地再編に対する日米間の合意である。合意の内容は，①沖縄の普天間飛行場などの返還と名護市辺野古崎への代替施設の建設，②司令部間の連携など自衛隊と米軍の一体的強化，③米海兵隊のグアム移転，など多岐にわたる。しかし，これらが実現したとしても，沖縄の基地負担がいくぶんか軽減する程度で，逆に基地共用化による日本本土への負担が増大するほか，移転や移設にともなう日本側の費用負担の問題など，抱える課題は多い。

海賊対処法 **B** **N** （かいぞくたいしょほう）　ソマリア沖のアデン湾などに出没する海賊対策として，2009年に制定された法律。これによって，外国船を含む民間の船舶を護衛するため，海上自衛隊が派遣されるようになった。しかし，集団的自衛権や自衛隊による武器使用の拡大など，多くの問題点が指摘されている。なお，この法律の制定前から，現

行の自衛隊法に基づき，自衛隊がソマリア沖などで警備行動を行っていた。現在は，ジブチ共和国に活動の拠点（基地）が設けられ，陸海自衛隊の約600人が常駐しているが，2015〜16年の海賊発生事件はほとんどゼロである。

九条の会 **N** （きゅうじょうーかい）　憲法改正の動きに抗して，とくに第9条の精神を守ろうと結成された市民団体。ノーベル文学賞を受賞した作家の大江健三郎氏や評論家の加藤周一氏ら9人がよびかけた。

非核自治体宣言 （ひかくじちたいせんげん）　核兵器のない世界をめざす決意を，地方公共団体のレベルで示した宣言。1958年に愛知県半田市が初めて決議。これまで宣言を行った自治体の割合（宣言率）は約92％（1647自治体）に及ぶ。宣言は，首長が行う場合と議会で決議する場合とがある。これら自治体の連絡組織として，日本非核宣言自治体協議会がある。

積極的平和主義 **C** **N** ［proactive contribution to peace］（せっきょくてきへいわしゅぎ）　安倍政権時に提唱された世界平和貢献策に関するスローガン。日米同盟を基本に，軍事面での積極的関与を強調する意味合いがある。平和学などでは，単に戦争のない状態を消極的平和，それに貧困・抑圧・差別など構造的暴力からの解放を含めて積極的平和という。

　　　　類 消極的平和 **B** **N** 　積極的平和 **B** **N**

安全保障関連法 **A** **N** （あんぜんほしょうかんれんほう）　2015年に成立した日本の安全保障に関する法制度の総称。同年に再改定された日米防衛協力のための指針（ガイドライン）や，前年に閣議決定した集団的自衛権の行使を具体化する意味合いがある。10の現行法改正（一括法＝平和安全法制整備法）と国際平和支援法（新法）の合計11で構成される。一括法は，①自衛隊法改正，②武力攻撃事態法改正，③重要影響事態法（周辺事態法を改正），④PKO協力法改正，⑤米軍行動円滑化法改正，⑥船舶検査活動法改正，⑦特定公共施設利用法改正，⑧海上輸送規制法改正，⑨捕虜取り扱い法改正，⑩NSC設置法改正からなる。法律案の審議過程で，大学生や一般市民たちによる反対運動が起きたことも話題となった。

同 戦争法 Ⓝ　類 SEALDs（シールズ）Ⓝ

● SEALDs　解散メッセージ　（抄）

　市民が立ち上げる政治は、ようやく始まったばかりです。個人として路上に立つのと同じように、「わたし」の声で、日常の目線から政治を語ること。隣近所・家族・友人・恋人と政治について語り合うこと。…この積み重ねは、長い時間をかけて社会に根をおろし、じっくりと育ち、いずれは日本の自由と民主主義を守る盾となるはずです。

　SEALDs は解散します。しかし終わったというのなら、また始めましょう。始めるのは私であり、あなたです。何度でも反復しましょう。

国際平和支援法　Ⓑ Ⓝ（こくさいへいわしえんほう）

安倍晋三内閣が2015年の通常国会に提出し成立した安全保障関連法の一つ。従来は自衛隊の海外派遣の際、特別措置法（テロ特措法やイラク特措法など）を個別に制定してきたが、それを恒久法とし、国会の事前承認だけで随時、派遣が可能となった。国際平和共同対処事態に基づく。政府は国際貢献の幅を広げると説明したが、これまで派遣されてきた「非戦闘地域」以外でも、他国への軍事支援ができるため反対の声が強い。法律は2016年施行。

六つの事態　（むっつのじたい）

安全保障関連法で想定する自衛隊の派遣や出動に関する基準。次の６事態の際に政府の裁量で判断される。これらの定義や区分があいまいだとする批判がある。

武力攻撃発生事態：武力攻撃が実際に発生した事態。武力攻撃事態法に規定。

武力攻撃切迫事態：武力攻撃が発生する明白な危険が切迫していると認められるに至った事態。武力攻撃事態法に規定。

武力攻撃予測事態：武力攻撃事態にはなっていないが、状況が緊迫化し、武力攻撃が予測されるに至った事態。武力攻撃事態法に規定。

存立危機事態：日本と密接な関係にある他国への武力攻撃が発生し、これにより日本の存立が脅かされ、国民の生命・自由・幸福追求の権利が根底から覆される明白な危険がある事態。武力攻撃事態法に規定。

重要影響事態：放置すると日本への直接の武力攻撃の恐れがあるなど、日本の平和と安全に重要な影響をあたえる事態。これまでの周辺事態の概念を変更したもの。重要影響事態法に規定。

国際平和共同対処事態：国際社会の平和や安全を脅かす事態がおこり、それを除去するために国際社会が国連憲章に基づき共同で対処する活動を行い、かつ日本がこれに主体的・積極的に寄与する必要があるもの。国際平和支援法に規定。

武器等防護　Ⓝ（ぶきとうほうご）

日本の防衛に資する活動をしているアメリカ軍などの弾薬や艦船、航空機を平時から守る任務。安全保障関連法に基づき、PKOにおける「駆け付け警護」などとともに自衛隊に新たに課された。他国軍の要請があった場合、防衛大臣が実施を判断する。2017年、米艦防護の初の命令が出され、海上自衛隊の「いずも」が米補給艦の護衛にあたった。

首相の戦後談話　（しゅしょうせんごだんわ）

第二次世界大戦を総括するために発表された首相の談話。通常、閣議決定を経て行われる。戦後50年の節目となった1995年、当時の村山富市首相がはじめて公表（村山談話）。日本の「植民地支配と侵略」を認め、「痛切な反省」と「心からのお詫び」を表明した。戦後60年の2005年にも、当時の小泉純一郎首相が、同趣旨の談話を公表した（小泉談話）。戦後70年となる2015年には、安倍首相による安倍談話が発表された。ここでも、植民地支配と侵略戦争に対する反省の弁が述べられたが、同時に、次世代の子供たちに謝罪を続ける宿命を背負わせてはならない、とするメッセージも盛り込まれた。これを「戦後の謝罪外交を終わらせたい」と解釈する向きもある。

類 村山談話 Ⓒ Ⓝ　小泉談話 Ⓝ　安倍談話 Ⓒ Ⓝ

3章 基本的人権の保障

1 基本的人権とは ～平等権

天賦人権思想 （てんぷじんけんしそう）　明治初期の啓蒙思想・自由民権思想の担い手たちが唱えた思想の一つ。人間は生まれながらに平等な人権をもっているとする主張で，17・18世紀の西欧近代自然法・自然権思想が先行する。福沢諭吉は，この思想を「天は人の上に人を造らず，人の下に人を造らずと云いへり」と表現した。

日本国憲法で保障された権利 2N（にほんこくけんぽう-ほしょう-けんり）　憲法第3章は，国民の権利及び義務を定めている。その内容は，①平等権，②自由権，③社会権，④参政権や国務請求権（受益権）など，基本的人権を確保するための権利，の四つに大別できるが，分類は絶対的なものではない。

平　等　権		法の下の平等(14) 男女の本質的平等(24) 参政権の平等(44)
自由権的基本権	人身の自由	奴隷的拘束・苦役の禁止(18) 法定手続きの保障(31) 住居への不法侵入禁止(35) 拷問・残虐な刑罰の禁止(36) 刑事被告人の権利の保障(37) 黙秘権の保障(38)など
	精神の自由	思想・良心の自由(19) 信教の自由(20) 集会・結社・表現の自由(21) 学問の自由(23)など
	経済の自由	居住・移転・職業選択の自由(22) 私有財産権の保障(29)など
社 会 権 的基 本 権		生存権(25) 教育への権利(26) 勤労の権利(27) 勤労者の団結権・団体交渉権・団体行動権(28)
参 政 権		公務員の選定・罷免の権利(15) 選挙権・被選挙権(44・93) 最高裁判所裁判官の国民審査権(79) 特別法の制定同意権(95) 憲法改正の国民投票(96)など
国務請求権（受益権）		請願権(16) 国家賠償請求権(17) 裁判を受ける権利(32) 刑事補償請求権(40)

▲ **日本国憲法が保障する基本的人権の分類例**
カッコ内の数字は憲法の条数を示す

自由権 A4N（じゆうけん）　国家権力による身分的・身体的・精神的な制限・拘束・干渉を排除し，自律的決定を行う権利。第一世代の人権ともよばれる。17・18世紀の絶対王政に対抗した市民革命のなかで，歴史的に最も早く実現した。日本国憲法では，人身の自由，思想・良心の自由など内心（内面）の自由，集会・結社・表現の自由，居住・移転・職業選択の自由などを保障している。大日本帝国憲法においても自由権の保障規定は存在したが，法律の留保の規定も存在し，人権は制限可能なものであった。

同第一世代の人権

社会権 A2N（しゃかいけん）　自由権や平等権に対して，20世紀に入ってから導入された権利。第二世代の人権ともよばれる。恐慌・失業・貧困・階級対立など，個人の努力では解決不可能な経済的・社会的な不平等の増大に対応して主張されるようになった。人間として最低限度の生活を営む権利の主張と，その保障を国家に対して要求する権利を含む。生存権の基本権ともいわれ，憲法第25条では「健康で文化的な最低限度の生活を営む権利」と表現されている。ほかに，教育への権利・勤労権・労働三権などが含まれる。

同第二世代の人権

包括的基本権 C（ほうかつてききほんけん）　個人の尊重と幸福追求の権利を定めた憲法第13条の規定をさし，第11・12・97条とともに人権の総則的意味をもつ。とくに幸福追求権は，プライバシーの権利や自己決定権などの「新しい人権」の根拠となる一般的かつ包括的規定とされる。

個人の尊重 AN（こじん-そんちょう）　憲法第13条前段に規定され，いわゆる個人主義の原理を掲げたことば。この原理は，人間社会における価値の根源が個人にあり，それが最大限に尊重されるとする考え方である。他人の犠牲の上に自己の利益を主張する利己主義や，全体のためと称して個人を犠牲にする全体主義とは対極の位置にある。憲法第24条に規定された「個人の尊厳」もほぼ同義で，「個人の，人間としての尊厳」という意味である。

幸福追求権 A4N（こうふくついきゅうけん）　憲法第13条に規定された国民の権利。当初は，

憲法第14条以下の個別の人権を一般原則として総称したもので，そこから具体的な権利を引き出すことはできないと解されたが，現在では個別の基本権を包括する基本権であり，憲法に列挙されていない新しい人権の法的根拠になると考えられている。

同 生命・自由・幸福追求の権利 C 1 N

平等権 A N（びょうどうけん） 法律の規定や国家権力の扱いについて国民が平等である権利。憲法第14条では法の下の平等を規定しており，第24条の「両性の本質的平等」の規定や第44条の選挙権の付与に関する「人種，信条，性別，社会的身分，門地，教育，財産又は収入」による差別禁止などがある。また，刑法第200条の「尊属殺人重罰規定」に対する最高裁の違憲判決（1973年）は，法の下の平等を根拠にして下された。

参政権 A 5 N（さんせいけん） 政治及び国家や地方公共団体の権力の構成・行使に参加する権利のこと。日本国憲法では第15・79条で，公務員の選定や罷免の権利を定め，普通選挙・秘密投票・国民審査などを保障している。第16条の請願権なども，国家権力の行使に関する参加という点で，参政権に含む場合もある。国民はこれらを通じて自らの基本的人権の実現をはかることになるため，「人権を確保するための権利」ともいわれる。

自由権	国家からの自由	消極的権利	国家が国民生活に干渉しない
参政権	国家への自由	能動的権利	国家に対して働きかける
社会権	国家による自由	積極的権利	国家に積極的な措置を求める

▲ 自由権・参政権・社会権の法的性格

法人の人権（ほうじん-じんけん） 憲法で会社などの法人に認められた基本的人権。法人とは，ある目的で集まった人や財産の集合体のこと。経済の自由（居住・移転の自由など）のほか，幸福追求権や精神的自由権（学校法人の学問の自由など），受益権（裁判を受ける権利など）については認められるが，生存権や参政権などは享受できない。

制度的保障（せいどてきほしょう） 特定の人権保障をさらに確実にするため，憲法上制度とし

て保障されたもの。その中核的部分は立法によっても侵害できないとされる。ドイツのワイマール憲法下でシュミットが提唱した。日本国憲法では信教の自由に対する政教分離，学問の自由に対する大学の自治などがそれにあたる。しかし，中核部分以外は立法による制限が許されるとされるため，制度が人権に優越し，かえって人権保障を弱める結果をもたらすとの批判がある。

法の下の平等 A 3 N（ほうもと-びょうどう） 人はすべて自由・独立した存在であり，それぞれの相違・特徴にかかわりなく人間として平等であるとの立場から主張された権利。近代では，法律の適用について差別的取り扱いを許さないという意味をもち，現在では法律の内容それ自体が人間を平等に取り扱うべきことを意味するようになっている。憲法第14・24条では，人種・信条・性別・社会的身分または門地の違いによる政治的・経済的・社会的差別を禁止しているが，合理的根拠のある区別規定は，平等原則には反しないと理解されている。

差別 A 6 N（さべつ） 偏見などの不合理な根拠に基づいてなされた特定の個人や集団への政治的・経済的・社会的その他さまざまな不利益・不平等な取り扱いをいう。憲法第14条は法の下の平等を定め，差別を禁止しているが，現実には人種や民族の差別，部落差別，女性差別，障害者差別など，多くの差別の存在が指摘されている。

両性の平等 B 4 N（りょうせい-びょうどう） 大日本帝国憲法下では，男尊女卑の考え方に立ち，参政権や家督相続など，政治・経済・社会生活上，女性に不利な諸制度が存在していた。これに対して日本国憲法の下では，男女両性の間には肉体的・生理的差異は存在するが，人間の尊厳，人格としての価値において相違はないとの立場から，第14条で両性の差別を禁止。第24条では婚姻は両性の合意のみに基づいて成立することを定めて家制度を否定し，また両性の本質的平等を定めて家族生活・家族関係に関する差別を禁止する規定を設けている。

類 男女平等 C 1 N　対 女性差別 B N

戸主権（こしゅけん） 旧民法（1898年制定）において，家族を支配するために戸主（家の統率者）に与えられた諸権利。いわゆる家制

度の根幹をなした。主なものとして，家族の婚姻に関する同意権，家族の居所を指定する権利，家族の入籍・離籍に関する権利などがある。戦後，日本国憲法公布に伴って廃止された。　☞ p.476（戸主権）

均分相続（きんぶんそうぞく）　複数の相続人が共同して相続する場合に，相続分が均等となること。古代より，正妻の子かそうでないかといった生まれの差によって，相続分の違いが出ることが多かった。しかし，現代では相続権の平等が原則となっている。戦後日本でも，婚内子と婚外子とを区別する相続差別制度があったが，2013年に撤廃された。

嫡出でない子の遺産相続　[2]（ちゃくしゅつでないこいさんそうぞく）　法律上の婚姻関係のない男女から生まれ，認知された嫡出でない子（婚外子）の法定相続分は，嫡出子の2分の1（民法第900条4号但し書き）とされていたが，法の下の平等に反するとの批判もあった。最高裁は1995年に合憲と判断したが，2013年に判例変更し，この規定を憲法第14条に反して違憲とする決定を下した。裁判とは別に，日本政府は国連から婚外子差別を廃止するよう，何度も勧告されている。なお遺産相続以外では，住民票での親との続柄（つづきがら）記載がすべて「子」に統一され，戸籍でも婚内子と同じ「長女・長男」に記載が改められている。

女性再婚禁止期間規定訴訟　**C**（じょせいさいこんきんしきかんきていそしょう）　日本の民法における「女性は前の結婚の解消や取消から6か月間は再婚できない」との規定が憲法違反にあたるとした民事訴訟。2015年，最高裁は，6か月間という期間は過剰な制約であるとして，憲法14条1項（法の下の平等）および憲法24条2項（両性の本質的平等）に違反していると判決した。2016年，国会は民法を改正して，再婚禁止期間を100日に短縮した。同規定は，1898年の旧民法にて設けられたもので，女性が離婚後に産んだ子の父親が前夫か後夫かを法律上推定できなくなるのを防止するためだった。しかし，戦後になると，父性推定のために6か月間もの禁止期間を設けるのは非合理的であると指摘され続けていた。

人種差別　**A** [4] **N**（じんしゅさべつ）　人種とは一般的には，毛髪や皮膚の色など身体的特徴によって区別された人間の集団をいう。人種差別の例としては，南アフリカ共和国の人種隔離政策（アパルトヘイト，1991年に撤廃）や，アメリカにおけるアフリカン-アメリカン（黒人）やネイティヴ-アメリカン（先住民）などへの差別が知られている。

類 民族差別 **B**　**外国人差別 C N**

マイノリティ　**A N** [minority]　少数民族・少数派を意味し，マジョリティ（majority，多数派）の対語。人種・宗教・歴史のうえで少数派であるために，政治・経済・人権上，差別されるケースが多い。

対 マジョリティ **C N**

先住民　**B** [1] **N**（せんじゅうみん）　歴史上，その場所に先に居住し，一定の文化を形成していた民族。南北アメリカ大陸のネイティヴ-アメリカンやインディヘナ，北欧のサーミ，オーストラリアのアボリジニ，北海道のアイヌなどがそれにあたる。移住・侵略してきた民族の支配によって，民族差別を受けたり，言語や文化を奪われる同化政策を受けたりした。アイヌ民族については，1899年制定の「北海道旧土人保護法」の差別的な内容が問題になり，この法律が廃止された。なお，2007年の国連総会で先住民の権利宣言が採択された。　☞ p.333（先住民）

アイヌ民族差別　（みんぞくさべつ）　北海道を中心に居住するアイヌの人々への偏見や差別をさす。2007年の国連総会で「先住民の権利宣言」が採択されたのを契機に，衆参両院で2008年に「アイヌ民族を先住民とすることを求める決議」を全会一致で採択。

アイヌ文化振興法　**B** [2] **N**（ぶんかしんこうほう）　1997年に制定された「アイヌ文化の振興並びにアイヌの伝統等に関する知識の普及及び啓発に関する法律」の略称。これによって，アイヌ民族の存在そのものを否定する北海道旧土人保護法（1899年制定）は廃止された。2019年には日本憲政史上はじめてアイヌを「先住民族」と明記したアイヌ新法（アイヌの人々の誇りが尊重される社会を実現するための施策の推進に関する法律）が成立。政府はアイヌ政策推進本部を設置し，基本方針を策定。自治体の責任で産業や観光の振興に取り組むこととなる。

第Ⅱ編

類アイヌ民族支援法 B N

信条 B 2 (しんじょう)　宗教上の信仰や政治的信念・世界観など，個人の内面的な確信をいう。憲法第14条ではこれに基づく差別を禁止している。

門地 B N (もんち)　一般的には「家柄」を意味する。憲法第14条で想定している内容は，封建的な身分上の特権をともなうものと理解され，華族令で定められた一族などを対象とし，その特権の存在を否定している。

身分 A N (みぶん)　一般的には封建関係などの社会関係に基づく，社会内での特権と結びついた地位をさすが，法律的には夫婦・親子など，親族関係における地位に代表されるその人の特別な地位・資格をいう。憲法第14条では，合理的根拠がある場合を除いて，これに基づく差別を禁止している。

身分制度 C 1 (みぶんせいど)　封建関係などの社会関係（血統や家柄）に基づき，社会内で区別される制度。

華族制度 C (かぞくせいど)　華族とは明治初年以来，旧公家・大名の家系に与えられた身分呼称。1884年，国会開設に備えて貴族院を構成するために，華族令によって5段階の爵位に分けられた。特権をともなう世襲制の身分制度だが，1947年に憲法第14条の規定に基づき廃止された。

賎民廃止令 令 (せんみんはいしれい)　1871年に太政官布告として発せられた，えた・非人などの身分廃止の命令のこと。解放令・賎称廃止令ともよばれる。彼らを平民と同様に扱う宣言であったが，具体的な施策や意識改革はなされなかった。

同解放令

被差別部落 C N (ひさべつぶらく)　江戸時代に身分が明確に区別される制度のなかで，えた・非人とよばれた人々の居住地区であることを理由に差別されてきた地域の総称。1871年の太政官布告によって身分制度は解消したが，その後も差別は存在し続けた。

部落解放運動 C (ぶらくかいほううんどう)　被差別部落の人たちが，自ら差別の解消を求めて立ち上がった運動。1922年の全国水平社の設立に始まる。そのとき採択された「全国水平社宣言」（西光万吉起草）は，人間の尊厳を認める立場から，被差別部落民自身による解放の実現，経済的自由と平等を

求めた日本初の人権宣言といわれる。「人の世に熱あれ，人間に光あれ」と結ぶ一節は有名。この運動は全国に広がり，被差別部落に対する偏見や差別の打破を訴えた。

類全国水平社 B

同和問題 C (どうわもんだい)　同和とは国民全体の一致と調和を意味する同胞一和の行政上の略語。部落解放問題と同義で用いられる。

同和対策審議会 C (どうたいさくしんぎかい)　部落差別の解消を実現するために，1961年に総理府（現内閣府）内に設置された内閣総理大臣の諮問機関である。1965年の答申に基づき，部落差別の解消と対象地域の生活環境の改善，社会福祉の向上などを目的に同和対策事業特別措置法(1969年)，地域改善対策特別措置法(1982年)などが制定された。また，1997年からは人権擁護施策推進法が施行，2016年には部落差別解消推進法が制定された。

在日朝鮮人 N・在日韓国人 C N (ざいにちちょうせんじん) (ざいにちかんこくじん)　在日コリアンともいう。1910年の日韓併合以降，日本は植民地とした朝鮮半島の人々に対して日本語使用や創氏改名，神社参拝の強制など，民族的誇りを奪う政策をとった。また半島から日本国内に移住したり強制連行されてきた人々に対して蔑視・差別する状況が続いた。第二次世界大戦後も，在日朝鮮・韓国人に対して地方参政権や公務就任権などの分野で差別が残る。

同在日コリアン N

ヘイトスピーチ A N (差別扇動表現) (さべつせんどうひょうげん)　社会的マイノリティに対する差別や憎悪を煽動する表現活動。日本では在日コリアンに対するデモや集会などが東京都や大阪府の一部地域などで頻繁に開かれてきたが，これをいさめる抗議活動も行われている。日本も加わる国際人権規約（自由権規約）第20条や人種差別撤廃条約第4条などに禁止規定がある。日本以外の国や地域の出身者とその子孫に対して，地域社会から排除することを扇動するような不当な差別的言動は許されない，とするヘイトスピーチ対策法（ヘイトスピーチ解消法）が2016年に成立した。

類ヘイトスピーチ対策法
（ヘイトスピーチ解消法 C N）

在日韓国人の法的地位の問題 （ざいにちかんこくじん・ほうてきちい・もんだい）　1965年の日韓基本条約調印の際に結ばれた日韓法的地位協定では，戦前から日本に居住している韓国人とその子孫で，1945年8月16日から1971年1月16日までの間に日本で生まれ，申請時まで引き続き居住している人（協定一世），一世の子どもで，1971年1月17日以降に日本で生まれ，生後60日以内に申請があった人（協定二世）には，それぞれ協定永住資格が与えられた。1991年に入管特例法が制定され，協定永住者の子孫も含めて「特別永住者」として一本化された。

指紋押捺問題 **C** （しもんおうなつもんだい）　日本国内に在住する外国人は，外国人登録法により，指紋押捺が強制された。これは一種の犯罪者扱いであるとして，廃止を求める運動が盛んになり，1992年の登録法改正で，永住権者については指紋押捺義務が廃止され，99年には制度自体も廃止した。しかし2006年，出入国管理及び難民認定法が改正され，テロ対策を理由に16歳以上の入国外国人に対して，指紋などの情報提供が義務づけられた。

戦後補償 **C** （せんごほしょう）　日本が行った朝鮮半島や台湾などへの植民地支配による被害や戦争中に日本軍がもたらした被害に対する謝罪と補償を合わせて「戦後補償」とよぶ。アメリカが行った日系人の強制収用への補償や，ナチスのユダヤ人迫害への補償などが念頭に置かれている。

出入国管理及び難民認定法 **B** **N** （しゅつにゅうこくかんりおよ・なんみんにんていほう）　入管法と略。自国民や外国人の出入りを国が管理し，難民の認定手続きを整備することなどを目的とした法律。最初はポツダム政令の一つとして成立。その後，1951年の出入国管理令を，1981年の難民条約加入にあわせて改正し，現在の名称になった。2018年には外国人労働者の受け入れ拡大を目指して改正が行われ，2019年4月から施行された。管理事務は，法務省の外局である出入国在留管理庁を新たに設置し，行われている。

在留外国人 **C** **1** **N** （ざいりゅうがいこくじん）　日本に在留資格を持って3か月以上在留する外国人（在留資格が外交・公用の場合や特別永住者などを除く）。在留管理制度の対象とされ，在留カードが交付される。在留外国人数は，2021年6月時点で約282万人（うち特別永住者数約30万人）。国籍別では中国26％，ベトナム16％，韓国15％，フィリピン10％，ブラジル7％など。近年の傾向として，技能実習生の増大が際立っている。2012年に現在の制度が導入され，外国人登録制度が廃止された。また，外国人住民（中長期在留者や特別永住者など）も住民基本台帳制度の対象となった。
　　　　　　　類 外国人登録制度 **N**

障害者差別 **B** **N** （しょうがいしゃさべつ）　心身に障害のある人々が，人権を無視されたり，半ば隔離状態で社会参加が制限されたりしていること。2006年に国連総会で障害者権利条約が採択された（2008年発効）。
　　　　　　　類 障害者権利条約 **B** **N**

女性差別撤廃条約 **B** **6** **N** （じょせいさべつてっぱいじょうやく）　1985年，「国連婦人の10年中間年世界女性会議」がコペンハーゲンで開催され，1979年の国連総会で採択された「女性差別撤廃条約」の署名式が行われた。1981年発効，日本は85年に批准。正式名は「女子に対するあらゆる形態の差別の撤廃に関する条約」。この条約は，完全な男女平等の実現や家庭・社会における男女の役割分担の見直しを求める内容をもつ。日本でもこの条約を批准するため，父系血統主義から父母両系主義への国籍法の改正や，男女雇用機会均等法の制定など，国内法の整備が行われた。

男女雇用機会均等法 **A** **16** **N** （だんじょこようきかいきんとうほう）　正式名称は「雇用の分野における男女の均等な機会及び待遇の確保等に関する法律」。1972年施行の勤労婦人福祉法を前身として，女子差別撤廃条約の批准（1985年）に合わせて，女性労働者の地位向上と待遇改善を図る意図で，1986年に新たに施行されたもの。その後も，数回にわたる法改正が続き，内容が強化されている。同法施行前後の1980年代に社会人となった女性たちを俗に「均等法第1世代」という。☞ p.457（男女雇用機会均等法）

国籍 **A** **1** **N** （こくせき）　ある国の構成員（国民）としての資格。憲法では国籍離脱の自由を保障するが，無国籍は認めていない。

また，国籍法では単一国籍しか認めていないが，国際化が加速するなかで，重国籍（複数国籍）を容認する国や地域が増えている。

国籍法の改正（こくせきほう−かいせい）　国籍法は，個々の人を国家の構成員とする資格を定めたもの。国籍の取得要件は各国で異なり，欧州の大陸諸国や日本・中国などは血統を重視する（血統主義）。このうちドイツやフランスなどは，婚姻に関係なく父親の認知だけで国籍が与えられる。これに対してアメリカやイギリスなどは，出生した場所で国籍取得ができるケースが多い（生地主義）。日本の国籍法（1950年制定）では，長く父系優先血統主義がとられてきたが，女性差別撤廃条約の批准に先だち，両性平等の観点から1984年に父母両系主義に改められた。また，両親の婚姻を子どもの国籍取得の要件とすることについても，2008年の最高裁での違憲判決を受けて，同年に法改正された。

　　　　　　　類 国籍法 **B**2**N**

セクシュアル−ハラスメント **C**7**N** [sexual harassment]　日本語では「性的嫌がらせ」と訳される。略称は「セクハラ」。広義では，職場や学校などの公共空間において，性的言動によって他者に何らかの害悪を与えること全般を指す。日本においては，厚生労働省が職場におけるセクハラを厳密に定義しており，対価型セクハラ（権力的地位を利用して他者に何らかの性的要求を成すこと）と環境型セクハラ（性的言動によって他者の労働環境や労働意欲を悪化させること）の2つに分類している。
☞ p.478（セクシュアル−ハラスメント）

夫婦別姓 **A**2**N**（ふうふべっせい）　法律上の夫婦いずれもが婚姻前の姓を婚姻後も維持すること。一方，夫婦が姓を同一にすることを夫婦同姓という。1898年の旧民法制定以来，日本では，原則として全ての夫婦に夫婦同姓が義務付けられている。これは国際比較的に見ても例を見ない厳格な婚姻ルールである。諸外国を見ると，婚姻後の姓の在り方について，各夫婦に一定の選択権を与えているケースが多い。
☞ p.477（夫婦別姓）

男女共同参画社会基本法 **A**8**N**（だんじょきょうどうさんかくしゃかいきほんほう）
　　　　　　　類 政治分野における男女共同参画推進法 **C**N
☞ p.185（男女共同参画社会基本法）

母体保護法 **C**N（ぼたいほごほう）　不妊手術や中絶手術の基本原則を定めた法律。1996年，優生保護法にかわって制定された。現在，日本の刑法では，堕胎は原則として違法行為である。しかし，母体保護法の定める諸条件を満たせば，母体の意思に基づいて，合法的に人工妊娠中絶を受けることが可能となる。優生保護法にあった優生思想に基づく差別的条項がほぼ撤廃されている点も特徴的である。

優生保護法 **C**N（ゆうせいほごほう）　「不良子孫の出生防止」を目的に1948年に施行され，1996年まで存続した法律。19世紀に流行した優生思想に基づいて1940年に制定された国民優生法が前身。病気や障害を理由にして，強制的な不妊手術などを可能とした。現在，旧優生保護法によって人権を侵害されたとする国家賠償訴訟が進行している。2019年には「旧優生保護法に基づく優生手術等を受けた者に対する一時金の支給等に関する法律」が公布された。
　　　　　　　類 優生思想 **C**

女性の活躍推進法（じょせい−かつやくすいしんほう）　正式名称は「女性の職業生活における活躍の推進に関する法律」。女性の登用をうながすために，役所や企業に対して数値目標の設定や公表を義務づけた法律。2015年に制定された。ただし，従業員100人以下の小規模企業については努力義務にとどまる。

実質的平等 **B**（じっしつてきびょうどう）　全ての人々に等しい利益を分配すべきだとする思想。例えば，全国民にできる限り等しく大学教育を享受させるため，政府が貧困家庭の子に奨学金を与えて，授業料を負担せずに大学に進学できる特別措置をとることは，実質的平等の思想に基づいている。

形式的平等 **B**N（けいしきてきびょうどう）　全ての人々を等しく取り扱うべきだとする思想。例えば，全国民に等しく大学進学を目指す自由を与えることは形式的平等である。その結果，大学進学者が特定の社会階層ばかりに偏っていようと，形式的平等は達成されていることになる。

アファーマティヴ-アクション **Ⓐ**5️⃣**Ⓝ**
[affirmative action]　差別を積極的に是正する優遇措置。アメリカ合衆国で生まれた考え方で，企業・団体・学校が，人種・出身国・性別等を理由とする雇用・教育上の差別を受けてきた少数民族や女性の社会的地位の向上のために積極的な優遇措置をとること。教育や雇用面で特別枠の割当制（クオータ制）を導入したりする。欧州や日本などではポジティヴ-アクションという。

　　　　　　　　　同ポジティヴ-アクション**Ⓐ Ⓝ**

クオータ制 **Ⓑ**3️⃣**Ⓝ**[quota system]　（-せい）
国会議員や各種審議会委員の一定割合以上を同一の性・人種などに独占させない制度。割当制ともいう。とくに，政策決定過程にかかわる女性が過少だという問題への措置として導入され始めている。例えばルワンダでは，意思決定機関のメンバーの最低30%は女性とする規定が憲法にある。

　　　　　　　　　　　　同割当制**Ⓒ**3️⃣**Ⓝ**

候補者男女均等法 **Ⓒ**（こうほしゃだんじょきんとうほう）　正式名称は「政治分野における男女共同参画の推進に関する法律」。2018年公布。女性の政治参加を促進するため，国，地方自治体，政党に努力義務を求めるもの。特に，公職選挙における立候補者が可能な限り男女同数となることを目指している。現在，日本の女性国会議員は，衆議院で約1割，参議院で約2割にとどまっており，世界各国と比較しても，最下層に近い比率となっている。

ドメスティック-ヴァイオレンス **Ⓑ Ⓝ**（**DV Ⓑ Ⓝ**）[Domestic Violence]　主に配偶者や恋人といった親密な関係にある異性からふるわれる暴力のこと。「親密な」関係には，結婚している配偶者だけでなく，同棲相手や婚約者，別れた配偶者や恋人なども含む。また，暴力には，殴る，蹴る，威嚇する，存在を無視する，心理的な苦痛を与えるといった身体的・心理的暴力や，性行為の強要，生活費を渡さないといった行為も含まれる。2001年4月に「配偶者からの暴力の防止及び被害者の保護（等）に関する法律」（DV防止法）が公布され，同年10月に施行された。

　　　　　　　　　　　類DV防止法**Ⓒ Ⓝ**

男女共同参画社会基本法 **Ⓐ**8️⃣**Ⓝ**（だんじょきょうどうさんかくしゃかいきほんほう）　1999年6月，男女共同参画社会の形成に向けて制定された基本法。国や地方公共団体にそのための施策を求めている。2001年，内閣府に男女共同参画会議が設けられた。2018年には，議員立法で「政治分野における男女共同参画推進法」が成立した。国会や地方議会の女性議員を増やそうとするもの。

　　類政治分野における男女共同参画推進法**Ⓒ Ⓝ**

ストーカー行為規制法（-こういきせいほう）
2000年に制定。特定の相手を付けまわしたり，電話・ファクシミリ・メール・SNSで中傷したりすることを繰り返すストーカー（付きまとい）行為を規制する法律。被害者への援助措置なども定める。

性的マイノリティ **Ⓑ Ⓝ**（**LGBT Ⓐ Ⓝ**）
（せいてき）　レズビアン（女性同性愛者），ゲイ（男性同性愛者），バイセクシュアル（両性愛者），トランスジェンダー（体の性と心の性が一致しない状態），インターセックス（体の性の発達が典型と異なる状態）の人たち（LGBT）などの総称。現在も根強い偏見と差別に直面するケースが多いが，一方で同性婚を合法化した国が約20か国に広がるなど，権利拡大の動きもみられる。日本では2015年，東京都渋谷区で条例が制定されたのをはじめとして，同性カップルに対して，パートナーとしての公的な証明書を発行する地方公共団体が増えている。

同性婚 **Ⓒ Ⓝ**[same-sex marriage]　（どうせいこん）　同性同士による婚姻。2001年にオランダが同性婚を法的に保障したことを皮切りに，2022年現在，30か国にて同性婚が合法化している。婚姻とほぼ同等の法的効力を持つシビルユニオン制度を設置している国も多い。一方，日本では，同性婚もシビルユニオンも，法的に認められていない。2022年現在，139の地方自治体において，同性カップルを「婚姻に相当する関係」と承認する同性パートナーシップ制度が導入されているものの，極めて限定的な法的効力を有するのみである。2021年3月には，同性婚を求める訴訟にて，札幌地裁が「同性愛者の婚姻関係を一部でも認めないのは法の下の平等を定めた憲法14条に反する」とする司法判断を下した。

類 同性パートナーシップ C 2

SOGI C N（ソギ・ソジ C N）〔Sexual Orientation & Gender Identity〕 ソジまたはソギ。「性的指向と性自認」という意味。「性的指向」はどの性別の人を好きになるかならないか，「性自認」は自分の性別をどう認識しているかを表す。性的に，多数派か LGBT などの少数派かにかかわらずすべての人において，その人がもつ属性や特徴は何かという点からみた分類の考え方。国連などでも用いられる。SOGI に関するいやがらせや差別は SOGI ハラとよばれる。

性同一性障害特例法（せいどういつせいしょうがいとくれいほう） 性同一性障害（GID）とは，身体器官の性と心の性とが一致せず，その不安や違和感などから生活が困難になる状態をいう。その治療などのため，性別適合手術が行われる一方，この特例法に基づき戸籍の性別記載を変更することなどが可能となった。変更は家庭裁判所の審判が必要。2003年制定。正式名は性同一性障害者の性別の取扱いの特例に関する法律。2018年から性別適合手術に対して公的医療保険が適用されるようになった。

2 自由権

精神の自由

精神の自由 B 2 N（せいしん－じゆう） 人権思想の根源にある「個人の尊厳」から直接に導かれる自由権的基本権の一つで，民主主義体制の基礎をなす。個人の内面的なあり方が，国家権力を含めたいかなる組織からも強制・干渉されないというもの。思想・良心の自由，信教の自由，集会・結社・表現の自由，学問の自由，などで構成される。

内心の自由 B（ないしん－じゆう） 何を考えるか，何を信じるかを国家権力によって強制されない自由。

思想・良心の自由 A 1 N（しそう・りょうしん－じゆう） 人間の内心・内面に関する自由の一つ。思想とは主に個人の政治的判断の基礎になる世界観的なものの考え方，良心とは主に道徳的判断の基盤となる倫理的な規範意識をさす。こうした個人がもつ内面的価値観や道徳的規範に関しては，公権力が干渉・規制してはならないとする原理。憲法第19条で保障されている。

沈黙の自由（ちんもく－じゆう） 自己の思想や良心の表明を，国家や社会的権力に強制されない自由。思想・良心とは，人格形成の核心となる主義や世界観・人生観などを意味する。憲法第19条から導き出される。憲法第20条の信教の自由からも，同様の自由が導出される。なお，刑事手続きにおいては，憲法第38条で黙秘権が保障されている。

私人間の人権保障（しじんかん－じんけんほしょう） 憲法の人権規定は基本的には国家と私人（個人）との関係を規律するものだが，これを私人間にも適用して人権保障を拡充しようとする考え方。私人間にも憲法の規定を直接適用しようとする説（直接適用説）と，民法第90条の公序良俗（社会の秩序と一般的な道徳観念）に関する規定などを介在させて間接的に適用しようとする説（間接適用説）とに大別される（非適用の立場もある）。学界などでは，後者の見解が通説。三菱樹脂事件で最高裁は，原則として自由権や平等権などの規定は私人間（個人と企業間）には直接適用されない，などと判断している。

類 直接適用説　間接適用説 C

三菱樹脂事件 B 2（みつびしじゅしじけん） 大学卒業後，三菱樹脂株式会社に入社した高野達男さんが，在学中に学生運動に関係していたことを隠したとして試用期間後の本採用を拒否されたため，思想・信条による差別であり，憲法違反だとして無効を訴えた事件。第一審では解雇権の濫用，第二審では思想・信条の差別を理由に原告の主張を認めたが，1973年に最高裁は，企業が思想・信条を理由に雇用を拒んでも違法とはいえない，などとして高裁に差し戻した。その後，高裁で審理中の1976年に和解が成立し，高野さんは職場に復帰した。私人間の人権保障をめぐる代表的事例。

国旗・国歌法（こっきこっかほう） 日の丸を国旗とし，君が代を国歌として法制化したもの。1999年に制定。正式には「国旗及び国歌に関する法律」。法律自体には義務規定や罰則規定は盛り込まれていない。

「君が代」不起立訴訟（きみ－よふきりつそしょう） 国

旗・国歌法の制定後，公立学校の入学式や卒業式における国歌「君が代」斉唱時に起立するよう，全国各地の教育委員会が教員たちに職務命令を下すようになった。職務命令を拒否して起立しなかった教員に対して何らかの処分や不利益が与えられると，教員側が「思想・良心の自由を定めた憲法19条に違反する」として裁判に訴えるケースが増えている。これに対して，2011年には最高裁が「職務命令は合憲」と判断を下したものの，その後も同様の訴訟が相次ぎ，教員側が勝訴する事案も起きている。

信教の自由　Ａ　Ｎ　(しんきょう-じゆう)
16世紀の宗教改革以後，宗派間の対立や宗教戦争への反省から採用・確立された。信仰の自由，布教など宗教活動の自由，宗教的結社の自由からなり，日本国憲法では第20条で，国家が特定の宗派を支援したり，国民が特定の宗教活動を強制されたりしないことを規定している。

政教分離　Ａ②Ｎ　(せいきょうぶんり)
国家と宗教との分離を意味する。一般的には，国家権力がいかなる宗教活動に対しても支援や関与をしてはならないという原則。ヨーロッパでは中世以来，キリスト教の教皇権が国家の君主権その他を支配する体制が続いていたが，近代主権国家形成とともに教権と国家権力の分離が行われた。大日本帝国憲法下の国家神道体制への反省から，日本国憲法では第20・89条で，信教の自由とともに宗教団体への財政支出や公的機関の関与を禁止している。

神社　Ａ①Ｎ　(じんじゃ)
宗教法人法の適用を受ける神道系の宗教法人の一つ。特定の祭神をまつり，公衆の礼拝施設を備える。大日本帝国憲法下では，神社神道が事実上国教とされ，国家の祭祀であり，超宗教的なものとして国民の参拝の対象となっていた。

国家神道　Ｂ　(こっかしんとう)
アニミズム（物神崇拝）やシャーマニズム（呪術）の要素が濃い日本独自の民族宗教である神道のうち，国家からの特別な支援や助成を制度的に受けたもの。教派神道に対して神社神道ともいう。明治期以降，天皇制軍国主義と結びついて推進された。第二次世界大戦後，GHQの発した神道指令によって解体され，現在では存在しない。

類神道Ａ③Ｎ　対教派神道　同神社神道

津地鎮祭訴訟　Ａ②Ｎ　(つじちんさいそしょう)
1965年，三重県津市は，市立体育館の起工式に神道形式の地鎮祭を行い，その費用を市の予算から支出した。この支出が憲法の定めた信教の自由と政教分離に反するとして，市議が支出金額の損害補填を市長に請求した事件。1977年に最高裁は，地鎮祭自体が一般的慣習に従う習俗であり，参加者の宗教的関心を高める目的と効果がないとして，合憲の判決を下した。

目的・効果基準　Ｎ　(もくてきこうかきじゅん)
政教分離の裁判で，その宗教的行為の目的と及ぼす効果を勘案して，裁判所が合・違憲を判断する際の目安とするもの。最高裁は，津地鎮祭訴訟判決では目的と効果からみて，地鎮祭は宗教的意味が薄れているので合憲とした。その後，箕面忠魂碑訴訟や自衛官合祀訴訟でも同様に判断したが，愛媛玉ぐし料訴訟では，玉ぐし料などの公金支出行為について，同じ基準をもちいて政教分離に反するとして違憲判決を下した。

箕面忠魂碑・慰霊祭・補助金訴訟　(みのおちゅうこんひ・いれいさい・ほじょきんそしょう)
大阪府箕面市が市有地に公費で忠魂碑を移設し，遺族会に無償貸与，さらに遺族会主催の慰霊祭に市長らが参列したことに対して，憲法の政教分離原則に反するとして，市民が違法確認・損害賠償を請求した事件。大阪地裁は1982年，原告の主張をほぼ認めた違憲判決を下したが，大阪高裁は1987年，忠魂碑の宗教性を否定し，慰霊祭参列も社会的儀礼として，合憲判断を示した。最高裁は1993年，第二審の判断を支持し，原告の上告を棄却した。

自衛官合祀訴訟　Ｃ　(じえいかんごうしそしょう)
殉職自衛官の夫を山口県護国神社に合祀（合わせてまつる）されたクリスチャンの妻が，国と隊友会を相手どり，合祀は憲法第20条の信教の自由に反するとして合祀申請の取り消しと慰謝料を求めた訴訟。山口地裁は，被告側による原告の宗教的人格権の侵害を根拠に原告の申請を認め，広島高裁もこれに従った。しかし1988年，最高裁は合祀申請が隊友会の単独行為で国は関与していない，国の行為が私人を対象とする場合には必ずしも違法にはならない，と判断

した。政教分離をゆるやかに解釈したもの。

愛媛玉ぐし料訴訟 Ⓐ⑥Ⓝ（えひめたま-りょうそしょう） 愛媛県が靖国神社への玉ぐし料などを公費で支出したことに対して，市民らが憲法の規定した政教分離原則に反すると訴えた裁判。第一審の松山地裁が違憲，第二審の高松高裁が合憲と判断が分かれたが，上告審の最高裁大法廷は1997年4月，県の行為はその目的と効果からみて，憲法の禁止した宗教的活動にあたるとして，違憲判決を下した。

空知太神社訴訟 Ⓑ⑦**（砂川政教分離訴訟** Ⓒ③）（そらちぶとじんじゃそしょう）（すなかわせいきょうぶんりそしょう） 北海道砂川市が市内にある空知太神社の敷地として市有地を無償提供してきた行為が，憲法の政教分離に反すると地元住民が訴えた裁判。第一審の札幌地裁，第二審の札幌高裁がともに住民側の主張を認め，市側が上告した。上告審の最高裁大法廷は2010年1月，一般の人の目からみて特定宗教への援助と評価されてもやむをえない，として違憲の判断を示した。その上で二審判決を破棄し，解決策について審理をつくすよう札幌高裁に差し戻した。同様にして提起された富平神社訴訟では最高裁は合憲と判決した。

　　　　　　　　同 北海道砂川政教分離訴訟 Ⓒ

靖国神社法案（やすくにじんじゃほうあん） 靖国神社は明治維新後の国事殉職者・戦没者の霊を合祀する神社であり，第二次世界大戦後に官営の神社から一宗教法人へと移行した。1978年に東条英機らA級戦犯14人が合祀された。1969年に国会に提出された靖国神社法案は，宗教性を除去して国家による運営費の負担を規定し，神社の国家護持をめざしたものである。賛成論と，政教分離原則による反対論とが論争をくり返し，1974年に衆議院で強行採決されたが，参議院で廃案となった。現在では，首相らによる靖国神社公式参拝が，政治問題となっている。

　　　　　　　　類 靖国神社公式参拝 Ⓑ

孔子廟訴訟（こうしびょうそしょう） 孔子廟への公的優遇措置が憲法違反に問われた訴訟。2013年，沖縄県那覇市の公園内に「至聖廟」という孔子を祀る霊廟が民間団体の手で設置された。那覇市はその公益性を認め

て公園使用料を全額免除していた。これに対して，地元住民らが「孔子廟は儒教という宗教の関連施設であり，憲法20条3項の政教分離条項に違反する」として司法に提訴。市側は「儒教は哲学である」などと反論した。2021年2月，最高裁は「特定の宗教に対して特別の便益を提供し，これを援助していると評価されてもやむを得ない」として憲法違反の判決を下した。なお，同類の廟は全国各地に設置されており，国の史跡となっている湯島聖堂の孔子廟が最も有名である。

表現の自由 Ⓐ⑤Ⓝ（ひょうげん-じゆう） 人が自由に自分の思想を形成し，発表する自由をさす。公開の場での討論などによる世論形成にもつながり，民主主義体制の不可欠の権利である。憲法第21条に規定され，言論・出版・集会・集団示威その他の行動の自由をいう。なお，この自由に関しては，「明白かつ現在の危険」が存在するときには制限が可能だとする説もある。

明白かつ現在の危険〔clear and present danger〕（めいはく-げんざい-きけん） 表現の自由について，この自由の放任によって実害が生じる可能性が明白かつ重大であり，時間的に切迫している場合には制限もやむをえない，とされる。1919年，アメリカの裁判官ホームズが主張したが，事前に制限することは否定されている。

性的表現の自由（せいてきひょうげん-じゆう） 刑法でわいせつ文書の頒布・販売罪を定めていることが憲法21条に違反するか否かをめぐる問題。最高裁は『チャタレイ夫人の恋人』事件で，わいせつ文書とは①いたずらに性欲を興奮・刺激させ，②普通人の性的羞恥心を害し，③善良な性的道徳観念に反するものと定義。その上で，刑法の規定は公共の福祉のための制限であり，合憲と判示した。

　　　　　　　類 『チャタレイ夫人の恋人』事件②

児童ポルノ禁止法 ⒸⓃ（じどう-きんしほう） 子ども（児童）を性的搾取や性的虐待から保護する目的で，1999年に制定された。正式には「児童買春，児童ポルノに係る行為等の処罰及び児童の保護等に関する法律」という。性的表現の自由とのかかわりで問題点も指摘されたが，2014年に児童ポル

ノの単純所持を禁止する法改正が行われた。

集会・結社の自由　**C**（しゅうかい・けっしゃ─じゆう）
多数の人が一定の目的をもって同一の場所に集合する自由が集会の自由。集会の自由が一時的であるのに対し，結社の自由は継続的に存続する集団・団体を構成する自由である。憲法第21条に規定されている。思想・表現の自由との関係が深い。

集団示威（しゅうだんじい）　多数の人が，共通の目的達成のため，集団で一定の意思・思想・意見などを共同で表示し，集団としての力を誇示すること。憲法上認められている表現の自由に含まれることから，公安条例などの集団示威の許可制度について憲法論争が存在する。

公安条例（こうあんじょうれい）　社会的秩序の安定の維持を主な目的として制定された条例。集会・集団行動・集団示威運動などの取り締まりを，公安委員会などによる許可や届出の義務制によって行う。しかし許可制については，表現の自由の事前の制限にあたるとする意見もある。

言論・出版の自由　**C2**（げんろん・しゅっぱん─じゆう）　個人または集団が，自分たちの思想・意見を口頭・出版その他を通じて外部に発表する権利。大日本帝国憲法でも「言論著作印行」の自由（第29条）として認められていたが，日本国憲法では第21条において検閲の禁止とともにこの自由を規定している。

政治的自由　**N**（せいじてきじゆう）　政治上の思想・信条・表現などに関する自由の存在と，その結果に関して不利益をこうむることがないことを意味する。したがって，参政権の行使に干渉・規制を加えられたり，政治的信条を理由として差別的取り扱いを受けたりしないことが求められる。

横浜事件　**N**（よこはまじけん）　戦時下最大の言論弾圧事件。1942年，細川嘉六の雑誌論文をきっかけに特高警察が富山県泊町（現朝日町）での小宴を共産党再建の準備会とでっちあげ，治安維持法違反の容疑で雑誌編集者ら約60名を検挙。約30名が有罪判決を受け，拷問などで4名が獄死した。1986年から元被告・遺族らが無罪判決を求めて4度にわたる再審請求を行った。このうち，第3次と第4次の請求で再審

が認められたが，有罪・無罪の判断を示さないまま裁判を打ち切る「免訴」判決だったため，遺族らは国に対して刑事補償を求める訴訟を提起。2010年に横浜地裁は実質的に無罪と判断し，元被告5名への補償を認める決定を行った。これにより，彼らの名誉回復がはかられた。

共謀罪　**N**（きょうぼうざい）　2人以上で犯罪を計画し，うち少なくとも1人が現場の下見などの準備行為をすれば，計画に合意した全員が処罰される罪。政府は2017年，共謀罪をテロ等準備罪と名称などを変え，組織犯罪処罰法の改正法として成立させた。4年以上の懲役・禁錮を定めた277（衆議院事務局によると316）の犯罪が対象。テロなど組織的犯罪集団が適用対象と政府は説明したが，警察などによる監視が強化され，個人の内心への処罰など重大な人権侵害につながるとして，強い批判がある。
類 テロ等準備罪**N**
国連国際組織犯罪防止条約（TOC条約）

通信の秘密　**C3N**（つうしん─ひみつ）　憲法第21条とそれに基づく郵便法などでは，手紙・葉書・電信・電話などについて，通信業務従事者が他人に漏らすことを禁止するとともに，公権力が発信人・受信人の住所・氏名・通信内容など，通信に関する一切のものを調査できないことが定められている。

通信傍受法　**B8**（つうしんぼうじゅほう）　組織的殺人など，一定の犯罪に関する電話や電子メールなどの通信を，裁判官の令状に基づいて捜査機関が通信事業者の立ち会いのもと，最長で30日間傍受できるとした法律。1999年に成立，2000年から施行された。「盗聴法」ともいわれる。通信の秘密との関連で問題点が指摘される。これまで組織犯罪を対象にしてきた傍受の範囲を，一般犯罪にまで拡大する法改正が2016年に行われた。通信事業者の立ち会いは不要になった。
同 盗聴法

検閲の禁止　**C2N**（けんえつ─きんし）　検閲とは公権力が，表現内容を外部への発表に先だって審査し，ふさわしくないものと判断した場合に外部への発表を取りやめさせること。思想・信条の自由と表現の自由を侵害するものとして，日本国憲法では第21

条2項で公権力による検閲の禁止を規定している。文部科学省の教科書検定が検閲にあたるか否かについて，家永三郎氏による家永教科書裁判で長い間争われた。

類 **家永教科書裁判** C 2

教科書検定 C 4 N（きょうかしょけんてい）　初等・中等教育で用いられる教科書を文部科学省が一定の基準に基づいて審査し，合格したもののみを発行させる制度。家永教科書裁判で教科書検定が憲法に違反するか否かが争われた。

学問の自由 A 2 N（がくもん-じゆう）　学問の対象や内容の正誤を，その学問関係者以外が決定してはならないとする原則。思想・良心・表現の自由と関連し，学問の発展のため，研究・成果の発表や教授，その他の自由を学校関係者及び一般国民に保障している。大日本帝国憲法下では学問の自由の侵害事件が多発し，日本国憲法第23条において明文で規定している。

森戸事件（もりとじけん）　1920年，東京帝国大学助教授森戸辰男の論文が，危険思想の無政府主義の宣伝にあたるとして，雑誌が回収され，雑誌掲載の責任者大内兵衛とともに森戸が休職処分を受けた事件。

河上事件（かわかみじけん）　1928年，治安維持法を適用して行われた共産党弾圧事件（三・一五事件）にともない，京都帝国大学教授の河上肇や九州帝国大学教授の向坂逸郎らからがマルクス主義研究を理由に大学を追われた事件。

滝川事件（たきがわじけん）　1933年，京都帝国大学教授の滝川幸辰の思想を共産主義的として文部大臣が休職処分にした事件。法学部教授会は大学の自治を主張したが，最終的に7人の教授が辞職するにいたり，大学の自治と学問の自由を守れなかった。

天皇機関説事件と国体明徴問題（てんのうきかんせつじけんこくたいめいちょうもんだい）　天皇機関説とは，国家を一つの法的人格とみなし，君主・議会その他の組織は国家という法人の機関であるとする考え方。天皇が最高主権者であることは否定していないが，天皇を現人神とみなす天皇神権論の立場から，天皇への不敬と攻撃された。これを天皇機関説事件という。政府は後者の立場で天皇が統治権の主体であるとの国体明徴宣言を

出し，天皇機関説を唱えた美濃部達吉は不敬罪で告発された。

美濃部達吉［1873〜1948］（みのべたつきち）　憲法学者。東京帝国大学教授で貴族院議員。国家法人説に立脚した天皇機関説を主張し，天皇神権論者の上杉慎吉らと論争。1935年に国体明徴問題によって不敬罪で告発され，著書が発禁処分とされて貴族院議員も辞職した。戦後，日本国憲法には批判的な立場をとった。政党政治の発展のため，比例代表選挙を提唱したことでも知られる。

矢内原事件（やないはらじけん）　東京帝国大学教授の矢内原忠雄が，人道主義的・キリスト教的立場から日本の植民地政策を批判したところ，軍部から批判を浴び，1937年に辞職に追い込まれた事件。

河合事件（かわいじけん）　1938年，東京帝国大学教授の河合栄治郎が，自著の発禁処分と翌年に大学から休職処分を受けた事件。河合は理想主義的立場からイギリス的な社会政策のあり方を主張。マルクス主義を批判するとともに，ファシズムをも批判したのが原因。

東大ポポロ劇団事件 C（とうだい-げきだんじけん）　1952年，東大の学生団体「ポポロ劇団」主催の演劇（松川事件を題材としたもの）が教室内で上演されている最中，観客に混じって公安調査を目的にした私服警官がいることを学生が発見し，警官に警察手帳の提示を求めた際に暴行があったとして学生2人が起訴された。裁判では，警官の構内立ち入りが学問の自由や大学の自治の侵害になるか否かが争点となった。一審判決は，学生の行為は大学の自治を守る正当なものとして無罪，二審判決もこれを支持した。しかし最高裁は1963年，上演された演劇が学問研究のためではなく，実社会の政治的社会的活動であり，大学における学問の自由や自治の範囲外などとして地裁に差し戻した。こうした最高裁の判決には，学界などから強い批判が寄せられた。裁判は結局，21年の長期にわたった末に，被告人の有罪が確定した。

大学の自治 C 2（だいがく-じち）　大学の運営が大学によって自主的に行われること。東大ポポロ劇団事件で最高裁は，大学における学問の自由を保障するため，研究者の人事，

大学の施設や学生の管理について，大学の自治が認められるが，学生の集会は学問の自由と大学の自治の範囲において認められるものにすぎないとした。しかし今日では，範囲を広く解するようになり，学生の地位についても単なる施設の利用者だけでなく，大学の運営に関して要望したり意見を述べたりする権利が含まれるとされる。

人身の自由

人身の自由 **B**②**N**（じんしん-じゆう）　自由権の重要な構成要素の一つ。本人の意思に反し，または不当に身体的な拘束を受けないこと。日本国憲法では第18・31・33・34・37・38条で，奴隷的拘束及び苦役からの自由，法定手続きの保障，住居の不可侵，黙秘権などについて保障している。

奴隷的拘束や苦役からの自由 **C**（どれいてきこうそく-くえき-じゆう）　奴隷的拘束とは，人間の尊厳を侵すかたちで身体的自由を束縛すること。苦役とは，人間の自由意思に反する強制的労役。ともに憲法第18条で禁止されている。特に前者は労働基準法などで，刑罰や自由意思に基づく契約としてでも行ってはならないとしている。

拷問 **A**②**N**（ごうもん）　自白を強要するために肉体的精神的苦痛を与えること。江戸時代までは盛んに行われた。1880年の治罪法布告で廃止され，拷問には職権濫用罪が適用されることになったが，実際には行われた。このため日本国憲法では，第36条で公務員による拷問を禁止し，これに基づく自白自体を証拠として認めない。ただし，日本の警察署では，被疑者を数日から数十日にわたって留置場に監禁した上で，毎日長時間にわたって尋問を繰り返すことがあり，これが事実上の拷問に相当するものと指摘されている。

残虐な刑罰 **B**⑧**N**（ざんぎゃく-けいばつ）　必要以上の精神的・肉体的苦痛をともなう刑罰。人道的に残酷であるため，憲法第36条で禁止。死刑については，火あぶりやはりつけは残虐刑にあたるが，絞首刑は合憲と解釈されている。

死刑 **A**③**N**（**死刑制度** **B**②**N**）（しけい）（しけいせいど）　日本の刑法は死刑を規定している。さらに同法は執行方法としての絞首刑を定

めている。最高裁はこの執行方法について，残虐な刑罰にはあたらないと判断している。

永山基準 **C** **N**（ながやまきじゅん）　永山則夫連続射殺事件において，最高裁が1983年に示した死刑判決を適用する際の判断基準。次の9項目を総合的に検討し，罪と罰の均衡や犯罪予防の見地からもやむを得ない場合に，死刑の選択も許されるとした。①犯罪の性質，②動機，③犯罪の態様（特に殺害の手段・方法の執拗性や残虐性），④結果の重大性（特に殺害された被害者の数），⑤遺族の被害感情，⑥社会的影響，⑦犯人の年齢，⑧犯人の前科，⑨犯行後の情状。

死刑廃止問題 **A** **N**（しけいはいしもんだい）　死刑制度の存続の是非についての問題。1989年の国連総会における死刑廃止条約（国際人権規約の自由権規約第2選択議定書）の採択や，人道的な配慮，犯罪抑止効果，遺族への配慮，誤判の可能性など，さまざまな論点から賛否両論がある。2016年，日本弁護士連合会（日弁連）は死刑廃止宣言を採択した。現在，世界各国の約8割がすでに死刑を停廃止している。OECD加盟国において，いまだに死刑を実施しているのは日本とアメリカの一部州のみである。

法定手続きの保障 **B**③**N**（ほうていてつづ-ほしょう）　人身の自由を保障するための原則。人身を拘束する場合は，法律で定められた手続きを必要とすることを意味する。憲法第31条に定められており，第39条と合わせて手続きだけでなく，実質的内容の適法性の必要性にも言及している。アメリカ合衆国憲法のデュー-プロセス条項に由来し，行政手続きについても準用または適用される。

類 デュー-プロセス C

罪刑法定主義 **A**②**N**（ざいけいほうていしゅぎ）　憲法第31・39・73条6号に規定されている原則。いかなる行為が犯罪となり，いかなる刑罰が科せられるかは，あらかじめ法律で規定されるべきとする考え方。その派生原則として，慣習的な刑罰の禁止，刑法をさかのぼって適用してはならないという「不遡及の原則」，刑事法における類推解釈の禁止，絶対的不定期刑の禁止，などが導きだされる。歴史的には，1215年のマグナ-カルタに発し，1789年のフランス人権

宣言などでも採用。

警察 **Ａ**①**Ｎ**（けいさつ）　社会の安全と秩序を維持するために権力と物理的強制力をもつ行政機関。日本の場合，国家の警察活動を監督する機関として，内閣府の下に国家公安委員会が置かれ，その下に警察庁が設置されている。一方，地方警察組織として，都道府県の公安委員会の監督下，都道府県警察が設置されている。これらのうち，東京都警察に関しては警視庁と呼称されている。警察庁は，必要に応じて，警視庁をはじめとする都道府県警察を指揮監督する立場にある。

捜査 **Ｂ**③**Ｎ**（そうさ）　何らかの事件が起き，被疑者を特定するために，犯罪の事実について調査し，証拠を集め，被疑者を捜し出して調べる活動のこと。警察職員とともに，検察官も捜査にあたることがある。被疑者を特定して，犯罪の事実を確定するまでは，個人の人権保障が最大限認められるため，確たる証拠固めが求められる。

取り調べの可視化 **Ｂ****Ｎ**（とーしらーかしか）　警察などによる取り調べの全過程を録画・録音して，被疑者らが述べたこと（供述）が裁判で争われたときに，これをみて判断できるようにすること。憲法が保障する黙秘権を実効性のあるものとし，冤罪防止の有力な手段となる。法改正による義務づけが定められたが，対象事件は全体の約３％にとどまる。

立証責任（検察の）（りっしょうせきにんけんさつー）　裁判において，重要な事実の存否を確定させる責任。その責任を果たせなかった場合，判決において不利益を被ることになる。日本の刑事訴訟では，検察官が立証責任を負っている。

起訴 **Ａ**⑤**Ｎ**（きそ）　刑事事件の場合に，検察官が裁判所に対して事件についての審判を求める申し出をすること。検察官は起訴状を裁判所に提出する。起訴は旧刑事訴訟法上の用語で，現在の刑事訴訟法では「公訴の提起」という。

告訴 **Ｎ**（こくそ）　犯罪の被害者その他の関係人が，犯罪の事実を警察や検察に申し立て，裁判を通して犯人の処罰を求めること。

告発 **Ｃ**①**Ｎ**（こくはつ）　犯罪があったときに，第三者が犯罪の事実を捜査機関に申告して，捜査と処罰を求めること。告発があっても，証拠不十分などの理由で，起訴にはいたらない場合もある。

保釈 **Ｎ**（ほしゃく）　裁判所の決定に基づいて，勾留されている被告人が保証金を納めて拘束から解放されること。被告人が逃亡したり，証拠を隠滅したりした場合は，保証金は没収され，保釈は取り消しとなる。

疑わしきは被告人の利益に **Ｂ****Ｎ**（うたがはしくにんーえきー）　罪刑法定主義の精神から導かれる鉄則。裁判で有罪が確定するまでは，被告人は無罪の推定を受けるという考え方であり，十分な実体的証拠がない場合には被告人の利益に沿って判定することでもある。なお，白鳥事件における最高裁決定（1975年）以後，再審開始の決定にあたってもこの鉄則が適用されるようになった。

無罪の推定 **Ｂ**④**Ｎ**（むざいーすいてい）　有罪判決が確定するまでは，被疑者や被告人は有罪ではないとされること。憲法上の明文規定はないが，刑事訴訟上の最も重要な原則である。有罪とするための挙証責任（立証責任）は捜査機関や検察官が負う。なお，フランス人権宣言第９条には「何人も，有罪と宣告されるまでは無罪と推定される」と規定されている。

同推定無罪の原則 **Ｃ**

白鳥事件 **Ｃ**（しらとりじけん）　1952年，札幌市で白鳥一雄警備課長が射殺された事件。日本共産党札幌市委員長が逮捕，起訴されたが，警察によるでっち上げとして救援活動も広がった。結局，有罪とされて刑が確定したが，その後の再審請求で最高裁は1975年，特別抗告を棄却しつつも決定理由のなかで，従来の再審開始の要件を大幅に緩め，「疑わしきは被告人の利益に」という刑事裁判の鉄則が再審開始の決定の際にも適用されるとした。これを白鳥決定という。この決定がのちに，再審の重い扉をこじ開ける契機となった。

類白鳥決定 **Ｎ**

逮捕 **Ａ**①**Ｎ**（たいほ）　捜査機関などが被疑者の身体を拘束し，一定期間抑留する行為をいう。憲法33条は，現行犯を除いて，裁判官の発行する令状なしには，何人も逮捕されないことを規定している。事前に発行された令状（逮捕状）による通常逮捕，令

状を後で請求する緊急逮捕，令状を必要としない現行犯逮捕の３種類がある。

緊急逮捕 Ⓝ（きんきゅうたいほ）　死刑または無期，３年以上の懲役・禁固にあたる罪を犯したと疑うに足る理由があり，急を要するときに，その理由を告げて逮捕すること。令状は後から請求するため，この逮捕を憲法の令状主義に反して違憲とする考え方もあるが，一般には合憲とされる。

現行犯 Ⓒ②Ⓝ（げんこうはん）　現行犯人のこと。現に犯罪を行っている者，または行い終わった者をさす。私人も含めだれでも，令状なしに逮捕することができる。

別件逮捕（べっけんたいほ）　逮捕の要件が備わっていない事件について取り調べる目的で，別の軽微な事件で被疑者を逮捕すること。令状主義を逸脱し，違法性が高いとされる。

被疑者 Ⓐ③Ⓝ（ひぎしゃ）　刑事事件で罪を犯した疑いで捜査対象となっている者。公訴（起訴）されていない者。

被告人 Ⓐ②Ⓝ（ひこくにん）　刑事事件で検察官により裁判所に公訴（起訴）された者。

責任能力（被告人の）（せきにんのうりょく（ひこくにん‐）　刑事上の罪に問われている者は，犯行当時において，善悪の判断がつき，自己の言動を律する精神状態であったかを問われる。これを責任能力の有無という。責任能力に乏しいとみなされた場合，刑罰が軽くなったり，刑罰そのものの対象から外れることもある。例えば，精神疾患を持つ者，知的障害にある者，犯行当時に泥酔していた者などは，責任能力の有無を詳細に問われることになる。また14歳未満の未成年者も，刑罰の対象とはならない。ただし，保護観察や少年院送致といった処分を受けることがある。

時効 Ⓒ（じこう）　ある法的効力が一定期間をすぎると変更される制度。最も有名なのが刑事上の公訴時効である。これは犯罪の事実が起きてから一定期間経つと，国家が被疑者を起訴できなくなる制度である。時が経ちすぎると，犯罪者の処罰を願う社会や被害者の報復感情が弱まり，または，証拠が散逸して十分な裁判が困難になる，といった理由に基づいている。日本では，死刑相当の凶悪犯罪には時効がないものの，それ以外の犯罪については，１〜30年の

範囲で公訴時効の期間が設けられている。

量刑 Ⓑ（りょうけい）　刑事裁判において，被告人にいかなる刑罰を科すか判断すること。「刑の量定」ともいう。日本の刑法では，例えば殺人罪を見ても「死刑又は無期若しくは５年以上の懲役」と量刑の幅が広く，あとは裁判官の自由裁量で具体的量刑が定まる。犯罪者の年齢，反省態度，犯罪動機，社会的制裁の有無などが判断材料となる。場合によっては，法律で定められた量刑の幅よりさらに軽い量刑とすることもできる。これを酌量減軽という。

　　　　　　　　　　　　　類 量刑判断 Ⓒ

執行猶予 Ⓒ（しっこうゆうよ）　刑事裁判において，被告人に有罪を宣告するものの，刑の執行を一定期間猶予すること。世界各国で広く見られる制度であり，日本にも存在する。執行猶予付き有罪判決を受けた者が期間中に逃亡や再犯を成さなかった場合，もはや刑は将来にわたって執行されない。なお，執行猶予がつかない有罪判決を俗に「実刑」という。

抑留 Ⓑ①Ⓝ**と拘禁** Ⓑ①Ⓝ（よくりゅう‐こうきん）　捜査機関・司法機関が，勾引や逮捕による留置によって，一時的に身体を拘束すること。憲法第38条では，不当に長い抑留・拘禁による自白は，証拠として認められないとしている。一時的な拘束を抑留とよぶのに対し，比較的長い身体の拘束を拘禁という。

住居の不可侵 Ⓒ Ⓝ（じゅうきょ‐ふかしん）　憲法第35条は，その居住者の承諾なしに，あるいは令状なしに住居へ侵入して捜索することができないことを定めている。

捜索 Ⓐ②Ⓝ（そうさく）　裁判所などの司法機関やその令状を受けた捜査機関が，押収すべきものや逮捕・勾引すべき人を発見するために，人や物・場所などを調べること。憲法第35条は令状が必要なことを規定。

押収 Ⓑ Ⓝ（おうしゅう）　押収とは，裁判所などが証拠物や没収すべきものを手に入れて管理下におくこと。個人の権利侵害の可能性があるため，憲法第35条は令状が必要なことを定めている。

令状主義 Ⓐ Ⓝ（れいじょうしゅぎ）　逮捕・抑留・住居侵入・捜索・押収などの強制処分を行う場合，現行犯逮捕などの特別の場合を除

第Ⅱ編

き，司法官憲（裁判官）が発行する令状を必要とする原則をいう。人身の自由を保障するため，刑事捜査上の手続きに盛り込まれたもの。憲法第33・35条に規定。この点，日本では，裁判官による令状発行率が約99％となっており，令状主義の形骸化が指摘されている。

令状 Ⓐ⑧Ⓝ（れいじょう）　逮捕・捜索・押収などの強制処分の根拠を明示した裁判所の文書。憲法は司法官憲が発すると明示している。

司法官憲 Ⓝ（しほうかんけん）　憲法上は裁判官のこと。広義には，検察官など司法にかかわる公務員を含めることもある。

黙秘権 Ⓐ①Ⓝ（もくひけん）　被疑者・被告人が捜査機関の取り調べや裁判の場で，自己に不利益な供述を強要されない権利，あるいは供述を拒否する権利。黙秘は権利の行使であり，これを理由に不利益な取り扱いをしてはならない。憲法第38条で保障。

自白 Ⓐ②Ⓝ（じはく）　民事裁判では，当事者が敗訴する可能性のある，自己に不利益な事実を認めることをいい，刑事裁判では，自己の犯罪事実の全部または主要部分を承認する供述をいう。憲法第38条の規定に基づいて，自白は被告人の供述の自由が圧迫されたものでないことが必要であり，強制・拷問・脅迫による自白，不当に長く抑留・拘禁された後の自白，任意性に疑いのある自白は証拠として採用されない。自白のみで有罪とされることもない。

遡及処罰の禁止 Ⓒ③Ⓝ（そきゅうしょばつ＝きんし）　憲法第39条前段前半に規定。ある行為が遂行された時点で，その行為を罰する法律がなかった場合，事後に制定した法律でその行為を罰したりしてはならないこと（事後法の禁止）。刑罰不遡及の原則。

同事後法の禁止

一事不再理 Ⓑ⑤Ⓝ（いちじふさいり）　憲法第39条前段後半に規定。被告人に不利益な変更を禁止する目的で，確定した同一事件について，同一罪状で重ねて裁判を行ってはならないこと。

二重処罰の禁止（にじゅうしょばつ＝きんし）　同じ行為を別の罪として処罰するのを禁止すること。憲法第39条後段に規定されている。確定判決を変更するわけではないので，一

事不再理とは区別される。なお，一事不再理と二重処罰の禁止とをあわせ，「二重の危険の禁止」として統一的に把握する学説もある。いずれも，国家の刑罰権の発動に対して，国民の人権を保障しようとする規定である。

類二重の危険の禁止

冤罪事件 Ⓑ②Ⓝ（えんざいじけん）　罪がないのに疑われたり罰せられたりすることで，無実の罪をいう。1908年に制定された監獄法以来，被告人・被疑者の人権保護が十分でなく，検察の担当する拘置所のかわりに警察の留置場が用いられ（代用監獄），本人の意思に反する自白が強要される場合が多かった。このことが冤罪の温床であったといわれる。日本国憲法ではこれを避けるため，第36・38条などで拷問の禁止や自白偏重の是正をはかった。しかし，監獄法にかわって制定された刑事収容施設法の下でも，事実上の代用監獄（代用刑事施設）制度は残っており，自白の任意性や虚偽性などを背景とした再審事件が存在する。

類代用監獄 Ⓒ②（だいようかんごく）Ⓒ（代用刑事施設 Ⓒ）

人身保護法（じんしんほごほう）　1948年公布。憲法第34条で保障されている人身保護の精神に基づき，不当に奪われている人身の自由を司法裁判により迅速かつ容易に回復することを目的とする。

再審 Ⓐ①Ⓝ（さいしん）　刑事訴訟法上では，確定判決に対して事実認定の誤りを理由に，判決以前の状態に戻し，裁判をやり直すための手続きをいう。裁判の一事不再理の原則から，無罪事件については適用されず，有罪や控訴・上告棄却の確定判決が対象となる。再審請求は原判決を下した裁判所に対してなされ，裁判所が理由ありと認めた場合に再審開始の決定をする。

吉田巌窟王事件 Ⓒ（よしだがんくつおうじけん）　1914年に強盗殺人罪で無期懲役が確定した吉田石松さんが，5度の再審請求の末に再審開始，1963年に無罪判決が下された。日本の再審史上で最初の無罪判決。

免田事件 Ⓑ Ⓝ（めんだじけん）　1948年に熊本県人吉市で4人が殺傷された事件で，免田栄さんが死刑判決を受けたが，再審請求の結果1983年に熊本地裁で，自白の信用性などに疑いがあるとして無罪判決が下され

た。死刑確定者の初の再審無罪判決。

財田川事件 C N（さいたがわじけん）　1950年，香川県財田村（現三豊市）で起きた強盗殺人事件で，谷口繁義さんが死刑判決を受けたが，1979年に死刑確定者として初の再審請求が認められた。そして1984年，高松地裁が自白の信用性に疑いがあるとして，再審無罪判決を言い渡した。

松山事件 C N（まつやまじけん）　1955年，宮城県松山町（現大崎市）で起きた一家4人の強盗殺人事件で，斎藤幸夫さんが死刑判決を受けたが，1984年に仙台地裁は，自白の信用性への疑問を根拠に再審無罪判決を言い渡した。

島田事件 C N（しまだじけん）　1954年，静岡県島田市で6歳の幼稚園児が誘拐・殺害された事件で，赤堀政夫さんが死刑判決を受けたが，1989年に自白の任意性への疑問などを理由に再審無罪判決が言い渡された。

梅田事件（うめだじけん）　1950年，北海道北見市で起こった殺人事件で，梅田義光さんが無期懲役の判決を受けたが，1986年に再審無罪判決が言い渡された。

徳島ラジオ商事件（とくしま-ラジオしょう-じけん）　1953年，徳島市のラジオ店主が殺害され，内縁の妻の富士茂子さんが懲役13年の判決を受けたが，本人の死後の1985年に，再審無罪判決が言い渡された。

足利事件 B N（あしかがじけん）　1990年，栃木県足利市で4歳の女児が誘拐・殺害された事件。菅家利和さんが逮捕され，裁判の途中から否認に転じたが，2000年に無期懲役が確定した。その後，服役中の菅家さんが再審請求を申し立て，2009年にDNA型の再鑑定の結果，再審開始が決定した。2010年に再審無罪判決。

布川事件 C N（ふかわじけん）　1967年，茨城県利根町布川で起きた強盗殺人事件。桜井昌司さんと杉山卓男さんが逮捕され，裁判で無期懲役が確定。29年間を獄中で過ごし，1996年に仮釈放された。公判段階から無実を訴えつづけ，仮釈放後も再審請求し，2010年に再審開始。2011年，再審無罪判決が言い渡された。

東電OL殺人事件（とうでん-オーエル-さつじんじけん）　1997年，東京・渋谷で東京電力の女性社員が殺害された事件。ネパール人のマイナリさん

が逮捕され，2003年に最高裁で無期懲役が確定して服役していた。しかし，捜査の段階から犯行を否認していたマイナリさんは，新たなDNA鑑定をもとに再審請求，2012年にその開始が決定した。そして同年，無罪判決が言い渡された。

袴田事件 C N（はかまだじけん）　1966年，静岡県清水市（現静岡市）で起きた一家4人の強盗殺人事件で，元プロボクサーの袴田巌さんが逮捕された事件。袴田さんは無罪を主張したが，1968年に死刑判決がいい渡され，80年に最高裁で確定。その後2014年，DNA型鑑定が決め手となり，静岡地裁が再審開始を決定，袴田さんは釈放された。18年，東京高裁が静岡地裁の決定を取り消したものの，20年には，最高裁が東京高裁に審理を差し戻すなど，司法内部でも本事件に対する態度が揺れ動いている。

村木事件（むらきじけん）　2004年，郵便割引制度に関してニセの証明書を発行したなどとして，村木厚子厚生労働省元局長らが2009年に逮捕・起訴された事件。村木さんは公判で，一貫して無実を訴え，2010年に無罪判決を得た。

東住吉事件（ひがしすみよしじけん）　1995年，大阪市東住吉区で小学6年の女児が焼死した事件。母親の青木恵子さんと，同居の朴龍晧さんが放火殺人で無期懲役となったが，再審裁判の結果，2016年に2人の無罪が確定した。再審開始決定にいたる過程で，有罪の根拠とされた自白は，警察の違法な取り調べで強要された虚偽であることが判明した。

弁護人依頼権 B 2 N（べんごにんいらいけん）　被疑者として抑留・拘禁された者あるいは刑事被告人が，法律上の援助を受けるために持つ弁護人を依頼する権利。前者には憲法第34条で，後者には第37条3項前段で認められている。弁護人とは，刑事裁判において，被疑者や被告人の人権や利益の保護にあたる人をいう。多くは，弁護士から選ばれるが，弁護士でない人（特別弁護人）を選任することもできる。

当番弁護士制度 N（とうばんべんごしせいど）　刑事事件で逮捕された被疑者やその家族の求めに応じ，各地の弁護士会から常時待機中の弁護士が接見に出向き，無料で被疑者の相

談にのる制度。事件によっては弁護士会の独自の判断で当番弁護士を派遣する場合がある。被疑者にはまだ国選弁護人が付けられなかった1990年代に，イギリスの制度を参考にして弁護士会が自主的に始めた。現在では，ほとんどの刑事事件について被疑者にも国選弁護人が付けられるようになった。

国選弁護人制度 ③N (こくせんべんごにんせいど)
被告人や被疑者が経済的理由などで弁護人を選任できない場合，国が選んで弁護人を付けるしくみ。被告人については憲法第37条3項後段に明文規定があるが，被疑者については憲法上の規定がなかった。しかし，2016年の法改正で，勾留されたすべての被疑者に対象が拡大された。国選弁護の主な業務は，法テラス（日本司法支援センター）が担う。なお，少年審判には弁護士による国選付添人制度が導入されている。なお，国選弁護人業務の報酬水準は低く，国選弁護人のなかには，弁護活動の熱意に欠ける者もいる。しかし，いったん国から付けられた国選弁護人は，被疑者・被告人の意向によって変更することが原則不可能である。 ☞ p.251（法テラス）

犯罪被害者の権利 ④N (はんざいひがいしゃ-けんり)
従来，精神的・身体的打撃を受けた犯罪被害者や遺族に対する十分な配慮がなされてこなかった。このことへの反省から，犯罪の被害者・遺族に裁判記録のコピーや，裁判の優先的傍聴などを認める犯罪被害者保護法と，被害者らが法廷で意見を陳述する権利などを規定した改正刑事訴訟法が，2000年11月から施行された。さらに2004年には，犯罪被害者等基本法が制定された。被害者や遺族が法廷で被告人に質問したり，量刑について意見を述べたりできる「被害者参加制度」も実施。また従来，損害賠償請求は民事裁判で行われてきたが，刑事裁判のなかでも被害者が被告人に損害賠償を請求できるいわゆる附帯私訴制度（損害賠償命令制度）が犯罪被害者保護法にも盛り込まれた。

類 犯罪被害者等基本法 CN
被害者参加制度 A④N
附帯私訴制度（損害賠償命令制度）N

犯罪者の更生保護 C (はんざいしゃ-こうせいほご)

行政や社会が犯罪者の社会復帰を促進すること。主な手段として，仮釈放制度（刑期終了前に受刑者を釈放させて社会生活を送らせる措置），恩赦（国家の政治的判断で量刑を軽減したり刑の執行を止める措置），保護観察（保護観察官や保護司による監督指導）などがある。

ペナル-ポピュリズム ［Penal Populism］
刑事政策の形成・実施過程において，一般の市民，とくに犯罪被害者やその遺族などの要求が優先されて扱われること。刑事大衆主義，刑罰の大衆迎合主義，ポピュリズム刑事政策などと訳される。具体的には，刑事立法の厳罰化やセキュリティの強化，死刑存置への強い支持，公訴時効の廃止などの諸事例があげられる。その際，犯罪学・刑事法などの専門家の見解や現実の統計数字が軽視されることが少なくない。マスコミによる犯罪報道の影響も指摘される。

ＧＰＳ捜査 ②N (-そうさ)
警察がＧＰＳ（全地球測位システム）端末機を捜査対象者の車に設置して行動確認する捜査方法。最高裁判所は2017年，裁判所の令状なしに行ったこの捜査がプライヴァシーを侵害しており，違法と判断した。

経済の自由

経済の自由 B②(けいざい-じゆう)
日本国憲法が定める自由権に属し，国民のもつ経済生活・経済活動に関する自由の保障を定めた権利の総称。経済的自由権ともいう。憲法第22条に規定される居住・移転及び職業選択の自由と，第29条の財産権の不可侵の規定がそれにあたる。他の自由権の規定とは異なって，「公共の福祉に反しない限り」という条件がある。このため，経済の自由は精神の自由に比べて，より強度の規制を受ける。

二重の基準 (にじゅう-きじゅん)
裁判所の違憲審査において，精神的自由を制約する法律については厳格な基準を採用し，経済的自由を制約する法律については緩やかな基準を採用すること。精神的自由は侵害された時の被害が深刻であり，かつ，民主主義の根幹に関わるものなので，経済的自由よりも優越的地位にあるとみなされる。

居住・移転の自由 BN (きょじゅう・いてん-じゆう)

憲法第22条に規定。自分が住みたい場所に住み，そのために自由に移転できる権利をいう。封建時代に生産活動・居住の場所を封建領主が決めていたことに対するもの。しかし，日本国憲法では「公共の福祉に反しない限り」という限定がついている。

職業選択の自由 **A**4 **N**（しょくぎょうせんたく-じゆう）　憲法第22条に規定。自分が就きたいと考えるいかなる職業も選ぶことができる権利で，営業の自由も含む。封建時代の身分制や世襲制による職業の固定からの転換を意味する。ただし，公序良俗（こうじょりょうぞく）に反する職業や医師のように一定の能力の保証が必要な職業もあるため，この権利にも「公共の福祉に反しない限り」という規制が存在する。これらの規制はその目的に応じて，消極目的規制と積極目的規制に区分される。前者は警察的規制ともよばれ，主として国民の生命や健康に対する危険を防止または緩和するために課されるもの。後者は福祉国家の理念に基づき，とくに社会的・経済的弱者を保護するために社会・経済政策の一環として課されるもの。

類 営業の自由**N**

消極目的	許可制	飲食店営業,風俗営業,古物営業等
	資格制	医師,薬剤師,弁護士等
	届出制	クリーニング所,理容所の開設等
積極目的	国家独占	かつてのたばこ・塩の専売,郵便事業等
	特許性	電気,ガス,鉄道等

▲ 消極目的規制と積極目的規制

財産権の不可侵 **C**2（ざいさんけん-ふかしん）　憲法第29条に規定。財産権とは，一定の価値をもつ物に対する個人や法人が保持する優先的権利を意味する。18世紀の市民革命期以後，所有権・財産権は原則として奪うことのできない神聖不可侵な権利として位置づけられてきた。しかし，20世紀に入って，貧富の格差の拡大などの社会問題が深刻化したため，その制限や社会的利益との調和が求められるようになった。日本国憲法でも，「公共の福祉に適合するやうに，法律でこれを定める」と規定される。

知的財産基本法（ちてきざいさんきほんほう）　知的財産の創造・保護・活用に関する基本理念や基本的な施策，国等の責務などを定めた法律。2002年公布。この法律に基づき，内

閣府に知的財産戦略本部が設置されている。

公共の福祉 **A**9 **N**（こうきょう-ふくし）　社会全体が共通して享受し得る利益。日本国憲法の本文に出現する抽象的概念であり，個別の人権を制約する憲法上の根拠となりやすい。戦後の裁判において多用されるにつれ，人権侵害を安易に正当化する手段になっているとの批判も浴びるようになった。なお，世界各国の憲法を観察しても，一般福祉条項という類似する概念を設けているケースが多い。　**☞** p.207（公共の福祉）

土地収用法 **N**（とちしゅうようほう）　公共事業に使用するなど，社会全体の利益や公共の利益のために，正当な補償を行った上で私的に所有されている土地を強制的に取得するための法律。1951年に制定された。類似の法律として都市計画法・農地法・土地区画整理法などがある。

正当な補償（せいとう-ほしょう）　私有財産を公共のために用いる場合，特定の個人に生ずる損失について補償するという憲法第29条3項の規定をさす。国家などの公権力は強制的に私有財産を収用したり制限したりできるが，正当な補償をともなわない限り憲法違反となる。その程度については，完全な補償を要するという説と，相当な補償で足りるとする説とに分かれる。

身分から契約へ（みぶんからけいやく-）　イギリスの法学者メーンが，主著『古代法』（1861）のなかで述べたことば。古代の社会関係は人間の自由意思よりは身分関係によって決定されていたが，近代社会への移行にともない，個人の意思に基づく契約から生ずる権利・義務関係によって決定されるようになったことを指摘している。

経済的競争の自由（けいざいてききょうそう-じゆう）　職業選択の自由には，営業活動の自由がともない，市場における自由競争も保障され，近代以後の資本主義経済体制の確立と発展に寄与した。しかし，それとともに発生した社会的弱者の保護や社会的不平等の是正などを目的とした公共の福祉による制限もやむをえないとされている。

独占禁止法 **A**9 **N**（どくせんきんしほう）　経済社会における公正な競争を促進する法律の総称。「競争法」とも呼ばれる。①特定市場を支配するために有力企業が談合して価格

第Ⅱ編

や生産量を調整する行為，②巨大企業がその支配的地位を利用して市場における競争を妨害する行為，③市場を支配する意図による企業合併，などが規制対象となる。多くの資本主義国家で制定されている種類の法律であり，日本でも「私的独占の禁止及び公正取引の確保に関する法律」が1947年に公布された。俗に「独占禁止法」と略されている。　☞ p.371（独占禁止法）

薬事法の薬局開設距離制限規定 ④（やくじほうやっきょくかいせつきょりせいげんきてい）

戦後日本で違憲判決が下った法律上の規定の1つ。日本において薬局を開業するには，知事の許可が必要となる。しかも，特定地域に薬局が集中して無薬局地域が生まれないよう，既存薬局と一定の距離を取るルールだった。この点が憲法22条の定める「職業の自由」に反するとの訴訟が起こり，1975年に最高裁は「目的と手段のバランスが取れていない」として違憲判決を下した。国会は，当判決を受けて，薬事法を改正している。　☞ p.253（薬事法薬局開設距離制限訴訟）

③ 社会権

憲法が規定する社会権（けんぽうがきていーしゃかいけん）

日本国憲法は第25～28条で，人間としての尊厳を維持できる最低限度の生活を国家に対して要求する生存権や，教育権・勤労権・労働三権などを規定している。

生存権 Ⓐ⑥Ⓝ（せいぞんけん）

憲法第25条に規定された権利。「健康で文化的な最低限度の生活を営む権利」と表現されている。国家が国民の生活内容を積極的に保障することを国民自身が要求できるという内容をもつ。1919年のワイマール憲法で初めて規定され，社会権の主要な要素をなす。

朝日訴訟 Ⓐ④Ⓝ（あさひそしょう）

1957年，国立岡山療養所の入院患者朝日茂さんが，憲法第25条の生存権規定を根拠に厚生大臣を相手に起こした訴訟。「人間裁判」ともいわれた。600円の日用品費で「健康で文化的な最低限度の生活」が可能かが問われ，1960年の第一審では朝日さんが全面勝訴（浅沼判決）したが，1963年の第二審ではプログラム規定説に基づき，社会保障の財源を理由として原告が敗訴した。しかし，この訴訟を契機にして生活保護費は大幅に増額された。

堀木訴訟 Ⓐ⑧Ⓝ（ほりきそしょう）

全盲の生活保護受給者堀木フミ子（文子）さんが1970年，障害福祉年金と児童扶養手当の併給制限は憲法第13・14・25条に反するとして国を訴えた訴訟。原告は第一審で勝訴したが，控訴審・上告審では敗訴した。第一審判決後，法改正で併給が認められるようになったが，最高裁判決をふまえ再禁止された。現在は老齢福祉年金と併給。

プログラム規定説 Ⓐ（-きていせつ）

憲法上の規定について，政策の指針を示すにとどまり，法的拘束力をもたないとする考えで，ワイマール憲法の規定が起源とされる。とくに，生活保護の運用をめぐる朝日訴訟や，堀木訴訟などにおいて問題となった。最高裁判所の下した憲法解釈では，第25条の生存権規定は，国民個人に対して与えられた具体的権利や政府の義務を定めたものではなく，政治の指針（プログラム）を述べたものであり，立法・行政権者の社会政策にゆだねるほかはないとされた。現在では，生存権を法的権利と位置づけつつ，明確な法律によって具体的な権利となる，と解釈する抽象的権利説が通説となっている。

対 抽象的権利説 Ⓒ

生活保護法 Ⓐ⑦Ⓝ（せいかつほごほう）

憲法第25条の精神に基づき，生活困窮者にその最低限度の生活を保障し，自立を助ける目的で1946年に制定された法律。1950年全面改正。①無差別平等，②健康で文化的な最低限度の生活の保障，③生活困窮者側の生活維持努力の義務，などを原則とし，生活・生業・教育・住宅・医療・介護・出産・葬祭の8種の扶助が規定されている。

教育への権利（きょういくーけんり）

憲法第26条に規定。権利としての教育の思想は近代市民革命期にあらわれ，フランスのコンドルセの公教育論がその萌芽となった。この権利を憲法の明文で認めたのは，1936年のソ連憲法が最初とされる。また，世界人権宣言・国際人権規約・子どもの権利条約など，国際人権法上でも保障されている。国民が社会の一員として生活するために必要な見識・知識・経験を確保するには，教育が不

可欠であるとの立場から定められたもの。憲法第25条の生存権を文化的な面から保障する性格も有する。子どもの側からは学習権・発達権としてとらえることができる。具体的には，子どもに学ぶ権利と教育の機会均等，その最小限の裏づけである義務教育の無償を保障している。教育を受ける権利，教育権ともいう。この権利についても生存権などと同様，社会権的側面と自由権的側面とがある。

同教育を受ける権利 **A②** 教育権 **N**
類学習権 **C N**

教育の機会均等 **A①** (きょういく-きかいきんとう)
法の下の平等の精神に基づく教育の平等性の確保を意味する。憲法第26条には「すべて国民は，法律の定めるところにより，その能力に応じて，ひとしく教育を受ける権利を有する」とある。人種・信条・性別・社会的身分・経済的地位または門地によって差別されない。したがって，能力があるにもかかわらず諸事情で就学が困難な者に対しては，何らかの奨学の措置をとる必要がある。

教育基本法 **B③N** (きょういくきほんほう) 1947年制定。教育の目的と新生日本の教育の確立をめざした法律。制定経過からみて，準憲法的性格をもつとされる。教育の機会均等・義務教育・男女共学・学校教育・社会教育などについて規定していた。安倍晋三内閣のもと，2006年の法改正で「愛国心」条項などが加えられ，制定時の理念は大きく変質した。

主権者教育 **C①N** (しゅけんしゃきょういく) 国民，とくに若者たちを主権者として意識的に育てる教育のあり方。18歳選挙権の導入によって注目されるようになった。学校教育はもちろん，社会教育などとの連携も不可欠。定まったカリキュラムはなく，社会全体で若者が政治を身近に感じ，自由な政治参加をうながす取り組みが求められる。

学校教育法 **BN** (がっこうきょういくほう) 1947年制定。学校組織・施設・職員構成など，学校教育の基本について定めた法律。幼稚園から大学，高等専門学校・特別支援教育などの学校の設置・廃止，管理と費用，教員資格などに関する通則を定めている。

学習指導要領 **①N** (がくしゅうしどうようりょう) 小学校・中学校・高等学校などで教える教科の内容を学校教育法施行規則に基づいて示した大綱的基準。文部科学大臣が定める。1947年に「試案」として初めて作成され，1958年の改訂時から法的拘束力を持つようになった。教科書検定の基準ともなる。

アクティヴ・ラーニング **N** [active learning] 活動的・能動的な学習。グローバル化の進展などに対応するための資質や能力を育成する主体的・対話的で深い学びを意味する。

道徳の教科化 (どうとく-きょうかか) 教科外活動として小中学校で実施されている道徳を，「特別の教科」として位置づけ，検定教科書を用いて学習評価も行うとするもの。2014年に中央教育審議会(中教審)が教科とするよう答申した。道徳教育をめぐっては，戦前に教科として「修身」がおかれ，これが愛国心教育とあいまって国民を戦争に駆り立てたとの強い批判がある。

「公共」 **A N** (こうきょう) 2018年に告示された高校学習指導要領の改訂で新設された科目。現行の「現代社会」にかわる必修科目。主権者教育や憲法とのかかわりを含みつつ，愛国心育成にも力点がおかれる。

全国学力・学習状況調査 **③N** (ぜんこくがくりょく-がくしゅうじょうきょうちょうさ) 全国学力テスト。児童・生徒の全国的な学力の状況を把握し，その課題を探るために実施される。対象は小学6年生と中学3年生で，国語と算数・数学，理科の3教科。全国規模での学力テストは1956年から始まったが，学校間の競争をあおるとして1966年に廃止された。その後，2007年に悉皆(しっかい)方式で復活。2010年から3割の抽出方式となったが，13年には全員参加で行われた。都道府県別の平均正答率が公表される。

同全国学力テスト**N**

義務教育の無償 **BN** (ぎむきょういく-むしょう) 学齢に達した子どもに受けさせなくてはならない普通教育を無償とするというもの。憲法第26条2項後段などの定めに基づき，教育の機会均等と教育を受ける権利の保障を目的とする。無償化の範囲をめぐり，授業料のみを無償とするという考え方と，授業料以外の修学費にもおよぶとする考え方の二つがある。なお1963年以降，義務教

育諸学校の児童・生徒への教科書は，法律により無償で配布されている。

高校の授業料無償（Ｎ）（こうこうのじゅぎょうりょうむしょう）　2009年の政権交代で成立した民主党政権のもとで実施された措置。これによって公立高校の授業料が2010年度から無料となった。私立高校については，公立高校の授業料とほぼ同額を就学支援金として支給。朝鮮高校については実施が見送られた。2014年度からは，授業料無償化制度が事実上廃止され，所得制限などを設ける高校等就学支援金制度に改められた。年収910万円未満の世帯（生徒全体の約8割）が給付の対象となる。

大学無償化（Ｃ）（だいがくむしょうか）　大学・大学院の授業料が無料となること。1966年に採択された国際人権規約は「高等教育の斬新的な無償化」を規定しており，現在，国公立大学の授業料無償化が世界規模で進んでいる。一方，日本における国公立大学の入学金・授業料は世界最高水準にある。2020年には低所得世帯に限定した授業料減免制度などが開始されたが，国公立大学の授業料そのものは，今後もさらなる高騰化が確定している。なお，日本では，全大学生のうち私大生の割合が約80％に達しており，これも世界最高水準である。日本は，高等教育予算の対GDP比率がOECD最低水準にあるほか，大学生向けの奨学金予算の割合もOECD最低水準であり，大学生への経済的支援がほとんどない状態に陥っている。

給付型奨学金（Ｃ）（きゅうふがたしょうがくきん）　奨学金のうち，返還を必要としないもので，2018年度から国の制度として新設。対象は大学・短大・高専・専門学校への進学者のうち，経済的に困難があり，高い学業成績をあげるなどした生徒を高校が推薦して選ぶ。給付額は月額2万〜4万円で，日本学生支援機構が窓口となる。

　　　　　　　類 日本学生支援機構（Ｃ）

学生ローン［student loan］（がくせい〜）　高等教育機関に在学する学生に対して，学費や生活費を補助するために貸し出される類のローン。在学中の返済が猶予されている点を特徴とする。政府関係機関が貸し出すケースと，民間金融機関が貸し出すケース

に分かれる。アメリカや日本のように大学授業料が高額な国では，盛んに契約されている。一方，アメリカでは，卒業後に返済不能に陥って自己破産するケースが多数報告され，大統領選でも論争となるほど社会問題化している。日本でも，日本学生支援機構の貸与型奨学金に関して，同様の問題が国会やマスコミで指摘されている。

フリースクール（Ｎ）［free school］　学校外の学びの場として，主に不登校の子どもたちを受け入れている教育施設。法的な位置づけがないため，国や地方公共団体などの補助もほとんどなく，運営はおもに保護者からの会費や寄付などで賄われている。2016年に関連法として，教育機会確保法が成立した。

夜間中学（Ｎ）（やかんちゅうがく）　中学校夜間学級の別称。さまざまな理由で義務教育が受けられなかった人たちを対象に，主として夜間に開設された中学校。外国人にも開放されている。2016年の教育機会確保法で初めて夜間中学による教育機会の提供を法制化。これまで自主夜間中学として運営されてきたものもある。公立夜間中学は，2022年時点で15都府県に40校が設置されている。

ダークペダゴジー　学校現場で「指導」の名目で怒鳴る，脅す，見せしめにするなど，子どもを深く傷つける教育技術。教育信条が正しくても手法が間違っていればこのように呼ばれる。背景に学校の環境要因などがあるとされる。

教育勅語（Ｎ）（きょういくちょくご）　1890年，明治天皇が天皇制に基づく教育方針を示した勅語。元田永孚・井上毅らが起草。天皇の神格化と儒教的家族道徳を強調し，君臣・親子など上下関係の重視を日本国民の精神的規範とした。敗戦時まで，日本人の精神・教育の基礎となったが，1948年に国会で排除・失効確認決議がなされた。

教育行政（Ｎ）（きょういくぎょうせい）　教育基本法などの定める教育目的の実現のために行われる活動をいう。具体的には教育行政組織・教育施設・教育職員の確保と形成・維持である。教育行政の民主化・地方分権化がはかられ，統括する機関として国に文部科学省，地方に教育委員会が設置されている。

社会教育 Ⓝ（しゃかいきょういく）　学校教育以外の場で広く国民全般を対象に行われる教育をいう。社会生活上必要な一般教養の育成や地域活動への助成，青少年教育活動の展開，レクリエーションなどが含まれる。

生涯学習 Ⓑ（しょうがいがくしゅう）　生涯教育ともいう。全国民が生涯にわたって学びつづけること。1973年のOECD（経済協力開発機構）報告書では，循環的に学ぶという意味でリカレント教育の理念が提唱された。

　　同 生涯教育　類 リカレント教育 Ⓒ

旭川学力テスト事件 Ⓒ（あさひかわがくりょくーじけん）　1961年，北海道旭川市立永山中学校で，全国一斉学力調査テストを反対する教師らが阻止しようとした事件。1976年に最高裁は，教育を受ける側の学習権を認めるとともに，憲法第23条には教育の自由が含まれるとする一方で，国家の教育権も認めた。

国民の教育権と国家の教育権（こくみんーきょういくけんーこっかーきょういくけん）　具体的な教育内容を決定する権能（教育権）は誰にあるかをめぐる問題。前者は，教育権は親や教師を中心にした国民全体に属し，国家が教育内容に介入するのは原則として許されず，教育の条件整備に限定されるとする考え方。後者は，国（文部科学省）には憲法第26条の反面解釈として「教育をする権利」があり，教育内容・方法に広く介入できるとする考え方。家永教科書裁判などで争点の一つとなった。これについて最高裁は1976年，旭川学力テスト事件の判決で，上記の二つの論を「極端かつ一方的」とし，両者を折衷させる見解を示した。

勤労権 Ⓑ②Ⓝ（きんろうけん）　憲法第27条で定められた国民の権利。労働の意思と能力をもちながら就業機会に恵まれない者が，国に労働機会を与えることを要求する権利。第27条には「すべて国民は，勤労の権利を有し，義務を負ふ」と，勤労の権利と義務が併記されている。

労働基本権 Ⓐ Ⓝ（ろうどうきほんけん）　社会権の一種であり，労働者に付与されるべき基本的権利。日本国憲法は，27条にて，勤労の権利，勤労条件に関する権利などを定めている。☞ p.453（労働基本権）

労働三権 Ⓐ⑥Ⓝ（ろうどうさんけん）　労働基本権のうち，最も重要な権利とされる①団結権，②団体交渉権，③団体行動権のこと。第1に，団結権とは，労働組合の結成および加入に関する権利のことである。第2に，団体交渉権とは，労働者側が使用者側と交渉して協約を結ぶ権利である。第3に，団体行動権とは，労働者側が使用者側に要求を受け入れさせるため，ストライキなどの行動を取る権利である。

④ 参政権の保障と国務請求権

公務員選定権・公務員罷免権（こうむいんせんていけん）（こうむいんひめんけん）　憲法第15条に規定された権利。国民主権の原理を貫徹するために，国民全体の奉仕者である公務員を選んだりやめさせたりできる権利。対象は国会議員，地方公共団体の首長・議員，最高裁判所の長官と裁判官などで，選挙での投票や国民審査，住民投票などの手段がある。

選挙権 Ⓐ⑨Ⓝ（せんきょけん）　参政権の一種であり，公職選挙において投票する権利を指す。投票権ともいう。☞ p.216（選挙権）

被選挙権 Ⓑ④Ⓝ（ひせんきょけん）　参政権の一種であり，公職選挙に立候補する権利を指す。広義における選挙権の一種ともみなされる。☞ p.216（被選挙権）

国務請求権 Ⓒ（こくむせいきゅうけん）　憲法で認められた基本的人権を確保するために，国家に対して国民が行使できる権利の総称。憲法第16条の請願権，第17条の国家賠償請求権，第32条の裁判を受ける権利，第40条の刑事補償請求権などがある。請求権・受益権ともいわれる。

　　同 請求権 Ⓐ Ⓝ　受益権 Ⓒ

請願権 Ⓐ②Ⓝ（せいがんけん）　憲法第16条で認められた，公的機関に一定の職務遂行を求める権利。具体的には国や地方公共団体に対して，施策に関して希望を述べる権利をさす。未成年者や外国人にも保障される。国や地方公共団体は請願を受理し，誠実に処理する義務をもつが，内容実行の義務はない。参政権を補完する機能もある。

陳情 Ⓑ Ⓝ（ちんじょう）　国や地方公共団体に一定の施策を要望すること。実質的には請願と変わりがないが，請願の場合は憲法のほ

か，請願法などに規定があるのに対し，陳情は衆議院規則などでその処理について定めているにとどまる。

裁判を受ける権利 Ａ Ⓝ（さいばん-う-けんり）　憲法第32条に規定。不当に人権を侵害された者は，個人・法人による侵害や，国家の行政処分などに対して，その救済を求めて裁判に訴えることができる。また，刑事被告人が裁判による以外に刑罰を受けない，ということもこの権利に含まれる。

国家賠償請求権 Ａ③Ⓝ（こっかばいしょうせいきゅうけん）　憲法第17条に規定された権利。公務員の不法行為（故意または過失のある違法な行為）によって生じた損害に対し，その補償や原状回復を国家や地方公共団体に求めることができる。らい予防法（1996年廃止）による強制隔離政策などで差別と人権侵害に苦しめられたハンセン病回復者らが，国を相手に賠償請求訴訟をおこし，2001年に全面勝訴した。国は責任を認めて回復者らに謝罪し，和解に応じた。

類 **損害賠償請求権** Ｂ

ハンセン病 Ｂ③Ⓝ［Hansen's disease］（-びょう）　感染症の一種であり，1873年にノルウェーの医師アルマウェル＝ハンセンが病原体を発見したことが病名の由来である。感染すると一定の皮膚症状が現れやすく，それゆえに，古代より世界各国においてハンセン病患者への差別問題が続いてきた。日本では，古くより「癩病」と表現されてきたが，差別的意味合いが含まれているため，現在では原則として使用を避けられる。

ハンセン病国家賠償訴訟 Ｃ（-びょうこっかばいしょうそしょう）　日本では，1907年制定の旧法を前身として，1953年にらい予防法が制定され（1996年廃止），ハンセン病患者を強制隔離する措置が合法化されていた。1998年，同法を違憲とする訴訟が起こされ，2001年，熊本地裁は，国の責任を認定した。その後，政府，国会，最高裁の三権すべてが，長年にわたる国の誤ちを謝罪した。

類 **ハンセン病** Ｂ③Ⓝ

刑事補償請求権 Ａ⑥（けいじほしょうせいきゅうけん）　憲法第40条に規定された権利で，刑事手続きにおいて抑留・拘禁または刑の執行を

受けた後，無罪の裁判（再審を含む）があった場合に，国家に対して金銭的な補償を請求できる権利。明治憲法には規定がなく，日本国憲法の制定過程で追加された。詳細な手続きなどは刑事補償法に定められている。補償額は原則として，死刑は3000万円以内，抑留・拘禁などはその日数に応じて1日1000円以上1万2500円以内。

事件名	身体拘束日数	補償金総額
島田事件	1万2,668日	1億1,907万9,200円
免田事件	1万2,599日	9,071万2,800円
松山事件	1万0,440日	7,516万8,000円
財田川事件	1万0,412日	7,496万6,400円
梅田事件	6,766日	4,885万9,200円

▲ 再審無罪事件に対する刑事補償の例

5 新しい人権

新しい人権 Ａ④Ⓝ（あたら-じんけん）　社会状況の変化のなかで，従来考えられなかった人権侵害の形態が生じてきたり，人間生活の保護のための新しい施策が要求されるようになってきた。その変化に対応して主張されるようになったのが「新しい人権」であり，環境権・知る権利・プライヴァシー権などが代表例である。第三世代の人権ともいわれる。裁判などで確立しているとはいえない権利も多いが，人権の範囲は今後も拡大傾向にある。

類 **第三世代の人権**

環境権 Ａ⑫Ⓝ（かんきょうけん）　人間が健康で文化的な生活の維持のために必要な環境を保有・維持する権利。憲法第13条の幸福追求権，第25条の生存権を根拠にして主張されている。日本では1960年代後半，公害問題の激化に対して地域住民が生活環境の保護と維持を求めた裁判などで争点となった。現在では，高速道路や新幹線の建設，原子力発電所の建設，軍事基地・演習場の設置などにともなう被害の問題などにも拡大してきている。

大阪空港公害訴訟 Ｂ⑨Ⓝ（おおさかくうこうこうがいそしょう）　大阪国際空港近隣住民がジェット機の騒音・排ガス・振動などを原因とする公害被害に対して，損害賠償と飛行差し

止めなどを請求した事件。1981年に最高裁判所は，住民らが主張した環境権については言及しなかったが，損害賠償については将来の分を除き，認定する判決を下した。

鞆の浦景観訴訟 **C**4（とも─うらけいかんそしょう）
江戸期の港と町並みが一体で残る広島県福山市の歴史的な景勝地である鞆の浦の埋め立て・架橋などをめぐる裁判。広島県と市は港湾を埋め立て，橋を通して道路を通す計画を立てたが，住民らが強く反発。歴史的・文化的な景観を守ろうと訴訟に発展した。広島地裁は2009年，鞆の浦の景観を「国民の財産ともいうべき」と指摘。景観保護を理由に住民側の請求を全面的に認め，埋め立て免許の事前差し止めを命じた。のちに計画は撤回された。

景観権 **C**（けいかんけん）　美的性質を備えた自然や街の景観を享受する住民の権利。例えば，2000年代に起きた国立マンション訴訟では，並木通りの景観を守るため，東京都国立市の地元住民らが「景観権」の概念を使って高層マンション建設の中止を求めた。これに対して，司法府は，景観権という新しい権利を認めなかったものの「景観利益」の存在を認めている。なお，2004年には，都市農山漁村等の良好な景観を守る目的で景観法が制定されている。

日照権 **C****N**（にっしょうけん）　環境権の一つ。高層ビルや住宅の密集などにより，従来享受できた日照・通風・眺望などが妨げられるようになったことに対して，それらの回復や建築に対して何らかの規制を求めた主張をいう。良好な眺めに関しては，眺望権を独立させる。

入浜権 **C**（いりはまけん）　海及び海岸地域は，誰もがその環境を楽しむことができるものであり，特定の企業が港湾施設として独占したり，埋め立てたりして利用可能性を奪うことは，入浜権への侵害であるとした主張。環境権に付随する権利と考えられている。

嫌煙権 **C**（けんえんけん）　タバコの煙を吸わない権利，タバコの煙を含まない正常な空気を吸う権利。間接的にタバコの煙を吸うこと（受動喫煙）による健康被害から非喫煙者の健康を守る権利として主張された。
類 受動喫煙 **C****N**

環境アセスメント **A**4**N**（かんきょう─）　なんらかの大規模事業が実施される前に，その事業が環境に対していかなる影響を及ぼすかを調査すること。**☞** p.441（環境アセスメント）

プライヴァシー権 **C**9**N**〔right of privacy〕（─けん）　私事・私生活をみだりに公開されない権利をいう。人間の名誉や信用などにかかわる人格としての価値や利益の保持に関する「人格権」との関係が深い。欧米では20世紀初めから認められてきたが，日本では三島由紀夫の小説「宴のあと」をめぐる1964年の東京地裁判決で初めてこの権利が承認された。1981年には最高裁判所でも別の裁判で，プライヴァシーの概念を承認している。近年，情報化の進展にともなって「自己に関する情報をコントロールする権利」（情報プライヴァシー権）と定義され，個人情報の保護とも結びつけられるようになってきた。
類 情報プライヴァシー権2

人格権 **B****N**（じんかくけん）　自己の生命・身体・自由・プライヴァシー・名誉など，人格的利益について個人が持つ権利の総称。憲法第13条と第25条が法的根拠となる。裁判でこの権利が認められたケースも少なくない。最近では，市民集会などを自衛隊が監視していたのは憲法違反だと訴えた裁判で，仙台地裁が2012年に人格権の侵害を認めた。関西電力大飯原発の再稼働をめぐる裁判で，福井地裁が2014年に人格権を根拠にして運転の差し止めを命じた。

「宴のあと」事件 **C**3**N**（うたげ─じけん）　元外務大臣有田八郎が，彼をモデルとした三島由紀夫の小説「宴のあと」に対して，その発表によってプライヴァシーを侵害されたとして訴えた事件。1964年の東京地裁判決では，出版社および三島由紀夫によるプライヴァシーの侵害を認め，損害賠償を認めた。控訴後，和解が成立。

「石に泳ぐ魚」事件 **B**2**N**（いし─およ─さかなじけん）　モデル小説におけるモデルのプライヴァシーの権利と，作家の表現の自由との関係が争われた事件。東京地裁は1999年，プライヴァシーの侵害を認定し，単行本の差し止めを認めた。東京高裁・最高裁でも，原審での判断を維持し，ともに上訴を棄却

第Ⅱ編

した。

肖像権 **B** **N**（しょうぞうけん）　人が，自分の肖像（姿・顔など）を無断で撮影されたり，絵画に描かれたりせず，また，無断で公表されない権利。

自己決定権 **A** **①** **N**（じこけっていけん）　終末期医療・臓器移植・尊厳死など，自己の人格にかかわる私的事項を，公権力に干渉されることなく自ら決定する権利。エホバの証人輸血拒否事件において，信仰上の理由から輸血を拒否した患者に対して，1998年に東京高裁でこの権利が認められた。しかし，2000年の最高裁判決ではこれを明示的にはこれを認めず，人格権の一部としてとらえた。
  類エホバの証人輸血拒否事件

知る権利 **A** **④** **N**（しーけんり）　元来は，アメリカのジャーナリストが政府の情報操作を批判したことに始まる。このため，マス−メディアに属する者が，自由に取材・報道できる権利の主張として登場した。従来は憲法第21条１項に基づく自由権に属するとされてきたが，現在では参政権的な役割とともに，国民が国・地方の行政内容やその決定過程に関する情報入手を要求する権利の意味にも使用されている。最高裁は1969年，博多駅事件において，報道機関の報道は国民の「知る権利」に奉仕するもの，と判断している。

情報公開制度 **B** **④** **N**（じょうほうこうかいせいど）　政府・地方公共団体などが所持する各種情報の開示を国民が要求した場合，請求のあった情報を公開しなければならないとする制度。日本においては1970年代の末頃から情報公開を求める運動が高まり，1980年代初めから地方公共団体のなかで情報公開条例を制定する動きが広まった。国のレヴェルでも1999年に情報公開法が制定され，2001年から施行された。

情報公開条例 **A** **④** **N**（じょうほうこうかいじょうれい）　知る権利の保障などのため，住民等の請求に基づき地方公共団体の保有する情報の開示を定めた条例。1982年に山形県金山（かねやま）町と神奈川県で初めて制定され，その後各地へ広がった。現在では，すべての都道府県と大部分の市町村で実施されている。

情報公開法 **A** **⑬** **N**（じょうほうこうかいほう）　1999年制定。正式には「行政機関の保有する情報の公開に関する法律」という。第１条では，この法律が「国民主権の理念」に基づいたものであり，目的として政府の「活動を国民に説明する責務（＝アカウンタビリティ）」を通して，「公正で民主的な行政の推進」をすることが掲げられたが，知る権利は明記されなかった。2001年には「独立行政法人等の保有する情報の公開に関する法律」が制定された。

情報公開・個人情報保護審査会 **C** **N**（じょうほうこうかい・こじんじょうほうほごしんさかい）　情報公開法や個人情報保護法に基づき内閣府に設置された機関。開示請求などにかかわる不服審査申し立てについて調査や審議を行う。

サンシャイン法（−ほう）　アメリカ合衆国が1976年に制定した情報公開法の一種で，連邦機関における公式の会議内容に関する公開義務を定めたもの。その名称には「政府を日当たりのある場所に置く」という意味合いが含まれている。

個人情報保護法 **A** **⑦** **N**（こじんじょうほうほごほう）　個人情報保護を定めた法律。2003年成立。従来は1988年制定の「行政機関の保有する電算処理に係る個人情報保護法」のみだったが，高度情報通信社会の進展で法の整備が不可欠になった。主に，民間業者を規制対象とした個人情報保護法と，行政機関の個人情報の管理を定めた行政機関個人情報保護法の２種類からなる。しかし，表現・報道の自由との関わりなどで問題点も指摘される。

取材・報道の自由 **C** **N**（しゅざい・ほうどう−じゆう）　政府や大企業などによる情報操作に反対し，各種情報源に対して自由に取材し，情報の受け手に伝達する自由であり，憲法第21条の表現の自由から導かれる自由権と解釈される。国民の知る権利の基礎でもある。しかし，取材方法の適正さの範囲や，報道内容とプライヴァシー保護との関係などの問題も指摘されている。

博多駅テレビフィルム提出命令事件 **C**（はかたえき−ていしゅつめいれいじけん）　1968年，米軍原子力空母の佐世保入港を阻止するため，九州に結集していた学生運動家たちが，博多駅にて警察当局に逮捕された。この事件の審理において，福岡地裁は，事件当日の現場を撮影していた放送局４社にフィル

ム提出命令を下したが，放送局４社はこれを拒否して裁判に訴えた。取材目的で撮影したものを別目的のために差し出せば，報道機関の信頼性が損なわれ，今後の取材活動に支障をきたすためである。この件に関して，最高裁は「報道の自由」が憲法の保障対象と認めたものの，「取材の自由」に関しては，諸般の事情によって一定の制約を受けることもあるとの見解を示して，福岡地裁のフィルム提出命令を合憲とした。その後，フィルムは裁判所によって押収されている。

アクセス権 Ⓐ③Ⓝ(-けん)　マス–メディアの巨大化した社会において，言論の自由とプライヴァシーを保護するために，情報源にアクセス（接近）して，情報内容に対する反論・訂正を求める権利をいう。情報への接近という意味では「知る権利」と同じ内容をもつ。現代のように情報メディアが発達した社会ではアクセスの形態が多様化し，その必要性も大きくなっている。ただし，マス–メディアは私企業のため，憲法第21条１項からただちにこの権利を導き出すことはできず，それが具体的権利となるには個別法の制定が必要とされる。この問題が明らかになった判例として，サンケイ新聞意見広告事件がある。なお，放送法第９条は，放送事業者が真実に反する放送を行ったとき，権利を侵害された者などの請求により，訂正放送をすべき旨を定めている。

サンケイ新聞意見広告事件 (-しんぶんいけんこうこくじけん)　自民党がサンケイ（現産経）新聞に載せた意見広告が共産党の名誉を毀損したとして，共産党が同スペースでの反論文掲載を求めた事件。反論権をめぐる代表的な訴訟。最高裁は1987年，新聞社側の負担や，表現の自由への間接的な侵害の危険などを理由に，反論権の成立を否定した。

類 **反論権** Ⓒ

外務省機密漏洩事件 Ⓒ (がいむしょうきみつろうえいじけん)　1972年，沖縄返還交渉に関する外務省極秘電信の内容が，女性事務官によって毎日新聞記者に伝えられた事件。女性事務官が公務員の守秘義務違反で，また毎日新聞記者がそれをそそのかした罪で起訴された。最高裁判所はこれに対し，記者の取

材行為の不当性を理由に有罪の決定を下した。国家の機密保持と取材・報道の自由を争点にした「知る権利」をめぐる最初の裁判。なお，有罪が確定した同記者がその後，違法な起訴で名誉が傷つけられたとして国に損害賠償と謝罪を求めた訴訟を東京地裁に起こしたが，訴訟提起までに20年以上が経過したため，賠償請求権が消滅する民法の「除斥(じょせき)期間」を適用して請求を棄却(ききゃく)。高裁・最高裁もこれを支持した。西山事件ともいう。

平和的生存権 Ⓐ Ⓝ(へいわてきせいぞんけん)　F.ローズヴェルト大統領の「四つの自由」のなかの「欠乏からの自由」「恐怖からの自由」などに対応するもので，戦争にともなうさまざまな恐怖や惨禍からまぬかれる権利をいう。日本国憲法前文は「全世界の国民が，ひとしく恐怖と欠乏から免れ，平和のうちに生存する権利を有する」として，平和的生存権を宣言している。さらに，憲法第９条で戦争の全面的放棄と非武装をかかげたことによって，その中身が具体化されている。平和的共存権とよぶ場合もある。

住民基本台帳ネットワーク Ⓒ⑪Ⓝ(じゅうみんきほんだいちょう-)　住基ネットと略称。すべての国民に11桁の住民票コードをふり，氏名・住所・性別・生年月日の４情報を国が一元的に管理するシステム。2002年に稼働したが，プライヴァシー保護の観点から問題点も指摘されている。この問題をめぐり，住基ネットからの住民票コード削除を求める訴訟が各地で相次ぎ，2006年に大阪高裁は，住基ネットは個人情報保護に欠陥があり，提供を拒否した住民に運用することは憲法第13条に違反するとの判決を下した。しかし，最高裁は2008年，情報もれの危険はなく，プライヴァシー権も侵害しないとの初の判断を示した。

同 **住基ネット** ⒷⓃ

外国人の地方参政権 (がいこくじん-ちほうさんせいけん)　これまで参政権は，日本国民のみに認められるとされてきたが，国際化がすすみ，地方参政権については外国人にも認めるべきとの指摘もある。最高裁は1995年，定住外国人の地方参政権付与を憲法は禁止していないとする初めての判断を示した。

安全・安心への権利 （あんぜん・あんしん-けんり）

身体の安全や精神的な安心を含むセキュリティ全般にかかわる権利。必ずしも基本的人権として確立されたわけではないが，凶悪犯罪の増大などを背景に主張されるようになった。これらへの対応策として行われる過度な防犯カメラの設置などが，プライヴァシーを犠牲にした監視社会化へと導く危険性を指摘する声もある。警察庁が2000年に作成した「安全・安心まちづくり推進要綱」を参考にして，多くの地方公共団体でこれに類似した生活安全条例が制定されている。

公益通報者保護法 Ⓝ （こうえきつうほうしゃほごほう）

企業や官庁による公共の利益に反する行為に対して，所属する社員や公務員が報道機関などに通報したことを理由に，不利益な処分を行うことを禁じた法律。いわゆる内部告発者の保護を定めたものである。2004年に成立し，06年から施行。

共通番号制Ⓝ（マイナンバー制Ⓑ③Ⓝ） （きょうつうばんごうせい）（-せい）

国民一人ひとりに識別番号（個人は12桁，法人は13桁）を割りふり，納税や社会保障にかかわる情報を国が一元的に管理するしくみ。番号は住民基本台帳の住民票番号をもとにして作成され，市区町村が個人番号を記した「通知カード」を世帯ごとに送付した。個人の申請によって発行されるマイナンバーカード（本人の顔写真と個人認証のための情報を搭載）によって，民間での利用も想定されるが，情報漏洩など課題も多い。2013年に関連法が成立し，16年から運用。マイナンバー法は政府による愛称で，正式には「行政手続における特定の個人を識別するための番号の利用等に関する法律」という。2020年にはマイナンバーカードを活用した消費活性化事業・マイナポイントが実施され，2021年3月以降，健康保険証としての登録も始まった。

類 マイナンバーカードⒸⓃ
マイナポイントⓃ　マイナンバー法Ⓒ

特定秘密保護法 Ⓐ④ （とくていひみつほごほう）

国が保有する特に秘匿を要する①防衛，②外交，③スパイ活動防止，④テロ活動防止，の4分野55項目に関する情報の漏洩を防止するための包括的な法制度。2013年12月，政府による情報統制や知る権利の侵害を危惧する強い反対の声を押し切って成立。2014年施行。秘密指定は19の行政機関の長が行う。原則5年で指定は解除されるが，内閣が承認すれば60年まで延長が可能。公務員らが秘密を漏らした場合には最長で懲役10年とするなど，厳しい罰則規定もある。チェック機関として，内閣府に独立公文書管理監が新設された。また，この法律の運用を監視する常設組織として，衆参両院に情報監視審査会が設置された。8人ずつの議員で構成される。独立公文書管理監は2017年，これまで（15年12月～17年3月）の運用状況を検証した結果，特定秘密が含まれる防衛省と経済産業省の計93文書について廃棄が妥当と判断した。

類 情報監視審査会

忘れられる権利 ⒷⓃ （わす-けんり）

インターネットなどの普及で，個人履歴のすべてが記録されるようになった状況のもと，検索サイトなどから自己に関する情報の削除を求める権利。欧州連合の欧州司法裁判所（ＥＣＪ）が2014年，過去の検索結果の削除を求めたスペイン人の訴えを認めて注目された。日本では同14年末にさいたま地裁が「忘れられる権利」と明示し，ネット上に残りつづける逮捕歴に関する個人情報削除を認める決定を出した。しかし，東京高裁はこの削除命令を取り消し。2017年，最高裁はプライヴァシーを公表されない個人の利益とネット検索企業の表現の自由とを比較したうえで，検索結果の削除を認めない決定を行った。「忘れられる権利」については言及しなかった。

削除権 （さくじょけん）

「忘れられる権利」に類似する権利概念であり，本人の意思に基づいて自らの個人情報の削除を求める権利，および個人情報の拡散を停止させる権利のこと。

人権の制限 （じんけん-せいげん）

基本的人権は自然権であり，憲法でも第11条で，その永久不可侵を規定しているが，無条件・無制約に保障しているわけではない。第12条には「国民は，これを濫用してはならないのであつて，常に公共の福祉のためにこれを利用する責任を負ふ」と規定され，基本的人権の制限基準として「公共の福祉」

を示している。

公共の福祉　**A**9 **N**（こうきょう-ふくし）　人権相互の矛盾や衝突を調整するための実質的公平の原理。この意味では，憲法の規定にかかわらず，すべての人権に論理必然的に内在するものである。この原理は，自由権を各人に公平に保障するための制約を根拠づける場合には，必要最小限度においてのみ規制を認める（自由国家的公共の福祉）。社会権を実質的に保障するために経済政策上の観点から自由権の規制を根拠づける場合には，必要な限度において規制を認める（社会国家的公共の福祉）。日本国憲法には，第12・13・22・29条の4か所に明文上の規定がある。

　　　　　類自由国家的公共の福祉
　　　　　　　社会国家的公共の福祉

国民の義務　**B** **N**（こくみん-ぎむ）　憲法第26・27・30条に規定されている義務をいう。第26条が子女に普通教育を受けさせる義務，第27条が勤労の義務，第30条が納税の義務である。このほか，基本的人権保持やその濫用の禁止についての規定もある。

教育を受けさせる義務　**A** **N**（きょういく-う-ぎむ）　憲法第26条に規定された国民の義務で，国民はその保護する子女に普通教育を受けさせなければならないとされている。子どもの教育を受ける権利（学習権）を保障する最小限の裏づけとなる。

勤労の義務　**A** **N**（きんろう-ぎむ）　憲法第27条に定められた国民の義務。勤労権の主張とその保護を受ける前提として，労働の義務履行の意思の明示を必要とすることを示す規定と考えられる。しかし，国家による労働の強制を正当化するものではない。

納税の義務　**A** **N**（のうぜい-ぎむ）　憲法第30条に定められた国民の義務。国家運営に必要とされる費用の負担を租税という形で，自分の能力に応じて負担することが求められている。この場合の義務の内容などは，憲法第84条の租税法律主義の趣旨にそって具体的に法律のなかで定められる。

憲法尊重擁護義務　**B** **N**（けんぽうそんちょうようごぎむ）　憲法第99条に規定された「天皇又は摂政及び国務大臣，国会議員，裁判官その他の公務員」に求められる義務。国家権力行使者が憲法の精神を実現させるための法的義務と考えられる。この条文中に「国民」の文言がないのは，国民は憲法を守る側ではなく，守らせる側にあることを端的に示している。

6 グローバル化と人権の国際化

国際人権規約　**A**12 **N**（こくさいじんけんきやく）　1966年に国際連合が採択し，1976年に発効された国際的な人権条約である。主として自由権規約（ICCPR）および社会権規約（ICESCR）の2規約から構成される。もともと国連は，設立当初から基本的人権の世界的普及を目的の1つとしており，1948年には世界人権宣言が採択されていた。しかし，同宣言は拘束性に乏しいため，世界各国への法的拘束力を持たせるため，改めて作成されたのが国際人権規約だった。21世紀現在においても，世界で最も包括的な影響力を有する人権条約となっている。
☞ p.280（国際人権規約）

人種差別撤廃条約　**A**8 **N**（じんしゅさべつてっぱいじょうやく）　日本語での正式名称は「あらゆる形態の人種差別の撤廃に関する国際条約」。1969年に発効した国連条約である。肌の色に基づく人種差別に加えて，文化的区別に基づく民族差別も対象となる。
☞ p.281（人種差別撤廃条約）

アムネスティ−インターナショナル　**B**6 **N**［Amnesty International］　人権擁護運動の国際的な非政府組織（ＮＧＯ）で，本部はロンドン。世界150か国に約180万の会員・支持者（日本支部は約9000人）がいる。政治・宗教・人権問題などで拘束されている「良心の囚人」とよばれる非暴力の人々の釈放や公正な裁判の実施，さらに拷問や死刑の廃止などを求める活動を行っている。1977年にノーベル平和賞を受賞。アムネスティとは「恩赦」を意味する。

難民の地位に関する条約　**A**2（なんみん-ちい-かん-じょうやく）　通称「難民条約」。1951年に採択された国連条約。世界人権宣言14条を具体化したものであり，迫害を逃れて国外に庇護を求めている人々の諸権利を定めている。20世紀は「難民の世紀」とも言われ，特に第一次世界大戦や第二次世界大

を通して大量の難民が発生した。難民をいかに処遇するかは，21世紀の現在もなお国際社会における最重要課題の１つである。　☞ p.279（難民の地位に関する条約）

死刑廃止条約 Ⓐ Ⓝ（しけいはいしじょうやく）　正式名称は「市民的及び政治的権利に関する国際規約の第２選択議定書」。1989年，死刑廃止を目的として採択された国際的な人権文書であり，国際人権規約（自由権規約）を追加補完する形をとっている。2022年現在の締結国は90。日本は締結していない。　☞ p.282（死刑廃止条約）

子どもの権利条約 Ⓐ ⑦ Ⓝ（こーけんりじょうやく）　1989年に国連が採択した国際条約で，児童の普遍的権利を定めたもの。同条約では，児童について，18歳未満の人間と定義しているが，各国の国内法で成人年齢の基準が異なっていれば，その限りではない。　☞ p.282（子どもの権利条約）

女性差別撤廃条約 Ⓑ ⑥ Ⓝ（じょせいさべつてっぱいじょうやく）　日本語での正式名称は「女子に対するあらゆる形態の差別の撤廃に関する条約」。1979年に国連にて採択され，1981年に発効した。女性の権利に関する包括的な国際条約であり「女性に関する国際的な権利章典」とも呼ばれる。同条約の履行を監視監督するため，国連人権理事会の下に女子差別撤廃委員会が設けられている。これまで，日本に対しては，婚姻可能年齢の男女平等化，夫婦別姓合法化，婚外子差別の是正などを勧告してきた。

障害者権利条約 Ⓑ Ⓝ（しょうがいしゃけんりじょうやく）　障害者の尊厳と諸権利を定めた国際条約。2006年に国連にて採択され，2008年に発効された。障害者が単なる「保護対象」とみなされるだけでなく「対等なる社会の一員」として生活を歩むべく，必要な措置を規定している。　☞ p.282（障害者権利条約）

定住外国人の地方参政権の付与（ていじゅうがいこくじん－ちほうさんせいけん－ふよ）　多くの国々において，参政権（投票権や立候補権）は自国の国籍保有者に限定されてきた。しかし，

現在では，定住外国人の政治参加を地方自治レベルに限って認めるケースが増えつつある。例えば，EU諸国では，同じEU加盟国出身の定住外国人に対して，地方選挙の投票権を原則保障している。韓国のように国籍を問わず地方選挙の投票権を付与するケース，イスラエルのように，国籍を問わず，地方レベルにおいて投票権のみならず立候補権すら付与するケースもある。一方，日本では，国政および地方自治いずれにおいても，定住外国人には参政権が一切付与されていない。ただし，住民投票条例において，国籍を問わずに定住外国人に投票権を付与する自治体が近年出現しつつある。グローバル化が進む中，定住外国人にも参政権を保障していく流れは，今後も世界規模で強まっていくものと推測されている。

出入国管理及び難民認定法 Ⓑ Ⓝ（しゅつにゅうこくかんりおよ－なんみんにんていほう）　日本人の出入国ルール，外国人の日本在留ルールを定め，かつ，日本における難民の認定条件を定めた政令。1951年公布。略称は「入管法」。1980年代以降のグローバル化に伴って，外国人労働者の日本在留を容易にする改正が頻繁に行われている。一方，難民に関しては，認定条件が厳格であり，実質的な難民排除につながっているとの国際的批判を受けている。　☞ p.183（出入国管理及び難民認定法）

国際刑事裁判所 Ⓐ ⑦ Ⓝ（こくさいけいじさいばんしょ）　2003年に設置された常設の国際裁判所であり，侵略，戦争犯罪，大量虐殺などの国際犯罪に問われた個人を裁く。ただし，世界各国の国内法で適正な裁判がなされなかった場合に限定されるという補完性の原則を有する。日本は2007年に加盟。これまでアフリカ諸国の案件を審理することが多く「欧米の視点で途上国の複雑な事情も理解せずに裁いている」との批判を受けている。国家間の紛争を処理する「国際司法裁判所」と名称が類似しており，混同されやすい。　☞ p.283（国際刑事裁判所）

第III編
現代の民主主義と政治参加・社会参加

対立して生きるのではなく，共に生きていくことを学んで頂きたい。民主的に選ばれた政治家であるわれわれこそ，このことを常に繰り返して心に留め，その模範となろうではありませんか。自由を尊ぼうではありませんか。平和のために働きましょう。法を守りましょう。われわれの心の内にある正義の規範に仕える者となりましょう。

——ヴァイツゼッカー（1985年5月8日演説より）

1章　民主政治の成立と課題

1 現代の民主主義と課題

大衆民主主義 Ⓑ①［mass democracy］（たいしゅうみんしゅしゅぎ）　普通選挙制度の実現を背景に，身分や財産上の制限なしに，国民大衆の政治参加を保障する制度。マス-デモクラシーともいう。問題点として，大衆は他者と同調しやすく画一的な行動を起こすことが多いため，煽動的な政治指導者やマス-メディアによる操作対象となりやすく，また，無力感や孤立感から政治的無関心におちいりやすい点があげられる。
同 マス-デモクラシー Ⓒ

参加民主主義 Ⓒ（さんかみんしゅしゅぎ）
☞ p.137（参加民主主義）

ポピュリズム Ⓐ①Ⓝ［populism］　大衆迎合主義。一般大衆の考えや要求に依拠して行われる政治的な主張や運動。世論を動員してこうした政策を実現しようとする政治家などをポピュリストとよぶ。
類 ポピュリスト Ⓒ

ポスト真実［post truth］（-しんじつ）　客観的な事実や真実よりも，感情的な訴えや虚言，嘘の情報に民意が誘導されていく状況をさす。ポストとは「～以後」「脱～」の意。背景にはネット社会の影響がみてとれる。イギリスのオックスフォード大学出版局が2016年を象徴する語として選んだ。

ファクトチェック Ⓒ［fact check］　政治家などの発言内容を事実に即して，事後に確認・点検・評価するジャーナリズムの手法。アメリカのメディアで積極的に取り組まれている。フェイク（偽）ニュースなどへの有効な対抗策とされる。
類 フェイクニュース ⒷⓃ（偽ニュース）

フェイクニュース ⒷⓃ　虚偽の情報，あるいは誤解を招く情報に基づいたニュースコンテンツ。新聞産業が急成長して大衆受けの良いセンセーショナル報道が横行し始めた19世紀末に出現した用語。ソーシャルメディア普及によって，国家／企業／集団／個人がニュースを自由に流布できるようになった現代において，改めて着目

されている概念でもある。

大衆迎合主義 **Ｂ** **Ｎ**（たいしゅうげいごうしゅぎ）　「ポピュリズム」とほぼ同義の日本語であり，特に，国家権力者が大衆の欲望やニーズをそのまま受け入れて政治的意思決定を為す態度を強調する場合に使われる用語である。

市民運動 **Ａ** **Ｎ**（しみんうんどう）　大衆が主体的・自発的に政治活動・社会活動に参加し，発言していく運動をいう。生活実感に根ざし，一人ひとりが自己の権利を自覚し，多くの人々と連帯して政治的・社会的の問題の解決をはかろうとするもの。反公害運動や消費者運動のように，職業的の指導者や恒常的の組織をもたない場合が多い。特定地域の問題で，地域住民によって担われるのが住民運動である。

大衆運動 **Ｃ**（たいしゅううんどう）　一定の公共的目的を実現させるために，大衆の手によって実行される政治運動や社会運動。大衆自身が自発的に展開する形態と，政党や権力者によって大衆が動員される形態に分かれる。

陳情 **Ｂ** **Ｎ**（ちんじょう）　公的機関や政治家に対して，一般人が公共的問題の実情を陳述して，その解決を要請する行為。「請願」と類似する概念。ただし，請願は憲法に規定された請願権を公式プロセスに基づいて行使することであるのに対して，陳情は非公式プロセスのものも含まれる。
☞ p.201（陳情）

カウンターデモクラシー **Ｃ**　フランスの社会学者ピエール＝ロザンバロン（Pierre Rosanvallon，1948～）が提示した概念であり，日本語では「対抗民主主義」とも表現される。人々が政党や政治家を＜信任＞する投票だけではなく，示威活動やソーシャルメディアなどを通して，政治への＜不信任＞活動も行うことで，民主主義の質は保たれるとする主張。

カウンター **Ｃ** **Ｎ**（対抗**Ｂ**）［counter］（たいこう）　政治活動の一環として，市民らが現場で対象に向けて直接抗議する手法。カウンター－デモクラシーとよばれることもある。行進や集会など通常の示威運動（デモンストレーション）と同様に非暴力的だが，やや過激になることもある。怒りを可視化させて人々の無関心を揺さぶり，民主主義

を覚せいさせるのが狙い。フランスの政治学者ピエール＝ロザンバロンが2006年に提唱した。「1％の人に富が集中し，99％のわれわれの声が届いていない」と訴えた米国ウォール街占拠運動などが代表例とされる。
同 カウンター－デモクラシー **Ｃ**
☞ p.345（ウォール街）

無党派層 **Ａ** **④** **Ｎ**（むとうはそう）　明確に支持する政党をもたない有権者のこと。世論調査などで「支持政党なし」と答える。これでは政治的無関心の現れととらえられてきた。しかし，一方に既成政党に対する不信から「支持政党なし」と答える層がある。今日その割合が大きく，選挙結果に影響を与える勢力ともなっている。

政治的無関心 **Ａ** **①** **Ｎ**［political apathy］（せいじてきむかんしん）　参政権をもつ国民が政治には関係ない，政治家にまかせておけばよい，政治に期待できない，などとして政治への興味・関心を失うこと。政治への無力感・絶望感を背景とした政治参加への意欲の喪失，選挙における棄権，脱政党化現象としてあらわれる。アパシーともいう。アメリカの政治学者ラスウェルは政治的無関心を，脱政治的・無政治的・反政治的の三つのタイプに分類している。また，アメリカの社会学者リースマンは，政治的無知を背景とする伝統型無関心と，政治的知識はあるが政治に冷淡な現代型無関心とに識別した。
同 アパシー **Ｃ** **③** **Ｎ**

単一争点集団 **Ｃ**（たんいつそうてんしゅうだん）　1つの公共的論点への関心によって形成された集団のこと。その集団が政党へと成長して議会にて一定勢力を有するようになった場合，単一論点政治が展開されることになる。

大きな政府 **Ａ** **Ｎ**（おおーせいふ）　☞ p.357（大きな政府）

小さな政府 **Ａ** **⑤** **Ｎ**（ちいーせいふ）　☞ p.357（小さな政府）

夜警国家 **Ａ** **⑦** **Ｎ**（やけいこっか）
類 安価な政府 **Ｃ** **Ｎ**　ラッサール **Ｃ** **③** **Ｎ**
☞ p.357（夜警国家）

福祉国家 **Ａ** **②** **Ｎ**（ふくしこっか）　☞ p.356（福祉国家）

行政国家 **Ｂ** **Ｎ**（ぎょうせいこっか）　☞ p.241

（行政国家）

積極国家 **C**（せっきょくこっか）　☞ p.125（消極国家と積極国家）

消極国家 **C**（しょうきょくこっか）　☞ p.125（消極国家と積極国家）

新自由主義 **A①N**（しんじゆうしゆぎ）　☞ p.357（新自由主義）

2 世論の形成と民主社会

世論 **A①N**（せろん／よろん）　社会内で一般的に合意されている意見。元来は輿論^{ろん}。利害関係を同じくする集団の形成とその集団間の議論などを通して形成される。このため、争点に対して集団的な討議や熟慮を経た輿論（パブリック-オピニオン）と、一時的・情緒的な判断や漠然としたイメージに基づく世論（ポピュラー-センチメンツ）とを区別して用いる場合もある。世論の動向は、行政官庁やマスコミなどの行う各種世論調査によって知ることができる。その内容が政治的決定に反映されれば、選挙以外にも広く民意が政治に反映されることになる。しかし、国民の入手する情報の内容で世論も左右されるため、健全な世論形成のためには情報公開の徹底や意図的な情報操作のないことが必要となる。世論の形成に大きな影響を与える、著名なジャーナリストや評論家をオピニオン-リーダーとよぶこともある。

同 輿論 **C**　類 オピニオン-リーダー

世論調査 **A③N**（せろんちょうさ）　社会的な問題や政治的な選択についての国民の意識・世論を調査すること。政府（とくに内閣府）やマス-メディアなどが定期的に実施している。

討論型世論調査 **C N**（DP **A①N**）［Deliberative Polling］（とうろんがたせろんちょうさ）　賛否が拮抗^{きっこう}するテーマに関して、討論の手法を取り入れて行われる世論調査。通常の調査をした後で、その回答者のなかから募った人たちで討論会を行い、後に再度調査をして、その間の民意の変化をみる。神奈川県が道州制についてこの手法で調査した例などがある。国レベルでは原発やエネルギー政策の参考にするため、2012年に初めて実施された。

マス-コミュニケーション **C N**［mass communication］　不特定多数の人々に向けて情報を伝達する行為。新聞、雑誌、書籍、映画、ラジオ、テレビなどのマスメディアを利用することで達成される。　☞ p.73（マス-コミュニケーション）

政治意識 **N**（せいじいしき）　政治行動や政治的判断を行う時の基礎となる考え方や認識。政治状況や社会の動向の変化によって流動し、ときの内閣の政策への賛否、政党支持や政治活動などにあらわれる。階級・階層・職業・加入組織などは、個人の価値観形成を左右し、政治意識のあり方を決定する重要な要素となる。政治意識の動向を分析し、説明する方法として世論調査などがある。

世論操作 **B**（せろんそうさ）　マス-メディアの論調や政府の広報・宣伝活動により、意図的にある方向性と目的をもって行われる世論形成をいう。政府その他の権力が、大衆を操作の対象にすること。ナチス-ドイツのプロパガンダ（政治的宣伝）による大衆意識の支配などが有名である。それを回避するには、マス-メディアの活動を保障する言論・報道の自由の確立、情報公開制度の活用、アクセス権の行使などが必要である。

マス-メディア **A④N**［mass media］　不特定多数の人々に向けて情報を一斉伝達するためのテクノロジー、あるいはそのテクノロジーを活用した装置。古くは、印刷技術による新聞、雑誌、書籍などがあり、20世紀に入ると、レコード、映画、ラジオ、テレビなどのマスメディアが普及した。インターネットも、不特定多数に向けた情報の一斉伝達に用いられた場合、マスメディアの一種とみなされる。　☞ p.73（マス-メディア）

メディア-スクラム **C N**［media scrum］　事件が発生した現地にマスコミ関係者が多数押しかけ、被害者や被疑者などへの過剰な取材・報道を行うこと。プライヴァシー侵害などの被害を与えることが多い。集団的過熱取材ともいう。

放送倫理・番組向上機構 **C N**（BPO **C N**）（ほうそうりんりばんぐみこうじょうきこう）　ＮＨＫ（日本放送協会）と民放連（日本民間放送連盟）とが2003年に共同で設置した第三者機

関。放送による言論・表現の自由を保障するとともに，視聴者からの意見や人権被害などの苦情を受けつける。放送局などへ勧告を行う権限もある。

アナウンスメント効果 **C** **N**（－こうか）　マス－メディアの選挙予測報道によって，有権者の投票行動に影響をあたえること。予測とは逆の選挙結果を引きおこすことも少なくない。いわゆる勝ち馬に乗る「バンドワゴン効果」と，逆の「アンダードッグ効果」（判官贔屓びいきの効果）があるといわれる。

類 バンドワゴン効果 **N**　アンダードッグ効果 **N**
類 アナウンス効果

匿名報道と実名報道 **N**（とくめいほうどうと－じつめいほうどう）　権力犯罪以外の一般的な刑事事件では，被疑者や被告人などの実名を原則として報道しないという立場が匿名報道。これに対して，事件・犯罪報道は原則として実名で行うとする立場が実名報道。日本のマスコミでは後者が基本とされてきたが，このうち従来は呼び捨てだった被疑者について，「容疑者」という呼称を付すなど，無罪推定の法理を踏まえた報道に変わってきた側面もある。少年事件の場合は，少年法第61条の規定により匿名報道が原則となっている。

調査報道 **N**［investigative journalism］（ちょうさほうどう）　報道機関が独自の調査活動を通じて報道する方法。政府や捜査当局の情報源に依存する発表ジャーナリズムの対極にある。1970年代にニクソン米大統領の犯罪をワシントン－ポスト紙の２人の記者が徹底的に調べ上げて暴露し，大統領辞任に追い込んだウォーターゲート事件の報道が代表例。日本では，竹下登内閣の崩壊につながった1980年代のリクルート事件の報道が知られる。

取材源の秘匿 （しゅざいげんの－ひとく）　取材記者が，情報源（ニュースソース）である取材相手を特定される情報を外部に漏らさないこと。ジャーナリストが必ず守るべき鉄則の一つ。これが破られると，取材・報道の自由の基盤が壊され，国民の知る権利が制約されることになる。日本では法律上の明文規定はないが，アメリカでは多くの州でシールド法に基づき取材源秘匿権が認められている。

記者クラブ **C**（きしゃ－）　国会や官庁などで取材活動をする記者たちが，共同会見などの取材の便宜をはかるために組織した団体またはその拠点となる場所。取材先との癒着関係を招きやすいこと，大手マスコミに限定され，それ以外の者が排除されてきたこと，などへの批判もある。現在は，一部の官庁ではフリージャーナリストなどにも門戸が開かれるようになった。

メディア－リテラシー **A** **10** **N** **←** p.77（メディア－リテラシー－）

プロパガンダ **C**　特定の政治的宗教的な価値観を流布するための宣伝行為。第一次大戦および第二次大戦において，各国政府が虚偽や誇張に満ちたプロパガンダを繰り広げたため，プロパガンダという用語には「大衆をだます」「大衆を洗脳する」というネガティブな意味合いが含まれるようになった。

フィルターバブル　自分の望まない情報から隔離され，価値観や考え方の泡（バブル）の中に孤立する情報環境をいう。個人のネット利用履歴などから，利用者が望む情報のみを優先して表示するアプリなどで作り出される。

エコーチェンバー現象（－げんしょう）　本来は音が反響する物理現象のこと。これに例えて，自分と似た価値観の意見があらゆる方向から返ってくる狭いコミュニティで，同様な意見を見聞し続けることによって，自分の意見が増幅・強化されることを指す。

3 選挙

選挙制度

選挙制度 **B** **6** **N**（せんきょせいど）　選挙権を有する者が，議員その他の役職につく人を選出する方法。選挙人の資格や，単記式・連記式などの投票の方法，選挙区制や議員定数及び代表制などによって区別される。中央選挙管理会と都道府県や市町村の選挙管理委員会によって国政選挙と地方選挙が運営されている。選挙制度のあり方は民主政治の前提となり，普通・平等・直接・秘密・自由の五つの原則がある。

選挙区制 **A** **1** **N**（せんきょくせい）　国家領土を細かい地域（選挙区）に区分して，地域ごとに立法府の議員を選出する仕組み。1

つの地域から1人の議員を選出する場合は小選挙区制，1つの地域から複数の議員を選出する場合は大選挙区制と呼ぶ。

	長　所	短　所
小選挙区制	①大政党に有利 ②政局が安定 ③選挙民が候補者を理解しやすい ④選挙費用の節約	①小政党に不利 ②死票が多い ③買収など不正投票が増えやすい ④ゲリマンダー
大選挙区制	①小政党も当選可 ②死票が少ない ③人物選択の範囲が広い ④買収などの減少	①多党分立 ②政局不安定 ③候補者を理解しにくい ④多額の選挙費用
比例代表制	①政策本位の選挙 ②死票が少ない ③民意が選挙に反映される	①多党分立 ②政局不安定 ③人物よりも政党中心になる

▲ 選挙区制度の比較

代表制 Ａ１Ｎ（だいひょうせい）　選挙区から選出される当選人が，いかなる数の有権者層の代表としての性格をもつかで区別される。小選挙区では当選のために多数派の支持を必要とするので多数代表制という。大選挙区制では比較的少数・相対的多数の支持で当選できるため少数代表制である。比例代表制は原理的には少数代表制に含まれ，得票数に応じて当選者数を配分する。
　類 多数代表制　少数代表制

大選挙区制 Ａ９Ｎ（だいせんきょくせい）　1選挙区から定数2名以上の代表者を選出する選挙区制のこと。中選挙区制もこれに含まれる。投票時に一人の候補者だけに投票する単記式と複数に投票する連記式とがある。長所は死票が少なく，代表者を広い範囲から選ぶことができ，少数派にも有利な点。短所は候補者との結びつきが弱く，小党分立をうながし，政局が不安定になるおそれがある点。連立政権になりやすい。

小選挙区制 Ａ21Ｎ（しょうせんきょくせい）　1選挙区につき定数1名を選出。単純多数で当選者が決まる。長所は議員と選挙民の関係が親密になりやすく，多数派に有利で，政局が安定する点。短所は少数意見が反映されにくく，地域の利益を代表する狭い視野の議員を選ぶことになりやすいこと。ゲリマンダーの危険性が高く，死票が増える結果，政党間の議席比率が得票率以上に拡大されやすい点である。日本では，1890

～1898年および1920～1924年の期間において採用されたことがある。

ゲリマンダー Ｎ［gerrymander］　自己の政党に有利になるように，選挙区割りを恣意的に変更すること。1812年，アメリカのゲリー知事が操作した選挙区の形が伝説上の怪獣サラマンダーの姿に似ていたため，この名前がある。日本でもかつて，鳩山一郎内閣が提出した小選挙区案のなかに不自然な形をした選挙区があり，ハトマンダーと批判された。
　類 ハトマンダー

中選挙区制 Ｂ２Ｎ（ちゅうせんきょくせい）　1選挙区からほぼ3～5名の代表者を選出。大選挙区少数代表制の一種で，単記式で投票されるため，少数派にも議席確保の機会があるはずだが，実際には議員定数の不均衡などから，多数派政党が得票率に比べて多くの議席を占めた。日本で1928～42年および1947～93年までの期間において，衆議院議員総選挙で採用されていた。

比例代表制 Ａ22Ｎ（ひれいだいひょうせい）　各党派の得票数に比例して議席が配分されるしくみ。死票を少なくし，民意を正確に議会構成に反映させようとした制度であるが，小党分立や政局の不安定につながる可能性もある。1855年にデンマークで初めて採用された。日本では1982年に参院議員選挙に，1994年に衆院議員選挙に導入された。当選人の決定は，投票者が当選順位を投票する単記移譲式と，あらかじめ当選順位を定めている名簿式の二つに大別される。

職能代表　（しょくのうだいひょう）　議会の議員選出を各職業従事者によって行い，選ばれた代表のこと。日本の参議院は被選挙権年齢の設定など，職能代表制の傾向をもっていたが，今日では政党色が強まっている。

総選挙 Ｂ２Ｎ（そうせんきょ）　衆議院議員全員を新たに選ぶ選挙のこと。4年間の任期満了，または衆議院の解散に基づいて行われる。任期満了による総選挙は1回のみで，他はすべて解散に基づく。

拘束名簿方式 ４Ｎ（こうそくめいぼほうしき）　比例代表制において，投票の委譲によって当選人を決定する方式の一つ。選挙人はあらかじめ各党派が順位を決めて作成した名簿に投票する形式となり，名簿順に当選者が出

ることで名簿内で投票委譲が行われる。1982年の公職選挙法改正後，参議院議員選挙には拘束名簿式・ドント式の議席配分法が導入された。1994年以降，衆議院議員選挙でもこの方式を採用。ほかには，投票人が順位をつけて投票する単記委譲式がある。2000年10月，参議院の比例代表区は非拘束名簿方式にかわったが，2018年の法改正で，一部に特定枠という拘束名簿方式が復活した。

類 特定枠 C N

ドント式 B6(-しき) 比例代表制の議席配分に用いられる計算方式。ベルギーの法学者ドントが提唱した配分法に基づく。各党派の得票総数を，1，2，3，…という整数で順に割り，その商の大きい順に定数まで各党に議席を割り当てる方法。

政党	A	B	C	D
得票数	10,000	8,000	6,000	3,500
除数 1	10,000①	8,000②	6,000③	3,500⑥
2	5,000④	4,000⑤	3,000⑧	1,750
3	3,333⑦	2,666⑨	2,000	1,166
4	2,500⑩	2,000	1,500	875
配分議席	4	3	2	1

▲ 比例代表 ドント式
議員定数10人の場合の試算例，丸数字は当選順位

非拘束名簿方式 7N(ひこうそくめいぼほうしき) 2000年の公職選挙法改正で，参議院の比例代表区に導入された制度。政党が候補者の名簿順位を決めず，有権者は候補者名または政党名のいずれかを書いて投票する。候補者の得票と政党の得票を合算し，得票数の多い候補者から順次，当選が決まる。

小選挙区比例代表並立制 A6N(しょうせんきょくひれいだいひょうへいりつせい) 1994年の公職選挙法改正で衆院議員選挙に導入された制度。議員の一定数を小選挙区制で選出し，残りを比例代表制で選出する仕組み。これに対してドイツでは，比例代表制をベースにした小選挙区比例代表併用制がとられる。

小選挙区比例代表連用制 N(しょうせんきょくひれいだいひょうれんようせい) 小選挙区制と比例代表制を合わせた選挙制度。現在はまだ導入されていない。比例区が政党へ，小選挙区

が個人に投票を行う点は現行制度と同じ。ただ，比例区の議席配分の際，連用制ではドント式のように1からではなく，「各党の小選挙区での獲得議席数＋1」から順に割っていく。これにより，全体の議席配分は比例選の得票割合に近づき，中小政党にも議席獲得のチャンスが増えるとされる。

公職選挙法 A14N(こうしょくせんきょほう) 衆議院議員・参議院議員・地方公共団体の議会の議員及び長などの公職につく者の選挙について定めた法律。選挙が公明かつ適正に実施され，民主政治の健全な発達を期するために1950年に制定。従来，衆議院議員選挙法，参議院議員選挙法，地方自治法などで個別に規定されていたのを，一つの法律にまとめた。選挙制度や運動・実施規則などについて定められている。

期日前投票 B3N(きじつぜんとうひょう) 有権者が選挙の当日に仕事・旅行・レジャーなどの予定がある場合，それ以前(公示または告示日の翌日から選挙期日の前日まで)に期日前投票所で行う投票。2003年の公職選挙法改正で創設された(第48条の2)。投票環境の整備をはかるため，大型商業施設や大学・高等学校などに期日前投票所が設置されることもある。共通投票所ともよばれ，選挙の当日も投票できる。

不在者投票 BN(ふざいしゃとうひょう) 有権者が選挙当日に所定の投票所に行くことができない場合，前もって行う投票。不在投票ともいう。期日前投票が別に設けられたため，出張先・旅行先などの滞在地，入院・入所中の病院や老人ホームなどのほか，一定の条件に該当するときは郵便による投票もできる。投票期間は期日前投票と同じ。公職選挙法第49条に規定されている。

同 不在投票

出口調査 N(でぐちちょうさ) 選挙の際，投票を終えた有権者に投票所の出口で誰に投票したかを問う面接調査。マスコミなどが選挙結果の予測を早めるために行う。

重複立候補 A8N(ちょうふくりっこうほ) 衆議院小選挙区の政党公認の候補者のうち，比例代表名簿にも名前が登載されている者をさす。小選挙区で落選しても，比例区で復活当選できる場合もある。名簿で同一順位に並んだとき，小選挙区の当選者に対する得

票率 (惜敗率) が高い候補者から順に当選人がきまる。

類 **復活当選B N**

惜敗率 **B N** (せきはいりつ)　衆議院の小選挙区比例代表並立制選挙において，両方に重複立候補をし，小選挙区で落選した候補者が復活当選する際の基準。「惜敗率＝落選者の得票数÷当選者の得票数×100 (％)」であらわされる。政党の比例代表候補者名簿に同一順位で登載されたときは，その小選挙区における当選者に対する得票数の比率が高い順に当選する。ただし，小選挙区での得票数が有効投票総数の10％に満たないと，比例区での復活当選はできない。

法定得票数 (ほうていとくひょうすう)　公職選挙法に定められた一定の得票数のこと。①当選に必要な最低限の数，②供託金の没収を受けないための数，の二つがある。①については，当選できる順位にいても，衆議院小選挙区の場合は有効投票総数の 6 分の 1以上，地方公共団体の首長の場合は同 4分の 1 以上なければ当選できない。②については，衆議院小選挙区などで同10分の 1 以上，参議院選挙区で有効投票総数を定数で除した数の 8 分の 1 以上なければ没収される。

制限選挙 **B③N** (せいげんせんきょ)　性別・身分・財産などによって選挙権・被選挙権の資格要件を制限するもの。普通選挙に対比される。19世紀までは，選挙資格はどの国でも制限され，財産や納税額・性別などにより差別されていた。日本では，1890年の第 1 回衆議院議員総選挙で，直接国税15円以上，その後1900年から10円以上，1919年からは 3 円以上を納める25歳以上の男性に限られた。

普通選挙 **A⑦N** (ふつうせんきょ)　狭義には，選挙権について納税や財産など経済的要件による制限を定めない制度をさすが，広義には，それらに加えて社会的地位・人種・性別などによって制限せず，成年男女に等しく選挙権を認める制度をいう。制限選挙に対比されるが，年齢や居住を要件とすることは合理的・技術的見地から不可避とされる。現代民主主義国家の選挙原則となっている。日本では，1925年の法改正で納税制限が撤廃され，1928年の衆議院議員

総選挙から25歳以上の男性普通選挙が実施，有権者数は前回の約 4 倍となった。しかし，女性の参政権は認められず，20歳以上のすべての成人に普通選挙権が保障されたのは1945年である。2015年には公職選挙法の改正で，選挙権の年齢が18歳以上に引き下げられた。

普通選挙	選挙権を，性別，身分などで制限せず一定の年齢に達した者すべてがもつ
平等選挙	一人一票の投票で，一票の価値はすべて等しい
直接選挙	中間選挙人を通してではなく，本人が直接代表者を選出する
秘密選挙	誰に投票したかが外部からわからない。責任も問われない
自由選挙	どの候補者に投票してもよい。投票しなくても罰せられない

▲ 選挙制度の五原則

18歳選挙権 **C①N** (ーさいせんきょけん)　2015年の公職選挙法改正で選挙権年齢が「満18歳以上」に引き下げられたこと。2016年の参議院議員選挙から実施。これにより，約240万人が新たに有権者にくわわり，全人口に占める有権者の比率は2014年総選挙時の81.8％から約 2 ％上がった。選挙制度が創設された1889年当時はわずか1.1％だった。世界的には選挙権年齢は18歳が主流。国民投票法 (日本国憲法の改正手続に関する法律) では，すでに「18歳以上」となっていた。

平等選挙 **A⑥N** (びょうどうせんきょ)　選挙人の投票の価値を平等に扱うこと。等級選挙 (選挙人を納税額などによって等級に分ける制度)・差別選挙に対比される。選挙区ごとに表れた一票の価値の不平等が現在の大きな問題である。

秘密選挙 **B⑥N** (ひみつせんきょ)　選挙人がどの候補者に投票したかを秘密にすること。憲法は第15条第 4 項で，投票の自由を保障し，選挙人は投票に関して私的・公的に責任を問われない，と定めている。

直接選挙 **B⑤N** (ちょくせつせんきょ)　有権者が候補者を直接投票して選ぶしくみ。日本国憲法では国政選挙について明文の規定はないが，公職選挙法で直接選挙の原則をとる。地方選挙については，憲法第93条 2 項に住民による直接選挙の規定がある。

第Ⅲ編

間接選挙 B 2 N（かんせつせんきょ）　有権者が中間選挙人を選び，その中間選挙人があらためて代表を選出するしくみ。アメリカの大統領選挙が代表例とされる。

自由選挙 C 1 N（じゆうせんきょ）　法的な制裁のない自由な投票制度。日本の選挙の際にとられている方法で，任意投票ともいう。選挙制度上の自由の原則では，立候補の自由や選挙運動への不干渉も含まれる。

義務投票 C N（義務投票制）（ぎむとうひょう）（ぎむとうひょうせい）　投票行為を公務として制度化した場合に行われる投票。投票率の低下に対して，棄権防止のために投票を法的に義務づける制度を意味する。ベルギー・オーストラリアでは罰金もある。シンガポール・タイの全国，スイスの特定の州などでも実施されている。強制投票（制）ともいう。

有権者 B 15 N（ゆうけんしゃ）　選挙資格があり，選挙権を有する者で，法律上の要件や手続きを満たして選挙権を行使できる者。法律上の要件とは，日本では満18歳以上の男女で，選挙管理委員会が作成した選挙人名簿（当該市町村に3か月以上居住し，住民基本台帳に記載されている者）に登録されていることである。

選挙権 A 9 N（せんきょけん）　選挙人として選挙に参加できる権利をいうが，一般的には国民主権の原理から，各種の議員や公務員の選挙に参加できる権利を意味する。現在の日本では憲法第15条で普通選挙を保障し，満18歳以上の男女が選挙権をもつが，その行使に関しては同一市町村が作成する選挙人名簿に登録されていることが必要。

被選挙権 B 4 N（ひせんきょけん）　選挙に立候補する権利のことで，選挙によって議員その他の公務員になることができる資格をいう。日本では，衆議院議員・地方議会議員・市町村長は満25歳以上，参議院議員・都道府県知事は満30歳以上であることが必要である。

公民権 B N（こうみんけん）　公民たる資格で国または地方公共団体の政治に参与する権利。選挙権・被選挙権・直接請求権・公務員就任権などの参政権をさす。選挙権・被選挙権と同義にも使われる。選挙にかかわる罪を犯した者には，公民権が停止される場合もある。

死票 A 3 N（しひょう／しにひょう）　選挙で議席獲得に生かされない，落選者に投じられた票のこと。死票は，投票者の意思が議席構成に反映されないが，当選者に向けられた批判票・反対票の意味ももつ。小選挙区制は死票が多く，大選挙区制は死票が少なくなる。死票を少なくするために，政党の得票数に比例して議席を配分する比例代表制が考え出された。

世襲議員 N（せしゅうぎいん）　二世議員ともいう。親が議員であって，死亡・引退した場合に，その子どもが支持基盤を継いで当選した議員をさす。親が築いてきた地盤を他人に渡さずに身内が引き継ぎ，議員の地位を世襲しようという考え方に基づく。

金権選挙（きんけんせんきょ）　多額の金を動かすことで当選しようとする選挙のあり方。利益誘導や買収・供応などが問題になっている。

利益誘導 N（りえきゆうどう）　選挙協力の見返りに地元への公共事業を誘導したり，地元企業の便宜を図ったりする行為。こうした政治を利益誘導政治という。

選挙違反 C 2 N（せんきょいはん）　公職選挙法に違反すること。たとえば事前運動をすること，買収行為をすること，戸別訪問や寄付行為をすること，など。

事前運動 N（じぜんうんどう）　公職選挙法で禁止されている行為で，選挙運動期間中より以前に選挙運動をすること。違反者は禁錮または罰金の刑を受ける。なお，選挙運動の期間は公示・告示日から投票日の前日までで，通例では衆院選挙が12日間，参院選挙が17日間。

戸別訪問 B 8 N（こべつほうもん）　選挙運動の一環として有権者の家庭を戸別に訪問し，投票するように（または，しないように）依頼すること。日本では，1925年の普通選挙法制定以来禁止されている。戸別訪問の禁止は憲法第21条の表現の自由に違反する，買収の機会を制限するという理由は有権者を軽視している，などの批判が提起されている。欧米では戸別訪問は認められている。

買収 A 4 N（ばいしゅう）　有権者に金品を渡して投票や票の取りまとめを依頼すること。

供応 **Ｃ**(きょうおう)　有権者に酒食を提供して投票を依頼すること。

連座制 **Ａ**③**Ｎ**(れんざせい)　候補者・立候補予定者と一定の関係にある者が，選挙違反行為に関して刑罰が確定した場合，候補者などの本人がそれらの行為に関係していなくても，当選を無効とすること。1994年の公職選挙法改正で連座責任の範囲が拡大した。この場合の関係者とは，選挙の主宰責任者・出納責任者・地域主宰者・配偶者などをさす。

立会演説会 (たちあいえんぜつかい)　候補者の政見を知らせるために，候補者を特定の場所に集めて演説会を行うこと。1983年の公職選挙法改正で廃止された。

地方区 (ちほうく)　1982年までとられていた日本の参院の選挙区制のこと。同年の公職選挙法改正で，参議院選挙区と名称変更された。各都道府県をそれぞれ１選挙区とし，各選挙区の議員定数は２〜10人であるため，半数改選時には小選挙区制と大選挙区制とが混在するかたちとなっている。

全国区 **Ｎ**(ぜんこくく)　地方区とともに1982年まで存在した参議院の選挙区制のこと。同年，参議院比例代表区に改められ，拘束名簿式比例代表制が採用された。2000年には非拘束名簿方式に制度が変わり，選出議員も100名から96名に削減された。

選挙費用 **Ｃ****Ｎ**(せんきょひよう)　選挙運動にかかわる費用。選挙の公平をはかるため，選挙費用の最高額は公職選挙法で定めがある。また，規定された以上の額を選挙運動に支出したときは，３年以上の禁錮または罰金の刑に処せられ，その当選は無効となる。

供託金 **Ｃ****Ｎ**(きょうたくきん)　国政選挙などに立候補する際に納めるお金のこと。選挙で一定の得票数が得られないと没収される。候補者の乱立を防ぐのが目的だが，日本の金額は世界一高いといわれる。例えば衆議院小選挙区で１人300万円，同比例区で１人600万円となっている。ＯＥＣＤ（経済協力開発機構）加盟の37か国でみると，「なし」が22か国で約３分の２。現在，日本では高すぎる供託金を違憲だとして訴えた裁判が進行中。

ネット選挙 **Ｎ**(-せんきょ)　インターネットを使った選挙運動。これまで公職選挙法で禁止されてきたが，法改正によって2013年の参議院議員選挙から解禁された。大別してウェブサイトを利用するものと，電子メールを利用するものとがある。前者は公式サイト，ブログ，ソーシャルメディアなどにおいて，政党・候補者とともに有権者からも発信できる。後者は政党・候補者には認められるが，有権者はなりすまし防止を理由に利用できない。また，未成年者による選挙運動は，ネット選挙でも禁止されている。

戦略的投票 **Ｃ**(せんりゃくてきとうひょう)　選挙で投票者がとる次善の投票行動。例えばＡ，Ｂ，Ｃの３人の候補者がいて，ＡとＢが競っている場合，政策や理念がＣに近い有権者が，当選の見込みが少ないＣではなく，Ａ・Ｂのうち，自分にとってより好ましいＡに投票すること。

選挙をめぐる問題点

一票の重さ（一票の不平等）Ａ③ (いっぴょう-おもー)(いっぴょう-ふびょうどう)　各選挙区の間で，議員一人あたりの有権者数の格差が生じる問題。有権者数が多い選挙区は，少ない選挙区と比較して一票の価値が低くなる。この格差が＜法の下の平等＞に反するとして，戦後日本では，数多くの訴訟が提起されてきた。最高裁は，複数回にわたって違憲判決を下し，国会に対して抜本的な選挙区改革を要請することもあった。最新では，2014年衆議院総選挙における2.129倍の格差に違憲判決が出ている。参議院選挙に関しても，2013年選挙における4.77倍の格差に違憲判決が下った。ただし，これら一連の＜一票の格差＞違憲判決において，選挙そのものは有効としている。全国レベルの選挙をもう一度実施するのは現実的でないと判断したためである。これを事情判決という。なお，日本における＜一票の格差＞問題は，地方部ほど一票の価値が高く，都市部ほど一票の価値が低い現象，と言い換えられる。この現象を是正して，単純に投票価値を均一化することに関しては，人口の多い都市住民の利益ばかりが国会で尊重され，地方住民の利益が軽視されるようになる，との政治的批判もある。

類一票の格差**Ａ**②

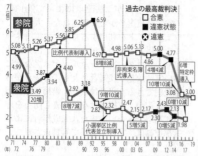

▲一票の不平等と選挙制度の変更，最高裁の判断

事情判決 **C** **N**（じじょうはんけつ）　処分そのものは違法でも，それを取り消すことが公の利益に著しい障害が生じるとき，違法を宣言したうえで請求を棄却する判決。選挙における一票の格差（較差）をめぐる裁判などで用いられる。行政事件訴訟法第31条に規定があるが，公職選挙法では準用を認めていない。

議員定数不均衡 **B** **4**（ぎいんていすうふきんこう）　議員一人あたりの有権者数が各選挙区間で均衡していないこと。最高裁では従来，一票の格差について衆議院で3倍程度，参議院で6倍程度を違憲判断の基準としてきたが，その理論的根拠はみいだせない。憲法上は，両者とも2倍未満で，かつ1倍に近づけることが要請される。公職選挙法では，各選挙区の議員定数を国勢調査の結果によって是正するよう義務づけている。衆議院小選挙区の区割り見直しは，原則として5年ごとの国勢調査の結果をふまえ，その1年以内に行われる。

違憲状態 **B** **4** **N**（いけんじょうたい）　衆議院・参議院の議員定数不均衡を訴えた裁判では，著しい格差の存在とその継続，是正の努力のなさなどの条件がそろったとき，違憲判決が出されている。それらのうち，すべてがそろっていない場合，全体として違憲とはいえないが，違憲状態にあると表現された。これまで最高裁は，衆議院議員選挙と参議院議員選挙について，それぞれ5回と3回，違憲状態という判決を出している。

無投票当選 **C** **1** **N**（むとうひょうとうせん）　公職選挙において立候補者数が当選定数に達しなかった場合に，投票を実施せずに立候補者

全員を当選させること。日本では公職選挙法によって無投票当選が許容されている。「政治家不足」が深刻な地方では，無投票当選は起こりやすい。事実上，民意を介さずに公職者が決定されることを意味し，民主主義の危機と呼べる。

一人別枠方式（ひとりべつわくほうしき）　衆議院小選挙区の議員定数を配分する際，あらかじめ各都道府県に1議席ずつ割り振る手法。有権者数が少ない地方に配慮したものだが，これが一票の不平等の要因となっているとして，最高裁は2011年の判決で廃止を求めた。

合区 **C** **N**（ごうく）　複数の選挙区を1つに統合すること。いわゆる「一票の格差」を是正する上で実施されることが多い。

アダムズ方式 **C** **N**（-ほうしき）　選挙で議員定数を配分する方法。一人別枠方式が一票の不平等を生むため，代わりに導入が検討されている。アメリカの第6代大統領アダムズが提唱したとされ，人口比をより正確に議席に反映できる。まず各都道府県の人口を「一定の数」で割る。次に商の小数点以下を切り上げた数字を47都道府県分すべて足し，その合計が議員定数（現在は295）と一致するように「一定の数」を調整して決定する。現行と比べると，地方の議席が減り，都市部が増える。

4 政党政治

政党とは

バーク **N**［Edmund Burke, 1729～97］　イギリスの政治家・政治思想家。ホイッグ党の党員で，下院議員を務めた。アメリカの独立運動を支持する一方，フランス革命の急進主義を否定した。保守主義の理念の提唱者。政党（政治）の擁護者としても有名。王権の制限や議会の確立につとめ，「バークの改革」といわれた。

政党政治 **A** **1** **N**（せいとうせいじ）　選挙を通じて国民多数の支持を得た政党が議会の多数派となり，政権を担当するほか，議会運営が政党の主導権の下に行われる政治。複数政党の存在を前提とし，政治的自由と公正な選挙制度を条件に，国民主権と安定した政府の実現が目的となる。政党政治の形態

には二大政党制・多党制・一党制などの形態がある。

大正デモクラシー **B**②**N**(たいしょう-)　大正期(1912-1926)を中心として，日本社会で発生した民主主義の潮流。広義では，日露戦争終結の1905年がその起点であり，1931年の満州事変に伴う軍国主義の到来によって終焉したとされる。国民に多大な犠牲を強いた日露戦争にて賠償金を獲得できなかったことは，大衆の政治的不満を高め，選挙を通じて国民の手で政府を運営する社会意識を強めていった。その後，総選挙に勝利した政党が内閣を組織する政党政治が一時的に機能したものの，昭和期に入ると，政党の汚職や未熟さが露呈し，議会不信と軍部台頭を招く事態に至った。
☞ p.158（大正デモクラシー）

政党 **A**⑰**N**(せいとう)　主義・主張を同じくする者同士が政権獲得をめざして団結した政治集団。民意をくみあげ，国民合意の形成に主導的役割を果たす。一定の綱領と共通の行動様式をもち，政策を掲げて有権者の支持を訴える。政党は公党として直接国政に参与するという公共的使命を負い，国民の一部の利益ではなく，国民全体の利益を増進することを目的とする考えもある。イギリスの政治家ブライスは「自由なる大国にして政党をみない国はかつて存在しないし，何人も政党のない代議制を運営しうるといったものはない」と述べている。

与党 **A**⑤**N**(よとう)　国家統治の実権を掌握している政党のことであり，統治政党とも呼ばれる。大統領制国家においては，大統領の所属政党を指す。議会制国家においては，議会の多数派を形成し，首相を政府に送り込んでいる政党のことである。

野党 **A**⑤**N**(やとう)　政党政治の下では，政権を担当する与党と対立する立場の政党をいう。イギリスでは「陛下の反対党」とよばれ，影の内閣（シャドー-キャビネット）を組織して政権交代に備えている。日本では政権交代の可能性が少なかったため，政府・与党の政策を批判し，意見が対立する法案の成立を阻止しようとした。

保守 **B**①**N**(ほしゅ)　伝統を守り，変革を好まず，現状を維持しようとする態度や立場。保守主義は最初，近代市民革命的立場や社会主義的立場に対抗するものとして形成されたため，伝統的・復古的特徴をもつ。現存権力と結びつき，変革勢力と対立する場合が多い。

革新 **A**①**N**(かくしん)　現存の体制や組織を変革しようとする態度や立場。戦後日本では社会主義勢力の護憲・平和・民主主義の主張が革新といわれた。既存の秩序と既得権の打破という点で保守と反対の性格をもつ。

リベラル **C**　**N**[liberal]　思想としては，個人の自由や個性を重視する考え方。日本の政党政治では，もともと保守と急進のあいだの中道を指した。幕藩政治を担ったのが保守，二大政党制などをめざした福沢諭吉らの勢力が中道，より徹底した民主主義を求めた板垣退助ら自由民権派が急進。現在では，革新的な立場を称することもある。

党員 **C**(とういん)　政党から，政党を構成する資格を与えられた者。機関から入党を承認されると，党の規約や綱領に従い，党費を納めて定期的な活動に参加する。総裁や代表者選挙などの際に選挙権も有する。

党費 **C**(とうひ)　所属政党に党員が納付する金銭。日本の政党は党員数が少ないため，収入に占める割合は党費より寄付金・事業収入などが高く，1995年から実施された政党助成制度に基づく政党交付金を最大の収入とする政党もある。

党首 **A**③**N**(とうしゅ)　政党を代表し，党の組織運営や活動上の最高責任者。議院内閣制では，下院で過半数を占める党の党首が，原則として首相となる。一般的に党首は，党の政治活動全体の指導や政党の対外的な代表など党運営の責任者としての能力が期待される。

書記長 **C**　**N**(しょきちょう)　政党・労働組合などの役職名。日常の組織活動の中枢となる書記局の長をさす。中央執行委員会の下部組織としてNo.2となる場合が多いが，旧ソ連のように，実質の指導者の場合もある。

綱領 **C**　**N**(こうりょう)　政党・団体などが掲げる理念・目標・方針などを要約して列挙した文書。政党は綱領に基づいて組織され，政策を掲げて有権者に支持を訴える。

党議拘束 **C**②**N**(とうぎこそく)　政党の決定に基づいて党所属議員の議会活動を拘束す

ること。議員個人の自律的で自由な行動を妨げるという批判がある一方，国民への政党の公約実現のためには必要との意見もある。臓器移植法・サッカーくじ法（スポーツ振興くじ法）などのように，党議拘束を外して各議員の判断で成立した法律もある。

派閥 Ｂ Ｎ（はばつ）　特定の利害関係や思想で結びついた政党内部の私的集団。もともと，衆議院中選挙区制に対応するため，党内実力者（領袖（りょうしゅう））による立候補調整機能が期待された。現在では政治資金の調達，党・内閣・国会人事の配分などへの役割が大きい。私的集団の政治への関与が批判され，幾度も派閥の解消が主張されたが，現在でも政策集団の名目で継続している。

政党制 Ａ ① Ｎ（せいとうせい）　政党政治が行われる枠組みのこと。フランスの政治学者M.デュヴェルジェは政党の数に焦点をあわせ，一党制・二大政党制・多党制の三つに分類した。これに対してイタリアの政治学者G.サルトーリは，政党数だけでなく政党の競合性にも着目し，一党制・ヘゲモニー政党制・一党優位政党制・二党制・穏健な多党制・分極的多党制・原子化政党制の七つに分類している。

多党制 Ｂ ⑨（たとうせい）　多数の政党が主導権をめぐって争い，一政党が単独で政権を担当できない勢力関係をいう。小党分立制ともいう。長所は，多様な国民の意思を忠実に反映させることができ，政党の政策に弾力性が出て，政権交代の可能性も高いこと。短所は，政局が不安定になりやすく，少数党が政治の主導権を握ることで，政治責任が不明確化しがちなこと。

　　　　　　　　　　　　　　同 小党分立制

1と2分の1政党制（─ぶんせいとうせい）　日本では，1955年の左右社会党の統一，そして自由党・民主党の保守合同以後，形式的には二大政党制となった。実際には，自民党と社会党との勢力比率がほぼ1対2分の1であり，政権交代の可能性のない二大政党制と皮肉られたことをさす。1960年代から多党化が進行し，さらに1990年代に政界再編成が進み，実質的意味はなくなった。

二大政党制 Ａ ④（にだいせいとうせい）　二つの大政党が互いに政権の獲得・担当を争う政

治の形態。議院内閣制の下では政局が安定するが，有力な野党が存在するために政権交代も容易で，政治責任の所在が明確になるなどの長所をもつ。短所は，極端な政策の違いは出しにくく，国民の選択の幅が狭くなることなどである。イギリスの労働党と保守党，アメリカの民主党と共和党などが代表的である。

一党制 Ｂ ③（いっとうせい）　一党のみが政党として認められ，他の政党の存在が否定される政党制。複数政党の存在や多元主義は認められず，共産主義や全体主義下のような一党独裁制になる。長所は政局が安定し，長期化して強力な政治が展開されること。短所は，民主的な政権交代が不可能になり，政策の硬直化と政治腐敗を招きやすいこと。ナチス-ドイツや旧ソ連などがその例。

名望家政党（めいぼうかせいとう）　家柄・教養・財産をもつ地域の有力者出身か，あるいは彼らに支持された議員によって構成された政党で，院内議員政党ともいう。名望家という社会的勢力や威信という共通性や利害関係を背景にして，政策よりは領袖中心の人的結合により成り立つ組織である。制限選挙制の下での選挙人が少ない時代の政党で，かつてのイギリスのトーリー党・ホイッグ党がその典型。政党の発達過程を3段階に分類したマックス＝ウェーバーによれば，名望家政党は貴族の従属者たちからなる貴族政党と近代的な大衆政党との中間に位置する政党とされている。

大衆政党（たいしゅうせいとう）　名望家政党の対語。大衆の利益や意向を政治に反映させようとする政党。普通選挙制度の確立によって，大衆の政治参加を背景に出現した。支持者確保のために全国的な組織の確立が必要なため，組織政党ともいう。組織拡大にともない，党機構が官僚化し，党の統一性維持のため党員への統制が強化され，国会議員も党議拘束の下で発言・活動することが多い。

　　　　　　　　　　　　　　同 組織政党

包括政党（ほうかつせいとう）　特定のイデオロギーに固執せず，大衆からの幅広い支持を目指す政党。フランスの共和国前進，ドイツのキリスト教民主同盟などが代表例である。アメリカの民主党と共和党も，かつて

は包括政党の典型例とされてきた。しかし，近年は，アメリカ社会の分断に伴い，2党ともイデオロギー的先鋭化が目立つようになっている。

公党（こうとう）　国民の多様な意見を集約し，国民全体の利益という視野をもつ綱領・政策によって結ばれ，政権を担当することを目的として活動する政党をいう。これは現代の国民政党の使命であり，イギリスの政治家 E. バークは「政党は私的に組織されながら公共性を担う公党でなければならない」と指摘した。政党は綱領・公約の公開性，政策とその結果についての政治責任の所在などの点で，圧力団体や派閥と異なる。

公約　B④N（こうやく）　選挙などの際に，政党や候補者が有権者に明らかにする政策などの公的な約束事。マニフェスト。他党や他者との政策上の争点を明確にして，有権者の選択に役立つことが必要である。選挙後も，公約に拘束され政策に反映させることが条件であるが，選挙用にのみ出され，事後のチェックはほとんど行われていない。
同 マニフェスト B⑩N

憲政の常道（けんせい-じょうどう）　憲法に基づく議会政治の守るべきルール。大正デモクラシーの時代，超然内閣に反対し，衆議院の多数党が内閣を組織する政党内閣制を要求する運動のなかで，尾崎行雄らによって主張された。これを合言葉に護憲運動が展開され，1924年には護憲三派による政党内閣が形成された。護憲運動の時期のスローガンでもある。

左右社会党　N（さゆうしゃかいとう）　戦後再結成された日本社会党が，1951年にサンフランシスコ講和条約の受け入れをめぐって左右に分裂してから，1955年に保守勢力の憲法改正の動きの阻止を目的に再統一するまで存在した二つの社会党をいう。両派の争点は対米関係のあり方の問題に集約できる。1960年には日米安全保障条約の改定をめぐり再度分裂，脱退した右派が民主社会党（後に民社党）を結成した。

保守合同　CN（ほしゅごうどう）　1955年の左右社会党の統一に対して，同じ年に鳩山一郎率いる日本民主党と，吉田茂率いる自由党とが合同して自由民主党を結成した。この保守合同によって，保守・革新の二大勢力

の対抗関係ができたが（55年体制），実際には自由民主党が，その後長く単独政権体制を形成・継続した。

多党化　CN（たとうか）　議会で議席を占める政党の数が増加していく傾向をいう。55年体制の形成後，保守勢力は自由民主党を中心に1990年代前半まで統一を保った。一方の野党勢力は，1960年に民主社会党（後に民社党），1964年に公明党の結成によって多党化が進んだ。参議院議員選挙の比例代表制導入後は，ミニ政党が議席を確保し，多党化がいっそう進行した。

ロッキード事件　BN（-じけん）　米国ロッキード社の航空機売り込み工作にともなう汚職事件。政権の中枢にあった者が逮捕されたため，昭電疑獄・造船疑獄とともに戦後の三大疑獄事件とよばれる。1976年，田中角栄元首相らが起訴され，一・二審とも受託収賄罪で実刑判決が下された。同じ76年，三木武夫首相は政治責任を追及され，退陣に追いこまれた。

リクルート事件　BN（-じけん）　1988年に発覚したリクルート社の業務拡大にともなう未公開株の譲渡や献金問題などをめぐる事件。民間・官公庁を含めて，竹下登内閣の中枢にも疑惑が波及した。

佐川急便事件　CN（さがわきゅうびんじけん）　1991年に摘発された佐川急便による疑獄事件。政界に多額の政治献金が流れ，自民党副総裁が辞任した。

ゼネコン汚職（-おしょく）　ゼネコンとはゼネラルコントラクターの略で，土木工事から建築までを請け負う総合建設業者のこと。ゼネコンが政治献金の見返りに公共事業などの工事を受注，政治家との贈収賄事件に発展した。1993年に相次いで発覚，中村喜四郎元建設大臣らが有罪判決を受けた。

金権政治　CN（きんけんせいじ）　政策決定や利権の配分が，政治献金やワイロなどに応じて決定される政治をさす。日本の多くの政党は，政党活動を労働組合や企業などからの献金に頼る傾向が強い。これが政権中枢や与党への贈収賄行為となってあらわれる。こうした汚職は，日本の政治構造と密接に結びつき，構造汚職とよばれる。

構造汚職（こうぞうおしょく）　政治家と経済界と官僚とが複雑に結びつき，その結果もたら

される贈収賄などの汚職。

政治資金 A 2 N(せいじしきん)　政治家が行う政治活動や選挙運動にかかわる資金。党費や寄付金，企業や労働組合などからの献金，パーティ開催収益金，機関紙誌発行による事業収入などからなる。政治資金は，個人献金と企業・労働組合などからの献金及び事業収入に大別できるが，政党によりその比率は異なる。このうち企業・団体からの献金は，政治腐敗や金権政治の温床になると指摘されている。このため，政治資金規正法がたびたび改正されたが，十分な成果はあがっていない。

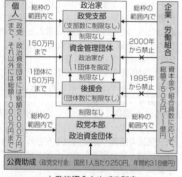

▲ 政治資金をめぐる制度

政治資金規正法 A 1 N(せいじしきんきせいほう)　1948年に制定された法律。政党や政治家の政治活動の公明をはかり，民主政治の健全な発達に寄与することを目的とする。政治献金を受けた政治団体・政治家の収支報告義務，政治資金パーティ開催の規制，団体献金の制限，などを定める。1994年に改正され，政治資金の調達は政治家個人ではなく，政党中心に改められた。寄付についての規制はあるものの，使途に関する規制がほとんどない。

政治献金 C 4 N(せいじけんきん)　企業などが政党，政党の指定する政治資金団体，資金管理団体へ寄付する金銭のこと。1994年の政治資金規正法の改正により，企業・団体からの政治家個人への寄付は禁止された。

政党助成法 A 6 N(せいとうじょせいほう)　1994年制定。政党活動にかかる費用の一部を，国が政党交付金として交付する法律。政党に対する企業・団体献金を制限する代わりに，国費による助成を行い，政治資金をめぐる疑惑発生の防止を目的とする。政党交付金総額は，総人口に国民一人250円を乗じた額。所属する国会議員が5人以上，または直近の国政選挙の得票率2％以上の政党が政党交付金を受けられる。自分の支持しない政党に税金が使われることに反発を示す声も根強い。日本共産党は，政党交付金が憲法に違反するとして，その受け取りを拒否している。

　　　　　　　　　類政党交付金 A 6 N

55年体制 A 8 N(-ねんたいせい)　1955年に左右両派の社会党が統一され，危機感を抱いた保守側も日本民主党と自由党とが合同して自由民主党が結成された（二大政党制）。しかし当初から自民党は社会党の約2倍の勢力を確保し，政権交代が可能な勢力関係をもつ二大政党制ではなかった。その後，野党側の多党化が生じ，実質的には自民党一党優位が続いた。

政権政党 N(せいけんせいとう)　政権を担当する政党。政治の推進役としての責任と使命を自覚し，真に国民のための政治の実現が求められる。

小党分立 C(しょうとうぶんりつ)　議会において，多数派となる政党がなく，議員数の小規模な政党が多く存在すること。内閣を構成する際には，小党がいくつか協力して連立内閣をつくり，政権を担当する。各政党の政策や支持層の違いなどから閣内不一致となり，内閣が崩壊することもある。

連立政権 A 6 N(れんりつせいけん)　連立内閣ともいう。複数の政党が政策を協定して組織する政権。一つの政党が選挙において絶対多数を獲得できなかった場合，あるいは少数政党に対する妥協策として行われる。政権内部の複数政党間の意見の対立が連立解消につながることもあるが，連立政権が必ずしも不安定であるとはかぎらない。

保守長期政権(ほしゅちょうきせいけん)　日本で55年体制以後，保守勢力が長期間議会で多数派を占め，政権を担当したこと。自民党による長期政権は政局の安定の下で経済発展には寄与したが，金権政治・構造汚職の弊害も定着した。1990年代に入り，自民党の分裂から連立政権が形成されたが，この政権内にも保守勢力は多く，その後も議席

の上では保守勢力が優勢であった。

族議員 **C** **N**（ぞくぎいん）　特定省庁の政策決定や関係業界の利益誘導に強い影響力をもつ，主として自民党の国会議員をさす。旧省庁との関連で，建設族・大蔵族・厚生族などとよばれた。政界・官界・業界を結ぶ「鉄のトライアングル」の一端を担う。

鉄の三角形 **C**（てつ-さんかくけい）　鉄のトライアングル。政治のさまざまな局面で，政治家・財界・官僚の３者が強固に結びつき，腐敗がくり返されてきた実態を批判した言葉。自民党一党優位体制の帰結ともされた。

郵政民営化問題 **B** **3** **N**（ゆうせいみんえいかもんだい）　戦後日本の郵政事業（郵便，郵便貯金，簡易生命保険）は，郵政省が運営していたが，2003年には，国営の特殊法人である日本郵政公社に移行。さらに，2005年，当時の小泉政権は，同公社を民営化すべく「郵政解散」を実施。総選挙に勝利すると，2007年に同公社を廃止した。その結果，持株会社として日本郵政（株）が新たに設立され，その子会社として，郵便局（株），郵便事業（株），（株）ゆうちょ銀行，（株）かんぽ生命保険の４事業会社が生まれた。さらに，2009年発足の民主党政権下で，郵便局（株）と郵便事業（株）が統合されて日本郵便（株）となる。2015年，日本郵政（株）は東証１部上場を果たし，これによって郵政民営化という政治目標はほぼ達成された。こうした民営化によって，競争原理に基づくサービス向上が期待される一方，不採算地域における事業縮小が懸念されている。また，その日本屈指の企業規模が「民業圧迫」になっているとの批判もある。

頻郵政三事業 **C**

大連立 **C** **N**（だいれんりつ）　二大政党による連立政権をさす。ドイツのキリスト教民主・社会同盟と社会民主党との連立が典型。安定した強力な政府を生むが，議会政治を形骸化（けいがいか）させる難点を持つ。日本でも2007年，自民党と民主党が大連立を画策したが，失敗に終わった。

ねじれ国会 **B** **3** **N**（-こっかい）　衆議院と参議院のあいだで多数派政党が異なる現象。日本国憲法は衆議院の優越を定めているが，その程度は限定的なものであり，ねじれ国会の現象が発生すると，両院の対立が解決

困難となり，政権基盤が弱体化する。戦後，ねじれ国会となった時期は①1947〜56年，②1989〜93年，③1998〜99年，④2007〜09年，⑤2010〜13年，の５度ほど存在する。

単一論点政治〔single-issue politics〕（たんいつろんてんせいじ）　１つの政治的論点に焦点が絞られた政党のあり方。近年は，動物の権利を擁護する政党，大麻解禁を唱える政党などが欧米諸国で現れている。

５５年体制以降の日本の政党

自由民主党 **A** **5** **N**（じゆうみんしゅとう）　1955年の保守合同によって成立した保守政党。戦前の二大保守政党だった立憲政友会および立憲民政党を起源とする。親米・憲法改正・再軍備・経済成長路線などの方針を掲げ，長期政権を維持してきた。結党以来，野党に転落したのは①1993〜1994年，②2009〜2012年の２回のみである。2022年現在の総裁は岸田文雄。

公明党 **B** **N**（こうめいとう）　1964年，創価学会を支持基盤とした政治結社として結成。中道路線の国民政党として発展をめざした。1994年，衆議院議員を中心に新進党結成に参加。同党解党後，新党平和・公明を経て公明党にもどった。1999年以降，自民党などと連立与党の立場にあったが，2009年の総選挙で敗北，自民党とともに下野した。2012年の総選挙の結果，与党に復帰。山口那津男代表。

社会民主党 **B** **N**（しゃかいみんしゅとう）　日本を代表する社会主義政党。社会主義インターナショナル加盟。1945年から1996年まで存在した日本社会党を前身とする。自民党との連立政権，民主党との連立政権を形成するなど，政権与党の時期もあったが，国会での議席数は長期的に減少し続けている。2022年現在の党首は福島瑞穂。

日本共産党 **B** **3** **N**（にほんきょうさんとう）　1922年に創設された日本の共産主義政党。現存する日本の政党の中では最古の歴史を有する。戦前は非合法団体であり，地下活動による反政府闘争を展開したが，1933年に壊滅した。1945年に再建されたのち，1950年には武装闘争路線をとったものの，1955年に方向転換。その後は現在に至るまで穏健な議会政党の道を歩んでいる。

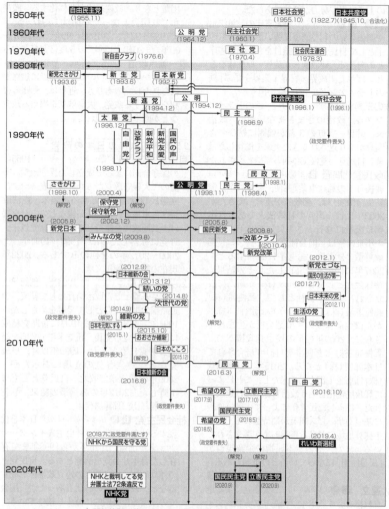

▲ 55年体制以降のおもな政党の移り変わり（2022年9月現在）

2022年現在の委員長は志位和夫。

新党大地 （しんとうだいち）　北海道を拠点とする地域政党。2005年設立。法律上の政党要件は満たしていない。現在の代表は鈴木宗男。

自由党 （じゆうとう）　旧国民の生活が第一のメンバーと無所属議員とで2014年に結成された「生活の党と山本太郎となかまた

ち」が、2016年に党名変更。2019年に解党し、所属議員の大半は国民民主党に合流。

減税日本 （げんぜいにっぽん）　河村たかし名古屋市長を中心に結成された政治団体（地域政党）。国政への進出をめざし、日本未来の党に合流したが元に戻った。

日本のこころ （にっぽん−）　旧日本維新の会の石原慎太郎グループらが分党し

2014年に結成した次世代の党が「日本のこころを大切にする党」から「日本のこころ」と党名変更。2018年解党。

日本維新の会 Ⓑ Ⓝ（にっぽんいしん‐かい）　2010年に大阪の地域政党として設立した「大阪維新の会」を起源とする国政政党。政治的立場は保守主義。特に近畿圏における支持基盤が強いことで有名である。2022年現在の代表は松井一郎。

立憲民主党 Ⓑ Ⓝ（りっけんみんしゅとう）　1996年から2016年まで存続した民主党を起源として、2017年に結成された政党であり、立憲主義を中核的な党是としている。実態としては、旧民主党系のほかに、旧維新の党系、旧みんなの党系など、多様な出身背景を持つ議員たちから構成されている。2022年現在、衆議院において自民党に次ぐ第二党の地位。代表は泉健太。

国民民主党 Ⓑ Ⓝ（こくみんみんしゅとう）　1996年から2016年まで存続した民主党を主たる起源として、旧民主党系の中でも比較的保守的な議員たちが中心となって2018年に結成された政党。2020年に立憲民主党と合流したが、それを嫌う議員たちによって、改めて国民民主党が再結党された。現在の党代表は玉木雄一郎。

希望の党 Ⓒ Ⓝ（きぼう‐とう）　旧希望の党が民進党と合流して国民民主党となったため、残った保守派の国会議員5人で2018年に結成。2021年解党。

民社党 Ⓒ Ⓝ（みんしゃとう）　1960年に社会党の右派が、日米安保条約の改定に対する意見対立から離党して結成した民主社会党が前身。1970年に改称した。武装中立と議会主義の現実路線を志向。労働組合の同盟を支持基盤とした。1994年に新進党に合流。

新自由クラブ Ⓒ Ⓝ（しんじゆう‐）　1976年、自民党の構造汚職（ロッキード事件）を批判した河野洋平らの離党者が結成。自由主義を堅持する保守政党。83年に自民党と統一会派をつくり、86年には自民党に合流。

社会民主連合 Ⓝ（しゃかいみんしゅれんごう）　1978年、社会党離党者と社会市民連合とで結党。市民革命の精神と漸進的社会民主主義の実現をめざした。1994年に二分して日本新党・さきがけと合流し、さらに同年、新進党に合流した。

日本新党 Ⓒ Ⓝ（にほんしんとう）　1992年に、細川護熙を中心に結成された政党。国会審議の抜本改正・生活者重視・地方分権などを掲げて活動。1993年に細川が非自民連立政権の首相に就き、後に新進党の結成に参加。

題**非自民連立政権** Ⓝ　55年体制の終えん

新党さきがけ Ⓒ Ⓝ（しんとう‐）　1993年に自民党離党者によって結成。国連改革・地方分権・規制緩和などの改革方針を訴え、反自民勢力による連立に参加。1998年解党。

新進党 Ⓒ Ⓝ（しんしんとう）　1994年結党。自民党離党者などからなる新生党、旧野党の公明党・民社党・日本新党などが中心となってつくられた政党。自民党との間で政権交代の可能性のある二大政党制形成をめざしたが、1997年解党。

新党きづな Ⓝ（しんとう‐）　民主党離党の国会議員9人によって2011年末に結成。消費税の増税などに反対の立場をとった。日本未来の党に合流。

たちあがれ日本 Ⓝ（‐にっぽん）　自民党離党者や無所属の5人の衆参両院議員によって2010年に結成された政党。太陽の党を経て、日本維新の会に合流。

国民の生活が第一 Ⓝ（こくみん‐せいかつ‐だいいち）　民主党を離党した小沢一郎衆議院議員を中心に2012年に結成した政党。日本未来の党に合流。

国民新党 Ⓒ Ⓝ（こくみんしんとう）　郵政民営化に反対する自民党議員らを中心に2005年に結成された政党。2009年の衆院議員総選挙後、民主党・社民党と3党で連立政権が発足。2013年解党。

日本未来の党 Ⓝ（にっぽんみらい‐とう）　「卒原発」を掲げるなど環境主義色の強い政党として2012年に結成された政党。同年末に解党した。

旧日本維新の会 Ⓝ（きゅうにっぽんいしん‐かい）　橋下徹大阪市長を中心にした大阪維新の会が国政進出をめざして2012年に結成。その後、たちあがれ日本を母体にした太陽の党が合流した。2014年に石原慎太郎グループらが分党。その後橋下徹グループらが結いの党と合流して消滅した。

みんなの党 Ⓒ Ⓝ（‐とう）　2009年、自民党の離党者らを中心に結成された保守系の政党。

第Ⅲ編

2010年の参議院議員選挙で躍進した。2012年の総選挙でも議席を伸ばしたが，内紛により2013年に結いの党と分党。2014年解党。

結いの党　Ⓝ（ゆーとう）　みんなの党から2013年に分党して結成。2014年に維新の党に合流した。

民主党　Ⓐ③Ⓝ（みんしゅとう）　1996年に市民中心型社会の構築をめざして各党からの離党者らによって結党。情報公開や規制緩和などの行政改革の推進を強調した。政権担当にそなえ，「ネクストキャビネット」を組織した。国会議員数では，自民党に次いで第2党の座を占めてきたが，2009年の衆院議員総選挙で勝利して政権を獲得，社民党・国民新党とともに連立与党を形成した。2012年の総選挙で大敗し，野党となった。2016年に維新の党と合流，民進党となった。

新党日本　Ⓝ（しんとうにっぽん）　2005年に結成。民主党とは友好関係にあったが，2012年の総選挙で所属国会議員がゼロとなり，政党要件を喪失した。2015年解党。

新党改革　Ⓝ（しんとうかいかく）　2008年に民主党離党者などによってつくられた改革クラブのメンバーと，自民党離党者らとが2010年に設立した政党。2012年の総選挙では議席を獲得できなかった。2016年解党。

維新の党　Ⓒ　Ⓝ（いしん-とう）　旧日本維新の会の橋下徹グループと結いの党とが合流して2014年に結成。2016年に民主党と合流。

日本を元気にする会　Ⓝ（にほん-げんき-かい）　旧みんなの党のメンバーを中心に，2014年の総選挙後に結成。2016年解党。

改革結集の会　（かいかくけっしゅう-かい）　維新の党の離党者らが2015年に結成した政党。2016年解党。

民進党　Ⓒ　Ⓝ（みんしんとう）　民主党と維新の党が合流して2016年に結成。野党第1党で，政権獲得をめざした。政策的には旧民主党の路線を踏襲した。主要メンバーが立憲民主党に移ったのち，2018年に希望の党に合流，国民民主党となった。

旧希望の党　（きゅうきぼう-とう）　小池百合子東京都知事や，地域政党「都民ファーストの会」が中心になって2017年に立ち上げた政党。日本のこころや，民進党離党者などもくわわった。2018年に解党して一部は民

進党と合流して国民民主党を結成し，残った一部は新しい希望の党を設立した。

れいわ新選組　Ⓒ（-しんせんぐみ）　2019年，山本太郎が結成した政党。積極財政による経済格差是正，消費税廃止，貸与奨学金返済免除，原発即時廃止などを掲げる。既存の政治経済体制の根本的変革を迫る反エスタブリッシュメントの立場に位置付けられる。2022年現在，衆議院にて3名，参議院にて2名の議員を擁する。

NHKから国民を守る党　Ⓒ（-こくみん-まも-とう）　2013年，元NHK職員の立花孝志が結成。NHK放送のスクランブル化を中心とする放送制度改革を目指す。2019年参院選にて1名が当選。その後，党名が頻繁に変更され続けている。2022年現在の党名は「NHK党」。

参政党　（さんせいとう）　2020年，神谷宗幣現参議院議員が立ち上げた政党。日本の伝統を重視する政策を掲げ，2022年の参院選で得票率2％を上回り政党要件を満たした。

圧力団体

圧力団体　Ⓐ　Ⓝ（あつりょくだんたい）　プレッシャー－グループ。ある特殊利益の擁護のために，議会や政府に圧力を加え，その政策決定に影響力を及ぼそうとする利益集団。政党とは異なり，直接に政権の獲得を目的とはしない。19世紀末のアメリカで発生し，上・下院に次ぐ「第三院」とよばれるほどの影響力がある。日本では，日本経団連などの経営者団体，連合などの労働団体，日本医師会，農業協同組合（JA）などの利益団体があり，政治献金や集票能力に強さを発揮する。

利益集団　Ⓑ　Ⓝ（りえきしゅうだん）　政党・官僚・議員・政府などに圧力をかけ，利益の実現をはかる集団。圧力団体ともいう。代表制を補完する役割を果たす場合もあるが，利己的利益の追求で議会政治を混乱させることもある。政党との相違点は，政権の獲得を目的としないこと，政治的責任をとらないこと，などにある。

同 利益団体 Ⓒ Ⓝ

日本経団連　Ⓑ　Ⓝ（にほんけいだんれん）　日本経済団体連合会の略。「財界の総本山」と異名をとる経営者団体である経団連（経済団体

連合会）と，労働問題に対処するための経営者組織である日経連（日本経営者団体連盟）とが2002年に統合して成立した。1500をこえる主要大手企業などが加盟。経営者団体の中核として，経済政策全般について政府に提言したり，勧告したりするなど政治に極めて強い影響力をもつ。会長は「財界の総理」ともいわれる。日本経団連・日本商工会議所・経済同友会を財界3団体という。中西宏明会長。

日本医師会　Ｂ　Ｎ（にほんいしかい）　医師の職業団体で，1947年に現在の社団法人となった。個人単位・任意加入を原則とし，医師の利益擁護，医学の進歩や普及などを目的に掲げる。同様の組織に，日本歯科医師会がある。圧力団体としての役割も果たしている。

ロビイスト　Ｎ〔lobbyist〕　議会や政府のロビーなどで圧力活動をする人。元議員や元公務員・弁護士などの経歴をもつ者が多い。アメリカで発達。ロビイストが行う活動をロビイングという。

2章 日本の政治機構

1 国会の役割としくみ

国会と議会政治

国会 Ⓐ21Ⓝ[the Diet]（こっかい）　日本国憲法による日本国議会の名称。国会のしくみと権限については憲法第4章に定められ、「国会は、国権の最高機関であつて、国の唯一の立法機関である」（第41条）とされる。立法権のみならず、財政上・行政上の監督や裁判官の弾劾を行う権限などが与えられている。国民によって選出された議員によって構成される衆議院及び参議院の二院からなる。国会の議決は、原則として両院の議決の一致によって成立するが、法律案・予算の議決、条約の承認、内閣総理大臣の指名については、衆議院の優越が認められている。そのほか、衆議院には内閣不信任決議権や予算の先議権がある。国会には、常会（通常国会）・臨時会（臨時国会）・特別会（特別国会）と、参議院の緊急集会とがある。国会の議場はフランス下院と同類型で、議長席からみて右側に与党が、左側に野党が位置する構造となっている。

国権の最高機関 Ⓐ3Ⓝ（こっけん−さいこうきかん）　日本国憲法第41条が規定する国会の地位。戦前の帝国議会が天皇の協賛機関であったのとは異なり、主権者である国民の代表者によって構成される国会を国政の中心として位置づける（国会中心主義）。国民主権の原則から、国会が内閣や裁判所よりも上位にあるのではなく、国家機関のなかで中枢的地位にあることを意味する。このため法律の制定、条約の承認、内閣の存立、憲法改正の発議など、国家の根本にかかわる事項については、必ず国会が最高機関として関与する。

唯一の立法機関 Ⓐ Ⓝ（ゆいいつ−りっぽうきかん）　憲法第41条で規定する国会の地位をいい、国会による立法以外のものは、原則として法と認められないということ。国会中心立法および国会単独立法という二つの原則をふくむ。

国会中心立法の原則 Ⓝ（こっかいちゅうしんりっぽう−げんそく）　両議院の議院規則・最高裁判所規則・政令・条例など憲法に明示された例外を除いて、国会だけが実質的な意味での法律を制定することを指す。

国会単独立法の原則 （こっかいたんどくりっぽう−げんそく）　地方自治特別法の住民投票、憲法改正の国民投票など憲法上の例外を除いて、国会の議決だけで実質的な意味での法律を制定することを指す。

国民主権 Ⓐ1Ⓝ（こくみんしゅけん）　☞ p.161（国民主権）

間接民主制 Ⓐ2Ⓝ（かんせつみんしゅせい）☞ p.137（間接民主制）

議院内閣制 Ⓐ2Ⓝ（ぎいんないかくせい）　内閣の存立が国民の代表により構成される下院にあたる議会の信任に基づいて成立する制度。イギリスで発達した。下院の第一党の代表が首相となる場合が多く、政党政治とのつながりが深い。議会が不信任を決議した場合、内閣は連帯責任の下で総辞職するか議

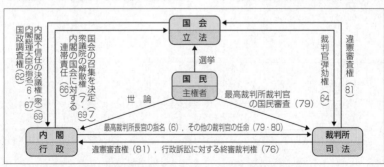

▲ 日本国憲法下の政治機構　カッコ内の数字は憲法の条数を示す

会を解散するかのいずれかを選択する。大統領制と比較される。

国会中心主義（こっかいちゅうしんしゅぎ）　主権者たる国民の代表機関である国会が政治の中核にあり，国政は国会を中心に運営されるべきであるという考え方。憲法では国会に対して法律の制定権，条約の承認権，憲法改正の発議権，行政府・司法府の監督権などが与えられている。

責任内閣制（せきにんないかくせい）　内閣が行政権の行使について，国会に対し連帯して責任を負う制度。議院内閣制ともいう。内閣総理大臣に内閣を統括する権限を与え，国会に対して内閣が責任をとる体制。

国会のしくみと役割

一院制　C1（いちいんせい）　単一の議院からなる議会制度。立法・審議の迅速化や効率化という面でメリットがあるが，慎重な審議がそこなわれる恐れもある。北欧をはじめ，単一国家では二院制よりもこの制度を採用している国のほうが多い。

二院制　A1（にいんせい）　国会を二つの独立した合議体に分け，議案を別々に審議することによって国会の審議を慎重に行う制度。両院制ともいう。全国民を代表する選挙された議員で組織される下院と，国ごとにさまざまな方法で選ばれた議員によって構成された上院の両議院で構成される。上院の構成は，①貴族院型（イギリスや明治憲法下の日本など），②連邦型（アメリカなど），③民主的第二院型（日本の参議院など）に大別される。議院の構成が異なるため民意が反映できる，慎重な審議で公正な判断が可能になる，多数党の横暴を抑制しやすい，などの長所をもつ。その一方で，非能率性などの問題点も指摘されている。日本国憲法が制定される過程で，マッカーサー草案では一院制が提案されたが，日本側が二院制を採用するよう強く求めた，という経緯がある。

同　両院制　B　N

衆議院　A27　N（しゅうぎいん）　日本の国会を構成する議院の一つで，下院に相当する。定数は465。定数289の小選挙区と11ブロックの比例代表区（定数176，拘束名簿方式）から2票投票制で選出される小選挙区比

例代表並立制。被選挙権は25歳以上。任期4年で解散がある。任期が相対的に短いため民意をより反映しやすいとの観点から，参議院に対して優越が認められている。2022年11月時点における会派別議席数は，自由民主党系261，立憲民主党系97，日本維新の会系40，公明党32，国民民主党系10，日本共産党10などとなっている。

	議員の任期	議員定数	被選挙権	解散
衆議院	4年 ただし解散の場合には,その期間満了前に終了(45)	定数 465 比例代表選出 (拘束名簿) 11区 176 小選挙区選出 289区 289	25歳以上	あり
参議院	6年 ただし3年ごとに半数を改選(46)	定数 248 比例代表選出 (非拘束名簿, 一部に拘束名簿) 1区 100 選挙区選出 45区 148	30歳以上	なし

▲ **両議院の組織**　カッコ内の数字は憲法の条数を示す。

参議院　A24　N（さんぎいん）　衆議院とともに日本の国会を構成する議院の一つで，上院に相当する。現在の定数は，比例代表区選出100と選挙区選出148の計248である。任期6年。3年ごとに半数ずつ改選される。解散はない。被選挙権は30歳以上。2000年の法改正で比例代表区に非拘束名簿方式が導入され，さらに2018年の法改正で拘束名簿式の特定枠を導入するなどの変更が行われた。2022年11月時点における会派別議席数は，自由民主党系118，立憲民主党系40，公明党27，国民民主党系13，日本維新の会系21，日本共産党11，などとなっている。

衆議院の優越　A3　N（しゅうぎいん-ゆうえつ）　国会の議決に際し，両院の意思が合致しない場合の両院協議会の協議のほかに，衆議院に与えられた権限の優越性。憲法では①法律案の議決，②予算の議決，③条約の承認，④内閣総理大臣の指名，に優越が認められているほか，内閣不信任決議権と予算先議権が衆議院に与えられている。国会の会期

の決定や延長など，法律で同様に衆議院の優越を定めた規定もある。

党首討論 Ⓐ⑧Ⓝ（とうしゅとうろん）　国会における首相と野党党首との公的な討論制度。国会での審議の活性化をはかる一環として，2000年の通常国会から導入された。衆参両院の国家基本政策委員会合同審査会の場で行われている。ただし，衆参両議院のいずれかに10人以上の議員がいる野党党首しか参加できない。イギリス議会のクエスチョン-タイム制度を手本としているが，1回の実施時間が一律45分と十分な効果があがっていない。

類 **クエスチョン-タイム** Ⓑ

国会議員 Ⓑ⑫Ⓝ（こっかいぎいん）　衆議院・参議院を構成する議員。国民によって直接選挙されるが，選ばれた国会議員は，その選挙区や支持する諸団体の代表者ではなく，全国民の代表（国民代表）であると定められている（憲法第43条）。したがって国会議員は，国民の意思に基づき，地域の利益に拘束されることなく活動することが求められている（自由委任）。

類 **全国民の代表** Ⓒ Ⓝ

代議士 Ⓝ（だいぎし）　国民の意思を代表して国政を担当する議員。国会議員のなかでも，特に衆議院議員をさす。

歳費 Ⓑ Ⓝ（さいひ）　衆参両院の議長・副議長及び国会議員に，国庫から支給される1年間の費用（憲法第49条）。金額は相当額とされ，一般官吏の最高の給料額より少なくない額となっている。一般議員は年間約2200万円，ほかに文書通信交通滞在費として月額100万円が支給される。この文書通信費は使途詳細を報告する義務がないため，事実上の「第二給与」「闇給与」と呼ばれている。

議員特権 （ぎいんとっけん）　国会における議員の自由な言動を保障し，その職責を果たすにあたって認められている特権。不逮捕特権（憲法第50条）と免責特権（憲法第51条）とがある。この二つに，歳費受領権を加える場合もある。

類 **歳費受領権**

不逮捕特権 Ⓐ②Ⓝ（ふたいほとっけん）　議員は国会の会期中は逮捕されず，会期前に逮捕された議員でも，所属する議院の要求があれ

ば会期中は釈放されるというもの。ただし，院外での現行犯の場合と，所属する議院が逮捕を認めた場合は例外となる。

免責特権 Ⓐ②Ⓝ（めんせきとっけん）　議員が院内で行った演説・討論・表決について，院外で責任を問われない権利である。

議長 Ⓑ①Ⓝ（ぎちょう）　衆議院・参議院の各議事を統括し，代表する者。各議院に1名ずつ置かれる。それぞれの院の総議員の3分の1以上の無記名投票で選出される。衆議院議長は，内閣総理大臣・最高裁判所長官と同格の地位にある。議院の秩序保持，議事の整理，議院事務の監督などの役割が，国会法のなかで規定されている。採決にあたり，可否同数の時は議長が決することになっている（憲法第56条）。

本会議 Ⓐ⑫Ⓝ（ほんかいぎ）　衆議院・参議院で，それぞれの全所属議員の出席により開かれる会議。衆議院本会議・参議院本会議という。本会議は総議員の3分の1以上の出席で開会し，議決は出席議員の過半数により成立する。本会議は公開を原則とするが，出席議員の3分の2以上で議決した時は秘密会とすることができる。

秘密会 （ひみつかい）　国および地方公共団体の議決において，非公開とされる会議。両議院の本会議は公開を原則とするが，議長または議員の10名以上の発議により，出席議員の3分の2以上の多数で議決した場合は秘密会にすることができる。ただし，会議の記録は高度に秘密性のあるもの以外は公表しなければならない。これまで，衆

種　類	お も な 内 容
常　会 （通常国会）	毎年1回（52），1月中に召集される会期150日
臨時会 （臨時国会）	内閣が必要と認めたとき，または，いずれかの議院の総議員の4分の1以上の要求があったとき召集（53）
特別会 （特別国会）	衆議院解散後の総選挙の日から30日以内に召集（54①）
参議院の緊急集会	衆議院の解散中，国に緊急の必要が生じたとき，内閣が集会を求める（54②）

▲国会の種類　カッコ内の数字は憲法の条項数を示す

参両議院とも本会議で秘密会とされたことはない。地方議会の場合は，議長または議員3人以上の発議により，出席議員の3分の2以上の多数で議決したときは，秘密会を開くことができる。

常会 Ｂ④Ｎ（じょうかい）　毎年1回，必ず召集される国会のこと（憲法第52条）。通常国会ともいう。毎年1月中に召集され，会期は150日間。両議院一致の議決で，1回のみ延長できるが，一致しないときは衆議院の議決に従う。常会の主要議事は，翌年度の予算審議である。召集詔書の公布は，天皇によって20日前までになされる。

同 通常国会 Ａ④Ｎ

臨時会 Ｂ⑥Ｎ（りんじかい）　国会の議事が必要な時に臨時に召集される議会。臨時国会ともいう。予算（補正）・外交，その他国政上緊急に必要な議事を扱う。内閣またはいずれかの議院の総議員の4分の1以上の要求により，また任期満了にともなう衆議院議員総選挙後や参議院議員通常選挙後の一定期間内に，内閣が召集を決める（憲法第53条）。会期は両議院の一致で決定。

同 臨時国会 Ａ②Ｎ

特別会 Ａ③Ｎ（とくべつかい）　衆議院解散後の総選挙の日から30日以内に召集される国会（憲法第54条）。特別国会ともいう。特別会召集後，内閣は総辞職する（憲法第70条）。内閣総理大臣の新たな指名のために開かれるのが特別国会である。会期は両議院の一致した議決によって決定される。

同 特別国会 Ａ②Ｎ

参議院の緊急集会 Ｂ④Ｎ（さんぎいん・きんきゅうしゅうかい）　衆議院が解散されたときは，参議院も同時に閉会となるが，内閣が緊急の必要があると判断した場合に内閣の求めに応じて開かれる。この緊急集会でとられた措置は臨時のもので，次の国会開会後10日以内に衆議院の同意がなければ，その効力を失うことになる（憲法第54条）。

同 緊急集会 Ｂ⑨Ｎ

閉会中審査（へいかいちゅうしんさ）　常会や臨時会が休会している期間に，緊急かつ重要な案件が発生した場合に開かれる常任委員会や特別委員会。国会法第15条に規定がある。2015年秋，政府・与党は臨時会を求める野党の要求を拒み，委員会による審議と

なった。開催日は通常，委員会ごとに一日のみ。また閉会中は，本会議は開けない。

政府演説（せいふえんぜつ）　通常国会の冒頭に，政府の基本方針について内閣総理大臣が行う施政方針演説，財務大臣が行う財政演説，外務大臣が行う外交演説，経済財政政策担当大臣が行う経済演説，さらに臨時国会や特別国会で特定の政治課題について内閣総理大臣が行う所信表明演説をさす。所信表明演説を除いて政府4演説という。

類 施政方針演説Ｎ　財政演説Ｎ　外交演説Ｎ　経済演説Ｎ　所信表明演説Ｎ

委員会制度 Ｃ②Ｎ（いいんかいせいど）　議案の審議，国政の調査などの議会運営を能率的に行うための審査組織。日本では，イギリスの本会議制と，アメリカの常任委員会中心の議会運営を併用する形式をとる。常任委員会と特別委員会とがあり，国会議員は必ずいずれかの委員会に所属しなければならない。国会の最終議決は本会議で行われるが，行政内容の専門化・複雑化などにともない，効率的審査を目的に委員会制度が発達した。したがって本会議では委員会での議決内容がほとんどそのまま可決される。

類 委員会中心主義 Ｃ

常任委員会 Ｂ⑪Ｎ（じょうにんいいんかい）　予算・内閣・文部科学・総務などの委員会が，衆議院と参議院にそれぞれ17ずつある。

特別委員会 Ｂ⑨Ｎ（とくべついいんかい）　特別な案件が発生した場合に設置される委員会。

審査会 Ａ Ｎ（しんさかい）　国会に設置された会。衆参それぞれに憲法と政治倫理の二つの審査会がある。

予算委員会 Ｃ④Ｎ（よさんいいんかい）　内閣が作成した予算を審議する委員会。国会の常任委員会の一つ。予算は国政全般にわたるため，委員会審議のなかでも最も重要とされ，予算委員会の開催中は他の委員会は開かれず，全閣僚が出席する。予算は，委員会の全体会と各分科会で審議された後，全体会と本会議の議決を経て成立する。

議院運営委員会 Ｎ（ぎいんうんえいいいんかい）　衆参両院の本会議の運営にかかわる常任委員会。議事の順序，発言の順番・時間などの議院運営や，国会法・議院規則改正問題を取り扱う。委員は，各政党の所属議員数の比率で割り当てられる。

懲罰委員会（ちょうばついいんかい）　議員の懲罰を審査する常任委員会。各議院内での不穏当な発言や，秩序を乱す行為に対する内部規律保持制度の一つで，対象者を戒告・陳謝・登院禁止・除名などに付す。

国会対策委員会　**Ｃ** **Ｎ**（こっかいたいさくいいんかい）　各政党が，国会運営にあたっての方針を決めたり，他の政党との連絡・調整を行うために設置する委員会。公式の機関ではないが，政党間の利害が対立する案件の調整は，国会対策委員長会談で秘密のうちに決められることが多い。これを国対政治という。

類 国対政治 **Ｃ**

公聴会　**Ｂ** **４** **Ｎ**（こうちょうかい）　委員会制度の下で，審議過程において開かれる会議。予算など重要な案件について，また各委員会の判断で，利害関係を有する者，学識経験者などから意見を聴く（国会法第51条）。

審議　**Ａ** **３** **Ｎ**（しんぎ）　衆議院・参議院の各委員会・本会議における議案に関する主張・討論の手続き。議案は，議長を通じて該当委員会に付託され，本会議でも審議される。

定足数　**Ｎ**（ていそくすう）　国会で議事を開いたり議決をするために必要な出席者の数。憲法第56条１項では，各議院の「総議員の３分の１」と定めている。

議決　**Ａ** **11** **Ｎ**（ぎけつ）　委員会では，委員の半数以上の出席によって成立，出席者の過半数の賛成で可決される。本会議では，特例を除き総議員の３分の１以上の出席，過半数の賛成を必要とし，可否が同数の場合は議長が決する。

特別多数決　**Ｎ**（とくべつたすうけつ）　国会の議決は過半数の賛成を必要とする多数決制であるが，特別に３分の２以上の賛成を必要とするものがある。①憲法改正の発議（総議員の３分の２），②法律案の衆議院における再議決，③秘密会の開催についての議決，④議員の資格を失わせる議決，などがこれにあたる。

両院協議会　**Ａ** **11** **Ｎ**（りょういんきょうぎかい）　衆議院と参議院とが異なった議決をした場合に，両院の意思を調整するために開かれる協議会。協議委員は両院からそれぞれ10名ずつ選出される。予算の議決，条約の承認，内閣総理大臣の指名について，両院が異なる議決をしたときには，必ず両院協議会が開かれる。通常の法律案の議決に関しては，手続きに従って衆議院の優越がとられたり，両院協議会が開かれたりする。

国会法　**Ｃ** **Ｎ**（こっかいほう）　日本の国会の組織や運営についての基本事項を定めた法律。1947年制定。全133か条からなる。国会の召集及び開会式，会期及び休会，役員及び経費，議員，委員会及び委員，会議，懲罰，弾劾裁判所など，国会の組織と権限について規定している。

国会審議活性化法　**Ａ** **６** **Ｎ**（こっかいしんぎかっせいかほう）　議員同士の議論を活発にすることで国会審議の活性化をはかり，官僚主導から政治主導への政策決定システムを構築することを目的とした法律。1999年に成立。党首討論の場となる国家基本政策委員会を，衆参両院に設置すること，官僚が国会で答弁する政府委員制度を廃止し，副大臣と大臣政務官を置くこと，などが行われた。

国会の権限　**３** **Ｎ**（こっかいのけんげん）　日本国憲法の規定では，国会は国権の最高機関，唯一の立法機関であり，さまざまな権限が与えられている。法律の制定権，財政に関する予算の審議・議決権，条約の承認権，行政部監督権，司法部監督権，憲法改正発議権，弾劾裁判所の設置，内閣不信任決議権（衆議院のみ）などがある。

法律事項　（ほうりつじこう）　憲法で，法律によって規定すべきものとされている事項。立法事項ともいう。一般に立法は国会の権能。

法律の制定　**Ｃ** **４** **Ｎ**（ほうりつせいてい）　国会が行う法律案の審議や議決を通して，法律を成立させること。内閣提出あるいは議員提出の法律案は，委員会と本会議で審議・議決され，成立する。このうち議員提出の法律案（議員立法）の発議には，発議者のほか，衆議院で20人以上，参議院で10人以上（予算をともなう場合はそれぞれ50人以上，20人以上）の議員の賛成を必要とする。また，委員会からも法律案の提出ができる。成立する法案の数は，議員提出案よりも内閣提出案の方が多い。これは立法作業において，官僚の政策立案能力に依存した結果でもあるが，最近では議員立法が増加傾向にある。議員などの立法活動をサポートする機関として，衆参各院に議院法制局が設置されている。なお，法律案について両院

が異なる議決をした場合，衆議院で出席議員の３分の２以上の多数で再可決したときは，法律となる。

類 内閣提出法案 C ③ 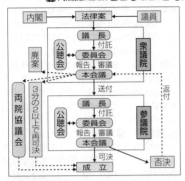（閣法 B 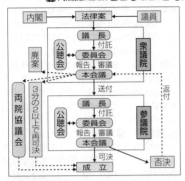）

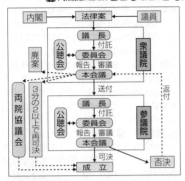

▲ **法律の制定過程**　法律案の提出は参議院を先にしてもよい

再議決 （さいぎけつ）　衆議院が可決した法律案を参議院が否決または修正したとき，衆議院に戻して再び議決すること。その場合，出席議員の３分の２以上の賛成で法律となる。憲法第59条２項に規定されている。2008年には再議決による新テロ対策特別措置法が成立した。衆・参院の多数派がそれぞれ異なる「ねじれ国会」のもとで，こうした事態が増えてきた。

みなし否決 （−ひけつ）　衆議院を通過した法律案を，参議院が国会休会中を除いて60日以内に採決しないケースをいう。この場合は，「参議院がその法律案を否決したものとみなすことができる」と憲法第59条４項で定められている。俗に「60日ルール」ともよばれる。

同 60日ルール

立法過程 ①（りっぽうかてい）　法律が制定される過程のこと。日本では一般に，法律案の発案（議員・両院委員会・内閣）→審議（議長が関連委員会に付託，議決）→本会議に回付→法律案の議決（衆参両議院で可決）→法律の署名・連署（関係国務大臣と内閣総理大臣の署名と連署）→法律の公布（内閣を経由し，天皇が内閣の助言と承認により公布）→法律の施行，の過程をとる。日本の国会は，イギリスの本会議制と，アメリカの常任委員会中心の議会運営を併用する形式をとる。

予算 A ⑩ （よさん）　国および地方公共団体の１年間の歳入と歳出の見積もりのこと。予算は，編成・審議・執行・決算の４段階を経て，次会計年度へと引き継がれる。予算を編成し，国会に提出できる権限をもつのは内閣であり，毎会計年度の予算を作成し，国会に提出してその議決を経なければならない。また，決算は，内閣が会計検査院による検査を経てから，国会に提出しなければならない。予算には，一般会計予算・特別会計予算・政府関係機関予算がある。また，当初予算への追加・修正を行ったものを補正予算とよぶ。予算は，憲法・財政法などによって規定された予算原則に基づいて策定される。予算原則には，①予算執行前に国会の議決が必要だという事前議決原則，②政府の収入・支出は全額予算に計上されなければならないという予算総計主義原則，③予算は国民に広く公開されなければならないという公開性原則などがある。予算編成にあたり概算要求の上限を前年度予算の一定比率内におさめることをシーリングという。

類 シーリング

衆議院の予算先議権 C ⑤ （しゅうぎいん−よさんせんぎけん）　予算案は先に衆議院に提出しなければならないとする国会での決まり。憲法第60条１項に規定がある。

類 予算先議権 C

予算の議決 B ① （よさん−ぎけつ）　予算案について，①衆参両院が異なった議決をし，両院協議会を開いても意見が一致しないとき，②参議院が予算案を受け取ってから30日以内に議決しないとき，衆議院の議決を国会の議決とする（憲法第60条２項）。これを自然成立（俗に30日ルール）という。

類 自然成立 （30日ルール）

歳入 A ⑥ （さいにゅう）　国や地方自治体の年間収入。主たる収入源は，税金および公債の２つである。☞ p.392（歳入）

歳出 A ⑤ （さいしゅつ）　国や地方自治体の年間支出。主たる支出先は２つある。第１は，社会保障や防衛費といった通常の公的事業のための一般歳出である。第２は，借金を返済するための公債費である。☞ p.392（歳出）

内閣総理大臣の指名 B ⑥ （ないかくそうりだい

（じん-しめい）　内閣総理大臣は国会議員のなかから指名する。①衆参両院が異なった指名をし，両院協議会を開いても意見が一致しないとき，②衆議院が指名をした後，参議院が10日以内に指名しないとき，衆議院の指名を国会の指名とする（憲法第67条）。

内閣不信任決議 Ⓑ 13 Ⓝ（ないかくふしんにんけつぎ）
国会が，内閣の行政権の行使内容に対して異議を唱え，信任できないと決議すること。憲法第69条によって，衆議院にのみ与えられている権限。国民による行政権への間接的統制の一種であり，議院内閣制の下で行政権と立法権との間の抑制と均衡を確保するための制度の一つである。一般に野党側から，内閣に対する不信任決議案が提出され，これが可決された時，内閣は10日以内に衆議院を解散するか，総辞職するかのいずれかを選ばなければならない。内閣信任決議案が否決されたときも，同様の効果と結果をもつ。これまでに内閣不信任決議案の可決に基づく解散は計4回ある。

問責決議 Ⓝ（もんせきけつぎ）　衆議院の内閣不信任決議に対して，国会の一院としての参議院に与えられた権限。この決議で内閣の責任を追及できる。しかし法的拘束力はなく，あくまでも政治的な意味をもつにとどまる。福田康夫首相に対して2008年，現憲法下で初めて首相への問責決議が可決された。

国政調査権 Ⓐ 12 Ⓝ（こくせいちょうさけん）　国会が国政全般について調査を行う権限。憲法第62条に定められている。議院内閣制に基づく行政監督権の下で国会が内閣をコントロールするための権限の一つ。その範囲は立法・行政の全般に及ぶ。証人の出頭・証言・記録の提出を求めること，議員を派遣すること，国務大臣に答弁・説明を求めることなどが含まれる。ただし，司法権の独立などとの関係で，おのずから限界があるとされる。1949年の浦和事件では，裁判所の下した量刑に対して参議院法務委員会が行った国政調査が司法権の独立を害さないか問題になった。

　　　　　　　　　　　　　　　類 浦和事件

証人喚問 Ⓒ Ⓝ（しょうにんかんもん）　憲法第62条や議院証言法（議院における証人の宣誓及び証言等に関する法律）に基づいて，衆参両院が証人の出頭・証言・記録の提出を求

めること。国政調査権の一手段。マスコミなどで用いられる言葉だが，法令上の用語ではない。虚偽証言には罰則がある。

条約の承認 Ⓐ ① Ⓝ（じょうやく-しょうにん）　内閣が締結する国家間の合意である条約は事前に，やむを得ない場合は事後に，国会の承認を経なければならない（憲法第73条3号）。国会の権限の一つで，衆議院の議決が優先する。条約の締結は，内閣が任命した全権委員の署名と，続く内閣の批准，さらに批准書の交換によって完了する。内閣が締結し，国会が承認するという内閣と国会との協働行為である。

弾劾裁判所 Ⓐ 10 Ⓝ（だんがいさいばんしょ）　訴追を受けた裁判官の罷免の可否を取り扱う弾劾を行うため，両議院の議員で組織する裁判所（憲法第64条）。裁判官にはなはだしい職務上の義務違反や職務の怠慢があったとき，あるいは裁判官としての威信を著しく失う非行があった場合，罷免請求としての訴追が行われる。訴追は裁判官訴追委員会によって行われ，弾劾裁判所は衆参両院議員のなかから選ばれた，訴追委員と兼任しない各7名の裁判員で構成される。3分の2以上の賛成で罷免。

訴追委員会 Ⓒ Ⓝ（そついいいんかい）　裁判官の弾劾をする上で，罷免の提訴を担当する委員会をいう。国会の両議院の議員各10名で構成され，裁判官の職務上の違反や裁判官としての信用を失墜する行為があった場合に弾劾裁判所に申し立てる。

議員立法 Ⓑ Ⓝ（ぎいんりっぽう）　国会議員（広義には国会の委員会も含む）が立案して提出した法案（及び成立した法律）をさす。

委任立法 Ⓐ ⑤ Ⓝ（いにんりっぽう）　行政府が立法府から権限の委任を受けて立法行為を行うこと。憲法第41条で国会は唯一の立法機関と規定されているが，現代国家の行政内容が複雑化・高度化したため，国会では大綱を定めるだけにとどめ，具体的・個別的運用やその細則の規定を，各行政機関の専門行政官に委任する場合が増えている。

一事不再議 Ⓝ（いちじふさいぎ）　議院において，議決があった案件と同一のものを同一会期中に再び審議してはならない，という原則。大日本帝国憲法では明文で定めていたが，現憲法下には規定がない。しかし，一般的

にはこの原則に従うものとされる。

政策秘書（せいさくひしょ）　国会議員の政策立案能力を高める目的で，1994年から導入された政策づくりや立法活動を手助けするスタッフ。国会法で歳費が認められた３人の公設秘書のうち，１人は置かなければならない。資格試験に合格することなどが必要で，他の公設秘書より高い給与が支払われる。なお，議員が個人的に採用した秘書を私設秘書という。

類 公設秘書　私設秘書

国会同意人事　Ⓝ（こっかいどういじんじ）　内閣が任命する人事のうち，法律に基づき国会の同意や承認を必要とするもの。日銀総裁・副総裁，会計検査官，原子力規制委員会委員，ＮＨＫ経営委員など約30の機関の人事が該当する。これらの案件は内閣が提出し，国会の議院運営委員会の審査を経て，衆参両議院の本会議で議決される。

議院法制局　（ぎいんほうせいきょく）　国会議員の法制に関する立案（議員立法）を補助するため，国会の各議院に置かれた機関。職員は特別職の国家公務員である。

質問主意書　Ⓝ（しつもんしゅいしょ）　国会法で議員に認められた，内閣に対する文書での質問。質問内容を「簡明な主意書」にまとめることから，この名称が使われる。国会での質問時間が限られる少数会派がそれを補うためによく用いる。提出できるのは，慣例として国会開会中だけ。内閣は受け取った日から７日以内に答弁する。答弁は閣議決定され，政府の公式見解となる。

あっせん利得罪　（－りとくざい）　政治家や議員秘書が依頼を受け，公務員や独立行政法人の職員などに，自分の影響力を使って職務上の行為をするよう（またはしないよう）口利きをし，見返りに財産上の利益を受け取ったときに適用される。2000年制定のあっせん利得処罰法に基づく。刑法のあっせん収賄罪は，公務員に職務上の不正行為をさせた場合でないと処罰されないが，あっせん利得罪は正当な行為をさせた場合でも適用される。

② 内閣と行政機関

内閣と行政権

行政権　Ⓐ④Ⓝ（ぎょうせいけん）　三権のうちの立法権と司法権に属すものを除いた国家の政務を執行する権限。憲法は「行政権は，内閣に属する」（第65条）と定め，行政権を行使する場合，内閣が「国会に対し，連帯して責任を負ふ」（第66条）として，議院内閣制を明確にしている。ただし，すべての行政権を内閣が独占するのではなく，行政委員会や地方自治行政のように，憲法の定めによって他の機関に分与・委任することもできる。

内閣　Ⓐ㉕Ⓝ（ないかく）　内閣法上は，内閣総理大臣及び14名（特別に必要な場合は17名）以内の国務大臣で構成される国家行政の最高意思決定機関。一般行政事務のほか，憲法第73条に定められた事務を統括処理し，第７条に基づいて天皇の国事行為への助言と承認を行う。国務大臣の任免などの権限は総理大臣にあるが，議院内閣制のため，最終的に内閣は国会に対して連帯して責任を負う。構成上の原則は，文民で過半数が国会議員でなければならない（憲法66条および68条）。

内閣総理大臣　Ⓐ⑫Ⓝ（ないかくそうりだいじん）　内閣の首長であると同時に内閣府の長でもある。国会議員のなかから，衆議院の多数派の代表が指名され，天皇が任命する。内閣を代表して各省庁大臣を指揮・監督する立場にあるため，総理大臣が欠けた場合は内閣は総辞職しなければならない。明治憲法では内閣のなかで同輩中の首席の地位にあった。現行憲法ではその地位と権限が著しく強化されている。

内閣法　Ⓑ Ⓝ（ないかくほう）　憲法に基づき，内閣の職権や組織，内閣総理大臣・国務大臣の権能，閣議，内閣官房などの必要な事項を定めた法律。1947年施行。

同輩中の首席　Ⓝ（どうはいちゅう－しゅせき）　明治憲法下における内閣総理大臣に与えられた地位。明治憲法には内閣の規定はなく，総理大臣は国務大臣と同等の立場に立ち，内閣の統一をはかることが責任とされた。

内閣総理大臣の権限　Ⓑ⑥（ないかくそうりだいじん－

（けんげん）　内閣総理大臣は，内閣の首長として閣議を主宰し，国務大臣の任免権をもち，行政府の首長として行政各部を指揮・監督する。また立法府に対して，内閣を代表して議案の提出その他を行い，司法府に対しても国務大臣への訴追同意や行政裁判の結果への異議申し立てを行うことができる。

内閣	与党の構成
細川8党派連立 1993年8月～ 94年4月	日本社会党，新生党（自民党旧竹下派離脱派），公明党，日本新党，民社党，新党さきがけ（自民党離脱派），社会民主連合，民主改革連合
羽田6党派連立 94年4月～6月	新生党，公明党，日本新党，民社党，社会民主連合，民主改革連合（さきがけは閣外協力）
村山3党連立 94年6月～ 96年1月	自民党，社会党，新党さきがけ
橋本3党連立 96年1月～ 98年6月	自民党，社民党（96年1月，社会党から党名変更），新党さきがけ（96年11月，第2次内閣から社民，さきがけは閣外協力）
橋本自民党単独　98年6月～7月	自民党
小渕自民党単独　98年7月～99年1月	自民党
小渕2党連立 99年1月～10月	自民党，自由党（公明党は99年7月の党大会で連立政権参加決定）
小渕3党連立 99年10月～ 2000年4月	自民党，自由党，公明党（2000年4月，自由党連立離脱）
森3党連立 2000年4月～ 01年4月	自民党，公明党，保守党
小泉3党連立 01年4月～ 03年11月	自民党，公明党，保守新党（保守党と民主党離党議員で02年12月結成）
小泉2党連立 03年11月～ 06年9月	自民党，公明党（03年11月，保守新党は自民党へ合流）
安倍2党連立 06年9月～ 07年9月	自民党，公明党
福田2党連立 07年9月～ 08年9月	自民党，公明党
麻生2党連立 08年9月～ 09年9月	自民党，公明党
鳩山3党連立 09年9月～ 10年6月	民主党，社民党，国民新党（10年5月，社民党連立離脱）
菅2党連立 10年6月～ 11年9月	民主党，国民新党
野田2党連立 11年9月～ 12年12月	民主党，国民新党
安倍2党連立 12年12月～ 20年9月	自民党，公明党
菅2党連立 20年9月～	自民党，公明党
岸田2党連立 21年10月～	自民党，公明党

▲ 1990年代からの連立政権の形態

さらに憲法に規定されていないが，安全保障会議の議長となり，自衛隊への最高指揮・監督権をもつ。

国務大臣　Ａ10Ｎ（こくむだいじん）　広義では内閣総理大臣を含む全閣僚をいい，狭義では内閣総理大臣以外の閣僚をいう。内閣総理大臣によって任命され，また任意に罷免される。任命には天皇の認証を必要とし，その過半数は国会議員から選ばれ，かつ文民でなければならない。行政各部の長（各省大臣）と特命担当大臣からなる。内閣法では内閣総理大臣をのぞく大臣数は原則14人だが，必要に応じて17人まで増員できるほか，特別法によってさらに臨時増員が可能である。2022年現在は，内閣法の上限である17人に加えて，特別法によって復興大臣，万博担当大臣が置かれており，合計19人の構成となっている。

文民　Ａ Ｎ（ぶんみん）　現職自衛官をふくめ現在職業軍人でない者をいう。過去に職業軍人であった者はふくまないとする説もある。内閣総理大臣や国務大臣が文民でなければならないという憲法第66条の規定は，日本の再軍備を予見した極東委員会の要請により，貴族院で追加されたものである。

特命担当大臣　（とくめいたんとうだいじん）　内閣府に属する複数の国務大臣をさす。内閣総理大臣を助け，行政各部の施策の統一などを行う。沖縄及び北方対策担当・金融担当・消費者担当は法律上，必ず置かなければならない。現在，五輪担当や万博担当が配置されている。

副大臣　Ａ10Ｎ**・大臣政務官**　Ｂ4Ｎ（ふくだいじん・だいじんせいむかん）　従来の政務次官制度にかわり，2001年1月からの中央省庁再編にともなって新設された役職。閣僚のサポート役として，国会議員のなかから内閣が任命（副大臣に関しては天皇の認証も要する）する。大臣の命を受けて政務を処理する副大臣は各省ごとに1～2名（内閣府副大臣に関しては3名），特定の政策・企画に参加する大臣政務官は同1～3名が配置されている。

行政機構　Ｂ Ｎ（ぎょうせいきこう）　国及び地方の行政事務を担当し，行政権を行使する機関をいう。行政権は内閣に属するため，内閣の統括の下で，行政各府・省・委員会・庁の

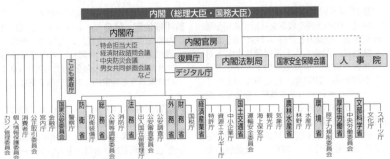

日本の行政機構　2001年に1府12省庁に改編された後，以下の組織が新設されている。
消費者庁(2009年設置)，復興庁・原子力規制委員会(2012年)，国家安全保障会議(2013年)，個人情報保護委員会(2014年に特定個人情報保護委員会として発足，2016年から現組織)，スポーツ庁・防衛装備庁(2015年)，出入国在留管理庁(2019年)，カジノ管理委員会(2020年)，デジタル庁(2021年)，こども家庭庁(2023年)

4種の機関が行政事務を担当する。これらの国家行政組織法の適用を受ける機関と，会計検査院・人事院・内閣法制局などを含めて行政機構という。

中央省庁　🅐5🄝(ちゅうおうしょうちょう)　1府12省庁(2001年1月から)で構成された行政官庁。1府12省のなかには内局(財務省の主計局など)と外局とがあり，外局は特殊な事務を担当する。それぞれが属する大臣に対して，省令などの発案権，規則制定権，告示権，訓令・通達権を有する。

中央省庁再編　🄲3🄝(ちゅうおうしょうちょうさいへん)　1998年6月に成立した中央省庁等改革基本法により，1府22省庁制から1府12省庁制に移行したこと(2001年1月)。省庁の半減により行政のスリム化と政治主導をはかり，内閣府を新設して，首相のリーダーシップを強化するねらいがあった。
　　類 **中央省庁等改革基本法**🄲　1府12省庁制
　　　　1府11省2庁体制🄲

内閣府　🄲11🄝(ないかくふ)　内閣機能の強化をはかるため，中央省庁再編により2001年に誕生した行政機関。内閣の重要政策について行政各部の施策の総合調整などを行う。内閣府の長は内閣総理大臣で，沖縄及び北方対策担当などの各特命担当大臣を置く。外局として国家公安委員会・金融庁・公正取引委員会・消費者庁が置かれている。

行政刷新会議　🄝(ぎょうせいさっしんかいぎ)　鳩山由紀夫内閣のもとで2009年，内閣府に設置された機関。国の行政のあり方を刷新し，国・地方・民間の役割の見直しなどを行っ

た。議長は内閣総理大臣。予算をめぐる事業仕分けの中心となった。現在は廃止。

事業仕分け　🄝(じぎょうしわ−)　国などが実施する事業について，予算項目ごとに公開の場で担当者らが議論して決めていくしくみ。予算の無駄の洗い出しが目的。2009年，政府の行政刷新会議のもとで始まったが，2012年の自民党の政権復帰にともない，現在はこの形式では行われていない。

行政事業レビュー　(ぎょうせいじぎょう−)　行政機関における事業の必要性を国の各府省がみずから点検するしくみ。2009年の民主党政権のもとで導入されたが，自民党政権にも引き継がれた。

経済財政諮問会議　🄲🄝(けいざいざいせいしもんかいぎ)　経済財政政策や予算編成について，民間の有識者の意見も反映させ，内閣総理大臣のリーダーシップを発揮させるために内閣府に設置された機関。内閣総理大臣を議長とし，10人以内の議員で組織，「骨太の方針」などを決定した。民主党政権のもとで休眠状態であったが，2012年の自民党の政権復帰にともなって復活した。

骨太の方針　🄝(ほねぶと−ほうしん)　小泉純一郎内閣の下で設置された経済財政諮問会議が，2001年から策定してきた政策運営の基本的枠組み。正式には「経済財政運営と構造改革に関する基本方針」という。毎年6月に改定されてきた。2018年には安倍晋三政権のもとで，翌19年10月から消費税率を10%に引き上げることなどを決めた。

国家戦略会議　🄝(こっかせんりゃくかいぎ)　民主党

政権が，経済財政諮問会議にかわって設けた組織。国の重要な政策を統括する司令塔，政策推進の原動力と位置づけられる。首相を議長に，閣僚6人と民間議員として日銀総裁や財界・労働組合のトップなど6人が加わる。2011年，総合的な国家ヴィジョン「日本再生の基本戦略」を策定した。自民党政権の復活で停止。

金融庁 **C** 2 **N**（きんゆうちょう）　1998年に金融と財政の分立を目的に旧大蔵省から分離させた金融監督庁が，2000年に大蔵省の金融企画局と統合して成立。2001年の省庁再編では，金融機関の破たん処理を担当した金融再生委員会も統合。内閣府の外局。
　類 金融監督庁 **C** **N**

内閣人事局 **B** **N**（ないかくじんじきょく）　2014年，内閣法に基づいて内閣官房に設置された機関。従来，省庁ごとに行われてきた次官や局長などの幹部人事を，首相や官房長官の官邸主導で一元管理するのが目的。省庁の縦割りを排除することはできる一方，政権の意図的な人事などを危惧する声もある。

財務省 **C** 4 **N**（ざいむしょう）　旧大蔵省。財政を担当。ただし，金融関係の業務については金融庁を創設し，独立させた。

国土交通省 **C** **N**（こくどこうつうしょう）　旧建設省，旧運輸省などを統合して発足した省。

総務省 **C** 7 **N**（そうむしょう）　各行政機関の総合的な管理・調整などを担当する。旧総務庁・自治省・郵政省を統合して発足。

内閣官房 **B** 2 **N**（ないかくかんぼう）　内閣の補助機関であり，首相の補佐機関である。閣議事項の整理や行政各部の政策に必要な総合的調整，内閣の政策に関する情報収集・調査などを行う内閣の補佐機関。長は内閣官房長官（国務大臣）で，3名の副長官が補佐する。

内閣官房長官 **C** **N**（ないかくかんぼうちょうかん）　日本における国務大臣の1人であり，内閣官房の長。内閣官房を統括するリーダーであり，内閣を代表して，中央官庁や各政党との調整作業を担うほか，内閣の公式見解を発表するスポークスパーソン（報道官）としての役割も担う。国務大臣のなかでも特に国民への露出度が高いポストである上に，内閣への権限集中が図られるようになった現代日本政治においては，首相に次ぐ政治的地位にあるとも言われる。

首相補佐官 **C** **N**（しゅしょうほさかん）　正式には内閣総理大臣補佐官。5人以内。内閣法第22条に基づき，内閣官房の内部に設置された組織。首相の命を受け，内閣の重要な政策のうち特定のものの企画立案にあたる。

内閣官房参与 **N**（ないかくかんぼうさんよ）　1987年の「内閣官房に参与を置く規則」に基づき設置された非常勤の役職。首相の諮問にこたえ，意見を述べる役割をもつブレーンやアドバイザー的な存在。時の首相の裁量で任命できる。

国家戦略室 **N**（こっかせんりゃくしつ）　鳩山由紀夫内閣のもとで2009年，内閣官房に設置された機関。予算の骨格づくりなど，内閣の重要政策に関する基本的な方針の企画・立案・総合調整を行う。「局」への昇格をめざしたが，自民党政権のもとで停止。

内閣法制局 **B** **N**（ないかくほうせいきょく）　閣議に付される法律案・政令案・条約案などを審査，立案する機関。1885年に内閣に設置された「法の番人」的な存在。憲法や法律問題に関する政府統一見解の作成，国会答弁での法律解釈の提示など影響力は大きい。

行政委員会 **A** 4 **N**（ぎょうせいいいんかい）　一般行政機構からある程度独立して権限を行使する合議制の行政機関。規則を制定する準立法的権限と，裁決を下す準司法的権限をもつ。アメリカなどで発達し，戦後日本の民主化政策の一環として採用された。人事院・中央労働委員会・公害等調整委員会・公正取引委員会などがある。都道府県などにも配置されている。

人事院 **A** 4 **N**（じんじいん）　一般職公務員の職階・任免・給与その他，職員に関する人事行政や職員採用試験などの実施事務を取り扱う行政機関。規則制定や不利益処分の審査など準立法・準司法機能をもつ。

会計検査院 **B** **N**（かいけいけんさいん）　国の歳入・歳出の決算を検査する行政機関。検査報告は決算とともに内閣から国会に提出される。内閣から独立し，3人の検査官による検査官会議と事務総局とからなる。

国家公安委員会 **B** **N**（こっかこうあんいいんかい）　警察行政を統括し調整する行政委員会。不当な政治勢力の介入の排除をめざす。内閣

府の外局。

公文書 🇨 🇳（こうぶんしょ） 政府や諸官庁，地方公共団体の公務員が，職務に関して作成した文書で，私文書に対する語。公文書の偽造・変造の場合，その処罰が重い。2018年，学校法人「森友学園」に国有地が格安で払い下げられた問題で，財務省が公文書を改ざんしていた事実などが発覚した。

政府委員 🇨 11 🇳（せいふいいん） 国会における審議や答弁の際，国務大臣を補佐するため内閣から任命された行政部の職員。衆参両院議長の承認を必要とした。1999年制定の国会審議活性化法により廃止。

政府参考人 🇨 🇳（せいふさんこうにん） 国会の委員会で行政に関する事項について審査・調査を行う際，説明を行う政府の職員。国会審議活性化法で政府委員制度が廃止され，質疑に対する答弁は国務大臣・副大臣などが行うが，委員会が必要であると認めた場合は政府参考人が出頭できる。

政府特別補佐人 🇨（せいふとくべつほさにん） 1999年の国会審議活性化法で各省庁の官僚による答弁が原則廃止（政府委員制度の廃止）された後も，ひきつづき国会答弁にたつ内閣法制局長官・人事院総裁・公正取引委員会委員長・公害等調整委員会委員長・原子力規制委員会委員長の５人をさす。このうち，内閣法制局長官について，民主党連立政権では外されたが，自民党政権で復活。

観光庁 🇨 1 🇳（かんこうちょう） 観光立国推進基本法に基づき，2008年に設立された国土交通省の外局。観光政策の推進などを行う。

復興庁 🇧 🇳（ふっこうちょう） 2011年の東日本大震災を受けて成立した復興基本法に基づき，2012年に新設された行政組織。復興施策の企画・立案，総合的な調整，実施に向けた事務などを行う。

原子力規制委員会 🇧 🇳（げんしりょくせいいいんかい） ⇨ p.65（原子力規制委員会）

事務次官等会議（じむじかんとうかいぎ） 閣議に提出する案件について，関係省庁間の最終的な事前調整を行うための会議。各省庁の事務次官のほか，警察庁長官・内閣官房長官らが構成員。慣例によって定例閣議の前日に開かれてきたが，民主党政権のもとで廃止された。しかし，2011年から「各省庁連絡会議」として，事実上復活した。現在は

次官連絡会議が設置されている。
類 次官連絡会議

スポーツ庁 🇨 🇳（－ちょう） 2011年に制定されたスポーツ基本法に基づいて2015年に設置された省庁。文部科学省の外局として，スポーツ行政を一元的に担う。

デジタル庁 🇨 🇳（－ちょう） 2021年に設置された日本の行政機関であり，情報技術による行政活動の刷新を図る組織。

こども家庭庁（－かていちょう） 2023年４月に設置される子ども政策の中心機関。内閣府の外局となり，保育所と認定こども園の所管は厚労省・内閣府から同庁に移る。

内閣の役割

内閣の権限 🇨 3 🇳（ないかくけんげん） 一般行政事務のほか，憲法第73条に定められた法律の執行と国務の総理，外交関係の処理，条約の締結，予算の作成と国会への提出，政令の制定，恩赦の決定などを行う。また，天皇の国事行為について助言と承認，臨時国会召集の決定，参議院緊急集会開催の要求，最高裁判所長官の指名，最高裁長官を除く裁判官の任命，決算の国会への提出などの権限がある。

閣議 🇦 6 🇳（かくぎ） 内閣が開く会議で，行政の最高意思決定機関。内閣総理大臣が議長となって主宰し，全閣僚が出席して開かれる。閣議の内容は非公開で，定例閣議が週２回開かれる。閣議決定は，一体性確保と国会に対して連帯責任を負うため全員一致制をとる。予算の作成，外交方針の決定などは閣議決定が必要。ほかに臨時閣議や，案件を書面で持ち回って署名を得る持ち回り閣議などがある。

類 持ち回り閣議 🇳

内閣総辞職 🇨 5 🇳（ないかくそうじしょく） 内閣を構成する内閣総理大臣及び国務大臣が，内閣の一体性と連帯責任の下で，全員がその職を辞任すること。内閣が総辞職するのは，①衆議院で内閣不信任案決議が成立し，かつ衆議院が解散されない場合，②衆議院解散後，特別会が召集されたとき，③内閣総理大臣が欠けたとき，④内閣の政策上の行き詰まりや主要閣僚への不信任成立などで，内閣の一体性を維持できないとき，などである。内閣が総辞職した場合，国会はすべ

ての案件に先だって，新たに内閣総理大臣の指名を行わなければならない。なお，総辞職後の内閣は，新たに内閣総理大臣が任命されるまでは引き続きその職務を行う。

連帯責任　◉（れんたいせきにん）　行政権の行使について，内閣は国民の代表で構成される国会に対して連帯して責任を負うという，内閣の政治責任のあり方。明治憲法下では存在しなかった。内閣が総理大臣を首席として一体性をもつべきであることから連帯責任が生じ，議院内閣制を採用している点から国会との関係が規定される。

政党内閣　◉（せいとうないかく）　衆議院（下院）で多数の議席をもつ政党・政派により組織される内閣。首相や閣僚の多くが同じ政党に属す。議院内閣制の下では，議会の信任を基礎とするので政党内閣となる。日本で最初の政党内閣は，1898年の憲政党による隈板（けんぱん）内閣であるが，短命で倒れ，米騒動（1918年）直後に，政友会による本格的な政党内閣（原敬（たかし）内閣）が成立した。原首相ら閣僚の多くが政友会の党員であった。以後政党内閣が続いたが，五・一五事件（1932年）で終わり，戦後の1946年に，自由・進歩両党連立による吉田茂内閣が成立して復活した。

解散権　Ｂ◉（かいさんけん）　衆議院を解散する権利。解散は国民の代表である衆議院議員の資格を任期満了前に失わせることになるが，重要な国策に関する国民の意思を問う手段としては解散による総選挙が不可欠である。衆議院の解散は①憲法第69条に基づき内閣不信任案が可決された場合と，②憲法第7条に基づく天皇の国事行為としての解散とがある（7条解散）。後者に関しては，内閣の助言と承認に基づくため，恣意的な運用が可能であるとして，これを憲法違反として提訴した苫米地（とまべち）訴訟がある。

　　　　　　　　類 衆議院の解散 **Ｂ◉◎**

7条解散（-じょうかいさん）　天皇の国事行為（憲法第7条）に基づき，慣行として内閣が行う解散。憲法には内閣の解散権を明示した規定はない。これまで，4例を除いてほとんどは7条解散である。

外交　Ａ◉（がいこう）　国家間の諸利益・諸関係の交渉にかかわる活動をいう。現代では国民の代表機関である議会が条約批准の承認などを通じて国民的利益と国民的合意の下に，政府の外交を統制する。外交関係を処理するのは内閣の職務であり，その国会への報告は内閣総理大臣の職務である。近年，政府間の外交にとどまらず民間組織による交流（民際外交）も増えている。

条約の締結　Ｂ②◎（じょうやく-ていけつ）　内閣の職務の一つ。締結は内閣の任命した全権委員の調印（署名）と，内閣による同意の意思表明としての批准によって完了する。ただし，日本においては事前（やむをえない場合は事後）に国会の承認を必要とする。

批准　Ｂ④◎（ひじゅん）　条約に対する国家の最終的な確認または同意をさす。条約の内容が合意に達すると，国の代表が署名・調印を行う。そして，条約締結権者が議会の事前承認を得て批准書を交換（または寄託）すると，条約が発効する。日本では内閣が批准，国会が承認し，天皇が認証する。

行政事務　◉◎（ぎょうせいじむ）　行政権の発動に基づいて行政機関が行う事務。行政事務は，議会の議決を経た法律に基づき処理される。　**☞** p.262（行政事務）

行政処分　◎（ぎょうせいしょぶん）　行政機関の意思により権利を与えたり，義務を命じたりする行為をいう。行政庁が営業の許可（認可）を与えたり，租税を課したりすること。法律の根拠が求められ，行政の目的に合致することが必要である。

行政指導　Ｂ④◎（ぎょうせいしどう）　行政機関などが，民間企業や地方公共団体に指導を行うこと。行政機関の希望や願望を相手の協力や同意に働きかけ，誘導することで行政目的を実現する行為をいう。行政機関には各種の権限や資金交付などがあるので，規制・強制に転化しやすい。実務上は助言・勧告・指示などとよばれる。職業指導のような助成的なものと，建築抑制のような規制的なものがあり，後者には法的保護がないため，濫用が問題となる。行政手続法で，その一般原則などが定められている。

命令　Ａ①◎（めいれい）　国の行政機関が制定する法規範の総称。国会が制定する法律に対応する。内閣の定める政令，内閣総理大臣の定める内閣府令，各省大臣の定める省令，委員会や庁の長が定める規則，会計検

査院の定める会計検査院規則，人事院の定める人事院規則などがある。命令の効力は，国会で成立するものではないという性格上，法律よりも劣る。明治憲法下では，法律から独立して発する独立命令や，緊急時に法律にかわって発する緊急命令が認められていた。憲法・法律の規定を実施する執行命令と，法律の委任に基づく委任命令とがある。

　　　　　　　類執行命令**N**　委任命令

政令　**A**12**N**（せいれい）　命令のうちの一つで，内閣によって制定される（憲法第73条6号）。効力は法律より劣り，府令・省令よりは優先する。

省令　**B**6**N**（しょうれい）　各省の大臣が，管轄する行政事務に関して制定する命令。内閣府は，総理大臣が制定する内閣府令となる。

規則　**A**9**N**（きそく）　一般には人の行為の準則をさすが，法律用語としては法律や命令とならぶ制定法の一形式をいう（憲法第81条）。制定主体によって種々なものがある。立法部については衆参両議院がそれぞれ定める議院規則があり，行政部に関しては会計検査院規則・人事院規則などが，司法部には最高裁判所規則がある。規則の法的性質はさまざまだが，一般に法律よりも下位におかれる。

首相公選制　**C**N（しゅしょうこうせんせい）　行政府の長である首相を，国民の直接選挙で選ぶ制度。議院内閣制のもとでは，国民の代表で構成する国会において選出され，憲法との関係もありこの制度は導入されていない。

恩赦　**C**N（おんしゃ）　裁判で確定した刑の中身を国家の恩典によって軽減・免除すること。内閣の職務として行われ，天皇が国事行為として認証する。憲法第73条には大赦，特赦，減刑，刑の執行免除，復権の5種がある。

行政権の拡大

天皇の官吏　（てんのうのかんり）　明治憲法の下での公務員の地位。官制大権に基づき天皇によって任命され，天皇に奉仕した。行政機構の独立性と国民への特権的立場を示す。

行政権の優越　（ぎょうせいけん-ゆうえつ）　三権分立制の下で，行政権が立法権・司法権に優越している現象をいう。行政に権限が集中し，

国会が行政を監督・統制下に置くという国会中心主義の原則がくずれることになる。現代国家では，特に，社会保障や産業開発，教育・文化の振興，環境整備などの分野で，行政のもつ許認可権限や企業への行政指導など，行政の裁量権が拡大し，議会による統制機能が低下した。また，法律案や予算の作成を通して，官僚は立法過程に深く関与し，内閣提出の法案は実質的に専門的行政官僚の手にゆだねられる。政策決定に関する主導権は，政党や立法機関から行政官僚に移り，専門家をまじえた審議会などで骨子がつくられる。現代政治は行政権優越の下で行われているのである。

許認可権　**C**N（きょにんかけん）　行政機関や各省庁がもつ許可・認可の権限。官界が業界などに指導力を発揮する要因の一つ。

委任立法　**A**5**N**（いにんりっぽう）　**☞** p.234（委任立法）

行政国家　**B**N（ぎょうせいこっか）　現代の国家が，治安維持・国防だけでなく，経済政策・労働・教育・文化・社会保障・公共事業などの分野も担当，その範囲が拡大し，高度化・専門化している状況をさす。夜警国家に対することば。行政部の独立と自律性が高まると，司法権の制約も受けず，立法部も委任立法の形で行政の裁量権を大幅に認めるため，三権分立や議会制民主主義の理念が損なわれるおそれがある。

オンブズマン　**B**11**N**［Ombudsman］　国民や住民の立場から行政などを監察する職で，行政監察官などと訳す。オンブズパーソンともいう。1809年に議会の下に国政調査権を代行する機関として，スウェーデンで設置された。日本では国政レヴェルではなく，地方公共団体で設けられている。川崎市の市民オンブズマンや東京都中野区の福祉オンブズマンなどが知られる。そのほか，民間組織として「全国市民オンブズマン」が各地で活動している。

　　　　　　　同オンブズパーソン**C**3

行政監察制度　**C**N（ぎょうせいかんさつせいど）　行政機関に対して資料の提出を求めたり，立ち入り調査をしたりして，行政を監察する制度。総務省行政評価局が中心になって機能している。また，市町村の単位では1961年，行政への苦情の受けつけ，助言

と報告を業務とする行政相談委員（任期2年，無報酬，総務大臣が委嘱）の制度がつくられた。しかし，オンブズ制度よりも権限が弱く，仕事の範囲も限られている。

通達行政（つうたつぎょうせい）　行政部が所属の組織や職員に対して出す，法令の統一的解釈や事務取り扱い上の基準を示した文書を通達と総称する。通達は，行政内容や法解釈技術の専門化を背景として，多発される傾向にある。国家行政組織法第14条に基づく。下級行政組織は従わなければならないが，法規としての性格をもたないので，直接国民を拘束することはない。

公務員制度　**B** **N**（こうむいんせいど）　国または地方公共団体職員の基本的なあり方をいう。大臣や，大使などの外務公務員及び裁判官などを含む特別職と，一般職とに分かれ，国家公務員法・地方公務員法その他の法律でそのあり方が定められている。1883年に成立したアメリカのペンドルトン法（資格任用制に基づく公務員制度を規定）がモデルとされる。

国家公務員　**A** **3** **N**（こっかこうむいん）　国の公務に従事する職員。国会議員・国務大臣・裁判官などの特別職と，それ以外の一般職とがある。後者に対してのみ，憲法第15条に基づき1947年に制定された国家公務員法が適用される。

　　　　　　　　　類 国家公務員法 **B** **N**

地方公務員　**B** **N**（ちほうこうむいん）　地方公共団体の公務に従事する職員。知事・市町村長・副知事・副市町村長などの特別職と，その他の一般職とがある。前者は地方自治法によって任免が定められ，後者に対してのみ1950年に制定された地方公務員法を適用。

　　　　　　　　　類 地方公務員法 **C** **N**

公務員制度改革　**B**（こうむいんせいどかいかく）　1990年代末以降，行政改革の一環として継続されている国家公務員の人事に関する政策。①成果や業績に基づく人事評価の強化，②採用試験の見直し，③民間人材の積極登用，④天下り慣行の見直し，などの諸原則から構成される。

国家公務員制度改革基本法　**C** **N**（こっかこうむいんせいどかいかくきほんほう）　中央省庁の人事管理を内閣に一元化し，縦割り行政の弊害をな

くすことなどを目的とした法律。2008年に制定された。細目については，別の法律を定めて実施される。この法律に基づき，2014年に人事を一元的に管理する内閣人事局が内閣府に設置された。

全体の奉仕者　**C** **3** **N**（ぜんたい・ほうししゃ）　日本国憲法下の公務員の使命をさす。日本国憲法では「公務員は，全体の奉仕者であつて，一部の奉仕者ではない」（第15条2項）と規定している。その地位の性格から，憲法尊重と擁護の義務，政治活動や争議行為の禁止，公正かつ誠実な職務の遂行義務，守秘義務など，一般人に比べて特別な義務を負い，基本的人権の制限を多く受けている。

職階制　（しょっかいせい）　組織内地位を，職務の内容・難易度や責任の軽重などにより分類し，階級に応じて給与水準や昇進過程などを設定する制度。日本の公務員制度でも，人事に関する情実や専断を排し，採用や昇給を合理的に処置して，統一的で公正な人事行政を実現するために導入された。具体的内容の決定と実施は人事院・人事委員会で行われる。

資格任用制　**C**（しかくにんようせい）　一定の資格のもとに試験制度によって公務員を任用する制度。猟官制に対する用語で，メリット-システムともよばれる。行政の専門性・中立性が保障され，成績主義や職階制が採用される。イギリスでは1870年に官吏採用のための最初の公開競争試験が行われた。

　　　　　　　　　同 メリット-システム **N**

猟官制　（りょうかんせい）　官吏の任免を党派的情実や金銭授受を背景に行うこと。アメリカのジェファーソンによって端緒が開かれ，ジャクソン大統領の在任時代（1829～37年）に確立したとされる。選挙資金や党資金の調達と連動し，政党政治の堕落の指標となる。スポイルズ-システムともよばれ，本人の能力を基準とするメリット-システムと対比される。しかし，アメリカでは政権が交代するたびに，現在でも上級公務員は大統領によって任命される。イギリスでは，類似の制度をパトロネージ-システム（情実任用）とよぶ。

　　　　　　　　　同 スポイルズ-システム **N**

官僚政治　**C** **N**（かんりょうせいじ）　専門的能力や

知識をもつ行政官僚が，過度に政治や政策決定に介入し，政治の実権を握る状態をいう。行政機能の拡大や行政権の優越を背景として，官僚の発言力が高まり，政府の統制力が官僚に及ばず，逆に政府が官僚の意向に左右されると民主的統制が失われる。その場合，政治の各局面で官僚制のもつ形式主義・秘密主義・事なかれ主義などの弊害が表面化してくる。

官僚 **A**⑤**N**（かんりょう）　広義には，国家公務員・地方公務員をさす。いわゆる「役人」。狭義には，国や地方の行政政策を実質的に担う高級公務員のこと。

高級官僚 **C N**（こうきゅうかんりょう）　各省庁の長である大臣を助ける国家公務員一般職の事務次官や局・部・課などの長をさす。彼らは大臣によって任命され，専門知識をもつ専門的技術官僚（テクノクラート）として，その地位は高く，職権も多い。

　　　　　　　　　　　　　類テクノクラート

キャリア組　（-ぐみ）　国家公務員Ⅰ種試験に合格し，一般行政職として中央省庁に採用された職員の俗称。法的根拠はないが，幹部候補者として昇進ルートが敷かれる。また，50歳前後から退職し，天下りする慣行があった。それ以外の職員は，俗にノン・キャリア組とよばれる。2013年度からキャリア制度にかわり，総合職制度が導入され，試験も「Ⅰ種」から「総合職」となった。

　　　　　　　　　　　　　対ノン・キャリア組

国家公務員倫理法 **B N**（こっかこうむいんりんりほう）　国家公務員の綱紀をただし，贈与・接待など行政と企業との癒着を防ぐために定められた法律。大蔵省（現財務省）官僚の接待汚職事件などを受けて1999年に成立，翌2000年から施行された。本省の課長補佐級以上の公務員が一定金額をこえる接待などを受けた際，上司への報告を義務づける。また，この法律に基づき国家公務員倫理規程が設けられている。

　　　　　　　　　　　類国家公務員倫理規程

官僚制 **B**②**N**（かんりょうせい）　行政機関を合理的・能率的に運営するため，組織を上下の指揮・命令関係として構成した公務員の体系。ビューロクラシーともよばれ，企業・民間団体なども含めて巨大化した組織にみ

られる制度。行政機能の拡大によって，高度化・専門化した行政の担い手としての官僚支配という意味で，テクノクラシーともよばれる。

　　　　　　　　　　同ビューロクラシー**N**
　　　　　　　　　　　☞ p.81 （官僚制）

官僚主義 **N**（かんりょうしゅぎ）　統治行政における官僚制の形式にともなう，官僚独自の行動様式と精神的態度をいう。具体的には画一主義・秘密主義・法規万能主義・先例主義・権威主義・独善主義などをいう。国家権力を行使する場だけでなく，政党や労働組合など大規模な組織のなかでも広くみられる。

汚職 **B N**（おしょく）　議員や一般の公務員らが私的利益の獲得を目的に職権を濫用し，賄賂（わいろ）をもらって利益供与などの不正行為を行うこと。日本では戦後，行政組織や業務の拡大にともない，公共事業や物品納入などの利権や許認可権をめぐり，政界・官界・財界を巻き込んで汚職が増大した。昭和電工疑獄事件・造船疑獄事件・ロッキード事件・リクルート事件・佐川急便事件・ゼネコン事件などが知られている。

天下り **A**②**N**（あまくだ-り）　退職した公務員が，政府関係機関（独立行政法人など）や勤務した官庁と関連する民間企業へ再就職すること。国家公務員法では，離職前5年間に在職していた職と密接に関連する営利企業には，2年間就職を禁止している。人事院が承認した場合には適用されない。課長級以上の高級公務員の天下りは，旧建設省（国土交通省）を中心に数多く行われてきた。高級官僚が，天下り禁止規制のない独立行政法人などに繰り返して天下りを行い，その度に多額の退職金を得る現象を「わたり」という。こうした天下りを調査・監視するため，内閣府に中立の第三者機関「再就職等監視委員会」（委員長と4人の委員で構成）が置かれている。

　　　　類わたり**C N**　再就職等監視委員会③**N**

特殊法人 **B**④**N**（とくしゅほうじん）　特別の法律によって設立される公共の利益確保をめざした法人。公団（日本道路公団など）・公庫（住宅金融公庫など）・事業団（日本下水道事業団など）等の名称があった。業務の効率化をはかるという理由で組織の見直し

が進められ，イギリスのエージェンシー（外庁）制度をモデルに企業経営の手法なども取り入れた独立行政法人化や民営化などが行われた。

独立行政法人 **Ａ**④**Ｎ**（どくりつぎょうせいほうじん）
中央省庁の現業部門や研究機関，国立の美術館・博物館などを独立させ，新たに法人格をもたせた機関。行政組織のスリム化をめざし，1999年から順次移行している。職員の身分が国家公務員であるものを特定独立行政法人という。運営の基本事項を定めた独立行政法人通則法が定められ，5年ごとに組織の見直しや再評価が行われる。

公益法人 ②**Ｎ**（こうえきほうじん）
営利を目的とせず，社会公共の利益となる事業を行う法人をさす。従来，民法に規定されてきた社団法人や財団法人の総称。2006年の法改正で，一般社団法人・財団法人と公益社団法人・財団法人とに分けられた。

政治の腐敗 **Ｃ**（せいじ-ふはい）
官界・政界・財界の3者が密接なつながりをもち，政治的決定が私的利害に基づいて行われる状態をいう。日本では，公共事業の配分や許認可権に基づいて官界が財界に指導力を発揮，政界は財界からの政治資金を必要とし，財界が主務大臣や族議員を通じて官界への影響力を必要としていたことが，自民党中心の長期政権と結びついて生じる場合が多かった。

機密費 **Ｎ**（きみつひ）
国家機密に該当する行政活動上の費用。報償費ともよばれ，中央省庁のなかでは官房機密費（内閣官房）と外交機密費（外務省）が突出している。前者だけで年間予算は2009年度14億円超。2001年，外務省の元室長による機密費流用事件が発覚し，その実態が明らかになった。使途が公表されず，領収書も必要としないため，会計検査院の手が入りにくい。2007年に市民団体が情報開示を求めて提訴。最高裁判所は2018年に官房機密費の一部開示を判決した。これを受け，同2018年にこのうち政策推進費に関し，3人の官房長官時代の月ごと支払い合計額などが公開された。領収書なしは約9割にのぼった。

タテ割り行政 （-わ-ぎょうせい）
各中央省庁の自律性が強く，横のつながりが欠如して行政全体の統一性や一体性が不十分なようすを示した言葉。類似した行政が違う機関で行われていたり，手続きなどが二度手間になったりする弊害が生まれる。中央と地方の行政関係の特徴としても指摘される。

行政不服審査法 **Ｃ****Ｎ**（ぎょうせいふふくしんさほう）
行政上の不服申し立てについて定めた一般法。簡易・迅速な手続きによる国民の権利・利益の救済などを目的とする。1962年，訴願法にかわって制定された。

行政の民主化 **Ｃ**（ぎょうせい-みんしゅか）
今日，行政内容が高度かつ複雑になり，委任立法の増加，統治行為論の援用など，行政に対するチェックが機能しにくくなった。この傾向に対して，立法府の国政調査権の強化や情報公開制度の拡大，アクセス権の主張やオンブズ制度の導入など，国民の意思を行政に反映させる民主化の試みが提案されている。

審議会 **Ｂ****Ｎ**（しんぎかい）
行政機関に付属し，その長の諮問に応じて各種意見の反映や専門知識を取り入れるため，調査・審議する合議機関。構成メンバーの人選は行政機関が行うため，選任者の都合で偏向があると批判されがちである。審議会での報告や勧告は法的拘束力をもたない。

臨時行政改革推進審議会 **Ｃ**（りんじぎょうせいかいかくすいしんしんぎかい）
行政の簡素化や効率化などの行政改革を方向づけるために設けられた審議会。略称は行革審。1981年発足の第二次臨時行政調査会（第二臨調）の後を受け，1983年の第一次行革審から三次にわたって開催された。第一次では赤字国債発行体質からの脱却をめざすことなどが，第二次では市場開放・規制緩和などが，第三次ではオンブズ制度の導入や省庁の再編成，特殊法人の見直しなどが答申された。こうした流れは，1994年に設置された行政改革委員会（行革委）に引き継がれ（1997年最終意見），1996年には行政改革会議が発足し，中央省庁改革につなげた。

規制緩和 **Ａ**②**Ｎ**（きせいかんわ）
1980年代以降の世界的な流れである，政府による規制を緩和しようとする動き。1981年発足の第二次臨時行政調査会（第二臨調）以来，行政改革の課題とされてきた。日本の場合，官僚的な規制や許認可権の行使による規制

が強く，諸外国からの批判もある。現在，情報・通信関係をはじめとして規制緩和，規制改革が進められている。

行政改革 Ⓐ Ⓝ（ぎょうせいかいかく）　現代国家では，立法府より行政府が力をもち，官僚が政治の実権を握り，財政規模も拡大する傾向にある。こうした行政機構の肥大化に歯止めをかけ，また，「小さな政府」実現のために，行政組織の見直しと縮小をはかることをいう。

市場化テスト Ⓝ［market testing］（しじょうか-）　官（役所）と民（民間企業）が公共サービスの担い手としてどちらがふさわしいかを入札で決める制度。このため，2006年に公共サービス改革法（市場化テスト法）が成立した。官民の競争で質の向上やコスト削減をめざすのが狙い。諸外国では，アメリカとイギリスが1980年代から，オーストラリアが1995年から実施している。

　　類 公共サービス改革法

行政改革推進法 Ⓒ Ⓝ（ぎょうせいかいかくすいしんほう）　5年間で国家公務員の5％以上，地方公務員の4.6％以上の純減目標などを定めた法律。小さな政府をめざす一環として，2006年に成立した。市場化テスト法とあわせ，これらが国民に対する公共サービスの切り捨てにつながるとの批判もあった。

行政手続法 Ⓐ 12 Ⓝ（ぎょうせいてつづきほう）　行政処分や行政指導の根拠や手続きを明確にし，透明性の高い行政を実現するための法律。1994年に施行された。

行政手続条例 （ぎょうせいてつづきじょうれい）　地方公共団体が許認可権限を行使する際，それを受ける側が不利益を被らないことなどを目的に定められた条例。行政手続法の趣旨に沿ってすべての都道府県と政令指定都市，ほとんどの市町村で制定されている。

パブリック-コメント Ⓑ 1 Ⓝ［public comment］　国や地方の行政機関が政策などの意思決定を行う過程で素案を市民に公表し，意見や情報を求めるしくみ。または，そこに寄せられた意見や情報をさす。行政手続法のなかで「意見公募手続等」（第6章）として法制化され，2008年から行われている。行政機関は必ずしもそれらの意見に拘束されない。命令等（政省令）の改定の際は原則30日以上のこの手続きが必要

だが，法律案は任意とされる。

新しい公共 Ⓝ（あたら-こうきょう）　従来，行政が行ってきた公共サービスの提供を，ＮＰＯ（非営利組織）や市民同士などにも広げて担おうとする考え方。

③ 裁判所の役割としくみ

司法権の独立

裁判 Ⓐ 9 Ⓝ（さいばん）　法律に規定されたことなどで生じた具体的な争いを解決する裁判所の判断のこと。私人間の争いに関する民事裁判，刑法に触れる犯罪に関する刑事裁判，行政上の問題に関する行政裁判がある。

司法 Ⓐ 3 Ⓝ（しほう）　独立した国家機関が具体的な紛争・争訟問題を解決するために法を適用・宣言する国家作用。日本国憲法では特別裁判所を認めず，司法機関は行政裁判も担当する。民事・刑事を含めて裁判と司法とはほぼ同義となり，国民の基本的人権を保障することが期待される。

司法機関 Ⓒ Ⓝ（しほうきかん）　司法権の行使に関与する国家機関をいう。法規を適用・宣言して具体的な争訟を解決する。最高裁判所及び下級裁判所である高等裁判所・地方裁判所・家庭裁判所・簡易裁判所をさす。その他にも，弾劾裁判・議員資格争訟裁判を行う国会など，準司法的権限を有する機関もあるが，行政機関は終審として裁判を行うことはできない。

　　類 裁判所 Ⓐ 16 Ⓝ

司法権 Ⓐ 2 Ⓝ（しほうけん）　民事・刑事・行政に関する具体的争訟事件について法を適用・宣言する権限。日本国憲法においては国会における例外を除いて，最高裁判所・下級裁判所のみがもつと定められている。裁判の公正と基本的人権の保障のため，司法権の独立が要請される。

司法権の独立 Ⓐ Ⓝ（しほうけん-どくりつ）　裁判の公正と基本的人権の保障の確保を目的として，裁判官が他の権力や権威に支配・影響されずに，良心と法律のみに従って職権を行使すること。裁判官の独立ともいう。そのためには，心身の故障や公の弾劾など以外には罷免されないという，裁判官の身分保障とともに，職務遂行上の独立の保障が

必要である。これは，立法・行政両権の裁判への支配・介入を排除することと，上級裁判所による下級裁判所への裁判指揮を否定することを意味する。

同 裁判官の独立 **B**⑥ **N**

大津事件 **C** **N**（おおつじけん）　明治憲法下で行政権の圧力に抗して，司法権の独立を守ったとされる事件。1891年に大津市で，訪日中のロシア皇太子（後のニコライ2世）が護衛巡査津田三蔵に切りつけられ，負傷した。政府はロシアの対日感情悪化を懸念して死刑判決を要求したが，大審院長児島惟謙はその圧力に屈せず，公正な裁判をするよう担当裁判官に働きかけ，その結果，大審院で無期徒刑（無期懲役）の判決が下された。司法権の独立を守った事例とされるが，児島の行為が担当裁判官の職権の独立を侵害したとの批判もある。

大審院 **C** **N**（だいしんいん，たいしんいん）　1875年，太政官布告により設置された明治憲法下の最高司法機関。ドイツ帝国にならったもので，内部に民事部と刑事部が置かれた。各部は5人の判事の合議で裁判が行われたが，違憲法令審査権はなかった。1947年廃止。

児島惟謙 **C** **N**〔1837～1908〕（こじまいけん）　大審院長として大津事件で担当裁判官を督励，結果として司法権の独立を守ったとされる。これにより"護法の神"などと称せられたが，その法意識は人権擁護よりも国権主義に傾いていたとされる。1892年に賭博事件の責任をとって辞職。後に貴族院議員に選ばれた。

浦和事件（うらわじけん）　夫が生業をかえりみないために将来を悲観して親子心中をはかり，子どもを殺して自分は死にきれず自首した浦和充子という女性に対して，浦和地裁は懲役3年・執行猶予3年の判決を下した。しかし1949年，参議院法務委員会は国政調査の一環として本人を証人に呼び，判決の量刑が軽すぎると決議した。最高裁は司法権の独立を侵害するとして抗議，学界の多数意見も最高裁の立場を支持した。この事件で国政調査権に一定の限界があることが確認された。

平賀書簡問題（ひらがしょかんもんだい）　1969年，長沼ナイキ基地訴訟を担当した福島重雄裁判長に対して，上司の平賀健太札幌地裁所長が自衛隊の違憲判断を抑制するよう私信を送った事件。この行為が「裁判官の独立」を侵害したとして問題になった。

違憲法令審査権 **C**②**N**（いけんほうれいしんさけん）　違憲審査権・違憲立法審査権ともいう。一切の法律・命令・規則・条例または処分が憲法に違反していないかどうかを，具体的争訟事件に関して審査し決定する権限（憲法第81条）。この権限はすべての裁判所にあるが，終審裁判所である最高裁判所が合憲・違憲の最終的決定を行う。このために最高裁判所は「憲法の番人」といわれる。憲法の最高法規性を確保し，違憲の法律による国民の基本的人権の侵害を防止するねらいがある。歴史的には19世紀初めのアメリカで，マーベリー対マディソン事件におけるマーシャル判決を契機に確立された。

同 違憲立法審査権 **C**⑥**N**

憲法の番人 **A** **N**（けんぽうのばんにん）　違憲審査に関する終審裁判所である最高裁判所及び最高裁判所裁判官に対する評価のことば。

裁判のしくみ

裁判官 **A**⑯**N**（さいばんかん）　司法権の行使にあたって，裁判所で裁判事務を担当する国家公務員。裁判官は良心に従って独立して職務を行い，憲法及び法律にのみ拘束される。裁判官のうち，最高裁長官は内閣の指名で天皇が任命，最高裁判事は内閣が任命し，ともに国民審査に付される。下級裁判所裁判官は，最高裁判所の指名名簿によって内閣が任命する。裁判官には最高裁長官（1人），最高裁判事（14人），高等裁判所長官（8人），判事・判事補・簡易裁判所判事（合わせて約3800人）の6種類。

判事 **C** **N**（はんじ）　裁判を行う官吏の官職名。裁判官。単独で判決を出し，裁判長となることができる。判事補・検察官・弁護士・専門の大学教授などを10年以上経験した者が任命資格をもち，最高裁判所の作成した名簿によって内閣が任命する。実際には，大半は判事補から登用される。任期は10年であり，原則として再任され続ける。ただし，人事権を掌握する最高裁判所の意向によって，再任を拒否される判事も存在する。また，再任されたとしても，左遷人事

を繰り返されて退官を余儀なくされるケースもある。

判事補（はんじほ）　司法修習を修了した者のなかから任命される裁判官。地方裁判所・家庭裁判所に配属されるが，一人で裁判ができず，裁判長になれない。10年務めると，ほとんどが判事となる。

検察庁 **Ⓖ Ⓝ**（けんさつちょう）　検察官が行う事務を統括する官署。最高裁判所に対応して最高検察庁が，高等裁判所に対応して高等検察庁が，地方（家庭）裁判所に対応して地方検察庁が，簡易裁判所に対応して区検察庁がそれぞれ置かれている。検察の権限を行使するのは，あくまで個々の検察官である。

検察官 **Ⓐ9 Ⓝ**（けんさつかん）　刑事事件における犯罪の捜査や公訴の提起・維持，さらには裁判所に法の適用を請求し，その執行を監督する。検事総長（1人），次長検事（1人），検事長（8人），検事・副検事（合わせて約2700人）の5種類がある。検察官一人ひとりを一個の官庁とみなす独任制がとられ，検事総長を頂点とした組織的な行動が求められる（検察官同一体の原則）。検察庁法などにより強い身分保障が認められている。旧法では検察官は検事とよばれた。検察官は行政官の一種だが，その職務の特殊性から「準司法官」と呼ばれることもある。

　　　　　　　　　　　　同検事 Ⓒ Ⓝ

弁護士 **Ⓑ1 Ⓝ**（べんごし）　当事者または関係人の依頼や，官庁または地方公共団体の委嘱によって訴訟活動や法律事務を行う者。司法試験に合格し，司法修習生を経るなどして，日本弁護士連合会（日弁連）の弁護士名簿に登録されなければ弁護士活動はできない。民事事件の訴訟代理人，被疑者・被告人の弁護人・補助者となる。弁護士の人口は，1950年時点では5827人だったが，2021年には43206人となった。今後も，さらなる増大が予想されている。

　　類 日本弁護士連合会 Ⓒ Ⓝ（日弁連 Ⓝ）

法科大学院 **Ⓑ Ⓝ**（ほうかだいがくいん）　日本において2004年から導入された専門職大学院の一種であり，法律家に必要な学識等を培う。俗称は「ロースクール」。修了すれば司法試験受験資格を得られる。以前の法律家志望者は，資格予備校や独学を経て司法

試験を目指すことが多かったが，2004年以降は，法科大学院に進学するプロセスが標準となった。一方，法科大学院の授業料は国公立・私立ともに高額であり，法律家志望者の経済的負担は以前より重くなった。加えて，法律家人口急増などによって「法曹の地位低下」が叫ばれるようになり，法科大学院志願者は2010年代に入ると激減。全国の法科大学院で定員割れや閉校が相次いでいる。また，法科大学院修了者の多くは，奨学金利用によって多額の借金を抱えており，社会問題の一種になっている。

　　　　　　　　　類 ロースクール Ⓒ

司法試験予備試験　（しほうしけんよびしけん）　法科大学院を経ずに司法試験受験資格を得るための試験。略称は「予備試験」。2011年より実施。年齢・学歴などによる受験資格制限はない。本来は，経済的社会的事情によって法科大学院に進学できない者たちへの例外的な救済措置として設置されたものだが，現在は，予備試験の志願者数（2021年は14317人）が法科大学院の志願者総数（2021年は8342人）を大きく上回る事態となっている。予備試験を受ける人々の動機として，法科大学院の授業料が過度に高額であること，法科大学院の教育内容が低水準であることなどが挙げられている。

司法試験 **Ⓒ Ⓝ**（しほうしけん）　法曹（裁判官・検察官・弁護士）資格付与のための国家試験。委員7人からなる司法試験委員会が法務省内に置かれている。かつては，年齢学歴性別を問わず受験資格があったが（旧司法試験），2006年から始まった新司法試験では，法科大学院修了者あるいは司法試験予備試験合格者のみに受験資格が制限された。2021年における司法試験合格者数は1421名であり，そのうち法科大学院修了者が1047名（合格率35％），予備試験組が374名（合格率94％）となっている。

法曹 **Ⓒ Ⓝ**（ほうそう）　司法・裁判に携わる裁判官・検察官・弁護士など，法律の実務者をさす。司法制度改革の一環として，法曹人口をふやす取り組みなどが行われている。

法曹一元（ほうそういちげん）　裁判官を，弁護士などの法律専門家として一定期間の社会経験を積んだ人から登用する方法。そのほうが社会の良識が反映し，裁判が充実すると

いう考え方に基づく。これに対して，当初から裁判官として登用し，養成していく現行の制度を**キャリア-システム**という。臨時司法制度調査会（臨司）が1964年に法曹一元が望ましいとする見解を示したが，実現されていない。諸外国では，イギリスやアメリカは法曹一元，ドイツやフランスはキャリア-システム。

最高裁判所 Ａ23Ｎ（さいこうさいばんしょ）　司法権行使に関する最高機関であり，違憲審査に関して，及び民事・刑事・行政事件の訴訟に関しての終審裁判所である。また，最高裁判所規則を制定して司法行政全般を統括する。最高裁判所長官と判事（裁判官）14名の計15名で構成され，上告審（第三審）と抗告を扱う。裁判官全員からなる大法廷と，5人の判事からなる三つの小法廷とがある。

高等裁判所 ＡＮ（こうとうさいばんしょ）　下級裁判所のうち最上位で，地方・家庭両裁判所の第一審に対する控訴審，地方裁判所が第二審である場合の上告審，及び内乱罪などの特殊事件に対する第一審を取り扱う。全国に8か所設置され，一般に3人の合議制で行われる（5人の場合もある）。

知的財産高等裁判所 ＢＮ（ちてきざいさんこうとうさいばんしょ）　司法制度改革の一環として，2005年に設置された東京高裁の特別の支部。憲法が禁止する特別裁判所にはあたらない。知的財産についての事件を専門に取り扱い，重要な事件は5人の裁判官で審理する。知財高裁と略す。なお，知的財産と同じように，医療過誤や教育問題など専門的な分野を扱う裁判所の設置が検討されている。

地方裁判所 Ａ6Ｎ（ちほうさいばんしょ）　簡裁・家裁・高裁で扱う以外の全訴訟を扱う。原則は一人の裁判官で行われるが，重要な事件は3名の合議制。民事訴訟で簡裁の第二審裁判所でもある。全国に計50か所設置。

家庭裁判所 Ａ4Ｎ（かていさいばんしょ）　家庭事件の審判や調停，少年の福祉を害する成人の刑事事件，少年法に基づく少年の保護事件などの審判を担当する。少年犯罪のうち，特に悪質なものは検察官に戻し，起訴することもある。地方裁判所と同じ場所に設置。

簡易裁判所 ＡＮ（かんいさいばんしょ）　民事裁判では訴額140万円以下の請求事件を，刑事裁判では罰金以下の刑にあたる事件を扱う。簡易裁判所判事が一人で担当する。全国に438か所ある。

下級裁判所 Ａ11Ｎ（かきゅうさいばんしょ）　審級制において上級審の裁判所に対する下級審の総称。また，上級裁判所である最高裁判所に対して高裁・地裁・家裁・簡裁の4種類の裁判所を総称していう。

上級裁判所（じょうきゅうさいばんしょ）　下級裁判所に対して上位にある最高裁判所をさす。審級制においては下級審に対する上級審の裁判所のこと。上級審の差し戻した判決は下級審の裁判所を拘束する。

特別裁判所 Ｂ6Ｎ（とくべつさいばんしょ）　司法裁判所の管轄から離れ，特定の身分の者や特殊な性質の問題のみを取り扱う裁判所のこと。明治憲法下の行政裁判所・軍法会議・皇室裁判所などが，それに該当する。日本国憲法は，最高裁判所及び下級裁判所のみを認め，特別裁判所の設置は禁止している。

行政裁判所 Ｃ8Ｎ（ぎょうせいさいばんしょ）　行政事件に関する裁判を行うために，行政組織内に設けられた特別裁判所のこと。日本国憲法では設置が禁止されている。明治憲法下では，官吏は天皇の官吏であるため，通常の裁判所以外で裁判されるべきとの立場から設置された。

軍法会議 ＢＮ（ぐんぽうかいぎ）　戦前の陸・海軍の軍人・軍属を対象とし，刑事裁判を取り扱う特別裁判所の一つ。1882年に設置され，1947年に完全に廃止された。

皇室裁判所 ＣＮ（こうしつさいばんしょ）　明治憲法下で，皇族の民事訴訟や身分関係を裁判するために設置された特別裁判所。

身分の保障（みぶん-ほしょう）　裁判官の罷免・特権・報酬などに付随する法律上の権利保障をさす。裁判官が圧力や干渉を受けずに自主的な判断を下し，公正な裁判が行われるために必要不可欠とされる。裁判官が罷免されるのは，①弾劾裁判の結果，罷免を可とされたとき，②心身の故障などで執務が不可能と裁判されたとき，③国民審査の結果，罷免を可とされたとき，などである。
同 裁判官の身分保障 Ｃ2Ｎ

弾劾 ＡＮ（だんがい）　義務違反や非行のあった特定の公務員を訴追し，罷免する手続き。

二つのケースがある。①裁判官については，国会の裁判官訴追委員会の訴追を受けて，裁判官弾劾裁判所が裁判を行う（憲法第64条など）。②人事院の人事官については，国会の訴追に基づき，最高裁判所が弾劾の裁判を行う（国家公務員法第9条）。

類 **公の弾劾 C N**

分限裁判 C（ぶんげんさいばん）　裁判官の免官と懲戒について行う裁判。憲法第78条と裁判官分限法の規定に基づく。免官は心身の故障で執務不能と裁判されたときや，本人が願い出たときになされる。一方，懲戒は職務上の義務違反があったときなどになされる。これらの分限事件に対して，地裁・家裁・簡裁の裁判官は高裁（5人による合議体）が，最高裁・高裁の裁判官は最高裁（大法廷）が，その裁判権をもつ。

諮問委員会（しもんいいんかい）　最高裁裁判官の任命について，内閣の諮問にこたえる独立した委員会。1947年に設置され，1度答申しただけで廃止。しかし，平賀書簡問題（1969年）や宮本判事補再任拒否問題（1971年）などで，最高裁が任官・再任拒否理由の開示を拒否したため，同様の諮問委員会の設置が叫ばれた。

裁判公開の原則 C2（さいばんこうかいげんそく）　国民の権利保持と裁判の公正さの維持を目的として，争訟事件の審理や原告・被告の弁論（対審）と判決は，公開の法廷で行われなければならないとする原則。ただし，政治犯罪・出版に関する犯罪・人権に関する事件を除き，公開が公の秩序や善良な風俗を害する恐れがあるときは，裁判官全員の一致により非公開とすることができる。最高裁は2016年，かつてハンセン病患者の裁判を公開の法廷ではなく，「特別法廷」として療養所などの隔離施設で開いたことに関して，違法性を認めて元患者らに謝罪した。なお，法廷内で傍聴人は，自由にメモをとることができる。

国民審査 A6N（こくみんしんさ）　最高裁判所の裁判官が適任であるかどうかを国民が投票で直接審査すること。司法権に対して，国民が「憲法の番人」の番人として行動する直接民主制的制度。最高裁判所裁判官の任命権をもつ内閣が，人事権を通じて司法部を支配しないように，国民に裁判官の適否を判断させるねらいもある。任命後初めて行われる衆議院議員総選挙の際に，適任かどうかを国民の投票によって審査，その後，10年を経過した後初めて行われる総選挙の際にも審査に付される（憲法第79条）。投票者の過半数が裁判官の罷免を可とすればその裁判官は罷免されるが，白紙投票は信任とみなされる。これまで罷免された例はない。在外邦人が国民審査に投票できない国民審査法は憲法に違反するとして，2018年にアメリカ在住の市民らが提訴。22年，最高裁はこれを違憲と判断した。

裁判批判（さいばんひはん）　係争中の裁判に対して，その公正を確保するために行われる健全で理性的な批判をいう。結果として，担当裁判官に圧力がかかることもある。1950年代に，松川事件に対して作家の広津和郎が行った裁判批判は有名。

公益優先（こうえきゆうせん）　裁判所の判例が，公益や公共の福祉を優先する傾向にあること。行きすぎれば基本的人権を制限する危険がある。

訴えの利益 N（うったーりえき）　裁判によって原告にもたらされる実質的な利益のこと。訴訟要件の一つで，これを欠く訴えは却下される。民事・刑事だけでなく，行政訴訟上の当事者適格もこれに含まれる。

審級制 C（しんきゅうせい）　裁判所間の審判の順序の関係に従って，異なった階級の裁判所で数回にわたって裁判を受けられるしくみ。日本では三審制がとられ（内乱罪は二審制），第一審・控訴審・上告審という三段階で裁判が受けられる。国民の権利を守り，公正を期すために慎重な裁判が必要であることから採用されている。

三審制 A（さんしんせい）　国民が裁判の判決に不服な場合，異なった階級の裁判所で3回まで裁判を受けられるしくみ。国民の権利を慎重に保護し，公正な裁判を行うための審級制。第一審判決に不服がある場合，上級の裁判所に控訴する。また，控訴審の判決に不服がある場合には，さらに上級の裁判所に上告できる。跳躍上告（刑事裁判）と飛躍上告（民事裁判）がある。決定手続きにおいても，控訴・上告にあたるものとして抗告・再抗告がある。

類 **跳躍上告 C　飛躍上告 C**

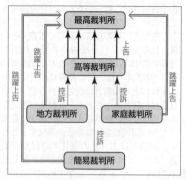

▲ 三審制　刑事事件の場合

当事者主義（とうじしゃしゅぎ）　民事・刑事裁判において，審判の進行・範囲・対象などについて当事者に主導権を与える考え方。裁判官が主導する職権主義に対するもの。

終審裁判所 **B** **N**（しゅうしんさいばんしょ）　審級制のなかで最終裁判を行う裁判所。高裁・最高裁が該当する。憲法では，最高裁判所は一切の法律・命令・規則または処分が合憲か否かを決定する権限をもつ最終の裁判所である，と規定されている。

再審 **A** **1** **N**（さいしん）　☞ p.194（再審）

司法制度改革 **B** **2** **N**（しほうせいどかいかく）　①時間がかかる，②法曹人口が少ない，③市民参加がないなど，現在の司法制度が抱えている問題を改善しようとする取り組み。2001年の司法制度改革審議会の意見書等に基づき，法曹人口の拡大策としての法科大学院（ロースクール）の設置，国民の裁判参加としての裁判員制度の導入などが決定・実施されている。

陪審制 **B** **N**（ばいしんせい）　一定の資格を満たす一般市民から選出された陪審員が，裁判において事実認定や起訴の可否，有罪・無罪の評決などを行う制度。アメリカ・イギリスなどで採用。大陪審と小陪審とがある。前者は起訴陪審ともよばれ，通常22人で構成される陪審員が起訴か不起訴かを決定する。後者は公判陪審ともよばれ，事件の最終的審理に携わる。評決には，原則12人からなる陪審員の全員一致が必要。刑罰の種類と量刑は裁判官が決める。アメリカでは検察・警察の人権侵害への対抗措置として採用している州が多い。日本でも戦前

に事実認定に限って一時実施されたが，1943年以後停止されている。

参審制 **B** **N**（さんしんせい）　国民から選ばれた参審員と職業裁判官とが合議体を構成して裁判する制度。ドイツ・フランスなどで行われている。日本の裁判員制度はこの一種とされる。

裁判員制度 **A** **10** **N**（さいばんいんせいど）　重大な刑事事件（殺人・強盗致死傷など）の第一審について，裁判官（3人）と有権者のなかからくじで選ばれた一般市民の裁判員（6人）とが協力し，有罪・無罪の判断や量刑を決める裁判制度。全国の地方裁判所とその支部（合計60か所）で行われる。国民の司法参加実現のため，司法制度改革審議会の意見に基づいて2004年に裁判員法（裁判員の参加する刑事裁判に関する法律）が制定され，2009年5月から実施。審理は3日程度連続して行われ（連続の開廷），評決は裁判官と裁判員の各1人以上の賛成を含む多数決で決まる。また，裁判員には強い守秘義務が課される。なお，裁判員制度が憲法に違反するかどうかを争点にした裁判で，最高裁は2011年にこれを合憲とする判断を示した。

検察審査会 **A** **10** **N**（けんさつしんさかい）　検察官が公訴しなかった不起訴処分が適切か否かなどを，請求に応じて審査する制度。有権者のなかからくじで選ばれた11人の検察審査員（任期は6か月）で構成され，各地方裁判所・支部内の165か所に置かれる。審査会では，審査後に「起訴相当」「不起訴不当」「不起訴相当」のいずれかの議決を行う。起訴相当と議決した刑事事件について検察官が再び不起訴とした場合，審査会で「起訴議決」（11人のうち8人以上の多数）がなされると強制起訴となり，裁判所が指定する弁護士が検察官の役割をになって刑事裁判が行われる。強制起訴が最初に適用された事例は，明石歩道橋事件（2001年）である。これまでに9件13人が強制起訴され，2件2人の有罪が確定。

類 **強制起訴** **B** **N**

規則制定権 **B**（きそくせいていけん）　最高裁判所がもつ，訴訟手続き，弁護士，裁判所の内部規律及び司法事務処理に関する規則を定める権利。訴訟関係者はこの規則に従わな

ければならないため，法と同じ効果をもち，国会の立法権に関する例外となる。

法テラス　**A** **N**（ほう-）　総合法律支援法に基づき，2006年に設置された日本司法支援センターの愛称。都道府県庁所在地などのほか，弁護士のいない地域などにも事務所を置き，法による紛争解決のための情報やサービスの提供を行っている。

同 日本司法支援センター **B** **N**

公判前整理手続き　**C** **N**（こうはんぜんせいりてつづ-）　裁判を継続的・計画的・迅速にすすめるため導入された制度。裁判員制度の実施に先だち，2005年から始まった。初公判の前に検察官と弁護人が裁判所に集まり，裁判官とともに裁判の争点を確定し，証拠も決定する。さらに，公判スケジュールの調整なども行う。これらの手続きはすべて非公開。この手続きの終了後は，新たな証拠請求が原則としてできない。

裁判の迅速化　**N**（さいばん-じんそくか）　時間のかかる裁判を見直す目的で，2003年に制定された「裁判の迅速化に関する法律」に基づく。同法では，第一審の訴訟手続きは2年以内のできるだけ短い期間内に終わらせるなどと規定している（第2条1項）。国民の司法参加などとともに，司法制度改革の一環とされる。

裁判外紛争解決手続き **C** **3** **N**（ＡＤＲ **A** **N**）〔Alternative Dispute Resolution〕（さいばんがいふんそうかいけつてつづ-）　訴訟以外の方法で民事紛争を解決するための制度。国民生活センターなど，中立的な第三者が当事者間に介入する。裁判に比べ，簡単な手続きで早期解決が可能。2004年に司法制度改革の一環として制定された「裁判外紛争解決手続の利用の促進に関する法律」に基づく。

少年法　**B** **2** **N**（しょうねんほう）　非行のある少年の保護処分や，刑事事件をおこした少年に対して成人とは異なった特別な取り扱いなどを定めた法律。1949年に施行された。家庭裁判所での審判は非公開で行われる。少年犯罪の凶悪化が近年指摘され，刑事罰対象年齢を16歳から14歳に引き下げ，殺人事件の場合には原則として検察官に送致（いわゆる逆送）するなど，厳罰化を柱とする法改正が2000年に行われた。また，

2007年からは少年院送致の下限年齢が「おおむね12歳」に引き下げられ，2008年からは重大事件についての少年審判への「被害者参加制度」が導入された。2014年，少年に科す有期刑の上限が改正されて15年から20年になった。2022年4月，成年年齢が18歳となり，少年法でも18・19歳の者が罪を犯した場合には「特定少年」として，17歳以下の少年とは異なる特例を定めた。

修復的司法　（しゅうふくてきしほう）　厳罰化が必ずしも犯罪抑止につながらず，犯罪を被害者と加害者との間に起きた害悪ととらえ，これを被害者と加害者，地域社会が協力して修復していこうとする取り組み。具体的には，被害者と加害者が直接向き合う「被害者・加害者調停」，当事者に地域の人が加わる「家族間協議」などがある。1990年代から世界的に広がり，さまざまなプログラムが行われている。回復的司法ともいう。

同 回復的司法

司法取引　**B** **N**（しほうとりひき）　刑事事件で被疑者や被告人が，他人の犯罪事実を検察や警察に証言する見返りに自分の起訴を見送ったり，裁判での求刑を軽くしたりしてもらうこと（密告型）。刑事訴訟法の改正（2016年）によって，日本でも2018年から導入された。対象犯罪は，経済活動にともなうものや薬物・銃器関連のものなど。殺人や強盗などは，被害者感情を考慮して対象外とされた。アメリカなどでは自分の罪を検察に認めることで求刑を軽くしてもらう司法取引が主として実施されている（自己負罪型）。いずれの場合も，冤罪の可能性などを指摘する声が根強い。

統治行為論

統治行為論　**A** **N**（とうちこういろん）　国の統治の基本に関する高度に政治性をおびた国家行為については，裁判所による法律的な判断が可能であっても，司法審査の対象としないとする考え方。フランスで形成された理論で，アメリカでは「政治問題」とよばれる。衆議院の解散（苫米地訴訟の上告審）や日米安全保障条約（砂川事件の上告審），自衛隊（長沼ナイキ基地訴訟の控訴審や百里基地訴訟の第一審）が憲法違反かどうか争われた裁判で援用された。三権分立の原

事例（最高裁判決の日）	憲法上の条項と争点	最高裁の判断	関係法律	判決後の措置
尊属殺人重罰規定訴訟 （1973年4月4日）	［第14条］　刑法の重罰規定と法の下の平等	不合理な差別的扱いであり違憲	刑法	1995年に改正され，その条項を削除
薬事法薬局開設距離制限訴訟 （1975年4月30日）	［第22条］　薬局開設距離制限と営業の自由	制限規定は合理性を欠き違憲	旧薬事法	その条項を削除
衆議院議員定数訴訟 （1976年4月14日）	［第14条］　議員定数不均衡と法の下の平等	4.98倍の格差は違憲，選挙は有効	公職選挙法	判決時にすでに定数が改正されていた
森林法共有林分割制限訴訟 （1987年4月22日）	［第29条］　分割制限規定と財産権の保障	規制の手段に合理性がない	森林法	その条項を削除
愛媛玉ぐし料訴訟 （1997年4月2日）	［第20条，第89条］政教分離と公費支出	宗教的活動・公金支出を禁止した憲法に違反	——	当時の県知事に返還命令
郵便法損害賠償免除規定訴訟（2002年9月11日）	［第17条］　国の損害賠償責任と国家賠償請求権	国の免責規定は合理性がなく違憲・違法	郵便法	2002年に法改正が行われた
在外日本人選挙権制限訴訟 （2005年9月14日）	［第15条など］　選挙権の保障	在外邦人の選挙権行使の制限は違憲	公職選挙法	2006年に法改正が行われた
婚外子国籍訴訟 （2008年6月4日）	［第14条］　国籍法の国籍取得規定と法の下の平等	父母の婚姻を国籍取得の要件とした規定は違憲	国籍法	2008年に法改正が行われた
空知太神社訴訟 （2010年1月20日）	［第20条，第89条］政教分離と公費支出	神社への市有地の無償提供は政教分離に違反	——	市が有償貸与に変更
婚外子相続格差訴訟 （2013年9月4日）	［第14条］　民法の婚外子遺産相続規定と法の下の平等	婚外子の遺産相続を半分とする規定は違憲	民法	2013年に法改正が行われた
再婚禁止期間訴訟 （2015年12月16日）	［第14条，24条］　民法の再婚禁止期間と法の下の平等，結婚の自由	100日を超える禁止は現代では必要most過剰で違憲	民法	2016年に法改正が行われた
孔子廟訴訟 （2021年2月24日）	［第20条］　政教分離	市が管理する土地の無償提供は政教分離に違反	——	市が施設所有者に土地使用料を請求

▲ **最高裁判所が下したおもな違憲判決・決定**（⇨ p.249　国民審査：在外邦人の国民審査）

理の下で最終的には国会や内閣に判断をゆだねるべきとする内在的制約説や，司法審査による混乱を回避するため裁判所があえて判断をしないほうがよいとする自制説など，これを認める考え方が根強い。しかし，裁判所に違憲審査権（憲法第81条）を認めている以上，ちゅうちょせずに行使すべきだとする有力な意見もある。

苫米地訴訟（とまべちそしょう）　1952年の吉田茂内閣による衆議院解散に対して，衆議院議員苫米地義三が，憲法第7条に基づく解散が，解散権の恣意的な運用にあたり憲法違反であるとして訴えた裁判。最高裁判所は1960年，衆議院解散を統治行為とし，司法審査の対象外にあると判断した。

砂川事件 Ａ Ｎ（すながわじけん）　⇨ p.169（砂川事件）

長沼ナイキ基地訴訟 Ｂ Ｎ（ながぬま・きちそしょう）　⇨ p.169（長沼ナイキ基地訴訟）

百里基地訴訟 Ｂ（ひゃくりきちそしょう）　⇨ p.169（百里基地訴訟）

違憲法令審査権

付随的違憲審査制 Ｃ（ふずいてきいけんしんさせい）
通常の裁判所が具体的な事件を裁判する際に，その事件の解決に必要な範囲内で適用する法令の違憲判断を行う方式。アメリカ・カナダなどで採用されている。日本で

も，1952年の警察予備隊訴訟の最高裁判決を契機に，この考え方が確立した。

抽象的違憲審査制 Ｃ（ちゅうしょうてきいけんしんさせい）　特別に設けられた憲法裁判所が，訴えに基づき具体的な訴訟とは関係なく，抽象的に違憲審査を行う方式。ドイツ・イタリア・韓国などで採用されている。

司法積極主義 Ｎ（しほうせっきょくしゅぎ）　立法府などの政治部門の判断に対して，裁判所が違憲審査権を積極的に行使する傾向をさす。この背後には，人権保障は少数派にとって重要であるから，多数派の意見に反しても確保されるべきとする考え方がある。

司法消極主義 Ｎ（しほうしょうきょくしゅぎ）　立法府などの判断を尊重して，違憲審査権を控え目に行使する裁判所の傾向をいう。日本の場合，これに当てはまるとされるが，合憲判決については積極的に出されている。

法令違憲（ほうれいいけん）　憲法訴訟において違憲判断を行う場合，法令そのものを違憲とする方法。違憲判決のもっとも典型的な形態で，尊属殺人重罰規定訴訟や薬事法距離制限訴訟の最高裁判決などの例がある。

適用違憲（てきよういけん）　違憲判断の際，法令そのものは違憲ではないが，その法令の具体的な適用のしかたを違憲とする方法。第三者所有物について，その所有者に告知・弁解・防御の機会を与えないで没収したこ

とが憲法第31・29条に違反するとした最高裁判決などの例がある。

尊属殺人重罰規定訴訟 <kbd>C</kbd> <kbd>8</kbd>（そんぞくさつじんじゅうばつきていそしょう）　尊属殺人とは，自己または配偶者の父母・祖父母などの直系尊属を殺害すること。日本の刑法は尊属殺人に重罰規定を設けていた。しかし，栃木県矢板市で起こった父親殺害事件について1973年，刑法第200条の尊属殺人重罰規定は憲法第14条の法の下の平等に反すると判示された。最高裁が法律の規定について違憲と判断した最初の事例。

衆議院議員定数訴訟（しゅうぎいんぎいんていすうそしょう）　各選挙区の議員一人あたりの有権者数の差に示される「一票の価値」の格差が，法の下の平等に反するか否かをめぐる訴訟。衆議院について，1976年に最高裁大法廷は，1972年総選挙時の最大4.99倍の格差は違憲であると判示した。ただ，選挙結果を取り消すことは公的利益への損害が大きいとして，取り消し請求自体は棄却した（事情判決）。1983年総選挙時の最大4.40倍の格差についても，1985年に同様の判断を示した。その後の訴訟で最高裁は，違憲状態とはしたものの，明確な違憲判決は出していない。下級審では，違憲・無効と判断した例もある。なお，選挙の無効を求める裁判は，まずその選挙区のある高裁に起こされる。各高裁の判決が出そろった後，最高裁が統一して判断を下す。判決は100日以内にするよう努めなければならない。 ☞ p.217（一票の重さ）

薬事法薬局開設距離制限訴訟 <kbd>4</kbd>（やくじほうやっきょくかいせつきょりせいげんそしょう）　薬局・薬店の開設距離制限（旧薬事法第6条）が，憲法第22条の職業選択の自由に基づく経済活動の自由に反するとして起こされた訴訟。最高裁は1975年，これを認めて違憲判決を下した。

森林法共有林分割制限訴訟 <kbd>3</kbd>（しんりんほうきょうゆうりんぶんかつせいげんそしょう）　森林法第186条が規定する共有林の分割制限は，憲法第29条の財産権保障に反し，合理性・必要性がないとして起こされた訴訟。最高裁は1987年，この主張を認めて違憲判決を下した。国会は同条項を廃止した。

愛媛玉ぐし料訴訟 <kbd>A</kbd> <kbd>6</kbd> <kbd>N</kbd>（えひめたまーりょうそしょ

う） ☞ p.188（愛媛玉ぐし料訴訟）

郵便法損害賠償免除規定訴訟（ゆうびんほうそんがいばいしょうめんじょきていそしょう）　郵便法第68・73条の書留郵便の損害賠償の責任範囲の免除・制限は，国の賠償責任を規定した憲法第17条に反するとして起こされた訴訟。最高裁は2002年，これを基本的に認め，過失の内容などにより賠償責任を負う必要があるとして違憲判決を下した。

在外日本人選挙権制限規定訴訟 <kbd>6</kbd>（ざいがいにほんじんせんきょけんせいげんきていそしょう）　1998年の公職選挙法改正で，海外に住む日本人（在外国民）にも国政選挙で投票できる制度が創設されたが，衆参の比例代表選挙のみに限定されていた。そのため，参議院選挙区などの投票ができないのは，選挙権を保障した憲法第15条などに反するとして起こされた訴訟。最高裁は2005年，この主張を認めて違憲と判断した。その後公職選挙法が改正され，在外選挙人名簿登録者は衆議院小選挙区や参議院選挙区に投票できる。ただし，地方選挙や最高裁裁判官の国民審査は対象外。 ☞ p.249（国民審査）

婚外子国籍訴訟 <kbd>2</kbd>（こんがいしこくせきそしょう）　結婚していない日本人の父親とフィリピン人の母親から生まれた子どもたちが日本国籍を求めた訴訟。最高裁は2008年，両親の婚姻と認知を国籍取得の要件とした国籍法第3条1項の規定が，法の下の平等（憲法第14条）に反するとして違憲判決を下した。国会では同年，法改正が行われた。

空知太神社訴訟 <kbd>B</kbd> <kbd>7</kbd>（**砂川政教分離訴訟** <kbd>C</kbd> <kbd>3</kbd>）（そらちぶとじんじゃそしょう）（すながわせいきょうぶんりそしょう） ☞ p.188（空知太神社訴訟）

婚外子相続格差訴訟 <kbd>2</kbd>（こんがいしそうぞくかくさそしょう）　結婚していない男女から生まれた婚外子の遺産相続分について，結婚した夫婦の子の2分の1とした民法第900条4号但し書きの規定が憲法第14条の法の下の平等に反するとして起こされた裁判。最高裁大法廷は2013年，従来の判例を変更して訴えどおりこれを違憲とする決定を下した。出生に選択の余地がない子どもの立場を尊重したもの。ただし，すでに決定済みの相続には適用されない。

再婚禁止期間訴訟 <kbd>C</kbd> <kbd>3</kbd>（さいこんきんしきかんそしょう）　女性のみに6か月（約180日）の再婚禁

止期間を定めた民法第733条が，憲法の保障する法の下の平等（第14条）や両性の本質的平等（第24条）に反するとして，岡山県の女性が起こした裁判。最高裁大法廷は2015年，100日をこえる部分を違憲と判断した。これを受けて，禁止期間を100日に短縮したうえで，離婚時に妊娠していないとする医師の証明があれば，それ以内でも再婚を認める法改正が2016年に行われた。

4 市民生活と司法参加

刑事訴訟 Ａ②Ｎ（けいじそしょう）　犯罪事実を認定し，これに対して国が刑罰関係法を適用するための手続きのこと。その手続きを定めた刑事訴訟法に基づき，検察官が被告人の有罪判決を請求していく。判決までの過程には，公判手続きとして，当事者である検察官と被告人との間で，冒頭手続き・証拠調べ・弁論・判決などがある。
　　　　　　　　同刑事裁判 Ａ⑨Ｎ

刑法 Ａ⑥Ｎ（けいほう）　犯罪とそれに対する刑罰を明示した法律。狭義には刑法典（1880年制定，1907年全面改正，1995年現代語化改正）をいうが，広義には犯罪や刑罰に関する法律を総称したものをさす。近代の刑法は罪刑法定主義を根本原則とする。性犯罪に関する規定を110年ぶりに見直し，厳罰化をはかる法改正が2017年に行われた。

刑事訴訟法 Ａ Ｎ（けいじそしょうほう）　広義には刑事手続きを規律した法体系全体をさすが，狭義には刑事訴訟法典のこと。1922年に制定された旧刑事訴訟法はドイツ法の影響を受けて成立したが，1948年制定の現行刑事訴訟法は，新憲法の人権保障規定をふまえ，英米法の原理を大幅に導入している。

民事訴訟 Ａ③Ｎ（みんじそしょう）　私人どうし間の権利の対立や生活関係事項の争いに関して法律上の権利の実現をはかる手続きのこと。民事訴訟法に基づき，訴えの申し立て，主張の陳述，立証などの過程を経て判決にいたる。当事者主義が刑事訴訟よりも明確であり，原告・被告は裁判長の訴訟指揮の下で，自由に主張・立証を行うことができる。
　　　　　　　　同民事裁判 Ａ Ｎ

民法 Ａ⑩Ｎ（みんぽう）　私法の代表的な法律

で，財産関係や家族関係を扱っている。明治期につくられた民法典は，当初はフランスの法学者ボアソナードを招いて立案し，1890年に公布されたが，日本の「忠孝」の精神が滅ぶという批判がなされて施行が見送られた。その後，ドイツ民法草案などを参考に改めて起草され，家長である戸主に強い権限を与えるなど家制度を重視した民法が1898年に施行された。1947年，新憲法の精神にのっとって大幅な法改正が行われ，戸主制度は廃止，個人の尊厳と両性の本質的平等を柱とする家族制度になる。2004年には現代語化がなされ，さらに2017年には約款規定が新設されるなど，契約に関するルールを約120年ぶりに見直す大幅改正となった。この改正の背景には，時代の変化に対応し，消費者の利益保護をはかる狙いがある。2018年，成人年齢を20歳から18歳に引き下げる，結婚可能年齢を男女とも18歳とする，などの改正が行われ，2022年4月から施行された。

民事訴訟法 Ｂ Ｎ（みんじそしょうほう）　広義には裁判所法・弁護士法などを含め，民事訴訟制度に関する規定の総体をいうが，狭義には民事訴訟法という名称の法律をさす。最初の同法典は1890年，ドイツ法をもとに制定，1926年に大改正された。戦後，英米法的な視点がとりいれられ，1996年の全面改正で口語化がはかられた。

行政訴訟 Ｃ①Ｎ（ぎょうせいそしょう）　公法上の権利関係の確定と行政官庁による処分の取り消し・変更その他の請求をめぐる訴訟をいう。明治憲法下では行政裁判所で行われた。日本国憲法の下では，行政事件訴訟法に基づいて一般の司法裁判所で扱われる。この裁判で国側の代理人を務め，準備書面の作成や陳述などの法廷活動にあたる人を訟務ぎ検事という。
　　　　　　　　同行政裁判 Ａ①

少額訴訟（しょうがくそしょう）　60万円以下の金銭の支払いを求める民事裁判で，1回の期日で審理を行い，その日のうちに判決を下す裁判制度。1996年の民事訴訟法改正で新設された。原則として上訴はできず，三審制の例外の一つとされる。

控訴 Ａ④Ｎ（こうそ）　第一審の判決に対する不服を申し立て，第二審の裁判所に訴えて

その変更・取り消しなどを求める訴訟手続き。民事訴訟法では，地裁の第一審に対して高裁へ，簡裁の第一審に対しては地裁へ控訴が認められる。刑事訴訟法では，控訴の提起期間は14日。地裁・家裁・簡裁が行った第一審の判決に対して，高等裁判所への控訴が認められる。

上告 🅐②🅝（じょうこく）　第二審（控訴審）の判決に対する不服を申し立て，第三審か終審の裁判所に訴え，その取り消し・変更などを求める訴訟手続き。民事訴訟法では，第二審の判決に対して憲法解釈の誤りや重大な手続き違反などを理由として申し立てが認められる。刑事訴訟法では，高裁の行った判決に対して違憲・違法解釈の誤り，最高裁の判例に反する判断を理由に認められる。

上訴 🅒（じょうそ）　控訴・上告・抗告の三つをあわせて上訴という。いずれも，未確定の裁判について上級の裁判所に対して不服を申し立てる手続きである。裁判の確定後に申し立てる再審などとは異なる。

飛躍上告 🅒（ひやくじょうこく）　民事訴訟で，第一審終了後，事実関係で争わず，法律の適用の再考を求めて，第二審を飛びこえ直接最高裁判所へ上告すること。飛越上告ともいう。民事訴訟法第311条などに規定がある。

跳躍上告 🅒（ちょうやくじょうこく）　刑事訴訟で，法律・命令などの違憲判決が第一審で出た場合，その判断を不当として，第二審をこえて直接最高裁判所へ上告すること。刑事訴訟規則第254条に規定がある。民事訴訟についても，この名称を用いることがある。

公訴 🅒②🅝（こうそ）　検察官が原告の立場になり，犯罪の被疑者を刑事被告人として，裁判所に起訴状を提出し，訴えること。起訴ともいう。私訴に対する用語。

特別上告 🅒（とくべつじょうこく）　民事訴訟で，高等裁判所の上告審判決に対し，違憲の疑いがある場合に，最高裁判所に訴えること。刑事訴訟での違憲及び判例違反を理由とした特別抗告にあたる。

即決裁判 （そっけつさいばん）　1回の公判で判決までいい渡す刑事裁判のしくみ。比較的軽い罪で起訴された被告人が罪を認めた場合，弁護人の同意を得て行われる。裁判の迅速化をめざし，2006年から導入。

公訴時効 🅝（こうそじこう）　犯罪行為が終わった時点から一定の期間が経過すると，公訴の提起ができなくなる制度。期間は刑事訴訟法で定められている。2004年の法改正で，死刑にあたる罪は15年から25年に，無期懲役・禁錮にあたる罪は10年から15年に，それぞれ期間が延長された。近年，犯罪被害者などから，殺人などの重大事件について，公訴時効期間の廃止を求める声が強まり，2010年に法改正が行われた。死刑にあたる12の罪の公訴時効期間が廃止されたほか，その以外の重大な罪についても期間が従来の2倍に延長された。

リーガル-マインド 🅒　日本語に訳せば「法的思考力」。厳密な定義は存在しないが，狭義では，法律上の根拠に基づいて事実を認定して特定の結論を導き出す能力，およびその結論の正しさを他者に対して説得する能力とされる。「リーガル-マインド」は和製英語であり，英語圏ではほとんど用いられない。その代わり，法律問題への参加能力を指して "legal literacy" あるいは "legal awareness" という表現が用いられやすい。

私法 🅐④🅝（しほう）
　　🏷 私人間関係🅒　☞ p.135（私法）

私法の（三）原則 （しほうさんげんそく）　権利能力平等の原則，私的所有権絶対の原則，私的自治の原則のこと。

権利能力平等の原則 🅒（けんりのうりょくびょうどうげんそく）　あらゆる人は等しく私法上の権利義務の帰属主体となり，国籍，民族，年齢，性別，出自，宗派，性的指向などによる差別を受けないとする原則。ただし，日本の法制度において，日本国籍を保有しない外国人は，権利能力を一部制約される。また，人の一種である法人も，自然人と比較して一定の制約を受ける。

所有権絶対の原則 🅐（しょゆうけんぜったいのげんそく）　私的所有権は絶対不可侵のものであり，国家の法によっても侵害されないとする原則。ただし，20世紀に入ると，公共的に正当な理由があれば所有権は制約され得る，という考え方が普及した。日本国憲法も，財産権が公共の福祉によって制約されることを許容している。

第Ⅲ編

私的自治の原則 🅐（してきじちーげんそく）　私法上の権利義務関係は各人が自由意思で形成可能であり，国家が介入してはならないとする原則。ただし，この私的自治の原則も，20世紀に入ると，公共的に正当な理由があれば制約され得るとの考え方が普及した。　☞ p.446（私的自治の原則）

契約自由の原則 🅐7（けいやくじゆうーげんそく）　私的自治の原則から派生したものであり，個人や法人が，国家から制約を受けず，自由に契約を交わせる原則。

類**契約** 🅐 🅝　☞ p.446（契約自由の原則）

過失責任 🅐（かしつせきにん）　他者に何らかの損害を与えたとしても，私法上の責任を負うのは，過失（適切な注意の怠り）あるいは故意（意図的な侵害）の場合のみに限られるとする原則。自由意思に基づかない行為にまで責任を負わせないという近代私法の理念に由来する。また，責任範囲を限定することで，社会行動上の自由を保障する意図も含まれている。

対**無過失責任** 🅐5 🅝

公序良俗 🅐（こうじょりょうぞく）　「公の秩序又は善良の風俗」を略した日本の民法における概念。公共的に認められているとされる倫理を指す。公序良俗に反する契約などは無効となる。例えば，売買春契約や犯罪依頼契約がその典型である。英語圏でも，類似する概念として public policy doctrine がある。

法人 🅐 🅝（ほうじん）　法律上の「人」は自然人と法人に分かれる。自然人とは，生身のホモサピエンスのことであり，法人とは，ホモサピエンスではないものの，法律によって「人」とみなされている存在である。その典型例としては会社が挙げられる。

未成年者取消権 🅒（みせいねんしゃとりけしけん）　未成年者が何らかの契約を交わす場合，原則として親権者などの同意を必要とする。同意なく契約が交わされた場合，未成年者はあとで契約そのものを取り消す権利がある。判断能力に乏しい未成年者を狙って悪質な契約が交わされるケースを防ぐ狙いがある。2022年から成年年齢が20歳以上から18歳以上へと変更されたため，これまで未成年者取消権を有していた18歳および19歳がその対象から外れることになった。

5 地方自治と住民の生活

地方自治とは

地方自治 🅐4 🅝（ちほうじち）　国からある程度独立した地方公共団体の存在を認め，そこでの政治・行政を地域住民の参加と意思に基づいて行うこと。または，地域住民で構成される地方公共団体に，政治・行政の自治権を保障すること。日本国憲法は，第8章に4か条を設けて地方自治について規定している。

地方自治（明治憲法下の） 🅐3 🅝（ちほうじち）（めいじけんぽうかー）　明治憲法には地方自治の規定はなく，行政単位としての府県・郡・市町村はあっても自治の実体はなかった。知事は大半が内務官僚で，内務大臣から人事・組織上の指揮監督を受け，その事務も主務大臣の指揮監督の下に実施する中央集権的地方行政であった。

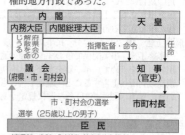

▲ 明治憲法下の地方自治

地方自治の本旨 🅐2 🅝（ちほうじちーほんし）　地方自治の本来の趣旨及び真の目的のこと。地方の政治が，①地方公共団体によって国からある程度独立して行われること（団体自治），②その地域の住民の意思に基づいて処理されること（住民自治），の二つをさす。憲法第92条は，地方公共団体の組織・運営について「地方自治の本旨」に基づいて定める，としている。この規定はGHQ案にはもともと存在せず，日本側の意向で追加されたものである。日本国憲法では中央政府の権力を抑制し，住民の直接参加を認める地方分権を大幅にとり入れている。

住民自治 🅐 🅝（じゅうみんじち）　各地方の地域住民またはその代表者の意思に基づいて，

地方公共団体の政治が行われること。具体的には，都道府県・市町村の長（首長）及び議会の議員を直接選挙することや，条例の制定・改廃の請求，事務の監査請求，議会の解散請求，議員・長の解職請求などの直接請求をさす。

団体自治 Ⓐ Ⓝ（だんたいじち）　ある程度中央政府から独立した地方公共団体が，自らの機関・財源によって地方政治を行うこと。その内容は，都道府県・市町村などの議会や長によって地方公共団体の財産の管理，事務の処理，行政の執行，条例の制定などが行われ，国の行政機関の指揮監督を受けないことなどである。

地方自治法 Ⓑ②Ⓝ（ちほうじちほう）　地方公共団体の組織と運営に関する基本的事項を定めた法律。1947年施行。憲法第8章に規定された地方自治の本旨にのっとり，定められている。全299か条からなる。地方自治法の目的は，国と地方公共団体との基本的関係を規定し，地方公共団体の民主的・能率的な行政の確保と健全な発達を保障することにある。地方公共団体の自主性の強化をめざし，直接公選制・行政委員会制度などにも言及している。直接民主制の原理も取り入れ，住民にさまざまな直接請求権を認めている。

条例 Ⓐ⑩Ⓝ（じょうれい）　地方公共団体が，地方議会において制定する法。地方分権の考え方に基づき，その地方公共団体の抱える課題に具体的に応えるために制定する。法律及び政令に抵触しないことが制定の条件である。

中央集権 Ⓑ Ⓝ（ちゅうおうしゅうけん）　国全体の行政機能が中央政府に集中し，それが地方公共団体の行政に干渉・統制する状態をいう。地方公共団体の権限は弱められ，国の出先機関となる。近代国家の成立期によくみられた。統一的な政策を能率的に推進できる半面，地方自治の原理に反し，民主主義の本来の理念から離れる場合もある。

地方分権 Ⓐ⑥Ⓝ（ちほうぶんけん）　地方政府（地方公共団体）にできるだけ多くの権限を付与し，中央からの統制・介入を少なくすること。中央集権の対語。日本国憲法では地方分権主義がとられている。近年，地方への権限移譲の動きが活発になり，地方分権

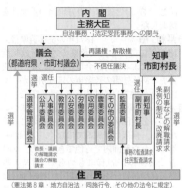

▲ 日本国憲法下の地方自治

推進法（1995年制定，2001年失効）・地方分権一括法（1999年）などが制定された。

地方公共団体 Ⓐ②Ⓝ（**地方自治体** Ⓐ㉖Ⓝ）（ちほうこうきょうだんたい）（ちほうじちたい）　一定の区域のなかで，その区域内の住民を構成員として，その住民の福祉実現を目的にさまざまな事務を処理する権限を有する法人団体。憲法第92条や地方自治法に基づく。都道府県及び市町村である普通地方公共団体と，特別区・地方公共団体の組合・地方開発事業団などの特別地方公共団体とがある。

園 普通地方公共団体 Ⓒ④Ⓝ
特別地方公共団体 Ⓒ Ⓝ

ブライス Ⓐ③Ⓝ［James Bryce, 1838〜1922］　イギリスの政治家・政治学者。1880年から下院議員となる。この間，外務次官・米国大使などを歴任。主著『アメリカン–コモンウェルス』（1888年），『近代民主政治』（1921年）。彼は「地方自治は民主政治の最良の学校，その成功の最良の保証人なりという格言の正しいことを示すものである」と述べ，地方自治が民主政治の基礎であることを主張した。

園 「地方自治は民主主義の学校」 Ⓐ②

トクヴィル Ⓒ［Alexis de Tocqueville, 1805〜59］　フランスの政治家・歴史家。1831年にアメリカを訪れ，市町村に定着している自治の習慣を見聞。そこにデモクラシーの根源をみた。主著『アメリカの民主政治』で「自治的制度が自由に対してもつ関係は小学校が学問に対してもつ関係と

同じである」と述べ，地方自治の重要性を強調した。

府県制　**Ｎ**（ふけんせい）　1871年の廃藩置県後，1890年に確立した明治期の地方行政制度。公選制による地方議会は存在したが，中央官吏である知事の監督権のほうが強かった。1947年の地方自治法成立まで存在した。

自治権　**Ｃ**　**Ｎ**（じちけん）　地方自治法に基づいて地方公共団体がもつ自治の権能のこと。ただし，権限は無制約ではなく，①国から与えられた範囲内で行使できるもの，②地方公共団体が固有にもつもの（財産の取得・運用・処分を行う権限や，警察権・課税権などを行使し，条例・規則を制定する権限など），に分けられる。

自治制度　**Ｃ**（じちせいど）　各地方の住民が，自らが居住する地方の行政に参加する制度。明治期以来，地方議会は公選制だったが，中央官吏である首長とともに内務大臣の統制下にあった。戦後は地方自治法などが定められ，「市町村最優先の原則」に基づき広範囲な自治制度の強化がはかられている。

補完性原理　（ほかんせいげんり）　政策決定はできるだけ住民に近い地方政府（地方公共団体）が担い，中央政府（国）の役割は地方政府が処理できない事柄に限定すべきとする考え方。国と地方における権限の基準を示す。

道州制　**Ｃ**　**Ｎ**（どうしゅうせい）　都道府県の枠組みを見直し，全国をブロック別に再編する試み。9・11・13に分ける三つの道州案が検討されているが，背景には市町村合併がすすみ，広域で行う行政課題が増えてきたことなどがある。広域化によって，住民の意思が行政に反映されにくくなるという反

対意見もある。

直接請求権

直接請求権　**Ａ**10**Ｎ**（ちょくせつせいきゅうけん）　地域住民が地方公共団体の行政に参加し，特定の行動を請求する権利。直接民主制の考え方をとり入れ，代表民主制を補完するもの。地方自治法第5章第74〜88条に定められ，一定数以上の有権者の連署が必要である。①条例の制定・改廃請求，②事務の監査請求，③議会解散の請求，④議員・長の解職請求，副知事・副市町村長その他主要公務員の解職請求の4種類がある。このうち③④についての必要署名数は，有権者総数40万人以下についてはその3分の1，同40万人超80万人以下についてはその6分の1，同80万人超についてはその8分の1を乗じた数を，おのおのの合算した数である。たとえば，有権者数100万人の都市では，40万÷3＋40万÷6＋20万÷8＝22.5万筆が必要署名数となる。また，教育委員会・農業委員会などの委員についても，各関係法令に基づき解職請求の制度が設けられている。

条例の制定Ａ6Ｎ・条例の改廃5（じょうれいせいてい）（じょうれいかいはい）　住民が地方公共団体に対して，条例の内容に関する提案などの請求を行うこと。国民発案・住民発案（イニシアティヴ）ともいう。有権者総数の50分の1以上の連署をもって首長に請求する。首長はただちに公表し，受理日から20日以内に議会に付議し，議会の議決により決まる。

監査請求　**Ｃ**4**Ｎ**（かんさせいきゅう）　地方公共団体に置かれる監査委員に対して住民が行う

請 求 の 種 類	必要署名数	請 求 先	取 り 扱 い
条例の制定・改廃請求	有権者の50分の1以上	地方公共団体の長	長が議会にかけ，その結果を公表
事務の監査請求	有権者の50分の1以上	監査委員	監査結果を公表し，議会・長などに報告
議会の解散請求	有権者の原則3分の1以上※	選挙管理委員会	有権者の投票に付し，過半数の同意があれば解散
議員・長の解職請求	有権者の原則3分の1以上※	選挙管理委員会	有権者の投票に付し，過半数の同意があれば職を失う
副知事・副市町村長などの解職請求	有権者の原則3分の1以上※	地方公共団体の長	議会にかけ，3分の2以上の出席，その4分の3以上の同意で失職

▲ **直接請求制度**　※有権者総数が40万人または80万人を超える場合については，直接請求権の解説を参照

権利をさし，二つの形態がある。一つは地方自治法第75条の直接請求権に基づく事務の監査請求で，有権者の50分の1以上の連署でもって行う。もう一つは同法第242条に基づく住民監査請求とよばれるもので，これは住民1人でも請求できる。いずれも，監査委員は監査を行い，その結果を請求者に通知・公表しなければならない。

　[類]事務の監査請求④　住民監査請求⑦Ⓝ

イニシアティヴ　Ⓐ④Ⓝ[initiative]　国民発案・住民発案。国民または地方公共団体の住民が直接，立法に関する提案をする制度。直接民主制の一つ。アメリカの各州において採用されている。日本では，一定数の連署による直接請求を通じて条例の制定・改廃の提案をする制度。

　[同]国民発案　住民発案Ⓒ

リコール　Ⓐ②Ⓝ[recall]　解職請求。公職にある者を任期満了前にその職から解任する制度。有権者総数の原則3分の1以上の連署が必要。公選職である議員・長の解職請求は選挙管理委員会へ請求し，有権者の投票で過半数の同意を得た場合に確定する。また，副知事・副市町村長などについては長へ請求し，議会で判断される。なお，地方議会議員の解職請求をめぐり，公務員が請求署名の代表者になれるかどうかを争点にした訴訟で，最高裁は2009年，従来は「なることができない」としてきた地方自治法施行令の規定を無効と判断，自らの判例を55年ぶりに変更した。これにより，公務員はだれでも地方議員リコール請求の代表者になることが可能となった。

　[同]解職請求Ⓐ⑫Ⓝ

レファレンダム　Ⓐ④Ⓝ[referendum]　住民投票・国民投票。重要事項の決定を住民の投票によって決めていく直接民主制の制度。地方公共団体の議会の解散請求，議会の議員・長の解職請求が成立したときに行われる投票と，ある地方公共団体にのみ適用される特別法の制定に関して行われる投票とがある。なお，国政レベルでは憲法改正の国民投票制度がある。

　[同]住民投票Ⓐ⑪Ⓝ　国民投票Ⓐ⑧Ⓝ
　☞p.138（レファレンダム）

地方自治特別法　Ⓒ③Ⓝ（ちほうじちとくべつほう）　特定の地方公共団体にのみ適用される特別法のこと。憲法第95条で規定され，一般法と区別される。国会の議決のほかに，その地方公共団体の住民の投票で過半数の同意を得なければ，法律として発効しない。国会の立法権の例外として，国会の議決だけでは成立しない。広島平和記念都市建設法（1949年），長崎国際文化都市建設法（1949年），横須賀・呉・佐世保・舞鶴の4市に適用された旧軍港市転換法（1950年），横浜国際港都建設法（1950年）などがある。

　[類]特別法の住民投票Ⓑ③

アカウンタビリティ　Ⓑ（**説明責任**Ⓑ①Ⓝ）[accountability]（せつめいせきにん）　本来はaccounting（会計）とresponsibility（責任）の合成による会計責任という意味であるが，会計責任だけでなく，官公庁や地方自治体などの行政が，納税者に対して行政サービスについての責任を果たしているかどうかの説明責任という意味にも用いられている。社会的活動一般について，議会，住民，利用者などに対して，自らの行動の内容や結果の説明を行う責任と解される。

住民の権利　Ⓝ（じゅうみん-けんり）　地域の住民によって行使される権利。公共施設利用などのサービスを受ける権利，選挙権・被選挙権，各種直接請求の権利，職員の違法行為や不当な公金支出に対する住民監査請求とその後の住民訴訟の権利，特別法を制定する際の住民投票の権利などがある。

地方公共団体の組織と権限

二元代表制　Ⓑ⑦Ⓝ（にげんだいひょうせい）　議会議員と長（首長）とを別個に直接選挙する，日本の地方自治で採用されたしくみ。憲法第93条は，地方議会を単なる「議決機関」ではなく「議事機関」と定め，議決に至るまでの審議を重視している。首長が独任制で民意を集約するのに対し，議会は合議制で民意を反映する役割を果たす。

地方議会　Ⓑ⑥Ⓝ（ちほうぎかい）　都道府県・市町村・特別区などの地方公共団体の議事機関。一院制で，直接選挙で選ばれた任期4年の議員により構成される。議会の構成は，住民による多様な意見が反映される

よう，「住民の縮図」でなければならない。条例の制定・改廃，予算の決定，地方税などの徴収の決定，主要公務員人事への同意などによる地方行政への監督などを行う。通常は一院制だが，憲法上は二院制でも問題はない。また，国会は自律解散ができないが，地方議会は自らの議決による解散も認められている。

地方議会の意見書 （ちほうぎかい―いけんしょ）　都道府県や市区町村の議会が，地方公共団体の公益にかかわる事柄について国に提出する意見書。地方自治法第99条に定めがある。地方公共団体の意向を国政に反映させるためのしくみだが，法的拘束力はない。

町村総会 Ⓝ（ちょうそんそうかい）　条例に基づき，議会にかわって設けられる機関。人口減少などで議会を組織できない地方公共団体のための制度で，有権者が全員参加して行われる。地方自治法に規定がある。

長 Ⓐ（**首長** Ⓐ22 Ⓝ）（ちょう）（しゅちょう）　地方公共団体の執行機関である都道府県知事・市町村長をいう。明治憲法下では中央政府の任命と指揮・監督の下にあったが，日本国憲法下では，住民による直接選挙で選出される。議会とは相互抑制関係をもつ。長は議会の議決に対して拒否権（再議権）を有し，また長への不信任議決に対しては議会解散権をもつ。再議に付された場合，同じ議決が確定するためには，出席議員の3分の2以上の多数決が必要となる。

　　　　　　　　　　　　類 再議権 Ⓒ

専決処分 Ⓝ（せんけつしょぶん）　地方公共団体の議会が決めなければならない事項を，緊急のときまたは委任に基づき首長（長）がかわりに処理すること。委任を受けた場合は議会に事後報告すればよいが，緊急に行った場合は議会の承認を得なければならない。鹿児島県の阿久根市長が乱発した専決処分が議会や住民に追及され，リコール問題に発展した。

知事 Ⓑ2 Ⓝ（ちじ）　都道府県の長。執行機関として自治事務及び国からの法定受託事務を管理・執行する特別職の地方公務員をいう。被選挙権は満30歳以上で，任期は4年。地方税の徴収，予算や議案の執行，条例の執行，予算や議案の作成，学校・上下水道・道路・河川などの改修・建設，警察・

消防，保健・社会保障の実施などを行う。

副知事 Ⓒ2 Ⓝ（ふくちじ）　都道府県知事の補佐役。議会の同意を得て，知事が選任する。

出納長 （すいとうちょう）　都道府県の出納などの会計事務を行う公務員。議会の同意を得て，知事が選任する。任期は4年。2007年4月から廃止され，副知事に一元化。

市町村長 Ⓒ Ⓝ（しちょうそんちょう）　市町村の長。執行機関として一般事務を管理・執行する。被選挙権は満25歳以上で，任期は4年。

副市町村長 2 Ⓝ（ふくしちょうそんちょう）　市町村長の補佐役。従来の助役と収入役を廃止・一元化して，2007年4月から新設。

助役 （じょやく）　市町村長を補佐し，その職務を代理して職員・事務を監督する。議会の同意を経て，市町村長が選任する。2007年4月から廃止され，副市町村長に一元化。

収入役 （しゅうにゅうやく）　市町村の出納その他の会計事務を処理する公務員。都道府県の出納長にあたる。市町村長が議会の同意を得て選任。2007年4月から廃止され，副市町村長に一元化。

地方六団体 （ちほうろくだんたい）　都道府県と市町村の首長または議会議長の連合組織であり，全国知事会・全国都道府県議会議長会・全国市長会・全国市議会議長会・全国町村長会・全国町村議会議長会の総称。地方自治にかかわる問題で，内閣や国会に意見を述べる。これに対して内閣には回答の努力義務または義務がある。

委員会 Ⓐ5（いいんかい）　複数の委員による合議制の執行機関である地方行政委員会のこと。教育委員会・選挙管理委員会・人事委員会などがある。また，都道府県では公安委員会・都道府県労働委員会などが，市町村では農業委員会などが置かれている。地方公共団体の長の管轄下にあるが，職権を行使するときはその指揮・監督を受けないため，判断を公正・慎重にして利害の公平化をはかることができる。

選挙管理委員会 Ⓒ5（せんきょかんりいいんかい）　公職選挙法に基づいて，選挙に関する事務を管理・運営する行政委員会。都道府県と市町村の両方にある。ともに委員は4名で，任期は4年。委員は地方議会が選出する。衆院・参院議員（選挙区選出），地方議会議員及び知事・市町村長の選挙の選

挙人名簿の作成，投票用紙の準備などの事務を扱い，選挙を管理する。

公安委員会 **B** **N** （こうあんいいんかい）　警察法に基づき，警察運営の民主化と政治的中立の要請に応じて，警察の管理を担当する行政委員会。都道府県警察を管理する都道府県公安委員会がある。任期3年の委員（5人または3人）は，知事が地方議会の同意を得て任命する。なお，国家公安委員会は内閣府の外局で，警察庁を管理する。

監査委員 **C** **N** （かんさいいん）　地方公共団体の財政が健全に執行されているか，事業が公正に執行されているかを監査する。都道府県は4人，市町村は2人の委員からなる（条例で増員も可）。任期は4年で再任可。長が，学識経験者や議員のなかから選ぶ。住民からの監査請求を受けて監査をし，その結果を議会・長に報告する。

教育委員会 **B** **N** （きょういくいいんかい）　学校の設置と管理，児童や生徒の就学，教員の採用などを行う地方公共団体（都道府県と市町村）の行政委員会。1948年の教育委員会法に基づき成立。当初，委員は住民の公選制であったが，1956年の地方教育行政法により首長の任命制となった。委員会は5人（町村は3人でも可）の委員で構成される（任期4年，教育長は3年）。2014年，教育委員会に対する首長の権限を強化する法改正が行われた。

人事委員会 **C** **N** （じんじいいんかい）　条例に基づき設置された，地方公務員の給与などの勧告を行う行政委員会。議会の同意を得て首長（長）が選任する3人の委員で構成される。都道府県と政令指定都市は設置が義務づけられ，東京23区なども設置している。近年，地方財政がきびしくなるなかで，勧告に従わない自治体も出てきた。人事委員会を設けない地方公共団体には公平委員会が置かれている。

　　　　　　類 **公平委員会** **C** **N**

農業委員会 **C** **N** （のうぎょういいんかい）　農業委員会法に基づき，市町村に設置された行政委員会。農業上の諸活動を行う。農民による選挙で選ばれた委員と長（首長）に選任された委員とで構成されたが，2015年の法改正で公選制の部分が廃止された。

収用委員会 **C** **N** （しゅうよういいんかい）　土地収用法に基づき，土地の収用（取りあげて用いること）や使用の裁決などの事務を行うため，都道府県に設置された行政委員会。議会の同意を得て知事が任命する7人の委員で構成される。

特別区 **C** **2** **N** （とくべつく）　特別地方公共団体の一つで，東京都の23区をさす。原則的には市に関する規定が適用される。1952年以降，区長と区議会議員は住民により直接選挙されるようになった。

不信任 **A** **10** **N** **と解散** **A** **7** （ふしんにん）（かいさん）　地方自治の首長制では，長には再議権・解散権があり，議会には不信任議決権がある。議会は，議員の3分の2以上が出席し，その4分の3以上の同意により，長への不信任議決ができる。長は不信任の通知を受けた日から10日以内に議会を解散できる。解散されない場合，長は失職する。

政務活動費 **N** （せいむかつどうひ）　地方議会議員の調査研究活動などのため，条例に基づき議員本人や会派に交付される経費。選挙や私的な活動には使えない。地方自治法を根拠に，2001年から支給されている。かつては政務調査費とよばれたが，2012年の法改正で現在の名称となり，使途の幅も広がった。交付を受けた者は，議長に収支報告書を提出しなければならない。調査研究とは直接関係ない不適切な支出もあり，廃止する地方公共団体もある。

地方自治の現状

三割自治 **B** （さんわりじち）　地方公共団体の権限や財政力の弱さを表す表現。これまで自治体が独自に徴収できる地方税は歳入の3～4割程度しかなく，地方議会が自由に増減を決定できる財政の範囲も全体の3割程度にすぎなかった。また，事務の7割が国の委任事務であった。こうした地方公共団体の中央への強い依存構造は，一般財源（使途が限定されない）に対する特定財源（使途を限定）の構成比率の高さや，自主財源に対する地方交付税・国庫支出金などの依存財源の比率の高さからも裏付けられる。最近では補助金削減の影響もあって，自主財源は5割前後になった。

地方分権推進委員会 **N** （ちほうぶんけんすいしんいい

んかい）　1995年制定の地方分権推進法（5年間の時限立法）に基づいて総理府（現総務省）に設置された委員会。国会の承認に基づく7名の委員で構成。機関委任事務の廃止や，国・地方間の問題を解決するための第三者機関設置などを提言した。

類 地方分権推進法 **C**

固有事務Ⓝ（公共事務）（こゆうじむ）（こうきょうじむ）　1999年改正前の地方自治法第2条に規定されていた普通地方公共団体の事務の一つ。水道・交通・ゴミ処理の事業，学校の設置・管理など，地方公共団体がみずからの責任で処理する本来の公共サービス事務を指した。改正後の地方自治法で自治事務に包含された。

団体委任事務（だんたいいにんじむ）　1999年改正前の地方自治法第2条に規定されていた普通地方公共団体の事務の一つ。法令によって国または他の地方公共団体の事務を委任されたもので，国民健康保険事業などがあった。改正後の地方自治法では自治事務に包含された。

行政事務 Ｃ Ⓝ（ぎょうせいじむ）　1999年改正前の地方自治法第2条に規定されていた普通地方公共団体の事務の一つ。交通の取り締まり，デモ行進の規制など，地方公共団体が行う権力的な規制事務を指した。改正後の地方自治法では自治事務に包含された。

機関委任事務 Ａ⑥Ⓝ（きかんいにんじむ）　国または他の地方公共団体の事務で，地方公共団体の首長などの機関に委任されたもの。1999年改正前の地方自治法第148条，別表3・4に規定されていた。対象は国政選挙・生活保護・免許など広範に及んだ。団体委任事務とは異なり，国からの指揮・監督を受け，地方議会の関与が制限されるなど，地方を中央の下請け機関化するものと批判されてきた。2000年施行の改正地方自治法によって廃止され，自治事務と法定受託事務にふり分けられた。国民年金事務などのように，国が直接執行する事務に移されたものもある。

自治事務 Ａ Ⓝ（じちじむ）　地方公共団体が自主的に処理する事務で，法定受託事務以外のもの。地方分権一括法の施行にともない，2000年に導入された事務区分である。従来の固有事務や団体委任事務などが含まれ

る。具体的には，小中学校の建設，飲食店の営業許可，都市計画の決定，病院の開設許可などがある。

法定受託事務 Ａ④Ⓝ（ほうていじゅたくじむ）　本来は国や都道府県の事務に属するものだが，地方公共団体が委任を受けて行う事務。国の本来果たすべき役割にかかわる第1号法定受託事務と，都道府県が本来果たすべき役割にかかわる第2号法定受託事務とがある。かつての機関委任事務の一部なども含まれる。この事務は一定の国の関与を受けるとされるが，原則として地方議会の条例制定権や調査権などが及ぶ。具体的には，国政選挙，パスポートの交付などがある。

地方分権一括法 Ａ⑩Ⓝ（ちほうぶんけんいっかつほう）　国から地方公共団体への権限移譲の一環として1999年7月に成立，翌2000年4月から施行。地方自治法など475の関連法が一度に改正された。正式名称は「地方分権の推進を図るための関係法律の整備等に関する法律」という。地方自治の本旨に反するとの批判が強かった機関委任事務が廃止されるとともに，従来の事務区分もなくなり，地方公共団体が扱う事務は自治事務と法定受託事務の二つになった。

国地方係争処理委員会 ②Ⓝ（くにちほうけいそうしょりいいんかい）　国と地方公共団体との間で法律・法令の解釈や運用，国の不当な関与をめぐる争いが発生した際，公平・中立な立場で調整をはかる第三者機関。総務省に置かれ，委員は5人（任期3年）。両議院の同意を経て総務大臣が任命する。委員会の審査結果に不服があるときは，高等裁判所に提訴できる。沖縄県辺野古の米軍新基地建設をめぐり，県と国が争った案件で係争委は2016年，適法か違法かの判断をしないとの決定を行った。

地方財政 Ｂ②Ⓝ（ちほうざいせい）　地方公共団体の行う経済活動のこと。地方公共団体は，警察や消防，生活保護や環境衛生など，生活に密着した公共サービスを住民に提供するために，地方税などから収入を得ている。歳入面で特徴的なのは，地方税収入など自主財源の割合が少なく，地方交付税や国庫支出金など中央政府へ依存する財源の割合が大きいことである。地方公共団体間の財

政力格差を是正するために，国税を，各地方公共団体に再交付しているからである。しかし，依存財源の割合の高さが，自治体の自主性を奪っているとの批判もある。地方財政の歳出を目的別にみると，教育費と土木費への支出が多く，性質別にみると人件費の割合が高い。地方財政運営の原則を定めた地方財政法がある。

類 地方財政法 Ｎ

地方交付税 Ａ ⑤ Ｎ （ちほうこうふぜい）　地方公共団体間の財源の格差をなくすため，国税の一定割合を自治体に交付するもの。国の予算区分では，地方交付税交付金といわれる。使途の定めのない一般財源で，各種の行政を一定水準で実施するために交付される。財源が所得税・法人税の33.1％，酒税の50％，消費税の22.3％と，地方法人税全額の合算額とされているので，交付額は財源の大きさで制限され，財政力が豊かな団体には交付されない。2021年度では，東京都および53の市町村が不交付団体となっている。

国庫支出金 Ａ ⑧ Ｎ （こっこししゅつきん）　国が都道府県・市町村に支給するもので，使途の指定があるため「ひも付き補助金」と称されることもある。科学技術研究や貿易振興などで国が必要と認めた事業費の一定割合を支出する国庫補助金，国の事務を委託する場合の経費の全額を支出する委託金，義務教育・建設事業・失業対策事業などの経費の一定割合を支出する国庫負担金，の３種類がある。国から交付される補助金のうち，約８割は地方公共団体に支払われたものであり，地方公共団体は歳入の16％程度を国庫支出金に依存している。1980年代の後半から国庫支出金の額は減少する傾向にあり，地方財政を圧迫する要因となっている。民主党政権のもとで，地方公共団体の裁量で使い道を決められる一括交付金化が一部行われたが，使途を自由にすればまず福祉や教育が切り捨てられるとの批判も出た。

類 一括交付金 Ｃ Ｎ

超過負担 Ｃ （ちょうかふたん）　地方公共団体が本来の自己負担費用をこえて負担すること。地方公共団体が国の補助金の交付をともなう公共事業を進める場合，費用が国の予算見積もり額を大幅にこえても，超過分は自治体が負担しなければならない。こうした国の予算見積もり額と現実の事業費との単価差・数量差などを超過負担という。

地方債 Ａ ⑤ Ｎ （ちほうさい）　地方公共団体が，公営企業への出資・公共施設建設・災害復旧など，特定事業の資金のため発行する公債。発行年度をこえて負担する長期の借入金で，起債の目的・限度額・利率・償還方法などは予算で定める。起債にはこれまで，総務大臣または都道府県知事の許可を必要としたが，2006年度から事前協議制に移行。地方財政法は第５条で「地方公共団体の歳出は，地方債以外の歳入をもつて，その財源と」すると規定しているが，水道・交通などの公営企業，災害復旧事業などの財源とする場合には，地方債の発行ができる。

地方譲与税 Ｃ Ｎ （ちほうじょうよぜい）　本来，地方税に属すべき財源ではあるが，国税としていったん徴収し，これを地方公共団体に配分している資金のこと。地方道路譲与税・石油ガス譲与税などがある。地方交付税とともに，地方公共団体間の財政力格差を是正する機能をもつ。

自主財源 Ｂ ⑤ Ｎ （じしゅざいげん）　地方公共団体が自らの権限に基づいて徴収・収入する財源をいう。地方公共団体の収入は，自治体独自で賦課・徴収できる地方税のほか，使用料・手数料，分担金及び負担金，財産収入などがある。財政構造上は自主財源の占める割合が高いのが望ましいが，現実は依存財源の比率が高い。

対 依存財源 Ｃ Ｎ

地方税 Ａ ⑤ Ｎ （ちほうぜい）　都道府県・市町村の経費をまかなうため，徴税権に基づいて地域の住民や法人などから徴収する租税。道府県税と市町村税に分類される。道府県税では事業税と道府県民税（住民税）が，市町村税では市町村民税（住民税）と固定資産税が中心である。事業税は道府県税全体の約３割を，市町村民税は市町村税全体の約４割を占めている。特定の経費にあてる目的税では道府県税の自動車取得税，市町村税の都市計画税などがある。地方税収入に占める直接税と間接税等の比率は約８対２である。なお，東京都の場合は，道府県税に相当する税を都が，市町村税に

相当する税を特別区が課税しているが，市町村税にあたる税でも，市町村民税・固定資産税・都市計画税などは都が課税。

地方消費税 **B** **N** (ちほうしょうひぜい) 1994年の税制改革により導入された制度で，消費税10%のうち，7.8%が国の消費税，2.2%が地方消費税として都道府県や市町村に配分される。

法定外税 **C** **N** (ほうていがいぜい) 地方公共団体が課税自主権を活用して，条例に基づき新設した法定税以外の税目。地方税法には法定外普通税と法定外目的税とが規定されている。前者は，地方公共団体が通常の普通税以外に独自に税目を起こして課する普通税のこと。福井県の核燃料税や熱海市の別荘等所有税などがある。その新設や変更の際には，事前に総務大臣と協議し，同意を得ることが必要。後者は，地方公共団体が通常の目的税以外に独自に税目を起こして課する目的税のこと。三重県の産業廃棄物税や東京都の宿泊税，富士河口湖町の遊漁税などがある。その新設や変更の際には，法定外普通税と同様の手続きを要する。

類 法定外普通税 **N** 法定外目的税 **C** **N**

独自課税 **C**

住民運動 **B** **N** (じゅうみんうんどう) 特定地域の住民が地域社会の諸問題を解決するために行う運動をいう。1960年代からの公害反対運動・環境保護運動や，ゴミ処理施設建設反対運動などが行われてきた。地方公共団体の行政へ住民が参加していこうとする性格をもつ。

住民参加 **N** (じゅうみんさんか) 地域生活上の問題の決定・解決に住民が参加していくこと。また，住民の意思を行政に反映させていくことでもあり，行政上の意思決定過程に影響を与えている。法制上のものとして，直接請求制度や住民訴訟・公聴会開催などがある。制度化されていないものとしてモニター制・市民集会などがある。

地方の時代 **C** (ちほう・じだい) 地方の特色や個性，地方文化・地方自治・地方分権を重視しようとする動き。1977年，地方自治法施行30周年の「地方の時代シンポジウム」を機に，当時の長洲一二神奈川県知事らを中心に，中央集権の強化や国の統制・画一主義への反対，自治・分権型の行財政システム

や福祉型経済システムの実現，などが主張された。

革新自治体 (かくしんじちたい) 長(首長)が革新系政党の推薦や支持を受けて当選した地方公共団体のこと。1970年代後半には150をこえた。住民運動の高まりなどを背景に，公害対策や福祉行政に力を入れ，国の政策にも影響を与えた。現在は，オール与党化が顕著である。

草の根民主主義 **N** [grassroots democracy] (くさ-ねみんしゅしゅぎ) 民衆の日常生活や底辺のすみずみにまでゆきわたる民主主義をいう。1930年代半ばにアメリカの共和党大会で取り上げられ，民衆の支持を得る民主主義の形態として一般化した。日本では，住民運動などを通して，民衆が生活に密着した場で日常的に政治に参加していくことが民主主義を支える，という点が強調される。

一村一品運動 **2** (いっそんいっぴんうんどう) 地場産業振興政策の一環として，大分県の平松守彦知事の提唱で1979年頃に始まった運動。各市町村の住民が主体となって，その地域を代表する特産物をつくり，全国に広めようとするもの。県は研究開発や宣伝・販売面で支援する。

広域行政 **N** (こういきぎょうせい) 現行の都道府県・市町村の境界をこえて，複数の地方公共団体が協力して広域にわたる行政処理を行うこと。近年，公害防止・環境保護，治水・河川管理など，一地方公共団体では処理が困難な問題が出現したため，広域行政が必要になった。ここから地方公共団体の協力や合併が要請されてくる。1994年に地方自治法が改められ，都道府県と市町村にまたがる広域連合が制度化された。

類 広域連合 **N**

関西広域連合 **N** (かんさいこういきれんごう) 地方自治法に基づく特別地方公共団体の一つ。2010年，2府5県(京都・大阪・兵庫・和歌山・滋賀・鳥取・徳島)が参加して発足した。都道府県レベルでは初のケース。九州や首都圏でも，広域連合の設立に向けた協議が始まっている。

政令指定都市 **C** **2** (せいれいしていとし) 地方自治法に基づき政令で指定された人口50万人以上の市。大阪・名古屋・京都・横

浜・神戸・北九州・札幌・川崎・福岡・広島・仙台・千葉・さいたま・静岡・堺・新潟・浜松・岡山・相模原・熊本の20市がある。行政需要の特殊性に対応して，住民生活に密着した事務が都道府県から移譲されるほか，行政区の設置などの特例が認められる。1994年の地方自治法改正により，人口30万人以上の中核市，同20万人以上の特例市が制度化された。特例市は2014年の法改正で中核市と統合して廃止され，中核市の人口要件は20万人以上に変更された。現在，中核市の数は85市。また，都市を人口規模により，政令指定都市と東京都区部を大都市，大都市以外の人口10万人以上の市を中都市，人口10万人未満の市を小都市などと分類するしかたもある。

圞 中核市 Ⓝ　特例市 Ⓝ　大都市 Ⓒ③Ⓝ
中都市① 小都市①

議会基本条例 ①（ぎかいきほんじょうれい）　地方公共団体の議会改革を行うためにつくられた条例。2006年に全国で初めて北海道栗山町議会が制定して以来，100をこえる地方議会で成立している。背景には，首長提出の議案をそのまま可決するなど，二元代表制の一翼をになうべき地方議会が本来のチェック機能を果たしていないという現実がある。

市町村合併 Ⓐ⑥Ⓝ（しちょうそんがっぺい）　複数の市町村が一つに合同すること。新設合併（対等合併）と編入合併（吸収合併）の2種類がある。1995年の改正市町村合併特例法で，有権者の50分の1以上の署名で首長に合併協議会の設置を求める制度が導入された。さらに2002年，合併協議会の設置を議会が否決した場合でも，有権者の6分の1以上の署名により，協議会の設置を住民投票で問いなおすことのできる制度がとり入れられた。合併の背景には，一般財源である地方交付税が10年間減額されないため，地方の財源確保という側面もある。「平成の大合併」により，1999年時点で3238あった市町村数は，2022年時点で1724にまで減少している。

圞 平成の大合併 Ⓑ⑤Ⓝ

住民訴訟 Ⓝ（じゅうみんそしょう）　地方公共団体の長，執行機関または職員の違法・不当の行為に対し，住民監査請求（地方自治法第242条）を経たあとで，それに不服がある場合，損害賠償などの請求を裁判所に行うこと。民衆訴訟の一種。

住民投票 Ⓐ⑪Ⓝ（じゅうみんとうひょう）　地方公共団体の住民が条例に基づく投票によってその意思を決定すること。近年，原子力発電所や米軍基地，産業廃棄物処理施設の建設などをめぐって，条例に基づく住民投票が相次いで行われてきた。法的拘束力はないが，住民参加を保障する新しい形態として注目されている。滋賀県米原市や愛知県高浜市のように，永住外国人にも住民投票権を付与する事例もある。

住民投票条例 Ⓒ⑦（じゅうみんとうひょうじょうれい）　地方自治体の条例制定権（有権者の50分の1以上の署名を集めて条例の制定を請求）を根拠として，政策の是非をめぐって住民投票を実施するための条例。徳島市の吉野川可動堰建設問題をめぐる住民投票などがその例である。事案ごとに制定される諮問型と，あらかじめ条例を定めておく常設型とがある。

圞 諮問型住民投票　常設型住民投票②

自治基本条例 Ⓒ（じちきほんじょうれい）　地方分権改革の流れにそって，個々の地方公共団体が住民参加と協働などの理念をもりこんで定めた基本的な条例。「まちの憲法」ともよばれる。2000年施行の地方分権一括法で条例制定権が拡大されたのを契機に，こうした条例づくりが広がった。2001年に制定された北海道・ニセコ町まちづくり基本条例が最初の例。2022年時点で403の地方公共団体で制定されている。

三位一体の改革 Ⓑ⑪（さんみいったいーかいかく）　小泉純一郎内閣が2004年から行った地方財政と地方分権にかかわる改革。2002年の経済財政諮問会議による「骨太の方針」で打ちだされた。①国から地方公共団体への補助金の削減，②国から地方公共団体への税源移譲，③地方交付税の見直し，を同時に実施しようとする政策。実際には，地方交付税削減などの影響で，地方公共団体はきびしい予算編成を強いられるようになった。

構造改革特区 Ⓑ⑧Ⓝ（こうぞうかいかくとっく）　規制を緩和・撤廃した特別な区域を設けることで地域社会の活性化をはかろうとする試

み。小泉純一郎内閣が構造改革の一環として推進した。2002年施行の構造改革特別区域法に基づく。これまで地方公共団体などの申請により，1000件以上が認定された。しかし，2005年から地域再生法に基づき，財政支援をともなう地域再生計画が申請・認定されるようになり，この特区の存在意義は薄れた。

類地域再生計画

国家戦略特区　**C** **N**（こっかせんりゃくとっく）　安倍晋三内閣が2013年の法制定によって設けた特別区域。東京圏など10地域が指定された。特定地域を限定し，雇用・医療・農業・都市開発などの分野で，種々の規制を緩和，企業のビジネス環境を整えるのが狙い。小泉純一郎内閣時代の構造改革特区は地方公共団体が提案したが，国家戦略特区は基本的には国が上から決める。学校法人「加計学園」の獣医学部新設をめぐり，この制度を活用した規制緩和の妥当性や，首相らの関与で行政がゆがめられることがなかったかなど，広い関心をよんだ。

タウン-ミーティング　**C** **N**〔town meeting〕　施策への評価・批判・要望などを吸い上げるために，行政当局が各地の住民と直接対話する集会。アメリカで行われている方式にならい，2001年から小泉純一郎内閣の時代に始まった。しかし，2006年に，国・地方自治体サイドによる質問依頼，組織的動員，参加者選別などが発覚し，事実上の廃止に追い込まれた。

財政再建団体　**C** **N**（ざいせいさいけんだんたい）　1955年制定の地方財政再建促進特別措置法に基づき，破綻した財政を国の管理下で再建するよう指定された地方公共団体。2007年に指定された北海道夕張市が最後の財政再建団体。現在では，地方公共団体財政健全化法に基づき，財政再建団体と早期健全化団体の二つに分けて財政の立て直しが行われている。

財政再生団体　**C** **N**と**早期健全化団体**　**N**（ざいせいさいせいだんたい・そうきけんぜんかだんたい）　2009年から行われている財政の立て直しが必要な地方公共団体。2007年制定の地方公共団体財政健全化法に基づく。財政状況の悪化が深刻化したのが財政再生団体，悪化が比較的軽度なのが早期健全化団体。いずれも

実質赤字比率・連結実質赤字比率・実質公債費比率などの指標で判断される。財政再生基準をこえると破綻とみなされて財政再生計画の策定が，早期健全化基準をこえると財政健全化計画の策定が，それぞれ義務づけられる。2022年時点における財政再生団体は北海道夕張市の1団体のみである。

類地方公共団体財政健全化法

公契約条例　（こうけいやくじょうれい）　地方公共団体の発注する公共工事や委託事業に携わる労働者に対して，首長が決めた最低額以上の賃金の支払いを定めた条例。違反していると労働者が申告すれば，自治体が調査して是正命令を出す。公共サービスの劣化防止と，いわゆる「官製ワーキングプア」をなくすことにもつながるとされ，千葉県野田市で2009年，全国で初めて制定された。現在では，10をこえる地方公共団体でこの条例が制定されている。国に公契約法の制定を求める動きもある。

指定管理者制度　**N**（していかんりしゃせいど）　地方公共団体から指定を受けた法人などの団体が，公の施設の管理などを行うことができる制度。地方自治法の改正で，2003年から導入された。民間活力を用いて経費の縮減をはかることなどが狙い。

地域主権　**N**（ちいきしゅけん）　2009年に成立した民主党を中心とする政権がかかげた地方分権改革のスローガン。地方公共団体への権限移譲や国の地方出先機関の見直しなどをすすめるとしている。そのための組織として「地域主権戦略会議」が新設された。

大阪都構想　**C** **N**（おおさかとこうそう）　現在の大阪府と政令指定都市の大阪市・堺市を解体・再編し，東京23区のような複数の特別区などで構成される「大阪都」を新設する構想。府と市の二重行政を解消して効率化を図るとしている。大阪維新の会が掲げる政策の1つ。

地方創生　**C** **2** **N**（ちほうそうせい）　安倍政権下で掲げられた地方政策のスローガン。東京圏への人口集中の是正と少子高齢化による人口減少に歯止めをかけるため，2014年末に「まち・ひと・しごと創生法」など地方創生関連2法が成立した。なお，2040年には全地方公共団体の約半数にあたる

896市区町村が消滅の危機に直面する可能性がある，との見解を日本創成会議が2014年に公表している。

類地方創生法**C**

ふるさと納税制度　**N**（-のうぜいせいど）　2008年度の税制改正によって導入された寄附金税制の一つ。自分の故郷や支援したい地方自治体などに寄附をすると，その分が所得税や住民税から差し引かれる制度。寄附額のうち2,000円を越える部分について，原則全額が控除の対象となる。寄附に対する返礼品として各自治体が特産品などを用意したことから，年々制度の利用が増加。2008年当初の寄附総額は約81億円だったが，2020年には約6725億円に達した。地元とは関係ない返礼品を用意する自治体などもあらわれて，制度の形骸化が指摘された

ため，2019年3月に制度が改正され，返礼品の規制が強化された。

インバウンド観光　**C**［inbound tourism］（-かんこう）　外国人が日本を観光すること。一方，日本国民が外国を観光することはアウトバウンド観光という。訪日外国人旅行者は，2003年で521万人だったが，2019年には3188万人にまで増大した。その理由としては，2012年より続いている円安によって日本旅行が「安い娯楽」となっている点，日本政府によって免税対象拡大やビザ要件緩和などの措置が取られている点などが挙げられる。ただし，新型コロナウイルス問題の影響によって，訪日外国人旅行者は，2020年は412万人，2021年は25万人にまで急減した。

3章 国際政治のしくみ と役割

1 国際政治の成り立ち

国際社会の成立と発展

国際社会 **B**10**N**(こくさいしゃかい)　主権国家を基本的な構成単位として成立する全体社会のこと。17世紀前半のヨーロッパにおいて成立した。そこでは、公権力的な支配による社会秩序はなく、国家相互間の永続的な交渉を前提とする力の論理、力の政治が支配する社会であった。しかし、第二次世界大戦後の植民地独立、アメリカ・ソ連(ロシア)・EC(EU)を中心とする勢力圏の形成、国連機構や集団安全保障体制の確立などにより、公権力に類似した機能の発展がみられる。さらに国際社会を、国家をこえた一つの世界と考え、各国政府・地方自治体・国際組織・NGO(非政府組織)・多国籍企業も行動主体と認め、国家中心的な権力関係では解決できない環境・資源・食料・難民などの課題に取り組む場とも考えられるようになってきた。

国内社会 **C**(こくないしゃかい)　国際社会に対置して使用される。国際社会は、基本的には公権力は存在せず、各国が国家利益を追求するパワー－ゲーム(権力闘争)の世界である。それに対して国内社会では、一定の領域内の全国民を服従させる公権力が存在する。

国際関係 **C**1**N**(こくさいかんけい)　国家間に成立する協調・対立などさまざまな関係をさす。国際関係が明確に意識されてくるのは、17世紀前半に近代国家が主権国家として、当事者能力を保持できるようになってからである。国際関係はまず、国家間関係として国際協調や平和をいかに維持・発展させるかということを主題としてきた。しかし今日では、国家をこえた相互浸透システムが全地球的規模に拡大しているので、核・環境・人権・南北問題なども重要な領域になっている。

主権国家 **A**5**N**(しゅけんこっか)　一定の領域・国民・主権をもち、他国からの支配や干渉を受けずに自国のことを自主的に決定する国家のこと。17世紀前半のヨーロッパ(1648年まで開かれたウェストファリア会議)において成立した。今日の国際社会は、190か国をこえる主権国家間の関係を基本的枠組みとしている。主権国家は、軍・警察などの機構を独占、中央政府に優位する権力や権威を国内外に認めず、国家間関係は基本的には力の競合する無政府状況と認識し、自国の経済的・政治的・文化的優位性をめざす。したがって、このような国家間の関係は必然的に何らかの形での紛争・対立を内在している。

民族国家 **B**N(みんぞくこっか)　民族とは、共通した祖先・習俗・身体的外観などに基づいた人々の自然なまとまり(同胞)を指す。強固な同胞意識で結束している排他的国家は、時として「民族国家」と呼ばれる。また、全人口がほぼ1つの民族で構成されている国家は単一民族国家と呼ばれる。なお、日本には、日本語を話し、儒教・神道・仏教に多大な影響を受けて生活習慣を形成している大和民族が存在するが、それ以外にも、アイヌ民族、琉球民族など、多様な民族が歴史的に共存している。

国民国家 **B**1[nation state](こくみんこっか)　領土内の人間が文化的な連帯感に基づいて政治的に統合されている国家。国民国家では、統一された言語・宗教・民族意識などによる「均質的な国民」が形成される一方で、少数派の言語・宗教・民族の排斥や強制同化が実施される。また、国民国家の成立過程では、それまで存在しなかった国民文化や国民像が政府やメディアの手によって人為的に作り出されることもある。明治期以降の日本もその一例とされる。

主権平等 **C**2**N**(しゅけんびょうどう)　主権国家は領土や人口の大小にかかわらず、すべて平等に扱われ、相互に対等であること。国際社会における原則。国家の主権は、その国の承認なしに他によって制限されることはない。

内政不干渉 **B**1**N**(ないせいふかんしょう)　各国の国内政治に、他国が干渉しないこと。各国の主権を尊重するもので、国際法上の原則。国連憲章にも定められている。

三十年戦争 **B**4(さんじゅうねんせんそう)　宗教改

革後のヨーロッパにおける，最後にして最大の宗教戦争。発端は1618年に起こったドイツ地域内の新旧両派の宗教の自由をめぐる争いであったが，ハプスブルク家（ドイツ）とブルボン家（フランス）の対立を基軸とした政治的な国際戦争に発展した。ウェストファリア条約（1648年）が結ばれて終結。

ウェストファリア会議 **C** （－かいぎ）　1648年，三十年戦争を終結させたウェストファリア条約が成立した会議。主権国家を構成単位とする近代国際社会成立の指標とされている。会議では，①ドイツ各都市・各諸侯領ごとに宗教の自由を認め，カルヴァン派を公認し，②ドイツ帝国（ハプスブルク家が支配）内の諸侯に領邦内の自主権を認め（帝国は有名無実となる），③オランダとスイスの独立を認め，フランスなどの領土が確定した。この会議で成立した国際秩序は，フランス革命（1789年）にいたるまで，ヨーロッパの政治体制の土台となった。

類 ウェストファリア条約 **A** 2

ウィーン会議 **N** （－かいぎ）　ナポレオン戦争（1800～14年）に勝利した列強代表が，1814～15年にウィーンに集まって，戦後のヨーロッパ秩序の再建について討議した会議。オーストリア代表メッテルニヒの保守反動主義（自由主義・国民主義の否定）とフランス代表タレーランの正統主義（フランス革命以前に存在した王朝を正統とする）の思潮が会議をリードした。また，イギリスが主張した勢力均衡の原則も指導理念となった。

帝国主義国家 （ていこくしゅぎこっか）　帝国主義政策をとる国家のこと。国内では資本主義が最高度に成熟し（独占資本主義），その内的エネルギーの発露として対外進出（植民地や領土権の拡大）をくわだてる国家をさす。

三国同盟 **C** （さんごくどうめい）　1882年に成立したドイツ・オーストリア・イタリアの同盟。ドイツ帝国の宰相ビスマルクが提唱し，第一次世界大戦まで持続された。三国協商と対立した。

三国協商 **C** （さんごくきょうしょう）　1904年に成立したイギリス・フランスの協商と，1907年に成立したイギリス・ロシア協商を合わせた，対ドイツ包囲体制のこと。三国同盟と対立した。

第一次世界大戦 **B** 2 **N** ［First World War］（だいいちじせかいたいせん）　1914～1918年。イギリスの帝国主義政策（カルカッタ・カイロ・ケープタウン路線を強化する3C政策）とドイツの帝国主義政策（ベルリン・ビザンチウム・バグダッドを結ぶ3B政策）の対峙，ロシアの汎スラヴ主義とドイツの汎ゲルマン主義との対立，ドイツとフランスとの歴史的な国境争いが，バルカン半島での民族問題をめぐるサライェヴォ事件（1914年）を口火に爆発した戦争。人類が初めて経験した，近代兵器（戦車・飛行機・毒ガスなど）を駆使した国民総力動員の全体戦争であった。この戦争は，戦場での勝敗によってではなく，連合国（日・米も参加）と同盟国（オーストリア・ドイツ・トルコ・ブルガリア）の総合生産力の差と，ロシア・オーストリア・ドイツの内部崩壊（革命）で終結した。

第二次世界大戦 **A** 16 **N** ［Second World War］（だいにじせかいたいせん）　1939～45年。1929年の世界大恐慌をきっかけに，その対応をめぐって「もてる国」（イギリス・アメリカ・オランダなど先進資本主義諸国）と「もたざる国」（ドイツ・日本・イタリアなど後発の資本主義国）との対立が激化した。こうした状況のなかで1939年，ドイツがポーランドへ侵攻を開始した。イギリス・フランスはただちにドイツに宣戦，ここに第二次世界大戦が始まった。1940年に結ばれた日独伊三国同盟を背景に，翌1941年にドイツがソ連を奇襲し，同年末には日本がマレー半島に上陸，ハワイの真珠湾を攻撃すると，戦争は全世界に広がった。結局，第二次世界大戦はイギリス・アメリカ・フランス・ソ連・中国を中心とする連合国側が，日独伊枢軸国側のファシズムと軍国主義に対して勝利をおさめた。

政府間国際組織（ＩＧＯ） ［intergovernmental organization］（せいふかんこくさいそしき）　複数の国家により条約に基づいて設立された国際機構。国際社会の構成単位の基本は主権国家であるが，かつての国際連盟や現在の国際連合，さらにはＥＵ（欧州連合）・ＩＬＯ（国際労働機関）など多くのＩＧＯ

が設立され，重要な構成単位となっている。主権国家の国益中心の行動を制約する役割ももつ。

非政府組織Ⓐ Ⓝ（ＮＧＯⒸ⑦Ⓝ）［Non-Governmental Organization］（ひせいふそしき）　非政府間国際組織（ＩＮＧＯ）ともいう。公権力を行使する「政府機関」に対する用語。平和・人権・環境問題などについて，国際的に活動している民間の組織・団体をさす。世界労連（ＷＦＴＵ，世界労働組合連盟）・世界宗教者平和会議などがある。国連憲章第71条の規定に基づき，経済社会理事会は，国連の取り組む諸分野で顕著な活動をしている民間団体を，国連ＮＧＯとして認定している。現在，アムネスティーインターナショナル・赤十字国際委員会・地雷禁止国際キャンペーンなど，1000以上の団体が認定されている。

赤十字国際委員会Ⓒ①（ＩＣＲＣⓃ）［International Committee of the Red Cross］（せきじゅうじこくさいいいんかい）　スイス人アンリ＝デュナンの提唱で1863年に創設された，戦時における犠牲者を保護するための国際的な組織。委員は15～25人。多くの国の委員で構成すると，各国の利害がからんで円滑な活動ができなくなるため，永世中立国のスイス人だけで構成されている。本部はジュネーヴにある。

　　　　　　　　題 アンリ＝デュナン①Ⓝ

国際赤十字・赤新月社連盟Ⓝ（ＩＦＲＣ）［International Federation of Red Cross and Red Crescent Societies］（こくさいせきじゅうじせきしんげつしゃれんめい）　1919年に創設された赤十字社連盟が，1991年に各国の赤十字社，赤新月社の連合体として，現在の名称に変更。主として平時における自然災害・緊急災害等の被災者や国内避難民の救援などを行う。赤十字社，赤新月社は190の国・地域に広がっている。本部はジュネーヴ。なお，ＩＣＲＣとＩＦＲＣ，各国赤十字社の三つを総称して国際赤十字ともいう。

　　　　　　　　　　　題 国際赤十字Ⓝ

ＯＸＦＡＭⒸⓃ（オックスファムⒸⓃ）　第二次世界大戦中，ナチス占領下のギリシャ難民への支援から始まったＮＧＯ。イギリスのオックスフォード住民が1942年に設立したオックスフォード飢餓救済委員会が前身。今日では，イギリス・アイルランド・アメリカの各オックスファムがそれぞれ国連経済社会理事会のＮＧＯ資格を取得し，主として発展途上国への援助を行っている。

地雷禁止国際キャンペーンⒸ②Ⓝ（ＩＣＢＬⒷ②）［International Campaign to Ban Landmines］（じらいきんしこくさい─）　対人地雷を廃絶する運動を展開する国際ＮＧＯ。ワシントンに本部を置く。活動の柱としてきた対人地雷全面禁止条約が，1997年に採択された（1999年発効）。1997年ノーベル平和賞受賞。

国境なき医師団Ⓑ⑤Ⓝ（ＭＳＦⒷ⑥Ⓝ）（こっきょうなきいしだん）　国際的に医療ボランティア活動をしているＮＧＯ。1971年，フランスで結成された。戦争や自然災害による被災者，難民への医療活動を展開。1999年ノーベル平和賞受賞。

グリーンピース　ⒸⓃ［Greenpeace］　積極的な調査活動と果敢な行動力で知られる国際的環境保護団体。1971年に設立され，本部はアムステルダムにある。

世界宗教者平和会議（ＷＣＲＰ）［World Conference on Religion and Peace］（せかいしゅうきょうしゃへいわかいぎ）　1970年に設立。世界の主要な宗教であるキリスト教・イスラーム・ヒンドゥー教・仏教など，さまざまな宗教の国際的連合体。平和・人権・開発などの国際会議に宗教者の立場で参加，特に国連の活動に協力している。

国際オリンピック委員会（ＩＯＣⓃ）［International Olympic Committee］（こくさいいいんかい）　オリンピック大会の開催・運営をはじめ，各種の競技を組織化する国際機関。フランスのクーベルタン男爵の提唱で，1894年に創設された。ＩＯＣ憲章によると，オリンピックはスポーツを通じて国際親善を発展させ，平和的な世界を建設することを目的にし，人種・政治・宗教などによる差別を許さないことを原則としている。本部はスイスのローザンヌ。

世界連邦運動［Movements for World Federation］（せかいれんぽううんどう）　国際社会に惨禍をもたらす主権国家の行為（戦争，特に原水爆の投下）などから人類を守るた

めの運動として，第二次世界大戦後に盛んとなった。各国の主権を制限する超国家的な政治体制の実現をめざす。1946年に結成された「世界連邦政府のための世界運動」が有名で，1956年には世界連邦主義者世界協会（ＷＡＷＦ）と改称された。本部はアムステルダム。

核兵器廃絶国際キャンペーン 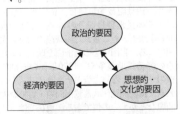**Ｃ②Ｎ**（ICAN**Ｂ②**）〔International Campaign to Abolish Nuclear Weapons〕（かくへいきはいぜつこくさい－）　アイキャン。2007年に発足し，スイスのジュネーブに拠点をおくNGO。平和や軍縮・人権などの問題に取り組む約100か国の500近い団体で構成される。日本からは７団体が参加。2017年，核兵器禁止条約を日本の被爆者らと連携し，国連の場で採択させるのに貢献した。同年のノーベル平和賞を受賞。

国際政治の特質

国際政治　Ｂ①Ｎ〔international politics〕（こくさいせいじ）　国際政治は，17世紀後半のヨーロッパにおける「主権国家」の成立とともに始まった。それは主権国家間で行われる政治であり，外交官や軍人の活動に象徴されてきた。各国はいかに自国の利益を実現するかという目的達成のために，各国相互の関係を戦争と平和とのバランスのなかで追求した。しかし，第二次世界大戦後は，米ソ超大国の登場，アジア・アフリカ諸国の独立と台頭，多数の政府間国際組織や非政府組織の活動によって，平和共存への志向を強めた。多国籍企業の動きや各国地方公共団体の国際交流なども無視できない。

```
        政治的要因
       ↗        ↖
      ↙          ↘
 経済的要因 ←→ 思想的・
              文化的要因
```

▲ 国際関係を規定する三つの要因

国際関係の政治的要因（こくさいかんけい－せいじてきよういん）　国際関係の基本的要因の一つ。近代の国際社会が17世紀のヨーロッパで確立されて以来，各主権国家は自己に優越する権力・権威を国内外に認めず，軍隊・警察力などを保持しながら国家利益を追求してきた。各主権国家は自己の国家的利益を少しでも多く実現するために，国際社会で駆け引きや，同盟を形成して勢力を拡大してきた。そして，国家間の調整が不調に終わった場合，決着は戦争によってつけられることもあった。

安全保障　Ａ⑤Ｎ（あんぜんほしょう）　外国の武力侵略から国家の安全を防衛すること。その方式としては，勢力均衡（バランス－オブ－パワー）方式と，集団安全保障方式がある。第一次世界大戦前は前者がとられていたが，大戦の勃発によってこの方式は破たん。そこで，国際連盟・国際連合の下では，集団安全保障方式がとられた。現在では，人間の安全保障という考え方が重視されている。

国家的利益（国益Ｂ Ｎ）（ナショナル－インタレスト）〔national interest〕（こっかてきりえき）（こくえき）　各国家が国際社会において追求する国家的・国民的利益。その実体は明瞭でないが，国境の確保など国家にかかわる核心的事柄，自国の経済力・技術力・軍事力など国家の繁栄にかかわる事柄，自国のヴィジョンで国際社会をリードしようとする主張・行動などが考えられる。

力の政治（パワー－ポリティクスＣ）〔power politics〕（ちから－せいじ）　政治を支配・被支配の力関係としてとらえ，その観点から遂行される政治のこと。国際政治の本質をさす場合に用いられる。主権国家が併存する国際社会では，自国の安全保障のための手段として最終的に頼れるものは軍事力である，とする考え方。

同**権力政治Ｃ**

勢力均衡　Ａ④Ｎ（バランス－オブ－パワーＣ Ｎ）〔balance of power〕（せいりょくきんこう）　国際社会において，諸国が離散・集合しつつ，相互の力の均衡によって独立を維持しようとする外交・戦略のこと。国家間に戦争を起こさないという，相対的な安定と平和をもたらす指導原理と考えられた。17～19世紀の西欧社会において，特にイギリスをバランサー（均衡者）とした勢力均衡策が有効に作用したとされる。しかし，各国の国力はたえず変化するので，均衡は

第Ⅲ編

一時的なものにすぎず，平和の維持が困難になる場合が多い。第一次世界大戦・第二次世界大戦などを経て，この政策に対する信頼は弱まった。

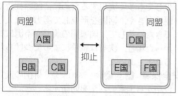

▲ 勢力均衡の考え方

軍事同盟 （ぐんじどうめい）　二国またはそれ以上の国の間で，他国からの攻撃に対して共同で防衛にあたること。この場合，条約が締結され，相互援助の内容などが定められる。北大西洋条約機構（ＮＡＴＯ）・日米安全保障条約などがある。

集団安全保障 Ａ6 （しゅうだんあんぜんほしょう）　20世紀に入り，勢力均衡方式にかわって登場した国際平和維持のための制度。対立する多数の国家が互いに武力の行使を慎むことを約束し，平和を維持する方法。加盟国は自衛の場合以外には武力行使が禁じられ，国際紛争を平和的に解決する義務を負う。言葉が似ている集団的自衛権が，主として自国と友好国との二国間関係が前提とされるのに対して，集団安全保障は多国間の枠組みで論じられることが多い。

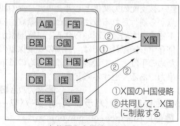

①Ｘ国のＨ国侵略
②共同して，Ｘ国に制裁する

▲ 集団安全保障の考え方

ナショナリズム Ａ1 [nationalism]　一般的には，自己の独立・統一・発展をめざすネーション（民族や国民など）の思想と行動をさす。国民主義・国家主義・民族主義などと訳し分けられてきたが，その言葉の多様性ゆえに，今日では「ナショナリズム」とそのまま表記されることが多い。歴史的には，まず18世紀末のフランス革命に端を発し，19世紀のヨーロッパでドイツ・イタリアなどが近代国民国家を形成するスローガンとなった（国民主義）。19世紀末から20世紀にかけては，帝国主義・軍国主義と結びつき，他民族や他国への侵略を正当化するために唱えられた（国家主義）。さらに第二次世界大戦後になると，アジア・アフリカなどの諸民族が，民族自決や反植民地主義をかかげて解放・独立を求める合言葉となった（民族主義）。

　親 国民主義1　国家主義 　民族主義 C

国際主義 [internationalism]（こくさいしゅぎ）　さまざまな形態の国家が併存する国際社会で，国家主権の存在と独立を尊重しながら，諸国民の協調・連帯を重視する立場や運動のことで，日本国憲法前文の精神でもある。これとは別に「万国の労働者，団結せよ」のスローガンにみられるような労働者階級の国境をこえた連帯運動（プロレタリア国際主義）をさす場合や，国際協調を基礎とする主権国家による平和志向の外交政策をさす場合もある。

世界主義（コスモポリタニズム）［cosmopolitanism]（せかいしゅぎ）　世界市民主義・万民主義ともいう。すべての人間は理性を共有し，理性の命ずる法則に従い，同じ権利・義務をもつ平等な存在であるとみて，個人を民族や国家をこえた世界人類の一員であるとする思想。

国際関係の経済的要因（こくさいかんけいーけいざいてきよういん）　国際関係を規定する基本的要因の一つ。17世紀に主権国家が成立して以来，先進各国は自国の国内市場の確保と拡張のために争い，国内経済（資本主義）の成熟とともに海外に進出，他国経済を侵食してきた。19世紀後半以降は，帝国主義政策による植民地獲得競争の結果，2度の世界戦争が引き起こされた。戦後の米ソ両大国による，自国中心の経済圏を確立するための経済援助競争や，1970年代の石油危機の一要因となった資源ナショナリズムの動き，南北問題・武器輸出問題・貿易摩擦問題などが，その例である。現在では，地球環境問題，人口爆発，資源の有限性などの観点から，新たな国際経済秩序が模索されている。

帝国主義 [imperialism]（ていこくしゅぎ）　広

義には，他民族支配と領土拡張をめざす国家の侵略の傾向をいう。狭義には，19世紀末から西欧先進資本主義諸国が，発展の遅れた地域に権益を確保し，領土を拡大していった現象をさす。　☞ p.345（帝国主義）

植民地主義 **C** **N** ［colonialism］（しょくみんちしゅぎ）　帝国主義の時代に市場の拡張と原料の確保，資本の輸出のために行われた対外政策のこと。国際信義や秩序を無視しても，植民地の領有・獲得・保持を基本政策とする。第二次世界大戦後，反植民地闘争や民族解放運動が活発化し，国連内にアジア・アフリカ・ラテンアメリカ諸国が多数を占めたことで，植民地主義は衰退した。

新植民地主義 ［neo-colonialism］（しんしょくみんちしゅぎ）　第二次世界大戦後，多くの植民地は独立し，武力による植民地支配は不可能となった。それにかわり，独立を認めつつ経済的・思想的に支配をめざす大国の新たな対外政策を，新植民地主義とよぶ。今日では多国籍企業の進出，ひもつき援助との関連で論じられる場合が多い。　☞ p.505（新植民地主義）

二つの経済体制（ふたつのけいざいたいせい）　国家に経済的秩序を与えている諸制度（貨幣制度・財産制度・税制・労働組合など）によって，特徴づけられた社会経済のあり方を経済体制という。資本主義・社会主義の二つの経済体制があるが，現実には両者の混合型もみられる。両者を分ける指標は，経済活動が市場原理によるか中央計画に基づくか，である。

南北問題 **A** **8** **N** （なんぼくもんだい）　北半球に多い先進工業国国家群と，南半球に多い発展途上国国家群との間の，経済的格差から生ずる諸問題。　☞ p.505（南北問題）

南南問題 **A** **2** **N** （なんなんもんだい）　発展途上国の間の，資源を「もつ国」と「もたざる国」との格差，また工業化に成功した新興工業経済地域（NIEs）と開発が著しく遅れた後発発展途上国（LDC）との格差をめぐる諸問題。　☞ p.509（南南問題）

経済協力 **A** **3** **N** （けいざいきょうりょく）　国際協力の一種であり，国家間における経済面での協力関係を通して，各国の経済成長，経済開発，貿易振興などを図ることである。と

りわけ第二次大戦後は，米国による欧州諸国の経済復興を目指したマーシャルプラン，先進国による途上国の経済支援を目指すOECD開発援助委員会など，国際的な経済協力体制が整備されてきた。近年活性化している自由貿易協定（FTA）や経済連携協定（EPA）なども，経済協力体制の典型例である。　☞ p.512（経済協力）

資源ナショナリズム **A** **5** **N** （しげん-）　政府や国民が自国内の天然資源に対する支配権の強化を求める現象。その国の資源を可能な限り安価で獲得して海外に流通させようとする多国籍企業と必然的に対立する。1962年には，国連が「天然資源に対する恒久主権の権利」を宣言したことで，資源ナショナリズムを後押しした。1970年代にアラブ諸国が自国の石油価格決定権を掌握しようとした現象は，資源ナショナリズムの典型的事例とされる。　☞ p.507（資源ナショナリズム）

多国籍企業 **A** **5** **N** （ＭＮＥ）［Multinational Enterprise］（たこくせききぎょう）　☞ p.377（多国籍企業）

国際関係の思想的要因・国際関係の文化的要因（こくさいかんけい-しそうてきよういん）（こくさいかんけい-ぶんかてきよういん）　文明の成立以来，その担い手は自分たちの文化の優越性を主張・誇示してきた。近代に入ると，単なる固有文化の競い合いにとどまらず，植民地化しようとする側の優越性の主張と，それに反発して固有文化を擁護しようとする側との抗争が大規模化・深刻化した。文化の相対的差異を文化の絶対的優劣，民族の優劣とする狂信のもとに，他文化や他民族を抹殺する国家的行為が出現した。古くは，南北アメリカ大陸でのインディアン文明の破壊，第二次世界大戦中のユダヤ人虐殺，朝鮮半島での神道や創氏改名の強制，最近では南アフリカ共和国のアパルトヘイト政策などをあげることができる。

イデオロギーの対立 **C** （-たいりつ）　二つの経済体制（資本主義・社会主義）のうち，どちらを支持するかという政治的立場に基づく世界や人間に対する全体的見方の相違。それぞれのイデオロギーは，特定の組織や階級によって担われ，相互に相手の反真理性・非有効性を批判しつつ，同時に自己の

立場の真理性・有効性をたたえ，冷戦下では理論闘争がくり返された。

反植民地主義 **C**（はんしょくみんちしゅぎ）　他国を植民地・半植民地にしようとする勢力や国家に対して，民族独立・民族解放を求める主張と行動をいう。この考え方は，1955年のアジア・アフリカ会議（バンドン会議）へとつながった。

反帝国主義（はんていこくしゅぎ）　他国を商品の輸出と工業原料及び食料を確保するための市場，あるいは資本輸出市場として隷属させようとする勢力や国家に対して，反対する主張と行動をいう。

宗教的対立（しゅうきょうてきたいりつ）　長く悲惨な宗教戦争を教訓に，近代ヨーロッパでは国家と宗教の分離を原則の一つとしてきた。信教の自由と政教分離原則の保障がそれである。しかし今日，宗教的対立が戦争の危機と結びつく可能性が高まっている。たとえば，イスラーム世界では政教分離はありえず（祭政一致），宗教上の相違は世俗的・政治的対立に発展することもある。イラン・イラク戦争（シーア派とスンナ派），インド・パキスタン戦争（ヒンドゥー教とイスラーム），中東戦争（イスラエルのユダヤ教とアラブのイスラーム）などがその例。

宗教紛争 **C**（しゅうきょうふんそう）　宗教的対立が原因で起きた戦争や内戦。前項のイスラーム関係以外にも，スリランカのタミール人紛争（仏教とヒンドゥー教）や北アイルランド紛争（カトリックとプロテスタント）などがある。

グローバリズム **C③N**［globalism］　グローブとは球体としての地球の意。地球全体を一つの共同体とする考え方。類語にグローバリゼーションがある。環境破壊・戦争・貧困などの問題に対して，従来の国民国家の枠をこえた人類の協力で解決をめざす。

　　　　　　類 グローバリゼーション **C N**

反グローバリズム **C**［anti-globalism］（はん-）　グローバリゼーションを先進国主導かつ市場経済万能主義のもと，自由主義経済を過度に進める流れであると捉え，それが貧富の格差の拡大や環境破壊，社会福祉の後退などの諸問題を発生させるという立

場や運動。左翼組織や労働組合，環境保護団体など広範な人々が参加している。

グローカル **C**［glocal］　グローバル（地球規模）とローカル（地域性）を結びつけた造語。全世界を包み込む流れと地域の特性を考慮した流れが合流すること。例えば，地域農業の衰退を食い止める意図で，外国への農産物輸出を活性化させることなどが挙げられる。「地球規模で考え，地域で行動する」という言葉とも近い。

☑ 国際法と国際裁判

国際法の成立

国際法 **A⑯N**［international law］（こくさいほう）　国家相互の関係を規律し，国際社会の秩序を維持するための法。国際法は国内法と異なり，これによって直接規律されるのは国家であるが，限られた範囲において国際機構や個人についても規律する。国際法の特質として，①統一的立法機関の欠如，②国際裁判の限界，③国際法の執行・制裁に関する組織の未確立などがあげられる。また，国際法の形成過程から，国際社会の慣習を各国が法として認めた不文国際法（国際慣習法・慣習国際法）と，条約など文書による約束である成文国際法とに分けられる。そのほか，内容によって国際公法と国際私法とに区分され，適用時による分類では，平時国際法と戦時国際法とがある。

国際法 **A⑯** **と国内法** **A①N**（こくさいほう-こくないほう）　国際法と国内法の規定が矛盾する場合にどちらを優先するかについては，次の三つの説がある。①国際法優位説（国際法を優先），②国内法優位説（国内法を優先），③二元論（国際法は国際関係において，国内法は国内において，効力を有する）。今日では多くの国で，国際法は憲法より下位に置かれるが，法律より優位に置く。

グロティウス **A⑦**［Hugo Grotius, 1583～1645］　オランダの自然法学者で，国際法の成立に最も重要な役割を果たした。「国際法の祖」「自然法の父」と称される。「野蛮人すらも恥辱とするような戦争」すなわち三十年戦争に慨嘆，戦争は正当防衛など正当な原因に基づく場合にのみ合法的であ

り，戦争がやむをえない場合でも，一定の
ルールに従って行動しなければならないと
主張した。主著『海洋自由論』(1609年)，
『戦争と平和の法』(1625年)

『戦争と平和の法』 Ⓐ⑨(せんそう-へいわ-ほう)
グロティウスの主著。三十年戦争のさなか
の1625年，戦争の惨禍を少なくし，人類
の平和を実現するために，戦争は正当な理
由によるものでなければならないとし，や
むをえず戦争を行うときでも，国家は相互
に守るべき規範(国際法)に従わなければ
ならないことを説いた。

『海洋自由論』 Ⓒ(かいようじゆうろん)　グロティ
ウスの主著の一つ。1609年に公刊。15世
紀末からの「大航海時代」を背景に，スペ
イン・ポルトガルは大西洋・太平洋・イン
ド洋の領有を主張し，許可なく航行するこ
とを禁じた。この主張に対して，グロティ
ウスは，海洋はすべての国家に平等に開放
されるものであると述べ，近代国際法の基
本原則である公海自由の原則を説いた。

公海 Ⓑ Ⓝ(こうかい)　領海と排他的経済水域・
群島水域を除いた，いずれの国家主権にも
属さない海洋。ここではすべての国の船舶
に，公海自由の原則が認められている。公
海を航行する船舶は，掲げる国旗の属する
国の排他的管轄権に服するという原則があ
る(旗国主義)。また，国家が他国の船舶
に干渉できる場合として，海賊行為が行わ
れているときなどがあげられる。なお，公
海の上空と下部(海底の地中)は，基本的
には公海と同様の法的性質をもつ。1982
年の国連海洋法条約によって領海が3海
里から12海里へと拡大され，また200海里
までの排他的経済水域が設定された。これ
らによって公海は従来より30％も狭く
なったとする指摘もある。

公海自由の原則 Ⓑ(こうかいじゆう-げんそく)　す
べての国民が他国の干渉を受けることなく，
公海を自由に使用できるとする国際法上の
原則。帰属からの自由(公海がどの国の主
権の下にも置かれない)と使用の自由とか
らなる。使用の自由には，航行，漁業，上
空飛行，海底電線やパイプライン敷設の自
由などがある。国際慣習法として確立した
が，現在では条約化されている。

国際法の主体 (こくさいほう-しゅたい)　国際法は原
則として，国家の権利・義務を定める法で
あるから，国際法の主体は国家にある。国
家は国際法上の権利を有し，義務を負う。
一方，各個人についても，20世紀以降，
個人の権利が侵害された場合，直接国際法
上の手段によってその救済を主張しうる制
度がつくられるなど，国際法の主体と考え
られるようになってきた。また，国際機構
も，一定の範囲内で国際法の主体としての
地位が認められている。

国際法の客体 (こくさいほう-きゃくたい)　領域は国
家の構成要素の一つで，国際法の客体であ
る。領域は，領土・領海・領空からなり，
国際法において特に制限されないかぎり，
国家は領域において排他的な管轄権を行使
することができる。

領域 Ⓐ⑦(りょういき)　領土・領海・領空か
らなり，国際法において特に制限されない
かぎり，国家は領域において排他的な管轄
権を行使することができる。国家の主権が
及ぶ範囲をさすため，領域主権ともよばれ
る。

⬛ 領域主権

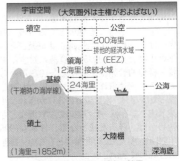

▲ 領土・領海・領空の範囲

領土 Ⓐ⑤ Ⓝ(りょうど)　広い意味で領域と同
義に用いられることもあるが，領域のなか
の陸地の部分(河川・湖沼・港湾・内海な
どの内水を含む)をさす。この場合には領
土は，領海や領空など他の領域と区別され
る。

　　　　　　類 領土問題Ⓑ Ⓝ　　領土不可侵

領海 Ⓐ⑤ Ⓝ(りょうかい)　国家の主権(統治権)
が及ぶ海洋の部分。国家の沿岸にそった一
定の幅をもった帯状の水域をさす。領海は
その上部と下部を含めて国家の主権に服す

る。領海の幅は従来，3海里（1海里=1852m）とされていたが，1982年に採択された国連海洋法条約では，領海は基線（通常，海岸の低潮線）から12海里以内と定められた。日本も1977年に領海法を制定し，従来の3海里から12海里に改めた。

領空 **Ｂ**⑤**Ｎ**（りょうくう）　領土及び領海の上空で，国家は排他的な主権を有する。人工衛星の出現により，領空の上限については諸説があるが，一般に大気の存在するところと解釈されている。航空機が，許可なく他国の上空を飛行することは，その国の領空侵犯（主権の侵害）となる。

無害通航権 **Ｃ**（むがいつうこうけん）　船舶が他国の領海を，その国の平和・秩序・安全・財政的利益を害さないかぎり，沿岸国の妨害なしに通過できるという権利。国際慣習法上認められてきたが，国連海洋法条約（1982年）で明文化された。ただし，航空機の領海上空の飛行や船舶の領海海面下の潜水による航行は含まれない。

排他的経済水域Ａ④**Ｎ**（ＥＥＺ**Ｂ Ｎ**）[exclusive economic zone]（はいたてきけいざいすいいき）　領海の外側にあり，基線（干潮時の海面と陸地が接する低潮線）から200海里（約370km）までを範囲とする海域。沿岸国はこの海底の上部水域，海底及びその下の生物と非生物の天然資源に対する主権・排他的管轄権を有する。1973年からの第3次国連海洋法会議で世界の大勢となった。なお，水産資源のみにかぎれば漁業水域となるが，その他の鉱物資源なども含めれば，経済水域となる。日本も1996年の国連海洋法条約批准にともない，排他的経済水域を設定した。

漁業専管水域（ぎょぎょうせんかんすいいき）　沿岸国に漁業に関する管轄権が認められる水域。排他的経済水域と重なる。ここでは沿岸国の許可がなければ，他国は漁業が認められない。また，入漁料・漁獲量割り当て・漁業規制などを順守しなければならない。

接続水域 **Ｃ Ｎ**（せつぞくすいいき）　沿岸国が出入国管理など特定の行政的規制を行うために，領海の外側に設定した水域。国連海洋法条約に規定された。日本では「領海及び接続水域に関する法律」に基づき，基線から24海里までとしている。

群島水域　（ぐんとうすいいき）　フィリピンなどのように多くの島々からなる群島国家において，その最も外側の島々を結ぶ直線の基線で囲まれた内側の水域。国連海洋法条約に規定された。群島国家の主権がおよぶほか，外国船舶の無害通航権などが保障される。

深海底制度（しんかいていせいど）　国連海洋法条約では，深海底とその資源は人類の共同の財産であり，国際的な管理（国際海底機構）の下で人類全体の利益のために開発が行われ，その利益は国際社会に還元されるべきことを定めている。深海底には，マンガン団塊などの資源の埋蔵が確認されている。この制度は，1967年の国連総会でマルタの国連大使パルドが行った提案に基づく。

宇宙空間 **Ｃ Ｎ**（うちゅうくうかん）　領空よりさらに上空の空間。この空間については国家主権の及ばないところとされる。1967年に国連で採択された宇宙条約は，天体を含めた宇宙空間の国家による領有の禁止，宇宙空間の人類全体の利益に立った平和利用などを定めている。

防空識別圏 **Ｎ**（ぼうくうしきべつけん）　領空の外側に設定した国土防衛上の空域。航空機による領空侵犯にそなえるために設けられる。国際法の規定ではなく，各国の判断で行う。日本は1969年に航空自衛隊が設定した。世界では20か国以上が設けている。2013年に中国が尖閣諸島の上空を含めてこれを設定したため，日本が強く抗議した。

先占 **Ｃ**[occupatio]（せんせん）　どの国家の支配も受けていない土地（無主地）に対して，最初に実効支配した国家がその土地の正統な領有権を獲得すること。

国際法の種類

国際公法（こくさいこうほう）　国家間の関係に適用される法で，国際法と同義に使われる。国際私法に対する用語。

国際私法（こくさいしほう）　国際的な私人間の権利・義務関係に適用される法律（準拠法）を選び指定する法。近年，国際結婚や国際貿易，企業の海外進出など，国際的な私人間の問題が多くなってきた。各国共通の国際私法自体が少ないので，いずれかの国の法律を，選択・指定することになる。

平時国際法 **Ｃ Ｎ**（へいじこくさいほう）　通常の平

和な状態において適用される国際法。国籍，国家の領域，公海自由の原則，条約の一般的効力，紛争の解決などからなる。国際法は当初，戦争を主要テーマとして発展してきたが，今日では国際貿易の進展など，国家間の相互依存関係が深まるにつれて，平時国際法の分野が拡充しつつある。

戦時国際法 **C**（せんじこくさいほう）　戦争状態において適用される国際法。交戦国間の関係を定めたもので，戦争法ともよばれる。戦争状態においては，通常の平時国際法はその効力を一般的に停止されるが，戦争の手続きや方法，捕虜の取り扱いなどについて定めた戦争時における国家間のルールが存在し，適用される。

●成立形式による分類	
国際慣習法(不文国際法)	成文国際法
公海自由の原則 外交官の特権 （現在では条約化） など	条約，協約，協定， 取り決め，議定書， 宣言，覚書， 交換公文　など

●適用時による分類	
平時国際法	戦時国際法
国家領域 外交使節 条約の一般的効力 紛争の解決　など	交戦者の資格 占領政策 捕虜の取り扱い 中立の条件　など

▲ 国際法の種類

交戦法規 **C**（こうせんほうき）　戦時国際法のなかでも交戦国相互間に適用される法規。戦争の残虐さを緩和し，無益な破壊を抑えるため戦争の手段と方法についてさまざまな規制をしている。

中立法規 **C**（ちゅうりつほうき）　戦時国際法の一つ。交戦国と戦争に参加しない国＝中立国との関係に適用される法規。この法規により中立国は，交戦国双方に対して公平な態度をとり，かつ戦争に関与しないことが義務づけられる。

国際慣習法 **A**4（こくさいかんしゅうほう）　慣習国際法。不文国際法ともいう。国際法の形成過程で，国家間で暗黙に認められた合意，つまり国家間の慣行が法として認められたもの。国際法のなかで依然として重要な地位を占めている。条約が合意した当事国のみを拘束するのに対して，国際慣習法は国際社会全体に妥当する普遍的な国際法である。公海自由の原則や外交官の特権など，重要な国際法が多い。しかし，内容が不明

確であるなどの理由から，国際慣習法の条約化が国際機関を中心に行われている。

同慣習国際法 **B**2　不文国際法

外交官の特権（がいこうかん-とっけん）　外交使節が駐在国において享有する特権及び免除。外交上の伝統に基づく国際慣習法として確立されてきたが，1961年の「外交関係に関するウィーン条約」で明文化された。外交特権は，外交官が身体・生命・自由などが侵されないという不可侵権と，裁判権・警察権・課税権などを免れる治外法権からなる。

成文国際法 **C**（せいぶんこくさいほう）　国家間の明文で示された合意によって成文化された国際法。条約・協約・協定などがある。近代国家の発展とともに，国際関係は複雑化し，慣習だけでは不明確・不十分となり，国家間の合意で成文化された条約が生まれた。条約国際法ともいう。

同条約国際法2

条約 **A**13 **N**[treaty]（じょうやく）　明文化した文書による国家間あるいは国家と国際機構，国際機構相互間の合意で，法的拘束力をもつ。広義の条約には，協定・協約・取り決め・規約・議定書・宣言・覚書・交換公文などの名称も使われる。条約は国際法であるが，公布によって国内法と同じ効力をもつ。また，当事国の数によって，二国間条約と多数国間条約とに分類される。

条約の締結 **B** **N**（じょうやく-ていけつ）　一般に国際法上，条約を締結するための決まった手続きはなく，当事国が合意すれば，どのような手続きでもとれる。しかし通常は，全権委員による外交交渉→合意内容の成文化→署名(調印)→批准→批准書の交換または寄託→国連事務局への登録→国連事務局による登録，といった手続きを経て締結される。一般には批准書の交換または寄託によって効力をもつ。

条約の批准 **C**1（じょうやく-ひじゅん）　条約が成立するためには，代表の署名に引き続いて批准の手続きがとられ，批准書の交換によって効力が発生する。批准とはその国の条約締結の意思の最終確認をさし，多くの国では議会の承認を必要とする。重要な条約については，国民投票を行う場合もある。

条約の留保（じょうやく-りゅうほ）　多数国間条約などで，国家が条約のある事項について自

国に適用されないという意思表示をすること。留保を認めることで，加入が容易になるという長所をもつ。しかし，条約の同質性や立法効果を減少させるという欠点も指摘されている。

多数国間条約（たすうこくかんじょうやく）　多数の国家間で締結される条約。多辺的な条約ともいう。今日，国家の相互依存関係や国際社会の組織化が進み，その締結数が増大している。一定数の条約の批准書の寄託があれば，寄託をすませた国の間で条約が発効する。国連憲章は，多数国間条約の典型例である。

二国間条約 **C**（にこくかんじょうやく）　2か国（当事国）間の外交交渉によって締結された条約。個別条約・二辺条約ともいう。当事国のみに関連する特殊な問題を処理するために締結される。秘密外交を排除するため，国連加盟国は締結した条約を国連事務局に登録することになっている。

協定 **A**②**N**［agreement］（きょうてい）　国家間の文書による合意の一つで，広義の条約に含まれる。一般に主要な条約の実施や細目に関する合意文書で，行政機関の合意のみによって成立し，議会の承認を要しない。

憲章 **A**①**N**［charter］（けんしょう）　国際連合憲章・国際労働機関（ＩＬＯ）憲章のように，世界の大多数の国を含む多数国間条約あるいは一般条約につけられる名称。

共同宣言 **A**　**N**（きょうどうせんげん）　国家間の合意による発表。条約と同じ法的拘束力をもつものと，拘束力のないものとがある。

覚書 **N**（おぼえがき）　外交交渉や会議において討議の記録や論旨を記録したもの。交渉事項や問題を確認するために相手方に手渡される公式の外交文書。

議定書 **A**③（ぎていしょ）　条約の形式の一つ。独立したものもあるが，条約に付属してつけられることが多い。

交換公文 **N**（こうかんこうぶん）　国家間の合意を記した文書で，簡略な形式で結ばれる条約の一種。技術的な内容や迅速性を要することがらについて，同じ内容の公文を相互に交換し，確認しあうことで成立する。

国際法の発展

ハーグ平和会議（ーへいわかいぎ）　万国平和会議。1899年，ロシア皇帝ニコライ２世の提唱

によって，オランダのハーグで開催された軍備縮小と永続的な平和のための国際会議（第１回ハーグ平和会議）。ハーグ陸戦規則など戦時国際法に関する多くの条約が採択された。また，この会議で採択された国際紛争平和的処理条約によって，常設仲裁裁判所が1901年にハーグに設置された。国際法に基づいて設置された国際裁判所による紛争の平和的解決に向けて第一歩を踏みだしたものであり，画期的なことであった。1907年に開かれた第２回ハーグ平和会議では，開戦に関する条約や中立法規に関する多くの条約が締結され，国際平和機構の設立がめざされた。1915年に第３回の平和会議が予定されたが，第一次世界大戦の勃発により実現しなかった。

ハーグ陸戦条約（ーりくせんじょうやく）　1899年の第１回ハーグ平和会議でつくられ，1907年の第２回会議で改正された戦時国際法。正式には「陸戦ノ法規慣例ニ関スル条約」という。日本は1911年に批准した。とくに，条約とセットになった付属書「陸戦ノ法規慣例ニ関スル規則」のなかで，陸戦の交戦当事者が守るべき具体的なルールを詳細に成文化した点で貴重である。

開戦に関する条約（かいせんーかんーじょうやく）　1907年の第２回ハーグ平和会議で採択された開戦の手続きに関する国際的なルール。これにより締約国は，戦争を開始するにあたって「理由を付した開戦宣言の形式または最後通牒の形式を有する明瞭かつ事前の通告」が必要であるとされた。

ジュネーヴ議定書 **N**（ーぎていしょ）　窒息性・毒性またはその他のガス及び細菌学的な戦争方法を，戦争に使用することを禁止した議定書。1925年に作成。戦時における一定の国際ルールとなっている。日本は1970年に批准。

不戦条約 **B**②**N**（ふせんじょうやく）　戦争放棄に関する条約。1928年にパリで調印。提案者（ケロッグ米国務長官とブリアン仏外相）の名前をとって，ケロッグ・ブリアン規約ともいう。ソ連や日本も含めて世界の60か国以上が加盟した多数国間条約。国際紛争解決のために戦争に訴えることを非とし，国家の政策の手段としての戦争を放棄することを宣言した。初めて，戦争の全

面禁止をうたったものとして画期的意義を
もつ。しかし，自衛戦争を認め，条約違反
に対する制裁規定を欠くなど不徹底さを残
し，現実の戦争を阻止することはできな
かった。この条約は現在でも効力を持つ。

同 ケロッグ・ブリアン規約

ジェノサイド Ａ②Ｎ[genocide]「国民
的・人種的・民族的または宗教的集団を全
部または一部を破壊する目的」で行われる
集団殺害行為をさす。ナチス−ドイツによ
るユダヤ人などの大量虐殺はその典型。

同 集団殺害 Ｂ①Ｎ

ジェノサイド条約 Ｃ②Ｎ(−じょうやく)　集団
殺害罪の防止及び処罰に関する条約。
1948年の国連総会で採択，1951年発効。
集団殺害を平時・戦時を問わず，国際法上
の犯罪とし，国際刑事裁判所によっても審
理・処罰しうることを規定する。日本は未
批准。

採択年	発効年	宣言・条約	日本の批准年
1948		世界人権宣言	
	1951	ジェノサイド条約	未批准
1951	1954	難民の地位に関する条約	1981
1965	1969	人種差別撤廃条約	1995
1966	1976	国際人権規約（社会権・Ａ規約）	1979
1966	1976	国際人権規約（自由権・Ｂ規約）	1979
	1976	自由権規約第1選択議定書	未批准
1967	1967	難民の地位に関する議定書	1982
1973	1976	アパルトヘイトに対する処罰条約	未批准
1979	1981	女性差別撤廃条約	1985
1984	1987	拷問等禁止条約	1999
1989	1990	子どもの権利条約	1994
	1991	自由権規約第2選択議定書 （死刑廃止条約）	未批准
1998	2002	国際刑事裁判所設立条約	2007
2006	2008	障害者権利条約	2014
2008	2013	社会権規約選択議定書	

▲世界の人権条約のあゆみ

世界人権宣言 Ａ⑬Ｎ[Universal Declara-
tion of Human Rights]　(せかいじんけんせんげん)
1948年12月，第3回国連総会で採択。前
文と本文30か条からなる。人権を蹂躙
したファシズム国家が侵略戦争を引き起こ
した反省をふまえ，国際的な人権の保障が
世界平和の基礎になるという認識に立つ。
F. ローズヴェルトの「四つの自由」から
の影響が強くみられる。人権を自由権の基
本権と社会権的基本権に大別し，すべての
人民と国家が達成すべき共通の基準として
作成された。人権を初めて国際法の問題と
してとらえ，世界に与えた影響ははかり知
れない。なお，世界人権宣言が採択された
12月10日は「世界人権デー」とされている。
制定当初は法的拘束力はもっていないとさ

れ，後に国際人権規約として条約化された。
しかし現在では，国際慣習法として法的拘
束力があるとする考え方が一般的になりつ
つある。

米州人権宣言 (べいしゅうじんけんせんげん)　米州機
構（OAS）加盟国で採択された地域的人
権保障に関する宣言。正式には「人の権利
及び義務に関する米州宣言」とよぶ。1948
年5月，世界人権宣言に先立って採択さ
れた。1969年，米州人権条約が成立。

ジュネーヴ諸条約 Ｎ(−しょじょうやく)　戦争や
武力紛争に際し，戦闘行為に関与しない民
間人（文民）や，戦闘行為ができなくなっ
た捕虜・傷病者を保護し，戦争被害をでき
るだけ軽減することを目的とした条約。
1949年に結ばれた四つの条約と1977年に
採択された二つの追加議定書からなる。日
本は1953年に4条約に，2004年には2議
定書にそれぞれ加入した。2003年のイラ
ク戦争の際，戦闘終結後におきた米兵によ
るイラク人虐待がこの条約に違反すると
して問題になった。

無防備都市 (むぼうびとし)　軍事力で守られて
いない都市。非武装都市ともいう。戦争の
際，その地域から戦闘員や武器を撤去する
など，抵抗の意思がないことを宣言するこ
とで，戦争の被害をできる限り抑えるのが
目的。第二次世界大戦中のローマなどの例
が知られる。戦争犠牲者の保護などを定め
たジュネーヴ諸条約の第一追加議定書第
59条には「紛争当事者が無防備地区を攻撃
することは，手段のいかんを問わず，禁止
する」とある。

難民の地位に関する条約 Ａ②(なんみん−ちい−
かん−じょうやく)　難民条約と略称。難民，すな
わち戦争や政治的・宗教的迫害などで国外
に逃れざるをえなかった人の庇護や定住を
確保するため，法的地位，福祉，難民の追
放・迫害の禁止などを定めた条約。1951
年にジュネーヴで開かれた国連全権会議で
採択（発効は1954年）。日本は1981年に批
准，1967年発効の難民の地位に関する議
定書とともに加入した。これによって，社
会保障制度は自国民と同等の待遇が与えら
れるべきであるとされ，在日外国人に国民
年金加入の道が開かれた。世界各地の難民
を救済するための国連機関として国連難民

第Ⅲ編

高等弁務官事務所（ＵＮＨＣＲ，本部ジュネーヴ）が置かれ，条約加盟国はその監督に服する。なお，日本への難民申請者数は，2021年において2413人であり，そのうち難民として認められたのは74人。そのほか，難民とは認めないものの人道的配慮から在留を認められた者が580人。

同 難民条約 **A** **4** **N**
難民の地位に関する議定書 **C**

難民 **A** **10** **N**（なんみん）　人種・宗教・政治的意見などを理由として迫害を受ける可能性があるために自国外におり，自国の保護を受けることのできない人びとをさす。通常，こうした人びとを政治難民とよぶことが多い。近年では，国内の飢餓・貧困などから逃れるために脱出した経済難民も増えている。また，これら発生原因などが多元化した難民の保護・救済に関する課題を総称して難民問題という。2020年時点における難民数（国内避難民および庇護希望者を含む）は約8240万人であり，世界人口の1％を超える。

類 政治難民　経済難民 **N**　難民問題 **C** **4** **N**
世界人道サミット

国内避難民 **B** **N**［internally displaced person］（こくないひなんみん）　戦争・内戦・自然災害などの理由によって，元々の居住地から逃れて，自国内の別地域にて避難生活を送っている人々。IDPと略される。広義では難民の一種だが，厳密には，難民は国外に避難したケースを指し，国内避難民は文字通り国内にて避難しているケースを指す。国連難民高等弁務官事務所によれば，2020年の推計で，世界中に約4800万人の国内避難民が存在しており，難民の数（約2640万人）を大きく上回っている。

ノン−ルフールマンの原則 **C** **2**（−げんそく）
難民に対して，理由のいかんを問わず迫害の危険のある領域への退去強制を禁止すること。難民条約第33条に規定されている。

第三国定住 **C** **N**（だいさんごくていじゅう）　長期間のキャンプ生活を余儀なくされた難民に対して，避難先以外の国（第三国）が行う救済制度。国連難民高等弁務官事務所の要請に応じ，日本では2010年からタイのキャンプに滞在するミャンマー難民の受け入れが始まった。

ヨーロッパ人権条約 **C**（−じんけんじょうやく）　正式名称は「人権及び基本的自由の保護のための条約」。欧州諸国間で1950年に締結された（1953年発効）。法的拘束力のある条約によって，人権を国際的に保障しようとする先がけとなった。

大陸棚に関する条約（たいりくだな−かん−じょうやく）
大陸棚についての基本原則を定めた条約。1958年の第一次国連海洋法会議で採択され，1964年に発効。沿岸国は大陸棚を探索し，その天然資源を開発するための主権をもつと定められている。

大陸棚 **C** **N**（たいりくだな）　地理学上は海岸に接近し，水深200m位までの浅い海底をさすが，現在の国際法上の定義ではそれよりも広く，大陸縁辺部の外縁までおよぶとされる。地質的には大陸の延長であり，深海底とはその性格が異なる。1945年のトルーマン宣言を契機に大陸棚への関心が高まり，後に天然資源の探索・開発が進んだ。日本では1996年，国連海洋法条約の批准にそなえて国内法を整備するため，排他的経済水域・大陸棚法などが制定された。

南極条約 **C** **N**（なんきょくじょうやく）　南極における領土紛争を回避し，その国際化を実現するため，1959年に締結された条約（1961年発効）。この条約は，領土権を承認も否認もしないまま凍結し，南極での核実験や軍事活動を禁止した。南極の帰属は未確定のままであり，将来領土問題が発生する可能性もある。近年，この地域の海洋生物資源や地下資源が豊富であることが判明し，新たな対応が求められている。

外交関係に関するウィーン条約（がいこうかんけい−かん−じょうやく）　外交関係については外交上の伝統に基づき，国際慣習法として行われてきたが，これらの慣習を文書化したもの。1961年につくられた。国家間による交渉の日常化や，あいつぐ新興独立諸国家の国際社会への登場にともない，明文化された規則の必要性が高まったことなどが背景にある。日本は1964年に加入。

国際人権規約 **A** **12** **N**（こくさいじんけんきやく）　世界人権宣言を条約化して国際法としての法的拘束力をもたせ，人権保障の実施を各国に義務づけたもの。1966年の第21回国連総会で採択，1976年に発効した。「経済

的・社会的・文化的権利に関する国際規約」（A規約，社会権規約），「市民的・政治的権利に関する国際規約」（B規約，自由権規約），個人通報制度を規定したB規約に関する「第1選択議定書」の三つからなる。調印・批准した国は国際法上の拘束を受け，内容に反する国内法の改廃を必要とする。日本は1979年に批准したが，A規約のうち祝祭日の報酬，公務員の争議権，中等・高等教育の無償化の3点については，日本への適用を留保している。また，1989年には死刑廃止をめざすB規約の「第2選択議定書」（死刑廃止条約）が採択され，1991年に発効した。日本はB規約の二つの選択議定書を批准していない。なお，2008年の国連総会でA規約の選択議定書が採択された。人権を侵害された個人が直接，社会権規約委員会に訴えることができる個人通報制度を含むものである。なお，日本への適用を留保していた3点のうち，中等・高等教育の無償化に関して，2012年に政府は留保の撤回を国連に通告した。

国際人権規約の実施措置（こくさいじんけんきやく-じっしそち）　A規約に関して締約国は，実施状況を社会権規約委員会（CESCR，18人の専門家で構成）に定期的に報告することになっている。委員会では報告を審議し，問題があれば勧告などを行う。B規約に関しては，自由権規約委員会（HRC，18人の専門家で構成。規約人権委員会ともいう）が締約国の提出した報告を審理したり，人権侵害を受けた個人からの救済申し立てについて審理などを行う。

個人通報制度 C（こじんつうほうせいど）　条約に規定された人権が，締約国内で十分に保障されなかった場合，条約にもとづいて設置された人権委員会に被害者個人などが救済を申し立てる制度。国際人権規約（自由権規約）第1選択議定書，女性差別撤廃条約選択議定書，人種差別撤廃条約，拷問等禁止条約などのなかで，この制度が採用されている。個人からの通報が委員会で審理され，それが人権侵害と判断された場合，救済措置などの意見が関係国と個人に送付される。ただし，条約や議定書を批准していない国には適用されない。

宇宙条約 N（うちゅうじょうやく）　宇宙空間と天体は国家領有の対象とはならないこと，その軍事的利用を禁止し，平和的目的にだけ利用すべきことなど，宇宙に関する基本原則を定めた条約。1966年の国連総会で採択された。

人種差別撤廃条約 A 8 N（じんしゅさべつてっぱいじょうやく）　1961年の南アフリカ共和国での反アパルトヘイト運動の弾圧事件を契機に制定された。1965年の国連総会で採択，1969年に発効。正式名称は「あらゆる形の人種差別の撤廃に関する国際条約」。人種差別とは「人種・皮膚の色・血統ないし民族的・種族的生まれに基づく差別，排除，制限…」などをいう。締約国に人種差別を撤廃する実施措置を求めている。実施機関として人種差別撤廃委員会が，締約国からの報告の審議及び条約違反に関する申し立てを受理する。また一定の範囲内で，人種差別に関する個人の請願受理への道も開かれている。日本はアイヌ問題などで批准が遅れ，1995年に批准。

ハイジャック防止条約（-ぼうしじょうやく）　航空機不法奪取防止条約。1960年代後半から多発したハイジャックに対処・防止するための国際条約。1970年に国連で採択，1971年から発効。飛行中の航空機内で，暴力による脅迫その他の威嚇手段を用いて，その航空機を不法に奪取する行為（ハイジャック）に対して，締約国は重い刑罰を科すことなどを規定している。

女性差別撤廃条約 B 6 N（じょせいさべつてっぱいじょうやく）　☞ p.183（女性差別撤廃条約）

アフリカ人権憲章（-じんけんけんしょう）　アフリカ統一機構（現アフリカ連合）加盟諸国間で締結された人権保障条約（1981年採択，1986年発効）。正式には「人及び人民の権利に関する憲章」。バンジュール憲章ともいう。個人の権利と並んで人民の権利を規定し，発展（開発）の権利という新しい権利の主張を取り入れている。

同バンジュール憲章

国連海洋法条約 B N（こくれんかいようほうじょうやく）　1973年から10年間に及ぶ議論の末，第3次国連海洋法会議で1982年に採択された（1994年発効）。海洋法の憲法ともいうべき条約。1958年の海洋法4条約を全面的に再構成し，一つの条約にまとめたも

第Ⅲ編

の。正式には「海洋法に関する国際連合条約」という。320か条の本文と九つの付属書からなる。領海を12海里，排他的経済水域を200海里と規定し，国際海峡の通過通航制度や深海底資源の共同開発などを定めている。日本は1996年に批准。

発展の権利に関する宣言（はってん-けんり-かん-せんげん）　1986年に国連総会で採択。発展の権利は開発の権利ともいわれ，発展途上国によって主張された。自由権（第一世代），社会権（第二世代）に次ぐ，第三世代の人権の一つ。「発展」とは，すべての人がすべての人権と基本的自由を完全に実現することを可能にする経済的・社会的・文化的ならびに政治的な過程であるとしている。

子どもの権利条約　🅰7Ⓝ（こ-けんりじょうやく）　児童の権利に関する条約。1989年の国連総会で全会一致で採択され，1990年に発効した。日本は1994年に批准。全54か条からなる。子どもを，大人に保護される対象としてではなく，権利を行使する主体として位置づける。教育への権利（初等教育の義務・無償制，能力に応じて高等教育にアクセスできることなど）や，子どもに意見表明権や思想・良心・宗教の自由，結社・集会の自由などの市民的権利を保障している。この条約を補完するため「子どもの売買，子ども買春，子どもポルノ」「武力紛争への関与」「個人通報制度」に関する三つの選択議定書がある。

障害者権利条約　🅱Ⓝ（しょうがい-しゃけんりじょうやく）　2006年の国連総会で採択され，2008年に発効。前文と本文50か条からなる。各国が障害者に，障害のない人と同等の権利を保障し，社会参加を促す努力をするよう求めている。日本は2014年にこの条約を批准した。

死刑廃止条約　🅰Ⓝ（けいはいしじょうやく）　正式名称は「死刑の廃止を目指す市民的及び政治的権利に関する国際規約第2選択議定書」。死刑廃止議定書ともいう。国際人権規約は生命に対する権利を規定し，死刑廃止が望ましいむね示唆している。これを受けて，1989年の国連総会で採択された。日本は未批准。死刑を廃止した国は142か国に達し，韓国も死刑執行が長く行われず，事実上の廃止国とされる。これに対して存

置国は56か国，先進国ではアメリカと日本のみである。国連総会は2007年，加盟国に対して死刑のモラトリアム（一時執行停止）を求める決議を初めて採択した。

同 死刑廃止議定書

不戦宣言　（ふせんせんげん）　22か国共同宣言ともいう。北大西洋条約機構（ＮＡＴＯ）とワルシャワ条約機構（ＷＴＯ）に加盟する22か国によって，1990年にパリで調印された共同宣言。武力による威嚇をひかえ，兵器は自衛と国連憲章に従う場合を除き使わないことなどを誓いあった。安全保障新秩序の形成にとって画期的な宣言とされる。

ハーグ条約　3Ⓝ（-じょうやく）　子どもの親権をめぐる国際的な紛争を解決するためにつくられた条約。正式には「国際的な子の奪取の民事上の側面に関する条約」という。国際結婚の破綻で子どもを引き取る際，子どもを元の居住地に戻すことなどを定めている。配偶者の暴力があるときは，返す義務はない。日本も2014年にこの条約に正式加入した。

国際裁判

国際裁判制度　1（こくさいさいばんせいど）　国際的な裁判機関が，原則として国際法を基準に審理を行い，当事者を拘束する判決を下すことによって紛争の解決をはかろうとするもの。紛争の発生ごとに当事者の合意に基づき，そのつど選任される裁判官によって行われる仲裁裁判と，国際司法裁判所のような常設の裁判所が行う司法裁判とに大別される。国際法に基づいてこれまで設置された裁判機関としては，1901年に設置された常設仲裁裁判所，国際連盟の設立にともなって設置された常設国際司法裁判所，国際連合の主要機関の一つとして設置された国際司法裁判所，戦争犯罪など個人の人道法違反などを裁く国際刑事裁判所，国連海洋法条約に基づいて設置された国際海洋法裁判所がある。

仲裁裁判　🅲1Ⓝ（ちゅうさいさいばん）　国際紛争を平和的に処理・解決するための手段の一つ。司法裁判とともに国際裁判を構成している。紛争当事国が合意によって，適当な個人または団体に紛争の判断をまかせ，その判断に従うという方法。個別的仲裁裁判

と常設仲裁裁判とに区分される。

ジェイ条約（-じょうやく）　1794年に英・米間で結ばれた友好通商航海条約。両国家間の紛争を仲裁裁判によって平和的に処理・解決することを定めた。仲裁裁判が国際的に普及する契機となった条約。

国際紛争の平和的処理条約（こくさいふんそうへいわてきしょりじょうやく）　1899年の第1回ハーグ平和会議で締結された紛争の平和的解決に関する条約（1907年改定）。国際的紛争が生じ，外交交渉によって解決することが困難な場合，第三者による周旋（斡旋）・調停・審査などの方法をあげ，仲裁裁判が最も有効であるとしている。この条約に基づき，常設仲裁裁判所が設置された。

常設仲裁裁判所 Ｃ④ Ｎ（ＰＣＡ）［Permanent Court of Arbitration］（じょうせつちゅうさいさいばんしょ）　紛争の平和的解決のために，当事国の仲裁を行う常設機関。1899年の国際紛争平和的処理条約によって定められ，オランダのハーグに設置された。裁判官を常置するのではなく，各国が任命した仲裁裁判官（各国4名以内，任期6年）の名簿をあらかじめつくっておく，という意味で常設の名が付される。中国による南シナ海領有権の主張を不当としてフィリピンが提訴した国連海洋法条約に基づく国際仲裁手続きで，仲裁裁判所は2016年，中国側の権利主張について，法的根拠がないなどとする決定を下した。中国はこの手続きへの参加を拒否してきたが，一方が不在でも手続きを進行できる。裁判は5人の仲裁人により行われ，裁判所の決定は両国に対して法的拘束力をもつ。また，一審制で上訴はできない。

常設国際司法裁判所 ③（じょうせつこくさいしほうさいばんしょ）　⇨ p.286（常設国際司法裁判所）

国際司法裁判所 Ａ⑱ Ｎ（ＩＣＪ Ａ②Ｎ）［International Court of Justice］（こくさいしほうさいばんしょ）　オランダのハーグにある国連の常設司法機関で，6主要機関の一つ。1945年設置。国際連盟が創設した常設国際司法裁判所を引き継いだもの。国家間の法律的紛争を裁くものだが，当事国双方の付託によって裁判が始まり，その判決は法的拘束力がある。日本は2010年，南極海

における調査捕鯨活動をめぐってオーストラリアに提訴され（のちにニュージーランドも参加），初めてＩＣＪでの国際裁判の当事国となった。裁判は2014年に日本が敗訴。⇨ p.293（国際司法裁判所）

国際刑事裁判所 Ａ⑦ Ｎ（ＩＣＣ Ａ③Ｎ）［International Criminal Court］（こくさいけいじさいばんしょ）　集団殺害罪，人道に対する罪，戦争犯罪などの重大犯罪を行った個人を裁くための常設の国際裁判所。1998年に国際刑事裁判所設立条約が採択され，2002年の発効によってハーグに設置。日本は2007年に加入。アメリカは軍関係者が責任を問われる可能性があるため加入していない。ロシアや中国なども加入していない。提訴できるのは，締約国と国連安保理・検察官の三者。裁判部や検察局など4部門からなり，検察官は訴追や捜査権限をもつ。逮捕状も発行できるが，その執行は各締約国にゆだねられている。最高刑は終身刑。ＩＣＣは2009年，スーダン西部のダルフール地方での大量虐殺などに関係したとして，同国のバシル大統領に，現職国家元首に対して初めて逮捕状を出した。また，裁判官は18名で構成され，斎賀富美子氏が日本人初の裁判官を務めた。

国際司法共助（こくさいしほうきょうじょ）　司法共助とは，裁判所が証人尋問などの裁判上の手続きについて相互に補助しあうこと。これが外国との間で行われるとき，国際司法共助という。自国の裁判の過程で，他国に存在する事件関係者の証言や供述を引き出すことを目的としたもの。

国際海洋法裁判所 Ｃ Ｎ（こくさいかいようほうさいばんしょ）　国連海洋法条約に基づき，1996年にドイツのハンブルクに設置された国際裁判所。おもに，海洋に関する紛争の解決を役割とする。選挙で選ばれた21人の裁判官で構成され（任期9年），国家だけでなく，欧州連合（ＥＵ）のような国際機関も訴訟当事者となることができる。

③ 国際連合の設立とその役割

国際連盟の成立

国際平和機構の構想（こくさいへいわきこう-こうそう）　国際紛争を解決し，世界の平和と安全を確

保するための国際的な政治機構をさす。この構想は18世紀以降，サン-ピエールやカントなどの思想家によって提唱された。その背景には，紛争の解決や平和の確立が，該当する国家（群）の努力だけでは困難になり，国家の枠をこえた取り組みが求められる状況があった。

サン＝ピエール Ⓝ[Saint-Pierre, 1658〜1743] フランスの聖職者，啓蒙思想家。ルイ14世の絶対主義を批判するなかで，多くの政治・経済の改革案を書いている。主著『永久平和論』

『永久平和論』 ②（えいきゅうへいわろん） サン＝ピエールの平和についての主著（1713〜17年）。全3巻。彼は恒久的・普遍的な平和を確立するために，すべての国が加盟する国際平和機構の創設を提唱した。この提案は，ルソーやカントに受け継がれ，後の平和論に大きな影響を与えた。

カント Ⓐ⑧Ⓝ[Immanuel Kant, 1724〜1804] ドイツの哲学者。大陸合理論とイギリス経験論を批判・総合して，近代西洋哲学を集大成した。また，人間は理性に従って行為する自主的・自律的な主体として尊厳であるとした。その人間が手段としてでなく，目的として尊敬しあう社会を理想とした。主著『純粋理性批判』『実践理性批判』『判断力批判』『永遠平和のために』 ☞ p.40（カント）

『永遠平和のために』 Ⓒ（えいえんへいわ〜） 1795年刊。カントの主著で，『永久平和論』とも訳される。彼はこの書のなかで，国際的な永久平和を実現するために，常備軍の廃止，国際法の確立，自由な諸国家による国際平和機構の設立を提唱した。この考えは，後の国際連盟・国際連合に通ずる構想の端緒となった。

ハーグ平和会議 （へいわかいぎ） ロシア皇帝ニコライ2世の提唱で，軍備縮小と世界平和を議題にして，1899年と1907年の2度，ハーグで開かれた国際会議。 ☞ p.278（ハーグ平和会議）

ウィルソン Ⓐ Ⓝ[Woodrow Wilson, 1856〜1924] アメリカの政治家で，第28代大統領。新しい自由を唱え，さまざまな革新政策を実施した。第一次世界大戦では連合国側に参戦し，大戦終結のための「平和原則14か条」を提唱した。ヴェルサイユ講和会議では，自ら首席全権となって会議をリードし，国際連盟の創設に尽力した。しかし自国では，モンロー主義の立場からヴェルサイユ条約が批准されず，国際連盟への加盟は果たせなかった。

平和原則14か条 Ⓝ（へいわげんそく〜じょう） アメリカ大統領ウィルソンが1918年，上・下両院の合同会議で発表した第一次世界大戦終結のための平和原則。主な内容は，公開の会議による平和条約の締結と秘密外交の廃止，公海の自由，経済障壁の除去，軍備の縮小，植民地問題の公平な解決，民族自決主義，特別な規約に基づく国際平和機構の設立（国際連盟設立案）など。

パリ講和会議 （〜こうわかいぎ） 第一次世界大戦後の国際秩序を回復するための会議。1919年にパリで開かれた。戦勝国の連合国代表者のみが参加し，敗戦国は条約（ヴェルサイユ条約）の調印を求められるだけだった。主要参加国はアメリカ・イギリス・フランス・イタリア・日本の5大国で，当初はアメリカ大統領ウィルソンの提唱した無併合・無賠償・民族自決を理想とした。しかし，各国の利害は対立したまで，民族自決の原則は認めたものの，敗戦国に過酷な条約となった。

ヴェルサイユ条約 Ⓒ Ⓝ（〜じょうやく） 第一次世界大戦の結果，1919年にフランスのヴェルサイユ宮殿で結ばれた連合国とドイツ間の条約（1920年発効）。条文は15編440か条からなり，ドイツに対する制裁を主な内容とし，ドイツ本土のフランスなどへの割譲，海外領土の没収，軍備制限，戦争責任と賠償義務などを規定。また，国際連盟規約，国際労働機関の創設などの規定も含んでいる。この条約をもとに，第一次世界大戦後の国際秩序（ヴェルサイユ体制）が成立した。

類 **ヴェルサイユ体制** Ⓝ

国際連盟の目的 （こくさいれんめい〜もくてき） 国際社会での平和の維持，経済・社会・人道などの分野における国際協力の推進を目的とした諸国家の国際組織。平和の維持では，新しく集団安全保障方式がとり入れられた。軍備縮小などで紛争を未然に防ぐ措置を講ずるだけでなく，戦争に訴えた国に対しては，加盟国が協力して経済制裁を加えるこ

とを定めている。国際協力の推進については，労働・交通・保健衛生などの課題をかかげており，この分野においては創設者も予想しない成果をあげた。

国際連盟の成立 **C** （こくさいれんめい・せいりつ）
1000万人もの生命を奪った第一次世界大戦の惨禍を反省し，国際平和の維持と国際協力を目的に設立された世界初の国際平和機構。原加盟国は42か国。アメリカ大統領ウィルソンの「平和原則14か条」に示された国際連盟設立案を具体化したもの。1919年のヴェルサイユ講和会議で，設立目的・機関・加盟国などを規定する国際連盟規約が起草・承認され，1920年に発足した。本部はスイスのジュネーヴ。

国際連盟規約 （こくさいれんめいきやく）　国際連盟の加盟国・目的・機関などを規定した取り決め。前文と26か条からなり，連盟の憲法とでもいうべき性格をもつ。前文で加盟国は，戦争に訴えない義務を誓約している。1919年にヴェルサイユ条約の一部（第1編）として調印された。

国際連盟の加盟国 （こくさいれんめい・かめいこく）
連盟規約によれば，原加盟国とされたのは，第一次世界大戦の戦勝国32か国と，規約への加入を招請された中立国13か国の計45か国。しかしそのなかで，アメリカが，モンロー主義（孤立主義）の立場から不参加となるなど，現実には42か国の加盟でスタートした。新加盟国は総会の3分の2の同意で加盟国になることが認められた。その後，ドイツ・ソ連などが加盟し，最大で60か国となった。他方，侵略行為を非難された日本（1933年），ドイツ（1933年），イタリア（1937年）が次々に脱退。ソ連もフィンランドを攻撃したため除名された（1939年）。

モンロー主義 **N** （-しゅぎ）　アメリカ第5代大統領モンローが1823年，議会への教書演説のなかで声明した外交政策。アメリカ大陸諸国とヨーロッパ大陸諸国の相互不干渉を主な内容とする。これが久しく，アメリカの孤立主義的な外交の主要な根拠になってきた。第二次世界大戦後に廃棄された。

集団安全保障 **A** **6** **N** （しゅうだんあんぜんほしょう）
国際連盟や国際連合のとる平和維持方式。国際平和の維持・確立のため，対立関係にある国家を含めた多数の国が条約によって結びつき，相互に戦争やその他の武力行使を禁止し，紛争を平和的に処理しようとする。 ☞ p.272（集団安全保障）

委任統治制度 （いにんとうちせいど）　第一次世界大戦後，敗戦国ドイツの植民地に対して，国際連盟の監督の下に適用された統治方式。住民の社会・文化的状況，経済状態，地理的条件などに応じて3種類の方式がとられた。この制度は，国際連合の信託統治に引き継がれた。

国際連盟の機構と活動

国際連盟の機構 （こくさいれんめい・きこう）　主要な機関としては，総会・理事会・事務局が，また自治的な独立の機関として常設国際司法裁判所と国際労働機関がある。さらに補助的な機関として多くの専門機関と，委任統治委員会・軍備縮小委員会などの委員会が置かれた。

総会 **A** **5** **N** （そうかい）　国際連盟の最高議決機関。全加盟国が大国・小国の別なく，一国一票の対等な立場で参加，毎年9月に開催された。討議内容は，国際連盟の組織・構成・活動・予算など，国際関係に関するあらゆる問題に及んだ。決定は投票国の全会一致を原則とし，手続き事項については多数決で行われた。

理事会 **A** **6** **N** （りじかい）　総会と並ぶ最高機関の一つ。主に政治問題を扱い，平和を脅かす紛争だけでなく，関係国から出された小さな問題も処理した。連盟規約では，アメリカ・イギリス・フランス・イタリア・日本の5常任理事国と，総会で選出される任期3年の非常任理事国（4か国）から構成されることになっていた。しかし，アメリカの不参加により，常任理事国は4か国でスタート。ドイツ（1926年）とソ連（1934年）が加盟と同時に常任理事国に加わった（その後，ドイツ・日本は1933年，イタリアは1937年に脱退，ソ連は1939年に除名）。非常任理事国は1922年に6か国，1926年には9か国に増加された。理事会の決定は総会同様，全会一致を原則とし，手続き事項は多数決で行われた。

事務局 **A** **N** （じむきょく）　ジュネーヴに常設。事務総長と専門職員・事務職員によって構

成。その数は最大時で約700名を数えた。職員は、国際公務員として外交官なみの特別な地位を与えられた。初代の事務総長はイギリスのドラモンド。新渡戸稲造は1926年まで事務次長を務めた。

常設国際司法裁判所 ③（じょうせつこくさいしほうさいばんしょ）　1921年、国際連盟の付属機関として、オランダのハーグに常設された司法機関。総会と理事会の投票で選出された15人の裁判官（任期９年）で構成された。当事国から委任された国際紛争にからんだ裁判のほかに、総会・理事会の要請により勧告的意見を述べることができた。しかし、1939年に第二次世界大戦が勃発、ドイツのオランダ侵攻によりその機能は実質的に停止した。第二次世界大戦後は、国際司法裁判所（ＩＣＪ）に引き継がれた。

国際労働機関 Ａ④Ｎ（ＩＬＯ Ａ④Ｎ）[International Labour Organization]（こくさいろうどうきかん）　1919年、ヴェルサイユ条約（第13編）に基づきジュネーヴに創設。労働条件の国際的な改善を通して、世界平和の確立をめざした。国際連盟と連携・協力して活動する自主的な独立の機関。その最高機関である総会は、各加盟国ごとに４人の代表者（政府代表２、使用者・労働者代表各１）からなり、３分の２の多数決で条約や勧告を採択する。原加盟国は日本も含め42か国で、現在の加盟国は187か国。第二次世界大戦までに、１日８時間・週48時間労働、産前産後における女性労働の禁止、夜間における女性・年少者労働の禁止などの条約を採択し、労働条件の改善に努めた。1946年、国際連合の専門機関になった。国際連合の未加盟国も加入できる。日本は1940年に一時脱退したが、戦後の1951年に再加盟した。

国際連盟の欠陥 Ｃ（こくさいれんめい-けっかん）　総会と理事会の決定は、全会一致を原則としていたため、連盟としての有効な意思決定が困難であった。したがって、大国が直接当事国となった紛争には積極的な介入ができず、連盟の平和維持機能が制約された。また、侵略国に対する制裁手段の不備や大国アメリカの不参加などは、連盟の活動に大きな制約を与えた。

国際連盟の制裁（こくさいれんめい-せいさい）　連盟

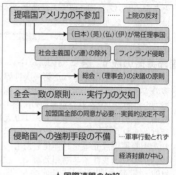
▲ 国際連盟の欠陥

規約に違反し、戦争に訴えた国に対して、全加盟国は一切の経済関係の停止などの非軍事的制裁をとることができた。1935年、イタリアがエチオピアを侵略すると、理事会はそれを規約違反と認定、加盟国はイタリアに対し、融資・貿易の中止などの経済的制裁を実施した。しかし、あまり効果はなく、エチオピア併合（1936年）という事態を迎え、総会は制裁を解除した。

国際連盟の崩壊 ②（こくさいれんめい-ほうかい）　1930年代に入ると大国が直接に当事者となる紛争が増え、平和維持機能は弱体化した。1931年の満州事変、1935年のイタリアのエチオピア侵略、さらにナチス-ドイツの侵略や、中国における日本の軍事行動の拡大に対して、有効な措置をとることができなかった。1946年４月、国際連合の成立にともなって解散を決議した。

国際連合の成立

大西洋憲章 Ｃ（たいせいようけんしょう）　1941年8月、アメリカのF.ローズヴェルト大統領とイギリスのチャーチル首相が、大西洋のイギリス艦上などで会談し、共同声明として発表された戦後世界の構想。米英共同宣言ともいう。８項目からなり、領土不拡大・民族自決・貿易の自由・公海航行の自由・軍備縮小・恒久的な一般的安全保障制度の構想などが示された。1942年の連合国共同宣言に、この原則がとり入れられた。

チャーチル Ｃ Ｎ[Sir Winston Churchill, 1874～1965]　☞p.300（チャーチル）

ローズヴェルト Ｂ②Ｎ[Franklin Roos-

evelt, 1882〜1945〕　☞ p.300（ローズ
ヴェルト）

連合国共同宣言（れんごうこくきょうどうせんげん）　ア
メリカ大統領Ｆ.ローズヴェルトの提案に
基づき，連合国26か国の代表が，1942年
にワシントンで発表した共同宣言。26か
国宣言ともいう。この宣言では大西洋憲章
に賛同し，ドイツ・イタリア・日本などの
枢軸国と戦い抜くことを決意し，団結を
誓った。ここで初めて，United　Nations
（連合国）ということばが，国際的に用い
られた。

モスクワ外相会議（−がいしょうかいぎ）　第二次世
界大戦中の1943年10月，アメリカ・イギ
リス・ソ連の外相が，戦争を終結させる具
体的な方法を討議するためにモスクワで開
いた会議。会議後には，中国も加えてモス
クワ宣言（4か国共同宣言）を発表した。
この会議で，新しい国際平和機構の設立が
大筋で合意された。

ダンバートン-オークス会議（−かいぎ）　1944
年8〜10月，ワシントン郊外のダンバー
トン-オークスで，アメリカ・イギリス・
ソ連（後に中国と交代）の代表が，戦後の
新国際組織の具体案を作成するために行っ
た会議。2か月近くにわたる討議で，12
章からなる「一般的国際機構設立に関する
提案」（ダンバートン-オークス提案）が採
択された。安全保障理事会の表決方式，信
託統治，国際司法裁判所などの課題が未決
定のまま残されたが，この提案は国際連合
憲章の母体となった。

ヤルタ会談 Ｃ Ⓝ（−かいだん）　☞ p.300（ヤ
ルタ会談）

スターリン Ⓝ〔Iosif Vissarionovich Sta-
lin, 1879〜1953〕　☞ p.301（スターリ
ン）

サンフランシスコ会議 ②Ⓝ（−かいぎ）　1945
年4〜6月，サンフランシスコで開かれ
た国際平和機構設立のための全連合国の会
議。第二次世界大戦に連合国として参加し
たすべての国が招請され，50か国が出席
した。ダンバートン-オークス提案にかな
りの修正と追加が行われ，国際連合憲章が
全会一致で採択された。

国際連合 Ａ25Ⓝ（国連 Ａ13Ⓝ）〔United
Nations〕（こくさいれんごう）（こくれん）　1945年10

月，国際連合憲章に基づき，集団安全保障
の考え方にそって，連合国を中心に成立し
た国際平和機構。原加盟国はアメリカ・イ
ギリスなど51か国。日本も1956年に加盟
が認められ，現在の加盟国は193か国。国
連の目的は国際社会の平和と安全の維持，
諸国家間の友好関係の発展，多方面にわた
る国際協力の推進などである。主要機関と
しては総会・安全保障理事会・経済社会理
事会・事務局などがある。国際連盟崩壊の
主因となった総会・理事会における全会一
致制に代わって，多数決制が採用されたが，
安全保障理事会の5常任理事国には拒否
権が認められている。今日，財政・機構改
革，安全保障理事会の構成国の拡大など，
国連改革の必要性が指摘されている。

	国際連盟	国際連合
成立過程	アメリカの第28代大統領ウィルソンが提唱した「平和原則14か条」にもとづき，1919年のパリ講和会議で，国際連盟規約を作成	米・英・中・ソの4か国によるダンバートン-オークス会議での草案をもとに，1945年6月のサンフランシスコ会議で採択
発足	1920年1月	1945年10月
原加盟国	原加盟国42か国。アメリカの不参加，ソ連の加盟遅延，日独の脱退で弱体化	原加盟国51か国。大国を含む世界の独立国のほとんどが加盟
表決方法	総　会…全会一致制理事会…全会一致	総　会…多数決（重要事項は3分の2以上）安保理…5常任理事国に拒否権あり。15か国のうち9理事国以上の多数決
戦争防止	理事会への報告後3か月以内の戦争を禁止	自衛権以外の武力行使を禁止
制裁	経済制裁が中心	経済制裁以外に，安保理の軍事行動も予定

▲ 国際連盟と国際連合

国際連合憲章 Ａ7Ⓝ（国連憲章 Ａ11Ⓝ）
（こくさいれんごうけんしょう）（こくれんけんしょう）　国際連
合の目的・原則・組織・活動などを定めた，
国連の憲法ともいうべき基本法。1945年
6月，サンフランシスコ会議で採択され，
各国の批准を経て同年10月に発効した。
前文と19章111か条からなる。憲章が第二
次世界大戦中に，連合国だけの会議で審
議・決定されたため，原加盟国が連合国に
限定されたこと，日本・ドイツなどの旧敵
国に対する特別措置（旧敵国条項）を認め
たことなどにつながった。憲章の改正は，
総会構成国の3分の2の賛成で採択され，
かつ安全保障理事会のすべての常任理事国

第Ⅲ編

を含む国連加盟国の3分の2の賛同が得られたとき，効力を生ずる。通常の手続きによる改正は，これまで3回行われた。

　　　類旧敵国条項 **C** **N**

国連デー （こくれん-）　1945年10月24日，国連憲章が発効，国連が国際平和機構として正式に発足した。国連総会は1947年，憲章が発効したこの日を国連デーと定め，国連の目的や業績を世界に知らせ，その任務に支援を求める日とした。

国際連合の目的 **B** （こくさいれんごう-もくてき）　国連憲章前文では，「われらの一生のうちに二度まで言語に絶する悲哀を人類に与えた戦争の惨害から将来の世代を救い…」と国連創設の動機をうたっている。これを受けて，第1条に三つの目的が規定された。第一は，国際の平和と安全の維持。そのために，戦争の防止と紛争の平和的な解決を実現する。第二は，諸国間の友好関係の発展。人民の同権と自決の原則に基礎をおいて，世界平和を強化する措置をとる。第三は，経済・社会・文化・人道の分野における国際問題の解決と国際協力を推進すること。

国際連合の原則 （こくさいれんごう-げんそく）　国連憲章第2条は，目的を達成するために，国連と加盟国が守るべき七つの原則をあげている。①全加盟国の主権平等の原則。②憲章の義務の誠実な履行。③国際紛争の平和的手段による解決。④武力による威嚇・武力の行使を慎むこと。⑤国連の行動に対する全面的協力。⑥非加盟国との協力関係

の確保。⑦それぞれの国の国内管轄事項に対する不干渉。

国際連合の加盟国 **C** **7** **N** （こくさいれんごう-かめいこく）　国連の加盟国には原加盟国と新加盟国がある。原加盟国とは，サンフランシスコ会議に参加して国連憲章に署名したか，ポーランドのように会議には参加できなかったが，後に署名した合計51か国をさす。新加盟国とはその後の加盟国で，原加盟国との地位に差はない。加盟の承認には，安全保障理事会の勧告を受けて総会の決定が必要になる。常任理事国の拒否権が作用する。日本は1956年に加盟を認められ，80番目の加盟国となった。2011年にスーダンから分離・独立した南スーダン共和国が新たに国連に加盟した。現在，加盟国数は193か国を数える。世界のほとんどの国が加盟しており（普遍主義の原則），未加盟国は，ヴァチカン・コソヴォ・クック諸島・ニウエ。

国連加盟の手続き （こくれんかめい-てつづき）　国連に加盟する条件は，「憲章に掲げる義務を受諾し，且つ，この機構によつてこの義務を履行する能力及び意思があると認められる」平和愛好国であることである。加盟の承認は，安全保障理事会の勧告に基づいて，総会の決定によって行われる。

パレスティナの国連加盟問題 **N** （-こくれんかめいもんだい）　イスラエルとの対立がつづくパレスティナ自治政府が2011年，独立国家の立場で初の国連加盟申請を行った問題。加盟は安保理の勧告をふまえ，総会出席国

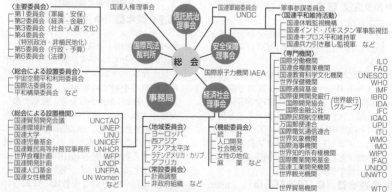

▲ 国際連合のしくみ

の3分の2以上の賛成で決定される。イスラエル寄りのアメリカが拒否権を発動すると加盟自体はできない。しかし，2012年の総会で過半数の加盟国が支持したため，投票権のない「オブザーヴァー国家」の資格が与えられた。

国際連合の機構　主要機関など

主要機関 **C** **N** （しゅようきかん）　国連の主要機関は，総会・安全保障理事会・経済社会理事会・信託統治理事会・国際司法裁判所・事務局の6機関である。本部はニューヨークにある。総会の下に補助機関や特別機関が置かれ，国連とは独立した多くの専門機関が設けられている。

総会 **A** **28** **N** （そうかい）　国際連合の中心的な機関。すべての加盟国で構成される。総会には，毎年開かれる通常総会と，必要がある場合に招集される特別総会，「平和のための結集決議」に基づいて開かれる緊急特別総会などがある。通常総会は毎年9月の第3火曜日から開催される。議場は同心円状に配置され，大国・小国を問わず，すべての国が対等の立場で参加・発言する理念が反映されている。

特別総会 **A** **N** （とくべつそうかい）　国連憲章は，安全保障理事会の要請または加盟国の過半数の要請があった場合，特別総会を開くことができると定めている。事務総長が招集する。これまで，軍縮特別総会などが開かれている。

緊急特別総会 **B** **N** （きんきゅうとくべつそうかい）　1950年の総会で採択された「平和のための結集決議」に基づいて開かれる総会。平和の維持について安全保障理事会が，常任理事国の拒否権行使で機能しない場合，安全保障理事会の9か国以上，または加盟国の過半数の要請により24時間以内に開催される。平和維持について総会の権限を強化する試み。これまでに10回開催されている。

総会の機能 （そうかい－きのう）　総会は，その審議・監督・財政・選挙という機能を通じて，国連の任務の中心的な位置を占める。審議については，総会は憲章の範囲内にあるすべての問題や事項，また，憲章に規定する機関の権限と任務に関する事項を討議し，

加盟国または安全保障理事会に勧告する権限が与えられている。監督については，総会の権威の下に，経済社会理事会と信託統治理事会はその任務の遂行にあたる。財政については，国連予算を審議・承認する。選挙については，各理事会の理事国の選出や，国際司法裁判所の裁判官・事務総長の選出に関与する。

総会の表決 （そうかい－ひょうけつ）　重要事項（重要問題）については，出席かつ投票する加盟国の3分の2の多数によって可決される。その他の問題は，過半数の賛成で成立する。棄権した国は，投票を行わなかったものとみなされる。

重要事項 **C** **N** （じゅうようじこう）　国際の平和及び安全に関する勧告，安全保障理事会の非常任理事国の選挙，経済社会理事会の理事国の選挙，新加盟国の承認，加盟国としての権利・権限の停止，加盟国の除名，信託統治制度の運用問題，予算問題などが含まれる。その他の問題は，一般事項・手続き事項とよばれる。重要事項に属するか否かの決定は，過半数の賛成によってなされる（重要事項指定方式）。

類 手続き事項

重要事項指定方式 （じゅうようじこうしていほうしき）　総会の採決において，3分の2の多数の賛成が必要な重要な問題（重要事項）に指定するやり方。たとえば中国の代表権問題において，中華人民共和国政府の加盟に反対するアメリカは，1961年の総会で「中国代表権を変更するいかなる提案も重要問題である」と提案し，過半数の賛成を得て重要事項に指定した。

加重投票制 （かじゅうとうひょうせい）　国際機構の表決にあたり，その構成国の国力や貢献度によって票数に差異を設ける制度。国連総会などでは一国一票制がとられるが，ＩＭＦ（国際通貨基金）や世界銀行グループでは出資額などに応じた議決が行われる。

対 一国一票制 **2**

コンセンサス方式 **C** **3** （－ほうしき）　「全会一致」とは異なり，決定の際に賛否の投票によらず，議長提案に対して反対がなかったとして決議を採択する方法。国連の会議などで用いられる。これに対し，一国でも賛成すれば（全加盟国が反対しない限り）

決定されるしくみを**ネガティヴ-コンセンサス方式**という。ＷＴＯ（世界貿易機関）の紛争解決手続きなどで採用されている。

　　　　　　　対 ネガティヴ-コンセンサス方式 **Ｎ**

総会の補助機関 **Ｎ**（そうかい－ほじょきかん）　総会の任務遂行に必要な機関。主要委員会，常設・手続委員会などがある。主要委員会は全加盟国で構成され，軍縮・経済など分野別に審議し，決議案の形で勧告をまとめる。常設委員会には行財政問題諮問委員会・分担金委員会などがあり，予算の検討を行う。

総会の特別機関（そうかい－とくべつきかん）　世界情勢の変化によって生じた新たな問題に対応するため，総会が設置した常設機関。国連貿易開発会議・国連児童基金・国連難民高等弁務官事務所・国連開発計画・国連環境計画・国連大学などがある。

国連児童基金 **Ｂ5Ｎ**（ＵＮＩＣＥＦ **Ｃ8Ｎ**）［United Nations Children's Fund］（こくれんじどうききん）　ユニセフ。発展途上国の児童への援助問題を扱う国連の常設機関。1946年の第１回総会で設立された，戦争で犠牲になった児童の救済を目的とする国連国際児童緊急基金を出発点とする。1953年に国連児童基金と改称され，常設機関となった。経済社会理事会が選出する任期２年・36か国による執行理事会が運営にあたる。現在，多くの国で給食・健康衛生・教育・職業訓練などの活動をくり広げている。1965年にノーベル平和賞受賞。本部はニューヨーク。

国連難民高等弁務官事務所 **Ａ4Ｎ**（ＵＮＨＣＲ **Ａ4Ｎ**）［Office of the United Nations High Commissioner for Refugees］（こくれんなんみんこうとうべんむかんじむしょ）　母国を追われた難民の保護と救済を目的に，1951年に設置された機関。第二次世界大戦後，社会主義化にともなって東欧から大量流出した難民に対応するため，1946年に国際難民機関（ＩＲＯ）が設けられた。ＵＮＨＣＲはその事業を引き継ぐ形で発足，世界中の難民に救援の手を差しのべてきた。資金は各国政府と民間からの拠出でまかなわれる。２度のノーベル平和賞を受賞。本部はジュネーヴ，約135か国に340か所以上の現地事務所をもつ。緒方貞子氏が2000年12月まで高等弁務官を務めた。

　　　　　　　　　　　類 緒方貞子 **Ｂ Ｎ**

国連人権高等弁務官 **Ｃ Ｎ**（こくれんじんけんこうとうべんむかん）　1993年，世界人権宣言採択45周年を記念して開かれた世界人権会議（ウィーン会議）の勧告に基づいて設置された国連のポスト。人権の促進や擁護を目的とする。任期は４年。その任務は，ジュネーヴにある国連人権高等弁務官事務所（ＯＨＣＨＲ）を通じて行われる。

　　　　　　類 国連人権高等弁務官事務所 **Ｃ2Ｎ**
　　　　　　　　　　　　　　（ＯＨＣＨＲ **Ｃ2Ｎ**）

国際人権章典（こくさいじんけんしょうてん）　世界人権宣言と国際人権規約を合わせた名称。広義には，人権にかかわるその他の多くの条約も含むとされる。

国連貿易開発会議 **Ａ11Ｎ**（ＵＮＣＴＡＤ **Ｃ9Ｎ**）［United Nations Conference on Trade and Development］（こくれんぼうえきかいはつかいぎ）　略称はUNCTAD。1964年に設立された国連補助機関であり，世界貿易における途上国の利益を保護するための組織である。会議は４年に１回開催される。　**⊂☞** p.506（国連貿易開発会議）

国連開発計画 **Ａ8Ｎ**（ＵＮＤＰ **Ｃ9Ｎ**）［United Nations Development Programme］（こくれんかいはつけいかく）　国連における発展途上国への開発援助の中心的機関。1966年に発足，150か国以上の国と地域に対して，多角的な技術協力と資金援助を行っている。1990年から『人間開発報告書』を発行，1994年には「人間の安全保障」という概念を提唱して，世界中の注目を集めた。

国連環境計画 **Ａ6Ｎ**（ＵＮＥＰ **Ｃ5Ｎ**）［United Nations Environment Programme］（こくれんかんきょうけいかく）　ユネップ。1972年，ストックホルムで開かれた国連人間環境会議の決議に基づき創設が決まった国連の常設機関。国連諸機関の環境保護活動を総合的に調整し，国際協力を推進している。日本は理事国。本部はケニアのナイロビにある。

世界食糧計画 **Ｂ6Ｎ**（ＷＦＰ **Ａ1Ｎ**）［World Food Programme］（せかいしょくりょうけいかく）　国連の食料援助機関。食料が欠乏する発展途上国への援助のほか，穀物の国際備蓄なども行う。各国政府の自主的な

拠出に依存する。1961年に国連総会と国連食糧農業機関（ＦＡＯ）の決議により設立。本部はローマ。世界の飢餓状況を記したハンガーマップ（飢餓マップ）などを作成。2020年のノーベル平和賞を受賞。

国連大学Ｂ Ｎ（ＵＮＵＢ Ｎ）〔United Nations University〕（こくれんだいがく）　1973年の総会で採択された「人類の存続，発展及び福祉に関する緊急かつ世界的な問題」に取り組むための国連の学術機関。学者の国際的共同体をめざし，人類の直面する問題を中心に国際理解を推進，各国の大学や研究所と連携して国際協力を深める。東京・渋谷に本部を置き，1975年に活動を開始。

国連人口基金Ｃ ７（ＵＮＦＰＡＣ ７Ｎ）〔United Nations Fund for Population Activities〕（こくれんじんこうききん）　家族計画にかかわる取り組みなど，人口問題への技術援助を行う機関として，1967年の総会で人口活動信託基金が設立された。1969年に国連人口活動基金と改称，1987年に現在名に再改称された。国連は1974年を世界人口年に指定，それに基づき第1回世界人口会議がブカレスト（1974年）で，第2回会議がメキシコシティ（1984年）で，第3回会議がカイロ（1994年）で開かれた。

ＵＮウィメン　世界の女性と女児の状況を改善するための新たな国連の機関で，正式には「国連男女同権と女性能力向上事業体」。国連女性ともいう。これまで女性問題を扱ってきた国連女性開発基金など四つの機関・部局を統合して2011年に発足。日本も理事国。事務局長は南アフリカのプレズィレ＝ムランボ＝ヌクカ。

〔同〕国連女性機関Ｎ

安全保障理事会　Ａ 26Ｎ（あんぜんほしょうりじかい）　安保理と略称。国連の総会と並ぶ最も重要な機関。国連の目的である国際的平和と安全の維持について，第一次的に責任を負い，総会よりも優越的な権限をもっているともいえる。総会は国連憲章の範囲内のすべての問題について，討議・勧告することができるが，安全保障理事会が取り扱っている紛争については，勧告できないことになっている。5常任理事国と10の非常任理事国の15か国で構成される。非常任理事国は2年の任期で，地理的配分の原則に基づいて総会で選出される。

安全保障理事会の機能　Ｃ ２（あんぜんほしょうりじかい－きのう）　国際紛争の平和的解決と平和に対する脅威・破壊，侵略行為の防止・鎮圧が主な任務。紛争の当事国は，平和的手段によって解決をはかる必要があるが，それが不調に終わった場合には，安全保障理事会に紛争を付託しなければならない。安保理では，それを受けて適当な調整方法や解決条件を勧告する。また，平和の破壊や侵略行為が生じた場合，外交関係の断絶・経済制裁という非軍事的措置がとられる。それでも不十分な場合には，武力行使をともなう軍事的措置がとられる。ＰＫＯもほとんどが安保理の決議によっている。このほか，新規加盟国の承認を総会に勧告したり，事務総長や国際司法裁判所裁判官の選出にも関与する。

安全保障理事会の表決　５（あんぜんほしょうりじかい－ひょうけつ）　各理事国は一票の投票権をもち，手続き事項は，9理事国（いかなる理事国でもよい）の賛成によって決定される。その他の事項については，5常任理事国を含む9理事国の賛成が必要である。つまり，5常任理事国中1か国でも反対すれば，9理事国以上の賛成があっても決定されない。これは一般的に拒否権とよばれる。ただし，常任理事国が表決に際して棄権したり，欠席した場合は，慣例として拒否権の行使とみなされない。

常任理事国Ａ 12Ｎと非常任理事国Ｂ Ｎ（じょうにんりじこく－ひじょうにんりじこく）　安全保障理事会は，5常任理事国と10非常任理事国の15か国で構成される。常任理事国は，アメリカ・イギリス・フランス・ロシア・中国で，拒否権とよばれる特権をもつ。国連改革の一環として，常任理事国の増加をインド・ブラジル・ドイツ・日本などが求めている。非常任理事国は総会で選出され，任期は2年。5か国ずつが交互に改選されるが，引き続いて再選されない。憲章ができた当時は6か国であったが，後に10か国に増加した。10か国の地理的配分は，アジア2，アフリカ3，ラテンアメリカ2，東欧1，西欧その他2とされている。日本はこれまで12回，非常任理事国に当選。

第Ⅲ編

拒否権　🅐⑦Ⓝ[veto]　(きょひけん)　安全保障理事会の5常任理事国に与えられた大国の優越的権限(憲章第27条)。国連は,大国一致による国際平和の維持をはかろうとして,実質事項(手続き事項以外その他のすべての事項)の決定には,5常任理事国を含む9理事国以上の賛成が必要とされる。また,手続き事項か実質事項かの区別が不明確な場合,それを決定するのも実質事項の方式で行われる。ここでも大国の拒否権が発動できるので,二重拒否権とよばれる。

平和のための結集決議　🅒⑥Ⓝ　(へいわ-けっしゅうけつぎ)　1950年の第5回総会で採択された決議。平和の維持に関して,安全保障理事会が常任理事国の拒否権の発動によって機能しない場合,総会が武力行使を含む集団的措置について審議・勧告すること。また,総会休会中は,要請から24時間以内に緊急特別総会が招集され,侵略防止の勧告を行うことができる。1950年6月,朝鮮戦争が勃発した際,ソ連が欠席のまま,安全保障理事会は北朝鮮軍の侵略と断定し「国連軍」の派遣を決定した。その後,ソ連が安保理に復帰,拒否権を発動したため,安保理は的確な行動をとれなくなった。そこで,総会の平和維持機能を効果的にするため,アメリカがこの決議案を提案した。

経済社会理事会　🅐⑦Ⓝ　(けいざいしゃかいりじかい)　国連の主要機関の一つで,経済・社会・文化的な面での国際協力の中心を担う。総会の下で,経済・社会・文化・教育・保健に関する国際的諸問題について調査・研究をするとともに,人権の推進を含めて総会・加盟国・関係専門機関に勧告を行う。総会の3分の2の多数決で選出される54か国で構成され,任期は3年で,毎年3分の1ずつ改選される。理事会の決定は,出席かつ投票する理事国の過半数の賛成で行われる。

経済社会理事会の補助機関　(けいざいしゃかいりじかい-ほじょきかん)　機能委員会として統計委員会・人口開発委員会など,地域経済委員会としてアフリカ経済委員会・アジア太平洋経済社会委員会など,常設委員会として非政府組織委員会・計画調整委員会,などが置かれている。

地域委員会　(ちいきいいんかい)　国連の経済社会理事会の補助機関の一つ。アジア太平洋経済社会委員会・ヨーロッパ経済委員会・アフリカ経済委員会・西アジア経済社会委員会・ラテンアメリカ-カリブ経済委員会の5機関で,各地域内における共通の経済問題の解決と経済的協力・発展を目的としている。

アジア太平洋経済社会委員会🅒(ＥＳＣＡＰ🅒)　(-たいへいようけいざいしゃかいいいんかい)　エスキャップ。経済社会理事会の地域経済委員会の一つで,アジア太平洋地域諸国の経済協力や経済発展の促進を目的としている。1947年,第二次世界大戦後の経済復興のため設けられたアジア極東経済委員会(ＥＣＡＦＥ)が,1974年に改称されたもの。本部はタイのバンコク。

欧州経済委員会(ＥＣＥ)　(おうしゅうけいざいいいんかい)　国連の経済社会理事会の地域経済委員会の一つ。1947年,ヨーロッパ各国の経済復興計画を調整するために設立された。本部はジュネーヴ。

国連人権委員会　🅒②Ⓝ(こくれんじんけんいいんかい)　経済社会理事会の補助機関で,1946年に発足。人権に関する全問題について,経済社会理事会に提案・報告・勧告する権限が与えられていた。世界人権宣言や国際人権規約などの起草にあたった。日本を含む53か国で構成。2006年,国連人権理事会に格上げされた。

国連人権理事会　🅑⑤Ⓝ(こくれんじんけんりじかい)　従来の国連人権委員会にかわり,国連改革の一環として2006年に設置された総会の補助機関。47の理事国で構成される。任期は3年(連続2期まで),日本も理事国に選出。国連加盟各国の人権状況を定期的・系統的に見直し,重大な人権侵害があった場合,総会の3分の2の投票で理事国の資格を停止できる。2018年,アメリカのトランプ政権(当時)は,人権侵害国を理事国にしているとして,理事会離脱を表明した。しかし,2021年に発足したバイデン政権は,オブザーバーとして復帰する方針を示している。

信託統治理事会　🅐④Ⓝ(しんたくとうちりじかい)　国連の主要機関の一つ。信託統治地域の自治または独立に向け,住民の漸進的発展を

促進するために，その地域を監督・指導することを任務とする。現在は，信託統治地域がすべて独立し，任務を終了している。

信託統治 Ⓐ Ⓝ（しんたくとうち）　自立が困難な地域に対して，施政権者（施政国）が信託を受けて統治する制度。国際連盟の委任統治制度を受け継いだ。パラオが1994年に独立し，現在は存在しない。

国際司法裁判所 Ⓐ ⑱ Ⓝ（ＩＣＪ Ⓐ② Ⓝ）
[International Court of Justice]（こくさいしほうさいばんしょ）　オランダのハーグにある国連の主要機関の一つ。1945年，国連憲章と国際司法裁判所規程に基づいて設置された。国際的性質をもつすべての紛争を，裁判によって平和的に解決することを任務とし，国連加盟国である当事国が付託する事件について判断を下す。加盟国は判決に従う義務を負う。原則として一審制で上訴は認められない。また，総会や安全保障理事会が要請するすべての問題について，通常の裁判とは別に勧告的意見を提出する。裁判官は，総会と安全保障理事会の投票で選出される15人で構成。任期は9年，3年ごとに5名ずつ改選され，再選も認められる。これまで日本からは田中耕太郎・小田滋・小和田恆・岩澤雄司（現職）の4氏が選ばれている。

国際司法裁判所の裁判管轄権（こくさいしほうさいばんしょ・さいばんかんかつけん）　裁判管轄権とは裁判所が取り扱う範囲についての権限。国際裁判所では，国内裁判所と異なり強制的な管轄権が認められず，紛争を裁判所に付託するかどうかは当事国（政府）の意思に任されている。したがって，国際紛争でも国際司法裁判所に付託されない場合が多い。

事務局 Ⓐ Ⓝ（じむきょく）　国連の主要機関の一つで，国連運営に関する一切の事務を担当する。最高責任者である事務総長の下に，多くの専門職・一般職の職員が配置されている。本部はニューヨークで，ＰＫＯ局・広報局などの部局を置いている。

事務総長 Ⓒ② Ⓝ（じむそうちょう）　国連事務局の最高責任者。国連という機構の行政職員の長（主席行政官）である。総会と三つの理事会のすべての会議において，事務総長の資格で行動し，それらの機関から委託された任務を果たす。また，国際平和と安全

の維持について，安全保障理事会に注意を喚起することができるなど，平和維持の面でも一定の権限が認められている。いわば，人類の平和と国連憲章の番人でもある。事務総長は，安全保障理事会の勧告に基づいて総会が任命する。任期は決まっていないが，慣例によって5年となっており，再任も認められている。2006年末までの事務総長はガーナ出身のコフィ＝アナン。2016年末までは韓国出身の潘基文（パンギムン）。2017年からは，ポルトガル元首相のアントニオ＝グテーレス。

　　　　　🄬アナンⓃ　潘基文Ⓝ　グテーレスⓃ

国連職員 Ⓒ Ⓝ（こくれんしょくいん）　国連で働く国際公務員。職員数は，事務局で1万4000人。専門機関の職員も合わせると5万人ほど。国際公務員として特別の地位を保障され，国連に責任を負い中立的な立場をとることが求められる。採用にあたって，地理的配分が重視されている。

国連改革 Ⓑ（こくれんかいかく）　国連は，組織規模を拡大していくにつれて，官僚化と非効率化の批判を受けてきた。それを受けて，1980年代から人員削減や組織合理化などの組織改革が続いている。一方，1990年代からは，安全保障理事会が常任理事国の五大国によって事実上支配されている状況も批判されてきた。これに対して，常任理事国および非常任理事国の定数を増加する改革案が提示されているものの，既得権益にこだわる五大国の抵抗によって実現されていない。2022年ウクライナ危機では，国連安保理におけるロシア軍撤退の決議案がロシアによる拒否権発動で廃止された。この件で，五大国の有する拒否権に対しても，改めて批判の目が向けられている。2022年4月には，安保理にて拒否権が発動された場合に，その理由を説明するよう要請する決議が国連総会にて採択された。

国連分担金 Ⓑ② Ⓝ（こくれんぶんたんきん）　国連加盟国がその能力に応じて，国連経費を負担する金額のこと。国連の通常経費の3分の1は，加盟国が義務として課せられる分担金で，残りの3分の2は自発的拠出金によってまかなわれる。分担率は，総会で3年ごとに各国の国民総所得（ＧＮＩ）を基準に決定される。2022年の日本の分

担率は8.033％で, アメリカの22.000％, 中国の15.254％についで第3位。以下, ドイツ・イギリス・フランスの順。分担金を滞納している国が多く, 国連は財政的に苦しい状況にある。2022年の国連通常予算は約29.3億ドルである。

グローバル-コンパクト [Global Compact] アナン国連事務総長(当時)の提唱で2000年に発足した, 企業などの自主行動に関する国際的な約束事。人権・労働基準・環境・腐敗防止の4分野について, 参加する企業などが支持し, その実現に努力すべき10原則をさす。参加するのは企業だけでなく, NGOや地方公共団体なども含む。2021年現在, 160か国から約17500団体が参加しており, 日本からの企業・団体の参加は484ほどである。

国際連合の機構　専門機関

専門機関 ◉2◎(せんもんきかん) 経済・社会・文化・教育・保健などの分野で国連と協定を結んで連携している15の国際機関のこと。各専門機関の活動を調整し, また国連と専門機関の連絡協力には, 経済社会理事会があたる。

国連食糧農業機関Ⓐ◎(FAOⒶ2◎) [Food and Agricultural Organization] (こくれんしょくりょうのうぎょうきかん) ファオ。1945年設立。世界の食料・農業問題に取り組む国連の専門機関。FAOの目的は, 人類の栄養・生活水準の向上, 食料の生産・分配の改善, 農村開発の促進などによって, 世界経済の発展に寄与すること。特に, 飢餓の根絶に重点をおいて活動している。本部はイタリアのローマ, 加盟国数は194か国とEU(欧州連合)である。

国連教育科学文化機関Ⓐ1◎(UNESCOⒷ15◎) [United Nations Educational, Scientific and Cultural Organization] (こくれんきょういくかがくぶんかきかん) ユネスコ。憲章をもとに, 1946年に発足した国連の専門機関。教育・科学・文化を通じて国際協力を促進して, 世界の平和と安全をはかることを目的に, 多彩な活動をしている。日本は1951年に加盟した。現在の加盟国数は193か国, 本部はパリにある。「政治的偏向」を理由に, 1984年にアメリカが,

85年にイギリスなどが脱退したが, イギリスは97年に, アメリカも2003年に復帰。2011年, パレスティナが正式加盟を果たすと, アメリカが分担金の支払いを停止, 財政危機にある。2018年末を以ってアメリカとイスラエルが脱退した。

ユネスコ憲章 2◎(-けんしょう) 1945年, ロンドンでの連合国教育文化会議で採択。その前文にユネスコの理念が示され, 冒頭で「戦争は人の心の中で生まれるものであるから, 人の心の中に平和のとりでを築かなければならない」と述べている。

世界保健機関Ⓑ3◎(WHOⒷ6◎) [World Health Organization] (せかいほけんきかん) 1948年に設立された国連の専門機関。世界のすべての人民が最高の健康水準を維持できるように, 感染症の撲滅や各国保健制度の強化, 災害への援助などを行っている。本部はジュネーヴ, 加盟国数は194か国。

国際民間航空機関◉◎(ICAOⒷ◎) [International Civil Aviation Organization] (こくさいみんかんこうくうきかん) 1947年に設立された国連の専門機関。国際民間航空における安全で秩序のある運航の保障を目的とする。加盟国数は193か国で, 日本は1953年に加盟した。本部はカナダのモントリオールにある。

万国郵便連合Ⓑ◎(UPUⒷ◎) [Universal Postal Union] (ばんこくゆうびんれんごう) 郵便業務の国際協力を目的とする組織。前身は, 1875年に創設された一般郵便連合で, 日本は1877年に加盟。1878年に現在の名称になった。1948年に国連の専門機関となり, 加盟国数は192か国・地域で, 本部はスイスのベルン。

国際電気通信連合Ⓑ(ITUⒷ) [International Telecommunication Union] (こくさいでんきつうしんれんごう) 電気通信の改善と合理的利用をめざす国際協力機関。1947年に国連の専門機関となった。主な事業は無線周波の割り当てと登録, 電波妨害の防止, 宇宙技術の利用, 通信料金の基準の設定など。日本は1949年に加盟。加盟国数は193か国で, 本部はジュネーヴ。

世界気象機関Ⓑ1◎(WMOⒷ1◎) [World Meteorological Organization]

（せかいきしょうきかん）　気象業務の国際協力機関で，1951年に国連の専門機関となった。世界各国の気象業務の連携・データの標準化などで，気象情報の効率的な交換をはかる。加盟国・地域数は193。日本は1953年に加盟。本部はジュネーヴ。

国際海事機関Ｃ（ＩＭＯＣ）〔International Maritime Organization〕（こくさいかいじきかん）　1958年に設立された国連の専門機関。国際海運の安全・航行の効率化と制限の除去を目的とする。加盟国数は175。本部はロンドン。

世界知的所有権機関Ｂ Ｎ（ＷＩＰＯＢ Ｎ）〔World Intellectual Property Organization〕（せかいちてきしょゆうけんきかん）　1970年に設立された国連の専門機関。知的財産権の国際的な保護を目的とする。知的財産権とは主に，特許権・工業デザイン・商標などの産業財産権と，文学・音楽・芸術・写真・映画などの著作権からなる。日本は1975年に加盟。加盟国数は193か国で，本部はジュネーヴ。

国際農業開発基金Ｂ（ＩＦＡＤＢ）〔International Fund for Agricultural Development〕（こくさいのうぎょうかいはつききん）　1977年に設立された国連の専門機関。発展途上国における農業開発の促進や農業生産の増進などを目的に，発展途上国に資金供与を行っている。加盟国数177。本部はローマ。

国連工業開発機関Ｂ（ＵＮＩＤＯＣ）〔United Nations Industrial Development Organization〕（こくれんこうぎょうかいはつきかん）　ユニド。1985年に国連の専門機関となった。発展途上国の工業化の促進と，この分野における国連諸活動の調整を目的とする。加盟国数170。本部はオーストリアのウィーン。

関連機関（かんれんきかん）　国連憲章にいう専門機関に入らないが，実質的にそれに準ずる国際機関をいう。国際原子力機関（ＩＡＥＡ），世界貿易機関（ＷＴＯ）など。

国連ＮＧＯ（こくれん―）　非政府組織（NGO）のうち，国連と公的関係を有する組織。一定の基準を満たせば，国連との間で協議や活動連携の関係を持ったり，国連に諮問する資格を持つことができる。日本国内におけ

る著名な国連NGOとしては，ピースボート，日本弁護士連合会，自由人権協会などがある。

類オイスカＣ

国連の集団安全保障

紛争の平和的解決　Ｃ Ｎ（ふんそう―へいわてきかいけつ）　国家間に生じる国際紛争を，制裁などの強制的手段を用いないで，外交的処理や国際裁判・国際機構による処理という平和的な方法で解決すること。国連憲章は，加盟国に武力による威嚇及び武力の行使を禁止し，紛争を平和的に解決することを義務づけている。これを紛争の平和的解決義務という。また，安全保障理事会は，必要と認められる時は，紛争当事国に平和的な手段による解決を要請できる。こうした努力にもかかわらず解決できない場合，紛争は安全保障理事会に持ち込まれ，強制措置をとるかどうかの決定ができる。

強制措置　Ｃ２ Ｎ（きょうせいそち）　紛争を強制的に解決するための措置。国連加盟国は，紛争を平和的に解決する義務を負っている。しかし，それでも紛争が解決せず，平和に対する破壊や侵略の行為が行われる場合，安全保障理事会は非軍事的措置を，また，それが不十分な場合は，軍事的措置をとることができる。非軍事的措置とは，外交関係の断絶や経済制裁であり，軍事的措置とは，安全保障理事会と加盟国の特別協定によって編成される国連軍を用いる場合のことである。

集団安全保障　Ａ５ Ｎ（しゅうだんあんぜんほしょう）　多数の国家が互いに武力の行使を慎むことを約束し，それに反した国に対して集団の力で平和を維持しようとするもの。

集団的自衛権　Ａ７ Ｎ（しゅうだんてきじえいけん）　国家のもつ自衛権の一つ。条約などで密接な関係にある他国に対して武力攻撃が発生した場合，これを自国への攻撃とみなして，攻撃を受けた国と共同して防衛にあたる権利。国連憲章第51条は，武力侵略の事実の存在を前提として，この集団的自衛権の行使を一時的・限定的にのみ認めている。その実態からみて，他国防衛権（他衛権）ともよばれる。これまで行使された事例として，ソ連などによるハンガリー事件・プ

ラハの春・アフガニスタン侵攻，アメリカなどによるヴェトナム戦争・ニカラグアやグレナダ侵攻・湾岸戦争・アフガニスタン対テロ戦争などがある。圧倒的に大国による介入が多い。

類 他国防衛権 (他衛権)

個別的自衛権 **B6N** (こべつてきじえいけん)　主権国家がもつ国際法上の基本的権利。外国から急迫・不正な武力攻撃を受けた場合，緊急やむをえない範囲において，自国の利益を守るためにとられる武力行使をいう。国連憲章第51条に規定がある。

地域的安全保障 (ちいきてきあんぜんほしょう)　国際の平和と安全を一定地域の諸国家の協力によって保障しようとするもの。国連憲章第8章は，国際平和と安全の維持に関する事項で，地域的取り決めまたは地域の機関の存在を認め，地域的紛争を安全保障理事会に付託する前に平和的に解決することを奨励している。この機関が強制行動をとる場合に，事前に安全保障理事会の許可を必要とする。米州機構・アフリカ連合・アラブ連盟・北大西洋条約機構・日米安全保障条約などがある。

国連憲章第7章 **CN** (こくれんけんしょうだいーしょう)　国連憲章は，第6章に示す「紛争の平和的解決」を原則とし，その措置が不十分な場合，「平和に対する脅威，平和の破壊及び侵略行為に関する行動」と題する第7章で，強制措置を規定している。憲章第41条では兵力を使用しない非軍事的措置を，第42条では軍事的措置を明文化している。また，第43〜47条では，安全保障理事会と加盟国との特別協定に基づき，加盟国が提供する兵力によって部隊が編成され，安全保障理事会・軍事参謀委員会の指揮下に置かれることを定めている。

「国連軍」 **A2N** (こくれんぐん)　国際の平和と安全を侵す国に対して，国連が強制措置をとるため，国連憲章第43条に基づき編成される軍隊をいう。この軍隊は，安全保障理事会と加盟国との間で結ばれる特別協定に基づいて編成される。これは加盟国がいつでも自国の軍隊を提供するという協定であるが，大国間の意見の対立により，特別協定は現在まで結ばれたことはない。したがって，本来の国連軍は成立していない。

朝鮮戦争に際して1950年，安全保障理事会はソ連が欠席している最中，「国連軍」の派遣を勧告した。アメリカを中心に16か国が「国連軍」に参加したが，安全保障理事会の決定がソ連の欠席の下で行われたこと，指揮が安全保障理事会と軍事参謀委員会ではなく，アメリカの任命する司令官にゆだねられたことなどを考えると，正式な国連軍とはいえない。今日，一般的に「国連軍」とよんでいるのは，国連が世界の紛争地域に派遣した平和維持活動を行う部隊のことである。これは紛争関係国の同意によって行われるもので，国連が強制措置として派遣したものではない。

人間の安全保障 **A8N** (にんげんーあんぜんほしょう)　従来の軍事力に頼った国家の安全保障ではなく，人間一人ひとりに着目し，その生命や人権を大切にしようとする考え方。1994年に国連開発計画（ＵＮＤＰ）が提唱して広まった。

国連の平和維持活動

平和維持活動A6N（ＰＫＯA11N）
［Peacekeeping Operations］(へいわいじかつどう)　紛争危機が生じている際に，関係国の同意を得て，小規模軍隊または軍事監視団を現地に派遣し，紛争の平和的解決をめざす国連の活動。国連憲章第6章の紛争の平和的解決と，第7章の平和破壊活動に対する強制措置の中間に位置する「第6章半」的性格のもの。安全保障理事会あるいは国連総会の決議によって設置され，事務総長が指揮をとる。第一次中東戦争における国連休戦監視機構(1948〜)，湾岸戦争後における国連イラク・クウェート監視団

名　　称	派遣地域	開始年
国連休戦監視機構	エジプト・レバノン・ヨルダンなど	1948
国連インド・パキスタン軍事監視団	インド・パキスタン国境	1949
国連キプロス平和維持隊	キプロス	1964
国連兵力引き離し監視隊	ゴラン高原	1974
国連レバノン暫定隊	レバノン南部	1978
国連西サハラ住民投票監視団	西サハラ	1991
国連コソヴォ暫定行政ミッション	コソヴォ	1999
国連コンゴ民主共和国安定化ミッション	コンゴ民主共和国	2010
国連アビエ暫定治安部隊	スーダン	2011
国連南スーダン共和国ミッション	南スーダン	2011
国連マリ多面的統合安定化ミッション	マリ	2013
国連中央アフリカ多面的統合安定化ミッション	中央アフリカ	2014

▲ 展開中のＰＫＯ(2022年9月現在)

(1991〜2003) などが代表例。1988年, ノーベル平和賞を受賞。ＰＫＯ予算の分担率は国連通常予算の分担率を基礎に決められる。2020〜21年はアメリカが27.89％。中国15.22％, 日本8.56％の順。年間の分担金総額は2021年度で約63.78億ドルであり, そのうち日本の分担金額は約5.29億ドル。

　　🔲 国連平和維持活動 Ａ④Ｎ

平和維持軍 Ｂ Ｎ (ＰＫＦ Ｂ Ｎ) [Peace-keeping Forces]（へいわいじぐん）　国連の平和維持活動の一つ。紛争地域での戦闘の再発を防ぐため, 交戦部隊の引き離しなどを主な任務とする。軽火器などの武器の携行が認められているが, 自衛以外の使用は禁じられている。1956年に始まったスエズ戦争の際に, 緊急特別総会の決議をもとに派遣された第一次国連緊急軍が最初の例とされる。その後も平和維持軍が派遣されている。

選挙監視団 Ｂ（せんきょかんしだん）　国連平和維持活動の一つ。選挙の不正や選挙妨害を監視する役割を果たす。冷戦終結後の新形態の取り組みとして注目されている。

停戦監視団 Ｂ Ｎ（ていせんかんしだん）　国連平和維持活動の一つ。パトロール活動など紛争地域の停戦監視を主な任務とする。平和維持軍と異なり, 武器の携行は認められていない。1948年に派遣された国連休戦監視機構を最初の例として, その後も多くの停戦監視団が派遣されている。

第一次国連緊急軍（だいいちじこくれんきんきゅうぐん）　1956年から1967年まで, 国連がスエズ運河地帯などに派遣した平和維持軍。1956年, エジプトのナセル大統領のスエズ運河の国有化宣言により中東情勢が緊迫, イスラエル軍のシナイ半島侵攻に次いで, イギリス・フランスが派兵した。イギリス・フランスの拒否権で, 安全保障理事会の機能がマヒしたため緊急特別総会が開かれ, 即時停戦, 3国軍隊のエジプトからの撤退, 国連緊急軍の派遣を決議した。インド・スウェーデンなど10か国からなる国連緊急軍は, 軍隊撤退と停戦監視を通じて, 中東での秩序維持に貢献した。

国連キプロス平和維持軍（こくれん〜へいわいじぐん）　1964年以降, 国連が地中海のキプロ

ス島に派遣している平和維持軍。1960年にイギリスから独立したキプロスでは, トルコ系とギリシャ系の住民が対立, 1963年に内戦状態に突入した。安全保障理事会はキプロス政府の要請を受け, 1964年に平和維持軍の派遣を決議した。当初は3か月の予定だったが, 現在も継続して駐留している。

国連レバノン暫定軍（こくれん〜ざんていぐん）　1978年以降, 国連がレバノン南部に派遣している平和維持軍。1978年, パレスティナゲリラによるテロ行為の報復として, イスラエル軍がレバノン南部に侵攻した。安全保障理事会はレバノン政府の要請を受け, イスラエルに対する軍事行動の即時停止と撤退の要求, レバノン暫定軍の派遣を決議した。暫定軍はイスラエル軍撤退後も, 現在なお駐留を続けている。

国連休戦監視機構 Ｃ（こくれんきゅうせんかんしきこう）　1948年以降, 国連がエジプト・レバノン・イスラエルなどに派遣している停戦監視団。国連最初の平和維持活動として知られる。1948年, アラブ諸国とイスラエルの第一次中東戦争の際, パレスティナ休戦を監視するために設置された。現在も活動を続けている。

国連イラン・イラク軍事監視団（こくれん〜ぐんじかんしだん）　1988年から1991年まで, 国連がイラン・イラク国境に派遣した監視団。1987年, 安全保障理事会は, 1980年以来戦争を続けているイラン・イラク両国に対して, 即時停戦と国境線までの撤退を求める決議を採択した。両国の停戦決議受諾を受けて, 1988年に26か国からなる監視団が編成され, 1991年まで停戦と撤退の監視にあたった。

国連アフガニスタン・パキスタン仲介ミッション（こくれん〜ちゅうかい〜）　1988年から1990年まで, 国連がアフガニスタン・パキスタン国境に派遣した監視団。1979年のソ連の侵攻によって発生したアフガニスタン問題は, 1988年にアフガニスタン和平協定が結ばれた。この協定の実施を監視するため, オーストリアなど10か国で構成された監視団が派遣された。

国連カンボジア暫定統治機構 Ｃ Ｎ (ＵＮＴＡＣ Ｎ) [U.N.Transitional Authority

in Cambodia〕（こくれん-ざんていとうちきこう）1992年設置。カンボジア内戦の停止と新政府樹立に関する活動を任務とするPKO。選挙監視、難民帰還、文民警察、国土の復旧などの任務にあたった。日本が中心的役割を果たした。

国連東ティモール暫定行政機構 ◉（こくれんひがし-ざんていとうちきこう）　1999年の住民投票でインドネシアからの独立を求めた東ティモールが、独立国家としての体制が整備されるまで行政を担当する機関として国連が設置。2002年の独立後も、2度にわたって派遣された。

国連待機軍（こくれんたいきぐん）　スウェーデン・ノルウェー・フィンランド・デンマークなどの北欧諸国やカナダが、国連の平和維持活動に派遣するため、自国内に待機させている軍隊をさす。

国際協力

国連海洋法会議（こくれんかいようほうかいぎ）　海洋についての国際的秩序を確立するため、国連主催で開かれた国際会議。第1次海洋法会議（1958年）では、領海・公海・漁業資源保存・大陸棚の四つの条約が採択された。第2次（1960年）では、みるべき成果はなかった。第3次（1973～82年）では、公海自由の原則の再検討を行い、海洋資源の再分割の方向を見いだそうとした。そして1982年、国連海洋法条約を採択した。この条約では領海を12海里とし、その外側に12海里までの接続水域を認めるとともに、200海里の排他的経済水域や、国際海峡、群島水域を設定した。大陸棚の詳細な境界や深海底資源の共同開発なども定められた。この条約は1994年に発効、日本は1996年に批准した。

ナイロビ宣言（-せんげん）　1982年、ナイロビの国連環境会議で出された宣言。国連人間環境会議の10周年を記念して開催された。人間環境会議からとられた措置を総括し、以後の10年を展望した。この宣言では、オゾン層の破壊、炭酸ガス濃度の増大、酸性雨・水汚染・砂漠化など、地球環境の現状に重大な懸念を表明し、その保全・改善の努力を各国政府や国民に要請、具体的な提言を行った。

世界人口会議 ◉（せかいじんこうかいぎ）　国連が国際人口年（1974年）に、世界の人口問題を討議するためにルーマニアのブカレストで開いた会議（第1回）。各国政府の人口問題を担当する代表者の会議で、人口分野における行動の指針となる「世界人口行動計画」を採択した。1984年に第2回会議がメキシコシティで、1994年には第3回会議がエジプトのカイロで開かれた。

世界食糧会議 2（せかいしょくりょうかいぎ）　1972～73年の世界的な異常気象による食料危機を背景に、食料問題の国際協力をはかるため、1974年にローマで開かれた国連主催の会議。130か国が参加、「飢餓及び栄養不良解消に関する世界宣言」を採択した。この会議の決定に基づき、国連総会は食料問題に対する調整機関として世界食糧理事会（WFC）を、また食料生産を高めるため、発展途上国へ資金を供与する国際農業開発基金（IFAD）を設立した。

　　　　　　　類世界食糧理事会（WFC）

世界人権会議 ◉（せかいじんけんかいぎ）　世界人権宣言の45周年記念と国際先住民年をふまえ、1993年にウィーンで開かれた国連主催の国際会議。171か国の国家代表や800をこえるNGOが参加した。会議では人権の普遍性が確認され、女性・障害者・子ども・先住民らの人権の重要性が言及された。そして最終文書として、ウィーン宣言および行動計画が採択された。なお、最初の世界人権会議は1968年にテヘランで開かれたもの。

　　　　　　　　　　類ウィーン宣言 Ⓝ
　　　☞ p.290（国連人権高等弁務官）
世界女性会議 ◉（せかいじょせいかいぎ）　国際婦人年（1975年）の年に国連主催で、メキシコシティにおいて第1回会議が開かれ、133か国が参加した。会議では、男女平等についての国家の責任と、性別役割分業の変革が必要であることが強調された。その後、1980年にコペンハーゲンで第2回会議が、85年にはナイロビで第3回会議が、95年には北京で第4回会議が、さらにニューヨークで女性2000年会議が、それぞれ開かれた。

国連インドシナ難民会議（こくれん-なんみんかいぎ）　ヴェトナム・ラオス・カンボジアから

流出したインドシナ難民の問題を解決するため，1989年にジュネーヴで開かれた会議。難民問題の解決をめざす包括的行動計画を採択した。

地球環境保全に関する東京会議 （ちきゅうかんきょうほぜん-かん-とうきょうかいぎ）

1989年，日本政府と国連環境計画（ＵＮＥＰ）が共催した国際会議。この会議には23か国の環境行政の責任者や環境問題研究者らが出席し，地球規模の環境破壊にどのような政策や技術で対応すべきかを話しあい，熱帯林の保全や，発展途上国の開発と環境汚染などについての提言を採択した。

国際人口年 （こくさいじんこうねん）

爆発的に増加する世界の人口問題の解決に向けて国際協力を進めるため，国連が1974年に設定した。この年，国連主催の世界人口会議がルーマニアのブカレストで開かれた。

国際婦人年 Ｃ （こくさいふじんねん）

国連が全世界における男女平等をめざして，1975年に設定した。「平等・発展・平和」をスローガンに，社会のあらゆる分野に女性が参加してその発展を進め，男女平等を促進することを目的とした。

国際児童年 （こくさいじどうねん）

子どもの権利をうたった「子どもの権利宣言」（1959年の国連総会で採択）の20周年を記念し，1979年に国連が設定した。特に，発展途上国の子どもたちが置かれているきびしい状況が再認識され，各国政府や国連機関などが子どものための政策・事業を具体化する契機となった。1989年の国連総会で，「子どもの権利条約」が採択された。

国際障害者年 （こくさいしょうがいしゃねん）

障害者に対する理解と協力をはかるため，国連が1981年に設定した。障害のあるすべての人々の社会における「完全参加と平等」をテーマに，さまざまな取り組みが行われ，障害者自身による国際組織である障害者インターナショナルが結成された。翌1982年の国連総会では，「障害者に関する世界行動計画」が採択された。

国際青年年 （こくさいせいねんねん）

世界人口の約２割を占める青年（国連の規定では15〜24歳）の社会発展や世界平和実現における重要性を再認識し，国連が1985年に設定した。「参加・開発・平和」をテーマに世界各国で諸行事が行われた。

国際平和年 （こくさいへいわねん）

「平和に生きる世界づくり」をテーマに，国連は1986年を平和推進のための行動年とした。積極的に世界の人々が平和に生きていけるよう，幅広い取り組みが行われた。

国際識字年 （こくさいしきじねん）

世界の識字についての認識と識字率を向上させるために，ユネスコの提唱によって，国連が1990年に設定した。識字とは，文字を読み書きできることで，それによって人間の全体的な能力の開花につながる。現在，75億人以上に達した人類のうち，非識字者は８億8000万人とされ，そのうちの半数以上が女性だとされる。ユネスコでは，識字教育の一環として「世界寺子屋運動」を行っている。

国際先住民年 （こくさいせんじゅうみんねん）

さまざまな差別や抑圧に直面する世界各地の先住民の人権問題を解決するため，1993年に国連が設定した国際年。この年，国連主催の世界人権会議がウィーンで開かれた。

国際協同組合年 （こくさいきょうどうくみあいねん）

株式会社などと異なり，営利を目的としない協同組合の貢献が広く認知されるよう，国連が2012年に設定。世界各地でさまざまな記念事業などが取り組まれた。

国際デー （こくさい-）

国際連合が特定のテーマごとに設定した記念の日。たとえば，国連が成立した10月24日が「国連デー」，世界人権宣言の採択された12月10日が「人権デー」という具合に，多くの日時がある。当日はそのテーマについて普及・啓蒙するイベントや取り組みが世界各地で行われる。2011年の国連総会で，毎年10月11日を「国際ガールズデー」とすることが決められた。2012年のこの日には，発展途上国などで多くみられる児童婚（18歳未満の女児の強制結婚）の根絶がよびかけられた。

　　　　　　　　　類 国連デー　人権デー

国連ボランティア Ｎ （ＵＮＶ）［United Nations Volunteers］（こくれん-）

青年が発展途上国の開発に果たす役割を重視して，国連が1970年に設置した制度。健康で，資質・技能に恵まれた21歳以上の男女を，国連機関や受け入れ国，特に発展途上国が実施する開発プロジェクトに派遣している。

第Ⅲ編

この制度は，国連開発計画（UNDP）によって運営されている。

青年海外協力隊 **Ｂ**②**Ⓝ**（せいねんかいがいきょうりょくたい）　発展途上国の要請を受けて，技術や知識をもった20〜39歳の青年を派遣し，国づくりに協力する日本の制度。1965年に日本青年海外協力隊としてスタート。1974年，日本政府の発展途上国に対する技術協力・無償資金協力の実施を担当する国際協力事業団（JICA，現国際協力機構）発足とともに現在の名称になった。派遣職種は，農林水産・保健衛生・教育文化・スポーツなど多種多様。任期は２年。これまでの派遣隊員総数は４万人をこえる。ほかに，40〜69歳の壮年を対象にした「シニア海外ボランティア」の制度もある。
類 国際協力機構 **Ａ**②**Ⓝ**（JICA **Ａ**②**Ⓝ**）
シニア海外ボランティア

平和の配当（へいわ＝はいとう）　冷戦終結後にあらわれた，軍事予算を削減してそれらを経済・社会開発に振り向けようという考え方。最初，アメリカで始まったが，現在では国連などでも議論されている。

④ 冷戦とその終焉

二つの世界の対立

二つの世界 **Ⓝ**（ふた＝せかい）　第二次世界大戦後に成立した，アメリカ合衆国を頂点とする資本主義陣営（西側陣営）とソ連を頂点とする社会主義陣営（東側陣営）間の政治勢力の対立した状況をいう。一方，この二つの世界にはさまれながら，東西どちらの陣営にも属さないアジア・アフリカ・ラテンアメリカを中心にした発展途上諸国が勢力を増し，第三世界を形成した。

東西問題 **Ⓝ**（とうざいもんだい）　東西対立ともいう。第二次世界大戦後の，西側陣営（アメリカを中心とした資本主義陣営）と東側陣営（ソ連を中心とした社会主義陣営）間の対立から生じた問題。
類 東西対立 **Ｂ**

資本主義陣営 **Ｃ****Ⓝ**（しほんしゅぎじんえい）　西側陣営。資本主義経済に支えられたアメリカ・西欧諸国・日本などの資本主義諸国をさす。第二次世界大戦中は，日本・ドイツ・イタリアなどのファシズム勢力と，ア

メリカ・イギリス・フランスなどの反ファシズム勢力に分裂したが，戦後はソ連など社会主義陣営に対抗するため，アメリカを中心に政治的に団結した。
同 西側陣営 **Ｃ****Ⓝ**

社会主義陣営 **Ｃ****Ⓝ**（しゃかいしゅぎじんえい）　東側陣営。1917年のロシア革命によって，ソ連が社会主義経済体制を志向する史上初の国家として登場した。第二次世界大戦後は，社会主義国が，東欧・中国・北朝鮮・ヴェトナム・キューバなどに拡大し，資本主義陣営に対抗する大きな勢力が形成された。しかし，ソ連の崩壊や東欧諸国の体制移行などで，社会主義国は激減した。
同 東側陣営 **Ｃ****Ⓝ**

ヤルタ会談 **Ｃ****Ⓝ**（＝かいだん）　第二次世界大戦末期の1945年２月，クリミア半島のヤルタで大戦終結と戦後処理のため，アメリカのF．ローズヴェルト，イギリスのチャーチル，ソ連のスターリンが行った会談。国際連合の設立やドイツの分割管理などが決定されたほか，秘密協定としてソ連の対日参戦，千島列島と南樺太のソ連への帰属などが約束された。

ヤルタ協定 **Ｃ****Ⓝ**（＝きょうてい）　ヤルタ会談で取り決められた秘密協定。国連安全保障理事会の常任理事国に拒否権を認めることや，日本に対する協定（ソ連が対日参戦すること，その際に南樺太や千島列島のソ連領有を認めること）などが合意された。

チャーチル **Ｃ****Ⓝ**［Sir Winston Churchill, 1874〜1965］　反共・反ファシズムの精神でイギリスの政界をリードした保守党の政治家。ドイツに対する宥和﨟政策を批判して，英仏ソの同盟を主張。1940年，ドイツ軍の猛攻でイギリスが危機に陥ると，チェンバレンと交代して首相の座につき，強力な指導力を発揮し，連合国側に勝利をもたらした。戦後は反ソ連の先頭に立ち，1946年にはアメリカでの演説で，社会主義陣営の閉鎖性を「鉄のカーテン」とよんで非難した。

ローズヴェルト **Ｂ**②**Ⓝ**［Franklin Delano Roosevelt, 1882〜1945］　アメリカ合衆国第32代大統領。富裕層の家庭に生まれ，弁護士，上院議員，海軍次官，NY州知事を経て，1932年大統領選挙に勝利。以後，

米国史上唯一４選を果たし，12年間もの長期政権を運営した。その間，ニューディール政策によって世界恐慌以後の経済復興に取り組んだ。一方，第二次世界大戦へのアメリカ参戦を決断し，連合軍勝利への道筋をつけたが，終戦間際の1945年４月，脳溢血で死去した。

スターリン Ⓝ[Iosif Vissarionovich Stalin，1879〜1953] ソ連共産党の指導者。レーニンの死後，その後継者としてソ連の政治動向に大きな影響を与えた。1936年の憲法（スターリン憲法）を起草した。1930年代初めに事実上の個人独裁を敷き，ソ連の工業化，農業の集団化を推進。第二次世界大戦中は，反ファシズム・連合国側のリーダーとしても活動したが，反対派への大量粛清，強引な農業の集団化など，社会主義のマイナスイメージができあがる原因をつくった。死後，フルシチョフらに専制支配を批判された。

鉄のカーテン Ⓑ Ⓝ[iron curtain]（てつ—）チャーチルが1946年にアメリカでの演説で初めて使った表現。東西両陣営の境界に設けたソ連側のきびしい封鎖線に対し，皮肉をこめて「バルト海のシュテティンからアドリア海のトリエステまで，大陸を横切って鉄のカーテンが降りている」と述べた。

冷戦 Ⓐ⑧Ⓝ[cold war]（れいせん）冷たい戦争。アメリカの政治評論家リップマンが自著の表題に用いて知られるようになった。米ソの対立を軸として，第二次世界大戦後まもなく生じた東側陣営と西側陣営との対立。熱戦[hot war]に対して，戦争にまではいたらない対立という意味で用いる。東欧や中国での共産党政権の成立，朝鮮戦争・スエズ戦争・ベルリン封鎖など，東西両陣営の対立は深まり，キューバ危機で核戦争直前にまで達した。

　　　　　　　　　　圞**冷たい戦争** Ⓒ

インドシナ戦争 Ⓒ（—せんそう）ヴェトナムによる民族独立の戦い。日本が第二次世界大戦で敗れた直後の1945年，ヴェトナム民主共和国が独立を宣言した。しかし旧宗主国フランスはこれを認めず，1946年にヴェトナムとフランスとの間で戦争が始まった。1954年，ジュネーヴ会議で休戦協定が結

ばれ，フランスはヴェトナムから撤退した。

トルーマン-ドクトリン Ⓑ[Truman Doctrine] アメリカ大統領トルーマンが1947年，共産勢力の伸長が著しいギリシャ・トルコへの軍事的・経済的援助を声明。ソ連などの東側陣営拡大に脅威を感じたアメリカによる対ソ封じ込めと，冷戦政策の開始の合図となった宣言。封じ込め政策。

　　　　　　　　　　圞**封じ込め政策** Ⓝ

マーシャル-プラン Ⓑ Ⓝ[Marshall Plan] アメリカ国務長官マーシャルが1947年に発表した欧州経済復興援助計画。東西両陣営の対立のなかで，ヨーロッパの第二次世界大戦後の経済復興をアメリカの援助で実現しようとしたもの。西ヨーロッパ16か国が受け入れたが，ソ連と東ヨーロッパ諸国は拒否。このため，しだいにヨーロッパの対米従属・対ソ防壁のための軍事援助的性格を強めた。1951年末に終了。

東西ドイツ分裂（とうざい—ぶんれつ）第二次世界大戦によるナチス-ドイツの敗北後，ドイツは東側をソ連，西側をアメリカ・イギリス・フランスの３か国によって占領された。東西両陣営の対立激化や冷戦体制の下で，東西ドイツがほぼ同じ時期に別々の国家を樹立し，分裂国家のまま1973年，国連に同時加盟した。冷戦の終結にともない，1990年に東西ドイツは再統一された。

ベルリン封鎖 Ⓒ Ⓝ（—ふうさ）1948年４月〜1949年５月，ソ連が西ドイツからベルリンへの交通を全面封鎖。西側は空中輸送で食糧や燃料を西ベルリンに運び，東西両陣営の武力衝突の危機が高まった。封鎖のきっかけは，西側陣営（米・英・仏）がソ連に無通告で西ドイツの通貨改革を実施したため，ソ連側は西ドイツ政府樹立をくわだてる計画とみて反発した。

ベルリンの壁構築（—かべこうちく）1961年，東ドイツ政府によってきずかれた障壁。東から西への脱出を防ぐため，西ベルリンを取り囲む形で約155キロにわたって設けられた。ドイツの東西分断後の1949〜61年に，200万人以上の若年・熟練労働者や知識人などが東から西へ逃れたとされる。

朝鮮戦争 Ⓐ Ⓝ[Korean War]（ちょうせんせんそう）第二次世界大戦後，朝鮮半島には38度

線をはさんで，北はソ連軍，南はアメリカ軍が駐留した。その後，南に大韓民国，北に朝鮮民主主義人民共和国が成立した。1950年，北朝鮮が韓国に侵攻して両国間で軍事衝突が起こると，南にはアメリカ軍，北には中国義勇軍が加わり，激しい戦争となった。1951年以降，戦線は38度線周辺で膠着（こうちゃく）状態となり，戦争は泥沼化したが，1953年に休戦協定が成立した。韓国では「六・二五動乱」とよばれる。

朝鮮戦争休戦協定（ちょうせんせんそうきゅうせんきょうてい）　1951年7月から始まった朝鮮戦争の休戦会議は，アメリカと中国の対立で難航したが，2年後の1953年7月に休戦協定が成立した。この協定後，38度線を斜めによぎる軍事境界線（休戦ライン）が敷かれ，朝鮮半島は南北分断国家が固定化された。なお，その後も正式な終戦協定は結ばれず，国際法上はいまだ交戦状態にあるとされる。2018年に行われた南北朝鮮首脳会談では，終戦を宣言して休戦（停戦）協定を平和協定に転換することなどで合意。

二つの朝鮮（ふた—ちょうせん）　朝鮮半島では，朝鮮戦争の休戦協定によって38度線で南北に民族が分断され，二つの朝鮮として今日にいたっている。しかし2000年6月，南北朝鮮首脳会談が平壌（ピョンヤン）で開かれ，「統一朝鮮」へ向けて動きだしたが，その後はあまり進展がない。

分断国家Ⓝ（分裂国家）（ぶんだんこっか）（ぶんれつこっか）　第二次世界大戦後の冷戦下で，米ソ両国の世界戦略によって政治的・人為的に分断が固定化された国家のこと。南北ヴェトナム・南北朝鮮・東西ドイツなどである。しかし，ヴェトナムは1975年に統一され，東西ドイツも1990年に統合された。残された朝鮮半島でも，2000年に南北首脳会談が実現するなど，両者の対話が進んだが，統一は実現していない。

中華人民共和国の成立Ⓝ（ちゅうかじんみんきょうわこく—せいりつ）　日本が第二次世界大戦で敗北して以降，中国では国民党と共産党による内戦が激化し，1949年10月，毛沢東（マオツォトン）が率いる共産党を中心とする勢力が勝利をおさめ，中華人民共和国の成立を宣言した。敗れた蒋介石（チャンチェシー）ら国民党の勢力は，台湾に逃げのびた。

北大西洋条約機構Ⓐ⑩Ⓝ（ＮＡＴＯⒶ⑩Ⓝ）［North Atlantic Treaty Organization］（きたたいせいようじょうやくきこう）　1949年，アメリカを中心にカナダ・イギリス・フランスなど12か国で結成された軍事的同盟機構（フランスは1966年，ＮＡＴＯ軍から一時脱退）。その後，西ドイツやスペインなどが加盟し，2022年時点では30か国が加盟しており，フィンランド・スウェーデンが加盟見込みである。ＮＡＴＯ軍をもち，各国の参謀総長クラスで構成される軍事委員会の統一指揮下におかれている。

太平洋安全保障条約（ＡＮＺＵＳ）（たいへいようあんぜんほしょうじょうやく）　アンザス。オーストラリア（A）・ニュージーランド（NZ）・アメリカ（US）の3か国で，1951年に結成。太平洋反共軍事同盟の一つとされるが，1980年代にニュージーランドが反核政策を実施し，条約機構に亀裂が入った。

東南アジア諸国連合Ⓐ⑩Ⓝ（ＡＳＥＡＮⒸ⑭Ⓝ）［Association of South-East Asian Nations］（とうなんアジアしょこくれんごう）　アセアン。1967年，東南アジアの5か国（インドネシア・タイ・シンガポール・マレーシア・フィリピン）が，経済・社会・文化の域内協力を推進するために結成した地域協力組織。1984年にブルネイ，1995年にヴェトナム，1997年にラオス・ミャンマー，1999年にカンボジアが加盟し，現在10か国で構成。ＡＳＥＡＮは2015年末にＡＳＥＡＮ共同体の設立を宣言した。ただ，1999年にＡＳＥＡＮ10になって以来，加盟国間の経済格差の大きさや民主主義の定着度の違いなど，ＡＳＥＡＮディバイドとよばれる問題もめだつ。

類 ＡＳＥＡＮ共同体Ⓒ Ⓝ
　　　ＡＳＥＡＮディバイド

ＡＳＥＡＮ地域フォーラム③Ⓝ（ＡＲＦⒸ③Ⓝ）（—ちいき—）　ＡＳＥＡＮが域外国を招くかたちで，安全保障に関する情報・意見を交換する場として1994年に発足した組織。ＡＳＥＡＮ10か国とアメリカ・中国・日本・韓国・北朝鮮など合計26か国と欧州連合が参加している。北朝鮮が恒常的に加わる唯一の安保対話枠組みで，アジア・太平洋地域における多国間平和構築の先例とされる。

東南アジア友好協力条約（ＴＡＣ🅒🅝）

（とうなん-ゆうこうきょうりょくじょうやく）　平和の地域共同体づくりをめざし，ＡＳＥＡＮ原加盟国が1976年に締結した条約。戦争の放棄などを明記している。1987年から加入資格を域外の国にも開放した。ＡＳＥＡＮ10か国のほか，日本・中国・韓国・ロシア・オーストラリアなどが加入。2008年に北朝鮮が，09年にはアメリカも加わり，現在は36か国と欧州連合が加入。

ルック-イースト政策 [Look East Policy]

（-せいさく）　1980年代，当時のマレーシア首相マハティール・ビン・モハマド（Mahathir Mohamad, 1925-）が推進した近代化政策であり，日本人の協調精神や勤労精神を見習うべきであるとするもの。これ以後，マレーシアから日本に留学する若者の数は激増した。ただし，日本が経済的衰退を始めた2000年代以降は，欧米諸国や中国への留学生割合が増える一方，日本への関心は失われている。

米州機構🅒🅝（ＯＡＳ🅒🅝）[Organization of American States]

（べいしゅうきこう）　アメリカ大陸での平和と安全の維持をめざして，1948年に結成された地域的集団安全保障機構。本部はワシントンD.C.。平和と安全の維持のほかに，米州諸国間の相互理解の推進と経済・社会・文化的発展も目的にしている。当初はアメリカによる中南米支配の道具といわれた。現在，米国とカナダ，中南米・カリブ海の計35か国が加盟。キューバは革命後の1962年に脱退したが，アメリカと国交を回復，大使館を相互に再開したり，米大統領のキューバ訪問などが行われた。2017年，ベネズエラが機構からの脱退を表明した。

南米諸国連合（ＵＮＡＳＵＲ）

（なんべいしょこくれんごう）　2008年，南米の12か国で発足。アンデス共同体と南米共同市場を軸に拡大した組織で，社会的・経済的な不平等の根絶や核兵器の廃絶などを共同目標に掲げる。アフリカ連合（ＡＵ）とも「南南協力」などで連携関係にある。

中南米カリブ海諸国共同体

（ちゅうなんべいかりしょこくきょうどうたい）　中南米・カリブ海地域の全33か国による地域機構。アメリカとカナダを除く枠組みで，2011年に発足した。事実上，キューバを排除する米州機構への対抗意識もみられるが，参加国の思惑は一様ではない。

アフリカ統一機構🅒🅝（ＯＡＵ🅒🅝）

[Organization of African Unity]　（-とういつきこう）　アフリカ諸国の統一，連帯の促進，主権・領土・独立の確保，アフリカ人民の生活向上，植民地主義の根絶をめざして，1963年に結成された地域的国際機構。モロッコを除く全独立国と西サハラが加盟。本部はエチオピアのアディスアベバ。2002年，アフリカ連合（AU）に移行。

アフリカ連合🅒🅝（ＡＵ🅒🅝）[African Union]

（-れんごう）　2002年にアフリカ統一機構から移行。55か国・地域が加盟。最高機関である首脳会議のほか，国家をこえた全アフリカ議会・裁判所などをもつ。ＥＵ（欧州連合）を手本にした共同市場の創設や通貨統合などもめざしている。2017年，モロッコの加盟が承認された。

コミンフォルム 🅑 [Cominform]

1947年，マーシャル-プランに対抗し，東欧諸国の結束をはかるためにソ連が設けた各国共産党の連絡・提携強化をうたった機関。国際共産党情報局。1956年に解散した。

経済相互援助会議🅒🅝（ＣＯＭＥＣＯＮ🅒🅝）[Council for Mutual Economic Assistance]

（けいざいそうごえんじょかいぎ）　ソ連と東欧諸国の間でつくられた東側陣営の経済協力組織。社会主義的国際分業体制の確立をめざしたが，実質的にはソ連の経済発展に各国が従属させられた。冷戦終結や東欧民主化の流れのなかで矛盾が激化し，1991年に解散した。

中ソ友好同盟相互援助条約

（ちゅうソ-ゆうこうどうめいそうごえんじょじょうやく）　1950年に締結された。アジアにおける日米安保条約などに対抗する役割を担った。中ソ論争を経て1980年に破棄。その後，2002年に中露善隣友好協力協定を締結した。

ワルシャワ条約機構🅐④🅝（ＷＴＯ🅐④🅝）

[Warsaw Treaty Organization]　（-じょうやくきこう）　東欧友好協力相互援助条約に基づき創設された集団軍事機構。1955年，ＮＡＴＯと西ドイツの再軍備に対抗し，ソ連や東ヨーロッパ8か国で発足した。ソ連のペレストロイカ政策と東欧民主化の嵐

のなかで，1991年解散。

ソ連・北朝鮮友好協力相互援助条約 (-れん・きたちょうせんゆうこうきょうりょくそうごえんじょじょうやく)
1961年に結ばれたソ連と朝鮮民主主義人民共和国との条約。韓国での1961年の朴正熙(パクチョンヒ)による軍事クーデタの発生や日韓会談の動きに対抗した。

ジュネーヴ会議 (-かいぎ)
1954年4～7月に開かれたインドシナ戦争の休戦をめぐる会議。アメリカ・イギリス・フランス・ソ連・中国・南北のヴェトナムなどが参加して休戦協定が結ばれた。この結果，ヴェトナム・ラオス・カンボジアの独立が認められた。アメリカは調印を拒否。

平和共存

四大国巨頭会談 (よんたいこくきょとうかいだん)
1955年7月，アイゼンハウアー(米大統領)，イーデン(英首相)，フォール(仏首相)，ブルガーニン(ソ連首相)がジュネーヴに集まり，4月に開かれたアジア・アフリカ会議(バンドン会議)に対処する欧米側の姿勢を討議した会議。国際紛争を話し合いで解決する気運を高めたが，具体的な成果はなかった。

平和共存 **C** **N** (へいわきょうぞん)
異なる社会体制の国家が戦争で敵対することなく，平和的な競争を通じてともに地球上に存在できる，とする考え方。ソ連首相フルシチョフが，外交政策に積極的に採用した。

デタント **A** **3** **N** (緊張緩和 **A** **3** **N**) [détente] (きんちょうかんわ)
東西両陣営の対立・冷戦がゆるみ，交渉や対話など友好的な外交関係が生まれる過程をさす。キューバ危機(1962年)後に，仏大統領ド゠ゴールが用いてから一般化した。1972・73年の米ソ首脳の相互訪問による核不戦協定などはその代表例。しかし，ソ連のアフガニスタン侵攻(1979年)以降，アメリカが対ソ不信を示し，新冷戦とよばれる緊張状態が再発した。1985年にゴルバチョフがソ連共産党書記長に就任したあと，再びデタントへと向かった。

レバノン内乱 **N** (-ないらん)
1958年5月，親西側政権に対する国内の反発が暴動化し，さらに7月のイラク革命の影響で内乱に発展した。革命を阻止するため米・英両軍

が武力介入したが，国連などの決議で同年10月に撤兵した。

ド゠ゴール **N** [De Gaulle, 1890～1970]
フランスの政治家。第二次世界大戦中，フランスがナチス゠ドイツに降伏後，対独抵抗をよびかけて自由フランス政府をつくる。1944年のパリ解放後，臨時政府主席となったが，制憲議会で自らの案が否決されて1946年に下野した。1958年，アルジェリア紛争の収拾をめざして政界に再登場，国民投票で第五共和制を樹立し，大統領選に大勝した。アメリカと一線を画する中国承認など，独自外交を展開。

キューバ革命 **C** **N** (-かくめい)
カストロやゲバラらの指導によって，1959年にバティスタ政権を打倒して，反帝・反封建の民族主義・民主主義政権樹立を宣言した。この革命は1956年以降，農村を中心に展開されたゲリラによる武装解放闘争として知られる。革命後，アメリカとの国交断絶により，農地改革や砂糖会社の国有化など急速な社会主義化がすすみ，ソ連・東欧諸国などとの結びつきを強めた。アメリカとは国交正常化への動きもある。

キャンプ゠デーヴィッド会談 (-かいだん)
1959年，ソ連首相フルシチョフとアメリカ大統領アイゼンハウアーとの会談。米ソ協調の精神が生まれ，ベルリン問題などでの対立は抱えつつも，"米ソ雪どけ"を象徴する会議となった。

フルシチョフ **C** **N** [Nikita Khrushchev, 1894～1971]
ソ連の政治家。スターリン死後の1953年，共産党第一書記に就任。スターリン批判を行い，1958年には首相を兼務して平和共存政策を掲げた。訪米による"米ソ雪どけ"やデタント(緊張緩和)をもたらし，また「中ソ論争」を引き起こして中国との対立を深めた。農業政策の失敗などで，1964年失脚。

アイゼンハウアー **C** [Dwight David Eisenhower, 1890～1969]
連合軍最高司令官としてノルマンディ上陸作戦を指揮，第二次世界大戦でナチス゠ドイツを倒した。泥沼化した朝鮮戦争の解決をめざし，1952年に共和党候補として米大統領選に出馬，当選した。朝鮮戦争の休戦を実現したが，対東側外交ではダレス国務長官を起

用して，「封じこめ政策」から一歩つき進んだ「巻き返し政策」を採用した。巨大な軍事組織と軍需産業が結合した軍産複合体の危険性を警告する一方，原子力発電など原子力の「平和利用」を推進し，国際原子力機関（ＩＡＥＡ）の設立を提唱した。

ウィーン会談 Ⓝ（-かいだん）　1961年，アメリカ大統領ケネディとソ連首相フルシチョフの会談。核・軍縮・ドイツ問題などが話し合われたが，内容は公開されていない。

ケネディ Ⓐ④Ⓝ［John Fitzgerald Kennedy, 1917～63］　民主党出身のアメリカ第35代大統領。「ニュー−フロンティア」をキャッチフレーズに米大統領選に出馬して当選した。キューバ危機を切りぬけ，部分的核実験禁止条約（PTBT）の調印などに成果をあげたが，1963年11月，テキサス州ダラスで暗殺された。

キューバ危機 Ⓐ⑤Ⓝ（-きき）　1962年10月，キューバに建設中のソ連のミサイル基地の撤去をアメリカ大統領ケネディが要求し，キューバを海上封鎖した。「核兵器の使用も辞さない」との決意を公表，あわや米ソ核戦争一歩手前まで緊張は高まった。しかし，ソ連首相フルシチョフが譲歩，ミサイル撤去を約束した。アメリカもキューバ不可侵を約して，危機を回避。

ホットライン Ⓒ Ⓝ［hotline］　ホワイトハウス（アメリカ大統領執務室）とクレムリン（ロシア大統領執務室）など，主要国首脳間を直接結ぶ回線のこと。核兵器による誤爆戦争などを回避するのが目的。キューバ危機後の1963年，米ソ間で初めて設置された。

ヴェトナム戦争 Ⓐ⑤Ⓝ［Vietnam War］（-せんそう）　1954年のジュネーヴ協定によって南北分断国家となったヴェトナムでは，アメリカが共産主義化を防ぐという名目で，南ヴェトナム独裁政権にテコ入れを行った。その後，南ヴェトナム解放民族戦線を主体とする反米・反独裁の国民運動が盛り上がると，アメリカは1965年，北ヴェトナム爆撃（北爆）を開始。最大時で50万をこえる大軍を投入したが，北ヴェトナムと解放民族戦線側は根強く抵抗した。戦争の長期化とともに，内外から反米・反戦の声が高まり（ヴェトナム反戦運動），1973年に和

平協定が結ばれ，アメリカ軍は撤退した。1975年に南ヴェトナム政権が崩壊，翌1976年には南北を統一したヴェトナム社会主義共和国が成立した。

類ヴェトナム反戦運動 Ⓒ Ⓝ

ブレジネフ−ドクトリン　［Brezhnev Doctrine］　ソ連共産党書記長ブレジネフが主張した制限主権論の考え方。社会主義陣営の全体の安全と利益のために，一国の社会主義国の主権は制限を受けることもやむをえないというもの。1968年のソ連のチェコ軍事介入を正当化する論拠に使われた。

東西ドイツ基本条約　（とうざいーきほんじょうやく）　1972年に調印された東西ドイツ相互の国家承認などを内容とする条約。1969年に西ドイツに登場したブラントを首相とする社会民主政権は，東側陣営との緊張緩和をめざす東方外交（東方政策）を推進，この条約にまで到達した。この結果，敵対関係にあった東西両ドイツの国連同時加盟が1973年に実現した。

類東方外交（東方政策）Ⓝ

欧州安全保障協力機構 Ⓒ②（ＯＳＣＥ Ⓒ②Ⓝ）［Organization for Security and Cooperation in Europe］　（おうしゅうあんぜんほしょうきょうりょくきこう）　欧州の地域的な安全保障機構。1975年にヘルシンキで開かれた，アメリカ・旧ソ連を含め欧州35か国による全欧安全保障協力会議（ＣＳＣＥ）が前身。1995年，現在のＯＳＣＥに改組された。57か国が加盟，日本もオブザーヴァーとして参加している。第二次世界大戦後のヨーロッパに新たな歴史を切り開き，「協力」の端緒が得られた意義は大きい。

類全欧安全保障協力会議⑤（ＣＳＣＥ Ⓒ⑤Ⓝ）

ヘルシンキ宣言 Ⓒ③（-せんげん）　1975年，全欧安全保障協力会議で調印された文書。第二次世界大戦後，統一ドイツの脅威をおさえて，現在ある国境の承認・維持及び人権の尊重などが宣言された。また，世界の平和と安全の強化のために，信頼の醸成をうながす措置（軍事演習や軍隊の移動の事前通告など）が盛り込まれた。

多極化の動き

二極構造　（にきょくこうぞう）　第二次世界大戦後

の国際政治にみられた，米ソ二大国による対立と冷戦を中心とした両陣営のブロック化現象をいう。戦後，東ヨーロッパや中国・朝鮮半島・ヴェトナムなどに社会主義勢力が拡大すると，アメリカはこれを脅威と受けとめ，西側陣営の団結を固めた。一方，ソ連を中心とする東側陣営もそれに対抗し，同盟国の連携を強化した。この二極構造は，基本的には1991年にソ連が解体するまで続いた。

多極化　B N（たきょくか）　1960年代から，米ソの強い影響力から離脱し，自主的な動きをめざす国が多くなった現象をさす。西側陣営ではアメリカのヴェトナム戦争への軍事介入に対する西欧各国の批判や，経済力の相対的低下（双子の赤字）も重なって，アメリカの主導権は弱まった。フランスのNATO軍事機構からの脱退や部分的核実験禁止条約への不参加，西ドイツや日本などの経済力の回復・強化なども，多極化をうながす要因となった。東側陣営でも中ソ対立が決定的となり，また東欧ではソ連の圧力から脱出をめざす動き（ハンガリー事件・チェコ事件）がみられるようになった。こうして国際政治は，多極化の時代へと向かった。

欧州経済共同体　B5 N（ＥＥＣ　B6 N）
[European Economic Community]（おうしゅうけいざいきょうどうたい）　1952年に発足したECSC（ヨーロッパ石炭鉄鋼共同体）を母体とし，それに加盟する6か国で1958年に結成された。ヨーロッパ共同市場ともいう。6か国とはフランス・西ドイツ・イタリアとベネルクス3国（ベルギー・オランダ・ルクセンブルク）。米ソに次ぐ第三の経済圏をめざし，1967年にEC（欧州共同体）へ，さらに1993年にはEU（欧州連合）へと発展した。

中ソの対立（ちゅうそ−たいりつ）　スターリン批判（1956年）以後に起こった社会主義の路線をめぐる中国とソ連との対立をいう。「中ソ論争」を経て，やがて軍事的にも両国がにらみあう状況にまで発展した。主な対立点はソ連の主張した平和革命移行，平和共存によるアメリカへの接近，キューバ危機でのアメリカへの妥協，部分的核実験禁止条約への参加などである。

中華人民共和国の国連復帰（ちゅうかじんみんきょうわこく−こくれんふっき）　1971年の国連総会で，国連の中国代表権問題に関し，中華民国（台湾）の代わりに中華人民共和国を招請するというアルバニア案が可決された。ここに中華人民共和国の国連復帰が実現した。同時に国連安全保障理事会常任理事国の地位も，中華人民共和国に移った。

ニクソン米大統領の訪中　N（−べいだいとうりょう−ほうちゅう）　1972年，米大統領ニクソンが突然中国を訪れ，毛沢東ら中国指導部と会談。米中共同声明（上海コミュニケ）を発表した。ニクソン訪中は，それまでの米中関係がアジアの冷戦の主要因となってきただけに注目を浴びた。1979年には米中国交正常化が実現し，台湾とは断交した。
　　　　　　　　　　　　　　類 上海コミュニケ

米中国交正常化　C N（べいちゅうこっこうせいじょうか）　1972年のニクソン大統領，1974年のフォード大統領の訪中後，1979年にカーター政権下で両国の国交正常化が実現した。

ヴェトナム和平協定　C（−わへいきょうてい）　ヴェトナム戦争終結をめぐるヴェトナム民主共和国・南ヴェトナム臨時革命政府・アメリカ政府・南ヴェトナム共和国政府の4者による協定。1973年にパリで締結。ヴェトナム人民の民族自決権尊重，敵対行為の停止，米軍の撤退などを内容とする。

東ヨーロッパの自立化（ひがし−じりつか）　第二次世界大戦後に成立した，東欧の社会主義諸国のなかでの，ソ連の大国主義の押しつけ（スターリン主義）に反発する動き。ユーゴスラヴィアのコミンフォルム除名（1948年），ハンガリー事件（1956年），チェコ事件（1968年）などをさす。

ハンガリー事件（−じけん）　1956年，スターリン批判をきっかけにハンガリーで自由化の要求が強まり，首都ブダペストで大衆が蜂起した事件。これを西側陣営の謀略とみたソ連は，軍事介入にふみ切り，自由化の動きを封じた。

チェコ事件　C（−じけん）　チェコスロヴァキアで1968年に起こったソ連などによる弾圧事件。ドプチェクを中心に「プラハの春」とよばれる自由化・民主化を求める改革の動きが高まると，ソ連はワルシャワ条約機構の5か国軍を動員して軍事介入を行っ

た。これによって，チェコの改革派の試みは挫折した。

プラハの春 🇨 🇳(-はる)　チェコスロヴァキアで，保守色が濃いノボトニー政権に対して改革の動きが広がり，1968年春に改革派のドプチェクが政権を握った。彼は「人間の顔をした社会主義」をスローガンに，市民の基本的人権の保障，経済改革の推進，西側との経済交流などの改革を進めた。こうした一連の動きを，チェコの首都名にちなんで「プラハの春」とよぶ。

連帯 🇧 🇳(れんたい)　ポーランドの自主的労働組合。食料品などの大幅値上げへの反対運動をきっかけに，1980年にポーランドで起こった労働者のストライキを指導した。政府側から独立した自主管理労組として公認され，スト権だけでなく経済運営，労組に対する幅広い権限，検閲の制限などをかちとり，ポーランド社会主義の民主化の中心になった。

ワレサ 🇳[Lech Wałęsa, 1943〜]　ポーランドの造船所電気工の出身で，自主管理労組「連帯」の議長を務めた。その後の東欧民主化のなかで，ポーランド大統領に当選した(1990〜95年)。1983年にノーベル平和賞受賞。日本では「ワレサ」と表記するのが一般的だが，正確な発音は「ヴァウェンサ」である。

ユーロコミュニズム　[Eurocommunism]　一党独裁的・官僚的なソ連型社会主義のあり方を批判したイタリア・フランス・スペインなど西欧共産党の政治路線をいう。プロレタリア独裁の放棄，複数政党制と民主的政権交代を認める議会制民主主義など，民主主義を生かしつつ社会主義をめざした。

カンボジア紛争 🇧 🇳(-ふんそう)　カンボジアにおける1978〜91年の内戦。ヘン＝サムリン派(親ヴェトナム)に対する，反ヴェトナム三派(ポル＝ポト派〈親中国〉，ソン＝サン派，シアヌーク派)の争い。とくに，ポル＝ポト派による虐殺は国際的な非難をあびた。1991年のパリ国際会議で，国連と最高国民評議会が憲法制定議会選挙まで統治することに合意し，内戦は終結した。
類国連カンボジア暫定統治機構 🇨 🇳
(UNTAC🇳)

新冷戦

新冷戦 🇧②🇳(しんれいせん)　1979年のソ連のアフガニスタン侵攻に始まる米ソの対立。アメリカのレーガン政権の「強いアメリカ」をめざす軍備増強政策と，対抗するソ連の軍備増強とが展開された。1985年のゴルバチョフの登場以降に沈静化した。

第四次中東戦争 🇨②(だいよじちゅうとうせんそう)　1973年，エジプトのサダト大統領が失地回復をねらってシリアとともにイスラエルを攻撃，戦争となった。十月戦争ともいう。イスラエルの反撃にあったものの，アラブ産油国とОРЕС(石油輸出国機構)の石油戦略のおかげで政治的には勝利したとされる。第一次石油危機を招いた点で，この戦争がもつ国際的影響は大きかった。
同十月戦争

天安門事件 🇨②🇳(てんあんもんじけん)　中国の天安門広場で，中国当局が民衆を弾圧した2度の事件をさす。第一次天安門事件は1976年4月，周恩来チョウ゠オンライ首相の追悼をめぐり，北京の天安門広場で故人をしのぶ花輪を公安当局が撤去，これに市民が反発して騒乱となった。この事件で，鄧小平トン゠シァオ゠ピンが首謀者として失脚した。第二次天安門事件は1989年6月4日，天安門広場で平和的に民主化運動を進めていた学生らに向けて，中国人民解放軍が戦車や装甲車をくりだし無差別に発砲，多くの犠牲者を出した。「六・四事件」ともよばれる。西側諸国は中国に対して経済制裁を実施，国際世論も強く批判した。1990年5月に共産党は問題処理をめぐって誤りがあったことを認めたが，事件で逮捕された運動家たちは有罪とされた。

四つの現代化　(よっつのげんだいか)　戦後の中国において掲げられてきた国家計画のスローガンであり，農業，工業，国防，科学技術の4分野の強化を唱えるもの。特に，1970年代に入ってから周恩来が公式に提起し，鄧小平によって本格的な実行に移った。
☞ p.353（四つの現代化）

イラン革命 🇨 🇳(-かくめい)　1979年，パーレヴィー国王政権が打倒され，共和制国家に移行したイランの政治的変革。この革命の中心人物が，パリに亡命していた反国王・反米・反イスラエルの象徴であったホメイ

ニである。彼はシーア派（イスラームの少数派）の指導者として，重要な役割を果たした。イランではイスラーム革命という。

類ホメイニ **同イスラーム革命**

エジプト・イスラエル平和条約　**C**（ーへいわじょうやく）

1979年に締結された条約。パレスティナ問題をめぐって，アラブのリーダーを自任するエジプト・サダト大統領のイスラエル訪問をきっかけに，和平交渉が進展，ワシントンでサダトとイスラエル・ベギン首相との間で平和条約が調印された。これにより，シナイ半島をめぐる両国間の武力紛争に終止符が打たれた。

ソ連のアフガニスタン侵攻　**C**（ーれんーしんこう）

1979年，ソ連軍がアフガニスタンに軍事介入して，アミン首相を追放，親ソ派のカルマルを政権につけた事件。この軍事介入をソ連側は，両国間の「友好協力条約」によるものと正当化したが，ソ連圏以外の世界各国は認めず，アメリカ・日本などは1980年のモスクワーオリンピックをボイコットした。新冷戦の始まりとされた出来事。

イラン・イラク戦争　**B**（ーせんそう）

1980～88年に起こったイラン・イラク両国間の武力衝突。この戦争はペルシャ湾内での覇権の争奪戦ともいわれた。戦後のイランでは親米の国王政権がつづいたが，1979年のイラン革命で弱体化したすきに，革命の波及を恐れたイラク軍が大挙侵入，イラン側もこれに応戦した。1988年，国連決議を受け入れて停戦が実現した。戦闘は長期に及んだが，背景には欧米やソ連・中国などによる大規模な武器輸出があった。両国は原油輸出大国であり，原油需給に与える国際的影響も大きかった。この戦争は，1990～91年の湾岸危機・湾岸戦争へとつながった。

レーガン　**B** **N**［Ronald W. Reagan, 1911～2004］

1980年の大統領選挙に共和党から立候補，現職の民主党カーターを破り，第40代アメリカ大統領に当選。1984年にも再選された。対ソ強硬路線をとり，軍拡によって「強いアメリカ」の復活をめざしたが，ソ連でゴルバチョフがペレストロイカ政策を打ちだすなかで，米ソ協調路線に変更されていった。

強いアメリカ　（つよー）

アメリカ大統領レーガンが，政策の中心に掲げたスローガン。ヴェトナム戦争敗北後の沈滞ムードと経済力の国際的地位の低下からの再興をめざし，文化的伝統やナショナリズムを背景に，新保守主義の考え方を採用した。

フォークランド紛争　**C** **N**（ーふんそう）

1982年，イギリスとアルゼンチンがフォークランド（アルゼンチン沖500kmの大西洋上の諸島）の領有をめぐって武力衝突した。交戦の結果イギリスが勝利したが，領有権争いは未解決のままである。アルゼンチンでは，フォークランドをマルヴィナスとよぶ。

アンドロポフ　［Yurii V. Andropov, 1914～84］

1982年，ブレジネフ死去にともなうソ連の政権交代で登場した。急死までの短期間，党書記長としてソ連の政治にかかわった。

グレナダ侵攻　**N**（ーしんこう）

1983年，アメリカを中心とした東カリブ海諸国機構軍が，カリブ海の社会主義国グレナダに侵攻，左翼政権を打倒して親米政権を樹立した。国連総会は，侵攻を非難する決議を採択した。

大韓航空機撃墜事件　**N**（だいかんこうくうきげきついじけん）

1983年9月，ソ連領サハリン上空に侵入した大韓航空機が，ソ連側の警告を無視して飛行を続行，ソ連軍によって撃墜され，多数の犠牲者を出した事件。民間航空機を撃墜した点で，人道上批判されるが，侵犯の真の原因は不明である。

第三世界　**A** **N**（だいさんせかい）

第一世界＝西側諸国，第二世界＝東側の社会主義国，第三世界＝発展途上国とする考え方。アジア・アフリカ・ラテンアメリカの発展途上国をさす。これらの国々は第二次世界大戦後に独立した国が多く，国連にも加盟して政治的影響力を強めた。1973年の石油危機を招いた石油戦略の成功，1974年の国連総会での新国際経済秩序（ＮＩＥＯ）の主張など，経済面での「南北格差」を抜本的に改革する発言力も増大している。

植民地体制の崩壊　（しょくみんちたいせいーほうかい）

帝国主義国家（欧米や日本などの列強諸国）によって抑圧・支配を受けていた植民地諸国は，第二次世界大戦後の民族独立運動によって，次々に独立し，今日ではほと

んどの植民地が姿を消した。

植民地 🅰3🅝（しょくみんち）　帝国主義国家（欧米や日本などの列強諸国）によって抑圧・支配を受けていた国のこと。

宗主国 🅒3🅝（そうしゅこく）　植民地支配をする国のこと。逆に，支配を受けた国を従属国という。

　　　　　　　　　　　　　　　　対 従属国

ポストコロニアリズム〔postcolonialism〕
旧植民地に関する文化研究の総称である。20世紀は独立の世紀であり，世界各地で「帝国の植民地」が独立する。それにともなって，旧植民地が宗主国の文化をいかに受容／拒絶しているか，宗主国が旧植民地の文化をいかに解釈してきたのか，といった「脱植民地化時代における植民地主義と帝国主義」の研究が盛んとなる。日本でも，日韓問題や沖縄問題がポストコロニアリズムの観点から論じられやすい。

民族独立運動（みんぞくどくりつうんどう）　植民地諸国の人民が，帝国主義国家の支配を打ち破って，民族の独立を勝ちとった運動。この運動は，各民族が外部からの強制を受けずに，自民族の意思に基づいて自らの社会や国家を自由に決定する民族自決権に裏づけられている。今日でもカナダ・ケベック州の分離・独立運動，スペインのバスク独立運動，旧ユーゴスラヴィアの各民族独立運動などが展開されている。

植民地独立付与宣言 🅒2🅝（しょくみんちどくりつふよせんげん）　1960年の国連総会で，アジア・アフリカ43か国の共同提案によって採択された宣言。この年は「アフリカの年」といわれ，国際世論をも喚起した。宣言は，あらゆる形態の植民地主義は急速かつ無条件に終結させる必要があるとしている。

アフリカの年 🅒🅝（-とし）　植民地独立付与宣言をうけて，アフリカの17の植民地が独立を達成した1960年のことをさす。

周恩来 🅒🅝〔1898～1976〕（チョウ゠エンライ）　中国共産党の有力な政治家の一人。中華人民共和国の初代首相。1954年のネルーとの平和五原則の合意など，外交面での手腕には定評があった。

ネルー 🅑〔Jawaharlal Nehru, 1889～1964〕　インド国民会議派のリーダーとして，第二次世界大戦前からガンディーらと民族運動を指導した。1947年の独立後は初代首相。米ソ冷戦時代のなかで，発展途上国の政治的リーダーとして，平和共存・非同盟主義などで国際政治に貢献した。1954年には中国の周恩来との間で平和五原則に合意した。

平和五原則 🅒（へいわごげんそく）　1954年，周恩来とネルーとの間で合意された原則。領土と主権の尊重，相互不可侵，内政不干渉，互恵平等，平和共存の五つをさす。

アジア・アフリカ会議 🅑🅝（-かいぎ）　A・A会議。1955年にインドネシアのバンドンで開かれたためバンドン会議ともいう。反帝国主義・反植民地主義・平和共存の強化をうたい，スカルノ大統領のもとアジア・アフリカの29か国首脳が参加した。これは，アジア・アフリカ地域の代表による初の国際会議であり，会議で決定された平和十原則は，その後の世界政治に大きな影響を与えた。2005年と2015年に，それぞれ50周年と60周年を記念して首脳会議が開かれた。

　　　　　　　　　同 バンドン会議🅑4🅝

平和十原則 🅒2（へいわじゅうげんそく）　アジア・アフリカ会議（1955年）で決定された原則。会議の行われた地名をとって「バンドン精神」ともよばれる。平和五原則をふまえ，基本的人権や国連憲章の尊重，人種と国家の平等などをうたっている。

非同盟主義 🅒（ひどうめいしゅぎ）　インドの首相ネルーが1953年に提唱した考え方。米ソの軍事ブロックや大国支配を基調とする世界秩序に反対し，積極的中立主義・平和共存・反植民地主義の立場で行動すること。この考えにそって，1961年にベオグラードで第1回非同盟諸国首脳会議が開かれた。

非同盟諸国 🅑🅝（ひどうめいしょこく）　平和共存や独立運動の支持，いかなる軍事同盟へも不参加（外国軍隊の駐留と外国軍事基地設置反対も含む）などを原則とする非同盟主義の考え方を外交方針とする国々。

非同盟諸国首脳会議 🅑🅝（ひどうめいしょこくしゅのうかいぎ）　非同盟主義を外交方針とする諸国の首脳による会議。1961年にベオグラード（ユーゴスラヴィア）で初めて開かれた。

インドのネルー，ユーゴのティトー，エジプトのナセルらがよびかけ，25か国が参加，平和共存・反植民地主義を宣言した。現在，120か国が加盟，17か国がオブザーヴァー参加。

ティトー〔Josip Broz Tito, 1892〜1980〕ユーゴスラヴィアにあって，第二次世界大戦中はナチス-ドイツの侵略に対抗するパルチザン（ゲリラ）を指揮し，戦後は東欧初の人民共和国を建設し，首相・大統領のポストを長く務めた。スターリン主義下のソ連と決別，独自の社会主義路線を歩んだ。また，ネルーらと非同盟勢力の結集に尽力した。

⑤ 軍縮と安全保障

大量破壊兵器 Ⓐ Ⓝ（たいりょうはかいへいき）　人間や建造物に対する殺傷規模や破壊状況の大きな兵器。原子爆弾・水素爆弾などの核兵器のこと。毒ガス・細菌などの生物・化学兵器を含める場合もある。

核兵器 Ⓐ ⑥（かくへいき）　原爆・水爆・核ミサイルなどの核分裂反応や，核融合反応を利用した兵器。1957年8月，ソ連は1万km以上の射程をもつ核ミサイルの実験に成功し，直接アメリカ本土を攻撃できる能力を獲得した。翌1958年1月には，アメリカも同様に成功した。この頃から，爆撃機やミサイルを含め，核爆発部分を目標まで到達させる装置を運搬手段といい，「核弾頭とその運搬手段を含めた全体」を核兵器とよぶようになった。

原水爆 Ⓑ Ⓝ（げんすいばく）　原子爆弾と水素爆弾（水爆）を合わせた呼称。

原子爆弾 Ⓑ Ⓝ（原爆 Ⓒ Ⓝ）（げんしばくだん）（げんばく）　ウラン235やプルトニウム239の原子核が中性子照射によって連鎖的に核分裂反応をおこす現象を利用した爆弾。大量破壊兵器の典型。1945年8月，広島市と長崎市に投下され，爆風・熱線・放射能などで数十万人が死傷し，現在でも後遺症などで苦しんでいる人が多い。ウランを用いた広島原爆の威力はTNT火薬換算で約15キロトン，プルトニウムを使った長崎原爆のそれは約22キロトンだった。広島の爆心地にあたる原爆ドームは，1996年に世界遺産として登録された。

水素爆弾 ② Ⓝ（水爆 Ⓐ Ⓝ）（すいそばくだん）（すいばく）　重水素や三重水素などの水素の同位体の核融合反応を利用した爆弾。メガトン級のエネルギーを生みだす。最初のそれはマイクとよぶ高さ2階建て，重さ50トンの立方体の装置だったが，爆発時の証言によれば，巨大な火の玉が数百トンのサンゴを吸い上げながら島を焼きつくし，海水は蒸気にかわったという。

劣化ウラン弾 Ⓝ（れっかウランだん）　核兵器の材料ウラン235を抽出したあとに残るウランを使用した砲弾。比重が大きく貫通能力が高いため，対戦車用の弾心などに利用される。天然ウランの約6割の放射線を出すとされ，化学毒性もある。米英軍が湾岸戦争やイラク戦争の際に大量使用し，大気・土壌汚染や健康破壊が危惧される。

クラスター爆弾 Ⓐ ② Ⓝ（ばくだん）　投下された親爆弾に詰められた多数の子爆弾が飛散し，広い範囲を破壊する非人道的な爆弾。集束爆弾ともいう。2003年のイラク戦争などで使用された。子爆弾が不発弾となって地雷のように機能し，子どもなどが触れて犠牲となるため，この爆弾の使用・開発・製造・保有などのすべてを禁止する国際条約の署名式が08年にオスロで開かれた。署名したのは日本を含む94か国だが，アメリカ・ロシア・中国・イスラエル・韓国などは参加していない。署名国は原則として8年以内に廃棄する義務を負う。2010年に条約が発効した。

　　　　　類 クラスター爆弾禁止条約 Ⓐ ② Ⓝ
　　　　　　　　　　　　　　オスロ条約 Ⓒ

大規模爆風爆弾（ＭＯＡＢ）（だいきぼばくふうばくだん）　モアブ。正式名称はＧＢＵ43Ｂという。アメリカ軍が有する爆弾のなかで，核兵器以外の通常兵器としては最大の破壊力をもつとされる。アフガニスタンのＩＳ（イスラーム国）に対し，2017年に初めて実戦投下された。

核抑止 Ⓐ Ⓝ（かくよくし）　安全保障の考え方の一つで，核兵器保有により，敵対する核保有国から核攻撃を思いとどまらせようとするものである。1957年に開かれたパグウォッシュ会議で，批判の意味をこめて初めて使われた。

恐怖の均衡 C（きょうふ・きんこう）　核攻撃と核報復攻撃が連動するシステムが形成されたことで、核兵器の使用による甚大な被害が想定されることから、核兵器の使用を抑制する力が働いていること。イギリスのチャーチル元首相などが述べた言葉。

偶発核戦争（ぐうはつかくせんそう）　ミサイルの開発で、米ソは互いに相手の本土を直接核攻撃することが可能になり、核戦争がきわめて起こりやすい偶発核戦争の危険が生まれた。そこで米ソ両国は、これを防止する手段として、1963年にホットライン協定、1971年に偶発戦争防止協定、1973年に米ソ核戦争防止協定を締結した。

大陸間弾道ミサイル CN（ＩＣＢＭCN）［Intercontinental Ballistic Missile］（たいりくかんだんどう-）　アメリカとソ連（ロシア）との間で、互いに本土から直接相手国の本土を攻撃できる5500km以上の射程をもつ核ミサイル。その飛び方は、まず、多段式の推進ロケットで大気圏をつきぬけ、高度100kmで核弾頭のついたミサイル本体を切り離し、以後はミサイル本体の慣性と地球の重力によって楕円軌道を描いて飛び、高度数千ｍに達した後、地表に向かって落下し始める。

潜水艦発射弾道ミサイル CN（ＳＬＢＭCN）［Submarine Launched Ballistic Missile］（せんすいかんはっしゃだんどう-）　海中から圧縮ガスの力で発射し、海上面に飛び出した直後、ロケットに点火される。後はＩＣＢＭと同じしくみで相手国本土めがけて飛ぶ。

戦略爆撃機 CN（せんりゃくばくげききき）　戦略に基づくB52などの長距離爆撃機。ＩＣＢＭの出現後は、米ソの戦略攻撃力の主力はミサイルに移行したが、米ソとも長距離爆撃機を手放す気配はない。爆撃機の核運搬量はミサイルに比べて大きく、有人機だから発進後の攻撃中止・攻撃目標変更・くり返し使用など、柔軟な作戦展開ができると信じられているからである。

巡航ミサイル N（じゅんこう-）　自分で地形を確かめながら、超低空で飛行し、進路に障害物があるとコースを変えて目標まで到達する核ミサイル。まず、ロケット推進で加速、小翼を出して音速の半分強のスピード

で高度約3000mを飛行する。そして、相手側レーダーの有効範囲に入る直前に高度を下げて発見を困難にさせる。あらかじめ測地衛星などで調べて記憶装置に入っている進路の地図と、実地に読みとった地形とのズレを修正しながら目標に突入する。

戦術核兵器 N（せんじゅつかくへいき）　戦場において軍事目標攻撃の手段として開発された短距離核兵器を総称したもの。アメリカは、1952年に原子砲の実験をした。その後、開発の重点はもっぱら小型化・軽量化におかれ、数人の兵士で運搬できるものも生みだされている。短距離弾道ミサイル・核砲弾・核地雷・対潜水艦作戦用ロケット・核魚雷などがある。

核兵器保有国 C4N（かくへいきほゆうこく）　現在、核兵器保有を公にしている国は、アメリカ・ロシア・イギリス・フランス・中国・インド・パキスタン・北朝鮮の8か国。そのほかに、核兵器保有の可能性がある「潜在的核保有国」が、イスラエルなどである。これらの国のうち、インドとパキスタンは1998年5月、国際世論の反対を押しきって地下核実験を強行、事実上の核保有国となった。北朝鮮も2006年と09年、13年、16年（2回）、17年に、核実験を行ったが、南北朝鮮首脳会談で約束した「非核化」にむけて、18年に自国の核実験場の坑道や観測施設を爆破するなど、実験場を廃棄したとされている。核兵器不拡散条約では「核兵器国」と表現されている。

生物兵器 BN（せいぶつへいき）　微生物や細菌を戦争の手段として使い、相手側の人体や動物を殺傷する兵器のこと。1972年、生物兵器禁止条約（BWC）が調印された（1975年発効）。日本は1982年に批准。
　　　　　　　類 生物兵器禁止条約 C2N（BWC C）

化学兵器 B1N（かがくへいき）　人間や動物を殺傷する化学物質を戦争の手段として使用した兵器。代表的なものはサリンなどの毒ガスで、第一次世界大戦時にドイツ軍が大量に使用した。1925年のジュネーヴ議定書で、毒ガスの使用が禁止された。1993年にはパリで化学兵器禁止条約（CWC）が調印され、1997年に発効した。日本は1995年に批准。この条約は、化学兵器の使用だけでなく、開発・生産・貯蔵の禁止

も定めるが，使用者への軍事的制裁は規定されていない。化学兵器禁止条約に基づき設立された化学兵器禁止機関（OPCW）が2013年にノーベル平和賞を受賞した。

類化学兵器禁止条約 **C** **N**（CWC **C** **N**）
化学兵器禁止機関 **N**（OPCW **N**）

レーザー兵器 **N**（へいき）　レーザー光を利用して目標までの距離の測定，対象の識別，ミサイルの誘導などを行う兵器。戦車・航空機・艦船などに利用されている。1991年の湾岸戦争では，多国籍軍が巡航ミサイル・レーザー誘導爆弾などでその威力を示した。

軍事偵察衛星 **N**（ぐんじていさつえいせい）　写真撮影などで，軍事情報を収集する人工衛星。地上の物体を細部にわたって識別でき，湾岸戦争など局地紛争の標的・情勢確認にも有効性が指摘された。軍縮の合意事項の査察手段としても機能している。

ストックホルム-アピール **C2**　1950年に行われた平和擁護世界大会での決議。核兵器の禁止や原子力の国際管理，そして最初に原爆を使用した政府を戦争犯罪者とすることが決議された。

ラッセル・アインシュタイン宣言 **N**（-せんげん）　1955年7月，イギリスの哲学者B.ラッセルとアメリカの物理学者A.アインシュタインとが，日本の湯川秀樹ら9人の科学者とともに戦争の絶滅を訴えた宣言。全体的な破壊を避けるという目標が，他のあらゆる目標に優先するとした。

パグウォッシュ会議 **B6**（-かいぎ）［Pugwash Conferences］　1957年7月，ラッセルやアインシュタインらの呼びかけにこたえて，カナダのパグウォッシュで開かれた「科学と国際問題についての科学者会議」のこと。テーマは，①核エネルギーの平時および戦時における使用によって引き起こされる障害，②核兵器の管理，③科学者の社会的責任，など。以後，世界各地で随時開催されている。1995年，創設者のロートブラットとともにノーベル平和賞を受賞。日本でも2016年，日本パグウォッシュ会議が再スタートした。

第五福竜丸事件 **C** **N**（だいごふくりゅうまるじけん）　1954年3月，太平洋ビキニ環礁でのアメリカの水爆実験の際，この環礁から遠く離れた海洋で操業していた日本の漁船第五福竜丸が，実験の3時間後に死の灰を浴びた事件。ビキニ事件ともいう。乗組員全員が「原爆症」と診断され，6か月後に通信員の久保山愛吉さんが死亡した。第五福竜丸のほかにも900隻以上が被ばくし，近隣の島民らも大きな被害を受けた。この事件は原水爆反対の世論を高めた。2010年にビキニ環礁が世界遺産に登録された。2014年，ビキニ環礁があるマーシャル諸島の政府は，核保有国9か国が核廃絶のための交渉を定めたNPT（核兵器不拡散条約）第6条に基づく義務を怠っているとして，ICJ（国際司法裁判所）に提訴した（2016年にICJは"門前払い"の判断）。また日本では2016年，ビキニ環礁での水爆実験の際に周辺海域にいた元漁船員やその遺族ら45人が，国家賠償請求訴訟を高知地裁に起こした。同地裁は2018年，救済の必要性に言及しつつも原告の請求を退けた。

同ビキニ事件 **C**

原水爆禁止運動 **C** **N**（げんすいばくきんしうんどう）　核兵器の廃絶を求める世界的な草の根の平和運動。1950年のストックホルム-アピールに賛同する世界4億7000万人の署名が運動の端緒を開いた。そして，1954年のビキニ水爆実験とその被害は，原水爆反対の世論を急速に強めた。こうしたなか，東京・杉並区の女性たちがよびかけた原水爆実験禁止の署名がまたたく間に日本中に広がり，3000万人の支持を得る運動に発展した。この盛り上がりを背景に，1955年には，広島市で第1回原水爆禁止世界大会が開かれた。その直後には原水爆禁止日本協議会（原水協）が結成され，毎年世界大会が開かれるようになった。しかし，政治的対立がからんで1961年に民社党系による核兵器禁止平和建設国民会議（核禁会議）が，さらに66年には部分的核実験禁止条約の評価をめぐって社会党・総評系による原水爆禁止日本国民会議（原水禁）が結成された。これ以後，世界大会は分裂した。1977年に一時，統一世界大会が実現したが，組織の統一はいまだ果たされていない。

類原水爆禁止世界大会 **B2**

日本被団協（にほんひだんきょう）　正式名は，日本

原水爆被害者団体協議会。第二次世界大戦中，広島・長崎で被爆した被害者たちで構成する団体。戦後一貫して，被爆者援護法の実現などをめざして活動してきた（同法は1994年成立，翌95年施行）。近年では，原爆症の認定申請を国に却下された被爆者たちが集団訴訟を起こし，認定制度の改善を訴えてきた。この裁判で国側が連続して敗訴したことを受け，2009年に同訴訟の原告全員を救済するための原爆症基金法が成立した。

非核地帯 **B** **1** **N** （非核化地域）（ひかくちたい）

（ひかくかちいき）　一定の地域の国が核兵器の製造・保有をせず，地域外の核保有国もこの地域に核兵器を配備しないこと。複数国間の条約によって非核地帯は実現し，核軍縮につながる有力な手段とされる。現在，以下の六つの条約が発効している。モンゴルは1国で「非核兵器国の地位」を国連から承認されている。なお，2005年にはメキシコで初の非核地帯国際会議が開かれた。

　　　　類 南極条約 **C** **N**
　　　ラテンアメリカ核兵器禁止条約
　　（トラテロルコ条約，1967年 **C** **N**）
　　　　南太平洋非核地帯条約
　　（ラロトンガ条約，1985年 **3** **N**）
　　　　東南アジア非核地帯条約
　　（バンコク条約，1995年 **N**）
　　　　アフリカ非核地帯条約 **N**
　　（ペリンダバ条約，1996年 **N**）
　　　中央アジア非核地帯条約
　　（セメイ条約，2006年 **N**）

国連軍縮特別総会 **B** **2** （こくれんぐんしゅくとくべつそうかい）

軍縮問題を討議するため，1978年に第1回軍縮特別総会（ＳＳＤ　Ｉ）が初めて開かれた。その背景には，軍備拡張に反対する非同盟諸国の働きかけや，軍縮を求める世界の世論があった。その後，第2回（1982年）・第3回（1988年）と会議が重ねられた。第3回の特別総会にはＮＧＯ（非政府組織）も参加し，発言の機会を得た。

国連軍縮委員会 **C** **N** （ＵＮＤＣ **C**）

[United Nations Disarmament Commission]（こくれんぐんしゅくいいんかい）　軍縮問題について討議する国連の機関。1952年，安全保障理事会の補助機関として設立。1954年には，アメリカ・イギリス・フラ

ンス・ソ連・カナダの5か国軍事縮小委員会を設置し，包括的軍縮計画づくりをめざした。しかし，米ソによるＩＣＢＭ（大陸間弾道ミサイル）開発などが原因で，1957年に休会，活動を停止した。1978年の第1回国連軍縮特別総会（ＳＳＤ Ｉ）で，総会の補助機関として国連軍縮委員会が設置された。

ジュネーヴ軍縮会議 **N** （ＣＤ **C** **N**）[Geneva Conference on Disarmament]（ーぐんしゅくかいぎ）

軍縮・軍備管理について交渉する国連外の国際機関。1959年に10か国軍縮委員会が設置され，1969年には参加国が拡大して軍縮委員会会議と改称されたが，米ソ共同議長制の下で軍縮交渉は進展しなかった。そこで，議長を輪番制に改め，構成国も40か国に拡大してジュネーヴ軍縮委員会を設置。1978年の第1回国連軍縮特別総会や1982年の国連総会で改組勧告などが決定され，1984年から現在の名称となった。65か国が加盟。核兵器不拡散条約（ＮＰＴ），生物兵器禁止条約（ＢＷＣ），化学兵器禁止条約（ＣＷＣ），包括的核実験禁止条約（ＣＴＢＴ）などの作成にあたった。

パルメ委員会 （ーいいんかい）

「軍縮と安全保障問題に関する独立委員会」の別名。1982年，この委員会が国連事務総長にあてた報告書で，核戦争においては，片方の勝利はありえないので，敵対ではなく協力によって安全保障が達成されなければならないとした。パルメは長く核軍縮運動を続けてきたスウェーデンの元首相。

新アジェンダ連合 （しんーれんごう）

核兵器の廃絶をめざす6か国グループ。アイルランド・ブラジル・メキシコ・ニュージーランド・エジプト・南アフリカ共和国で構成される。非核兵器保有国の立場から国連などの場で，核保有国に対してその廃棄などを要求している。

米ソ包括的軍縮交渉 （べいーほうかつてきぐんしゅくこうしょう）

1985年1月の米ソ外相会談で合意。①米ソ交渉の主題を宇宙兵器及び戦略核兵器，中距離核兵器の問題とする，②交渉は核兵器の廃絶を究極目標とし，軍拡競争の終結，核削減をめざす協定の作成をめざす，という内容。核の廃絶という目標を米ソ両

国が共同声明の形で認めた。

欧州軍縮会議（ＣＤＥ）［Conference of Disarmament in Europe］（おうしゅうぐんしゅくかいぎ）　欧州全域を対象とした軍縮会議。欧州での偶発戦争を避けるための取り決め（ヘルシンキ宣言，1975年）をふまえ，1986年９月にアルバニアを除く全欧州諸国と，アメリカ・カナダが参加した。この会議で，①軍事活動の規模によっては，最長２年前の通告を義務づける，②軍事活動の疑いをもった国は，陸と空から事実を査察できる，とのより前進した合意を得た。

軍縮Ａ②Ⓝと軍備管理Ｃ（ぐんしゅく・ぐんびかんり）　軍縮とは軍事力を縮小し，最終的には全廃することで恒久的な平和と安全を実現するという考え方。これに対して軍備管理とは，軍備の量やタイプ，配置場所に規制を加えることで主要敵国との軍事力のバランスを保ち，国際的な軍事環境を安定させようとする消極的な概念である。もし，戦争になったとしても，死者や破壊の減少などが実現できるとされる。

年	事　項
1963	米英ソ，部分的核実験禁止条約（PTBT）調印
1968	米英ソ，核兵器不拡散条約（NPT）調印
1969	米ソ，戦略兵器制限交渉（SALTⅠ）開始
1972	米ソ，SALTⅠ調印，SALTⅡ開始
1976	日本，核兵器不拡散条約批准
1978	初の国連軍縮特別総会
1979	米ソ，SALTⅡ調印
1981	米ソ，中距離核戦力（INF）削減交渉開始
1982	米ソ，戦略核兵器削減交渉（START）開始
1987	米ソ，INF全廃条約調印（88年発効）
1990	欧州通常戦力（CFE）条約調印（92年発効）
1991	米ソ，戦略核兵器削減条約（STARTⅠ）調印
1993	米ロ，STARTⅡ調印，化学兵器禁止条約調印
1995	NPTの無期限延長を決定
1996	国連，包括的核実験禁止条約（CTBT）採択
1997	対人地雷全面禁止条約採択（99年発効）
2008	クラスター爆弾禁止条約調印（10年発効）
2010	米ロ，新START調印（11年発効）
2013	武器貿易条約採択（14年発効）
2017	核兵器禁止条約採択（21年発効）
2019	米，INF全廃条約を破棄，ロも離脱

▲ 軍縮・軍備管理交渉のあゆみ

信頼醸成措置Ｃ②（ＣＢＭⒷⓃ）［Confidence-Building Measures］（しんらいじょうせいそち）　緊張緩和のために東西間の相互信頼を高めようとする軍備管理措置の一つ。全欧安全保障協力会議（現欧州安全保障協力機構）では，相互の軍事活動についての誤解や誤認の危険を防ぐため，軍事演習の事前通告を決めている。

部分的核実験禁止条約Ａ④Ⓝ（ＰＴＢＴ Ａ④Ⓝ）［Partial Test Ban Treaty］（ぶ

ぶんてきかくじっけんきんしじょうやく）　1963年，アメリカ・イギリス・ソ連の３国が調印（同年発効）。日本は1964年に批准。大気圏内・宇宙空間及び水中における核兵器実験を禁止している。中国とフランスは，核保有国が核独占をはかるものだとして反対した。多くの国は条約の前文に「核兵器のすべての実験的爆発の永久的停止の達成を求め，その目的のために交渉を継続する」と規定されていることから条約に調印した。しかし，地下核実験を禁止していなかったので，十分に防止効果があがらなかった。

包括的核実験禁止条約Ａ⑤Ⓝ（ＣＴＢＴ Ａ④Ⓝ）［Comprehensive Nuclear Test Ban Treaty］（ほうかつてきかくじっけんきんしじょうやく）　爆発をともなうすべての核実験を禁止する条約。1996年の国連総会で採択されたが，いまだ発効していない。爆発をともなわない未臨界（臨界前）核実験は禁止していないなど，問題点が指摘されている。1998年には，核保有国（核兵器国）の核独占に反対して，インド・パキスタンが核実験を強行した。

　　　　　　　　頸 未臨界核実験（臨界前核実験Ⓝ）

地下核実験制限条約（ちかくじっけんせいげんじょうやく）　1974年，米ソ間で署名した条約。米ソ両国は1976年以降，150キロトンをこえる地下核実験を行わないことを約束した。また，地下核実験の回数を最小限にとどめ，すべての地下核実験を停止するために交渉を続けることも義務づけている。しかし，この上限が高く，条約は未発効。

核兵器不拡散条約Ｃ②Ⓝ（ＮＰＴＣ⑥ Ⓝ）［The Treaty on the Non-Proliferation of Nuclear Weapons］（かくへいきふかくさんじょうやく）　核不拡散条約または核拡散防止条約ともいう。1968年６月に国連総会で採択，翌７月に米・英・ソの間で調印，56か国が署名し，1970年に発効。日本は1976年に批准。核兵器の不拡散とは，①核兵器保有国（核兵器国）が非保有国（非核兵器国）に対し，核兵器の完成品や材料・情報を渡さない，②非核兵器国が自ら核兵器を製造せず，また，他国から核兵器の完成品や材料・情報などを取得しない，ことを意味する。条約は，核兵器の非保有国が，新たに核兵器をもつことを防止するもので，

不平等条約だとの批判があった。そこで，核保有国間の軍縮交渉の義務と，非保有国が核の平和利用について協力を受ける権利とを，追加修正した。核保有国フランス・中国は1992年に加入したが，インド・パキスタン・イスラエルなどは加入していない。現在の締約国は191か国。この条約は1995年，ＮＰＴ再検討会議で無期限に延長された。2003年に朝鮮民主主義人民共和国が同条約から脱退を表明。

同 核拡散防止条約Ａ③Ｎ

ＮＰＴ再検討会議Ｎ（－さいけんとうかいぎ）

ＮＰＴの規定に基づき，1975年からほぼ5年ごとに開かれている締約国会議。ＮＰＴの運用などについて話し合われる。1995年の会議では，条約の無期限延長が決められた。2005年の会議で核廃絶に否定的だったアメリカが，オバマ政権下で積極的な立場に転じたこともあり，2010年の会議では核軍縮の行動計画を盛り込んだ最終文書が全会一致で採択された。しかし2015年の会議では，核兵器禁止条約や中東の非核化などをめぐって核保有国と非保有国とが対立，最終文書が採択できなかった。

戦略兵器制限交渉Ｂ（ＳＡＬＴＢＮ）

[Strategic Arms Limitation Talks]（せんりゃくへいきせいげんこうしょう）　ソルト。1960年代末から70年代末まで行われた米ソ間の交渉。第一次交渉は1969年に開始され，1972年に弾道弾迎撃ミサイル（ＡＢＭ）制限条約および第一次戦略兵器制限条約（ＳＡＬＴⅠ，5年間の暫定協定）が締結された。その後，1972年から第二次交渉が始まり，1979年に第二次戦略兵器制限条約（ＳＡＬＴⅡ，未発効）が結ばれた。軍拡競争による経済負担に耐えかねての交渉だったが，両国間の軍備管理（戦力の調整）としての側面が強く，本格的な軍縮は1982年から始まる戦略兵器削減交渉（ＳＴＡＲＴ，スタート）にゆだねられた。

類 戦略兵器削減交渉ＢＮ（ＳＴＡＲＴＡＮ）

第一次戦略兵器制限条約（ＳＡＬＴⅠＢ）

[Strategic Arms Limitation Treaty]（だいいちじせんりゃくへいきせいげんじょうやく）　1972年，アメリカ大統領ニクソンとソ連共産党書記長ブレジネフにより調印。ＩＣＢＭ・ＳＬＢＭなどの戦略攻撃兵器制限に関する5年間の暫定協定。保有量の上限を設けただけで，ミサイルの複数目標弾道化などの質的改善の防止が対象外となっていた。このため，米ソ両国の核抑制力を効率よく安定させることをねらったにすぎず，真の軍縮からはほど遠いと批判された。

弾道弾迎撃ミサイル制限条約（ＡＢＭ制限条約ＣＮ）（だんどうだんげいげきー せいげんじょうやく）（ーせいげんじょうやく）

1972年，米ソ間で締結。ＡＢＭとは相手の核弾頭ミサイルを，自国領域内から発射して打ち落とすミサイルのこと。条約は，米ソのＡＢＭをそれぞれ2基地（1基地あたり迎撃ミサイル100基）に制限したものだが，1974年には，双方1基地（各100基）に限定した。この結果，アメリカはＡＢＭ建設を放棄，ＡＢＭ網突破のためミサイルのＭＩＲＶ（多核弾頭）化に力を入れた。これがソ連のミサイルのＭＩＲＶ化を招き，核戦略全体を不安定化させた。2001年にアメリカのブッシュ政権は同条約の一方的破棄を表明，翌02年に失効した。

第二次戦略兵器制限条約（ＳＡＬＴⅡＣ）（だいにじせんりゃくへいきせいげんじょうやく）

1979年，カーター米大統領とブレジネフソ連共産党書記長により締結。条約は米ソ双方のＩＣＢＭ・ＳＬＢＭ・戦略爆撃機の総数を，1981年までに2250以下にするとした。しかし，ソ連のアフガニスタン侵攻と条約内容への不満から米議会が批准を承認せず，条約は1985年で失効。

中距離核戦力全廃条約ＢＮ（ＩＮＦ全廃条約ＡＮ）（ちゅうきょりかくせんりょくぜんぱいじょうやく）（ーぜんぱいじょうやく）

1987年，レーガン米大統領とゴルバチョフソ連共産党書記長によって調印され，翌1988年に発効した。米ソ間で核兵器の削減が合意された初めての条約。条約は，本文17か条と査察議定書，廃棄の方法を定めた廃棄議定書，双方のＩＮＦの配置・数・特徴などを記した覚書からなる。廃棄されるミサイルとその時期は，短射程のＩＮＦについては発効から18か月以内，長射程のＩＮＦは同3年以内とされた。廃棄弾頭は米ソ合計で4100発余，双方の保有する総核弾頭数約5万発の8％にあたる。また，廃棄完了後10年間にわたって強制的検証措置が取り決められ

た。アメリカのトランプ大統領は2019年，条約からの離脱を表明。ロシアも条約の履行を停止。2019年8月には失効した。

戦略防衛構想（ＳＤＩ）［Strategic Defense Initiative］（せんりゃくぼうえいこうそう）　高出力のレーザー衛星や迎撃ミサイルを使って，飛来する大陸間弾道ミサイルをアメリカの領土に到達する前に，迎撃・破壊する構想。スターウォーズ構想ともよばれた。1983年3月，レーガン大統領がテレビ演説で打ちだしたが，1993年にクリントン政権は計画を中止。

ミサイル防衛Ⓒ Ⓝ（ＭＤ Ⓐ Ⓝ）［Missile Defense］（-ぼうえい）　2001年にアメリカのブッシュ大統領が発表した弾道ミサイルの防衛システム。衛星などを用いて敵の核ミサイルを撃ち落とし，自国などを守ることが目的。クリントン政権時代の米本土ミサイル防衛（ＮＭＤ），戦域ミサイル防衛（ＴＭＤ）の二つの構想をあわせ，あらゆるミサイル攻撃に対応できるよう強化したものである。日本はこの構想に賛同し，武器輸出三原則の例外として共同研究・開発が行われてきた。

類米本土ミサイル防衛（ＮＭＤ）
戦域ミサイル防衛（ＴＭＤ）

第一次戦略兵器削減条約Ⓝ（ＳＴＡＲＴ ⅠⒸ ）［Strategic Arms Reduction Treaty］（だいいちじせんりゃくへいきさくげんじょうやく）　ＳＡＬＴが制限条約だったのに対し，削減を目的としたのがこの条約。1991年に米ソ間で基本合意に達し，1994年に発効した。内容は，①戦略核弾頭数6000，運搬手段1600にそれぞれ削減，うちＩＣＢＭなどの弾頭数は4900以下に削減する，②条約の期間は15年，発効から7年間に3段階で削減するもの。なおソ連の解体にともない，条約上の義務はロシア・ウクライナ・カザフスタン・ベラルーシが引き継いだ。2001年に実施完了。この条約は2009年末に期限切れとなり，2010年に後継条約が結ばれた。

第二次戦略兵器削減条約（ＳＴＡＲＴⅡ Ⓒ ）（だいにじせんりゃくへいきさくげんじょうやく）　2003年までに，戦略核弾頭総数を3000〜3500に削減することを定めた条約。1993年に米ロ間で調印。アメリカは1996年，ロシ

アは2000年に批准したが批准書の交換がなされず，未発効のまま無効化。

モスクワ条約 Ⓑ Ⓝ［Moscow Treaty］（-じょうやく）　ＳＴＡＲＴⅡに代わって2002年に締結され，2003年に発効したアメリカとロシアとの戦略攻撃兵器の削減に関する条約。戦略攻撃戦力削減条約（ＳＯＲＴ）ともいう。2012年までに戦略核弾頭などを1700〜2200発に削減することを約束した。しかし，削減の検証規定がないなど，条約への評価は高くない。新ＳＴＡＲＴの発効にともない終了。

同戦略攻撃戦力削減条約（ＳＯＲＴⒸ）

新戦略兵器削減条約 Ⓒ Ⓝ（しんせんりゃくへいきさくげんじょうやく）　新ＳＴＡＲＴ。ＳＴＡＲＴⅠの後継として，2010年にオバマ米大統領とメドベージェフ・ロシア大統領との間で締結された条約。2011年発効。骨子は①配備する戦略核の上限を1550発，弾道ミサイルを800基に制限，②条約発効後，両国は7年以内に削減を実施，③米ミサイル防衛計画への制限事項は盛り込まない，など。2018年，米ロ両国は目標の達成を発表。2021年には5年間の延長が合意された。

同新ＳＴＡＲＴ Ⓐ Ⓝ

化学兵器全廃協定（かがくへいきぜんぱいきょうてい）　1990年，米ソ首脳会談で調印。1992年末までに化学兵器の廃棄することに合意したもの。

中欧相互兵力削減交渉（ＭＢＦＲ）（ちゅうおうそうごへいりょくさくげんこうしょう）　北大西洋条約機構（ＮＡＴＯ）とワルシャワ条約機構（ＷＴＯ）の間で行われた中欧地域の通常戦力削減交渉のこと。1990年，全欧州を対象とした欧州通常戦力（ＣＦＥ）条約に結実。

欧州通常戦力条約（ＣＦＥ条約Ⓝ）（おうしゅうつうじょうせんりょく-じょうやく）　1990年，欧州の22か国で調印。ＷＴＯとＮＡＴＯの制限総枠を，それぞれ戦車2万両，装甲戦闘車両3万台，火砲2万門，戦闘航空機6800機，攻撃ヘリコプター2000機とすることで欧州の通常戦力の大幅削減をめざした。また，欧州全土を同心円を描くように4地域に分け，中心部ほどきびしい数量制限をしている。最も制限がきびしいのは，ベルギー・チェコ・ドイツ・ハンガリー・

ルクセンブルク・オランダ・ポーランドの中欧地域。2007年，ロシアが条約の履行を停止した。

対人地雷全面禁止条約 <kbd>A</kbd><kbd>2</kbd><kbd>N</kbd> (たいじんじらいぜんめんきんしじょうやく)　対人地雷の全面禁止を定めた条約。オタワ条約ともいう。1997年に締結され，1999年発効した。締約国に保有地雷の4年以内の廃棄を義務づけた。この条約の成立過程では，大国による交渉難航を避けるため，条約案に賛成する国だけで，まずは条約を発効させ，その力で不参加国に圧力をかけようとする方策がとられた。この手法はオタワ・プロセスとよばれ，国際的にも高く評価されている。

類 オタワ–プロセス <kbd>N</kbd>

武器の輸出入 (ぶき–ゆしゅつにゅう)　冷戦下，軍拡競争により通常兵器が増産され，武器（兵器）の輸出入が盛んになった。冷戦終結後も，先進国から第三世界の諸国に輸出され，地域紛争が多発する原因となっている。輸出大国は，アメリカ・ロシア・イギリス・フランス・ドイツなど。他方，輸入国は中国・アラブ首長国連邦・インドなど。

カットオフ条約 <kbd>C</kbd><kbd>N</kbd> **(兵器用核分裂物質生産禁止条約)** (–じょうやく)(へいきようかくぶんれつぶっしつせいさんきんしじょうやく)　核兵器に使われる高濃度ウランやプルトニウムの生産を禁止することによって，核開発・製造・使用に歯止めをかけようとする条約。カットオフとは「供給を止める」という意味。ジュネーヴ軍縮会議（CD）での交渉が決まったが，参加国の意見対立で十分に進展していない。2009年にオバマ米大統領がプラハでの演説で条約交渉に前向きな姿勢を示した。

武器貿易条約 <kbd>C</kbd><kbd>N</kbd> **(ＡＴＴ** <kbd>A</kbd><kbd>1</kbd><kbd>N</kbd>**)** [Arms Trade Treaty] (ぶきぼうえきじょうやく)　通常兵器などの国際取引を規制する条約。

2013年の国連総会で条約案が採択された。50か国以上の批准を経て2014年末に発効した。対象は戦車や戦闘機などの通常兵器に加えて小型武器も含む。主な武器輸出国であるロシアなどは署名していない。2019年，アメリカ政府は国家主権に関わるとして同条約への署名を撤回した。

イラン核合意 <kbd>N</kbd> (–かくごうい)　イランの核開発をめぐる，同国とアメリカ・ロシア・中国・フランス・ドイツとの合意。2015年，イランの核開発能力の制限などで合意・発効した。アメリカのトランプ大統領は2018年，オバマ前政権の政策を転換，弾道ミサイルの開発制限が含まれていないなどとして，イランとの合意から離脱を表明し，イランへの経済制裁を復活させた。イラン側は激しく反発しつつも，他の5か国との合意は順守するとしている。

核兵器禁止条約 <kbd>A</kbd><kbd>3</kbd><kbd>N</kbd> (かくへいききんしじょうやく)　核兵器の開発・実験・保有・使用などを全面的に禁止しようとする条約。2017年，国連の場で122か国が賛成して採択され，2021年に発効した。条約の前文では，核兵器の非人道性について詳細にのべ，その使用が国連憲章や国際法・国際人道法に違反すると規定している。アメリカなどの核兵器保有国や，「核の傘」の下にある日本などは参加していない。

米朝首脳会談 <kbd>C</kbd><kbd>N</kbd> (べいちょうしゅのうかいだん)　アメリカと北朝鮮の首脳による史上初の会談。2018年の第3回南北朝鮮首脳会談の後，トランプ米大統領と金正恩北朝鮮国務委員長との間で，シンガポールにおいて行われた。最大の懸案事項は，朝鮮半島の非核化であった。2019年2月には，ヴェトナムのハノイにおいて第2回会談が開かれた。また，同年6月にも，韓国の板門店にて両首脳が非公式に面会している。

4章 国際政治の現状と課題

1 現代の紛争

ゴルバチョフ A2N[Mikhail S. Gorbachev, 1931～] ☞ p.147（ゴルバチョフ）

ペレストロイカ A4N[perestroika] ☞ p.147（ペレストロイカ）

アフガニスタン和平協定 N（－わへいきょうてい）1988年，ソ連・アメリカ・アフガニスタン・パキスタンの４か国で調印された文書。1979年のソ連軍によるアフガニスタン侵攻・軍事占領に終止符を打ち，ソ連軍の完全撤退を主たる内容としている。

東欧革命 C N（とうおうかくめい）1989年に始まる東欧諸国の一連の民主化の動きをさす。第二次世界大戦終了後，ソ連の圧力と東西冷戦構造のなかで，東欧諸国は社会主義の路線を維持してきた。しかし1989年，経済の行き詰まりを打開すべく，ポーランドでは政治改革の一環として，社会主義圏では画期的な自由選挙を実施，非共産党系首相が誕生した。ハンガリー・東ドイツ・チェコスロヴァキア・ブルガリア・ルーマニアにも，こうした脱共産化現象が広がり，元来ソ連圏に属していないユーゴスラヴィア・アルバニアにも及んだ。これらの流れは，東欧市民による市民革命の性格をもつ。それらをうながした背景として，東欧諸国に軍事介入しないというソ連のペレストロイカ政策の影響も大きい。

東欧の民主化 N（とうおう－みんしゅか）東欧革命ともよばれる。1985年に旧ソ連のゴルバチョフ政権下で始まったペレストロイカの影響を受け，東欧各国は1989年以降，中央集権的な共産党の独裁体制から，複数政党制へ転換した。経済面でも価格の自由化，国営企業の民営化などを柱とする市場経済体制へ移行した。

ソ連の民主化（－れん－みんしゅか）1985年以降，共産党書記長になったゴルバチョフによって，停滞した社会主義経済を活性化するため，政治・経済・社会全体の改革（ペレストロイカ）が強力に進められた。この改革で1990年に憲法が改正され，大統領制が導入された。さらに，共産党の一党独裁は廃止され，複数政党制が実現。また，国民の自由な意思による政治参加を推進するため，グラスノスチ（情報公開）が行われた。しかし，1991年の保守派クーデタの失敗を経て，民主化の成果があらわれる前にソ連は解体された。

ベルリンの壁崩壊 C N（－かべほうかい）1961年，東西ベルリンの人々の往来を遮断する「ベルリンの壁」が東ドイツ政府によって築かれた。東西冷戦の象徴ともいえるこの壁は，東ドイツ市民の西側への大量流出をくい止めてきた。しかし，1989年の東欧諸国における民主化の動きは，東ドイツ市民に西側への出国をうながし，政府もその阻止は不可能と判断した。1989年11月，東ドイツ政府は壁の開放を決定。30年近く続いた冷戦の象徴は崩壊した。

東西ドイツの統一 C N（とうざい－とういつ）1989年，ポーランドに始まった東欧民主化の激動は東ドイツにも及び，同年11月の「ベルリンの壁」の開放，東ドイツ解体を経て，各州を西側へ編入するという合併方式によって1990年10月，東西ドイツの統一が実現した。ドイツは1949年に西独，次いで東独がそれぞれ独立を宣言，東西冷戦下で分断国家として固定化されてきた。ドイツでは，プロイセンによる1871年の統一と区別して，「再統一」とよばれる。

ドイツ統一条約（－とういつじょうやく）東西両ドイツの間で，1990年８月に締結された統一に関する条約。1990年２月，西ドイツ通貨を東に流通させるという通貨同盟の合意ができ，翌３月にはコール西ドイツ首相によって統一案が示され，西ドイツによる東ドイツの編入という方向が確定した。1990年10月３日を統一の正式日と定め，首都はベルリンに決まった。

マルタ会談 A2N（－かいだん）1989年12月，地中海のマルタ島で行われたアメリカ大統領ブッシュ（父）とソ連共産党書記長ゴルバチョフとの会談をさす。第二次世界大戦後につくられた米ソによる冷戦構造の終結を宣言した。これまでの冷戦体制またはヤルタ体制にかわるものとされる。

冷戦の終結 Ｂ❷Ｎ(れいせん-しゅうけつ)　マルタ会談により，長く続いた米ソによる東西冷戦の終えんが宣言されたこと。冷戦を支えた東西の軍事機構である西側の北大西洋条約機構は存続したが，東側のワルシャワ条約機構は1991年に解散した。

中ソ和解 (ちゅうソ-わかい)　1960年代から始まった中国とソ連両国の政治・軍事・イデオロギー上の対立状態が，1989年のソ連・ゴルバチョフの訪中によって終止符が打たれた。中ソ両国は平和共存問題などをめぐる理論的対立，国境紛争にともなう武力衝突などで，対立を深めていた。

イラクのクウェート侵攻 Ｂ❻Ｎ(-しんこう)　1990年8月，イラクのフセイン政権は隣国クウェートへの武力侵攻に踏みきった。この背景には，イラン・イラク戦争の長期化や原油価格の値下がりなどで被ったイラク経済の行き詰まりを，経済的に豊かなクウェートを武力併合することで，打開しようとしたことが考えられる。

サダム＝フセイン ⑤Ｎ〔Ṣaddām Ḥusayn, 1937〜2006〕　1979年，イラク大統領就任。1980年からのイラン・イラク戦争を指揮，1990年8月にクウェートに侵攻し，ペルシャ湾岸危機を招いた。1991年1月，アメリカを中心とする多国籍軍との間で湾岸戦争を起こしたが，敗北。その後，2003年のイラク戦争でも敗れ，フセイン体制は崩壊した。2006年に死刑が執行された。なお，日本では「フセイン」と表記するのが一般的だが，正確には「フセイン」は彼の父の名であり，彼自身の実名に相当するのは「サダム」である。

対イラク制裁決議 (たいせいさいけつぎ)　1990年8月，国連安全保障理事会がイラクのクウェート侵略に対してとった制裁決議。イラクとクウェートとの貿易の禁止，財政援助の禁止など経済的制裁が柱である。すべての国連加盟国と非加盟国に，この決議の順守をよびかけた。

対イラク武力容認決議 (たいぶりょくようにんけつぎ)　1990年11月，安全保障理事会が再三の努力にもかかわらず，イラクがクウェートから撤退しないためにとった決議。1991年1月15日までに，イラクが撤退しないときは，必要な手段をとる権限を，ク

ウェート政府に協力している加盟国に与えるというもの。この決議で事実上，多国籍軍の武力行使が容認された。

多国籍軍 Ｂ❷Ｎ(たこくせきぐん)　1990年のイラクのクウェート侵攻・占領に対して，米・英・仏・伊などの軍隊と，サウジアラビア・エジプトなどのアラブ合同軍が，ペルシャ湾とアラビア半島に展開した軍事力の全体をさすことが多い。国連憲章でいう国連軍とは異なる。

湾岸戦争 Ａ⑫Ｎ(わんがんせんそう)　クウェートに侵攻して占領を続けるイラク軍と，アメリカを中心に29か国からなる多国籍軍との戦争(1991年1〜2月)。多国籍軍の一方的な勝利に終わり，早期停戦・クウェート解放が実現した。この戦争は，冷戦終結後の新しい国際政治秩序をどう構築するか，という点でも注目された。米軍では女性兵士が大量参加し，種々のハイテク兵器が実戦で本格的に使用された。この戦争に日本は，130億ドルの支援を行った。

ソ連のクーデタ失敗 (-れん-しっぱい)　1991年8月，ソ連保守派によるクーデタが起こされ，クリミア半島で避暑中のゴルバチョフ大統領を軟禁，「非常事態国家委員会」が非合法的に権力を掌握した。しかし，ロシア共和国大統領エリツィンら反クーデタ勢力の徹底的な抵抗にあい，わずか3日間でクーデタ政権は崩壊，ゴルバチョフは大統領に復帰した。クーデタの背景には，ソ連新連邦条約の調印を目前にひかえた保守派の危機感と，混乱した国内経済への民衆の不満とがあった。

エリツィン Ｃ Ｎ〔Boris N. Yeltsin, 1931〜2007〕　ペレストロイカ路線の積極的実践を主張した改革急進派のリーダー。ゴルバチョフ政権誕生後，1986年に党政治局員候補のポストについたが，クレムリン指導部の改革の遅れを批判して解任された。しかし，1989年に初めて行われた人民代議員大会の選挙で，圧倒的支持を得て当選。1991年のクーデタに際しては徹底的に対決し，これを失敗に追いこんだ。1991年にロシア共和国(現連邦)大統領に当選，1996年再選。2000年にプーチン大統領と交代。

プーチン Ｃ Ｎ(ぷーちん)　2022年現在におけ

第Ⅲ編

るロシア連邦大統領。旧ソ連KGB諜報員を経て，ソ連崩壊後は，ロシア連邦にて政治家に転身。エリツィンの後継者として2000-2008年まで大統領を2期務める。大統領3選禁止ルールの関係から，その後4年間は首相職に転じ，2012年から現在に至るまで，再び大統領職に就いている。プーチン政権は，ロシア経済を飛躍的に成長させた一方，チェチェンやウクライナへの軍事介入を繰り返して国際的非難を浴びるなど，その政治的評価は分かれている。

ソ連共産党の解体 (-れんきょうさんとう-かいたい)
1991年のソ連保守派によるクーデタの失敗後，クーデタの中心人物の多くがソ連共産党幹部であったことから急速に批判が高まり，ゴルバチョフ大統領自身が党書記長を辞任するとともに党中央委員会を解散，党を解体した。現在では，ロシア共産党が野党として活動している。

バルト三国の独立 (-さんごく-どくりつ)
バルト海に面したリトアニア・ラトヴィア・エストニアの3国をさす。1991年9月，ソ連国家評議会はバルト三国の連邦離脱を認め，独立を承認した。さらには国連の加盟承認へと発展，名実ともにソ連からの独立が実現した。バルト三国は，スターリン体制下のソ連とナチス-ドイツとの間で結ばれた秘密議定書 (1939年，独ソ密約) に基づき，1940年にソ連へ編入 (事実上の併合) されたという歴史的経緯がある。また，もともと地理的にも歴史的にも北欧への帰属意識が強かった。

韓ソ国交樹立 (かん-こっこうじゅりつ)
1990年9月，韓国とソ連とが国交樹立を宣言。米ソによる南北朝鮮分断国家の成立と朝鮮戦争を経て，韓ソ両国は互いに敵視を続けてきたが，朝鮮半島にも「ペレストロイカ」の波が及んだ。これに引き続き，大韓民国と朝鮮民主主義人民共和国は1991年に国連同時加盟を果たした。

南北朝鮮の国連加盟 (なんぼくちょうせん-こくれんかめい)
1991年9月に開かれた国連総会で，南北朝鮮の国連同時加盟が承認された。第二次世界大戦後，46年間にわたって分断されてきた朝鮮半島に，緊張緩和と平和共存への動きをもたらし，2000年6月の南北朝鮮首脳会談へとつながった。

南北朝鮮首脳会談 (なんぼくちょうせんしゅのうかいだん)
大韓民国 (南) と朝鮮民主主義人民共和国 (北) の両国首脳による会談。これまで5度開かれている。第1回は2000年，韓国の金大中 (キムデジュン) 大統領と北朝鮮の金正日 (キムジョンイル) 朝鮮労働党総書記の間で行われ，南北共同宣言に署名した。第2回は2007年，韓国の盧武鉉 (ノムヒョン) 大統領と北朝鮮の金正日総書記の間で行われ，南北首脳宣言に署名した。第3回は2018年，韓国の文在寅 (ムンジェイン) 大統領と北朝鮮の金正恩 (キムジョンウン) 朝鮮労働党委員長の間で行われ，「完全な非核化」などを柱とした板門店 (パンムンジョム) 宣言に署名した。第4回は，同じ首脳の間で米朝首脳会談に対応するため，第3回会談の約1か月後に緊急かつ短時間行われた。同じ2018年には，第5回目の南北朝鮮首脳会談が文・金氏の間で平壌 (ピョンヤン) において開かれた。

同時多発テロ事件 🅑9🅝 (どうじたはつ-じけん)
2001年9月11日，ニューヨークの貿易センタービルに旅客機2機が，ワシントン郊外の国防総省ビル (通称ペンタゴン) に1機が突っ込み，他に1機がピッツバーグ郊外に墜落した事件。貿易センタービルは崩壊，死者・行方不明者数千人に及ぶ無差別自爆テロとなった。アメリカの全空港が閉鎖されたのをはじめ，世界の金融の中心である証券取引所もほぼ1週間閉鎖され，世界的に株価の暴落を引き起こした。ブッシュ (子) 米大統領は，オサマ＝ビンラディン率いるアル-カーイダの犯行と断定。アフガニスタンのタリバン政権に身柄引き渡しを要求したが，この要求が拒否されると，報復攻撃を開始した。その後，イギリスのロンドンやフランスのパリなどでも同時多発テロが発生した。

　　　　　同 9・11事件 🅐1🅝
　　　　　パリ同時多発テロ 🅒2🅝

イスラーム原理主義 🅒 (-げんりしゅぎ)
イスラム教の原点に基づいた社会と国家の形成を唱える政治的宗教的運動。イスラム教の原理であるコーラン，ハディース，スンナなどを厳格に解釈して，日常生活における非イスラム的要素を排除したイスラム世界の復興を目指している。イスラム社会にヨーロッパ的要素が大量流入した19世紀

後半に始まり，20世紀に入ってから本格化した。なお，原理主義という表現に対しては，欧米諸国がイスラム教の復興運動を侮蔑するために用いているとの批判もある。

アル＝カーイダ **C** **N** [Al-Qaeda]　オサマ＝ビンラディンが率いる反米テロのネットワーク。2001年にアメリカで同時多発テロ事件（9・11事件）を引き起こしたほか，2005年のロンドン同時テロなど多くの国際テロ事件にも関与したとされる。カーイダとはアラビア語で「基地」の意。1980年代末，ソ連とのアフガニスタン戦争に参戦したイスラーム義勇兵を集めて結成されたが，1991年の湾岸戦争を契機に反米テロ路線に転換した。

オサマ＝ビンラディン **N** [Osama Bin Laden, 1957〜2011]　イスラーム原理主義組織アル＝カーイダの指導者。アメリカ政府は同時多発テロの首謀者と断定している。1998年のアメリカ大使館爆破テロ，2000年のアメリカ駆逐艦コール爆破テロの首謀者ともみなされている。サウジアラビアの富豪出身。2011年，パキスタン北部の隠れ家でアメリカ軍の特殊部隊などに射殺された。

タリバン **C** **2** **N** [Taliban]　アフガニスタンのイスラーム原理主義武装勢力。パシュトゥ語でイスラーム神学生を意味する。最高指導者ムハンマド＝オマル師が，難民生活を送っていたイスラーム神学生らによびかけて結成。

アフガニスタン戦争 **A** **N** (ーせんそう)　2001年から2021年まで続いたアフガニスタン一帯における戦争。2001年9月11日，米国同時多発テロ事件が起きると，米国政府は，容疑者オサマ＝ビンラディンを匿っているとして，アフガニスタンのタリバン政権を軍事攻撃。タリバンを首都から一掃すると，2004年には新憲法に基づく大統領制国家「アフガニスタン・イスラム共和国を新たに成立させた。2011年には，米軍特殊部隊がパキスタン北部に潜伏していたオサマ＝ビンラディンを射殺している。一方，タリバンはアフガニスタン各地で軍事的抵抗を継続。駐留米軍の損害は累積していき，消耗戦が際限なく続いていた。2020年，当時の米トランプ政権は，タリ

バンとの間で和平合意を成立させ，米軍の早期撤退を決定。しかし，米軍の兵力削減が開始される中でも，タリバンはアフガニスタン政府への軍事攻撃を続けた。2021年に発足した米バイデン政権の下，米軍の撤退がほぼ完了すると，タリバンは8月15日に首都カブールを制圧し，国名を「アフガニスタン・イスラム首長国」に変更。旧アフガニスタン政府は事実上崩壊して，戦争は終結した。米国にとっては，ベトナム戦争をも超える史上最長の戦争であり，費やした戦費は総額1兆ドルを超えている。

国際治安支援部隊 **N** （ＩＳＡＦ**N**）（こくさいちあんしえんぶたい）　2001年の国連決議1386号にもとづいて創設された多国籍軍。アイサフともいう。タリバン追放後のアフガニスタンの治安確保などを目的とした。NATO（北大西洋条約機構）軍を中心に37か国が派兵。アフガニスタンには米軍中心のテロ報復戦争とISAFとの二つの軍事作戦が展開された。両者の違いは，前者がタリバンやアル＝カーイダの拘束などを目的とする攻撃的な作戦をとるのに対し，後者は和平プロセスの促進を主とする防衛的な行動を旨とした。その後，両者の行動の一体化がすすんだ。2014年末，戦闘任務の終了が宣言された。

同 **アイサフ** **N**

単独行動主義 **B** **N** （たんどくこうどうしゅぎ）　ユニラテラリズムともいう。2000年代以降，アメリカがとった対外的行動の総称。特にブッシュ政権になってから，包括的核実験禁止条約の批准拒否，ABM制限条約や京都議定書からの離脱などが内外から批判された。これに対し，二国間関係を重視するのがバイラテラリズム，多国間関係を重視する行動原理をマルチラテラリズムという。

同 **ユニラテラリズム** **C** **N**
類 **バイラテラリズム　マルチラテラリズム**

イラク戦争 **A** **4** （ーせんそう）　2003年3月，イラクの保有する大量破壊兵器廃棄を名目に，ブッシュ（子）大統領とパウエル国務長官らの指揮のもと，米英軍がバグダッドを空爆，地上軍も投入してフセイン政権を倒した。しかし，国連での合意なしに行われた武力行使に国際世論は反発し，世界各地で反戦運動がおこった。アメリカはまも

なく戦闘終結宣言を行ったが，その後もイラクでの戦火は絶えず，多くの犠牲者を出した。2011年末に米軍は撤退したが，国内では宗派対立など混乱状態が続いている。

スマートパワー　アメリカのオバマ政権がかかげる外交の基本方針。軍事力を最後の手段とする一方で，軍事力だけでなく，政治・経済・法律・文化的手段などを組み合わせ，状況に応じて使おうとするもの。軍事力を優先したブッシュ（子）政権の単独行動主義への反省に基づく。

イスラーム国Ⓑ🅝（ＩＳ🅝）〔Islamic State〕(-こく)　イラク北部のイスラーム・スンニ派の過激派組織。2003年のイラク戦争時にイラク人によって結成された。元来はアル=カーイダ系で，「イラク・シリアのイスラーム国」（ＩＳＩＳ）と自称してきた。2011年のシリア内戦で活動を活発化させ，イラク政府軍などと戦いながら支配地域を広げてきた。2014年には"国家"の樹立を宣言した。潤沢な資金をもち，ネットを駆使した情報発信も重視。外国から参戦する戦闘員も多い。

なお，ＩＳに性奴隷として拘束されたが生還し，性暴力の根絶を訴えてきたイラクの人権活動家ナディア=ムラドさんら2人が，2018年のノーベル平和賞を受賞した。
☞ p.331（ISIL）

米・キューバ国交回復　(べいきゅーばこっこうかいふく)　アメリカはキューバに対して，1959年のキューバ革命を理由に1961年，一方的に国交断絶を宣言。その後，キューバ危機などで対立が続いたが，両国は2015年に国交回復と大使館の相互再開などで合意した。国交回復は54年ぶりで，2016年にはオバマ米大統領がキューバを訪問した。今後はキューバへの経済封鎖の解除などが課題。

有志連合　🅝(ゆうしれんごう)　1990年代以降，国連PKOの形をとらず，軍事介入などを行う枠組み。「意思ある諸国の連携」の意で，アメリカが主導する対テロ戦争に参加する諸国などをさす。イラク戦争やシリア内戦で実施。日本もそのリストに載っているとされる。湾岸戦争時の「多国籍軍」は国連決議によって構成された点で異なる。

❷ 多文化・多民族社会に向けて

人種　Ⓐ③🅝（じんしゅ）　遺伝的に多少とも隔離された集団で，他の集団とは異なった集団遺伝子組成を有するもの。ただし，完全な隔離集団は存在せず，集団遺伝子組成の差異も統計的な有意差にすぎない。その区分も，皮膚の色などの身体的特徴の組み合わせで行われているもので，その分類には人為的操作が加わっている。現在は人種そのものが生物学上は区別できないと考えられている。

人種差別　Ⓐ①🅝（じんしゅさべつ）　人種差別・人種的偏見など，あらゆる人種主義に共通するパターンは，「優秀民族（人種の意）の純潔を守る」という主張である。これは民族浄化（エスニック=クレンジング）とよばれ，民族紛争の要因の一つとなっている。自分の属する人種の優秀性の根拠として，文化の伝統，知能の優秀さ，体や顔の美しさなどをあげる。しかし，J.バルザンが自著『人種』の副題を「現代の迷信」としたように，人種主義には科学的根拠がない。自らをおびやかす人種を表面では軽蔑し，内心では恐れる。この迷信の信者は絶えず恐怖にさらされ，恐怖を与える相手を憎む。人種主義は憎悪をともなう迷信である。

類 民族浄化Ⓒ④🅝
（エスニック=クレンジングⒸ🅝）

人種隔離政策Ⓑ⑤🅝（**アパルトヘイト**Ⓐ⑨🅝）〔Apartheid〕（じんしゅかくりせいさく）　「分離」を意味する語で，特に南アフリカ共和国の極端な人種隔離（差別）政策・制度の総称。その根幹には，原住民代表法・インド人代表法・投票者分離代表法で，それぞれアフリカ人・インド人・カラード（有色人種）の参政権を奪ったことと，バンツー自治促進法によって，アフリカ人を種族別に10のホームランド（全国土の15％）に強制的に押し込み，隔離したことがある。国連はこれを「人類に対する犯罪」と位置づけ，各国に経済制裁を求めた。これらのアパルトヘイトにかかわる諸法律は，1991年のデクラーク大統領のときにすべて廃止され，人種隔離政策は法的には終結した。しかし現実の差別の解消は，今

後の大きな課題である。

ネルソン＝マンデラ **Ｂ** **Ｎ** ［Nelson Mandela, 1918～2013］　南アフリカの黒人解放運動指導者。弁護士となった後，アフリカ民族会議（ＡＮＣ）の青年同盟議長に就任。黒人69人が虐殺されたシャープビル事件でＡＮＣが非合法化されると地下にもぐった。1962年に煽動罪などで逮捕され，1964年には国家転覆罪で終身刑をいい渡された。しかし，世界の反アパルトヘイト気運が高まるなかで「マンデラ釈放」がスローガンとなり，獄中28年を経て，1990年2月に釈放された。1994年，南アフリカ共和国初の黒人大統領に選出された。1993年にノーベル平和賞受賞。

黒人差別 **Ｃ** **Ｎ** （こくじんさべつ）　アフリカン-アメリカン（黒人）に対する人種差別制度。1890年，ミシシッピー州では憲法修正第15条に抵触しないように，州憲法のなかに「人頭税」や「読み書き試験」を取り入れることで，彼らの選挙権をはく奪した。これは「ミシシッピー-プラン」とよばれ，その他の南部諸州もこれに類似した方法で彼らの選挙権を奪った。黒人の市民的自由については，1883年に連邦最高裁判所が，1875年の公民権法を否定して以来，南部諸州では交通機関・学校・レストランなどにおける人種差別と隔離が州法その他の法律によって制度化されていった。そして，1896年の「プレッシー対ファーガソン事件」における最高裁判決で，あらゆる人種差別に法的根拠を与えることになった。

公民権法 **Ｃ** **2** **Ｎ** （こうみんけんほう）　1964年制定。アメリカ人としての黒人の市民的諸権利の保護をめざした法律。第一に，選挙の際の「読み書き能力テスト」を一定の条件つきで禁止し，登録係官が恣意的に課すさまざまな投票基準・慣行・手続きなどから黒人を保護した。第二に，一般用の宿泊・飲食などの施設の大部分における差別を禁止し，個人や市町村を援助できるよう連邦政府に市町村相談所を設置した。第三に，連邦政府に雇用平等委員会を設置したり，公教育における差別排除のために合衆国教育局と司法長官のとるべき措置を定めた。

キング **Ａ** **4** **Ｎ** ［Martin Luther King, Jr. 1929～68］　アメリカの黒人運動指導者。1954年にアラバマ州のバプテスト教会の牧師となり，翌55年に人種差別に反対するモントゴメリー-バス-ボイコット闘争を指導して，勝利をおさめた。1957年には南部キリスト教指導者会議を結成した。後に，座り込み運動やデモを指導し，1963年には「ワシントン大行進」を成功させた。こうした非暴力の公民権運動が評価され，1964年にノーベル平和賞を受賞。1968年，テネシー州メンフィスで暗殺された。

類 ワシントン大行進 **Ｃ** **Ｎ**　　公民権運動 **Ｂ** **3**

マララ＝ユスフザイ **Ｃ** **4** ［Malālah Yūsafzay, 1997～］　パキスタンの女性教育活動家。あらゆる子どもの教育を受ける権利実現にむけての取り組みなどが評価され，2014年にノーベル平和賞を受賞した。全分野のノーベル賞受賞者のなかでも史上最年少（17歳）で，未成年者への授与は初めて。彼女は2012年，イスラーム武装勢力のタリバンから銃撃を受けて重傷を負ったが，その後も「一人の子ども，一冊の本，一本のペンが，世界を変える」などと国際社会に訴えつづけてきた。

民族 **Ａ** **6** **Ｎ** ［ethnic group］（みんぞく）　血縁的共同性・文化的共同性・共通帰属意識によって分類された人間集団。文化的共同性とは言語・宗教・歴史的伝統・政治・経済など多元的な内容を含む。18世紀の末以後，主権国家の形成単位としての民族が構想され，両者の一体を理想とする国民国家形成を説くナショナリズムが盛んになった。

民族問題 **Ｃ** **Ｎ** （みんぞくもんだい）　1980年代後半，アラブとイスラエルの問題，イランやイラクのクルド人，スリランカのタミール人などの少数民族の問題が噴出し，それが国家間の対立にも波及した。また，旧ユーゴスラヴィアにおける共和国・自治州の対立や，民族問題に端を発するハンガリーとルーマニアの紛争，ソ連におけるバルト三国の分離・独立や，アゼルバイジャンとアルメニアの紛争などが表面化した。また，欧米でも，イギリスの北アイルランド問題，アメリカの人種差別・移民問題などがある。一方，アジア・アフリカ諸国では，植民地からの独立後の国家において諸民族の対立・抗争問題を抱えている。

類 民族紛争 B

民族自決主義 C（みんぞくじけつしゅぎ） 民族が自らの運命を決定する権利を有し，自由に，独立した自己の国家を建設しうるとするもの。人民の自決権ともいう。第一次世界大戦では，連合国がウィルソン大統領の影響のもとにこれを認め，ヴェルサイユ条約の一原則となった。第二次世界大戦中は，ドイツ・イタリア・日本によって占領された地域の解放が連合国軍の平和目的の一つとなり，1941年の大西洋憲章でも民族自決権の尊重を宣言した。1960年代になると，民族自決が非植民地と同一視されるようになり，植民地独立付与宣言（1960年採択）や国際人権規約（1966年採択）でも，民族自決権を確認している。

同 人民の自決権 C

旧ソ連の民族問題（きゅうれんのみんぞくもんだい） 旧ソ連には100以上の民族が住み，そのうち15の大きな民族が共和国をつくった。ソ連邦は「自由な民族の同盟」をめざして15の共和国がまとまり，それ以外の少数民族は自治共和国や自治州を設立できることにした。しかしスターリン時代に，バルト三国の合併，強引な民族自治州の線引き，タタール人の中央アジアへの強制移住などが行われ，問題を今日に残した。

アルメニアとトルコの対立（たいりつ） 第一次世界大戦中の1915年にオスマン帝国下でアルメニア人集団殺害（ジェノサイド）が起こり，その後アゼルバイジャン内のナゴルノ－カラバフ自治州の問題で対立し，国境封鎖にまで関係が悪化した。その後あまり進展がない。

アゼルバイジャンとアルメニアの紛争 N（ふんそう） イスラーム教徒が多いアゼルバイジャン共和国に，アルメニア人自治州ナゴルノ－カラバフが1923年に発足したが，キリスト教徒のアルメニア人は宗教的・民族的理由でイスラーム勢力に迫害を受けてきた。このためゴルバチョフ以後，隣接するアルメニア共和国への帰属替えを求める運動が活発になり，1988年には死傷者を出す衝突を引き起こした。1994年にロシアの仲介で停戦協定が成立。

バルト三国の独立（さんごく・どくりつ）
☞ p.320（バルト三国の独立）

チェチェン紛争 B①N（ふんそう） チェチェンはグルジアに隣接するイスラーム系住民中心の共和国で，人口は約120万人。チェチェン人は19世紀以来，ロシアの支配に激しく抵抗してきた。1991年にロシアからの独立を宣言したが，ロシア側はこれを認めず内戦に突入した。1996年に和平合意が成立，ロシア軍はいったん撤退したが，1999年に再び攻撃を開始して国際社会から批判を浴びた。2009年に終結宣言。

パレスティナ問題 A⑤N（もんだい） 第一次世界大戦中，イギリスがパレスティナにユダヤ人国家建設を約束（バルフォア宣言）するとともに，アラブ人のパレスティナ独占を承認（フサイン・マクマホン協定）する矛盾した政策をとったため，両民族の対立が深まった。国連は1947年，パレスティナをユダヤ人国家とアラブ国家に分割することを決議した。翌1948年，イスラエルの建国が宣言されると，分割決議を不当とするアラブ諸国が軍を進め，四次にわたる中東戦争が始まった。以後，パレスティナ問題はアラブとイスラエルの国家間紛争の形をとっている。1991年10月から中東和平会議が始まり，93年にイスラエルのラビン首相とパレスティナ解放機構（ＰＬＯ）のアラファト議長との間で相互承認とパレスティナ暫定自治協定（オスロ合意）

	年	原因	影響
第一次中東戦争（パレスティナ戦争）	1948	イスラエル建国に対してアラブ諸国が攻撃	イスラエルの勝利・建国 パレスティナ難民の発生
第二次中東戦争（スエズ戦争）	1956	ナセルのスエズ運河国有化に反対して英・仏・イスラエルが攻撃	英仏への国際的非難 国連緊急軍の創設
第三次中東戦争（六日戦争）	1967	エジプトのアカバ湾封鎖を口実にイスラエルが攻撃	イスラエルの圧勝 アラブの団結の強化
第四次中東戦争（十月戦争）	1973	第三次中東戦争の失地奪回のため，エジプト・シリアが攻撃	アラブの勝利 アラブ産油国の石油戦略による石油危機の発生

▲ 中東戦争

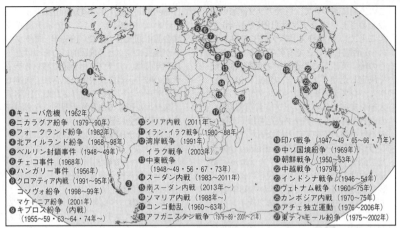

❶キューバ危機（1962年）
❷ニカラグア紛争（1979〜90年）
❸フォークランド紛争（1982年）
❹北アイルランド紛争（1968〜98年）
❺ベルリン封鎖事件（1948〜49年）
❻チェコ事件（1968年）
❼ハンガリー事件（1956年）
❽クロアティア内戦（1991〜95年）
　コソヴォ紛争（1998〜99年）
　マケドニア紛争（2001年）
❾キプロス紛争（内戦）
　（1955〜59・63〜64・74年〜）

❿シリア内戦（2011年〜）
⓫イラン・イラク戦争（1980〜88年）
⓬湾岸戦争（1991年）
　イラク戦争（2003年）
⓭中東戦争
　（1948〜49・56・67・73年）
⓮スーダン内戦（1983〜2011年）
⓯南スーダン内戦（2013年〜）
⓰ソマリア内戦（1988年〜）
⓱コンゴ動乱（1960〜63年）
⓲アフガニスタン戦争（1979〜89・2001〜21年）

⓳印パ戦争（1947〜49・65〜66・71年）
⓴中ソ国境紛争（1969年）
㉑朝鮮戦争（1950〜53年）
㉒中越戦争（1979年）
㉓インドシナ戦争（1946〜54年）
㉔ヴェトナム戦争（1960〜75年）
㉕カンボジア内戦（1970〜75年）
㉖アチェ独立運動（1976〜2006年）
㉗東ティモール紛争（1975〜2002年）

▲ 世界の紛争地図

が成立，95年には両者はパレスティナ自治拡大協定に調印した。その後，国連などの仲介で新和平案（ロードマップ）が提示され，2005年9月にはパレスティナ自治区であるガザからのイスラエル軍の完全撤退が行われたが，その後もパレスティナ（ハマス）とイスラエルとの衝突はおさまっていない。2017年，アメリカのトランプ大統領が3宗教（ユダヤ教・キリスト教・イスラーム）の聖地とされるイェルサレムをイスラエルの首都と認めるなどの決定を行い，翌18年には米大使館をイェルサレムに移した。アラブ諸国などは猛反発している。

　類中東戦争 **Ⓐ N**　オスロ合意 **Ⓑ N**
国連パレスティナ分割決議（こくれん-ぶんかつけつぎ）　1947年11月29日に国連総会にて採択された決議であり，パレスティナ地域をアラブ人国家，ユダヤ人国家，エルサレム特別区の3つに分割するもの。当決議は投票にかけられ，賛成33，反対13，棄権10で可決された。米国，ソ連，仏国などの欧米諸国は概ね賛成票を投じ，エジプトをはじめとするアラブ諸国は反対票を投じた。それまでパレスティナ地域を長年統治してきた英国は棄権に回っている。ユダヤ人たちは，当決議を概ね好意的に受け取ったが，アラブ人たちは強く反対した。採択直後にパレスティナ地域にて戦争が勃発したため，

当決議は実行されなかった。
バルフォア宣言 Ⓒ（-せんげん）　1917年に英国外相バルフォアが発した声明でありユダヤ人のナショナルホームがパレスティナ地域に建設されることを支持したもの。当時，英国は第一次大戦の最中であり，米国ユダヤ人勢力の戦争協力への見返りとして発表された宣言である。この大戦中，英国は，アラブ人の独立を約束したフサイン＝マクマホン協定（1915年），英仏露によるアラブ地域分割支配を決定したサイクス・ピコ協定（1916年）をすでに交わしており，それらの相互矛盾した態度が「三枚舌外交」と非難されていくことになる。ただし，バルフォワ宣言では national home という曖昧な表現を用いており，ユダヤ人国家建設を明確に支持したわけではないとも解されている。

フサイン-マクマホン協定（-きょうてい）　1915年から1916年にかけて，メッカ太守フサインと英国外交官マクマホンとの間で交わされた一連の書簡。この中で，アラブ人勢力がオスマン帝国に対して反乱を起こすのと引き換えに，英国側はオスマン帝国領土におけるアラブ人の独立を約束した。当時，英国は第一次大戦の最中であり，敵国の1つであるオスマン帝国を内部から切り崩す手段として，アラブ人たちの独立心を利用したのである。フサインたちは，

この書簡に基づいて，巨大アラブ国家の建設をめざし，アラブ反乱（1916～18年）を起こした。いわゆる「アラビアのロレンス」が活躍したことで有名である。しかし，その後，英仏露によるアラブ地域分割支配を決定したサイクス・ピコ協定（1916年）や，パレスチナ地域へのユダヤ人の本格入植を支持するバルフォア宣言（1917年）の内容が露呈し，アラブ人たちは，英国への不信を強めていくことになる。

インティファーダ **C** **N** ［intifāda］　アラビア語で「蜂起」の意。イスラエル占領地におけるパレスチナ住民らによる非武装抵抗運動をさす。1987年から93年頃まで続いた。2000年頃からは第２次インティファーダがくり広げられた。

イスラエル **B** **N**　西アジアの議会制共和国。中近東で経済水準が最も高い国の１つであり，民主主義の水準も高い。ユダヤ人が人口の約75.5％を占める。古代のイスラエル一帯には，ユダヤ教を信じるユダヤ人が定住していた。ユダヤ人が世界各地に離散して（ディアスポラ），差別や迫害を受け続ける中，19世紀に入ると「祖地イスラエルにユダヤ人国家を創ろう」というシオニズム運動が起こる。第一次および第二次世界大戦を通してユダヤ人の入植運動は加熱し，1948年にはイスラエル国が正式に建国された。一方，それ以前から当地に定住していたパレスチナ人との対立が激化し，周辺アラブ諸国との軋轢も生じる中，中東戦争が４回引き起こされる。1993年オスロ合意によって，イスラエルとパレスチナ自治政府が相互承認したものの，現在も反イスラエル諸勢力との衝突は頻繁に起こっており，イスラエルの武力攻撃に国際的非難が集まることも多い。核兵器保有を疑われている国家の１つでもある。

分離壁 **C** **N**（**安全フェンス**）（ぶんりへき）（あんぜん-）　パレスチナと対立するイスラエルが，2002年からヨルダン川西岸内部と東イスラエルに建設している長大なフェンス。イスラエル側はテロ攻撃に対する防衛のためと主張するが，パレスチナの人々の生活を脅かす事態を引き起こし，国際司法裁判所も建設は違法との判断を示している。

パレスチナ解放機構（ＰＬＯ **B** **N**）［Palestine Liberation Organization］（-かいほうきこう）　1964年，パレスチナ民族評議会第１回大会で創設。1969年，アラファトが議長につくと，飛躍的に力をつけた。1974年には，アラブ首相会議でパレスチナ人の唯一正当な代表と公認され，国連でオブザーヴァー資格を付与された。1988年，イスラエル国家の生存権承認という方向転換が国際社会に歓迎され，ＰＬＯの呼称をパレスチナ国家に改めた。近年，その実質をパレスチナ自治政府に移している。パレスチナでは2014年，ファタハとハマスとの統一暫定政権が発足し，分裂状態がひとまず解消した。

ハマス **C** **N**　パレスチナのイスラーム急進派で，スンナ（スンニー）派に属する。イスラーム抵抗運動ともいう。イスラエルに対して強硬的な立場をとるため国際的な批判も強いが，地道な社会福祉活動などで貧困層の根強い支持がある。2006年のパレスチナ評議会選挙で主流派のファタハに圧勝した。

ヒズボラ **N**　レバノン南部に居住するイスラームのシーア派に属する急進派。アラビア語で「神の党」を意味する。ハマスと同様，社会福祉活動などで知られる。2006年，ヒズボラがイスラエル兵を人質にとったため，イスラエル軍がレバノンを攻撃した。

パレスチナ難民（-なんみん）　1948年，第一次中東戦争が勃発すると，イスラエル側はイェルサレムの占領と，パレスチナ人追放を実行した。逃亡してきたパレスチナ人は，ヨルダンとヨルダン川西岸地区に60％，ガザ地区に20％，レバノンに15％，シリアに５％が流れて難民生活を送らざるをえなくなった。

アラブの春 **A** **3** **N**（-はる）　2010年末から11年にかけて，中東や北アフリカ地域で起きた一連の政治変革の総称。アラブ革命。民主化運動がツイッターやフェイスブックなどを利用して行われたため，ネット革命ともよばれる。チュニジアでは，反政府デモなどを受けてベンアリ大統領が国外に脱出，約23年間の統治に幕をおろした（ジャスミン革命）。エジプトでは約30年間，ムバラク大統領の統治が続いたが，反政府デモなどが広がり，2011年に辞任した。その後，

モルシが文民大統領となったが，2013年に軍部を中心にした事実上のクーデタがおこり，14年には新大統領が選出されたが，混乱はおさまっていない。リビアでは，約41年にわたるカダフィ大佐の独裁に対して反体制派が蜂起。内戦状態になったが，ＮＡＴＯ軍の空爆などもあり，カダフィ政権は崩壊した。なお，反政府・民主化運動に携わった女性民主活動家タワクル＝カルマンさんが，リベリアのサーリーフ大統領，同国の女性平和活動家レイマ＝ボウィさんとともに，2011年のノーベル平和賞を受賞した。2015年にはチュニジアの民主化に取り組む民間の4団体「国民対話カルテット」に同賞が贈られた。

同アラブ革命　ネット革命 N

ムスリム同胞団 N (–どうほうだん)　1929年，エジプトで生まれた社会運動団体。イスラーム社会の確立をめざす。その後，シリア・ヨルダン・スーダン・パレスティナ・湾岸諸国などに広がり，現在ではアラブ世界で最大の組織となった。当初はテロなどの過激な活動を展開したが，現在では穏健な方針をとる。2012年に行われたエジプトの大統領選挙で，同胞団出身のモルシが文民として初の大統領に当選した。

北アイルランド紛争 B (きた–ふんそう)　カトリックが住民の9割以上を占めるアイルランドは1922年，イギリスから独立した。しかし，プロテスタントが住民の3分の2を占める北アイルランドの6州は英国統治下に残った。そこでは少数派であるカトリック教徒が差別されたこともあり，独立運動が絶えず，さらにアイルランド共和軍（ＩＲＡ）のテロ戦術もあって，多数の犠牲者を出してきた。1998年に北アイルランド和平合意が成立した後も激しい対立がつづいていたが，2005年にＩＲＡの完全武装解除が行われた。

キプロス問題 B N **(サイプラス問題)** (–もんだい)　キプロスは，1960年にイギリスから独立したが，ギリシャ系住民とトルコ系住民の対立が激しく，島内各地で死傷事件が続発，戦闘状態が生じた。1974年，トルコ系住民は島の北東部で独立政府を発足させ，1983年に北キプロス–トルコ共和国の独立を宣言した（承認はトルコのみ）。

その後，南のキプロス共和国の欧州連合（ＥＵ）加入などを経て，南北間で統合に向けた対話が行われている。

カタルーニャ独立運動 (–どくりつうんどう)　カタルーニャはスペイン北東部にある自治州で，州都はバルセロナ。古代から交通の要衝として栄えた。1979年にスペインの自治州となり，2010年代から独立運動が始まった。背景には，スペイン本国による民族差別と納税に対する不満がある。2017年に独立の是非を問う住民投票が行われ，9割以上の賛成を得た。その後州は，独立を宣言したが，スペイン政府は認めていない。

バスク独立運動 (–どくりつうんどう)　スペインとフランスの国境付近にあるバスク地方に居住する人たちがスペインからの分離・独立を求めている運動。1959年には過激派組織「バスク自由と祖国」（ＥＴＡ）がつくられ，スペイン政府と武力衝突をくり返した。1980年に自治政府が発足したが，その後も独立運動は続いている。

カシミール紛争 B ② N (–ふんそう)　カシミール地方の帰属をめぐるインドとパキスタンの争い。これまで2次にわたり印パ戦争（バングラデシュをめぐる紛争を含めると3回）が発生した。両国は2003年に停戦合意，04年から包括和平対話をスタートさせ，緊張緩和の動きが進んでいたが，2019年，インド政府はジャム・カシミール地方の自治権を剥奪した。

タミール人紛争 (–じんふんそう)　スリランカは，1948年の独立以降，シンハラ・タミールの両民族間の対立が続いてきた。多数派のシンハラ人（74％）のシンハラ語が公用語になると，公職につけないタミール人（18％）の間に不満が高まり，北東部を分離・独立させようというＬＴＴＥ（タミル–イーラム解放のトラ）による反政府テロ活動が展開され，軍事対立が激化した。しかし，2009年に政府軍による制圧宣言が出され，内戦状態に終止符がうたれた。

シク教徒紛争 (–きょうとふんそう)　シク教は，イスラームの影響を受けたインドにおけるヒンドゥー教の改革派の一つ。ビンドランワレを指導者とするシク過激派は，1981年からヒンドゥー指導者を次々と暗殺するテ

ロ活動を開始。パンジャブ州のヒンドゥー教徒をテロの恐怖におとしいれ，彼らの移住を暴力的にうながすことで，シク教徒の国家カリスタンの分離・独立の条件を整備するのがねらいとされる。

東ティモール問題　**A**（ひがし―もんだい）　東ティモールは，16世紀以来ポルトガルの植民地だったが，1975年にポルトガル本国での政変を機に，独立を求める東ティモール独立革命戦線が勢力を拡大した。これに対して1976年，インドネシアが東ティモールを併合した。しかし，独立を求める声は根強く，インドネシアからの独立の賛否を問う1999年の住民投票などを経て2002年に独立を達成した。

アチェ独立運動　**C**（―どくりつうんどう）　スマトラ島西北端にあるナングロアチェ州で，分離・独立運動を続ける自由アチェ運動（GAM）と，インドネシア政府との紛争。2002年にジュネーヴでいったん和平協定が成立したが，その後の交渉は停滞した。しかし，2004年12月のスマトラ沖地震・津波の影響もあり，あらためて和平協議がヘルシンキで行われ，GAMの独立要求取り下げと武装解除などで基本合意した。そして，2006年には和平実現後はじめて，州知事などの選挙が実施された。なお，和平実現に向けて重要な役割をはたしたアハティサーリ＝フィンランド前大統領に，2008年にノーベル平和賞がおくられた。

カンボジア特別法廷　（―とくべつほうてい）　1970年代にカンボジアのポル＝ポト政権（クメール―ルージュ）下で起きた大量虐殺を裁く法廷。カンボジア政府と国連の合意に基づき2004年に設置された。日本も運営費用を拠出している。同法廷で2016年，人道に対する罪などに問われた元最高幹部２人の終身刑が確定した。

モロ―イスラーム解放戦線（MILF）　（―かいほうせんせん）　フィリピン南部のミンダナオ島で，イスラーム国家の樹立をめざして1978年に結成された反政府武装組織。これまで政府側と衝突や停戦をくり返し，死者は民間人も含めて15万人をこえるとされる。2012年，アキノ政権との間で和平合意，イスラーム教徒による自治政府設立などに向けて動きだした。MILFは2014年，政治組織「統一バンサモロ正義党」を結成。

ロヒンギャ問題　**B**（―もんだい）　ミャンマー（旧ビルマ）で治安軍などに迫害されたベンガル系イスラーム少数民族「ロヒンギャ」住民らが，隣国のバングラデシュに大挙して避難している問題。ロヒンギャ難民は60万人をこえるともいわれる。国籍が与えられず，人権侵害も指摘される。2017年，その帰還にむけてミャンマーとバングラデシュが正式に合意した。しかし，その後の進展はあまりない。2018年，国際連合人権理事会が調査報告書を発表して，ロヒンギャ問題の深刻さを指摘。2019年，同理事会はロヒンギャ迫害の非難決議を採択した。なお，日本政府はこの採択を棄権している。

ユーゴスラヴィア問題　**A1N**（―もんだい）　東欧の民主化以降，「南スラヴ諸族の国」を意味するユーゴスラヴィア連邦は六つの国家に分裂した。まず1991年6月にスロヴェニア・クロアティアが，続いて11月にマケドニアが，さらにボスニア-ヘルツェゴヴィナが1992年2月，独立を宣言した。これに対し，連邦の維持を主張してきたセルビアとモンテネグロも1992年4月に分離を承認，２国で新ユーゴスラヴィア連邦の結成を宣した。これら諸国の独立をめぐる過程で，民族・宗教対立もからみ，すさまじい内乱が発生，多くの悲劇を生んだ。なお，ユーゴは2003年にセルビア-モンテネグロと国名を変更したが，結局2006年にモンテネグロが分離・独立した。

ボスニア―ヘルツェゴヴィナ問題　**B1N**（―もんだい）　旧ユーゴスラヴィア解体後，ボスニア-ヘルツェゴヴィナ内のセルビア人とクロアティア人，ムスリム（イスラーム教徒）の間でくり広げられた民族紛争。血で血を洗う凄惨な抗争となった。1995年にボスニア和平協定（デイトン協定）締結。

コソヴォ紛争　**B3N**（―ふんそう）　セルビア共和国内のコソヴォ自治州で起こった民族紛争。コソヴォ自治州ではアルバニア人が約9割を占め，セルビア人との対立が1998年頃から顕在化した。両者の間で戦闘が長期化すると，1999年3月からNATO（北大西洋条約機構）軍によるセルビア空襲が行われ，多くの被害を出した。同年6月

に停戦が成立したが，その後も対立は収まらず，コソヴォは2008年，セルビアからの独立を宣言した。コソヴォ独立について，国際司法裁判所（ＩＣＪ）は2010年，国際法に違反しないとの勧告的意見を示した。

マケドニア紛争 C N（ーふんそう）　2001年にマケドニア（現・北マケドニア共和国）で発生した紛争。ユーゴスラビア紛争(1991-2001)の影響で，アルバニア系住民が独立を主張して武装蜂起。マケドニア軍との軍事衝突が起こり，数百人規模の死者を出す。NATO介入によって紛争は収まり，アルバニア語の公用語化など，アルバニア系住民の主張を一部認める和平合意が成立。翌2002年総選挙でマケドニア系政党とアルバニア系政党との連立政権が樹立した。

　　　　　　　　　類 北マケドニア C N

グルジア紛争 C N（ジョージア紛争 C N）（ーふんそう）　グルジア（ジョージア）領内の南オセチア自治州などをめぐるグルジアとロシアとの争い。南オセチアが1990年末，同じオセット人が住むロシアの北オセチア共和国への編入を求めて武力闘争したことを契機にグルジア軍が進攻。ロシアが南オセチアを支援したため，1991年にかけて武力衝突がつづいた。両国と南北オセチアの4者協議でいったん紛争解決に合意したが，2004年にグルジアに親米政権が成立してから不安定な状況に陥り，2008年に再び本格的な戦闘に発展。その後，ロシアが南オセチア自治州とアブハジア自治共和国の独立を一方的に承認したため，グルジアや欧米諸国などが反発を強めた。

ウクライナ危機 A N（ーきき）　ウクライナにおいて建国以来続いている政治的危機。1991年，ソ連から独立する形で，ウクライナが建国されたが，ウクライナ人約8割，ロシア人約2割で人口構成されており，国内対立の火種を抱えていた。2004年大統領選では，親ロシア候補による不正選挙を大衆が糾弾して親EU候補の当選へと至る「オレンジ革命」が起こる。2014年2月にはEUとの経済協定の取りやめをめぐって反政府暴動が起こり，親ロシア派の大統領がロシアに亡命した（ユーロマ

イダン革命）。この革命運動に危機感を抱いたロシアのプーチン政権は，ロシア系住民を保護する名目で，ウクライナ南部のクリミア半島に軍事侵攻。2014年3月にはロシアへのクリミア併合を強行する。続いて，2014年4月からは，ウクライナ東部のドンバス地域にて，ウクライナからの分離独立を唱える勢力による武力闘争が起こる（ドンバス戦争）。事態収拾に向けた調整が難航する中，ウクライナはNATO加盟に向けた動きを加速。これを受けて，2022年2月には，ロシアがウクライナ全域を対象とする軍事侵攻を開始した。

クルド問題 B 6（ーもんだい）　トルコやイラクなどに住む少数民族クルド人の自治や独立をめぐる問題。クルド人は独自の言語を話し，宗教的にはイスラームのスンニ派が多い。古くは王朝国家を樹立したが，第一次世界大戦後に居住地域がトルコ・イラン・イラクなどに分断され，各地で分離・独立運動を続けている。とくに，トルコやイラクでは政府側と激しい抗争が行われてきた。イラク北部には自治区があり，2017年に独立国家樹立の是非を問う住民投票が行われ，9割をこえる賛成多数となった。

シリア内戦 A N（ーないせん）　「アラブの春」の影響を受けたシリアの反政府運動が，政府軍に弾圧された事件。シリアは1946年にフランスから独立。クーデタで政権を握った父のあとを継いだバッシャール＝アサドが，2000年に大統領に就任。親子二代の独裁体制を築いた。2011年3月には反政府デモが発生すると，アサド政権はこれを弾圧。その後も政府軍による住民虐殺などが相次いだ。国連による監視活動が行われたが，十分な効果はみられなかった。化学兵器の使用をめぐり，化学兵器禁止機関（OPCW）による査察があり，国内の化学兵器の廃棄処分が行われた。内戦による死者は19万人をこえるとされる。

チベット問題 B N（ーもんだい）　チベットの独立などをめぐる問題。チベットはかつてイギリスの影響下にあったが，1949年の新中国成立後，中国の自治区に組みこまれた。59年に大規模な騒乱が起こったが軍に鎮圧され，チベット仏教の最高指導者ダライ

＝ラマ14世がインドへ脱出，亡命政府がつくられた。その後も中国への抵抗運動がたびたび起きている。

ウイグル問題 C N (=もんだい)　中国西部にある新疆ウイグル自治区（1955年設置）の独立運動などをめぐる問題。同自治区では1990年代以降，中国からの独立を求めて暴動が多発。これらの背景には，漢族とウイグル族との経済格差や，民族固有の文化的・宗教的権利が中国において尊重されていないことへのウイグル族側の不満がある。中国政府はこれらを武力鎮圧してきた。

ルワンダ内戦 B (=ないせん)　1990年から94年まで行われたツチ人の反政府ゲリラ組織と，フツ人の政府軍とによる内戦。1962年にベルギーから独立した後，多数民族のフツ人主導の政権が続き，不満をいだく少数民族のツチ人とが対立して内戦に陥った。1994年の大統領死亡事故を契機に，フツ人によるツチ人の大量虐殺事件が続発した。戦闘は反政府軍の勝利で終結したが，その間の死者は数十万人，難民は240万人に達した。国連はこの虐殺事件の責任を追及する「ルワンダ国際犯罪特別法廷」（ICTR）をタンザニアに開設した。

スーダン内戦 C N (=ないせん)　北部のアラブ・イスラーム系民族と，南部のアフリカ・非イスラーム系民族との内戦。スーダンは北部主導で1956年に独立したが，南部からは強い自治要求があった。それらを背景に1983年，政府によるイスラーム法の導入強行に南部が反発，反政府武装勢力を結成して激しい内戦となった。その後も停戦と戦闘がくり返されたが，2011年に南部地域で分離・独立の是非を問う住民投票が行われ，南スーダン共和国が成立した。南スーダンでは石油の利権などをめぐり，大統領派と前副大統領派が激しく武力対立する危機的な事態になった。2018年に両者は停戦合意したが，実現は不透明。スーダンでは西部のダルフール地方でも，政府軍と反政府軍の内戦が継続し（ダルフール紛争），国連とアフリカ連合による平和維持活動などを経て，2013年に停戦協定が結ばれたが，その後も武力衝突が頻発している。

類 ダルフール紛争 B 2 N

エチオピア・エリトリア国境紛争 C (=こっきょうふんそう)　エチオピアとエリトリアとの国境をめぐる争い。両国はかつて連邦制だったが，1962年にエチオピアがエリトリアを強制併合。長い武装闘争をへて1993年にエリトリアが独立した。その後，国境付近にある村の領有権で再び衝突。常設仲裁裁判所は2002年，エリトリアに所属と判断したが，エチオピアが拒否。2018年になってエチオピアが軟化し，両国は戦争終結などの共同宣言に署名。

ジンバブエ政変 (=せいへん)　2017年にアフリカ南部のジンバブエで，37年間独裁的に統治したムガベ大統領が辞任し，かわりにムナンガグワ前副大統領が就任した政治変革。ジンバブエ（「石の家」の意）は旧ローデシア。1965年，白人を中心に一方的に独立を宣言したが，反発した黒人と内戦になり，これに勝利した黒人勢力が1980年に改称し，改めて独立宣言をした。

コロンビア革命軍 N（FARC N） [Fuerzas Armadas Revolucionarias de Colombia] (=かくめいぐん)　1964年に南米のコロンビアで農民を主体に結成された反政府武装組織。麻薬産業などを資金源にして，政治家の暗殺や誘拐などをくり返してきた。1985年に政府と停戦合意，その後政治活動に専念したが，90年末から政府軍による弾圧を理由に武装闘争を再開した。しかし，主要幹部の死亡や逮捕が相次ぎ，2016年に政府との和平合意文書に署名した。その後の国民投票で合意内容が否決されたが，再交渉の末，新和平合意が成立した。2018年の議会選挙に向け，FARCは政党に移行した。なお，この和平交渉で中心的な役割を果たしたコロンビアのサントス大統領に2016年のノーベル平和賞が贈られた。

人道的介入 C 1 (=じんどうてきかいにゅう)　自国の国民に人権侵害などを行う国に対し，それを止めさせる目的で外部から強制的に介入すること。内政不干渉の例外とされるが，正当化のためには国際世論の合意が不可欠。コソヴォやソマリアなどの事例がある。

子ども兵士 C（チャイルド-ソルジャー C） (=へいし)　正規・非正規の軍隊や武装グループに加わる18歳未満の者。そのな

かには調理担当・荷物係・メッセンジャーなど，武装勢力が連れ回す家族以外の子どもたちを含む。つまり，武器携帯の有無には関係ない。子ども兵士の徴募は子どもの権利条約の選択議定書で禁止されているが，その数は世界で推定30万人に達するともいわれる。

戦争の民営化 (せんそう−みんえいか)　冷戦終結後の戦争が国家同士だけでなく，国家対民兵，民兵対民兵の戦いに様変わりしている状況をあらわした言葉。「戦争の下請け化」などともよばれる。こうした戦争の例は，ボスニア−ヘルツェゴヴィナ内戦など，さまざまな戦争でみられた。イラク戦争の際には，米軍が担当しづらい分野を民間の警備会社が担ったりした。国連人権理事会もイラクやアフガニスタンで「民間警備・軍事会社」のもとで活動する「雇い兵」が急増しているとする報告書を国連に提出している。国連総会は1989年，雇い兵が国際法の原則を侵害するとして，その使用や訓練などを禁止する条約を採択し，2001年に発効している。

平和構築 **C** **N** (へいわこうちく)　戦争や紛争が終わった国や地域に対して行われる平和に向けたさまざまな取り組み。敵対勢力間の和解，紛争地の経済復興や法制度の整備，戦闘員の社会復帰など。国連には「平和構築支援事務所」などがある。

ノーベル平和賞 **B2** **N** [Nobel Peace Prize] (へいわしょう)　ノーベル賞の1部門であり，国際平和や軍備縮減への貢献があった個人・団体に贈られる賞。ノルウェー・ノーベル委員会が選考する。ノーベル賞の中でも政治性が強い賞であり，授与そのものが一種の政治的意味を持ちやすい。例えば，1935年にドイツの反戦運動家に平和賞を授与した行為は，事実上のナチス批判となり，当時のヒトラー政権からの政治的反発を引き起こした。

ISIL **C** **N** (**イスラーム国** **B**) [Islamic State of Iraq and the Levant] (−こく)　イラクおよびシリア地域において活動する軍事組織・擬似国家。正式名称はイスラーム国 (IS: Islamic State) だが，世界各国は同組織を国家として承認しておらず，国際社会では単に ISIL と呼ばれる傾向にあ

る。1999年にイスラーム聖戦運動組織として誕生し，イラク戦争 (2003〜2011) およびシリア内戦 (2011〜現在) 下でテロ活動を展開。イラクおよびシリアの一部地域を実効支配し，2014年には「イスラーム国」の建国を宣言。同組織リーダーのアル＝バグダディを「国家元首」，シリア北部の都市ラッカを「首都」として，警察・裁判所などの主要公職も同組織メンバーで固めるなど，擬似的に国家の形態を整えた。しかし，2017年にはラッカがシリア民主軍によって陥落し，掃討された。2019年にはアル＝バグダディが米軍によって自爆死に追い込まれた。一方，ISIL は支配地拡大の過程において，現地住民の虐殺や奴隷化を続けているほか，ジャーナリストや人権活動家の処刑も繰り返しており，国連人権理事会は全会一致で非難決議を出している。

BLACK LIVES MATTER 運動 (−うんどう)　黒人に対する暴力と差別に反対する世界規模の政治運動。略称は BLM。本部・支部・公式指導者は存在せず，BLM の理念に共鳴する人々がゆるやかに結びついた国際的な分散ネットワークとなっている。2012年，米国フロリダ州にて地元自警団員が17歳黒人少年を射殺したトレイボン・マーティン事件に対して，2013年に各ソーシャルメディア上で #BlackLivesMatter というハッシュタグを使った抗議運動が起こった。これを起点として，黒人に対する暴力事件に抗議するデモが BLM の名で実行されるようになり，2020年には，ジョージ・フロイド抗議運動で世界的な注目を浴びることになった。

アンティファ [ANTIFA]　反ファシストを略した名称であり，ファシズムに反対する世界規模の政治運動。本部・支部・公式指導者は存在せず，ファシズムを阻止するために積極行動を取るという一点において結びついた緩やかな分散ネットワークとなっている。実際の運動においては“ANTIFA”または類似した表現の記載された旗を掲げたり，黒い服装を着用してブラックブロック (黒い塊) を集団で形成することが多い。アメリカでは，2020年ジョージ・フロイド抗議運動で主要な役割を担っ

たほか，2016年および2020年のアメリカ大統領選挙において，ドナルド＝トランプ候補に対する熾烈な抗議運動を展開したことで知られる。

オルトライト 〔alt-right〕 2010年代より米国社会で活発となっている非主流派の保守主義運動。白人ナショナリズムを中核的思想として，外国人排斥／反フェミニズム／反同性愛などを唱えており，民主党はおろか共和党の主流保守派にも敵意を向ける傾向にある。インターネットを活動拠点としている点もオルトライトの特徴であり，ネット文化特有のアイロニー・パロディ・スラングを多用する。オルトライトは，その主張の過激性や無根拠性から，Twitter／Facebook などの主流ＳＮＳにおいて排除対象とされている。

国際化 **B**②**N**（こくさいか） 国際社会に開かれていくこと，国際的な原理を受け入れていくことという意味で用いられることが多く，日本社会と日本人の閉鎖性や排他性を改めることの主張に通じている。経済的な面と人の交流の面で多く用いられるが，それに限定されない。日本人の対外的発展に深くかかわるが，反面，労働者や難民の受け入れ，外国の主張や要求の受け入れなど，日本社会の内部を変える要素も含まれている。日本社会への外国人の受け入れは，国内に種々の摩擦を生じるので，国際化を進める場合は，日本社会を対外的に開放していく必要性を意識し，摩擦の解消への努力が求められる。

グローバリズム **C**③**N**〔globalism〕 汎（はん）地球主義と訳される。現代の国際社会はヒト，モノ，資本，サービス，情報などあらゆる分野で国際化が進み，相互依存の関係が進行し，国家を超えて全地球的な視点からの解決がせまられている。たとえば地球的規模で進行し深刻化している環境破壊の問題や人口問題，資源・エネルギー問題などはそうである。「宇宙船地球号」といったとらえ方はグローバリズムの立場からのものである。 ☞ p.274（グローバリズム）

青年海外協力隊 **B**②**N**（せいねんかいがいきょうりょくたい） ☞ p.300（青年海外協力隊）

ボーダレス社会 （-しゃかい） ボーダレスとは境界がないという意。今日では，交通手段や通信手段の発達により，人・物・資本・情報などが国境を越えて動いている。例としては，ヨーロッパ地域の政治統合をめざすＥＵ（欧州連合）の動き，旧ソ連・東欧社会の社会主義体制の崩壊にともなう脱イデオロギー化，外国人労働者の増加などがあげられる。

エスノセントリズム **A**⑤**N**〔ethnocentrism〕 自民族中心主義，自文化中心主義のこと。自民族や自国の文化を最も優れたものと考え，他国や他民族の文化を価値の低いものと判断する態度や見方をいう。日本は島国という地理的要素や，かつて「鎖国」をしていたという歴史的要素，さらに単一民族であるという誤解から，エスノセントリズムへと傾斜する危険性を抱えている。真の国際化を実現するためには，その克服が必要とされる。
　　　　　　　同 自民族中心主義 **A**③**N**
　　　　　　　（自文化中心主義 **C**　**N**）

ダイバーシティ **B**②**N**〔diversity〕 ☞ p.358（ダイバーシティ）

異文化理解 **C**（いぶんかりかい） 人間が自分の所属している文化とは異質な他の文化を理解すること。人間はその生まれ育った社会の文化を身につけ，その文化を基準にして判断する傾向がある。それは，国際化が進むなかで異文化接触の機会が増えるに従って，異質な者同士が適切に交流できない場面を増やす。異質な文化を背景にもつ者が相互理解を進めるためには，互いの文化に対する十分な理解が必要である。文化的な差異を認識しなければ，自己の文化的基準を相手にも適用することになり，誤解を生じやすいからである。

マルチカルチュラリズム **B**②**N**〔multiculturalism〕 多文化主義または文化的多元主義。西欧中心主義の文化や言語への同化・融合をはかるのではなく，各民族（特に少数民族）の多様性・複雑性・アイデンティティを保持し，共存していこうとする立場・主張。1970年代から欧米（特にカナダ・オーストラリア）で提唱され出した。たとえば，オーストラリアでは白人以外の人種を排斥してきた「白豪主義」政策が，1970年代に廃止された。近年では，「とも

に生きていく」との意味を強調し、「多文化共生」という言葉も用いられる。

　同 多文化主義 **A** **N**（文化的多元主義 **C**）
　　　　多文化共生 **A** **N**

文化相対主義 **B** 4（ぶんかそうたいしゅぎ）
　☞ p.97（文化相対主義）

ステレオタイプ **C** **N**［stereotype］　ものの見方が紋切り型で、固定的なパターンにより事実を認識したり理解したりするとらえ方。ステロタイプともいう。複雑な事象を簡易に説明することには役立つが、支配者が意識的に操作すると、ナチスによるユダヤ人迫害運動などのような社会的な弊害を引き起こす。アメリカの政治評論家リップマンが、著書『世論』のなかで述べた概念。

カルチュアーショック［culture shock］　異文化との接触で受ける、個人の文化的な基盤をゆるがすような衝撃をいう。明治時代に西欧文化と接した日本人には、これを強く体験した例が多く、夏目漱石のロンドン体験はしばしば引用される。異質な文化に触れることは異質な行動様式や考え方に触れることで、自分が背景にしているものとの相違を意識させられることになる。カルチュアーショックに対する態度には2種類あり、体験した異文化に強い憧れをもって自文化を批判する場合と、逆にそれに反発して自文化を高く評価し国粋主義的な態度をとる場合がある。

マイノリティ **A** **N**［minority］
　☞ p.181（マイノリティ）

先住民 **B** 1（せんじゅうみん）　歴史上、その場所に先に居住し、一定の文化を形成していた民族。アメリカ大陸のネイティヴ-アメリカン、オーストラリアのアボリジニ、北海道のアイヌなどがその具体例である。移住・侵略してきた民族の支配によって、民族差別を受けたり、言語や文化を奪われる同化政策を受けたりした。なお、アイヌについては、1899年制定の「北海道旧土人保護法」の差別的な内容が問題になり、この法律が廃止された。国連では先住民の権利宣言が採択されている。

　類 先住民の権利宣言 5

文明の衝突 **N**（ぶんめい-しょうとつ）　冷戦終結後の国際政治は、イデオロギーや国家の対立にかわって、文明を単位とした勢力間の対立を軸に再編されるとする説。アメリカの国際政治学者サミュエル=ハンチントンらの主張に基づく。

文明の同盟（ぶんめい-どうめい）　異文明間の共存をかかげ、西側とイスラームとの対話や相互理解を深める国連のプロジェクト。2004年にスペインのサパテロ首相が提唱。その後、トルコのエルドアン首相（現大統領）が共同発起人となって発足した。2008年からは、世界の指導者が参加する世界フォーラムが開かれている。

3 日本の戦後外交と課題

ポツダム宣言 **A** **N**（-せんげん）　**☞** p.160（ポツダム宣言）

日華平和条約（にっかへいわじょうやく）　1952年4月、中華民国（国民政府）と日本との間で調印され、第二次世界大戦を終了させた条約。台湾を日本が放棄すること、中国側の賠償の放棄、経済の相互協力などが約束されたが、当時の中国本土にはすでに中華人民共和国が存在していたため、その後の日中関係にさまざまな障害をもたらした。この条約は、1972年9月の日中共同声明で存在意義を失った。

日印平和条約（にちいんへいわじょうやく）　1952年に東京で調印された、日本とインド間の講和条約。インドはサンフランシスコ講和条約で、アメリカが沖縄の信託統治を原案としたことに反対し、講和会議に参加せず、その後単独で平和条約を締結、賠償請求権を放棄した。

日ソ共同宣言 **A** **N**（にっ-きょうどうせんげん）　1956年、日本とソ連の戦争状態を終了させ、国交を回復するために出された宣言。日本の鳩山一郎首相とソ連のブルガーニン首相との間で調印された。正式には「日本国とソヴィエト社会主義共和国連邦との共同宣言」といい、事実上の講和条約である。外交関係の回復、内政への不干渉、賠償請求権の放棄、水産資源の共同利用などを規定した。しかし、北方領土問題では意見が対立、解決は後日に託された。日本はこの宣言後に国連加盟が認められ、国際社会に復帰した。

外交三原則 **C** 5（がいこうさんげんそく）　1957年、

外務省の刊行物「わが外交の近況」において示された日本の外交原則。①国際連合中心主義，②自由主義諸国との協調，③アジアの一員としての立場の堅持，の３点から構成される。これに加えて，戦後の吉田茂政権では「対米依存，軽武装，経済優先」を外交戦略とする「吉田ドクトリン」が打ち出された。戦後日本の外交は，この吉田ドクトリンと外交三原則を大まかな方向性としてきた。

国連中心主義　**Ｂ**・**Ｎ**（こくれんちゅうしんしゅぎ）　1957年９月，外務省刊行物「わが外交の近況」のなかで示された外交三原則の一つ。国連こそが国際社会における戦争危機を阻止する有効手段となっており，日本はその国連の使命達成に寄与すべきとするもの。当時，日本は悲願だった国連加盟に成功したばかりであり，その当時の政治状況を反映した原則となっている。

　類　**外交三原則**　**Ｃ**⑤

自由主義諸国との協調　**Ｃ**（じゆうしゅぎしょこく-きょうちょう）　1957年９月，外務省刊行物「わが外交の近況」のなかで示された外交三原則の一つ。共産主義諸国に対抗して，日本を含めた自由主義諸国が結束を保つことで長期的な世界平和を保とうというもの。当時の冷戦状況を反映した原則である。

　類　**外交三原則**　**Ｃ**⑤

アジアの一員としての立場の堅持　**Ｃ**②（-いちいん-たちば-けんじ）　1957年９月，外務省刊行物「わが外交の近況」のなかで示された外交三原則の一つ。日本はアジアの一員という立場にたって，アジア諸国の共同性を高め，ひいてはアジア諸国の地位向上と発言権の確保に努めようというもの。

　類　**外交三原則**　**Ｃ**⑤

国際協調主義　**Ｃ**（こくさいきょうちょうしゅぎ）　各国と対等の立場に立って，相互に利害を調整しながら，国際社会の諸問題を解決していこうとする態度や思想。日本は，憲法の前文や外交の基本方針でこの立場をとることを，対外的に明らかにしている。

日韓基本条約　**Ａ**・**Ｎ**（にっかんきほんじょうやく）　正式名称は「日本国と大韓民国との間の基本関係に関する条約」。1965年に東京で調印。1910年以前の旧条約の無効，外交関係の開設，通商航海条約交渉の開始，南の大韓

民国のみを唯一合法の政府とすること，などが条約で確認された。条約交渉は難航し，成立までに約14年を要した。同時に成立した在日朝鮮人の法的地位に関する協定は，彼らに「韓国籍」を強要することになり，問題を残した。

沖縄返還　**Ｂ**②**Ｎ**（おきなわへんかん）　1969年11月，沖縄の本土復帰に関する日米共同声明が発表された。政府は「1972年返還・核抜き・本土なみ」の三原則を強調した。野党は，沖縄がアメリカの海外戦略基地となる危険を表明した。1971年に返還協定が調印，1972年５月に施政権が返還された。しかし，米軍基地は依然として，沖縄本島面積の約15％を占め，全国の米軍基地の約70.3％が集中している。基地撤去は県民の悲願である。

日中共同声明　**Ｂ**・**Ｎ**（にっちゅうきょうどうせいめい）　日本は中華民国との間に日華平和条約を結んだため（1952年），中華人民共和国とは非友好的な関係にあった。しかし1972年，ニクソン米大統領の訪中に続いて，田中角栄首相が中国を訪問。北京で，「日中両国は，一衣帯水の間にある隣国」で始まる日中共同声明が発表され，日中国交正常化が実現した。他方で，中華民国は日本との外交関係断絶を宣言した。

金大中事件　**Ｎ**（きんだいちゅうじけん）　韓国の金大中キムデジュン（のちに大統領）が1973年８月，東京・九段のホテルから韓国中央情報部（ＫＣＩＡ）によって拉致され，５日後にソウルの自宅近くで釈放された事件。この事件は韓国内の反政府・民主化闘争を再燃させ，日韓関係に緊張をもたらした。

日中平和友好条約　**Ａ**②**Ｎ**（にっちゅうへいわゆうこうじょうやく）　1972年の日中共同声明を受け，1978年に福田赳夫内閣によって調印された条約。正式には「日本国と中華人民共和国との間の平和友好条約」。平和五原則及び武力の不行使（第１条），反覇権の原則（第２条），経済・文化の発展と両国民の交流の促進（第３条）などをうたった。その後，日本の歴史教科書の検定で文部省（現文部科学省）が中国への「侵略」を「進出」と書き換えさせた問題（1983年），中曽根康弘首相の靖国神社公式参拝問題（1985年），天安門事件で西側諸国の経済制裁に

日本も加担した問題（1989年）などが起こり，一時摩擦が生じることもあったが，全体的には友好関係を保ってきた。近年では，小泉純一郎首相の靖国神社参拝や，尖閣諸島問題などをめぐり政治・外交問題になった。

反覇権主義　（はんはけんしゅぎ）　他国に対して支配を及ぼそうとする考え方や行動を覇権主義という。それに反対する立場が反覇権主義。近年の国際社会では，大国の一方的な影響力を排除・けん制するため，中小国側による反覇権主義運動が盛んだった。特に中国が積極的で，日中平和友好条約にも反覇権条項が盛り込まれた。

日朝三党共同宣言　（にっちょうさんとうきょうどうせんげん）　1990年9月，自民・社会両党合同訪問団が平壌を訪問した際に発表された自民・社会・朝鮮労働の3党の宣言。朝鮮民主主義人民共和国（北朝鮮）は，日本との国交正常化の政府間交渉開始を提案した。

日本と朝鮮民主主義人民共和国との国交正常化交渉　**C**　（にほん-ちょうせんみんしゅしゅぎじんみんきょうわこく-こっこうせいじょうかこうしょう）　1991年1月以来，平壌・東京・北京と場所をかえて開かれたが，交渉は難航した。2002年9月，小泉純一郎首相と金正日総書記との間で，初の日朝首脳会談が行われ，日朝平壌宣言が出された。しかし，日本人拉致問題が未解決なこともあり，その後の大きな進展はない。

6か国協議　（ろくこくきょうぎ）　北朝鮮の核開発問題に対処するため，2003年8月から随時開かれている米・日・中・ロ・南北朝鮮の6者による協議。2005年9月の第4回協議では，朝鮮半島の非核化などの目標をもり込んだ初の共同声明が発表された。現在は中断している。

拉致問題　**A** **N**　（らちもんだい）　1970年代から1980年代にかけて，北朝鮮が日本人を拉致して北朝鮮に連れ去っていた問題。2002年の日朝首脳会談にて，当時の北朝鮮最高指導者である金正日が拉致の事実を公式に認めて謝罪した。ただし，日本政府が主張している拉致被害者は17名であり，北朝鮮政府が認めたのは，そのうちの13名のみ。拉致被害者のうち5名が日本帰国を果たしたが，残りの被害者に関しては，

2022年現在も未解決のままである。北朝鮮は，日本以外にも世界各国で拉致事件を起こしており，その主たる目的は国際スパイ養成にあったものと推測されている。

北方領土問題　**A** **N**　（ほっぽうりょうどもんだい）　北方領土とは，現在ロシア連邦が実効支配し，かつ日本国が領有権を主張している歯舞群島・色丹島・国後島・択捉島の4島のことである。ロシア側は南クリル諸島と呼んでいる。元々，北方領土4島には，日本人やロシア人以外の先住民族が住んでいたが，江戸時代後期に入ると，江戸幕府とロシア帝国のいずれもが自国支配圏に組み入れようと画策してきた。1855年に日露和親条約にて4島が日本領となり，1875年樺太千島交換条約にて4島を含めたクリル列島全体が日本領となる。しかし，第二次大戦末期の1945年2月，連合国同士のヤルタ協定にて，ソ連（ロシア帝国の後継国家）が対日参戦する条件の1つとして，クリル列島をソ連領とすることが決定。同年8月，ソ連は日本に侵攻し，4島とも実効支配した。4島には日本人が定住していたが追放され，代わりにロシア人が定住するようになった。1991年ソ連崩壊に伴って，ロシア連邦が4島の支配権を継承。日本政府はロシアに返還を要求してきたが，ロシア側は消極的な態度をとり，2010年代に入ると領土問題そのものが存在しないとの意思を示す。2020年施行のロシア新憲法では「領土割譲禁止」条項が設けられ，4島の返還可能性はさらに狭まった。

▲ 北方領土問題

政経不可分の原則　(せいけいふかぶん-げんそく)　日ソ共同宣言(1956年)によって国交は回復したが、正式の講和条約は結ばれず、大型プロジェクトを含むような経済交流もなされていない。それは日本政府が「政経不可分の原則」を掲げ、北方領土問題が解決されないかぎり、シベリア開発などにかかわる大型経済援助はしないとの立場をとっているからである。

日口平和条約　(にち口へいわじょうやく)　サンフランシスコ講和会議にソ連・ポーランド・チェコスロヴァキアなどが反対したのは、アメリカに日本を反共の防壁にしようとする意図があるとみたからである。1956年の日ソ共同宣言で戦争の終結と国交回復がなされ、また平和条約を締結した後に、歯舞群島・色丹島の引き渡しが約束されたが、条約は未締結のままである。

尖閣諸島問題　**Ⓐ** **Ⓝ**　(せんかくしょとうもんだい)　沖縄県石垣島の北方にある無人島(魚釣島や北小島など五つの島と三つの岩礁)をめぐる領土問題。1895年、日本政府が先占の法理に基づき領土として編入し、戦後はアメリカの施政権下に置かれたが、1972年の沖縄返還で復帰した。日本・中華人民共和国・台湾などがその領有を主張している。海底に埋蔵されていると推定される天然資源(石油や天然ガス)が注目され、諸島の領有をめぐって問題化した。2010年には、この島付近で違法操業の中国漁船が、海上保安庁の巡視船に故意に衝突して逃走、中国人船長が逮捕される事件が起きた。2012年、日本政府が諸島のうち、三つの島の国有化を決めたため、中国は強く反発した。

竹島問題　**Ⓐ** **Ⓝ**　(たけしまもんだい)　日本と韓国の間でその領有権を主張している竹島をめぐる領土問題。韓国名は独島。国際社会における中立的名称はリアンクール岩礁(Liancourt Rocks)。竹島は、島根県隠岐島の北西にある二つの島と付随する多くの岩礁からなる。1905年に時の明治政府が日本領有を宣言、島根県に編入したが、その後1965年に日韓関係が正常化された際にも、この竹島の帰属だけは解決されず、韓国は実効支配を続けている。2005年、島根県が条例で「竹島の日」を制定した。2012年には、李明博大統領が同島に上陸、両国間で緊張が高まった。

南沙諸島問題　**Ⓒ** **Ⓝ**　(なんさしょとうもんだい)　南沙諸島は南シナ海南部に浮かぶ100余の島で構成。英語名はスプラトリー諸島。海底資源に恵まれ、海上交通の要衝。中国・ヴェトナム・フィリピン・マレーシア・ブルネイが領有権を主張している。南シナ海周辺で、中国が岩礁や暗礁の埋め立てを行った。

西沙諸島問題　**Ⓒ** **Ⓝ**　(せいさしょとうもんだい)　西沙諸島は南シナ海中部に位置する。英語名はパラセル諸島。中国・ヴェトナムが領有権を主張。1974年の中国とヴェトナムによる武力衝突以降、中国が実効支配している。

南シナ海行動宣言(DOC)　(みなみ-かいこうどうせんげん)　南シナ海での領有権紛争の平和的解決などを明記した宣言。中国とASEANの4か国(ヴェトナム・フィリピン・マレーシア・ブルネイ)間で2002年に調印。これに法的拘束力をもたせた南シナ海行動規範(COC)の策定に向けて、中国とASEAN10か国の間で枠組み草案に合意した。

類南シナ海行動規範(COC**Ⓝ**)

第Ⅳ編 現代の経済社会と国民の生活

> キリンの幸福を心におくならば，餓死する頸の短いキリンの苦痛を見過ごしてはならないし，競争のさい，地面に落ちてふみつけられる葉や，頸の長いキリンの食べ過ぎ，温和な動物たちの顔を曇らせる心配，争いの醜さなどを見落としてはならない。
>
> ——J.M. ケインズ（『自由放任の終焉』より）

1章 私たちと経済活動

1 私たちと経済

経済社会の特色

経済 A⑪Ⓝ［economy］（けいざい）　中国の古典に出てくる「経世済民（けいせいさいみん）」に基づいてつくられた語。一般的に，人間の生活に必要な財（形のあるもの）やサービスの生産・分配・流通・消費など，人間の生活や社会を維持するための最も基本的な活動をさす。経済には家計・企業・政府の三つの主体がある。この結びつきを経済循環という。実際の経済には，失業・インフレーション・貧困・環境破壊などの問題が発生する。

経済的欲望（けいざいてきよくぼう）　財やサービスを消費したいという欲望のこと。人間は衣・食・住のような有形の財や，教育・医療など無形のサービスを消費しているが，一部の財・サービスについての経済的欲望が満たされても，ほかに欲しい財・サービスはいくらでも出てくる。人間の経済的欲望には限界がない。

経済資源（けいざいしげん）　生産に必要な労働・土地・天然資源や，機械などの資本財，生産された財やサービスなどの総称。人間の経済的欲望を直接的に満たすもの，あるいはそれらを生産するためのもの。単に資源ともいう。

希少性 BⓃ（きしょうせい）　人間の経済的欲望は，相対的に無限であるのに，それを満たすための経済資源には限りがあるということ。経済的欲望を満足させるために，いかに，限られた（希少な）資源を有効に配分するかが経済の問題となる。

　　　　　　　　　　類 **資源の希少性** B

トレード-オフ B［trade-off］　いわゆる「あちらを立てれば，こちらが立たず」という関係のこと。経済社会では欲しいものすべてが得られるわけではないので，ある財を手に入れるには他の財をあきらめなければならない。希少性の下での選択が要求される経済社会では，常にトレード-オフの関係が存在している。

機会費用 B（きかいひよう）　弁護士が社内雑務

を自分でこなして人件費を月20万円節約していたが，同時に，その雑務時間を弁護活動に回すことによって得られたはずの月30万円の利益を失っていたとしよう。このように，機会費用とは，ある選択をしたことで得られた利益（20万円）と，その選択をしたことで獲得できなくなった最善の利益（30万円）との差額を指す。この弁護士が社内雑務を自らこなすという選択は，10万円ほどの機会費用を負っていることになる。

商品経済（しょうひんけいざい）　売買を目的として財やサービス（商品）の生産・流通が行われる経済のこと。現代は，自給自足の経済生活ではなく，細かく分かれた仕事を分担する社会的分業が発達している。現代の経済生活は，自分の生産した財・サービスを相互に交換することによって成立している。このように，財・サービスが，交換を目的とした商品として生産されるのが商品経済である。商品は貨幣を仲介にして交換される。この商品経済が高度に発達し，労働力をも商品化するようになった経済が，資本主義経済である。

商品 Ⓐ③Ⓝ（しょうひん）　販売を目的として生産された財・サービスのこと。商品の売買は「ノアの箱船以来」といわれるくらい歴史的に古いが，資本主義社会ではすべての富は商品になりうるといわれている。それは，有形の財だけでなく，労働力や無形のサービス，地位・名誉までが取り引きされる全面的な商品経済の社会となっているからである。

自給自足経済 Ⓒ（じきゅうじそくけいざい）　生活に必要なものを，すべて自分で生産・消費する経済のこと。他から孤立した家族や地域，または鎖国状態の国の経済をさす場合もある。古代・中世などの村落や都市は，自給自足経済に近かった。現代の経済社会では，徹底した社会的分業の下で，商品経済が高度に発達しているため，ごく一部にしか残存していない。

貨幣経済 Ⓒ（かへいけいざい）　財やサービスを交換するとき，貨幣をその仲立ちとする経済のこと。物々交換の経済では，自分の欲しいものをもっている人を探しださなければならず，現代の複雑化した経済ではとうて

い考えられない。現代経済は，ほとんどの取り引きに貨幣を交換手段として使用している貨幣経済の社会である。

財 Ⓐ⑤Ⓝ［goods］（ざい）　人間の生活に必要なもの，また人間の欲望を満たすもので，いずれも形のあるものをさす。形のないサービス（用役）に対する語で，モノと表現されることもある。たとえば，食料・衣類・自動車・機械など。財は，自由財と経済財に分けられる。自由財は，空気のように豊富に存在するため，誰でも自由に利用し，消費できる。経済財は，人間の欲望に比べて量が限られているため（希少性をもつため），売買や所有の対象となる。経済財は，さらに消費財と生産財に分けられる。

生産財（せいさんざい）　他の財を生産するために使われる財のこと。道具・機械・工場の建物などの生産手段，さらに原料・燃料・半製品など生産物をつくるための中間生産物が含まれる。また労働・土地などの生産要素もこれに含まれる。

消費財 Ⓑ①Ⓝ（しょうひざい）　消費者の欲望を満たし，日常生活に使われる財のこと。耐久消費財（自動車・テレビ・家具など）と非耐久消費財（食料・衣類など）に分けられる。同じ財でも，使われ方によっては生産財にも消費財にもなる。たとえば石油は，家庭の暖房用は消費財であるが，工場で燃料や原料に使われれば，生産財となる。

耐久消費財 Ⓑ③Ⓝ（たいきゅうしょうひざい）　主として消費財について，長期の使用に耐えうる財を耐久消費財あるいは耐久財という。

自由財（じゆうざい）　人間の欲望を満たし，必要なものであるが，豊富に存在するため，使用にあたって代金などを支払う必要のない財。自然のなかに存在する空気など。

経済財 ⒸⓃ（けいざいざい）　人間の欲望に比べて量が限られているので，売買や所有の対象となる財のこと。経済財は，市場において価格がつけられ，交換される。

公共財 Ⓐ⑪Ⓝ（こうきょうざい）　防衛・警察・消防，または一般道路・堤防・橋・公園などの政府が提供する財・サービスのこと。多くの人が同時に消費できる非競合性と，対価を支払わない人を排除できない非排除性とを有する。公共財は，代価を支払う意思のある人も，支払う意思のない人も区別

なく，共同で使用できる。このため，民間企業が提供しても十分に料金を徴収できず，利潤をあげることができない。そこで政府が，税収をもとに社会の必要量を供給することが多い。

類 非競合性 **C**④ 非排除性 **C**②
公共サービス **B**

非排除性 **C**②[non-excludability]（ひはいじょせい）　対価を支払わずに財を消費しようとする行為を排除できないこと。公共財の特徴の１つである。例えば，一般道は，税金を払っている人間だろうと払っていない人間だろうと，自由に使用できるし，特定の人間の使用を排除することは，ほぼ不可能である。

マイナスの財（-ざい）　環境汚染・騒音・有害廃棄物など，まわりにいる多くの人々に悪影響をおよぼす財のこと。グッズ（goods，有益財）に対してバッズ（bads，有害財）と称される。

代替財 **N**（だいたいざい）　コーヒー・ココア・紅茶などのように，ある財の代わりになるような他の財のこと。もしコーヒーの価格が上がってコーヒーの需要が減り，代わりに紅茶の需要が増えるとすると，コーヒーと紅茶は互いに代替財という。

補完財（ほかんざい）　コーヒーと砂糖，ペンとインクなど，一緒に使うことによって，経済的目的に役立つ財のこと。たとえば，コーヒーの価格が上がると，コーヒーの需要が減るばかりでなく，砂糖の需要も減る。これらの財を補完財という。

サービス **A**⑪**N**[service]　形はないが，人間の必要や欲求を満たす経済活動のこと。用役ともいう。医療・保険・金融・教育・運輸などがその例。代価を支払って物を受け取るのではなく，何かをしてもらう活動をいう。広義に「財」という場合，そのなかにサービスを含めることもある。

同 用役 **C**

生産 **A**⑬**N**（せいさん）　食料品や自動車など有形の財と，運輸や小売りなど無形のサービスをつくりだすこと。生産は，土地・労働・資本を組み合わせて行われるが，これらを生産要素という。生産された財・サービスは，生産要素の提供者に分配され，消費されるか，投資にまわされる。

分配 **A**④**N**（ぶんぱい）　生産された財・サービスがその生産要素（土地・労働・資本）の提供者に分けられること。土地に対して地代，労働に対して賃金，資本に対して利子・配当が分配される。このように生産要素に対して支払われる報酬を所得という。所得は貨幣として支払われ，それを使用して必要な財・サービスを手に入れることが多い。

消費 **A**⑥**N**（しょうひ）　人間が自らの欲望を満足させるために財・サービスを使用すること。こうした人間の生活を維持・向上させようとする行為は，根本的経済行為であり，経済活動の最終目的でもある。また全生産物は，消費と投資とに分けることができるが，ここでの投資も将来のより有効な消費のための準備という側面がある。

再生産 **C**N（さいせいさん）　生産がくり返されること。人間が消費生活を続けていくためには，財・サービスの生産も反復，継続しなければならない。したがって人間社会で行われる生産は，すべて再生産である。再生産過程は，財・サービスの生産→分配→消費（投資）→生産→分配→消費（投資）…が不断にくり返されていく過程である。再生産は，生産がくり返されながら，生産量が増えていく拡大再生産，生産量が減っていく縮小再生産，生産量が変わらない単純再生産に分類できる。

拡大再生産 **C**（かくだいさいせいさん）　生産設備の拡大によって，生産が継続的に増加していくこと。生産がくり返されていくうちに，機械・道具・建物などは，古くなったり，壊れたりしてくる。このような生産設備を補修する（更新投資）とともに，さらに新しい設備を増やす（純投資）ことにより，再生産は拡大していく。

縮小再生産（しゅくしょうさいせいさん）　生産能力の低下のために，生産量が前年より減少すること。生産によって設備が古くなったり，壊れたりする減耗分より生産設備への投資が少ない場合に起きる。

単純再生産（たんじゅんさいせいさん）　生産が同じ規模でくり返されること。生産によって設備が古くなったり，壊れたりする消耗分と生産設備への投資が等しい場合に起きる。

生産要素 **C**②（せいさんようそ）　財・サービスを

生産するときに使用される資源の総称。土地・労働・資本を生産の三要素という。土地は天然資源，労働は労働者の労働，資本は機械・工場設備などをあらわし，生産に用いられる。

類 生産の三要素 **C**

生産手段 **B1**（せいさんしゅだん）　財・サービスの生産に必要な，形のある物的要素のこと。工場・設備などの労働手段と，土地・原材料・半製品などの労働対象とから成り立つ。生産手段は，生産力の水準を決定する主要因となる。また，生産手段の所有形態は生産関係を決定づける。

類 労働手段　労働対象

生産力 **C**Ⓝ（せいさんりょく）　財・サービスを生産する能力のこと。生産力は，人間の労働力と生産手段（土地・工場・設備・原材料）が組み合わされて生みだされる。生産力の発展は，生産手段の発達によって規定される。マルクス・エンゲルスの唯物史観によれば，生産力の発展に照応して生産関係・生産様式が規定され，それが社会を発展させる原動力となる。

生産関係 **C**（せいさんかんけい）　人が生産を行うときに結ばれる人と人との関係。生産関係において重要な意味をもつのは，土地・工場・機械などの生産手段を所有する人と，労働力を提供する人との関係である。生産力の発展にともなって生産関係は変革され，歴史とともに変化する。資本主義社会では，資本家と労働者という生産関係が基本となる。

生産性 **B**Ⓝ（せいさんせい）　生産された財・サービスの総額を，その生産された期間に投入された生産要素（労働・機械・資本など）で割った値のことで，生産の効率を示す指標。生産性のなかでも，ある一定期間の労働者一人あたりの生産額を労働生産性という。一人の労働者が1日1台の自動車を生産している工場に最新鋭の機械が導入され，同種価格の自動車を一人で1日10台生産できるようになったとすると，労働生産性は10倍になったという。効率的な生産とは，より少ない生産要素で，より多く生産することである。各企業は，利潤拡大のために生産性の向上をめざすが，それは生産性向上によって商品を安く大量に

供給できるようになるからである。また，生産性の向上は一国の経済成長にも寄与する。

生産費 **A1**Ⓝ（**コスト** **B1**Ⓝ）［cost］（せいさんひ）　財やサービスの生産に要する諸経費。原材料費，人件費，輸送費，設備費など。

労働 **A9**Ⓝ（ろうどう）　財・サービスの生産のために，人間が働くこと。労働は，土地・資本とともに生産の三要素を構成する。労働には，①消費財を得て，それによって消費生活を支える，②生産活動に参加し，社会に貢献する，③自分の能力や適性を活用し，生きがいを得る（自己実現）という三つの目的がある。一方，経済学的には，労働は不効用と定義され，人間に対して苦痛や不自由をもたらすネガティブな要素として位置付けられることが多い。

労働力 **A8**Ⓝ（ろうどうりょく）　人間が財やサービスを生産するために身につけている働く能力のこと。資本主義社会では，労働者は労働力を商品として資本家に売り，その対価として賃金を受け取る。これを労働力の商品化という。労働市場では，労働力の売り手（労働者）と買い手（企業）が出会い，需要と供給によって労働力の価格である賃金が決定される。

類 労働力の商品化 **C2**

分業 **A**Ⓝ（ぶんぎょう）　生産工程を細かく多くの段階に分け，それぞれの労働者が作業工程の一つを分担して製品を完成させる方法。分業の目的は，生産性を高めることにあり，アダム＝スミスの『諸国民の富』に描かれたピン製造工場での分業の例が有名。それによると，一人では1日に1本のピンをつくることさえ難しい場合でも，10人で工程を分け，分業すると一人1日あたり4800本もピンがつくれたという。分業は，社会のなかでも（社会的分業），国と国との間でも（国際分業）行われる。

社会的分業 **C**（しゃかいてきぶんぎょう）　社会全体が，農業・工業・サービス業などの各職業分野別に労働を分割して分担すること。商品経済は社会的分業を前提にしている。つまり人々は，生活や社会に必要な財・サービスのある一部だけを担って生産し，他人の生産物と交換してそれぞれの必要を満た

している。誰もが，自分に必要なすべての
ものをつくるより，それぞれ得意なものに
専門化し，交換するほうが全体として豊か
になるからである。

工場内分業（こうじょうないぶんぎょう）　工場のなか
の作業工程が細かく分けられ，各労働者が
その工程の一つを分担する生産方法。自動
車組み立て工場にみられる流れ作業方式
（コンベアーシステム）などが現代的事例。

迂回生産（うかいせいさん）　労働・土地・原材料
などから，消費財を直接に生産するのでは
なく，先に道具や機械など資本財を生産し，
それらを使用して消費財を生産する方法。
迂回生産は，生産を効果的に行うために採
用され，現在の消費の一部を犠牲にしても，
その分を資本財の生産にあてる。このよう
な生産の迂回化を通じて資本が蓄積されて
いく。

協業（きょうぎょう）　同一生産工程で多くの労働
者が計画的に協力・連携して生産を行うこ
と。分業とともに，工場内では不可欠の労
働形態であり，これによって労働の生産性
は高まる。

剰余　Ⓒ Ⓝ（じょうよ）　生産物からその生産要
素に支払った代価を引いた残り。労働者が
生産した生産物の価値から，賃金として支
払った分を差し引いた部分である。マルク
スは，剰余は労働によってのみ生みだされ，
そして資本家に搾取され，利潤・利子・地
代の源泉になるとした。

剰余価値　Ⓝ（じょうよかち）　マルクスの経済学
説の一つ。労働者が，労働力の価値（＝賃
金）をこえて生産した新しい価値のこと。
たとえば，8時間の労働時間で，その賃
金が1万円のとき，一人の労働者が4時
間働けば，1万円の生産物を生みだすと
する。この場合，労働者は最初の4時間で，
賃金（1万円）と等しい価値の生産物を生
産し，残り4時間で剰余価値（1万円）を
生産する。この剰余価値は，資本家が取得
することになる。

資本主義経済の発展

資本主義経済　Ⓐ⑨（しほんしゅぎけいざい）　現代の
欧米や日本などで典型的に行われている経
済体制。資本主義経済の特徴は，①私有財
産制，②経済活動の自由，③利潤獲得のた

年	事　項
1769	ワット，蒸気機関を改良
	このころイギリス産業革命始まる
1776	アダム=スミス『諸国民の富』
1785	カートライト，力織機の発明
1825	イギリスに最初の経済恐慌おこる
1837	アメリカに経済恐慌おこる
1847	ドイツ・フランスに経済恐慌おこる
1867	マルクス『資本論』第1巻
1869	スエズ運河開通
	このころから企業の独占化がすすむ
1890	アメリカ，反トラスト法成立
1894	日本，日清戦争を契機に産業革命すすむ
1902	ロシア，シベリア鉄道完成
1914	アメリカ，パナマ運河開通
	第一次世界大戦（～1918年）
1917	ロシア革命
1921	ソ連，新経済政策を採用
1928	ソ連，第一次5カ年計画を実施
1929	ニューヨーク株式大暴落，世界大恐慌始まる
1932	オタワ会議，経済ブロック化始まる
1933	アメリカ金融恐慌，ニューディールの実施
1936	ケインズ『雇用・利子および貨幣の一般理論』
1939	第二次世界大戦（～1945年）

▲ 経済社会発展のあゆみ

めの商品生産を採用していることである。
つまり，資本主義経済では，①生産に必要
な土地・工場・機械を個人が私有する。生
産手段を所有しない労働者は，企業に雇用
されて働く（労働力の商品化）。また，②
「何をどれだけ」「どのように」「誰のため
に」生産するかは，各企業や各個人の自由
な判断にまかされている。③生産は，利潤
獲得という利己的な目的を追求して行われ
る。各企業が自由に活動しても，経済がう
まく機能するのは，市場経済における価格
を目安として，生産が調整されているから
である。資本主義経済は，歴史的には重商
主義→自由主義→独占資本主義→混合経済
の段階へと発展してきた。

私有財産制　Ⓒ（しゆうざいさんせい）　土地・工
場・機械・原材料などの生産手段や，つく
られた生産物などの私有が認められた社会
制度。私有財産制は，自由経済とともに，
資本主義経済を支える基本原則である。資
本主義経済において生産手段を所有する者
を資本家，生産手段をもたずに労働力を資
本家に売りわたす者を労働者という。

生産手段の私有　Ⓒ（せいさんしゅだん―しゆう）　私
有財産制をとる資本主義経済で，工場・機
械・原材料などの生産手段の私的所有が認
められていること。生産手段を私有する者
を資本家という。

資本　Ⓐ⑤Ⓝ（しほん）　広義には，生産活動を
行う元手となるもの。狭義には，土地・労
働とともに生産の三要素の一つであり，生

産手段を意味する。具体的には，工場・機械・設備・道具・倉庫や，原材料・半製品・製品の在庫などをいう。資本は過去の生産活動が生みだした生産物のストック（蓄積）であり，工場・機械・設備など1回以上の使用に耐えうる固定資本と，原材料・半製品など1回限りの使用で消耗する流動資本に分けられる。

流動資本 （りゅうどうしほん）　資本のうち，1回限りの使用で消耗する，原材料や半製品など。中間生産物という場合もある。

固定資本　**A** **N** （こていしほん）　資本のうち，1回以上の使用に耐えうる，工場・機械・設備など。耐久資本財という場合もある。固定資本の追加を純投資という。固定資本の価値が下がった分を補填する投資を更新投資（減価償却）という。

産業資本　**C** **N** （さんぎょうしほん）　原材料及び労働力を購入・加工して，直接に商品生産を行う資本のこと。貨幣を投じて，より大きな価値をもつ商品を生産・販売し，利潤を得る。資本主義的生産を特徴づける資本の近代的形態で，資本主義の確立に寄与した。産業資本家の担い手となったのは，18世紀前半のイギリス農村で，毛織物業を中心にマニュファクチュア（工場制手工業）を営んだ自営農民層である。1760年代から1830年代に，新しい機械や動力源が発明・実用化され，イギリスで産業革命が起こると，機械制生産を主力とする産業資本が成立した。産業革命後，中心的な資本は商業資本から産業資本に移った（産業資本主義）。

商業資本 （しょうぎょうしほん）　歴史的に二つの形態がある。第一は，未発達な経済社会で，生産物を安く買って高く売ることによって利潤を取得する資本をさす。外国貿易にたずさわり，絶対王政時代に国王への財政援助とひきかえに独占権を与えられ，膨大な利潤を得た。産業革命と資本主義経済の成立以後，産業資本にとって代わられ，没落した。第二は，資本主義の下での近代的な商業資本をさす。これらの商業資本（商社やデパートなど）は，産業資本によって生産された財の流通や販売を専門的に受けもっている。

銀行資本 （ぎんこうしほん）　資本を産業資本や商業資本に貸し付ける仲立ちをする資本。銀行資本は預金利子と貸付利子の差によって利潤を得る。産業資本や商業資本の発展を促進する大きな力となった。19世紀以降，銀行資本でも独占が形成され，さらに産業・商業の独占資本と融合して資本集団を形成した。これを金融資本という。

類 金融資本 **N**

利子生み資本 （りしうーしほん）　資金の所有者によって，他に貸し付けられて利子獲得の手段となる貨幣資本のこと。資本主義において貨幣は，資本として利潤獲得の手段としての機能をもつ（価値貯蔵機能）。そこで貨幣は，利子生み資本となる。

擬制資本 （ぎせいしほん）　定期的な収入をもたらす地代や株式などの利子や配当を利子率で割って表される資本。架空資本ともいう。例えば，企業が調達した資本である株式は，流通市場で売買されるとき，調達資本とは別個な価格を形成するようになる。

同 架空資本

封建社会　**C** **N** （ほうけんしゃかい）　歴史的に古代奴隷制社会と近代資本主義社会の間に位置する中世の社会形態。西欧では5～6世紀から12～13世紀の最盛期を経て，17～18世紀の市民革命の時期まで展開した。封建的主従制（封建制）と荘園制の二つの制度を特徴とする。封建社会は，主従的上下関係が確立した身分制社会で，身分・職能は世襲であった。社会の支配身分は聖職者・貴族など土地（荘園）を所有する領主で，被支配身分の農奴は，これに隷属していた。生産労働は農奴が担当し，剰余労働は地代として領主に納められた。領主は，その所領において課税権と裁判権を認められていた。

農奴 （のうど）　封建社会において領主に隷属した農民。荘園内で自己の保有地を耕し，家族をもち，住居・家畜・生産用具などを所有できた。しかし，移住や職業選択の自由はなく，身分は不自由だった。領主に対する義務として領主直営地での労働（賦役）と，自己の保有地で生産されたものの一部を納めること（貢納），などが課された。

ギルド　[guild]　中世ヨーロッパにおいて都市の商人や手工業者などが相互扶助と経済的利益を守るためにつくった同業者組合のこと。初めは11世紀ころ，大商人が支

配する商人ギルドが発達した。次いで，手工業者が対抗して，同職ギルド（ツンフト）をつくった。手工業者には，親方と職人・徒弟という厳重な身分制度があり，ギルドの加入も親方に限られた。

問屋制家内工業（といやせいかないこうぎょう）　商人が，手工業者に原料・半製品・道具などを前貸しして製品をつくらせ，完成した製品を独占的に売買する経営形態。この場合，手工業者は家内工業者でもある。16世紀以降，イギリスの毛織物工業で盛んに行われた。マニュファクチュアが成立して，工場で生産が行われる前段階の形態。

マニュファクチュア（工場制手工業）［manufacture］（こうじょうせいしゅこうぎょう）　資本主義初期の工業的生産制度。西欧では16世紀半ばから1760～70年代まで広く行われた。この時代に工場が成立，資本家に雇われた労働者が工場に集まり，手と道具を使って，協業と分業によって商品生産を行った。労働者は一定の部分作業を専門的に行うため，熟練度が増し，時間も節約され，労働生産性は高まった。しかし，もともと人間の熟練に依存する手工業技術のため，生産力に限界があった。そのため道具に代わって機械が発明されると，機械制大工業にとって代わられた。

産業革命 🅐③🅝［Industrial Revolution］（さんぎょうかくめい）　18世紀後半にイギリスで始まり，19世紀を通じてヨーロッパ・アメリカから日本へ波及した産業技術・社会構造上の革命。この間に道具による生産から機械による生産へと変化した。18世紀後半～19世紀のイギリスでは，アークライトの水力紡績機，ワットの蒸気機関，カートライトの力織機など，機械や動力装置が数多く発明・改良された。これらの機械や動力装置が，人力や家畜の力に頼る道具にとって代わり，生産が飛躍的に発展した。こうしてイギリスは「世界の工場」とよばれるようになった。産業革命の結果，マニュファクチュアから機械制大工業が出現，社会制度も変革され，近代資本主義が確立した。

機械制大工業（きかいせいだいこうぎょう）　機械と動力装置を設置し，労働者を一工場に集めて大規模生産を行う生産方法。産業革命に

よって成立した。この方法により労働生産性は向上し，資本主義は飛躍的に発展した。機械と動力によって，人間の労働を節約し，労働者の職的熟練を不要にした。しかし，同時に大量の労働者階級（プロレタリアート）をつくり出した。

　　　　　　🔲**工場制機械工業**③🅝

資本蓄積 🅝（しほんちくせき）　企業が利潤の一部を再投資して企業の規模を拡大すること。資本主義経済では，企業は競争に勝つために生産規模を拡大する必要に迫られる。そのために，資本の蓄積は必須の条件とされる。社会全体でも拡大再生産のために資本蓄積が求められる。

資本の本源的蓄積（しほん-ほんげんてきちくせき）　封建社会が解体し，資本主義的生産の基本的条件である資本と賃労働が生みだされる歴史的過程のこと。資本の原始的蓄積ともいう。この時期，封建社会の生産者（農民）が，その生産手段（農地）を暴力的に収奪された。イギリスで16～18世紀にみられたエンクロージャー（土地囲い込み）がその典型。農民は土地を奪われ，労働力を商品として売る以外に生活できない賃労働者となった。こうして大量の賃労働が準備された。一方で，商業資本によって貨幣資本が蓄積され，産業資本が発生した。

エンクロージャー［enclosure］　土地囲い込みともいう。イギリスで，ジェントリ（郷紳）やヨーマン（独立自営農民）などの地主が，共同地から農民を追い出して私有地に転化しようとしたこと。16世紀に毛織物工業が盛んになり，牧羊を目的とした第1次エンクロージャーが起きた。18世紀後半～19世紀には，穀物増産を目的とした第2次エンクロージャーが発生した。この結果，多くの農民が土地を失って都市に追いやられ，賃労働者に転化した。

　　　　　　🔲**土地囲い込み**

ヨーマン［yeoman］　イギリス農村で，14世紀半ば頃から農奴解放によって生まれた独立自営農民のこと。少額の地代を払うが，農奴とは異なり身分的には自由を獲得した。後に，農村で毛織物業のマニュファクチュアを展開したために産業資本家になるものが出現した。

重商主義 🅒🅝（じゅうしょうしゅぎ）　16世紀末か

第Ⅳ編

ら18世紀半ばの，絶対王政の時代に展開された経済思想・経済政策のこと。最初は，一国の富は貨幣（金・銀）によるとして，征服や略奪，貿易などを通して金・銀を蓄積する「重金主義」（提唱者マリーンズ）的政策がとられた。後には，輸出を奨励し，輸入を抑制してその差額によって富の蓄積をはかる「貿易差額主義」（提唱者コルベール）的政策がとられた。国王は特権的大貿易商人に独占権を与え，貿易の促進や国内産業の保護・育成に努めた。

重農主義（じゅうのうしゅぎ）　フランスで18世紀後半にケネーやテュルゴーによって説かれた経済思想。農業生産こそ国家・社会の富の源泉であると主張した。自然法に基づいて国家の干渉を排除し，自由放任（レッセ・フェール）を説いた。

自由主義経済 **C** **N**（じゆうしゅぎけいざい）　産業革命が進み，資本主義が確立される19世紀初頭から1870年代頃までの経済制度。産業資本の利潤獲得や蓄積に関する自由な経済活動に対して，政府は干渉しないという経済政策をとった。この時代は各人の自由競争に基づく利潤追求が社会全体の幸福をもたらす，と考えられていた。財産所有の自由，利潤追求の自由，企業間競争の自由，契約の自由などが強調された。国家は，個人の活動に干渉しない自由放任政策を求められるようになった。国防・司法・公共事業などの必要最小限の活動をする「安価な政府」や「夜警国家」（ラッサールが批判的に用いた言葉）が理想とされた。

自由競争 **B** **2** **N**（じゆうきょうそう）　企業がより多くの利潤を求めて，自由に経済活動を競うこと。その際に各企業は，財産所有・利潤追求・契約などの自由が保障され，国家は規制や統制を加えずに，自由放任政策をとる。これは，各人の利己心をもとにした自由競争による経済活動が，社会全体の利益も増進させるという，アダム＝スミスの考え方を根拠にしている。

独占資本主義 **C**［monopoly capitalism］（どくせんしほんしゅぎ）　少数の巨大な資本や金融資本が，一国経済において支配的な力をもつ資本主義の段階のこと。1870年代以降，産業発展の中心は，巨大な設備を必要とする重化学工業となった。そのため，企業は

大規模化する必要に迫られ，資本も巨大化した。また，自由主義経済において競争力の弱い企業が敗れたため，しだいに少数の大企業に資本が集積・集中され，寡占・独占状態が現れた。独占資本主義の段階では，資本主義の長所である自由競争はほとんど姿を消し，寡占・独占企業がカルテル・トラスト・コンツェルンなどを通して生産制限を行い，価格のつりあげをはかるなどの弊害が現れた。

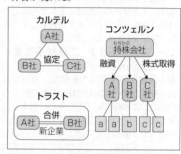

▲ 独占の形態

カルテル **A** **4** **N**［Kartell］　企業連合。同一産業部門の各企業が市場における競争を排除するために協定を結ぶこと。価格の維持やつり上げにより利潤を得る。トラストとは異なり，各企業の独立性は維持される。カルテルは独占禁止法で原則として禁止されている。

トラスト **A** **7** **N**［trust］　企業合同。同一産業部門の複数の企業が合併・合同すること。カルテルと違い，各企業の独立性は失われ，単一の企業となる。

コンツェルン **B** **2** **N**［Konzern］　企業連携。持株会社・親会社が，企業の株式を保有することで系列化して形成される企業集団。異業種の企業でも結合できる。

持株会社 **A** **9**（もちかぶがいしゃ）　株式の保有によって他の企業を支配することを目的とした会社。戦前の財閥が典型例。戦後，独占禁止法で禁止されてきたが，1997年に解禁となった。当初は，銀行・証券会社などが再編のために設立した金融持株会社が多かったが，現在ではさまざまな業種に及んでいる。　☞ p.372（ホールディング・カンパニー）

財閥 **A** **1** **N**（ざいばつ）　第二次世界大戦前の

日本において，同族を中心とする財閥本社を持株会社にして，多数の企業を傘下においた，日本特有のコンツェルン。三井・三菱・住友・安田の4大財閥が中心。

帝国主義 Ⓝ（ていこくしゅぎ）　19世紀末から20世紀にかけて独占資本主義の段階に達した先進資本主義国でとられた政治・経済上の政策。これを理論的に体系化したレーニン『帝国主義論』(1917年)によれば，資本主義が高度に発達した段階(独占資本主義)では，産業資本と銀行資本が結合して金融資本を形成，それが国家権力と結びつき，莫大な資本の投資先を求めて開発の遅れた地域に進出し，経済的・政治的に支配しようとする。資本主義諸国は，商品などの輸出先として植民地の拡大に努め，帝国主義戦争を起こした。

世界大恐慌 Ⓒ Ⓝ（せかいだいきょうこう）　1929年10月24日(暗黒の木曜日といわれた)のニューヨークのウォール街の株価大暴落をきっかけに，ソ連を除く全世界を襲った深刻な不景気のこと。恐慌は1933年まで続き，その後も1930年代を通して景気の回復は思わしくなかった。この時期，共和党のフーヴァー大統領は，国家が経済に人為的な介入を行うべきではないと考え，政府としての有効な恐慌対策をとらなかった。大恐慌時のアメリカは工業生産が半減し，失業者も1000万人をこえ，労働者の4人に1人が失業状態であった。物価は約3分の1に下落，特に農産物価格の下落が著しく，農民の窮乏は頂点に達した。銀行の倒産があいつぎ，各国は金本位制を放棄した。この恐慌からの回復をはかるために，アメリカではフーヴァーに代わって大統領になったF．ローズヴェルトのもとでニューディール政策がとられ，イギリスやフランスなどはブロック経済を形成した。一方，ドイツ・イタリア・日本では，ファシズムの動きが顕在化し，第二次世界大戦の誘因となった。

同 大恐慌 Ⓒ Ⓝ　世界恐慌 Ⓐ③Ⓝ
類 暗黒の木曜日 Ⓝ

ウォール街 Ⓒ①Ⓝ[Wall Street]（がい）　アメリカ・ニューヨーク市マンハッタン島南端の街路の名称。銀行・証券会社・株式取引所・連邦準備銀行などが集中し，金融市場の通称としても用いられる。ロンドンのロンバード街にかわって世界の金融市場の中心となった。1929年の世界大恐慌は，ここでの株価大暴落を契機に始まった。17世紀に当地を支配したオランダ人が，自らの身を守るため城壁(ウォール)を築いたことが由来とされる。2011年，格差社会の象徴として，若者を中心に抗議のデモや集会がこの地で連続して行われた。これらは，人口の1％にすぎない強欲な富裕層が残りの99％の庶民を支配する現状を変えようとする試みで，「オキュパイ(占拠)運動」とよばれた。

類 オキュパイ運動 Ⓒ

ローズヴェルト Ⓑ②Ⓝ[Franklin Delano Roosevelt, 1882～1945]　アメリカ合衆国第32代大統領。民主党。1929年に始まった世界大恐慌への対策として，TVA(テネシー川流域開発公社)のような公共事業による失業対策などを柱とするニューディール政策を実施した。とくに，大統領に就任した1933年3～6月のいわゆる「100日間」に10回の主要演説を行い，15の教書を連邦議会に送り，15の重要法案を通過させて，自らの政策を実行に移した。彼はめざましい行動力と指導力とを発揮したが，体系だった政策論をもっていたわけではなく，恐慌政策も必要に応じて施策を講ずるモザイク的性格の強いものであったとの指摘もある。　☞ p.280(ローズヴェルト)

ニューディール Ⓐ②Ⓝ[New Deal]　世界大恐慌を克服するためにアメリカで実施された一連の経済再建策。「新規まき直し」という意味である。1933年からF．ローズヴェルト大統領が実施した政策だが，彼が大統領候補者の指名受諾演説で用いた言葉にちなんだ呼称でもある。この政策は約7年にもおよぶが，その過程は三つの時期に区分される。第1期(1933～34年)＝救済と復興を重視した施策。地域総合開発をめざしたテネシー川流域開発公社(TVA)の設立，総合的な産業政策である全国産業復興法(NIRA)，農民対策としての農業調整法(AAA)などが制定され，失業救済活動や公共事業も着手された。対外的には善隣外交がとられ，中南米への経

済進出がはかられた。第2期（1935〜37年）＝社会改革に力点をおいた施策。勤労者などの要求が高まり，社会保障制度の樹立，公共事業の拡充による雇用の創出，労働者保護立法であるワグナー法の制定を行う一方で，実業界に対する規制が強められた。この時期，保守派のまき返しにあい，ＮＩＲＡとＡＡＡが最高裁判所で違憲とされたため，分割立法を行って対応した。第3期（1937〜39年）＝軍需を軸にした大規模な財政支出中心の施策。再度の景気後退に遭遇し，赤字公債による財政支出が景気対策のメインとなり，こののち経済の軍事化傾向を強め，戦時体制へ移行した。

全国産業復興法（ＮＩＲＡＣ Ⓝ）［National Industrial Recovery Act］（ぜんこくさんぎょうふっこうほう）　ニューディールの支柱として1933年に制定された法律。ニラ。完全雇用を目的に，業種間の生産調整を進め，産業の統制を行う広範な大統領権限を認めた。1935年，連邦最高裁はこれを違憲としたため，同じ目的の法律に細分化して施行された。このうち，労働者の権利について定めたものがワグナー法である。

農業調整法（ＡＡＡⓃ）［Agricultural Adjustment Act］（のうぎょうちょうせいほう）　ニューディールの一環として1933年に制定された法律。深刻な農業不況の対策として，作付面積を制限して農産物価格の引き上げをはかり，農民の救済をめざした。この法律に対しても，1936年に連邦最高裁が違憲と判断したため，分割立法によって政策が実施に移された。

テネシー川流域開発公社（ＴＶＡＣ）［Tennessee Valley Authority］（かわりゅういきかいはつこうしゃ）　ニューディールの一環として1933年に設立。テネシー川に多くのダムを建設し，洪水を防ぐとともに地域の農業の近代化や工業の発展に大きな効果をあげ，後の総合開発の模範となった。大規模公共事業を行い，有効需要を拡大して大量の失業者を雇用することも目的とした。政府が行う不況対策の初めての例。

失業救済法（しつぎょうきゅうさいほう）　ニューディールの一環として1933年に制定された法律。世界大恐慌時に大量に発生した失業者を救済するため，雇用を確保する事業

や失業保険の実施などを目的とした。国家による失業対策の一例。

ワグナー法［Wagner Act］（-ほう）
☞ p.451（ワグナー法）
社会保障法 Ｂ③Ⓝ（しゃかいほしょうほう）
☞ p.468（社会保障法）

経済学説のあゆみ

トマス＝マン［Thomas Mann, 1571〜1641］　17世紀イギリスの重商主義の経済思想家。国家の富や財宝を増大させるのは，諸外国との貿易による全体的な黒字であると主張。主著『外国貿易によるイングランドの財宝』（1664年）

ケネー［François Quesnay, 1694〜1774］　18世紀フランスの重農主義の経済思想家。ルイ15世の侍医。主著『経済表』（1758年）は，現代経済学で使われている産業連関表の基礎となった。農業が富の唯一の源泉であると主張。農業を中心とした資本主義的再生産と流通の過程を簡潔に図示した。自由放任政策を主張し，アダム＝スミスを通して古典派経済学に影響を与えた。

『経済表』（けいざいひょう）　フランスの重農主義の経済思想家ケネーの主著。1758年刊。農業を富の源泉と考え，それに基づき社会農業者（生産の階級），地主（土地所有者），商工業者（不生産的階級）の三つの階級の間にいかに総生産物が配分され，貨幣が流通するかを簡潔に示した。資本主義生産のしくみを解明した最初の労作。

古典派経済学 Ｃ Ⓝ（てんはけいざいがく）　18世紀後半から1870年頃まで，イギリスを中心に発展した経済学の体系。スミス・マルサス・リカード・ミルらが追究した。商品の価値は，その商品の生産に必要な労働の量によって決定されるという労働価値説を基礎にしている。スミスらは，労働者や資本家の一見バラバラな意思決定が，市場のしくみを通じてうまく調和し，富を生産していく過程を示そうとした。また，市場の力に対する信頼から自由放任主義や自由貿易などの経済政策を主張した。このため自由主義経済学ともいわれる。

アダム＝スミス Ａ⑪Ⓝ［Adam Smith, 1723〜90］　イギリスの経済学者で，古典派経済学の創始者。主著『道徳感情論』

(1759年)，『諸国民の富』(1776年)。スコットランドに生まれ，グラスゴー大学で道徳・哲学・法学を講義した。『諸国民の富』において資本主義経済の体系的理論化を試みた。これが，以後の経済学研究の出発点となったため，「経済学の父」とよばれる。分業・特化・交換などの概念を明確にし，また人間の生産労働が価値を生む源泉であるという労働価値説を完成させた。そして，個人が利己心を発揮すれば，個人の利益をもたらすだけでなく，自由競争を通じて社会全体の利益を増進させると主張，これを「見えざる手」と表現した。この立場から重商主義的保護政策に反対し，いわゆる自由放任の政策（レッセ-フェール）を唱えた。

『道徳感情論』 **C** (どうとくかんじょうろん)　アダム＝スミスが1759年に著した最初の書。スミスの経済学の前提をなす。共感という非利己的原理から道徳や法の起源を説明しようとした。彼のいう共感は，たとえば自由競争で勝者が敗者に抱く同情や惻隠の情とは根本的に異なる。同じ感情を共有するという意味で，当事者とその観察者とが相互に立場を交換することによって成立する。スミスは利己心の自由な追求を主張したとされるが，それはあくまでも公平な観察者の目，つまり世間の目が是認するかぎり，という意味である。

『諸国民の富』 **C** (しょこくみん-とみ)　アダム＝スミスの主著。1776年に刊行。『国富論』とも訳される。資本主義経済を初めて体系的に分析した古典派経済学の代表作。まず，分業の利益と特化と交換の必要を説き，資本主義社会を分業と交換からなる商業社会ととらえた。特にピンの製造を例に分業を説明した個所は有名。国富は労働によって生みだされるという労働価値説の立場から，個人が利己心に基づいて私利を追求すると，「見えざる手」に導かれて労働の生産性を向上させ，公共の利益を増進させるとした。

見えざる手 **A** **N** [invisible hand] (み-て)　アダム＝スミスの『諸国民の富』と『道徳感情論』に1か所ずつ出てくる有名なことば。彼によると，各個人はそれぞれの利益を追求しているのに，それが結果的に社会全体の利益をもたらしている。この背後に

働いている市場メカニズムの自動調節機能を，「見えざる手」と表現したのである。なお，「神の」というフレーズはスミスのオリジナルではない。

同 神の見えざる手

自由放任主義 **B** **5** **（レッセ-フェール** **B** **2** ）[Laissez-faire] (じゆうほうにんしゅぎ)　Laissez-faire はフランス語で「なすがままにさせよ」の意。英語では Let do にあたるが，これは現実の経済をあるがままに放置せよ，という意味ではない。ケネーら重農主義者が重商主義的統制を批判して主張した考え方であるが，その後アダム＝スミスによって確立された。スミスが自由放任を主張した背景には，17・18世紀のイギリスにおいて重商主義による保護貿易などによって，一部の業者が政治権力と結びついて市場を独占していたことがある。その状態にスミスは抗議し，だれでも自由に市場での競争に参加させるべきであるとした。

リカード **A** **10** **N** [David Ricardo, 1772～1823]　イギリス古典派経済学の完成者。初めは株式仲買人で，ナポレオン戦争によって成功し，下院議員なども歴任。スミスの『諸国民の富』に刺激され，経済学に関心をもち，著作を発表した。穀物法論争では産業資本の立場にたって自由貿易を主張，穀物輸入を制限する穀物法に反対し，マルサスと論争した。穀物法反対の主張をまとめたのが，主著『経済学及び課税の原理』(1817年)である。比較生産費説により，自由貿易の利益を説明したことでも有名。

比較生産費説 **A** **12** **N** (ひかくせいさんひせつ)　「比較優位説」ともいう。経済学者リカードが提示した貿易理論。各国が自国で最も生産性の高い産業に特化することで，各国とも経済的利益の最大化を図れるとする学説。A国が全産業について他の国々より生産性が高いとしても，全産業を自給自足でまかなうのではなく，自国において最も生産性の高い産業に特化し，他の産業に関しては貿易に頼った方が，機会費用を最小限に抑えることができる。　**☞** p.487（比較生産費説）

『経済学及び課税の原理』 (けいざいがくおよ-かぜ

(リーげんり)　古典派経済学者のリカードの主著。1817年刊。生産物の価値はその生産に必要な労働の量によって決まるという労働価値説を展開。その価値が，三大階級（資本家・地主・労働者）にどのように分配されるかを議論した。差額地代論や比較生産費説は有名。

ミル Ａ⑤Ⓝ〔John Stuart Mill, 1806～73〕イギリスの哲学者・経済学者。主著『経済学原理』。哲学では，ベンサムの功利主義を継承・発展させた。経済学では，資本主義の発展にともなう労働者の貧困等の問題に直面，古典派経済学の再編成をめざした。　☞ p.43（ミル）

『経済学原理』（けいざいがくげんり）　1848年刊のミルの主著。生産の法則を人間は変えられないが，分配は人間の意思で変えうると主張した。そして，社会改良主義の立場から公平な分配の実現を論じた。

マルサス〔Thomas Malthus, 1766～1834〕イギリスの経済学者。1798年に『人口論』を発表して欧州社会で激しい論争を巻き起こした。同書によれば，食糧生産は限定的にしか増大しないが，人口は指数関数的に増大する特性を有する。農業を発展させて食糧生産を高めても，その分だけ人口増大が加速するので，貧困問題は不可避的に続いていく（マルサスの罠）。彼の主張は「社会を改良すれば貧困はなくなる」とする当時の進歩的議論を批判するものになった。むしろ，マルサス主義者から見れば，貧困や飢饉は，人口増大を抑制する要素として，肯定的にすら捉えられることになる。

マルクス Ａ⑦Ⓝ〔Karl Marx, 1818～83〕ドイツの経済学者・哲学者。盟友エンゲルスとともに科学的社会主義を確立し，国際労働運動の指導者になった。主著『経済学・哲学草稿』（1844年），『共産党宣言』（1848年），『経済学批判』（1859年），『資本論』（第１巻1867年，第２巻1885年，第３巻1894年）。歴史では唯物史観（史的唯物論），経済では剰余価値説に基づく壮大なマルクス主義体系を確立。労働価値説・剰余価値説を唱え，資本主義を批判的に分析した。彼の唯物史観によると，社会の土台（下部構造）をなすものは生産関係であり，その上に法律・社会・学問・芸術など

の上部構造が築かれる。上部構造は下部構造によって規定され，生産関係（下部構造）が変化すると，その上に築かれる社会制度や社会の諸意識形態（上部構造）も変革される。これが革命であり，資本主義の崩壊と社会主義への移行は必然である，と主張した。

> 類 **エンゲルス** Ｃ Ⓝ　**上部構造** Ｃ　**下部構造** Ｃ

『資本論』 Ｂ（しほんろん）　マルクスの主著。全３巻。第１巻は生前の1867年に刊行されたが，彼の死後にエンゲルスが第２・３巻を編集・刊行した。唯物史観・労働価値説・剰余価値説によって資本主義を大胆に分析した。資本主義の発展が搾取によって労働者階級を貧困化させるが，資本は蓄積と集中を通じて剰余を増大する。この資本主義の矛盾はしだいに激化し，ついに資本主義そのものを崩壊させ，次の社会主義に移行するとした。

レーニン Ｃ Ⓝ〔Vladimir Lenin, 1870～1924〕ロシアの社会主義革命の指導者。主著『帝国主義論』（1917年）。ボリシェヴィキ党（多数派）を組織し，1917年に「四月テーゼ」を発表，十一月革命によってケレンスキー臨時政府を倒して，ソヴィエト政権を樹立した。マルクス主義をロシアへ適用し，土地や産業の国有化，土地の農民への分配，労働者による工場・銀行の管理，貿易の運営などを行った。1921年には戦時共産主義から脱し，新経済政策（ＮＥＰ，ネップ）をとり，部分的に資本主義的要素を復活させて経済復興に努めたが，その途上で死去した。マルクスの思想を帝国主義の段階に合わせて発展させたので，マルクス・レーニン主義といわれた。

> 類 **マルクス・レーニン主義** Ｃ

『帝国主義論』（ていこくしゅぎろん）　レーニンの主著。1917年刊。独占資本主義段階に達した資本主義の運動を体系的に解明。①帝国主義とは資本主義の最高の発展段階であり，独占体と金融資本との支配がつくりだされる，②資本の輸出が重要になり，国際的独占資本が世界を分割し，資本主義的最強国による領土の再分割戦争が引き起こされる，と指摘した。

歴史学派（れきしがくは）　19世紀半ばから20世紀初めに，主にドイツに興った経済学派。

Ｆ．リスト＝ロッシャーらが発展させた経済思想。経済には普遍的原理はなく，時代や国によってあらわれ方が異なると主張し，古典派経済学と対立。

リスト　Ａ6Ｎ〔Friedrich List, 1789～1846〕　19世紀ドイツの経済学者で，歴史学派の創始者。後進国ドイツの立場と独自の歴史の発展段階説から，後進国の工業化をはかるため，自国の幼稚産業を政府が守る保護貿易政策を主張，自由貿易論を批判した。　☞ p.487（保護貿易）

『政治経済学の国民的体系』（せいじけいざいがくのこくみんてきたいけい）　1841年刊のリストの主著。経済における国民性，経済の発展段階説，生産力の理論などに基づく保護貿易論などが展開されている。

近代経済学　Ｃ Ｎ（きんだいけいざいがく）　非マルクス経済学の立場から資本主義経済を理論的・数理的に分析する現代の理論経済学の総称。1870年代にワルラス・ジェヴォンズ・メンガーによって展開された限界効用学説を経済学に適用することから始まった。古典派経済学の労働価値説を否定したが，経済活動における自由主義は継承し，自由競争下の価格は需要と供給の均衡で決まるという均衡理論を形成した。

限界効用学説（げんかいこうようがくせつ）　1870年代にワルラス・ジェヴォンズ・メンガーがほぼ同時に提唱した学説。財の価値は，その財の最後の1単位を消費することで得られる満足（限界効用）の大きさで決まるという学説。

ワルラス〔Leon Walras, 1834～1910〕　フランスの経済学者。スイスのローザンヌ大学教授であったことから，彼の学派をローザンヌ学派という。主著『純粋経済学要論』（1874年）。限界効用理論・限界理論・一般均衡理論を数学的モデルで提示した。

ジェヴォンズ〔William Jevons, 1835～82〕　イギリスの経済学者・論理学者。主著『経済学の理論』（1871年）。労働価値説を否定し，財の価値は各消費者がその財を使用することにより得る主観的な満足（効用）で決まると主張した。

メンガー〔Carl Menger, 1840～1921〕　オーストリアのウィーン大学教授であったことから，彼の学派をオーストリア学派と

いう。主著『国民経済学原理』（1871年）。ワルラス・ジェヴォンズとほぼ同時に，限界効用理論を提唱した。

シュンペーター　Ｂ7Ｎ〔Joseph Alois Schumpeter, 1883～1950〕　オーストリア生まれの経済学者。1919年にオーストリア蔵相，1932年からアメリカのハーヴァード大学教授。主著『経済発展の理論』（1912年），『景気循環論』（1939年），『資本主義・社会主義・民主主義』（1942年），『経済分析の歴史』（1954年）。彼によると，経済発展の主体は技術革新（イノベーション）を積極的に行う企業家である。技術革新とは，新製品・新生産技術・新販売方法・新組織などの導入をさし，これらが古い技術にとって代わり（創造的破壊），経済を刺激する。しかし，技術革新は定期的に発生するものではない。これが景気循環の原因になる。また彼は，支配的な大企業が，技術革新を推進する企業家精神を失うことで，資本主義は衰退すると指摘した。

類 **創造的破壊**　Ｃ4Ｎ

『経済発展の理論』　Ｃ（けいざいはってんのりろん）　1912年刊のシュンペーターの主著。資本主義経済を発展させる根本要因は，企業家によるイノベーションの遂行であるとした。その例として，新製品の開発，新生産技術や新販売方法の導入，生産組織の改善・発明，新原料の供給，などをあげている。

新古典派　Ｎ（しんこてんは）　マーシャルの経済理論を基礎にする経済学派。古典派経済学に代わった限界効用原理を需要の論理に，古典派経済学の費用学説を供給の論理にして価格決定の均衡分析を行った。

マーシャル　Ａ Ｎ〔Alfred Marshall, 1842～1924〕　イギリスの経済学者。ケンブリッジ大学教授で，新古典派の創始者。主著『経済学原理』（1890年）。経済学の分析方法である需要と供給による価値（価格）決定についての理論的基礎をつくりあげた。

ピグー〔Arthur Pigou, 1877～1959〕　イギリスのケンブリッジ大学の新古典派経済学者で，マーシャルの後継者。主著『厚生経済学』（1920年）。人間の経済的な幸福（厚生）について研究する厚生経済学を発展させた。

『厚生経済学』（こうせいけいざいがく）　ピグーの主

著。1920年刊。厚生とは幸福の意味で，所得や消費によって得られる経済的な厚生を問題にした。そして社会全体の厚生を増進するのは国民所得の増大，平等，安定であるという3命題を提示した。

ケインズ Ａ14Ｎ[John Maynard Keynes, 1883〜1946] イギリスの経済学者。マーシャル門下で，20世紀の経済学に大きな影響を与えた学者の一人。彼が引き起こした経済学上の変革をケインズ革命といい，以後彼の経済学を継承した経済学者をケインジアンという。主著『貨幣論』（1930年），『雇用・利子及び貨幣の一般理論』（1936年）。ケインズは，供給されたものは必ず需要されるという考え方（セーの法則）を否定し，失業の原因は有効需要（実際の支出をともなう需要）の不足にあり，完全雇用（働きたい労働者が全員雇われている状態）を実現するには，政府が公共投資をして有効需要を創出する必要があると述べ，古典派経済学を批判した。こうして1930年代の不況を背景に，これを克服するための現実的な理論を提案した。またケインズは，芸術家を「文明の受託者」とよび，経済学者を一歩下がって「文明の可能性の受託者」と位置づけた。つまり，文化創造の前提条件の整備を経済学の役割と考えたのである。

類 ケインズ革命

『雇用・利子及び貨幣の一般理論』（こよう・りしおよかへい・いっぱんりろん） 1936年に刊行されたケインズの主著。有効需要（購買力をともなう消費・投資）の不足が過少生産を招き，失業・不況の原因であるとする有効需要理論が展開され，完全雇用を達成するには，政府が公共投資によって有効需要を増大させる必要があるとしている。経済において政府が積極的な役割を果たす混合経済の理論の基礎となった。

サミュエルソン Ｎ[Paul Anthony Samuelson, 1915〜2009] アメリカの経済学者で，マサチューセッツ工科大学教授を務めた。近代経済学の各分野で理論的功績が大きい。主著『経済分析の基礎』（1947年）。『経済学』は，経済学の標準的テキストとなってきた。ノーベル経済学賞受賞。

新古典派総合 Ｎ（しんこてんはそうごう） サミュエルソンが一時とった経済学的立場。ケインズ的有効需要政策で完全雇用を達成すれば，後は市場の自動調整機能によって経済がうまく運営されるという考え方。

ガルブレイス Ｃ[John Kenneth Galbraith, 1908〜2006] アメリカの制度学派の経済学者。ハーヴァード大学教授を務めた。主著『ゆたかな社会』（1958年），『新しい産業国家』（1967年）。テクノクラート論・大企業論などを展開。彼の用語であるテクノストラクチュアは，大企業が支配する現代経済の担い手が専門的な経営管理者層であることを明らかにした。

類 テクノストラクチュア

フリードマン Ｂ5Ｎ[Milton Friedman, 1912〜2006] アメリカの経済学者で，シカゴ大学教授を務めた。マネタリズムのリーダー。主著『資本主義と自由』（1962年），『選択の自由』（1980年）。市場経済における自由な経済活動の重要性を説き，小さな政府・自由放任政策の復活を主張した。ケインズ流の大きな政府には反対し，1970年代のスタグフレーション（不況とインフレーションの同時進行）の時期にケインズ経済学が行き詰まったため，彼の発言が注目された。ノーベル経済学賞受賞。

マネタリズム Ｃ Ｎ フリードマンが中心となって唱えた学説。ケインズ経済学を批判し，政府の経済への介入は効果がないと主張した。その背景には，市場の自動調整機能への信頼と自由な経済活動に対する熱烈な支持があった。また，貨幣供給量の増加率とインフレ率には一定の相関があると述べ，貨幣供給は，長期的な経済成長率に合わせることを主張した。

K％ルール 経済学者フリードマンが提唱した金融政策ルールであり，景気などに関係なく，GDP成長率に合わせて一定割合(k%)で貨幣供給量を増やしていくべきとするもの。このルールでは，貨幣供給量はコンピュータの計算によって自動的に決定されるため，政府や中央銀行の裁量が入る余地はない。したがって市場関係者たちは金融政策の動向を確実に予期できる。フリードマンによれば，貨幣供給量を通貨当局の裁量によってその都度決めていくことは，経済や市場に混乱をもたらす危険が高

い。

シカゴ学派 (-がくは)　フリードマンやハイエクなど, アメリカのシカゴ大学を拠点とする経済学者のグループ。貨幣の役割を重視し, 景気対策としては財政政策よりも金融政策を重視する。マネタリストともいう。なお, シカゴ学派とよばれる政治学や社会学のグループも存在するが, 両者とのあいだに学説上の関連はない。

サプライ-サイド-エコノミクス [supply-side economics]　レーガン政権で採用された供給側重視の経済学。ケインズ経済学の有効需要政策に反対し, 供給側の企業強化と労働意欲向上を目的に減税などの政策を提案した。また, 社会福祉政策にも批判的立場をとった。

金融工学 (N) (きんゆうこうがく)　統計学や数学的な手法を駆使して, 金融商品などの開発について研究する学問領域。投資や融資の際の判断材料を提供するなどとされるが, これらの方法論への過度の信頼が, 2008年から始まった世界金融危機を深刻化させる要因の一つになった。

スティグリッツ [Joseph E. Stiglitz, 1943～]　アメリカの経済学者で, コロンビア大学教授。「情報の非対称性」の研究で2001年にノーベル経済学賞を受賞。世界銀行の上級副総裁を務めるなど, 現実の経済問題に対する分析・対策などにも積極的に取り組む。新自由主義への批判者としても知られる。主著『経済学』　☞ p.367　(情報の非対称性)

クルーグマン (N) [Paul R. Krugman, 1953～]　アメリカの経済学者で, ニューヨーク市立大学大学院教授。従来の貿易論に「規模が大きいほど生産性が高まる」などとする概念を取り入れ, グローバル市場において小規模な製造業が大手企業に取って代わられる現象を説明した功績などで2008年にノーベル経済学賞を受賞。市場原理主義経済のあり方に警鐘を鳴らすなど, 政府批判の鋭い舌鋒でも有名。主著『良い経済学悪い経済学』

『21世紀の資本』 (C) (-せいきーしほん)　フランスの経済学者トマ=ピケティの著書。世界的に広がる格差問題や不平等の構造などを論じ, 2014年に欧米でベストセラーとなっ

た。同年末には日本語版も刊行。欧米日など20か国以上の300年にわたる租税資料を分析し, 資本主義社会において一時期を除き, 資本の集中と経済的不平等がすすんだと指摘した。マルクスの『資本論』と対比して言及される場合もある。

ピケティ (C) [Thomas Piketty, 1971年～]　フランスの経済学者。フランス社会科学高等研究院教授。専門は公共経済学。富の再分配に関する研究で著名となり, 2013年に著書『21世紀の資本』を発表してベストセラーとなる。フランス社会党やイギリス労働党のアドバイザーを一時期務めるなど, 現実政治に対しても積極的に関与している。

ギグ-エコノミー [Gig Economy]　ギグとは, 一度限りのコンサートなどをさす音楽用語。転じて「短期の仕事」の意。インターネットを利用した単発の仕事など。ネット上で仕事の受注や発注が行われる。クラウドソーシングやテレワークにも対応する。個人が雇われずに自由に働くという発想だが, 労働法制の適用がないなど健全な経済のしくみを破壊する危険も内包する。日本では数百万人がこの仕事の形態を活用しているといわれる。アメリカやフランスの大統領選挙などの際にも話題になった。
　　　　　　　　　　　　　　圞 **クラウドソーシング** (C)

社会主義経済

空想的社会主義 (C) (くうそうてきしゃかいしゅぎ)　フランスのサン=シモン・フーリエ, イギリスのオーウェンらの初期社会主義思想に対して, マルクス・エンゲルスが名づけた名称。19世紀の資本主義社会が生み出した悲惨な労働者の現実に心を痛め, 理想的な共同社会を構想し, 実験を試みた。しかし資本主義社会の科学的な分析がなく, 労働者との結びつきも十分でなかったため, 「空想」の段階にとどまったと批判された。

トマス=モア (N) [Thomas More, 1478～1535]　15世紀末から16世紀初頭に活躍したイギリスの政治家・思想家。主著『ユートピア』(1516年)で, 私有財産制のない一種の社会主義共同体を描いた。これは当時進められた土地囲い込みへの鋭い批判であり, イギリスの政治や社会制度への警告

の書でもある。

オーウェン **C**［Robert Owen, 1771〜1858］ イギリスの空想的社会主義者。スコットランドのニュー=ラナーク工場の総支配人だったとき，莫大な利潤をあげる一方，労働環境の改善や厚生施設の充実に努めた。さらにアメリカにわたり，共同社会であるニュー-ハーモニー村を開いたが失敗。帰国後は，協同組合運動や労働組合運動の組織化のために尽力した。

サン＝シモン［Henri de Saint-Simon, 1760〜1825］ フランスの貴族出身の空想的社会主義者。産業者である国民が共同して計画的な生産をするよう唱えた。フランスを平和で平等な産業社会に変革することをめざした。

フーリエ **C**［Charles Fourier, 1772〜1837］ フランスの空想的社会主義者。フランス革命後の市民社会にひそむ根源的な不合理，特に投機的な商業活動をきびしく批判して，理想社会（ファランジュ）を構想した。

科学的社会主義 **C**（かがくてきしゃかいしゅぎ）　空想的社会主義に対する用語。マルクスとエンゲルスによって創始された労働者階級の解放に関する学説と運動。2人は，資本主義経済を徹底的に分析し，その成立・発展・崩壊の過程と，社会主義への移行を解明した。

社会主義経済 **A**2（しゃかいしゅぎけいざい）　社会主義社会における経済のあり方で，①土地・工場などの生産手段が社会的所有とされ，私有財産制度が制限されていること，②経済活動が，政府の計画に基づいて運営され，個人の利潤を追求する自由な経済活動を制限すること，などが特徴。この経済体制では，資本家がいないため，労働者が搾取から解放され，生産物は各人の労働に応じて分配されると考えられた。1917年のロシア革命で成立したソ連において初めて採用され，第二次世界大戦後は東ヨーロッパ・中国などに広がった。ソ連は有数の大国になったが，官僚主義の弊害や計画経済の失敗で経済が停滞し，国民の不満が高まった。20世紀末には，ソ連をはじめ社会主義諸国は次々に市場経済に転換した。

ロシア革命 **A** **N**（かくめい）　1917年にロシア

で起きた世界初の社会主義革命。1917年3月に，労働者と兵士によって組織されたソヴィエト（評議会）がストライキと暴動によってロマノフ朝を倒し，自由主義者を中心に臨時政府を組織した（三月革命）。そして同年11月，レーニン・トロツキーらが指導するボリシェヴィキ（社会民主労働党の多数派）が，臨時政府とそれに協力するメンシェヴィキ（同党の少数派）を武装蜂起で屈服させた（十一月革命）。翌1918年にはレーニンによる共産党指導体制が確立し，1922年にソヴィエト社会主義共和国連邦（ソ連）が誕生した。
☞ p.348（レーニン）

新経済政策 **N**（**NEP** **C**1）［novaya ekonomicheskaya politika］（しんけいざいせいさく）　ネップ。ロシア革命直後の急速な社会主義化や，戦時共産主義によって荒廃した経済を克服するために，レーニンが1921年にとった新しい経済政策。部分的に資本主義の復活を認めた。
同ネップ **C**1

スターリン **N**［Stalin, 1879〜1953］
☞ p.301（スターリン）

フルシチョフ **C** **N**［Khrushchev, 1894〜1971］☞ p.304（フルシチョフ）

ブレジネフ **C** **N**［Brezhnev, 1906〜82］旧ソ連の政治家。1964年にフルシチョフを失脚させ，以後18年間，共産党書記長を務めた。ブレジネフ政権下のソ連は保守的な政策をとり，官僚制がはびこったため，経済的・技術的に停滞した。

社会的所有 **C**（しゃかいてきしょゆう）　社会主義の根本理念の一つ。土地・資源・原料・工場・機械・輸送機関などの生産手段が個人の所有とならず，社会全体の所有となる。生産された生産物も，一部を除いて社会的に所有され，労働者がその労働の質と量に応じて支払いを受ける。これによって，生産手段を所有する資本家階級による労働者階級に対する搾取の廃止を意図した。
同生産手段の社会的所有

計画経済 **A**2（けいかくけいざい）　生産手段を社会的所有とし，それを国家作成の計画に従って運営，生産活動を行う経済のこと。社会主義経済の根本理念の一つ。どのような財・サービスをどのくらい生産し，いく

らで販売するかを国家が決定する。計画経済では，資本主義経済のように恐慌や失業の発生がないとされた。旧ソ連ではゴスプランという中央の計画委員会が組織され，生産の指令などを出した。しかし，こうした中央集権的な計画は，個々の創意工夫を引き出せず，ノルマ（割り当て）さえ達成できればよいとする風潮を生み出した。このため，計画経済に市場経済の導入が検討されるようになり，社会主義崩壊の一因ともなった。

ゴスプラン［Gosplan］　1921年に設立されたソ連邦閣僚会議国家計画委員会の略称。旧ソ連の計画経済の立案と運営の中心となった機関。共産党の指令の下に経済計画を作成し，五か年計画などの具体的な計画遂行を監督した。各工場や農場などはゴスプランの計画に従って，生産の割り当てを受け，その達成を求められた。ペレストロイカのなかで機能を失い，1991年のソ連解体とともに消滅した。

農業集団化（のうぎょうしゅうだんか）　生産手段の社会的所有を実現するために推進された政策。旧ソ連のコルホーズ，中国の人民公社などがその具体例。コルホーズは1991年のソ連の解体とともに，また人民公社も1985年には廃止された。

利潤導入方式（りじゅんどうにゅうほうしき）　旧ソ連の経済改革。リーベルマンの論文をもとに，1965年から実施。生産意欲を高めるために，各企業の生産コストと国家への納入分をこえる超過部分（利潤）を企業と労働者に分配した。市場経済を一部導入する政策だったが，実効は少なかった。

ゴルバチョフ Ⓐ❷Ⓝ［Mikhail S. Gorbachev, 1931〜2022］ ☞ p.147（ゴルバチョフ）

ペレストロイカ Ⓐ❹Ⓝ［perestroika］ ☞ p.147（ペレストロイカ）

グラスノスチ Ⓑ❻Ⓝ［glasnost'］ ☞ p.147（グラスノスチ）

企業法 Ⓒ Ⓝ（きぎょうほう）　ゴルバチョフが1987年に出した経済政策。労働者の企業経営への参加，企業経営者の公選，赤字企業の倒産など，国家企業の独立採算制の確立を規定した。社会主義の枠内のため，十分には機能しなかった。

中国経済 Ⓝ（ちゅうごくけいざい）　中華人民共和国の建国当初はソ連型の社会主義の確立をめざした。しかし1960年代に社会主義路線の違いから対ソ関係が悪化し，独自の路線を歩み始めた（自力更生）。毛沢東マオツォートンが指導する大躍進政策の失敗，文化大革命による大混乱を経て，1975年に周恩来チョウエンライが「四つの現代化」を提唱し，その具体化が模索された。そして1970年代末以降，鄧小平の指導のもとで改革・開放政策が進められた。1993年，憲法に社会主義市場経済をうたい，先進資本主義国から市場経済のしくみと資本・技術などを導入して，高い経済成長率を維持してきた。2001年には世界貿易機関（ＷＴＯ）に加盟，21世紀の「世界の工場」とよばれるまでになった。台頭する新興5か国ＢＲＩＣＳの一つに数えられ，2010年の名目ＧＤＰは日本を抜いて世界第2位となった。アジアインフラ投資銀行や一帯一路構想を主導するなど，国際経済における存在感を強めている。　☞ p.511（アジアインフラ投資銀行），☞ p.512（一帯一路）

人民公社（じんみんこうしゃ）　1958年に初めてつくられた中国の集団所有の組織。20〜30の農家からなる生産隊を基本単位とし，軍事・行政・教育・生産の組織を合体させた共同体組織であった。1982年以降解体が進み，1985年には完全に解体された。

四つの現代化（よっつのげんだいか）　1980年代の中国の経済運営の方針をさす。「四つの近代化」とも訳される。1975年，第4期全国人民代表大会で周恩来が提唱した。農業・工業・国防・科学技術の四つの分野の近代化をはかり，中国の国民経済を世界の前列に立たせることを目標とした。工業や科学技術の振興に重点がおかれ，経済特別区などで，外資の積極的な導入が進められた。
　　　　　　　　　　同 四つの近代化

生産請負制（せいさんうけおいせい）　農業の集団労働制をやめ，農業生産を個別経営の農家に請け負わせる制度。1978年頃から導入され，1982年末には，ほぼ全国にいきわたった。各農家は，農地の使用面積を独自に設定し，請負料を政府に納めて残った生産物は自由販売を認められた。農民の生産意欲は向上し，生産量も増加した。

経済特別区 (経済特区 Ｂ⑦Ⓝ) （けいざいとくべっく）（けいざいとっく）　1979年以降，外国の資本や技術の導入を目的に，中国各地に設けられた地域。広東省の深圳シェン，珠海チュー，汕頭スワ，福建省の厦門アモ の４か所であったが，1988年に海南ハイナン島が追加され，最大の特別区になった。特別区には資本主義的要素が流入し，①企業所得税が安い，②100％の外資を認める，③生産設備・原材料輸入への関税免除，などの特典がある。

経済開発区 （けいざいかいはつく）　経済開放政策の一環として1984年から設置された中国の14沿岸港湾都市。主として輸出志向型企業を誘致。大連・天津・広州・青島など。

郷鎮企業 （ごうちんきぎょう）　中国の農村にある非農業で，個人経営や集団経営 (非国有セクター) の中小企業のこと。農村の余剰労働力を吸収し，工業における市場経済導入の“先兵”となった。急激な引き締め政策で倒産したものも多いが，現代の中国の市場経済化のなかで中核的な役割を担う。

一国二制度 Ｃ Ⓝ （いっこくにせいど）　一つの国で，異なる２つの制度が併存すること。歴史的には，中国の台湾統一政策として考え出されたしくみで，一国両制度ともいう。1997年に香港がイギリスから中国に返還された際，この制度が採用された。1999年にポルトガルからマカオ (澳門) が返還された時にも同様の体制がとられた。香港では，特別行政区として，それまでの生活と，外交・防衛を除く高度な自治が「香港基本法」で認められているが，重要事案は中国の承認を要する。2014年，香港行政長官の民主的選出方法をめぐる激しい抗議活動 (雨傘革命) があったが，2019年からは，香港の民主化を求める政治的抗議活動が広がった。2020年６月，中国の全人代で香港の治安維持強化を図る「香港国家安全維持法」が成立したことで，香港の高度な自治は大幅に制限される可能性が高い。中国は二制度よりも一国が優先されるとしている。

社会主義市場経済 Ａ⑥Ⓝ （しゃかいしゅぎしじょうけいざい）　中国における経済運営の方針。1993年３月，全国人民代表大会で改正された憲法に盛りこまれた。それまでの憲法では，「国家は，社会主義共有制を基礎と して，計画経済を実行する」とされていたが，新憲法では「国家は，社会主義市場経済を実行する」となった。

労働者自主管理 （ろうどうしゃじしゅかんり）　旧ユーゴスラヴィア独自の社会主義の方式。ソ連の中央集権的な社会主義を批判し，労働者の自主性を尊重した分権的な社会主義をめざしたが，ユーゴスラヴィアの解体(1991年)により破たんした。

ドイモイ ②Ⓝ[Doi Moi]　ヴェトナム社会主義共和国の指導政党であるヴェトナム共産党が1986年に打ち出した経済改革。個人企業の奨励，公営企業への独立採算制の導入，外資の積極的導入など，市場経済システムを取り入れることで，ヴェトナムの経済的発展を目指したもの。

経済社会の変容

科学技術の発達 Ｃ②Ⓝ （かがくぎじゅつ＝はったつ）　科学とその応用である技術が進歩して，社会を大きく変化させること。18世紀の産業革命が資本主義生産を生み出したように，科学技術の発達によって生産様式が変化し，それが社会のしくみを大きく変化させた。20世紀に入って，内燃機関の改良，エレクトロニクス技術などの先端技術の発達など，科学技術の発達が経済社会のあり方に大きな影響を与えている。

工業化社会 （こうぎょうかしゃかい）　手工業から機械工業に移行・発展して成立した大量生産が可能となった社会。産業化社会とほぼ同義。歴史的には農業中心の社会に続く社会とされる。資源の開発やエネルギーの発見に支えられた工業化によって生産は高まり，豊かな社会が生みだされた。一般に工業化社会となることが社会の近代化の指標とされている。

重化学工業 Ｂ①Ⓝ （じゅうかがくこうぎょう）　機械・鉄鋼・非鉄金属・造船などの重工業と，石油化学・石炭化学などの合成化学を中心とした化学工業とを総称したもの。軽工業 (繊維・食料品など) と区別していう。設備産業・装置産業ともいわれるように，巨額の資金と設備を必要とする。工業生産に占める重化学工業の割合によって，その国の工業力・経済力をはかることができる。

化学工業 Ｂ①Ⓝ （かがくこうぎょう）　塩・鉱産

物・石油などを原料として，物質の化学的反応の変化を利用し，元の原料とは違う性質の物をつくりだす産業。プラスチック・合成ゴム・塗料・化学肥料・合成繊維・医薬品などの製造産業をいう。

技術革新 Ａ６Ｎ（イノヴェーションＡ Ｎ）〔innovation〕（ぎじゅつかくしん）　新しい技術，新しい生産方法などを生産活動に導入すること。アメリカの経済学者シュンペーターによれば，①新製品の発明・発見，②新生産方式の導入，③新市場の開拓，④新原料，新資源の獲得，⑤新組織の実現，などが含まれる。新機軸ともいう。歴史的には，産業革命以後，紡績機械・蒸気機関の発明，19世紀末の内燃機関，無線・電話などの通信技術，自動車・飛行機などの輸送技術の進展がある。第二次世界大戦後にオートメーション・エレクトロニクス・原子力などの技術進歩により製造・販売の規模が拡大し，産業構造が変化した。
同 新機軸

オートメーション Ｎ〔automation〕　機械装置の運転・操作を自動化すること。自動制御装置とも訳される。単に操作のみではなく，運転状況の自動的判断による制御や管理も行う。これによって大量生産，コスト低下，操業の安全性の向上などが可能になった。半面，単調な監視作業による精神的緊張などの問題も引き起こしている。

ＯＡ Ｃ２Ｎ〔office automation〕　事務処理をより効率的・合理的にするため，自動化・機械化すること。

ＦＡ Ａ Ｎ〔factory automation〕　機械工業や装置工業の工場で，生産システムを自動化・無人化すること。

産業用ロボット（さんぎょうよう-）　生産工場において人間が行ってきた作業を代わりに遂行する自動化機械のこと。ＦＡ化を推進した要因の一つで，単純作業やプログラム化された情報によるくり返しの作業から，人工知能をもったものへの開発が進められている。

ドローン Ｂ Ｎ〔drone〕　無人小型機。英語で，ブーンという低音，雄バチの意。複数のプロペラを持ち，遠隔操作などで飛ぶ。元来は軍事利用が中心だったが，水田での農薬散布や宅配サービスなど民生での利用

もすすんでいる。また，テロや犯罪に悪用される危険があり，規制強化もなされた。
同 無人小型機

合理化 Ａ Ｎ（ごうりか）　企業が生産性を向上させるために技術の改良，品質の改良，人員の配置替えなど生産を効率化する手段をとること。日本の企業経営の合理化は，企業の巨大化，国際競争力の強化などを生み出したが，行きすぎると新しい企業の参入を妨げたり，労使関係に摩擦を引き起こすなど複雑な問題を発生させる。

コンピュータ Ｂ５Ｎ〔computer〕☞ p.72（コンピュータ）

エレクトロニクス産業②(-さんぎょう)　エレクトロニクス（電子工学）の技術を利用して製品を提供する産業をいう。電子を働かせるもとになるＩＣ（集積回路）や，さらに集積度を高めた超ＬＳＩ（大規模集積回路）が登場し，パソコンをはじめ家電製品や自動車など，あらゆる産業や製品に利用され，「産業の米」ともよばれている。先端技術産業の一つで，この開発は，コンピュータの技術革新と結びつき，応用範囲も広く，競争の激しい分野である。

ＩＣ Ａ１Ｎ〔integrated circuit〕　集積回路のこと。トランジスタ・ダイオード・抵抗器・コンデンサーなどの部品を４～５ミリのシリコン基板の上に集積した回路をＩＣとよんでいる。このなかに1000個程度のトランジスタが詰め込まれており，小型化・故障率低下・省電力をはかることができた。論理演算や情報の記憶などの働きをするものが現在では中心になっている。

ＬＳＩ Ｎ〔large scale integrated circuit〕　大規模集積回路のこと。数ミリ四方のシリコン基板上に数千から１万個程度のトランジスタを集積している。最小寸法は５ミクロン以下。64ビットのＤＲＡＭなど，情報を記憶するメモリーＩＣがこれである。

マイクロエレクトロニクス革命（-かくめい）　ＭＥ革命ともいう。ＬＳＩや超ＬＳＩなど微細素子技術の進歩による，エレクトロニクス技術の革新をもとに起こった情報革命をさす。コンピュータの発明・利用・普及が第一次情報革命であるとすれば，これは第二次情報革命といえる。
同 ＭＥ革命

先端技術 **C**②**N**（せんたんぎじゅつ） 現代社会において，社会そのものに大きな影響を与えている高度に発達した科学技術の総称。ハイテクノロジー。高度情報化社会や高度知識社会をもたらし，産業革命以後の技術革新を大きくこえると考えられている。コンピュータなどを支えるマイクロエレクトロニクス，コンパクトディスクをはじめとした光と電子技術を支えるオプトエレクトロニクス，遺伝子組み換えなどのバイオテクノロジー，電気抵抗をゼロにする超伝導技術などが具体例である。

バイオテクノロジー **B**③**N** ［biotechnology］ 生命工学ともいう。遺伝・成長・生殖など生命活動のしくみを解明し，それを活用しようとする技術。従来からある発酵・動植物育種改良の技術にとどまらず，生命活動の根本を操作する遺伝子の組み換え，クローン技術，異なる細胞の融合，動植物細胞の大量培養，微生物や動植物細胞や酵素などを触媒とするバイオリアクターなどが基本技術である。

ナノテクノロジー ［nanotechnology］ ナノメートル（10億分の１メートル）という超微細な精度を扱う先端技術の総称。原子や分子を単位とするような工学や医学などの分野で応用される。2000年代の初頭，アメリカがこれを国家戦略に掲げ，注目されるようになった。

超電導N（超伝導）（ちょうでんどう） ある金属などの温度を絶対零度近くまで下げていくと，一定温度以下で電気抵抗がゼロとなり，完全反磁性を示す現象。この技術を応用し，磁力で車体を浮上させて走行するリニア中央新幹線が計画されている。現在の東海道新幹線より，東京・名古屋間の所要時間が大幅に短縮できる。なお，新聞などでは超電導，物理学では超伝導と表記する。

類リニア中央新幹線N

発光ダイオード①**N**（**ＬＥＤ**①**N**）［light emitting diode］（はっこう-） 紫外・可視・赤外の自然光を出す素子。可視光（青・赤・緑）の発光ダイオードを組み合わせて白色ＬＥＤがつくられるようになり，省エネで長寿の照明用として普及した。とくに，青色発光ダイオードの発明や実用化の功績により，日本の赤﨑勇・天野浩・中村修二

の３氏に2014年のノーベル物理学賞が授与された。

経済のソフト化A②**・経済のサービス化** **A**②**N**（けいざい-か） 経済活動や産業構造が，生産されるものそのものの価値よりも情報・知識の価値，知識集約型のサービスの要素が重要となってきた事象をいう。全般にモノ・資源をハード，知識サービスなどをソフトとよぶことから使われる用語。日本では，1973年の石油危機を境に重厚長大といわれる大規模装置産業に対して，情報産業・サービス業・レジャー産業などの第三次産業の割合が増加し，生産販売の面でも，開発・デザイン・情報・管理など，付加価値が高く，技術集約度の高い分野が重要視され，経済のソフト化・サービス化が進行した。

サービス経済化 **C**（-けいざいか） 一国のGDPのうち，物理的なモノの生産に直接従事しないサービス産業のGDP比率が拡大していくこと。加えて，製造業や農林水産業においても，研究開発やマーケティングなど，サービス産業に関連した部門が拡大していくこと。

現代経済の基本的性格

混合経済 **A**④（こんごうけいざい） 資本主義下の自由競争・私有財産制に基づく自由な経済活動を保障しながら，政府の財政計画に基づく活動部門が大きな位置を占める経済のこと。修正資本主義ともいう。自由経済と計画経済の並立により成り立つ。第一次世界大戦後，さまざまな問題（失業・恐慌・独占など）に直面して，政府が経済に積極的に介入し，経済をコントロールすることにより対処しようとした。ケインズの理論が，その裏づけとなった。介入の方策は，公益事業の国営化，有効需要創出のための公共投資，フィスカル-ポリシーによる所得再分配，景気対策などがある。

同修正資本主義A④

福祉国家 **A**②**N**（ふくしこっか） 夜警国家（自由国家）に対することば。経済政策により，完全雇用，不況・独占の弊害除去，所得の再分配などが確保され，社会保障制度を整備することにより国民生活が保障されている国家のこと。修正資本主義の一形態。第

二次世界大戦中のイギリスのベヴァリッジ報告の社会保障の構想のなかで，その完成がめざされた。また，ケインズによる完全雇用政策の主張も契機として見逃せない。現在，高度の福祉国家が実現した北欧諸国が先進的福祉国家の目標とされている。福祉国家では「大きな政府」となりがちであり，財政負担の問題と経済効率との間で衝突が起こる。ドイツなどでは社会国家という。

同 社会国家 **C** Ⓝ

大きな政府 **A**②Ⓝ（おお-せいふ）　経済・社会政策を強力に推し進め，積極的に経済介入することによって財政規模が非常に大きくなっている政府のこと。財政赤字や経済の非効率化などの弊害をもたらすことから，1970年代末以降，新保守主義のサッチャーやレーガンらによる「小さな政府」への転換が実践された。

夜警国家 **A**⑦Ⓝ（やけいこっか）　自由放任主義的な経済観のもとで，国家の役割は社会の秩序を維持することと外敵の侵入を防ぐことに限定すべきであるとする国家観をさす。ドイツの国家社会主義者ラッサールの用語。彼は自由放任経済を「富者・強者が貧者・弱者を搾取する自由である」と批判し，皮肉をこめて命名した。

ラッサール **C**③Ⓝ［F. Lassalle, 1825〜64］　ドイツの国家社会主義者。ヘーゲル流の人倫国家による労働者階級の解放，その手段としての普通選挙，国家による労働者生産組合の育成を主張した。☞ p.125（ラッサール）

安価な政府 **C** Ⓝ［cheap government］（あんか-せいふ）　自由主義的経済観のもとで，国家の経済活動に果たす役割を必要最小限にとどめ，国防・治安などの業務のみを行うことにより，財政支出・租税負担を最小限にした政府のこと。アダム＝スミスの『諸国民の富』の主要な主張の一つである。小さな政府と同義。

小さな政府 **A**⑤Ⓝ（ちい-せいふ）　市場機構や自由競争などの自由主義的経済政策を推し進めることにより，経済活動に介入せず，財政規模を縮小させようとする政府のこと。安価な政府と発想を同じくする。1970年代末からのイギリスのサッチャー首相，ア

メリカのレーガン大統領らの就任にともない，新自由主義としてこの考え方が復活した。第二次世界大戦後の政府の肥大化による財政赤字，経済活力の衰退への反省から主張されたものであるが，福祉切り捨てとの批判もある。

新自由主義 **A**①Ⓝ（ネオ-リベラリズム）［neo-liberalism］（しんじゆうしゆぎ）　古典的な自由主義やケインズ政策に基礎をおくのではなく，市場原理（至上）主義と個人の自由・自己責任とに根本的な信頼をおく考え方。フリードマンらを中心としたアメリカのシカゴ学派の影響が強くみられる。イギリスのサッチャー政権やアメリカのレーガン政権・ブッシュ（父子）政権などに影響を与えた。南米などでは，この思想が貧困と格差の拡大につながるとして，反新自由主義の潮流を生んだ。

対 反新自由主義

市場原理主義 Ⓝ（しじようげんりしゆぎ）　市場に備わる自動調節機能や市場経済のメカニズムに過度の信頼をおく経済学の立場。自己責任と規制緩和などの価値観を強調する一方，政府の市場経済への介入を拒否し，さまざまな社会的共通資本を排撃する。アメリカのフリードマンらの主張をさし，新自由主義と同義で用いられることもある。

新保守主義 Ⓝ［neoconservatism］（しんほしゆしゆぎ）　ネオ-コンサーヴァティヴ（ネオコン）ともいう。孤立主義的な従来の保守主義とは異なり，自国の脅威には単独での軍事行動も辞さない立場をとる。政治的には，国家がすべてに優先するという国家主義の立場に近い。アメリカのレーガン政権の時代に台頭し，後のブッシュ（父子）大統領の政策に強い影響を与えた。

同 ネオ-コンサーヴァティヴ Ⓝ（ネオコン）Ⓝ

サッチャリズム Ⓝ［Thatcherism］　1979年にイギリス首相に就任したサッチャーが，経済活性化のために小さな政府をめざしてとった財政引き締め策。財政支出の削減，国有企業の民営化，減税，福祉政策の転換，労働組合への規制強化，政府規制の緩和などの政策を総称していう。その評価をめぐって賛否が分かれる。

レーガノミクス **C**Ⓝ［Reaganomics］　1981年にアメリカ大統領に就任したレー

第Ⅳ編

ガンの経済政策。スタグフレーションを解消し，強いアメリカを復活させるために，経済面で小さな政府をつくるべきだとした。具体的には大幅減税，歳出削減，政府規制の緩和，通貨供給量抑制による経済再建計画である。スタグフレーションからは脱却したが，財政赤字と経常収支の赤字（双子の赤字）を生み出した。

類 双子の赤字 **B2N**

グリーン-ニューディール **N** 米国オバマ政権が重視した経済政策。地球温暖化対策などに積極的に取り組むことを通じて，景気浮揚や雇用創出を図ったもの。その背景には，米国内で環境対策が最も進んでいるカリフォルニア州の民主党による影響力があるともいわれた（カリフォルニア-イニシアティヴ）。

トランポノミクス ［Trumponomics］ 米国トランプ政権（2017〜21）による経済政策方針を示す俗称。①大型減税，②公共投資増大，③保護貿易主義，④規制緩和などを柱とする。

社会的市場経済（しゃかいてきしじょうけいざい） 労働者の権利や社会的弱者の擁護などを重視しつつ市場経済と両立しようとする立場。つまり市場原理だけに経済を任すのではなく，国家の介入などにより社会的公正と経済的繁栄を実現していくことを目的とする。1948年にドイツの経済学者が提唱し，同国の経済政策として採用されてきた。

アベノミクス **BN** 安倍政権（2012〜20）が実施した経済政策全体の俗称。大幅な金融緩和，大型公共事業を中心にした財政拡大，民間投資を引き出す成長戦略という「三本の矢」によって，デフレーションからの脱出と円高の是正を図った。円安へと転換し，物価も上昇基調に転じたが，肝心の賃金がそれに追いつかず，景気の回復が十分果たせなかった。このため，2015年には「新・三本の矢」として，希望を生み出す強い経済，夢をつむぐ子育て支援，安心につながる社会保障を打ち出した。

トリクルダウン **CN** ［trickle-down theory］ したたり落ちるの意で，アベノミクスの根底にある経済の考え方。大企業や富裕層が富めば，その恩恵がいずれ庶民にもいきわたる，というもの。現実にはそうした政策は格差拡大をもたらすとの指摘があり，経済協力開発機構（OECD）もこの考え方に懐疑的な見解を示した。

現代貨幣理論 ［Modern Monetary Theory］（げんだいかへいりろん） MMTと略される。非主流派の経済理論の一種であり，政府が税収額に制約されることなく国債発行によって財政出動することを大幅に許容する。同理論によれば，政府は，自国通貨建て赤字国債を発行しても，自国通貨の発行権を実質的に保持している以上，債務を返済可能であり，インフレーションを適切に管理できれば，健全な国家経済を維持できるとする。

ダイバーシティ **B2N** ［diversity］ 「多様性」を意味する概念。1つの組織のなかに，国籍・人種・宗教・年齢・性的指向などに関する幅広い社会属性が存在すること。近年は，ダイバーシティが組織の活性化につながるという考え方が普及している。例えば，民間企業でも，同質的・画一的な人員構成より，ダイバーシティに基づいた組織のほうが，事業創造能力・問題解決能力・変化適応能力が高く，企業の競争力強化に資するとされている。大学の世界でも，在学生が特定の年齢層や人種のみで構成されると，授業における議論が停滞したり，社会的多数派の意見で覆い尽くされる事態に陥りやすいとされている。

2 国民経済と経済主体

国民経済とは

国民経済 **CN**（こくみんけいざい） 一つの国や国民を単位として，同一の貨幣を使い，同一の財政制度及び金融制度，そして同一の経済政策，社会制度の下に運営される経済のこと。国際経済に対する概念。国民経済を形成するのは，家計・企業・政府の経済主体であり，経済主体間の相互関係により経済活動が推進されている。

ミクロ経済 **C**（けいざい） 個人や企業による経済的行動や経済的意思決定のこと。ミクロ経済に関する研究分野をミクロ経済学という。ミクロ経済学では，有限な経済資源が個人や企業の間でいかに市場配分されていくかという市場メカニズムが分析され，

かつ，市場メカニズムがいかに非合理的な配分に至るかという市場の失敗についても分析される。

マクロ経済 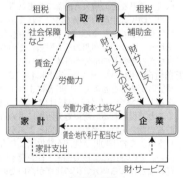（-けいざい）　国家経済や世界経済の全体のこと。マクロ経済に関する研究分野をマクロ経済学という。マクロ経済学では，財政，税金，金利政策，経済成長，失業率などの国家規模／世界規模の経済テーマに焦点が当てられる。マクロ経済学とミクロ経済学は，経済学という学問領域における最も一般的な区分方法である。

経済主体 Ａ Ｎ（けいざいしゅたい）　経済における活動の担い手となるもの。経済社会には，家計・企業・政府という三つの代表的経済主体がある。資本主義経済においては，企業は生産・流通面で活動し，家計は消費活動をし，政府は，これら生産・流通・消費を含めた一国の経済活動全体を調整する。各経済主体は貨幣をなかだちとして，それぞれ財貨・サービスを提供しあっている。これら三者が，相互に密接に関連・影響しあって，経済社会は成立している。

経済循環 Ｂ Ｎ（けいざいじゅんかん）　経済主体間の財・サービス・貨幣の流れのこと。財やサービスは貨幣をなかだちとして，家計・企業・政府の間を相互に結びつけながら生産から消費へと年々くり返し流れている。経済循環は国民所得の循環でもあり，この計量で，経済の現状や動向を分析できる。

▲ 経済の循環

経済活動 Ｂ 7 Ｎ（けいざいかつどう）　三つの経済主体（家計・企業・政府）が財やサービスを生産・分配・流通・消費する活動のこと。家計は主に消費をし，企業は主に生産をし，政府はそれらを調整することが経済活動の中心である。これら経済活動の自由を確保することが，アダム＝スミス以来の資本主義経済の中心的理念である。

経済主体1　家計

家計 Ａ Ｎ（かけい）　消費のうえで同一の生計を立てている一つの単位。経済主体の一つ。その経済活動に果たす役割は，最終消費者であると同時に，労働力の供給者という2面をもっている。家計は生活するために消費支出を行い，そのために所得を必要とする。所得には，労働力の提供によって企業から得られる賃金と，財産所得（利子・配当・家賃・地代）がある。

所得 Ａ 7 Ｎ（しょとく）　生産活動に使用された資本・労働・土地などの生産要素に対して支払われる報酬のこと。所得は一定期間でのフローの概念であり，これに対して，この所得が蓄積されたストックの概念が国富である。所得の種類には，①賃金・俸給（労働力の提供者への報酬），②配当（株式などに対しての報酬），③利子（資金・貨幣資本に対しての報酬），④地代（土地使用に対する報酬）がある。生産によって得られた所得は，法人企業・個人企業（資本家），勤労者（労働者），政府などの経済主体に分配され，その後に支出される。

可処分所得 Ｂ Ｎ（かしょぶんしょとく）　個人所得のうち，直接税（所得税）や社会保険料などの非消費支出を差し引いた残りの部分。個人が自由に使用できる所得である。可処分所得は，一国の経済全体についても使用する。日本の勤労者世帯の（実質）可処分所得は，1997年までは年を追うごとに上昇したが，それ以降は下がりはじめ，2015年には30年前の水準に落ち込んだ。これは，実収入の伸び悩みと社会保険料などが実質的に増加しているからである。

勤労所得（きんろうしょとく）　労働を提供した勤労者へ支払われる所得。賃金，その他の手当などをさす。雇用者所得・労働所得ともいわれる。

不労所得（ふろうしょとく）　働かずに得られる所得。地代・利子・配当などをさす。勤労所得との対比で使用されることが多い。

財産所得 Ｎ（ざいさんしょとく）　☞ p.408 （財

産所得）

消費 Ⓐ6 Ⓝ（しょうひ）　☞ p.339（消費）

消費支出 Ⓒ Ⓝ（しょうひししゅつ）　個人や家計が生活を維持するために使う支出。支出の種類や用途により，食料費・住居費・教育費・被服費などに分類される。

消費性向 Ⓝ（しょうひせいこう）　消費者が得た所得のなかからどの程度を消費に向けるかを示した数値。所得のうち，消費がどの程度を占めるか，その割合であらわされる。一般に所得が増大すれば消費性向も高まるが，一定以上の所得増加は逆に消費性向を低くするとされる。

エンゲル係数 Ⓒ Ⓝ（－けいすう）　家計での総消費支出に占める飲食費の割合のこと。ドイツの社会統計学者エンゲルは，19世紀末にベルギーの労働者家計の消費支出を統計的に研究することにより，所得の上昇に従って家計費のなかの飲食費の割合が低下するという法則を見いだした（エンゲルの法則）。所得が多く，総消費支出が大きい家計ほどエンゲル係数は低くなり，生活水準が高いとされる。2017年度平均の日本のエンゲル係数（2人以上の世帯）は25.7%で，近年上昇を続けている。

シュワーベの法則（－ほうそく）　所得が高い層ほど，家計での総消費支出中に家賃の占める割合が少ないという法則。ドイツの社会統計学者シュワーベが1868年に発表した。

ローレンツ曲線 Ⓒ Ⓝ（－きょくせん）　アメリカの統計学者ローレンツが考えた所得分布の不平等度を示すグラフ。縦軸に累積所得額，横軸に累積人員数をとると，完全に平等の場合は原点を通る45度の直線となる。不平等になるほど，この直線から遠ざかるような弓形曲線を描く。次の図において，ローレンツ曲線と均等分布線とで囲まれた

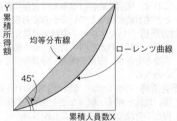

▲ ローレンツ曲線の概念図

弓形の面積の，均等分布線より下の三角形の面積に対する比率がジニ係数である。均等分布線とローレンツ曲線の間の面積が小さいほど所得の均等がはかられ，広がると所得の不均等の度合いが大きくなる。

ジニ係数 Ⓐ4 Ⓝ（－けいすう）　貧富の差を表す指標。イタリアの統計学者ジニが考案した。1に近いほど格差が大きく，格差がないときは0となる。近年，日本ではこの数値が上昇し，所得格差の拡大が指摘されている。経済協力開発機構（ＯＥＣＤ）の報告書によると，ジニ係数で加盟34か国を比べると，格差が最大はチリ，最小はデンマークだった。日本はＯＥＣＤ平均を上まわり，10番目に大きかった。

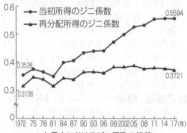

▲ 日本におけるジニ係数の推移

貯蓄 Ⓑ1 Ⓝ（ちょちく）　家計において，将来の必要のために所得の一部を金融機関などに預・貯金すること。生命保険の保険料や株式・債券などの購入も貯蓄に含まれる。また，国民純生産のなかで消費されなかった残り分が貯蓄となる。企業や政府も貯蓄を行う。企業では利潤のうち配当にまわされなかった残りの部分が貯蓄となる。

貯蓄性向 Ⓝ（ちょちくせいこう）　家計において，消費者が所得をどのくらい貯蓄にまわすかを示した割合。1から消費性向を差し引くことで得られる。総可処分所得に占める貯蓄の割合を特に平均貯蓄性向とよぶが，日本は，この平均貯蓄性向が諸外国よりも高い。その理由は，社会福祉・社会資本の遅れなどによる個人負担の比率が高いため，と考えられる。

貯蓄率 Ⓒ1 Ⓝ（ちょちくりつ）　国全体の貯蓄（家計の預貯金，企業の配当後の残金すなわち内部留保など）を国民可処分所得で除した比率のこと。日本の場合，個人可処分所得

に対する個人貯蓄の比率である個人貯蓄率の高さ(1960〜70年代の平均で約20％)が,戦後の高度経済成長を支えたとされる。

経済主体2　企業

企業 **A**26 **N** (きぎょう)　営利を目的として財・サービスの生産活動を行う組織体のこと。経済主体の一つ。原則的に企業は,自らの創意と責任において市場原理に従って生産と販売を行い,利潤を得ることを目的として行動する。株式会社の形態が最も一般的だが,個人的な小企業も企業である。組織形態としては,公企業・私企業・公私合同企業に分けることができる。企業は巨大化・複雑化し,コングロマリット(複合企業)や世界各国に拠点をもち活動する多国籍企業などの結合形態がみられる。

生産活動 **C** **N** (せいさんかつどう)　主として企業が財やサービスを新しくつくり出すこと。生産活動を行うためには,労働・土地・資本(生産の三要素)が必要である。生産規模が拡大される拡大再生産,前回と同じ規模の単純再生産,前回より縮小していく縮小再生産がある。

公企業 **A**3 (こうきぎょう)　国や地方公共団体が所有・経営する事業。私企業の対概念であり,営利追求には向かない公的需要を満たすために行われる企業活動。重要産業の保護・育成や国民生活の安定を目的とする。交通・水道・病院など。

公益企業 (こうえききぎょう)　国民の日常生活に不可欠な財・サービスを供給している企業。電気・ガス・水道・交通・医療など,制度的に独占が認められ,そのため政府が規制している。

国営企業 **C**1 **N** (こくえいきぎょう)　国が政策的必要から予算をつけて経営する企業。日本では,かつて郵政・国有林野・印刷・造幣があり,四現業とよばれた。ほとんどが独立行政法人化や民営化され,唯一残った国有林野も国営企業ではなくなった。

公団 **C** **N** **・事業団** (こうだん) (じぎょうだん)　公益事業に従事するために法律によって設立された特別の法人。特殊法人ともいい,日本道路公団,日本下水道事業団,日本私立学校振興・共済事業団などがあった。資金は財政投融資の資金,一般会計からの補助

金や出資金などから調達された。赤字や不良債権を抱えるケースがめだつ。また,官僚の天下り先として利用されることもあり,批判が多く,独立行政法人化や民営化・廃止などが行われた。

　　　　　　　　　　　同特殊法人 **B**4 **N**

地方公営企業 **B** (ちほうこうえいきぎょう)　地方公共団体が出資・経営する公益的な企業。上下水道事業・地方鉄道・地下鉄・地方バスなどがその例。

公共企業体 (こうきょうきぎょうたい)　公企業ではあるが,独立採算制をとり,国に収入をもたらしている企業。三公社(国鉄・電電公社・専売公社)があったが,1980年代にいずれも民営化された。

民営化 **A**5 **N** (みんえいか)　公企業を私企業にすること。かつて三公社といわれた日本電信電話公社・日本専売公社は1985年に,日本国有鉄道は1987年に中曽根康弘内閣の手で民営化され,それぞれNTT,JT,JRとなった。

日本国有鉄道 **C** **N** (にほんこくゆうてつどう)　1949年から1987年まで,国有鉄道を管轄・運営した公共企業体。国鉄と略称。従業員数50万以上の巨大企業体で,日本の経済や労働運動に大きな影響を与えた。1960年代から経営が悪化,1987年に六つの旅客鉄道会社と一つの貨物鉄道会社に移行した。

日本放送協会 **C** (NHK **N**) (にほんほうそうきょうかい)　日本において非営利の公共放送を担う組織。略称はNHK。1924年に日本最古の放送局として開業。1950年,放送法に基づく特殊法人となった。組織トップは経営委員会(経営監督機関)であり,その下に実務上のトップとして会長職(業務執行機関)が置かれる。それらの選出過程は原則非公開であり,国民や受信契約者に対する説明義務はない。NHKの経済基盤は受信料であり,NHKの収入全体の9割以上を占める。NHKは,受信料制度によって特定勢力に左右されない独立した公共放送が維持されると主張している。

独立採算性 (どくりつさいさんせい)　公的な事業などにおいて,補助金などに依存せずに,支出にみあうだけの収入や収益があること。旧国鉄のように,補助金に頼る公共的な事業が多いため,民営化などの方法により,

独立採算性を高めることが求められた。

公私合同企業 **B**2（こうしごうどうきぎょう）　国や地方公共団体の資金と，民間の資金（企業など）をあわせて設立した企業。交通機関やリゾート開発などにみられる。第3セクター，公私混合企業ともいう。

同 **第三セクター** **C** **N**　**公私混合企業** **C**2

	株式会社	合同会社	合資会社	合名会社
出資者	有限責任の株主（1人以上）	全員が有限責任社員（1人以上）	無限責任社員と有限責任社員（各1人以上）	親族など無限責任社員（1人以上）
資本金	特に規定なし	特に規定なし	特に規定なし	特に規定なし
持ち分の譲渡	自由に譲渡できる	社員全員の承諾が必要	原則として社員全員の承諾が必要	社員全員の承諾が必要
特徴	多数の株式を発行するため，大資本を集めやすく，大企業に適する	アメリカの会社の形態が手本。ベンチャー企業などに適する	経営者の個性を反映する小規模な会社が多い	親族による小規模な会社の責任を明確にする

▲ 会社の形態

私企業 **A**5（しきぎょう）　民間にある資本を活用して経営している企業。資本主義国における最も基本的で中心的な企業。

個人企業 **C** **N**（こじんきぎょう）　一人が出資・経営し，成果の配分をする企業。従業員もいるが，会社形態はとらない。小規模で小回りがきくため，小売業などに多い。

組合企業 **B**（くみあいきぎょう）　資本主義社会における経済的弱者（中小企業・農民・一般国民）が，相互扶助を目的として共同で経済活動をする企業。農業協同組合（JA）・漁業協同組合・健康保険組合・消費生活協同組合（CO-OP）などがある。

法人企業 **C**1 **N**（ほうじんきぎょう）　民法・会社法などで，権利と義務の主体となることが認められた企業。法人は，公益法人と営利法人，その他の法人に分けられるが，公益法人を除いた法人，つまり組合企業と会社企業をさす。財務省の法人企業統計によれば，金融・保険業を除く会社企業を法人企業としている。

会社法 **B**5 **N**（かいしゃほう）　会社の制度や運営などを定めた基本的な法律。従来の商法第2編や有限会社法などを現代的に再編成し，2006年に施行された。株式会社の最低資本金の撤廃，有限会社にかわる合同会社の創設などが規定されている。

合名会社 **A**5 **N**（ごうめいがいしゃ）　債務に対して無限の責任を負う1人以上の社員（出資者）からなる会社。多くは家族・同族による小規模組織で，個人的色彩が濃いため，人的会社ともいわれる。経営には社員全員が参加できる。

合資会社 **A**5 **N**（ごうしがいしゃ）　経営に参画して無限責任を負う社員と，経営には参画せず出資した額を限度に責任を負う有限社員から構成される会社。

有限会社 **C**4 **N**（ゆうげんがいしゃ）　出資者全員が，出資額の限度内で責任を負うことが認められた会社。経営者は出資者である必要はないが，出資者数の限定など個人的色彩を残している。2006年施行の会社法で，新たな設立ができなくなった。

類 **特例有限会社** **C**

株式会社 **A**14 **N**（かぶしきがいしゃ）　出資者が，出資した限度内で責任を負う株主によって構成される会社。株主は出資に応じて会社の利益の一部（配当）を受け取る。イギリスの東インド会社（1600年）やオランダの東インド会社（1602年）が起源。株式会社は，株主の有限責任と株式の少額面化（1株500円）により，経営能力をもたない不特定多数の人々の資金を活用する道を開いた。また，株式の証券市場での自由売買により，出資者としての地位を自由にした。株式会社の機関には従来，出資者の意思決定機関である株主総会，ここでの決定に基づき経営する取締役会，それを監査（業務監査・会計監査）する監査役があった。2006年施行の会社法によって，機関は株主総会と取締役の必置を原則に，会社の形態や規模に応じて取締役会・監査役（会）・会計参与・会計監査人などを任意に置けるようになり，それだけ経営の自由度は高まった。会社の巨大化，株数の増大により，資本（所有）と経営の分離が一般的となった。

合同会社 **A**3 **N**（ごうどうがいしゃ）　2006年に施行された会社法により創設された会社形態。日本版LLC（有限責任会社）ともよばれる。社員はすべて会社債務に対し有限責任

をもつ。人的会社でありながら，合名会社や合資会社とは異なり，社員の有限責任が確保されている。

持分会社 **C**（もちぶんがいしゃ）　会社法によって規定された会社のうち，合名・合資・合同会社の三つを総称したもの。

無限責任社員 **B2N**（むげんせきにんしゃいん）　会社の債務に対して，連帯して責任を負わねばならない社員をさす。合名会社では全員，合資会社では一部が無限責任社員となる。なお，この場合の社員とは出資者をさす。

　　　　　　　　　　　　類 無限責任 **B**

有限責任社員 **B**（ゆうげんせきにんしゃいん）　出資するだけで経営には参画せず，会社の債務には自分の出資した限度内でしか責任を負わない社員。株式会社・合同会社及び合資会社の一部で有限責任が認められる。

利潤 **A2N**（りじゅん）　企業の財・サービスの総売上額から，生産・販売に要した総費用を差し引いて残る利益のこと。もうけ分。伝統的には，企業は利潤の極大化をはかるとされてきたが，企業は最低利潤で売上高の最大化をはかるとする考え方もある。利潤のうち，一部は内部留保として蓄積，拡大再生産のための投資に回され，また株主への配当として還元される。利潤に関しては，①資本家が消費せずに投資することによって受け取るべきものを待ったことに対する報酬である（マーシャル），②投資の危険性に対する保険である（F．ナイト），③イノヴェーション（技術革新）で生ずる超過利潤だけが利潤である（シュンペーター），④労働価値からの搾取である（マルクス），⑤投資活動により利潤が決まる（ケインズ学派）などの諸学説がある。

利潤率（りじゅんりつ）　総資本に対する利潤の割合のこと。利潤の極大化は，資本主義社会における行動原理であるが，利潤率を高めようと企業が高利潤の産業に参入すると，価格競争により利潤率は低下し，低利潤産業は競争者の減少により利潤率が上昇，結局は利潤率が均質化するとされる。

超過利潤 **C**（ちょうかりじゅん）　均衡価格において平均利潤を上まわる利潤のこと。ある企業だけが，技術革新や規模拡大などによるメリットによって生産費用が低下したために得られる利潤である。他の企業が導入し，

その企業に追随することにより消滅する。

独占利潤（どくせんりじゅん）　独占で企業が得られる超過利潤の一形態。完全競争の下では，企業は平均利潤を得るだけだが，市場を独占している場合は，平均費用より平均収入は大きくなり，超過利潤を得る。

貸借対照表 **A**（たいしゃくたいしょうひょう）　バランスシート（B/S）とも呼ばれる。個人や組織の財務状況を示した表の１つであり，ある時点における資産の額，負債の額，および資産から負債をのぞいた純資産の額を示したもの。表の左半分には資産が表記され，右半分には負債および純資産が表記される。必然的に，左半分の額と右半分の額が等しく釣り合う形となる。

企業の社会的責任 **A3N**（**CSR** **A N**）[Corporate Social Responsibility]（きぎょう–しゃかいてきせきにん）　企業の活動が社会に大きな影響を与えることから，そのあり方には社会に対する配慮や責任なども必要とされるという考え方。企業の目的が利潤追求にあり，そのために不公正な活動や反社会的な行動を起こすことも少なくない。汚染物質の排出，欠陥商品による被害や損害などが批判され，企業行動全体への配慮や企業経営に社会の意見を取り入れることが求められている。近年，アメリカなどでは企業の社会的貢献（フィランソロピー）という観点から，芸術・文化活動に対する支援が行われている（メセナ）。2010年，企業の社会的責任に関する国際規格「ＩＳＯ26000」が発効した。

メセナ **A7N**[mécénat]　企業の芸術・文化・社会事業支援。古代ローマ時代の高官マエケナスが芸術家を庇護したことに起源をもつ用語（フランス語）。企業による文化事業の主催（コンサート，美術展，演劇公演など），資金の提供（寄付や協賛），文化施設の開設や運営（美術館，多目的ホールなど）といった形態がある。

フィランソロピー **A9N**[philanthropy]　博愛・慈善の意。公益目的の寄付行為やボランティア活動などの社会的貢献活動をさす。

コンプライアンス **A6N**[compliance]　法令遵守（じゅんしゅ）の意。企業の社会的責任をあらわす。具体的法令に加え，社会規範全体

をさす言葉。コンプライアンスに違反した企業は, 損害賠償訴訟などの法的責任を負わなければならない。

同 法令遵守 **Ⓐ**

アカウンタビリティ Ⓑ（説明責任 Ⓑ①Ⓝ） ☞ p.259（アカウンタビリティ）

コーポレート－ガバナンス Ⓐ Ⓝ [corporate governance]　企業統治。株主などのステークホルダー（利害関係者）が, 企業経営に関してチェック機能を果たすこと。

同 企業統治 **Ⓐ**

資本金 Ⓑ Ⓝ（しほんきん）　企業が発行した株式とひきかえに株主が出資した金額のこと。企業に投下された資金の総額を資本金ととらえれば, 資産＝資本となり, 銀行など資金の提供者（債権者）から得た資金である他人資本も, 株主など出資者の提供した資金である自己資本も同じ資本と考えられる。

福利厚生 Ⓑ Ⓝ（ふくりこうせい）　企業が従業員のために設けた福利のための施設や制度。社会保険料の事業主負担, 通勤手当の支給, 社宅や寮, 持ち家制度など多方面にわたる。給与などとは異なり目にみえない付加給付の一部だが, 企業による格差が大きく, 中小企業問題の主要因の一つとなっている。

倒産 Ⓑ④Ⓝ（とうさん）　企業が赤字などで財産を使い果たし, 事業が継続できなくなること。通常は, 現金化できない不渡り手形を2度発行すると, 銀行の取引停止となって倒産することが多い。倒産企業はそのまま解散することが原則であるが, 社会的な影響の大きな企業の場合には, 民事再生法・会社更生法などにより存続させることもある。

民事再生法 Ⓝ（みんじさいせいほう）　経済的に窮地にある会社が再建の望みがあるとき, その再生をはかる手続きを定めた法律。1999年に制定され, 2000年から施行。従来は会社更生法の適用が難しい中小企業などが対象とされたが, 柔軟性に富む手続きのため, 現在ではあらゆる法人・個人に適用される。

会社更生法 Ⓝ（かいしゃこうせいほう）　経済的に窮地にある会社が再建の見込みがある場合, その維持・更生をはかる手続きを定めた法律。アメリカの制度にならって1952年に制定, 2002年に全面改正された。株式会社にのみ適用。

内部統制システム Ⓝ（ないぶとうせい-）　企業内の不正などを防止するため, 経営活動の成果を会計基準に従って正しく開示するための管理・点検体制のこと。2008年に施行された金融商品取引法（日本版ＳＯＸ法, 旧証券取引法）で, すべての上場企業に義務づけられた。2001年にアメリカ・エンロン社の経営破たんで企業の不正会計が社会問題化したのが契機。

R&D Ⓒ Ⓝ [research and development]　企業における研究開発。とくに新製品の基礎・応用研究をさすことが多い。

モラル－ハザード Ⓒ Ⓝ [moral hazard]　企業などにおける倫理の欠如や崩壊のこと。本来は保険用語で, 保険契約者などが保険をかけてあるため, 逆に注意力が散漫になり事故を起こす危険性が高くなる現象をさす。

経済主体3　政府

政府 Ⓐ㉑Ⓝ（せいふ）　家計や企業の経済活動を, 財政を通じて調整する経済主体のこと。政府は, ①経済政策・計画を立て, 経済の方向性を決める。②家計や企業から徴収した税を直接使い, 学校・水道・消防・警察などの公共的財・サービスの供給など, 財政活動を行う。③経済活動の秩序を保つために, さまざまな規制や景気対策を行う。④中央銀行に対し, 金融政策などを実施させる。

経済政策 Ⓒ⑦Ⓝ（けいざいせいさく）　政府が一定の経済目的達成のためにさまざまな手段を用いて行う政策。経済の成長と安定, 資源配分の効率化, 所得分配の公平化, 貿易収支の黒字化などを目標とする。これらの目標達成のために採用される手段には, 税率・利子率の調整, 公共支出の増減, 通貨供給量の調整, 為替レートへの介入などがある。また経済政策は, 量的経済政策と質的経済政策に分けられる。前者は, 有効需要の創出をはかる財政政策や, 資金量を調節する金融政策をさす。後者は, 法的規制や制度面での干渉であり, 独占禁止政策や租税特別措置, 貿易政策などがある。

所得の再分配 Ⓑ⑧Ⓝ（しょとく-さいぶんぱい）

☞ p.400（所得の再分配）

資源の適正配分 ②N（しげん-てきせいはいぶん）
　☞ p.400（資源の適正配分）

景気調整機能 CN（けいきちょうせいきのう）
　☞ p.400（景気調整機能）

公共投資 B①N（こうきょうとうし）　国や地方公共団体が行う公共施設の整備・拡充のための投資。民間の投資では採算が合わなかったり，なじまなかったりする公共事業，いわゆる社会資本への投資が代表的。産業基盤関連の道路・港湾，国土保全基盤関連の治山・治水，生活基盤関連の上下水道・学校などである。ケインズが不況克服のよび水として公共投資を位置づけてから，より積極的な役割を果たすようになった。
　　　　　　　　　　　　類**公共財の供給** B

公共事業 A⑤N（こうきょうじぎょう）　国や地方公共団体が行う，道路・河川・干拓・治山・治水・上下水道・災害復旧などの，公共的な建設・復旧事業。無駄が多いなどの理由から，日本では削減傾向にあったが，2011年の東日本大震災以降，防災・減災や国土強靱（きょう）化を名目にした大型公共事業が復活している。

官製ファンド（官民ファンド）N（かんせい-）
（かんみん-）　民間から資金を集める通常のファンドと異なり，国が予算の中からお金を出して運営するしくみ。民間の資金が集まりにくいとき，まず政府が出資して民間投資の呼び水とする。日本の伝統文化やファッション，アニメなどを世界に発信するクールジャパン戦略を後押しするため，2014年に設立された「海外需要開拓支援機構」などがそれにあたる。
　　　　　　　　　　類**クールジャパン戦略**N

2章 経済社会のしくみと役割

1 市場の機能

市場機構と価格の役割

市場 **A**14**N** [market]（しじょう）　財やサービスの交換や売買がなされる場。商品の需要者（買い手）と供給者（売り手）が出会い，取り引きすることにより価格が形成される場でもある。この場は，①需要者と供給者が直接取り引きする具体的で特定の場，②不特定の需要者と供給者が取り引きする抽象的な場，の2通りに分けられる。①には，小売市場・卸売市場・見本市などがあり，②には，労働市場・金融市場・外国為替市場などがある。

労働市場 **B**2**N**（ろうどうしじょう）　☞ p.460（労働市場）

金融市場 **A**5**N**（きんゆうしじょう）　資金の貸し借りや証券の売買を行う市場。需要者は主に企業部門であり，供給者は余剰部門としての家計部門である。金融機関や証券会社が取り引きを仲介する。そこで決定される資金融通の価格が金利である。期間により，短期金融市場と長期金融市場に分かれる。

証券市場 **C**1**N**（しょうけんしじょう）　有価証券（公債・社債・株式）が取り引きされる市場。そこでの価格が，利子・配当・株価である。株式市場と債券市場に分かれる。株式市場は出資をし，配当を受ける株式証券の取り引きの場であり，債券市場は確定した利子を付ける証券の取り引きである。

類 株式市場 B N

資本市場（しほんしじょう）　金融市場のうち，長期貸付市場と証券市場（株式市場・債券市場）などのこと。前者は金融機関が中心となり，1年をこえる資金の取り引きを行う市場であり，後者は証券会社が取り持つ株式・公社債の取引市場である。長期金融市場という場合もある。

外国為替市場 **A**2**N**（がいこくかわせしじょう）　外国為替が取り引きされる市場。中央銀行・外国為替銀行（日本では旧東京銀行）・為替ブローカー（仲買人）・一般取引業者などにより構成される。この取り引きは，電話等でなされるため具体的な場所はない。外国為替の需給により各国通貨の交換比率（為替レート）が決まる。

市場経済 **A**8**N**（しじょうけいざい）　市場を通して経済的資源が配分される経済システムのこと。資本主義経済では，自由な経済活動と自由競争を通じて市場メカニズム（市場機構）が働き，経済的資源が最適に配分されたり，経済の整合化がなされている。このような経済体制が市場経済である。ここでの国家の経済的役割は，必要最小限のものに限るべきだとされる。しかし現実には，完全な市場経済の国は，資本主義国においても見いだせず，政府による経済への介入，経済計画による経済の誘導がなされている。市場経済の反対の概念が計画経済である。

市場メカニズム **B**2**N** [market mechanism]（しじょう-）　市場機構。市場における価格変動により，資源配分がなされるしくみ。価格メカニズムともいう。売り手と買い手がお金さえ払えば自由に取り引きできる市場では，価格機構が働いて需要と供給が等しくなり，資源が最適配分される。価格機構とは価格の変動により需給が一致する機能をいう。市場においては，選択の幅が広ければ広いほど，売り手と買い手の数が多ければ多いほど，価格機構はうまく作用する。しかし，独占・寡占，公共財の供給，公害など市場メカニズムが十分には機能しない分野があり（市場の失敗），計画化や規制による市場メカニズムへの介入も必要とされている。

同 市場機構 B 2

完全競争市場 **B**（かんぜんきょうそうしじょう）　完全競争の条件が備えられた市場。完全競争とは，①市場に売り手と買い手が多数いて，個々の需要と供給の変更が価格に影響しない，②資本調達が容易，③事業への参入・離脱が自由，④売り手と買い手が市場・情報を熟知している，⑤製品の差別化がない，などの条件が必要である。現実にはほとんど存在しない。

不完全競争市場（ふかんぜんきょうそうしじょう）　完全競争市場でも独占市場でもない市場。市場における価格決定を左右するほどの力をもつ売り手（あるいは買い手）が存在する

市場である。価格決定に影響力をもつ少数の企業が存在する場合や，多数の売り手はいるが，製品の差別化によりある程度の独占が可能な場合などがある。

市場占有率 **C**①[market share]（しじょせんゆうりつ）　マーケット-シェアともいう。ある企業またはいくつかの企業の製品の販売高・生産高が，その産業の市場全体の販売高・生産高に占める割合のこと。市場での寡占度，生産の集中度の指標となる。

同 マーケット-シェア **C**

市場の失敗 **A**⑧**N**[market failure]（しじょう-しっぱい）　市場機構による資源の適正配分ができない分野があること，もしくは市場機構による資源配分の限界をさす用語。①独占や寡占による市場の支配，②市場を通さずに，他の経済主体に利益をもたらす外部経済の問題，または公害のように他の経済主体に不利益をもたらす外部不（負）経済の問題，③国防・警察などのサービスや道路・上下水道などの公共財のように，誰もが必要としているのに市場が存在していない問題，④中古車の売り手と買い手の関係などにみられる情報の非対称性（不完全性）の問題（逆選択の結果となる）をさす。これらについては，政府が資源配分に積極的に介入することが必要になる。

情報の非対称性 **A**⑦**N**（じょうほう-ひたいしょうせい）　取り引きされる財・サービスの品質などの情報内容が，各経済主体の間で格差があること。情報の偏在ともいう。市場の失敗の一例。アメリカの経済学者スティグリッツらの研究に基づく。

市場の限界 **C**②（しじょう-げんかい）　個々の企業の成長などによってもたらされる販売市場の飽和など，市場から受ける制約。市場の未成熟もその要因となる。たとえば，国内市場の限界から海外進出をはかる企業も現れる。

政府の失敗 **C**[government failure]（せいふ-しっぱい）　「市場の失敗」を補うために行われる政府の経済活動が，費用分担を誤るなど効率性や公正性に反した結果をもたらすこと。「小さな政府」を主張する人たちが強調する考え方でもある。

外部効果 **C**（がいぶこうか）　ある経済主体の経済行動が，市場を通さず，他に利益または損害をもたらすこと。外部経済と外部不（負）経済を総称したもの。

外部経済 **A**①（がいぶけいざい）　他の経済主体の経済活動が，市場における取り引きを通さず直接によい影響を与えること。近隣に養蜂業者がいて，ミツバチが花粉の交配をするために得をする果樹園主の例や，駅の新設によりその周辺地域が発展し恩恵を受ける例などがあげられる。

外部不経済 **A**⑭**N**（**外部負経済** **C**⑪**N**）（がいぶふけいざい）　他の経済主体の経済活動が，市場における取り引きを通さず直接に悪い影響を与えること。企業が出す公害により社会全体に不利益をもたらす例や，周囲の反対運動にもかかわらずショッピング-モールが建設され，自然豊かな里山が失われたという例がその典型。公害の例では，住民に被害を与え，また企業が公害防止費用を節約することにより，政府や地方公共団体が対策費用を負担することになるなどの影響がおこる。この場合，外部不経済によってもたらされる費用を社会的費用として企業に負担させる必要がある。これを社会的費用の内部化という。

類 社会的費用の内部化

フリーライダー **C**　対価を支払わずに，公共的な財やサービスを利用すること。日本語では「タダ乗り」と表現される。例えば，灯台という公共サービスは，いかなる船舶でもその機能を利用可能であり，たとえ国が「利用料金を支払っていない者は灯台の機能を利用できない」というルールを作っても，実際問題として非支払者を排除することは困難である。フリーライダーは，こうした非排除性の高いケースにおいて発生しやすい。

価格 **A**⑦**N**（かかく）　財やサービスの価値を貨幣の単位で示したもの。一般には商品の値段を価格というが，広義には賃金・利子率・為替レート・地代なども含まれる。自由主義経済では，価格は商品の価値を示す指標で，経済はこれを軸に運営される。

市場価格 **B****N**（しじょうかかく）　財・サービスが市場において取り引きされる時の価格。需要と供給の関係によって変動する。完全競争の下では市場価格は常に均衡に向かう。たとえば市場価格が均衡価格より上昇する

と，供給量は増えて供給超過（売れ残り）となって価格は下がり，新たな均衡価格が生まれる。市場価格が均衡価格より下がれば，需要量は増えて需要超過（品不足）となり，価格は高騰する。

均衡価格 Ⓐ②Ⓝ（きんこうかかく）　完全競争市場において，需要と供給が一致したときに成立する価格。市場の買い手は，価格が高くなれば需要量を減らし，安くなれば需要量を増やす。市場の売り手は，価格が高くなれば供給量を増やし，安くなれば供給量を減らす。このような需給の不均衡が一致した価格が均衡価格である。均衡価格のときの取引量を均衡取引量とよぶ。

価格の自動調節作用 ⑤（かかく・じどうちょうせつさよう）　価格機構ともいう。価格が変動することにより，需要と供給が調整され，最終的には均衡していく働きをさす。ある商品の需要量が供給量に比べて多いと，価格が上がる。売り手にとっては利潤が増えるから，より多く供給しようと生産を増やす。こうして買い手は需要量を減らし，需要量が供給量に比べて多い状態は解消される。逆に，供給量が需要量に比べて多いと価格は下がる。売り手の利潤は減るので，生産を減らす。こうして買い手は需要を増やし，供給量が需要量に比べて多い状態は解消される。需要と供給を均衡させることから，価格には資源を適切に配分する働きがあるとされる。

　　　　　　　　　同価格機構Ⓒ

需要 Ⓐ⑨Ⓝ[demand]（じゅよう）　市場で，財やサービスを買い手が購入しようとすること。貨幣支出の裏づけのある需要をケインズは有効需要とよんだ。需要は，価格の変化に応じて増減する。所得が変わらずに，ある商品が値上げされれば，ほしいという気持ちに変化はなくても，需要量は減少する。したがって，需要とは社会全体の需要量をさしている。

需要曲線 Ⓐ⑥Ⓝ（じゅようきょくせん）　自由競争を前提とした市場において，価格の変化に応じた需要量の増減をグラフ化したもの。縦軸を価格とし，横軸を需要量で示す。この場合，価格の変動以外は考えず，価格変動に対する需要量の変化を考える。需要量は価格が上昇すると減少する。逆に，価格

が下降すると需要量は増加する。こうした関係をグラフにすると，右下がりの曲線となる。

需要曲線のシフト Ⓒ⑤（じゅようきょくせん-）　需要曲線が価格以外の要因の変化で移動すること。たとえば価格の変化がなくても所得が増加（減少）すると，需要量は増える（減る）。この現象をグラフ化すれば，需要曲線が右（左）へ移動することにより示される。これが需要曲線のシフトである。

需要の価格弾力性　（じゅよう-かかくだんりょくせい）　価格の変化が，需要量をどれくらい変化させるかを示す指標。価格の変化率で需要の変化率を割ったもの。たとえば，価格が25％下がり，需要量が50％増えた場合，価格弾力性値は2である。1より大であれば弾力的，1より小であれば非弾力的である。生活必需品は非弾力的であり，ぜいたく品は弾力的である。

供給 Ⓐ⑨Ⓝ[supply]（きょうきゅう）　売り手（供給者）が市場で貨幣と引き換えに商品を提供すること。経済で扱う「供給」とは，供給量であり，「供給する」という行為そのものではない。また，個人や一企業だけではなく，産業全体の供給量をさしている。完全競争の下で，供給量は商品の価格が上がると増加する。高く売れるとなれば，利潤を求めて多くの企業が産業に参入して，より多く生産したり販売したりする。逆に，価格が下がれば，利潤を望めないということで，多くの企業は撤退するため，供給量は減少する。

供給曲線 Ⓐ⑥Ⓝ（きょうきゅうきょくせん）　価格に対する供給量の変化をグラフ化したもの。完全競争市場においては，売り手（生産者）は，価格が上昇すれば販売量（生産量）を増加させ，価格が下落すれば販売量（生産量）を減少させる。この関係をグラフにすると，右上がりの曲線となる。

供給曲線のシフト Ⓒ⑤Ⓝ（きょうきゅうきょくせん-）　供給曲線が価格以外の条件の変化で移動すること。価格が変化しなくても設備投資や技術革新などの要素が加わると，供給量は増加する。これをグラフ化すると，供給曲線は右に移動することによって示される。逆に，原材料などの値上がりがあると，供給曲線は左に移動する。

供給の価格弾力性（きょうきゅう-かかくだんりょくせい）
価格の変化が，供給量をどれくらい変化させるかを示す指標。価格の変化率で供給の変化率を割ったもの。たとえば，価格が25％上がり，供給量が50％増えた場合，価格弾力性値は2である。1より大であれば弾力的，1より小であれば非弾力的である。土地は限られた資源であり，非弾力的なものの典型例。

需要・供給の法則 ⑥（じゅよう・きょうきゅう-ほうそく）　完全競争市場において，需要量が供給量を上まわれば価格は上がり，供給量が需要量を上まわれば価格は下がるというメカニズム。これは，価格が下がれば需要量は増え，価格が上がれば需要量は減るという需要法則と，価格が下がれば供給量は減り，価格が上がれば供給量は増えるという供給法則とからなる。

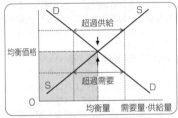

超過需要Ｃ と超過供給Ｃ ②（ちょうかじゅよう・ちょうかきょうきゅう）　需要・供給の法則で，供給量より需要量が多いときを超過需要とよび，需要量より供給量が多い場合を超過供給という。超過需要の場合は価格が上昇し，超過供給の場合は価格が下落する。市場経済においては，超過需要と超過供給をくり返しながら需要と供給が一致して均衡価格に到達する。

取引量 Ｃ Ｎ（とりひきりょう）　市場で取り引きされる財・サービスの量のこと。需要・供給のグラフでは横軸で表されるが，単に取引量と表示されている場合，需要量であるか供給量であるかを分けて考える必要がある。

購買力 Ｃ Ｎ（こうばいりょく）　ある通貨でどのくらいの財やサービスが購入できるかを示す能力。購買力平価という形で用いられる場合が多い。これは一国の物価指数の逆数で表される。各国通貨の購買力を比較することにより，その通貨の対外的な実力が認識

●需給関係による価格の決定
右下がりのDD線を需要曲線，右上がりのSS線を供給曲線という。二つの曲線の交点で均衡価格が決定される。もし価格が均衡価格より低いなら超過需要が生じ，逆に均衡価格より高いなら超過供給が発生する。それぞれの場合，価格は矢印の方向に調整される。
いま，所得が増えたり，所得税の減税が行われた場合，①需要曲線は右にシフトして，均衡価格は上昇し，均衡量も増加する。逆にその商品に対する好みが減退した場合，②需要曲線は左にシフトして，均衡価格は下落し，均衡量も減少する。
一方，生産工程の技術進歩があった場合，③供給曲線は右にシフトして，均衡価格は下落する。逆に，原材料の値上がりがあると，④供給曲線は左にシフトして，均衡価格は上昇する。

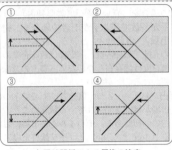

▲ 需給関係による価格の決定

できるので，外国為替の有力な決定理論の一つに購買力平価説がある。　☞ p.493（購買力平価）

ネットワーク外部性［network externality］（-がいぶせい）　ある商品やサービスの価値が利用者数に依存している状況を指す。情報サービスにおいて特に顕著な現象である。例えば，TwitterやFacebookなどのソーシャルメディア事業は，ユーザ数が多くなればなるほど，そのサービスを利用する価値や効用が高まる。利用者数がある閾値を超えると，バンドワゴン効果が発生する。その商品やサービスを多くの人々が利用しているという事実そのものが，さらなる利用者を呼び込む原動力となっていくのである。

市場の変化と独占禁止政策

寡占Ａ ⑩ Ｎ・寡占市場Ｂ ⑥ Ｎ（かせん・かせんしじょう）　市場において，2者以上の少数の売り手または買い手が存在し，市場を支配している状態。買い手が少数の場合には需要寡占といい，売り手が少数の場合には供

第Ⅳ編

給寡占という。寡占市場では，他企業の動向を考えながら，企業の意思決定をするという相互依存関係がある。寡占市場では，ブランド・デザイン・品質などの非価格競争が行われることが多い。1者の市場占有率が飛びぬけて高い場合を，特にガリヴァー型寡占という。

> 類 ガリヴァー型寡占

独占 Ａ④Ⓝ（どくせん）　市場において，売り手または買い手が1者しかいない状態。したがって競争はなく，完全競争市場の対極にある。売り手が多数で買い手が1者の場合を，買い手独占（需要独占），買い手が多数で売り手が1者の場合を，売り手独占（供給独占）という。日本では，この意味での独占は，実際には政府企業の一部を除けば存在しないため，寡占の意味で使われることが多い。

複占 （ふくせん）　2つの供給者によって1つの市場がほぼ支配されている状態のこと。寡占の一種である。モバイル OS 市場における Apple と Google，コーラ飲料市場における Coca-Cola と PepsiCo，GPU 市場における Nvidia と AMD などが代表的事例である。

独占価格 ②（どくせんかかく）　市場を独占する企業が，自己の利潤を最大にするために自ら決めた価格。市場価格より高くなる。平均利潤に独占利潤を上乗せしたものとされている。一方，独占価格を参入阻止価格としてとらえる考え方もある。外部からの市場参入を阻止できる程度までの高さに決定された価格である。

寡占価格 ②（かせんかかく）　寡占市場で決定される価格。寡占企業同士が，市場価格によるのではなく，生産価格に平均利潤を上まわる超過利潤を得られるように設定された価格をさす。

管理価格 Ｂ⑥Ⓝ（かんりかかく）　市場の需給関係で価格が決まるのではなく，独占・寡占企業が市場支配力を背景に自ら固定的に設定する価格。明らかな協定によるカルテル価格とは異なり，価格先導者（プライス-リーダー）が設定した価格に他企業も追随するという形式をとる。①価格の伸縮性が小さい，②不況期でも価格を下げず，生産量により調整するために下方硬直的となる，

などの特徴があり，インフレやスタグフレーションの原因となる。

カルテル価格 （-かかく）　同一産業内の独立企業同士が，協定を結んで市場を独占することにより，最大の利潤を獲得できるように企業自らが設けた価格。これによりインフレの発生，資源配分の不効率，技術革新への取り組みの欠如などの弊害がおこる。

プライス-リーダーシップ④（価格先導制）［price leadership］（かかくせんどうせい）　寡占市場において，価格先導者とされる企業が，価格決定・価格変更をすると，他の企業もそれに追随するという市場慣行のこと。暗黙の共謀・協定であり，あるいはカルテル協定に基づかない相互依存行為である。これにより企業は価格競争を避けて，価格の不安定性や市場の不確実性を除くことができ，しかも法の網にかからない。ここで設定される価格は，その価格によって最も少ない利潤しかあげられない企業が成り立つ価格であり，しかも産業外から参入できない価格でもある。

価格の下方硬直性 Ｂ③Ⓝ（かかく-かほうこうちょくせい）　寡占市場で価格が下がりにくい現象をいう。需給の法則によれば，需要量が少なく供給量が多ければ，価格は下がるはずだが，寡占市場では，市場を支配する少数の企業が操業を調整して価格を維持しようとするため（管理価格），価格は下がらない。このような現象を価格の下方硬直性という。インフレやスタグフレーションの原因ともされている。

競争的寡占 （きょうそうてきかせん）　市場が少数の企業によって寡占化されていても，シェア獲得の競争が活発に行われ，競争的市場並みの価格に近い状態となること。技術進歩などで市場規模が拡大しているときに発生しやすいとされる。

非価格競争 Ａ④Ⓝ（ひかかくきょうそう）　価格以外の手段でなされる企業間競争のこと。具体的には，ブランド・デザイン・広告宣伝・特許・品質・割賦販売・アフターサービス・流通業者に対する販売条件などがある。非価格競争は，一般に寡占市場で行われる。寡占市場での価格引き下げは，他企業も追随するため効果をもたないからである。

製品差別化 Ⓝ（せいひんさべつか）　競合する企業の製品が基本的な機能や性能・品質の面でほとんど同じである場合に，他社との違いを強調するための行為。そのためにブランド・デザイン・アフターサービス・包装などの価格以外の手段で自社製品の優位を宣伝し，広告することになる。

ブランド ⒸⓃ［brand］　特定の企業の製品であることがイメージされる記号（ロゴ－マーク）・形状・名称・デザインなどをいう。

広告Ⓒ②Ⓝ・**宣伝**Ⓒ②Ⓝ（こうこく）（せんでん）企業が自社製品を不特定多数の人々に対し，マス－メディアなどを通して知らせたり，売り込もうとすること。管理価格下での非価格競争の有力な手段である。広告・宣伝が，商品の内容や機能の告知であれば，消費者の商品知識に対する啓蒙的な役割を促進する。しかし，説得のための売り込みだけになると，過剰広告や広告費の激増によるコスト上昇など，社会的な浪費となる。

モデル－チェンジ［model change］　自動車や家電製品などの商品のデザインや性能を変えること。技術が急速に進歩するときや産業分野においては，モデル－チェンジが激しく起こるが，不必要なモデル－チェンジによって消費者の購買意欲を喚起しようとする場合もある。小規模の変更をマイナー－チェンジという。

依存効果 Ⓑ（いぞんこうか）　個人の消費行動が，時代の流行，生活環境などの影響を受けること。つまり，消費が生産過程に依存するという意味。大衆消費社会の宣伝・広告の弊害という面を強調するために，アメリカの経済学者ガルブレイスが自著『ゆたかな社会』のなかで用いたことば。

デモンストレーション効果 Ⓑ⑤（こうか）個人の消費行動が，他の平均的な消費水準，生活スタイルの影響を受けること。所得水準が同じであれば，現代社会では見栄や模倣などにより，全体が同じような消費行動をする。耐久消費財などの新製品への買い換えにおよぼす効果も含む。この場合は，宣伝・広告の力が見逃せない。

反トラスト法［Antitrust Act］（はん－ほう）アメリカの独占禁止法制の総称。シャーマン法（1890年）や，それを補完するクレイトン法（1914年），連邦取引委員会法（1914年），それらを解釈した判例から成り立っている。

シャーマン法［Sherman Antitrust Act］（－ほう）　アメリカの独占禁止法の根幹となる法律。南北戦争後から多くの分野で大企業による独占が形成され，さまざまな濫用行為が展開された。こうした動きに反対する世論を背景に1890年成立。全8か条からなり，カルテル・トラストなどを禁止し，その行為者に5万ドル以下の罰金，1年以下の実刑を科している。しかし，独占行為の定義があいまいだったために実効は上がらず，クレイトン法などにより強化がはかられた。

クレイトン法［Clayton Act］（－ほう）シャーマン法を補うアメリカの独占禁止法の一つ。全26か条からなり，取引制限・企業合併などを禁止している。シャーマン法の細則ともいうべき法律。1914年成立。1947年に制定された日本の独占禁止法のモデルとなった。

独占禁止政策 Ⓝ（どくせんきんしせいさく）　市場機構を維持し，良好な成果をもたらすために行われる競争維持政策のこと。アメリカの独占禁止政策が最も強力で，他の先進資本主義国でも同様に行われている。日本では第二次世界大戦後，経済民主化の一環として独占禁止法が制定され，公正取引委員会が設置されている。

独占禁止法 Ⓐ⑨Ⓝ（どくせんきんしほう）　独占・寡占にともなう弊害が国民生活に及ぶことを除くために，1947年に制定された法律。正式名は「私的独占の禁止及び公正取引の確保に関する法律」。市場を独占すること，不当に取り引きを制限すること，不公平な取り引きをすること，などを禁止している。また過度に産業が集中しないよう，そして公正に自由競争がなされるような状態を確保することを目的とする。それによって，一般消費者の利益を守り，資源の適正配分をはかろうとしている。ただし，公正取引委員会が指定する書籍・新聞などは適用除外されている（再販売価格維持制度）。独占禁止法は，1953年の改正で不況カルテル・合理化カルテルが認められるようになり（その後，1999年に廃止された），規制

は大幅に緩和された。しかし1977年の改正の際，違法なカルテルへの課徴金制度，独占的企業に対する分割，企業の株式保有規制の強化などが定められ，規制が強められた。1997年の法改正で持株会社の設立が解禁された。

類不況カルテル**N** 合理化カルテル**N**

再販売価格維持制度 **N**（さいはんばいかかくいじせいど） 独占禁止法が原則として禁止する再販売価格の指定を例外的に認める制度。再販制と略す。独禁法では，メーカーが販売店に小売価格を指定することを不公正な取引として禁止しているが，書籍・雑誌・新聞・レコード・音楽テープ・同CDの6品目については言論の自由や文化保護の立場から再販価格を認めてきた。自由競争の観点からこれらを廃止しようとする動きもある。

ホールディングーカンパニー 事業活動を営むことが目的ではなく，他の複数の会社の株式を保有することによって，それらを支配することを目的とする会社。持株会社ともいう。1997年の独占禁止法改正で解禁となった。当初は，銀行・証券会社などが再編のために設立した金融持株会社が多かったが，現在ではさまざまな業種で導入が進んでいる。配当を主な収入とする。

⇒ p.344（持株会社）

公正取引委員会 **A7N**（こうせいとりひきいいんかい） 公取委と略称。独占禁止法を運用することを目的に設けられた行政委員会。1947年に総理府外局として設置。他から指揮，監督を受けることなく，独立して職務を行う。委員長と4人の委員は学識経験者から任命され，合議制をとる。委員の任期は5年。独禁法への違反行為の差し止め，排除措置命令，カルテルの破棄勧告など，準司法的権限をもつ。行政的権限や再販価格維持品目を指定する立法的権限などもある。現在は内閣府の外局。

② 現代の企業

規模の利益 **C**（きぼーりえき） スケールーメリット。規模の経済ともいう。企業が生産規模を拡大して，大量生産を行い，製品一つあたりの生産費用を低くし，より多くの利益

を得られるようにすること。これにより直接，価格を低下させることができ，賃金上昇による価格上昇圧力を緩和できる。一方，規模の利益を得るには，技術革新や資本力などが不可欠であり，大企業化による生産の集中を生みだすことになる。

同スケールーメリット**C2N** 規模の経済**C2N**

集積の利益（しゅうせきーりえき） 一定のエリアに関連産業が数多く立地することで，費用の節減などによって得られる正の経済効果。しかし過度な集積は，交通の混雑など社会へのマイナス要因ともなる。

生産の集中 **C**（せいさんーしゅうちゅう） ある特定の産業分野において，少数の大企業が全生産高に対する生産比率を高めていくこと。これは資本の集中，技術革新，価格支配，株式会社の発展と並行して起こっており，市場の寡占化を進めることになった。

生産集中度（せいさんしゅうちゅうど） ある産業において，一企業または上位のいくつかの企業の生産高が，全生産高のなかで占める割合・度合を示すバロメーター。寡占化が進むにしたがって，生産集中度は高くなる。日本では，ビール・板ガラス・タイヤ・パソコン・自動車などの主要品目で，非常に高い生産集中度を示している。

資本の集積 **C**（しほんーしゅうせき） 企業が自らの利潤を蓄積して生産規模を拡大していくことをいう。

資本の集中 **C**（しほんーしゅうちゅう） 企業が競争や信用を手段として合同したり合併したりして，その規模を拡大すること。一般には，大資本が小資本を吸収する過程であり，これによって巨大企業・寡占企業が成立する。集中を通して，カルテル・トラスト・コンツェルンなどが形成される。

証券取引所 **B1N**（しょうけんとりひきじょ） 株式や債券などの有価証券を売買・取引する施設や機関のこと。日本では東京・大阪など全国に五つある。証券業者のなかで一定の資格をもった会員から構成されてきたが，現在では株式会社化がすすんでいる。取引所での需要・供給により株式価格が決定される。なお，各証券取引所には，ベンチャー企業向けの株式市場であるマザーズ（東京），新ジャスダック（大阪，2010年に

ジャスダックとヘラクレスなどが統合），セントレックス（名古屋），アンビシャス（札幌），Ｑ-Ｂｏａｒｄ（福岡）などが開設されている。なお，2013年に東京証券取引所と大阪証券取引所が経営統合され，日本取引所グループ（JPX）の下に再編された。

　　圞日本取引所グループ❶（ＪＰＸ❶）

信用取引 （しんようとりひき）　客が証券会社に一定の委託証拠金を納め，証券会社の信用を得て株式などの売買を行う方法。客は手持ち資金の多少にかかわらず証券会社の金や株券を借用して，株式を売買できる。

株式 Ａ⑩❶（かぶしき）　本来は株式会社の株主の持ち分を表す地位をさすが，一般にはその地位を象徴する有価証券をいう。株式会社は，株式の額面額を表示した額面株式，または株式数だけを表示した無額面株式を発行できる。日本では1982年の商法改正で新設会社の額面金額は１単位あたり５万円以上となった。現在では単位株制度が廃止され，単元株制度が導入された。このもとでは，売買単位である１単元の株式数を自由に決定できる。なお，2009年には改正商法が施行され，株券不発行制度が発足した。これにより，株式（株券）のペーパーレス化と電子化が実現した。

上場 Ｃ①❶（じょうじょう）　証券取引所が株式の所内での取り引きを認めること。一定の基準を満たすことが要求されるので，企業の信用度が高まるなどの利点が多い。現在，東京・大阪・名古屋の証券取引所では，市場を一部と二部とに分けているので，一部上場，二部上場の銘柄がある。前者は比較的大企業，後者は新しい企業が多い。

新興株式市場 Ｃ（しんこうかぶしきしじょう）　高い成長性が見込める新興企業のために用意された株式市場。一般的に，新興株式市場では，既存の株式市場と比較して，上場基準が緩やかである。業績が不十分だったり，赤字経営の企業であっても，審査によって高い成長性が見込まれると，株式市場に上場され，資金調達の機会を与えられる。世界で最も有名な新興株式市場としてはNASDAQが挙げられ，Alphabet（Google），Amazon，Apple，Facebook，Microsoft，Netflix，Teslaなどが上場している。日本では，東京証券取引所が運営

するジャスダックやマザーズが代表例。

日経平均株価 ②❶（にっけいへいきんかぶか）　東京証券取引所一部上場銘柄のうち，代表的な225銘柄の平均株価をさす。日本経済新聞社が発表。日本で最も知名度および影響力を有する株式指数。

東証株価指数 ❶（とうしょうかぶかしすう）　東京証券取引所一部上場の全銘柄の時価総額を，基準時の1968年１月４日の時価総額と比較して指数化したもの（基準時＝100）。TOPIXとも表記する。

ダウ平均株価〔Dow Jones Industrial Average〕（へいきんかぶか）　アメリカの証券取引所に上場している主要30社の株価を元に算出される株価指数。1896年よりダウ・ジョーンズ社によって計算開始。現在の算出企業はＳ＆Ｐダウ・ジョーンズ・インデックス社。世界で最も有名かつ影響力のある株価指数である。一方，まだ上場企業数が少なく，計算技術も未発達だった19世紀末〜20世紀初頭の頃の事情から，わずか30社しかサンプル対象としておらず，アメリカ株式市場全体を正確に反映しているとは言い難いという批判も受けている。

Ｓ＆Ｐ500（スタンダード-アンド-プアーズ500種指数❶）〔Standard & Poor's 500 Stock Index〕（-しゅしすう）　ダウ平均株価と並んで世界的影響力を有する株価指数であり，アメリカの証券取引所に上場している主要500社の株価を元に算出するもの。1957年よりスタンダード＆プアーズ社によって計算開始。現在は，ダウ平均株価と同じくＳ＆Ｐダウ・ジョーンズ・インデックス社によって算出されている。ダウ平均株価がシンプルな株価平均型株価指数となっているのに対して，Ｓ＆Ｐ500は，時価総額加重平均型株価指数に分類される。これは対象企業の時価総額を考慮した計算方法であり，小規模な企業の株価変動によって株価指数全体が大きく影響されるのを防ぐ効果がある。

ナスダック ❶〔NASDAQ〕　1971年に全米証券業協会が主導して開設された証券取引所。当時，世界初のコンピュータネットワークによる証券取引システムを導入したことで注目を浴びた。NASDAQとはNational Association of Securities Dealers

（全米証券業協会）による自動株価表を示す頭字語である。ナスダック上場企業全体の株価を元に算出される株価指数をナスダック総合指数といい，ダウ平均株価，S＆P500と並んで，アメリカの代表的な株価指数となっている。S＆P500と同じく時価総額加重平均型株価指数の１つである。

株主 **Ａ**14 **Ｎ**（かぶぬし）　株式会社の所有権をあらわす分割された株式の持ち主のこと。株主は，その出資額を限度として責任を負う。これにより，広く社会から資本を集めることが可能になった。株主は個人株主と金融機関や企業などの法人株主に分類される。日本では法人株主としての生命保険会社や投資信託などの機関投資家が，多量の株式売買を行っており，市場の株価の形成に大きな影響を与える。株式会社間の株式の相互持ち合いを通した株主の機関化現象がみられた時期もあった。現在の所有者別持ち株比率（2020年度）は，外国法人等（30.02%），金融機関（29.9%），事業法人等（20.4%），個人その他（16.8）の順となっている。

個人株主 **Ｎ**（こじんかぶぬし）　個人の名義で株式を所有している株主のこと。株価の変動をみて売買し，利益を得ようと株式を購入している者が多い。持ち株比率では，機関化現象のなかでその割合は相対的に減少しており，20%台である。

法人株主 （ほうじんかぶぬし）　法人の名義で株式を所有している株主のこと。多くは金融機関・事業法人・公共機関・外国法人などである。特に，証券投資の収益を主な収入源とする生命保険会社・銀行・年金基金・各種組合などを機関投資家という。近年，機関化現象といわれる，法人株主の比率の増大がみられたが，デフレの影響もあり頭打ちになった。

類 機関投資家 **Ｃ** **Ｎ**

株価 **Ｃ**4 **Ｎ**（かぶか）　発行された株式の市場価格のこと。特に，流通市場での価格をさすことが多い。株価は毎日，時間ごとに変化する。その要因は基本的には需要と供給の関係にある。つまり，その株式に対する買いが多ければ株価は上昇し，売りが多ければ株価は下落する。

配当 **Ａ**6 **Ｎ**（はいとう）　株主に分配される株式会社の利益のこと。一般に，年１回決算の期末配当だが，中間配当をするところも多い。株主は，配当による利益を求めることを株式所有の目的としており，配当は株価形成の大きな役割を果たしてきた。業績や政策上の理由で，配当は増減する。

キャピタルゲイン **Ｃ** **Ｎ**［capital gains］　株式などの売買から得られる差額利益のこと。資本利得。逆に売買損をキャピタルロスという。

同 資本利得　**対** キャピタルロス

インサイダー取引 **Ｎ**（－とりひき）　会社役員などの会社関係者が，公表前の内部情報を利用して行う違法な証券取引。一般投資家が不利になるため，金融商品取引法で禁止されている。大手証券会社などで発覚している。

ストック−オプション **Ｎ**［stock option］　自社株を経営者や従業員に一定の価格で購入する権利を与えること。会社への帰属意識を高める効果があるとされ，1997年の商法改正で本格的に導入された。

所有と経営の分離 **Ｂ**5（しょゆうと−けいえい−ぶんり）　株式会社などで，資本の所有者である株主と経営を担当する経営者とが分離し，同一でないこと。資本と経営の分離，経営者革命ともいう。資本主義の初期においては，資本を所有する資本家が会社の経営権も握っていたが，経営規模の拡大などで，株主という形で多数の投資家を得るようになった。個人株主は，配当や株価の値上がりによる利益獲得が目的で経営参画には関心がないから，大株主が経営権を握ることができた。しかし，規模の拡大と管理機構の肥大化が進むと専門の経営者が必要となり，資本所有者は経営者を雇用することで経営を代行させるようになった。こうして，所有者と経営者の分離が進展した。

同 資本と経営の分離 **Ｃ**　経営者革命

ディスクロージャー **Ａ**5 **Ｎ**［disclosure］　情報開示。通常は，株主などに対する企業の財務内容の公開をさすことば。

株主総会 **Ａ**7 **Ｎ**（かぶぬしそうかい）　株式会社の株主によって構成される経営の最高意思決定機関。①会社の合併・解散，②取締役・監査役の選任・解任，③株式配当の決定，

④定款の変更，などの権限をもつ。決算期ごとの定時総会と，必要なときに開催される臨時総会とがある。株主は株式の保有数に応じた議決権をもつが，総会に出席しない一般株主が増えたため，株主総会の権限は縮小した。1950年の改正商法で，株主総会の権限の多くは取締役会に委譲され，株主総会は取締役会の決定事項を形式的に承認する機関となった。

取締役会　**B**2**N**（とりしまりやくかい）　株主から株式会社の経営を委ねられた業務執行機関。株主総会で選任された取締役によって構成されるが，取締役は株主である必要はない。株主総会の権限を除く，すべての経営の意思決定が取締役会で行われる。代表取締役の選任，新株の発行，社債の発行，中間配当の決定，などが主な内容。取締役会を設置しない会社もある。

取締役　**A**2**N**（とりしまりやく）　株式会社の必置機関の一つ。株主総会で選任・解任され，会社の業務を執行する。任期は原則2年。従来は3人以上必要だったが，2006年の会社法によって1人でも可となった。その会社とは直接利害関係のない外部の社外取締役を置くこともできる。

社外取締役　**C**　**N**（しゃがいとりしまりやく）　自社以外から招いた取締役。学識経験者などがくわわることもある。会社には常駐せず，経営状況や取締役会などに対して外部の目でチェック機能を果たすのが狙い。2人以上の社外取締役をおく一部上場企業は8割をこえる。

指名委員会等設置会社　**N**（しめいいいんかいとうせっちがいしゃ）　会社法で，委員会を置くことを定款に定めた株式会社。従来，取締役と監査役を中心に構成されてきたが，監査役を廃止し，社外取締役を過半とする指名・報酬・監査の3委員会と執行役の設置が認められるようになった。執行役を中心にした迅速な業務の進行と，各委員会による監督機能の強化をめざしたもの。アメリカの企業統治がモデル。

経営と執行の分離（けいえい-しっこう-ぶんり）　企業における経営監督機能と業務執行機能を分離する原則。戦争に例えると，作戦本部にて戦略を立案してその実行を監視するポジション（経営監督）と，実際の戦場にお

いて兵士たちを率いてその戦略を実行に移すポジション（業務執行）とを分けることである。従来の日本企業では，取締役会が経営監督と業務執行のいずれの役割も負ってきた。しかし，アメリカでは，この2つの役割を分離した方が合理的であると考えられている。日本において2003年に始まった委員会設置会社は，この「経営と執行の分離」原則を念頭に置いた企業統治制度だった。委員会設置会社では，取締役会が経営監督に専念し，新たに設置されたポストである執行役（執行役員のことではない）が業務執行を担うことになる。ただし，実際には，取締役が執行役を兼務することもあり，その場合は「経営と執行の分離」原則から乖離していることになる。

最高経営責任者C**N**（CEO**C****N**）[Chief Executive Officer]（さいこうけいえいせきにんしゃ）　アメリカの法人制度における地位の一種であり，取締役会もしくは理事会によって選任され，組織の業務執行に関する最終意思決定を担うポスト。日本でも「CEO」を名乗る会社経営者は多いが，日本の会社法に基づく公的地位ではなく，私的な通称にすぎない。

最高執行責任者C（COO**C**）[Chief Operating Officer]（さいこうしっこうせきにんしゃ）　CEOの指揮下，業務執行の日常的運用に関する最高責任者となる人物。日本でも会社幹部がCOOを称することがあるが，日本の会社法に根拠づけられたものではなく，私的な通称である。ゆえに，その具体的権限や役割は会社によって異なる。

執行役員N（COA1**N**）[Corporate Officer]（しっこうやくいん）　取締役会が決めた経営方針を執行する権限を委譲された者。日本の会社法に基づかない私的な通称にすぎず，その具体的な権限や役割は会社によって異なる。「役員」という表現になっているが，実際には，法律上の役員ではなく，単なる従業員が執行役員を名乗っているケースが多い。

株主権　**N**（かぶぬしけん）　株式会社に対してもつ株主の権利。株主個人の財産の利益のために認められた自益権と，会社経営に関与する共益権とがある。前者は，配当を受ける権利や増資する際の新株を引き受ける権

利，会社が解散する際に残っている財産の分配を受ける権利などをさす。後者は，株主総会で株数相応の議決権，会社経営の違法行為を防止・排除するための監督権，取締役・監査役の解任を求める権利などをいう。

証券会社 **B** **N**（しょうけんがいしゃ）　証券取引法（現在は金融商品取引法）に基づいて，有価証券の売買などを業務とする株式会社。1998年に免許制から登録制へと変わった。

損失補填（そんしつほてん）　有価証券（株式・債券など）の売買によって生じた損失を，売買後に証券会社が投資家に補うこと。証券取引法では事前の損失補填は禁止されているが，事後の補填は禁止されていなかった（現在は禁止）。このため，大蔵省（財務省）は通達で事後の損失補填を禁じたが，1991年に多数の証券会社による損失補填が明らかになった（証券スキャンダル）。この対策として，1992年に証券取引等監視委員会が設立された。

粉飾決算 **N** [creative accounting]（ふんしょくけっさん）　企業が虚偽の決算報告を公表すること。法律上の定義のある用語ではなく，マスコミによっては「不正会計」「不適切会計」とも表現される。企業の計算書類等を監査すべき監査法人が企業と結託して粉飾決算に関与するケースもある。日本における代表例として，2006年のライブドア事件，2011年のオリンパス事件，2015年の東芝事件などが挙げられる。

損益計算書 **B** [profit and loss statement]（そんえきけいさんしょ）　財務諸表の1つであり，特定期間における企業の収益と費用を示す。日本ではP/Lと略される。売上高，営業利益，経常利益，純利益などの項目に分かれる。P/Lは経営実績を分かりやすく示せるため，日本の企業経営者はこれを重視しやすい。一方，直近の利益にこだわると，長期戦略に基づく先行投資や，利益に直接結びつかない研究開発費が抑制される。米アマゾン社はP/Lを重視しない企業で，獲得した利益の大半を新たな事業開発や先行投資に投入し続けている。

株主代表訴訟 **C**（かぶぬしだいひょうそしょう）　株主らが，会社に損害を与えた役員の経営責任を追及し，損害賠償を求める訴訟制度。大和銀行ニューヨーク支店の巨額損失事件をめぐる裁判などがある。2006年施行の会社法によって，一定の制限がつけられた。

法人資本主義（ほうじんしほんしゅぎ）　巨大企業などの法人同士で，他企業の資本を相互に所有しあう企業経営のあり方。特に戦後の日本では，大企業間の株式持ち合いによる安定株主工作が進み，法人企業による持ち株比率がかなり高くなっている。こうした状態では会社の乗っ取り防止にはなるものの，株式の流通量が少ないため，株価の値上がりがおこりやすい。

経営者支配（けいえいしゃしはい）　所有（資本）と経営の分離により，専門的経営者が，会社を実質的に支配していることをいう。この場合，所有者としての出資者は，現実には支配の地位を喪失している。現代の企業，特に巨大な株式会社では，専門的経営者でなければ組織を効率的に運営できず，企業経営の実権が専門の経営者に移っている。

自己資本 **A** **3** **N**（じこしほん）　株式の発行によって調達される資本および利潤の社内留保金，当期純利益，払込資本金のこと。他人資本に対する用語。総資本（総資産）に占める自己資本の割合を自己資本比率という。

自己資本比率 **C** **6** **N**（じこしほんひりつ）　自己資本を総資本（総資産）で割った比率。この率が高いほど総資本の安全性が高いとされ，企業の安定性を示す指標となる。日本の企業の場合，高度経済成長期に銀行からの借り入れによって設備投資をしたこともあり，自己資本比率は低い。　☞ p.421（BIS規制）

内部資金（ないぶしきん）　自己資本のうち企業が利潤を社内に留保・蓄積した内部留保と，土地を除く資産（機械・設備など）の毎年の目減り分を積み立てる減価償却引当金の二つから構成される資金のこと。いずれも金利負担のない資金。

内部留保 **B** **N**（社内留保）（ないぶりゅうほ）（しゃないりゅうほ）　企業の利益を配当・役員賞与・税金として配分した残りを，会社内に留保・蓄積したもの。利益剰余金の蓄積を示す。企業自身の自己金融の原資が増え，無利子の資金が増えるため，不況の時期でも安定した配当を続けることができるとされ

る。しかし，景気回復期に賃金上昇がおさえられ，内部留保が積み上がってきたのだから，雇用情勢の悪化などに際して，これを失業者の支援などにあてるべきだとする意見もある。国内企業の内部留保は2020年度で484兆円であり，2012年以来，一貫して増大し続けている。

自己金融　C N（じこきんゆう）　企業の資金調達の方法の一つ。内部金融ともいう。企業が内部留保や減価償却などの自己資金から資金を調達すること。この比率が高いほど，経営は良好となる。

同 内部金融 C N

他人資本　A 2 N（たにんしほん）　企業が銀行などの金融機関から借り入れたり，社債などを発行して調達する資本のこと。企業会計上は負債として表示され，一般に他人資本の比率が小さいほうが倒産の心配が少ない。高度経済成長期の日本の企業は，銀行からの借り入れによって設備投資をしたため，他人資本の比率が欧米先進国に比べて高い。

外部金融　C N（がいぶきんゆう）　株式・社債・借入金などによって資金を企業の外部から調達すること。株式・社債などの発行による調達を直接金融といい，銀行からの借り入れによるものを間接金融という。

借入金　C 1 N（かりいれきん）　他人資本の一つ。一定の確定利子をつけて返済しなくてはならない企業の債務。買掛金や支払い手形などの商業信用と，利子を目的とした資本信用の二つの形態がある。

社債　A 4 N（しゃさい）　株式会社が発行する債券。証券市場で公募され，少額の資金を広く集めて巨大化するという点で株式と似た調達機能をもつ。一定の条件の下で株式に転換できる転換社債，収益のあるときだけ利払いをする収益社債，配当もつく参加社債などがある。しかし，他人資本である点，企業の業績とは無関係に確定の利子をつけて返済しなくてはならない点など，株式とは根本的に異なる。

コマーシャル-ペーパー N（ＣＰ N）［Commercial Paper］　企業が運転資金などの短期資金を調達する方法。長期資金を社債で調達するように，ＣＰを発行して資金を集めることができる。アメリカが起源で，日本でも1987年に解禁された。

大企業　C 6 N（だいきぎょう）　巨額な資金を集めて，多数の労働者を雇用し，大規模な機械・設備を設けることで大量生産・大量販売を行う企業。株式の発行により不特定多数の株主から資金を大量に集めることが可能になり，社債や銀行からの融資などによっても大量の資金を集められる。

巨大企業　N（きょだいきぎょう）　大企業の規模をさらに巨大化させたもの。市場を支配すると同時に国家に対しても大きな影響力をもつ。アメリカの軍産複合体がその典型。

独占企業　1（どくせんきぎょう）　ある産業・業種部門において市場を独占している企業のこと。法的に独占が認められている公企業は別として，私企業では現実に存在しない。

寡占企業　（かせんきぎょう）　ある産業・業種部門において市場の多くを支配し，市場価格に影響を及ぼす企業のこと。こうした企業は，特定産業で独占的支配をするだけでなく，多様な形態で巨大な金融機関と結合し，その国の経済を支配する。

コングロマリット　A 4 N［conglomerate］　本業とは異なった産業・業種にまたがって，合併や買収をくりかえすことにより，巨大化した企業。複合企業ともいう。アメリカでは，1960年代につぎつぎと誕生した。多くは企業内部の余剰資金を名門・有名企業の買収や乗っ取りに投入して成立した。異業種合併のため，一部門が不振でも好調な他部門によって危険分散がなされるなどの長所をもつ。

類 複合企業 A

多国籍企業 A 5 N（ＭＮＥ）［multinational enterprise, transnational corporation］（たこくせききぎょう）　本社を母国に置き，多数の国に子会社をもつ世界的な企業。超国籍企業ともいう。1950年代以降のアメリカの海外直接投資の増加が背景。技術的独占を有するため，子会社がその技術により海外においても独占的利潤をあげることができる。海外の子会社に経営権を委ねるものと，全体的な意思決定を本社が行って，子会社を管理する二つの形態がある。関係国の相互依存と技術移転がなされること，より安く効率のよい企業活動が世界的な視野で行われるため，世界的な資源の適正配分がなされることなどが長所とされるが，

租税回避地（タックス-ヘイブン）への利潤移転による脱税，進出先の国の政策との衝突などの問題点ももつ。

　　　　　　　　類 タックス-ヘイブン B5 N

国際企業（こくさいきぎょう）　アメリカの経済学者R．ヴァーノンらによって用いられた呼称で，世界的規模の大企業のこと。1960年代以降，貿易・資本などの世界的な交流に着目して，自由主義に基づく国際化された生産を行う企業活動が称賛された。

世界企業 N ［world enterprise］（せかいきぎょう）　アメリカの経営学者ドラッカーによる呼称。国境をこえて経済活動を営む企業をさす。各国で事業を展開，世界単位で経営戦略を行う。国際企業ともいう。

ドラッカー N ［Peter Ferdinand Drucker, 1909～2005］　オーストリア生まれの経営学者。ヒトラー政権から逃れてイギリスに移住。1937年にアメリカへ渡り，企業を社会的制度としてとらえる独自の視点から経営学を研究。経営コンサルタントとしても知られる。主著にゼネラル-モーターズ（GM）の経営実態を分析した『企業の概念』などがある。

M&A A6 N ［merger and acquisition］　合併と買収によって他企業を支配すること。1980年代に入って，アメリカでは税制改革・独禁法緩和・資金過剰などによりM&Aが活発化した。会社ころがしにより利益をあげることが目的のものと，事業の再編成・再構築が目的のものとがある。1980年代後半になって，日本でも行われるようになった。2015年に世界で行われたM&Aの規模は4兆6200億ドル（約568兆円）となり，過去最高を更新した。

TOB C N （**株式公開買い付け** N）［takeover bid］（かぶしきこうかいかつ-）　ある企業の株式を大量に取得したい場合に，新聞広告などにより一定の価格で一定の期間に一定の株数を買い取ることを表明し，一挙に株式を取得する方法である。1971年導入。敵対的買収の手段ともされる。日本では，ライブドアが2005年にニッポン放送株を買い集めた事例などが知られている。

MBO N （**マネジメント-バイアウト** N）［management buyout］　経営者・従業員が企業やその事業部門を買収して独立する

M&Aの一形態。経営者が大株主になれば外部からの影響を少なくでき，敵対的買収の防衛策にもなる。

IPO B N （**新規株式公開** N）［Initial Public Offering］（しんきかぶしきこうかい）　企業が証券取引所において不特定多数の投資家から資金を得るために自社株式を公開すること。株式上場ともいう。

企業集団 C2 （きぎょうしゅうだん）　いくつかの企業が，互いに独立性は保ちながら連携することによって協調的行動をとる企業の集まりのこと。主力銀行や商社を中心に，系列金融，株式の持ち合い，「社長会」とよばれる経営者同士の人的な結びつき，原材料の供給販売などの相互関係が形成されてきた。グループ内の利益を極大化するとともに対外的に膨張・発展しようとして系列化が進められた。わが国では近年，これまでの企業集団の枠をこえて，合併・再編などが行われている。

六大企業集団（ろくだいきぎょうしゅうだん）　戦後日本に形成された六つの企業集団。三井・三菱・住友（以上旧財閥系），第一勧業・三和・富士（以上銀行系）をさした。

株式持ち合い 2 N （かぶしきも-あ-）　会社どうしが相互に株式を持ち合うこと。企業の系列化や企業集団の形成を促進する役割を果たしたが，1990年代以降は株価の急落などにより銀行を中心に持ち合いを解消する動きが広がった。近年では買収防衛の観点から持ち合いを推進する企業も出てきた。

企業系列（きぎょうけいれつ）　複数の企業が通常の取引以外に資本などの面で相互に結合した形態。大企業間の結びつきを示す「ヨコの系列化」と，大企業とその関連中小企業間の結合をあらわす「タテの系列化」がある。

GAFA C N （**ガーファ** C N）　アメリカの巨大テック企業4社の通称。グーグル，アップル，フェイスブック，アマゾンの頭文字をとって名づけられた。2021年8月には，GAFA4社の時価総額が日本の上場企業全ての時価総額を上回った。

ステークホルダー B　企業にとって，経営を維持する上で欠かすことのできない関係を有する存在のこと。日本語では「利害関係者」と表現されることが多い。狭義では，株主，従業員，債権者，取引先，顧客

などが挙げられ，広義では，従業員の家族，地域社会，社会全体が挙げられる。例えば，企業による排出物は社会生活や自然環境に影響を及ぼす可能性がある。また，企業が経営の必要から流布する広告内容が社会全体に一定のイデオロギーを与えることもある。

ストックホルダー　株主のこと。原則として，株式会社はストックホルダーの利益のために存在する。しかし，現代では，会社が社会の多様な存在に影響を与えていることを鑑みて，ステークホルダーの利益にも配慮した経営が求められるようになっている。

3 金融とそのはたらき

貨幣の役割

貨幣 　いわゆる「おかね」のこと。貨幣はもともとは，商品と商品との交換のなかだちをするもの。古くは石や貝殻などが使われたが，持ち運びや保存などの必要から，金属の貨幣や紙幣が広く使われるようになった。なお，現在使われている貨幣のことを通貨ともいうが，通貨という意味で「貨幣」を使うこともある。

貨幣の機能 （かへい-きのう）　次の四つの機能がある。①商品などの価値をはかる物差しとしての価値尺度機能。②貨幣が商品と商品との交換の際に使用される流通（交換）手段機能。③商品やサービスを購入する際，その代金を支払うために使用される支払い手段機能。④貨幣をためることにより，いつでも好きな商品やサービスが得られる価値の蓄蔵手段機能。

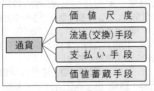

▲ 貨幣の機能

貨幣制度 [1]（かへいせいど）　貨幣に関する制度・しくみのこと。金を中心にした，かつての金本位制や，現在の管理通貨制度などがその代表例。どのような通貨制度を採用す

るのかで，その国の経済が左右される。

グレシャムの法則 （-ほうそく）　イギリスの財政家グレシャムにより唱えられた法則。一般に「悪貨は良貨を駆逐する」といわれる。材料の異なる２種類の通貨が流通した場合，良貨は蓄蔵され，やがて市場で流通しなくなることを意味する。
　　　　　　類「悪貨は良貨を駆逐する」

価値尺度 [1]（かちしゃくど）　貨幣の働きの一つ。商品やサービスの価値をはかる物差しとして貨幣が使用されること。たとえば，１個200円のケーキと，１個400円のケーキを比べた場合，400円のケーキのほうが貨幣の数量が多いので，価値があると考えられる。金額の多少は必ずしも価値の大小に結びつくとはいえないが，商品経済の形をとる場合，貨幣によって価値の大小がはかられる。

流通手段 [1]（りゅうつうしゅだん）　貨幣のもつ働きの一つ。貨幣は商品やサービスの交換を仲立ちできるので，この働きを流通（交換）手段とよんでいる。たとえば，ある電器メーカーに勤める人は，給料として金銭を得るが，それを使って生活に必要な食料品やその他の商品・サービスを購入できる。もし貨幣がなかったら，その人は給料として「電器製品」を受け取り，それを農家にもっていって食料品と交換することになる。商品経済の時代にあっては，人々は生きて行くのに必要なものを貨幣によって購入するのである。

支払い手段 [1]（しはらい-しゅだん）　貨幣のもつ働きの一つ。商品やサービスなどを購入したとき，代金の支払いとして使われる貨幣の役割。物々交換の時代にあっては，物と物とを直接交換しなければならなかった。商品経済の時代になり，貨幣が支払い手段として広く使われるようになった。貨幣はあらゆる商品やサービスに使用でき，長期の保存がきいて，持ち運びに便利だからである。

価値の蓄蔵手段 [2]（かち-ちくぞうしゅだん）　貨幣のもつ働きの一つ。貨幣をためておけば，その貨幣でいつでも希望する商品を購入できることから，貨幣をためることが価値をためる（蓄蔵する）ことにもなる。貨幣のもつこのような働きを価値の蓄蔵手段とい

う。商品のなかには，腐敗したり変質したりするものがあるが，貨幣にはそれがない。

通貨 Ⓐ11Ⓝ（つうか）　現在使われている貨幣（おかね）のこと。日本の通貨には，日本銀行券（紙幣）と補助貨幣（コイン）・小切手・商業手形などがある。通貨は，現金通貨と預金通貨とからなる。現金通貨とは，そのままでただちに使用できる通貨であり，預金通貨とは預金の形をとっているものである。現在では，現金通貨より預金通貨のほうがその量が多い。通貨は経済活動のいわば血液にたとえられ，経済活動が盛んになれば，それだけ通貨も必要となる。また，通貨はその国の政府が信用を与えたものであり，各国とも常に自国の通貨価値の安定に努めている。

地域通貨 6Ⓝ（ちいきつうか）　国の法定通貨とは別に，特定の地域やコミュニティのみで使用可能な通貨。エコ―マネーもこの一種で，これらの循環で経済活動を促進させることがねらい。日本でもさまざまな地域通貨が創設されている。

類 エコ―マネー

通貨制度 Ⓐ Ⓝ（つうかせいど）　どのような種類の通貨を，どのくらいの通貨量を発行するのかという通貨のしくみのこと。通貨制度には，金本位制度と管理通貨制度がある。金本位制度とは，その国の通貨の発行量を金の保有高に応じて増減する制度である。管理通貨制度とは，通貨の発行量を中央銀行や財政当局などが調整する制度である。現在は，日本を含む世界各国は管理通貨制度を採用している。

金本位制 Ⓐ4Ⓝ（きんほんいせい）　通貨の価値基準を一定量の金との等価関係で示す制度。金を本位通貨とする通貨制度で，保有する金の量に通貨発行高が規制されるため，通貨への信用は高まるが，経済の変動に柔軟に対応できない傾向があった。イギリスは1816年の鋳造条例によって世界最初に金本位制を実施し，一定量の金とポンドとの交換を認めた。イングランド銀行はポンドと金を引き換えたが，実際に使用されたのはポンドで，金は主として対外決済用に使われた。当時，イギリスは世界の金融の中心であったため，多くの国が金本位制を採用した。後に経済がゆきづまり，金保有高

以上に通貨の発行をせまられた国が多く出現するにいたり，1930年代にはこの制度は崩壊した。

管理通貨制度 Ⓐ2Ⓝ（かんりつうかせいど）　1930年代以降，金本位制をやめた各国が採用した通貨制度。金本位制の下では，各国とも金の保有高に応じて通貨を発行するが，管理通貨制度においては，通貨の発行額は中央銀行・政府によって決定される。このため，各国とも自国の経済事情に応じて，通貨の発行ができる。特に，金保有額が少なく，通貨があまり発行できなかった国にとっては便利な制度であった。管理通貨制度は国内事情を重視した制度であるため，国際的な調整が必要になってくる。また各国とも通貨の増発を招きやすく，先進国に特有なスタグフレーションの原因の一つになったといわれる。

現金通貨 Ⓐ2Ⓝ（げんきんつうか）　いわゆる「キャッシュ」，そのままで使えるおかねのこと。日本では，貨幣である日本銀行券と補助貨幣であるコインとからなる。近年，キャッシュカードやクレジットカードなどの普及により，現金通貨の果たす役割は以前よりも小さくなったが，無視できない。現金通貨が不足すると円滑な経済活動に支障をきたすが，逆に多くなりすぎるとインフレを招く恐れもある。このため，日本銀行や財務省などでは現金通貨の増減にたえず注目している。

本位貨幣 Ⓒ2（ほんいかへい）　その国において，中心となる貨幣のこと。金が本位貨幣であれば金本位制度，銀が本位貨幣であれば銀本位制度という。現在では本位貨幣は存在しない。

補助貨幣 Ⓒ（ほじょかへい）　補助的な役割をもつ貨幣のこと。小額の取り引きやつり銭として利用される。日本では，500円，100円，50円，10円，5円，1円の6種類を独立行政法人造幣局が製造している。

類 硬貨Ⓑ1Ⓝ（コインⒸⓃ）

銀行券 Ⓐ Ⓝ（ぎんこうけん）　いわゆる紙幣のこと。現金通貨の中心となるもので，現在の日本では，日本銀行のみが，銀行券を発行している。なお，1930年代以降は，各国とも金本位制度をやめ，管理通貨制度を採用しており，銀行券の発行高は中央銀行や

政府によって決められている。また現在の各国の銀行券は、かつての金本位制度下のような兌換券ではなく、不換通貨である。

同日本銀行券 **A**③**N**

兌換紙幣 C（だかんしへい）　金本位制の下にあって、金と交換できる紙幣のこと。兌換紙幣の発行限度は、その国の金保有高に制約されるから、兌換紙幣は金の価値に裏づけられたものといえる。しかし、各国とも金保有高によって兌換紙幣の発行が制限されることになる。

同兌換銀行券

不換紙幣 B（ふかんしへい）　兌換紙幣に対して、金との交換ができない紙幣で、管理通貨制度において発行される紙幣。不換紙幣は金の保有高という制約がないだけに、発行量が多くなり過ぎてインフレを招くこともある。不換紙幣は、その国の政府の信用によって強制通用力をもたせたものである。

同不換銀行券

預金通貨 A②**N**（よきんつうか）　預金の形をとっている通貨のこと。預金は、小切手を利用して決済の手段として利用されたり、一定の条件の下で現金通貨に交換できるため、現金通貨と同様に扱われることがある。最近では、小切手の普及などにより、預金が現金通貨と同様な役割を果たすようになった。

小切手 C N（こぎって）　銀行に当座預金をもっている個人や法人が発行する有価証券のこと。小切手の持参者に、銀行は現金を支払うことになる。小切手を利用すると、現金を扱わずに決済でき、安全であり便利である。小切手を利用することにより、銀行は預金高をはるかにこえて預金通貨を創造できる。

手形 B④**N**（てがた）　一定期日後の支払いを約束する有価証券のこと。手形には、約束手形と為替手形がある。約束手形とは、額面の資金を、手形の発行者が一定の期日に支払うことを約束したもの。為替手形とは、手形の発行者が、持参人に一定の期日に資金を支払うよう委託したもの。一定の期日に支払いをしなかった場合、この手形を不渡り手形という。

類約束手形②

要求払い預金（ようきゅうばらーよきん）　普通預金や当座預金など、預金者がいつでも引き出せる預金のこと。国民が財布がわりに利用したり、企業が支払いのために利用するもの。

当座預金 A②**N**（とうざよきん）　企業などがもっている銀行預金の一種で、いつでも自由に引き出せるもの。この点では、普通預金と同じであるが、当座預金では小切手で引き出すところに特徴がある。当座預金は支払いのための預金であり、貯蓄性がないので利子がつかない。当座預金を開設しているのは、銀行と取り引きがあり、しかも信用のある企業などである。

普通預金 B N（ふつうよきん）　出し入れが自由な銀行預金のこと。預金者にとって、定期預金と比べた場合に利子は低いが、財布がわりに利用できるので便利。最近は、銀行側の省力化などのため、キャッシュカードで出し入れされることが多い。庶民が資金を預けたりする場合の預金として、また決済の手段としても広く利用されている。

譲渡性預金 C N（ＣＤ**C**②**N**）（じょうとせいよきん）　一般の定期預金は他人に譲渡することができないが、譲渡が許されている定期預金のこと。1979年から運用が開始され、主として企業などが余裕資金を運用する場合に利用される。

外貨預金（がいかよきん）　ドルやユーロなど外貨でなされている預金のこと。外貨で預金すれば、為替の変動により大きな利益が得られることもある（逆に、損失を受けることもある）。

定期預金 N（ていきよきん）　預け入れ期間をあらかじめ定めて、その期間が満了となるまでは払い戻しできない預金。変動金利預金や期日指定定期預金など、多様な種類が存在する。

同定期性預金**N**

市場金利変動型預金（しじょうきんりへんどうがたよきん）　従来の定期性預金は、規制金利商品であったが、金融の自由化の流れのもと、1985年につくられた。しかし、完全な自由金利ではなく、ＣＤ（譲渡性預金）金利に連動する。

休眠預金（きゅうみんよきん）　長期間、金銭出し入れのない口座の預金のこと。銀行預金は、商法では５年間取り引きがないと預金者は権利を失うとされるが、実際には請求が

あると払い戻されることが多い。休眠預金は毎年1000億円規模で発生しており、10年以上放置されているものをNPOなどの公益活動に活用するための法律が2016年に議員立法で制定された。法律が施行され、2019年1月から発生した休眠預金（2009年から10年間経過）は、子ども若者支援、生活困難者支援、地域活性化等支援のための活動資金として分配されることとなった。

資金の循環と金融のしくみ

資金 **A** **8** **N**（しきん）　企業をおこしてモノやサービスを生産したり、金融などの経済活動を行うための「おかね」。資本主義社会では、他人から資金を借りて経済活動を行う場合が多い。

金融 **A** **7** **N**（きんゆう）　手持ちの資金に余裕がある企業や家計などが、資金を必要とする企業や家計などに貸したり、融通したりすること、また、借りたり、融通してもらったりすること。金融の仕事をするのが、銀行などの金融機関である。金融には、直接金融と間接金融とがある。前者は金融機関を通さないで資金を融通することであり、後者は金融機関を通じた金融のことである。現代では、間接金融の割合が大きいが、直接金融の比重も高まる傾向にある。

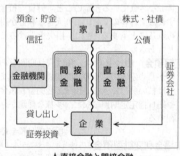

▲ 直接金融と間接金融

直接金融 **A** **2** **N**（ちょくせつきんゆう）　銀行などの金融機関を通すことなく、資金を必要とする企業や個人が、余裕資金をもつ企業や個人から資金を融通してもらうこと。日本では従来この形の金融は少なかったが、近年では銀行の「貸し渋り」や「貸しはがし」などもあり、徐々に重要性を高めている。なお金融機関を通さずに企業が株式を発行

することも、直接金融である。

間接金融 **A** **6** **N**（かんせつきんゆう）　金融機関を通して行われる資金の融通のこと。銀行などの金融機関は家計や企業から余裕資金を預かり、それを企業や個人に貸し出している。日本では、直接金融に比べて間接金融の割合が大きい。

利子 **A** **3** **N**（りし）　資金融通の対価として支払われる一定の貨幣量のこと。金利ともいう。通常、融通を受けた資金（元本）に一定割合（この割合を利子率という）の資金（利子）を加えて、返済することになる。

利子率 **B** **4** **N**（りしりつ）　融通された資金（元本）に対する利子の割合。金融市場の資金に対する需要と供給の関係で変化する。一般に、資金を借りたい人や企業が多いときには利子率が上がり、その逆のケースでは利子率が下がる。

債権 **A** **5** **N**（さいけん）　ある特定の人（債権者）が別の特定の人（債務者）に対して、物の引き渡し、金銭の支払いなどの一定の行為（給付）を請求する権利。所有権など物を直接支配する権利である物権に対置される。財産権のなかの主要なものである。

債務 **A** **7** **N**（さいむ）　債権に対立する概念。特定の人（債務者）が別の特定の人（債権者）に対して、物の引き渡し、金銭の支払いなどの一定の行為（給付）をなすべき義務をいう。契約や法律などにもとづいて生じる。

債券 **B** **2** **N**（さいけん）　国・地方公共団体・法人などが、資本市場を通じて大量の必要資金を多くの提供者（投資家）から調達するために発行する有価証券。国が発行した国債、地方公共団体が発行した地方債、企業が発行した社債などがある。資金提供者は自由に換金できる。

金融機関 **A** **12** **N**（きんゆうきかん）　金融活動を行う機関。日本では銀行・証券会社・保険会社などのほかに、ゆうちょ銀行や労働金庫・ＪＡ（農業協同組合）なども金融機関に含まれる。銀行には、普通銀行（都市銀行・地方銀行）と信託銀行があり、ほかに日本政策金融公庫などの政府系金融機関がある。また、地域に密着した信用金庫や信用組合などの中小金融機関もある。

銀行 **A** **13** **N**（ぎんこう）　金融機関の中心とな

るもの。日本では日本銀行が中央銀行にあたり，それ以外の銀行を市中銀行という。一般に銀行という場合は，市中銀行をさすことが多い。また，銀行は普通銀行と，その一種である信託銀行とに大別される。普通銀行とは「銀行法」で規定された銀行で，大都市を活動の本拠とする都市銀行と，地方都市を本拠地とする地方銀行とに分かれる。信託銀行とは，国民から長期の資金を預かり運用する銀行のこと。銀行の本来の利益は，預金者から集めた資金を企業などに貸し出した際に得られる利子と預金者に支払う利子との差額である。

中央銀行 Ⓐ7Ⓝ（ちゅうおうぎんこう）　一国の金融の中心機関で，通貨の発行，通貨の流通量の調節，景気の安定など経済活動全般にわたる働きをもつ銀行のこと。日本では日本銀行，アメリカではFRS（連邦準備制度），イギリスではイングランド銀行，中国では中国人民銀行などがそれにあたる。通貨を発行する立場上，通貨に対する国民の信頼を獲得するとともに，物価の安定をはかることが，中央銀行の大きな役割であるといえる。なお，これらの活動は中央銀行がその国の政府，特に財政当局と調整をはかって行う。

連邦準備制度 Ⓒ（FRS）[Federal Reserve System]（れんぽうじゅんびせいど）　アメリカの中央銀行制度の総称。1913年の連邦準備法に基づき創設された。全国に設立された12の連邦準備銀行を，ワシントンの連邦準備制度理事会（FRB）が統括するシステムになっている。

連邦準備制度理事会 Ⓒ①（FRBⒸⓃ）[Federal Reserve Board]（れんぽうじゅんびせいどりじかい）　アメリカの中央銀行制度の最高意思決定機関。7人の理事からなり，2018年からの議長（中央銀行総裁に相当）はジェローム＝パウエル。議長の任期は4年。理事は大統領の任命と上院の承認が必要。アメリカでは，ニューヨーク連銀など12の連邦準備銀行が事実上の中央銀行業務を行っているが，FRBのことを中央銀行とよぶことも多い。

政府系金融機関 ⒸⓃ（せいふけいきんゆうきかん）　政府が全部または一部を出資している金融機関のこと。日本ではかつては2銀行・

9公庫があったが，現在は，日本政策金融公庫，国際協力銀行，沖縄振興開発金融公庫，日本政策投資銀行，商工組合中央金庫の5つに再編されている。

日本銀行 Ⓐ16Ⓝ（にほんぎんこう）　日本の金融の中心となる中央銀行。松方正義の提議により，ベルギーの制度を模して1882年に設立された。銀行券の発行，政府の銀行，市中銀行との取引などを業務とする。日本銀行は，資本金1億円（55％が政府出資）の認可法人であり，日本銀行政策委員会の決定に基づき，金融政策の中心として活動している。金融政策は，公開市場操作（オープン-マーケット-オペレーション）をメインとする。従来は公定歩合操作・預金準備率操作も金融政策の重要な手段であったが，現在では行われていない。また日銀は，通貨価値の安定と日本経済の発展をはかっている。

日本銀行政策委員会 Ⓝ（にほんぎんこうせいさくいんかい）　日本銀行の最高意思決定機関。総裁，副総裁2名，審議委員6名の計9名で構成される。金融政策決定会合は月1〜2回開かれ，政策金利である短期金利（無担保コールレート翌日物）の誘導目標などを決める。会議の議事録などは公開される。かつては政府代表委員がこれに加わっていたが，政府からの独立性を確保するため現在では廃止。ただし，財務大臣等は必要に応じて出席できる。

圞金融政策決定会合ⒸⓃ

政策金利 Ⓐ7Ⓝ（せいさくきんり）　中央銀行が金融政策判断に基づいて決定する金利。日本では，公定歩合を政策金利としてきたが，現在では借りた資金を翌日に返す無担保コールレート翌日物（オーバーナイト物）がそれにあたる。2013年4月の日銀の金融政策決定会合で，金融政策の指標を金利から資金供給量に変更，日銀が供給するお金の量であるマネタリーベースを2年で2倍にするとした。

マイナス金利 ⒶⓃ（-きんり）　中央銀行が政策金利を0％より低くすること。通常，金融機関に預金すると利子を得られるが，マイナス金利だと預ける側が利子（手数料）を払う。日本銀行は2016年，日本の金融史上で初のマイナス金利政策を導入した。

市中銀行が日銀にお金を預ける際に適用されるが，一般の預金者が銀行に預けるお金にマイナス金利が適用されるわけではない。

日銀短観 Ⓝ(にちぎんたんかん)　景気の実態を把握するため，日本銀行が四半期ごとに行うアンケート調査。正式には「全国企業短期経済観測調査」という。約1万社が対象。景気動向を占う重要な経済指標とされる。

日銀券発行残高(にちぎんけんはっこうざんだか)　日本銀行券は古くなると，廃棄処分にされる。一方，新しい日本銀行券も発行されている。これらを総合したものが，日銀券発行残高であり，日本銀行が資金量の調整をするための指標となる。

マネタリーベース Ⓑ③Ⓝ[monetary base]　民間の保有する現金と，民間の金融機関が日銀に預けている当座預金の合計。日銀が供給する通貨の総額で，信用創造の基礎となる。ハイパワードマネー，ベースマネーともいう。日銀が公表した2022年4月時点におけるマネタリーベースは約687兆円。

マネーストック Ⓐ④Ⓝ[money stock]　旧名は，マネーサプライ(通貨供給量)とよばれた。国内の個人や法人などがもっている通貨(貨幣)を合計したもの。実体経済を流通しているお金の規模を示す。日本銀行のマネーストック統計では，現金通貨と預金通貨を合計したものをM1(エムワン)といい，それに準通貨(定期預金など)やCD(譲渡性預金)を加えたものをM3(エムスリー)とよんでいる。通貨量は，好況時には増加し，不況時には減少する。一般に，通貨量が多すぎると，インフレーションの危険性があるので，日本銀行はマネーストックの動きに注意しながら金融政策を実施している。

　　　同通貨供給量Ⓒ Ⓝ(マネーサプライ Ⓒ Ⓝ)
　　　類M1　M3 Ⓝ

流動性の罠(りゅうどうせい-わな)　金融緩和をしても金利が下がらず，金融政策が有効性を失うこと。超低金利政策が実施されたにもかかわらず，企業の投資需要が伸びなかったため，1990年代末に日本はこの現象に陥ったと指摘された。ケインズ経済学で提唱された考え方で，流動性トラップともいう。

マーシャルのk　貨幣量を名目国民所得で割った数値。イギリスの経済学者マーシャルに由来する。その国の貨幣量が適切かどうかを判断する指標とされる。

発券銀行 Ⓐ④Ⓝ(はっけんぎんこう)　銀行券を発行する銀行のこと。1882年の日本銀行創設以後は，日本銀行のみが銀行券を発行している。日本銀行の役割のなかでは発券銀行としての業務が最も基本的なものといえる。日本銀行が発行する銀行券(印刷は国立印刷局)には強制通用力があり，日本銀行は発行について同額の保証をすることになっている。従来，銀行券の発行限度は大蔵大臣(当時)が閣議をへて定めていたが，1997年の日本銀行法改正でこの規定が廃止された。

銀行の銀行 Ⓐ Ⓝ(ぎんこう-ぎんこう)　日本銀行は，一般の国民や企業との取り引きはせず，市中銀行などの金融機関とのみ取り引きをしている。日本銀行のこの働きを，「銀行の銀行」とよぶ。日本銀行は市中金融機関に資金を融資したり(このときの利子率が基準割引率および基準貸付利率)，預金準備として市中金融機関の預金の一定割合(この割合が預金準備率)を預かったりしている。

政府の銀行 Ⓐ①Ⓝ(せいふ-ぎんこう)　日本銀行は，国庫金を出し入れしたり，国債を売買したりする。政府の銀行とは，このような日本銀行のもつ機能をあらわしたことば。政府の主な収入は国税で，これらは国庫に入るが，日本銀行はそれを保管・運用する役割をもち，国庫金の支出もすべて行っている。政府が特別の事業を実施するにあたり，資金が不足しているときには，国債を発行して広く民間から資金を集めるが，国債の売買や利払いなどの業務も行っている。

「最後の貸し手」機能(さいご-か-てきのう)　日本銀行のもつ役割を示した言葉。日銀は物価の安定と信用秩序の維持を二大目的とし，発券銀行，銀行の銀行，政府の銀行という三大機能を備えているといわれる。これに加えて，金融機関が経営危機や破綻に陥った際に，預金者の預金引き出しに応じるため緊急の融資を行うなど，金融システムの安定を維持する役割をさす。

国庫金 Ⓒ①Ⓝ(こっきん)　国家が保有してい

る資金のこと。国家の主な収入源は国税であるが、雑収入や繰越金などのすべてを含む。国庫金は政府の銀行である日本銀行が保管し、出納などを扱っている。

日本政策投資銀行 **C** 1 **N**（にほんせいさくとうしぎんこう）　日本開発銀行（復興金融金庫の後身）と北海道東北開発公庫とが統合し、1999年に政府系金融機関として発足した。設備投資などの長期資金の供給を行う。2008年に株式会社化された。2022年までに完全民営化することが決まったが、その後見直しが検討されている。

市中銀行 **B** 9 **N**（しちゅうぎんこう）　日本銀行以外の銀行のこと。都市銀行と地方銀行がある。集めた資金を企業などに融資している。財務省や日本銀行の指導を受ける。一般になじみのある銀行であり、日本の金融機関の中心的存在。

都市銀行 **B** **N**（としぎんこう）　大都市に主な営業網をもつ普通銀行のこと。旧財閥系の銀行が多く、預金量も地方銀行をはるかにしのぐ、日本を代表する大銀行である。それぞれ系列の大企業などとの金融取り引きが多い。都市銀行は日本の企業集団の中核となってきた。また、金融の自由化にともない、外国銀行に対抗する必要から、都市銀行同士の合併・再編も盛んに行われた。三菱ＵＦＪ銀行・みずほ銀行・三井住友銀行など。

地方銀行 **B** **N**（ちほうぎんこう）　地方に主な営業網をもつ市中銀行のこと。それぞれ都道府県単位で支店網があり、その地方の経済に密着している銀行である。上位の地方銀行には都市銀行にせまるものもある。横浜銀行・福岡銀行など。

第二地方銀行 **C**（だいにちほうぎんこう）　かつて相互銀行とよばれていた。主に中小企業向けに資金を供給していた銀行。1982年以降、普通銀行に改組された。

信用 **A** 1 **N**（しんよう）　相手を信じて経済活動を行うこと。信用には商業信用と銀行信用との二つがある。売り手は代金の獲得を期待して、たとえば、買い手から手形を受け取る（商業信用）。なお、売り手は期限前に銀行で、手形を換金できる（銀行信用）。

銀行信用（ぎんこうしんよう）　銀行は、資金を必要とする企業などに貸し付ける。その際、

銀行は貸し付けの企業などに対して返済を期待するわけで、いわば銀行は信用を与えることになる。現在では、一般に貸し付けのときには銀行は担保をとる。銀行は預金量をこえて積極的に信用を与えることもできる（銀行の信用創造）。

商業信用（しょうぎょうしんよう）　売り手が買い手に与える信用のこと。ある商品を売る場合、買い手に現金がない際に、後日の支払いを期待して売り手は買い手に商品を渡す。つまり、売り手は信用を買い手に与える。買い手は、期日を決めて支払いを約束する（約束手形など）。このような商業における信用関係を商業信用という。

預金 **A** 6 **N**（よきん）　銀行や信用金庫などに預けておくお金。ゆうちょ銀行（旧郵便局）などでは貯金という。預金には、出し入れ自由な普通預金、一定期間は出し入れを行わない定期預金、一定期間に一定額を積み立てていく積立預金などがある。預金は、企業などに貸し出され、経済活動の拡大に大きな役割を果たす。日本の高度経済成長の背景には、国民の高い貯蓄率があった。

信用創造 **A** 5 **N**（しんようそうぞう）　銀行がその社会的信用を背景に、預金量をはるかにこえる資金を貸し出すこと。銀行は集めた預金（本源的預金）のなかから支払い準備金を残し、それを上まわる資金を、現金を動かすことなしに企業などに貸し出す。それ

	預金	支払準備金	貸付
A銀行	100万円	10万円	90万円
B銀行	90	9	81
C銀行	81	8.1	72.9
D銀行	72.9	7.29	65.61
合　計	1,000万円	100万円	900万円

最初のA銀行に100万円の銀行預金があり、支払準備率が10%の場合、A銀行は支払準備率10%に見合う10万円をのぞいた90万円までを貸し付けることができる。それがB銀行に預金される。こうした操作が続くと預金は増えつづけ、

$$最初の預金額 \times \frac{1}{支払準備率} 倍$$

すなわち、預金総額は最初の預金額の10倍にまで達し、900万円が信用創造されたことになる。

▲ 信用創造の例

は多くの場合，企業間の取り引きには現金が使われず，銀行は貸し付けを行う企業の当座預金に入金し，その企業は取引先の決済には小切手などを利用するからである。この信用創造によって，銀行は預金量以上の貸し出し能力をもつことになる。逆に，借りたい需要はあるのに，金融機関からの資金供給が細る現象を信用収縮という。

対 信用収縮**N**

預貸率 **N**（よたいりつ）　銀行は資金を集めて，それを融資しているが，その両者の関係を示したものが預貸率である。つまり，預金総量に対する貸出総量の比率で，預貸率が高くなるとオーバーローンになる。

オーバーローン　銀行が自行で保有する預金額以上に貸し出しや投資を行うこと。経済活動が盛んなとき，ゆきすぎた融資がなされるとオーバーローンになる。オーバーローンになると，銀行は日本銀行から資金を借り，不足を補うことになる。一般に，オーバーローンは銀行経営の不健全化を示す。

ノンバンク **C N**［non-bank］　資金貸し付けを業務とする金融業の通称。銀行は預金受け入れと資金貸し付けの両方を行うが，ノンバンクは資金貸し付け業務のみを行う。代表的ノンバンクには，信販・消費者金融・サラ金・リースなどがある。

NPOバンク　市民が自発的に出資した資金により，環境・福祉・生活困窮者支援などの社会的事業活動を行うNPO（民間の非営利団体）や個人に融資することを目的として設立された非営利金融。低利での融資などサラ金とは本質的に異なるが，法的には同じ貸金業法の規制を受ける。

シャドーバンキング N（影の銀行 N）（かげーぎんこう）　中国において金融当局による規制が及ばない銀行。必ずしも違法ではないが，取引のしくみや業務内容がはっきりしないため，「影の」という形容詞をつけてよばれる。みずから預金を集めず，銀行からお金を借りて金融業務を行うノンバンクとは異なる。

現代の金融政策

金融政策 **A 8 N**（きんゆうせいさく）　景気の回復をはかることや，物価を安定させることな

どを達成するために，各国の中央銀行などが資金量を調整するために行う政策。日本では，主として日本銀行が金融政策を担当している。具体的には，公開市場操作・公定歩合操作・預金準備率操作があるとされてきた。公開市場操作とは，日本銀行が手持ちの有価証券を売買することにより，資金量を調整することをいう。日本銀行が市中金融機関に貸し出すときの利率を公定歩合といったが，これを上下することにより，国内での資金量を増減することを公定歩合操作といった。預金準備率操作は，日本銀行が市中金融機関に対して，強制的に預金させるその割合（預金準備率）を上下することにより，国内での資金量を増減させること。現在では，日銀の金融政策というと，公開市場操作をさす。

金融引き締め政策 **7**（きんゆうひきしめせいさく）　景気が過熱して，インフレーションの恐れが出てきたときなどに，日本銀行が市場の資金量を減らすこと。日本銀行が手持ちの有価証券を売ったりする。かつては公定歩合や預金準備率を上げ，資金量を減少させたりした。金融引き締めが長く続くと，住宅建築が落ち込んだり，国民の購買力が落ち込んだり，企業が倒産したりする。

金融緩和政策 **B 7**（きんゆうかんわせいさく）　景気が落ち込んだ場合，日本銀行が市場の資金量を増やすために，買いオペレーションを行う政策。かつては公定歩合や支払い準備率を引き下げたりした。不況時には金融緩和政策がとられるが，この期間が必要以上に長くなると，物価の上昇などを招きやすくなるので，通貨価値の安定化の面で日本銀行の判断が大切となる。2006年，量的緩和政策が解除された。

公開市場操作 **A 4 N（オープン-マーケット-オペレーション B N）**［open market operation］（こうかいしじょうそうさ）　市中の資金量を調節するために，日本銀行が手持ちの国債などの有価証券を売買する政策。日本銀行が有価証券を売ることを売りオペレーション（売りオペ），有価証券を買うことを買いオペレーション（買いオペ）という。たとえば，日本銀行が10億円の国債を売ると，10億円分の通貨が日銀にもどってくることになり，国内の資金量を減

少させることになる。景気が過熱ぎみで，物価の上昇などが心配のときに行う。逆に，日本銀行が10億円の国債を買うと，10億円分の通貨が日銀から出ていくことになり，それだけ市中の資金量は増大する。現在，日本銀行が最も重要視している金融政策である。

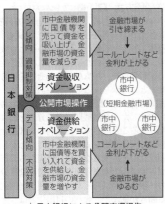

▲ 日本銀行による公開市場操作

資金吸収オペレーション Ｃ③Ｎ（しきんきゅうしゅう-）　売りオペレーション。日本銀行が国債などの有価証券を売ること。売りオペ。景気過熱に対してブレーキをかけ，通貨価値の安定と経済活動の健全な発展をはかるために行われる。

同 売りオペレーション Ｂ③Ｎ

資金供給オペレーション Ｃ④Ｎ（しきんきょうきゅう-）　買いオペレーション。日本銀行が国債などの有価証券を買うこと。買いオペ。景気が停滞して不況の心配があるときに，市中の資金量を増加させるために行う。

同 買いオペレーション Ａ⑤Ｎ

コール Ａ②Ｎ〔call〕　金融機関同士が，1日とか数日という短期間の資金を融通しあうこと。コール資金を借り手から見たときをコールマネー，貸し手から見たときをコールローンという。現在，「無担保コール翌日物」の金利が，日銀の金融政策の誘導対象となっている。これを政策金利という。

類 政策金利 Ａ⑦Ｎ

公定歩合操作 Ｂ Ｎ（こうていぶあいそうさ）　中央銀行が市中金融機関に資金を貸し出すときの利子（公定歩合）を上下することにより，国内の資金量を調整する政策のこと。金利政策ともいった。経済活動が停滞し，企業倒産が増えているときには，日本銀行は公定歩合を引き下げた。すると，市中金融機関もそれにならって貸し出し金利を引き下げ，民間企業などは資金が借りやすくなる。資金が増えることにより経済活動は活発化する。逆に景気が過熱し，インフレーションの恐れが出てきたときには，日本銀行は公定歩合を引き上げた。かつては金融政策の中心であったが，現在では公定歩合に政策的意味はなく，この言葉自体を日銀は用いていない。

同 金利政策 Ａ③Ｎ

金利 Ａ③Ｎ（きんり）　資金の貸し出しに対して一定の割合で支払われる資金（利子）。また，利子の割合のこと。金融機関を通して資金を借りたり，調達することにより経済活動が成立している。その結果生まれる利益の一部を資金の提供者に還元するが，還元される資金の提供資金に対する割合が金利である。

公定歩合 Ａ⑥Ｎ（こうていぶあい）　中央銀行の金利のこと。日本の場合，日本銀行政策委員会によって，公定歩合が定められてきた。日本銀行が公定歩合を引き上げると，民間金融機関もそれにならって貸し出し金利を引き上げた。一般に，金利が上昇すると企業にとって資金コストが増大することになり，経済活動にブレーキとなって作用した。現在，日本銀行では公定歩合という用語のかわりに「基準割引率および基準貸付利率」を使っている。これは，公定歩合に政策的意味がなくなったことにともなう変更である。

類 基準割引率および基準貸付利率 Ｃ Ｎ

市中金利 Ｎ（しちゅうきんり）　民間金融機関の貸し出し金利のこと。従来，日本銀行が設定する公定歩合に準じて決められてきた。個人や企業にとって身近な金利であり，直接的に経済活動に影響を与える。

高金利政策 Ｃ Ｎ（こうきんりせいさく）　金利を高めに設定する政策。一般に，インフレの恐れがあるとか，経済活動に必要以上の拡大があったときに，実施される。

低金利政策 Ｃ④Ｎ（ていきんりせいさく）　金利を

低めに設定する政策。企業倒産が多くなるといった景気停滞時に採用される。低金利によって資金量を増大し，経済活動を刺激することがねらい。日本銀行は2006年，長くつづいたゼロ金利政策を解除したが，2010年から再び，事実上のゼロ金利政策が行われている。

預金準備率操作 **B**6**N**（よきんじゅんびりつそうさ）　日本銀行が市中金融機関に対して，預金の一定割合（預金準備率）を強制的に預金させる制度。支払い準備率操作ともいう。準備預金制度は預金の支払いのためのもので，利子はつかない。この準備率を引き上げると，市中金融機関はそれだけ日本銀行に預金しなければならず，貸し出すことのできる資金量が減少する。一般に景気が過熱したときには，準備率を引き上げる。逆に，景気を刺激したいときには，準備率を引き下げる。1991年に行われて以来，預金準備率は変更されておらず，現在では金融政策として用いられていない。

同支払い準備率操作**C** **N**

支払い準備金（しはらい-じゅんびきん）　市中金融機関が，預金者への払い戻しに備えて手元に残す資金のこと。支払い準備金は一部を現金で手元に残し，残りを日本銀行に預金する。景気がよいときは支払い準備金は多くなる傾向があり，逆に景気が悪いときには，少なくなる傾向がある。

同預金準備**A**1**N**

準備預金　**C** **N**（じゅんびよきん）　日本銀行が市中金融機関に対して，預金などの支払いのために日本銀行に強制的にさせる預金。「準備預金制度に関する法律」に基づく。準備預金に対しては利子はつかない。一般に，景気がよいときは日本銀行は準備預金の率を高くし，市中の資金量の減少をはかる。景気が悪いときは準備預金の率を低くする。

類支払い準備金**C**2**N**（預金準備率**A**3**N**）

窓口規制（窓口指導）（まどぐちきせい）（まどぐちしどう）　日本銀行が市中金融機関に対して，その貸出量の調整を行政指導すること。一般に金融引き締めのときに，市中金融機関に対して貸し出しの抑制を指導してきた。1991年に廃止された。

非伝統的金融政策 **N**（ひでんとうてききんゆうせいさく）

1990年代末以降，中央銀行（日本銀行）が行っている従来（公開市場操作など）とは異なる金融政策の総称。コマーシャルペーパー（ＣＰ）の発行など。とくに，2008年の世界金融危機に対応するためとされた。日本では，2016年からマイナス金利政策も実施されている。

護送船団方式 **B**6**N**（ごそうせんだんほうしき）　弱小金融機関を含め，金融機関全体の存続と利益を守ることを主眼として，大蔵省（財務省）が行ってきた金融行政のこと。戦時中，物資輸送のために編成された護送船団の航行速度を，最も船足のおそい船に合わせたところから，この名称がある。

金融の自由化 **A**6（きんゆう-じゆうか）　金利を自由化したり金融機関の営業分野を拡大したりすること。日本では金利の規制や金融機関の営業分野を固定してきた。しかし，国際化が進展するなかで，外国からの市場開放要求などもあり，金融機関の営業分野の垣根を取りはらったり，金利を自由化する動きが進んだ。金利の自由化とは，金融機関が自由に預金金利を決めることで，預金者は金利の高低を参考に預金先を選ぶことになるため，高い金利や預金者サービスの拡大が要求される。金融機関にとっては，資金を集めるコストがかかるようになり，競争力の弱い金融機関が淘汰（とうた）されるなどしている。

マネーーロンダリング **N**［money laundering］　資金洗浄。犯罪などの不正な手段で得た資金を，銀行などに預金することによって資金の出所をわからなくすること。汚い資金を洗うことによって，資金をきれいにするという意味。

経済の金融化（けいざい-きんゆうか）　経済活動全体のなかで，金融市場や金融機関の重要性あるいは影響力が異常に高まる現象をいう。新自由主義的な金融理論の広がりで，こうした事態が顕著になっている。

インフレーターゲッティング2**N**（インフレ目標政策）［inflation targeting］（-もくひょうせいさく）　インフレを抑制するために物価上昇の数値目標を定めて金融政策を行うこと。物価安定を目的とし，イギリスやカナダなどで採用されてきた。しかし日本では，1990年代末から2000年代初頭，デ

フレースパイラルから脱却するインフレ誘導策として主張された。日銀と安倍晋三政権は2013年，デフレからの脱却策の一つとして消費者物価の前年比上昇率を２％とすることを決めたが，安倍政権下において，その目標は達成されなかった。

量的・質的金融緩和 **B** **N**（りょうてきしつてききんゆうかんわ）　日銀が安倍晋三政権とともに実施した新たな金融政策。いわゆるアベノミクスの第一の矢にあたる。量的とはマネタリーベースを大幅に増やすこと，質的とは日銀が金融機関などから買い入れる国債の種類を大幅に広げること。異次元緩和ともよばれる。

私たちの生活と金融

消費者信用（しょうひしゃしんよう）　販売信用と消費者金融とを合わせたもの。販売信用とは，消費者が商品やサービスを購入する際に，その支払いを一定期間，猶予するもの。ローンやクレジットなどがその代表例。これらは現金がなくてもほしいものを購入することができるので，高額の商品を購入する場合に便利である。消費者金融とは，消費者に対して必要な現金を貸すこと。質屋やサラ金などの貸金業がこれにあたる。

消費者金融 **C** **2** **N**（しょうひしゃきんゆう）　資金を必要とする消費者に対して，一定の利子をとって資金を貸し出すこと。消費者が収入をこえて商品やサービスを購入するときに不足する資金を借りる（業者の立場では貸す）行為が消費者金融であり，質屋やサラ金（サラリーマン金融）などがその例である。消費者金融は，消費者が将来予定される収入をあらかじめ取り崩して使うものである。しかし，予定収入をこえて支出した場合など，返済が破たんすることもおこり，そのため多くの悲劇を生んでいる。悪質な取り立てを行うヤミ金融も問題になっている。

〔類〕**ヤミ金融** **N**

多重債務 **B** **5** **N**（たじゅうさいむ）　サラ金などに複数の借入先があり，借入金の額が個人の返済能力を上回り，返済そのものが不能となった状態。自己破産などを申し立てるケースが多い。

グレーゾーン金利 **N**（-きんり）　出資法の上限金利29.2％と利息制限法の上限金利15〜20％との間の金利のこと。利息制限法の上限金利より高い金利は違法だが，貸金業者への罰則がないために事実上は29.2％が上限とされ，多重債務問題の一因となってきた。2006年に最高裁がこの金利を無効とする判決を出したこともあり，貸金業規制法などが改正され，出資法の利息限度も20％に引き下げられた。現在，払いすぎた利息の返還請求が急増し，経営破たんするサラ金業者も出ている。また，2007年に施行された貸金業法では金利規制の強化や，年収の３分の１をこえる貸し付けを禁止する総量規制なども導入されている。

〔類〕**貸金業法** **C** **N**

住宅金融 **N**（じゅうたくきんゆう）　一戸建て住宅やマンションなどを新築・増改築したり購入したりするときに，資金を借りること。一般に住宅は高額なものであり，手持ち資金だけでは資金が十分でないことが多いので，金融機関などから必要な資金を借りることになる。独立行政法人である住宅金融支援機構のほか，市中金融機関や勤務先などの住宅金融もある。

クレジット **A** **N**［credit］　信用や割賦（かっぷ）販売をさす。現在では，クレジットカードの意味で使われることが多い。クレジットカードは，カード会社や金融機関などが，希望する消費者の資産や年収などをもとに信用を与え，発行する。クレジットカードの利用により，消費者は手持ちの現金なしに商品やサービスを購入できる。カードの持ち主は，一定の期日後に利用額を一括や月割などで返済する。

〔類〕**クレジットカード** **B** **5** **N**

カード破産（-はさん）　主にクレジットカードの使いすぎ（またその返済のために複数の債務を負う多重債務）により，返済不能に陥ること。

自己破産 **B** **2** **N**（じこはさん）　主に債務者自身が地方裁判所に申し立てる破産のこと。裁判所で破産宣告がなされ，その後に免責決定を受けると，生活必需品以外の財産は返済にあてられ，そのうえで残った借金などの債務は免除される。しかし，クレジットカードの利用ができなくなり，裁判所の許可がなければ居住地を変えることができな

くなる。また，自己破産者の本人名義の不動産は手放さなくてはならないが，家財道具についてはその必要がない。自家用車は状況によって処分されることもある。2020年における自己破産申立件数は約8万件。

ローン　**A**❶**N**[loan]　借金のこと。消費者が必要な資金を借りたり，あるいは割賦販売を利用することをいう。代表的なものに住宅ローンや自動車ローンなどがある。消費者は，一度に多額の資金を支出しなくとも高額な商品やサービスを購入できる。一方，販売する企業にとっても販路の拡大ができる。ローンはあくまでも借金であるので，利用者は利用額に手数料や利子を加えて返済する必要がある。

フィンテック　**B**❻[FinTech]　finance（金融）と technology（技術）を組み合わせた造語であり，伝統的な金融の仕組みがIT/AIによって刷新される現象を指す。具体的事例としては，物理的貨幣を使用しないキャッシュレス決済の普遍化，暗号通貨およびブロックチェーン技術を用いた送金システム，人工知能によるローン審査，人工知能による投資助言，クラウドファンディングによる資金調達，金銭の借り手と貸し手をオンライン上で仲介するソーシャルレンディングなどが挙げられる。既存の銀行業界はフィンテックに多大な影響を受けつつあり，支店削減や従業員入れ替えが今後大幅に進行すると見られている。

キャッシュレス社会　**C**(-しゃかい)　物理的貨幣（紙幣・硬貨）を使わずとも決済が日常的に可能となっている社会。クレジットカードや電子マネーが主たる決済手段となる。2018年統計では，日本のキャッシュレス決済比率は24.2%。国際比較すると，韓国94.7%，中国77.3%，英国57.0%，米国47.0%，仏国44.8%などとなっており，日本社会の「現金依存体質」が問題視されている。日本政府は2025年までにキャッシュレス決済比率を40%程度に引き上げるよう政策目標を定めている。

QRコード決済　**C**[QR code payment]　(-けっさい)　QRコード（Quick Response Code）を利用したキャッシュレス決済方法。主として，顧客のスマートフォン上に表示

されたQRコードを店舗側がバーコードリーダーで読み取ることで決済プロセスが完了する。店舗側が専用機器を用意する必要がなく，低コストでキャッシュレス決済環境を構築できるため，主としてアジア諸国において普及している。日本では，政府が「キャッシュレス元年」を謳った2019年に，QRコード決済サービスが全国的に広まった。

プリペイドカード　②[prepaid card]　料金を前払いしたカード。PCと略。NTTのテレフォンカードがその代表例だった。JRのSuicaカード，図書カード，コンビニエンスストアのカードなど各種のカードが発行されている。利用者は現金を持ち歩く必要がなく，発行者側では，資金を事前に獲得でき，それを他に運用できるというプラス面がある。クレジットカードなども含め，キャッシュレス時代を迎えている。

ホーム–バンキング　[home banking]　家庭と銀行との間をオンラインで結ぶことにより，預金者が銀行の窓口に直接行かなくても預金の出し入れや，残高照会などを行うことができること。

銀行カードローン　(ぎんこう-)　銀行が発行したカードを使ったローン。銀行やコンビニのATM（現金自動預け払い機）から無担保で借りられる。サラ金なみの高金利の場合もあるが，貸金業法の規制は受けない。日本弁護士連合会（日弁連）などが規制強化を求めている。

4　財政とそのはたらき

財政のしくみ

財政　**A**⑱**N**(ざいせい)　国や地方公共団体など公共部門の経済活動をさすことば。民間部門の自由な経済活動が市場によって調整され，資源が適正に配分されるというのが資本主義経済の原則であるが，それには根本的な欠陥（市場の失敗）が存在するため，公共部門の経済活動，つまり財政が一定の役割を果たす必要がある。それを主に管轄するのが財務省である。財政の機能としては，公共財の供給，所得の再分配，経済の安定化策などがある。19世紀までは，財政の機能を国防・警察など最低限のものに

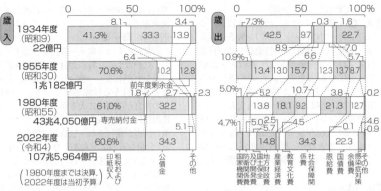

▲ 一般会計の歳入・歳出

限定することが望ましいとされていたため，一国経済に占める財政の規模は小さかった。しかし，今日では政府にはより多くの経済的役割を果たすことが期待されているため，財政規模が拡大している。

財政民主主義 （ざいせいみんしゅしゅぎ）　国家や地方自治体の財政活動には，議会の同意が必要であるという思想。日本国憲法83条「国の財政を処理する権限は，国会の議決に基いて，これを行使しなければならない」は財政民主主義の思想を反映している。

財政収入 （ざいせいしゅうにゅう）　政府がさまざまな活動を行っていくために必要となる財源，収入のこと。租税・官業収入・手数料・公債などから構成されるが，租税収入の割合が最も大きい。

財政支出 （ざいせいししゅつ）　政府が活動を行うために支払われる経費のこと。国民の財政に対する要求が多様化し，国民経済のなかに占める財政支出の割合が高くなっているのが，現代国家の特徴である。

均衡財政 （きんこうざいせい）　租税収入を主とした経常収入と，短期的に消費される財・サービスの購入へ支出される経常支出が均衡する状態にある財政のこと。これに対し，経常支出が収入を超過している状態を，赤字財政とよぶ。均衡財政では，経常収入の限度内に支出の規模をおさめることになる。古典的な財政原則では，均衡財政が望ましいとされた。

財政制度 （ざいせいせいど）　租税や予算・決算・会計など政府の収入・支出に関する諸制度。基本的原則は，日本国憲法第7章に規定され，それを受けて財政法や会計法などが制定されている。民主主義国家の財政では，次の三つの財政制度を設ける必要があるとされる。その第一は，租税や公債など国民の負担となるものは，議会の承認がなければ実行できないこと。第二には，議会における予算の審議・議決は，民主的な予算制度に基づかなければならないこと。第三には，決算についても，民主的な決算制度によって議会の承認を得なければならないこと。

財政法 （ざいせいほう）　予算など，財政の基本に関して規定した法律。日本国憲法に基づいて1947年に制定された。財政民主主義の原則を具体的に規定している。財政法第4条は国債の発行を原則的に禁止しており，建設国債は，同条の但し書きで認められている。また，第5条は日銀の直接引き受けによる国債発行を禁止している。

会計法（かいけいほう）　1947年に制定された，国の収入・支出に関する手続き，会計に関する行政機構，契約に関する手続きなどを定めた法律。

予算 （よさん）　一定期間（日本では4月1日〜翌年3月31日）の財政収入・財政支出の予定的見積もりを数字であらわしたもの。予算には，一般会計・特別会計・政府関係機関予算などがある。従来，単年度ごとに編成されてきたが，イギリスなどのように複数年度で構成する案も出されてい

第Ⅳ編

る。 ☞ p.233（予算）

歳入 Ⓐ⑥Ⓝ（さいにゅう） 一会計年度における財政上の一切の収入。日本の一般会計歳入は，租税及び印紙収入・官業益金及び官業収入・政府資産整理収入・雑収入・公債金・前年度剰余金受け入れの6項目から構成されている。2021年度の歳入内訳では，租税及び印紙収入の割合が最も大きく，ついで公債金が大きくなっている。従来，財務（大蔵）大臣が歳入・歳出の予算案などを編成してきたが，2002年度から一時期を除き，内閣府の経済財政諮問会議の手に移った。

歳出 Ⓐ⑤Ⓝ（さいしゅつ） 一会計年度における財政上の一切の支出。一般会計歳出を主要経費別に分類すると，2021年度では社会保障関係費の割合が最も高く，ついで国債費・地方交付税交付金・公共事業関係費・文教及び科学振興費・防衛関係費の順になっている。なお歳出分類としては，国家機関費・地方財政費などのように目的別に分類する方法や，厚生労働省・文部科学省などのように所管別に分類する方法もある。

補正予算 ⒸⓃ（ほせいよさん） 当初予算を修正するために編成される予算。予算は，年度の開始前に議会の審議・議決を経て成立するのが原則である。しかし，予算の成立後，社会情勢の著しい変化によって予算の過不足が生じたり，予算内容の変更が必要になる場合がある。1回以上の補正予算編成が行われることが多い。

決算 Ⓒ①Ⓝ（けっさん） 一会計年度の終了後に，歳出・歳入の実績を確定した数値で表示したもの。各省庁の決算報告書に基づいて財務省が作成し，会計検査院による検査・確認を経た後，内閣から国会へ提出されなければならない。

国の財政 ⒸⓃ（くに-ざいせい） 政府の行う経済活動のうち，中央政府の経済活動をさす。政府の諸活動は，財政的な裏づけがあってはじめて実施され，国の財政の動向をみれば，国家の性格を知ることができる。たとえば，1934～36年の日本政府の最大歳出項目は軍事費であり，一般会計全体の45％程度を占めていた。これは，当時の軍国主義的体質を端的に示している。また，1965年には国土保全費の割合が大きく，

当時の政府が経済成長を第一の目標とする国家運営をしていたことを示している。

一般会計 Ⓐ⑥Ⓝ（いっぱんかいけい） 政府の通常の活動にともなう歳入・歳出を経理する会計。このほかに，特別会計と政府関係機関予算などがある。一般会計の歳入は，租税など6項目から構成されている。租税収入の割合が圧倒的に大きかったが，石油危機の後には租税収入の不足を補うために大量の国債が発行され，公債金に依存する割合（公債依存度）が大きくなった。一般会計の歳出は，国債費・社会保障関係費・地方交付税交付金・公共事業関係費などに分類できる。国債の償還や利払いのための国債費の割合が大きいことが，他の歳出項目を圧迫していると指摘されている。

　　　　　　　　　　　類 **一般会計予算** Ⓑ

一般歳出 ⒸⓃ（いっぱんさいしゅつ） 国の一般会計歳出のうち，国債費と地方交付税交付金等の義務的な経費を除いたもの。政策的な経費にあたる。2011年度予算からこの区分（概念）が用いられなくなり，地方交付税交付金等と合わせて「基礎的財政収支対象経費」とよばれるようになった。

　　　　　　類 **基礎的財政収支対象経費**

特別会計 Ⓐ⑥Ⓝ（とくべつかいけい） 国がある特定の事業を行う場合などに設けられる会計。国の会計は一種ですべての歳入・歳出を経理するのが望ましいとされる（単一予算主義）。しかし，現代の財政は規模が大きく，内容も複雑になったため，特別会計が設置されるようになった。日本では機能別に，事業特別会計・資金運用特別会計などがあった。規模の抑制と統廃合が行われ，「特別会計に関する法律」に基づき13あるが，最終的には11に縮減される。いくつかの特別会計について，巨額の繰越利益（剰余金）の存在が明らかになり（いわゆる「埋蔵金問題」），2010年度予算に反映された。2021年度予算における特別会計の歳出総額は約493.7兆円，重複分を除いた純計額は約245.3兆円である。

　　　　　　　　　　類 **埋蔵金問題**Ⓝ

財政投融資 Ⓐ⑩Ⓝ（ざいせいとうゆうし） 国の制度や信用によって集められた資金を財源として行われる投資や融資。その資金は，郵便貯金・厚生年金・国民年金などの積立金

からなる資金運用部資金を中心にまかなわれてきた。これらの資金が，公団や政府系金融機関などを通じて，住宅・福祉・道路・中小企業・農林水産業など，民間資金の供給が不十分になりがちな分野に，低利・長期の有利な条件で投融資されてきた。資金の運用については，政府が財政投融資計画を作成し，国会の承認を得て決定される。財政投融資の規模は，一般会計に対してかなりの額に達し，「第二の予算」ともよばれた。現在，郵便貯金などの資金運用部への預託制度が廃止され，また政府関係機関が財投機関債を発行して，市場から資金を調達するのが原則となった。

　　　　　　　　　　　　　　同 第二の予算 B 4

財投債 **C N** (ざいとうさい)　財政投融資特別会計国債の略で，財政投融資の資金を調達するために発行される政府保証のついた債券。2007年度までは，経過措置として郵便貯金などの直接引き受けがあったが，現在では全額市中発行となった。

財投機関債 **C** (ざいとうきかんさい)　財政投融資の資金を調達するために，財投機関が発行する政府保証のない公募債券。

資金運用部資金 (しきんうんようぶしきん)　大蔵省（財務省）資金運用部に委託された資金のこと。資金運用部資金法によって，郵便貯金や厚生年金・国民年金の積立金などは，大蔵省の資金運用部に預託しなければならないとされてきた。2001年度から財政投融資に市場原理が導入され，資金運用部への預託義務が廃止された。

政府関係機関予算 **B** (せいふかんけいきかんよさん)　国民生活金融公庫・中小企業金融公庫・国際協力銀行など，政府の全額出資によって設立・維持されてきた政府系金融機関の予算のこと。なお，政府関係機関は統廃合の結果，現在は沖縄振興開発金融公庫・日本政策金融公庫・国際協力銀行・国際協力機構有償資金協力部門の4機関になった。

防衛関係費 **C N** (ぼうえいかんけいひ)　一般会計の歳出項目の一つ。防衛省や国家安全保障会議などの経費に関する一般会計歳出をさす。1976年の「防衛計画の大綱」でGNP1％枠が設けられたが，87年から総額明示方式に転換した。

社会保障関係費 **C 2 N** (しゃかいほしょうかんけいひ)

一般会計の歳出項目の一つ。生活保護・社会福祉・年金医療介護保険給付・保健衛生・雇用労災などからなる。予算額全体の3割強，基礎的財政収支対象経費の4割強を占める。戦後，福祉国家が目標とされ，増額を続けてきたが，近年では伸び率が鈍化した。

公共事業関係費 **C 2 N** (こうきょうじぎょうかんけいひ)　一般会計の歳出項目の一つ。道路整備・治山治水・住宅市街地・下水道・環境衛生などの支出からなる。景気対策などに効果を発揮してきた面もあるが，近年では数多くの無駄な事業が指摘され，さらなる削減を求める声が根強い。2011年の東日本大震災を契機に政府の国土強靱化政策のもと，復活の兆しがみられる。

租税の役割

租税 A 9 N （**税金 A 5 N**） (そぜい) (ぜいきん)　政府が，歳入調達を目的として，強制的に，何ら特別の対価なしに，他の経済主体から徴収する貨幣のこと。租税の主目的は，国や地方公共団体が独自の活動をおこなうための経済的基礎の確保という点に求められる。また，租税は権力を背景として強制的に徴収され，その支払いは必ずしも提供されるサービスの便益とは一致しない。ただし，租税は所得の再分配や経済安定の手段としても利用され，目的税のように特定サービスの対価としての性格を持つものもある。

アダム＝スミスの租税原則 (-そぜいげんそく)　望ましい租税のあり方についてイギリスの経済学者アダム＝スミスが，『諸国民の富』のなかで示した原則。公正・明確・便宜・徴税費最少の四つをさす。

ワグナーの租税原則 (-そぜいげんそく)　ドイツの経済学者アドルフ＝ワグナーが示した9項目の租税原則のこと。望ましい租税制度の原則として，ワグナーは国家社会主義の立場から，①十分な収入，②収入弾力性，③税源選択，④税目選択，⑤負担普遍，⑥負担公平，⑦明確，⑧便宜，⑨徴税費最小，の九つの条件を示した。

垂直的公平 **A 4 N** (すいちょくてきこうへい)　税負担の公平性に関する基準。能力の高い者ほど税の負担能力が高く，納税額が多いのが

公平だとする考え方。所得税の累進性の根拠とされる。

水平的公平 A③N(すいへいてきこうへい)　税負担の公平性に関する基準。同じ所得水準で，同様な租税能力にある者は，同程度の税額が徴収されるのが公平だとする考え方。消費税はこの基準を満たす税とされる。

租税負担率 CN(そぜいふたんりつ)　国民所得に対する国税と地方税を合わせた租税収入の割合。2022年度における日本の租税負担率は27.8%(見通し)。他の先進諸国と比較すれば，日本の租税負担率は低いが，急速な人口の高齢化にともない，福祉などの面で財政需要が増大しており，租税負担率も高まることが予想されている。

国民負担率 CN(こくみんふたんりつ)　租税負担率に社会保障負担率を加えたもの。日本が46.5%(2022年度見通し)であるのに対して，米31.8%，英47.8%，仏68.3%，独54.9%である(2018年実績)。また，国民負担率に財政赤字分を加味したものを「潜在的な国民負担率」といい，日本は56.9%である(2022年度見通し)。

　　　　類 **潜在的な国民負担率N**

租税法律主義 B③N(そぜいほうりつしゅぎ)　税の創設，税率の変更などは，すべて法律の裏づけが必要であるという原則。法の支配の考え方から生まれた制度である。古くはイギリスのマグナ＝カルタ(1215年)や権利章典(1689年)，フランスの人権宣言(1789年)などにも取り入れられ，近代憲法の重要な構成要素となっている。日本国憲法では，第84条などに租税法律主義を規定。

国税 A③N(こくぜい)　租税のうち，納税先が国である税。租税収入全体の6割弱程度が国税収入である。国税を構成するのは，直接税では所得・法人税・相続税など，間接税では消費税・揮発油税・酒税・たばこ税・関税などである。このうち，所得税・法人税・消費税・揮発油税で，国税収

	利　点	欠　点
直接税	累進課税ができる(垂直的公平)	所得隠し・脱税景気に左右される
間接税	消費にかかり公平景気の影響が少ない	逆進的

▲ 直接税と間接税

入の約8割を占める。

地方税 A⑤N(ちほうぜい)　都道府県および市町村が住民に課する税。原則として，地方自治体の財源となる。主なものとして，住民税，地方消費税，固定資産税などがある。地方税は明治期に法制度化され，戦後になると，地方自治強化の観点から地方税法が制定された。しかし，現在も地方自治体の財政力は弱く，地方交付税や国庫支出金など，国からの財政支援に頼らざるを得ない。 ☞ p.263 (地方税)

直間比率 B②N(ちょっかんひりつ)　税収に占める直接税と間接税の割合のこと。日本の直間比率(国税＋地方税)は，1960年時点で61対39だったが，その後，直接税の比率が増して，1990年には79対21となった。しかし，消費税の導入・増税によって間接税の割合が高まっていき，2021年時点では65対35となっている。なお，主要国の直間比率(国税＋地方税)はアメリカ7.9対2.1，イギリス5.7対4.3，フランス5.5対4.5，ドイツ5.5対4.5である(2017年)。

直接税 A⑫N(ちょくせつぜい)　税法上の納税義務者と税を負担する者(担税者)が同一である租税のこと。国税では，所得税・法人税・相続税などが，地方税では，住民税・固定資産税・事業税などがある。国税・地方税とも税収全体に占める直接税の割合が大きい。直接税では所得税のように，累進税率の適用が可能であり，所得の再分配に効果がある。しかし，多額の徴税費用がかかるという欠点がある。そのために，直間比率の見直しなどが進められた。

		直　接　税	間　接　税
国税		所得税法人税相続税贈与税地価税(停止中)	消費税酒税石油・石炭税たばこ税関税
地方税	(都)道府県税	道府県民税(都民税)事業税自動車税(種別割)	道府県たばこ税(都たばこ税)地方消費税ゴルフ場利用税
	市(区)町村税	市町村民税(特別区民税)固定資産税	市町村たばこ税(特別区たばこ税)

▲ おもな租税の種類

所得税 A⑫N(しょとくぜい)　個人の1年間の所得金額に対して課せられる国税。個人が給与・配当・事業などから得た所得額から，

医療費・社会保険料など各種の控除額を差し引いた額が課税対象になる。納税には，納税者自身が書類を作成して税務署に申告する確定申告と，個人の給与から事業者が税金を天引きする源泉徴収との二つの方法がある。2020年から納税者全員に適用される「基礎控除」の額が，現行の38万円から48万円に引き上げられた。

類　確定申告 **C** **N**　　源泉徴収 **C** **N**

法人税 **A** **4** **N** (ほうじんぜい)　株式会社や協同組合など，法人の各事業年度の所得にかかる国税のこと。ただし，学校法人や宗教法人は，収益事業を除いて納税義務が免除されている。また，納税義務は国内の日本法人だけでなく，外国法人にもある。国税としては所得税・消費税に次いで額が多い。法人税法に基づいて課税され，現在の基本税率は23.2%である。

法人事業税 **C** **N** (ほうじんじぎょうぜい)　法人が行う事業に対して課される道府県税。

法人住民税 **C** **N** (ほうじんじゅうみんぜい)　法人に課される道府県民税と市町村民税とを合わせた税。

相続税 **A** **3** **N** (そうぞくぜい)　死亡した人から相続した財産にかかる国税。相続によって取得した財産の総額から，故人の借金や葬儀費用，基礎控除額を差し引いた額が，課税対象となる。配偶者や未成年者に対する特例措置もある。適用される相続税率は，10〜55%の累進課税となっている。資産所有の格差を是正する役割がある。2015年から課税される相続財産が引き下げられたため，納税者が大幅に増えた。

住民税 **B** **2** **N** (じゅうみんぜい)　その地域に住む個人・法人を課税の対象としている道府県民税と市町村民税をいう。東京都の場合は，都が都民税を，23区が特別区民税を課している。個人住民税の税率は一律10%。

固定資産税 **A** **N** (こていしさんぜい)　固定資産を課税の対象として，その所有者に課せられる地方税のこと。固定資産とは土地・家屋や工場の機械設備など，長期間にわたって使用する資産をいう。毎年1月1日現在の固定資産所有者は，固定資産課税台帳に登録され，納税義務者となる。

間接税 **A** **14** **N** (かんせつぜい)　税法上の納税義務者と実際に税を負担する者が異なる租税

のこと。消費税や酒税・たばこ税が代表的な間接税。税金分が価格に上乗せされているから，最終的には消費者が税を負担することになる。間接税は，所得の多寡に関係なく国民が負担するから，生活必需品が課税対象となった場合，低所得者の税負担が重くなるという欠陥がある。また，特定の商品を課税対象とする個別間接税の場合，どの商品に課税し，どの商品を非課税とするかの区別が合理的にできない欠点もある。

酒税 **B** **2** **N** (しゅぜい)　ビール・ウイスキー・清酒など酒類にかかる国税のこと。納税義務を負うのは，酒類の製造業者と，輸入品では輸入業者である。酒税額は，製造業者・輸入元から出荷された酒類の数量に税率をかけて算出する。

関税 **A** **6** **N** (かんぜい)　輸入品に対して課せられる国税。かつて，関税は他の税と同様に，財政収入の確保を目的としていたが，今日では自国産業の保護を目的とした保護関税がほとんどである。納税義務者は，原則として商品の輸入者である。

消費税 **A** **12** **N** (しょうひぜい)　消費の背景には所得があるということを課税の根拠として，消費支出に課税される国税。日本では従来，特定商品の消費を課税対象とした物品税があったが，課税対象がアンバランスなどの理由から，1989年に廃止された。これにかわり，ほとんどの財・サービスを課税対象とする税率3%の消費税が，竹下登内閣のときに導入された。1997年4月から，橋本龍太郎内閣のもとで税率が5%に引き上げられた。また，野田佳彦内閣の「税と社会保障の一体改革」により，2014年から安倍晋三内閣のもとで8%に税率が引き上げられた。2019年10月からは10%(国7.8%，地方2.2%)に引き上げられたが，同時に軽減税率制度も実施された。

類　付加価値税 **C** **N**　　軽減税率 **B** **N**

地方消費税 **B** **N** (ちほうしょうひぜい)　日本の消費税(10%)は国税部分(7.8%)と地方税部分(2.2%)に分けられ，地方税部分を地方消費税と呼ぶ。原則として，その消費が実施された地の税収となり，地方自治体に安定した財源を与える仕組みとなっている。
☞ p.264 (地方消費税)

益税 **N** (えきぜい)　消費者が支払った消費税の

うち，納税されずに事業者の手元に残る分。消費税の中小業者への特例措置により生じていると批判されるが，その度合いは事業者の転嫁の状況による。現在では，相当程度解消されているともいわれる。

たばこ税 **B** **N**（－ぜい）　たばこにかかる税。国たばこ税23.3%，地方たばこ税26.4%，たばこ特別税3.0%などによって構成され，全体の税率は61.8%である。

自動車税 **B** **N**（じどうしゃぜい）　自動車の所有者に対し，その自動車の主たる定置場の所在する都道府県で課される普通税。2019年10月からの名称は自動車税種別割。同様の市町村税としては軽自動車税（種別割）がある。

自動車税環境性能割 **N**（じどうしゃぜいかんきょうせいのうわり）　2019年10月から，これまでの自動車取得税にかわって導入された。自動車取得者がその定置場の所在する道府県で課される目的税。環境負荷の少ない車の普及をめざす。

自動車重量税 **N**（じどうしゃじゅうりょうぜい）　自動車の重量に応じ，その使用者に課される国税。税収の3分の2が一般財源に，3分の1が市町村の道路整備の財源に。

揮発油税 **B** **N**（きはつゆぜい）　揮発油に対して課される税金で，道路特定財源の一つ。揮発油税と地方道路税とをあわせたものが，「ガソリン税」である。ガソリンには，揮発油税と消費税が二重課税されている。

道路特定財源 **C** **N**（どうろとくていざいげん）　道路整備のためだけに使途が限定された税金。ガソリン税（国税）・軽油引取税（地方税）などがあり，自動車利用者が負担している。これらの税には従来の税率に加えて暫定税率が上乗せされているため，批判が強い。2009年度から一般財源化が行われた。

類 暫定税率 **N**

特定財源 **C** **4** **N**（とくていざいげん）　使途を特定の歳出分野に限った税収。代表的なものが道路特定財源。受益と負担の関係がはっきりするが歳出の硬直化につながるとされる。

一般財源 **C** **5** **N**（いっぱんざいげん）　使途が限定されない税収。国の予算では，特定財源を除いたものをいう。地方公共団体の場合，地方税や地方交付税などをさし，この割合が大きいほど地方財政が安定する。

累進課税制度 **A** **9** **N**（るいしんかぜいせいど）　課税対象の金額が増えると，より高い税率が適用される課税のしくみ。納税者はその支払い能力に応じて課税されるべきであるという考え方から採用されている。所得税の場合，高所得者には高税率が，低所得には低税率が適用されることによって，所得の再分配効果をもつ。しかし，税率の段階が細かいと，わずかな所得の上昇で高い税率が適用され，勤労意欲に悪影響を与えるという指摘がある。1989年の税制改革では，所得税の最高税率を引き下げ，税率のきざみも12段階から5段階に簡素化されたが，現在は7段階（5～45%）である。

逆進性 **A** **2** **N**（ぎゃくしんせい）　消費税のように，原則すべての財・サービスが課税対象であり，食料品・医療品のような生活必需品にまで課税されると，低所得者の収入に占める税負担の割合が大きくなる。このような税の性格を，逆進性という。

類 逆進課税 **N**

租税特別措置 **N**（そぜいとくべつそち）　何らかの政策目標を達成するために租税を減免・優遇する特例措置のこと。所得税や法人税など国税や地方税についてかなり多くの項目があり，見直しが検討されている。租税特別措置法に基づく。

政府税制調査会 **N**（せいふぜいせいちょうさかい）　税制について基本的事項を調査する内閣総理大臣の諮問機関。政党にも同名の機関があるため，区別する意味で政府税調とよばれる。30人以内の委員と若干名の特別委員とで構成される。

民間税制調査会（みんかんぜいせいちょうさかい）　民間税調。学者や弁護士など，税金の専門家らが2015年に立ち上げた団体。税制について納税者の立場から政府に提言などを行う。

ふるさと納税 **C** **N**（－のうぜい）　自分の故郷や支援したい地方公共団体に寄付をすると，その分が所得税や住民税から差し引かれる制度。制度本来の趣旨は，都市部から地方に税収の移転を促すこと。2000円をこえた分が，所得税と居住地の住民税から控除される（1割が上限）。2008年度から導入。寄付者には各地方公共団体が特産品を贈るなどするため，利用がすすんできた。

2015年度からは税金軽減額の上限を2倍にするなどの拡充策が実施された。2020年度のふるさと納税受入額は約6725億円。　☞ p.267（ふるさと納税制度）

利子所得優遇（りししょとくゆうぐう）　預貯金や公社債などの利子から得られた所得が利子所得。利子所得には，貯蓄優遇策として税負担を軽減する措置がとられてきたが，これを利子所得優遇という。

不公平税制（ふこうへいぜいせい）　税負担のあり方が人や立場によって不公平なこと。所得税の捕捉率の不公平を示す言葉として，俗にクロヨン（給与所得者9割，事業所得者6割，農業所得者4割）や，トーゴーサンピン（給与所得者10割，事業所得者5割，農業所得者3割，政治家1割）などがある。しかし現実には，給与所得控除がかなり高いことなどもあり，それほど格差はないとの指摘もある。
　　　類クロヨン🅝　トーゴーサンピン

外形標準課税　🅝（がいけいひょうじゅんかぜい）　企業の所得ではなく，事業規模や資本金などを基準に課税する方式。法人事業税（道府県税）のなかに取り入れられ，赤字企業も課税対象となる。2004年からは全国の資本金1億円超の企業を対象として一律に導入された。法人税減税のための財源として，この税の課税対象を拡大する動きもある。

法人実効税率　🅝（ほうじんじっこうぜいりつ）　法人税を計算する際，法人税・法人事業税・法人住民税の表面上の税率ではなく，法人事業税を損金算入するなどして計算し直した実際の税率。日本はアメリカより低く，イギリス・スウェーデン・ドイツなどよりも高いとされる。政府は，賃金や設備投資をふやした企業に対して，法人税の実効税率を現状の29.74％から最大で約20％に引き下げるとしている。

復興特別税　🅝（ふっこうとくべつぜい）　2011年の東日本大震災からの復興のため，復興財源確保法に基づいて課される時限的な増税。復興特別所得税は2013年1月から25年間，税額に2.1％を上乗せ。住民税は2014年6月から10年間，年1000円引き上げ。復興特別法人税は2012年4月から税額の10％を5年間にわたり徴収するとされたが，実際は1年前倒しで廃止された。

類復興財源確保法

ＮＩＳＡ🅝（少額投資非課税制度🅝）
[Nippon Individual Savings Account]
（しょうがくとうしひかぜいせいど）　ニーサ。株式投資などから得た配当や譲渡益について，毎年100万円を上限とする新規購入分を対象に最長5年間，非課税とするしくみ。2014年から10年間の限定で導入された。国内に居住する20歳以上なら利用が可能。2016年からは上限が120万円になり，また20歳未満を対象にしたジュニアＮＩＳＡが設けられた。子ども一人あたり年間80万円分が非課税となる。子どもが対象とはいえ，現実には投資やその運用は親権者が行う。2018年には非課税枠年40万円，期間20年のつみたてＮＩＳＡが設けられる。
　　　類ジュニアＮＩＳＡ🅝

森林環境税　🅒🅝（しんりんかんきょうぜい）　住民税に1人あたり年1000円を上乗せして徴収する新たな目的税。約6000万人が対象となる。間伐など森林の環境を保全するための財源とする。2024年から導入。同名の地方税（目的税）がいくつかの地方公共団体で実施されている。

出国税　🅝（しゅっこくぜい）　国際観光旅客税。日本から海外に出る人に対して，チケット発券の際に1人あたり1回につき1000円を課す新たな目的税。日本人だけでなく，外国人も対象となる。観光資源の整備などに活用するため，2019から導入。

公債と国民生活

公債　🅐5🅝（こうさい）　国や地方公共団体が財源を調達するために発行する債券のこと。発行主体別に区別すれば，国が発行するものを国債，地方公共団体の発行するものを地方債という。公債発行による財源調達については，古くから議論があり，古典派経済学者の多くは，公債発行によって政府が浪費的体質となることを懸念していた。今日では一般に，①一時的な財源不足を補う機能，②公共投資の財源をまかなうための機能，③不況時に財政支出を増加させる目的で財源を確保するための機能が，公債発行に認められている。

国債　🅐15🅝（こくさい）　公債のうち，国が発行しているもの。国債のみを指して公債と

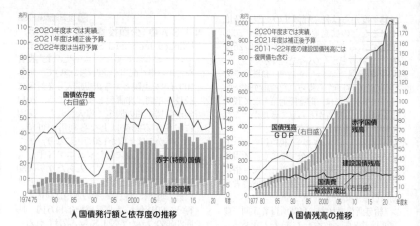

▲ 国債発行額と依存度の推移

▲ 国債残高の推移

よぶこともある。国債には償還期間によって，短期・中期・長期・超長期の区別がある。日本の財政法は「国の歳出は，公債又は借入金以外の歳入を以て，その財源としなければならない」（第4条）と，国債発行を原則的に禁止している。しかし，同条の但し書きは，公共事業などの財源としての国債の発行を認めている。

建設国債 Ａ4Ｎ（けんせつこくさい）　財政法第4条は，原則として国債の発行を禁止している。しかし，同条の但し書きでは「公共事業費，出資金及び貸付金の財源については，国会の議決を経た金額の範囲内で，公債を発行し又は借入金をなすことができる」としている。この規定に基づいて発行されるのが，建設国債である。1966年度に初めて導入された。建設国債の発行による資金で道路や港湾・橋などを建設すれば，その後，長期間にわたって利用可能である。したがって，その資金を現在の世代だけで負担するのではなく，後の世代を含めて返済していくことで世代間の負担が公平になるという考え方から，発行が認められる。

赤字国債 Ａ11Ｎ（あかじこくさい）　国家財政を維持するために，政府が証券発行の形で抱える負債。日本の財政法は赤字国債を認めておらず，赤字国債の発行には特別立法が必要になる。たとえば，1965年度に当時の不況で歳入不足となったため，それを補塡する赤字国債が発行された。1975年度も，石油危機後の歳入不足を補うために，特例

法に基づき発行された。以降，年ごとに赤字国債の発行は増え，財政の公債依存度が高まった。1980年代後半の好景気で税収が増加したため，1991年度から発行は中止されたが，1994年度から再び発行されている。日本政府による国債残高は累積し続けており，1990年には166兆円だったものが，2021年には史上初めて1000兆円を超えた。

特例国債 Ａ5Ｎ（とくれいこくさい）　赤字国債の別称。財政法は国の歳入が国債に依存することを原則的に認めておらず，したがって赤字国債の発行には，その年度限りの特別措置として「公債の発行の特例に関する法律案」を政府が国会に提出し，承認を得なければならなかった。現在は2020年度まで，予算案が成立すれば自動的に特例国債が発行できるようになった（財政運営に必要な財源の確保を図るための公債の発行の特例に関する法律）。

公債依存度 Ｃ Ｎ（こうさいいぞんど）　国の歳入総額に占める公債金の割合。日本の公債依存度は，石油危機後の1970年代に急速に高まったが，1980年代後半の好景気で税収が増え，一時的に下がった。しかし近年，依存度が再び高まり，現在は30-40%台で推移している。公債依存度が高いと，国債の元利払いのための国債費の割合が増大し，福祉や教育など他の歳出項目を圧迫し，財政の機能が損なわれる。

同 国債依存度 Ｂ3Ｎ

国債残高 **C** **N**（**公債残高** **N**）（こくさいざんだか）
（こうさいざんだか）　日本政府が抱えた負債の累積額。日本の普通国債残高は，1970年に3兆円，1980年に71兆円，1990年に166兆円，2000年に368兆円，2010年に636兆円となり，2020年には947兆円となった。2022年末では1026兆円になるものと推計されている。

国債の市中消化 ②（こくさい―しちゅうしょうか）　財政法第5条は，国債が日本銀行引き受けで発行されることを原則として禁止している。したがって，国債は個人や市中の一般金融機関が買い入れる方式で発行されなければならない。これを国債の市中消化原則という。日銀の直接引き受けによって国債を発行すれば，資金量を必要以上に増加させ，インフレーションを生む危険性があるからである。

　　　　　　　　　類 **市中消化の原則** **B**

クラウディング-アウト **N**［crowding out］　公債発行によって民間投資が圧迫されること。本来は「押し出すこと」という意味。公共投資を増やすために国債を大量発行すれば，金融市場から資金が吸い上げられて金利が上昇し，民間投資が追い出される。

政府の財政政策

財政政策 **A** **6**（ざいせいせいさく）　政府の経済活動である財政の働きを通じて行われる政府の政策のこと。財政政策の役割は，アメリカの財政学者マスグレイヴによると，公共部門への資源配分，所得の再分配，景気調整の三つに整理できる。これらはいずれも，市場メカニズムが内在的にもつ欠陥を，政府の活動によって是正しようとするものである。財政政策の手段には，財政支出政策，租税政策，財政投融資・補助金など補助的政策の三つがある。福祉国家をめざし，国民の最低限度の生活の確保が国家の責務であるとされ，ケインズが財政支出によって完全雇用の維持が可能であることを明らかにして以来，財政政策は最も重要なものとなった。

有効需要 **A** **5** **N**（ゆうこうじゅよう）　実際に支払い能力をともなった需要のこと。ケインズは，国民所得の水準が，有効需要の大きさに依存して決定されることを明らかにした。つまり，一国経済の産出水準は，消費支出と投資支出の合計にみあうところに決定される。ただし，有効需要が不足し，完全雇用を実現する国民所得の水準よりも現実の国民所得が低ければ，そこに失業が発生する。この場合，有効需要を増加させ，完全雇用が実現される水準まで産出水準を高める必要がある。ケインズは，政府が財政支出を増加させることによって，有効需要を増やし，完全雇用を達成可能であるとした。

完全雇用 **C** **N**（かんぜんこよう）　現行の賃金水準で働く意思と能力をもった人々が完全に雇用されている状態のこと。ケインズは，こうした人々が雇用されていない状態を非自発的失業とよんで，現行の実質賃金を容認しないために起こる自発的失業，誤算や変化による摩擦的失業などの自然失業と区別した。ケインズは非自発的失業を解消することが，失業・不況克服の方法であると考え，政府が有効需要を創出したり増大させることにより，完全雇用が実現するとした。

　　　　　　　　　類 **非自発的失業**

フィスカル-ポリシー **A** **4** **N**［fiscal policy］　完全雇用の維持やインフレの防止など，経済安定化のために意図的に財政の内容や規模を操作する政策のこと。補整的財政政策・裁量的財政政策ともいう。経済活動が停滞し，失業者が増加していれば，公共事業など財政支出を増やして完全雇用が実現できる水準まで経済活動を活発化する必要がある。景気の過熱期には，増税や財政支出の減少により，有効需要を抑制する政策をとる。フィスカル-ポリシーの背景には，国民所得の水準は有効需要の大きさに依存するから，有効需要の不足を政府支出の増加によって補い，国民所得の水準を高めることで失業を防ぐことができるというケインズの考え方がある。1930年代の不況期にアメリカで実施されたニューディール政策は，フィスカル-ポリシーの代表的な例。これはケインジアンの一人，ハンセンが基礎づけた政策である。

　　　同 補整的財政政策　裁量的財政政策 **A** **4**

租税政策（そぜいせいさく）　政府が租税を，財政政策目標を達成するための手段として利用

すること。累進課税制度を設ければ，所得分配の不公平などを緩和できる。また，累進税率の適用によって，好況期には所得の伸び以上に税額が増えるから，景気の過熱が抑えられる。不況期に税率を下げれば，国民の消費需要が増え，不況からの回復に役立つ。

減税・増税政策 **4**（げんぜい・ぞうぜいせいさく）　政府が租税の額を増減させることにより景気を安定的に推移させることをねらいとする。景気が下降ぎみのときは，減税政策がとられる。逆に景気が過熱ぎみのときには，増税政策をとる。ただ，増税に対しては反対が強く，なかなか理論通りにならないことが多い。また，減税政策をとるときは減税分の財源をいかに確保するかが問題になる。

財政の機能 **Ｎ**（ざいせい-きのう）　財政が一国の経済のなかで果たす役割をさす。資本主義経済は，市場メカニズムを基本としているが，市場メカニズムには内在的な欠陥があるため，財政が一定の働きをすることが必要となる。今日の財政には，アメリカの財政学者マスグレイヴが分類した公共部門への資源の適正配分，所得の再分配，景気調節の三つの機能を果たすことが期待されている。

資源の適正配分 **2Ｎ**（しげん-てきせいはいぶん）　財政の機能の一つ。国防・警察・消防などの公共財は，市場メカニズムではまったく供給されないか，不十分な供給にとどまる。市場メカニズムは希少資源のすぐれた配分方法であるが，完全ではない。そこで政府が，市場メカニズムによっては供給されない部分に，資源を適切に配分する役割を担うようになる。近年になって社会福祉，社会資本の充実，公害防止，科学技術開発などもその対象とされてきた。

所得の再分配 **Ｂ8Ｎ**（しょとく-さいぶんぱい）　財政の機能の一つ。市場が決定する所得の分配は，不平等なものとなりがちである。そこで，政府は高所得者から低所得者に所得を移転するという政策をとる。これが所得の再分配である。累進的な所得税などの税制と生活保護など社会保障給付が所得再分配の手段となる。累進課税制度では，高所得者ほど高率の税をかけ，低所得者には低率ないし無税にして再分配をはかる。社

保障政策では，低所得者へ生活保護費を支給することにより再分配をはかる。

景気調整機能 **Ｃ Ｎ**（けいきちょうせいきのう）　財政のしくみのなかに景気を安定化させ，誘導する機能をもつことを景気調整機能または安定化機能という。一つは財政のしくみが景気を安定化させる自動安定化装置（ビルトーインースタビライザー）によるもので，累進課税制度・社会保障がそれを支えている。もう一つは財政政策により景気抑制や景気刺激をはかるフィスカルーポリシー（補整的財政政策）のもつ機能である。

自動安定化装置 **Ａ3Ｎ**（ビルトーインースタビライザー**Ｂ2Ｎ**）［built-in-stabilizer］（じどうあんていかそうち）　財政構造自体に組み込まれた，自動的に景気変動を安定化するように働くしくみ。好況期の租税収入と国民所得の伸び率を比較すると，税収の伸び率の方が大きい。これは，企業利潤の増大で法人税収入が大きくなり，個人所得の増加によって，所得税の適用税率が上がるためである。このため，企業の投資や個人消費が抑えられ，景気の過熱を防ぐことができる。不況期には，所得の減少から所得税が累進税率表によって下がり，雇用保険や生活保護など社会保障給付が増加し，それが需要を下支えして，景気の落ちこみを防ぐ。しかし，自動安定化装置による財政の景気調節機能は，それほど効果の大きいものではなく，これだけで現実の経済の安定化は難しい。

政府支出の乗数効果（せいふししゅつ-じょうすうこうか）　政府支出が1単位増加したとき，そこから波及して，政府支出増加額の数倍の所得を生み出す効果のこと。財政支出の増大が民間経済主体の経済行動に影響を与えず，物価上昇を引き起こさないという仮定の下では，政府支出の増大が産出水準を引き上げ，その乗数倍の所得増加を生む。

乗数理論（じょうすうりろん）　投資支出の1単位の増加から波及して，乗数倍だけ国民所得が増加することを説明する理論。国民所得がある水準のとき，投資支出が1兆円増えたとする。その1兆円は，必ず誰かの所得となり，貯蓄か消費に回される。ここで，1兆円のうち80％が消費されるとすれば，今度は0.8兆円が次の誰かの所得に

なり，さらに同じく80％が消費に回されれば，0.64兆円が誰かの所得となる。この過程が無限にくり返されれば，最終的には5兆円だけ国民所得が倍加する。つまり，所得が1単位増えたとき，そのうちどれだけを支出するかをc（この例では，0.8）とすれば，1／(1-c)を，最初の投資支出増加分に掛けた額だけ国民所得が増加する。このとき，1／(1-c)を乗数とよぶ。

健全財政（けんぜんざいせい）　政府の経常的支出が経常的収入と均衡した状態にある場合をいう。アダム＝スミスら古典派経済学者によれば，健全財政こそが望ましいとされていた。民間経済主体と同様，政府も借金を避けて勤倹貯蓄に励むことで経済的な繁栄がもたらされると考えたからである。日本の財政法は，健全財政が財政運営の基本であるとしている。しかし石油危機後の1975年度からは歳入不足を補うために赤字国債が発行され，原則が破られた。

プライマリー–バランス A 6 N（基礎的財政収支 A 2 N）[primary balance]（きそてきざいせいしゅうし）　PB。国債発行を除く税収などの歳入と，国債の元利払いを除いた基礎的財政収支対象経費などの歳出との比較をさし，財政の健全化を示す指標となる。PBの均衡とは政策的支出を新たな債務に頼らず，その年度の税収等ですべて賄うことができる状態。政府は2020年度の黒字

化をめざしてきたが，達成は困難となり，現在は2029年度になるとの見通しを示している。

歳出・歳入一体改革 N（さいしゅつ・さいにゅういったいかいかく）　財政再建策として，歳出の削減と歳入の改革とを同時に行い，プライマリー–バランス（基礎的財政収支）を黒字にするための政府の政策をさす。しかし，歳出削減は地方公共団体からの，歳入改革（増税など）は国民からの反発を招くおそれがある。

赤字財政 C N（あかじざいせい）　租税などの経常的収入を上まわる支出がなされている財政のこと。ケインズによって，有効需要の不足から国民所得の水準が完全雇用を達成できないときには，政府が積極的に赤字財政を組み，政府支出を増やすことで有効需要を増大させることが必要だとされるようになった。そこでは，赤字分を公債の発行でまかなうことが合理化される。しかし，不況期の財政規模の拡大は国民に受け入れられても，好況期の財政規模の縮小は歓迎されない。したがって，赤字国債の発行残高が累積的に増大し，元利払いなど国民の経済負担が大きくなる。

類 財政赤字 B 8 N

財政再建 C N（ざいせいさいけん）　日本では1966年度以降，建設国債の発行が続き，石油危機後の1975年度からは赤字国債の発行が

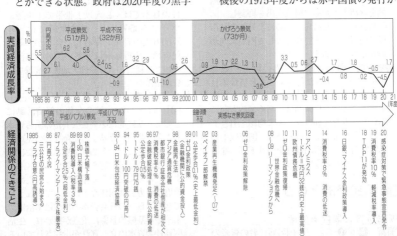

▲ プラザ合意以後の日本経済

本格化した。国債の発行残高が累積的に増大し，元利払いに充当するための国債費の歳出に占める割合が大きくなった。国債費の比重が大きくなったことで，高齢社会の到来に備えた福祉政策など，新しい政策課題に応じる財政運営が困難になった。これを財政の硬直化という。そこで，国債に依存した財政体質を改善するために，財政再建をめざすようになった。財政再建に向けて，歳出規模の伸びを全体としておさえ込む政策がとられ，また，消費税が財源確保の一つとして導入された。しかし，1994年度当初予算から再び赤字国債が発行され，財政赤字が深刻化した。

類 財政の硬直化 **A** **8**

財政構造改革法　**N** （ざいせいこうぞうかいかくほう）
財政危機や赤字国債依存体質から脱却するため，1997年に制定された法律。不況が深刻化し，翌98年には施行が停止された。
☞ p.419（財政構造改革法）

ポリシー–ミックス　**A** **8** **N** ［policy mix］
完全雇用・景気政策・国際収支の均衡など複数の政策目標を同時に達成するため，複数の政策手段が組み合わされてとられること。たとえば，完全雇用と国際収支の均衡という目標を同時に達成する場合には，政策手段としては，財政政策と金融政策と為替政策がある。国内経済の過熱，国際収支の黒字という状況なら，国内経済の景気過熱を解消するために財政支出を抑制し，国際収支の黒字を減らすために，外国為替市場で円買い・ドル売り介入して円高に向かわせるべきである。

為替政策　**N** （かわせせいさく）　為替レート（為替相場）を操作することによって経済政策目標を達成しようとする政策。インフレを抑制することは，自国通貨を高くする方向に為替レートを変動させ，輸入物価を引き下げることによって可能となる。国際収支の赤字解消には，自国通貨を切り下げ，輸出が促進されるようにする。

5 国民経済とGDP

国民所得と国内総生産

国富　**A** **6** **N** （こくふ）　一国の居住者の資産の合計をストックの概念でとらえたもの。国民の経済活動によって蓄積された成果をあらわす。国民資産（非金融資産＋金融資産）から負債を差し引いたもので，非金融資産（実物資産）と対外純資産の合計に等しい。正味資産ともいう。その内訳は，有形非生産資産（土地など），有形固定資産（工場・機械など），無形固定資産（特許権・商標権など），在庫，対外純資産（債券など）からなる。国民所得を生み出す元本でもある。日本の国富は，2020年時点で約3669兆円。うち，固定資産が1987兆円，土地が1246兆円などとなっている。

同 正味資産 **C**

国民資産　（こくみんしさん）　非金融資産と金融資産とを合わせたもの。国民経済をストックの視点からみた指標で，内閣府が毎年末時点での数値を公表している。2018年末で約1京883兆円。このうち金融資産は約7768兆円を占める。

資産　**A** **2** **N** （しさん）　経済的な価値をもつ蓄積されたストックとしての富。実物資産・金融資産，有形資産・無形資産などに分けられる。実物資産は，建物や道路・機械などの固定資産，原材料や完成品の在庫などの流動資産からなり，金融資産は現金や有価証券などの資産である。また，公共部門での資産を社会資本とよぶ。

資産格差　（しさんかくさ）　所得階層別に資産（実物・金融）の保有残高に差があること。今日の日本では，2人以上世帯で1世帯あたり平均3500万円，単身世帯では平均2700万円の資産を保有しているが，その保有は高所得階層ほど多い。1980年代末のバブル経済による株価・地価の高騰で，資産格差が拡大した。

社会資本　**A** **2** **N** ［social overhead capital］（しゃかいしほん）　社会全体の経済活動にとって，基礎的に必要な公共性のある資本のこと。生産に直結する企業などの生産資本と対比され，社会的共通資本ともよばれる。これらは公共財をつくる資本のストックで，市場における蓄積ができないため，政府や地方公共団体などによって形成されてきた。日本の社会資本の形成は明治期以来，産業基盤の整備に重点が置かれ，生活関連社会資本の立ち遅れが指摘されている。

社会的共通資本　［social common capital］

（しゃかいてききょうつうしほん）　社会全体にとっての共通の財産として，社会的な基準にしたがって管理・維持される装置などの総称。社会的間接資本，社会資本ともよばれる。①森・川・大気・水などの自然環境，②道路・公園・上下水道などの社会的インフラストラクチュア，③教育・医療などの制度資本，の三つに大別される。国や地域が自然と調和し，優れた文化水準を維持しながら，持続的に経済活動を行い，魅力ある社会を実現するのに必要不可欠なものである。アメリカの経済学者ヴェブレンが提起し，日本では宇沢弘文が定式化した。

産業関連社会資本 Ⓝ（さんぎょうかんれんしゃかいほん）　生産基盤社会資本ともいわれる。社会資本のうち，生産基盤の拡充や整備をはかるためのもの。港湾・道路・鉄道，工業用地・工業用水の建設・整備などがある。
　　　　　　　　　　　同生産基盤社会資本

生活関連社会資本 Ⓒ Ⓝ（せいかつかんれんしゃかいほん）　生活基盤社会資本ともいわれる。社会資本のうち，国民の生活基盤である住宅・上下水道・公園，病院などの医療施設など。日本では，住宅・下水道・公園などの社会資本の不足がめだつ。
　　　　　　　　　　　同生活基盤社会資本

国土保全社会資本 Ⓝ（こくどほぜんしゃかいほん）　国土を保全したり，災害を防止するための社会資本をいう。山崩れ・地すべりを防止する治山事業，洪水防止のための河川改修などの治水事業，などがあげられる。

国民所得 Ⓐ11 Ⓝ（ＮＩ Ⓒ5 Ⓝ）［National Income］（こくみんしょとく）　一国の居住者が一定期間（通常は1年間）において，財・サービスを生産して得た所得の合計，価値の総額。経済活動をフローの概念でとらえた国民経済計算の用語。国民所得は「国民総所得-固定資本減耗-間接税＋補助金」で示す。また，国民所得には，生産に使用した生産要素の大きさで表示した要素費用表示の国民所得と，市場価格で表示した市場価格表示の2種類の表示方法がある。国民所得指標は，市場で取り引きが行われていないものが算入されないばかりか，社会的にマイナスになるものも価格がつけば，プラス計算されるため，国民福祉との関連で限界が指摘されている。

市場価格表示・要素費用表示（しじょうかかくひょうじ・ようそひょうようひょうじ）　いずれも国民所得などを表示する方法。市場価格表示の国民所得から「間接税マイナス補助金」を差し引いたものが要素費用表示の国民所得となる。

総概念・純概念［gross／net concept］（そうがいねん）（じゅんがいねん）　国民経済計算における区別をあらわすことば。「総」とは，固定資本減耗（減価償却費）を含む概念。「純」とは，それを含まない概念。

国内概念・国民概念［domestic／national concept］（こくないがいねん）（こくみんがいねん）　国民経済計算上の区別をあらわす。「国内」とは，国内領土にある経済主体を対象とする概念で，国内総生産（ＧＤＰ）は国内領土での生産活動の成果である。「国民」とは，その国の居住者主体を対象とする概念で，国民総生産は，居住者に帰せられるべき生産物とされる。海外子会社で一時的に働く日本人は「国民」概念には含まれるが，「国内」概念には含まれない。逆に日本で一時的に働く外国人は「国内」概念に含まれるが，「国民」概念には含まれない。

名目国民所得（めいもくこくみんしょとく）　物価の変動を調整する前の，市場価格に基づいてあらわした国民所得。特定の期間の国民所得を貨幣単位で測定し，表示したものなので，インフレのときには，実質的な成長がなくても，前期（過去）よりも名目国民所得が増加することがあり，実際に成長があったかは明らかでない。

実質国民所得 Ⓒ（じっしつこくみんしょとく）　国民所得を，物価変動の影響をデフレート（修正）し，ある基準年（度）の貨幣単位で評価しなおしたもの。国民所得は財・サービスを貨幣単位で表示したものだが，貨幣の価値は変化するので，異なる二つの年（度）で，実質的な所得水準の比較はむずかしい。そこで，比較年（度）の名目国民所得を物価水準で修正して求める。

生産国民所得 Ⓒ Ⓝ（せいさんこくみんしょとく）　国民所得（ＮＩ）を生産面でとらえた概念。一定期間に各種の産業部門で生産された価値の総額を示すもの。産業別国民所得ともよばれる。各産業で生産された最終生産物の価値合計から固定資本減耗分と「間接税-

補助金」を差し引いて算出される。その内訳は，第一次産業所得・第二次産業所得・第三次産業所得・海外からの純所得である。

分配国民所得 **B** （ぶんぱいこくみんしょとく）　国民所得を分配面でとらえた概念。国民所得は賃金・地代・利潤のかたちで分配される。つまり，財やサービスなど最終生産物を生産するために参加した企業・個人・政府にどう所得が配分されたかを示すもの。雇用者所得（賃金・俸給），個人業主所得，個人財産所得，法人所得，政府事業所得の合計額である。

支出国民所得 **B** （ししゅつこくみんしょとく）　国民所得が企業や個人（家計），政府などに分配された後，どのように消費・投資されたかを支出面からとらえた概念。支出国民所得の内訳は個人消費・民間投資・政府支出である。支出国民所得に減価償却費を加えると国民総支出（GNE）になり，それは国民総生産と同額となる。さらに国民所得の支出面は，国民支出の統計を通常は使用する。

三面等価の原則 **B** 2（さんめんとうかーげんそく）　生産・分配・支出の三つの国民所得（NI）が一致するという原則。国民所得は一国の経済活動の流れをフロー（貨幣の流れ）で分析したもので，1年間の付加価値の合計である。それは，生産→流通→消費の観点からとらえられ，経済循環においては，生産・分配・支出として分析される。これらの生産・分配・支出の各国民所得は，同じものをそれぞれ別の面からとらえたもので，理論上は同額となる。

国民総支出 **C** （GNE）［Gross National Expenditure］（こくみんそうししゅつ）　国民総生産（GNP）を支出の面からとらえた概念。GNPと同額になる。この額からは，どのような経済主体によって財やサービスが購入されたかがわかり，国民粗支出ともいわれる。国民総支出を構成する項目は，民間最終消費支出・政府最終消費支出・国内総資本形成・経常海外余剰（輸出−輸入）の4項目である。

個人消費 （個人消費支出）（こじんしょうひ）（こじんしょうひししゅつ）　個人が消費財を購入する行為とそれにともなう支出。国民経済計算では，支出国民所得の一項目として，国内

総資本形成や政府支出などとともに，最終需要の一部分として景気の動向を左右する。

民間消費 （みんかんしょうひ）　政府など公共部門をのぞいた民間部門の消費。消費者（家計・個人）と企業による消費に分かれる。

政府消費（せいふしょうひ）　政府の支出で，政府による財・サービスの購入のこと。国民経済計算の支出国民所得における消費者の支出，企業の支出（民間投資）とともに一項目を構成する。

経常海外余剰（けいじょうかいがいよじょう）　国民総支出（GNE）を構成する項目の一つ。「輸出と海外からの所得」から「輸入と海外への所得」を差し引いたもの。国際収支表では貿易収支とサービス収支などの合計額に等しい。現在の国民経済計算では「海外からの所得の純受取」と表記されている。

国民総生産 **A** 7 （**GNP** **C** 6 ）［Gross National Product］（こくみんそうせいさん）　国民経済において，一国の一定期間（通常は1年間）に生産され，市場で最終的に売買された合計金額である総価値額から，中間生産物の価値額を差し引いた金額のこと。中間生産物とは他の企業・産業が原材料として生産したもので，中間生産物が二重計算されないように差し引く。国民総生産とは，外国で生産活動をしている日本企業や日本人が，日本に送金した所得も含まれる。しかし，日本国内で生産活動をしている外国企業が，海外に送金した所得

経済が，小麦を生産する農家と，小麦粉をつくる製粉会社と，パンを焼くパン屋から成り立っているものとする。農家が生産した小麦は，製粉会社に原料として売られる。製粉会社は小麦粉をつくるが，それはパン屋に原料として売られ，さらにパン屋はパンを生産する。その時，経済全体の生産総額は100円＋300円＋600円で1,000円となるが，このなかには農家が生産した小麦と，製粉会社が生産した小麦粉が二重に計算されている。国民総生産を求めるためには，生産総額1,000円から二重に計算されている中間生産物（原材料）の額400円を差し引く。こうして求められた付加価値600円が国民総生産となる。

▲ **国民総生産の考え方**

は含まれない。この国民総生産から固定資本減耗分を差し引くと，市場価格表示の国民純生産（ＮＮＰ）となり，さらに「間接税−補助金」を差し引くと国民所得（ＮＩ）になる。

グリーンＧＮＰ　現行の国民経済計算の概念を批判的にとらえた指標の一つ。環境の質の低下や資源の減少などにともなう社会的コストを，ＧＮＰに反映させようと，1991年のＯＥＣＤ（経済協力開発機構）で合意された。グリーンＧＤＰと同義。具体的には，ＧＤＰから帰属環境費用（環境を悪化させないために追加的に必要な経費の推計額）を差し引いたもの。

生活ＧＮＰ（せいかつ−）　現行の国民経済計算を修正しようと考えだされた指標の一つ。ＧＮＰに労働時間や物価などを加味した新しい生活指標として提唱するために，厚生労働省が検討に入ったバロメーター。

国民総幸福　C③N（ＧＮＨ③N）［Gross National Happiness］（こくみんそうこうふく）　正式な経済用語として確立されたわけではないが，ＧＤＰやＧＮＰにかわって「豊かさ」を問い直す概念として主張されている。生態系の豊かさ，伝統文化や精神文化の維持，経済的な公正さ，よい政治という四つの指標がある。2008年に王政から立憲君主制に移行したブータンの新憲法に，この考え方がもり込まれている。

ベター−ライフ−インデックス［Better Life Index］「より良い暮らし指標」と訳される。ＯＥＣＤ（経済協力開発機構）が2011年に提唱した豊かさを測る新しい概念。雇用や環境，健康など11の評価項目から構成される。

中間生産物　B N（ちゅうかんせいさんぶつ）　生産過程の中間段階において，その財の生産のために使用される（他でつくられた）生産物のこと。中間財ともいう。原材料や燃料などの生産財がこれにあたる。なお国民経済計算では，年（度）内に消費されず，在庫投資となって翌年に持ちこされた中間生産物は，最終生産物の取り扱いになる。中間生産物は中間投入額ともいう。

同 中間投入額

最終生産物　N（さいしゅうせいさんぶつ）　生産工程の最終段階でつくられた完成品のこと。最終生産物はその使いみちから，最終消費財と最終生産財に分類され，消費されるか在庫投資などとなり，生産者に販売されるか，輸出される。

付加価値　A③N［value added］（ふかかち）　生産物を生産する過程で新たにうみだされた正味の価値のこと。国民経済において，1年間に新たに生産された財・サービスの総額から，それを生産するのに要した原材料や燃料・動力，さらに有形固定資産の減価償却費（固定資本減耗分）を差し引いた残りの部分である。付加価値は，生産の諸要素に対する報酬である賃金・利子・地代・利潤の合計でもある。そして，国全体の一定期間内の付加価値の合計は，国民純生産（ＮＮＰ）となる。

フロー　A⑩N［flow］　一国の経済活動をとらえる経済のバロメーターの一つ。消費や所得などにおいて一定期間（3か月とか1年など）の財・サービスや貨幣の流れをみるもの。代表的なものには，国民総所得（ＧＮＩ），国民純所得（ＮＮＩ），国民所得（ＮＩ）がある。このほかに家計調査・鉱工業生産・産業連関表・国際収支表など，主要な経済統計の大部分はフローに関するものである。

ストック　A⑩N［stock］　経済活動をとらえるためのバロメーターの一つ。一定の時点における企業や家計など，経済主体が保有する財産（資産）を集計したもの。資産の蓄えであり，国富・国民総資産ともいわれる。一国のストックの規模を示す国民総資産残高は，資本ストック（生産設備など），実物資産ストック（住宅・在庫・土地など），金融資産ストック（預貯金・債券・株式など）から構成されている。

国民純生産　B②N（ＮＮＰ②N）［Net National Product］（こくみんじゅんせいさん）　一定期間内（通常は1年間）に，各種の生産要素の提供によって居住者が報酬として受け取った総額で，付加価値（最終生産物）の合計。国民総生産（ＧＮＰ）から固定資本減耗を差し引いたもので，国民総生産よりも，その年の純粋な生産額がわかる。

固定資本減耗　A④N（こていほんげんもう）　建物や設備・機械などの有形固定資産が，生産過程で消耗（減耗）または減失した額を

示すもの。また，企業などの通常の生産活動による消耗として，企業会計上の費用と評価されるものを減価償却（費）という。国民総生産（GNP）には含まれるが，生産のための費用とみなされるため，国民所得（NI）には含まれない。

　　　　　　　　　圞 減価償却（費）Ｂ2Ｎ

間接税　Ａ1Ｎ（かんせつぜい）　税金を納める人と，その税金を実質的に負担する人とが異なる税金。消費税や酒税などがある。国民所得統計上は，間接税が含まれた分だけ製品価格は高く表示されるため，間接税を差し引く必要がある。

補助金　Ｂ7Ｎ（ほじょきん）　国が一般会計から，たとえば，幼稚産業の保護や対外競争力の強化の政策目的の実施のために交付する金銭的給付のこと。各種の助成金や交付金などが含まれる。国民所得統計上，補助金が出ている分だけ製品価格は低く表示されるため，補助金分を加算する。

国内総生産Ａ17Ｎ（ＧＤＰＡ33Ｎ）[Gross Domestic Product]（こくないそうせいさん）　一国内で通常は1年間に生産された総生産額から中間生産物を差し引いたもので，新たに生産された付加価値のみを計算したもの。自国民であるか，外国人であるかに関係なく，その国での生産活動でつくりだされた所得をさす。農家の農産物の自家消費，持ち家の帰属家賃，警察・消防・公教育などの公共サービスはＧＤＰに計上される。一方，家事労働やボランティアなどの社会活動，株式の売却益など，市場で取り引きされないものはＧＤＰに算入されない。

国内総支出Ｃ Ｎ（ＧＤＥＣ Ｎ）[Gross Domestic Expenditure]（こくないそうししゅつ）　一国内における経済（生産）活動によって生みだされた付加価値を支出項目の合計としてとらえたもの。国内総生産を支出面からとらえたものである。

国内純生産Ｎ（ＮＤＰＣ1Ｎ）[Net Domestic Product]（こくないじゅんせいさん）　国内で産出された純付加価値の合計。国内総生産（ＧＤＰ）から固定資本減耗分を差し引いたものが，市場価格表示の国内純生産。

国民純福祉Ｂ Ｎ（ＮＮＷＣ Ｎ）[Net National Welfare]（こくみんじゅんふくし）　国民福祉指標の一つ。福祉国民所得ともいわれる。従来の国民総生産や国民所得では，国の経済規模ははかれても，公害などの問題に関して国の豊かさや国民福祉の観点からは不十分であるとの批判が強かった。そこで1970年代に，国民福祉をはかる指標として作成されたバロメーターである。ＮＮＷは，①政府消費，②個人消費支出，③政府資本財サービス，④個人耐久消費財サービス，⑤余暇時間，⑥市場外活動（主婦の家事労働時間を女性の平均賃金で評価）の6項目を合計し，マイナス項目としての①環境維持費，②環境汚染，③都市化にともなう損失の3項目を控除したものとして示される。汚染や損失など価格評価しにくい項目が多く，現実の利用はむずかしい。

家事労働　Ｂ4Ｎ（かじろうどう）　家庭内での炊事・洗濯・掃除・育児などの労働のこと。ボランティアなどの社会活動も含めてアンペイドワーク（無償労働）ともいう。従来は主に専業主婦（主夫）によって担われてきた。国民所得勘定では，家事労働は市場で取り引きされないためカウントされない。内閣府が行った無償労働の貨幣換算額（2011年）は女性全体で一人あたり年間192万8000円，専業主婦は約304万1000円。ＩＬＯによると，日本女性の一日の無償労働は4時間14分で，男性の約3.3倍となる。

　　　圞 アンペイド・ワークＣ（無償労働Ｃ Ｎ）

余暇　Ｂ Ｎ（よか）　労働から解放された自由な時間。経済の発展や所得水準の向上により，国民の余暇生活への欲求が増大してきた。国民所得勘定では，カウントされないため，何らかの方法で余暇時間も計算すべきであるとして，国民純福祉（ＮＮＷ）などが試みられている。

生活水準　Ｃ2Ｎ（せいかつすいじゅん）　一国または一つの社会のなかで営まれている衣食住や文化などの生活内容の程度のこと。その基準はさまざまであるが，経済学的には消費水準や所得水準で数量的に計測される。また，ＧＤＰ（国内総生産）を国民一人あたりに換算すれば生活水準の国際比較が可能となる。半面，生活水準には健康・治安・社会環境など計測しにくい要素もある。内閣府は新国民生活指標（豊かさ指標，ＰＬＩ）で生活水準の指数化をしている。

国民経済計算体系 1[System of National Accounts]（こくみんけいざいけいさんたいけい）　一国における1年間の経済活動の全体像とその循環過程を各種の経済データを集計・整理して，包括的に把握したもの。1953年に国連によって基準が示された（旧SNA）。1978年度には日本も国連の新基準に従った新SNAに移行した。内閣府が『国民経済計算年報』を公刊している。

新SNA統計（しんとうけい）　新国民経済計算体系のこと。国連が1968年に各国に提示，日本は1978年度にこの方式に全面的に改めた。新SNAの内容構成は，GNPを中心とする従来の国民所得統計を母体にして，それまで独立の統計だった産業連関表・資金循環表・国民貸借対照表・国際収支表の四つの統計を統合し，五つの経済勘定で構成。2000年10月から，国連が1993年に勧告した新しい国際基準である93SNA統計に移行した。これにともない，GNPに代わってGNI（国民総所得）が用いられるようになった。さらに2016年には，国連で2009年に採択された新基準「2008SNA」に移行。

国民総所得 A 2（G N I C 2 N）[Gross National Income]（こくみんそうしょとく）　93SNA統計への移行にともない，従来のGNPにかわって用いられている概念。GNPと同じものだが，GNPが生産物の測度であるのに対して，GNIは所得（分配面）からとらえた指標である。

金融資産 C N（きんゆうしさん）　貨幣及び貨幣請求権である債権の総称。現金・預貯金・有価証券・貸付金・各種信託などがある。金融資産から負債を引いたものを純金融資産という。野村総合研究所の調査によれば，2017年時点において，純金融資産が1億円を超える「富裕層・超富裕層」は日本国内に約127万世帯ほど存在する。一方，純金融資産が3000万円に満たない「マス層」は約4203万世帯にのぼる。

実物資産 4（じつぶっしさん）　有形資産とほぼ同義で，金融資産に対する概念。建物・機械装置・港湾・治水・道路・交通，また鉄道車両や自動車をはじめとする輸送手段などの固定資産と，原材料・完成品などの在庫などの流動資産からなる。国民経済計算では，非金融資産という。

固定資産 A N（こていしさん）　流通を目的とせず，長期間にわたって所有する財産。土地や建物などの有形固定資産と，特許権や商標権などの無形固定資産に大別される。

棚卸資産（たなおろししさん）　商業では，商品や未着品，工業など製造業では，製品や半製品・仕掛品・原材料など，棚卸し（現在高の調査）によって数量や金額を把握することができる資産。

在庫品 C（ざいこひん）　企業が商品を生産・販売する過程で有する実物資産のストック。原材料や製品をいう。

雇用者所得 N（こようしゃしょとく）　雇用者とは，生産活動の従事者のうち，個人業主や無給の家族従業者を除いた者をいう。法人企業の役員なども雇用者である。雇用者所得は

第IV編

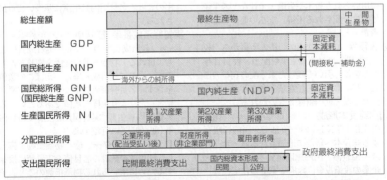

総生産額	最終生産物				中間生産物
国内総生産　GDP					固定資本減耗
国民純生産　NNP				（間接税−補助金）	
国民総所得　GNI（国民総生産 GNP）	海外からの純所得　国内純生産（NDP）			固定資本減耗	
生産国民所得　NI	第1次産業所得	第2次産業所得	第3次産業所得		
分配国民所得	企業所得（配当支払い後）	財産所得（非企業部門）	雇用者所得		
支出国民所得	民間最終消費支出	国内総資本形成　民間　公的	政府最終消費支出		

▲ **国民経済計算の諸概念**（あくまでもモデル図であり，実数値ではない）

勤労者所得・労働所得ともいわれ，労働力を提供する対価として受け取る給与や賞与などをさす。国民経済計算では雇用者報酬というが，この場合は雇い主が支払う現実の社会負担も含む。

同 雇用者報酬 Ⓝ

企業所得 Ⓝ（きぎょうしょとく） 企業の得た利潤から，利子などの他人資本に対するものを控除した残額で，企業の純利益のこと。民間法人企業所得・個人企業所得・公的企業所得に分類される。

法人所得 Ⓝ（ほうじんしょとく） 法人企業が経済活動によって得た利益のこと。営業による収益はもちろん，営業外利益（受取利息・有価証券売却益・雑収入）など，対外取り引きによって生じたすべての収益が含まれる。企業会計においては，益金（利益）の総額から，費用や損金の総額を差し引いた額。

個人業主所得（こじんぎょうしゅしょとく） 政府や企業などに雇われずに，個人が自ら独立して事業を営むことによって得られる所得。事業収入ともいわれる。農家や商工業の自営業者・開業医・弁護士・著述業などの所得があげられる。

財産所得 Ⓝ（ざいさんしょとく） 利子所得・配当所得・賃貸料所得などのように，保有する資産を他に利用させることによって生じる所得（収入）。国民経済計算では，金融資産，土地（地代）及び無形資産（特許権・著作権など）の賃貸または出資によって生じるものをさす。

要素所得（ようそしょとく） 財やサービスの生産に用いられた資本や労働・土地などの生産要素に分配される所得。支払い側からは要素費用という。

法人留保（ほうじんりゅうほ） 法人所得から，税（法人税・土地税など）や配当・役員賞与などを差し引いて残った未分配の利益のこと。利益準備金・任意積立金などからなる。内部留保・社内留保ともいわれる。

国内総資本形成（こくないそうしほんけいせい） 国民総支出（ＧＮＥ）の一項目で，国内に現存する総資本へ新たに追加される財・サービスの価値額。国内総固定資本形成（政府・企業の設備投資，政府・家計の住宅投資）と在庫品増加。

純投資（じゅんとうし） 一定の期間内における資本ストックの増加分（国民経済計算の総資本形成）から，固定資本減耗引き当て分を差し引いたもの。国民所得から消費を差し引いた部分に等しい。

経済成長

経済成長 Ⓐ10Ⓝ（けいざいせいちょう） 一国の国民経済の規模が長期間に量的に拡大することであり，国内総生産（ＧＤＰ）や国民所得（ＮＩ）が年々増加する現象をいう。第二次世界大戦後の世界各国は，経済成長を経済政策の最重要目標としてきた。経済成長の速度を示すバロメーターが経済成長率である。経済成長を促進するプラス要因としては，教育水準の高い良質な労働力の供給，資本蓄積の上昇と設備投資の増加，技術進歩などがある。経済成長のマイナス要因としては，労働力人口の減少，地球温暖化やオゾン層破壊などの環境問題，異常気象，原油価格の上昇などがある。

経済成長率 Ⓐ3Ⓝ（けいざいせいちょうりつ） 一定期間内（通常は１年間）における経済進度を示すバロメーター。国内総生産（ＧＤＰ）の対前年（度）伸び率で示される。一国の経済状態の好・不況をあらわす重要な指標である。経済成長率には，物価上昇分を含む名目経済成長率と，これを含まない実質経済成長率とがある。なお，経済成長率の算定は，次の式による。

名目経済成長率 Ⓑ9Ⓝ（めいもくけいざいせいちょうりつ） 経済成長率の一つで，物価水準の変動を調整せずに，物価変動分も含めた成長率のこと。名目国内総生産に基づいて算出される。

実質経済成長率 Ⓐ14Ⓝ（じっしつけいざいせいちょうりつ） 経済成長率の一つで，実質成長率ともよばれる。物価水準の変動を調整したもので，一般に経済成長率といえばこの数値をさす。名目経済成長率よりも経済実態に見合った，より正確な数値であるといえる。実質国内総生産（実質国民総生産）の対前年（度）伸び率で示される。

ＧＤＰデフレーター Ⓝ 物価変動を修正し，国民所得統計の名目値を実質値に換算するために用いられる物価指数のこと。インフレで膨張した名目値をもとに戻す（デ

フレートする）ことからこうよばれる。計算式は次のとおり。

高度経済成長 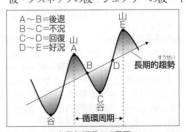**A17N**（こうどけいざいせいちょう）
敗戦後の日本における飛躍的な経済成長のこと。国際社会では、俗に Japanese economic miracle と呼ばれる。実質経済成長率が毎年度10％を超えていた1955年から1973年までを指す。高度経済成長の主因としては、①歴史的な人口増大に伴う労働力と消費力の増大、②円安による輸出力の向上、③政府や企業による積極的な設備投資、④低価格での石油の大量輸入、などが挙げられる。 ☞ p.415（高度経済成長）

安定成長 **A1N**［stable growth］（あんていせいちょう）　日本では、高度経済成長の過程で、インフレーションの慢性化、過疎・過密の問題、社会資本の立ち遅れ、国際収支の不均衡、公害問題など、さまざまなひずみが発生した。こうした問題を解決し、バランスのとれた成長を達成していくことを安定成長という。

マイナス成長 **B5N**（ーせいちょう）　実質国内総生産が前年（度）に比べて減少し、経済成長率がマイナスになること。内閣府の統計によれば、日本では世界金融危機が起きた2008年に-3.6％、翌2009年に-2.4％のマイナス成長となった。さらに、新型コロナウイルス問題が発生した2020年には-4.5％を記録した。

景気変動

景気 **A12N**［business conditions］（けいき）
経済の全般的な活動水準や活動状況。個々の企業や産業界の好・不調をあらわすことば。景気には必ず波がともなう。経済活動が活発で、生産・販売が増加し、利益が上がり、雇用者が増加する過程を好景気（好況）といい、逆に経済活動が沈滞して、売れ行きが悪く、利益が減り、企業の倒産や失業者の増加がめだつ過程を不景気（不況）という。景気のよし悪しを判断する基準は、最終的には経済の活動水準を示す国内総生産（ＧＤＰ）の増減などによる。

景気指標 **N**（けいきしひょう）　景気変動のようすをみるための経済指標。物価指数・鉱工業生産指数・有効求人倍率・百貨店販売額・機械受注・企業収益・倒産件数など個別の指数を総合して作成される。その代表に、内閣府が毎月公表する景気動向指数があり、①景気に先行して動く、東証株価指数などの先行系列、②景気とほぼ一致して動く、有効求人倍率などの一致系列、③遅れて動く、家計消費支出などの遅行系列からなる。

景気動向指数 **N**（けいきどうこうしすう）　景気の好・不況の局面をいち早く把握するための指数。景気に反応しやすい28系列の経済指標に基づく。数値は毎月、内閣府によって作成・公表される。景気変動を量的にとらえたコンポジット-インデックス（ＣＩ）と、景気変動の方向性をとらえたディフュージョン-インデックス（ＤＩ）とがある。従来は主としてＤＩが用いられてきたが、近年では国際的な動向にあわせて、ＣＩを中心とした公表形態となっている。ＣＩは基準年を100として、指数がそれより上昇すれば景気は拡張局面に、下降すれば後退局面にあると判断される。

　　同 コンポジット-インデックス（ＣＩ**N**）
　　ディフュージョン-インデックス（ＤＩ **AN**）

景気循環 **A6N**（**景気変動** **A7N**）（けいきじゅんかん）（けいきへんどう）　経済活動が活発な時期と停滞する時期とが循環する、資本主義経済に特有な経済変動のこと。資本主義経済では生産の無政府性（無計画性）から、見込み生産が行われるため、社会全体の需要と供給に不均衡が生じ、景気の変動が発生する。景気は、好況→後退→不況→回復という４局面を循環する。このうち、景気後退が急激かつ大規模にあらわれる現象を恐慌（パニック）とよぶ。1929年の世界大恐慌はよく知られている。また、循環の原因や期間によって、コンドラチェフの波・クズネッツの波・ジュグラーの波・キ

```
A～B＝後退
B～C＝不況
C～D＝回復
D～E＝好況
```

長期的趨勢（すうせい）

循環周期

▲ 景気循環の４局面

チンの波などに区別される。

好況　Ⓐ④Ⓝ[boom]（こうきょう）　景気循環の谷（ボトム）から山（ピーク）へかけての局面。経済活動が最も活発な状態をさす。有効需要が持続的に拡大し，商品への需要が供給を上まわり，企業の生産活動が活発になって失業者も減少する。また，物価の上昇をともなうことが多い。

後退　Ⓑ①Ⓝ[recession]（こうたい）　景気循環における景気の下降局面をいう。ゆるやかな縮小過程。好況による過剰生産が表面化して，物価の下落，企業利潤の低下，企業の設備投資の縮小，倒産・失業者の増大がみられ，実質国民所得の低下がおこる。

不況　Ⓐ⑨Ⓝ[depression]（ふきょう）　経済活動が全面的に低下・停滞した景気循環の谷の局面をさす。総供給に対して有効需要が不足し，商品が売れ残り，在庫が増加，商品価格は下落して，生産や所得は減少する。企業倒産が起こり，失業者も急増する。

回復　Ⓐ①Ⓝ[recovery]（かいふく）　景気循環中の最終局面。不況による生産縮小が続いた結果，過剰な生産設備の整理が行われ，生産量に対して有効需要が多くなり，商品の需給バランスが均衡化し，新たな投資や新技術導入を契機に生産が再開される時期。また失業者が減少，雇用が安定し，経済活動全体に活気がもどる。

恐慌　Ⓐ②Ⓝ[crisis, panic]（きょうこう）　景気の後退が急激かつ大規模に生ずる現象。経済恐慌。需要の減退により，商品は予想された市場価格での販売が不可能になり，また銀行の取り付け騒ぎなども起こり，価格・信用の両経済領域が全面的な不能に陥る，経済全体の一時的まひ状態でもある。恐慌は，資本主義の固有の欠陥といわれる。歴史的には1825年にイギリスで起こった経済恐慌以来，19世紀を通して約10年周期で発生した。

世界経済恐慌（せかいけいざいきょうこう）　一国の過剰生産恐慌が，つぎつぎと他の国に波及して，世界規模に広がった恐慌。初の世界的規模の恐慌は，1857年とされている。1930年代の世界大恐慌は，経済活動の水準の落ち込み，不況期間の長さなど類をみないものとなった。

世界大恐慌　ⒸⓃ[The Great Depres-sion]（せかいだいきょうこう）　☞ p.345（世界大恐慌）

ブラック-マンデー　Ⓝ[Black Monday]　1987年10月19日（月），ニューヨーク株式市場で起こった株価大暴落のこと。この日，株式の売り注文が殺到，平均株価は前日比で22.6%，508ドル値を下げ，世界中の株式市場も連鎖反応を起こし，「世界大恐慌の再来か」と脅威を与えた。

世界金融危機　Ⓐ⑪Ⓝ（せかいきんゆうきき）　☞ p.499（世界金融危機）

長期波動　ⒸⓃ（ちょうきはどう）　約50～60年を周期とする長い期間の経済変動。発見者で，旧ソ連の経済学者の名をとって，コンドラチェフの波ともいわれる。この波動の原因は，シュンペーターの唱えた技術革新によるものとする説が有力。第1波動は綿業を中心とする産業革命（18世紀末～19世紀半ば），第2波動は鉄鋼業と鉄道の発展（19世紀後半），第3波動は電気・科学・自動車の発展（1890年代～1920年代），第4波動はコンピュータ・航空機・石油化学の発展（第二次世界大戦後），そして1980年代後半から現在まで，情報化を軸とする第5波動とする主張がみられる。

同 コンドラチェフの波 Ⓐ⑥Ⓝ

コンドラチェフ　Ⓐ①Ⓝ[N.D.Kondratieff, 1892～1938]　旧ソ連の経済学者。農業問題や景気変動の研究者として知られ，特にアメリカやイギリスの1780～1925年の145年間の物価水準などの統計から，時代の基本的技術の革新と関連づけ，約50～60年間の長い周期をもつ波動を分析した。

中期波動　ⒸⓃ（ちゅうきはどう）　約8～10年を周期とする景気循環。主に企業の設備投資に起因する景気の波動。在庫循環を三つほど含む。19世紀後半に，フランスの経済学者ジュグラーが，主著『フランス・イギリス・合衆国における商業恐慌とその周期的な反復』（1862年）で，銀行の貸し出し額や利子率・物価などの統計から発見したため，ジュグラーの波とよばれる。景気循環の主要な型（主循環）。

同 ジュグラーの波 Ⓐ⑥Ⓝ

ジュグラー　ⒶⓃ[J. C. Juglar, 1819～1905]　フランスの医師で経済学者。約8～10年の周期をもつ商業恐慌を景気循環

の一局面としてとらえ，その規則的反復を統計的に明らかにした。中期波動の発見者として知られる。

設備投資変動 [1](せつびとうしへんどう)　設備投資を主な原因とする循環。約8〜10年を周期とする波動。主循環・中循環，またはジュグラーの波ともいわれる。

建築循環 C(けんちくじゅんかん)　クズネッツが発見した景気変動。クズネッツの波ともよばれる。アメリカでの住宅やビル建築を起因とする国民総生産（GNP）に約17〜20年間の波動がみられるとした。

同クズネッツの波 A[2]N

クズネッツ A[1][Simon Smith Kuznets, 1901〜85]　旧ソ連に生まれ，後にアメリカに帰化した経済学者・統計学者。1929年の世界大恐慌を契機に，既存のあらゆる統計資料を駆使してGDPやGNPの基礎となる国民所得勘定をつくり上げた。また，移民や人口の自然増加率，鉄道敷設や貨幣供給との関連で，経済は約17〜20年（主循環の約2倍）の周期をもつことを明らかにした。1971年にノーベル経済学賞を受賞した。

短期波動 C N(たんきはどう)　およそ40か月（3〜4年）を周期とする短い期間の景気波動。主に企業の在庫投資の変動が原因とされる。在庫循環・小循環（ハンセンの命名）ともよばれる。また，アメリカの経済学者キチンの論文によって明らかにされたので，キチンの波ともいわれる。

同キチンの波 A[4]N

キチン A N[J. Kitchin, 1861〜1932]　アメリカの経済学者。アメリカ・イギリスの1890〜1922年の間における手形交換高や卸売物価及び利子率の動きを時系列に分析し，約8〜10年の周期をもつジュグラーの波のほかに，約40か月を周期とする短期波動があることを，1923年に発見した。

在庫変動 C N(ざいこへんどう)　企業による在庫投資の変動に起因する，平均40か月を周期とする景気変動のこと。短期循環・小循環，またはキチンの波といわれる。

投資 A[8]N(とうし)　利潤獲得を目的に，資本や資金を投下し，利潤と資本を回収すること。特に実物資産（製品や原材料・固定資本設備）のストックの増加分。投資は，

経済発展の原動力であり，設備投資の動向は経済の変動と重大な相関関係をもつ。

設備投資 A[4]N(せつびとうし)　企業が将来の生産活動を拡大しようと，機械設備の増設や工場規模の拡大をはかる投資。資本形成ともいう。景気変動や経済成長の要因として重要。設備投資は，まず需要を創出する。設備投資による需要は，需要全体の15〜20％を占め，経済成長率の動きを左右する。さらに，完成後には供給力として機能する。

在庫投資 C[4](ざいことうし)　一定期間において原材料や製品の在庫が増減すること。企業による一定量の原材料や製品の確保を在庫という。在庫は投機的動機や販売不振などにより，比較的短期間に変動する。在庫による景気変動を，キチンの波とよぶ。

景気政策 (けいきせいさく)　景気を安定させるために行われる財政・金融政策の総称。景気安定化政策ともいわれ，基本的には景気変動を緩和させ，安定的な経済成長を目的とする。景気過熱の恐れがあれば財政・金融面からの引き締めを主体とする景気抑制策を実施。一方，景気後退の場合には，財政支出の拡大，減税，金融緩和などの景気刺激策を行う。

景気刺激策 N(けいきしげきさく)　景気の後退期に行われる，財政支出の拡大，減税，金融緩和を主な内容とする景気安定化政策。特に公共事業（土木・建設）への財政資金の投入は，スペンディング–ポリシー（呼び水政策）といわれる。また，その資金源は公債発行でまかなわれる。日本の建設国債はこの例。

景気抑制策 (けいきよくせいさく)　総需要が供給能力を上まわり，物不足や物価の上昇などがあらわれる景気の過熱期に，金融の引き締めや投資規制，財政収縮などの政策を行うこと。これによって経済不安定を回避し，恐慌などの発生を防止する。

傾向波動 (けいこうはどう)　時間の経過（月・四半期・年などの単位）の順に整理した時系列変動で，長期にわたって成長や後退などの傾向を示すもの。景気波動。

循環波動 (じゅんかんはどう)　一定の周期で上下に変動するもので，通常は季節変動を除いたものをさす。いわゆる経済の好況・不況

である景気変動は，この代表的なもの。

フィリップス曲線（ーきょくせん）　経済学者ウィリアム＝フィリップス（1914〜75）の名にちなんだ経済学上の理論であり，失業率低下と物価上昇が相関関係にあるという

もの。言い換えれば，失業率が高くなるほど物価が安定し，失業率が低くなるほど物価問題が生じるというトレードオフ関係が存在することになる。

3章 現代の日本経済

1 日本経済のあゆみ

日本経済の発展

殖産興業　Ⓝ(しょくさんこうぎょう)　明治前期に日本が経済の自立をめざした近代産業育成政策。官費による官営事業(主に鉄道・電信・鉱山・造船・鉄鋼・製糸・紡績など),工業技術の導入,各種の助成・奨励を行った。

日本の産業革命　①Ⓝ(にほん-さんぎょうかくめい)　産業革命は18世紀のイギリスに始まり,各国に波及した。日本では19世紀後半から,政府主導で産業革命が進展した。列強の帝国主義政策に対抗するためにも,経済的な自立が急務となり,内発的産業化や資本の蓄積を待たずに遂行された。一方で,農村の安価な労働力を利用した産業資本の確立や周辺国への軍事的行動の強行など,さまざまなゆがみも生じた。

寄生地主制　(きせいじぬしせい)　大土地を所有している地主が,その所有地を小作農民に貸し付けて耕作させ,小作料(小作米)を徴収し,その米を販売する土地所有形態をさす。地主が所有する耕地を自ら耕作せず,農村工業や農村商業による富の蓄積を行ったため「寄生」とよばれた。地租改正後に公認され,身分関係としても作用し,封建的社会関係を第二次世界大戦後まで残した。

経済の民主化　Ⓑ(けいざい-みんしゅか)　日本の非軍事化・民主化のためにGHQ(連合国軍総司令部)が行った日本経済の大変革。労働組合運動の合法化,財閥の解体,農地改革などを主な内容とする。これらの経済民主化は,占領統治政策として行われた。日本の軍国主義や封建制の基盤を排除するのが,占領軍の初期の目的だった。

財閥解体　Ⓐ②Ⓝ(ざいばつかいたい)　GHQ(連合国軍総司令部)による占領統治政策で,過度集中排除(独占禁止)とも関連する。それは,①財閥の存在や経済力の過度の集中が,戦争の原因となった,②独占的資本は,自由な経済,企業の発達のさまたげになった,と考えられたからである。持株会社整理委員会によって三井・三菱・住友・安田の四大財閥をはじめ,中小財閥の所有株式の公開処分が行われた。また,財閥系列も含め,独占傾向をもつとみなされた企業の分割が行われた。銀行はその指定を免れた。最終的に持株会社を中心に子会社を系列のなかに支配した財閥は解体され,以後,銀行を中心に資本系列の再編成と株式の持ち合いへと移行した。

過度経済力集中排除法　(かどけいざいりょくしゅうちゅうはいじょほう)　独占的資本(大企業)を分割し,再編成するために,1947年に制定された法律。

農地改革　ⒶⓃ(のうちかいかく)　☞ p.429 (農地改革)

労働組合の合法化　(ろうどうくみあい-ごうほうか)　GHQによる経済の民主化の一つ。治安維持法を廃止して,1945年に労働組合法を制定したのをはじめ,労働三権の保障,労働三法の制定がなされ,労働関係の民主化をめざした。

　　　　類 労働の民主化Ⓒ　労働運動の解放Ⓒ

傾斜生産方式　Ⓐ⑪(けいしゃせいさんほうしき)　戦後の経済再建のための重点産業復興政策。政府は1946年に「石炭・鉄鋼の超重点的増産計画」を決定し,輸入重油と石炭を重点的に鉄鋼部門に配分し,増産された鉄鋼をさらに石炭生産部門へと配して,循環的に増産をはかろうとした。また,復興金融金庫から設備・運転資金が重点的に融資された。1949年のドッジ-ラインの採用によって停止された。

復興金融金庫　Ⓑ(ふっこうきんゆうきんこ)　1947年に設立された政府機関。戦後の経済再建過程で傾斜生産方式が採用された際,重点企業の資金需要をまかなった。長期の設備資金の供給を行う金融機関の役割を果たした。一方で,その資金を日銀引き受けの復金債でまかなったため,インフレ(復金インフレ)をもたらした。1949年のドッジ-ラインの実施にともなって,1952年に日本開発銀行(現在の日本政策投資銀行)に吸収された。

ＧＡＲＩＯＡ(ガリオア)　[Government Appropriation for Relief in Occupied Area Fund]　占領地域救済政府資金。ア

メリカ政府の予算から占領地域への救済資金で，食料・医薬品などの輸入にあてられた。

ＥＲＯＡ（エロア）〔Economic Rehabilitation in Occupied Area Fund〕占領地域経済復興援助資金。アメリカ政府の予算から占領地域の経済自立や復興への資金で，主に工業原料品の輸入にあてられた。

経済安定九原則 ❻❷（けいざいあんていきゅうげんそく）　1948年，アメリカ政府がＧＨＱを通じて日本政府に指令した，インフレ収束を基調とする経済自立のための政策。均衡財政・税収強化・厳選融資・賃金安定・為替管理などをドッジ-ラインとして実施した。

ドッジ-ライン Ⓐ❹Ⓝ〔Dodge Line〕1948年の経済安定九原則の実施のために，1949年にアメリカ政府から派遣された銀行家ドッジが来日，超均衡予算案を軸にインフレをおさめる経済政策を立案した。公債発行停止や単一為替レートの設定などが実施された。その結果，インフレは収束したが，ひどい不況（安定恐慌）におちいった。ドッジ-プランともよばれ，戦前の松方財政や井上財政と並ぶ典型的なデフレーション政策であった。

竹馬経済（たけうまけいざい）　アメリカのデトロイト銀行頭取ドッジが，当時の日本経済の歪みを指摘した言葉。生産も輸出も，一見して順調に増加しているようにみえるが，現実にはアメリカの経済援助と，企業の赤字分を補填する価格差補給金という“竹馬”によって支えられており，この二本の足を外さなければ日本経済の真の自立と安定はないと述べた。

超均衡財政 ❻Ⓝ（ちょうきんこうざいせい）　インフレを収束させるために行われた増税と財政支出の削減のこと。ドッジの指示で実施された。

シャウプ勧告 ❻❻Ⓝ（－かんこく）　1949年，連合国軍最高司令官に提出された日本税制調査団による報告書。団長を務めたコロンビア大学の経済学者シャウプの名に由来する。所得税など国税と総合課税による，直接税中心の制度確立を勧告した。所得税の累進課税制度が導入された。

単一為替レートの設定 ❻（たんいつかわせ－せってい）　ドッジ-ラインによって，１ドル=360円の単一為替レートが設定され，日本は国際経済に復帰した。☞ p.513（単一為替レートの設定）

安定恐慌 ❻（あんていきょうこう）　インフレーションを収束するときに起こる恐慌。インフレを収束させるためには，増税と財政支出の削減による超均衡財政の実施や，金融の引き締めによる通貨量の抑制などが実施される。これによって，企業が倒産したり，購買力の低下や生産の停滞，失業の増加という一種の恐慌状態が出現する。ドッジ-ラインはインフレを収束させたが，日本経済は安定恐慌におちいり，中小企業の倒産や失業者が急増した。

特需 Ⓐ❶Ⓝ（とくじゅ）　戦争にともなって発生した戦争関連物資やサービスの特別な需要のこと。朝鮮戦争やヴェトナム戦争時のそれが有名。

朝鮮特需 ❻❷Ⓝ（ちょうせんとくじゅ）　特需とは，戦争にともなって発生した戦争関連物資やサービスの特別需要をさす。ドッジ-ラインで不況となった日本経済は，1950年から始まる朝鮮戦争の特需で好景気を迎えた。繊維関係と鉄鋼分野を中心に輸出の拡大がめざましく，さらには消費需要の増大をもたらし，設備投資の増加を支えた。しかし，戦争による特需・好景気は一時的なものに終わり，1954年には景気は後退した。
　　　　　　　　　　　　　類 **特需景気** ❻Ⓝ

神武景気 Ⓑ Ⓝ（じんむけいき）　1954年11月から1957年６月頃までの好景気のこと。「日本はじまって以来」という意味で神武景気とよぶ。この期間には，民間設備投資が伸び，新製鉄所や石油コンビナートの建設，家庭用電気製品の生産拡大によって，物価の安定のもとで実質的な経済の成長が実現した。

「もはや『戦後』ではない」 Ⓑ Ⓝ（－せんご－）1956年の『経済白書』に記された日本経済を分析したことば。「もはや『戦後』ではない。われわれはいまや異なった事態に直面しようとしている。回復を通じての成長は終わった」という厳しい表現で，戦後復興による経済成長からの脱皮が主張された。高度経済成長の始まりを告げるメッセージとして語られることが多いが，背後には「今後は，敗戦直後のような順調な経済成長は期待できない」という警戒感があった。

『経済白書』 **B** **N** (けいざいはくしょ)　1947年から経済企画庁(経済安定本部)が執筆・編集してきた日本経済に関する年次報告書。1年間の日本経済の総合的な分析と今後の動向などについてまとめたもの。1956年の白書は, 前年の日本経済の動向を「もはや『戦後』ではない」と評した。新省庁体制の発足にともない, 内閣府編となり, 書名も『経済財政白書』となった。

スクラップ-アンド-ビルド [scrap and build]　技術革新などによって古くなった生産設備などを廃棄し, 新しい高性能の設備投資を行って生産の拡大をはかること。

なべ底不況 **C** **N** (そこふきょう)　1957年から約1年間みられた景気後退のこと。神武景気で過剰投資が発生したため, なべの底のように長い期間, 景気は停滞すると考えられた。しかし, 実際にはV字型の回復をたどり, 次の岩戸景気につながった。

高度経済成長 **A** **17** **N** (こうどけいざいせいちょう)　1960年の池田勇人⑦首相による「国民所得倍増計画」の発表前後から, 1973年の石油危機の頃まで, 年平均実質10%をこえる経済成長が継続した期間をいう。その要因として, 国内的には①積極的な技術革新の導入, ②安価で優秀な労働力, ③活発な設備投資, ④国民の高い貯蓄率, ⑤政府の活発な産業育成・保護政策, ⑥低い軍事支出と民需中心の経済, ⑦終身雇用と年功序列賃金による労使協調路線の形成など。国際的には①世界的な経済発展, ②相対的に割安な為替レート, ③継続的に生じた戦争特需, ④安価な原料・燃料資源の入手, などがあげられる。

消費革命 (しょうひかくめい)　国民の所得水準の上昇にともない, 高度経済成長期に生じた消費生活様式の急激な変化。耐久消費財の普及やレジャーブームなどがみられ, 大衆消費社会の到来が指摘された。1959年の『経済白書』で初めて用いられた語でもある。

三種の神器 **B** **1** **N** (さんしゅ-じんぎ)　高度経済成長の時期に庶民が欲した高価で有用な三つの耐久消費財。具体的には, 白黒テレビ・冷蔵庫・洗濯機。その後, カラーテレビ・乗用車・エアコンが新三種の神器とよばれた。元は, 皇位の象徴として歴代天皇が継承してきたとされる三つの宝物の意。

岩戸景気 **C** **N** (いわとけいき)　1958年6月から1961年12月頃までの約42か月にわたる好景気。神武景気を上まわる, 天の岩戸以来の好景気という意味。この時期は特に「規模の経済」の追求が強まり, 量産規模拡大投資が増加した。さらに臨海工業地帯(地域)のように, エネルギーの石油への転換を背景に新立地の工業地帯の開発が進んだ。政府の公共投資も, インフラストラクチャー(経済基盤)の整備を中心に増加した。農村人口が都市に急速に吸収されたのもこの頃である。

技術革新 **A** **6** **N** (イノヴェーション**A** **N**) [innovation] (ぎじゅつかくしん) **☞** p.355 (技術革新)

「投資が投資をよぶ」 **C** (とうし-とうし-)　1960, 61年の『経済白書』で使用された表現。設備投資は需要を拡大するが, 供給過剰状態になるので, 設備投資には限界があると考えるのが常識的であるが, 昭和30年代前半はさらに設備投資を誘発しつづけた。

国民所得倍増計画 **A** **5** **N** (こくみんしょとくばいぞうけいかく)　1960年, 経済審議会(2001年廃止)の答申を受け, 池田勇人内閣によって閣議決定された計画。1961年度から70年度の10年間で国民所得を2倍にするというもの。このため, ①社会資本の充実, ②産業構造の高度化, ③貿易と国際経済協力の促進, ④人的能力の向上と科学技術の振興, ⑤経済の二重構造の緩和と社会的安定の確保, などの政策が遂行され, 10年を待たずに目標値に達した。

同 所得倍増計画 **A** **1** **N**

貿易自由化計画大綱 (ぼうえきじゆうかけいかくたいこう)　1960年に閣議決定された貿易自由化のための計画。1963年の輸入自由化率80%を目標にした。実際には92%を達成し, 欧米なみの自由化率になり, GATT11条国・IMF8条国へ移行, OECD加盟が実現した。 **☞** p.496 (GATT11・12条国), p.494 (IMF8・14条国), p.497 (OECD)

オリンピック景気 **C** **N** (-けいき)　1964年の東京オリンピック開催準備の過程で, 諸需要が増加したために起こった好景気。1962年10月から1964年10月頃まで続いた。東海道新幹線や高速道路などの建設が象徴

的。

東京オリンピック Ⓒ①Ⓝ（とうきょう-）　東京で開催されたオリンピックは２つある。第１は1964年の大会である。参加国数93。参加選手数5152。第２は2021年の大会である。参加国数206（難民選手団含む）。参加選手数11420。本来は2020年に開催される予定だったが，新型コロナウイルス問題を受けて１年延期された。1964年の大会は，敗戦後の日本の復興を国内外に誇示する象徴的イベントだったが，2021年の大会は，五輪招致汚職疑惑，公式ロゴ盗用疑惑，運営幹部による女性差別発言などのトラブルが相次ぐほか，当初は運営費用7000億円程度の「コンパクト五輪」を謳っていたものが，実際にはその２倍以上の経費が計上されるなど，その杜撰な運営実態が露呈するものとなった。また，新型コロナウイルスの全世界的蔓延が続く中で五輪開催を強行したこと自体も批判の対象となった。

日本万国博覧会 Ⓝ（にほんばんこくはくらんかい）　1970年，大阪・吹田市の千里丘陵で開かれた万国博覧会。通称「EXPO'70」。EXPO は Exposition（博覧会）の略。大阪万博の統一テーマは「人類の進歩と調和」。

国際収支の天井（こくさいしゅうし-てんじょう）　自由貿易下では，輸入が増大した場合，輸入代金支払いをまかなうだけ輸出が増えないと，外貨準備の不足から，国際貿易は停滞せざるをえない。こうした限界を国際収支の天井とよぶ。1960年代前半までの日本経済は，しばしばこの天井にぶつかった。

昭和40年不況（しょうわ-ねんふきょう）　1964〜1965年の不況。「証券不況」ともよばれた。国際収支の悪化，過剰設備投資で資本稼働率が低下し，企業の収益が後退した。政府は国債発行による財政支出で対応した。

転換期 ⒸⓃ（てんかんき）　1962年の『経済白書』で指摘されたことば。設備投資中心の成長から消費や財政主導の成長への移行について言及。昭和40年不況は過剰設備投資への調整とみられたが，当時は転換期で，成長率が大幅に低下するという悲観論が高まった。

歳入補填公債の発行（さいにゅうほてんこうさい-はっこう）　昭和40年不況の際，金融を緩和しても企業は設備投資を増やさず，景気は回復

しなかった。そのため政府は，財政支出を増やすことによって需要を喚起し，景気回復をはかった。しかし不況で税収が減じ，戦後初めて事実上の赤字国債が発行された。

産業再編成（さんぎょうさいへんせい）　1960年代後半には貿易と資本の自由化に備え，日本の国内産業の大型化と効率化が進められ，大型合併による業界の再編成が見られた。自動車や石油化学を重点産業とする政府主導の法案は廃案となったが，再編の結果，新日鉄などが誕生した。このため日本の市場は外資に開放されたが，深刻な脅威にはいたらなかった。

金融再編成（きんゆうさいへんせい）　産業再編成によって規模を拡大した企業の資金需要を，メインバンクとなる銀行が，十分にまかなえない恐れが発生し，金融機関の合併が行われた。この結果，第一銀行と日本勧業銀行が合併し，1971年に第一勧業銀行が誕生した。

重厚長大Ⓒ④Ⓝ**・軽薄短小**Ⓒ②Ⓝ（じゅうこうちょうだい・けいはくたんしょう）　重厚長大とは製鉄業のような巨大な生産設備をもつ基幹的な産業をいい，軽薄短小とはエレクトロニクスに象徴されるハイテク産業をいう。前者は工業化社会の中心であるのに対し，後者は情報化社会の象徴である。

いざなぎ景気 ⒷⓃ（-けいき）　1965年から1970年の約57か月にわたる好景気。自動車や家電製品など耐久消費財の需要が拡大し（３Ｃ＝カー・カラーテレビ・クーラー），設備投資が増大した。半面，公害・インフレーションなどの問題も顕在化した。この時期は，「昭和元禄」ともよばれた。

日本列島改造論 Ⓒ Ⓝ（にほんれっとうかいぞうろん）　1972年に田中角栄首相が提唱した開発論。公共投資を軸に，産業を分散して都市の過密を解消し，地域格差の是正をねらった。しかし石油危機後の金融緩和も重なり，狂乱物価の一因となった。

石油危機Ⓐ④Ⓝ**（オイルーショック**Ⓒ③Ⓝ**）**［oil crisis］（せきゆきき）　1973年の第四次中東戦争の際，アラブ産油国は原油生産の抑制，原油価格の大幅引き上げを行う「石油戦略」をうち出した。原油価格は４倍となり，日本国内では，卸売物価（現企

業物価)が前年同月比で30%以上高騰した。この影響で,「狂乱物価」とよばれる深刻なインフレが生じ,翌1974年には戦後初のＧＮＰマイナス成長を記録した。これを第一次石油危機という。しかしその結果,日本経済の質的変化をもたらし,石油の備蓄や代替エネルギーの開発,省エネルギー技術の革新が行われ,重厚長大産業中心の規模の拡大から,軽薄短小産業中心の多様化・個性化へと企業活動も変化した。その後,1979年にイラン革命の影響で原油価格は再び高騰し,第二次石油危機を招いた。これを機に世界は1980年代の低成長時代を迎えた。日本はこの時期の省エネ努力が減量経営,製品コストの引き下げ,さらに新製品市場の開発などの技術革新につながり,国際競争力をつけた。

同 第一次石油危機 **B**7**N**　第二次石油危機 **C**

狂乱物価 **B**4**（きょうらんぶっか）** 物価が急騰し,経済の混乱を招くこと。2度の石油危機(オイル-ショック)期の物価上昇はその典型。特に第一次石油危機の際,買い占めや売り惜しみが起こり,トイレットペーパーや洗剤などのみせかけ需給が逼迫(ひっぱく)した。こうした要因によって,価格を引き上げる必要のない製品まで便乗値上げされ,物価は異常に上昇した。

経済社会基本計画 （けいざいしゃかいきほんけいかく） 1973年2月に閣議決定された5か年計画のこと。民間主導型の高度経済成長路線から,財政主導型の高福祉安定成長への経済活動の転換をめざしたが,1973年の石油危機と狂乱物価のなかで中断。

低成長 **C****N**（ていせいちょう） 経済の成長率が低くなること。1960年代の平均実質経済成長率は約11%。これが,1970年代になると約5%に半減する。こうした減速過程は1971年のニクソン-ショックと,円の切り上げ(変動相場制への移行)に始まり,石油危機後の1974年には戦後初のマイナス成長(-1.2%)を記録した。石油危機が起こった1973年を中心に,前後各10年間の平均実質経済成長率を比べると,日本の場合は前10年が10.3%,後10年が3.7%と半減以下になる。

減量経営 **C**（げんりょうけいえい） コンピュータ化やロボット化で正社員をスリム化し,女性パート労働や派遣社員など不安定臨時労働力で景気変動に備えること。石油危機後の日本の企業は,人員整理や新規採用の縮小,不採算部門の切り離しなどによって低成長に対処した。日本経済はこの「減量経営」で息をふきかえした。

ジャスト-イン-タイム方式 （-ほうしき） 生産工程において必要な部品が必要なときに必要な量だけそろうようにする方式。トヨタ自動車の「かんばん方式」がその典型。無駄な在庫をもたず,効率的な生産ができるとされるが,部品の非定期的な納入や配送による交通渋滞,下請け業者が抱える在庫の問題などが指摘されている。

同 かんばん方式

ＱＣ（品質管理 N） ［Quality Control］（ひんしつかんり） 製品の品質を安定させ,高めるための生産管理方法。これを製造部門に限定せず,全社的に行うものをＴＱＣ(総合的品質管理)とよび,第三次産業などにも導入されている。

類 ＴＱＣ(総合的品質管理)

構造的不況 （こうぞうてきふきょう） 景気循環にともなう不況ではなく,産業構造など経済の変化に対応が遅れたことで生じた不況。石油危機後の不況,円高不況,バブル崩壊後の不況などがある。

近年の日本経済

円高不況 **A**1**N**（えんだかふきょう） 変動相場制の下で円高になると,輸出型産業の輸出量が落ち込む。輸出量は同じでも,ドル決済の場合は輸出による円の受け取りが減少する。そのため,輸出向けの設備投資をした企業の倒産や失業が発生し,不況にいたる。1985年のドル高是正のプラザ合意以降,急激な円高にいたり,1986年度の実質経済成長率は2.8%に落ち込んだ。それ以降,日本銀行が金融緩和政策などの不況対策を実施したが,後のバブル経済につながった。

過剰流動性 **N**（かじょうりゅうどうせい） 実物経済に対してマネーサプライ(マネーストック)が過剰になり,インフレーションが発生する原因となること。1980年代後半から1990年代初めにかけ,土地や株への投機的貨幣需要につられて貨幣供給が増加し,いわゆるバブル現象が起きた。

第Ⅳ編

総需要管理政策 （そうじゅようかんりせいさく）　財政・金融政策を適切に行うことによって，国民経済全体からみた需要量を供給量に見合うように調整する政府の政策。1930年代以降，ケインズの提唱に基づき各国で採用された。不況の際は総需要拡大策が，景気が過熱気味のときは総需要縮小策がとられる。有効需要調整政策ともいう。

内需主導型政策 （ないじゅしゅどうがたせいさく）　国内の需要増大を経済の成長要因とする政策。石油危機後の民間での減量経営は，投資の抑制と個人消費の停滞を引き起こし，経済成長は輸出（外需）への依存傾向が強かった。アメリカの経常収支の対日赤字の是正問題から，1985年のプラザ合意以降，日本は内需拡大政策をとった。

　　　　　同内需拡大政策

輸出主導型経済 （ゆしゅつしゅどうがたけいざい）　工業化のために外資を導入し，対外債務に頼る場合には，輸出でかせいだ外貨で支払いをしなければならない。また，自国に鉱産物資源やエネルギー資源などが乏しく，輸入に頼る国の工業化は，高付加価値製品の開発・生産と，加工貿易による輸出志向型をとる。アジアNIEs（新興工業経済地域）や日本などはこのタイプ。

集中豪雨型輸出 （しゅうちゅうごううがたゆしゅつ）
　　☞ p.514（集中豪雨型輸出）

世界同時不況 **Ｃ** **Ｎ**（せかいどうじふきょう）　1971年のニクソン-ショックや，1973年の第一次石油危機により，日本など先進国の経済はインフレと景気後退が同時に起きるスタグフレーションに陥った。1979年のイラン革命にともなう第二次石油危機の影響で，80年代前半には「世界同時不況」に陥り，82年の世界のGDP総額は前年比マイナスとなった。1991年の世界同時不況の背景には，湾岸戦争やソ連解体などがあった。戦後3番目の大きな世界不況で，とくに日本は，バブル経済の崩壊後，長期不況が続いた。さらに2001年，アメリカの同時多発テロにともなう世界同時不況があった。2008年からは，世界金融危機（リーマン-ショック）にともなう大不況が進行した。

経済構造調整 （けいざいこうぞうちょうせい）　1985年のプラザ合意以後，日本の貿易黒字に対して，欧米先進国はその不均衡を是正するために，産業・財政・金融など経済の構造を変えることを要請，輸出主導型経済から内需主導型への変革が求められた。政府は1986年，経済構造調整推進本部を置き，輸入制限品目の市場参入緩和，流通規制の緩和などの検討を行った。

バブル **Ａ**④**Ｎ**［bubble］　本来は，泡の意。経済用語としては，株・債券・土地・建物などの資産の価格や評価益が異常に高騰すること。1630年代のオランダで起きた「チューリップ狂」，18世紀初めのイギリスで起きた「南海泡沫事件」などが典型例とされるが，1980年代後半から1990年代初めまでの日本でもバブル経済が発生。

　　　　　同バブル経済（景気）**Ａ**⑯

平成景気 **Ｎ**（へいせいけいき）　いわゆるバブル景気のこと。1985年のプラザ合意により引き起こされた円高不況に対してとられた，公定歩合の引き下げや通貨供給の増大により，資金が土地や株式に流れて発生した。

プラザ合意 **Ａ**⑭**Ｎ**（-ごうい）　☞ p.497（プラザ合意）

バブル崩壊 **Ｃ**⑤**Ｎ**（-ほうかい）　1989年に行われた地価や株価の高騰に対するテコ入れ（公定歩合の引き上げや地価税）により，地価や株価が下落し，金融機関の不良債権問題などが発生し，景気が後退したこと。

「失われた10年」 **Ｂ**⑤**Ｎ**（うしな-ねん）　バブル経済崩壊後，1990年代の約10年にわたり日本経済が見舞われた長期停滞を象徴した言葉。場合によっては，2000年代の最初の10年もあわせて，「失われた20年」とよぶこともある。1980年代に中南米諸国を襲った経済・債務危機をさす場合もある。

　　　　　類「失われた20年」**Ｃ** **Ｎ**

失われた30年 （うしな-ねん）　バブル崩壊以降，約30年間にわたって日本の経済成長が停滞している状況を指す。特に，2010年代に入ると，人口減少問題，社会保障問題，財政赤字問題などが深刻な次元に進み，国民全体に将来不安が生じている。加えて，世界的なIT革命・AI革命への乗り遅れも指摘されており，日本が再び経済成長の軌道に乗る可能性は未知数である。

財テク **Ｃ** **Ｎ**（ざい-）　財務テクノロジーの略。高度なテクニックによって資金の調達や運用をすること。本来，資金の調達や運用は

専門の金融機関が行っていたが，1980年代には世界的に金融機関以外の企業が，余裕資金を株や土地などに投機するなどの方法で財テクを行った。

投機的売買 **C**（とうきてきばいばい）　市場において，ある価格でモノを購入し，後にある価格で売却することによって，その差額利益を得ようとする行為。あるモノを市場で購入して，そのモノが将来的に何らかの価値を生み出すことを期待する投資の対義語である。また，あるモノを購入して，単に欲求を満たすために，そのモノを消耗させる消費とも区別される。

地価 **B2N**（ちか）　土地を売買するときの単位面積当たりの価格。実際の取引価格である時価（実勢価格）のほかに，地価公示法による公示価格，国土利用計画法による基準地価，相続税評価額，固定資産税評価額がある。高度経済成長以降では，1960年前後，1975年前後，1980年代後半のバブル経済期と，地価は3度高騰した。しかし，バブルの崩壊以降，下落の一途をたどった。

リゾート法（-ほう）　国民の余暇活動を支えるような保養・行楽の施設を整備して地域振興をはかる目的で1987年に制定。正式には総合保養地域整備法という。バブル経済を背景に，テーマパークやゴルフ場など各地で多くのリゾート開発が行われたが，後のバブル崩壊で失敗した例も少なくない。
類 リゾート開発 C

金融不安 **CN**（きんゆうふあん）　バブル崩壊後の金融機関の破たんや不良債権，貸し渋りなどを背景に，1997年から起きた金融機関に対する不安。とくに民間企業で資金繰りへの不安が大きかった。

金融再生法 **C8N**（きんゆうさいせいほう）　1998年に成立。正式名は「金融機能の再生のための緊急措置に関する法律」。金融システムの安定化をはかるため，金融機関の破綻処理の方法などを定めた。1998年，日本長期信用銀行に初めて適用された。

金融健全化法（きんゆうけんぜんかほう）　1998年に成立。経営破綻を未然に防ぐため，金融機関に公的資金を注入するための法律。1999年，大手15銀行に総額7兆円余の公的資金が注入された。

財政構造改革法 **N**（ざいせいこうぞうかいかくほう）　財政危機や赤字国債依存体質から脱却するため，1997年に制定された法律。正式には「財政構造改革の推進に関する特別措置法」。1998年，景気回復を優先する小渕恵三内閣が施行を凍結した。

不良債権 **A8N**（ふりょうさいけん）　回収が不能・困難になった，金融機関が融資した貸出金。バブル崩壊後，金融機関の抱えた多額の不良債権により金融機関の倒産や貸し渋りが発生した。2000年代に入り，デフレ経済の下で不良債権が急増し，その処理をめぐって政治問題化した。

金利の自由化 **CN**（きんり-じゆうか）　預貯金などの金利を金融市場の実勢にあわせて変動させること。従来，金利は規制下にあったが，金融の国際化にともなって1980年代から自由化が進んだ。1985年の大口定期預金金利の自由化に始まり，1994年には当座預金以外の金利の完全自由化が実現。

金融ビッグバン **A7N**（きんゆう-）　ビッグバンとは，宇宙の始まりの大爆発をさす。ここから転じて，サッチャー政権の下で，1986年にイギリス証券取引所が実施した証券制度の大改革をいう。売買手数料の自由化，株式売買のコンピュータ化，取引所への銀行の参加などがある。この結果，ロンドン市場は活性化し，国際金融センターとしての地位を再び確立した。日本でも各種規制緩和，金融持株会社の解禁と活用，外国為替業務の自由化など，金融制度の改革が実施された。これを日本版ビッグバンという。1997年の日銀法の改正や大蔵省（財務省）改革もその一環とされる。スローガンは「フリー・フェア・グローバル」。
類 日本版ビッグバン2N
フリー・フェア・グローバル C

金融システム改革法（きんゆう-かいかくほう）　フリー・フェア・グローバルを原則とした日本版ビッグバンに対応するために整備された法律。1998年成立。銀行・証券・保険業務への新規参入などが盛り込まれ，金融システムの自由化は一気に進んだ。

談合 **CN**（だんごう）　公共事業等において，複数の入札業者が事前に話し合って落札価格や落札業者などを決めておくこと。談合は公平な競争をさまたげるものであり，独占禁止法の禁止条項や刑法の談合罪に該当

平成不況 Ｂ④Ｎ（へいせいふきょう）　バブル崩壊後の不況。1991年2月から1993年10月までの期間。

マイナス成長 Ｂ⑤Ｎ（せいちょう）
☞p.409（マイナス成長）

住専問題（じゅうせんもんだい）　住専とは，個人向け住宅ローンを専門とするノンバンク。バブル経済時に不動産向けに多くの融資をしたため，バブル崩壊後に多額の不良債権を抱えた。1996年に成立した住専処理法で巨額の公的資金が投入された。

ゼロ金利政策 Ａ⑥Ｎ（きんりせいさく）　日本銀行が政策金利を実質ゼロに誘導すること。金融市場への資金供給を増大させ，景気を刺激する目的で行われる。日本銀行は1999年からとられたゼロ金利政策を2006年に解除したが，2010年に復活させた。

量的緩和政策 Ａ⑥Ｎ（りょうてきかんわせいさく）　日本銀行が2001年から2006年まで行った超金融緩和策。短期金融市場の金利を実質0％に引き下げても景気悪化とデフレが進んだため，金融調節の目標を「金利」から「資金量」に切りかえた。これによって，銀行などに資金がふんだんに注ぎこまれた。

ペイオフ Ａ⑥Ｎ［pay-off］　金融機関が破たんした場合，金融機関が預金保険機構に積み立てている保険金で，預金者に一定額の払い戻しを行う制度。払い戻し額の上限は，預金者一人当たり元本1000万円とその利息。2005年4月から，凍結されてきたペイオフが普通預金を含めて全面的に解禁された。中小企業向けの融資を専門に行う日本振興銀行が破綻処理を申請し，2010年に初のペイオフが発動された。

預金保険機構 Ｃ Ｎ（よきんほけんきこう）　経営不振の金融機関が，預金の払い戻しに応じられなくなった際，その金融機関の預金の払い戻しに応じる機関。金融機関の破たん処理も行う。預金保険法に基づき1971年に設立。信託を含む銀行・長期信用銀行（現在は普通銀行に）・信用金庫・労働金庫などに加入を義務づけている。

国際決済銀行 Ｃ④Ｎ（ＢＩＳ Ｂ③Ｎ）
［Bank for International Settlements］
（こくさいけっさいぎんこう）　各国の中央銀行などによって1930年に設立された銀行。本店はスイスのバーゼル。国際金融協力などで重要な役割を果たす。

ＢＩＳ規制 Ｂ⑥Ｎ（きせい）　ＢＩＳ（国際決済銀行）のバーゼル銀行監督委員会が定めた銀行経営健全化のための統一基準。バーゼル合意ともよばれる。国際業務を営む銀行の自己資本比率（自己資本÷総資産（リスク資産）×100）を8％以上とするもの。2010年には，国際的な金融危機を防ぐために新たな基準が設けられた。バーゼル3とよばれるこの基準は，①返済の必要がない株式や，利益を積み上げた内部留保だけで構成する，質の高い中核的自己資本（コアティア1）の比率を7％以上とする，②8％の現行自己資本比率を引き上げる，ことなどを求めている。
　　　　　　　　　　類 バーゼル合意 Ｃ②Ｎ
　バーゼル3　☞p.376（自己資本比率）

貸し渋り Ａ⑥Ｎ（かしぶ）　バブル経済の崩壊後，日本の金融機関が融資条件をきびしくして資金の貸し出しに慎重になったことをさす言葉。要因として，不良債権の増大やＢＩＳ規制などがある。

貸し剥がし ⑤（かはー）　金融機関が企業などにすでに融資している資金を強引に回収すること。金融機関が融資額を減らして自己資本比率を上げるために行われた。

構造改革 Ａ⑦Ｎ（こうぞうかいかく）　自由な経済活動と市場機構が十分に機能するよう，障害となる規制や制度の見直しや廃止を行う全体的な改革。とくに，小泉純一郎内閣のもとで，郵政事業の民営化，特殊法人の整理，不良債権の処理，規制緩和の推進などが行われた。いわゆる「痛み」をともなうこれらの改革の結果，大企業を中心に景気回復がなされたが，国民のあいだに所得などの格差が広がった。

産業再生機構 Ｃ②Ｎ（さんぎょうさいせいきこう）　企業の再生と不良債権の処理を促進するため，2003年に政府関与で設立された株式会社。銀行が所有する不振企業の株式・債券を買い取り，それらの企業の経営立て直しなどを行った。支援業務が終了した2007年に解散。

かげろう景気 Ｎ（けいき）　2002年2月から08年2月までつづいた景気拡大期の呼び

名で，当時の与謝野馨経済財政相が命名。いざなぎ景気（57か月）やバブル景気（51か月）を上回って，戦後最長の73か月におよび，いざなみ景気ともよばれる。しかし，輸出企業が空前の利益をあげる一方，労働者の賃金抑制で個人消費が伸び悩むなど，「実感なき景気回復」とも評された。

同 実感なき景気回復 **B** 　いざなみ景気 **C**

新成長戦略 （しんせいちょうせんりゃく）　2010年に成立した民主党の菅直人内閣がかかげた「強い経済，強い財政，強い社会保障」という目標を実現するための政策。

日本再興戦略 （にほんさいこうせんりゃく）　経済財政諮問会議の「骨太の方針」とともに，自民党の安倍晋三内閣の経済政策の中心となったもの。首相が議長を務める産業競争力会議がまとめ，閣議決定される。民間活力を利用して景気の回復をめざす。アベノミクスの第三の矢とされる成長戦略の核心をなす。

1億総活躍プラン （-おくそうかつやく-）　安倍政権下で掲げられた少子高齢化対策の総合プラン。老若男女や障害の有無に関わらず，国民全体が経済社会活動に参加する仕組みの構築を目指したもの。

産業構造の変化

産業構造 **A** **5** （さんぎょうこうぞう）　一国の全産業の特徴を，労働力や生産額の各産業分野間の構成比率で示したもの。産業は，農業・製造業・サービス業などいろいろに分類される。よく知られる産業分類として，第一次産業・第二次産業・第三次産業がある。また産業構造は社会の変化を反映し，所得水準の向上による需要構造の変化や技術革新などにより，長期的に変化する。
第一次産業：農業・林業・水産業・牧畜業など。
第二次産業：工業・建設業・鉱業など。
第三次産業：金融業・サービス業・不動産業・通信業・出版業・自由業など。第一次・第二次産業以外のすべて。

産業構造の高度化 **A** **2** （さんぎょうこうぞう-こうどか）　各国の産業の比重が，経済の発展につれて，第一次産業から第二次産業へ，さらには第三次産業へと移行すること。「農業よりも工業のほうが，また工業よりも商

業のほうが所得が大きい」と述べたイギリスのペティの説をもとに，労働力の構成比の変化から，イギリスの経済学者コーリン＝クラークがこの法則を指摘したため，ペティ・クラークの法則とよばれる。また，ドイツの経済学者ワルター＝ホフマンは工業について，消費財産業と，機械などを生産する資本財産業（投資財産業）に分け，経済の発展につれて前者の比率が低下することを発見した。これをホフマンの法則という。

類 ペティ・クラークの法則 **B** **4** 　ホフマンの法則

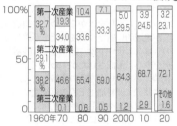

▲ 日本の産業構造の変化

第一次・第二次・第三次産業の比率（だいいちじ・だいにじ・だいさんじさんぎょう-ひりつ）　1872年における日本の産業構造は，就業人口で第一次産業84.9％，第二次産業4.9％，第三次産業10.2％であり，典型的な農業国だった。当時の欧米諸国における第一次産業の比率は50％を割っていた。その後，第一次産業の就業者の比率は低下し続け，敗戦後の1955年には，第一次37.6％，第二次24.4％，第三次38.1％と，はじめて第三次産業人口がトップとなった。2020年では，第一次3.2％，第二次23.1％，第三次73.8％となっている。

軽工業 **C** **1** （けいこうぎょう）　繊維・食品・印刷工業など，鉄などと比較して軽いもの，特に消費財を生産する工業をさす。

鉱業 **B** （こうぎょう）　鉄や銅など，地下資源である鉱石を採掘・精錬して金属を取り出す産業。第二次産業に分類される。

工業立地（こうぎょうりっち）　ある地域に工業が成立するための基本的な条件。原材料や労働力の供給，原材料や製品の輸送など。条件は産業の種類や時代によって変化するが，必要な条件を満たす最適地が選ばれる。

国内資源立地　(こくないしげんりっち)　工業立地の基本条件を，国内で資源を確保しやすい地に求めること。製鉄所が産炭地の近くに設立される例など。

消費市場立地　(しょうひしじょうりっち)　工業立地の基本条件を消費地の近くに求めること。

臨海工業地帯Ⓝ(臨海工業地域)　(りんかいこうぎょうちたい)　(りんかいこうぎょうちいき)　東京湾や大阪湾沿岸など臨海部の工業集中地域。臨海部は港湾に恵まれ，原料の搬入や製品の搬出に都合がよく，鉄鋼・造船・石油化学などの重厚長大産業が集中している。

コンビナート　①Ⓝ[Kombinat]　密接に関連する生産技術・工程などを中心に生産の効率化・合理化をはかるために，複数の企業が地域的に結びついて集団を形成したもの。コンビナートは，旧ソ連では鉄鋼と石炭を中心に形成されたが，わが国では石油化学コンビナートがその典型となった。結合には，①原料加工工程の連続性によるもの，②副産物や製品の相互利用によるもの，③材料の総合利用によるもの，などがある。

就業人口　Ⓒ①Ⓝ(しゅうぎょうじんこう)　経済活動人口中，調査時に就業している者。日本の労働力調査では，生産年齢人口である15〜64歳の人口のうち，調査月末の1週間に1時間以上の収入をともなう仕事をした者をいう。

高学歴化　Ⓝ(こうがくれきか)　同世代のなかで，高学歴者の比率が高まること。高学歴化が進むほど，その社会における平均的な就業開始年齢が上がる。2019年時点における日本の四大進学率は約54％であり，これはOECD平均と比較しても低い部類である。また，他の先進国では，高学歴の定義は，大学卒業から大学院修了へと移行しつつある。この点，日本では，大学院進学者や博士号取得者の割合も相対的に低い。

高等教育の普及　(こうとうきょういくふきゅう)　大学・短大への進学率が上昇すること。日本では1960年代半ばから上昇，18歳人口に占める大学・短大への進学率は，1966年の16.1％から2020年には58.6％となった。

国境なき経済　[borderless economy]　(こっきょうなきけいざい)　ボーダレス経済ともいう。企業活動や国際金融システムなどが，従来の国家や民族の枠をこえて行われること。貿易の規模の拡大，交通の発展，情報通信の発達などが背景にある。多国籍企業の活動や外国人労働者なども身近な問題になってきた。ヒト・モノ・カネ・情報などが，国境にとらわれずに移動する経済。

　　　　　　　　　　　　　　　　同ボーダレス経済

経済のソフト化Ⓐ②・経済のサービス化　Ⓐ②Ⓝ(けいざい‐か)　☞ p.356（経済のソフト化・サービス化）

知識集約型産業　Ⓒ(ちしきしゅうやくがたさんぎょう)　労働力や生産設備より，知識・ノウハウ・技術などのもつ価値が重視される産業分野。①教育，②研究・開発，③コミュニケーション・メディア，④情報機器，⑤情報サービスの五つの分野があげられ，第四次産業ともよばれる。

サービス産業　①(‐さんぎょう)　財の生産以外の経済活動にかかわる産業のすべてをさす。不動産・運輸・卸売・小売・情報・飲食・文化・スポーツ・レジャー・金融などが含まれる。第三次産業の主要分野を構成する。

ＯＥＭ　Ⓝ[original equipment manufacturing]　相手先のブランド名で生産する方式やその製品のこと。委託する側は自社で製造するより低価格で仕入れができ，受託した側も大量生産のメリットがあるとされる。自動車部品や家電製品，ＯＡ機器などさまざまな分野で普及している。

情報産業　ⒸⓃ(じょうほうさんぎょう)　情報に関する財やサービスを生産する産業。ハードウェアやソフトウェアの開発製造，情報処理サービスなどが典型例だが，より広義では，出版・新聞・放送といったマスメディアも情報産業の一種として定義されることもある。　☞ p.72（情報産業）

情報サービス産業　(じょうほう‐さんぎょう)　各種情報やデータの収集・分類，コンピュータ処理などのサービスを行う産業。

エレクトロニクス産業　②(‐さんぎょう)　☞ p.355（エレクトロニクス産業）

半導体　Ⓑ④Ⓝ(はんどうたい)　金属のように電気の流れやすいものと電気の流れない絶縁体との中間の物質。ゲルマニウム・シリコンなど。これらを利用して，1948年にトランジスタが，1960年にはシリコンチップによる集積回路（ＩＣ）が発明され，その後のエレクトロニクス産業や情報化社会

の発展の基礎となった。

メカトロニクス産業［mechatronics = mechanics + electronics industry］ (ーさんぎょう)　日本でつくられた合成語。複数業種にわたる製品開発例の一つで，メカニクス（機械工学）とエレクトロニクス（電子工学）との領域が総合された産業。ロボットや人工知能などが典型。

知的財産権　**Ａ**10**Ⓝ**（ちてきざいさんけん）　発明・デザイン・著作などの知的形成物に関する権利。知的所有権ともいう。商号・標章の詐称や，プログラム・著作のコピー使用など，権利侵害に対して脆弱な面をもつため，物権や債権に並ぶ権利として主張されている。著作物に関する著作権と，特許・実用新案・意匠・商標などに関する産業財産権とに大別される。著作権は，TPP11（11か国による環太平洋パートナーシップ協定）が発効したため70年に延長された。コンピュータ-ソフトや半導体回路配置技術の保護が話題となった。1970年にその保護を目的に，世界知的所有権機関（ＷＩＰＯ）が設立され，1974年には国連専門機関となった（日本は1975年に加入）。また，日本では知的財産基本法が2002年に制定されている。

類 著作権 **Ａ**8**Ⓝ**　産業財産権

知的財産権	産業財産権	特許権	原則として20年
		実用新案権	10年
		意匠権	20年*
		商標権	10年（延長可能）
	著作権		原則として生存中および死後70年

＊2020年4月1日以降出願分から25年となった。

▲ おもな知的財産権の概要

アモルファス化　(ーか)　無定形状態化すること。経済市場において，従来の商品やサービスでは発展が望めなくなってきている状況をさす。

先端産業　(せんたんさんぎょう)　技術・ノウハウの先頭を行く産業。具体的には，エレクトロニクス・光通信・新素材・バイオテクノロジー（生命工学）などの産業。コンピュータと通信技術を組み合わせたコンピュー

ター-ネットワークやオンラインシステムの開発，ニュー-メディアやエレクトロニクス関連産業をさす。新しい技術革新の方向は「エネルギー消費が少なく，情報を基本的な資源とする」（トフラー）ものとされる。

同 先端技術産業 **Ｃ**　**Ⓝ**

ハイテク産業　**Ｂ**　**Ⓝ**（ーさんぎょう）　ＬＳＩ（大規模集積回路）・センサー・レーザーなどの高度先端技術（ハイテクノロジー）を基盤とする産業。①ＬＳＩなどのマイクロエレクトロニクス，②コンピュータやセンサーなどの頭脳をもつ機械を中心とするメカトロニクス，③セラミックなどの新素材産業，④レーザーを中心とする光産業，⑤バイオテクノロジーを中心とする生物利用技術，などの分野がある。

類 ハイテク **Ｂ**1**Ⓝ**

ファイン-セラミックス［fine ceramics］　精製した人工原料からつくる高性能の陶磁器類の一つ。耐熱性・絶縁性などに優れ，先端産業分野で用途が広がっている。ニュー-セラミックスともいう。

同 ニュー-セラミックス

インターネット　**Ａ**21**Ⓝ**　☞ p.74（インターネット）

研究開発部門　(けんきゅうかいはつぶもん)　企業における生産部門や営業部門ではなく，生産に必要な新技術や新製品の開発を担当する部門。先端技術の急激な発展により，特にハイテク産業において研究開発部門の重要性が高まっている。

バイオインダストリー［bioindustry］　生物技術産業。遺伝子（ＤＮＡ＝デオキシリボ核酸）を操作して組み換える研究や，品種改良などのバイオテクノロジーを産業技術として応用したもの。

産業構造審議会　(さんぎょうこうぞうしんぎかい)　通商産業（経済産業）大臣の諮問機関。1964年設置。委員は学識経験者で，130名以内。総合部会を中心に，各種の部会や小委員会がある。産構審と略称。

消費の多様化　(しょうひたようか)　経済の発展，所得水準の向上にともなって，人々の欲求が多様になり，それにあわせて消費が多様になること。所得水準が向上するにつれ，生活に直接関係のない，他人とは異なるモノや情報などを求めるようになった。

ライフスタイル C4N [life style]　人間
が営む生活様式。衣食住だけでなく，行動
様式や価値観，交際や娯楽などトータルな
暮らし方を意味する。生活水準の向上，価
値観の多様化，情報化の進展などにより，
人々のライフスタイルが変化してきた。
☞ p.481（ライフスタイル）

レジャー産業 N（-さんぎょう）　ホテル・旅
行・娯楽・外食産業など，余暇生活に関連
した産業をさす。日本の経済発展にともな
い，人々はモノだけでなく，余暇生活の充
実を求めるようになった。このような人々
のニーズの変化に対応して，近年ではレ
ジャー産業の発展がめざましい。

コンビニエンスストア C1N　飲食料品
を扱い，売り場面積30m²以上250m²未満，
営業時間が1日で14時間以上のセルフ
サービス販売店（経済産業省の商業統計の
定義）。小さなスペースで食品・日用雑貨
などを扱う長時間営業の小売店をさす。コ
ンビニエンスとは「便利」の意。スーパー
マーケットとの系列関係もみられる。

プライヴェート-ブランド N（PB N）
[private brand]　大手の流通・小売業者
などが自ら企画や開発を行い，外部に生産
を委託して独自のブランド名で販売する商
品。これに対して，製造業者が自社製品に
付けるものをナショナル-ブランドという。
対 **ナショナル-ブランド** N

企業城下町 N（きぎょうじょうかまち）　一つの大企
業を中心に，その関連企業などが集積して
社会や経済の基盤ができた町。トヨタ自動
車の愛知県豊田市，日立製作所の茨城県日
立市，パナソニックの大阪府門真市など。

格安航空会社 N（LCC N）[Low Cost
Carrier]（かくやすこうくうがいしゃ）　運賃を安く
設定した新しいタイプの航空会社。航空自
由化を背景にアメリカで最初に導入された。
使用機種の統一化や人件費コストの圧縮な
ど，さまざまな手段で経費を切り詰め，そ
の分を安い航空運賃に反映させる。2012
年から日本でも3社の運航が始まった。

ネットスーパー　インターネットを通じ
て顧客の注文を受け，スーパーマーケット
などから自宅まで商品を届けるサービス。
スーパー大手のほか，通販大手，生協など
が取り組んでいる。社会的な背景に，身近

な地域から商店が消えたことによる「買い
物弱者」などの存在もある。
類 **買い物弱者** 1N

② 中小企業問題

中小企業 A10N（ちゅうしょうきぎょう）　資本金・
従業員数・生産額などが中位以下の企業を
いう。中小企業基本法によれば，①製造業
などでは資本金3億円以下，従業員300人
以下の企業，②卸売業では資本金1億円
以下，従業員100人以下の企業，③サービ
ス業では資本金5000万円以下，従業員100
人以下の企業，④小売業では資本金5000
万円以下，従業員50人以下の企業，と定
められている。中小企業の比率（製造業）
は，事業所数で約99％，従業者数で約
69％，出荷額で約49％を占めている。

業　種	資　本　金	従業員数
製造業など	3億円以下	300人以下
卸　売　業	1億円以下	100人以下
小　売　業 サービス業	5,000万円以下 5,000万円以下	50人以下 100人以下

▲ 中小企業の定義

二重構造 B4N（にじゅうこうぞう）　一国経済の
なかに，近代的な産業と前近代的な産業が
並存すること。日本経済においては，少数
の近代的な大企業の下に大多数の前近代的
な中小企業が下請け化されて，親会社-子
会社の関係が存在している。両者の間には，
賃金などの格差や，支配・従属関係がみら
れる。日本経済の矛盾の一つ。

下請け AN（したう-）　大企業が製造過程の一
部を他の中小企業に請け負わせる制度。と
きには二重・三重の下請け関係が存在する。
一般に下部の下請けほど企業規模が小さく，
特定の企業からの注文しか受けられず，企
業の系列化にも結びつく。完全に系列化さ
れている場合，親会社の経営不振はすぐに
下請けに波及し，不況下に切り捨てられる
下請け企業も多い。一方で，他企業が進出
していない窪み（隙間）分野で活動する
ニッチ産業などもある。
対 **親会社** N　類 **ニッチ産業** C

系列化 C（けいれつか）　大企業と中小企業が，

親会社と下請けという関係で結合されるように，企業間で生産・流通・販売の密接な結合関係にあること。

賃金格差 B2N（ちんぎんかくさ）　日本では，大企業と中小企業との間の企業規模別賃金格差が大きい。その原因として，①生産性の違い，②中小企業の低賃金労働による低コスト化，③労働組合の有無とその組織力の差，などがあげられる。　☞ p.455（賃金格差）

企業間格差（きぎょうかんかくさ）　大企業と中小企業間の格差をいう。資本装備率・付加価値生産性によって比較される。両方とも大企業ほど高くなる傾向がある。資本装備率は労働者一人あたりの資本量，付加価値生産性は労働者一人あたりが一定期間に生み出す付加価値額をいう。

類 資本装備率④N

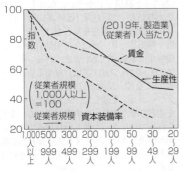

▲ 大企業と中小企業の格差

資本集約型産業（しほんしゅうやくがたさんぎょう）　一定の生産物を生産するのに必要なコストのなかで，資本の投入率が大きい産業。資本装備率の高さが指標となる。重化学工業のような，機械化の進んだ巨大企業が典型。

労働集約型産業 N（ろうどうしゅうやくがたさんぎょう）　一定の生産物を生産するのに必要なコストのなかで，労働力（賃金）が他の生産要素よりも大きい産業。農業・商業・サービス業のように，機械化が困難な産業がその典型。繊維・工芸などの軽工業も重化学工業に比べると，労働集約的である。

景気の調節弁（けいきちょうせつべん）　大企業の下請けや系列化された中小企業が，景気変動による生産増減のしわ寄せを強いられるこ

とをさす。具体的には，不景気のときに親会社が，下請け企業に納入させている部品の単価を切り下げたり，発注を停止したりする。こうして，不景気が直接，大企業に波及することを防ぐ。

中小企業金融機関 C（ちゅうしょうきぎょうきんゆうきかん）　中小企業に対して，融資を専門に行う金融機関。中小企業は大企業に比べ，資金の調達が困難であり，その打開が目的。政府系機関では中小企業金融公庫など（統廃合によって日本政策金融公庫に再編）が，民間機関では信用金庫・信用組合などがある。

信用保証協会（しんようほしょうきょうかい）　中小企業が金融機関から資金を借り入れる際，その債務を保証する機関。全国の都道府県別に設置され，金融機関が中小企業に融資して貸し倒れになった場合には全額弁済する。中小企業にとって，金融の「最後のとりで」ともいわれる。

中小企業庁 1N（ちゅうしょうきぎょうちょう）　1948年に中小企業庁設置法によって設置された経済産業省の外局。中小企業を育成・発展させ，その経営を向上させる条件の確立を目的としている。中小企業に対する資金の融資の斡旋も行っている。

中小企業基本法 B6N（ちゅうしょうきぎょうきほんほう）　1963年制定。中小企業の基本的目標を示した法律で，中小企業政策の憲法ともいわれる。中小企業の近代化の促進と，大企業との生産性格差の是正を目標とした。1999年に大幅に改正され，「多様で活力ある成長発展」という政策理念を掲げた。

小規模企業振興基本法（しょうきぼきぎょうしんこうきほんほう）　従業員20人（商業・サービス業は5人）以下の小規模企業が地域経済や雇用の担い手となっていることに着目し，2014年に制定された法律。中小企業基本法を補完する役割もある。事業の持続的な発展とそれを支援する国の基本計画策定や地方公共団体の責務などを規定している。

分野調整法 C（ぶんやちょうせいほう）　1977年制定。中小企業の多い事業分野への大企業の進出を抑え，中小企業の事業活動の機会を適正に確保するための法律である。正式には「中小企業の事業活動の機会の確保のための大企業者の事業活動の調整に関する法

律」という。

下請代金支払遅延等防止法 <small>(したうけだいきんしはらいちえんとうぼうしほう)</small>　1956年制定。下請け取引の公正化を目的に，大企業の下請け単価の不当な切り下げや，下請け代金支払いの遅れの規制などを定めている。違反行為に対する公正取引委員会の勧告制度も規定。

下請中小企業振興法 <small>(したうけちゅうしょうきぎょうしんこうほう)</small>　1970年制定。下請け中小企業の近代化の効率的な促進，下請企業振興協会による取り引きあっせんの推進などによって，下請け企業の振興をはかることが目的。親企業との間で準拠すべき振興の基準策定，国の指導・助言などを定めている。

中小企業挑戦支援法 <small>(ちゅうしょうきぎょうちょうせんしえんほう)</small>　中小企業の創業や起業を支援するための法律。2003年施行。従来，会社設立時に株式で1000万円，有限で300万円の資本金が必要だったが，特例として１円でも会社の設立が可能になった。

中小企業等金融円滑化法 <small>(ちゅうしょうきぎょうとうきんゆうえんかつかほう)</small>　資金繰りの悪化やローン返済に苦しむ中小企業や個人を救済するため，ローンの借り換えをしやすくすることなどを目的として制定された法律。返済猶予法ともよばれる。2013年３月で終了。

中小企業経営承継法 <small>(ちゅうしょうきぎょうけいえいしょうけいほう)</small>　中小企業の経営者の死亡等により事業活動の継続に影響が出た場合，資金供給の支援措置を講ずるなど，経営の引き継ぎを促進するための法律。

中小企業協同組合 <small>(ちゅうしょうきぎょうきょうどうくみあい)</small>　1949年に施行された中小企業等協同組合法の規定に従って組織された協同組合。中小企業を組合員として，組合員の互助を目的としている。

ベンチャービジネス <small>Ｂ Ｎ</small>　有力な新技術や新規ビジネスモデルを保有しており，急速な成長可能性を有する新興企業のこと。半導体やバイオ産業のような先端技術分野に多く，アメリカのシリコンバレーなどが有名。近年は，流通・サービス分野にも進出している。ベンチャー企業ともいう。日本では，ベンチャー育成のための新しい株式市場として，東京市場に「マザーズ」，大阪市場に「新ジャスダック」（2010年にジャスダックとヘラクレスなどが統合），

名古屋市場に「セントレックス」などが創設されている。ベンチャー企業に提供される資金をベンチャー-キャピタルといい，個人投資家のことをエンジェルとよぶ。「ベンチャー企業」は和製語であり，近年は「スタートアップ企業」と言い換える傾向が強い。

<small>同</small>ベンチャー企業 <small>Ａ ⑪ Ｎ</small>
<small>類</small>ベンチャー-キャピタル <small>Ｂ</small>　エンジェル <small>Ｎ</small>

アウトソーシング <small>Ｂ ⑥ Ｎ</small> [outsourcing]　外注。企業が業務の一部を専門会社に委託すること。コンピュータ関連分野などに多かったが，現在ではあらゆる業務に及ぶ。

起業 <small>Ｂ</small> <small>(きぎょう)</small>　事業を起こして新たな価値を創造しようとする行為。英語のアントレプレナーシップに相当する言葉。起業する人々を起業家（アントレプレナー）という。日本では，単なる会社設立や店舗開業でも「起業」と表現されやすい。しかし，厳密な意味において「起業」と呼ぶには，自らリスクを負って事業を立ち上げ，新たな市場を開拓したり，新たな付加価値を社会に提供する革新的行為が要求される。例えば，スティーブ＝ジョブズは，単なる会社経営者ではなく，MacやiPhoneといったイノベーションを通して，人類社会そのものを変容させた起業家の典型例である。また，これまでになかった新しい仕組みで社会問題の解決にあたろうとする人々は社会起業家（ソーシャルアントレプレナー）と呼ばれる。

インキュベーション [incubation]　もともとは卵がかえること，または培養を意味する語。初期段階のベンチャー企業に対して，実務・経営面で国や地方公共団体などが支援・育成を行うこと。その機関をインキュベーターという。アメリカなどで普及している。

<small>類</small>インキュベーター

能力発揮型中小企業 <small>(のうりょくはっきがたちゅうしょうきぎょう)</small>　専門的知識や創造的才能を生かして活動を行う中小企業。知識集約度の高いベンチャー-ビジネスの一つ。

研究開発型中小企業 <small>(けんきゅうかいはつがたちゅうしょうきぎょう)</small>　研究や開発を主な目的として活動をする中小企業。大企業や大学の研究機関を飛び出した人たちが多い。ベン

チャー–ビジネスの一つ。

異業種間交流　(いぎょうしゅかんこうりゅう)　異なる業種の多数の中小企業が，技術交流を行い，そこから新製品の開発をめざすこと。メカトロニクス(機械技術と電子技術の結合)がその典型例。

伝統産業　(でんとうさんぎょう)　ある特定の地域で，その地域の特性や伝統を生かした特産品を生産する産業のこと。地場産業ともいわれる。通常，中小企業が多い。輪島・会津・山中の漆器，瀬戸・益子・有田の陶磁器などが有名。

同 地場産業 B3

大規模小売店舗法　C　(だいきぼこうりてんぽほう)　大店法と略称。百貨店やスーパーマーケットなどの大規模小売店がある地域に進出する際，その地域の中小小売業に悪影響を及ぼすことを防ぐ目的で，1973年に制定された。1993年の改正で，出店調整期間を短縮し，地方公共団体による規制を廃止して，出店規制が緩和された。1998年には大店法に代わって大規模小売店舗立地法などが制定された。

大規模小売店舗立地法　2N　(だいきぼこうりてんぽりっちほう)　大店立地法と略称。大店法に代わって2000年6月から施行された。店舗面積1000㎡超の大型店の出店に際し，住民合意をふまえて生活への影響などを審査する。地元の小売業者を保護するという発想が改められ，大型店の出店規制が大幅に緩和された。

まちづくり三法　(–さんぽう)　大規模小売店舗立地法・改正都市計画法・中心市街地活性化法の三つの法律をさす。住環境の整備と市街地の商業機能の再生を目的としたものだが，十分に機能していない。

サプライ–チェーン　BN　[supply chain]　生産活動に不可欠な部品や資材などの供給連鎖または供給網のこと。2011年の東日本大震災で現地部品メーカーなどが被災，供給網が切断された。このため，自動車や電機などの関連分野で減産に追い込まれ，改めてこれらの役割の重要性が再認識された。また，2011〜12年のタイの大洪水の際にも，日本の生産活動は甚大な影響を受けた。

シャッター通り商店街　3　(–どお–しょうてんがい)　地方都市の商店街などの衰退を象徴することば。シャッター街ともいう。駅前商店街などでは，郊外に立地した大型店舗に客を奪われ，後継者不足もともなって廃業などが相次いでいる。

同 シャッター街 3

アウトレット–ショップ　N　[outlet shop]　シーズンが過ぎたりして売れ残った商品や，店頭展示などで傷がついた商品(B級品)を安価で販売する店舗。衣料品などの例がある。アウトレットとは「排出口」の意。

ショッピング–モール　CN　[shopping mall]　多数の小売店が集まった大規模な複合商業施設。本来は，遊歩道を中心に備えた商店街をさした。広い駐車場があり，郊外に立地することが多い。

3 物価問題

物価　A12N　(ぶっか)　一定範囲での複数の商品の価格を，ある基準で総合化したもの。物価の変動が，国民の生産・消費生活に影響することを物価問題という。

物価指数　BN　(ぶっかしすう)　一定期間の物価水準の変動を測定するための，指標となる統計数字。基準年の物価水準を100として，比較年の物価水準を指数で表示する。全品目を同じ比重で計算するのではなく，生活などへの影響度の大きさに応じて個別価格にそれぞれ独自のウェートをかける。基準年の価格にウェートをかけるのがラスパイレス方式，比較年の各品目にウェートをかけるのがパーシェ方式である。日本では前者が採用されている。この物価指数は，実質GDPの計算や，名目賃金を実質賃金に訂正するために用いられるので，デフレーター(実質化因子)といわれる。

消費者物価　BN　(しょうひしゃぶっか)　小売店と消費者との間で売買される商品の物価。消費者の購入する商品・サービスの物価水準を示す消費者物価指数が用いられる。総務省統計局が作成し，毎月発表される。

類 消費者物価指数 B1N

企業物価　BN　(きぎょうぶっか)　企業相互で取り引きされる商品の物価。卸売段階における物価水準の動きをみるための指標として，卸売物価(指数)が用いられてきたが，

2003年から企業物価（指数）に呼称変更された。日本銀行調査統計局が調査・作成し，定期的に発表している。

類 企業物価指数 C N

インフレーション A 14 N ［inflation］　管理通貨制度の下で，その社会の商品流通に必要とされる以上の不換紙幣が発行・流通し，貨幣価値が下落，その結果として物価が継続的に上昇していく現象をいう。インフレーションの影響により，賃金や預貯金が目減りし，不平等な所得分配となる。略称インフレ。

コスト-プッシュ-インフレーション C ［cost-push inflation］　賃金や原材料費の上昇によって生じるインフレーション。特に賃金をさすことが多い。

ディマンド-プル-インフレーション C ［demand-pull inflation］　総需要（国民の購買力の向上や政府の財政支出の伸びなど）によって生じるインフレーション。

財政インフレーション （ざいせい）　政府の財政支出の増大，特に赤字公債などの発行によって生じるインフレーション。

輸入インフレーション （ゆにゅう）　輸入品の価格上昇や，輸出増大による累積黒字が原因で，通貨供給量が増大して生じるインフレーション。

生産性格差インフレーション （せいさんせいかくさ）　中小企業のような生産性の低い企業が，賃金コストの上昇分を価格に転嫁することで生じるインフレーション。

ギャロッピング-インフレーション ［galloping inflation］　駆け足のインフレーションともよばれ，急激に物価が上昇するインフレーションのこと。石油危機後の日本経済はその典型例。

ハイパー-インフレーション C N ［Hyperinflation］　超インフレーション。物価の騰貴と通貨価値の下落が，急激かつ極度に起こる現象。1923年にドイツで起こったマルクの天文学的暴落などが代表例。

クリーピング-インフレーション C ［creeping inflation］　しのびよるインフレーションともよばれ，物価がジワジワとゆるやかに上昇する現象。管理価格による価格の下方硬直性などが原因とされる。

賃金と物価の悪循環 （ちんぎん-ぶっか-あくじゅんかん）　賃金と物価が相乗的・循環的に上昇を続けること。賃金の上昇は，企業にとっては，生産費用の上昇を意味する。そのため，企業は製品の価格の引き上げによって，賃金上昇分を価格に転嫁する。こうして物価が上昇すると，労働者にとっては，実質賃金の低下を意味するため，賃上げを要求する。さらに企業は，賃金上昇分を製品の価格に転嫁する。このように賃金の上昇が物価を上昇させ，そのことがまた，賃金を上昇させるといった，スパイラル（らせん）状にインフレが進行していく。

デフレーション A 10 N ［deflation］　通貨量が商品流通に必要な量以下であるか，有効需要が供給に対して不足するために物価が下落する現象。インフレーションとは逆の現象で，景気の後退や不況に直接結びつく。略称デフレ。不況時に物価の下落がおこり，それがさらに不況を悪化させることをデフレ-スパイラルという。

類 デフレ-スパイラル B 4 N

インフレ-ギャップ N ［inflationary gap］　総需要が，完全操業・完全雇用の生産水準を上まわる場合の需給量の差のこと。物価の上昇をもたらすので，インフレを生じさせるギャップという意味で用いられる。対策としては総需要の抑制が必要となる。

デフレ-ギャップ ［deflationary gap］　完全雇用を達成するのに必要な有効需要より，現実の有効需要が下まわった場合の需給量の差のこと。失業や遊休設備をもたらす。インフレ-ギャップの逆。

インフレ対策 N （-たいさく）　インフレが進行するのを止める政策。インフレの種類によって対策が立てられる。金融政策として，公開市場操作（オープン-マーケット-オペレーション）のうち，売りオペレーションなどが，財政政策として，増税や公共事業の縮小などがある。戦争中などの非常事態時には，物価統制令が出される。

所得政策 C ［incomes policy］（しょとくせいさく）　政府が企業や労働組合に対して，賃金など所得の上昇率を労働生産性の上昇率以下に抑え，物価の安定をはかろうとする政策のこと。これは，物価の上昇はコスト-プッシュ-インフレによるものとする考えに基づくが，価格メカニズムによる資源の最適

配分のほうが有効であるとの批判もある。

価格政策 (かかくせいさく)　価格安定のため，政府が行う政策。公定価格の操作，公共料金の調整などが，価格抑制策として実施されることが多い。

物価スライド制　Ⓝ(ぶっかせい)　賃金や年金などを一定の方式にしたがって，物価にスライド(連動)させる政策。インデクセーションともいう。インフレーション期に，名目値と実質値の差による不利益を相殺するために行われる。

同インデクセーション

リフレーション　Ⓝ[reflation]　景気循環の過程で，デフレーションからは脱したが，インフレーションにはなっていない状態。

ディスインフレーション [disinflation]　景気循環の過程で，インフレーションからは脱したが，デフレーションにはなっていない状態。

スタグフレーション　Ⓐ⒏Ⓝ[stagflation]　景気が停滞しているにもかかわらず，物価が上昇していく現象。景気停滞(スタグネーション)と物価上昇(インフレーション)の合成語。1973年の石油危機以降，先進国で広まった。景気が停滞しているときは，物価が下がるのが一般的であったが，その考えが適用できないため，この造語が生まれた。イギリスの元蔵相Ｉ．マクラウドが議会演説のなかで最初に用いた。原因は，景気停滞期において消費的な財政支出が拡大したことなどが考えられる。これ以降，ケインズ的な処方箋が否定され，「小さな政府」的な政策がとられるようになった。

差益還元 (さえきかんげん)　円高などによって売買の間に生じた利益を還元すること。1985年9月のプラザ合意以降の急激な円高，原油価格の下落の際には，企業はコスト低下分(差益)を製品価格に反映させて価格を下げ，消費者に還元した。

内外価格差 (ないがいかかくさ)　同一または同種の商品価格に，国内と国外とで格差があること。一般には，国外よりも国内の方が高い場合に問題となる。1970〜90年代にさまざまな問題点が指摘されたが，経済のグローバル化などにともない，近年では内外価格差は縮小傾向にある。

価格破壊 (かかくはかい)　商品やサービスの価格を大幅に下落させること。1990年代のバブル経済崩壊後，低価格販売を志向するディスカウント-ストアの成長や円高による割安な輸入品の増加などが要因となって生じた。

4 食料と農業問題

農地改革　ⒶⓃ(のうちかいかく)　第二次世界大戦後，ＧＨＱによる民主化政策が実施され，労働関係の民主化，財閥解体とともに農地改革が行われた。1945年の第一次農地改革が不徹底であったため，翌1946年の自作農創設特別措置法と改正農地調整法に基づいて第二次農地改革が行われ，寄生地主の全小作地と在村地主の1町歩をこえる小作地が小作人に売却された。小作料も低額の金納となった。この結果，1949年には自作農が急増し，小作地は1割ほどに激減した。農民の生活向上は国内市場を拡大させ，高度経済成長を生み出す要因の一つとなった。しかし，自作農の経営規模は零細で，生産性の発展につながらなかった。

零細経営 (れいさいけいえい)　耕地面積が小さく，農業所得額が低い農業経営形態のこと。日本の農林水産業就業者1人あたりの農地面積は約1.9ha。ヨーロッパの8％，アメリカの1％ほどである(2014年)。労働生産性も低く，兼業農家も多い。さらに都市近郊では農地が宅地に変わり，耕地面積はますます減少傾向にある。なお，ＧＤＰ(国内総生産)全体に占める農業の割合はおよそ0.8％である。

農地法　Ⓒ5Ⓝ(のうちほう)　戦後，農地改革により創出された自作農保護を目的として，1952年に制定された法律。その後1970年に抜本的に改正され，地主制の復活を恐れて否定されてきた借地主義への転換がみられた。1980年の改正では現物小作料が容認され，1993年には農業生産法人設立要件も緩和された。

農家　ⒷⓃ(のうか)　日本の農林水産省の現定義では，経営耕地面積10a以上の農業を営む世帯または農産物販売金額が年間15万円以上ある世帯。戦前までは，自己の土地を有する農家たる<自作農>と，土地所有

者に利用権を支払って農業に従事する＜小作農＞に分かれていた。敗戦後の農地改革によって，小作農は制度上存在しなくなり，自作農が原則となった。近年は，農業合理化の観点から農業に従事する法人の設立も認められており，これも農家の一種となっている。2019年時点における農家人口は約398万人。明治期以来の専業・兼業農家のほかに，販売農家・自給的農家という分類が導入され，1995年からは主業農家・準主業農家・副業的農家の３区分もある。

販売農家 **C** **Ｎ**(はんばいのうか)　農家のなかで，商品生産を目的として農業を営み，経営耕地面積30a 以上，または農産物販売金額50万円以上の農家をいう。2020年時点で約103万戸。

自給的農家 **Ｎ**(じきゅうてきのうか)　飯米自給などを主たる目的とする農家で，経営耕地面積30a 未満で，かつ農産物販売金額50万円未満の農家をいう。2020年時点で約72万戸。

主業農家 **C** **Ｎ**(しゅぎょうのうか)　農業所得が主（農家所得の50％以上が農業所得）で，1年間に60日以上自営農業に従事する65歳未満の者がいる農家。2020年時点で23.1万戸。

準主業農家 **C** **Ｎ**(じゅんしゅぎょうのうか)　農外所得が主（農家所得の50％未満が農業所得）で，1年間に60日以上自営農業に従事する65歳未満の者がいる農家。2020年時点で14.3万戸。

副業的農家 **C** **Ｎ**(ふくぎょうてきのうか)　1年間に60日以上自営農業に従事する65歳未満の者がいない農家。2020年時点で66.4万戸。

専業農家 **C** **1** **Ｎ**(せんぎょうのうか)　世帯員中に1年間に30日以上雇用兼業に従事するか，販売額10万円以上の自営兼業に従事した兼業従事者が一人もいない農家をいう。

兼業農家 **C** **Ｎ**(けんぎょうのうか)　世帯員中に兼業従事者が一人以上いる農家をいい，農業と兼業を比較してどちらの所得が多いかで，農業を主とする兼業を第一種兼業，農業を従とする兼業（農外所得が多い）を第二種兼業と区別する。

農業所得Ｎと農外所得(のうぎょうしょとく-のうがいしょとく)　農業生産から得た所得が農業所得。他産業に雇用されたり，自家営業に従事して得た所得が農外所得。

農業従事者 **Ｎ**(のうぎょうじゅうじしゃ)　15歳以上の農家の世帯員で，年間1日以上自営農業に従事した経験がある者をいう。

農業就業人口 **4** **Ｎ**(のうぎょうしゅうぎょうじんこう)　農業従事者のうち，自営農業のみに従事した者または自営農業以外の仕事に従事していても年間労働日数で自営農業が多い者をいう。2010年時点の農業就業人口は約261万人だったが，2019年時点では約168万人に減少している。

基幹的農業従事者 **3**(きかんてきのうぎょうじゅうじしゃ)　農業就業人口のうち，ふだんの主な状態が農業である者をいう。家事や育児を主とする者は含まれない。65歳以上の比率は60％をこえる。2021年時点で約130万人。

農業専従者(のうぎょうせんじゅうしゃ)　農業従事者のうち，自営農業に従事した日数が150日以上の者をいう。

農業基本法 **Ａ** **6** **Ｎ**(のうぎょうきほんほう)　1961年に制定された，日本の農業政策の目的と基本方針を規定した法律。国内農業生産性の向上と，農民と都市勤労者との間の所得格差の是正を目的とした，農業構造改革の方向性を示したもの。具体的には農業規模拡大と近代化や，米作を中心とした経営から畜産・果樹を含む耕作品目の選択的拡大などがうたわれていた。1999年に改正され，食料・農業・農村基本法（新農業基本法）が制定された。

食料・農業・農村基本法 **Ａ** **4** **Ｎ**(しょくりょう・のうぎょう・のうそんきほんほう)　従来の農業基本法に代わり，1999年に制定された法律。新農業基本法ともいう。食料の安定供給の確保，農業の持続的発展，農村の振興と農業の多面的機能の発揮などを規定している。

農業構造改善事業(のうぎょうこうぞうかいぜんじぎょう)　日本農業の国際化に対応するため，農業構造の改善と労働生産性の向上が必要となってきた。構造改善のためには，経営規模の拡大による農民層の分解をともない，小作制の導入などによる農地の所有者と経営が分離される可能性や，農業法人の設立，共同経営化も視野に入れる必要がある。この場合には経営も企業的になり，多角的・複合的経営が主流になってくる。一方で，中小家畜・施設園芸など施設を利用した農

業などでは，個別経営を共同化するところもみられる。

農業の機械化　(のうぎょう-きかいか)　農業の機械化は，19世紀からイギリス・アメリカで，労働生産性や経済効率を高めるために推進されてきたが，狭い耕地ではむずかしい。また，機械化導入による借金で“機械化貧乏”とよばれる問題も生じている。

農業経営基盤強化促進法　(のうぎょうけいえいばんきょうかそくしんほう)　1992年の新農業政策に基づき，1993年に制定された法律。将来の日本農業を担う，経営感覚に優れ，効率的かつ安定的な経営体としての農家の育成が目的。市町村が認定した農家を中心に，支援措置の創設などを盛りこんでいる。

農業近代化　(のうぎょうきんだいか)　日本の農業は労働集約的で，生産性の低い小規模・零細な農業経営が定着していた。この状態からの転換を近代化と総称する。具体的には，経営規模の拡大，機械化などによる生産性の向上などを意味する。そのためには共同化や法人化が必要であり，その点で企業化とも一致する。

農業協同組合　**B**1**N**(のうぎょうきょうどうくみあい)　農協，ＪＡと略称。1947年発足。耕作農民のみによって構成される農業者の団体。加入者を対象とした信用供与，生産物の販売・購買，共済事業などを行い，特定分野の専門農協を基礎とし，都道府県レベルの中央会，信連，経済連，共済連など業務ごとに組織化されている。1991年には大規模合併農協による事業経営の実現を目的とした行動方針などが確認された。2015年には，これまで農協の司令塔的な役割を果たしてきたＪＡ中央（全国農業協同組合中央会）の指導・監督権限を廃止する改革などが，政府主導で行われた。

食糧管理制度　**B**5**N**(しょくりょうかんりせいど)　1942年，食糧管理法が米・麦類や澱粉類など主要食糧の流通・消費の国家管理によって，需給と価格の安定化・調整を達成するために制定された。戦後の食糧不足の時代には，①国家による主要食糧全量購入，②配給，③輸出入の国家統制，④国家による買い入れ・売り渡しの二重価格制，⑤指定・許可による流通管理，などが有効性をもった。しかし，1960年代半ばからのコ

メの需給関係の緩和などにより，1970年代からは過剰米への対策が重要となった。このため，各種の改革が行われたが，1990年からは，自主流通米価格形成機構の設立によりコメの価格への市場原理も導入され，その結果，1995年には食糧管理法は廃止され，食糧法に移行した。

類食糧管理法C N

食糧法　**A**1**N**(しょくりょうほう)　食糧管理法に代わって，コメやムギなどの食糧の生産・流通について定めた1995年施行の法律。正式には「主要食糧の需給及び価格の安定に関する法律」。新食糧法ともいう。この法律で，かつて違法だったヤミ米（自由米）が，計画外流通米として公認された。

同新食糧法B N

農産物価格維持制度　(のうさんぶつかかくいじせいど)　農業恐慌時などに，暴落した価格を引き上げるために設置された制度。農家所得の保障と農産物価格の安定を目的とする。日本では1942年に成立。戦後は，食糧管理制度がその役割を果たした。

米価　**N**(べいか)　旧食糧管理制度の配給制の下では，1949年に設置された米価審議会の答申によって，米価は事実上決定されてきた。しかしこの米価の決定は，政治的要求を反映したものとの批判も多かった。1995年に施行された食糧法では，コメの輸入などを背景に，①コメの民間流通を軸とした制度の確立と運営，②自主流通米価格を中心に米価への市場原理の導入，③備蓄・生産調整その他に関する政府・民間の協力，④コメ流通ルートの規制緩和と多様化の実現，などが定められた。

米価審議会　(べいかしんぎかい)　1949年に設置された農林水産大臣の諮問機関で，生産者代表・消費者代表・学識経験者ら25名以内で構成。コメ・麦などの価格決定に関する基本事項の調査・審議を行った。2001年の中央省庁再編の際に廃止。

戸別所得補償制度　**C N**(こべつしょとくほしょうせいど)　すべての販売農家を対象に，コメ・麦・大豆など重点作物の販売価格が生産費を下回った場合，その差額をもとに所得補償する制度。民主党がマニフェスト（政権公約）に掲げた農業政策の一つ。2010年度から順次実施されたが，自民・公明党政権

のもとで18年度から廃止。正式には「農業者戸別所得補償制度」という。

同 農業者戸別所得補償制度 Ⓝ

減反政策 Ⓒ②Ⓝ（げんたんせいさく）　1960年代後半になると，コメの消費量の低下と生産量の増加により，政府の古米在庫量が増えた。この対応策として，主に生産量の削減という方法がとられた。コメの減反（生産調整）政策は1971年から本格的に開始。減反面積は行政側から農家に割り当てられ，これに応じた農家には一定の基準にそって奨励金が交付された。食糧法の下では，減反は個々の農家の自由意思を尊重するとされたが，実際には従来の方式が踏襲された。2018年度から減反政策は，実質的に廃止された。

コメの過剰生産（かじょうせいさん）　食糧不足の解消のため，第二次世界大戦後，コメの増産がはかられてきた。しかし，食生活が多様化するつれてコメの消費量は減少し，1960年代後半から生産量が消費量を上まわるようになった。政府は1971年から，コメの減反政策など生産調整を本格的に実施した。

離農化（りのうか）　兼業農家の増大とともに，高齢化した兼業農家を中心に，農業労働力の不足などから耕作面積の縮小や，農業をやめる傾向が強まっている。これを離農化といい，農村の過疎化に拍車をかけている。

食料自給率 Ⓐ⑥Ⓝ（しょくりょうじきゅうりつ）　国内で消費する食料の量のうち，国内生産でまかなえる割合。2020年時点における日本の食料自給率は，カロリーベースで37%。諸外国を見ると，米国132%，英国65%，仏国125%，独国86%となっており，日本の食料自給率の低さは政治的課題の1つとなっている。

食料自給力 Ⓝ（しょくりょうじきゅうりょく）　国内の農地などを最大限に活用した場合に，国内生産だけでどれだけの食料を生産することが可能かを試算した指標。農林水産省が2015年に初めて試算した。それによると，農地の潜在的な生産能力をフル活用して確保できるカロリーは，必要なうちの7割程度だった。

食料安全保障 Ⓑ Ⓝ（しょくりょうあんぜんほしょう）　1980年代のソ連での農業不作により，世界的に飼料・穀物不足となった際，登場した考え方。1988年には北アメリカ大陸を50年ぶりの大かんばつが襲い，小麦・飼料作物・大豆などの生産が減少し，世界的な食料危機が叫ばれた。国連食糧農業機関（FAO）は，食料安全保障について「人々すべてが常時必要とする基本食料に物理的・経済的に確実にアクセスできること」と定義している。日本の食料・農業・農村基本法でも，食料政策の骨子として位置づけている。

コメの市場開放 ②（－しじょうかいほう）　旧食糧管理制度の下では，コメは一粒も輸入しないという方針を堅持してきた。しかし，GATT（関税と貿易に関する一般協定）のウルグアイーラウンドで，コメについては1995年から，国内消費量の4〜8％をミニマムーアクセス（最低輸入量）として受け入れた（現在は年間約77万トン）。1999年からは，それ以外の輸入米に高率の関税（778%）を課して輸入を開始した。

類 ミニマムーアクセス Ⓑ⑥Ⓝ（最低輸入量 Ⓑ）
コメの関税化 Ⓒ②Ⓝ

農産物の輸入自由化（のうさんぶつーゆにゅうじゆうか）　1975年以降，日本への農産物輸入自由化の圧力が高まり続け，特にアメリカからの12品目の自由化要求に対応して，1991年に牛肉やオレンジの自由化が始まった。この結果，日本が輸入制限をしている農産物はほとんどなくなり，低価格農産物の輸入量が大幅に増加するようになった。こうした事態のなかで日本政府は2001年，中国からの輸入が急増したネギ・生シイタケ・イグサ（畳表）の3品目について，セーフガード（緊急輸入制限）を暫定的に発動した。2017年には，アメリカ産などの冷凍牛肉にセーフガードを発動。

類 セーフガード Ⓐ⑧Ⓝ

穀物メジャー Ⓝ（こくもつー）　☞ p.508（穀物メジャー）

緑の革命（みどりーかくめい）　1960年代以降，穀類の高収量品種の栽培を灌漑・肥料などの技術革新と並行してすすめ，発展途上国の人口増大に対応した食料増産をはかる取り組み。育種から社会経済の改革に至るまで幅広い内容を含む。言葉としては，アメリカのレスター＝ブラウンがレポートで用

いてから急速に広まった。フィリピンの国際稲研究所（ＩＲＲＩ）が開発した新品種ＩＲ-8は，ミラクル-ライス（奇跡のコメ）ともよばれ，東南アジア諸国が「緑の革命」を推進する契機となったが，定着したとはいいがたい。

生産緑地 （せいさんりょくち）　農産物の安定供給と緑地確保の観点から，農地の一部を生産緑地と指定し，計画的に残そうというもの。生産緑地に指定されると，宅地なみ課税が免除される。都市圏において農地は，農業生産の場であるばかりでなく，防災・水質浄化・大気汚染防止などの機能も期待されている。

農業の多面的機能 **Ｃ** （のうぎょう-ためんてききのう）　食料・農業・農村基本法で認められた農業のはたす役割や機能をさす。国土保全，水源涵養，自然環境保全，良好な景観形成，文化の伝承，情操教育などがある。これらの機能について日本学術会議の答申に基づき，民間の研究所による貨幣評価の試算も行われている。

食の安全 **Ｃ** （しょくのあんぜん）　食に起因する病気や事故を予防するためのあらゆる科学的・政策的な取り組み。

有機農業 **Ｃ** （ゆうきのうぎょう）　農薬や化学肥料を使用しないで，たい肥などの自然的有機肥料を用いて生産を行う農業。近年，食品の味だけでなく安全性についても関心が高まり，注目されている。JAS法（農林物資の規格化及び品質表示の適正化に関する法律）の改正で，2001年から国産だけでなく輸入も含めた有機農産物や食品の認証制度がスタートした。農林水産省が1990年代に提起した環境保全型農業もこれに近い。

　　　　　　　　　　　　類 環境保全型農業

残留農薬 **Ｃ** **Ｎ** （ざんりゅうのうやく）　耕作の大規模化・機械化の進展とともに，化学肥料や農薬が大量に使用され，生産物に残留した。これによる体内の異常や生態系の変化などが問題となっている。

ポスト-ハーヴェスト **Ｎ** ［post-harvest］穀物・野菜・果物などの貯蔵や輸送に際し，害虫やカビの発生を抑えるため，収穫後に農薬を散布すること。日本では輸入農産物のなかから残留農薬が検出され，社会問題となった。

生物農薬 （せいぶつのうやく）　農薬・化学肥料による人間の健康や生態系への悪影響を懸念し，害虫の天敵を代わりに使うこと。天敵農薬ともいう。柑橘類の害虫に対する天敵などが発見されている。

バイオ野菜 （-やさい）　土地を使わないで，肥料を溶かした培養液を用いて栽培された野菜。水耕は消毒などが容易だといわれる。現在，ミツバ・カイワレダイコン・トマトなどの栽培で実用化されている。

遺伝子組み換え作物⑧Ｎ（ＧＭ作物Ｎ）（いでんしくーかーさくもつ）（ーさくもつ）　耐病性や日持ち性などの機能をもつ遺伝子を人工的に組み込んだ作物。日本国内では，ＧＭ作物の商業栽培はバラ以外行われていない。遺伝子組み換えは農産物の品種改良などに有用だが，本来は自然界に存在しないため，その危険性を指摘する声も強い。農林水産省は1996年に７品目の遺伝子組み換え農産物の食品安全性を認め，輸入が可能となった。大豆・トウモロコシなど５作物と，それらを原料とする24品目については，2001年から表示が義務づけられた。現在では，表示義務は８作物，33品目に広がっている。ただし，加工度の高いしょうゆや食用油などには表示義務はない。従来の遺伝子組み換え技術による作物の定義は，外来の遺伝子を組み込んだものとされているが，ゲノム編集技術を用いた場合は外来の遺伝子を組み込まずに遺伝子の改変を行うことも可能なためこの定義にあてはまらず，定義や規制の見直しが必要かどうか検討されている。　　**☞** p.47（ゲノム編集）

食育 **Ｎ** （しょくいく）　食生活の乱れ，栄養バランスの崩れ，食にかんする知識不足などに対し，食の安全や食品の栄養特性，食文化などの情報提供や地域での実践活動を推進しようとするもの。このため，2005年に食育基本法が制定された。

　　　　　　　　　　　　類 食育基本法 **Ｎ**

スロー-フード ［slow food］　外食やコンビニに象徴されるファストフードが，食生活や食文化の荒廃をもたらしたとの反省をふまえ，食における自然で質の高いものを守ろうとする考え方や運動。近年，日本でもスローフード運動にかかわるＮＰＯ（非営利組織）がふえ，伝統食の復活，生産者と

の連携，食育の推進などの活動を行っている。

地産地消 **B** **N**（ちさんちしょう）　その地域で採れた農産物をその地域内で消費しようとする取り組みや運動。地元産の野菜を小・中学校の給食の材料として使うなど，食の安全とも関連して多様な形態をとる。

トレーサビリティ **B** **9** **N**〔traceability〕　食の安全を確保するため，食品などがいつ，どのような経路で生産・流通・消費されたかの全履歴を明らかにする制度。ＢＳＥ（牛海綿状脳症）の発生を契機にして，2003年に牛肉トレーサビリティ法が成立した。

類牛肉トレーサビリティ法**1**

ＢＳＥ **B** **N**（牛海綿状脳症 **C** **N**）〔Bovine Spongiform Encephalopathy〕（うしかいめんじょうのうしょう）　プリオン（たんぱく質の一種）の感染で脳障害をおこし，高い確率で死にいたる牛の病気。感染牛はイギリスやアイルランドなどで多く発生。日本では2001年に初めて発生し，パニックにおちいった。「人が牛を狂わせた病気」という意味で，狂牛病ともいう。

同狂牛病 **C**

口蹄疫 **N**（こうていえき）　牛・羊・豚などの家畜がかかるウイルス性疾患。家畜法定伝染病の一つ。1週間ほどの潜伏期をへて発熱，口内などに水泡ができる。まれに人間にも感染する。防除が困難で，2010年に宮崎県で発生した際，多くの牛が殺処分された。

鳥インフルエンザ **2** **N**（とり-）　鳥類の間でウイルスにより感染する高病原性のインフルエンザ。1990年代後半にアジアで大流行した。日本では2004年に初めて発生，大量の鶏を殺処分する被害を出した。人への感染力は弱いとされるが，東南アジアなどでは死亡者も出ている。

新型インフルエンザ **C** **N**（しんがた-）　2009年，メキシコから発生し，世界的な大流行（パンデミック）となったインフルエンザ。豚がもっていたインフルエンザＡ型ウイルス遺伝子が人間にうつって変異したもの。世界保健機関（ＷＨＯ）は，警戒水準を最高レヴェルのフェーズ6と宣言した。

類パンデミック **C** **N**

フード-マイレージ **C** **4** **N**〔Food Mileage〕　食生活の環境への負荷の度合いを数値化した指標。食料輸送量に輸送距離を掛けあわせて算出される。イギリスで提唱された。

有機ＪＡＳマーク **N**（ゆうき-）　審査を受け，ＪＡＳ法（農林物資の規格化及び品質表示の適正化に関する法律）の一定の基準に適合した場合，付けることができるマーク。品名にも「有機」「オーガニック」と表示でき，外国からの輸入品にも適用される。表示には，第三者機関の審査と認証が必要。2011年11月から2013年11月に農林水産省が有機表示の不正で指導した事例が，182件にのぼったことが判明したが，業者や品名などは非公表だった。

エコファーマー　農薬や化学肥料の使用を減らした農業に取り組む農業者のこと。1999年に制定された持続農業法で創設された認定制度に基づく。2020年時点における認定件数は約8.4万。

グリーン-ツーリズム **N**〔green tourism〕　都市住民が農山村に出かけ，自然や文化に触れながら現地の人たちと交流する滞在型の余暇活動。また，自然環境や地域の生態系などを大切にした新しい旅行スタイルをエコ-ツーリズムという。

類エコ-ツーリズム **2** **N**

棚田 **C** **2** **N**（たなだ）　山の斜面につくられた階段状の水田。美しく独特な景観を提供し，洪水の防止にも役立つなど，その多面的な機能が注目されている。

里山 **1** **N**（さとやま）　人の住む地域の近くにあり，そこに住む人たちの暮らしと密接に結びついた自然環境。小さな山林や湖沼など。

森林の環境保全機能（しんりん-かんきょうほぜんのう）　森林が本来もつ環境を守るさまざまな役割。生物多様性保全，地球環境保全，土壌保全と土砂災害防止，水源涵養，快適環境形成，保健・レクリエーション，文化・教育，物質生産という八つの機能がある。また，こうした機能を維持するため，都市住民らによる森林ボランティア（フォレスト-サポーター）が活動している。

類森林ボランティア（フォレスト-サポーター）

☞ p.433（農業の多面的機能）

木材自給率 **N**（もくざいじきゅうりつ）　丸太に換算した木材の国内生産量の国内総需要に対す

る割合。1950年代半ばに90％をこえていたが，輸入自由化により急低下し，2000年代初めに約19％と最低を記録。近年は回復傾向にあり，2020年には約42％となった。

中山間地域 C ③ N （ちゅうさんかんちいき）　農業地域区分で中間農業地域と山間農業地域をあわせた地域。山林や傾斜地が多く，農業の条件が平地に比べて不利なところが多い。農地の耕作放棄の防止や多面的機能を維持するため，個別の協定に基づき農業者に補助金を直接支払う制度が実施されている。

道の駅 N （みち-えき）　「鉄道に駅があるように，道路に駅があってもよいのでは」という発想で，1993年に創設。市町村などが申請し，国土交通省が認定する。休憩機能・情報発信機能・地域連携機能・防災機能をもつ。休憩施設のほか，産地直売センターやレストランなどを備え，地域振興の核となっているところも少なくない。2022年2月時点における駅数は1194。

六次産業化 ④ （ろくじさんぎょうか）　第一次産業（生産）である農林水産業が，第二次産業（加工）や第三次産業（流通・販売）をも手がける業態（1×2×3＝6次）に脱皮することで，農林水産業そのものの再生をはかろうとする取り組み。農業者やそのグループなどが経営する農家（農村）レストランなどの形態がある。これらを推進するため，2010年に「地域資源を活用した農林漁業事業者等による新事業の創出等及び農林水産物の利用促進に関する法律」が制定された。2020年における六次産業の販売額は，農業関連が約2兆329億円，漁業関連が約2121億円である。

国際捕鯨委員会 C N （ＩＷＣ C N ）［International Whaling Commission］（こくさいほげいいいんかい）　クジラ資源の保護などを目的に，国際捕鯨取り締まり条約にもとづいて1946年に設立された機関。日本は1951年に加入した。加盟88か国のうち反捕鯨が50か国，捕鯨支持が36か国。重要事項の決定に必要な4分の3以上の賛成が，互いに得られない状況にある。なお，日本が南極海で行ってきた調査捕鯨に関して，国際司法裁判所（ＩＣＪ）は2014年，国際捕鯨取り締まり条約に違反するとして停止

命令を出した。一方，日本は，2019年に国際捕鯨委員会を脱退して，同年より商業捕鯨を再開した。　☞ p.293（国際司法裁判所）

築地市場 N （つきじいちば）（つきじしじょう）　東京都中央区にある代表的な公設卸売市場。規模は世界でも有数。外部には築地場外市場商店街がある。豊洲市場（江東区）への移転がすすめられてきたが，予定地の地下水や土壌から環境基準値を大幅に上回るベンゼン・シアンなどの有害物質が検出された。小池百合子東京都知事は，当初，豊洲移転に難色を示していたが，最終的には了承した。2018年に豊洲市場が開場し，築地は再開発が予定されている。

類 豊洲市場

食品ロス C N （しょくひん-）　スーパー・コンビニでの売れ残りや期限切れ食品，家庭や外食店での食べ残しなど，本来は食べられるはずの食品が廃棄されること。日本では年間632万トン（1日1人あたり茶わん1杯分に相当）ほどが捨てられている。フードーロスともいわれる。2019年には，食品ロスを減らすための食品ロス削減推進法が成立した。

類 食品ロス削減推進法

フードーバンク N ［food bank］　品質に問題はないのに市場に流通しなかったり，賞味期限が迫ったりした食品類を企業や市民らから譲り受け，それらを生活困窮者などに配布する活動，または活動を行うNPOなどの団体。1960年代にアメリカで始まり，日本では2000年代に初めてフードーバンクの団体がつくられた。

農業の選択的拡大 （のうぎょう-せんたくてきかくだい）　日本の戦後農政における考え方の1つで，需要増加の見込める農産物の生産を拡大すること。具体的には，米作を中心とした農業から，野菜・果実・畜産などの生産活動への転換を促すことである。その背景には，戦後日本におけるコメの生産過剰という問題を解消する狙いがあった。

和食 C （わしょく）　日本国内で歴史的に発達した料理の総称。欧米諸国の料理を総称して「洋食」とよぶが，その対比として用いられる表現。2013年，"Washoku" としてユネスコの無形文化遺産に登録された。コメ

を主食として，副食としてのおかずが添えられ，茶が飲み物として付いてくる形態の料理を指すとされる。仏教文化に影響を受けて獣肉類の食材利用が抑制されているほか，醤油と味噌による味付けを標準としている点が特徴である。その意味において，仏教的戒律に基づく精進料理や，茶道の一部を担う懐石料理が和食の代表的事例とされる。

5 都市化と過疎化の問題

都市化 **C**①**Ⓝ**（としか）　都市に人口が集中して都市が肥大化すること。日本の都市化は，明治期以降から続く趨勢的変化であるが，第二次世界大戦後，大都市圏への急激な人口集中と，都市以外の人口の急減という現象（過疎と過密）が同時に進行した。明治期以来の産業化・工業化とよばれる産業構造の変化による労働力移動が最大の理由であり，産業構造は農業中心から，工業中心へと移行した。工業社会は大量の労働力を必要とし，人口の都市への集中はまた，第三次産業としてのサービス業や商業の発達をうながした。加えて，1955年頃からの高度経済成長による重化学工業化と技術革新が，都市化に拍車をかけた。都市化とそれに基づくライフスタイルの変化は家庭・地域社会のあり方を大きく変化させた。

人口集中 **Ⓝ**（じんこうしゅうちゅう）　都市または都市圏へ人が集中すること。人口集中の結果，地価騰貴とそれによる住宅難・通勤問題・水不足・環境汚染・日照障害など，生活基盤関連施設に関するさまざまな問題が発生した。

Uターン **B****Ⓝ**［U-turn］　地方から大都市へいったん就学・就職した者が，人口の過密，環境汚染などによる都市機能の低下や雇用機会への不満という現実を前に，再び地方にもどる現象をいう。高度経済成長後の1975〜85年頃に指摘された。

Jターン **C****Ⓝ**［J-turn］　地方から都会へ出てきた労働者のなかで，大都市周辺の交通網の発達を利用し，都市周辺や地方の中核都市に定住する者が増えている現象をさす。完全にふるさとにもどらないことから，UではなくJターンとよぶ。

Iターン **B****Ⓝ**［I-turn］　大都市の出身者が地方企業などに就職や転職をして，そこに定住すること。移住先を自らの好みで自由に決めるのが特徴である。こうした人たちを，過疎化対策として政策的により寄せようとする地方自治体もある。

Vターン ［V-turn］　進学などで地方から大都市に出た者が，出身地とは別の地方に就職したり移住したりすること。

過密問題 **C**①**Ⓝ**（かみつもんだい）　人口が過度に都市に集中することで引き起こされる問題。公害や交通問題，社会資本の不足など。

過疎問題 **B**④**Ⓝ**（かそもんだい）　都市と農村との経済格差のため，農村人口が都市に流出して，急激に減少することにともなう諸問題。人口の急減により，農村のコミュニティや行政組織が崩壊するなどの問題が発生した。過疎対策として政府は，1977年に第三次全国総合開発計画（三全総）を策定，若年層の地方定住を促進しようとした。

限界集落 **C**③**Ⓝ**（げんかいしゅうらく）　過疎化が著しくすすみ，共同体として維持できなくなった集落（地域）。65歳以上の高齢者がその地域人口の過半数を占め，冠婚葬祭などの共同生活が困難になることなどが目安とされる。

地価 **B**②**Ⓝ**（ちか）　土地を売買するさいの価格。国土交通省が毎年，住宅地・商業地など用途別に基準地価を発表している。それによれば，2018年には全用途の全国平均で，バブル期の1991年以来のプラスに転じた。東京・大阪・名古屋の三大都市圏で顕著。
　　　類三大都市圏　**☞** p.419（地価）

土地基本法（とちきほんほう）　1989年に成立した法律。土地利用について，公共の福祉優先や計画的利用，土地投機の抑制，受益者負担の原則を定める。この法の制定がバブル経済の崩壊につながった。

全国総合開発計画 **C**（ぜんこくそうごうかいはつけいかく）　1962年策定。新産業都市を指定して開発の拠点とした。一方で，過密・過疎の問題，公害の問題を引き起こした。

新全国総合開発計画（しんぜんこくそうごうかいはつけいかく）　1969年策定。高速交通体系の整備と大規模産業開発の推進をはかった。

第三次全国総合開発計画（だいさんじぜんこくそうごうかいはつけいかく）　1977年策定。定住圏構想

を打ち出した。

第四次全国総合開発計画 （だいよじぜんこくそうごうかいはつけいかく）
1987年策定。高速交通ネットワークの形成と，多極分散型国土建設をめざした。

第五次全国総合開発計画 （だいごじぜんこくそうごうかいはつけいかく）
1998年策定。目標年次は2010〜15年。多軸型国土を提唱した。なお，政府はこれ以降の全国総合開発計画の廃止を決定している。

国土形成計画 （こくどけいせいけいかく）
全国総合開発計画にかわって策定された国土の利用・整備・保全を進めるための長期計画。根拠となる法律も「開発」の文字を削除し，2005年に国土形成計画法となった。国全体の大まかな方針を示す全国計画と，地方ブロックごとの広域地方計画が二本柱。

テクノポリス計画 （─けいかく）
テクノポリスとは，テクノロジーと都市を意味するポリスとを組み合わせた造語で，工業集積の著しい地域に高度技術産業都市をつくる構想をさす。1983年のテクノポリス法（高度技術工業集積地域開発促進法）に基づき，89年までに全国で26地域が指定された。

類 テクノポリス法（高度技術工業集積地域開発促進法）

ＰＦＩ **C** **N** [Private Finance Initiative]
道路や公民館の建設・維持管理など，これまで公共部門が担ってきた社会資本の整備に民間資本を導入するしくみ。サッチャー政権時代のイギリスを先例とし，日本でも1999年にＰＦＩ法（民間資金等の活用による公共施設等の整備等の促進に関する法律）が制定された。

ライフライン **C** **N**
電気・ガス・水道など，市民の社会生活に不可欠な線や管などで結ばれた施設。交通網などのシステムも含む。地震や台風などでこれらの一部が切断されると，広範囲に機能麻痺が引き起こされる。なお，こうした施設を「ライフライン」と呼ぶのは日本独特の慣習であり，英語圏では一般的に critical infrastructure と表現する。

ランドマーク [landmark]
その地域の象徴となるような建物や記念碑。都市を活性化させる取り組みとして，東京都墨田区の「東京スカイツリー」や大阪市阿倍野区の「あべのハルカス」などの超高層建物の建築が続いている。

類 東京スカイツリー **C** **N**　あべのハルカス

空き家問題 **C** **N** （あきやもんだい）
居住者がいなくなった空き家にかかわる諸問題。過疎地だけでなく都市部にも広がり，景観や治安上の問題も指摘される。背後には，少子高齢化や負担増などによる所有放棄がある。2015年から空き家対策法が全面施行され，所有者に適切な管理などを求めている。地方公共団体やＮＰＯ法人などによる空き家バンクの取り組みも始まっている。2018年時点における日本の空き家数は約849万戸であり，全住宅の13.6％にも及んでいる。

類 空き家バンク

民泊 **C** **1** **N** （みんぱく）
外国人旅行者などを，民家やマンションの空き家に有料で宿泊させること。国家戦略特区の一環をなす。旅館業法では，有料宿泊は事前の営業許可が義務づけられる。2018年には，無許可営業などへの罰則を強化した民泊新法（住宅宿泊事業法）が施行された。

統合型リゾート施設整備推進法 **N** （IR整備推進法 **N**） （とうごうがた─しせつせいびすいしんほう）（─せいびすいしんほう）
観光振興のため，カジノなどを併設したリゾートの整備をはかる法律。議員立法で2016年に成立。カジノ解禁法ともよばれる。2018年には，カジノ設置地域は全国で3か所，日本人の入場料は6000円，入場回数は週3回・月10回まで，などとするカジノを含むＩＲ実施法が成立。その直前，カジノ依存症への対応が急務とされ，ギャンブル依存症対策基本法が制定された。

同 カジノ解禁法　IR実施法 **N**

6 公害の防止と環境保全

公害の防止

公害 **A** **6** **N** （こうがい）
個人や企業の諸活動にともなって生じる環境悪化や，人間の生命・健康・財産への被害などを総称したもの。公害には，①企業活動にともなって発生する産業公害，②人口の都市集中や生活関連社会資本の立ち遅れから生じる都市公害（生活公害）などがある。また，環境基本法では，大気汚染・水質汚濁・土壌汚

染・騒音・振動・地盤沈下・悪臭の七つを公害と定義している（典型七公害）。しかし近年，これらの定義にあてはまらない公害も増え，原因も複雑になってきた（複合汚染）。各地方公共団体が受理した公害の苦情件数では，大気汚染が最も多く，次いで騒音・悪臭・水質汚濁の順。また，不法投棄もかなりある。2011年の福島第一原発事故後，公害にならい「核による被害・災害」との意味をこめて，核害という概念が提起されている。

類核害

産業公害 Ｂ Ｎ（さんぎょうこうがい）　企業の生産活動などにともない，広範囲に発生する公害。人の健康や生活環境に悪影響をおよぼす大気汚染・水質汚濁・土壌汚染など。

都市公害 １（としこうがい）　人が都市で日常生活することによって発生する公害。産業公害に対する言葉で，生活公害ともいう。ごみ・生活雑排水・近隣騒音の問題など。

同生活公害 Ｃ １ Ｎ

典型七公害 Ｃ ４（てんけいしちこうがい）　環境基本法において，公害の定義としてあげられた大気汚染・水質汚濁・土壌汚染・騒音・振動・地盤沈下・悪臭の七つ。

大気汚染 Ｂ ９ Ｎ（たいきおせん）　人間の経済活動によって大気が汚染されること。1960年代から，特に石油化学コンビナートの亜硫酸ガス排出による大気汚染が深刻化した。四日市・川崎などではぜんそくが問題となり，訴訟問題に発展した。また，自動車の排気ガスに含まれる窒素酸化物や炭化水素が，紫外線で化学反応を起こし，有害物質を発生させ，眼や呼吸器に障害を起こす光化学スモッグも，大気汚染が原因。

類光化学スモッグ Ｎ

水質汚濁 Ｂ ３ Ｎ（すいしつおだく）　生活雑排水や工場排水により，湖沼や河川の水質が悪化すること。健康項目と生活環境項目からなる水質環境基準が設けられている。健康項目としてはカドミウム・シアンなどが，生活環境項目としてはＢＯＤ（生物学的酸素要求量）やＣＯＤ（化学的酸素要求量）などが定められ，湖沼富栄養化防止のために窒素やリンの基準も定められている。

土壌汚染 Ｃ Ｎ（どじょうおせん）　土壌が有害物質によって汚染されること。カドミウム・

ヒ素・クロム・ダイオキシンなどが原因。

騒音公害 Ｃ １ Ｎ（そうおんこうがい）　建設・工場・自動車の騒音以外に，最近では人間の耳では聞きとりにくい低い音や，機械や空調・電車などによる低周波の空気振動が，吐き気や頭痛の症状を引き起こすとされる。

振動 Ｃ １ Ｎ（しんどう）　工場の操業や工事，航空機や鉄道や自動車の運行による振動・揺れによって被害が出ること。

地盤沈下 Ｃ Ｎ（じばんちんか）　地下水のくみ上げ等により地面が沈下し，建造物や水道管やガス管などに被害が出ること。

悪臭 Ｃ Ｎ（あくしゅう）　不快なにおい。工場など事業活動にともなって排出される悪臭物質を規制するため，悪臭防止法（1971年）も定められている。

足尾銅山鉱毒事件 Ｃ ２ Ｎ（あしおどうざんこうどくじけん）　1880年代から，古河財閥の経営する足尾銅山から流出する鉱毒のために農作物や魚が汚染され，渡良瀬川流域の住民らが被害を受けた事件。この一帯で起きる毎年の洪水が被害を広げ，農民たちは銅山の操業停止や損害賠償などを求めて反対運動に立ち上がった。栃木県選出の代議士田中正造はこの運動の先頭に立ち，1891年に帝国議会で鉱毒問題を追及，1901年には天皇直訴にまでおよんだ。この事件は日本の公害問題の原点といわれる。

類田中正造 Ｃ Ｎ

別子銅山煙害事件（べっしどうざんえんがいじけん）　別子銅山は，愛媛県新居浜市にあり，1690年に発見された。鉱毒による河川汚染や，製錬所から出る亜硫酸ガスの煙害が，1880年代から問題となり，瀬戸内海・四阪島への製錬所の移転などが行われた。1973年閉山。

四大公害訴訟 Ａ ６ Ｎ（よんだいこうがいそしょう）　水俣病訴訟・新潟水俣病訴訟・イタイイタイ病訴訟・四日市ぜんそく訴訟の四つの訴訟をさす。四大公害訴訟は，いずれも1960年代後半の高度経済成長期に提訴された。裁判では，いずれも原告（被害者）側が全面勝訴。企業の加害責任を認め，被害者への損害賠償を命じた。

水俣病 Ａ ２ Ｎ（みなまたびょう）　熊本県水俣湾周辺で1953年頃から1960年にかけて発生した公害病。公式確認は1956年。手足がし

びれ，目や耳が不自由になったり，死にいたる症状を示した。1959年には，化学工業会社チッソの工場から排出された有機水銀が原因であると大学調査等で確定された。しかし，日本政府がその因果関係を認めたのは1968年のことであり，さらに行政上の対策を怠った責任を認めて，水俣病患者たちと裁判上の和解に応じたのは1996年のことだった。

類 **メチル水銀** Ⓝ

新潟水俣病 Ⓑ Ⓝ（にいがたみなまたびょう）　原因は，昭和電工が排出したメチル水銀で，熊本県の水俣病と同じ症状を示した。1964年から1970年にかけて阿賀野川流域で発生。新潟水俣病の公式確認は1965年。1971年に第1次訴訟で勝訴した後も，被害者らは国による賠償などを求め，5次にわたり裁判が行われてきた。

イタイイタイ病 Ⓐ Ⓝ（-びょう）　骨がもろくなり「痛い痛い」と叫んで死ぬところから名前がついた公害病。富山県神通川流域で，1922年から発病が確認されている。三井金属鉱業神岡鉱業所が排出したカドミウムが原因。1968年，日本初の公害病として認定された。認定患者は約200人。2013年に被害者団体と原因企業との間で合意書が交わされ，全面解決した。

類 **カドミウム** Ⓝ

四日市ぜんそく Ⓐ ② Ⓝ（よっかいち-）　1961年頃から三重県四日市市の昭和石油など6社の石油コンビナートで発生。呼吸器系が侵され，ぜんそく発作の症状を示した。原因はコンビナート排出の亜硫酸ガスである。

類 **亜硫酸ガス** ① Ⓝ（二酸化硫黄 ② Ⓝ）

環境破壊 Ⓑ ③ Ⓝ（かんきょうはかい）　人間が，生活にともなう活動によって地球上の自然環境を破壊すること。経済活動が進み，人口も増加し，居住範囲が広くなることにより，自然環境が破壊される範囲も拡大している。大気汚染・水質汚濁・地盤沈下といった公害は，環境破壊の一つの側面である。破壊の場所が，地球的規模に拡大されている。

ハイテク汚染 Ⓒ Ⓝ（-おせん）　有機溶剤（トリクロロエチレン）など先端産業から発生する汚染。金属加工・半導体の洗浄剤として広く使用されているが，これを地下に流すため，地下水の汚染につながっている。IT（情報技術）生産の増大にともない，IT公害とよばれる現象も広がっている。

類 **IT公害**

薬品公害 Ⓝ（やくひんこうがい）　製薬会社などが安全性を十分に確認せずに薬を製造・販売したため，その副作用により発生した公害をさす。薬害ともいう。

スモン事件：キノホルムの投薬によって失明や歩行不能などの被害を受けた事件。

サリドマイド事件：妊娠初期の女性が睡眠薬イソミンを服用して身体に障害のある子が生まれた事件。

薬害エイズ事件：エイズウイルス（HIV）に汚染された血液製剤で血友病患者がエイズを発症，死亡者を出した事件。

薬害肝炎事件：血液製剤「フィブリノゲン」などを投与された人たちがC型肝炎ウイルスに感染した事件。被害者たちが国や製薬企業を相手に訴訟を起こし，裁判所で

	新潟水俣病	四日市ぜんそく	イタイイタイ病	水俣病
被害地域	新潟県阿賀野川流域	三重県四日市市	富山県神通川流域	熊本県水俣湾周辺
被告	昭和電工	三菱油化など，石油コンビナート6社	三井金属鉱業	チッソ
提訴	1967年6月	1967年9月	1968年3月	1969年6月
訴訟内容	水質汚濁 工場廃水中に含まれる有機水銀が魚介類を介して人体に入り水銀中毒を起こしたとして賠償を請求	大気汚染 コンビナートの工場から排出される亜硫酸ガスや粉塵などによりぜんそくになったとして6社の共同責任を追及	水質汚濁 鉱業所から流れ出た鉱毒が上水・農地を汚染し，カドミウム中毒を起こしたとして賠償を請求	水質汚濁 工場廃水中に含まれる有機水銀が魚介類を介して人体に入り水銀中毒を起こしたとして賠償を請求
判決	1971年9月 公害病患者らの原告側全面勝訴	1972年7月 公害病患者らの原告側全面勝訴	1972年8月 公害病患者らの原告側全面勝訴	1973年3月 公害病患者らの原告側全面勝訴

▲ 四大公害訴訟

和解案が示されたが，根本的な解決につながらないとして，被害者側はこれを拒否した。その後政府が謝罪し，和解が成立。2008年に被害者救済法が制定された。この事件の背景にも政・官・業の癒着構造がある。2009年には，Ｃ型肝炎だけでなく，集団予防接種で注射器を使い回しされたために発症したＢ型肝炎の被害者も含め，すべてのウイルス性肝炎患者・感染者の救済をめざした肝炎対策基本法が，議員立法のかたちで成立した。

イレッサ事件：イレッサとはイギリスの製薬会社が開発した肺がんの治療薬の商品名。日本では2004年，イレッサを服用し，その副作用で死亡した患者の遺族が，製薬会社や国を相手に提訴。2011年，大阪地裁は製薬会社に賠償を命じたが，国の責任は認めなかった。その直後，東京地裁が製薬会社と国の責任を認める判決を出したが，その後控訴審でくつがえった。2013年，最高裁は患者遺族らの上告を棄却した。治療効果のある患者もいるため，薬は現在でも年間約9000人が服用しているとされる。

海洋汚染　Ｂ①Ｎ（かいようおせん）　富栄養化などを原因として植物プランクトンの異常発生が生じ，海水を汚染する現象。養殖漁業では魚の窒息死などの被害を受けている。湖沼などの静水域で，生活排水・汚水によるアオコの異常発生も同質の現象。

ゴルフ場の農薬汚染　（-じょう-のうやくおせん）　ゴルフ場の芝生などの維持には，殺虫剤・除草剤・殺菌剤など30種以上の農薬の散布が必要とされる。このため，ゴルフ場のプレーヤーばかりではなく，周辺の住民に対しても，地下水や水道水などが汚染され，健康上の影響が懸念される。

アスベスト　Ｂ④Ｎ［asbestos］　石綿（せきめん）／いしわた。繊維状の鉱物で，飛散物を吸いこむと肺がんなどを引き起こす。日本では高度経済成長期から建築材などに多用された。潜伏期間が長いため，近年になって多くの被害者が出ている。このため，健康被害を受けた人を救済するアスベスト新法（石綿による健康被害の救済に関する法律）が2006年に制定された。労災補償の受けられない周辺住民などの患者にも療養手当などを給付する。大阪・泉南アスベスト訴訟で最高

裁は2014年，被害者や遺族らの訴えに対して，初めて国の責任を認め，損害賠償を命じた。同年末，国は謝罪し，一部の被害者らと和解した。

ダイオキシン　Ｂ⑧Ｎ［dioxin］　塩素系のプラスチックなどを燃やすと発生する猛毒物質。ゴミ焼却場などから検出され，社会問題となった。このため，総排出量を規制するダイオキシン類対策特別措置法が，1999年に制定された。ヴェトナム戦争時にアメリカ軍が大量に使用した枯れ葉剤に含まれていた。

環境ホルモン④Ｎ（内分泌かく乱物質）
（かんきょう-）（-ないぶんぴつ-らんぶっしつ）　生体にとりこむと性ホルモンに似た作用をもたらし，生殖機能障害や悪性腫瘍などを引き起こすとされる化学物質。ダイオキシン類やポリ塩化ビフェニル類などに含まれる。『奪われし未来』のなかで，コルボーンらがその危険性を警告した。最近では，神経系や脳への影響などについても指摘されている。

ＰＣＢ　Ｎ［polychlorobiphenyl］　ポリ塩化ビフェニル。肝機能障害や嘔吐（おうと）などの被害を引き起こすとされる有機塩素化合物。現在は製造中止。

ゴミ問題　Ｃ①Ｎ（-もんだい）　年々増加するゴミの排出などをめぐる問題。ゴミは，家庭などからの一般廃棄物と工場からの産業廃棄物に分類される。その対策にからんで，民間処理業者による産業廃棄物の越境不法投棄（香川県豊島（てしま）や青森県田子（たっこ）町など）や，焼却処理過程におけるダイオキシン発生の問題など，多岐にわたる課題が山積する。

廃棄物　Ａ⑦Ｎ（はいきぶつ）　不必要なものとして捨てられるもの。事業活動に伴って生じたものを産業廃棄物（産廃）といい，それ以外を一般廃棄物という。2019年の総排出量は，産業廃棄物で約３億8596万トン（再生利用率約53％），一般廃棄物で4274万トン（１日１人あたり918g，リサイクル率19.6％）。

　　　　　　　　　　　　　類**一般廃棄物**　Ｃ②Ｎ

産業廃棄物　Ｃ①Ｎ（さんぎょうはいきぶつ）　廃棄物処理法により規定された６種類（燃えがら・汚泥・廃油・廃アルカリ・廃酸・廃プラスチック類）と施行令第１条に規定され

るものを合わせて20種類ある。ダイオキシンなどの発生源となるため，その処理規準と不法投棄が問題となっている。

類 **廃棄物処理法** B

生物濃縮 N (せいぶつのうしゅく)　生物の体外から取り入れたものが体内に高濃度で蓄積する現象。生態系中の食物連鎖で，小さい生物が大きい生物に食べられるという過程をとる。この連鎖によって生物の体内に有機水銀・カドミウムなど，生物体内で分解できない物質が入りこむと，連鎖を経るごとに体内に濃縮されていく。

類 **食物連鎖** C N

マイクロプラスチック B N
［microplastics］　海洋に流出したプラスチックゴミで，大きさが5ミリを下回るもの。これらは海中を漂い，拡散する過程で，海に溶け込んだPCBなどの有害物質を吸着。それを魚や貝が餌と間違えて食べると，食物連鎖によって有害物質が濃縮され，生態系に悪影響を与える。EU（欧州連合）では，加盟国およびイギリスを含めた28か国が協力して，海洋汚染を広げる原因になる使い捨てプラスチック製品を禁止している。

PM2.5 N　2.5マイクロメートル以下の微小粒子状物質。中国などで大気汚染の原因の一つとなっている。花粉用マスクでは防げず，人体への影響も指摘されている。発生源は工場や自動車，砂塵などさまざまである。

環境保全・環境対策

公害対策基本法 A 7 (こうがいたいさくきほんほう)　1967（昭和42）年に制定された，公害対策の憲法といわれた法律。公害の定義，事業者・国・地方公共団体の責務，環境基準などが明記され，日本の環境行政上重要な役割を果たしてきたが，1993年には，環境保全に関する新たな理念や多様な政策手段を示し，日本の環境行政の基盤をなす基本法として環境基本法が制定された。

公害国会 C N (こうがいこっかい)　公害対策関係の14本の法律が一気に改正・成立した1970年末の第64回臨時国会をさした言葉。焦点だった公害対策基本法から「経済の健全な発展との調和を考慮する」という条項

が削除されるなど，日本の公害法体系を前進させる画期となった。

環境基本法 A 5 N (かんきょうきほんほう)　1967年施行され，1970年に改正された公害対策基本法と，1972年制定の自然環境保全法に代わって，1993年に環境政策全体に関する基本方針を示すために制定された法律。従来バラバラに行われていた国・地方公共団体・事業者・国民などの各主体の協力と参加が不可欠という立場から，環境基本計画に基づく環境行政の総合的な推進を規定している。

類 **自然環境保全法** C 2 N

環境アセスメント A 4 N (かんきょう-)　開発行為を行う場合，それが自然環境に与える影響を事前に調査・予測・評価すること。これまで地方公共団体の条例レベルで先行して導入されてきたが，1996年の中央環境審議会の答申に基づき1997年に環境影響評価法（環境アセスメント法）が成立した。調査項目に関して自治体や住民の意見を反映させることになったが，アセスメント自体を各事業の主務官庁が行い，評価するなど不十分な点も多い。なお，予算化されたが長期間着工されていない公共事業などについて，中止を含めて再評価することを「時のアセスメント」とよぶ。

類 **環境影響評価法** A 9 N　時のアセスメント

公害健康被害補償法 C 5 N (こうがいけんこうひがいしょうほう)　公害病の疾患の内容とその発生地域を指定し，救済の対象とすることを定めた法律。1973年に公害被害救済法を改正して制定された。従来，患者認定審査会が水俣病認定患者・イタイイタイ病認定患者などの公害疾患者を認定してきた。このうち大気汚染系疾患については，1988年3月までに地域指定を解除したため，それ以後の新規認定患者は出ていない。しかし，大気汚染が消滅したわけではない。

公害被害認定患者 (こうがいひがいにんていかんじゃ)　1969年制定の公害被害救済法と，それを引きついだ公害健康被害補償法に基づき，患者認定審査会で公害疾患者と認められた人々をさす。水俣病・イタイイタイ病などの特異的疾患と，大気汚染を原因とする呼吸器系の非特異的疾患に関して，地域と疾患を指定して認定する。しかし，1988年

に大気汚染地域の指定が解除された。

公害防止条例 C（こうがいぼうしじょうれい）　都道府県単位で制定された公害防止のための条例。公害関係法の基準よりもきびしい場合がある。1949年の東京都工場公害防止条例を最初の例とし，神奈川県・大阪府・福岡県・川崎市などで制定されている。

無過失責任 A 5 N（むかしつせきにん）　現代民法の考え方は，過失責任に基づく被害補償である。しかし，公害については1970年代以降，過失の有無にかかわらず，加害原因者が損害賠償責任を負うべきであるとされるようになった。大気汚染防止法・水質汚濁防止法も，人の健康に有害な物質を排出した事業者に対する無過失責任を明文化している。現在では，商品欠陥による事故についても，製造物責任（ＰＬ）法に基づき，製造者などに損害賠償の責任を負わせる。

損害賠償責任 B 4 N（そんがいばいしょうせきにん）　故意または過失により，他人に損害を与えたときに負う損害補塡の責任。加害者の故意や過失が明確な場合は責任の所在も明確であるが，不明確な場合もある。1972年に改正された大気汚染防止法（第25条）などでは無過失責任の考え方をとり入れ，公害発生源の企業は故意・過失の有無を問わず，公害によって生じた損害を賠償する責任を負うべきことを定めた。

汚染者負担の原則 A 5 N（ＰＰＰ A N）［Polluter Pays Principle］（おせんしゃふたんげんそく）　環境汚染を引き起こした者が，その浄化のための費用を負担すべきとする原則。経済協力開発機構（ＯＥＣＤ）が1972年に加盟国に勧告した。主な内容は，国の定めた基準を維持するのに必要な費用を汚染者が負担すること，防止費用は製品価格に反映させ国の補助などを行わないことなど。日本では，四大公害訴訟にみられる深刻な教訓を踏まえて1970年代にこの原則が確立され，公害健康被害補償法などにこの考え方が生かされている。

拡大生産者責任 C N（ＥＰＲ C N）［Extended Producer Responsibility］（かくだいせいさんしゃせきにん）　生産者が製品の生産だけでなく，廃棄やリサイクルまで責任をもつという考え方。ＯＥＣＤの提唱に基づき，循環型社会形成推進基本法にもその理念が

盛り込まれている。

環境基準 C N（かんきょうきじゅん）　環境基本法及び公害関係各法に基づいて定められた大気汚染・水質汚濁・騒音などの基準。1973年に環境庁から示された。大気汚染については二酸化硫黄・光化学オキシダント・浮遊粒子状物質などの濃度が，水質については全国一律の健康保護基準と，河川・海域ごとの生活環境保全基準が，騒音については地域ごとの基準値が，それぞれ決められている。

濃度規制 B 2（のうどきせい）　環境基準の設定方式の一つ。規制すべき汚染物質を，排出ガスや排出水に対する濃度によって限度を定めたもの。大気汚染物質の規制などは当初これによって行われたが，後にそれに加えて総量規制も導入された。

総量規制 B 8 N（そうりょうきせい）　環境基準の設定方式の一つ。従来の濃度規制では，汚染物質の排出量の規制が甘く，また生物濃縮の問題もあった。そこで一定地域に排出される汚染・汚濁物質の合計量を基準にして規制されるようになった。

環境省 B 3 N（かんきょうしょう）　1971年に環境行政を一元的に執行するために発足した官庁。1970年設置の公害対策本部が前身。大気汚染防止法・水質汚濁防止法をはじめ公害関連法に基づく基準の設定や監督とともに，関係行政機関の環境保全に関する事業費・補助金などの調整を行ってきた。発足した当初の名称は「環境庁」であり，総理府の外局にすぎなかった。2001年の中央省庁再編で内閣直下の「環境省」に格上げされた。

類 **環境庁 A 2 N**

水俣病被害者救済法（みなまたびょうひがいしゃきゅうさいほう）　水俣病に特徴的な感覚障害などの症状がある人を「被害者」として救済するための法律。認定されると一時金や医療費などが支給される。水俣病の公式確認は1956年。国は1968年に公害病と認定したが，1997年にその基準を厳格化。これまで「患者」と認定したのは約3000人にすぎない。そのため，未認定患者が訴えた裁判が長く続いた。1995年，村山富市内閣は患者と認めないまま約１万1000人の被害者に一時金を支払うことで解決をめざした

（第一の政治決着）。その後，2004年の最高裁判決を契機に患者認定を求める申請が急増，その収拾策として2009年に同法が制定された（第二の政治決着）。しかし，2012年7月末までこの救済策の申請が締め切られた。

水俣条約 **B** **③** **N** （みなまたじょうやく）　正式名は「水銀に関する水俣条約」。人体や環境に悪影響をあたえる水銀の製造や輸出入を原則として禁止する条約。日本の水俣市で2013年，国連環境計画（UNEP）が中心となって採択された。2017年発効。

エコーマーク **②** **N** ［Eco Mark］　環境保全に役立つ商品につけられる，環境省の指導のもとに日本環境協会が認定するマーク。100%再生紙利用のトイレットペーパーや，廃材再利用製品，非フロン使用のスプレーなどにつけられている。

アメニティ **C** ［amenity］　人間が生活する環境や気候条件などにかかわる快適性の水準を示す。イギリスでは，歴史的な町並みを保存する運動などを通じて，アメニティの考え方が発達してきた。

ナショナル＝トラスト運動 **C** **⑩** **N** （ーうんどう）　無秩序な開発から自然環境や歴史遺産を守るため，広く国民から基金を募り，土地や建物を買ったり寄贈を受けたりして，保存・管理する運動。1895年，産業革命期のイギリスで始まった。日本では1964年，鎌倉市在住の作家大佛次郎が，鶴岡八幡宮の裏山の宅地造成に反対，問題の土地を寄付金を募って買い取った運動が最初の例とされる。他にも和歌山県の天神崎の自然を守る運動，北海道の知床半島で400ha以上の土地を確保した運動，などがある。

古都保存法 （ことほぞんほう）　1966年制定。正式には「古都における歴史的風土の保存に関する特別措置法」という。歴史的遺産の保護と両立しうる新しい街づくりの方策が，講じられるようになった。この法律の結果，京都・奈良・鎌倉などで歴史遺産の法的保存措置がとられた。

世界遺産 **B** **⑧** **N** （せかいいさん）　1972年に，ユネスコ総会で採択された「世界の文化遺産

及び自然遺産の保護に関する条約」（世界遺産条約）に基づいて登録された遺産。文化遺産・自然遺産・複合遺産の3種類がある。日本はこの条約に1992年から加入。登録されると，景観や環境保全が義務づけられる。人類が共有し，保護すべき普遍的な価値をもつ遺産であり，日本では計23件が登録されている。

類 世界遺産条約 **C**

世界の記憶 **N** （せかいき＝おく）　ユネスコの三大遺産事業の一つで，現存する貴重な文書や記録などを保存・公開することが目的。かつては，世界記憶遺産とよばれた。1992年から認定開始。これまで「アンネの日記」やフランス人権宣言などが登録済み。2011年，山本作兵衛が残した筑豊炭鉱（福岡県）の記録画や日記697点が，日本で初

世界遺産に登録された物件	種類	所在地
法隆寺地域の仏教建造物	文化	奈良
姫路城	文化	兵庫
屋久島	自然	鹿児島
白神山地	自然	青森・秋田
古都京都の文化財	文化	京都・滋賀
白川郷・五箇山の合掌造り集落	文化	岐阜・富山
原爆ドーム	文化	広島
厳島神社	文化	広島
古都奈良の文化財	文化	奈良
日光の社寺	文化	栃木
琉球王国のグスクおよび関連遺産群	文化	沖縄
紀伊山地の霊場と参詣道	文化	奈良・三重・和歌山
知床	自然	北海道
石見銀山遺跡とその文化的景観	文化	島根
小笠原諸島	自然	東京
平泉の文化遺産	文化	岩手
富士山	文化	静岡・山梨
富岡製糸場と絹産業遺産群	文化	群馬
明治日本の産業革命遺産	文化	長崎など8県の23施設
国立西洋美術館本館を含むル＝コルビュジエの17建築作品	文化	日本など7か国
宗像・沖ノ島と関連遺産群	文化	福岡
長崎と天草地方の潜伏キリシタン関連遺産	文化	長崎・熊本
百舌鳥・古市古墳群	文化	大阪
奄美大島，徳之島，沖縄島北部及び西表島	自然	鹿児島・沖縄
北海道・北東北の縄文遺跡群	文化	北海道・青森・岩手・秋田

▲ 日本の世界遺産

めて登録された。その後，慶長遣欧使節関係資料，御堂関白記，シベリア抑留等資料，東寺百合文書（とうじひゃくごうもんじょ），上野三碑（こうずけさんぴ），朝鮮通信使に関する記録の計７つが国際登録。地域登録としては，水平社と衡平社国境をこえた被差別民衆連帯の記録がある。

無形文化遺産 **C** 4（むけいぶんかいさん）　ユネスコの三大遺産事業の一つで，2006年の無形文化遺産条約に基づいて認定される祭礼・芸能等の無形の遺産。日本からは能楽，人形浄瑠璃，歌舞伎，和食，和紙，山・鉾・屋台行事など22件が登録。

エコ-ファンド **N**[eco-fund]　環境に配慮した企業を選定して行う投資信託。背景には企業に投資する際のＳＲＩ（社会的責任投資）や，ＥＳＧ（環境・社会・ガバナンス）投資の考え方がある。

類社会的責任投資 **C** **N**（ＳＲＩ **C** **N**）
ＥＳＧ投資 **C** **N**

ＥＳＧ **C** **N**[environmental, social and governance]　環境，社会，企業統治の３つを合わせた概念。投資家が企業に投資する際の判断材料の１つ。環境に配慮した企業か，社会に付加価値を与える企業か，適正なガバナンスが図られている企業か，といった財務諸表には現れない企業の公共性を重視した投資スタイル。近年，公共意識の高い企業は低リスクで長期的利益を期待できるという実証研究結果が発表されるようになり，投資家の間でＥＳＧの概念が注目されるようになった。ＥＳＧ投資においては，煙草，武器，原発など特定産業が投資対象から外されやすい。また，ＩＬＯ（国際労働機関）の要求する労働基準を遵守しているか否か，ダイバーシティを意識した役員／従業員の構成となっているかといった人権の側面も，具体的な投資判断基準となる。

環境家計簿（かんきょうかけいぼ）　各家庭で環境保全の費用や効果を数量的に把握するための収支の記録。公表を前提としたものではないが，環境問題解決の一助になる。

エコポイント制度 2 **N**（-せいど）　省エネタイプの家電・住宅に対して，ポイントを付与して購入を支援する制度。内需の拡大と地球温暖化対策の推進などを目的とした。このうち家電エコポイントは，一定の基準を満たした地上デジタル対応テレビ・冷蔵庫・エアコンを購入するとポイントが付くしくみ（2011年に終了）。住宅エコポイントは，省エネ型住宅の新築・改修の際にポイントが付く（2012年終了，2015年再開）。付与されたポイントは商品券などと交換可。

類家電エコポイント **N**　住宅エコポイント **N**

環境対応車の購入補助金（かんきょうたいおうしゃ-こうにゅうほじょきん）　高額で普及が進まない環境にやさしい乗用車を買いやすくするため，国から支給される補助金で，経済産業省が管轄。対象は電気自動車（ＥＶ），プラグインハイブリッド車（ＰＨＶ），クリーンディーゼル車，燃料電池車。補助額は車の種類で異なる。そのほか，国土交通省が所管するエコカー減税の制度もある。

エコカー減税 **N**（-げんぜい）　環境対応車を購入した消費者に対して，自動車取得税や自動車重量税を減免する施策。リーマン-ショック後の2009年から導入された。環境性能の高い車への乗り換えを促すよりも，消費刺激策という側面が強い。

7 消費者問題と消費者の権利

消費者問題 **B** **N**（しょうひしゃもんだい）　国民が消費者として生活する過程で起こるさまざまな問題。欠陥商品・有害食品・薬害などの問題がある。企業が宣伝・提供する商品の一方的な受け手として，消費者が置かれていることに一因がある。

消費者保護 **A** 1（しょうひしゃほご）　消費者が弱い立場にあることを考慮し，消費者の利益を守るために消費者基本法などが定められている。また，国民生活センターや消費生活センターにより，消費者の苦情処理や消費生活の情報収集などが行われている。

消費者主権 **B** **N**（しょうひしゃしゅけん）　市場経済のもとでは，究極的には消費者の選択や意思が生産のありようを決定するという考え方。政治における国民主権にならったもので，消費者運動のスローガンにもなっている。現実には，消費者がよりよい商品を，より適正な価格で買う自由はなく，企業が価格を決定し，広告・宣伝などの手段で消費者の欲求をつくり出すなど，消費者側の主体性が失われがちである。

消費者の権利 **C** **6** **N**（しょうひしゃ-けんり）　現代のように，消費者が企業に従属せざるをえない立場に置かれているもとでは，生存権の理念に基づいて，消費者の権利を確保することが要請される。1962年にアメリカのケネディ大統領は特別教書において，①安全を求める権利，②知らされる権利，③選ぶ権利，④意見が聞きとどけられる権利，の四つを消費者の権利として宣言。

　類 消費者の四つの権利 **C** **N**

消費者運動 **B** **（コンシューマリズム** **C** **N**）[consumerism]（しょうひしゃうんどう）　消費活動に関して起こるさまざまな問題に，消費者自身が団結して取り組み，消費者の権利確保と消費生活の向上をめざす運動。1960年代後半から広がってきた，欠陥商品・誇大広告・不当な価格引き上げ・有害食品などのひずみを是正し，自らを守るために，有害商品の摘発，不当価格への異議申し立て，不買運動や消費生活協同組合運動などが行われている。

消費者市民社会 **B**（しょうひしゃしみんしゃかい）　2012年公布の消費者教育基本法にある概念。消費者たちが自らの消費行動に対する社会的責任を自覚する社会をいう。例えば，地球環境に深刻な被害を与えている商品を自主的に調査して購入拒否することなどが具体例として挙げられる。

生活協同組合 **B** **3** **N** **（生協** **C** **N**）（せいかつきょうどうくみあい）（せいきょう）　消費生活協同組合法（1948年制定）に基づき，地域や職域につくられた法人。生活物資（消費材）の共同購入や共済などの事業を行う。消費者運動でも要かなめの位置にある。CO-OP。

欠陥商品 **1** **N**（けっかんしょうひん）　商品の使用に際して，当然備えているべき性能が欠如しているため，その使用目的を果たすことのできない構造上の欠陥をもった商品のこと。危険をともなう場合もある。欠陥車や欠陥マンションなどがその代表例。

リコール **A** **N**[recall]　自動車などで欠陥が見つかった場合，生産者（メーカー）が国土交通省に届け出たうえでこれを公表し，購入者（ユーザー）に直接通知して無償で回収・修理を行うこと。道路運送車両法に基づく。メーカー側が自主的に行う調査リコールもある。

不当表示 **1** **N**（ふとうひょうじ）　販売促進のため，商品やサービスの内容・取引条件などを，実際よりすぐれているように表示すること。鯨肉を牛肉ロース大和煮と表示していた事件（1960年）を契機に，景品表示法（不当景品類及び不当表示防止法）が1962年に制定された。

食品添加物 **C** **N**（しょくひんてんかぶつ）　食品の加工や保存などの目的で用いられる物質。天然から得られた塩・砂糖などと，化学的に合成された人工着色料や防腐剤などとがある。とくに後者については安全性を確保するため，食品衛生法などが定められている。

食品表示法 **C** **N**（しょくひんひょうじほう）　品質はJAS（日本農林規格）法で，安全性は食品衛生法で，栄養成分は健康増進法で，それぞれバラバラに定められていた食品の表示について一つにまとめた法律。2013年に成立し，2015年から施行。表示基準は内閣総理大臣が定める。違反に対する罰則なども強化されている。

悪質商法 **B** **N**（あくしつしょうほう）　法の網の目をくぐって行われる詐欺まがいの商行為。近年，販売競争が激化し，悪質なサービス形態が新たに進展してきた。

　マルチ商法：特典をエサにして，ネズミ算式に出資者を募る連鎖販売取り引き。

　ネガティヴ-オプション：通信販売業者が勝手に商品を送りつけ，消費者が「ノー」の意思表示や返品をしないと，購入したとみなして代金を請求する商法。

　キャッチ-セールス：路上で勧誘し，商品の契約を結ばせる販売方式。

　アポイントメント商法：「あなたの電話番号が当選した」など特別サービスをエサに，消費者を呼び出して売りつける商法。

振り込め詐欺 **N**（ふ-こ-さぎ）　電話などの通信手段を利用して，被害者に偽りの情報を信じ込ませ，現金を銀行口座に振り込ませるなどして，金銭を詐取する犯罪の総称。1990年代末から現在に至るまで多発しており，その手法も多様化している。銀行口座に振り込ませる以外の手口も発生しているため，近年は「特殊詐欺」という呼称が用いられている。警察庁統計によれば，2020年における特殊詐欺の被害総額は約285億円。

同ニセ電話詐欺

スモン事件（-じけん）　スモンとは，下痢止め用に市販されていた薬の成分であるキノホルムによって生ずる神経障害のこと。1972年までに全国で1万7000人の被害者が出た。1971年，2人の患者が製造元の製薬会社と，その製造を承認した国を相手に，東京地方裁判所に損害賠償請求の訴訟を起こした。これをきっかけにして，全国各地で同種の訴訟が起こり，原告（被害者）側が勝訴した。

森永ヒ素ミルク中毒事件　**Ｃ** **Ｎ**（もりながそーちゅうどくじけん）　1955年，森永乳業の粉ミルクを飲用した子どもの間で発生した中毒事件。岡山県を中心に広がり，被害者は約1万2000人といわれている。原因は，森永徳島工場でつくられた粉乳に含まれていたヒ素。刑事裁判では，徳島工場の製造課長に禁錮3年の実刑がいい渡された。また，被害者が国と森永を訴えた損害賠償請求訴訟では，1974年に和解が成立した。

サリドマイド事件　**Ｃ** **Ｎ**（-じけん）　サリドマイドはドイツで開発された催眠薬で，日本でも1958年に発売された。1959年以降，これを妊娠中に服用した母親から障害のある子が生まれた。1963年に被害者39家族が製薬会社や国を訴えたが，その後国と企業が責任を認め，1974年に和解が成立した。日本では1962年にサリドマイドは販売中止となり，1971年には製薬会社が承認を返上した。しかし，最近になって血液ガンの一種である多発性骨髄腫やハンセン病などへの治療効果が注目され，サリドマイドの製造・販売が厚生労働省で再承認された。

カネミ油症事件　**Ｂ** **Ｎ**（-ゆしょうじけん）　北九州市のカネミ倉庫株式会社が，1968年に製造した米ぬか油による中毒発生事件。原因は，精油工程でポリ塩化ビフェニール（ＰＣＢ）が混入したためとされたが，その後ダイオキシン類のＰＣＤＦ（ポリ塩化ジベンゾフラン）の毒性が強いことがわかった。約1万4000人が被害を申し出たが，患者として認定されたのは約1900人（うち死亡は約400人）。2012年に被害者救済法が成立したが，新法で増えた認定は228人であり，全体の認定患者は2210人にとどまる。

企業の社会的責任 **Ａ** **③** **Ｎ** （ＣＳＲ **Ａ** **Ｎ**）（きぎょう-しゃかいてきせきにん）　**☞ p.363**（企業の社会的責任）

製造物責任法　**Ａ** **⑥** **Ｎ**（せいぞうぶつせきにんほう）　製造物の欠陥によって消費者が身体・生命・財産に損害を受けたとき，製造者に故意・過失がなくても，賠償の責任を負わせる無過失責任を定めた法律。Product Liabilityの訳で，ＰＬ法と略称される。1960年代にアメリカで発達し，日本では1994年に制定され，1995年から施行された。責任緩和策として，製品を最初に開発したときにともなう危険の認定（開発危険の抗弁）や，10年の時効などがある。

同ＰＬ法 **Ａ** **⑤** **Ｎ**

開発危険の抗弁（かいはつきけん-こうべん）　製品の流通時点における科学的・技術的水準では，その製品の欠陥を認識することが不可能だったことを製造業者等が証明できた場合は，免責されるという考え方。製造物責任法での，例外として同法第4条に規定されている。

私的自治の原則　**Ａ**（してきじち-げんそく）　個人間の私法関係（権利義務の関係）をその自由な意思にまかせ，国家が干渉しないとする考え方で，近代法の基本的な原則の一つ。契約自由の原則や遺言自由の原則などがその具体例である。行政組織の公的自治（自治行政）に対する用語。

契約　**Ａ** **⑯** **Ｎ**（けいやく）　2人以上の当事者の申し込みと承諾によって成立する法律行為のこと。契約当事者は，契約に拘束される。この原則には，契約の当事者は，互いに対等・平等であるという前提がある。ところが，最近の訪問取り引きの激増や，セールス-テクニックの発達で，売り手と消費者の契約関係が，対等・平等とはいえなくなってきた。このため，分割払いの割賦販売，訪問販売などほとんどの場合，成立した契約を一定の期間内に違約金なしで解除できるクーリング-オフ制度がある。また，親の同意がない未成年者による契約も取り消すことができる。

契約自由の原則　**Ａ** **⑦**（けいやくじゆう-げんそく）　一定の法律行為・契約行為を当事者同士で自由に交わすという原則。近代の法思想における人間の自律性の原則を反映したもの。契約締結の自由，相手方選択の自由，方

式・内容決定の自由などをさす。この原則は経済的自由と一体であるため，階級対立や社会的不平等の激化に対応して，企業活動の独占禁止や労働契約の基準設定など，さまざまな制限を受けるようになった。

　同　契約の自由 **C**

売買契約 **A** **N**（ばいばいけいやく）　当事者の一方が財産権を相手に移転することを約束し，これに対して相手が代金を支払う契約。所有権を移転する側を売主といい，代金を支払う側を買主という。なお「塾に代金を支払って授業を聴講する」というように，有形物の所有権移転を伴わないサービス提供型の契約も，売買契約の一種に含められる。

賃貸借契約 **C**（ちんたいしゃくけいやく）　貸し手（賃貸人）が借り手（賃借人）に物を使用させて，その代わりに賃料を受け取る契約。消費貸借とは異なって「借りた物そのものを返す」点に特徴がある。また使用貸借とは異なって「物を使用する側が賃料を支払う」という点にも特徴がある。代表例としては，レンタカーやレンタルビデオなどがある。なお，賃貸借契約の一種である貸家や貸しマンションについては，借地借家法という特別法が存在し，借り手の立場が特別に保護されている。

消費貸借契約 **B**（しょうひたいしゃくけいやく）　「他人から物を借りる→その物を消費する→後で同種の物を返却する」という形態の契約。借りた物そのものを返すのではなく，同種の物を返せばよいのが特徴である。実際に取引される物は，酒や米などもあるが，ほとんどの場合は金銭である。消費貸借契約においては，一般的に利息がつく。借り手が貸し手に対して，物を一定期間借りたことへの対価を別途支払うのである。

担保 **A**（たんぽ）　何らかの法的な約束を交わす際に，約束を果たす手段として，あらかじめ約束の相手側から差し出させるものを指す。例えば，友人に５万円を貸す際に，返済されるまで友人のパソコンを担保として預かることにすれば，５万円が返済されなかった場合の保証を得たことになる。

保証契約 **C**（ほしょうけいやく）　法的な約束が果たされなかった場合に，別の者（保証人）が代わりに約束を果たす契約。例えば，知人に100万円を貸す際に「期日までに返済

不能になったらあなたの親が代わりに返済する」という契約にしておけば，貸し手は一定の保証を得たことになる。単なる保証契約の場合，保証人は，貸し手から返済を要求されても「まずは本人に督促せよ」といった主張ができる。しかし，保証契約をさらに強化した連帯保証契約の場合，連帯保証人は，本来の借り手が返済しなくなった途端，代わりに100万円全額を返済する法的義務を負う。このような制度は，世界中で日本のみが採用しているものであり，政治的に批判されることも多い。しかし，現在もなお，日本社会では無数の連帯保証契約が交わされている。

　類　連帯保証人 **C**

労働契約 **A** **N**（ろうどうけいやく）　一方が労働を提供し，もう一方がその労働を利用する代わりに報酬を支払う契約。労働を提供する側を労働者といい，報酬を支払う側を使用者という。形式上，労働者と使用者は，対等な立場で契約を交わしているという前提になっている。しかし，実際には，労働者の立場は使用者より弱い。ゆえに，多くの国々には，労働法と呼ばれる労働者保護の法律がある。弱い立場で契約を交わして労働に従事せざるを得ない労働者のために，一定の保護措置を設けている。

☞ p.453（労働契約）

約款 **C** **N**（やっかん）　企業が消費者との契約を効率的に行うため，あらかじめ画一的に書面で示された個々の条項。2017年の民法改正でこの規定を新設。消費者の利益に反する不当な約款は無効となる。

クーリング-オフ **A** **10** **N** ［cooling-off］　頭を冷やすという意味で，消費者が結んだ購入などの契約を解除できる制度。消費者は，うっかりして，あるいは興奮状態で契約を結ぶこともあるが，一定期間中（原則として８日間，マルチ商法は20日間）であれば，一定の条件の下で契約を解除できる。ただ，自動車など商品によっては，クーリング-オフの対象外となる。契約の解除は原則として，内容証明郵便によって通知する。

消費者契約法 **A** **8** **N**（しょうひしゃけいやくほう）　消費者を不当な契約から守る目的で制定された法律。2000年に成立し，2001年から

施行。事業者は消費者に対して契約内容をわかりやすく伝えることが義務づけられた。また消費者は、「誤認または困惑」した場合に契約の申し込みや受諾の意思表示を取り消すことができる。2006年の法改正で、一定の消費者団体（適格消費者団体）が消費者全体の利益を守るために、事業者の不当な行為に対して裁判を提起できる「消費者団体訴訟制度」が導入された。

類消費者団体訴訟制度 **C** **N**

集団的消費者被害回復制度（しゅうだんてきしょうひしゃひがいかいふくせいど） 多数の消費者被害を回復するため、まず国の認定を受けた「特定適格消費者団体」が原告となって事業者を訴え、勝訴した後に個々の消費者が裁判手続きに加わるしくみ。同時に、消費者は損害賠償も求めることができる。消費者裁判手続き特例法に基づく。2013年末に成立し、16年に施行された。

消費者保護基本法 **A** **7** **N**（しょうひしゃほごきほんほう） 1968年、消費者の利益を保護する目的で制定された法律。国・地方公共団体・企業の消費者に対する責任と消費者の役割、企業による危険の防止や、計量・規格・表示の適正化、消費者保護会議の設置などが定められた。多くの地方公共団体で消費者保護条例を制定したが、いずれも国の保護基準よりも進んだものになっている。2004年に、消費者の権利などをもり込んだ消費者基本法に改正された。

消費者基本法 **A** **6** **N**（しょうひしゃきほんほう） 消費者保護基本法にかわって、2004年に制定された法律。消費者を「保護」の対象とするのではなく、「消費者の利益の擁護及び増進に関し、消費者の権利の尊重及びその自立の支援」（同法第1条）などを基本理念として定めている。これにともない、従来の「消費者保護会議」も「消費者政策会議」に改められた。

食品安全基本法 **C** **4** **N**（しょくひんあんぜんきほんほう） ＢＳＥ（牛海綿状脳症）、原産地偽装表示、残留農薬などの問題を受けて2003年に成立。国や地方公共団体、事業者などに食品の安全を確保する義務などを定めた。この法律に基づき、農林水産省や厚生労働省に勧告権をもつ食品安全委員会が内閣府に設置された。

類食品安全委員会 **N**

消費者関連法（しょうひしゃかんれんほう） 悪質な販売から消費者を保護するために制定されたさまざまな法律をさす。

特定商取引法：訪問販売などにかかわる取り引きを公正にし、連鎖販売取引を実質的に禁止したり、クーリング-オフを定めている。2000年に訪問販売法を改正して成立。2009年から通信販売について、クーリング-オフとは異なるが、一定の条件下で契約申し込みの撤回や解除ができ、消費者の送料負担で返品できるようになった。

割賦販売法：割賦販売による取り引きを公正にし、その健全な発達をはかることを目的とした法律。

海外先物取引規制法：悪質な海外先物取引の勧誘による被害を防止するための法律。

宅地建物取引業法：宅地や建物を扱う業者の資格制度と規制を目的に制定された法律。

無限連鎖講防止法：ネズミ講防止のため制定された法律。

消費者庁 **A** **5** **N**（しょうひしゃちょう） 従来、縦割り・寄せ集めの典型とされた消費者行政を統一的・一元的に行うため、内閣府の外局として2009年に設置された省庁。食品の表示基準、製造物責任、悪質商法の予防と被害者救済などが主な業務。また、有識者らで構成され、第三者機関でもある消費者委員会が同庁などの監視にあたる。

類消費者委員会 **N**

消費者行政 **3** **N**（しょうひしゃぎょうせい） 生産者である大企業の圧倒的優位から、消費者の利益を守るための行政。消費者基本法など消費者関連法の制定、地方公共団体における消費生活センターの役割などがあげられる。ただ、企業への規制が必ずしも罰則をともなわず、問題点も多い。

国民生活センター **A** **5** **N**（こくみんせいかつ-） 消費者行政の一環として、1970年に設置された特殊法人。消費者問題に関する調査研究・情報管理・苦情処理・商品テストなどの業務を行う。現在は独立行政法人。消費者庁との統合計画がある。

消費生活センター **A** **N**（しょうひせいかつ-） モノやサービスについての消費者からの苦情相談、商品テストの実施、事業者への指導などを行う行政機関。地方公共団体の消費

者行政の窓口。各都道府県に1か所以上設置される。この中心となる機関が国民生活センターである。消費者の立場に立って相談に乗る行政の窓口としての役割は大きい。消費者センターともいう。

同消費者センター **C**

商品テスト　**C N**(しょうひん–)　商品の性能・成分・品質・安全性などを検査すること。複数の類似商品の比較や，その商品による被害の分析などがある。

消費者被害救済制度　(しょうひしゃひがいきゅうさいせいど)　消費者が商品やサービスによって，被害を受けた場合の救済・補償に関する制度全体をさす。行政機関の仲介による苦情処理，司法的救済，消費者被害救済基金制度などがある。

消費者団体　**B N**(しょうひしゃだんたい)　消費者の権利・利益の擁護を目的として行動・運動する組織。政府の消費者団体基本調査では，協同組合・企業・業界団体を除く民間組織のみを対象としている。代表的組織としては，日本消費者連盟・日本生活協同組合連合会・主婦連合会・全国消費者団体連絡会などがある。

国際消費者機構C N（C I N）［Consumers International］(こくさいしょうひしゃきこう)　1960年に設立されたIOCUが1995年にCIと名称変更。消費者問題の解決に必要な国際協力の実現が目的で，国連各専門機関の諮問機関としての地位をもつ。日本の消費者団体では，全国消費者団体連絡会・日本消費者協会が正会員となっている。本部はロンドン。

消費者事故調　**C N**(しょうひしゃじこちょう)　正式には消費者安全調査委員会。2012年，消費者安全法の改正によって消費者庁に設置。消費者の生命などにかかわる事故が起こった場合，原因を調査し，内閣総理大臣に再発防止のための勧告などを行う。

4章 **国民福祉の向上**

1 労働問題と労働者の権利

労働運動・労働組合

労働問題 C7N（ろうどうもんだい）　利潤の追求を原則とする資本主義社会において，不利な立場に立つ労働者が直面する労働上の諸問題。低賃金・長時間労働など労働条件の問題，解雇・失業などの雇用問題，所得の不平等な分配など社会正義にかかわる問題がある。こうした労働問題の解決・改善のために，労働者は団結して労働組合をつくり，集団的に対抗するようになった。これを労働運動といい，資本主義の発達の早かったイギリスで最初に発生した。労働運動は各国で政府の徹底した弾圧を受けた。使用者側も，安定した労働力を確保するためには労働条件の改善が必要と考え，やがて労働者の団結権や団体交渉権など，労働基本権が確立されていった。

類 労働運動 B N

労使関係 C N（ろうしかんけい）　資本主義社会において，労働する者と彼らを使用して労働の成果を受けとる者との関係をいう。双方の利害対立から種々の労働問題が生まれる。

労働者 A21N（ろうどうしゃ）　労働力を商品として提供し，賃金を得ることによって生活する者。生産手段をもたないため，自分の身につけている技術や能力を賃金などの対価で使用者・資本家に売る。勤労者ともいう。個人事業主として働く歌手や技術者が労働組合法上の「労働者」にあたるかどうかをめぐって争われた裁判で，最高裁は2011年，形式的な契約ではなく実質的な就労の実態を検討したうえで，「労働者にあたり，団体交渉権がある」と判断した。なお，「労働者」かどうかについて，労働基準法（第9条）よりも労働組合法（第3条）の方が広く定義している。

資本家 C（しほんか）　生産手段を所有する者。資本を投資・融資して経済活動に影響力をもつことができる。労働者を雇い入れて使

年	事　項
1799	（英）団結禁止法成立
1811	（英）ラッダイト（機械破壊）運動起こる
1825	（英）労働者団結法成立
1833	（英）一般工場法成立
1838	（英）チャーティスト運動（〜1848年）
1839	（独）工場法成立
1847	（英）10時間労働法成立
1848	『共産党宣言』（マルクス・エンゲルス）
1864	第一インターナショナル
1868	（英）労働組合会議（TUC）成立
1871	（英）労働組合法成立（労働組合公認）
	（仏）パリ・コミューン
1878	（独）社会主義者鎮圧法成立
1886	（米）メーデー始まる。アメリカ労働総同盟（AFL）成立
1889	第二インターナショナル
1900	（日）治安警察法成立（団結禁止）
1906	（日）労働党結成，労働争議法成立
1911	（日）工場法成立（16年実施）
1919	国際労働機関（ILO）成立
1920	（日）初のメーデー
1929	世界大恐慌始まる
1935	（米）全国労働関係法（ワグナー法）成立
1945	（日）労働組合法成立
	世界労働組合連盟（WFTU）成立
1946	（日）労働関係調整法成立
1947	（日）ニ・ースト中止。労働基準法成立
1949	国際自由労働組合連盟（ICFTU）成立
1959	（日）最低賃金法成立
1985	（日）男女雇用機会均等法・労働者派遣法成立
1991	（日）育児休業法成立
1995	（日）育児・介護休業法に改正
1997	（日）男女雇用機会均等法・労働基準法改正
2006	（日）労働審判制度開始
2007	（日）労働契約法成立
2015	（日）労働者派遣法改正
2018	（日）働き方改革関連法成立
2019	（日）改正入管法施行，外国人の就労拡大
	（日）ハラスメント規制法成立
	（ILO）ハラスメント禁止条約採択
2020	（日）同一賃金同一労働の施行

▲ 労働問題のあゆみ

用することから使用者ともいう。

労働者の窮乏化（ろうどうしゃ-きゅうぼうか）　資本主義経済においては，資本家は資本を有し，労働者は労働力という商品を有する。資本は増殖するが，商品は等価交換なので増殖しない。このため，資本主義経済においては労働者は困窮化し，社会主義革命が起こる，というマルクス主義の学説。

低賃金 A N・長時間労働 B N（ていちんぎん）（ちょうじかんろうどう）　利潤を確保するため，賃金を引き下げ，長時間にわたって労働させること。第二次世界大戦前の日本など，一般に初期の資本主義国や発展途上国に特有の労働条件である。これらの劣悪な労働条件（女性・幼年労働も含めた）を改善するため，工場法が制定された（イギリスでは1833年，日本では1911年）。

ラッダイト運動 C（-うんどう）　機械打ち壊し運動ともいう。1811〜1817年にイギリス

の織物工場を中心に，労働者が引き起こした機械打ち壊しの暴動。産業革命が進み，紡績機や織機など機械による生産が行われるようになると，それまで手工業で働いていた職人たちが職を失った。彼らはその原因が機械そのものにあると考え，各地で機械の破壊運動を行った。

工場法 [1]（こうじょうほう）　工場や炭坑での過酷な児童労働や長時間労働を制限し，労働者の保護を目的とした法律。1833年にイギリスで初めて制定された。日本では1911年に制定，1916年から施行されたが，戦後の労働基準法の制定にともなって廃止。12歳未満の就労禁止，女性労働者と15歳未満者の1日12時間以内の労働制限などを定めた。

チャーティスト運動 **C** [3]（-うんどう）　1838年から1857年にかけて，イギリスで起きた労働運動。①普通男子選挙権，②有権者を保護するための秘密投票制度，③議員になる上での財産資格の撤廃，④庶民が政治家として活動し続けるための議員報酬制度，⑤人口に比例した平等な選挙区の構成，⑥政治腐敗を防止するための年1回の議会選挙など，労働者階級の参政権拡大を要求する人民憲章 (People's Charter) が起草され，約20年にわたって，言論活動から武力闘争に至るまで，全国規模の運動が展開された。チャーティスト運動は，最終的に政府によって鎮圧されたものの，イギリスにおける労働者階級の政治意識を飛躍的に向上させることになった。　☞ p.128（チャーティスト運動）

インターナショナル **B** **N** [International]　労働者の国際的な連帯組織。1864年にロンドンで結成された第一インターナショナルでは，マルクスが理論的指導者を務めた。1889年にはパリにおいて欧米各国の社会主義政党・労働者組織の代表が集まり，第二インターナショナルの創立大会が開催された。労働者の連帯，労働条件改善の要求，戦争や帝国主義反対を掲げた国際的組織としての意義は大きい。第一次世界大戦の勃発とともに事実上，崩壊した。

労働組合会議（TUC）（ろうどうくみあいかいぎ）　1868年にイギリスで結成された職業別労働組合の全国組織。議会での労働立法を通じて労働者の権利拡大をめざした。

アメリカ労働総同盟（AFL）[American Federation of Labor]（-ろうどうそうどうめい）　ゴンパーズによって1886年に結成された労働組合の全国的連合体。熟練労働者を中心に構成された。8時間労働，賃金引き上げ，少年労働の廃止などを掲げ，直接行動を避けて穏健な運動を展開した。1955年にCIOと合同してAFL-CIO（アメリカ労働総同盟産業別組合会議）となった。

　類 アメリカ労働総同盟産業別組合会議（AFL-CIO）

産業別労働組合会議（CIO）[Congress of Industrial Organization]（さんぎょうべつろうどうくみあいかいぎ）　1938年にAFLから分離して結成された産業別労働組合の全国的連合体。未熟練労働者の組織化を果たした。1955年にAFLと再合同した後は穏健化し，階級闘争を排して，資本主義の枠内での労働者の生活改善をめざした。

ワグナー法[Wagner Act]（-ほう）　正式名は全国労働関係法。世界大恐慌に対してアメリカでとられたニューディール政策の一環として，1935年に実施された労働立法。労働者の団結権・団体交渉権を保障し，労働者の団結権を使用者が妨害することを不当労働行為として禁止した。労働者が就職した後に労働組合への加入を義務づけるユニオン-ショップ制も認めている。

タフト・ハートレー法 **N** [Taft-Hartley Act]（-ほう）　1947年に制定された労使関係法。連邦公務員や政府職員のストライキ禁止，大規模争議の80日間停止命令，クローズド-ショップの禁止など，ワグナー法を大きく制限し，第二次世界大戦後の労働運動を抑える役割を果たした。

国際労働機関 **A** [4] **N** （ILO **A** [4] **N**）[International Labour Organization]（こくさいろうどうきかん）　☞ p.286（国際労働機関）

ILO憲章（-けんしょう）　1946年に採択されたILOの根本規則。前文と40か条からなり，フィラデルフィア宣言が付属している。ヴェルサイユ条約第13編（労働編）が創立当初の憲章だったが，国連の成立で現在の形となった。世界の平和は社会正義を基礎

とすること，労働条件の改善などについて定めている。国際労働機関憲章。

📖 国際労働機関憲章

ＩＬＯ条約 (-じょうやく)　国際労働機関（ＩＬＯ）が条約のかたちで設定した国際的な労働基準。加盟国が条約を批准すると，法的拘束力をもつ。これまで189の条約が採択されているが，日本が批准しているのは50に満たない。また，八つの基本条約のうち，二つを日本は批准していない。

労働組合期成会 (ろうどうくみあいきせいかい)　1897年，片山潜や高野房太郎らを中心に組織された労働運動団体。労働組合の結成をよびかけるなど，日本の労働運動の先がけとなったが，1900年に制定された治安警察法によって弾圧された。

友愛会 (ゆうあいかい)　治安警察法による労働運動弾圧のなかで，鈴木文治らがキリスト教的人道主義の立場から1912年に結成した労働組合。穏健な労使協調主義の立場をとった。第一次世界大戦後の1919年には，大日本労働総同盟友愛会と改称した。その後，戦時好況の反動による不況と恐慌の時代に，運動もしだいに戦闘的なものに変化した。

日本労働総同盟 **Ｃ** (にほんろうどうそうどうめい)　略称は総同盟。第一次世界大戦後の米騒動・戦後恐慌という時代状況のなかで，1921年に大日本労働総同盟友愛会は日本労働総同盟と改称，労使協調主義を捨てて急進化した。その後，路線の対立で分裂した。そのうち左派系の組合は1937年に結社禁止の措置を受けて解散を余儀なくされた。一方，総同盟の右派指導者はしだいに右傾化，自ら軍国主義体制に協力し，1940年には日本労働総同盟も解散，大日本産業報国会が結成された。

大日本産業報国会 (だいにっぽんさんぎょうほうこくかい)　日中戦争の時期に全国の事業所単位で組織された産業報国会が，1940年，大同団結して結成。戦争遂行のための労務機関の役割を果たした。ＩＬＯを脱退した政府は1938年，国家総動員法を施行して労働力・物資ともに軍事目的に統制・運用する措置をとった。

『日本之下層社会』 (にほんのかそうしゃかい)　1899年に発表された横山源之助の著書。明治時代の労働者の貧しい生活状況が描かれている。

『職工事情』 (しょっこうじじょう)　1903年刊。工場法制定の基礎資料とするため，政府の農商務省が行った調査をまとめたもの。当時の日本の工場における過酷な労働実態が正確に記されている。

『女工哀史』 (じょこうあいし)　1925年に発表された細井和喜蔵の著作。同時代に紡績工場で働く女性労働者の，長時間労働や低賃金・深夜労働，拘束された寄宿舎生活など，その過酷な実態が描かれている。

治安維持法 **Ａ** **Ｎ** (ちあんいじほう)　☞ p.157
(治安維持法)

日本労働組合総評議会 (にほんろうどうくみあいそうひょうぎかい)　略称は総評。1950年に結成された労働組合の連合体。結成当初は穏健な立場をとっていたが，やがて急進化。労働運動の中核をにない，総評を脱退して結成した同盟とともに日本の労働界を二分した。しだいに政治主義的な傾向を強めていったが，1959～1960年の三井三池争議の敗北後は，経済闘争を運動の中心にすえた。1989年，解散して連合(日本労働組合総連合会)を結成した。

📖 総評 **Ｎ**

全日本労働総同盟 **Ｃ** (ぜんにほんろうどうそうどうめい)　略称は同盟。総評の方針に反対する一部の組合が脱退して1954年に全日本労働組合会議を組織し，これを母体として1964年に同盟を結成した。民間企業の労組を中心とし，労使協調・反共主義の立場をとった。1987年に解散，総評とともに連合を形成した。

📖 同盟 **Ａ** **Ｎ**

全国産業別労働組合連合 (ぜんこくさんぎょうべつろうどうくみあいれんごう)　略称は新産別。1949年結成。総評・同盟・中立労連とともに労働4団体の一つ。1988年に解散して旧連合に加盟した。

📖 新産別

中立労働組合連絡会議 (ちゅうりつろうどうくみあいれんらくかいぎ)　略称は中立労連。1956年結成。1987年に解散して同盟とともに旧連合を結成した。

📖 中立労連

日本労働組合総連合会 **Ｂ** **Ｎ** (にほんろうどうくみ

（あいそうれんごうかい）　1989年に結成された労働団体。略称は連合。低成長下で急落する一方の組合組織率を前に，戦後の労働界を二分してきた総評と同盟が再統一して連合を結成した。当時の組織人員は800万人（2021年時点では約688万人）。組織労働者の6割を数え，総評結成時の55％を上まわる規模となった。連合の方針を労使協調主義と批判する組合は全労連（全国労働組合総連合，153万人，2021年時点では約49万人）を結成し，また旧同労を中心に全労協（全国労働組合連絡協議会，30万人，2021年時点では約9万人）も結成された。

同 連合 **A**①**N**

類 全国労働組合総連合 **C**（全労連 **C**）
　　　全国労働組合連絡協議会（全労協 **C**）

ナショナルセンター **N**［national center of trade union］　その国の労働組合の中央組織をいう。アメリカのAFL-CIOなど。日本ではかつての総評や同盟などがこれにあたるが，労働界が再編された後は，連合が最大規模のナショナルセンターとなった。

未組織労働者（みそしきろうどうしゃ）　いかなる労働組合にも加盟していない労働者。1980年代に入って組合組織率は急激に落ちこみ，2021年時点では推定16.9％にすぎない。

管理職ユニオン［manager's union］（かんりしょく-）　近年の不況下で，リストラの波が中間管理層におよぶようになったため，管理職らがこれに対抗してつくった労働組合。日本では管理職になると組合から抜けるのが一般的だが，法制上は管理職が労働組合をつくっても問題はない。

反貧困ネットワーク（はんひんこん-）　新自由主義経済のもとで顕著になった「貧困問題」の解決に取り組むネットワーク。労働組合だけでなく，市民グループ・NGO・学者・弁護士など幅広いメンバーにより，2007年に発足した。2008年末から09年初にかけて，労働組合などの諸団体とともに取り組まれた「年越し派遣村」（東京・日比谷公園）の活動は全国から注目された。

類 年越し派遣村 **N**

ホームレス **C** **N**［homeless］　さまざまな理由から，自宅を無くしたり出たりして，路上や屋外などで暮らす人たちの総称。野宿者ともいわれる。一般に高齢者が多い。ボランティアなどによる支援も行われている。

労働基本権と労使関係

労働基本権 **A** **N**（ろうどうきほんけん）　憲法第25条に規定された生存権を，労働者が具体的に確保するための基本的な権利。勤労権と労働三権を合わせたもの。第27条には，「すべて国民は，勤労の権利を有」するとして，すべての国民が労働の機会を得ることを規定している。そのうえで，それが得られない場合には国に対して労働の機会を求め，不可能な場合には必要な生活費を請求する権利をもつとされる。これを勤労権という。さらに第28条で，「勤労者の団結する権利及び団体交渉その他の団体行動をする権利は，これを保障する」と規定し，労働三権を保障している。

団結権：労働者が労働条件の改善を要求して労働組合を組織する権利。

団体交渉権：労働者が労働組合などを通じ使用者と労働条件に関して交渉する権利。

団体行動権（争議権）：団体交渉が決裂したときに争議行為を行う権利。

労働三法 **A**①**N**（ろうどうさんぽう）　労働基準法・労働組合法・労働関係調整法をさす。生産手段をもたない労働者は使用者よりも弱い立場に置かれる。その不利益を排除し，労働者の権利を守るために保障された労働基本権を具体的に法制化したもの。

労働基準法：労働条件の最低基準を示して労働者を保護するための法律。

労働組合法：労働者の団結権・団体交渉権を保障して労使の集団交渉を認めた法律。

労働関係調整法：労使の自主的な解決が困難な場合に備え，労働争議の調整と予防を目的とする法律。

労働契約 **A**⑧**N**（ろうどうけいやく）　労働者が使用者に対し，賃金や給料などの対価をもらって労働の提供を約束する契約。イギリスの法学者メーンは，労働者と使用者は封建的な身分にしばられた賦役から解放され，自由意思で雇用契約を結ぶようになったとして，「身分から契約へ」の変化と評価した。しかし，この契約自由の原則は，必ずしも労使の対等な関係を意味しない。労働者は

自分の労働力を売る以外に生活の手段はないので，たとえ自分に不利な契約でもこれを受け入れる。逆に，利潤を追求する使用者は，低賃金・長時間労働を労働者に対して求める。こうして，労働者は使用者に対して弱く従属的な立場にたたざるをえなくなる。日本では労働基準法によって労働条件の最低基準を規定し，その基準に達しない労働契約を無効としている。

労働契約法 B N（ろうどうけいやくほう） 労働条件の決定など労働契約に関する基本的事項を定めた法律。2007年に制定された。これまで判例に頼ってきた解雇などの雇用ルールも明文化されている。2012年の法改正で，パートなどの有期労働契約が5年をこえて更新された場合，労働者の申し込みで無期労働契約に転換できるしくみが導入された。

労働条件 B 5 N（ろうどうじょうけん） 賃金・労働時間などについて，労働者と使用者の間に結ばれる雇用上の条件。労働条件は労働者に不利に定められがちであるが，国は労働基準法などによって労働者を保護している。労働基準法はその総則で，労働者が人たるに値する生活を保障すること，労使が対等の立場であること，均等待遇を処すこと，男女同一賃金，強制労働の禁止，中間搾取の排除，公民権行使の保障を規定し，続いて労働契約，賃金，労働時間・休憩・休日・年次有給休暇，安全及び衛生，年少者・妊産婦等の保護，災害補償，就業規則，監督機関などについて定めている。付属法として最低賃金法・労働安全衛生法・家内労働法・労働者派遣法などがある。

労働協約 B 5 N（ろうどうきょうやく） 労働組合と使用者または使用者団体との間で，労働条件などについて結ばれた文書による協定。団体協約ともよばれ，労働組合法に規定されている。労働協約の基準が個々の労働者の労働契約の内容を規律するという規範的効力をもつため，労働協約に違反する労働契約の部分は無効となる。また，労働協約は3年をこえて定めることはできず，就業規則よりも優先度は高い。

就業規則 B N（しゅうぎょうきそく） 労働条件の具体的な細目と労働者が守るべき職場規則を定めたもの。労働基準法では，常時10人以上を雇用する使用者に対し，これを作成して労働基準監督署へ届け出ることを義務づけている。就業規則は法令や労働協約に反してはならない。また，就業規則の基準に達しない労働条件を定めた労働契約は，その部分が無効となる。

均等待遇 C N（きんとうたいぐう） 労働基準法において，使用者が，労働者の国籍・信条または社会的身分を理由として，賃金・労働時間その他の労働条件について，差別的取り扱いを禁止されていること（第3条）。憲法の法の下の平等の理念を具体化したもの。

賃金 A 5 N（ちんぎん） 使用者が労働者に，労働の対価として支払うすべてのもの。賃金を生活の手段とする労働者を保護するため，労働基準法は，前借金の禁止，強制貯金の禁止，通貨で直接に全額を1か月に1度以上一定の期日を定めて支払うこと，休日・時間外・深夜労働などの割増賃金，などを定めている。また，賃金の最低基準が最低賃金法によって定められている。終身雇用制の下では，賃金の額が労働の内容や能力よりも勤続年数の長さに比例する年功序列型賃金制がとられることが多かった。しかし近年，仕事の内容に応じて賃金を決める職務給や，仕事の遂行能力に応じた職能給が取り入れられたり，高齢化と定年延長による中高年の賃金上昇率の低下がみられ，年功賃金にも変化が見られる。

年功序列型賃金制 C 6 N（ねんこうじょれつがたちんぎんせい） 学歴別に決まった初任給を基礎に，勤続年数や年齢によって賃金が上がっていくしくみ。終身雇用制に対応した日本的経営の特色の一つとされてきたが，職務給・職能給の導入など，近年では様変わりしている。

年俸制 B N（ねんぽうせい） 企業が，労働者個人の能力評価や仕事の実績をもとに，年間の賃金を決定する制度。個人が毎年の目標を設定，その達成度に基づいて会社との交渉にのぞみ，翌年の年間給与が決められるというのが一例。

成果主義 B 6 N（せいかしゅぎ） 個人もしくはチームのパフォーマンスに基づいて賃金が決定される仕組み。欧米企業ではよく観察される制度である。単純に労働時間によっ

て賃金が決定される時間給制度，年齢や勤続年数が重視される年功序列型賃金制度などと対比される。成果主義は，パフォーマンスを出すほど賃金が上がるため，労働意欲の向上をもたらすことがある。また，パフォーマンスを出さない従業員の人件費を効率よくカットできる。一方，客観的数値で成果が示されない業務内容だったり，会社側の恣意的な基準で成果が一方的に測られる場合，逆に労働意欲の減退につながることもある。

男女同一賃金の原則 **C** **N** (だんじょどういつちんぎん=げんそく)　労働基準法第4条にある「使用者は，労働者が女性であることを理由として，賃金について，男性と差別的取扱いをしてはならない」という規定に基づく。賃金以外の労働条件についての規定はないが，差別的取り扱いは憲法第14条に違反すると考えられ，男女別定年制は違法との判例がある。1951年のＩＬＯ100号条約では，同一価値労働同一賃金の原則（ペイ-エクイティ）を定めている。日本は1967年に批准したが，実効措置に乏しい。

　　　　　　　　　　　　　類 ペイ-エクイティ

最低賃金制 **N** (さいていちんぎんせい)　労働者を保護するために労働者に支払われる賃金の最低額を保障する制度。日本では1959年制定の最低賃金法によって，都道府県ごとに決定される。決定方法は，まず毎年夏，中央最低賃金審議会が引き上げの目安を示し，それに基づき各地方最低賃金審議会が具体的な額を提示して地域別最低賃金を決める手続きとなっている。最低賃金審議会は，労働者代表・使用者代表・公益代表によって構成される。現実の最低賃金は，全国加重平均額で930円（2021年）と必ずしも高くはなく，以前は生活保護の給付水準を下回る「逆転現象」が生じている地域もあった。

賃金格差 **B** **N** (ちんぎんかくさ)　企業の規模や性別・年齢などによる賃金の格差。概ね大企業よりも中小企業のほうが，男性よりも女性のほうが，高齢者よりも若年者のほうが賃金は低い。年齢による賃金格差は狭まりつつある。一般的に日本の企業間賃金格差は欧米諸国に比べて大きい。男女の賃金格差に対しては，男女同一労働同一賃金の原則により禁止されているが，正社員と非

正社員など雇用形態の違いにより格差は広がり，多くの課題がある。

労働時間 **A** **4** **N** (ろうどうじかん)　労働者が使用者の指揮命令に従って労務を提供する時間。日本の労働基準法では，労働時間の上限は1日8時間／1週40時間となっている。しかし，労働法では例外措置を認めており，現実には，多くの日本人が1日8時間／1週40時間を超える時間外労働をさせられている。また，時間外労働に従事しているにも関わらず，労働時間としてカウントされない「サービス残業」も，日本全国の職場で横行している。主婦／主夫が家事労働に従事する時間なども，実質的には労務を提供する時間だが，現在の法制度では労働時間にカウントされない。このように日常社会にあふれている無賃労働時間をいかに取り扱うかが，今後の政治的課題となっている。

　　　　　　　　類 インターヴァル規制 **N**
　　　　　　（勤務間インターヴァル **C** **N**）
　　　　　　　　　　　　同 就業時間 **C** **N**

みなし労働時間制 **C** **2** **N** (ろうどうじかんせい)　実労働時間ではなく，一定の時間働いたものとみなす，例外的な労働制度。労働基準法では，坑内労働（第38条），事業場外労働（第38条の2），裁量労働（第38条の3，第38条の4）について適用される。

裁量労働制 **A** **9** **N** (さいりょうろうどうせい)　みなし労働時間制の一つで，業務の性質上，労働時間や仕事のすすめ方などを大幅に労働者本人にゆだねる労働制度。厚生労働省令で定める専門性の高い弁護士や新聞記者など19業務（専門業務型）に適用される。また，事業運営の企画・立案・調査・分析を行う業務（企画業務型）では，本人の同意があり，労使委員会が決議し使用者が行政官庁に届け出ることで同様の扱いができる。残業代は定額となるが，休日や深夜の割増賃金は支払われる。1987年から導入され，1998年に適用が拡大された。2021年時点において，裁量労働制が適用されている事業所は約1.2万。裁量労働制が適用されている労働者は約10.5万人に及んでいる。

変形労働時間制 **B** (へんけいろうどうじかんせい)　法定労働時間（週40時間）の枠内で，ある一定期間，一日の労働時間を弾力的に決めら

れる制度。フレックス−タイム制などが代表例。

フレックス−タイム制 Ａ❶Ⓝ(-せい)　予め設定された総労働時間の範囲内で、従業員が始業終業時間や労働時間を自ら決定できる制度。日本では、労働基準法改正によって、1988年から導入された。概して、必ず就業すべき時間帯としてコアタイムが予め定められ、それ以外の従業員によって調整可能な時間帯としてフレキシブルタイムが設けられる。類似的制度である裁量労働制は、時間ではなく成果に着目した制度であり、適用できる職種にも制限がある。一方、フレックスタイム制はあくまで労働時間に着目して賃金が計算される仕組みであり、適用できる職種にも制限はない。

労働時間の国際比較 (ろうどうじかん−こくさいひかく)　日本の長時間労働は、過労死や過労自殺などを生む一方、「仕事中毒」との国際的な批判をよび、経済摩擦の一つともなっている。欧米ではドイツの週38時間、フランスの週35時間など日本に比べて短く、また週休二日制の普及度や、年次有給休暇の日数と消化率なども、際立って高い。

法定労働時間 ＣⓃ(ほうていろうどうじかん)　法的に規定された労働時間。日本では労働基準法に規定されている。労働基準法の法定労働時間は1987年と1993年に大幅に改正され、現在は1週40時間・1日8時間。

時間外労働Ｃ❺Ⓝ**・休日労働**ＣⓃ(じかんがいろうどう・きゅうじつろうどう)　法定労働時間をこえて時間外または休日に行う労働。労働基準法第36条の規定により使用者は時間外労働や休日労働をさせる場合は、労働者の過半数で組織する労働組合または労働者の過半数を代表する者と書面による協定(三六協定)を結び、労働基準監督署に届けなければならない。時間外労働には25〜50％の範囲内(月60時間を超える部分は50％、休日労働は35％以上)で割増賃金を支払わなければならない。

類**三六協定**

残業手当 Ⓝ(ざんぎょうてあて)　労働者の残業に対して支払われる割増賃金のこと。労働基準法第37条により、使用者は労働者に通常賃金の割増賃金を支払わなければならない。

サービス残業 ＣⓃ(-ざんぎょう)　労働者が残業申請をせず、残業手当なしで残業すること。"ふろしき残業"などと俗称されるが、実態は賃金不払い残業である。営業・研究・事務などの職種に多い。残業申請をしない背景には、労働時間が把握しにくいこと、申請しがたい雰囲気があることなどが指摘されている。政府によるサービス残業の正式データはないが、総務省の労働力調査(労働者が回答)と厚生労働省の毎月勤労統計(事業主が回答)の差として年間約300時間(試算)が把握できる。

年次有給休暇 Ｂ❶Ⓝ(ねんじゆうきゅうきゅうか)　労働者が労働から解放されて有給で保障される年間の休暇。労働基準法第39条は6か月の勤続と8割以上の出勤を条件に、10日以上の有給休暇を定めている。日本では、消化率の低さ(約50％)が課題。パートやアルバイトなどの場合も、同様の条件のもと、働いた日数に比例して保障される(1週間に4日働く人は6か月後に7日、3日働く人は同5日など)。10日以上の年休を与えた労働者に、日を指定して1年以内に5日分を取得させることが、2019年から使用者に義務付けられた。また日本は、労働者に年次有給休暇を義務づけるILO条約を批准していない。

週休二日制 Ｃ(しゅうきゅうふつかせい)　1週間に2日を休日とする制度。週1日の休日は労働基準法に定められている。何らかの形で週休二日制をとっている企業は85％ほどだが、完全週休二日制の採用は40％程度にとどまる。2002年度から公立学校も完全週休二日制(学校五日制)となった。

解雇 Ｂ❶Ⓝ(かいこ)　使用者が、労働者との労働契約を一方的に解約すること。労働基準法では、使用者が労働者を解雇するときには、原則として30日前にその予告をするか、平均賃金の30日分以上の解雇予告手当を支払わねばならない。また、労働者が業務上の傷病により休業している期間及びその後30日間、産前産後の休業期間及びその後30日間は原則として解雇できない。2003年の労働基準法改正で設けられた解雇ルールの規定(第18条の2)は、2007年に新たに制定された労働契約法のなかに移された。

失業の諸形態（しつぎょう−しょけいたい）　労働者が労働する意思と能力をもちながら，労働の機会を得られず，職業に就けない状態を失業という。就業を希望し職を探しながらも職業に就けない者を完全失業者という。また，希望の職業に就けずに家業や農作業を手伝って再就職の機会を待っている者や，劣悪な条件の下で意にそわずに働いている者を潜在失業者という。ケインズは，自著『雇用・利子および貨幣の一般理論』のなかで，自発的失業・摩擦的失業・非自発的失業の三つに分類し，現代の失業の多くは非自発的失業だと指摘した。

失業率 B4N（しつぎょうりつ）　総務省統計局による労働力調査に基づく完全失業者の割合。月末最後の1週間における労働力人口に対する失業者の割合。これまでの完全失業率と完全失業者のピークは2002年の5.4％，359万人（男女計，年平均）。2021年の平均完全失業率は2.8％。男性3.1％，女性2.5％。完全失業者数は193万人。

女性と年少者の保護（じょせいーねんしょうしゃーほご）　女性及び18歳未満の年少労働者に対して特別に保護をすること。労働基準法は，①15歳未満の児童は，労働者として使用できない，②未成年者にかわってその保護者または後見人は労働契約を結んだり賃金を受け取ることはできない，③年少者及び一部をのぞいた女性を深夜業（午後10時から午前5時までの労働）に使用してはならない，④産前産後の女子を就業させてはならない，などを規定していた。このうち，労働基準法の改正で，残業や深夜業を規制した女性保護規定が1999年から撤廃され，児童の使用禁止期間が2000年から義務教育の修了時点までとされた。

男女雇用機会均等法 A16N（だんじょこようきかいきんとうほう）　女性労働者が男性と同等の機会・待遇で就業の機会を得ることを目的に制定された法律。勤労婦人福祉法の改正法。女性差別撤廃条約の批准に対応して1985年に成立，翌86年から施行された。これにともない，労働基準法の一部が改正され，女性労働者の時間外労働の制限や休日労働の禁止などの制限が緩和された。均等法では，男性のみの募集・採用，女性のみに未婚者・自宅通勤などを条件とすること，女

性に昇進の機会を与えないこと，などの禁止が定められたが，その多くが罰則なしの禁止か企業の努力義務にとどまっていた。このため，1997年の法改正で，それまで努力義務であった平等処遇が禁止規定に強化された。是正勧告に従わない企業を公表したり，職場でのセクシュアル−ハラスメントの防止義務を事業主に課すなどの改正が行われた。2006年の改正では，直接には差別的条件ではないが，結果として不利益になる一定の間接差別の禁止や，女性だけでなく男性に対するセクハラ防止義務などがもりこまれた。

間接差別 CN（かんせつさべつ）　直接には差別とならないが，結果として女性など一定の人々に不利益をもたらす基準や慣行をさす。2006年に改正された男女雇用機会均等法に，その禁止が盛り込まれた。具体的には①募集・採用時，業務と関係なく一定の身長・体重を要件とすること，②合理的理由のない全国転勤を総合職の募集・採用の要件とすること，③転勤経験を昇進の要件とすること，の3事例が間接差別にあたるとされている。

女性差別撤廃条約 B6N（じょせいさべつてっぱいじょうやく）　⤳p.183（女性差別撤廃条約）

コース別人事制度（−べつじんじせいど）　総合職と一般職などのコース別の採用方式。男女雇用機会均等法の制定による男女別採用の廃止にともない，多くの企業で採用されつつある。総合職は幹部候補コース，一般職は事務作業中心コースである。

単純労働2N**と熟練労働**N（たんじゅんろうどうーじゅくれんろうどう）　専門的な技能・技術を要しない労働を単純労働，要する労働を熟練労働という。日本では単純労働者の入国を認めておらず，単純労働を目的とした外国人の不法就労が問題となっている。

在宅勤務 CN（ざいたくきんむ）　リモートワークの一種であり，自宅にて賃金労働に従事すること。会社から許可を得て在宅勤務するケース，個人事業主が在宅にて職務に従事するケースなどがある。

　　類 SOHO（ソーホー） C2N
　　　　テレワーク A3N

出向 N（しゅっこう）　従業員を子会社や系列会社などの企業にさしむけて働かせること。

もとの企業との契約を保持したままの在籍出向と，これを解消して出向先の企業との雇用関係をつくる移籍出向とがある。

配置転換 N（はいちてんかん）　企業において労働者の仕事の場所・内容などの配置をかえること。略して配転。配置転換には，住宅問題や子どもの教育問題，新しい仕事への不適応などの問題点が指摘されている。

定年 B 1 N（ていねん）　一定の年齢に達した労働者が自動的に退職になること。かつては55歳で定年になる例が多かったが，現在では60歳定年制が一般的である。公的年金支給開始年齢が，段階的に65歳に引き上げられるため，2006年から定年延長も含め65歳までの継続雇用などが事業主に義務づけられた。しかし，再雇用されても，その多くは身分が嘱託などにかわり，賃金が引き下げられることが危惧される。

女性の定年差別 2（じょせいのていねんさべつ）　女性労働者の定年を，男性労働者より早期に設定すること。男女雇用機会均等法では，差別的な処遇として禁止されている。裁判でも，日産自動車の男女差別定年制（男性55歳，女性50歳）に関して，「不合理な差別で公序良俗に違反し，無効」との判例がある（1981年，最高裁）。

結婚退職制（けっこんたいしょくせい）　女性労働者が結婚をしたことにより退職をすることを労働契約に盛り込むこと。男女雇用機会均等法第11条で禁止。1966年に東京地裁で，結婚退職制を導入していた住友セメントに対して，結婚後も勤務を続けていた女性社員を解雇した事件で，無効を言い渡した判決が出ている。

労働安全衛生法 B N（ろうどうあんぜんえいせいほう）　労働者の安全衛生を確保するために，1972年に制定された法律。使用者に，労働災害防止や危険防止の基準の確立と責任体制の明確化などの措置をとることを求めている。

労働基準局（ろうどうきじゅんきょく）　労働基準法の違反防止のために，厚生労働省に置かれた監督組織。そのほか，地方に都道府県労働局が，都道府県管内に労働基準監督署が置かれ，配置された労働基準監督官は，事業場・寄宿舎などを臨検し，帳簿や書類の提出を求めることができる。

類 労働基準監督署 **A 7 N**　労働基準監督官 **C**

労働組合 A 19 N（ユニオン N）（ろうどうくみあい）　「労働者が主体となって自主的に労働条件の維持改善その他経済的地位の向上を図ることを主たる目的として組織する団体又はその連合団体」（労働組合法第2条）をいう。憲法に保障された勤労権を守り，団結権・団体交渉権・団体行動権を行使するための団体。その運営にはあくまで労働者の自主性が重んじられる。その形態には，産業別組合，職業別組合，企業別組合がある。また，労働組合員数を雇用者数で除した労働組合推定組織率は2021年時点で16.9％。

産業別労働組合：職種に関係なく一定産業に従事する全労働者によって組織される。

職業別労働組合：同一の職種・職業に従事する労働者によって組織する。日本ではあまりみられない。熟練工中心。

企業別労働組合：同一企業の従業員で組織される。日本ではこの形態が主流。企業単位のため企業間競争に巻き込まれやすく，使用者によって支配される「御用組合」におちいる可能性も高い。

類 労働組合推定組織率

労働争議 C 2 N（ろうどうそうぎ）　労働者と使用者との間に発生する争議。労働者が労働条件を維持・改善するために，使用者に対して団体行動を起こすことは憲法第28条に保障されている（団体行動権）。また労働争議に関しては，労働関係調整法によってその予防・解決がはかられる。争議行為には，次のようなものがある。

ストライキ：労働組合の指示で労働者が集団的に労務提供を拒否する行為。同盟罷業。

サボタージュ：意識的に作業能率を低下させる行為。労働者側によるもの。怠業。

ロックアウト：使用者側が行う対抗措置で，作業所を閉鎖して労働者を締めだす行為。作業所閉鎖。

類 争議行為 **C 3 N**

団体交渉 A 5 N（だんたいこうしょう）　使用者に対して弱い立場にある個々の労働者が，団結して行う労使間の対等な交渉のこと。労働者は要求を貫徹するために，争議行為という圧力手段を背景にして交渉にあたる。労働組合からの団体交渉の申し入れを，使

用者側は正当な理由なく拒否してはならない。

不当労働行為 **A**7 **N** (ふとうろうどうこうい)　労働組合の結成や運営など労働三権の行使に対する使用者の干渉や妨害行為。アメリカのワグナー法の影響が強くみられる。労働組合法第7条に次の4種が定められている。①組合の結成や加入，組合活動を理由に解雇その他の不利益な取り扱いをすることと，組合への非加入や脱退を条件に雇用契約を結ぶこと（黄犬契約）。②団体交渉の申し入れを正当な理由なく拒否すること。③組合の結成や運営に支配・介入することと，組合運営のための経費を援助すること。④不当労働行為の申し立てなどを理由として不利益な取り扱いをすること。不当労働行為に対しては，労働委員会へ行政的救済や，裁判所へ司法的救済を申し立てることができる。ただし，公務員の場合には団体交渉の拒否や支配・介入を禁止する規定はなく，救済の申し立ても人事院に対して行われる。

類 黄犬契約

便宜供与 (べんぎきょうよ)　企業が組合員の給料から組合費を天引きして労働組合にわたすチェック-オフ制など，使用者が組合に対して便宜をはかること。一般に不当労働行為にはあたらないと解釈されるが，労使間の癒着(ゆちゃく)を招きやすい。

ショップ制 (―せい)　組合員資格と従業員資格との関係を定める制度。日本の大企業では，ユニオン-ショップが一般的であるが，解雇に際しての規定があいまいな尻抜けユニオンである場合が多い。
オープン-ショップ：組合への加入が労働者の自由意思にまかされる。
ユニオン-ショップ：組合加入を条件に採用，組合を除名・脱退した際には解雇。
クローズド-ショップ：特定組合の構成員でなければ採用ができない。

類 尻抜けユニオン

刑事免責 **C** **N** (けいじめんせき)　団体交渉や争議行為などの労働組合の行為が，形式的には犯罪の構成要件にあたる場合でも，それが正当なものであるときは，刑法第35条（法令または正当な業務による行為は罰しない）の適用によって処罰されないという

原則。ただし，暴力の行使は正当な行為とは解釈されない。労働三権の保障に対応し，労働組合法第1条2項に規定されている。

同 刑事上の免責

民事免責 **C** (みんじめんせき)　労働組合が行うストライキなどの正当な争議行為によって損害を受けたとしても，使用者は組合や組合員個人に対して賠償を請求できないという原則。労働三権の保障に対応し，労働組合法第8条に規定されている。

同 民事上の免責

労働委員会 **A**2 **N** (ろうどういいんかい)　労働争議に際して，労使双方の自主的な解決が困難な場合に，その調整（斡旋・調停・仲裁）にあたることを目的として設置された公的機関。使用者・労働者・公益を代表する各委員で構成され，中央労働委員会・都道府県労働委員会などがある。労働委員会が解決を助言する斡旋，具体的な解決案を示す調停については，その受け入れは関係当事者にゆだねられるが，仲裁の裁定に関しては労使双方とも拘束される。

類 斡旋 **A**4　調停 **A**2 **N**　仲裁 **A**2 **N**

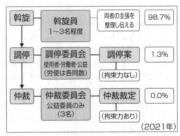

▲ 斡旋・調停・仲裁

労働審判制 **B**2 **N** (ろうどうしんばんせい)　個々の労働者と雇い主との間に生じた民事紛争で，労働審判官（裁判官）1名と労働審判員（労働者側・使用者側の推薦者）2名とが共同で審理し，調停（和解）や審判を行う制度。2006年から始まった。当事者の申し立てにもとづき，原則3回以内の審理で結論が出される。

個別労働紛争解決制度 2 (こべつろうどうふんそうかいけつせいど)　解雇や労働条件の引き下げなど，個々の労働者と事業主との間の紛争を迅速に解決するための裁判外の制度。2001年に成立した「個別労働関係紛争の解

決の促進に関する法律」に基づく。都道府県労働局に助言・指導機能などをもたせたもの。同局に設置された，学識者からなる紛争調整委員会が，当事者の申請によりあっせんなどを行う。

緊急調整　(きんきゅうちょうせい)　電気・ガス・水道など公衆の利益に関係する公益事業での争議に際して，「国民経済の運行を著しく阻害し，又は国民の日常生活を著しく危くする虞^{おそれ}」がある場合に，内閣総理大臣によってなされる調整。緊急調整の決定が公表されたときには，関係当事者は公表から50日間は争議行為を行えない。

スト規制法　(－きせいほう)　正式名は「電気事業及び石炭鉱業における争議行為の方法の規制に関する法律」。電源ストや停電ストの規制を目的に，1953年に制定された。

公務員の労働三権　(こうむいん－ろうどうさんけん)　国家公務員・地方公務員は，1948年の政令201号公布以降，その地位の特殊性や職務の公共性から労働基本権に制限を受けている。労働三権のうち団結権は認められているが，団体交渉権が制限されるほか，争議権は否定されている。警察官などは国家公務員法によって団結権も禁じられている。このような法規制に対しては，憲法第28条の規定に反するとの強い批判がある。争議権の禁止をめぐり最高裁判所は，全逓東京中央郵便局事件の判決(1966年)や東京都教職員組合事件の判決(1969年)で，いずれも限定つきで合憲とした。しかし，全農林警職法事件の判決(1973年)や全逓名古屋中央郵便局事件の判決(1977年)では一律禁止を合憲とし，今日にいたっている。なお，公務員の労働基本権を制限する代償措置として，人事院の勧告によって，労働条件の維持・改善をはかる。

区　分	団結権	団体交渉権	争議権
民間企業労働者	○	○	○
国家公務員 　一般職公務員 　自衛隊員・警察官・刑事施設等職員	○ ×	△ ×	× ×
特定独立行政法人職員 　印刷・造幣など	○	○	×
地方公務員 　一般職公務員 　警察・消防職員	○ ×	△ ×	× ×
地方公営企業職員 　鉄道・バス・水道など	○	○	×

▲ 労働三権の保障と制限　△＝協約締結権なし

労働市場の変化と雇用問題

労働市場　**B**②**N**(ろうどうしじょう)　資本主義のもとで労働力が商品として取り引きされる場のこと。労働力の売り手は労働者，買い手は資本家(使用者)であり，その販売の対価は賃金として支払われる。他の商品と同様に需要と供給の関係が生じ，経済成長率が高いときには労働力は不足して需要は供給を上まわり，労働者は有利な条件で労働契約を結ぶことができる。逆に，不況時には供給が需要を上まわり，失業者は増加する。しかし労働市場は，日雇い労働者の場合のように，場所やしくみが明確であることを除いては，具体的な取り引きの場があるわけではない。社会状況や景気変動によって労働市場は変化するが，現在では女性の労働参加，パートタイム・派遣労働の増加，若年労働力のフリーター志向，中高年者の就業問題，高失業社会の到来，などが労働市場に変化をもたらしている。

労働力人口　**C**　**N**(ろうどうりょくじんこう)　15歳以上の人口から非労働人口(通学者や家事従事者，病気や老齢で働けない者)を除いた人口をいう。就業者と完全失業者を合わせた人口でもある。15歳以上人口に対する労働力人口の割合を労働力率という。

　　　　　類労働力率**C**④**N**

完全失業率　**C**②**N**(かんぜんしつぎょうりつ)　働く意思と能力をもち，現に求職活動をしているが，就業の機会が得られない者を完全失業者といい，その労働力人口に占める割合を完全失業率という。日本の完全失業率は，1990年頃までは欧米諸国に比べ2分の1から6分の1と低かったが，1995年頃から3％をこえた。統計上，完全失業率は実態より低くなる傾向にあるといわれる。

失業　**A**⑦**N**(しつぎょう)　労働者が労働する意思と能力をもちながら，職業に就けない状態をいう。労働力に対する需要の季節的変動にともなって発生する季節的失業，景気変動にともなって発生する景気的失業のほか，経済的構造の変化によって起こる大量の失業を構造的失業とよぶ。日本では従来，職種・地域によって需要と供給が食いちがうミスマッチ現象などが問題とされたが，バブル経済の崩壊後には，不況にともなうリストラや非正規労働者などの解雇による

失業が急増した。

ワーク-シェアリング B⑩N[work sharing]　仕事の分かち合い。労働者一人あたりの労働時間を減らし，雇用の水準を維持すること。欧州などで導入されている。他の政策と組み合わせることによって，雇用を増大させる効果があるとされる。

有効求人倍率 C（ゆうこうきゅうじんばいりつ）　公共職業安定所（ハローワーク）における，新規学校卒業者を除いた一般の有効求人件数を有効求職件数で割ったもの。労働市場の需給関係を示す指標の一つとされる。2021年の有効求人倍率は1.16倍。近年ではかつての事情と異なり，背景に求人の増加（とくに介護・保育・医療分野）と求職者の減少がある。現実には，この数値の上昇が必ずしも景気の良さを反映した指標とはならない。

ハローワーク C③N　1947年制定の職業安定法に基づき設置された公共職業安定所（職安）の愛称。職業紹介や職業指導，雇用保険の失業給付などを行う。1990年からこの名称が使用されている。管轄を国から地方公共団体へ移そうとする動きもある。
同 公共職業安定所 C N

職業安定法 BN（しょくぎょうあんていほう）　1947年制定。職業安定行政の基本となる法律で，憲法に保障された労働権や職業選択の自由の理念に基づく。労働者の募集，職業紹介などとその実施機関について規定。従来，この法律で労働者の供給事業を禁止してきたが，1999年の法改正で，民間による有料の職業紹介が原則自由化された。

労働市場の二重構造（ろうどうしじょう-にじゅうこうぞう）　低賃金・重労働などの理由で，労働力の供給が需要を大きく下まわる市場と，高賃金・厚待遇などの理由で，労働力が集中する市場の二つに労働市場が分かれること。前者には中小企業が，後者には大企業があてはまることが多い。

労働移動率（ろうどういどうりつ）　労働市場においては，就職したり離職したりする労働力の移動があるが，移動者数を常用労働者数で割った値を労働移動率という。好況下では，労働移動率は高くなる。

外国人労働者問題 AN（がいこくじんろうどうしゃもんだい）　日本で働くことを目的に入国した外国人をめぐる諸問題。厚生労働省のまとめによると，事業主から届け出のあった外国人労働者の総数は2021年10月時点で約173万人となっている。日本で働く外国人は，専門職につく労働者や在留資格の範囲で単純労働につく労働者などと，不法就労の状態で単純労働にたずさわる労働者とに，大きく分類される。特に，バブル期に貧困と失業にあえぐ発展途上国から大量の外国人が流入して低賃金労働力を必要とする特定の産業分野に受け入れられた。政府は1990年，出入国管理及び難民認定法（入管法）を改正して不法就労者をきびしく排除した。労働基準法・労働契約法・最低賃金法などの労働法規や，健康保険法・厚生年金保険法などは，不法就労も含む全外国人労働者に適用されるが，雇用保険法などは不法就労者には適用がない。

外国人技能実習制度 CN（がいこくじんぎのうじっしゅうせいど）　外国人に対する技術・技能・知識の習得を目的として導入されたしくみ。企業や農家が発展途上国などから若者を実習生として原則3年間受け入れる。1993年から始まり，2021年末時点で約28万人が働く。現実には，安価な労働力利用や人権侵害の事例が多発したため，労働法規が適用される雇用関係に改められたが，まだ十分でない。政府は2018年，外国人労働者の受け入れ拡大にむけて，最長5年程度の新たな在留資格（特定技能）を入管法を改正して設けた。

ビザ N（**査証** N）[visa]（さしょう）　外国への入国の際，正当な理由と資格を持ってその国を旅行する者であることを証明する旅券の裏書き。入国先の領事館などが発行する。短期滞在の場合には，国どうしで相互に免除としている例が多い。

在留資格 CN（ざいりゅうしかく）　外国人が日本に在留することについて，法が定める一定の資格。出入国管理及び難民認定法において27種類の資格が定められている。通常，上陸許可とともに入国審査官により決定され，旅券（パスポート）に記載される。

専門職制度（せんもんしょくせいど）　高度の専門知識をもつが部下をもたない者に対し，ふさわしい待遇をするシステム。各自の能力や資質に応じた配置が目的だが，管理職のポ

スト不足から採用することも多い。

雇用調整 **C** **N**（こようちょうせい）　事業活動の一部を縮小し，雇用を減少させること。一時帰休制（レイオフ）をとって雇用関係を継続することが多く，国も雇用調整助成金制度により補助している。

労働災害 **C** **1** **N**（ろうどうさいがい）　労働者が仕事中に負傷したり，病気にかかったり，死亡したりするなどの災害を被ること。労働基準法第8条により，使用者は労働災害を受けた労働者に対して無過失の補償責任を負う。しかし，労働災害を使用者が労働基準監督署に届けず，労働者が労働災害の認定を受けられないケースが存在する。また，過労死（過労自殺）については認定基準がきびしく，労働災害と認定されるケースも少なく，裁判に訴える事例が増えている。

過労死 **B** **N**・**過労自殺** **C** **N**（かろうし）（かろうじさつ）　長時間・過重労働による過労・ストレスにより，突然死にいたる（自ら命を絶つ）こと。脳・心臓疾患による労災認定では，発症前の1か月間に100時間または2～6か月間平均で月80時間をこえる時間外労働が過重の基準とされる。また，労災申請件数でみると，過労死に比べて過労自殺が急増している。とくに若い世代にその傾向が強い。

過労死防止法 **N**（かろうしぼうしほう）　過労死等防止対策推進法。働き過ぎで命を落とすことのない社会をめざす法律で，2014年に成立した。過労死対策の責任は政府にあることを明記したうえで，実態調査やその報告書を毎年公表する。過労死した人の遺族らの働きかけが，法成立を強く後押しした。

職業病（しょくぎょうびょう）　特定の職業に従事することによって起こる，主に慢性の病気。かつては鉛中毒・振動病・塵肺などが知られたが，ＯＡ化・ＩＴ化にともない，テクノストレスなどを訴える人が増えている。
　　　　　　　　　　類テクノストレス**9** **N**

メンタル−ヘルス **C**［mental health］　精神衛生・心の健康の意。近年，職場での人間関係や業務の繁忙によるストレスなどから精神的な疾患にいたるケースが増え，企業側も定期的に診断やカウンセリングなどに取り組むことが多い。快適な職場環境の

形成を目的とする労働安全衛生法を改正し，医師などによる従業員のストレス−チェックを事業者に義務づける制度が2015年からはじまった。

一時帰休制（いちじききゅうせい）　不況時に，景気回復後に呼び返すことを前提に，一時的に休職させる制度。レイオフ。使用者は労働基準法第26条の規定により，平均賃金の60％以上の休業手当を支払わねばならない。
　　　　　　　　　　　　　　　同レイオフ

日本的経営 **C** **N**（にほんてきけいえい）　ジャパニーズ−マネジメントともいう。一般に終身雇用制・年功序列型賃金制・企業別労働組合を柱とした日本独特の経営体制をさす。高度経済成長期に経済発展の原動力となったが，バブル経済崩壊後は大きく変容した。

終身雇用制 **A** **4** **N**（しゅうしんこようせい）　新規学校卒業者のみを正規従業員として採用し，特別な場合を除いて定年まで雇用する制度。日本では大企業や官庁を中心に広く行われてきた。終身雇用制の下では，労働者は職種を狭く限定されず，広範囲に配置転換されながら，勤続年数に応じて上昇する賃金を受け取る。企業の要求に対して忠実な労働者を育成できる半面，競争がないため創造性を欠くなどの結果にもなりやすい。また，大企業への雇用機会は学校卒業時に限られるため，労働市場も閉鎖的になりがちだった。近年，子会社への出向や早期退職など，雇用の流動化や能力主義的な対策がとられたり，契約社員やパートタイム労働者など，雇用形態の多様化が進んでいる。

企業別組合（きぎょうべつくみあい）　企業別労働組合：同一企業の従業員で組織される。日本ではこの形態が主流。企業単位のため企業間競争に巻き込まれやすく，使用者によって支配される「御用組合」におちいる可能性も高い。

労働分配率 **C** **N**（ろうどうぶんぱいりつ）　企業が形成した付加価値総額のなかに占める人件費の割合，または国民所得に占める雇用者報酬の割合。分配率が高ければ，労働者の生活水準は上昇するが，企業の賃金コストは高くなる。近年の日本における労働分配率は平均して70％前後で推移している。

労働生産性 **C** **N**（ろうどうせいさんせい）　単位あた

りの労働に対する生産物の量，労働能率のこと。一定の労働量に対する生産量，または一定の生産物に対して要した労働時間であらわす。労働生産性の向上の要因は，科学技術の発展にともなう生産方法や生産手段の改良，労働者の熟練などである。

中高年労働者（ちゅうこうねんろうどうしゃ）　40歳以上で働く能力と意思のある労働者。高齢社会が進む一方，日本の中高年齢層は勤労意欲が高く，また公的年金の支給年齢の65歳引き上げもあって，中高年労働者の就業問題がクローズアップされ，エイジレス雇用の必要性も強調されている。高年齢者雇用安定法の改正で，2006年から希望者に対しては65歳までの継続雇用が事業者に義務づけられた。

　類 高年齢者雇用安定法 **B** Ⓝ

非正規雇用 **A** ⓬ Ⓝ（ひせいきこよう）　有期雇用契約あるいはパートタイム契約による雇用形態。フルタイム無期雇用（正規雇用）に対応する用語で，パートタイマー・アルバイト・契約社員・派遣社員などをさす。正規雇用者よりも，賃金や待遇などの労働条件が劣るケースが多い。2019年における日本の非正規雇用比率は，男性22.8％，女性56.0％となっている。非正規雇用の労働者が同じ仕事内容の正社員との賃金格差は違法だと訴えた裁判で最高裁判所は2018年，労働契約法第20条に照らして賃金差は項目ごとに精査する必要があるとして，一部の手当の不支給を違法とする初めての判断を示した。

　対 正規雇用 **A** ⑦ Ⓝ

正規雇用の賃金を100％とした時の非正規雇用の賃金

▲ 正規雇用と非正規雇用の賃金格差

プレカリアート ［precariat］　現代におけ

る身分の不安定な非正規雇用労働者層をさす。「不安定な」という意味のイタリア語「プレカリティ」と，「労働者階級」を意味するドイツ語「プロレタリアート」とを合わせた造語。いわゆるインディーズ（独立）系の労働組合（ユニオン）の中心を担う。自由な発想で格差社会の解消を訴え，若者たちの共感を広げている。

春闘 **C** Ⓝ［spring offensive］（しゅんとう）　春季闘争の略。労働者が毎年春，賃金や労働時間などの労働条件の改善要求を掲げ，産業別に統一して企業と交渉する行動形態。1956年から総評（日本労働組合総評議会）の運動として定着した。バブル崩壊後の景気低迷・リストラ・賃金破壊（年功賃金から年俸制や成果主義への移行）などで，方式の見直しが進んでいる。

障害者雇用促進法 **A** ④ Ⓝ（しょうがいしゃこようそくしんほう）　身体・知的・精神障害者の雇用促進をはかるため，1960年に制定された法律。一定の割合で障害者を雇用する義務を負う。現在の法定雇用率は，民間企業では雇用労働者の2.2％で，達成率は欧米諸国に比べて非常に低い。未達成の場合は不足分納付金を納めることになっている。2021年からは2.3％に引き上げられた。一方，中央官庁や地方公共団体など公共機関の雇用率は以前は2.3％（現在は2.5％）で，この基準が達成されていると公表されてきたが，実際には大幅に水増ししていた事実が2018年に発覚した。

人材銀行（じんざいぎんこう）　中高年齢者の雇用促進のため，各地の公共職業安定所（ハローワーク）内に設けられた職業紹介制度。総務や機械の技術などの専門的技能者を有効に活用しようというもの。

職業訓練制度 ①Ⓝ（しょくぎょうくんれんせいど）　職業訓練法に基づいて，労働者が就業に必要な技能の習得や向上などの訓練を行う制度。1985年に同法は大幅改正され，職業能力開発促進法となった。職業能力の開発・促進を基本理念とし，事業主や国などの責務を定める。

労働市場の変化（ろうどうしじょうへんか）　第一次石油危機以後，求人は大きく落ち込んでいたが，1986年末からの景気回復を機に求人倍率（有効求人数÷有効求職者数）は1

をこえ，求人超過となった。完全失業率（完全失業者数÷労働力人口，労働力人口＝就業者＋完全失業者）も，円高不況の影響で，1982年に2.8％と過去最高だったのが，1989年には2.3％に低下，完全失業者数は142万人となった。景気の回復とともに，中途採用や転職も増加した。1990年代に入るとバブル景気が崩壊，一転して雇用不安が深刻化した。また，1990年代後半以降，深刻になった不況を背景に，企業のリストラや解雇による失業が急増するなど，労働市場はその時々の経済情勢に応じて大きく変動している。

若年労働力 C（じゃくねんろうどうりょく）　中学卒・高校卒を中心とする20歳代くらいまでの新規学卒者をさす。バブル期には，若年労働力の求人倍率は2倍前後を示したこともあったが，近年，新規学卒者の就職難などが社会問題化するようになった。一方，離職率は中卒7割，高卒5割，大卒3割ともいわれ（いわゆる七・五・三問題），上昇傾向にある。その理由として，イメージによる就職，転職をあおる社会的風潮，フリーター志向など若者の意識変化などがあげられる。

類 七・五・三問題

女性労働力（じょせいろうどうりょく）　女性労働力率（15歳以上人口に占める女性労働者数）は昭和50年代から増えつづけ，1990年以降は50％台を続けている。年齢別にみると，M字型カーブを描き，20歳代前半でピークに達し，30歳代前半にかけて低下し，40歳代以降再び上昇する。これは，はじめ就職するが，結婚や育児を機に離職し，子どもが成長した後で再就職することを示している（M字型雇用）。近年，20歳代の女性労働力率が特に上昇しているのは，ライフスタイルの変化，出産年齢の高齢化，職業に対する考え方の変化などが影響している。しかし，家庭の男女役割分担にさほど変化はみられず，家事などアンペイド-ワーク（無償労働）への対策も含めて課題は多い。

類 M字型カーブ C　M字型雇用

パートタイム労働者 C②N（パートタイマー C N）（－ろうどうしゃ）　1日，1週間，1か月あたりの所定労働時間が通常の労

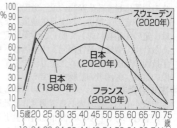

▲ 女性の年齢別労働力率

働者より短い労働者。パートタイマーやアルバイトなどをいう。総務省の労働力調査によれば，パートタイム労働者は1980年代の10年間で1.6倍以上に増え，2020年には1473万人となった。そのうち，女性が1125万人で76％を占める。これは，女性労働者側の就業ニーズと，企業側の雇用ニーズとが一致した結果ともされるが，企業側の人件費削減や雇用調整のために利用される向きもある。これらの労働者にかかわる法律としてパートタイム労働法（短時間労働者の雇用管理の改善等に関する法律）がある。日本のパートタイム労働者の賃金水準は，正規雇用の6割弱と，欧州諸国と比べて低さが際立つ。また，2016年から厚生年金と健康保険の加入基準が変わり，週20時間以上働くパートなどの短時間労働者にも拡大された。

類 パートタイム労働法 C③N

派遣労働者 B③N（はけんろうどうしゃ）　雇用関係を結んだ派遣元事業主が，企業・事業所とかわした労働者派遣契約により企業・事業所へ派遣される労働者。派遣先の指揮・命令関係に入るが，派遣先との契約関係はない。2020年時点における派遣労働者数は約143万人であり，雇用労働者全体の2.5％を占める。派遣会社全体の売上高は約6.3兆円（2018年実績）。また2000年からは，派遣先が正社員として採用することを前提にした「紹介予定派遣」という方式も行われている。

類 紹介予定派遣

労働者派遣法 B⑧N（ろうどうしゃはけんほう）　正式には「労働者派遣事業の適正な運営の確保及び派遣労働者の就業条件の整備等に関

する法律」。労働者派遣事業法ともいう。1985年に制定。派遣事業や派遣労働者の雇用安定，労働条件などについて定めている。派遣事業は常用雇用型と登録型とに分けられ，制定当初は通訳やソフトウェア開発など26種の業務に限られていたが，この規制が1999年に原則自由化された。2004年からは製造業にも適用されるようになり，派遣期間が最長3年となった。このため，1日単位など極端に短い派遣期間の日雇い派遣という方式が一般化し，製造現場の劣悪な労働環境のもとで働く若者が増えている。また，経済情勢に影響されて安易に解雇されるケース（派遣切りや雇い止め）もめだつ。こうした事態を受け，2012年に法改正が行われた。焦点だった登録型派遣や製造業派遣の原則禁止部分は削除され，規制強化が大きく後退した。一方，30日以内の日雇い派遣が原則禁止されたほか，違法行為があった場合は派遣先が直接雇用したとみなす「みなし雇用」の規定が盛り込まれた。2015年には，派遣労働者を企業が受け入れる期間の上限（3年）を撤廃するなど，非正規雇用の固定化や増加につながる可能性がある法改正が行われた。

　同 労働者派遣事業法 **C**　**類** 日雇い派遣 **N**
　　　　　　　　　　　　　　　　　　派遣切り **N**

偽装請負 **N**（ぎそううけおい）　形式的には請負を装いながら，実際は労働者派遣に該当する雇用実態をいう。請負とは，当事者の一方（請負人）がある仕事を完成することを約束し，相手（注文者）がその仕事の結果に対して報酬を支払う契約をさす（民法第632条）。この場合は，請負人側が自ら雇った労働者に仕事の指揮命令をする。これに対して派遣の場合は，派遣元ではなく派遣先が労働者への指揮命令を行う。実態が派遣なのに，請負を装うことは労働者派遣法に違反することになる。背景には，2003年に同法が改正され，製造業にも人材派遣が可能となったことがある。その結果，請負と派遣との境界が不明確になり，労災事故への対応や社会保険の加入など，労働者にしわ寄せがいく問題が深刻化している。

フリーランス **C**　特定組織に雇用されず，管理もされない働き方のこと。法律上の公式な定義がある概念ではない。フリーランスが多い職業としては，芸能人，芸術家，著述家，デザイナー，プロスポーツ選手などがある。類似する日本語として「フリーター」という俗語があるが，これは組織に雇用され，管理されながら働く若年層のパートタイム労働者を意味する。フリーターが通常の労働者と同じく＜労働時間＞の対価として報酬を得ているのと比較して，フリーランスの場合，自らの＜才能＞の対価として報酬を得ている点が，実質的な特徴となる。

出稼ぎ労働者 **C**（でかせ〜ろうどうしゃ）　1か月以上1年未満，家を離れて他所に働きに行き，賃金を得る労働者。労働条件が悪く，雇用契約も不安定な中小企業や下請け会社で，臨時工・季節工として働く例が多い。

労働力移動 **N**（ろうどうりょくいどう）　よりよい労働条件を求めて，労働者が他企業や他産業に移動すること。転職もその一つ。年功序列型の終身雇用関係の多い日本では少なかったが，近年の不況のなかでリストラによる移動や，中小企業やサービス業では若年労働者を中心に増えている。

リストラ **A** **N**[restructuring]　リストラ

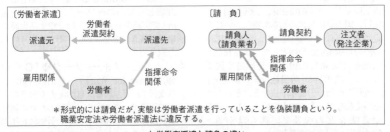

〔労働者派遣〕　　　　　　　　　　　　〔請　負〕

＊形式的には請負だが，実態は労働者派遣を行っていることを偽装請負という。職業安定法や労働者派遣法に違反する。

▲ 労働者派遣と請負の違い

第Ⅳ編

クチュアリング。企業経営上，その事業の再構築をはかること。営業収益の悪い部門を削るなどする。バブル崩壊後は，中高年労働者の解雇・退職という形で進行した。

フリーター Ｂ Ⓝ　フリーアルバイターの略。学生ではないが，定職につかず，主にアルバイトやパートタイムで非正規雇用者として働く15〜34歳の若者のこと。長引く不況と就職難で，その数は一時200万人をこえた。このため，都道府県が設置したジョブカフェや，一定期間試行後に常用雇用へ移行するトライアル雇用による就職支援，企業実習と座学を組み合わせたデュアルシステムによる能力開発の実施，ハローワークによる常用就職支援事業などが行われるようになった。
　　　　類 ジョブカフェⓃ　デュアルシステムⓃ

ワーキングプア Ｂ Ⓝ　働く貧困層。もともとアメリカで生まれた用語だが，公式な定義はない。就労しているにもかかわらず，所得が低く通常の生活が困難な世帯や個人が若者を中心に急増している。こうした若者層をプレカリアート（プレカリティ＝不安定とプロレタリアート＝労働者階級の合成語）とよぶこともある。経済協力開発機構（ＯＥＣＤ）によると，日本では貧困層の80％以上をワーキングプアが占め，年収200万円以下は1100万人をこえる。

ディーセント-ワーク Ｃ Ⓝ[decent work]　労働者が健康で生活でき，かつ満足できる職業に就いて働くこと。世界の労働の現実をふまえ，ＩＬＯ（国際労働機関）が提唱した概念で，各国でさまざまな取り組みが始まっている。日本では，非正規労働者の正規雇用化の推進や長時間労働の是正などの課題がある。

雇用対策法 Ｃ（こようたいさくほう）　日本の雇用政策に関する基本的な法律。1966年制定・施行。国の雇用対策の基本計画についても定める。2007年の法改正で，募集・採用の際の年齢差別が原則として禁止された。2018年に成立した働き方改革関連法によって，法律名が「労働施策総合推進法」に改められた。労働基準法などにとらわれない柔軟な働き方の拡大を打ち出し，副業や兼業などの普及・促進もはかる。
☞ p.467（働き方改革）

年齢差別禁止（ねんれいさべつきんし）　企業が求人（募集・採用）の際，年齢制限を原則として禁止すること。雇用対策法第10条にもり込まれ，2007年から実施された。

インターンシップ Ａ ⑨ Ⓝ[internship]　学生が，卒業後の進路と関連した職場において無給あるいは有給で就業体験する制度。
　　　　類 バイターン

名ばかり管理職 Ⓝ（なーかんりしょく）　権限もないのに肩書きだけ管理職とされた労働者。ファストフード店などサービス業の職場で増大している。労働基準法でいう管理監督者とは，労働条件の決定や人事権などについて，経営者と一体的な立場にある場合に限るが，実態は異なり，ただ働きの残業や長時間労働の温床とされる。

ネットカフェ難民 Ⓝ（-なんみん）　アパートなどを借りる収入がないため，インターネットを常備した喫茶店などで寝泊まりする若者たちをさす。労働組合「首都圏青年ユニオン」の調査でその存在が知られるようになった。2016年の東京都調査では，都内の24時間営業店舗におけるオールナイト利用者のうち1／4にあたる約4000人が住居喪失者だった。

ワーク-ライフ-バランス Ａ ② Ⓝ[work life balance]　ワーク（仕事）とライフ（生活）のバランスをとるという意味。長時間労働が恒常化し，家事や育児・余暇などの生活が犠牲になっている現状を改善しようとする試みでもある。1990年代のアメリカ企業において，仕事と生活を両立させようと実践されてきた考え方で，健康対策や育児・介護支援，在宅勤務などが求められる。

ワンストップ-サービス Ⓝ[one stop service]　鳩山由紀夫内閣の下，緊急雇用対策としてハローワーク（公共職業安定所）で実施された，職業紹介や生活保護の申請手続きなどを一か所で行えるようにした取り組み。

キャッシュ-フォー-ワークⓃ（ＣＦＷⓃ）[Cash for Work]　「労働の対価による支援」と訳される。自然災害や紛争などの被災地で，その復旧・復興のために被災者自身が労働に関与し，その労働に対価が支払われることによって，被災者の生活の

支援がなされる手法をさす。義援金などの無償の支援と異なり，支払われる金額の分だけ，地域社会に新たな価値を生み出し，復興の過程を豊かにする効果をもつ。東日本大震災の際にも実践された。

求職者支援制度 **C** **N**（きゅうしょくしゃしえんせいど）
雇用保険の適用を受けていない労働者を対象に，就職などを支援するための新たな枠組み。2011年から法制化された。対象者には月10万円が支給され，職業訓練などを行う。雇用保険に未加入の非正規雇用者の増加や，失業期間の長期化などが背景にある。生活保護制度との関連など，問題点も指摘されている。

ブラック企業 **C** **N**（-きぎょう）　明確な定義はないが，一般に法令を軽視または無視して，若者などの労働者に過酷な働き方を強いる企業。就活（就職活動）中の学生のあいだで「就職したらひどい目にあうので避けたほうがよい」とされる会社でもある。ブラック企業対策の一環として厚生労働省は2014年，情報をもとに選んだ全国の約5000社を調査。その結果，全体の8割以上の職場で長時間労働や残業代不払いなどの法令違反があることがわかり，是正勧告を行った。また，近年ではこうした動きがアルバイトなどの職種にも広がり，ブラックバイトとして社会問題になっている。2015年には，ブラック企業の監督・指導にあたる過重労働撲滅特別班（通称「かとく」）が東京と大阪の労働局に設置された。
　　　　　　　　類 ブラックバイト **C** **N**

ブルシット−ジョブ［bullshit jobs］　アメリカの人類学者デヴィッド＝グレーバー（David Graeber,1961〜2020）が提示した概念であり，社会上に存在する無意味かつ不必要な仕事のこと。彼によれば，現代社会における労働の半分以上はそうした「ブルシット−ジョブ」であり，その類の仕事に従事する労働者は，自分の存在価値をめぐって精神的苦悩を抱えやすい。例えば，目上の人間に優越感を与えるための仕事（例：ドアアテンダント），雇用主のために他者を脅したり騙す仕事（例：顧問弁護士），組織が何か有益なことをやっているかのように見せかける仕事（例：企業コンプライアンス担当者），無意味な仕事を従業員に割り当てる仕事（例：中間管理職）などが挙げられる。

青少年雇用促進法（せいしょうねんこようそくしんほう）
ブラック企業に対する規制などをもり込んだ法律。2015年成立。残業代不払いなどの違法行為をくり返す企業や，セクハラなどで社名が公表された企業による新卒求人をハローワークが拒否することなどを定めている。

限定正社員 **N**（げんていせいしゃいん）　職種や勤務地などを限定した正社員。労働市場の二極化が進むなかで，正社員と非正規社員の中間的な位置づけ。解雇ルールの緩和も視野に置く政府の規制改革会議で検討中の新しい雇用形態とされるが，すでに同様の制度を導入している企業も少なくない。

ホワイトカラー−エグゼンプション **N**
アメリカでのモデルを参考にして，一定以上の年収がある労働者を労働時間規制から外す法制度。エグゼンプションとは「適用除外」の意。労働時間の配分を自己の裁量に任せるかわりに，残業代などを支払わないしくみ。日本では，2019年より，ホワイトカラー−エグゼンプションの一種である「高度プロフェッショナル制度」が導入された。

　　　　　同 残業代ゼロ制度 **N**
　　　　高度プロフェッショナル制度 **B** **N**

プレミアムフライデー **N**　月末の金曜日に仕事を早めに終え，買い物や家族との団らんの時間を増やそう，という経済団体と行政が連携した取り組み。プレ金。2017年から始まった。

働き方改革 **A** **3** **N**（はたらっかたかいかく）　安倍政権下で進められた労働・雇用政策。①残業代ゼロ制度（高度プロフェッショナル制度）の新設，②裁量労働制の拡大，③残業時間の上限規制，④同一労働同一賃金の考え方をもり込んだ労働基準法・労働契約法改正などからなる一括法（働き方改革関連法）。性格の真逆な法案が同列で論じられ，過労死の根絶に逆行するのではないか，などと指摘された。これらのうち，裁量労働制拡大は厚生労働省によるデータ捏造が発覚し，国会への上程が見送られたが，一括法自体は一部修正のうえ2018年に成立した。

類働き方改革関連法 **A** **N**

サマータイム N（夏時間 N） （なつじかん）　国全体で夏場の時間帯を早める政策。日本では戦後の1948年，電力不足を理由にGHQ（連合国軍総司令部）の指示で導入されたが，「過労になる」などの批判を受けて廃止された経緯がある。近年，2020年東京オリンピック・パラリンピック時の導入が検討された。欧州では，早くから実施されてきたが，睡眠不足や時間変更の混乱などで見直しや廃止の要望が相次いでいる。

② 社会保障と社会福祉

世界の社会保障

社会保障 A 17 N （しゃかいほしょう）　疾病・負傷・出産・老齢・廃疾・死亡・業務災害・失業・多子・貧困などの場合に，一定の保障を行うことを通し，国民生活を安定させることを目的とする国家政策。保障の種類や水準，実施方法などは国によって異なる。ＩＬＯの「社会保障の最低基準に関する条約」（ＩＬＯ102号条約，1952年）は，社会保障を医療（現物給付）・疾病給付（現金給付）・失業給付・老齢給付・業務災害給付・家族給付・出産給付・廃疾給付及び遺族給付の9部門に分類。その実施方式は公的サービス・強制的社会保険・任意的社会保険・公的扶助のいずれかによるとしている。各国の社会保障制度では，これらのすべての給付部門か，またはいくつかの給付部門の組み合わせで行われ，国民の生涯にわたる生活が国家により制度的に保障されている。

社会保障の経済的効果 （しゃかいほしょうーけいざいてきこうか）　第二次世界大戦後に世界各国で本格化した社会保障は，国家による経済・社会生活への介入を代表する制度である。最低限度の生活の維持と所得再分配を通して，有効需要を高める効果があり，拠出金や支払いを通じて国民の購買力平準化による景気変動抑制効果がある。巨額な社会保障関連の積立金運用は，資本蓄積としての効果がある。

社会権的基本権 C N （しゃかいけんてきぎほんけん）
☞ p.133（社会権的基本権）

救貧法 A ［poor law］（きゅうひんほう）　困窮者の生活を救済するために制定された法。この考え方は，イギリスでは11世紀頃からみられたが，体系的に確立したのは1601年の救貧法（エリザベス救貧法）が最初である。この法は，病人・老人・子どもなど，労働能力のないものだけを救済した。

類エリザベス救貧法 **A**

ビスマルク A 2 N ［Otto von Bismarck, 1815〜98］　鉄血宰相といわれ，近代国家ドイツの創設に力をつくした。社会主義者鎮圧法を制定する一方で，1883年に労働者の病気やけがに対して治療費を支給する，世界で最初の社会保険である疾病保険法を成立させた。これをアメとムチの政策という。

類アメとムチの政策

疾病保険法 B N （しっぺいほけんほう）　ビスマルクによって1883年に制定された，世界最初の社会保険を規定した法律。

社会主義者鎮圧法 C （しゃかいしゅぎしゃちんあつほう）　ビスマルクが1878年に制定した社会主義者を弾圧するための法。集会・結社の制限・禁止を主たる内容とする。

社会保障法 B 3 N ［Social Security Act］（しゃかいほしょうほう）　1935年制定。1933年にアメリカのF．ローズヴェルト大統領は，大恐慌を克服するために経済保障委員会を組織し，対策を検討させ，その答申に基づいて経済社会法が立案され，老齢年金や失業保険などが実現した。議会ではこの法案を社会保障法とよぶべきだとし，世界初の「社会保障」ということばが使われた。

ベヴァリッジ報告 8 ［Beveridge Report］（ーほうこく）　チャーチル政権の求めに応じ，イギリスの経済学者ベヴァリッジらが提出した「社会保険及び関連事業に関する報告書」（1942年）。社会保障制度の先駆的モデルといわれる。これに基づき労働党政府は戦後，「ゆりかごから墓場まで」をスローガンにした社会保障制度を確立した。ベヴァリッジは報告書のなかで，社会保障制度は，社会保険（強制保険料を拠出），国民扶助（無拠出），任意保険の三つの方法を組み合わせて行われるべきだと説いた。そして，三つのうち社会保険を社会保障の柱にすえた。ケインズの理論を受け入れ，社会保険の原理を貫くには，完全雇用政策

の実施が必要であるとした。

　　　　　　　　圞「ゆりかごから墓場まで」**A N**

フィラデルフィア宣言 **B N**（せんげん）
1944年のILO第26回総会が発した宣言。必要とするすべての者に，所得と医療の面で社会保障の措置を拡張することをILOの義務とした。これは，第二次世界大戦後のILOの目的に関する基本原則となった。

各国の社会保障制度 **2**（かっこく－しゃかいほしょうせいど）　国や地域により制度はさまざまだが，いくつかのパターンに分類できる。
　イギリス型：ベヴァリッジ報告に基づき，「ゆりかごから墓場まで」をスローガンとした労働党政権の下で，家族手当法（1945年）・国民保険法（1946年）・国民保健サービス法（1946年）などを実施。後に，サッチャー政権により大幅に見直された。
　北欧型：1960年代以降，社会保障制度が急速に整えられた。国により多少異なるが，老齢保障，医療保障，母子・児童福祉，障害者福祉などは共通に発達している。社会保障費の国家予算に占める割合が高く，高福祉・高負担が特色。
　ドイツ型：世界で初めて社会保険を実施した国であり，社会保険を中核としている。
　フランス型：保険制度を中心に，伝統的に家族手当を重視している。
　アメリカ型：個人主義思想と民間保険が発達しているため，公的な社会保障制度は十分に整っていない。

福祉国家 **A 2 N**（ふくしこっか）　☞ p.356
（福祉国家）

日本の社会保障

日本の社会保障 **C 2 N**（にほん－しゃかいほしょう）
大日本帝国憲法下では，権利としての社会保障という考え方はなく，恩恵的性格が濃厚だった。1874年制定の恤救規則は，労働能力のない者にわずかなコメ代を給付するものだった。その後制定された健康保険法（1922年）・救護法（1929年）・国民健康保険法（1938年）なども，軍事色が強かったり恤救規則の延長でしかなかった。戦後の憲法第25条に基づき，社会保険・公的扶助・社会福祉・公衆衛生の四つの施策が行われるようになり，日本の社会保障制度は急速に拡充された。

恤救規則 **C**（じゅっきゅうきそく）　1874年に制定された貧民救済のための法。労働能力のない者（老齢・重病・13歳以下）にコメ代を給付した。

救護法（きゅうごほう）　1929年に恤救規則に代わって制定され，1932年に実施された救貧法。失業者などは除外された。

社会保障制度審議会 **N**（しゃかいほしょうせいどしんぎかい）　1948年につくられた内閣総理大臣の諮問機関。1950年に「社会保障制度に関する勧告」を答申，日本の社会保障制度を，社会保険・公的扶助・社会福祉・公衆衛生の四つの分野からなると規定した。

社会保険 **A 16**（しゃかいほけん）　疾病・負傷・出産・老齢・障害・失業・死亡などが原因で仕事の機会を失ったり，労働能力を喪失または減少させたりしたとき，加入者と国の拠出保険料を基金として一定の給付を行う制度。社会保障制度の中核をなす。①雇用労働者などを被保険者とする健康（医療）保険，②老齢・障害・死亡などで失った所得を保障し，本人や家族の生活安定や福祉向上を目的とする年金保険，③失業した場合に失業給付などを行う雇用保険のほか，労災保険・介護保険の5部門がある。

▲ 日本の医療保険制度

国民皆保険 **A N**（こくみんかいほけん）　すべての国民が，本人（被保険者）または家族（被扶養者）として，いずれかの医療保険に加入している状態をさす。国民健康保険法の全面改正（1958年）によって，全市町村・特別区に国民健康保険の実施が義務づけられ，1961年から国民皆保険が実現した。

医療保険 Ａ⑤Ⓝ（いりょうほけん）　疾病・負傷・分娩などに必要な医療や経済的な損失に対して，費用の給付を行う。日本では1961年にすべての国民がいずれかの医療保険に加入する国民皆保険が実現した。日本の医療保険は，被用者保険（健康保険）と住民保険（国民健康保険）の二つに大別される。医療保険加入者が医療機関で診療を受けた際，窓口で支払う自己負担の割合は，小学生～69歳が3割，未就学児と70～74歳が2割，75歳以上が1割（現役並み所得者は3割）など，年齢で異なる。

国民健康保険 Ａ⑤Ⓝ（こくみんけんこうほけん）　被雇用者以外の一般国民を被保険者とし，疾病・負傷・出産・死亡に関して医療その他の保険給付を行う制度。1938年に，軍事的労働力を保全する視点から，農山漁村民を対象とする医療保険として創設された。1948年，市町村公営の原則がうち出され，1958年の国民健康保険法の全面改正により国民皆保険を確立した。国保と略。無職者もこれに加入する。市区町村が保険者となって運営を行う市町村国保と，同種の事業や業務に従事する一定地域内の居住者（開業医・土木建設業者など）が独自に組合をつくって運営を行う国保組合との2種がある。現在，市町村国保について，運営主体を都道府県へと広域化するプランが検討されている。

　　　　　　　　　　類市町村国保Ⓝ　国保組合

健康保険 Ａ③Ⓝ（けんこうほけん）　被用者とその家族の疾病・負傷・死亡などに対して給付を行い，生活の安定をはかる職域保険。5人以上の従業員を雇用する企業を対象とする医療保険。政府管掌健康保険（2008年から公法人の全国健康保険協会が管掌，通称「協会けんぽ」）と組合管掌健康保険とがある。1922年に制定され，1927年から施行された。日本で最も歴史の古い社会保険。

　　　　　　類政府管掌健康保険Ⓝ　組合管掌健康保険Ⓝ

協会けんぽ Ⓝ（きょうかい−）　健康保険組合をもたない，主として中小企業の労働者を対象にした健康保険制度の通称。2008年までは政府管掌健康保険（政管健保）とよばれたが，管轄していた社会保険庁の解体が決まり，運営が新設の全国健康保険協会に

引き継がれた。全国一律だった保険料率は都道府県ごとに決められるため，地域格差が発生している。

　　　　　　　　　　　同協会管掌健康保険

保険料 Ｂ⑧Ⓝ（ほけんりょう）　社会保険の負担金をさす。被保険者負担・事業主負担・患者負担・国庫負担などに分けられる。医療・年金など保険料負担による社会保険を拠出制といい，生活保護など拠出によらないものを無拠出制という。

介護保険 Ａ⑨Ⓝ（かいごほけん）　先進国で普及している保険サービスの一種で，長期介護のために支給されるもの。特に，加齢による心身の支障を患った老人向けに活用されている。先進国では国民全体が長く生きるようになり，必然的に介護保険の需要が高まっている。日本でも，従来から存在している民間介護保険に加えて，2000年からは公的な介護保険制度が開始された。40歳以上の国民は原則として介護保険の被保険者となり，介護保険料を納める。介護保険サービスを利用する場合は，計7段階に分けられた要介護認定を受けて，その段階に応じたサービスが適用されることになる。　☞ p.483（介護保険）

年金保険 Ａ④Ⓝ（ねんきんほけん）　老齢・障害・死亡などで失った所得を保障し，生活安定や福祉向上を目的とする社会保険。年金保険の給付の事由には老齢・障害・遺族の3種類がある。

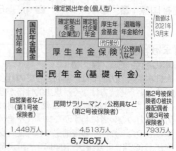

▲ 日本の年金制度

社会保険庁の解体（しゃかいほけんちょう−かいたい）　社会保険庁は，国民年金や厚生年金保険などに関する仕事を行ってきた厚生労働省の外局。年金記録のずさんな管理などが問題となり，2010年に解体。かわりに非公務

員型の公法人「日本年金機構」が設立され，年金業務が移管された。これにともない，最寄りの社会保険事務所は年金事務所に名称変更された。日本年金機構では，インターネットで自分の年金記録が確認できる「ねんきんネット」や，「ねんきん定期便」などのサービスを行っている。2015年，年金機構のパソコンがウイルスに感染し，100万件をこえる年金個人情報が流出する事件が発覚した。また，悪質な滞納者への強制徴収などは，委託を受けた国税庁が行う。医療部門については，政府管掌健康保険（中小企業の労働者など約3500万人が加入）の運営が2008年から新設の公法人「全国健康保険協会」へと移された。

　　類 **日本年金機構** Ⓝ　**全国健康保険協会** Ⓝ

公的年金制度 Ⓒ⑨Ⓝ（こうてきねんきんせいど）　国が管理・運営する社会保障制度の一つ。国民や労働者の老齢・障害・死亡などを対象とし，年金や一時金を支給して，本人・遺族の生活安定を目的とする。日本では1961年に，国民皆年金が実施されて以後，保険料を一定期間支払うことを条件とする拠出年金制度が確立した。1986年からは，国民年金が全国民に共通する制度となり，それに厚生年金保険（共済年金）を上乗せする2階建ての制度となった。給付内容については，国民年金から支給される基礎年金は定額であるが，厚生・共済両年金では在職中の報酬に応じた比例制度。1994年には，支給開始年齢を段階的に65歳へと引き上げる改正が行われた。2015年から共済年金は厚生年金に一元化された。また，2017年から年金の受給資格期間が「25年以上」から「10年以上」に短縮。

　　類 **年金制度** ⒶⓃ　**年金** Ⓐ②Ⓝ

国民皆年金 Ⓑ⑥Ⓝ（こくみんかいねんきん）　すべての国民が何らかの年金に加入している状態をさす。1961年に発足した国民年金の実施により実現した。

基礎年金制度 Ⓑ⑤Ⓝ（きそねんきんせいど）　1985年に法改正され，翌1986年から施行されたしくみ。各年金制度を一本化して基礎年金（国民年金）部分を共通とし，厚生年金の報酬比例部分を上乗せする。20〜60歳未満の人は保険料納付義務がある。各種年金制度間の格差を緩和することなどを目的

とする。

老齢年金 ⒸⓃ（ろうれいねんきん）　老齢のため労働が困難となった者を対象に，その生活維持・安定を目的に支給される年金。公的年金その他の各種年金に一定期間加入し，保険料を支払い続けて資格（25年以上）を満たした場合，一定の年齢後から支給される。国民年金の場合，原則65歳支給。2017年から受給資格期間が10年に短縮。

遺族年金（いぞくねんきん）　公的年金加入者が死亡したとき，遺族となった人の生活の維持・安定を目的に，18歳未満の子どもか，子どものある妻に，支給される。国民年金の場合は遺族基礎年金が支給されるが，厚生年金加入者の場合は，遺族厚生年金の上乗せがある。

国民年金 Ⓐ⑩Ⓝ（こくみんねんきん）　公的年金の対象者になっていなかった農民・商店主などの自営業者を対象とした年金制度。1961年発足。1986年から，すべての国民を加入者とする基礎年金制度に改められた。自営業者などを第1号被保険者，サラリーマン・公務員などを第2号被保険者，専業主婦（主夫）などを第3号被保険者としている。さらに1992年の改正で，20歳以上の学生も第1号被保険者として強制加入となった。年金給付は老齢・障害・死亡について行われ，老齢基礎年金は原則65歳から支給される。保険料は原則定額となっている。現在，保険料の納付率が60％強と低迷している。国民年金の支給月額は満額で65,075円（2021年）。

厚生年金 ⒶⓃ（こうせいねんきん）　常時5人以上を雇用する個人事業所または常時1人以上を雇用する法人事業所などの従業員や公務員等を対象にした公的年金制度。保険料は労使で折半する。給付内容が定額部分と報酬比例部分とに分かれていたが，1985年の改正で定額部分が国民年金（基礎年金）となった。年金給付は老齢・障害・死亡の際，基礎年金に上乗せした年金として支給される。1994年の改正で，支給開始年齢が段階的に65歳まで引き上げられた。事業所の加入逃れが深刻化している。

共済組合 Ⓒ②Ⓝ（きょうさいくみあい）　国家及び地方公務員や私立学校教職員などの医療保険と年金保険の運営主体。共済保険と共済

年金とがある。共済年金は，2015年から厚生年金に一元化された。

年金積立金管理運用独立行政法人Ⓝ（GPIFⓃ）（ねんきんつみたてきんかんりうんようどくりつぎょうせいほうじん）
総額で約140兆円にのぼる国民年金や厚生年金の積立金の大部分を運用する機関。積立金の運用は従来，安全資産として国内債券を中心に行われてきた。安倍晋三政権はこれを見直し，リスク資産とされる国内株式や外国株式の比率拡大を打ち出し，GPIFは株式重視の運用に転換した。GPIFが非人道兵器・クラスター爆弾の製造企業の株式を保有していることが2017年に発覚。SRI（社会的責任投資）やESG（環境・社会・ガバナンス）投資の原則に反するという声がある。

確定拠出年金 ⒸⓃ（かくていきょしゅつねんきん）
企業や加入者が一定の保険料を拠出し，それを運用した収益などに応じて給付額が決定される年金。企業型と個人型とがあり，2001年から導入された。アメリカの制度を参考にしたため，日本版401kともいう。
🔲日本版401k Ⓒ

年金改革法（ねんきんかいかくほう）
将来の年金水準を確保するためと称して，2016年に制定された法律。実際には支給額が抑制されることになり，批判の声が根強い。

マクロ経済スライド Ⓒ②Ⓝ（-けいざい-）
年金の給付水準の伸びを抑制するためのしくみ。2004年の年金制度改革の際に導入された。このしくみを適用すると，保険料を段階的に引き上げた後に上限で固定する一方，年金給付額の伸びが賃金や物価の伸びよりも低めに抑えられることになる。2015年度にこの制度が初めて適用された。

社会保障費の財源 Ⓝ（しゃかいほしょうひざいげん）
社会保障の財源調達は，労働者大衆，事業主，政府・国家の3者の組み合わせでなされ，各国によって負担する割合が異なる。財政難から，厚い福祉を求めるなら，受益者負担でより多く負担せよという，高福祉・高負担論が主張されている。

財政方式 ⒸⓃ（ざいせいほうしき）
支給年金の基金を構成する方式。保険加入者が払い込んだ保険料の積み立て原資から支給するのが積み立て方式であり，支給する各年度の現役労働者の支払い保険料から支給するのが賦課方式である。日本の公的年金の財政方式は積み立て方式で開始されたが，後に賦課方式をベースにした修正賦課方式（修正積み立て方式ともいう）が採用された。現在，賦課方式の原資調達比率が増大しつつあるが，高齢化の進展にともない，世代間負担の公平が問題となっている。

修正賦課方式：賦課方式を基本に，一部積み立て方式を取り入れた年金の財政方式。

積み立て方式：保険加入者が払い込んだ保険料の積み立て原資から支給する。物価の上昇などにより積み立て金の価値下落が生じるため，経済変動の激しい時期には制度が崩壊する恐れがある。

賦課方式：各年度の現役労働者の支払い保険料から支給する。経済変動には強いが，現役労働者と被支給者の比率が変動するような高齢社会の到来期には，制度がくずれる可能性がある。

給付 Ⓑ⑥Ⓝ（きゅうふ）
日々の生活において，なんらかの事故に直面し，社会保障の対象者となったとき，支給されるものをさす。現金給付・現物給付・サービス給付などがある。どのような形態や方法による給付がよいか，さまざまな議論がある。

社会保障給付費（しゃかいほしょうきゅうふひ）
社会保障によって給付された総費用である社会保障給付費の，国民所得に対する比率。社会保障による所得の再分配の度合いを示すもので，日本は約30％（約116.9兆円，2016年度）。アメリカよりは高く，欧州の諸国と比べると著しく低い。部門別の社会保障給付費の額は，年金が5割近くを占め，医療が3割強でそれにつづく。国民1人あたりの同年度の給付費は約92万円となる。

高齢化社会ⒸⓃと高齢社会Ⓑ③Ⓝ（こうれいかしゃかい・こうれいしゃかい）
出生率低下と平均余命向上によって，平均年齢が高くなった社会のこと。先進国に特有の社会現象だが，近年は発展途上国においても観察されるようになった。2013年の国連調査によれば，世界全体の年齢中央値は，1950年時点で24歳だったが，2050年には36歳になるものと推計されている。特に日本社会の高齢化は，世界で最も速度が大きく，かつ，最も深刻な状況にある。2021年時点におい

て，65歳以上の人口割合は29.1% であり，世界最高である。

雇用保険 Ⓐ⑨Ⓝ（こようほけん）　失業や事故という生活不安に対し，所得保障を行い，再就職を促進させることを目的とする社会保険の一種。1975年から施行された雇用保険法により運用されている。従業員が1人以上いれば，強制加入となる。保険料のうち，失業給付にあてられる分は労使で折半し，その他は使用者が負担する。雇用保険と労災保険をあわせて労働保険という。

類 **労働保険**Ⓝ

労働者災害補償保険 Ⓑ②Ⓝ（**労災保険**Ⓐ⑤Ⓝ）（ろうどうしゃさいがいほしょうほけん）（ろうさいほけん）　業務上の事由による負傷・疾病・廃疾・死亡などの際に給付を行う社会保険。業務外を給付事由とする健康保険と異なる。1947年に制定された労働者災害補償保険法に基づき，使用者が保険料を全額負担。

公的扶助 Ⓐ⑧Ⓝ（こうてきふじょ）　日本の社会保障を形成する四つの制度のうちの一つ。社会保障の目的は，国民の最低限度の生活水準（ナショナル-ミニマム）を保障し，国民生活を安定させることにあり，そのため社会保険と公的扶助があい補い目的を達成させる。公的扶助は，社会保険の対象とならない生活困窮者などの最低限の生活を確保することをめざし，国家が生活を援助する制度である。日本では，憲法第25条の生存権規定に基づき，生活保護法を中心に公的扶助が実施されている。

生活保護 Ⓐ⑤Ⓝ（せいかつほご）　日本において，憲法25条および生活保護法に基づいて，経済的な困窮世帯に，生活上の支援を与える制度。1950年に発足した。申請者に対する資力調査（ミーンズ-テスト）などの受給資格の確認を経て，生活扶助・住宅扶助・教育扶助・葬祭扶助・生業扶助・出産扶助・医療扶助・介護扶助の合計8種類のサービスが必要に応じて提供される。生活保護受給者数は，1995年に約88万人と過去最少となったが，その後，急上昇して，2010年代に入ると210万人を超えて，制度発足以来最大となった。2021年時点では約204万人である。生活保護を受けられる状況の者が実際に生活保護を受けている捕捉率は2割前後と推測されており，その低さが政治的問題となっている。相当数の自治体において，申請希望者の申請を窓口で拒絶する「水際作戦」なるものが展開されているほか，申請者の親族等への扶養照会を慣例化することで，生活保護申請への心理的抑制を図るなど，生活保護の申請や受給を減らすために，様々な手法が用いられているのが実態である。

民生委員 Ⓝ（みんせいいいん）　社会福祉事業に協力する地域ボランティア。各市町村ごとに推薦され，厚生労働大臣が委嘱する。地域の実態を把握し，要保護者の保護指導や，ときには生活の指導などにあたる。

ナショナル-ミニマム Ⓑ Ⓝ [national minimum]　社会保障の国民的最低基準と訳される。イギリスのフェビアン協会の創立者ウェッブが提唱。「労働者をして生産者ならびに市民としての実力を有する状態に維持せしむる」のに必要な国民の最低限度の生活水準を示したもの。

社会福祉 Ⓐ④Ⓝ（しゃかいふくし）　憲法第25条の生存権規定に基づき，貧困者や障害者・児童・高齢者など，援護育成を必要とする社会的弱者が自立し，その能力を発揮できるように，国・地方公共団体などが行う諸活動をさす。単に福祉ともいう。日本の社会福祉事業は，児童福祉法（1947年）・母子及び寡婦福祉法（1964年，現在は母子及び父子並びに寡婦福祉法）・老人福祉法（1963年）・身体障害者福祉法（1949年）・知的障害者福祉法（1960年）などの法律に基づいて行われている。都道府県や市などには社会福祉全般を所管する専門機関として福祉事務所があるが，業務内容の複雑化に対応した機構改善がなされず，専門職員としての社会福祉主事などの不足が，福祉行政の大きな課題となっている。

同 **福祉**Ⓐ⑤Ⓝ　類 **福祉事務所**Ⓒ③Ⓝ

福祉六法 Ⓒ（ふくしろっぽう）　生活保護法，児童福祉法，身体障害者福祉法，知的障害者福祉法，老人福祉法，母子及び父子並びに寡婦福祉法の六つの法律をさす。

　生活保護法：1946年制定。1950年全面改正。国が生活困窮者に対し，その程度に応じて保護を行うことにより，最低限度の生活を保障しようとする法律。

　児童福祉法：1947年制定。児童の健全な育

成を目的とする。1997年大幅改正。

身体障害者福祉法：1950年施行。身体障害者の機能回復と自立援助を目的とする。1993年改正。

知的障害者福祉法：1960年施行。知的障害者の福祉サービスについて定める。

老人福祉法：1963年制定。老人の健康維持と生活の安定化によって老人福祉を実現する。

母子及び父子並びに寡婦福祉法：1964年制定。母子・父子福祉について，資金の貸し付け，雇用促進，住宅供給などを定める。当初は母子だけを対象としたが，2014年に現在の名称に変更。

ノーマライゼーション Ⓐ❹Ⓝ
☞ p.482（ノーマライゼーション）

精神保健福祉法（せいしんほけんふくしほう） 精神障害者の福祉充実を目的に1950年に制定された精神保健法が，1995年に精神保健福祉法（精神保健及び精神障害者福祉に関する法律）に改められた。精神障害者の自立と社会経済活動への参加を援助するのが基本理念。相模原障害者施設殺傷事件（相模原市の「津久井やまゆり園」で2016年，元施設職員の男に19人が殺害され，27人が負傷）を契機に，措置入院患者の支援強化を柱とする法改正が検討されたが，障害者ら当事者からは，監視強化や医療の治安維持化を懸念する声が根強い。

公衆衛生 Ⓐ❾Ⓝ（こうしゅうえいせい） 疾病を防ぎ，広く国民の健康の保持・増進をはかるために営まれる組織的な活動をさす。活動の拠点は保健所であり，住民の疾病予防・保健衛生・環境衛生などの仕事を担当している。

類 保健所 Ⓒ❷Ⓝ

健康増進法 Ⓒ Ⓝ（けんこうぞうしんほう） 国民の健康づくりや病気予防を推進するため2003年に施行された法律。初めて嫌煙の推進を規定。これによって，官公庁や駅などの禁煙化・分煙化がすすんだ。第25条には，肺がんなどの死亡リスクを高めるとされる受動喫煙の防止などが規定され，2000年に始まった健康づくり運動「健康日本21」の法的裏づけとなった。2018年には，東京五輪・パラリンピックにむけ，国よりも基準がきびしい受動喫煙防止条例が東京都で成立した。

類 受動喫煙 Ⓒ Ⓝ

セーフティーネット Ⓑ［safety net］ 安全網のこと。事故・災害など不測の事態や失業などの経済的不安に備えた制度をさす。2000年代以降に広がった国民の格差拡大に対応して，その整備の必要性が指摘されている。

社会保護の床（しゃかいほご-ゆか） セーフティーネットにかわる概念で，最低限の水準という意味がある。ネットは網であり，穴があいているが，床は面であり，貧困への底支えとしての役割を果たすという考え方に基づく。2012年の国際労働機関（ＩＬＯ）の総会で第202号勧告として採択された。

生活保障 Ⓝ（せいかつほしょう） 社会保障と雇用の二つの分野を，不可分の要素として結びつけた言葉。背景に格差社会の広がりがある。人々の生活が成り立つには，まず働き続けることができ，万が一働けなくなったときには所得が保障され，再び働けるような支援が不可欠になる。経済や社会の構造を，個々人の日々の生活という観点からとらえなおすという意味で，「生活保障システム」とよぶこともある。

ベーシック-インカム Ⓑ Ⓝ［basic income］ 基本所得保障制度。社会で生活するための基本的な所得を，雇用の有無に関係なく，すべての人に公的に保障するしくみ。グローバリゼーション下で広がる雇用破壊への対応策として提起された。財源をどうするかなど課題も多いが，労働についての選択の自由度が高まるともされる。

社会保障と税の一体改革 Ⓒ（しゃかいほしょうぜいいったいかいかく） 社会保障の基盤整備を税の改革と同時にすすめようとする民主党政権の政策。2012年に関連法が成立した。税については，消費税率が2014年４月から８％に引き上げられた。一方，社会保障の分野では，年金受給に必要な加入期間が25年から10年に短縮され，パート労働者の社会保険への加入要件が緩和された。子育て支援については，幼稚園と保育所の機能をもつ現行の「認定こども園」制度が一部拡充された。また，社会保障制度改革国民会議が設置された（現在は廃止）。

社会保障制度改革推進法（しゃかいほしょうせいど

（かいかくすいしんほう）　社会保障と税の一体改革関連法の一つ。2012年に制定。社会保障のあり方として「自助，共助及び公助」と明記するなど，国・地方の役割が後退する内容。この法律に基づき，将来の社会保障制度について検討する「国民会議」が内閣に設置された。

パラリンピック **C** **N** [Paralympic Games]　身体障害を有するアスリートたちが参加する国際スポーツ大会。夏季／冬季オリンピック終了直後に，そのオリンピック開催地にて開催される。主催者は国際パラリンピック委員会。もともとは第二次世界大戦後の英国において，傷痍軍人たちによるスポーツ大会が開かれたことを起源とする。1960年の第１回パラリンピック大会（ローマ）には23か国400人の選手が参加したが，2021年の第16回大会（東京）では162か国4403人となり，規模の拡大が続いている。

幼保無償化 **C** （ようほむしょう）　2019年より，日本において，幼稚園や保育園を利用する際の経済的負担が軽減されたこと。０〜２歳の児童については，一定の低所得世帯に限って利用料が無料となる。３〜５歳の児童に関しては，所得制限を設けず原則無料となる。子育てに関する経済的社会的コストの高さが少子化の一因となっていることを受けて，国が政策的措置として実施したもの。さらには，小学校入学前の成長環境が重視されるようになり，幼稚園や保育園を誰もが利用できる経済環境を整備することで，憲法上の「ひとしく教育を受ける権利」を拡充させようという意図もある。

3 少子高齢社会と福祉の向上

家族の変化

家族 **A** **6** **N** （かぞく）　結婚や血縁関係によって結ばれる集団。夫婦関係を基礎として，愛情によって結ばれ，家族構成員の生活や健康の保持や人間形成をはかるなど，人間にとって最も基礎的な集団である。家族であるための条件として考えられるのは，結婚を前提として，①親子や兄弟姉妹といった血縁関係があり，②食事をともにし，③

家族構成員が一緒に住み，④家計をともにする，ということであるが，これらは必ずしもすべてが満たされる必要はない。たとえば，父親が単身赴任で他の家族構成員と一緒に生活していなくても，やはり家族である。家族のありさまや家族構成員の役割分担などはそれぞれの家族によって多様であるが，時代や国，地域によってある程度共通した特徴がみられる。

親族 **C** **N** （しんぞく）　親子関係や婚姻を通してできる人間のつながり。親子関係のように血のつながりのある者どうしを血族，自分の配偶者の血族のように血のつながりはないが，婚姻を通じて生じた関係を姻族という。親族関係の範囲について，日本では民法725条で，①６親等内の血族（またいとこ，いとこの孫），②配偶者（自分の夫や妻），③３親等内の姻族（配偶者のおじやおば，配偶者側の甥や姪）までを親族と規定している。親族関係は出生・婚姻などで発生し，死亡・離婚などで消滅する。

　　　　　　　　　類 血族　姻族

核家族 **C** **2** **N** （かくかぞく）　一組の夫婦と未婚の子どもによって構成される家族。アメリカの文化人類学者のマードックが主著『社会構造』のなかで述べた考え方である。これを特に「核」家族という理由は，第一にいかなる時代やどの地域においても，どんな形態の家族であっても，夫婦とその子どもが家族の構成員になっているという，家族の構造的な面がある。これは，マードックが多くの未開社会の家族の研究から導いたものである。この場合，核家族は家族結合の単位として存在し，拡大家族や複婚家族（一夫多妻または一妻多夫）が生まれるとする。第二に家族のもつ性的な機能や経済的機能，生殖機能，教育機能という最も基本的な機能を果たすためには，家族構成の単位をこれ以上縮小できないという，家族の機能的な面がある。特に産業化の進展により日本でも1955（昭和30）年頃から，核家族化の傾向が著しくみられるようになった。2010年の国勢調査では，これまで総世帯数の３割以上を占めてトップだった「夫婦と子」の世帯数が，単独世帯数を初めて下まわった。

家父長的家族 （かふちょうてきかぞく）　家長である

男子が強い家長権をもち，家族員を統制し，支配する家族。家長は戸主権や財産権などの権利を独占した。夫婦関係よりも家が重視され，結婚は家と家の結合を意味した。日本では明治民法でこれが認められていた。

家族の機能 C (かぞく-きのう)　社会において家族が果たす働きのことである。社会の変化に応じて，家族の果たす働きは変わるが，主なものとしては，①夫婦の愛情を育て，性的な欲求を満たす，②子どもを生み，育てる，③生産活動を行う，④消費活動を行う，⑤衣食住をともにする，⑥病人や老人の世話をする，⑦冠婚葬祭などの宗教的行事を行う，⑧娯楽を楽しむ，⑨心の安らぎを与える，などがある。しかし，産業化の進展と賃金労働者の増加や家庭電気製品の普及により，従来，家族の機能と考えられていたものが，他の機関で行われるようになってきている。家族の機能を分析したものとして，アメリカの文化人類学者マードックのあげた性的機能，経済的機能，教育的機能，生殖的機能という4機能説や，アメリカの社会学者パーソンズのあげた社会化と安定化という2機能説などがある。

社会化の機能 (しゃかいか-きのう)　アメリカのパーソンズの主張した家族の機能の一つ。社会化とは人間が他者との相互作用を通して，その社会に適応していく過程である。家族も社会と同じように地位と役割の構造をもち，家族構成員間の相互作用を通して，社会化する機能をもつ。

安定化の機能 2 (あんていか-きのう)　パーソンズの主張した家族の機能の一つ。人間が家族のなかで精神の安定をはかり，男女間の性の調整をはかることをさす。

機能の外部化 C (きのう-がいぶか)　従来，家族がもっていた機能が，企業や学校などの外部の機関に吸収され，家族の機能が縮小していくこと。しかし，このことによって家族が愛情を育てたり，子どもを養育したりする場へと専門化したとも考えられる。さらに，機能の外部化，縮小化によって，夫婦間の愛情を育てていく機能がますます家族にとって重要になってきている。

マードック [George Peter Murdock, 1897～1985]　アメリカの文化人類学者。主著『社会構造』において，世界の諸民族の家族の形態や機能を比較，研究し核家族説を主張した。彼によれば，どのような形態の家族であれ，それは核家族の結合形態であり，人類にとって不可欠な性的，経済的，生殖的，教育的という四つの機能が核家族によって果たされているとした。

パーソンズ [Talcott Parsons, 1902～79]　アメリカの社会学者。人間の行為の体系を社会システム論としてまとめ，理論社会学の発展に大きく貢献した。彼は家族の本質的機能を，子どもの社会化と家族の情緒的安定に求めた。

家制度 (いえせいど)　一般的には，法律や慣習などによって社会で認められた家族形態や家族内の人間関係をさす。しかし，特に近代の日本の家制度という場合は，第二次世界大戦までの強い戸主権と家督相続制を基礎にした，家族に関する法制度や社会規範をさす。家族内では家長たる男子が絶対的な権威をもち，子どもは親に，妻は夫に服従することが求められた。

戸主 (こしゅ)　家長と同じ意味で，明治民法で法的に認められた家の支配者。戸主権という大きな権限をもっていた。

戸主権 (こしゅけん)　改正前の民法(明治民法)で規定されていた「家」制度に基づく権限。戸主は居住場所の決定，婚姻関係への同意など，家族の出処進退その他のすべてを決定できた。第二次世界大戦後，新民法において，個人を尊重する立場から「家」制度が廃止され，戸主・戸主権も消滅した。

家督相続 (かとくそうぞく)　家督とは跡継ぎのことだが，明治民法では家の存続のため，家の財産と戸主の地位や権利が継承されることが規定されていた。一般的には長男が単独で独占的に相続した。

男尊女卑 (だんそんじょひ)　男子を重んじ女子を差別することである。明治憲法下では男尊女卑が法的に認められていた。女性には選挙権もなく，法的に無能力状態におかれた。家では夫に支配され，原則として，女子は戸主になれず，妻の親権も著しく制限されていた。

家庭崩壊 (かていほうかい)　家族員の死亡や離婚，別居などによって家族の構造自体が崩れる場合と，家族が家族としての機能を果たさなくなった場合がある。最近は後者のほう

が特に問題になっている。夫婦が同居していながら，会話などの意思疎通がみられず，お互いの精神的結合を欠く「家庭内離婚」や，親子間のコミュニケーションが取れなくなる「親子の断絶」などの問題が社会問題となっている。

夫婦別姓 Ａ2Ｎ（ふうふべっせい）　夫婦が結婚後も同一の氏（姓）を名乗らず，それぞれの氏を称すること。民法では結婚すると男女どちらかの氏を称すること（第750条）とされているが，実際には夫の姓を使用するケースが多い。近年，結婚しても自分の姓を変えたくないという女性が増え，旧姓を通称として使用する人も少なくない。1996年，法制審議会は選択的夫婦別姓の導入などを打ちだしたが，実現にはいたっていない。

類 **選択的夫婦別姓** ＣＮ

夫婦別姓訴訟 2（ふうふべっせいそしょう）　夫婦同姓（同氏）を定める民法第750条が，憲法の保障する個人の尊厳や法の下の平等などに反するとして起こされた裁判。原告は東京都などの男女５人。最高裁判所大法廷は2015年，民法の同規定が違憲ではないとする判決を下した。2018年には，結婚して妻の姓に変えた男性が，日本人同士の結婚時に戸籍上の夫婦別姓を選べない戸籍法を違憲だとして東京地裁に提訴した。2015年の最高裁判決は通称使用で不利益が緩和されると判断したが，この男性は通称使用でも不利益は大きいとして，旧姓を戸籍上の氏として使用できるようにすることを提案している。2018年には他にも夫婦別姓に関する訴訟が複数提訴されている。

婚姻率の低下（こんいんりつのていか）　日本の婚姻率（人口1000人に対する比率）は，戦後最高値を示した1947年で12.0だったが，1970年代以降は長期的下降トレンドにあり，2019年は4.8となった。婚姻件数自体も，1972年には戦後最大の約110万組となったが，2021年は約50万組である。

類 **生涯未婚率** Ｎ

晩婚化 Ｂ2Ｎ（ばんこんか）　初婚年齢が上昇する現象。日本では1970年以降，男女ともに結婚年齢が上がり，晩婚化の傾向がみられる。女性の晩婚化の要因としては，高学歴化や社会進出などがある。2018年の平均初婚年齢は男性31.1歳，女性29.4歳。

出生率の低下 ＣＮ（**少子化** Ｂ2Ｎ）（しゅっしょうりつていか）（しょうしか）　年間出生数の人口に対する割合が低くなること。日本の合計特殊出生率（その年の15～49歳の年齢別出生率の合計，一人の女性の平均的生涯出産数と仮定される）は，長期的に低下傾向にある。

合計特殊出生率 Ａ9Ｎ（ごうけいとくしゅしゅつしょうりつ）　一人の女性が生涯に産む子どもの数の平均の値。妊娠可能な15歳から49歳までの女性の，年齢別の出生率を合計したもの。人口動態統計（厚生労働省）をみると，1947年に4.54だったものが，2005年には1.26で戦後最低となった。2021年は1.30である。なお，現在の日本では2.07前後が人口の増減がないとされる人口置換水準である。

育児休業 Ａ1Ｎ（いくじきゅうぎょう）　出産後の一定期間，子どもの養育のために職場を離れること。1992年から施行された育児休業法により法制化された。同法では男女とも申請により，１歳に満たない子（一定の場合は２歳未満の子）を養育するための育児休業をとれるようになった。しかし，この法律では休業中の手当の給付や罰則規定がないとの問題があり，1994年には雇用保険法が改正され，育児休業給付が支給されることになった（現在は休業前賃金の67％，開始180日経過後は50％）。また1995年には介護休業も含んだ育児・介護休業法が制定され，1999年から施行。2020年の育休取得率は，男性12.65％，女性81.6％となっている。

類 **育児・介護休業法** Ａ9Ｎ

待機児童 Ｃ2Ｎ（たいきじどう）　認可保育所に入所を希望しても，定員オーバーなどで保育所に入ることができない子どものこと。第二次ベビーブームの1970年代に保育所不足が叫ばれた頃から慢性的に続いている問題であり，特に都市部で深刻となっている。厚生労働省の統計では，2000年代以降，年間1.7万人から2.6万人のレンジ幅で推移。2020年は約1.2万人となり，過去20年で最低の数値となった。ただし，厚労省や自治体の裁量によってカウントされずにいる「隠れ待機児童」がその数倍は存在す

るものとも指摘されている。待機児童の解消のため，近隣の市町村間で利用者の調整をし，地方公共団体の枠をこえた「越境入園」などを柱とする制度改正が2018年に行われた。

パパ・ママ育休プラス Ⓝ(-いくきゅう-)　男性労働者の育児休業取得を促進するための政策。父母がともに育児休業を取った場合，育児休業取得期間を1歳2か月まで延長できる。2009年の改正育児・介護休業法で導入。

イクメンⓃ**とイクジイ**　イクメン（育メン）は育児に積極的に参加する父親のこと。イクジイは育児に熱心にかかわる祖父のこと。地域の子育て講座などで学ぶ人も多い。また，育児や介護の支援に積極的な職場の上司をイクボスという。
　　　　　　　　　　　　　　　　類イクボス

専業主婦Ⓒ①Ⓝ**（専業主夫**①**）**(せんぎょうしゅふ)　賃金労働や家業に従事しておらず，家事や育児に専念している主婦（主夫）のこと。最近は，専業主婦の割合が減りつつある。専業主婦世帯は，1980年で1114万世帯だったが，2020年は571万世帯となっている。

主夫 Ⓝ[house husband] (しゅふ)　家事労働を主たる職業とする夫のこと。アメリカでは，国勢調査局の統計によると，約55万人の主夫が存在する。日本でも，仮に年金の第3号被保険者を基準とする場合，約11万人の主夫が存在することになる。先進国では，主夫人口が年々増加しているものと推計されており，従来の「夫は仕事，妻は家事」という性別役割分業の価値観が崩れつつあることを示している。

離婚 ⒷⓃ(りこん)　婚姻契約を解消して，夫婦関係を終了させること。日本の離婚率は，1910年代頃までは世界一位であった。いったん下がったものの，1960年以後は全体として増加傾向を示した。2018年の人口1000人あたりの離婚率は1.68であった。離婚件数は2015年で約21万組。2014年のアメリカの人口1000人あたり離婚率は2.8。

セクシュアル－ハラスメント Ⓒ⑦Ⓝ[sexual harassment]　主として女性に対する職場などでの性的いやがらせ。セクハラ。1970年代のアメリカで主張され，日本で

は1980年代末から明確に認識されるようになった。一般的には①対価型＝性的行為の要求と関連した雇用上の不利益な取り扱い，②環境型＝性的な言動による不快な職場環境の形成，などがあげられる。ILO（国際労働機関）は2018年，職場などでのセクハラや暴力をなくすために，法的拘束力のある条約を制定する方針を打ち出した。日本政府は「国内法にセクハラ罪にあたる罪はない」として，これに消極的な立場。
　　　　　　　　　　　　　　同セクハラⒷⓃ

パワー－ハラスメント ⒷⓃ[power harassment]　主に職場において，業務執行上の権限を背景に上司が部下などに対して行ういじめや嫌がらせ行為。上司が個人的な感情で部下を罵倒(ばとう)したり，不当な扱いをすることなどは，相手への重大な人権侵害となる。略してパワハラともいう。
　　　　　　　　　　　　　　同パワハラⒸⓃ

マタニティー－ハラスメント ⒸⓃ[maternity harassment]　職場において，妊娠・出産した女性に加えられる嫌がらせや不当な待遇。略してマタハラともいう。最高裁は2014年，妊娠を理由にした職場での降格は原則として男女雇用機会均等法に違反する，という初めての判断を示した。
　　　　　　　　　　　　　　同マタハラⒸⓃ

レイシャル－ハラスメント [racial harassment]　主として職場において，相手の人種・民族・国籍などへの配慮に欠けた言動。略してレイハラともいう。ヘイトスピーチのような悪意がなくても，何気ない日常の一言が当事者を傷つけることもある。欧米では知られた概念だが，日本では認知度が低い。

「#MeToo」 Ⓝ　「私も」の意味。性暴力やセクシュアル－ハラスメントの被害を追及する際のフレーズとして，2006年にネット上で初めて使用。2017年，米国の映画プロデューサーによるセクシュアル－ハラスメントや性的暴行が報道されると「私も被害を受けた」という女性たちの訴えが相次ぐ。この出来事を契機として，世界連鎖的に性被害者たちによる告発運動が巻き起こった。

フェミニズム Ⓒ[feminism]　男性中心の

社会や価値体系に異議を唱え，女性差別の撤廃と男女平等の実現をめざす，女性解放の運動をさす。

ジェンダー Ａ Ｎ ［gender］ 「生物学的」な男女の違いをセックスというのに対して，社会的・文化的につくり上げられた「性差」をいう。「女らしさ，男らしさ」「男は仕事，女は家庭」といった後天的につくられた男女の性役割や行動様式，心理的な特徴をさす。ジェンダーフリーとは，その固定的な「性差」意識から自由になることをさす。また，ジェンダーバイアスとは，ジェンダーに基づく差別，女性への固定的観念に基づく差別をいう。

　圞 ジェンダーフリー　ジェンダーバイアス

性別役割分担意識 Ｎ （せいべつやくわりぶんたんいしき）「男（夫）は仕事，女（妻）は家事・育児」というように，性別によってその役割を遂行することを期待する意識。日本では，家庭や職場において，こうした固定的な役割分担意識が根強く残っている。

アンペイドワーク Ｃ 働いても賃金が支払われない労働，無償労働または無報酬労働といわれる。女性によって担われることが多い。家庭での家事・育児・介護，農林水産業などの自営業における家族従業者が典型。 ☞ p.406（家事労働）

エンパワーメント Ｃ 直訳すると，「力をつける」こと。女性自らが意識と能力を高め，真の男女平等を達成するため，政治・経済・家庭など社会のあらゆる分野で，力をもつ存在となることをいう。男女平等社会，男女共同参画社会の実現のための重要な考え方。

リプロダクティヴ・ヘルス Ｃ 7 Ｎ ・**リプロダクティヴ・ライツ** Ｃ 5 Ｎ （性と生殖に関する健康 Ｃ Ｎ ・性と生殖に関する権利 Ｎ ）（せい－せいしょく－かん－けんこう）（せい－せいしょく－かん－けんり）女性が自分の体や健康について正確な知識・情報をもち，安全で満足できる性生活を営み，子どもの人数や出産の時期・避妊の方法などについての女性の決定権を認めようとするもの。妊娠・出産・中絶に関わる女性の生命の安全や健康を重視した考え方。ここでいう健康とは，単に病気でないということだけではなく，身体的，精神的，社会的に良好な状態のことを

いう。1994年の国際人口開発会議（カイロ）で明記され，1995年の第4回世界女性会議（北京）の行動綱領にも盛り込まれた。

少子高齢社会と福祉の実現

少子化 Ｂ 2 Ｎ （しょうしか） 出生数と出生率が低下し，子どもが少なくなること。そうした社会を少子化社会という。そのことがまた，高齢化を加速させることになる。1992年の『国民生活白書』で初めてこの言葉が用いられた。

　圞 少子・高齢化 Ａ 10　少子・高齢社会 Ｂ

児童虐待 Ｂ 3 Ｎ （じどうぎゃくたい） 保護者などが，子どもの人権を著しく侵害し，その心身の成長や人格の形成に重大な影響を与える行為。2000年に制定された児童虐待防止法（児童虐待の防止等に関する法律）では児童虐待を，身体的虐待・性的虐待・ネグレクト（育児放棄）・心理的虐待の四つに分類している。全国の児童相談所が2019年度に対応した児童虐待件数は約19.4万件。年を追うごとに加速度的ペースで増大している。

　圞 児童虐待防止法 Ｃ Ｎ

親権の一時停止 （しんけん－いちじていし） 児童の虐待防止のために最高で2年間，父母が未成年の子に対して持つ権利を停止できる制度。2011年の民法改正で成立した。家庭裁判所の審判により停止が決定される。虐待された本人も申し立てができる。

いじめ防止対策推進法 Ｂ Ｎ （－ぼうしたいさくすいしんほう） 子どもの生命などに重大な被害をあたえる事態に対して，学校・地方公共団体・国に報告義務などを定めた法律。2011年に大津市で起きたいじめによる中学生の自殺事件などを受け，2013年に制定された。

エンゼルプラン 5 Ｎ 1994（平成6）年に文部，厚生，労働，建設各大臣（当時）の合意により，1995年度から実施された「子育て支援のための総合計画」のこと。低年齢児を受け入れる保育所の増設，延長・休日保育の整備などが盛り込まれた。

新エンゼルプラン Ｎ （しん－） 2000年12月に発表された子育てを支援するための計画。「少子化対策推進基本方針」に基づく重点施策の具体的実施計画として，大蔵・文

部・厚生・労働・建設・自治の6大臣(当時)の合意により策定された。2005年度からは,少子化社会対策大綱にもとづく「新新エンゼルプラン」(子ども・子育て応援プラン)となり,現在は子ども・子育て会議により,新たな子育て制度が検討されてきた。

園 新新エンゼルプラン　子ども・子育て会議Ⓝ

子ども・子育て支援新制度 Ⓝ(こそだてしえんしんせいど)
就学前の子どもの保育や教育をめぐる新しいしくみ。2015年から実施。保育需要の増大などに対応するため,従来の公的保育制度が一定程度緩められ,民間企業の参入が容易になった。幼稚園や保育所,認定こども園(保育所と幼稚園の両機能を備えた施設)などを一つに束ねる制度となったが,施設ごとに職員配置基準や保育室の面積,給食の有無などが異なり,保育の条件や環境に事実上の格差が生じることを危惧する声もある。

少子化社会対策基本法 Ⓒ Ⓝ(しょうしかしゃかいたいさくきほんほう)
少子化に対処する施策の策定と実施を総合的に推進するため,2003年に制定された法律。国・地方公共団体・事業主・国民の責務などを定める。

次世代育成支援対策推進法(じせだいいくせいしえんたいさくすいしんほう)
急速に少子化が進行するなかで,次代の社会を担う子どもを育成する家庭などへの支援に関する基本理念や行動計画などを定めた法律。2003年制定された。国や地方公共団体,事業主,国民の責務なども規定している。2015年までの時限立法だったが,10年延長された。

保育・幼児教育の無償(ほいくようじきょういくむしょう)
保育や幼児教育にかかる費用を無償にすること。安倍政権下で打ち出された。認可保育所や幼稚園を利用する3～5歳児の全員,0～2歳児は低所得層を対象とする。認可外施設の利用者へも上限を決めて補助を行う。財源には消費税をあてるため,税率が10%に上がる2019年10月から全面実施された。

児童手当 Ⓒ Ⓝ(じどうてあて)
児童の健全育成などを目的として支給される。1971年の児童手当法に基づいて創設。出生率の低下などに対応して数次の法改正が行われた。子ども手当の新設で原則廃止されたが,

2012年度から復活した。現在の支給額は子ども1人あたり月額で,3歳未満が1万5000円,3歳から小学生が1万～1万5000円,中学生が1万円。所得制限が設けられている。

児童扶養手当 Ⓑ①Ⓝ(じどうふようてあて)
所得の低いひとり親家庭(母子や父子家庭)などに支給される手当。児童扶養手当法に基づく。支給額は年収や子どもの数で決まる。児童1人の場合の満額は月額で約4万2000円。

子ども手当 Ⓒ Ⓝ(こてあて)
2009年に成立した鳩山由紀夫政権が創設した手当。中学校卒業まで子ども1人あたり月額2万6000円(当面は半額)の支給をめざした。支給にあわせて扶養控除などは縮減され,2012年度から児童手当に戻された。

子どもの貧困 Ⓑ Ⓝ(-ひんこん)
飲食料,衛生環境,健康,住居,教育,情報など,人間の基本的ニーズが著しく剥奪されている極度の貧困に陥っている子ども(18歳未満の人間)は,ユニセフの推計によると,全世界で3億5600万人に及ぶ。貧困の改善は持続可能な開発目標(SDGs)であるが,子どもの貧困層の減少は進んでいない。

☞ p.511(持続可能な開発目標)

子どもの貧困率 Ⓝ(こ-ひんこんりつ)
家計における平均的な所得(正確には等価可処分所得の中央値)の半分を下回る世帯で暮らす18歳未満の子どもの割合。OECD(経済協力開発機構)による指標で,相対的貧困率ともいう。日本では2015年時点で13.9%となった。とくに,一人親世帯での貧困率は50.8%であり,この数値はOECD諸国のなかでかなり高い。近年,先進国内でも子どもの貧困問題が深刻化している。そのほか,生存に必要な生活物資を確保できないような貧困線(1日1ドル90セント未満での生活,世界銀行の指標)以下で暮らす子どもたちを指す絶対的貧困率という概念もある。

同 相対的貧困率Ⓑ　園 絶対的貧困率Ⓝ

子どもの貧困対策法 Ⓒ Ⓝ(こ-ひんこんたいさくほう)
貧困の連鎖を断ち,すべての子どもが健やかに育つことを目的に2013年に成立。正式名は「子どもの貧困対策の推進に関する法律」。成育環境によって子どもの将来

が左右されないよう，さまざまな支援策を国の責務として定めている。

児童相談所 **C** **2** **N**（じどうそうだんじょ）　児童福祉法に基づき，都道府県などに設置された機関。児相と略。児童やその家庭に関するさまざまな相談に応じ，虐待のおそれがある家庭への強制立ち入り調査なども行う。

ダブルケア **N**　子どもの育児と親の介護を同時進行で行うこと，またはそれをになう人たち。肉体的・精神的・経済的な負担が増し，仕事との両立が難しくなる。内閣府の推計で約25万人。晩婚化や少子化，親世代の長寿化などが要因としてあげられる。

高齢化と社会保障 **C** **N**（こうれいかとしゃかいほしょう）　高齢化（率）は老年人口比率（65歳以上の老年人口÷日本人人口）で示される。日本は急速度で進んでおり，その比率は2055年には39.4％に達すると予測される。人口高齢化は55歳以上の高年労働力の増加をもたらし，社会的影響も大きい。定年年齢と年金支給開始年齢とのギャップなど，さまざまな問題が発生する。

高齢化社会 **C** **N**（こうれいかしゃかい）　65歳以上の人口の割合が7％以上14％未満の社会をいう。日本は1970年にこの段階に達した。
類高齢化 **A** **9** **N**
☞ p.472（高齢化社会と高齢社会）

高齢社会 **B** **3** **N**（こうれいしゃかい）　65歳以上の人口の割合が14％以上21％未満の社会をいう。日本は1994年にこの段階に達した。

超高齢社会 **B** **2** **N**（ちょうこうれいしゃかい）　65歳以上の人口の割合が21％以上の社会をいう。日本は2007年に世界で初めてこの段階に入った。2020年には，65歳以上の高齢者人口が，総人口の28.7％（3617万人）となった。2055年には，前者は39.4％と推計。

多死社会（たししゃかい）　少子・高齢社会の次に到来するとされる社会の形態。人口の高齢化にともない，日本でも2016年には年間死亡数が出生数を上回る状況になった。この傾向は将来も継続すると予想される。

平均寿命 **C** **2** **N**（へいきんじゅみょう）　死亡年齢の平均のこと。0歳の人が期待できる平均余命である。平均寿命は，その国の保健衛生や社会福祉水準を示す指標とされる。一般に先進国では長く，発展途上国では短

い。日本の1947年の平均寿命は男性50.06歳，女性53.96歳であったが，2021年には，女性87.74歳，男性81.64歳で世界最高水準。なお，2015年に世界保健機関（WHO）が発表した，何歳まで健康に生きられるかを示す健康寿命でも，日本は男性72.5歳，女性77.2歳で世界有数の健康長寿国だった。厚生労働省による推計では，2016年の日本の健康寿命は男性72.14年，女性74.79年。
類健康寿命 **C** **N**

平均余命 **C** **N**（へいきんよめい）　ある年齢の集団が，平均して何年生きることができるかを示した年数。0歳児の平均余命を平均寿命という。

ライフスタイル **C** **4** **N**〔lifestyle〕　単なる生き方をこえた，その人の存在のあかしとしての生き方。単なる生活様式ではなく，生きざまといういい方がふさわしい。人生80年の時代を迎えて，人間の生き方はその人なりのライフサイクル，人間の一生の過程）と切り離して考えられないところから，ライフスタイルということがいわれるようになった。

団塊の世代 **C** **N**（だんかいのせだい）　他の世代に比べ，人数が多い1947～49年のベビー－ブーム期に生まれた世代のこと。毎年約200万人程度だった出生数が，この時期は年間約270万人に上昇した。作家堺屋太一の小説名に由来する。
類ベビー－ブーム **B** **N**

定年の延長（ていねん－えんちょう）　高齢社会で，働く意欲と能力のある高年齢者が可能なかぎり働けるようにするための施策の一つ。高年齢者雇用安定法では，65歳までの雇用が事業主らに義務づけられている。

高年齢者の再雇用（こうねんれいしゃ－さいこよう）　定年後に再び雇用する高年齢者の雇用対策の一つ。高年齢者雇用安定法は，2006年から定年後に労働者が再雇用を希望した際，65歳までの雇用を事業主らに義務づける規定を設けている。

認知症 **C** **N**（にんちしょう）　成人後期におこる慢性的な知能低下。いわゆる物忘れや徘徊など。脳血管障害などで，より早い時期にあらわれる場合もある。かつては「痴呆症」とよばれたが，誤解を招く侮蔑的な表現だと批判を受け，現在の呼称になった。

2012年時点の認知症高齢者は約462万人。

成年後見制度 **B**②**N**（せいねんこうけんせいど）　認知症などにより判断能力の不十分な人が，契約などをする際に不利益をこうむらないよう，保護や支援を行う制度。後見人は，本人にかわって法律行為をすることができる。申し立てに基づき家庭裁判所が後見人を選ぶ法定後見と，本人があらかじめ選んでおく任意後見とがある。このうち法定後見には，本人の判断能力に応じて補助・保佐・後見の３タイプがある。1999年の民法改正で導入された。なお，成年被後見人には選挙権・被選挙権がなかったが，裁判での違憲判決を経て公職選挙法が改正され，これらの権利が認められるようになった。さらに，この制度を利用した人が公務員などの資格を失う「欠格条項」を全廃する一括法が検討されている。国家公務員法など約180の法律が対象。

ノーマライゼーション **A**④**N**
[normalization]　障害者も健常者も，高齢者も若者もすべて人間として，普通（ノーマル）な暮らしをともに送り，生きていく社会こそノーマルだ，とする実践運動や施策。デンマークの知的障害のある子をもつ親の運動のなかから生まれた考え方で，欧米諸国や日本でも定着してきた。障害者の普通学校への入学運動などがある。
☞ p.474（ノーマライゼーション）

バリアフリー **A**⑧**N**　障害者などが普通の生活ができるよう，身体的・精神的なバリア（障壁）を取り除こうという考え方。現実には，物理的バリア，制度的バリア，意識のバリア，文化・情報のバリアの四つの課題があるとされる。

ユニヴァーサルデザイン**B**②**N**（ＵＤ
N）[Universal Design]　すべての人が平等に使える機器や製品をデザインしようとする考え方。アメリカの建築家ロン＝メイスが1980年代から用いた。①だれでも公平に利用できる，②使用上，自由度が高い，③使い方が簡単，④必要な情報がすぐに理解できる，⑤うっかりミスや危険につながらない，⑥少ない力でも楽に使用できる，⑦アクセスしやすい大きさとスペースを確保する，の七つの原則がある。

インクルージョン **B**　[inclusion]　包摂

ほうの意。インテグレーションと同様に用いられることもあるが，インクルージョンの方が自由度を認める度合いが強いため，障害児教育などの分野で広く使用されるようになった。国連の障害者権利条約におけるインクルージョンは，障害のある人を「排除（エクスクルージョン）しない」という意味である。

高齢者福祉 **C**①**N**（こうれいしゃふくし）　高齢化の進行に向けて，高齢者への福祉政策の実現が日本の課題である。1989（平成元）年度に，これからの福祉改革の方針として「今後の社会改革のあり方について（意見具申）」が提出された。在宅福祉を社会福祉事業として法的に位置づけ，その充実をはかること，在宅福祉と福祉施設との連携をはかること，福祉施設サービスの充実をはかることなどが求められている。

老人ホーム **C**①**N**（ろうじん〜）　老人福祉法に基づく老人福祉施設。養護老人ホーム，特別養護老人ホーム，軽費老人ホーム，有料老人ホームがある。養護老人ホームと特別養護老人ホームは福祉の措置に基づいた施設であり，市町村が入所決定権をもつ（特別養護老人ホームは介護保険導入後，利用者と施設の直接契約に）。これに対し，軽費老人ホームは公的補助はあるものの，自由契約による施設であり，有料老人ホームは完全に私的な自由契約施設である。

特別養護老人ホーム **C**②**N**（とくべつようごろうじん〜）　常時，介護などが必要で，自宅での生活が困難になった高齢者などに，日常生活上必要な介護や療養上の世話を行う施設。特養と略す。介護保険法上の名称は介護老人福祉施設という。2014年の法改正で，要介護３以上と認定された人しか入所できなくなった。2019年４月時点における入所待機者は約29.2万人。

老人保健施設 **C** **N**（ろうじんほけんしせつ）　入院治療の必要がなく，比較的症状が安定した高齢者などが早く家庭に復帰できるよう，看護・介護・リハビリテーションを行う施設。老健と略す。介護保険法上の名称は介護老人保健施設という。

老人保健法 **C**（ろうじんほけんほう）　75歳以上の老人などの医療と，40歳以上の成人・老人に対する健康相談や健康検査などの保健

事業を定めた法律。1983年から施行。老人医療が有料になるとともに，障害老人のための入居・利用施設である老人保健施設の設置が定められた。数度の法改正を経て，患者の負担額が大幅に引き上げられた。2008年4月に廃止。

類 老人保健制度 **C**

後期高齢者医療制度 **A** 16 **N** (こうきこうれいしゃいりょうせいど)　2008年4月，老人保健制度を廃止して新たに創設された制度。75歳以上を対象とする独立型の健康保険で，保険料は原則全員から徴収する。保険料の徴収は市町村が行い，財政運営は都道府県単位の広域連合が担当。財源は公費で5割，現役世代の保険料で4割，後期高齢者の保険料で1割をまかなう。制度の狙いは医療費の抑制にあるが，対象となる高齢者からの反発が強く，一部に保険料の負担軽減措置がとられたり，年金からの天引きをやめて口座振替を選択できるような修正がはかられた。2020-2021年度の平均保険料額は月額6397円，4回連続の値上げ。2年ごとに見直される。

介護保険 **A** 9 **N** (かいごほけん)　介護が必要になった国民に対して，在宅(居宅)や施設で介護サービスを提供する社会保険制度。介護保険法が1997年に成立し，2000年から実施された。主な内容は，①市町村・特別区を運営主体とする，②65歳以上を中心に，40〜64歳を対象に含む，③介護費用の1割を利用者負担とし，残りを公費・保険料で半分ずつ負担する，④要介護認定(要介護1〜5，要支援1〜2)は介護認定審査会が行う，など。しかし，被保険者の範囲や保険料負担，給付の内容などをめぐる議論がある。2005年，介護保険法が大幅に改正され，介護予防サービスなどが新設された。2014年には，一定所得以上の人の利用料負担を2割に引き上げる(2018年からは3割負担の人も)，要支援1〜2を介護保険給付から外して地方公共団体の事業に移す，特別養護老人ホームの入所を要介護3以上に制限する，などの改正が行われた。65歳以上の介護保険料は全国平均で月6014円(2021年)。要介護認定者は約656万人，介護保険利用者数は約561万人(2019年)。

類 介護保険法 **B** 1 **N**

地域包括支援センター **N** (ちいきほうかつしえん-)　地域における高齢者の心身の健康維持などを支援する機関。介護保険の運営主体である市町村などが中学校区程度を基準に設置する。厚生労働省がすすめる地域包括ケアシステムの中核的な役割を担う。

類 地域包括ケアシステム **C** **N**

ケアマネジャー **N** **(介護支援専門員)**　[care manager] (かいごしえんせんもんいん)　介護保険制度で，認知症などによって要介護や要支援の認定を受けた人のためにケアプラン(サービス計画)の作成などを行う専門職。

在宅介護 1 **N** (ざいたくかいご)　老人，障害者など1人で日常生活を営むことが困難な人を対象に，ホームヘルパーなどの専門家や家族の手に，食事，排泄，掃除，洗濯などのADL(日常生活動作)の援助や，話し相手になるなどの社会的孤立を避ける援助を「家の中」で行うこと。在宅で介護を必要とする人とそれを担う人がともに65歳以上である「老老介護」の割合が，2013年に初めて5割をこえた。老老介護で介護する側の約7割は女性である。一方，介護のために離職する人は年間10万人近くにのぼる(2017年)。そのうち，約8割を女性が占める。

類 老老介護 **N**　介護離職 **C** **N**

在宅ケア (ざいたく-)　老人が日常生活において自分で自分のことができなくなっても，老人ホームなどの施設に入るのではなく，家庭内で生活を続けることができるよう，老人及びその家族を援助するためのサービスのことをいう。ホームヘルパーの派遣や生活用具の給付，ショートステイ，デイサービスなどがある。

デイケア **C** **N**　介護保険制度では，老人保健施設や医療機関などで，日帰りで受けられる機能訓練のサービスなどをさす。通所リハビリテーションともいう。

デイサービス **C** 3 **N**　介護保険制度では，デイサービスセンターなどで，日帰りで受けられる入浴や食事提供などのサービスをさす。通所介護ともいう。

ショートステイ **C** **N**　在宅老人を一時的に老人ホーム(特別養護老人ホームなど)

に滞在させ，介護すること。

グループ-ホーム **Ⓝ**［group home］ 自力で生活が困難な認知症の高齢者などが，専門スタッフによる介護を受けながら，少人数で共同生活をおくる施設。介護保険法にもとづく高齢者用のほか，知的障害者・児童分野でも同様の施設がある。

ホームヘルパー **Ⓒ③Ⓝ** 介護などを必要とする高齢者への家庭奉仕員。市町村が実施する事業である。寝たきり老人などを抱えている家庭は，家族だけで介護ができないケースがあり，ホームヘルパーの派遣を求めることができる。

非営利組織 **Ⓑ⑥Ⓝ（ＮＰＯ Ⓒ⑨Ⓝ）**
［Non-Profit Organization］ （ひえいりそしき）民間非営利団体ともいう。社会的活動をする営利を目的としない民間団体のこと。特に日本では，1995年の阪神・淡路大震災以降，福祉やまちづくり・環境保護などの分野で，活動が活発化している。こうした活動を支援するため，これに法人格などを与える特定非営利活動促進法（ＮＰＯ法）も制定されている。また法人格を持った組織を，任意団体に対してＮＰＯ法人という。

類 特定非営利活動促進法 **Ⓑ⑦Ⓝ**
（ＮＰＯ法 **Ⓑ④Ⓝ**） ＮＰＯ法人 **②Ⓝ**

認定ＮＰＯ法人 **②Ⓝ**（にんていーほうじん） ＮＰＯ法人のなかで，①収入に占める寄付金等の割合が20％以上，または3000円以上の寄付者が年平均100人以上いる，②創設から１年以上が経過，などの要件を満たすと認定される。５年ごとに更新。税制の優遇措置などがある。ＮＰＯ法人全体の１％程度しかない。

高年齢者雇用の優遇措置 （こうねんれいしゃこよう－ゆうぐうそち） 1986（昭和61）年に「高年齢者雇用安定法」が施行され，定年を60歳以上にすることの推進や，定年退職者の短期的な就業の機会を確保するための措置を講ずべきこと，高年齢者の再就職促進のための措置を講ずるべきことが定められた。2006年から，厚生年金の支給開始年齢の段階的引き上げに対応し，65歳まで働けるように継続雇用などが事業主に義務づけられた。

類 高年齢者雇用安定法 **Ⓑ Ⓝ**

シルバー人材センター （－じんざい－） 高齢者

の労働能力の活用と高齢者の社会参加，生きがいづくりのため，地域に密着した短期的な軽労働を中心に，高齢者の就業機会を確保し，提供するための公益法人。

高齢者虐待防止法 **Ⓝ**（こうれいしゃぎゃくたいぼうしほう） 2005年に議員立法で成立，翌06年から施行された。正式には「高齢者虐待の防止，高齢者の養護者に対する支援等に関する法律」。深刻化する高齢者への虐待を防ぐことと同時に，家族などの養護者の支援や負担軽減なども定める。同法では高齢者虐待を，身体的虐待・介護放棄・心理的虐待・性的虐待などに分類。虐待の発見者は市町村に通報する義務がある。

介護休業 **Ⓐ Ⓝ**（かいごきゅうぎょう） 家族介護を行うため，一定期間職場を離れること。1995年制定，1999年施行の育児・介護休業法（育児休業，介護休業等育児又は家族介護を行う労働者の福祉に関する法律）に基づく。介護の対象は配偶者・父母・配偶者の父母など扶養義務のある者。通算93日を上限に，１人につき３回までの分割休業が認められ，雇用保険から休業前賃金の原則67％の給付金が支給される。

高齢者保健福祉推進10か年戦略 （こうれいしゃほけんふくしすいしん－ねんせんりゃく） 1989年12月に厚生・大蔵・自治の３大臣（当時）の合意のもとで策定，公表された国の高齢者対策計画。ゴールドプランともよばれた。在宅福祉を推進し，老人福祉施設を緊急に整備し，寝たきり老人をゼロにすることを主な内容とした。

同 ゴールドプラン **Ⓝ**

孤独死Ⓝと孤立死 （こどくし－こりつし） 孤独死とは，誰にも看取られることなく，亡くなったあとに発見される死のこと。独居の高齢者だけでなく，中年・若年者も少なくない。これに対して孤立死は，２人以上の世帯でありながら死後に発見されるケースを指すことが多く，社会から孤立した死という意味あいが強い。

終活 **Ⓝ**（しゅうかつ） 人生の最終ステージを自分らしくありたいと願って行われる準備活動。葬儀・墓・相続・遺言書などにかかわる多様な取り組みがある。

障害者 **Ⓐ⑥Ⓝ**（しょうがいしゃ） 心身に障害のある人のこと。1993年に障害者のための施

策の基本理念と国や地方公共団体の基本的な責務などを定めた障害者基本法が制定された。近年，障害者を特別扱いするのではなく，障害者もそれ以外の人も人間としてともに暮らし，生きる社会こそノーマルである，という考え方（ノーマライゼーション）が一般化してきた。障害者の自立・就労については障害者雇用促進法があり，民間企業では全従業員の2.2％の雇用を義務づけられ，未達成の場合には不足分納付金を納める。国連では障害者権利条約が採択されている（日本は2014年に批准）。

　　　　類 **障害者権利条約 B N**

障害者基本法　**B3 N**（しょうがいしゃきほんほう）
国民が障害の有無によって分け隔てられることなく，相互に人格と個性を尊重し合いながら共生する社会を実現するため，障害者の自立と社会参加の支援等の施策を推進するための法律。1970年制定の心身障害者基本法を抜本的に改正し，1993年に成立した。国連障害者権利条約を批准するための国内法整備の一環として，2011年に大幅な改正が行われた。障害を理由とした差別の禁止，社会的障壁の除去が規定されたほか，手話が初めて法律上の言語として認められた。

障害者差別解消法　**B N**（しょうがいしゃさべつかいしょうほう）
障害者基本法の理念に基づいて，障害を理由とする差別の解消を推進するための法律。2013年に成立し，2016年から施行された。国連の障害者権利条約批准に向けての国内関連法の一つ。

障害者自立支援法　**C N**（しょうがいしゃじりつしえんほう）
障害者への福祉サービスなどを総合的に定めた法律。2006年に施行。利用料が「応益負担」となったため，障害の重い人ほど経済的負担が増えるなど，問題点が多い。2012年に法改正が行われ，障害者総合支援法となったが，「応益負担」の実態は変わっていない。

　　　　類 **障害者総合支援法 N**

障害者虐待防止法　**N**（しょうがいしゃぎゃくたいぼうしほう）
家庭や職場，施設などで障害者への虐待を発見した人に通報を義務づけ，国や地方公共団体に保護などを求めた法律。2011年に議員立法で成立した。

交通バリアフリー法　**N**（こうつう-ほう）　正式

には「高齢者，身体障害者等の公共交通機関を利用した移動の円滑化の促進に関する法律」。2000年から施行。交通事業者に対し，鉄道駅などの旅客施設を新設するとき，「エレベータやエスカレータの設置，誘導警告ブロックの設置，身体障害者にも対応したトイレの設置」などが義務づけられた。

ハートビル法　**N**（-ほう）　高齢者や身体障害者が，円滑に利用できる建築物の建築促進のための措置を講じ，建築物の公共性・バリアフリー化を促して，公共の福祉の増進に資することを目的とする法律。1994年施行。

高齢者障害者等移動円滑化促進法　**N**（こうれいしゃしょうがいしゃとういどうえんかつそくしんほう）　交通バリアフリー法とハートビル法を一体化し，2006年に成立。バリアフリー新法ともいう。

　　　　同 **バリアフリー新法 C N**

ボランティア　**A6 N**[volunteer]　福祉や災害救援など社会生活の改善と安定化のため，自主・無報酬の原則のもと，自分の技術や時間を提供する人々のこと。阪神・淡路大震災への救援活動以後関心が高まり，各地方公共団体の社会福祉協議会には，ボランティアセンターを設置して，関係情報を提供しているところも多い。有償で行われるボランティア活動もある。また，社会的貢献活動の一環として，ボランティア休暇を有給で認める企業もある。

　　　　類 **有償ボランティア　ボランティア休暇5 N**

阪神・淡路大震災　**B N**（はんしんあわじだいしんさい）　淡路島北部を震源として，1995年1月17日午前5時46分に発生した大地震により，神戸市を中心に，家屋の倒壊や市街地の火災などが起こり，死者6000人以上という大惨事となった震災。高速道路の倒壊・寸断をはじめ，鉄道や道路などの交通も麻痺まひし，救援活動にも手間取った。一方で，そのときに全国から駆けつけたボランティアの活躍はめざましく，ボランティア元年といわれた。

東日本大震災　**A1 N**（ひがしにほんだいしんさい）
2011年3月11日午後2時46分，東北・三陸沖を震源としたM（マグニチュード）9.0の大地震による国内観測史上最大規模の災害。地震後に巨大な津波が東北沿岸部など

を襲い，死者・行方不明者は約2万人，避難者は最大時には数十万人規模に達した。また，福島第一原子力発電所が地震と津波により深刻な事故をおこすなど，未曽有の被害をもたらした。6月には，復興対策本部などの設置，復興債の発行などを柱とする復興基本法が成立した。

類**復興基本法 N**

エコノミークラス症候群　N(-しょうこうぐん)

狭いところで長時間同じ姿勢でいると，足の血流が悪くなって血栓ができ，死亡する場合もある病気。かつて，航空機のエコノミークラス利用者に起こったため，この名がある。2016年に発生した熊本地震の際，避難で車中泊をしていた人が亡くなって問題になった。

1　貿易と国際収支

貿易のしくみ

国際経済 **A**②**Ｎ**（こくさいけいざい）　複数の国家・地域間で行われる貿易や，資本の投融資，援助などによって形成される経済関係の全体をいう。世界経済ともよばれる。現代ではEU（欧州連合）やNAFTA（北米自由貿易協定）など，国家の枠をこえた経済圏構想が進行してはいるが，まだ国家単位・国民経済単位での経済関係が一般的である。

同世界経済 **B**⑦**Ｎ**

国民経済 **C****Ｎ**（こくみんけいざい）　☞ p.358
（国民経済）

国際分業 **A**④（こくさいぶんぎょう）　財や商品の生産について，各国が生産する商品や分野を分担し，貿易を通じて商品を交換しあう体制をいう。このため，国際分業は外国貿易の発展と不可分で，それとともに拡大・深化する。

水平的分業：先進国同士がそれぞれ別の分野の完成品や半製品を分担生産すること。

垂直的分業：先進国が完成品を，途上国がその原材料などの生産を担当すること。

類 水平貿易 **C**　垂直貿易 **C**

比較生産費説 **A**⑫**Ｎ**（ひかくせいさんひせつ）　イギリスの古典派経済学者リカードが主張した学説。各国は，国際分業に基づいて貿易を行う際，各国を比較して生産費が絶対的に安い場合はもちろん，絶対的には高いが国内の商品と比較して相対的に安い（比較優位にある）場合でも，安い商品に生産を集中（特化）し，高い商品は生産をしないで輸入したほうが，世界全体で商品の生産量が増大するという理論。

類 比較優位 **B**　特化 **B**②**Ｎ**

自由貿易 **A**⑤**Ｎ**（じゆうぼうえき）　国際間の貿易に対して政府介入は行わず，市場機構にゆだねること。理論的にはまず，アダム＝スミスの重商主義批判として展開され，リカードの比較生産費説によって根拠づけら

		イギリス	ポルトガル	2か国の生産の合計
1単位を生産するのに必要な労働量	ブドウ酒	120人で1単位	80人で1単位	2単位
	ラシャ	100人で1単位	90人で1単位	2単位
それぞれ一方の産品の生産に特化すると	ブドウ酒の生産		170人で2.125単位	2.125単位
	ラシャの生産	220人で2.2単位		2.2単位

特　化

▲ 比較生産費説の例

れた。そして，18世紀末から他国に先がけて産業革命を経験し，工業化を達成したイギリスで，いち早く自由貿易が開始された。その後，保護貿易主義との対抗関係のなかで，自由貿易の大きな流れがつくられてきた。

保護貿易 **A**⑤**Ｎ**（ほごぼうえき）　諸国間の貿易に国家が介入して制限を加えること。歴史的には，自由貿易を進めるイギリスに対し，遅れて工業化したドイツで，自国の幼稚産業を守る立場から最初に主張された。その中心となったのがリストである。彼はイギリスとは発展段階を異にするドイツでは国民的・国家的な視点から経済を把握するべきだとし，国民や企業家の創造心に基づく国内生産力の増進と，その限りにおいての保護主義を主張した。彼は偏屈な保護主義者ではなく，あくまで当時のドイツの立場から批判した。その後も全体としては自由貿易の流れが進むなかで，さまざまな理由から保護貿易の考え方が台頭してきた。

貿易 **A**⑩**Ｎ**（ぼうえき）　各国民経済の間の商品取り引きをいう。相互の余剰生産物の存在を前提に，他国へ商品を売る輸出と，他国から商品を買う輸入とから構成される。形式的には，2国間で行われる双務貿易と，3国以上が参加する多角貿易に大別される。外国為替が発展していなかった時代には，貿易の決済は金または現物での支払いか，物々交換の形式をとるバーター貿易が多くとられていた。現在の貿易は物品だけでなく，技術関係の特許や商標・ノウハウなど，広義の技術を含むサービス部門にも拡大し，それにともなって知的財産権の国際的保護なども問題となっている。貿易においては，関係国間の交易条件が平等な貿易が理想であるが，現実には，ダンピング・輸出規制・輸入制限など，不公正さ

をともなうことが多い。

貿易依存度 Ⓝ（ぼうえきいそんど）　国民所得や国内総生産などに対する輸出入総額の割合。一般に、輸出と輸入の依存度を別々に算出し、その国の国内市場の大きさ、国際競争力、資源の有無、産業構造などを判断する。輸出と輸入の国別のランキングは、輸出が中、米、独、日、仏の順。輸入が米、中、独、仏、英の順（いずれも2019年）。

交易条件 Ⓒ（こうえきじょうけん）　自国と他国の財貨の交換比率をさすが、個々の商品価格ではなく、輸出価格指数と輸入価格指数の比率か、輸出品1単位に対して輸入品がどれだけ入手できるかの比であらわされる。貿易上の有利・不利の判断指標となる。

貿易政策 Ⓒ Ⓝ（ぼうえきせいさく）　一国が、輸出と輸入の促進や制限などに関して採用する政策。関税率や輸出奨励金・補助金、為替管理、輸入割り当て、課徴金の設定などにより、自由貿易か保護貿易かの政策が決まる。

関税 Ⓐ15 Ⓝ（かんぜい）　一国の経済的境界線（法定関税線）を輸出入によって商品が通過する場合にかけられる租税。各国は自国の関税制度を自主的に決定する関税自主権をもっており、財政収入を目的としたもの以外に、国内産業の保護を目的に保護関税などを設定する。2か国以上が共同して関税地域を設定する関税同盟を結成する場合は加盟国間に、互恵関税・特恵関税が認められることが多い。こうした特恵制度は、ブロック経済化などによって国際経済を縮小するため、GATT（関税と貿易に関する一般協定）では、加盟国全体に対するもの以外は基本的には認められなかった。しかし、先進国が発展途上国から輸入する場合に税率を減免する特恵関税は、1970年代に一般化した。

セーフガード Ⓐ8 Ⓝ[safe guard]　緊急輸入制限措置。一般セーフガードと特別セーフガードの二つがある。輸入による国内産業の被害が大きい場合、輸入国の保護政策の一環として行われ、世界貿易機関（WTO）協定でも認められている。日本は2001年、輸入が急増した中国産のネギ・生シイタケ・イグサ（畳表）の3品目について、初めて一般セーフガードを暫定発

動した。2017年には、アメリカ産の冷凍牛肉などにセーフガードを発動。

ブロック経済 Ⓐ3 Ⓝ[bloc economy]（ーけいざい）　本国と海外領土・植民地を結び、排他的・閉鎖的な経済圏（ブロック）を形成して、圏内での自給自足をはかろうとする政策。1930年代には、イギリスのポンド=ブロックなど、植民地を多く領有する国にのみ可能であったため、日本・ドイツ・イタリアの枢軸3国の対外侵略政策へと結びついた。戦前日本の大東亜共栄圏構想なども、一種のブロック経済をめざしたものといえる。

非関税障壁 Ⓑ3 Ⓝ（ひかんぜいしょうへき）　関税以外の手段による輸入制限策。輸入割り当てなどの数量制限、政府による輸出補助金のほか、広義の閉鎖的商慣習などがある。また、政府調達品について自国の製品を優先させる、あるいは輸入の際の規格・検査手続きを国際的水準よりきびしくするなどの手段も含まれる。1975年頃には、GATT貿易交渉委員会でもその撤廃が協議され、1979年には国際規約化された。1989年以後の日米構造協議でも、アメリカ側から日本の非関税障壁を中心とした不公正貿易が批判された。

輸入割り当て（ゆにゅうわーあー）　特定の商品や国について、政府が輸入量や額をあらかじめ割り当てる政策。国内産業保護を目的とする輸入数量制限を行うための、非関税障壁の典型である。

国際競争力 Ⓒ1 Ⓝ（こくさいきょうそうりょく）　国際貿易の場での商品や産業の競争力をいい、原則として各国民経済の生産力や生産性に左右される。

ダンピング Ⓑ Ⓝ[dumping]　自国内での販売価格よりも安く、外国市場で商品を販売すること。不当廉売ともいう。

　　　　　　　　　　　同 不当廉売 Ⓒ Ⓝ

反ダンピング法（はん-ほう）　国際的に行われるダンピング（不当廉売）を防止するため、各国で制定された法律。日本の定率関税法にも不当廉売関税の規定がある。

近隣窮乏化政策（きんりんきゅうぼうかせいさく）　1930年代の世界的な不況下で、各国は為替切り下げやダンピングにより競争力改善をはかった。この政策は、自国の国際収支

を改善させた半面，他国の国際収支を悪化させたため，近隣窮乏化政策とよばれた。

幼稚産業保護論（ようちさんぎょうほごろん）　新興産業は国際競争力をもたないため，保護なしには成長が不可能だとする理論。現在国際的に認められる保護政策は，発展途上国の幼稚産業を対象としたもののみである。

サービス貿易　**C**4**N**（-ぼうえき）　金融・運輸・旅行・情報通信など，モノ（財）以外のサービス業にかかわる国際取引。自由化の必要性がとなえられ，ＷＴＯ（世界貿易機関）の一般協定の一つとなっている。1980年代以降，財の貿易を上回るようになった。

国際収支と為替相場のしくみ

国際収支　**A**9**N**[balance of payments]（こくさいしゅうし）　一国の一定期間（普通１年）内の対外支払い額と受け取り額の集計。国際収支表ともいう。財務省と日本銀行が国際収支統計を作成し，自国通貨建て（円表示）で公表する。ＩＭＦの新しい国際収支マニュアル（第６版，2009年）に基づき，主要項目が2014年１月から変更され，①経常収支，②資本移転等収支，③金融収支の三つとなった。

国際収支統計の変更　（こくさいしゅうしとうけいへんこう）　2014年１月から国際収支統計の項目や表記方法が変更された。①従来の「投資収支」と「外貨準備増減」とを合わせて「金融収支」とし，従来の「資本収支」は廃止する。従来の「その他資本収支」を「資本移転等収支」に名称を改め，「経常収支」「金融収支」とならぶ大項目とする。②従来の「投資収支」などは，流入をプラス，流出をマイナスと表記したが，「金融収支」では，資産・負債の増加をプラス，同減少をマイナスとする。したがって，〔経常収支＋資本収支＋外貨準備増減＋誤差脱漏＝０〕で示された関係式は，〔経常収支＋資本移転等収支−金融収支＋誤差脱漏＝０〕となる。③従来の「所得収支」を「第一次所得収支」に，「経常移転収支」を「第二次所得収支」に名称を変更する。

経常収支　**A**5**N**（けいじょうしゅうし）　①貿易・サービス収支，②第一次所得収支，③第二次所得収支を合計したもの。

貿易・サービス収支　**A**2**N**（ぼうえき-しゅうし）　一般物品・商品の輸出入の金額の差額を貿易収支といい，旅行・運輸・通信・保険・金融・特許使用料，コンピューターソフト開発，データサービスなどの情報関連など全11分野の収支をサービス収支とよぶ。

　　　類貿易収支**B**6**N**　サービス収支**A**1**N**

第一次所得収支　**A**1（だいいちじしょとくしゅうし）　旧称は所得収支。出稼ぎ労働者など非住居者に対する雇用者報酬と，対外金融資産から生ずる利子・配当などの投資収益の金額からなる。

第二次所得収支　**A**2（だいにじしょとくしゅうし）　旧称は経常移転収支。政府・民間による無償援助，国際機関への拠出金，労働者の送金の金額の差額など，対価をともなわない取り引きをいう。

資本移転等収支　**A**5**N**（しほんいてんとうしゅうし）　対価をともなわない固定資産の提供などにかかわる収支状況をさす。旧称その他資本収支が独立して主要項目の一つとなった。特許権・商標権の取得・処分についてはサービス収支に移行した。

金融収支　**A**2**N**（きんゆうしゅうし）　金融資産にかかわる居住者と非居住者の債権・債務の移動をともなう取引の収支状況をさす。①直接投資，②間接投資，③金融派生商品，④その他投資，⑤外貨準備の５項目からなる。

直接投資：外国企業の経営支配を目的に，株式・債券の購入や企業の買収，海外工場の設置などを行う対外投資。海外直接投資ともいう。

証券投資：外国企業の経営支配を目的とせず，値上がり益や利回り採算を見込んで証券取得などを行う対外投資。間接投資。

金融派生商品：これまでの金融商品（債券・株式など）から派生した新しい金融商品という意味。デリバティブともいう。先物取引やオプション取引，それらを組み合わせた商品もある。

その他投資：銀行・企業・政府による貸し付けや借り入れなどをさす。

外貨準備：政府や日本銀行が保有する流動性の高い金や外国通貨（外貨預金・外貨証券），ＳＤＲなどの対外資産をさす。輸入代金の支払いや，為替レートの大幅な変動

を抑制する目的で為替介入（為替平衡操作）をするためのもの。2021年3月時点における日本の外貨準備高は約1.38兆ドルで世界2位。1位の中国は約3.20兆ドル。
　　　　　同 海外直接投資　同 間接投資 Ｎ
　　　　　同 デリバティブ Ｃ４Ｎ

誤差脱漏 Ｃ（ごさだつろう）　国際収支において，統計上の誤差を調整するための項目。

日本の国際収支 Ｃ Ｎ（にほん-こくさいしゅうし）　一般に発展途上国は貿易収支が赤字で，資本収支の黒字（援助などによる資本流入）によってそれを相殺する傾向がある。日本が国際収支の赤字基調から脱したのは1960年代半ばであり，それを背景として，1964年にはＩＭＦ14条国から，先進国扱いを意味する同8条国へと移行した。1980年代以後は，対米貿易黒字を主要因として経常収支の大幅な黒字が定着した。一方，この貿易黒字に支えられて諸外国への対外投資が増え，資本収支の赤字が拡大した。こうして日本は，債務国から債権国に変わった。近年では，第一次所得収支の黒字幅拡大がめだつ。

項　　　目	1996年	2021年
	億円	億円
●経常収支	74,943	154,877
貿易・サービス収支	23,174	−25,615
貿易収支	90,346	16,701
輸出	430,153	822,837
輸入	339,807	806,136
サービス収支	−67,172	−42,316
第一次所得収支①	61,544	204,781
第二次所得収支②	−9,775	−24,289
●資本移転等収支③	−3,537	−4,197
●金融収支	72,723	107,527
直接投資	28,648	134,043
証券投資	37,082	−220,234
金融派生商品	8,011	24,141
その他投資	−40,442	100,677
外貨準備	39,424	68,899
●誤差脱漏	1,317	−43,153

①対外金融債権・債務から生じる利子・配当金など
②官民の無償資金協力，寄付，贈与の受払いなど
③対価の受領なしでの固定資産の提供，債務免除など

▲ 日本の国際収支

対外純資産 Ｃ４Ｎ（たいがいじゅんしさん）　政府や企業，個人投資家が海外に保有する資産から負債を差し引いたもの。2021年末時点において411兆1841億円。日本は1991年から31年連続で世界最大の純債権国である。

国際収支の均衡（こくさいしゅうし-きんこう）　国際収支は多国間の経済取り引きの記録であるから，全体としては必ず均衡するが，一国の債権・債務などの受け取り・支払い項目を金や外貨のプラス・マイナスであらわすことで，各国の国民経済の実態をみることができる。

国内均衡と国際均衡（こくないきんこう-こくさいきんこう）　国民経済と国際経済の間では，たとえば国民経済の活況が国内総需要と輸入を増加させ，国際収支は赤字になるといった関連がある。したがって，単一の政策で国内・国際均衡を同時に実現することは困難で，政策は複合的となる。

国際収支段階説（こくさいしゅうしだんかいせつ）　アメリカの経済学者キンドルバーガーらが唱えた説。経済の発展段階に応じて，国際収支が次のような特徴を示すとされる。第一が未成熟債務国で，貿易収支の赤字を資本収支の黒字（借り入れ）で補う。第二が成熟債務国で，工業の発展とともに貿易収支が黒字化し，債務返済を開始する。第三が未成熟債権国であり，債務返済後に貿易黒字と対外資本投資などで債権国化する。第四が成熟債権国であり，発展途上国にぬかれて貿易収支が赤字化，サービス収支と資本収支が黒字となる。
　　　　　　　　　　　類 キンドルバーガー

債権国Ｃと**債務国**Ｃ Ｎ（さいけんこく-さいむこく）　債権国とは資産（債権）が負債（債務）を上回る国。債務国は負債が資産を上回り，構造的に経常収支の赤字が累積した国をさす。

デフォルトＢ Ｎ（**債務不履行**Ａ Ｎ）［default］（さいむふりこう）　外国からの借入額が膨れ上がり，元本や利子が返済できなくなること。こうして起こった累積債務問題は，1982年のメキシコのデフォルト宣言によって顕在化し，ブラジルやアルゼンチンなどに波及した。　☞ p.510（累積債務問題）

リスケジューリングＢ７（**債務返済繰り延べ**）［rescheduling］（さいむへんさいくり-の-）　デフォルトに対応するため，返済期限を遅らせること。発展途上国で累積債務問題が発生した際に実施された。

国際投資（こくさいとうし）　外国に対して資本を投下したり貸し付けたりすること。外国への資金供給国となることから，資本輸出と

もいう。政府相互の契約に基づく場合は借款という。このうち，企業の設立・買収などを目的とするものは，比較的長期で投資者が直接行う形式をとるため，直接投資・長期資本投資といわれる。それに対して，利子・配当の獲得を求める株式や債券への投資などは，銀行・証券会社などの金融機関を仲介とし，より高い利率を求めて移動しやすいため，間接投資・短期資本投資といわれる。

同 資本輸出

借款 **B**①**Ⓝ**（しゃっかん）　国家・政府間の資金貸借。軍事援助など政治的意図によるものと，自国商品の購入を条件に，相手国に付与する経済的目的のものとがあるが，後者は発展途上国に対する経済的支配につながる場合もある。借款のうち，円で行われるものを円借款という。

類 円借款 **C Ⓝ**

プラント輸出 **Ⓝ**［plant export］（―ゆしゅつ）　工場・機械類をはじめとする生産関連機器などの設備財と，その運転技術を含めた輸出のこと。商品財の輸出と比べて貿易摩擦が少ない。金額が巨額となるため，発展途上国を相手とする場合は延べ払い輸出の形式をとる場合が多い。

延べ払い輸出（の―ばら―ゆしゅつ）　巨額の輸出や経済力のない発展途上国相手の輸出の場合，長期間にわたる分割払いを認める輸出方式。

信用状（L/C）［letter of credit］（しんようじょう）　輸入業者の依頼に基づき，取引銀行が発行する輸入業者の信用保証状。銀行による輸出業者の為替手形への支払いや手形買取の保証を内容とする。輸出業者は，船積書類と引き換えに発行銀行から代金支払いを受けられる。

外国為替 **A**④**Ⓝ**（がいこくかわせ）　異なる通貨をもつ国どうしの貿易上の債権・債務関係を，金や現金を用いずに決済する手段・制度。一般に外国為替銀行を通じ，為替手形による債権譲渡や支払い委託などの方式がとられる。異なる通貨同士の決済となるために，両者の交換比率（為替相場）が，為替取引を行う外国為替市場で決定される。
外国為替手形：外国との貿易の際，現金を送付することなく，手形を用いて決済する方法，またその手形のこと。

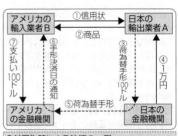

●外国為替による決済の一例
日本の輸出業者Aが，アメリカの輸入業者Bに100ドルの商品を輸出する場合を例にすると，
①まず，BからAに信用状が送られてくる。
②Aは商品の船積みを済ませると，
③船積み書類と信用状をそえて，100ドルの荷為替手形を日本の金融機関にもっていく。
④1ドル＝100円と仮定すれば，日本の金融機関はAに1万円を支払う。
⑤日本の金融機関はこの荷為替手形をアメリカの金融機関に郵送し，
⑥アメリカの金融機関はBに手形決済日を通知し，
⑦アメリカの金融機関は輸入業者Bから100ドルを受け取り，日本の金融機関の当座預金として預かる。

▲ 外国為替による決済の一例

外国為替銀行（がいこくかわせぎんこう）　外国為替銀行法と，外国為替及び外国貿易管理法によって，外国為替の売買などの業務取り扱いを公認された専門銀行。日本では東京銀行（現三菱ＵＦＪ銀行）が担当したが，1997年に外国為替及び外国貿易法が制定され（1998年4月施行），外国為替取引は一般の銀行などでも自由に行えるようになった。

外国為替管理法 **Ⓝ**（がいこくかわせかんりほう）　外国為替と貿易の管理に関する基本法として1949年に制定。1997年に「外国為替及び外国貿易法」が制定され，管理という要素が後退，自由の度合いが増した。外為（がいため）法。

同 外為法 **Ⓝ**

為替相場 **A**④**Ⓝ**（為替レート **A**⑧**Ⓝ**）（かわせそうば）（かわせ―）　異なる通貨どうしの交換比率のこと。日本では，交換比率を一定に保つ固定相場制の下で，1949年に基準外国為替相場を1ドル＝360円と定めた。その後，1971年のニクソン-ショック後，1ドル＝308円に改められ，さらに1973年には交換比率を為替市場の需給の実勢によって決定する変動相場制（フロート制）へと移行した。為替相場が相対的に下がれば，その通貨発行国にとっては輸入が不利に，輸

出が有利になり，上がった場合にはその逆となる。したがって，1930年代には，輸出拡大などを目的として意図的に自国通貨の為替レートを切り下げる為替ダンピングが行われることもあった。変動相場制の場合，為替銀行間の取り引きを基準として相場が決定される。

固定為替相場制 B④N（こていかわせそうばせい）
外国為替相場の変動をまったく認めないか，ごくわずかの変動幅しか認めない制度。各国の通貨の価値が特定国の通貨（たとえば米ドル）や金あるいはSDR（国際通貨基金の特別引出権）などに釘付けされ，その変動幅が狭い範囲内に限定される。金本位制度下の為替相場制度がその典型的なもので，旧IMF体制（ブレトン-ウッズ体制）の下では，各国が，金と交換性をもつアメリカ・ドルに対して平価を設定し，適切な経済政策運営と市場介入によって平価の上下１％の変動幅を維持する義務を負った。為替レートの変動がなく，国際貿易においては安定要因をもたらすが，経済規模の拡大に順応しにくいなど不利な点もある。
　　　　　　　　同 固定相場制 B⑥N

変動為替相場制 B⑥N [floating exchange rates system]（へんどうかわせそうばせい）
各国の通貨相互間の価値が，外国為替市場の需要と供給の関係によって決定されるような為替相場制度をいう。外国為替市場で，自国通貨の売りが増えれば，自国通貨の対外価値は下がり，逆に外貨の売りが増えれば，自国通貨の対外価値は上昇する。1973年３月以降，主要国通貨は総フロート時代に入っている。まったく変動幅を規制しない自由為替相場制と，枠は設けるが相場の調整機能を与える屈伸為替相場制とがある。しかし，多くは為替管理をともなうか，または通貨当局の介入を含む管理フロート制である。為替レートは，需要と供給のバランスで決まる。たとえば輸出企業がアメリカに商品を輸出した場合，代金としてドルを受け取るが，それを自国通貨すなわち円に替える必要がある。そのため，ドルを売り円を買うことになり，円高ドル安となる。逆に輸入企業が商品を輸入すると，その代金としてドルを支払うことになり，そのため円を売りドルを買うことにな

り，円安ドル高に向かうことになる。
　　　　　　　　同 変動相場制 A⑤N

調整可能な釘付け相場（ちょうせいかのうくぎづそうば）　第二次世界大戦後の固定相場制の下では，IMF加盟国は自国通貨価値の変動幅を１％以内にすることが義務づけられた。こうした狭い変動幅を調整可能な釘付け相場という。

金本位制 A④N（きんほんいせい）　☞p.380（金本位制）

金-ドル本位制 C N（きん-ほんいせい）　ドルが金と同様に本位基準となっている制度。1934年にアメリカが金１オンス＝35ドルでの兌換を保証したことに始まり，第二次世界大戦後にも各国通貨のなかで唯一，兌換制を継続した。そのため，ドルは金にかわって国際貿易の決済手段として，国際通貨・基軸通貨の機能を果たした。しかし，1971年に兌換は停止した。

固定為替レートCと対外貿易（こていかわせ-）（たいがいぼうえき）　為替レートは円安になれば日本の輸出に有利，輸入に不利に働き，円高になればその逆に働く（たとえば，１ドル＝100円から１ドル＝200円と円安になれば，日本で100円の商品は，アメリカで１ドルから0.5ドルに値下げしたのと同じことになり，日本製品の価格競争力が増す）。ドッジ-ラインの一環として１ドル＝360円という固定為替レートが設定された1949年当時，このレートは戦争で疲弊した日本の経済力の反映として妥当なものだった。しかし，日本が高度経済成長期に入った1960年代中頃以後，実際の経済力よりも割安に固定されたこのレートによって，日本製品の対外競争力は強められ，日本の貿易黒字の大きな要因となった。

クロス-レート [cross rate]　２国間の為替相場を直接比較するのではなく，第三国との間（たとえばドル）の為替相場を基準として決定すること。

円高A⑦Nと円安A⑦N（えんだかえんやす）　日本の通貨である円の対外通貨に対する価値が高まることが円高で，低下することが円安。邦貨建て相場で示す場合，たとえば１ドル＝200円の相場だったものが，１ドル＝150円となった場合，円の対ドル相場は50円分（25％）高くなっている。これが

円高であり，その逆を円安という。貿易関係においては，円高は自国製品の輸出価格の上昇によって輸出に不利に，また輸入価格の下落によって輸入に有利に作用し，国際収支を赤字へと導く傾向をもつ。したがって，経済の安定と国際収支の均衡をはかるために政府・中央銀行は外国為替市場に介入する。

外貨建て相場と邦貨建て相場(がいかだて-そうば-ほうかだて-そうば)　自国通貨（邦貨）の価値が外国通貨１単位に対しいくらかを示すのが邦貨建てで，自国通貨１単位に対し外貨がいくらかを示すのが外貨建て。前者が１ドル＝100円，後者が１円＝0.01ドルなどとあらわされる。

国際収支Ⓐ❾Ⓝ**と為替相場**Ⓐ❹Ⓝ(こくさいしゅうし-かわせそうば)　ある国の国際収支が黒字基調の場合，外貨を獲得することでその国の対外購買力は上昇し，それがその国の通貨信用を増大させ，為替相場を上昇させるという循環が考えられる。

金利差Ⓝ**と為替相場**Ⓐ❹Ⓝ(きんりさ-かわせそうば)　国内金利が外国より高い場合，外国からの投資を誘発する。国内投資には外貨の国内通貨への切り替えが必要となるため，国内通貨の需要が増大し，為替平価は上昇傾向を示すことになる。

為替差益と為替差損(かわせさえき-かわせさそん)　外国為替相場の変動から発生する利益や損失のこと。自国通貨価値が上昇すれば，対外債務の支払いの際には，支払わなければならない自国通貨は少なく，差益を獲得できる。一方で，自国通貨の平価下落の場合は逆となる。変動相場制の下では，こうした利益獲得を目的として，企業や各機関の為替相場への投機が行われることがある。
　　　　　　　　　　　　　　類 円高差益

経済のファンダメンタルズⓃ(けいざい-)　一国の経済状態や通貨価値を判断する基礎的な条件のこと。単にファンダメンタルズともいう。経済成長率・インフレ率・金利・景気動向・国際収支などが判断基準となる。為替レートの水準を議論する場合に用いられることが多い。たとえば，日米関係を考えると，アメリカの金利が上がって日米の金利差が拡大すれば，日本で資金を運用するよりアメリカで運用したほうが得

になるので，ドル買いの需要が発生し，ドル高の方向となる。
　　　　　　同 ファンダメンタルズ Ⓒ Ⓝ

購買力平価Ⓝ(こうばいりょくへいか)　為替レートの算出にあたって，その国の１単位の通貨でどれだけの商品を購入できるかを比較して，各国通貨の交換比率を示したもの。スウェーデンの経済学者G．カッセルが提唱した。通貨の購買力は物価水準に反比例するため，例えばA国通貨に対するB国通貨の購買力平価は，B国の物価水準をA国の物価水準で割って求める。

JカーブⓃ[J curve]　為替レートの変動が，経常収支におよぼす特徴的な効果のこと。一国の為替レートの下落は，その国の経常収支の改善をもたらし，上昇は悪化をもたらす。しかし，実際には為替変動の経常収支に対する影響には，時間的なズレがあるため，変動の初期には一時的に逆の現象が生ずる。この状況をJカーブ効果という。

通貨バスケット制(つうかせい)　自国の通貨を，加重平均したいくつかの主要国通貨と連動させる方式で，為替政策の一つ。中国は2005年，自国通貨「人民元」の対ドルレートを切り上げ，この制度を参考にする為替制度に移行した。

為替介入Ⓒ Ⓝ(かわせかいにゅう)　外国為替相場の急激な変動をおさえるため，政府や中央銀行が市場で通貨を売り買いすること。正式には「為替平衡操作」という。その国の通貨当局が独自に行う単独介入，他国の通貨当局にゆだねる委託介入，複数の国や地域の通貨当局が協力して行う協調介入がある。日本の場合，財務相が実施を判断し，それを受けて日本銀行が実務を担う。外国為替資金特別会計の資金を用いて行う。
　　同 為替平衡操作　⇨ p.497（協調介入）

2 戦後の国際経済体制

ブレトン-ウッズ協定Ⓐ③Ⓝ[Bretton Woods Agreements](-きょうてい)　1944年，アメリカのブレトン-ウッズで結ばれた第二次世界大戦後の国際通貨制度と世界経済の運営についての協定。この協定により，ブレトン-ウッズ体制が成立した。また，

第Ⅳ編

この協定に基づいて固定相場制維持のための金融措置を担当するIMF（国際通貨基金）と、戦災からの復興と開発資金の供与を目的とするIBRD（国際復興開発銀行、通称世界銀行）の設立が決まった。協定は、当時のアメリカの圧倒的な経済力を背景にアメリカの主張が通り、実質的な金-ドル本位制（ドルを基軸通貨とし、金１オンス＝35ドル、１ドル＝360円）が成立した。そうしたドル中心の国際通貨体制は、1960年代まで継続し、1971年にニクソン新経済政策実施後に金とドルとの兌換停止が行われるまで、国際経済体制の基礎を形成することになった。

国際通貨基金Ａ⑫Ｎ（ＩＭＦＡ⑬Ｎ）
[International Monetary Fund]（こくさいつうかききん）　ブレトン-ウッズ協定に基づき、1947年に国連の専門機関として業務を開始した。加盟国の国際収支の不均衡は正のための短期資金供与により、固定相場制維持、国際通貨の安定、国際金融の円滑化などを目的とした。現在の変動相場制下でも各国は必要に応じて市場介入を行うが、先進国のIMFからの借り入れは少なくなり、活動対象は発展途上国が中心となりつつある。現在、189か国が加盟している。日本は1952年に加盟。本部はワシントンにある。歴代の専務理事は欧州出身者が務め、現在はクリスタリナ＝ゲオルギエヴァ。

ＩＭＦクオータ　IMFへの出資割当額のこと。一国一票制ではなく、この額に比例して投票権などが決められる。現在の出資比率は、上位から米17.43％、日6.47％、中6.40％、独5.59％、仏4.23％の順。

ＩＭＦコンディショナリティ　IMFから融資を受ける国が課される条件をさす。融資にあたっては借り入れ国とIMFとが協議し、経済安定化のため緊縮政策の実施が義務づけられる。

ＩＭＦ８条国Ｃ・ＩＭＦ14条国（-じょうこく・-じょうこく）　８条国とは、国際収支の赤字を理由に為替制限ができない国。一方、為替制限ができる国が14条国。日本は1964年に14条国から８条国へ移行した。

ＳＤＲＢＮ（特別引き出し権ＣＮ）
[Special Drawing Right]（とくべつひきだしけん）　IMF加盟国が、国際収支が赤字のとき、外貨の豊富な国に対してSDRと引き換えに必要な外貨を引き出す権利（仮想通貨）をいう。ドル不安が生じていた1969年に創設された。SDRの価値は、四つの通貨（米ドル・ユーロ・日本円・英ポンド）の加重平均（標準バスケット方式）で決定され、加盟各国にはIMFへの出資額に応じて配分されてきた。2016年からは中国の人民元がこれにくわわった。各国のSDR構成比率は、ドル41.73％、ユーロ30.93％、人民元10.92％、円8.33％、ポンド8.09％となった。１SDRは約1.35ドル。

国際復興開発銀行Ａ⑦Ｎ（ＩＢＲＤＡ⑦Ｎ） [International Bank for Reconstruction and Development]（こくさいふっこうかいはつぎんこう）　世界銀行。加盟国は189か国。ブレトン-ウッズ協定に基づいて、1946年に国連の専門機関として業務を開始した。本部はワシントンにある。当初は戦災国の経済復興を目的としたが、後には発展途上国の開発のための長期資金の供与を主な業務とする。日本も1950年代から1960年代にかけて、各種産業基盤整備や東名高速道路建設などの際に借款を受けている。姉妹機関である国際開発協会（ＩＤＡ）や国際金融公社（ＩＦＣ）と業務分野を分担。IBRDの出資比率上位は、米16.77％、日7.89％、中5.64％、独4.33％。歴代の総裁はアメリカ人が務め、現在はデイビット＝マルパス。

　　　　　　　　　　　⇒世界銀行Ａ④Ｎ

国際開発協会Ｂ（ＩＤＡＢ） [International Development Association]（こくさいかいはつきょうかい）　1960年設立。世界銀行の融資条件や、一般の商業ベースでは融資を受けられない発展途上国への開発融資援助を担当する。第二世界銀行ともいわれる。

　　　　　　　　　　　　⇒第二世界銀行

国際金融公社Ｂ（ＩＦＣＢ） [International Finance Corporation]（こくさいきんゆうこうしゃ）　1956年設立。主として発展途上国における生産的な民間企業への融資を担当し、世界銀行の活動を補完する。

関税と貿易に関する一般協定Ａ⑩（ＧＡＴＴＡ⑯Ｎ） [General Agreement on Tariff and Trade]（かんぜい-ぼうえき-かん-いっぱんきょうてい）　ガットと略称。1947年のジュ

ネーヴ協定によってスタートした。1930年代の保護貿易化をくり返さず，関税その他の輸入制限を撤廃することで，貿易の拡大と世界経済の発展をはかるのが目的である。このための交渉が，1947年から断続的に行われてきた。一般関税交渉は1964〜1967年のケネディーラウンド，1973〜1979年の東京ラウンド，1986〜1994年のウルグアイーラウンドが行われた。GATTでは自由・無差別を原則とし，貿易制限手段としては関税と課徴金のみを認めていた。1994年，モロッコのマラケシュでのGATT閣僚会議で，ウルグアイーラウンド合意に関する最終文書と，WTO（世界貿易機関）設立協定などへの署名が行われ，GATTは1995年からWTOへ発展的に吸収された。

GATTの原則　(-げんそく)　GATT（関税及び貿易に関する一般協定）の根本目的は自由貿易であり，その促進を図るために，同協定の第一部には，2つの基本原則が述べられている。第1は「一般的最恵国待遇」であり，協定締結国は，他のすべての締結国に無差別で最恵国待遇を適用しなければならない。第2は「譲許表」であり，各締約国は，他の締結国の通商に対し，この協定に附属する譲許表（特定産品に関する関税率等を国ごとに定めた表）よりも不利でない待遇で許与する義務を負う。

　　　　　　　　　　類　自由・無差別・多角

ラウンド🅐Ⓝ（多角的貿易交渉🅑②Ⓝ）　[round]　(たかくてきぼうえきこうしょう)　二国間交渉に対して，3か国以上で貿易条件等を交渉すること。

ケネディーラウンド　🅑③Ⓝ[Kennedy round]　1964〜1967年，46か国が参加して行われた関税引き下げ交渉。平均35％の関税引き下げが実現し，残存貿易制限が東京ラウンドへ持ちこされた。

東京ラウンド　🅒④Ⓝ(とうきょう-)　1973〜1979年，99か国が参加して行われた。農・工業各分野で平均30〜40％の関税引き下げが実現したほか，補助金・技術規格・許認可手続きその他の非関税障壁の撤廃に関する協約も結ばれた。

ウルグアイーラウンド　🅐⑧Ⓝ[Uruguay round]　1986〜1994年，124か国とEU

が参加して行われた。モノの貿易だけでなく，金融・情報通信などのサービス分野をも対象とし，緊急輸入制限（セーフガード）条項や不正商品の取り締まりなども協議された。1994年4月，合意文書に署名。

ドーハーラウンド　🅑⑦Ⓝ[Doha round]　2001年にカタールの首都ドーハで開始が宣言されたWTOの新多角的貿易交渉。農業問題などをめぐる対立で，交渉は暗礁に乗りあげている。「ラウンド」という呼称について，先進国が主導した過去の交渉を連想させるとして発展途上国が強く反発したため，正式名称は「ドーハ開発アジェンダ」となっている。

　　　　　　同　ドーハ開発アジェンダ🅑

マラケシュ宣言　Ⓝ(-せんげん)　1994年4月，ウルグアイーラウンドの合意を下に署名されたWTO設立宣言。GATTからWTOへの移行と，平均40％の関税引き下げ，農産物輸入制限の緩和などが盛りこまれた。マラケシュはモロッコの都市。

世界貿易機関🅐⑮Ⓝ（WTO🅒⑰Ⓝ）　[World Trade Organization]　(せかいぼうえききかん)　1994年のマラケシュにおけるGATT閣僚会議で合意された，世界貿易の秩序形成を目的とした機関。本部はジュネーヴ。現在の加盟国数は164か国・地域。従来のモノの貿易から，サービス貿易や知的財産権問題なども扱う。貿易紛争が発生した場合，WTOに提訴して紛争処理小委員会（パネル）での審理を求めることができ，結果に不服の場合は上級委員会へ上訴も可能。鉄鋼とアルミニウムに高率の関税（それぞれ25％と10％）をかけて輸入を制限するトランプ米大統領の政策に対し，国際貿易ルールに反するとしてEU（欧州連合）やカナダがWTOへの提訴手続きを開始した。アメリカも，中国やEUなどを提訴。

　　　類　パネル🅑Ⓝ（紛争処理委員会）
　　上級委員会Ⓝ　☞p.514（貿易摩擦）

TRIPs協定　①[Agreement on Trade-Related Aspects of Intellectual Property Rights]　(-きょうてい)　WTO協定（世界貿易機関を設立するマラケシュ協定）の附属書の一つとして1994年に結ばれた。正式には「知的所有権の貿易関連の側面に関する協定」という。パリ条約(1883

第Ⅳ編

年）やベルヌ条約（1886年）の中身を取り
こみ，著作権・商標・意匠・特許などの全
分野について，実体的な保護規定とその国
内での実施措置を定めている。

ＴＲＩＭ協定［Agreement on Trade-Re-
lated Investment Measures］⁽⁻きょうてい⁾
ＷＴＯ協定の附属書の一つとして1994年
に結ばれた。正式には「貿易に関連する投
資措置に関する協定」という。投資につい
て，輸出入均衡の要求，為替規制による輸
入制限の禁止などを定めている。

ＧＡＴＴ11条国ⓒ・ＧＡＴＴ12条国⁽⁻じょ
うこく⁻じょうこく⁾　国際収支の赤字を理由に輸
入制限ができない国が11条国であり，制
限ができる国が12条国。ＩＭＦ8条国・
14条国に準ずる規定である。日本は1963
年に12条国から11条国へ移行した。

ＩＭＦ・ＧＡＴＴ体制 Ｂ2Ⓝ⁽⁻たいせい⁾
ブレトン-ウッズ体制ともいう。固定為替
相場制を採用したＩＭＦの金-ドル本位制
と，ＧＡＴＴを通じての自由・無差別の国
際貿易の拡大によって，世界経済の拡大と
各国の経済水準の向上をめざした戦後の国
際経済体制。1960年代までは，基軸通貨
としてのドルの高い信用性と貿易自由化の
進展を背景にこの体制が維持されたが，
1971年のニクソン新経済政策発表後は，
国際通貨面でのブレトン-ウッズ体制から
の離脱が進み，1973年には各国は変動為
替相場制へと移行した。
　　　　　同ブレトン-ウッズ体制Ｃ8Ⓝ

基軸通貨Ｂ5Ⓝ（キー-カレンシーⒸ）
［key currency］⁽きじくつうか⁾　国際間の取
引に用いられ，かつ各国の通貨の基準にな
る通貨。第二次世界大戦前のイギリスのポ
ンドや戦後のアメリカのドルがその代表。
国際通貨・基準通貨ともいう。

ドル危機 Ｂ⁽⁻きき⁾　1950年代末以降，アメ
リカの国際収支の悪化などにともなってド
ルと金の流出がすすみ，国際通貨としての
ドルの信用に懸念が広がった状況。とくに
1960年代になると，欧州や日本の経済力
が強まる一方，アメリカは多国籍企業の海
外投資の増大や，ヴェトナム戦争への巨額
出費などが重なり，ドルの海外流出が進行
した。その結果，他の国々が，取得したド
ルと金との交換を求めたため，アメリカの

金保有高が減少し，危機が深刻化した。

国際流動性ジレンマ⁽こくさいりゅうどうせい⁾　特
定通貨を基軸通貨とする国際通貨体制を採
用すると，その通貨の国際流動性と国際的
信用を同時に高めることができないとする
理論。基軸通貨国の経済力が高いと，基軸
通貨の信用性は高まるが，流動性供給が不
足する。一方，基軸通貨国の経済力が弱ま
ると，基軸通貨の流動性供給が高まる一方
で，基軸通貨国への信認が弱まることにな
る。

ニクソン新経済政策⁽⁻しんけいざいせいさく⁾　ド
ル危機への対策としてアメリカ大統領ニク
ソンが1971年に発表した，ドル防衛のた
めの金とドルとの交換停止や10%輸入課
徴金の実施などを柱とする新経済政策。こ
れらの政策は，ニクソン-ショック（ドル-
ショック）を引きおこした。このうち金と
ドルの交換停止は，戦後のドル基軸通貨
（キー-カレンシー）制に基づいたＩＭＦ体
制を，輸入課徴金の実施は自由・無差別を
理想とするＧＡＴＴ体制を，否定するもの
であった。その意味でこの政策は，ＩＭ
Ｆ・ＧＡＴＴ体制を終了させる役割を果た
した。

ニクソン-ショック（ドル-ショック）：アメ
リカ大統領ニクソンが1971年8月，ドル
防衛のために発表した，金とドルとの交換
停止や輸入課徴金の設置を柱とする経済政
策が世界にあたえた衝撃のこと。

金-ドル交換停止：アメリカ大統領ニクソン
が1971年，ドル防衛のために発表した経
済政策。金1オンス＝35ドルという固定
相場制を崩壊させた。

スミソニアン体制 Ⓝ［Smithonian Mone-
tary System］⁽⁻たいせい⁾　ニクソン新経済
政策後，崩壊したブレトン-ウッズ体制に
かわる国際通貨体制。1971年にアメリカ
のスミソニアン博物館で行われた10か国
財務相会議で合意した修正固定相場制であ
る。それまで変動幅は1%であったが，
この体制では中心レートの上下2.25%に拡
大された。しかし，1973年に日本が変動
相場制へ，さらにＥＣ諸国が共同変動相場
制へ移行した結果，1年3か月余りで崩壊。
キングストン体制に移行した。

スミソニアン協定 Ａ4Ⓝ⁽⁻きょうてい⁾　ニク

ソン-ショック後の1971年12月，アメリカドルを1オンス＝35ドルから38ドルに切り下げ，変動幅も2.25％に拡大した協定。日本円は1ドル＝308円に切り上げられた。

キングストン体制 C 2〔Kingston Monetary System〕(-たいせい)　1978年に発効したＩＭＦの第2次改革後の体制。通貨基準としてＳＤＲを採用して金-ドル本位制から完全に離脱，また加盟国の自主的な選択を尊重し，変動相場制への移行を承認した。キングストンはジャマイカの首都。
　　　　　　　　　　　　　　類 キングストン合意 C

金の二重価格制の廃止　(きんのにじゅうかかくせいーはいし)　通貨の基準としてＳＤＲを採用し，国際通貨体制は金を基準としなくなったため，金の公定価格も廃止され，1971年以来続いた市場価格との二重性も廃止。

欧州経済協力機構 N（ＯＥＥＣ N）〔Organisation for European Economic Cooperation〕(おうしゅうけいざいきょうりょくきこう)　マーシャル-プランによるアメリカの欧州復興援助の受け入れ機関として1948年に創設。1961年，経済協力開発機構（ＯＥＣＤ）に再編された。

経済協力開発機構 A 10 N（ＯＥＣＤ A 10 N）〔Organisation for Economic Co-operation and Development〕(けいざいきょうりょくかいはつきこう)　1961年に発足した資本主義諸国間の経済協力機関。日本は1964年に加盟し，現在の加盟国は38か国。事務局はパリにある。第二次世界大戦後，マーシャル-プランの受け入れ機関として設立されたＯＥＥＣ（欧州経済協力機構）を前身とする。加盟国経済の安定成長，国際貿易の安定的発展，発展途上国の援助促進，などが目的。

サミット A 1 N（Ｇ7サミット N）〔summit〕　米・英・仏・独・伊・加・日の7か国で構成される政府間フォーラムであり，毎年1回の頻度で，国際平和，世界経済，環境保護などのグローバルな問題について議論する場である。通称はＧ7。日本では「主要国首脳会議」とも表現される。2020年時点において，この7か国のみで世界全体の純資産の50％以上を占める。Ｇ7はオフィスを持つ常設機関ではなく，毎年交代制で担当する議長国がホスト

となって運営される仕組みである。1997年のデンバー-サミットからロシアが参加してＧ8と呼ばれるようになったが，クリミア問題（2014年）の責任を問われ，2015年から参加停止措置がとられた。それ以降Ｇ7という呼称に戻った。これまで日本で開かれたサミットは，東京（1979，1986，1993），沖縄（2000），洞爺湖（2008），伊勢志摩（2016）の6回。2023年は，広島市でサミットが開かれる予定。
　　　同 主要国首脳会議 A N（Ｇ8サミット）

Ｇ5 A（5か国財務相・中央銀行総裁会議 B）〔group of five〕(-こくざいむしょう・ちゅうおうぎんこうそうさいかいぎ)　アメリカ・イギリス・ドイツ・フランス・日本の5か国によって構成された通貨問題に関する財務相・中央銀行総裁会議。グループ5の略。1986年の東京サミット以後，カナダ・イタリアを加えてＧ7とよばれる。1985年にニューヨークのプラザホテルで開かれたＧ5では，過度のドル高是正のため，日本・アメリカ・ドイツ3国の通貨当局による協調介入が合意された（プラザ合意）。このとき1ドル＝240円台の円相場は，1年半後には150円台にまで上昇した。また，1987年のＧ7では，これ以上のドル安は望ましくないとする合意が確認された（ルーヴル合意）。
　　　　　　　　　　　　　　類 Ｇ7 A 4 N
　　　　7か国財務相・中央銀行総裁会議 **B 2**

プラザ合意 A 14 N(-ごうい)　1985年に行われたドル高是正のためのＧ5での合意。その後，日本では急激な円高が進んで不況に陥る一方，国内産業の空洞化が起こった。これに対して日銀が金融緩和政策をとったため，バブル景気の発生とその後の破たんをもたらした。

ルーヴル合意 B N(-ごうい)　1987年に行われたＧ7での合意。プラザ合意によってもたらされたドル安に対して，これ以上のドル安は望ましくないとされた。

協調介入 C 2 N(きょうちょうかいにゅう)　各国の通貨当局が，共同して外国為替市場に介入すること。各国の利害がつねに一致するとは限らず，原則的に外貨を保有しないアメリカの行動に左右されることが多く，効果を疑問視する向きも多い。

アジア通貨危機 A13 N（つうかきき）　1997年7月，タイを中心に始まったアジア各国の通貨下落現象。タイが管理変動相場制に移行したことを契機として，タイの通貨バーツの相場が下落し，アジアの各国経済に打撃をあたえた。多額の資金を集め，世界中のハイリスク-ハイリターンの株式などを運用して収益を上げ，それを投資家に還元するヘッジファンドの投機的な短期資金の引きあげの影響が大きかった。

ヘッジファンド A7 N［hedge fund］　私募の形で資金を集め，為替・株式・商品などに投資して利益を得るファンド（基金）。投資のリスク（危険）を回避するため，リスクを相殺する逆の投資を組み合わせる（ヘッジする）ことから，こうよばれる。実際には投資というより，危険をおかして大きな利益をねらう投機的な面が強い。規制逃れのため，会社形式をとらず，タックス-ヘイブン（租税回避地）に名義上の本拠を置くことが多い。巨額の資金を動かすヘッジファンドが破たんすれば，世界の金融システムに影響を及ぼすため，さまざまな規制が必要とされている。

タックス-ヘイブン B5 N［tax haven］　税制上の有利な国や地域で，租税回避地ともいう。所得税がないバミューダ島・ケイマン諸島（イギリス）などのほか，非課税または低税率の香港・パナマなどがある。こうした国や地域には，租税を逃れるために実体のないペーパーカンパニーなどが住所の登録のみを行うケースが多い。

パナマ文書 C N（ぶんしょ）　2016年にタックス-ヘイブンの実態を明らかにし，世界を震撼させた機密文書。中米パナマの法律事務所「モサック-フォンセカ」が保有する租税回避地に設立した法人など約21万社の情報を，国際調査情報ジャーナリスト連合（ICIJ）が公表した。この情報で，租税回避地を利用した多国籍企業や富裕層，各国指導者らの税逃れの一端が明るみに出た。続いて2017年，パラダイス文書が発覚。2018年には，120万通にものぼる内部書類「新パナマ文書」が見つかった。日本人の新たな個人情報流用被害も判明。
　　　　類国際調査情報ジャーナリスト連合（ICIJ N）　パラダイス文書　新パナマ文書

キャピタル-フライト（資本逃避）［capital flight］（しほんとうひ）　政治・経済情勢の悪化などが原因で，自国通貨の価値が大幅に下落するおそれがある場合，投資資金が国外へ流出していくこと。海外からの投資マネーが滞るだけでなく，国内資金が海外へと移動することになり，金融危機を招くリスクが指摘される。

円キャリー取引 N（えん-とりひき）　金利のきわめて低い円で投資資金を借り，それを金利の高い外貨に交換して，高収益の金融商品などに投資する方法。海外のヘッジファンドなどが行ってきたが，サブプライムローン問題以降，急速に縮小した。

カジノ資本主義 C（-しほんしゅぎ）　国際金融取り引きにおいて，短期利得をめざして投機化した1980年代からの資本主義の現状を博打に例えた用語。イギリスの政治経済学者ストレンジが名づけた。1990年代以降，グローバル経済のもとヘッジファンドなどによって各国でたびたび通貨危機が引きおこされた。

投機 B6 N（とうき）　将来の価格変動を予測し，その価格差からの大きな利益獲得をめざす取り引きをさす。取り引きの形態としては実物の授受をともなわないケースが多く，これらにかかわる通貨をグローバル-マネーや投機マネーとよぶこともある。投機マネーを規制するため，金融取引の度ごとに低率の課税を行うしくみが，欧州連合（EU）で検討されている。
　　　　類グローバル-マネー　投機マネー N
　　　　　　　　　　　　　　　投機的売買 C

国際連帯税（こくさいれんたいぜい）　国境をこえる経済活動に課税して，貧困克服や環境保全，感染症撲滅など，グローバリゼーション化にともなう社会経済的な格差是正のための財源を確保しようとするもの。投機マネーへの規制手段ともされる，アメリカの経済学者トービンが1970年代に提唱したトービン税はその代表で，国際為替の短期取引に低率の税金を課す。これと同趣旨の金融取引税がフランスで2012年から施行，EU圏全体でもイギリスなどをのぞく11か国で導入予定。
　　　　類トービン税4 N　金融取引税 N

サブプライムローン問題 A2 N（-もんだい）

サブプライムローンとは，アメリカにおける低所得者層などを対象にした高金利の住宅ローンのこと。変動金利のため，当初数年間の固定金利期間終了後に返済額がふくらみ，延滞や焦げ付き額が急増した。こうしたローンがさまざまな形態をとって証券化され，世界各地で販売されていたため，その値下がりなどが2007年夏以降に表面化し，世界的な金融危機の引き金となった。

世界金融危機 Ａ11Ｎ（せかいきんゆうきき）　アメリカのサブプライムローン問題を契機に，2008年に発生した世界中をまき込んだ金融危機。1930年代の世界大恐慌以来，最大の金融危機ともいわれる。アメリカでは従来，大恐慌に対応するため1933年制定のグラス・スティーガル法によって銀行業と保険業との兼業が禁止されてきたが，金融の自由化にともなってこの規制が撤廃された。その後，規制緩和と低金利政策があいまって投機マネーが急増した（カジノ資本主義）。しかし，住宅バブルがはじけると，証券化された住宅ローンの焦げ付きなどが発生し，大手の証券会社・保険会社が再編・淘汰や経営危機に追い込まれるなどした。こうして，アメリカ発の株価暴落の連鎖が広がり，金融危機が世界に波及した。米連邦準備制度理事会（ＦＲＢ）の議長を務めたアラン＝グリーンスパンは，この危機の遠因ともなった金融政策の失敗を追及され，後にその責任を認めた。
　　類 グラス・スティーガル法Ｎ
　　　　グリーンスパン１Ｎ

リーマン-ショック Ａ6Ｎ［Lehman Shock］　2008年9月に経営破たんしたアメリカの証券大手リーマンブラザーズが世界経済に与えた影響力の大きさを象徴した言葉。サブプライムローン問題から世界金融危機が本格化する契機となった事件。リーマン社は1850年に創設，世界の約30か国に3万人近い従業員をもつ名門証券会社として知られた。なお「リーマンショック」は和製英語であり，英語圏では"Lehman　Shock"という表現はほとんど用いられない。

ソブリン-ショック Ｎ［Sovereign Shock］　国の財政が破たんすることによって経済的な大ショックが引き起こされること。ソブリンは，君主・元首などを意味する多義語だが，この場合は国家の意。市場経済が行き詰まったとき，それを立て直すのが本来の財政の役割だが，リーマン-ショック後，その財政自体の再建が課題となり，国際会議でも主要議題になってきた。

格付機関 ［credit rating agency］（かくづけきかん）　債務者あるいは債務者の発行する債券等の経済的信用性を評価する機関。世界的な格付機関"Big 3"として，ムーディーズ，スタンダード＆プアーズ，フィッチ・レーティングスがある。主な評価対象としては，国家，地方自治体，企業，非営利団体など。評価スコアは，評価対象者の発行する債券等の金利に影響を与える。概して，評価スコアが低いほど，金利が高くなる。一方，2007～2008年世界金融危機では，大手格付機関によって最高の評価スコアとなっていた有価証券が瞬時に無価値となるなど，その評価能力が疑問視されることもある。また，2010年欧州ソブリン危機では，大手格付機関による格下げという行為そのものが危機のさらなる悪化を招いたとして批判されている。

ＰＩＧＳ Ｎ（ピッグスＮ）　ユーロ圏19か国のうち，国の財政赤字がきびしく，政府の債務不履行も懸念されるポルトガル・イタリア・ギリシャ・スペインの4か国の頭文字をとった呼び名。このなかでは，とくにギリシャが深刻。アイルランドを加えた5か国をＰＩＩＧＳという。
　　類 ＰＩＩＧＳＮ（ピーイッグスＮ）

ストレス-テスト Ｎ［Stress Test］　金融危機などに対応するために，銀行の健全性をチェックする目的で行う検査。2009年にアメリカの金融当局が19金融機関を対象に実施，10社が資本不足とされた。また，ギリシャの財政危機などを背景に，ＥＵは2010年に域内の91銀行について特別検査を実施。その結果，7つの銀行が不合格となった。なお，ストレス-テストという名称は，原子力発電所が地震や津波に対して安全かどうか調べる検査にも用いられる。

ギリシャ債務危機 Ｃ Ｎ（さいむきき）　2009年のギリシャの政権交代を機に，同国の財政赤字が公表された数字より大幅に膨らむこ

とが発覚したところから始まった危機。その後，財政状況などがきびしいポルトガル・アイルランド・イタリア・スペインなどにも広がり，欧州全体の金融システムを揺るがす事態になった（欧州債務危機）。こうした危機の背景には，ユーロ加盟国の金融政策は欧州中央銀行を中心とするユーロシステムによって統合されているが，財政政策は各国単位で行われている矛盾がある。

類 欧州債務危機 Ⓝ

金融サミット Ⓒ2Ⓝ（きんゆう-）　主要7か国（G7）と，ロシア・中国・インド・ブラジル・南アフリカ・韓国・オーストラリア・インドネシア・サウジアラビア・トルコ・メキシコ・アルゼンチン・欧州連合の20か国・地域による首脳会議。G20またはG20サミットともいう。アメリカ発の世界金融危機に対応するため，第1回会合が2008年にワシントンで開かれた。世界不況の回避，金融危機の再発防止，IMFの改革などについて合意された。その後，ロンドン・ピッツバーグ・トロント・ソウル・カンヌなどで開催。新たな国際秩序の形成にむけての重要な枠組みと位置づけられ，定例化された。

同 G20 Ⓐ9Ⓝ（G20サミット Ⓑ3Ⓝ）

ドッド・フランク法（金融規制改革法 Ⓝ）（-ほう）（きんゆうきせいかいかくほう）　2008年の世界金融危機の反省をふまえ，オバマ政権時代の2010年にアメリカで制定された法律。金融機関に資本増強を求めるなど，金融システム全体の安定向上をめざすもの。2018年，同法の抜本的見直しを求める法案がアメリカ議会で成立した。「ドッド・フランク」は，同法案の成立に大きな役割を果たしたクリス＝ドッド上院議員とバーニー＝フランクト院議員を示している。

③ 地域的経済統合

地域的経済統合 Ⓒ2Ⓝ（ちいきてきけいざいとうごう）　近接した地域にあり，経済的利害を同じくする数か国が同盟を結び，加盟国間の関税・輸入数量制限などは撤廃の方向で共同市場を確立する一方，非加盟国に対しては貿易制限を維持することにより，各加盟国の経済力を高めることを目的とする。EU（欧州連合），NAFTA（北米自由貿易協定，ナフタ），AFTA（ASEAN〈アセアン〉自由貿易地域，アフタ）などがある。地域的経済統合は，大規模な経済圏の設定という意味では，1930年代のブロック経済と相通ずるものがあるが，後者が本国と植民地という支配・従属関係にある諸国家間の経済圏であったのに対して，前者は対等な立場にある国々が市場拡大をめざすという点で異なる。

地域連携 Ⓝ（ちいきれんけい）　EUのような強固な地域統合をめざさない，地域間の経済・文化・技術などの協力関係の形成をいう。APEC（アジア太平洋経済協力，エイペック）やASEM（アジア欧州会議）などが典型例。

リージョナリズム Ⓑ Ⓝ（地域主義 Ⓑ1 Ⓝ） [regionalism]（ちいきしゅぎ）　EUにみられるように，地域統合によって加盟国の国家利益を実現させようとする考え方や行動をいう。グローバリズムに相対する概念とされるが，国家や地方が連携し，既存の国境にかかわりなく独自の地域を形成する動きでもあり，グローバリズムと同様に，国民国家のボーダレス化を進める役割を果たす。

欧州共同体 Ⓐ4Ⓝ（EC Ⓐ5Ⓝ） [European Communities]（おうしゅうきょうどうたい）　地域的経済統合の先がけ。米ソに対抗する「第三の巨人」とよばれた。第二次世界大戦で多大な被害を受けた西欧再生のため，フランスの外相シューマンが経済復興のかなめとなる石炭と鉄鋼の共同管理を提唱（シューマン-プラン）。これに基づいて，1952年に欧州石炭鉄鋼共同体（ECSC）が結成され，経済統合のあゆみが始まった。このときの加盟国は，旧西ドイツ・フランス・イタリア・ベルギー・オランダ・ルクセンブルクの6か国。1957年のローマ条約の調印により，加盟国内の共同市場をめざす欧州経済共同体（EEC），原子力資源の共同管理・開発を目的とした欧州原子力共同体（EURATOM，ユーラトム）が成立，1967年にこれら3組織が統合されてECとなった。ECには，1973年にイギリス・アイルランド・デンマークが，

1981年にギリシャが，1986年にはスペイン・ポルトガルが加盟，計12か国となった。その後，欧州の一層の統合をめざしたマーストリヒト条約が1993年に発効，EU(欧州連合)が誕生した。

類 欧州石炭鉄鋼共同体 B 4 N
(ECSC B 5 N)
欧州経済共同体 B 5 N (EEC B 6 N)
欧州原子力共同体 B N (EURATOM B N)

ローマ条約 N (-じょうやく)　1957年，欧州経済共同体(EEC)などを設立するため，ローマで結ばれた基本条約。西ドイツ・フランス・イタリア・ベルギー・オランダ・ルクセンブルクが加盟し，1958年に発効した。その後，マーストリヒト条約(1992年調印，93年発効)，アムステルダム条約(1997年調印，99年発効)，ニース条約(2001年調印，03年発効)，リスボン条約(2007年調印，09年発効)へと改定され，現在にいたっている。

欧州自由貿易連合 C 1 N (EFTA C 1 N) [European Free Trade Association] (おうしゅうじゆうぼうえきれんごう)　エフタと略称。EEC(EC)に対抗し，1960年に結成された。原加盟国はイギリス・デンマーク・ノルウェー・スウェーデン・オーストリア・スイス・ポルトガルの7か国。ECと同様に共同市場設立を目標としたが，農産物を対象としない，対外共通関税を設けない，などの点が異なる。後にイギリス・デンマークなどが脱退した。1995年からはスイス・ノルウェー・アイスランド・リヒテンシュタインの4か国で存続。スイスを除く3か国とEU間で，1994年よりEEA(欧州経済領域)が発足している。

類 欧州経済領域 C (EEA C)

共通農業政策 N (CAP C N) [Common Agricultural Policy] (きょうつうのうぎょうせいさく)　ECの共通政策のなかで最も重視されたものの一つ。加盟国内における農業生産性の向上，農民の所得増加，供給量の安定，合理的価格の維持などを目標とした。この実現のため，域内における農産物の自由移動，同じ農産物に対する共通価格の採用，輸入品に対して課徴金(一種の関税)をかけるなどの政策を実行した。

シェンゲン協定 C N (-きょうてい)　主に欧州連合(EU)内の加盟国に入国すれば，パスポートなどの提示がなくても，自由に他国への出入りを認める協定。1990年にルクセンブルクのシェンゲンで結ばれ，95年から発効した。現在では，EUの22か国とアイスランド・ノルウェー・スイスなど26か国が加盟している。

年	事　項
1951	欧州石炭鉄鋼共同体(ECSC)条約調印
1958	欧州経済共同体(EEC)発足 欧州原子力共同体(EURATOM)発足
1967	EEC,ECSC,EURATOM が統合して 欧州共同体(EC)を設立
1979	ヨーロッパ通貨制度(EMS)発足
1993	EC統一市場成立。欧州連合(EU) 条約(マーストリヒト条約)発効
1997	新欧州連合条約調印
1998	欧州中央銀行(ECB)設立
1999	EU11か国で通貨統合開始(ユーロ)
2001	ユーロにギリシャが参加。ニース条約調印
2007	ルーマニア・ブルガリア加盟。リスボン条約調印
2013	クロアティア加盟
2016	イギリス，国民投票でEU離脱を選択
2020	イギリス，EU離脱

▲ ECからEUへ

欧州連合 A 20 N (EU A 23 N) [European Union] (おうしゅうれんごう)　ECを母体として，1993年発効のマーストリヒト条約に基づき発足した政治経済的な国家連合である。2022年時点で，欧州地域の27か国が参加しており，総人口は約4億4700万人。名目GDPは約23.7兆ドル(日本は約6.1兆ドル)。2012年にノーベル平和賞を受賞している。

欧州理事会：EUの最高意思決定機関。EU首脳会議ともよばれる。加盟各国の代表と欧州委員会委員長で構成され，年4回開催される。理事会の常任議長はEUの大統領に相当。任期は2年半で，2期まで継続できる。現在は元ベルギー首相のシャルル＝ミシェルが務める。

欧州議会：各国の政府代表で構成される閣僚理事会とともに，EUの立法機関。定数は751名。EC時代の1979年から5年に一度，選挙を実施。任期は5年。各国の人口に応じて配分された議員数を国ごとに比例代表制で選出。選挙権は18歳以上。どの国からでも立候補できる。かつては諮問機関のような位置づけだったが，しだいに権限が強化された。現在の欧州議会議長は

第Ⅳ編

マルタ出身のロベルタ・メツォラ。

欧州委員会：EUの行政機関。各国1名，全28名で構成される。任期は5年。法案の提出や予算執行の権限をもつ。首相にあたる委員長はドイツのフォン-デア-ライエン。外相にあたる外交安全保障上級代表はスペインのジョセップ＝ボレル。

欧州司法裁判所（ECJ）：EUの司法機関。判事は加盟国から1名ずつ選出され，任期は6年。提訴は加盟国のほか，個人や企業にも認められる。

欧州中央銀行（ECB）：「ユーロの番人」ともよばれる，欧州連合（ユーロ圏）の金融政策を一元的に行う中央銀行。1998年に設立され，本部はドイツのフランクフルトにある。

EU大統領 **B**（-だいとうりょう）　EUの最高意思決定機関である欧州理事会の議長。EUの対外的代表者であり，EUの国家元首に相当する役割を果たすことから，俗に「EU大統領」と呼ばれることがある。

　　　　　　　　　類欧州理事会常任議長 **B**

マーストリヒト条約 **A**5**N**（-じょうやく）　欧州連合条約ともいう。1991年にオランダのマーストリヒトで開かれたEC首脳会議で，ローマ条約の改正に同意，翌1992年に条約に調印した。欧州中央銀行の設立と通貨統合を実現する目標を設け，西欧同盟による安全保障の確保，欧州議会の権限強化と欧州市民権の導入などの基本合意がなされた。1993年に条約が発効し，正式にEUが発足した。1997年には共通外交・安全保障政策での多数決制導入などを盛りこんだアムステルダム条約（新欧州連合条約）が，2001年には中・東欧への拡大に向けてニース条約が調印された。

　　　　　　　　　同欧州連合条約 **B** **N**

アムステルダム条約 **C** **N**（-じょうやく）　マーストリヒト条約を改正した新欧州連合条約。1997年6月，オランダのアムステルダムでEU15か国によって調印された（1999年発効）。条約は中・東欧諸国の新加盟を視野に入れ，多数決制を採用するなど政治的統合の強化をめざす具体的な成果を盛りこんだ。

ニース条約 **C** **N**（-じょうやく）　欧州連合（EU）の東方拡大に備え，条件整備を行うた

めに結ばれた条約。フランスのニースで2001年に締結され，2003年に発効した。多数決で決める議題の範囲拡大など，政策決定や手続きの効率化と機構改革がはかられた。この結果，2004年には加盟国が10か国増え，25か国となった。

EU憲法 **N**（-けんぽう）　2004年6月に，将来のEU加盟国が約30か国になることを考慮し，民主的・効率的な運営を行うEUの基本条約として採択。EU大統領・外相の創設などをめざした。しかし，フランスとオランダの国民投票で批准が否決され発効には至らなかった。

リスボン条約 **B**6**N**（-じょうやく）　EU憲法条約が発効できなかったため，2007年12月にポルトガルのリスボンで調印された条約。条約の呼称から「憲法」の文字を削除するなどの修正を行ったが，大統領制の導入や，EUからの「脱退条項」などはそのまま取り入れている。2009年に発効した。

欧州通貨制度 **C** **N**（EMS**C** **N**）〔European Monetary System〕（おうしゅうつうかせいど）　通貨統合などをすすめるため，1979年に創設されたECの金融・通貨面での枠組み。経済通貨同盟への中間的措置とされる。域内では一定の幅をもった固定相場制が，域外では変動相場制が採用された（為替相場メカニズム＝ERM）。

　　　　　　類為替相場メカニズム①（ERM①）

経済通貨同盟 **N**（EMU**N**）〔Economic and Monetary Union〕（けいざいつうかどうめい）　1989年にECのドロール委員会が発表した通貨統合などに向けた構想。欧州通貨制度（EMS）を基礎につくられた。第一段階で域内の経済・通貨政策の協調を強化，第二段階で中央銀行制度を創設，第三段階で単一通貨へ移行，などをめざすもの。この構想は1993年発効のマーストリヒト条約に盛り込まれ，1994年のEMI（欧州通貨機構）発足，98年のECB設立，99年のユーロ導入という形で実施に移された。

EURO **A**14 **N**（ユーロ **A**14 **N**）　EU（欧州連合）の共通通貨とその単位。1989年の経済通貨同盟（EMU）構想に基づき，1999年からユーロが導入された。まず，ドイツ・フランス・オランダ・イタリア・ベルギー・ルクセンブルク・スペイン・ポ

ルトガル・アイルランド・オーストリア・フィンランドの11か国の資本市場で，ついで2002年からは一般市場でもユーロが唯一の通貨（紙幣・硬貨）となった。導入国も2001年ギリシャ，07年スロヴェニア，08年マルタ・キプロス，09年スロヴァキア，11年エストニア，14年ラトヴィア，15年リトアニアが参加して19か国となった。2018年には，域内の格差を正にむけて「ユーロ圏共通予算」を新設することで合意した。紙幣は5・10・20・50・100・200・500ユーロの7種類（500ユーロは2018年度以降，新規の発行を停止）で，デザインは各国共通。硬貨は1・2・5・10・20・50ユーロセント，1・2ユーロの8種類で，片面のデザインはそれぞれの国に任されている。

市場統合 **C**①**N**（しじょうとうごう）　EC加盟12か国間の非関税障壁を取りのぞき，ヒト・モノ・カネ・サービスなどが自由に移動できる市場をつくる構想。1986年にEC首脳会議で決議された単一欧州議定書により，加盟国間の意思決定方法が全会一致から，各国の人口に応じて票数をふり分ける多数決方式に変更，欧州統合市場へ向けて動き出した。こうして，1993年に単一市場が発足，世界のGDP（国内総生産）の3割近くを占める経済圏が形成された。

ユーロ危機 **B**③**N**[Eurozone Crisis]（-きき）　2010年代全体にかけて継続しているユーロ圏の経済危機問題。2009年末，ギリシャ財政の危機的状況が露呈する。2010年にはアイルランドが財政破綻するほか，スペイン，ポルトガル，イタリアなどの財政赤字状況も深刻となる。こうした状況の下に，欧州統一通貨ユーロの信用は低下し，EUはその対応策に追われている。

欧州金融安定基金（EFSF N）（おうしゅうきんゆうあんていききん）　ユーロ圏の政府等が互いに資金を拠出し，財政危機に陥った場合に，緊急融資を行うしくみ。ギリシャの財政危機をふまえて2010年，EU27か国が合意し，設立された。その後，危機はギリシャからポルトガル・イタリア・スペインなどにも広がり，機能拡充が必要となった。さらに，恒久的な危機対応機関として，欧州安定メカニズム（ESM）が2012年に創設された。

類 欧州安定メカニズム C N（ESM C N）

民主主義の赤字 **C**（みんしゅしゅぎ-あかじ）　国際機構や国家をこえた共同体などの政策決定が国家を拘束することを批判したことば。背景には，欧州統合などのリージョナリズムやグローバリズムが進展するなか，各国の重要な意思決定が，選挙で選ばれていない者によって担われている，という現実がある。

ASEAN自由貿易地域 **B**⑥**N**（AFTA **A**④**N**）[ASEAN Free Trade Area]（-じゆうぼうえきちいき）　東南アジア諸国連合の経済協力組織。1993年に発足，域内の関税などの撤廃をめざす。アフタと略称。

ラテンアメリカ統合連合（ALADI）[Asociacion Latinoamericana de Integracion]（-とうごうれんごう）　1980年発足。現加盟国はアルゼンチン・ブラジル・メキシコなど13か国。ラテンアメリカ自由貿易連合（LAFTA，1961年成立）が共同市場の形成に失敗し，よりゆるやかな機構に改められた。最終的にはEUなみの経済統合をめざすが，加盟国間の経済格差が大きく，各国の経済状況に合わせた開発統合計画を推進している。

中米統合機構（ちゅうべいとうごうきこう）　1960年に発足した中米共同市場の枠組みを引き継いで，1991年に設立された中米諸国による政府間組織。中米地域の経済的社会的な統合を目指すもの。8か国が正式加盟している。

南米南部共同市場 **A**⑦**N**（MERCOSUR **A**⑪**N**）[Mercado Común del Cono Sur]（なんべいなんぶきょうどうしじょう）　メルコスールと略称。南米での共同市場づくりをめざし，1995年にブラジル・アルゼンチン・ウルグアイ・パラグアイの4か国間で発足した。現在もその4か国。

北米自由貿易協定 **A**⑦**N**（NAFTA **A**⑩**N**）[North American Free Trade Agreement]（ほくべいじゆうぼうえききょうてい）　1989年発足のアメリカ・カナダ自由貿易協定にメキシコが加わり，1994年に発効した協定。ナフタと略称。資本・労働・貿易の域内自由化をめざす北米全体の自由貿

易圏。2017年に再交渉を開始。2018年には難航の末，3か国間で合意に達した。名称が「アメリカ・メキシコ・カナダ協定」（USMCA）と変更される。

米国・メキシコ・カナダ協定 Ⓐ（べいこく-きょうてい）　略称はUSMCA。北米3か国たるアメリカ，メキシコ，カナダの間で結ばれた自由貿易協定。2020年発効。1994年に発効された北米自由貿易協定から切り替わったものであり，多くの条項をそのまま引き継いでいることからNAFTA2.0とも呼ばれる。NAFTAと比較して，知的財産やデジタル貿易などの現代的要素が多く取り入れられている。

米州自由貿易圏（FTAA） Ⓝ ［Free Trade Area of the Americas］（べいしゅうじゆうぼうえきけん）　1994年の米州サミットで，アメリカのクリントン大統領が示した南北両大陸を含めた自由貿易圏構想。当初，アメリカは2005年の発足をめざしたが，新自由主義経済に対する中南米の左派政権からの反発が強く，先送りされている。

米州ボリバル同盟（ALBA） Ⓝ ［Alternativa Bolivariana para las Americas］（べいしゅう-どうめい）　米州自由貿易圏（FTAA）構想に対抗した中南米6か国による地域組織で，2004年に発足。アメリカに反発するベネズエラのチャベス大統領が打ち出した。"弱肉強食"の市場経済ではなく，連帯と協力による統合を掲げている。また，地域共通通貨「スクレ」の創設で合意。現在は10か国が参加。

対共産圏輸出統制委員会（COCOM） ［Coordinating Committee for Export Control］（たいきょうさんけんゆしゅつとうせいいいんかい）　ココムと略称。共産圏諸国への戦略物資の輸出を規制する西欧資本主義国の機関。1949年に発足し，フランス・アイスランドを除く北大西洋条約機構加盟国，日本など17か国で構成された。しかし，ソ連の崩壊などの結果，1994年に解散した。

アジア太平洋経済協力 Ⓐ5Ⓝ（APEC） Ⓐ10Ⓝ ［Asia-Pacific Economic Cooperation］（-たいへいようけいざいきょうりょく）　エイペックと略称。日本・アメリカ・中国・韓国・ロシア・台湾・香港・オーストラリア・メキシコ・チリ・ASEAN諸国など

21か国・地域が加盟している。オーストラリアのホーク首相の提唱で1989年に発足した。アジア・太平洋地域の経済協力がおもな目的。

東アジア共同体 Ⓝ（ひがし-きょうどうたい）　欧州のような政治経済統合を東アジアでも適用しようとする共同体構想。東南アジア諸国連合10か国に日本・中国・韓国を加えた国々（ASEAN＋3）が中核となる。2005年には初の東アジアサミットが開かれた。構想の実現には息の長い対話と議論が不可欠である。

　　　　　類 ASEAN＋3 5

東アジアサミット Ⓝ（EASⒸⓃ） ［East Asian Summit］（ひがし-）　東アジア首脳会議ともいう。東アジア共同体の土台づくりのため，2005年にASEAN＋3（日中韓）にオセアニアとインドが加わった16か国で開催。その後毎年開かれ，2011年からはアメリカ・ロシアも参加している。

　　　　　同 東アジア首脳会議 Ⓒ

湾岸協力会議 ⒸⓃ（GCCⒸⓃ） ［Gulf Cooperation Council］（わんがんきょうりょくかいぎ）　アラブ首長国連邦・サウジアラビアなど，王制や首長制をとる湾岸6か国で1981年に設立された地域機構。軍事・経済・文化などでの緊密な協力と，経済統合をめざし，早い時期の統一通貨導入を計画している。

アジア欧州会議 Ⓝ（ASEMⓃ） ［Asia-Europe Meeting］（-おうしゅうかいぎ）　アセムと略称。アジアと欧州の対話と協力を促進するため，シンガポールの提唱で1996年に発足。当初はアジア10か国と欧州15か国および欧州委員会の首脳が参加して2年ごとに開かれてきた。現在では日本・韓国・中国・モンゴル・インド・パキスタン・ニュージーランド・オーストラリア・ロシア・バングラデシュ・ノルウェー・スイス・EU諸国・ASEAN諸国・欧州委員会・ASEAN事務局の51か国・2機関で構成される枠組み。

自由貿易協定 Ⓐ8Ⓝ（FTA Ⓐ8Ⓝ） ［Free Trade Agreement］（じゆうぼうえききょうてい）　特定の国や地域の間で，貿易などの規制をなくし経済活動を活性化させるために締結される多国間の協定。世界貿易機関（WTO）の例外規定として認められて

いる。これまで200件以上の協定が成立した。FTAの要素を含みつつ，投資や人の移動などにまで分野を広げた協定を経済連携協定（EPA）という。日本はシンガポール・メキシコ・マレーシア・フィリピン・タイ・インドネシアなどと協定を締結，2015年にはオーストラリアと協定が発効した。2018年にはEU（欧州連合）と署名式が行われた。このうち，EPAに基づいてインドネシアやフィリピンから，国内で人手が不足する看護師・介護福祉士候補者の受け入れを行ってきたが，言葉や国家試験の壁が厚く，成果はあがっていない。

類 経済連携協定 **Ⓐ 9 Ⓝ**（EPA **Ⓐ 10 Ⓝ**）

環太平洋パートナーシップ協定 **Ⓐ 4 Ⓝ**
（TPP **Ⓐ 8 Ⓝ**）［Trans-Pacific Partnership Agreement］（かんたいへいようーきょうてい）　2016年，アジア太平洋地域諸国によって署名された経済連携協定。略称はTPP。2005年にブルネイ，チリ，ニュージーランド，シンガポールの4か国によって始まった経済連携協定 TPSEP を基盤としており，最終的には米国や日本を含む環太平洋12か国によって最終的に署名された。しかし，2017年に入ると，米国トランプ政権がTPP離脱を決定。結局，TPPは発効されなくなった。一方，2018年には，残りの11か国によって，新たに「環太平洋パートナーシップに関する包括的及び先進的な協定」(CPTPP/TPP11) が署名され，同年に発効に至った。米国が離脱してスケールが小さくなったとはいえ，CPTPP構成11か国の合計 GDP は世界全体の13%を超えており，UMSCA や RCEP に次ぐ規模の EPA となっている。

類 環太平洋経済連携協定 **Ⓒ**　TPP11 **Ⓑ Ⓝ**

ISDS条項 **Ⓒ Ⓝ**［Investor-State Dispute Settlement］（-じょうこう）　自由貿易協定などの締結の際，投資家と国家間の紛争解決手続きについて定めた条項。ISD条項ともいう。投資ファンドなどが損害を受けた場合，その国の政府を相手どり，国際仲裁手続きを利用できるというしくみ。TPP11では，この条項は凍結された。

地域的な包括的経済連携協定 **Ⓝ**（RCEP **Ⓑ Ⓝ**）［Regional Comprehensive Economic Partnership Agreement］（ち

いきてき-ほうかつてきけいざいれんけいきょうてい）　東アジア諸国およびオセアニア諸国から構成される経済連携協定（EPA）。2011年から具体的検討が始まり，2020年11月に，中国，日本，韓国，オーストラリア，ニュージーランドおよびASEAN諸国の計15か国によって署名され，2022年1月に発効。世界GDPの約3割を占め，世界人口においても約3割を占める世界最大のEPA。

環大西洋貿易投資パートナーシップ協定（TTIP）（かんたいせいようぼうえきとうしーきょうてい）　アメリカと欧州連合による経済連携協定案。2000年代から検討が続いてきたが，米国トランプ政権が交渉中止を宣言。これを受けて，EU側も消極的態度を見せ，協定案は事実上廃止されたものとみなされている。

日米物品貿易協定（TAG **Ⓝ**）［Trade Agreement on goods］（にちべいぶっぴんぼうえききょうてい）　2018年の日米首脳会談で交渉開始が合意された新たな2国間協定。工業製品や農作物に対する関税の引き下げや撤廃を両国間で定めるもの。2019年9月の日米首脳会談において，最終合意に達し，2020年1月に発効した。

4 南北問題と国際協力

南北問題 Ⓐ 8 Ⓝ（なんぼくもんだい）　先進工業国と発展途上国間の経済格差と，それにともなう政治・軍事・文化の対立をいう。先進国が，オセアニアを除くと北半球にあるのに対し，アフリカやラテンアメリカを中心に，発展途上国の多くが南半球にあるため，こうよばれる。イギリスのオリヴァー＝フランクスが初めてこのことばを用いた。南北問題は，1950年代後半から1960年代にかけて表面化した。

新植民地主義（しんしょくみんちしゅぎ）　かつての植民地主義においては，ある国（宗主国）が圧倒的軍事力などを背景に，別の国（植民地）を直接支配する形が取られてきた。一方，第二次大戦後は，形式上そうした従属関係がなくなるものの，圧倒的経済力，文化的影響力，軍事同盟条約，傀儡政権工作などを通して，なおも旧宗主国が旧植民地に対して事実上の帝国主義的支配を続け

る現象が出現した。これを新植民地主義という。1956年，フランスの思想家サルトルが初めて指摘し，1960年代に入ると，ガーナ独立運動の指導者クワメ・エンクルマが新植民地主義の概念を本格的に構築した。 ☞p.271（新植民地主義）

モノカルチュア経済 ⑤[monoculture economy]（-けいざい）　発展途上国の産業構造の特徴を示すことば。ブラジルやコロンビアのコーヒー，ガーナのカカオ，チリの銅など，もっぱら輸出向けの少種類の農・工業原材料（一次産品）の生産が大部分を占めている産業構造をさし，先進国の植民地時代に一次産品の供給を強制されることによってつくられた。モノカルチュア経済は，輸入国の経済変動の影響を受けやすいため外貨獲得がままならず，また輸出用農産物のみを生産するため，国内向けの食糧生産が不足しがちであり，発展途上国経済の自立化を阻害する要因となっている。
　　　　　　　　　　　　　 類一次産品 C⑤

雁行的経済発展（がんこうてきけいざいはってん）　雁の群れが飛ぶように，経済発展が先進国から発展途上国へと順々に波及するさまを表現したことば。日本の経済学者赤松要が提唱。たとえば，ある産業における製品輸入の急増と需要の定着→国内生産の開始→輸出産業への成長，という発展過程をとる。

テイク-オフ [takeoff]　経済発展への離陸期のこと。アメリカの経済史家ロストウが命名した。彼は，経済生活の歴史的発展過程を伝統的社会，過渡期，テイク-オフ期，成熟期，高度大衆消費社会の５段階に分け，テイク-オフに入る条件として，貯蓄率が従来の２倍をこえること，高い成長率の主導産業の形成などをあげる。なお，日本のテイク-オフは，1878〜90年頃。

コロンボ計画（-けいかく）　イギリス連邦内の先進国であるイギリス・カナダなどが，同連邦内におけるアジア諸国の開発援助のため，1951年に提唱したプラン。その後，日本・アメリカも参加し，被援助国も東南アジア全域に拡大された。

ロメ協定（-きょうてい）　ＥＣ（現ＥＵ）と，これに関係の深いアフリカ・カリブ海・太平洋地域諸国との間で，貿易・援助・工業協力などを実現させるため，トーゴの首都ロメ

において結ばれた協定。ＥＣ向けの輸出は原則として関税を廃止するなど，新国際経済秩序（ＮＩＥＯ，ニエオ）の意向をくんだものとされる。ロメ協定は2000年２月に失効，新たにコトヌ協定が結ばれた。
　　　　　　　　　　　　　　　　　類コトヌ協定

プレビッシュ報告 C N（-ほうこく）　1964年の第１回国連貿易開発会議（ＵＮＣＴＡＤ）で，プレビッシュ事務局長により提出されたレポート。自由貿易体制のもとでの発展途上国の不利を指摘し，一次産品を中心とした貿易条件の改善，先進国による積極的な援助などを求める戦略を展開した。このレポートはその後，発展途上国の行動指針となった。

国連貿易開発会議 A⑪ N（ＵＮＣＴＡＤ C⑨N）[United Nations Conference on Trade and Development]（こくれんぼうえきかいはつかいぎ）　アンクタッドと略称。1964年，先進国と発展途上国間で南北問題の対策を検討するため設置された国連の機関。総会は４年に１度開催される。常設機関として貿易開発理事会，その下に「一次産品」「製品」など七つの委員会がある。第１回ジュネーヴ総会で出されたプレビッシュ報告をもとに，一次産品の国際商品協定，発展途上国の製品・半製品に対する特恵関税，ＧＮＰ１％の資金援助，技術援助など，南側の要求実現のため協議が続けられてきた。現在，加盟国は195か国。

一次産品総合プログラム（いちじさんぴんそうごう）　1976年の第４回国連貿易開発会議で，「77か国グループ」が提案した。一次産品の国際価格を安定させ，発展途上国の輸出所得の向上をはかることを目的とする。そのため，コーヒー・天然ゴム・ボーキサイトなど主要18品目の価格維持や，商品開発のための一次産品共通基金（ＣＦ）の設立（1989年）が検討された。

77か国グループ（Ｇ77）（-こく-）　1964年の国連貿易開発会議に合わせ，77の発展途上国が設立した組織。1967年には活動指針となるアルジェリア憲章を採択した。加盟国は134か国。創立50周年となる2014年の首脳会議では，一部の富裕層や大企業に富が集中し，格差が拡大する世界の経済体制を批判，公正な世界秩序の形成を求めた。

国際商品協定（こくさいしょうひんきょうてい）　一次産品の価格維持，需要・供給量調整のため，関係する政府間で貿易価格や数量をコントロールする協定。現在，天然ゴム・コーヒーなど7品目があるが，対象品目の拡大をめざしている。

国連開発の10年　**Ⓝ**（こくれんかいはつ-ねん）　南北問題が注目されはじめた1961年の第16回国連総会で，ケネディ米大統領のよびかけにより決定された開発戦略。1960年代には発展途上国の経済成長率5％達成を目標として，国際協力体制が準備された。目標とする発展途上国の年経済成長率5％は達成されたが，南北格差はむしろ拡大した。その後，南北格差を解消すべく，1970・80・90年代にそれぞれ第二・三・四次の国連開発の10年が出された。

新国際経済秩序　**Ⓐ**8**Ⓝ**（**NIEO Ⓒ**8 **Ⓝ**）〔New International Economic Order〕（しんこくさいけいざいちつじょ）　ニエオと略称。1974年に国連の資源特別総会で「新国際経済秩序の樹立に関する宣言」が採択された。南北問題解決のためには，従来の自由・無差別を原則とした貿易体制ではなく，発展途上国に対する一方的優遇を基本とした新たな世界経済秩序の確立が必要との考えに基づいている。この実現のため，天然資源・経済活動に対する各国の恒久主権，多国籍企業の活動の規制と監視，一次産品価格と工業製品価格との連動，輸出所得の安定制度，政治的・軍事的にひもつきでない援助など，20項目の要求が掲げられた。

　　　　　類 新国際経済秩序樹立に関する宣言2

アルジェ憲章　（-けんしょう）　アジア・アフリカ・中南米など各地域内宣言をまとめた先進国に対する統一要求。1967年，アルジェで開催された「77か国グループ閣僚会議」で採択。発展途上国への共通の特恵関税，先進国の援助を国民総生産（GNP）の1％以上とすること，などを求めた。

国家間経済権利義務憲章　（こっかかんけいざいけんりぎむけんしょう）　1974年末の第29回国連総会で採択。新国際経済秩序を具体化させるための発展途上国の権利や行動方針，先進国の義務がうたわれている。

一般特恵関税　**Ⓒ**5（いっぱんとっけいかんぜい）　発展途上国の貿易促進のために，発展途上国の工業製品に対して，関税を撤廃もしくは低い税率にすることにより，先進国からの同種製品よりも有利な待遇を与えることをいう。最恵国待遇の例外とされる。1968年の第2回国連貿易開発会議で合意され，1970年代から実現した。単に特恵関税ともいう。

　　　　　同 特恵関税 **Ⓑ Ⓝ**

内国民待遇　**Ⓒ**2**Ⓝ**（ないこくみんたいぐう）　自国の領域内で，自国民等と同様の待遇や権利を相手国やその国民にも保障すること。WTOなどで適用される原則の一つ。

最恵国待遇　**Ⓑ**3**Ⓝ**（さいけいこくたいぐう）　自国の領域内で，外国人等に認めた最も良好な待遇や権利を相手国やその国民にも保障すること。したがって，この協定を結んだ国に対する関税率は同じになる。もし，ある国とより有利な最恵国待遇を結ぶと，その効力は他の最恵国待遇国にも適用される。WTOなどで適用される原則の一つ。

国連資源特別総会　**Ⓒ**（こくれんしげんとくべつそうかい）　1974年，「原材料及び開発の諸問題」をテーマに開催された国連の特別総会。非同盟諸国のリーダー，アルジェリアの提言により，資源の恒久主権，発展途上国への特恵的措置，資源をもたない途上国への救済策など，途上国側の強力な主張がみられ，新国際経済秩序樹立宣言が決議された。

資源ナショナリズム　**Ⓐ**5**Ⓝ**（しげん-）　自国の天然資源に対する恒久主権の主張。多くの発展途上国は国民所得や輸出の大半を，一次産品にたよっている。発展途上国は長年，先進国の多国籍企業に自国資源の開発・生産・輸出などの権利を抑えられてきたが，これに対して，一次産品の価格を自ら設定し，資源を自国の利益のために利用しようとする動きが1970年前後に強まった。1973年，石油輸出国機構（OPEC）による原油価格の大幅値上げは，この動きを決定的なものとした。1962年の国連総会で，資源に対する恒久主権が確立され，1974年の国連資源特別総会で採択された，新国際経済秩序（NIEO）樹立宣言にも盛り込まれている。今日，石油・銅・天然ゴムなど主要資源についての生産国主権は，ほぼ確立している。

　　　　　類 天然資源に対する恒久主権 **Ⓒ**2

資源カルテル (しげん-) 資源ナショナリズム実現のため，共通の資源をもつ発展途上国が，その資源の生産量・価格などで協定を結ぶこと。OPECのそれが有名。その他の資源でもこの動きが強まっている。

国際石油資本 ⒸⓃ (こくさいせきゆしほん) 石油産業において，石油の採掘・開発から輸送・精製・販売までを一貫して操業する多国籍企業のこと。石油産業全段階（メジャー）にわたることからメジャーズと通称される。以前はセブン-シスターズなどとよばれた。現在では統合・再編がすすみ，英蘭系のロイヤル-ダッチ-シェル，米系のエクソンモービル，英系のBP，米系のシェブロンの4社。これに仏系のトタル，米系のコノコフィリップスの2社を加えることもある。2010年にアメリカのメキシコ湾にあるBPの石油採掘施設で，大量の原油流出事故が起きた。かつては中東の石油をほぼ掌握していたが，石油危機で主要産油国に対する権益を失い，国際石油市場への影響力は後退した。

同 メジャーズ

石油輸出国機構 Ⓐ Ⓝ (OPEC Ⓐ ② Ⓝ)
[Organization of Petroleum Exporting Countries] (せきゆゆしゅつこくきこう) オペックと略称。石油輸出13か国によって構成される資源カルテル組織。本部はウィーン。1960年9月，イラン・イラク・サウジアラビア・クウェート・ベネズエラの5か国で結成，その後，13か国にまで拡大した。OPECの設立当初の目的は，メジャーズによる原油価格引き下げを防ぐことにあった。1973年，第四次中東戦争の混乱のなかで，価格決定権をメジャーズから取りもどし，以後2度にわたる原油価格の大幅引き上げを行い，原油市場における支配権を確立した。現在はその影響力が低下している。

**アラブ石油輸出国機構 Ⓒ Ⓝ (OAPEC
Ⓒ Ⓝ)** [Organization of Arab Petroleum Exporting Countries] (-せきゆゆしゅつこくきこう) オアペックと略称。1967年，第三次中東戦争の勃発時にOPECは，イスラエル寄りのアメリカ・イギリス・ドイツに対して石油輸出禁止を決議した。ところが，内部の調整不足のため，十分な効果を

あげなかったので，翌1968年，アラブ諸国の団結と統一の強化をめざすOAPECが，サウジアラビア・クウェート・リビアによって結成された。その後，参加国が増大し，現在は11か国である（そのうち6か国はOPECにも加盟している）。

石油戦略 Ⓒ (せきゆせんりゃく) 石油産油国が協力し，石油の輸出禁止，生産調整，価格操作などの手段により，石油資源を政治・外交上の武器として活用する考え方。1973年，OAPECによる禁輸政策が典型例である。1973年に勃発した第四次中東戦争で不利な戦況となったアラブ諸国は，イスラエル寄りの政策をとっていたアメリカなどに対して，禁輸を実施した。

**石油危機 Ⓐ④ (オイル-ショックⒸ③
Ⓝ)** [oil crisis] (せきゆきき) 1973年，OAPECによる禁輸など石油市場の混乱を契機に，OPECは原油価格を一挙に1バレル（159リットル）=1.8ドルから12ドル弱まで引き上げ，世界各国に不況・インフレーションなどの混乱を引き起こした（第一次石油危機）。また1979年，イラン革命の混乱のなかで原油価格が約2倍に上がり，1980年代前半，原油価格は最高1バレル=34ドルまで上昇した（第二次石油危機）。☞ p.416（石油危機）

オイル-ダラー [oil dollar] 原油価格の引き上げによって，産油国に蓄えられた外貨（主にドル）のこと。多額の資金がヨーロッパやアメリカに投資され，世界の金融・貿易に大きな影響をおよぼした。

開発エリート (かいはつ-) 発展途上国政府は，上から強権的な手段で開発・近代化を進めることが多く，この体制の権力者を開発エリートとよぶ。政策遂行の過程で，貧富の差が拡大し，人権侵害が生ずるなどの問題点が指摘されている。

穀物メジャー Ⓝ (こくもつ-) 石油メジャーに対して，穀物取り引きを行う多国籍企業をこうよぶ。アメリカ国内に多くの穀物倉庫を有し，小麦・トウモロコシ・大豆などの穀物の貯蔵・運搬ばかりではなく，価格をも左右する力をもつ。近年ではカーギル・ブンゲ・ドレフュス・アンドレ・ADMの5社で，アメリカの穀物輸出の80％を握っているといわれる。穀物メジャーは同族企

業が多く，株式も非公開で，実体はわかりにくい。

世界食料サミット Ⓒ（せかいしょくりょう-）　1996年にローマで初めて開催された国連主催の食料問題の国際会議。その後，2008年，09年にも開かれた。FAO（国連食糧農業機関）の加盟国が参加する。世界の人口増加による食料需給の不安定化，発展途上国の飢餓の増大を背景に，10億人以上とされる栄養不足人口の半減への取り組みが求められている。しかし，食料輸出国と発展途上国の利害対立から，十分な対策はとられていない。このサミットでは，世界食料安全保障に関するローマ宣言が採択された。

類　ローマ宣言❷

南南問題 Ⓐ❷Ⓝ（なんなんもんだい）　1970〜1980年代を通じて，発展途上国は資源ナショナリズムを背景とした産油国・工業化に成功した新興工業経済地域（NIEs）など，高所得を得るようになった国・地域と，有力な資源もなく，一人あたりの所得・識字率・工業化率などで他国よりも遅れた後発発展途上国（LDC，最貧国ともいう）に分かれつつある。途上国内部におけるこの社会経済的格差の問題を南南問題とよび，今後の重要な課題となっている。

後発発展途上国 Ⓐ❺Ⓝ（LDCⒶ❼Ⓝ）［Least Developed Countries］（こうはつはってんとじょうこく）　発展途上国のなかでも，特に有力な資源もなく，一人あたりの所得・識字率・工業化率などで他国よりも遅れた国。後発開発途上国，最貧国ともよばれる。

同　後発開発途上国❹Ⓝ

低所得国と中所得国（ていしょとくこく-ちゅうしょとくこく）　世界銀行では，1人あたり国民総所得（GNI）に基づいて，世界各国を低所得国／中所得国／高所得国に分類している。2020年に発表された新たな基準によると，低所得国は1036ドル未満，中所得国（下位）は1036〜4045ドル，中所得国（上位）は4046〜12535ドル，高所得国は12536ドル以上となる。

国連後発発展途上国会議（こくれんこうはってんとじょうこくかいぎ）　1970年代に南南問題が深刻になってきた状況を受けて，1981年9月にパリで開かれた国連主催の会議。食糧生産の向上や工業生産力の強化をはかるた

め，先進国による援助増額が確認された。

新興工業経済地域 Ⓐ❷Ⓝ（NIEsⒸ❷Ⓝ）［Newly Industrializing Economies］（しんこうこうぎょうけいざいちいき）　ニーズと略称。発展途上国のなかで，工業化を急激に進め，国際貿易で先進国と競合し始めた国や地域。世界経済の「成長センター」とよばれた。近年では，韓国・台湾・香港・シンガポールのアジアNIEsをさすことが多い。

アジアNIEs ❷Ⓝ**と東南アジア諸国連合** Ⓐ❿Ⓝ（-とうなん-しょこくれんごう）　ラテンアメリカ諸国が国内生産の輸入代替工業化を行ったのに対し，アジアNIEsは輸出志向工業化をすすめ，アジアの「4頭の竜」とよばれた。今日ではマレーシア・フィリピンなど東南アジア諸国連合（ASEAN）のいくつかの国がその後を追い，ASEAN自由貿易地域（AFTA，アフタ）を形成している。

輸入代替工業化（ゆにゅうだいたいこうぎょうか）　政府の介入によって国内産業を振興させ，輸入工業品から国産品への代替をはかる開発政策。発展途上国の工業化は，輸入代替から始まる例が多い。

輸出志向工業化 Ⓒ（ゆしゅつしこうこうぎょうか）　輸出工業部門が工業化を主導する開発政策。1960年代から韓国・台湾などアジアNIEsを中心に，それまでの輸入代替工業化にかわって導入され，成功をおさめた。

BRICS Ⓐ❾Ⓝ（ブリックスⒶ❾Ⓝ）　2000年代以降，比較的高い経済成長をつづけるブラジル・ロシア・インド・中国・南アフリカ共和国の5か国のこと。それぞれの欧文の頭文字をとって，アメリカの投資銀行が命名したもの。

BRICS開発銀行 Ⓒ（-かいはつぎんこう）　BRICS5か国が2015年に創業を開始した国際金融機関。正式には「新開発銀行」（本部・上海）といい，5か国以外の参加も見込んでいる。新興国や途上国のインフラ整備と持続可能な発展を支えるのが目的だが，先進国中心の経済秩序に対抗する側面もある。出資金は各国100億ドルずつで，合計500億ドル。初代総裁はインドのカマスが就任（その後5か国で輪番）。中国主導のアジアインフラ投資銀行と協力関係に

ある。

ＶＩＳＴＡ🅝（ビスタ🅝）　ＢＲＩＣＳに次いで経済発展などが期待される新興国。ヴェトナム・インドネシア・南アフリカ・トルコ・アルゼンチンの５か国の頭文字をとって命名されたもの。

累積債務問題 Ｂ７🅝（るいせきさいむもんだい）　発展途上国で，対外債務（借金）が累積して経済不振におちいる一方，貸し手である先進国も貸し倒れによる金融不安が生じた。これを累積債務問題という。1980年代以降，累積債務を直接の原因とする経済・通貨危機がおきている。その後も1994年にメキシコが，1997年にアジアが，1998年にロシアが，1999年にブラジルが，2001年にアルゼンチンが，それぞれ通貨危機に襲われた。このため先進国は，金利や元本の支払いを遅らせるリスケジューリング（債務返済くり延べ）を実施した。アメリカの金利上昇にともなう利払い負担の増加，一次産品価格の下落による輸出の不振，などが債務累積の原因となった。

重債務貧困国 Ｃ２（ＨＩＰＣｓ）[Heavily Indebted Poor Countries]（じゅうさいむひんこんこく）　貧困及び債務の水準が通常の方法では対応できない状況にあり，国際通貨基金および世界銀行によって特別な支援対象となっている国家のこと。現在は37か国ほど存在する。

就学率 Ｃ１🅝（しゅうがくりつ）　学齢に達した児童総数に対する実際に就学している児童の割合。

乳児死亡率 🅝（にゅうじしぼうりつ）　生後１年以内に死亡する人の割合。発展途上国の乳幼児死亡率は高い。原因は栄養不足・不衛生・無医療などであり，根底には貧困がある。

貧困 Ａ２🅝と飢餓 Ｂ１🅝（ひんこん）（きが）　貧困や飢餓は天災などによっても起こるが，経済や社会のしくみにより構造的に貧困が生じ，貧困が極限に達すると飢餓が発生する。1950年代以降，発展途上国では貧困や飢餓問題が深刻になっている。その原因は旧植民地時代からの経済や社会の構造に起因する。近年，貧困という概念を poverty（自然に生じた不足状態）ではなく，deprivation（社会のしくみによって人権

がはく奪された状態）と，とらえるようになった。この問題を根本的に解決するには，単に先進諸国の経済援助だけでなく，発展途上国の産業育成が不可欠である。

貧困の悪循環 ①（ひんこん-あくじゅんかん）　ひとたび貧困に陥るとそこから容易に脱出できない様子を示した言葉。例えば，所得水準が低いと貯蓄ができないから資本蓄積がすすまない。このため経済成長が期待できない。そのうえ，税収が伸びずに教育の普及が遅れる。こうして，低所得の状態が維持され，貧困が繰り返されることになる。

スラム Ｂ🅝[slum]　大都市で貧しい人々が集住する区域。20世紀後半，発展途上国では人口が急増（人口爆発），都市と農村との経済格差が拡大したため，農村から多数の人々が都市に流入して形成された。

識字率 Ｃ🅝（しきじりつ）　全人口に占める読み書きができる人の割合。ＵＮＥＳＣＯ（国連教育科学文化機関）では，識字を単に「日常生活で簡単な読み書きができること」だけでなく，「社会参加に必要な知識・判断・技能などを有すること」と定義を拡大している。現在，世界には約７億7400万人の成人非識字者（うち64％が女性）がいるといわれ，国連は1990年を国際識字年に設定，ＵＮＥＳＣＯも識字率の向上をめざし「世界寺子屋運動」を行っている。

ストリートチルドレン 🅝[street children]　軍事紛争や経済，家庭の貧困，家族の崩壊，自然災害，虐待，無視などの理由により，路上で暮らすようになった子どもたち。発展途上国に多い。暴力や性的暴行や麻薬など，犯罪にかかわるケースも多い。

人間開発指数 Ｂ２🅝（ＨＤＩ Ｂ２）（にんげんかいはつしすう）　ＵＮＤＰ（国連開発計画）による人間開発に関する指標で，０～１の数値をとる。保健水準（平均寿命）・教育水準（成人識字率と就学率）・所得水準（一人あたりＧＮＩ）の三つの指標を用いて算出し，各国の福祉や生活の質（ＱＯＬ）をはかる目安となる。2020年報告書では，日本は189か国中19位だった。

ジェンダー不平等指数（ＧＩＩ🅝）（-ふびょうどうしすう）　国連開発計画（ＵＮＤＰ）による指数。国の人間開発の達成が男女の不平

等によってどの程度妨げられているかを示す。妊産婦死亡率，国会議員の女性比率，男女別労働力率など5指標で構成される。北欧諸国の順位が高く，日本は162か国中で4位（2020年）。

ジェンダー-ギャップ指数 Ｂ Ｎ （ＧＧＩ Ｃ）（-しすう）　毎年1月にスイス東部のダボスで開かれるダボス会議を主催する世界経済フォーラムが，各国内の男女間の格差を数値化し，ランク付けしたもの。0（完全不平等）～1（完全平等）の値をとる。①経済活動への参加と機会，②教育の達成度，③健康と生存率，④政治参加，の4分野が指標となる。北欧諸国の数値が高く，2021年報告書では，日本は156か国中120位。

图ダボス会議 Ｃ Ｎ

国連ミレニアム宣言 Ｃ Ｎ （こくれん-せんげん）　2000年にニューヨークで開かれた国連ミレニアムサミットで採択された宣言。これをもとに貧困の根絶など，国際社会がめざすミレニアム開発目標（MDGs）が設けられた。

ミレニアム開発目標 Ａ 7 Ｎ （ＭＤＧｓ Ａ 3 Ｎ ）〔Millennium Development Goals〕（-かいはつもくひょう）　2000年に開催された国連ミレニアムサミットで採択された宣言を受けて，同年末にまとめられたもの。極度の貧困の半減，普遍的初等教育の達成，5歳未満児の死亡率を3分の1以下にすることなど8目標と21の具体的な項目，60の指標をかかげ，2015年を達成期限とした。同年に最終報告書を公表。

持続可能な開発目標 Ａ 4 Ｎ （ＳＤＧｓ Ａ 6 Ｎ ）〔Sustainable Development Goals〕（じぞくかのう-かいはつもくひょう）　ミレニアム開発目標（MDGs）を引き継ぎ，2016年から30年まで国連が設定することになった新たな目標。正式には「世界の変革　持続可能な開発のための2030年アジェンダ」という。17の目標と169の課題からなる。

SDGs17の目標
1　貧困をなくそう
2　飢餓をゼロに
3　すべての人に健康と福祉を
4　質の高い教育をみんなに
5　ジェンダー平等を実現しよう
6　安全な水とトイレを世界中に
7　エネルギーをみんなに。そしてクリーンに
8　働きがいも経済成長も
9　産業と技術革新の基盤を作ろう
10　人や国の不平等をなくそう
11　住み続けられるまちづくりを
12　つくる責任，つかう責任
13　気候変動に具体的な対策を
14　海の豊かさを守ろう
15　陸の豊かさも守ろう
16　平和と公正をすべての人に
17　パートナーシップで目標を達成しよう

南北サミット（なんぼく-）　1981年にメキシコで，日本・アメリカなど先進8か国と，メキシコ・バングラデシュなど計22か国が参加して開かれた。新国際経済秩序（ＮＩＥＯ）に基づく諸要求について，一次産品・貿易・工業化などを組み合わせ，国連の場で包括的に交渉を進めることが決定された。

開発援助委員会 Ａ 4 Ｎ （ＤＡＣ Ａ 4 Ｎ ）〔Development Assistance Committee〕（かいはつえんじょいいんかい）　ダックと略称。1961年に発足したＯＥＣＤ（経済協力開発機構）の下部組織で，現在29か国とＥＵが加盟。発展途上国への援助について，加盟国間の利害調整をしたり，援助の具体的方法を検討・決定する。1989年末に「90年代援助宣言」を発表し，環境・人口増加・貧困など，深刻化した途上国の問題に対応すべく，持続的な成長をめざした支援を目標とした。

アジア開発銀行 Ｎ （ＡＤＢ Ｎ ）〔Asian Development Bank〕（-かいはつぎんこう）　1966年，フィリピンのマニラに創設された地域開発銀行で，日本も含めて68の国・地域が加盟。アジア諸国の経済開発をうながすため，開発融資・計画立案・技術援助などの業務をあつかう。出資比率の上位は，日本15.57％，アメリカ15.57％，中国6.43％。歴代の総裁は日本人が務め，現在は浅川雅嗣。

アジアインフラ投資銀行 Ｂ 3 Ｎ （ＡＩＩＢ Ｂ 3 Ｎ ）（-とうしぎんこう）　アメリカに対抗し，中国が主導して2016年に開業した銀行。インフラ整備を主体とした融資などを担う。

本部は北京に置かれ，資本金は最大で1000億ドル。創設メンバーは57か国，現在は103カ国が参加している。一方，米国および日本は参加を見送っている。また，北朝鮮および台湾は中国政府によって参加を拒否されている。ＢＲＩＣＳはすべて名を連ねている。組織トップの地位である行長は，開業当初から現在に至るまで，中国政府の財務官僚である金立群（ジンリーチュン）が務めている。

一帯一路 Ｂ Ｎ（いったいいちろ）　中国の習近平国家主席が提唱するシルクロード経済圏構想。一帯とは陸のシルクロード，一路とは海のシルクロードをさす。シルクロードに沿ったアジアと欧州ほか，アフリカや南米なども視野におさめた枠組みをめざす。中国はこの構想を支えるため国家ファンドを創設し，アジアインフラ投資銀行の設立を主導した。2017年にはロシアなど29か国首脳や国際機関の代表らが北京で初の国際フォーラムを開催した。

経済協力 Ａ③ Ｎ（けいざいきょうりょく）　広い意味では，経済の分野において，国家間の意識的協力及び援助をさす。狭義には，先進国から発展途上国への協力・援助を示し，今日ではこの意味で使われることが多い。開発資金援助や技術協力が主な内容となり，経済協力の主体により，政府ベースと民間ベースに分けられる。資金の貸し付けである借款は，資金の使途が指定されるタイド-ローン（ひもつき援助），指定されないアンタイド-ローン，発電所・港湾・ダムなど特定の事業計画のために供与されるプロジェクト-ローンなどに分類される。

政府開発援助 Ａ⑩ Ｎ（ＯＤＡ Ａ⑪ Ｎ）
［Official Development Assistance］（せいふかいはつえんじょ）　政府や政府の実施機関によって，発展途上国及び援助活動をしている国際機関に供与される資金のこと。発展途上国の福祉向上が目的であり，供与条件が発展途上国にとって有利であることがＯＤＡの要件。無償資金協力，技術協力，国連諸機関への拠出などの贈与と政府借款（長期資金の貸し付け）がある。日本のＯＤＡ実績は，金額ではＤＡＣ加盟国のなかで上位にあるが，一方でＯＤＡの対ＧＮＩ比の低さ，贈与の割合の少なさ，などの問

題点も指摘されている。

　　　　　　　　　類 無償資金協力 Ｃ

ＧＮＩ0.7％援助（-えんじょ）　1970年の国連総会で，発展途上国への先進国による量的な援助目標として定められた指標。ＯＤＡの対ＧＮＩ比（当時はＧＮＰ比）を示す。2020年実績において，この数値を達成しているのはＤＡＣ加盟国中６か国のみ。日本は0.31％で，ＤＡＣ加盟国平均の0.32％を下回る。

グラント-エレメント Ｃ Ｎ［grant element］　援助のうち贈与相当部分の割合をあらわす数字。金利・年間支払い回数・償還期間などの諸条件をもとに計算される。無利子・無返済の贈与の場合は100％となる。

基本的人間要請（ＢＨＮ⑥）［Basic Human Needs］（きほんてきにんげんようせい）　衣食住や教育・医療など，人間として最低限必要とされる要求のこと。1970年代中頃以後，これらを満たさない絶対的貧困地域が，アメリカ・世界銀行・国際労働機関（ＩＬＯ）の援助戦略の中心となっている。

技術移転 ② Ｎ（ぎじゅついてん）　ある国が有している技術を他の国に供与すること。単に国家間だけでなく，企業間でも行われる。移転の方法には，ライセンスなどの取り引き，直接投資，技術協力，多国籍企業の活動などがある。

食料問題 Ｃ（しょくりょうもんだい）　人口爆発や自然災害などにより，食料不足が生じること。1992年の「地球サミット」に向けて国連食糧農業機関（ＦＡＯ）は，地球上の耕作可能地域が限界に近づいており，世界人口の食料需要をまかないきれない恐れもある，と警告している。今日，世界人口の約１割は飢えた状態にあるといわれる。しかし，一方で先進国では「飽食の時代」との指摘もある。その意味で食料問題は，先進国と発展途上国の間の分配上の問題でもある。

マイクロクレジット Ｃ④ Ｎ［microcredit］　貧困層に少額の事業資金を無担保で貸し出し，彼らの自立をうながす試み。その先駆として知られるバングラデシュのグラミン（農村）銀行とその創設者ムハマド＝ユヌス氏に2006年のノーベル平和賞が贈られた。現在ではマイクロ

ファイナンスと表現されることが多い。2018年には「グラミン銀行」の日本版，「グラミン日本」が設立された。

> 類 ムハマド＝ユヌス B N
> 同 マイクロファイナンス C N

ソーシャル－ビジネス B 2 ［social business］　貧困などの社会的課題の解決を目的としたビジネス，またはそれを行う企業や組織。資本主義下の新しいビジネス－パターンとされ，バングラデシュのグラミン銀行によるマイクロファイナンスの例などが知られる。

> 類 社会的企業 B

5 国際経済における日本の役割

資源小国 N（しげんしょうこく）　火山国・日本には，多種多様な地下資源が存在するが，埋蔵量はきわめて微量で「資源小国」である。このため日本は，工業化を進めた戦前から戦後，高度経済成長期を通じて，石炭・石油・天然ガス・鉄鉱石・ボーキサイト・木材などの原材料やエネルギー源を輸入，それを加工・輸出して外貨を獲得し，経済成長につなげてきた（加工貿易）。しかし近年，日本の製品輸入比率が60％前後にまで達し，かつての加工貿易の姿は大きく変貌している。

> 類 加工貿易 B N

外貨割当制（がいかわりあてせい）　外貨（外国の通貨）を政府が管理して，輸入業者に配分・割り当てする制度。1949年制定された外国為替及び外国貿易管理法によって実施された。この政策により，重要物資の輸入に優先的に外貨を割り当て，あるいは国内産業と競合する製品の輸入を抑制するなど，外貨の効果的な活用により，日本経済の復興をはかることが目的とされた。

単一為替レートの設定 C （たんいつかわせせってい）　一国の通貨の外国の通貨との交換比率を為替レートというが，その為替レートが唯一（たとえば日本なら対米ドル）であること。戦後IMF（国際通貨基金）体制の大原則とされた。日本では1949年に実施されたドッジ－ラインの一環として，１ドル＝360円の単一為替レートが設定され，日本が国際経済社会に復帰するきっかけと

なった。

貿易の自由化 C 1 N（ぼうえき－じゆうか）　広義には関税や輸入数量制限，その他の非関税障壁の緩和・撤廃による輸入の自由化を意味するが，狭義には国際収支上の理由で輸入制限できないGATT11条国に移行した状態を示す。1960年代前半から欧米の自由化要求が強まるなか，日本政府は「貿易為替自由化計画大綱」を発表。GATT加盟時にわずか16％だった自由化率は，1963年に92％まで上昇，同じ1963年にはGATT11条国へ移行した。その結果，国内の石炭産業は大きな打撃を受けたが，国際競争力が弱く，自由化がマイナスになると思われていた鉄鋼・機械などの重工業では，かえって能率化や設備の近代化が進み，高度経済成長を支える一因となった。

為替の自由化（かわせ－じゆうか）　自由貿易推進のため，政府による外国為替取引の管理・規制をなくすこと。国際収支の赤字などを理由として政府による為替管理が行われないIMF8条国への移行をもって達成される。第二次世界大戦後の日本では，貿易の自由化の進展にともない，1963年にGATT11条国へ移行，翌64年にはIMF8条国へも移行した。為替の自由化が実施され，国際取引における支払い制限の禁止，取引の相手国や種類によって異なる為替レートを用いることを禁止する義務などを負うことになった。

資本の自由化 2（しほん－じゆうか）　外国企業による経営参加をねらった株式取得や子会社の設立，また国内企業との技術提携など，外国資本の国内進出に対する制限を緩和・撤廃していく一方，国内企業の対外直接投資なども自由にしていくこと。日本では，1967年，50業種が自由化された第１次自由化をきっかけとして，第2・3次の自由化が進められ，1970年代前半には原則として完全自由化が達成された。

開放経済体制 N（かいほうけいざいたいせい）　商品・資本・労働力などの対外取引が認められた，すなわち，モノ・カネ・ヒトの移動が自由化された経済体制。自由貿易を前提とする資本主義諸国は，基本的にこの体制をとるが，最近は中国などでも経済の開放化が進んでいる。日本では，IMF8条国への

移行，輸入制限品目の減少，原則100％資本の自由化などにより，モノとカネの自由化がなされてきた。しかし，出入国管理及び難民認定法（入管法）で，労働者の自由な入国はかなり制限を受けており，急増しているアジア系などの外国人の不法就労問題も含めて，ヒトの自由化にどう対処していくかが課題となっている。

残存輸入制限品目 （ざんぞんゆにゅうせいげんひんもく）

ＧＡＴＴでは，自由・無差別・多角の原則に基づいて各国の関税・輸入制限を排除してきたが，一部の商品については，各国が国内産業保護などの理由で輸入制限措置をとってきた。この商品が残存輸入制限品目である。ＧＡＴＴ加盟後自由化を進めてきた日本では，1962年の103品目から1985年の22品目へと，残存輸入制限品目を縮小した。22品目のほとんどが農産物であり，このうち，牛肉・オレンジなどは1991年に自由化措置が始まった。1993年にはコメ以外の農産物の関税化を受け入れ，コメについても，結局1999年4月から関税化された。

輸入依存度 Ｎ （ゆにゅういそんど）

一国の経済活動のなかで，輸入の占める比率のこと。国民総生産や国民所得に対する割合であらわすことが多い。依存度が低いほど国民経済の自給率が高く，依存度が高ければ外国の経済変動の影響を受けやすい。

日本のＯＥＣＤ加盟 （にほんのかめい）

ＯＥＣＤ（経済協力開発機構）は資本主義諸国の経済成長の促進や自由貿易の拡大などを目的として1961年に発足した。当初の加盟国はヨーロッパ18か国にカナダ・アメリカを加えた20か国であった。日本は，貿易・為替自由化の進展のなかで，1964年に21番目の国として加盟が認められた。これにより，日本は先進工業国の一員として国際的に承認された。

貿易摩擦 Ａ5Ｎ （ぼうえきまさつ）

貿易をめぐって生じる各国間のさまざまな対立・紛争のこと。すなわち，当該国の産業間の対立が，自国の政府・議会を動かすまでに進み，互いに公権力による報復措置（輸入禁止など）をかける段階になる状況をいう。日本では，1970年代に入ってめだってきた貿易黒字を背景に，アメリカやＥＣ諸国と，繊維・カラーテレビ・鉄鋼・自動車・半導体などで貿易摩擦を起こし，そのつど政治問題化した。2018年，アメリカと中国を中心とする貿易政策で摩擦が世界に拡散し，日本も巻き込まれることが危惧される。

経済摩擦 Ｂ Ｎ （けいざいまさつ）

貿易摩擦だけに限らず，国際収支の不均衡などもふくめて，各国間のさまざまな経済的対立から生じる問題。さらにそれらは各国政府・議会間の対立にもつながる。各国の社会制度・商慣行・経済政策のあり方までが対象となる。

集中豪雨型輸出 （しゅうちゅうごうがたゆしゅつ）

特定の輸出品が，あたかも集中豪雨のように相手国に輸出される現象をいう。急激な輸出増加は，相手国のその産業に構造的不況や失業の増大などの被害をもたらす。そのため貿易摩擦の大きな要因となる。日本では，有望な商品がみつかると，関連業界が一斉にその分野に進出し，激しい競争をしながら輸出市場になだれこむ傾向がある。1970年代前半の繊維，1980年代前半の自動車・半導体などがアメリカ・ＥＣ諸国から集中豪雨型輸出との非難を受けた。

輸出ドライブ （ゆしゅつ—）

国内の過剰生産による圧力から輸出が促進されるようになること。輸出圧力ともいう。不況期には内需の減退から企業に輸出ドライブがかかって輸出が進み，この外需をテコに国内の景気回復がはかられる。

輸出自主規制 Ｃ2 （ゆしゅつじしゅきせい）

貿易摩擦の回避のために，輸出国が自主的に，意図的に輸出量を制限すること。79年の第二次オイル−ショック後の日米間の貿易摩擦の際に，日本は対米自動車輸出の自主規制を実施した。

市場開放要求 1Ｎ （しじょうかいほうようきゅう）

輸入品に対する関税・数量制限などをなくして国内市場で自由に販売させること。日本に対しては1970年代からあったが，1980年代に入って急増する貿易黒字，激化する貿易摩擦を背景として，アメリカ・ＥＣからの市場開放要求の声が高まった。これに対して日本政府は，電気通信機器・エレクトロニクス・医療品などの市場開放，あるいは1988年に日米政府間で決定された牛肉・オレンジ輸入自由化などの開放措置を

とってきた。これらの結果，製品輸入が増え，貿易黒字幅は減少したものの，その額は小さく，その後もコメ・半導体・通信機器などで市場開放要求が続いた。

資本供給国（しほんきょうきゅうこく）　経常収支（貿易・サービス収支，所得収支，経常移転収支）の黒字が累積し，国内に生じた過剰資金を海外に流出させる段階に達した国のこと。資本輸出国ともよび，19〜20世紀初頭のイギリス，1950〜1960年代のアメリカが，この段階に達していた。日本では，1970年代から経常収支の黒字が定着して資本供給国に移行した。

ブーメラン効果（-こうか）　ブーメランのように，先進国が発展途上国向けに行った経済・技術援助や資本投資の結果，現地生産が始まり，やがてその製品が先進国に逆輸入されて，先進国の当該産業と競合するようになる状況をさす。

前川レポート（まえかわ-）　中曽根康弘元首相の私的諮問機関「国際協調のための経済構造調整研究会」の報告書（1986年4月発表）。座長の前川春雄元日銀総裁の名をとったもの。レポートでは，国際協調型の経済成長をはかるために，輸出にたよらない内需主導型成長への転換をめざし，消費生活や社会資本の充実，地価抑制，製品輸入の促進などの提言がなされた。

流通鎖国（りゅうつうさこく）　日本の流通業界の閉鎖性を批判したことば。多くの法的規制や，日本独特の商慣行のため，海外からの進出が困難であるとされた。具体的には，大規模小売店舗法にみられる大型店規制，複雑かつ多段階の流通システム，メーカーが小売店に対して販売量・価格まで影響力を行使する系列店制度など。

投資摩擦（とうしまさつ）　円高と企業活動の国際化を反映して，日本企業の海外への工場進出や海外企業の買収があいつぎ，相手国との投資摩擦が表面化した。特に日米間では，1985年以後の円高ドル安をきっかけに，日本投資家による米国企業の買収，不動産の取得，証券投資がさかんになり，両国間の投資の不均衡が際立った。一方，日本市場が閉鎖的であることも，摩擦に拍車をかけた。

非関税障壁　B③N（ひかんぜいしょうへき）

☞p.488（非関税障壁）

文化摩擦（ぶんかまさつ）　思想・宗教・慣習・制度など，文化的な面で生ずる国家間・国民間での対立のこと。各国の消費構造，金融・流通制度が異なる背景として文化的要因が大きいため，文化面での相互理解が経済摩擦解消のカギになる。☞p.263（文化摩擦）

構造調整（N）（こうぞうちょうせい）　産業をはじめ，財政・金融・流通など，国民経済のしくみ（構造）を改変していくこと。日本では欧米諸国から貿易黒字の是正を強く求められ，そのために輸出中心の経済から内需主導型経済への構造変革の必要性が主張された。

経済大国　C①N（けいざいたいこく）　高度経済成長をなしとげた日本は，1980年代に入って自他ともに認める経済大国になった。この原動力は工業製品の輸出であり，さらに1980年代後半には巨額の対外純資産を保有する債権大国となった。しかし，集中豪雨型輸出が経済摩擦の原因ともなり，製品輸入を増やし，また南北問題や累積債務問題の解決に貢献すべきだという，経済大国責任論も指摘されている。

日米貿易摩擦　B①N（にちべいぼうえきまさつ）　日米間の貿易不均衡による対立。日本の経常収支の大幅黒字とアメリカの大幅赤字による。1960年代の繊維に始まり，1970年代の鉄鋼・カラーテレビ，そして1980年代には工作機械・自動車・半導体・農産物へと摩擦が激化した。

日米経済摩擦（N）（にちべいけいざいまさつ）　日米間の経済対立。日本の貿易黒字を背景に，繊維・カラーテレビ・鉄鋼・自動車・半導体などで摩擦をおこし，政治問題化した。1990年代には日本の経済構造の改善や日本への市場開放要求が高まった。そのため，1989年から日米構造協議，1993年からは日米包括経済協議が開かれた。

ジャパン-バッシング　C［Japan bashing］「日本たたき」ともよばれる。1985年頃から，アメリカ議会の保護貿易支持派，産業の経営者，それに一部の学者・知識人が加わって日本批判のキャンペーンがくり広げられた。1980年代に悪化した対日貿易赤字，ハイテク分野での日本の追い上げに対するいらだちが背景にある。この流れがスー

パー301条の日本への適用，日米構造協議
へとつながった。

スーパー301条 **C** (-じょう)　1988年8月に成
立したアメリカ包括貿易法の中心条項。不
公正貿易国・行為の特定，制裁を定めた旧
通商法第301条を改正・強化したもの。通
商代表部（USTR）が，輸入制限など報
復措置発動の権限をもつ。1989年5月，
通商代表部は日本に対してスーパー301条
の適用を決定。スーパーコンピュータ・人
工衛星・木材製品を交渉の対象品目にあげ
た。

知 的 財 産 権 **A** **10** **N** (ちてきざいさんけん)
　☞ p.423（知的財産権）

日米構造協議 **B** **2** (SII)〔Structural
Impediments Initiative〕(にちべいこうぞうきょう
ぎ)　日米間の貿易不均衡の是正をめざし，
両国の生産・消費・投資など経済構造を検
討するために1989年9月から開かれた協
議。1990年7月に最終報告が出された。
協議の結果，日本側は①大型店・スーパー
などの出店を規制した大規模小売店舗法の
見直しによる流通機構の改善，②国産品・
輸入品の内外価格差は正，③社会資本整備
のため多額の公共投資などを約した。一方，
アメリカ側は①財政赤字の削減，②輸出競
争力の強化，③企業の投資活動の強化など
が改善目標として提出された。

日米包括経済協議 **B** **2** **N** (にちべいほうかつけいざ
いきょうぎ)　日米構造協議を引きついで，
1993年9月から行われた日米間の協議。
自動車・半導体・保険などの分野別の交渉
の場では，市場参入の数値目標の設定を求
めるアメリカとの間で，激しいやりとりが
あった。

世界貢献構想 (せかいこうけんこうそう)　日本国際
フォーラムが1989年7月，「日本の経済力
を世界経済発展のためにいかに活用する
か」と題した提言のなかでうち出した構想。
政府開発援助（ODA）の増額，地球的規
模での環境問題の解決，世界的な文化・技
術交流などの貢献策が提案された。

日本の経済援助 (にほん・けいざい・えんじょ)　日本が，
世界経済の発展や南北問題解決に貢献する
ために行う取り組み。ODAは1990年代
末には100億ドルをこえ，金額では世界一
であったが，現在は，米・独・英・仏に次

ぐ5位にまで後退している。しかし，対
GNI比では0.28％と，開発援助委員会
（DAC）加盟諸国の平均以下にとどまる
（2018年）。また，援助の中身では二国間
援助が8割を占め，多国間援助（国連など
国際機関への資金の拠出）が少ないため，
援助先にかたよりがある。ODAの内訳で
は，贈与部分が少なく，援助の際に見返り
として何らかの条件をつける，いわゆる
「ひもつき援助」（タイド-ローン）の存在
も指摘された。また，グラント-エレメン
ト（援助の条件を示す数値で，条件がよい
ほど数値が高い）が低いなどの批判がある。
実施機関はこれまで，国際協力機構（JI
CA）・国際協力銀行・政府の三者で分担
してきたが，ODAをJICAに一元化す
る法改正が2006年に行われた。これによ
り，無償資金協力・技術協力・円借款の三
つが一本化された。

ODA大綱 **C** **2** **N** (-たいこう)　ODAに対す
る日本政府の理念や方針を示したもの。
1992年に初めて作成され，2003年に改め
られた。新しい大綱では，発展途上国の自
助努力支援，人間の安全保障の確保，など
が基本方針とされる。2015年に改定され
た新大綱では，名称が「開発協力大綱」に
改められた。これまで原則として禁止され
てきた他国軍隊への支援を，非軍事分野に
限って解禁した。

　　　　　　　　　同 開発協力大綱 **B** **3** **N**

ODA四原則 (-よんげんそく)　ODAに対する
日本の理念，援助実施の原則。①環境と開
発を両立させる。②軍事的用途への使用を
回避する。③発展途上国の軍事支出，大量
破壊兵器・ミサイルの開発・製造などの動
向に十分注意をはらう。④民主化の促進，
市場経済導入の努力ならびに基本的人権お
よび自由の保障状況に十分注意をはらう。
これまで原則として禁止されてきた他国軍
隊への支援を，非軍事分野に限って解禁し
た。

雇用輸出 (こようゆしゅつ)　直接投資によって海
外に雇用機会をつくること。

失業の輸出 (しつぎょう-ゆしゅつ)　日本の大量の
製品輸出を批判したことば。相手国の当該
産業を破壊し，失業者を生み出す結果をも
たらした。対応策として，日本企業による

海外現地生産が急激に進んだが，国内では産業の空洞化を引き起こした。

産業の空洞化 **B**⑧**N** (さんぎょう-くうどうか)　為替レートの上昇があると，賃金・生産費が外国に比べて相対的に高まり（たとえば1ドルが200円から100円と円高になると，2万円の賃金はドル建てで100ドルから200ドルに上昇），製造業全体の価格競争が失われる。その結果，国内の重要産業が海外直接投資などを通じて国外に流出し，国内では衰退する状況を産業の空洞化とよぶ。第二次世界大戦後のアメリカで，多国籍企業の発達がアメリカの国内産業を空洞化させた。日本では1985年以後の円高で，自動車・家電など主要産業の工場の海外移転が急激に進み，この問題が深刻化した。

開発輸入 (かいはつゆにゅう)　先進国が発展途上国に対して生産技術・資本などを提供して開発を進め，完成した商品を輸入する貿易形態。南北間の経済格差を是正する有力な手段として，国連貿易開発会議（ＵＮＣＴＡＤ）でも積極的に推進している。日本では1985年以降の円高定着後，大手商社などが，アジア諸国に対して衣料品・家具・家電製品・農産物などの技術・資本移転をし，開発輸入を行っている。

フェアトレード **A**②**N** [fair trade]　コーヒー・ココア・バナナ・砂糖など発展途上国の産品を適正な価格で輸入し，先進国内の市場で販売する「公正な貿易」。主にＮＧＯなどの手ですすめられ，途上国生産者の自立支援や環境の保護にも目が配られている。日本でも関心が高まっている。フェアトレードの商品と生産者を認証する国際的なネットワーク組織として，1997年に設立されたフェアトレード-ラベル機構（ＦＬＯ）がある。

逆輸入 **C** (ぎゃくゆにゅう)　生産コストの安い海外で製造した商品を，本国企業が国内で輸入・販売すること。海外に輸出した製品を再び輸入し，販売する方式も含める。

	思考実験	内容
囚人の ジレンマ	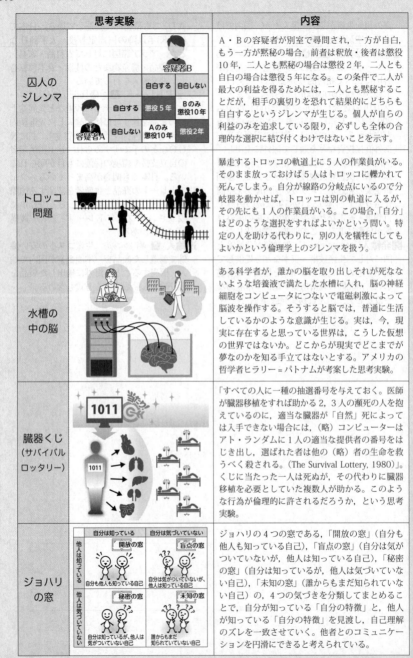	A・Bの容疑者が別室で尋問され，一方が自白，もう一方が黙秘の場合，前者は釈放・後者は懲役10年，二人とも黙秘の場合は懲役2年，二人とも自白の場合は懲役5年になる。この条件で二人が最大の利益を得るためには，二人とも黙秘することだが，相手の裏切りを恐れて結果的にどちらも自白するというジレンマが生じる。個人が自らの利益のみを追求している限り，必ずしも全体の合理的な選択に結び付くわけではないことを示す。
トロッコ 問題		暴走するトロッコの軌道上に5人の作業員がいる。そのまま放っておけば5人はトロッコに轢かれて死んでしまう。自分が線路の分岐点にいるので分岐器を動かせば，トロッコは別の軌道に入るが，その先にも1人の作業員がいる。この場合，「自分」はどのような選択をすればよいかという問い。特定の人を助ける代わりに，別の人を犠牲にしてもよいかという倫理学上のジレンマを扱う。
水槽の 中の脳		ある科学者が，誰かの脳を取り出しそれが死なないような培養液で満たした水槽に入れ，脳の神経細胞をコンピュータにつないで電磁刺激によって脳波を操作する。そうすると脳では，普通に生活しているかのような意識が生じる。実は，今，現実に存在すると思っている世界は，こうした仮想の世界ではないか。どこからが現実でどこまでが夢なのかを知る手立てはないとする。アメリカの哲学者ヒラリー＝パトナムが考案した思考実験。
臓器くじ （サバイバル ロッタリー）		「すべての人に一種の抽選番号を与えておく。医師が臓器移植をすれば助かる2, 3人の瀕死の人を抱えているのに，適当な臓器が「自然」死によっては入手できない場合には，（略）コンピューターはアト・ランダムに1人の適当な提供者の番号をはじき出し，選ばれた者は他の（略）者の生命を救うべく殺される。(The Survival Lottery, 1980)」。くじに当たった一人は死ぬが，その代わりに臓器移植を必要としていた複数人が助かる。このような行為が倫理的に許されるだろうか，という思考実験。
ジョハリ の窓		ジョハリの4つの窓である，「開放の窓」（自分も他人も知っている自己），「盲点の窓」（自分は気がついていないが，他人は知っている自己），「秘密の窓」（自分は知っているが，他人は気づいていない自己），「未知の窓」（誰からもまだ知られていない自己）の，4つの気づきを分類してまとめることで，自分が知っている「自分の特徴」と，他人が知っている「自分の特徴」を見渡し，自己理解のズレを一致させていく。他者とのコミュニケーションを円滑にできると考えられている。

	思考ツール	できること	特徴
フィッシュボーンチャート		問題の解決策を検討する場面で活用。解決すべき問題をトピックとし、頭の部分に書き入れ、トピックについて、要因を分析するのに役立つ。	多面的に見る分析する
ベン図		複数の対象を比べて、共通点や相違点を明らかにし、考えをつくり出す。関係のなさそうなものを比べることで、思いがけない共通点を見つけることができる。	比較する共通点を見出す
マトリックス（二次元表）		情報を整理し、特徴を把握しやすくする整理表。	整理する特徴を見出す
座標軸（4象限）		物事を二つの軸で整理するときに使う。意見の位置付けを明確にすることができる。	順序づける比較する
イメージマップ		中心においた言葉（中心語）から外側に連想を広げていく。中心語とは結びつかないようなアイデアを生み出すことができる。	アイデアの拡散
X・Yチャート		Yチャートは3つ、Xチャートは4つ、（Wチャートは5つ）の視点に分けることができる。	多面的に見る分類する
クラゲチャート		トピックに関する主張について、主張を支える理由を明確にすることができる。説得力のある主張をするときに役立つ。	理由づける関係づける
トゥールミン図式		データから主張に展開するなかで、その論旨を固めるために役立つ。	分析する整理する

◇**監 修**

大芝　　亮（一橋大学名誉教授）

山岡　道男（早稲田大学名誉教授）

菅野　覚明（東京大学名誉教授）

山田　忠彰（日本女子大学名誉教授）

長者久保雅仁（前青森県立三本木高等学校校長）

◇**協 力**

竹達　健顕（東京都立日野台高等学校教諭）

◇**編 集**

用語集「公共」編集委員会

用語集 公共+政治・経済 '24-'25年版

定価はカバーに表示

2024年 2 月25日　　初　版　第 1 刷発行

編　者　　用語集「公共」編集委員会

発行者　　野村　久一郎

印刷所　　広研印刷株式会社

発行所　　株式会社　**清水書院**

　　　　　☎102−0072

　　　　　東京都千代田区飯田橋3−11−6

　　　　　電話　03−5213−7151㈹

　　　　　FAX　03−5213−7160

　　　　　http://www.shimizushoin.co.jp
